Beck's Historische Bibliothek

bHb

DIE JUDEN IN DEUTSCHLAND 1933–1945

LEBEN UNTER NATIONALSOZIALISTISCHER HERRSCHAFT

UNTER MITARBEIT VON
VOLKER DAHM, KONRAD KWIET,
GÜNTER PLUM, CLEMENS VOLLNHALS,
JULIANE WETZEL

HERAUSGEGEBEN VON
WOLFGANG BENZ

VERLAG C.H.BECK MÜNCHEN

Veröffentlichung des Instituts für Zeitgeschichte
Mit 27 Abbildungen im Text

Die Deutsche Bibliothek – CIP-Einheitsaufnahme

Die Juden in Deutschland 1933–1945
Leben unter nationalsozialist. Herrschaft ; [Veröffentlichung des Instituts für Zeitgeschichte] / Unter Mitarb. von Volker Dahm ...
Hrsg. von Wolfgang Benz. – 3., durchges. Aufl. –
München : Beck, 1993
(Beck's Historische Bibliothek)
ISBN 3-406-37325-9
NE: Dahm, Volker [Mitverf.]; Benz, Wolfgang [Hrsg.];
Institut für Zeitgeschichte ‹München›

ISBN 3-406-373259

Dritte, durchgesehene Auflage. 1993

Satz: Appl, Wemding
Druck und Bindearbeiten: Parzeller, Fulda
Printed in Germany

Inhalt

Vorbemerkung
Seite 9

Prolog. Der 30. Januar 1933
Die deutschen Juden und der Beginn
der nationalsozialistischen Herrschaft
Von Wolfgang Benz
Seite 15

I. Deutsche Juden oder Juden in Deutschland?
Von Günter Plum

1. Jüdisches Selbstverständnis. Religiöse, gesellschaftliche und politische Strukturen 35
2. Die «Reichsvertretung der deutschen Juden»: Gründung des Dachverbands in später Stunde 49
3. Der Weg zur «Reichsvereinigung der Juden in Deutschland» und deren Ende 1943 66

II. Kulturelles und geistiges Leben
Von Volker Dahm

1. Jüdische oder deutsche Kultur: die Suche nach Identität 75
2. Der organisatorische und politische Rahmen 83
   Gründung und Ziele des Kulturbundes Deutscher Juden 83 Künstlerhilfe, Erwachsenenbildung, Museumsarbeit 94 Der Reichsverband der Jüdischen Kulturbünde – Auf dem Weg zur Ghetto-Kultur? 102 Fast eine jüdische Kulturkammer 112
3. Kulturelles Leben 1933 bis 1938: Theater, Musik, Bildende Kunst, Film, Erwachsenenbildung 125
   ‹Nathan der Weise› und die Diskussion um Inhalt und Form jüdischer Kulturarbeit 125 Die erste Spielzeit 1933/34 132 Die Konsolidierung des Programms 145 Die Saison 1935/36 157 Theaterhöhepunkte, Konzertmüdigkeit und Resignation bei den Lehrhäusern 169 «Wir brauchen Tröstungen und wir brauchen Entspannungen» 183 Kultur als letzte Bastion 190

4. Die Literarische Szene 194
Autoren, Verleger, Buchhändler 194 Die Jüdischen Verlage 199 Literaturkritik, Bibliotheken, Buchhandel 212
5. Kulturelles und geistiges Leben 1939–1941 223
Der «Jüdische Kulturbund in Deutschland e. V.» 223 Die kulturelle Verödung der Provinz 232 Zeitbezüge im Repertoire, Mitgliederschwund, «Rationalisierung» 236 Die letzte Neuorganisation 244 Verbot und Ende im achten Jahr 253
6. Jüdische Kultur im Schatten der «Endlösung» 1941–1945 258

III. Wirtschaft und Erwerbsleben
Von Günter Plum

1. Die Situation der deutschen Juden zu Beginn der NS-Zeit 268
2. Boykott 272
3. Verdrängung 280
Die Angestellten 280 Ärzte, Juristen, Beamte 282
4. Die Bedrohung der Existenz 292
Ambulantes Gewerbe und Vertreter 293 Der jüdische Handel auf dem Lande 297 Großbetriebe des Einzelhandels und Industrie 304

IV. Jüdische Selbsthilfe bis 1938
Von Clemens Vollnhals

1. Der Zentralausschuß für Hilfe und Aufbau 314
2. Schulwesen 330
Die Verdrängung der jüdischen Schüler aus den öffentlichen Schulen 330 Das jüdische Schulwerk 341 Leistungen und Grenzen der jüdischen Schulen 360
3. Wirtschaftliche Selbsthilfe 363
Darlehenskassen 365 Arbeitsnachweise 370 Spezielle Hilfsmaßnahmen 378 Berufsumschichtung und Erstausbildung 379
4. Wohlfahrtspflege 392
Die Jüdische Winterhilfe 399 Probleme und Grenzen der jüdischen Sozialarbeit 406

V. Auswanderung aus Deutschland
Von Juliane Wetzel

1. «Es war nie Auswanderung, immer nur Flucht» 413
Phasen der Emigration 417 Begrenzte Möglichkeiten: Die Haltung des Auslands 420 Die unberechenbaren Verfolger: Förderung und Behinderung der Auswanderung durch die Gestapo 425

2. Auswanderung und jüdisches Selbstverständnis 431
Liegt das Heil in Palästina? Zionistische Propaganda gegen das Beharrungsvermögen der Assimilierten 431 Jüdische Hilfsorganisationen in Deutschland 438 Jüdische Hilfe aus dem Ausland 441
3. Die Auswanderung nach Palästina 446
«Sammlung der Zerstreuten» 446 Hachscharah: Umlernen für Palästina 454 Haavara-Transfer: Waren gegen Menschenleben 464 Gruppenauswanderung: Die Jugend-Alijah 468 Die illegale Palästina-Einwanderung 472
4. Die Auswanderung in andere Länder 477
In Europa sind die Chancen gering 479 Die USA üben Zurückhaltung 484 Lateinamerika öffnet seine Grenzen nur unter Vorbehalten 490 Südafrika ist drei Jahre lang aufnahmewillig 493 Shanghai – Zuflucht bis 1941 495
5. Zurück nach Deutschland: Der Weg ins Verderben 497

VI. Der Novemberpogrom 1938
Von Wolfgang Benz

1. Anlaß und Vorwand: Die Deportation der Ostjuden und Herschel Grünspans Attentat 499
2. Die Inszenierung des Pogroms und die Regie der öffentlichen Meinung 505
3. Die Täter 521
4. Die Opfer 528
5. Bürokratische Nachspiele 535
6. Die «Kristallnacht» als Anfang vom Ende 541

VII. Nach dem Pogrom: Stufen der Ausgrenzung
Von Konrad Kwiet

1. Die Vernichtung der wirtschaftlichen Existenz 545
Die Ausschaltung der Juden aus dem deutschen Wirtschaftsleben 547 Berufsverbote 548 Die «Arisierung» von Handel und Handwerk 550 Die «Entjudung» des Immobilienbesitzes 551 Die «Arisierung» der Großindustrie 554 Die Verarmung der Juden durch Tribute und Konfiszierungen 560 Interessenten und Nutznießer der «Arisierung» 569
2. Zwangsarbeit 574
Die Arbeitsbedingungen: Ausbeutung zum Hungerlohn 576 Schikanen und Strapazen beim Arbeitseinsatz 580 Hilfe durch Mitleidige und Rückversicherer 587 Die begehrten Rüstungsjuden 590 Die Fabrik-Aktion am 27. Februar 1943 592
3. Entrechtung und Deklassierung 596
Die bürokratische Ausgrenzung 596 Zusatznamen und Judenbann 601 Kontaktverbot und Versorgungsdefizit 605 Denunziation und Repressalien 609

Vereinsamung und Isolation 610 Der Umgang mit dem Unglaublichen: Nachrichten aus den Vernichtungsstätten im Osten 612

4. Die Kennzeichnung mit dem Judenstern im Herbst 1941 614

Die administrativen Prozeduren 615 Reaktionen in der Öffentlichkeit: Zwischen Sympathie und Haß 619 Judenstern und jüdisches Selbstverständnis 628

5. Von der Ghettoisierung zur Deportation 631

«Zur Nachahmung empfohlen! Hinaus mit den Juden aus den guten und billigen Wohnungen!» 631 «Entjudung» des Wohnraums: Umsiedlung, Barackenlager, Isolierung 633 Evakuierung als Beginn der Deportation 636 Ghettoisierung als Vorstufe der Vernichtung 646 Ausweg und Abschied 651

VIII. Überleben im Untergrund 1943–1945
Von Wolfgang Benz

1. Flucht in die Illegalität 660
2. Die Rettung des Ehepaares Pineas 675
3. Zwischen «Ariern» und «Nichtariern» 684
4. «Das Licht verlöschte nicht» 690

Anhang

Abkürzungsverzeichnis 703
Anmerkungen 703
Jüdische Bevölkerungsstatistik 733
Zeittafel zur Judenpolitik des NS-Regimes: Diskriminierung, Entrechtung, Verfolgung, Vernichtung 739
Quellen und Literatur 755
Bildnachweis 762
Personenregister 763
Organisationen und Institutionen 775

Vorbemerkung

Das Deutsche Reich hatte 1933, als das nationalsozialistische Regime errichtet wurde, etwas über 66 Millionen Einwohner. Eine halbe Million davon (oder 0,76% der Gesamtbevölkerung) bekannte sich zum Judentum und verstand sich als eine religiöse Minderheit. Ein beträchtlicher Teil der nichtjüdischen Mitbürger empfand die Juden freilich auch als kulturelle oder gar als ethnische Minderheit. Das hatte traditionelle Gründe im latenten Antisemitismus, wie er überall in Europa herrschte, aber auch im religiösen Ritual frommer Juden, und nicht zuletzt waren es soziale und ökonomische Faktoren, derentwegen «die Juden» als besondere Bevölkerungsgruppe definiert wurden. Daß Juden in einigen Berufen unproportional häufig auftraten, vor allem als Händler, Makler, Bankiers, aber auch als Ärzte und Rechtsanwälte oder in künstlerischen und kulturwirtschaftlichen Berufen, hatte lange zurückreichende soziale und politische Ursachen, an denen die Juden selbst am wenigsten schuld hatten. Die Traditionen prägten aber das Bild mit, das die Antisemiten vom Judentum haben wollten.

Alles Streben nach Emanzipation und Assimilation, wie es in der knappen Spanne der Republik von Weimar als einer kurzen und letzten kulturellen Blütezeit deutschen Judentums zum Erfolg gekommen schien, erwies sich als vergeblich, als die NSDAP Regierungspartei in Deutschland wurde und ihre Rasseideologie zur Staatsdoktrin erhob. Mit ungläubigem Staunen mußten die deutschen Patrioten jüdischen Glaubens vernehmen, daß ihr Einsatz fürs Vaterland, ihre Liebe zu Deutschland, daß ihre Wurzeln in deutscher Kultur und Geistigkeit nun nicht mehr existent sein sollten. Viele weigerten sich gar, die von der Regierung Hitler angeordneten oder angekündigten Maßnahmen zur Kenntnis zu nehmen, fühlten sie sich doch ebenso wie andere deutsch-national oder nationalliberal, demokratisch oder sozialdemokratisch empfindende Deutsche mit manchem Ziel und Streben der von Hitler geführten Regierung solidarisch, etwa der Überwindung von Versailles, dem Wiedergewinn nationaler Größe. Die Mitglieder des «Reichsbunds jüdischer Frontsoldaten», die auf ihre im Ersten Weltkrieg für Deutschland Gefallenen stolz waren, aber auch die im politisch und religiös liberal orientierten «Centralverein deutscher Staatsbürger jüdischen Glaubens» Organisierten fühlten sich nicht nur als Deutsche, sie waren es auch. Dieses Bewußtsein reichte sogar weit in die Reihen der Zionisten hinein und trennte die deutschen Juden von den Ostjuden mehrheitlich polnischer Staatsbürgerschaft, die im Deutschen Reich lebten.

Diese, den Kaftan oder wenigstens einen Gehrock tragenden Ostjuden, die jiddisch sprachen und nicht nur in religiöser Hinsicht orthodox waren, traten überwiegend in Berlin in Erscheinung. Im Scheunenviertel, unweit vom Alexanderplatz, konnte man sich ins osteuropäische Stetl versetzt fühlen. Die dort lebenden Ostjuden, die während und nach den Revolutionswirren aus Rußland, dem Baltikum und Polen einwanderten, angezogen auch vom Vertrauen in die Liberalität der Weimarer Republik, waren aus der Perspektive der deutschen Juden allenfalls Objekte der Fürsorge, wie man sie im Elend und in Not lebenden weitläufigen Verwandten schuldet. Insgesamt waren es 1933 knapp 99000 oder 19,8% der in der Statistik des Deutschen Reiches erscheinenden Juden, die nicht deutsche Staatsbürger waren. Wenig scheuten die deutschen Juden mehr, als mit diesen fremdartigen Leuten identifiziert zu werden.

Aber genau das widerfuhr ihnen, und ihre Distanz zum Ostjudentum vergrößerte das nur noch. Die antisemitische Propaganda identifizierte aber auch alle, die ihre Bindungen zum Judentum längst aufgegeben hatten, mit jüdischem Wesen, jüdischem Brauch, jüdischer Art oder mit dem, was sie in diesem Sinne für charakteristisch hielten. So sahen sich spätestens mit dem Erlaß der Nürnberger Gesetze einige zehntausend Menschen jäh ins Ghetto zurückgestoßen, das ihre Großeltern verlassen hatten, als sie, die Assimilation im deutschen (Bildungs-)Bürgertum suchend, die Bindungen an die jüdische Religion und ihre Gesetze lösten.

Von der antisemitischen Propaganda und den Maßnahmen der NS-Regierung existentiell – und zwar in jeder Beziehung – getroffen waren aber auch alle, die sich zur jüdischen Religion bekannten. Für sie gab es keinen Konflikt zwischen ihrem Bekenntnis zum Judentum und ihrer Loyalität zu allem, was als deutsch galt. Gekränktes Rechtsempfinden, vor allem jedoch Erstaunen und die Hoffnung, daß sich die Drohungen Hitlers als Spuk erweisen müßten, prägten die Haltung vieler deutscher Juden bis zum Novemberpogrom 1938. Auf den Boykottaufruf der NSDAP zum 1. April 1933 (die Rache des neuen Regimes für die schlechte Auslandspresse: Jüdische Geschäfte, Ärzte und Anwälte sollten an diesem Tag demonstrativ gemieden und Juden am Besuch von Schulen und Universitäten gehindert werden) reagierten die Repräsentanten der deutschen Juden mit einem Appell an den Reichskanzler Adolf Hitler, in dem sie beteuerten, wie sie sich «mit allen Fasern ihres Herzens der deutschen Heimat verbunden» fühlten. Und das war ihnen heilige Überzeugung, denn sie führten auch folgendes an: «In allen vaterländischen Kriegen haben deutsche Juden in dieser Verbundenheit Blutsopfer gebracht. Im großen Kriege haben von 500000 deutschen Juden 12000 ihr Leben hingegeben. Auf den

Gebieten friedlicher Arbeit haben wir mit allen unseren Kräften unsere Pflicht getan.»

Der Aufruf, Rechtsverwahrung und Hilferuf in einem, schloß mit Beschwörungen: «Wir rufen dem deutschen Volke, dem Gerechtigkeit stets höchste Tugend war, zu: Der Vorwurf, unser Volk geschädigt zu haben, berührt aufs tiefste unsere Ehre. Um der Wahrheit willen und um unserer Ehre willen erheben wir feierlich Verwahrung gegen diese Anklage. Wir vertrauen auf den Herrn Reichspräsidenten und auf die Reichsregierung, daß sie uns Recht und Lebensmöglichkeit in unserem deutschen Vaterlande nicht nehmen lassen werden. Wir wiederholen in dieser Stunde das Bekenntnis unserer Zugehörigkeit zum deutschen Volke, an dessen Erneuerung und Aufstieg mitzuarbeiten unsere heiligste Pflicht, unser Recht und unser sehnlichster Wunsch ist.»

Das war am 29. März 1933. Der Boykott fand am 1. April statt als erste öffentliche Demonstration einer judenfeindlichen Politik, an deren Ende die physische Vernichtung nicht nur des größten Teils der deutschen, sondern von insgesamt fünf bis sechs Millionen Juden in ganz Europa geplant und vollzogen wurde.

Die nationalsozialistische Judenpolitik und der Völkermord sind nicht Gegenstand dieses Buches. An Literatur zur Verfolgung und zur Vernichtung des deutschen (und europäischen) Judentums herrscht kein Mangel; zu konstatieren ist aber, daß über der Beschreibung und Analyse der Maßnahmen und Gewaltakte gegen die Juden diese als Gegenstand einigermaßen abstrakt wurden. Mit anderen Worten: Im gleichen Maße, in dem notwendigerweise die Verfolgungsgeschichte im Vordergrund der Betrachtung stand, verflüchtigte sich das Bild der Verfolgten selbst. Von den Juden als konkreter Gemeinschaft, vom sozialen, kulturellen, religiösen Leben der deutschen Juden ist im öffentlichen Bewußtsein nicht viel mehr geblieben als schlimmstenfalls einige Klischees; im besten Falle sind es vielleicht die Namen prominenter Juden wie Leo Baeck, der als Rabbiner und Gelehrter, als Großpräsident der B'nai B'rith Loge (ab 1924), als Vorstandsmitglied des Central-Vereins und von 1933 bis 1943 an der Spitze der jüdischen Reichsvertretung die erste Autorität war. Er war in vielfacher Hinsicht repräsentativ, und er personifizierte den Versuch des Bewahrens und Behauptens jüdischer Existenz in schwerster Zeit. Daß er das Ghetto Theresienstadt, in das er 1943 deportiert wurde, überlebt hat, erleichterte es nach 1945, sich seiner zu erinnern. Die Namen Otto Hirsch und Julius Seligsohn, die einen beträchtlichen Teil seiner Bürde als Repräsentanten der deutschen Juden gegenüber dem NS-Regime mittrugen, sind dagegen nur noch Spezialisten geläufig. Martin Buber ist als Religionsphilosoph und Deuter des Chassidismus, als Mittler zwischen Ost- und Westjudentum bekannt; daß er als Gründer und Leiter der «Mittelstelle für jüdische Erwachsenenbildung» bis 1938 auch eine ganz praktische Rolle in der jüdischen Gemeinschaft gespielt hat, ist eher vergessen. Die Namen prominenter Emigranten, die jeweils auch einen Teil des Verlusts an geistiger deutscher Substanz verkörpern, also etwa Einstein als einer der deutsch-jüdischen Nobelpreisträger, die nach 1933 verjagt wurden, diese Namen sind geläufiger als die der Frauen und Männer, die in Deutschland blieben, bleiben mußten – und bis zum Untergang die jüdische Gemeinschaft bildeten.

Um diese Gemeinschaft, die in immer größerer Beschränkung im nationalsozialistischen Deutschland bis zur Götterdämmerung im Frühjahr 1945 existierte, geht es in diesem Buch. Freilich waren es am Ende, in den beiden letzten Jahren der NS-Herrschaft, nur noch desolate Reste jüdischen Gemeinwesens, aber jüdisches Leben in Deutschland endete eben auch nicht mit dem Novemberpogrom 1938 oder mit der Behauptung von 1943, Deutschland sei, nach den großen Deportationen, «judenfrei».

Es geht um das Leben der Juden in Deutschland vom Ende der Weimarer Republik bis zum Ende der NS-Herrschaft. Kulturelle Leistung und Eigenart, geistiges und soziales Leben, wirtschaftliche Betätigung, Selbsthilfe und Reaktion gegen die Politik des Regimes, politische und gesellschaftliche Strukturen des deutschen Judentums bilden die Themen der folgenden Kapitel. Daß sie nicht aus der Verfolgerperspektive dargestellt werden durften, war ebenso selbstverständlich wie das Erfordernis, die Fakten und Wirkungen der nationalsozialistischen Diskriminierung und Verfolgung in die Darstellung einzubeziehen. Ereignisse wie der Boykott 1933, die Nürnberger Gesetze 1935, der Novemberpogrom 1938, die Fabrik-Aktion 1943 waren ja Stationen einer Entwicklung von dominierendem Einfluß auf das jüdische Leben. Aber eine Sozial- und Kulturgeschichte des deutschen Judentums, wie sie hier beabsichtigt ist, mußte ihr Thema als eigenständig begreifen und nicht nur als Vorgeschichte der Vernichtung. Der jüdische Alltag, so kompliziert und unnormal er im nationalsozialistischen Deutschland war bis hin zum Überleben nur weniger im Untergrund, steht also im Mittelpunkt unserer Darstellung.

Mußte die zu enge Perspektive, in der Juden nur als Opfer nationalsozialistischer Rasse-Ideologie und Politik agieren, überwunden werden, so konnte doch, wollte man nicht ins andere Extrem, das der Verniedlichung oder Verharmlosung, verfallen, der düstere Hintergrund der Jahre 1933 bis 1945 nicht außer acht bleiben. Da die Darstellung aber nicht der Chronologie der antijüdischen Maßnahmen und Handlungen des NS-Regimes folgt, diese jedoch in allen Zusammenhängen präsent sein muß, gibt es im Anhang eine entsprechende Übersicht der wichtigsten diskriminierenden Gesetze, Anordnungen, Bestimmungen usw.

Wesentliches Element der Darstellung sind Quellenzitate jüdischer Provenienz. Texte ganz unterschiedlicher Art sind hierzu verwendet worden wie Artikel aus der jüdischen Presse aller Richtungen, der ‹C.V.-Zeitung›, der zionistischen ‹Jüdischen Rundschau›, aus dem ‹Schild› des jüdischen Frontsoldatenbundes, aus dem ‹Israelitischen Familienblatt›, aus der Zeitschrift ‹Jüdische Wohlfahrtspflege und Sozialpolitik›. Aussagekräftiges Material nationalsozialistischer bzw. regierungsamtlicher Herkunft wie die Berichte der Rüstungsinspektionen (im Bundesarchiv-Militärarchiv Freiburg) wurden natürlich gleichfalls herangezogen, ebenso wie die Akten vieler Gerichte aus den Nachkriegsjahren, in denen sich die Ereignisse des Novemberpogroms, der «Reichskristallnacht» von 1938, spiegeln.

Wichtig waren die Arbeitsberichte des «Zentralausschusses für Hilfe und Aufbau» und zahlreiche zeitgenössische Publikationen zu statistischen, sozialen und ökonomischen Problemen der deutschen Juden, unverzichtbar die Erlebnisberichte und autobiographischen Zeugnisse jeder Art. Viele sind publiziert und berühmt wie Inge Deutschkrons Erinnerungen (‹Ich trug den gelben Stern›), andere sind an abgelegener Stelle veröffentlicht und wohl nur Fachleuten bekannt, wieder andere (etwa Else Behrend-Rosenfeld: ‹Ich stand nicht allein›, 1945 und 1949 erstmals veröffentlicht) werden gerade neu entdeckt, und wieder andere Zeugnisse finden sich in Monika Richarz' unentbehrlicher Edition ‹Jüdisches Leben in Deutschland›. Ein wesentlicher Teil der hier in Auszügen zitierten Erlebnisberichte ist bisher unveröffentlicht, diese Texte befinden sich in der berühmten Memoiren-Sammlung des Leo Baeck Institute in New York bzw. in der Sammlung der Wiener Library (London und Tel Aviv). Die Texte aus der Wiener Library gibt es als Mikrofilm auch im Archiv des Instituts für Zeitgeschichte.

Absicht der Verfasser war es, das schmerzlichste Kapitel der Geschichte des deutschen Judentums möglichst authentisch darzubieten. Die ausführliche Verwendung der Quellentexte geschah darüber hinaus auch im Bestreben, diese Geschichte in möglichst vielen Facetten lebendig zu machen. Daß die Darstellung zentraler Bereiche jüdischen Lebens, nämlich jüdischer Religiosität und Geistigkeit, nichtjüdischen Historikern bei allem Bemühen um Einfühlung kaum annähernd möglich ist – dieser Tatsache waren wir Autoren uns freilich jederzeit bewußt.

Dieses Buch ist im Institut für Zeitgeschichte entstanden. Von der Konzeption bis zur Realisierung war es ein weiter und gelegentlich mühseliger Weg. Drei der sechs Autoren dieses Buches sind ständige oder längerfristige Mitarbeiter des Instituts (Wolfgang Benz, Volker Dahm, Günter Plum), zwei weitere, Juliane Wetzel und Clemens Vollnhals, wurden nach Abschluß ihrer Promotion für dieses Projekt verpflichtet, für beide war es nicht der erste Arbeitskontakt im Institut. Mit Konrad Kwiet konnte ein seit langem dem Institut für Zeitgeschichte verbundener Gelehrter gewonnen werden; es war eine glückliche Fügung, daß er im Herbst 1986 für einen mehrmonatigen Arbeitsaufenthalt in München Zeit hatte, sein eigentlicher Wirkungsort ist die University of New South Wales in Sydney.

Mit diesen Bemerkungen soll angedeutet werden, daß dieses Buch nicht als mehr oder minder beliebiger Sammelband, sondern als Ergebnis konzentrierter Anstrengung in enger Kooperation verstanden sein will.

Zu danken ist vielen. An erster Stelle allen, die das Zitieren aus ihren Erinnerungen, Erlebnisberichten u.a. Texten gestattet haben. (Einige Urheber der als Quellen benützten Texte konnten nicht ermittelt werden. Sie werden gebeten, sich mit dem Verlag oder dem Institut für Zeitgeschichte in Verbindung zu setzen.) Ohne die Archive und Bibliotheken, die Quellen zur Verfügung stellten, wäre es nicht gegangen. Dankbar genannt seien, auch für alle anderen, das Leo Baeck Institute in New York und die Germania Judaica Bibliothek in Köln, aber auch und vor allem Archiv und Bibliothek des Instituts für Zeitgeschichte. Dank verdient haben alle, die aus Manuskripten Reinschriften herstellten, Texte in vielfacher Hinsicht verbessern halfen und schließlich Korrektur lasen, das waren Sybille Benker, Erna Danzl, Irmgard Kaiser, Reinhilde Staude, Petra Lungstraß und Gerlinde Hagedorn-Lohr, M.A. Um eine einheitliche Zitierweise und um die teils mühsame Verifizierung von Quellentexten hat sich Angelika Schardt verdient gemacht; von ihr stammt auch die chronologische Übersicht über die antijüdischen Maßnahmen des NS-Regimes im Anhang. Herzlich zu danken ist schließlich Martin Broszat, dem Direktor des Instituts für Zeitgeschichte, für die Liberalität und Geduld, mit der er das Werden des von ihm angeregten Buches begleitet hat, Georg Maisinger, dem Verwaltungsleiter des Instituts, der bei der Umschiffung mancher Klippe am Steuerruder saß, und Ernst-Peter Wieckenberg für sein Engagement als Lektor und Verleger.

Wolfgang Benz

Prolog

Der 30. Januar 1933

Die deutschen Juden und der Beginn der nationalsozialistischen Herrschaft

Von Wolfgang Benz

«Wir stehen als Juden vor der Tatsache, daß eine uns feindliche Macht die Regierungsgewalt in Deutschland übernommen hat», hieß es im Leitartikel der ‹Jüdischen Rundschau› vom 31. Januar 1933. Der Nationalsozialismus sei eine judenfeindliche Bewegung, er sei in seinem Programm in einem Maße antisemitisch wie noch keine Partei zuvor, er verdanke skrupelloser Judenhetze einen großen Teil seiner agitatorischen Erfolge.

Daß diese Feststellungen zutrafen, wußten die Leser der ‹Jüdischen Rundschau› natürlich genausogut wie alle deutschen Juden; von Interesse war jetzt, am Tage nach der Ernennung Adolf Hitlers zum Reichskanzler, wie die vom Führer der NSDAP geleitete konservativ/nationalsozialistische Koalitionsregierung agieren würde. Ob sie den Antisemitismus in Taten umsetzen würde, wie es in den verbalen Kraftakten unermüdlich verheißen worden war? Im Aufruf der Reichsregierung an das deutsche Volk, der am 1. Februar veröffentlicht wurde, war von Juden keine Rede, und düstere Ankündigungen, wie sie vereinzelt in der nationalsozialistischen Provinzpresse zu lesen waren, konnte man als Auswüchse wildgewordener Redakteure im Siegestaumel abtun, denen die staatsmännische Hand des neuen Reichskanzlers schon Zügel anlegen würde. In der Bremer ‹Nationalsozialistischen Zeitung› war am 30. Januar 1933 (in der Reaktion auf einen Artikel über Horst Wessel im lokalen sozialdemokratischen Blatt) verkündet worden, daß sich eine unüberbrückbare Kluft auftue «zwischen dem deutschen Menschen und dem jüdischen Asiaten». Der Nationalsozialismus werde «mit eisernen Besen auskehren und aufräumen mit den ‹deutschen Staatsbürgern›, mit denen man nur mit der Hundepeitsche und dem Stiefelabsatz verkehren» könne. Der Artikel schloß mit Gebrüll: «Und sie werden ausgelöscht werden!»[1] Das war typischer nationalsozialistischer Radaujournalismus, hatte mit der «Machtergreifung» des Chefs der NS-Bewegung gar nichts zu tun, und es war trotzdem – auch wenn der Schreiber selbst seine Drohungen vielleicht gar nicht ernst nahm – eine Prophezeiung, die furchtbar in Erfüllung gehen sollte.

Natürlich hatten die Trommler Hitlers in den Versammlungen und Kundgebungen der NSDAP seit Jahren antisemitische Orgien gefeiert, hatten sich und ihr Publikum an antijüdischen Phrasen und Verheißungen berauscht, aber daß den schrecklichen Worten ebenso schreckliche – und schließlich noch entsetzlichere – Taten folgen sollten, glaubte in den Tagen des nationalen Aufbruchs 1933 niemand so recht. Nicht einmal die Zionisten, deren Sprachrohr die ‹Jüdische Rundschau› war und die gegenüber der Zukunft skeptischer waren als die im Central-Verein organisierten «deutschen Staatsbürger jüdischen Glaubens», die dem Traum einer deutschjüdischen Symbiose anhingen, deren nationale Hoffnungen und Sehnsüchte sich nicht von denen nichtjüdischer deutscher Bürger unterschieden. Hitler habe Gegner und Widerstände auf dem Weg zur Macht gefunden, schrieb die ‹Jüdische Rundschau› zum Amtsantritt des neuen Kanzlers, «aber wenn ihm im letzten halben Jahr der Weg zur Macht versperrt war, so gewiß nicht wegen seines antisemitischen Programms». Eher könnte man sagen, daß unter dem Druck der NSDAP «auch ohne Machtergreifung Hitlers die Ausschaltung der Juden bereits betrieben wurde».

Trotz aller Skepsis – und darin waren sich Zionisten und Anhänger der deutschjüdischen Assimilation einig – gaben sich die jüdischen Kommentatoren auch in den folgenden Wochen, und viele noch länger, überzeugt, daß zwischen dem Volkstribun Hitler in Stiefeln und Braunhemd mit seiner SA, die «Juda verrecke» brüllte und das Lied sang vom Judenblut, das vom Messer spritzen müsse, wenn es noch mal so gut gehen solle, und dem Reichskanzler Hitler im Gehrock, flankiert von deutschnationalen und anderen hochkonservativen Notabeln, ein grundlegender Unterschied sei. Was der Parteiführer Hitler propagiert habe, könne der Kanzler Hitler nicht realisieren, ja nicht einmal wollen. Im übrigen glaubten sie an die Kraft der Normen, die Verankerung der Gleichberechtigung der deutschen Juden in der Reichsverfassung, die nicht durch das Programm der NSDAP einfach ersetzt werden könne. Daß genau dieses geschehen würde, widersprach aller Vernunft und schien daher außerhalb des Möglichen. Ganz entschieden faßte darum die ‹Jüdische Rundschau› den Kanzler ins Auge und brachte die Sache auf den Punkt: «Die deutschen Juden, von der Partei des Reichskanzlers dauernd bedroht und beleidigt, herabgewürdigt und verleumdet, fordern von jeder Regierung, welche es auch sei, die Respektierung ihrer Existenz, ihrer Ehre und Art.»

Und zur Untermauerung des Postulats wurden Realitäten beschworen, die man für unabänderlich hielt: «Die ganze Welt blickt heute auf Deutschland, insbesondere das jüdische Volk. Trotz der numerischen Geringfügigkeit des deutschen Judentums steht für alle Juden der Welt das Schicksal der deutschen Juden im Mittelpunkt des Interesses. Wir sind überzeugt, daß auch im deutschen Volk die Kräfte noch wach sind, die sich gegen eine barbarische antijüdische Politik wenden würden. Darüber hinaus aber ist Deutschlands Stellung innerhalb der gesamten Kulturnationen abhängig von seinem Verhalten in der Judenfrage. Auch ein nationalsozialistisch regiertes Deutschland kann die Verschlungenheit der internationalen Beziehungen nicht ignorieren.»[2]

Das Präsidium des Centralvereins deutscher Staatsbürger jüdischen Glaubens übergab am 30. Januar 1933 der Öffentlichkeit eine Resolution, deren Quintessenz im Schlußsatz lautete: «Im übrigen gilt heute ganz besonders die Parole: Ruhig abwarten», und das war auch der Tenor des Artikels, den Ludwig Holländer, der Direktor des Centralvereins, zum Ereignis verfaßt hatte: «Ernst und besorgt blicken die deutschen Juden in die Zukunft», hieß es da, und es habe keinen Sinn, sich über die Gefahr zu täuschen, die darin bestehe, daß die führenden Männer einer judenfeindlichen Partei nun die Politik beherrschten. Aber: «Auch in dieser Zeit werden die deutschen Juden ihre Ruhe nicht verlieren, die ihnen das Bewußtsein untrennbarer Verbundenheit mit allem wirklich Deutschen gibt. Weniger denn je werden sie ihre innere Haltung zu Deutschland von äußeren Angriffen, die sie als unberechtigt empfinden, beeinflussen lassen. Viel zu tief ist in ihnen das Bewußtsein verwurzelt, was für sie der deutsche Lebensraum bedeutet. Dieses Bewußtsein und nicht zuletzt die Tatsache ihrer Leistungen für Deutschland geben den deutschen Juden heute Kraft und Halt.» Der Artikel steigerte sich zur pathetischen Beschwörung jener Tugenden, die dem Centralverein als Leitmotive galten (und die auch die ideologische Gegenposition zum Zionismus markierten): «Nur aufrechtes Bekenntnis zu unserem wahren Wesen, unbedingte Mannhaftigkeit und stärkster Nachdruck in der Selbstbehauptung dessen, was wirklich deutsch und wirklich jüdisch ist, wird dem heute lebenden Geschlecht der deutschen Juden Anspruch geben, vor der Geschichte zu bestehen.»[3]

Ludwig Holländer hatte aber auch einfließen lassen, was vielen Gegnern einer Regierung Hitler als Trost diente, die Vermutung nämlich, daß sich das vom Reichspräsidenten abgesegnete Bündnis der bürgerlichen Konservativen mit der NSDAP als kurzlebiges Experiment, dessen Mißlingen als wahrscheinlich galt, herausstellen werde. Auf Recht und Gesetz wies der Centralverein ganz ausdrücklich hin, nicht nur durch die Veröffentlichung der Eidesformel, die Hitler auf die Weimarer Verfassung geschworen hatte, und durch die Zitierung der drei für den Status der Juden wesentlichen Verfassungsartikel selbst: die Gleichheitsgarantie für alle Deutschen (Artikel 109), die Bestimmung über die unterschiedslose Zulassung aller Staatsbürger zu den öffentlichen Ämtern (Artikel 128) und des Artikels 135, der die Glaubens- und Gewissensfreiheit allen Bewohnern des Deutschen Reiches zusicherte.

In der öffentlichen Erklärung, die mit jenem Appell zum ruhigen Abwarten schloß, machte das Präsidium des Centralvereins den 85jährigen Paul von Hindenburg zum Felsen in der Brandung: «Wir sehen als den ruhenden Pol in der Erscheinungen Flucht den Herrn Reichspräsidenten an, zu dessen Gerechtigkeitssinn und Verfassungstreue wir Vertrauen haben.» Das klang ein wenig wie lauter Gesang Hilfloser in der Finsternis, denn übertrieben stark konnte das Vertrauen in den greisen Feldmarschall nicht sein, wie die unmittelbar anschließende Bekräftigung des Rechtsstandpunkts zeigt: «Aber auch abgesehen davon sind wir überzeugt, daß niemand es wagen wird, unsere verfassungsmäßigen Rechte anzutasten. Jeder nachteilige Versuch wird uns in entschiedener Abwehr auf dem Posten finden.»[4]

Auf den Reichspräsidenten richteten sich im Frühjahr 1933 die Hoffnungen vieler. Vor allem den kleinen Leuten erschien er als mächtiger Gebieter, dessen Wort dem Treiben der Antisemiten Einhalt gebieten könne. Eine Berlinerin, Frieda Friedmann, klagte in einem Brief vom 23. Februar 1933 dem Reichspräsidenten ihr Leid. Es war kein Einzelschicksal:

«Ich war 1914 verlobt, mein Verlobter fiel 1914. Zwei meiner Brüder Max und Julius Cohn fielen im Jahre 1916 und 1918. Mein letzter Bruder Willy kam erblindet durch Verschüttung aus dem Felde zurück. Er wurde wieder so weit hergestellt, daß er sich ohne Hilfe auf der Straße bewegen kann, seine Nerven jedoch sind futsch und er ist nicht als normal zu betrachten. Meinem Vater hat dies das Herz gebrochen und wenn ich meine arme Mutter sehe, jammert es mich, denn auch ich habe 1920 einen Kriegsbeschädigten geheiratet, mit dem ich aufgrund seiner Beschädigung sehr unglücklich lebe, so daß ich daran mein ganzes Leben lang trage. Alle haben das Eiserne Kreuz für Verdienst am Vaterland. Jetzt jedoch ist es in unserem Vaterlande so gekommen, daß auf der Straße öffentlich Broschüren gehandelt werden ‹Juden raus!›, öffentliche Aufforderung zu Pogromen und Gewalttaten gegen die Juden. Wir sind Juden und haben unsere vollste Pflicht für das Vaterland erfüllt. Sollte Ew. Exzellenz da nicht Abhilfe schaffen können, und dessen eingedenk sein, was auch die Juden dem Vaterland geleistet haben? Ist die Judenhetze Tapferkeit oder Feigheit, wenn es im deutschen Staat bei 60 Millionen Menschen 1% Juden gibt?»

Das Büro des Reichspräsidenten bestätigte umgehend den Empfang des Schreibens, Staatssekretär Meissner versicherte Frau Friedmann, daß der Herr Reichspräsident mit Anteilnahme vom schweren Kriegsschicksal der Familie Kenntnis genommen habe und mitteilen lasse, daß er die erwähnten Ausschreitungen gegenüber jüdischen Reichsangehörigen lebhaft mißbillige und bedauere. Der Brief wurde auch der Reichskanzlei zur Kenntnis gebracht und Hitler vorgelegt, der an den Rand schrieb: «Die Behauptungen dieser Dame sind ein Schwindel! Es ist selbstverständlich nicht eine Aufforderung zum Progrom [so!] erfolgt!»[5]

So groß die Besorgnis bei den Vertretern der jüdischen Organisationen war, stärker war die Begeisterung eines beträchtlichen Bevölkerungsteils, der schlechte Zeiten für überwunden hielt und sich emotionalen Aufwallungen hingab, stimuliert durch nationale Reden, durch Fackelzüge, durch Demonstrationen, die den Anbruch eines neuen Zeitalters illustrierten. Selbst im kühlen Hamburg gingen die Wogen hoch, als Nationalsozialisten und die Männer vom Stahlhelm gemeinsam durch die Straßen zogen: «Wir waren wie berauscht vor Begeisterung, geblendet vom Licht der Fackeln gerade vor unsern Gesichtern und immer in ihrem Dunst, wie in einer süßen Wolke von Weihrauch. Und vor uns Männer, Männer, Männer, braun, bunt, grau, braun, eine Flut von einer Stunde und 20 Minuten. Im zuckenden Licht der Fackeln meinte man nur einige Typen zu sehen, die immer wiederkehrten, aber es waren an 22–25 000 verschiedene Gesichter! ... ‹Juda, verrecke›, wurde auch mal gerufen und vom Judenblut gesungen, das vom Messer spritzen solle.» Luise Solmitz, die diese Sätze am 6. Februar 1933 ins Tagebuch schrieb, fügte später hinzu: «Wer nahm das damals ernst?!» Das war, als sich ihre Begeisterung für Hitler gelegt, als sie sich vom Nationalsozialismus distanziert hatte. Sie war nämlich mit einem Juden verheiratet. Ihr Mann war als Fliegeroffizier des Ersten Weltkriegs mit Göring persönlich bekannt und durfte sich deshalb später dessen schützender Hand erfreuen, aber das änderte nichts daran, daß die Familie dann von den Nürnberger Gesetzen betroffen war, daß insbesondere die Tochter der Tagebuchschreiberin als «Halbjüdin» ihre Schule verlassen mußte. Das bewirkte schließlich die Bekehrung der Frau Solmitz vom Nationalsozialismus.[6]

Die optimistische Vermutung, daß das antisemitische Parteiprogramm der NSDAP nicht zur Staatsdoktrin erhoben werden könne (oder doch mindestens nicht in Aktionen umgesetzt würde), teilten mit dem Centralverein auch andere Gruppen im deutschen Judentum. Im ‹Israelit› (‹Ein Centralorgan für das orthodoxe Judentum›) war zu lesen, daß das Kabinett Hitler zwar eine «schwere stimmungsmäßige Belastung der ganzen deutschen Judenheit» bedeute und darüber hinaus alle besorgt mache, die in der «Überspitzung des nationalistischen Rassen-Fanatismus unserer Tage ein Hemmnis auf dem Wege menschlicher Gesittung und weltgeschichtlichen Fortschritts erblicken», aber man gab sich zuversichtlich, daß die neue Regierung nicht nach den Rezepten im ‹Völkischen Beobachter› und im ‹Angriff› vorgehen könnte oder das auch nur wollte, also «kurzer Hand die deutschen Juden ihrer verfassungsmäßigen Rechte entkleiden, sie in ein Rassen-Ghetto sperren oder den Raub- und Mord-Instinkten des Pöbels preisgeben» würde. Schon der Machtverhältnisse wegen – weil der Reichspräsident und «die Nachbarparteien» bremsen würden – könne es nicht zu schlimm werden. Auch habe man doch das Bewußtsein einer europäischen Weltmacht, «die ja mitten im Konzert der Kulturvölker steht und bleiben will». Des Ernstes der Lage müsse man sich jedoch bewußt sein, schrieb der ‹Israelit›, denn je weniger die neuen Männer die versprochenen wirtschafts- und sozialpolitischen Wunder wirken könnten, desto näher läge für sie der Wunsch, «doch wenigstens ein paar Absätze aus dem rassentheoretischen Programm der Partei in die politische Wirklichkeit umzusetzen», und das könne «ohne sensationelle und kompromittierende Judengesetze auf dem Wege des ‹trockenen Pogroms›, der systematischen Aussperrung und Aushungerung der Juden im wirtschaftlichen und kulturellen Leben leicht geschehen»[7].

Natürlich interessierte sich auch die jüdische Presse des Auslands für die neue Regierung in Deutschland und widmete Spekulationen über das Geschick der deutschen Juden – gemeint war deren künftiger rechtlicher Status – ziemlich viel Raum. Das brachte wiederum die Betroffenen in eine schwierige Lage. Sollten sie das ‹Jewish Morning Journal› in New York oder das Londoner ‹Jewish Chronicle› zum Anwalt ihrer Sache machen, von der sie doch inbrünstig hofften, daß sie gar nicht auf die Tagesordnung kommen würde, geschweige denn kritisch stand? Andererseits lasen auch deutsche Juden die Beschwichtigungen gern, die das Auswärtige Amt auf die Frage nach dem Kurs der Regierung gegenüber den Juden abgegeben hatte. Gefragt hatte der Berliner Korrespondent des ‹Jewish Morning Journal›, und die Erklärung des Auswärtigen Amts wurde auch in der deutschen jüdischen Presse zitiert: «Um die Befürchtungen der ausländischen Juden bezüglich des Schicksals der Juden in Deutschland zu beruhigen, wird erklärt, daß das neue deutsche Kabinett Frieden und Ordnung für alle deutschen Bürger zu sichern bestrebt ist und nicht die Absicht hat, sich auf unvernünftige Experimente einzulassen.»[8]

Daß man nur, wie es mit den Nürnberger Gesetzen 1935 geschah, die Juden des Bürgerrechts berauben mußte, damit diese Beschwichtigungsformel ihren Sinn behielt, aber Frieden und Ordnung den Juden in Deutschland nicht mehr garantiert war, mußte man im Februar 1933 nicht vermuten. Die ‹Jüdische Rundschau› knüpfte einige ahnungsvolle Bemerkungen an die Erklärung, die der realpolitischen Situation ziemlich entsprachen: «Der Nationalsozialismus ist heute in seiner Behandlung der Judenfrage in der Klemme zwischen dem offenkundigen Interesse Deutschlands, das durch Entrechtungs- und Unterdrückungsmethoden gegen die Juden empfindlich verletzt würde, und den Erwartungen der eigenen Anhänger, die man jahrelang mit skrupelloser Judenhetze vergiftet hat und die daher von ihren Führern antijüdische Maßnahmen erwarten. Daß in Wahrheit die Judenfrage für Deutschland so gut wie belanglos ist, daß das Deutsche Reich und die Regierung andere und schwerere Sorgen haben müssen – das vermag gewiß ein Teil der nationalsozialistischen Anhängerschaft, zu primitivem Denken erzogen, nicht zu erfassen.»[9]

Es gab aber auch Gruppierungen im deutschen Judentum, die sich bemühten, die neue Regierung in rosigem Licht zu sehen. Der ‹Verband nationaldeutscher Juden› hatte sich längst weit rechts im politischen Spektrum der Weimarer Republik etabliert (entstanden war er aus einer Abspaltung des Centralvereins im Jahre 1921). Zur Reichstagswahl vom 31. Juli 1932 hatte der Verband die Parole ausgegeben «Wählt deutsch!» (und gemeint war die Deutschnationale Volkspartei):

«Unser Vaterland ist dort, wo unsere Seele ist. Mit Deutschland sind wir verbunden durch die deutsche Kultur, die seit Jahrhunderten in unseren Familien heimisch ist, durch die deutsche Muttersprache, durch die Liebe zum deutschen Heimatboden, durch das Wissen um unsere Zugehörigkeit zum deutschen Volke. Wir sind Deutsche nicht um irgendwelcher Vorteile willen, sondern durch den Zwang des Gefühls. Diese unverbrüchliche Verbundenheit mit dem deutschen Volke kann uns nicht geraubt werden, nicht durch Drohungen irregeleiteter Judenfeinde, nicht durch Hirngespinste einiger dem Deutschtum künstlich entfremdeter Zionisten, nicht durch Angstpolitik einer kleinen wurzellosen Zwischenschicht. Das Volksgefühl gibt den Ausschlag, nicht die sogenannte ‹Rasse›. Wer in seinem Gefühl zum deutschen Volke gehört, wählt am 31. Juli nicht für den vermeintlichen Vorteil der Juden, er wählt für die deutsche Kultur und die deutsche Zukunft.»[10]

Verschiedene Motive bestimmten die Haltung der ‹nationaldeutschen› Juden, die Frontstellung gegen den Marxismus gehörte dazu, aber auch das zwanghafte Bedürfnis, äußersten Patriotismus zu beweisen. Daß der Verband unter Führung des Rechtsanwalts Max Naumann sich von den Zionisten wie von den Ostjuden distanzierte, lag auf der Hand, ebenso daß er von den anderen Richtungen im Judentum mit Argwohn betrachtet wurde. Nationalsozialismus ohne die antisemitischen Ingredienzen seiner Ideologie wäre dieser Richtung – und anderen patriotischen deutschen Juden bis hin zu jener Organisation, die sich «Deutscher Vortrupp-Gefolgschaft deutscher Juden» nannte und sich besonders chauvinistisch gebärdete – schon recht gewesen.

Die «nationaldeutschen» Juden wurden, das lag in der Natur der Sache, von der NSDAP höhnisch zurückgewiesen. Im ‹Völkischen Beobachter› konnten sie nachlesen, daß die «plumpen und verächtlichen Anbiederungsversuche» des Verbands nationaldeutscher Juden die Nationalsozialisten pathologisch anmuteten und daß die ultradeutsche Gebärde sinnlos sei.[11] Der Verband wurde im Herbst 1935 verboten, im Frühjahr 1935 hatte Max Naumann noch in einem Brief an Hitler verlangt, bei der Wiedereinführung der Wehrpflicht die «nationaldeutschen Juden» den «Ariern» gleichzustellen und nicht vom Waffendienst auszuschließen, er hatte sich auch erbötig gemacht, dem Führer und Reichskanzler bei der notwendigen «Abgrenzung zwischen den zuzulassenden nationaldeutschen Juden und den nicht zuzulassenden Fremdjuden» Anregungen zu unterbreiten.[12]

In der Haltung zur Regierung Hitlers ließ sich der Verband nationaldeutscher Juden nicht leicht beirren, wie sich auch einer Äußerung vom

September 1934 noch entnehmen läßt: «Wir haben stets das Wohl des deutschen Volkes und Vaterlandes, dem wir uns unauflöslich verbunden fühlen, über unser eigenes Wohl gestellt. Deshalb haben wir die nationale Erhebung vom Januar 1933 begrüßt, trotzdem sie für uns selbst Härten brachte, denn wir sahen in ihr das einzige Mittel, den in vierzehn Unglücksjahren von undeutschen Elementen angerichteten Schaden zu beseitigen.»[13]

Auch der Reichsbund jüdischer Frontsoldaten übte sich in selbstverleugnender Loyalität zu einer Reichsregierung, die sich dadurch nicht im mindesten beeindrucken ließ. Die Ergebenheitsadresse, die der Bundesvorsitzende Löwenstein im Oktober 1933 anläßlich des Austritts aus dem Völkerbund abgab, war nur ein Dokument der Illusionen: «Kameraden! Es geht um Deutschlands Ehre und Lebensraum. Da übertönt in uns ein Gefühl alles andere. In altsoldatischer Disziplin stehen wir mit unserem deutschen Vaterlande bis zum Letzten!»[14]

Die öffentlichen Reaktionen im Judentum dürfen freilich nicht darüber hinwegtäuschen, daß die Mehrheit sicherlich ängstlich-abwartend, aber vor allem indifferent die Ereignisse hinnahm. In Berlin fand am 30. Januar im Café Leon am Kurfürstendamm ein Treffen statt, bei dem es um die Förderung des jüdischen Handwerks ging. Zionisten, Liberale und Vertreter des Handwerkerverbandes waren erschienen. Kurz vor der Sitzung war bekanntgeworden, daß Hitler zum Reichskanzler ernannt war. Der liberale Redner hielt sich an sein Thema und betonte vor allem die unterschiedlichen Positionen im deutschen Judentum. Der Zionist, Rabbiner Hans Tramer, sprach von der historischen Wendung und meinte, alle Differenzen unter Juden seien sinnlos geworden, alle seien jetzt in der gleichen Gefahr. «Er machte mit seiner Rede gar keinen Eindruck. Das ganze Publikum hielt das für Schwarzmalerei. Es gab keinerlei Echo.»[15]

Ludwig Feuchtwanger, der Herausgeber und Redakteur der ‹Bayerischen Israelitischen Gemeindezeitung›, veröffentlichte Mitte Februar grundsätzliche Betrachtungen zur jüdischen Situation. Zum Ausgangspunkt nahm er ‹Die Lehren des Faschismus› von Mussolini, da «die Grundsätze des herrschenden italienischen Systems» der eben in Deutschland nach zehnjähriger Entwicklung «zur Herrschaft gekommenen Obrigkeit Modell und Vorbild» gewesen waren. Ludwig Feuchtwanger, der Bruder des Schriftstellers, verkannte nicht einige grundlegende Unterschiede zwischen Nationalsozialismus und Faschismus, die von unterschiedlicher historischer und sozialer Ausgangslage herrührten und die sich aus jüdischer Sicht am deutlichsten darin zeigten, daß dem Faschismus die antisemitisch-rassistische Komponente fehlte, was Juden nicht nur die Zustimmung zur, sondern auch die aktive Beteiligung in der Mussolini-Bewegung ermöglichte. Weil er sich über den Charakter faschistischer Ideologie deswegen aber keinen Illusionen hingab, war das Ergebnis der Analyse um so eindeutiger. Als die vier wesentlichen Komponenten des Faschismus benannte Feuchtwanger die Verherrlichung von Kampf, Heldentum und Krieg als höchste menschliche Tugenden, die unbedingte Ablehnung sozialistischer Theorien, die ebenso strikte Verneinung des demokratischen Systems und die Verabsolutierung des Staates.

Feuchtwanger knüpfte an den Befund die beiden Fragen, die ihm als existentiell für die Zukunft des deutschen Judentums erschienen: Ob es, erstens, eine konstitutionell bedingte Neigung des deutschen Judentums zu Demokratie, Sozialismus, Pazifismus und zur liberalen Staatsauffassung gebe, ob also das Judentum der in Europa aufsteigenden Bewegung des Faschismus feindliche Prinzipien vertrete. Das warfen die nationalsozialistischen Antisemiten den Juden ja unter anderem vor, und die Bejahung der Frage war gleichbedeutend der Konstatierung tödlicher Gefahr für alle Juden. Unter Hinweis auf die weltanschauliche und politische Heterogenität der deutschen Juden war diese Frage indes rasch und eindeutig zu verneinen (womit freilich das Problem der Bedrohung nicht erledigt war, da sich die Gegner der Juden ja kaum davon überzeugen lassen würden, daß ihre Gleichsetzung von Judentum mit Sozialismus, Bolschewismus und allen anderen bekämpften Auffassungen unsinnig war).

Die zweite Frage lautete: «Wie steht es mit dem alten unverbrüchlichen jüdischen Grundsatz: ‹Jedes Gesetz der Regierung ist für die Juden vorbehaltlos verbindlich› (dina d'malchutha dina) unter einer Regierung, die ausschließlich von Parteien geführt wird mit dem Prinzip, die deutschen Juden nicht als gleichberechtigte Volksgenossen anzuerkennen?» Es war das Problem der Legalität des Regimes und der Loyalität gegenüber einer Obrigkeit, die verfassungsrechtliche Maximen nicht allzu ernst nahm – soviel war Mitte Februar 1933 klar erkennbar. Die Frage bildete, weil sie die Frage nach dem Widerstand implizierte, das ethische Kardinalproblem für alle Staatsbürger unter nationalsozialistischer Herrschaft und blieb es über ihren Zusammenbruch hinaus.

Im Frühjahr 1933 ging es vor allem die Gegner und die potentiellen Opfer der Nationalsozialisten an, und sie entschieden sich wie die Sozialdemokraten mehrheitlich dafür, in der Legalität zu bleiben. Exponierten Gegnern des Nationalsozialismus blieb die Flucht ins Ausland. Als Organisation hatte sich im wesentlichen nur die KPD zum Kampf aus der Illegalität heraus entschlossen. Die Kommunisten wurden aber auch am sichtbarsten (und nach dem Reichstagsbrand ganz offiziell) verfolgt. Das traf für die Juden als gesellschaftliche Gruppe noch nicht zu, denn die zahlreichen Übergriffe unmittelbar nach der «Machtergreifung» konnten, auch wenn sie mancherorts pogromartigen Charakter hatten, als Verfehlungen lokaler Nazi-Hitzköpfe deklariert werden, und so wurden die Schmähungen, Tätlichkeiten und Überfälle, denen jüdische Bürger ausgesetzt waren, auch gesehen, nicht zuletzt von den Vertretern des Judentums selbst.

Ludwig Feuchtwanger nannte die Dinge früher als andere beim Namen, als er die Frage nach der Legalität der judenfeindlichen Obrigkeit aufwarf, die «jeden Widerstand und jede Gegenwehr zum Unrecht und zur Rechtswidrigkeit, zur ‹Illegalität›» machte. Feuchtwanger zitierte keinen Geringeren als Carl Schmitt, der im Jahr vor Hitlers Machtbeginn das Problem von Legalität und Legitimität untersucht und darauf hingewiesen hatte, welche Möglichkeiten darin lagen, wenn die Mehrheit nach Willkür Legalität definieren konnte. Wer 51 von Hundert beherrsche, könne die restlichen 49 auf legale Weise illegal machen: «Er dürfte auf legale Weise die Tür der Legalität, durch die er eingetreten ist, hinter sich schließen und den parteipolitischen Gegner, der dann vielleicht mit den Stiefeln gegen die verschlossene Tür tritt, als einen gemeinen Verbrecher behandeln.»

Feuchtwanger, der am 15. Februar 1933 allenfalls ahnen konnte, daß nach den Märzwahlen 1933 und mit dem Ermächtigungsgesetz genau dieses geschehen würde, ließ seine Leser nicht im unklaren darüber, daß auch die Weimarer Verfassung die Möglichkeit bot, mittels qualifizierter Mehrheit die Juden auf «legale» Weise zu entrechten, wobei immerhin die Hoffnung bliebe, daß sich die Waage dann auch wieder nach der anderen Seite neigen könne. Er schloß seine Betrachtung mit resignierter Gelassenheit, aber trotz allem wohl in der Überzeugung, daß Legalität und Vernunft schließlich triumphieren müßten: «Die letzten Jahre haben uns gelehrt, nichts für unmöglich zu halten. Beteuerungen, Proteste oder den Appell an den Gerechtigkeitssinn zu unterlassen und mit kühlster Aufmerksamkeit, die verstärkt wird durch das Bewußtsein der völligen Aussichts- und Wirkungslosigkeit irgendeines praktischen Schrittes im gegenwärtigen Stadium den Gang der deutschen politischen Tragödie zu verfolgen. Über Menschen- und Bürgerrechte eines Teils des deutschen Volkes kann nicht abgezählt werden. Ohne Furcht, ja zuversichtlich und gelassen schreiten wir den Ereignissen entgegen. Ein erhärtetes und völlig sicher gewordenes, geachtetes Judentum wird aus den Wechselfällen unseres staatlichen und politischen Lebens hervorgehen.»[16]

Nach der Reichstagswahl vom 5. März, die der NSDAP 43,9 Prozent und der Koalition mit den Deutschnationalen knapp die absolute Mehrheit brachte, wurden die Stimmen stärker, die eine Art Rückzug propagierten ins innere Exil, verbunden mit der Belebung jüdischer Tradition und der Neubesinnung auf jüdische Religiosität und jüdischen Geist. Im ‹Israelitischen Familienblatt›, das in den innerjüdischen Richtungsstreitigkeiten neutral war, konnte man Mitte März als Folgerung aus dem Tagesgeschehen lesen: Wenn es draußen gewittere, müsse man den Schutz seines Hauses, die Geborgenheit der jüdischen Familie und Gemeinde aufsuchen. «Die jüdische Familie ist die feste Burg, in die wir uns in der Stunde der Not flüchten. Aber diese Burg muß stark, mit Idealismus ausgestattet sein. Und die jüdische Gemeinde ist ihrem Ursprunge und ihrem Berufe nach eine erweiterte jüdische Familie, unserem Herzen ebenso nah und teuer wie jene.»

Geboten schien die Tugend der Entsagung, empfohlen als alte jüdische Kunst, und als notwendig wurde das Wiederfinden jüdischer Eigenart, die Bewahrung jüdischer Ehre und, als Voraussetzung dazu, die Überwindung der Zerissenheit im Judentum propagiert: «Wenn je ein Waffenstillstand im Kampfe der Richtungen und Parteien not tat, dann heute. Die schwere Lage muß uns einig finden. Das jüdische Bewußtsein muß gestärkt, das Gefühl für jüdische Würde gesteigert werden.»[17]

Die von der NSDAP Ende März angekündigte und am 1. April 1933 in Szene gesetzte Boykott-Aktion brachte für die Juden nach den Wochen bangen Ahnens das erste tiefe Erschrecken und das erste Signal, daß die Nationalsozialisten bei den gewohnten Deklamationen ihres Antisemitismus nicht stehenbleiben würden. Das hatten die Juden mindestens gehofft, bis die NSDAP die «Greuelpropaganda» der ausländischen jüdischen Presse (von der sich der Centralverein und andere jüdische Organisationen in Deutschland verzweifelt distanzierten) zum Vorwand nahm, um den Juden und den mehrheitlich nicht besonders antisemitisch eingestellten Nichtjuden die Grundlinien der künftigen offiziellen Judenpolitik zu demonstrieren.

Die Proteste und Verwahrungen, die Ende März von jüdischen Offiziellen verfaßt wurden, bestanden aus einer Mischung von feierlicher Zurückweisung der «ungeheuerlichen Anschuldigungen, die gegen uns deutsche Juden erhoben werden», entschiedener Distanzierung von der ausländischen Presse, die mit ihrer Berichterstattung über die Judenpolitik der Hitlerregierung den Anlaß bot, und Appellen an Anstand und Vernunft. In keinem dieser Dokumente, die Regierungsstellen auf allen Ebenen bis hinauf zur Reichskanzlei zugestellt oder in der jüdischen Presse veröffentlicht wurden, fehlte der Hinweis auf die jüdischen Opfer im Ersten Weltkrieg. So schrieb Dr. Alfred Neumeyer als Präsident der Bayerischen Israelitischen Gemeinden «in tiefer Ergebenheit» an den neuen Ministerpräsidenten von Bayern, General von Epp: «Wir deutschen Juden haben stets für Deutschland gearbeitet, viele Tausende von uns haben im Krieg ihr Leben für Deutschland geopfert, das Wohl des Vaterlandes war uns stets die höchste Aufgabe. Wir können und wollen den Maßnahmen, die sich gegen uns wenden, nicht mit äußeren Mitteln entgegentreten. Aber wir werden sie standhaft ertragen im Bewußtsein, daß uns schweres Unrecht geschieht. Der göttliche Herrscher der Welt wird uns die Kraft dazu geben. Wir beten zu ihm, daß er unseren deutschen Volksgenossen bald die Einsicht schenken möge, daß der Weg zum großen Ziel des nationalen Wiederaufbaues Deutschlands nicht über die Unterdrückung der Juden geht.»[18]

An den frischgebackenen Oberpräsidenten der Provinz Hannover, den SA-Führer Viktor Lutze, schrieb der zweite Vorsitzende der Ortsgruppe

DER JUDE

hat es gewagt, dem deutschen Volke den Krieg zu erklären. Er betreibt in der ganzen Welt mit Hilfe der in seinen Händen befindlichen Presse einen großangelegten

LÜGENFELDZUG

gegen das wieder national gewordene Deutschland. Er bezichtigt die Deutschen der unerhörtesten und schändlichsten **Greueltaten**, der erbärmlichsten **Verbrechen**. Er beschimpft sie als **Hunnen**, als **Barbaren** und **Mordbrenner**. Er fordert auf zum Boykott deutscher Erzeugnisse.

Dagegen rufen wir die Bevölkerung auf zum **KAMPF!**

Am Freitag, 31. März 1933, abends 8 Uhr, auf dem Königsplatz

Massenkundgebung

Es sprechen:

Adolf Wagner / Julius Streicher

Ab 7 Uhr Konzert der verein. Münchener SA.-Kapellen u. Spielmannszüge. Für einwandfr. Lautsprecherübertragung ist gesorgt

Frauen und Männer! Arbeiter der Stirn und der Faust! Gebt dem Weltjuden die Antwort! Schließt Euch zusammen! Kommt alle!

Zentralkomitee zur Abwehr der jüdischen Greuel- und Boykotthetze f. München-Oberbayern

I. A. gez. Otto Nippold

Die Geschäftsstelle des Zentralkomitees für München-Oberbayern befindet sich in München, Barer Str. 14, Tel. 59582

Aufruf im ‹Völkischen Beobachter› zur Massenkundgebung auf dem Münchner Königsplatz am Vorabend des Boykotts

Hannover des Reichsbunds jüdischer Frontsoldaten, als einstiger Frontkämpfer und Offizier könne er es nicht mit seiner Ehre vereinbaren «zuzusehen, wie gegen die jüdische Gemeinschaft ohne Unterschied ihrer Einstellung und Vergangenheit Vorwürfe gerichtet werden, die nicht nur ihre materielle Existenz vernichten, sondern was noch schlimmer ist, ihre Ehre in den Staub ziehen»[19].

Weniger selbstbewußt wurde auf höherer Ebene agiert. Der Centralverein deutscher Staatsbürger jüdischen Glaubens hatte am 24. März eine Presseerklärung herausgegeben, in der es hieß: «Das deutsche Volk befindet sich seit Wochen in einem politischen Umschwung gewaltigen Ausmaßes. Hierbei ist es zu politischen Racheakten und Ausschreitungen auch gegen Juden gekommen. Die Reichsregierung wie die Länderregierungen haben sich mit Erfolg bemüht, möglichst schnell Ruhe und Ordnung wiederherzustellen. Der Befehl des Reichskanzlers, Einzelaktionen zu unterlassen, hat seine Wirkung getan.»[20]

Der ‹Völkische Beobachter› hielt aber auch diesen Beschwichtigungsversuch für eine jüdische Frechheit und prophezeite: «Auch dieser Central-Verein mit dem irreführenden Namen ‹deutscher Staatsbürger jüdischen Glaubens› wird sich an die Tatsachen gewöhnen müssen, die die wahrhaft berechtigte Ausschaltung des Judentums auf allen Gebieten des deutschen Lebens mit sich bringen.»[21]

Die Zionistische Vereinigung für Deutschland erhob in ihrer Erklärung vom 26. März weltweiten Einspruch «gegen jede deutschfeindliche Propaganda», gegen «alle nicht der Wahrheit entsprechenden Greuelmeldungen und gewissenlose Sensationsnachrichten», und die ‹Jüdische Rundschau› beteuerte am Tag vor dem Boykott noch einmal, die «Greuelpropaganda» im Ausland sei nicht jüdischen Ursprungs: «Gewissenlose Sensationsjäger und Elemente, die im Trüben fischen, haben Nachrichten erfunden, denen der Stempel der Lüge aufgedrückt war.» Es sei richtig, daß eine antideutsche Propaganda sich dieser Nachrichten bedient habe, aber es hieße, «dem deutschen Volk Sand in die Augen streuen, wollte man ihm einreden, daß seine außenpolitischen Feinde Juden sind».

Ob man in der Redaktion der ‹Jüdischen Rundschau› den folgenden Satz wirklich glaubte, muß dahingestellt bleiben: «Wir sind überzeugt, daß auch große Teile der nationalsozialistischen Partei und selbst ihre höchsten Führer, die in dieser Zeit mit anderen Geschäften überlastet sind, die wirklichen Zusammenhänge nicht entsprechend würdigen.» Vermutlich wußten die Redakteure es besser, wollten aber nichts unversucht lassen, den Schaden zu begrenzen.

Die Mahnung zur Vernunft wurde mit einiger Skepsis artikuliert, wenn es hieß, die NSDAP habe heute die unbeschränkte Macht in Deutschland und könne den angeordneten Boykott durchführen. Die deutschen Juden würden dann zur Auswanderung gezwungen, jedoch auch ein solcher beispielloser Vorgang würde der Hilfe von legitimierten völkerrechtlichen Instanzen bedürfen, aber man könne nicht glauben, daß solches geschehe, weil sich die Machthaber doch nicht der Wahrheit verschließen könnten, der Tatsache nämlich, daß das Judentum keinen Kampf gegen oder in

Deutschland erstrebe. Man wolle friedlich den alltäglichen Beschäftigungen nachgehen und bei der politischen Gestaltung Deutschlands bei aller Loyalität die gebotene Zurückhaltung üben. Freilich wäre es Heuchelei, jetzt zu sagen, daß die «nationale Revolution» von den Juden freudig begrüßt worden sei, weil der jetzt siegreiche deutsche Nationalismus im Zeichen radikaler Judenfeindschaft stehe. Trotzdem habe das nationale Judentum – gemeint waren die Zionisten – volles Verständnis «für jede nationale Bewegung und besonders auch für jede Erhebung gegen einen unerträglichen, die Ehre eines Volkes verletzenden Druck»[22].

Stellungnahmen innerhalb der jüdischen Gemeinden waren darauf abgestimmt, Trost zu spenden, Zuversicht zu stärken und die Hoffnung zu verbreiten, daß das Eintreten für den Fortbestand der bürgerlichen Gleichberechtigung der Juden in Deutschland wenn nicht Erfolg haben würde, so doch wenigstens in Besonnenheit und Würde geschehe. «Verzagt nicht! Schließt die Reihen!», rief der Vorstand der Frankfurter Israelitischen Gemeinde seinen Gemeindemitgliedern zu: «Kein ehrenhafter Jude darf in dieser Zeit fahnenflüchtig werden. Helft uns, das Vätererbe zu bewahren, und wenn die Not der Zeit den Einzelnen hart anfaßt, so gedenkt der Worte, die wir am bevorstehenden Pessachfest, dem Fest der Befreiung, von altersher sprechen: ‹Von Geschlecht zu Geschlecht sind sie gegen uns aufgestanden, uns zu vernichten. Aber der Heilige, gelobt sei Er, hat uns aus ihrer Hand errettet.›»[23]

Die jüdischen Reihen schlossen sich auch nach dem 1. April 1933 nur zögernd. Das Bedürfnis nach Positionsbestimmung, nach Definition des jüdischen Selbstverständnisses, nach der Wiederbelebung jüdischer Eigenart wurde allenthalben artikuliert und – streng nach Richtungen geschieden – zur wichtigsten Forderung der Zeit erhoben. In der jüdischen Presse taucht folgender Gedankengang verschiedentlich auf: Der Nationalsozialismus sei Ausdruck der Selbstbesinnung der deutschen Menschen, er stehe für die nationale Wiedergeburt des deutschen Wesens, und die Antwort auf jüdischer Seite müsse (schon weil der Antisemitismus der Nationalsozialisten eine solche erzwinge) in der Rückbesinnung auf traditionelle jüdische Werte und Leistungen bestehen.

Das wurde von den einzelnen Fraktionen im Judentum ganz unterschiedlich verstanden. Die Zionisten warfen den Leuten vom Centralverein vor, sie erschöpften sich in der Aufzählung der Leistungen und Verdienste, die das deutsche Judentum zugunsten der deutschen Nation erbracht habe, um mit dem Goethe-Wort «Wenn ich dich liebe, was geht's dich an» zu resignieren. Die Zionisten verlangten statt Opportunismus und Sentimentalität ein energisches Bekenntnis zum Judentum und die Auseinandersetzung in «der Judenfrage» mit dem «Deutschtum», die sie sich freilich ehrenvoller gedacht hatten: «Wir hätten gewünscht, daß die Initiative rechtzeitig von den Juden ausgegangen wäre oder daß wenigstens in einem

Stadium, wo die Zuspitzung der Lage bereits offenkundig war, die deutschen Juden das Wesen des Geschehens begriffen hätten.»[24]

Von orthodoxer Seite wurde die Erneuerung aus dem Geist der jüdischen Religion propagiert, gipfelnd im Aufruf zur Teschuwo (Umkehr und Buße). Kritik an der Uneinigkeit der Juden mischte sich mit Sendungsbewußtsein, wenn es hieß: «Warum schweigen die Führer, die Berufenen in diesen schicksalsträchtigen Tagen ... wahrlich, stünde heute die Orthodoxie da, markvoll, kernig und geschlossen, jene zahlreichen liberalen, assimilierten, pseudojüdischen Kreise würden aufhorchen, Sicherheit suchen und Richtschnur bei den Getreuen der Thora.»[25]

Der Eifer der Frommen ging weit, und die Notwendigkeit der Erneuerung aus dem Geist der Religion wurde auch aus der Ablehnung von Zionismus und Assimilantentum begründet. Es sei ein tragisches Verhängnis, daß der Nationalsozialismus «bei der Prüfung seiner Beziehungen zum deutschen Judentum überhaupt noch nicht auf die historische jüdische Religion und deren Repräsentanten, die deutsch-jüdische Orthodoxie» gestoßen sei, denn der geschichtliche Sinn des jüdischen Menschen in der deutschen Gegenwart könne nur von der historischen jüdischen Religion erfaßt und gedeutet werden. Selbstbesinnung und Selbsterneuerung des deutschen Judentums müsse daher nur in der Wiederanknüpfung an die religiösen Traditionen bestehen. Dann werde auch das deutsche Volk, das sich soeben auf seine eigene Geschichte besinne, «Deutschlands Juden verstehen, wenn sie in ihrer geschichtlich beglaubigten Gestalt, als Menschen der überlieferten Religion, in seiner Mitte weilen»[26].

Die traditionell-gesetzestreuen und orthodoxen Rabbiner Deutschlands deuteten in einem Aufruf im April die Ereignisse des Frühjahrs 1933 als höhere Fügung, die in harter Sprache zur deutschen Judenheit spreche, «um durch Heldenmut in Leid und Kummer uns auf eine höhere Stufe sittlichen religiösen Menschentums emporzuheben». Zwei Wege zur Umkehr zu beschreiten, forderten die Rabbiner in erster Linie, die Heiligung des Sabbats und die Beachtung der Speisegesetze. In der Mißachtung dieser Religionsgesetze sahen sie historische Schuld, die zu überwinden den Anfang der Umkehr bedeute.[27]

Zur Bilanz des Boykotts gehören aber auch die Solidaritätsbeweise, die die Juden in der Hoffnung bestärkten, «daß ein großer Teil der christlichen deutschen Bevölkerung trotz der beispiellosen Vehemenz der antijüdischen Propaganda und trotz der entstellenden Darstellungen des Judentums, die im Umlauf sind, ein Gefühl für die wirkliche Situation bewahrt» habe: «Sowohl am Tage des Boykotts als auch nachher haben viele Juden von ihren Mitbürgern Zeichen der Teilnahme und des Respektes erhalten. Von Briefen und Gesprächen bis zu Blumen- und anderen Sendungen enthält die Chronik dieser Tage viele Beweise, daß unter der Oberfläche noch nicht alle Gewässer trübe sind.»[28]

Sogar öffentlich wurde von nichtjüdischer Seite Kritik an der Judenpolitik der neuen Regierung geübt. In der linkskatholischen ‹Rhein-Mainischen Volkszeitung› schrieb Pfarrer Alois Eckert, es gebe «eine deutsche Judenfrage», aber die Methode, die zur Lösung angewendet werden solle, sei ebenso wie die sittliche Haltung, von der aus die Lösung gesucht werde, verwerflich. Nach der christlichen Ethik dürfe kein Mensch «einfach wegen seiner Rasse» diffamiert oder ins mindere Recht gesetzt werden. Pfarrer Eckert bezeichnete die Vorgänge schlicht als «deutsches Unrecht». Martin Buber antwortete dem katholischen Priester, und es entspann sich ein christlich-jüdischer Dialog, der in der ‹Rhein-Mainischen Volkszeitung› und in der ‹Jüdischen Rundschau› gedruckt wurde.[29]

Die ‹Jüdische Rundschau› wurde im Frühjahr 1933 zum Wegweiser für die deutschen Juden durch eine Folge von Artikeln, die mit dem vielzitierten Aufsatz «Tragt ihn mit Stolz, den gelben Fleck!» aus der Feder des Chefredakteurs Robert Weltsch einen bedeutenden Auftakt hatte.[30] Der 1. April könne und müsse der Tag des jüdischen Erwachens und der jüdischen Wiedergeburt sein. Daß der jüdische Neubeginn im Zeichen des Zionismus stehen müsse, verstand sich für die ‹Jüdische Rundschau› und ihre Leser von selbst. Die Zionisten waren nach dem 1. April 1933, an dem den deutschen Juden nachdrücklich demonstriert worden war, daß ihr Heimatrecht in Deutschland ausgelöscht werden sollte, die einzige Fraktion der deutschen Judenheit, die eine Perspektive bot. Die Durchhalteparolen der ‹C.V.-Zeitung› waren wenig tröstlich. «Haltung!» lautete dort die Losung, und der Historiker Ismar Elbogen propagierte unter dieser Überschrift: «Denken wir an die Geschichte unserer Väter, die immer wieder solche Katastrophen erlebt und dennoch den Lebenswillen nicht aufgegeben haben!»[31]

Die Schlußfolgerung lautete, die Lage der deutschen Juden sei nur so lange verzweifelt, als sie an sich selbst zweifelten, eine Gemeinschaft gehe nicht unter, solange sie sich nicht selbst aufgebe. In die Praxis umgesetzt bedeutete das Wohlfahrtsmaßnahmen und Existenzsicherung auf bescheidenem Niveau, Berufsumschichtung und andere Anstrengungen der jüdischen Selbsthilfe wie Wirtschaftsberatung, genossenschaftliche Zusammenschlüsse, Arbeitsvermittlung. Dieser Weg wurde in den folgenden Jahren beschritten. Mit bewundernswertem Einsatz bemühten sich Organisationen wie die «Zentralstelle für jüdische Wirtschaftshilfe» oder der «Zentralausschuß der deutschen Juden für Hilfe und Aufbau» um ein Notdach. Zunkunftsweisend konnten diese Anstrengungen nicht sein, und mehr und mehr war diese Arbeit von der bitteren Erkenntnis getränkt, daß es für Juden in Deutschland keine Existenzmöglichkeit mehr gab. Daß die Vertreter der Juden den Lebensraum, der blieb (wenngleich er immer kleiner wurde), verteidigten und daß viele sich an ihr Dasein in Deutschland klammerten, war nur natürlich.

Man kann allen denen, die ausharrten, weil sie keine Chance zur Emigration hatten oder weil sie sich vom Traum der deutsch-jüdischen Symbiose nicht befreien konnten oder weil sie das Verbleiben in Deutschland für ihr Recht und ihre Pflicht hielten, nicht den Vorwurf machen, sie hätten wissen müssen, was an Verfolgung bis zum Völkermord noch kommen sollte. Die mörderischen Konsequenzen der nationalsozialistischen Ideologie waren, auch wenn deren Propagandisten sie öffentlich verkündet hatten, für normal empfindende Menschen nicht vorhersehbar. Drohungen vernehmen und die richtigen Folgerungen rechtzeitig daraus ziehen sind ganz verschiedene und manchmal sogar kaum vereinbare Dinge.

Unter den vielen Denkschriften, die von Vertretern der Juden an die Reichsregierung adressiert wurden, gab es auch eine vom Oktober 1933, die die orthodox-jüdischen Organisationen verfaßt hatten. Wegen ihrer strengen Gesetzestreue galten sie den liberalen und assimilierten Juden als weltfremd und altmodisch, sie standen auch im Rufe besonderer Leidensfähigkeit. Wenn es Versuche zur Anpassung oder gar Anbiederung an die Verhältnisse gegeben hatte, so gehörte die Eingabe der orthodoxen Juden an Hitler sicher nicht dazu. Nach der Zurückweisung der antijüdischen Propagandaphrasen wurde die Lage der Juden in Deutschland nach einem halben Jahr NS-Herrschaft beschrieben und als unerträglich bezeichnet, eine Bilanz, die mit der Bemerkung schloß, die deutsche Regierung könne leicht in den Verdacht geraten, sie betreibe bewußt die Vernichtung des deutschen Judentums. Wenn dies aber zutreffe, dann zögen es die Vertreter der Orthodoxie allerdings vor, der Realität ins Auge zu sehen. «Wenn Sie, Herr Reichskanzler, und die von Ihnen geführte nationale Regierung, wenn die verantwortlichen Mitglieder der Reichsleitung der NSDAP sich in der Tat als Endziel die Ausmerzung des deutschen Judentums aus dem deutschen Volke gesetzt haben sollten, dann wollen wir uns nicht länger Illusionen hingeben und lieber die bittere Wahrheit erfahren.»[32]

Die Erkenntnis, daß die Basis jüdischen Lebens in Deutschland verlorenging, war im Frühjahr 1933 noch nicht besonders verbreitet. Der Schock der Boykott-Aktion stärkte freilich die Autorität der Zionisten, die – je radikaler sich das NS-Regime gab und je bedrohlicher die Situation für die Juden in Deutschland wurde – sich darauf berufen konnten, mit ihrer Propaganda zur Stärkung des jüdischen Selbstbewußtseins und zur Gründung einer eigenen Nation auf palästinensischem Boden auf dem richtigen Wege zu sein, und zwar schon seit langer Zeit.

Die Leitartikel in der ‹Jüdischen Rundschau›, die zur Erneuerung des Judentums aufriefen, gaben in der Folgezeit auch vielen Nichtzionisten moralischen Halt. Unter dem Titel «Ja-Sagen zum Judentum» wurde konstatiert, das Gemeinschaftsgefühl unter Juden sei stärker geworden. Jüdische Menschen, die vor kurzem noch achtlos und gleichgültig aneinander vorbeigingen, seien einander nähergekommen. «Man empfindet den Juden als Schicksalsgenossen, als Bruder. Jüdische Menschen können wieder miteinander sprechen.»

Aber darum ging es nicht in erster Linie. Die weltanschaulichen Differenzen im Judentum verschwanden keineswegs plötzlich in der Versenkung, die Funktionäre des Centralvereins warnten auch weiterhin davor, sich in Gruppenisolation – gemeint war: ins Ghetto – zu begeben durch die bewußte und demonstrative Hinwendung zum Jüdischen. Die Zionisten hatten mit ihrem Appell «Ja-Sagen zum Judentum» eine Aufbruchstimmung erzeugt, die nicht nur nach Taten – etwa der Hachscharah, der Ertüchtigung fürs Siedlerleben – drängte, sondern auch zur Suche nach einem neuen jüdischen Selbstgefühl, einer Bestimmung des Standorts: «Wir Juden, die wir die jüdische Gemeinschaft nicht als ‹aufgezwungen› betrachten, sondern als eine natürliche geschichtliche Gegebenheit, zu der wir innerlich ja sagen und aus der heraus wir unser gesamtes Leben gestalten wollen, nehmen für uns in Anspruch, die deutsche Bildung und Kultur, in der wir aufgewachsen sind, als unentwindbaren Besitz zu behalten und als deutsche Bürger für das Ganze einzustehen.»[33] Die Artikelfolge erschien unter dem Titel «Ja-Sagen zum Judentum!» auch als Buch.

In einem anderen Aufsatz – «Mach unsere Rücken wieder gerade!» – findet sich die Mahnung (sie galt nicht zuletzt dem liberalen Judentum) zum jüdischen Erwachen, ganz unabhängig von der deutschen Judenpolitik und einer theoretisch denkbaren Wiederherstellung der formalen Gleichberechtigung. Harte Arbeit müßten die Juden an sich selbst leisten mit dem Ziel eines neuen, selbstbewußten Judentums. Ebensowenig wie die Taufe als Eintrittsbillet in die deutsche Gesellschaft eine brauchbare Lösung jüdischer Probleme gewesen sei, könne man jetzt darauf vertrauen, sich durch individuellen Übertritt in andere geographische Gefilde zu retten. Die Bemerkung, daß die Völker andere Sorgen hätten als das Los der deutschen Juden, sollte sich außerdem nur zu bald für viele als bittere Wahrheit herausstellen. Die Übersiedlung nach Palästina allein bringe aber auch noch nicht das Heil, wenn nicht die bewußte Hinwendung zum Judentum damit verbunden sei.[34]

Eine «Wendung nach innen» wollten auch die Anhänger des Centralvereins, die Akzente lagen freilich auf der Forderung nach jüdischer Solidarität in schwerer Zeit, beim Knüpfen eines neuen sozialen Netzes. Das Zauberwort aber hieß jüdische Kultur. Die Forderung nach neuer Definition des Begriffs und nach Aktivitäten im Felde der jüdischen Kultur sollte zweierlei bewirken, die Festigung der jüdischen Position nach innen und die Bewahrung der Errungenschaften von Emanzipation und Assimilation nach außen.[35]

Den politischen Ereignissen des Frühjahrs 1933 fiel auch ein literarisches Projekt zum Opfer, das die Vielfalt jüdischen Lebens in Deutschland spiegeln sollte. Der Band, als soziologischer Aufriß konzipiert, sollte Beiträge zum wirtschaftlichen, kulturellen und sozialen Status des deutschen Judentums enthalten. Anlaß der Planungen war der 60. Geburtstag des Rabbiners Leo Baeck am 23. Mai 1933. Wie es in der Jahrzehnte später publizierten Grußadresse zu dem nicht realisierten Buch hieß, waren nicht nur die Mitarbeiter von ganz anderen Dingen in Anspruch genommen, viel schlimmer wog, daß in wenigen Wochen «das Weltbild des deutschen Juden in mannigfacher Hinsicht erschüttert oder gänzlich zerstört» worden war. Max Kreutzberger, damals prominenter jüdischer Sozialarbeiter in Deutschland, Direktor der Zentralwohlfahrtsstelle der deutschen Juden in Berlin, machte als Herausgeber der Festschrift auch deutlich, welches Bild die Beiträge vom Judentum in Deutschland zum Beginn der Hitlerherrschaft auch in dem zeichneten, was nicht zur Darstellung gebracht werden konnte: «ein Bild chaotischer Verwirrung, innerer Standortlosigkeit und mangelnder Zielstrebigkeit».[36]

Nicht aus denunziatorischer Absicht sind diese Feststellungen zitiert, sie sollen vielmehr demonstrieren, vor welchem Hintergrund und von welchem Ausgangspunkt bewunderungswürdige Leistungen des deutschen Judentums in tragischer Situation vollbracht wurden: Selbsthilfe und Solidarität angesichts tödlicher Existenzbedrohung, bedeutende Anstrengungen zur Umstrukturierung des sozialen Gefüges nach dem Verlust gewohnter bürgerlicher Existenz und schließlich eine kulturelle und geistige Renaissance aus einem erneuerten Bewußtsein des Judentums, dem freilich Schritt für Schritt der deutsche Boden entzogen wurde.

I.

Deutsche Juden oder Juden in Deutschland?

Von Günter Plum

1. Jüdisches Selbstverständnis. Religiöse, gesellschaftliche und politische Strukturen

Die deutschen Juden erschienen in der antisemitischen Agitation, aber auch in den Vorstellungen vieler Nichtjuden schlechthin als eine geschlossene Einheit, als homogene Bevölkerungsgruppe mit gleichen Sitten, Gebräuchen und Anschauungen. Das war in jeder Hinsicht falsch, sowohl in der unzulässigen Gleichsetzung der «Glaubensjuden» mit Christen oder Dissidenten jüdischer Abstammung, als auch in der Gleichsetzung so unterschiedlicher Gruppen wie der in die deutsche Gesellschaft vollkommen Assimilierten mit den liberalen oder konservativen Mitgliedern jüdischer Glaubensgemeinden oder gar den orthodoxen Ostjuden, wie sie seit der Jahrhundertwende etwa im Berliner Scheunenviertel lebten. Die vielfältigen Differenzierungen innerhalb der jüdischen Gesellschaft ignorierend, wurde dubioser Rassenlehre folgend alles in einen Topf geworfen und zu einem Konstrukt, «dem Judentum» oder «den Juden», gemacht. Die nationalsozialistische Politik ging von diesem Konstrukt, einem «rassisch» definierten Judentum, aus. Historisch stellten sich die Juden in Deutschland ganz anders dar.

Auf der Ebene der Religion standen liberale gegen orthodoxe Juden; auf der jüdisch-politischen Ebene stritten Juden, die Judentum als nationale Einheit und sich als Volk sahen, gegen diejenigen, die Judentum ausschließlich als Religionszugehörigkeit definierten und die Juden als nur durch ihre Religion miteinander verbunden auffaßten.

Aufklärung, liberale Ideenwelt, Assimilation an die deutsche Kultur sowie Emanzipationshoffnungen und -bestrebungen haben um die Wende des 18. zum 19. Jahrhundert viele Juden zur jüdischen Religion, die aus ihrer Sicht im religionsgesetzlichen Formalismus erstarrt und mit kabbalistischem Aberglauben durchsetzt war, in Gegensatz und zur Ablehnung der damaligen Praxis des Gottesdienstes gebracht, der wegen seiner mystizistischen Bräuche als unästhetisch, als chaotisch und fremdartig empfunden wurde. Daraus erwuchsen Bestrebungen nach Reform der religiösen Inhalte wie der gottesdienstlichen Formen, die wiederum orthodox denkende Juden zur Abwehr dieses Abfalls vom traditionellen Judentum auf den Plan riefen. Die folgenden heftigen Auseinandersetzungen haben das religiöse Denken der deutschen Juden nachhaltig beeinflußt. Vor allem aber sind in diesem Streit die Grundlinien der Religionslehren der widerstreitenden Richtungen gelegt worden.

So hat auf der einen Seite Abraham Geiger (1810–1874) wissenschaftliche Kriterien in die jüdische Theologie eingeführt, sie der historischen Kritik unterworfen, damit den Offenbarungscharakter des jüdischen Religionsgesetzes in seiner Gesamtheit in Frage gestellt und Reformen der jüdischen Religion im Sinne einer Befreiung von Lehrteilen und rituellen Handlungen, deren historische Bedingtheit erwiesen wurde, den Weg bereitet.

Auf der anderen Seite festigte Samson Raphael Hirsch (1808–1888) – mit Geiger zeitweilig befreundet – die orthodoxe Front, nicht durch kritikloses Erhalten, denn auch er war davon überzeugt, daß eine Regeneration des Judentums notwendig sei. Zwar war das biblisch-talmudische Judentum für ihn die Flucht göttlicher Offenbarung, waren die Religionsgesetze damit unantastbar, aber er befreite sie von der Wortwörtlichkeit, indem er sie stärker symbolisch deutete – eine Art Historisierung innerhalb der Religion, die der Vereinbarkeit von jüdischer Orthodoxie und moderner Bildung und Wissenschaft Möglichkeiten eröffnete.

Reformer und Orthodoxe – in erster Linie die Rabbiner – stritten über die Jahrzehnte hin um die theologische Zulässigkeit der Reformen. Indes hatte aber bis zu den 70er Jahren des 19. Jahrhunderts die Mehrzahl der Gemeinden – vor allem mittlere und größere – gemäßigte Reformen eingeführt. Die Möglichkeit dazu wurde von den Verfassungen der jüdischen Gemeinden geboten, die – bei allen Unterschieden im Detail – von den Gemeindemitgliedern gewählten Organen die Entscheidungsgewalt über alle Angelegenheiten der Gemeinde zusprachen. Die Rabbiner als Angestellte oder Beamte der Gemeinden mit Amtsgewalt in fest umschriebenen Bereichen konnten die Entscheidung einer Laien-Mehrheit für die Einführung von Reformen nicht mit priesterlich-hierarchischer Amtsgewalt verbieten, sie höchstens aufgrund ihrer persönlichen Autorität zu verhindern suchen.

Hinzu kam, daß im Zuge staatlicher Maßnahmen zur Ordnung der jüdischen Angelegenheiten – beginnend 1809 in Baden, endend 1863 in Bayern – praktisch überall in Deutschland das Prinzip der Einheitsgemeinde eingeführt wurde, das heißt: Zwangsmitgliedschaft für jeden Juden in der Synagogengemeinde seiner politischen Gemeinde (gegebenenfalls auch für einen Sprengel zuständig) sowie Zulassung von nur einer Synagogengemeinde in einer politischen Gemeinde; diesen jüdischen Gemeinden war das Recht der Besteuerung aller Gemeindemitglieder verliehen worden. Dieses System zwang den Gemeinden Auseinandersetzungen um die religiöse Richtung, den Unterlegenen den Verbleib in der Gemeinde auf.

S. R. Hirsch, der kompromißlos die Reformer als Abtrünnige vom

Judentum brandmarkte, mit denen gesetzestreue Juden keine Gemeinschaft haben könnten, bewegte den Nationalliberalen Eduard Lasker dazu, im preußischen Abgeordnetenhaus ein Gesetz ein- und durchzubringen, das Juden den Austritt aus der Zwangsgemeinde aus religiösen Gründen ermöglichte (Austrittsgesetz 1876). Dies und die folgenden Bemühungen Hirschs, die Orthodoxen in Preußen zu sammeln und – wo möglich – zum Austritt sowie zur Gründung eigener Gemeinden zu bewegen, war wohl der Auslöser zur religiös-organisatorischen Formierung im deutschen Judentum, die in den Jahrzehnten um 1900 erfolgte und sich bis zum Ende der Weimarer Republik nur unwesentlich änderte.

Im Zentrum des religiösen Gegensatzes steht der Offenbarungsbegriff, die Frage nach dem Offenbarungscharakter des jüdischen Religionsgebäudes. An einem Höhepunkt des Streites formulierte der Herausgeber der ‹Deutschen Israelitischen Zeitung›: «Es ist zweifellos, daß das Judentum lehrt: Gott selbst hat mit Israel am Sinai gesprochen, Gott selbst hat mit Moseh die *Worte* gesprochen, welche in der heiligen Schrift als die Worte Gottes genau bezeichnet sind, Gott hat die Thoragesetze gegeben. ... Die Thora ist das Wort Gottes.»[1]

Thora (Lehre) bedeutete für den orthodoxen Juden aber nicht nur die sogenannte «schriftliche Lehre», also die 24 Bücher der Bibel der jüdischen Tradition, sondern auch die (später niedergeschriebene) «mündliche Lehre», also die «Ausführungsbestimmungen», «Deutungen», «Ausschöpfungen» der «schriftlichen Lehre» durch Talmudisten und Rabbiner.

Nach dieser Vorstellung war das jüdische Religionsgesetz als Ganzes Bestandteil göttlicher Offenbarung, einschließlich der von liberaler Seite als Zeremonialgesetz bezeichneten Gebote und Verbote, die die «Handelsweise nach festen auf Gottes Willen zurückgeführten Normen»[2] regeln. Und dieses Gesetz war als von Gott persönlich offenbartes Buchstabe für Buchstabe verbindlich – zwar ausdeutbar, aber nicht historisch-kritisch umzudeuten oder wegzuleugnen.

Meyer hatte den liberalen Reformern vorgeworfen, «die Thora ihrer Göttlichkeit entkleidet» zu haben und damit «außerhalb des Judentums» zu stehen.

Und ohne Zweifel hat der jüdische Liberalismus Offenbarung – in einer für Orthodoxe kaum akzeptablen Weise – umgedeutet.

«... der wesentliche Unterschied zwischen der liberalen und der orthodoxen Auffassung des Judentums ... ist, daß wir Liberalen an den einmaligen übernatürlichen, in sich vollendeten Offenbarungs- und Gesetzgebungsakt nicht zu glauben vermögen. Für uns ist das, was wir Religionsgesetz nennen, eine Bindung, aber eine Bindung nicht um des Gesetzgebers willen, sondern wegen des Inhalts dessen, was geboten ist.» Diese Bindung werde begründet «dadurch, daß der Offenbarungsakt, das göttliche Gebot, an uns Heutige ebenso vom Ewigen ergangen ist wie an unsere Väter, daß auch wir am Sinai stehen und die Gottesstimme hören, aber nicht die Gottesstimme über uns, sondern die Gottesstimme in uns»[3].

In den 1912 veröffentlichten ‹Richtlinien zu einem Programm für das liberale Judentum› der «Vereinigung der liberalen Rabbiner Deutschlands» wurde unterschieden zwischen den «ewigen Wahrheiten» der jüdischen Religion sowie den daraus fließenden «sittlichen Grundgeboten» und den «zeitbedingten Erscheinungsformen»,

«deren jederzeitige Veränderung im Laufe der Geschichte wir – nicht etwa, wie die Orthodoxie uns nachsagt, frivol und willkürlich fordern, sondern – konstatieren. Das liberale Judentum steht deshalb auf dem Standpunkt der Anerkennung einer fortschreitenden Entwicklung, kraft deren jede Zeit im Judentum das Recht und die Pflicht hat, bei Wahrung seines wesentlichen Gehalts geschichtlich bedingte Glaubensvorstellungen und Erscheinungsformen aufzugeben, fortzubilden oder neu zu schaffen.»[4]

Heinrich Stern, der Vorsitzende der «Vereinigung für das liberale Judentum», präzisierte:

«Ich bejahe die Notwendigkeit der Zeremonien, weil zur Erhaltung einer Religion in einer Gemeinschaft die bloße Erkenntnis und das bloße Fühlen nicht ausreichen, sondern weil eine Erkenntnis und eine Übung des Erkannten und Geglaubten notwendig ist. Daher sind Symbole und Bräuche notwendig und wir üben sie aus innerem Zwang heraus, weil und soweit wir sie für notwendig, richtig und zur Erhaltung und Fortpflanzung unserer Religion für nötig halten ... die Gebote des Sittengesetzes sind für uns verbindlich, weil sie in uns leben, weil sie von uns auf Grund der auch uns gewordenen Offenbarung anerkannt worden sind. Das Zeremonialgesetz aber steht nicht unter diesem inneren Zwang ... Soweit sie sich selbst bezeugen, sind diese Bräuche verpflichtend, auch wenn sie nachweislich historisch Menschenwerk sind. Soweit sie sich nicht bezeugen, haben sie ihre bindende Kraft verloren, auch wenn in unserem heiligen Buch die Worte gebraucht werden, daß sie von Gott zu Mose gesprochen sind.»[5]

Letztlich war damit die Entscheidung über Verbindlichkeit und Befolgung des Zeremonialgesetzes in die Hand des einzelnen Juden gegeben, wie ja auch schon eine Generalversammlung der «Vereinigung für das liberale Judentum» 1912 die ‹Richtlinien› begrüßt und für gut befunden, aber entschieden hatte, «der gewissenhaften Überzeugung der Mitglieder» zu überlassen, wie sie sich zu den das religiöse Leben betreffenden Forderungen der Richtlinien stellen würden.

Diese Freigabe hatte für gläubige Juden große Bedeutung im Hinblick auf die Sabbath-Regelungen (insbesondere das Arbeitsverbot), die sie nun ihren wirtschaftlichen Erfordernissen anpassen konnten.

Die Freigabe berührte aber auch den von Orthodoxen besonders herausgestrichenen Charakter des Zeremonialgesetzes als das «unterscheidende Merkmal des Judentums» «d.h. etwas, was den Juden, der seine Religion praktiziert, von Anhängern anderer Religionen unterscheidet, wenn man ihm ‹anmerkt›, woran man ihn erkennt. Vorstellungen, Begriffe, Lehren, Gesinnungen hat er vielfach mit anderen gemein, abgesehen davon, daß man sie niemandem ansehen kann. Aber nur er hat den Sabbath, die jüdischen Feste, die Speisegesetze, eigene Symbole, die ganz besondere rituelle und kulturelle Lebensordnung, kurz das Zeremonialgesetz in seiner Totalität.»[6]

In Rede steht in diesem Zusammenhang aber nicht nur der Wille zur Assimilation, genauer: der Wunsch, sich von der Umwelt nicht mehr zu unterscheiden als die Anhänger anderer Religionen, kurz: «Europäer zu werden und Juden zu bleiben».[7] In Rede steht die grundsätzliche Auffassung von der jüdischen Religion, die vom jüdischen Liberalismus als universale, von der nationalen Erlösungserwartung befreite, für alle Menschen offene Religion gedacht wurde. Zwar trug die ethische Komponente in der orthodoxen Religionsauffassung ebenfalls universale Züge, aber die orthodoxe Überzeugung, daß allein das jüdische Volk auserwählt wurde, die Thora geoffenbart zu erhalten, das Joch des Gesetzes zu tragen, hatte Züge einer partikularen Religion, die durch bestimmte, im Religionsgesetz enthaltene Eheverbote («damit die Reinheit der jüdischen Abstammung vor jeder Befleckung durch den Sprossen religiös-unsittlicher Verbindungen bewahrt bleibe») verstärkt wurden.

Ein wichtiges Merkmal des jüdischen Liberalismus war seine religiöse Toleranz, die schon darin zum Ausdruck kam, daß man die religiöse Praxis der «gewissenhaften Überzeugung» des einzelnen überließ. So reichte das Spektrum der Organisierten und Anhänger vom religiös Konservativen bis zum radikalen Mitglied einer Reformgemeinde; und auch die Orthodoxie war keine zu bekämpfende und zu beseitigende Auffassung, sondern wurde respektiert und anerkannt als *eine* religiöse Richtung im Judentum, als welche auch der Liberalismus anerkannt sein wollte.

Von der «Austritts-Orthodoxie», die in den Liberalen «Abtrünnige» und «Feinde» sah, war diese Anerkennung freilich nicht zu erhalten – eine radikale Haltung, der allerdings nicht alle orthodoxen Juden gefolgt sind. Entsprechend war die Orthodoxie in Deutschland am Anfang der 30er Jahre gespalten. Die «Austritts-Orthodoxen» waren in der Landesorganisation des «Agudas Jisroel» (Bund Israels; Weltorganisation für das thoratreue Judentum) organisiert, und die Austrittsgemeinden hatten sich 1920 im «Bund gesetzestreuer jüdischer Gemeinden» (Halberstädter Verband) zusammengeschlossen.

Die einen Austritt aus den Einheitsgemeinden ablehnenden Orthodoxen (für die sich die Bezeichnung «Konservative» einbürgerte) gründeten 1923 die Vereinigung «Achduth» (Einheit); sie räumten der Einheit des Judentums einen hohen Stellenwert ein und vertraten die Auffassung, daß eine Zusammenarbeit mit den Liberalen unter bestimmten, ihre kultischen

Belange sichernden Bedingungen möglich sei. Die Gemeinden, sofern ihre Mitglieder mehrheitlich liberal waren, unterhielten für ihre konservativen Mitglieder eigene Synagogen, rituelle Einrichtungen, Schulen und das notwendige orthodoxe Personal. Speziell für gemeindepolitische Zielsetzungen entstand 1927 dann noch die «Jüdisch-konservative Vereinigung».

Auch die Rabbiner hatten sich in je eigenen Verbänden zusammengeschlossen: die Konservativen in der «Vereinigung traditionell-gesetzestreuer Rabbiner» (1930: 100 Mitglieder), die Orthodoxen im «Verband der orthodoxen Rabbiner» (1933: 57 Mitglieder) und die Liberalen in der «Vereinigung der liberalen Rabbiner» (1930: 94 Mitglieder).

Schwer abzuschätzen ist das Gewicht der Orthodoxie im deutschen Judentum; rein quantitativ war es gering: Austritts-Orthodoxie und Konservativen hingen jeweils nur rund 20–25 000 Juden an. Man muß sich aber vor Augen halten, daß unter den Liberalen und ihren Anhängern nicht wenige waren, die – weil religiösem Eifern abhold – Liberalität im Zusammenleben und -arbeiten der Juden wollten und praktizierten, in ihrer eigenen religiösen Praxis jedoch mehr der Beobachtung der Gesetze als Reformen zuneigten. Sie waren ebenso wie die Konservativen in den Einheitsgemeinden gewiß nicht unempfindlich und unempfänglich für religiöse Kritik seitens der Austritts-Orthodoxie. Auch sollte die große Zahl konservativer Rabbiner nicht übersehen werden, von denen viele in Einheitsgemeinden mit liberaler Mehrheit wirkten und je nach Persönlichkeit Einfluß auf die gesamte Gemeinde ausübten. ‹Der Israelit›, Organ der Austritts-Orthodoxie, verfolgte das Handeln der Konservativen in den Gemeinden mit religiöser Kritik, was häufige Pressekontroversen zur Folge hatte; und man kann sich des Eindrucks nicht erwehren, daß ‹Der Israelit› nicht selten das religiöse Gewissen nicht nur der Konservativen war – oder vielleicht auch Ursache für schlechtes Gewissen.

Der jüdische Liberalismus hatte sich 1908 in der «Vereinigung für das liberale Judentum» seine organisatorische Form gegeben; 1930 bestanden 42 Ortsgruppen mit 10 000 Mitgliedern vornehmlich in den mittleren und großen Gemeinden (mit mehr als 1000 Seelen; 1933 waren es 46). Die Vereinigung sah ihre Aufgabe in der Förderung und Verbreitung des religiösliberalen Judentums durch Publizistik (z. B. durch die ‹Jüdisch-Liberale Zeitung›) und Organisation von Vorträgen sowie durch «Unterstützung einer liberalen Gemeindepolitik». Konkret bedeutete dies, daß die Ortsgruppen der Vereinigung Parteien in den jüdischen Gemeinden waren; so in Berlin der «Liberale Verein für die Angelegenheiten der Jüdischen Gemeinde zu Berlin». Indem die Liberalen in diesen Wirkungskreis eintraten, wurden sie Partei auf der Ebene, auf der es um die Gegensätze der Zweckbestimmung und Wesensart des Judentums ging. Neben der «Förderung der religiösen Entwicklung im Geiste des liberalen Judentums» hatte sich der «Liberale Verein» das Ziel gesetzt, darauf hinzuwirken, «daß die

Verwaltung der Gemeinde nach liberalen Grundsätzen und unter Ausschaltung national-jüdischer Bestrebungen geführt werde»[8].

Mit der Bestimmung des Judentums als universaler Religion hatten sich die liberalen Juden argumentativ von religiös-partikularen Bindungen befreit, konnten sich, von der Konfession nicht mehr behindert, als «deutsche Staatsbürger jüdischen Glaubens» (oder eines anderen Staates) fühlen. Die damit verbundene Eliminierung der Hoffnung auf Rückkehr nach Palästina aus dem Kultus blieb zwar Streitpunkt mit den Konservativen/ Orthodoxen auf religiöser Ebene; der Gedanke hatte aber auch für diese Juden eine mehr symbolische Bedeutung angenommen, auch sie verstanden sich in ihrer Mehrheit als Deutsche.

Die Formel «deutscher Staatsbürger jüdischen Glaubens» verweist einmal darauf, daß damit die religiöse Ebene verlassen und die politische betreten wurde, und sie verweist zum zweiten auf den «Central-Verein deutscher Staatsbürger jüdischen Glaubens», der entsprechend seiner Satzung bezweckte,

«die deutschen Staatsbürger jüdischen Glaubens ohne Unterschied der religiösen und politischen Richtung zu sammeln, um sie in der tatkräftigen Wahrung ihrer staatsbürgerlichen und gesellschaftlichen Gleichstellung sowie in der unbeirrbaren Pflege deutscher Gesinnung zu bestärken»[9].

Der Ideologie des Centralvereins (C.V.) zufolge sind die Juden einmal ein Volk gewesen mit ihm eigener Religion, die aber aufgrund der ihr innewohnenden universalen Tendenz die Schranken des Volkstums überwunden hat, indes die Juden infolge der geschichtlichen Entwicklung die Merkmale eines Staatsvolkes (gemeinsames Land, gemeinsame Sprache, gemeinsame Kultur) verloren haben. Unter dem Einfluß der jeweiligen Umwelt, in der sie lebten, hätten sie sich darüber hinaus völlig verschieden entwickelt und im Zuge der Emanzipation kulturell assimiliert. Was die Juden der Welt miteinander verbinde, sei «überwiegend die gemeinsame Abstammung und vor allem die gemeinsame religiöse Grundlage». Im Mittelpunkt der C.V.-Ideologie stand die politische Konsequenz aus der religiösen Ideenwelt der jüdischen Liberalen in Deutschland, Deutsche jüdischen Glaubens zu sein.

Die Gründung des C.V. (1893) erfolgte in einem Zeitraum, der aus jüdischer Sicht gekennzeichnet war durch Stockung ja teilweise Stillstand des Emanzipationsprozesses und durch heftigen Antisemitismus. Die Juden in Deutschland hatten die rechtliche Gleichstellung im großen und ganzen erreicht, doch der gesellschaftlichen Realisierung standen unüberwindliche administrative und gesellschaftliche Barrieren entgegen. Berufsbereiche wie der Staatsdienst im weitesten Sinne blieben ihnen weiter verschlossen; die ohnehin bescheidene gesellschaftliche Integration wurde – etwa mit dem Ausschluß jüdischer Studenten aus Studentenverbindungen – rückgängig gemacht.

Dieser auf die rechtliche Gleichstellung reagierende Antisemitismus wurde begleitet und gestützt von einem immer mehr um sich greifenden pseudowissenschaftlichen Antisemitismus, für den Namen wie Gobineau, de Lagarde, Langbehn und etwas später H. St. Chamberlain standen, deren «wissenschaftliche» Erkenntnisse sich durch zahllose Traktate über das Lesepublikum ergossen. Gegen diese Tendenzen, in deren Zentrum der «Nachweis» stand, daß die jüdische Rasse minderwertig und unfähig zu kulturellen Leistungen sei, im Gegensatz zur sogenannten «arischen» Rasse, der die Menschheit alle Kultur verdanke, wurde der C. V. als Abwehr- und Aufklärungsorganisation gegründet. Er förderte wissenschaftliche Forschungen und Darstellungen über das Judentum und über andere einschlägige Wissensgebiete und betrieb auf dieser Grundlage Aufklärungsarbeit im großen Stil durch Publizistik, Vortragsveranstaltungen und dergleichen; zugleich baute er eine Rechtsabteilung auf und aus, die Mitgliedern Rechtshilfe leistete, die wegen ihres Judeseins in juristisch faßbare Schwierigkeiten gebracht worden waren.

Angesichts der religionspolitischen Neutralität fanden im C. V. Juden aller religiösen Schattierungen bis hin zur Indifferenz zusammen, ja für viele Juden, die sich den religiösen Richtungen nicht zugehörig fühlten, wurde die Zugehörigkeit zum Verein zu einer Art Ersatzjudentum. Mitte der 20er Jahre hatte der C. V. 60000 Einzelmitglieder und eine Reihe korporativer Mitglieder; berücksichtigt man die mittelbaren Mitgliedschaften (Familien), so dürfte der C. V. so etwas wie der ideelle Vertreter von weit über 100000 deutschen Juden gewesen sein.

In der Reaktion auf die gesellschaftliche Isolierung entstanden noch etliche weitere rein jüdische Vereinigungen, so 1882 die ersten B'nai B'rith-Logen, die bis 1928 auf 103 mit rund 15000 Mitgliedern anwuchsen. Ideologisch und formal waren sie nach dem Vorbild der Freimaurerlogen gestaltet, sie waren – wie auch die neben den Logen errichteten Vereinigungen der Ehefrauen (Schwesternvereinigungen) – in hohem Maße sozial engagiert: durch Unterstützung oder Unterhaltung jüdischer öffentlicher Einrichtungen, insbesondere Wohlfahrtseinrichtungen.

Aus bereits existenten jüdischen Frauenvereinen entstand schließlich der Jüdische Frauenbund mit – um 1930 – rund 50000 Mitgliedern. Der Bund war ebenfalls in hohem Maße sozialfürsorgerisch tätig (Wohn- und Tagesheime für Mädchen, Kurheim für tuberkulosekranke Kinder in Wyk auf Föhr, Mädchen- und Kinderheim in Neu-Isenburg, Adoptions- und Pflegestellenvermittlung). Er war aber auch eine Vereinigung zur Wahrung jüdischer Gesinnung, die zugleich frauenemanzipatorische Aktivitäten innerhalb des Judentums entfaltete, etwa zur Erlangung des aktiven und passiven Wahlrechts in den jüdischen Gemeinden, womit sie aber erst spät und nur teilweise erfolgreich war (z. B. Berlin: aktiv 1925, passiv 1928; Köln: kein Frauenwahlrecht).

Ebenfalls in den beiden letzten Jahrzehnten des 19. Jahrhunderts reagierten jüdische Studenten auf den wachsenden Antisemitismus an den Hochschulen durch Gründung jüdischer Studentenverbindungen, die sich im Laufe der Zeit zu Kartellen zusammenschlossen; mit dem Verein jüdischer Studenten entstand so eine der Urzellen der nationaljüdischen Bewegung in Deutschland.

Der Antisemitismus ließ einige Juden daran zweifeln, daß der Liberalismus in der nichtjüdischen Umwelt stark genug sei, der jüdischen Emanzipations- und Assimilationsbewegung den Erfolg zu sichern. Hinzu trat eine Art Umkehrung des Antisemitismus: individuell der Minderbewertung als Jude Stolz und Selbstbewußtsein des Juden entgegenzusetzen und – kollektiv – die Ideen der nationalen Bewegungen auch auf die Judenheit zu beziehen, sie als nationale Einheit zu begreifen, deren Befreiung nur von staatlicher Organisation auf eigenem Territorium erhofft werden dürfe. Dieser Vorstellung, die letztendlich aus den gleichen aufklärerischen Quellen gespeist wurde wie der jüdische Liberalismus, gesellte sich bei einigen gläubigen Juden das im jüdischen Denken tief verwurzelte und durch messianische Hoffnungen verklärte Motiv der Rückkehr in das Land der Väter.

Der «Verein jüdischer Studenten» war 1895 in Berlin gegründet worden; 1901 schloß er sich mit gleichgesinnten Vereinen zum «Bund jüdischer Corporationen» zusammen. Einige formal dem deutschen Verbindungstyp näherstehende Vereine (sie trugen z. B. Namen wie Hasmonäa) gründeten 1906 das «Kartell Zionistischer Verbindungen». Beide Vereinigungen schlossen sich – da ideologisch kaum unterschieden – 1914 zum «Kartell jüdischer Verbindungen» zusammen. Das Kartell bildete «gleichsam das Rückgrat des deutschen Zionismus»; unter den rund 20000 Mitgliedern des Zionistischen Vereins für Deutschland im Jahre 1927 waren 2000 auch Mitglieder des Kartells (1929 rund 1800); und zahlreiche führende deutsche Zionisten – wie Kurt Blumenfeld, Felix Rosenblüth, Richard Lichtheim, Siegfried Moses – wurden im Kartell bzw. seinen Vorgängern zu Zionisten.

Die endgültige Organisierung der deutschen Zionisten in der «Zionistischen Vereinigung für Deutschland» (Z. V. f. D.) erfolgte erst im Oktober 1897, zwei Monate nach dem ersten Zionistenkongreß, der in Basel getagt hatte. Sie wäre wohl ohne die im Baseler Programm festgeschriebene Palästina-Orientierung nicht möglich gewesen, die gegen Herzls Intentionen erfolgte. Herzl, dessen Vorstellungen vom Judentum entscheidend vom Antisemitismus geprägt waren – die Juden seien eine «historische Menschengruppe von erkennbarer Zusammengehörigkeit, die durch einen gemeinsamen Feind zusammengehalten wird», formulierte er einmal –, wollte für die Juden (und zunächst in erster Linie für die schweren Verfolgungen ausgesetzten russischen Juden) ein staatsrechtlich abgesichertes

Territorium zur Gründung eines jüdischen Staates; Palästina war dabei nur eines der vorstellbaren Territorien.

Der Baseler Kongreß hatte sich nach heftigen Auseinandersetzungen auf ein Programm geeinigt, dessen Kernsatz lautete:

«Der Zionismus erstrebt für das jüdische Volk die Schaffung einer öffentlich-rechtlich gesicherten Heimstätte in Palästina.»[10]

In der Zionistischen Organisation weltweit wie in der Z.V.f.D. ist über die Jahrzehnte hin über zahllose Probleme gestritten worden. Am Ende der zwanziger Jahre waren viele bereits Geschichte – so der Streit, ob eine Staatsgründung nur in Palästina oder auch auf einem anderen Territorium geschehen könne, so auch der Streit um «politischen Zionismus» oder «praktischen Zionismus»: Sollte zuerst über diplomatische Verhandlungen die «Heimstätte» in Palästina öffentlich-rechtlich gesichert und die Unterstützung der Länder erlangt werden, aus denen Juden in Massen auswandern würden, oder sollte man – ohne eine Territorial-Zuweisung abzuwarten – mit der Einwanderung und Kolonisierung in kleinen Schritten beginnen? Die Gründergeneration der deutschen (wie wohl aller westeuropäischen) Zionisten wollte einmal die rechtlich abgesicherte Zuweisung und beteiligte sich zum anderen an den Bemühungen, Großeinwanderung und anschließende Kolonisation finanziell, institutionell und planerisch vorzubereiten; aber kaum einer von ihnen dachte für sich selbst daran, einmal nach Palästina überzusiedeln; vielmehr war das erste Ziel des Zionismus in den Augen der Mehrheit, die ökonomische und soziale Not der osteuropäischen Juden zu überwinden. Diese Zionisten, etwa Max Bodenheimer, Adolf Friedmann oder Franz Oppenheimer, bejahten die Diaspora; Deutschland war für sie Heimat und Vaterland. Gegen diesen philanthropisch-politischen Zionismus wandten sich zwischen 1910 und 1914 junge Zionisten; ihre Ideologie hat den deutschen Zionismus bis zu seinem Ende geprägt. Die meisten von ihnen stammten aus sehr assimilierten Familien; da sie ohne sonderliche religiöse Bindung waren, konnte sie der Antisemitismus in Zweifel an ihrer Identität stürzen, aus denen nur die Überzeugung heraushelfen konnte, daß sie als Juden einer nationalen Einheit angehörten. Sie entdeckten nicht nur sich selbst als Juden, sondern sie glaubten über ihr persönliches Problem die objektive Judenfrage entdeckt zu haben. Juden – so konstatierten sie – konnten zwar deutsche Staatsbürger sein, aber niemals der deutschen Nation angehören. Die Assimilation war in ihren Augen nicht nur angesichts des herrschenden Antisemitismus gescheitert, sie erschien ihnen auch objektiv unmöglich. Juden seien in ihrem «Gastland» oder – noch radikaler: «Wohnland» – «wurzellos», eine echte «Verwurzelung» sei nur in Palästina möglich. Diese Jungen verstanden sich als Flüchtlinge aus der Assimilation und ihren Zionismus als «postassimilatorisch». Konsequent leitete sich daraus die Forderung ab, der Zionismus habe sich ganz auf die Kolonisation Palästinas zu konzentrieren, also «praktische» Arbeit zu leisten; und alle Zionisten hätten – soweit wirtschaftlich dazu in der Lage – die Pflicht, «die Übersiedlung nach Palästina in ihr Lebensprogramm aufzunehmen» oder wenigstens «für sich persönliche Interessen in Palästina zu schaffen».

Der «praktische Zionismus» hat sich in der Zionistischen Vereinigung für Deutschland 1914 endgültig durchgesetzt, und sein Wortführer Kurt Blumenfeld – seit 1909 Sekretär für Propaganda und Organisation – wurde zehn Jahre später ihr Vorsitzender.

1917 erkannte die britische Regierung die zionistische Forderung nach einem «national home» in Palästina als berechtigt an und sagte ihre Unterstützung zu (Balfour-Deklaration). Mit dem Völkerbundsmandat über Palästina übernahm Großbritannien die Verantwortung für den im Palästinamandat festgeschriebenen Aufbau des «national home», was jüdische Einwanderung im Rahmen der wirtschaftlichen Möglichkeiten einschloß. Damit hatte der «praktische Zionismus» die Basis für seine Arbeit erhalten. Allerdings war die britische Politik – aus Rücksicht auf die gegen die Balfour-Deklaration opponierenden Araber – labil, so daß die britische Mandatsregierung die Einwanderung von Juden zeitweise sehr restriktiv handhabte; bis 1933 konnten nur etwa 70–100000 Juden einwandern (Mindesterwartung der Zionistischen Organisation: jährlich 30000). Aus Deutschland sind bis 1933 höchstens 2000 Zionisten nach Palästina übergesiedelt. Der Grund dafür ist sicher nicht nur in der restriktiven Einwanderungspolitik zu suchen. Sie mußte aber da schnelle Resignation auslösen, wo – wie in Deutschland – die ideellen und materiellen Gründe für eine Übersiedlung gering waren.

Angesichts dieser Situation haben einige führende Zionisten erkannt, daß von Zionisten, die selbst nie nach Palästina übersiedeln würden, totale Galuthverneinung (des Lebens in der Diaspora) und ausschließliche Palästinaorientierung kaum gefordert werden konnte. Vielmehr folge aus der Tatsache der Nicht-Übersiedlung die «Notwendigkeit des Lebens in der Diaspora, des Lebens im Beruf, in der Kultur der Umwelt, im Staat, ein Leben, das zwingend und unmittelbar auch den Zionisten erfaßt, unmittelbarer und natürlicher als eine noch so innige Verknüpfung mit Palästina»[11].

Andere Funktionäre, darunter Blumenfeld, suchten die Palästina-Orientierung unter den deutschen Zionisten zu erhalten, obgleich sie praktisch nur noch Arbeit für Palästina in Deutschland sein konnte: Überzeugungsarbeit zur Gewinnung von Anhängern, Propagandaarbeit zur Beschaffung finanzieller Mittel, eigene finanzielle Opferbereitschaft. Wahrscheinlich hat die damit verbundene, für die Mehrheit perspektivlose Überforderung dazu beigetragen, daß die zionistische Bewegung stagnierte und daß ihre Mitglieder Schwung und Interesse verloren.

Das läßt sich an der Mitgliederentwicklung ablesen. Die Zahl der Schekel-Zahler (Mitglieder) sank von rund 33000 im Jahre 1923 auf rund

20000 am Ende der 20er Jahre. Das Desinteresse wurde auch daran erkennbar, daß sich durchweg nur ein Drittel der Wahlberechtigten an den Delegiertenwahlen zu den Kongressen der Zionistischen Organisation und der Zionistischen Vereinigung für Deutschland beteiligte.

Mit der 1929 erfolgten Erweiterung der Jewish Agency, der durch das Palästinamandat errichteten offiziellen jüdischen Vertretung bei der britischen Mandatsregierung in Palästina, und der damit verbundenen Aufforderung an die Nichtzionisten, sich über die Mitarbeit in der Agency an der jüdischen Kolonisationsarbeit in Palästina zu beteiligen, wurde der Abwehrkampf des C. V. an der Front gegen die Zionisten schärfer – wohl nicht zuletzt, weil eine dritte Front im C. V. selbst entstanden war.

In einer Hauptvorstandssitzung des C. V. im März 1929, in der die Frage der Mitarbeit in der Jewish Agency auf der Tagesordnung stand, hatten sich laut ‹C. V.-Zeitung›[12] Gruppen verschiedener Auffassung gebildet. Eine Richtung vertrat die Meinung, daß der Eintritt in die Jewish Agency mit der Arbeit im C. V. aus Gründen der Gesinnung «unvereinbar» sei, eine andere wünschte nur die formale Feststellung, der C. V. sei für außerdeutsche jüdische Probleme «unzuständig». Eine dritte Gruppe forderte die «Beteiligung» des C. V. «als solche»; eine vierte schließlich trat dafür ein, den Mitgliedern die Mitarbeit als Privatpersonen freizustellen, die offizielle Beteiligung des C. V. aber abzulehnen. Die Entscheidung fiel im Sinne der letzteren Gruppe: eine ablehnende Resolution und dazu die Feststellung fürs Protokoll, daß zum Verhalten der einzelnen Mitglieder «damit nicht Stellung genommen» sei. Der harmonisierende Bericht der ‹C. V.-Zeitung› läßt ahnen, daß die Debatte nicht harmonisch ablief.

Neben dem Centralverein und der Zionistischen Vereinigung gab es eine jüdische Organisation, die vor 1933 in den innerjüdischen Auseinandersetzungen nicht in Erscheinung trat, die aber nach 1933 eine Führungsrolle beanspruchte: den Reichsbund jüdischer Frontsoldaten.

Bald nach dem Ende des Ersten Weltkrieges haben sich in etlichen Orten des Deutschen Reiches jüdische Frontsoldaten zu Vereinigungen zusammengeschlossen. In Berlin wurde im Januar 1919 ein Aufruf zur Gründung eines Reichsbundes verbreitet. «Gewissenlose Verleumder», hieß es darin, begrüßten die jüdischen Soldaten bei der Rückkehr «als ‹feige Drückeberger›; Schandbuben schmähen unsere Gefallenen.» Die jüdischen Soldaten wurden daher aufgerufen, an der Gründung des Bundes teilzunehmen, zum «Kampf um unsere Ehre und unser Recht als Deutsche und Juden». Der «Reichsbund jüdischer Frontsoldaten» wurde in Berlin im Februar 1919 gegründet. 1920 schlossen sich die an verschiedenen Orten bestehenden Vereinigungen zusammen; sie wurden Ortsgruppen des Reichsbunds. Treibende Kraft bei der Entstehung der Organisation war der Hauptmann d. R. Dr. Leo Löwenstein (im Zivilberuf Chemiker und Physiker), der auch Vorsitzender des RJF über die Zeit seiner Existenz gewesen ist. Die Erinnerung des im Ersten Weltkrieg schwer verletzten Arztes Dr. Hermann Pineas, der 1935 die Leitung der Ortsgruppe Berlin-Moabit übernahm, ist symptomatisch für die Haltung vieler jüdischer Frontsoldaten:

«Ich bin verhältnismäßig spät zum R.j.F. gekommen, nämlich im Jahre 1925. Die unmittelbare Veranlassung, Mitglied zu werden, war folgendes Erlebnis: Eines Tages zog ein uniformierter Trupp im Stahlhelm über die Berliner Tauentzienstraße unter Absingen des Liedes: «Wenns Judenblut vom Messer spritzt, dann gehts nochmal so gut!» Daraufhin begab ich mich in das nahe meiner Wohnung am Wittenbergplatz gelegene Büro der Bezirksgruppe 200 der Ortsgruppe Berlin des R.j.F. zur Aufnahme.»[13]

Als Zweck des Bundes war in seiner Satzung festgehalten: «Zusammenschluß der jüdischen Frontsoldaten Deutschlands zur Wahrung ihrer gemeinsamen Interessen, insbesondere zur Abwehr aller Angriffe, die auf eine Herabsetzung ihres vaterländischen Verhaltens im Kriege gerichtet sind», «Förderung der Kriegsfürsorge». Die Satzung enthielt den wichtigen Passus: «Erörterungen über jüdische Parteiangelegenheiten, Religionsfragen und Parteipolitik sind ausgeschlossen.»[14]

Nach bescheidenen Anfängen vergrößerte sich der Bund bis zur zweiten Hälfte der 20er Jahre auf 30–40000 Mitglieder. Im November 1921 erschien erstmals sein Presseorgan ‹Der Schild›, zunächst vierzehntägig, ab 1934 wöchentlich, der es aber aufgrund seines – von der Mitgliedschaft beklagten – geringen Niveaus bis 1930 nur zu einer Auflage von 10000 Stück brachte. Die vornehmlichste Aktivität entfaltete der Reichsbund in Büchern, Broschüren, zahlreichen Presseartikeln und Flugblättern mit der Widerlegung antisemitischer Behauptungen über die «Drückebergerei» der Juden im Weltkrieg. Zu den Anliegen des Reichsbunds gehörte denn auch die Veröffentlichung eines Gedenkbuches für die jüdischen Kriegsopfer,[15] das 10154 Gefallene namentlich aufführte. Getrieben von der rechtlich-moralischen Überzeugung, daß, «wer sein Blut hingetragen hat auf den Altar des Vaterlandes», das Recht erworben habe, der Gemeinschaft der Nation anzugehören, kämpfte der Reichsbund mit Statistiken, Frontkämpferbriefen, Tagebuchnotizen letztendlich vergeblich gegen die Windmühlenflügel antisemitischer Irrationalität; wobei ihm wohl entging, daß die antisemitischen Angriffe auf das politische System der Republik zielten und durch Statistiken nicht aufzuhalten waren.

In zwei weiteren – auch als mittelbare Abwehrarbeit verstandenen – Bereichen, jüdische landwirtschaftliche Siedlung und Sport, hat sich der Reichsbund ebenfalls engagiert. Anfänglich gehörte der Siedlungsgedanke zur Fürsorge für Frontsoldaten, wurde aber bald aufgefüllt mit – weit verbreiteten – antizivilisatorischen und agrarromantischen Ideen, von der

Gesundheit etwa, die dem Volk aus dem Ackerbau zuwachse, von der Rückführung junger Menschen «aus der fürchterlichen steinernen Stadt zur Scholle». Aber diese Gedanken mußten dann notwendig umschlagen in die Abwehr antisemitischer Stereotype: vom «Händlervolk», von der jüdischen «Unproduktivität», von der «Drückebergerei» vor der Landarbeit. Nach einigen vergeblichen Anläufen konnte der Reichsbund über eine von ihm gegründete Siedlungsgesellschaft und eine Organisation zur Mittelbeschaffung (Reichsbund für jüdische Siedlung) 1930 das Gut Groß-Gaglow bei Cottbus erwerben, auf dem bis 1933 24 Gärtner- und Bauernfamilien angesiedelt wurden.

Die Bemühungen, Sportgruppen zu begründen und junge Juden an sportliche Betätigungen heranzuführen, hatten zunächst praktische Gründe, denn der Reichsbund hatte sich – da nur Angehörige der kämpfenden Truppe des Weltkriegs Mitglied werden konnten – selbst zum Aussterben verurteilt. Über die Sportgruppen wollte der Reichsbund wohl soldatischen Geist weiterreichen, der jüdischen Jugend zur vormilitärischen körperlichen «Ertüchtigung» verhelfen. Aber auch hier sind Funktionäre des Reichsbundes bald in die Abwehrhaltung geraten – ja sie haben teilweise die antisemitischen Vorwürfe für sich akzeptiert, etwa wenn sie von der «bitteren» Notwendigkeit körperlicher Ertüchtigung bei den jungen Juden sprachen oder von der «Überschätzung» des Intellekts und der Kritikfähigkeit. Die Sportorganisation war ab 1924 aufgebaut worden (1926 gab es etwa 50 Sportgruppen), ihre eigentliche Bedeutung erhielt sie aber erst ab 1933.

Der Reichsbund jüdischer Frontsoldaten hat nach der Machtübernahme seine bis dahin strikt eingehaltene jüdisch-politische Neutralität aufgegeben. Unter Betonung der erwiesenen Vaterlandsliebe und nationalen Zuverlässigkeit der Mitglieder suchte die Bundesleitung, die im Mai 1933 das «Führerprinzip» rigoros durchgesetzt hatte, den Status eines Verhandlungspartners gegenüber den Machthabern zu erlangen. Sie stellte den Reichsbund jüdischer Frontsoldaten als das Rückgrat einer deutsch-jüdischen Front heraus, der die bewußt deutschen, vaterlandstreuen Frontsoldaten und «altansässigen Familien» angehörten, für die in erster Linie Löwenstein die Eingliederung in den neuen Staat erstrebte. Durch diese Politik gewann der Reichsbund 1933 noch drei- bis viertausend neue Mitglieder, konnte auch neue Leser für den ‹Schild› gewinnen (Auflage 1936: 15 000), isolierte sich aber zugleich mit dieser Aufkündigung gesamtjüdischer Solidarität. Mit den Zionisten, die nun als undeutsch zum Feind stilisiert wurden, geriet der Reichsbund in heftige Streitigkeiten besonders in dem Bemühen, die Sport-Jugend an sich zu binden. Im Mai 1933 wurden die bestehenden Sportgruppen zum «Schild. Sportbund des RJF» zusammengefaßt, der in Konkurrenz zur zionistischen Sportorganisation «Deutscher Makkabikreis» junge Menschen für die Ideen des Reichsbundes zu gewinnen suchte. Ende 1933 hatte der «Schild» rund 7000, 1936 – genau wie die Konkurrenz – rund 21 000 Mitglieder.

Im August 1933 verbreitete der Reichsbund eine Sondernummer der Zeitschrift ‹Der Schild› in 50 000 Exemplaren, die dem Thema ‹Der jüdische Frontsoldat› gewidmet war. Der Bundesvorsitzende Löwenstein schrieb darin:

«Die Anspannung in unserem Kampf um und für das deutsche Vaterland in der jetzigen und zukünftigen Zeit erfordert von uns oft ebensoviel seelische Kraft wie einst das Ausharren im Trommelfeuer der Front. Auf deutschem Boden ist das geistige und körperliche Erbgut der deutschen Juden in fast zwei Jahrtausenden gewachsen; das innere Recht an diesem deutschen Boden kann keiner uns streitig machen. Dieses Recht ist aber ebenso das Fundament unserer Pflicht gegenüber Deutschland, an dessen nationalem Neubau wir mit all unseren Kräften mitwirken wollen und für das wir allezeit nach innen wie nach außen in der Treue stehen, die das Mark auch unserer Ehre ist.»[16]

2. Die «Reichsvertretung der deutschen Juden»: Gründung des Dachverbands in später Stunde

Es kann nicht verwundern, daß eine Bevölkerungsgruppe, die so differenziert und in sich gespalten war wie das deutsche Judentum, sich außerordentlich schwer tat, sich in einem Dachverband zusammenzuschließen und eine Gesamtvertretung zu schaffen.

Auf der Ebene der Landesverbände der jüdischen Gemeinden haben bald nach dem Weltkrieg Bemühungen eingesetzt, einen Reichsverband vor allem als Vertretung nach außen zustande zu bringen. Sie scheiterten teils an Forderungen der Austrittsorthodoxie, teils an den Forderungen der süddeutschen Arbeitsgemeinschaft (Bayern, Württemberg, Baden, Hessen) nach föderalistischer Strukturierung, teils an den entgegenstehenden Vorstellungen im Preußischen Landesverband jüdischer Gemeinden (PLV) nach einer proportional-demokratischen Zusammensetzung der legislativen und exekutiven Organe.

Immerhin gelang es am 4. März 1928, als eine Art «Abschlagszahlung» auf den Reichsverband die «Arbeitsgemeinschaft der jüdischen Landesverbände des Deutschen Reiches» (RAG) einzurichten, die sich im September 1928 konstituierte. Die RAG hielt bis Ende 1931 fünf Sitzungen ab, die keinerlei bedeutende Ergebnisse brachten. In einer Sitzung am 31. Januar 1932 regte der Vorsitzende des bayerischen Verbandes namens der süddeutschen Arbeitsgemeinschaft an, «mit Rücksicht auf die politische Lage ein besonderes Organ zur Wahrnehmung der Interessen der deutschen

Juden zu schaffen», nämlich eine «Reichsvertretung» als Ausschuß der RAG (später allgemein: Reichsvertretung der jüdischen Landesverbände, RVjL), die wie folgt zusammengesetzt sein sollte:

sechs Vertreter des Preußischen Landesverbands
vier Vertreter der süddeutschen Arbeitsgemeinschaft
drei Vertreter der übrigen Landesverbände
ein Vertreter der liberalen Rabbiner
ein Vertreter der konservativen Rabbiner.

Den Vorsitz sollte ein preußischer, die Stellvertretung ein süddeutscher Vertreter führen. Der Vorschlag wurde – wie es scheint, ohne große Diskussion, aber auch ohne echtes Interesse auf preußischer Seite – angenommen.

Am 22. Mai 1932 fand eine Sitzung des Ausschusses des Preußischen Landesverbands zur Vorbereitung eines Reichsverbandes mit Vertretern der übrigen Landesverbände statt, in der Alfred Neumeyer, der Vorsitzende des Bayerischen Verbands, als Sprecher der Süddeutschen deren Stellung zu einem Reichsverband, aber letztlich auch das ganze Dilemma umriß.

«Die süddeutsche Arbeitsgemeinschaft ist der Ansicht, daß ohne die Berücksichtigung der konservativen Richtung und ohne die Einfügung der Rabbiner als der geistigen Führer in die Verbandsorgane das Zustandekommen der Organisation nicht denkbar ist. Auch der Lehrerstand und die soziale Arbeit verdienen Berücksichtigung. Die süddeutsche Arbeitsgemeinschaft ist grundsätzlich bereit, an der Schaffung des Reichsverbandes mitzuarbeiten, wenn diese Voraussetzungen anerkannt werden . . .

Ferner wünschen wir nicht die Politisierung des Reichsverbandes, wie wir sie in anderen Verbänden in jüngster Zeit erlebt haben. Wir befürchten, daß diese Art der Behandlung auch auf uns übergehen könnte. Man weiß in Süddeutschland, was man der Orthodoxie zu verdanken hat, und hat die gebührende Achtung vor der zionistischen Bewegung. Wir Liberalen stehen nicht auf assimilatorischem, sondern auf positiv-jüdischem Standpunkt. Alle diese Richtungen sollen Gemeinschaftsarbeit leisten zum Wohl des Ganzen. Einen anderen Reichsverband können wir uns nicht denken. In Süddeutschland sind wir gegen das demokratische Prinzip, das kein jüdisches ist, und nur in gesellschaftlicher Beziehung Geltung haben soll. Aber politischen Methoden, die heute abgestorben sind, wollen wir nicht neues Leben einhauchen . . .

Unter diesen Gesichtspunkten halten die süddeutschen Verbände eine ‹Reichsvertretung› für genügend. Sie würden daneben aber auch einer ‹Reichstagung› zustimmen, die alle drei Jahre zusammentreten soll. Wir verstehen es nicht, daß über die kürzlich in der Reichsarbeitsgemeinschaft beschlossene ‹Reichsvertretung› zur Tagesordnung übergegangen wird . . .»[17]

Die Beratungen versandeten in einem Unterausschuß, der die Zuständigkeit der Reichsvertretung jüdischer Landesverbände als Vertretung gegenüber Behörden, der jüdischen Öffentlichkeit und in finanziellen Fragen festschreiben wollte. Darüber hinaus aber geschah nichts mehr.

Erst nach dem 30. Januar 1933 berief der Vorsitzende, Kammergerichtsrat Wolff, die Reichsvertretung ein; die Sitzung fand am 12. Februar 1933 in Berlin statt, und es wurde beschlossen,

«einen Ausschuß der Reichsvertretung zu wählen, dessen Mitglieder als Vertretung des gesamten deutschen Judentums in dauernder Fühlungnahme untereinander jederzeit ohne Verzögerung etwa sich als notwendig erweisende Schritte tun können. Der Ausschuß wurde ermächtigt, sich als Präsidium der Reichsvertretung der jüdischen Landesverbände Deutschlands zu bezeichnen. Das Präsidium setzt sich aus 3 preußischen und 2 süddeutschen Mitgliedern zusammen ...

Es wurde schließlich allgemein die Notwendigkeit betont, daß alle jüdischen Stellen sich zu gemeinsamer Arbeit zusammenfinden mögen, um in der jetzigen ernsten Zeit bei den deutschen Juden in Stadt und Land das Gefühl der Zusammengehörigkeit und des Zusammenstehens zu stärken.»

Als Ergebnis der Arbeit des Präsidiums der RVjL ist nur ein zusammen mit dem Vorstand der Gemeinde Berlin verfaßtes – und auch veröffentlichtes – Schreiben an den Reichskanzler vom 29. März 1933 bekanntgeworden, in dem feierlich gegen die Anschuldigung, die «Greuel- und Boykotthetze im Ausland verursacht zu haben», Verwahrung eingelegt wurde. In der Mai-Nummer des ‹Gemeindeblattes der Jüdischen Gemeinde› zu Berlin erschien ein Aufsatz ‹Unsere Lage› von Arthur Lilienthal mit wichtigen Mitteilungen über die RVjL:

«Ohne komplizierte Organisationen und wohl ausgeklügelte Verfassung haben die Landesverbände eine Reichsvertretung der jüdischen Landesverbände geschaffen, die die Interessen des gesamten deutschen Judentums wahrnimmt und sie der Regierung gegenüber vertritt. ...

Die Führer der deutschen Juden stehen vor der schweren Aufgabe in irgendeiner Weise die deutschen Juden zu einer Neugestaltung ihrer Verhältnisse innerhalb der veränderten Gesamtlage des deutschen Judentums zu führen. Es ist noch zu früh, um sagen zu können, welches endgültig unsere Lage innerhalb des deutschen Volkes und Staates sein wird. Das Entscheidende ist im Augenblick, daß hier eine Stelle vorhanden ist, die dazu berufen und gewillt ist, an der Lösung dieser Probleme zu arbeiten und für das deutsche Judentum zu sprechen. Eins aber ist schon jetzt sicher: Zurückgestoßen von der Mitarbeit an den allgemeinen deutschen Dingen wird das deutsche Judentum sich stärker als je auf seine Eigenart besinnen müssen.»[18]

Die Konstituierung der Reichsvereinigung jüdischer Landesverbände ist in der jüdischen Presse nicht enthusiastisch begrüßt, doch sind vorsichtige

Erwartungen daran geknüpft worden, daß sie – über die bloße Repräsentanz hinaus – eine Führungsposition im deutschen Judentum würde erobern können. Sie konnte diesem Anspruch nicht gerecht werden. Lilienthals Beschreibung der Organisation als einer von allen bedeutenden jüdischen Organisationen getragenen Institution war illusionär, obgleich die Reichsvertretung in dieser Zeit durch eine aufrechte Erklärung zur Judenfrage in der jüdischen Öffentlichkeit viel Ansehen erlangt hatte.

«Die deutsche Judenfrage verlangt ein klares Wort der deutschen Juden. Vor dem deutschen Judentum steht das Schicksal, zum Entrechteten in der deutschen Heimat zu werden. In ihrer Ehre getroffen, können die deutschen Juden als die Wenigen sich nicht verteidigen; aber es darf ihnen nicht verwehrt sein, ihre Haltung offen und aufrichtig kundzutun.

Die deutschen Juden weisen es von sich, als die Anhänger oder Urheber irgendeines ‹Systems› angeprangert zu werden, während sie in Wahrheit immer bewiesen haben und auch jetzt zu beweisen bereit sind, daß sie sich jeder staatlichen Ordnung willig und freudig unterordnen, wenn sie ihnen Würde, Arbeit und Freiheit läßt.

Die deutschen Juden lehnen es ab, immer wieder auf ihre Jahrhunderte alte deutsche Kultur zu verweisen, auf ihre dauernde Verbundenheit mit deutschem Land und deutschem Geist. Die Wirklichkeit der Geschichte spricht für sie, spricht von ihrer Arbeit, ihrem Willen und ihrer Treue, von ihrer Verbundenheit mit dem deutschen Volk.

Wir dürfen erwarten, daß auch die Auseinandersetzung mit uns auf dem Boden des Rechtes und mit Waffen der Vornehmheit geführt werde, daß ehrliche Klarheit über unseren Platz und unseren Weg in dem Raume des Lebens geschaffen werde. Eine offene Aussprache mit der Reichsvertretung der deutschen Juden, welche die Gemeindeverbände und die großen jüdischen Organisationen und damit die Gesamtheit des deutschen Judentums umfaßt, vermag zum Ziele zu führen. Das Wohl Deutschlands erfordert es ebenso wie das der deutschen Juden.»[19]

Trotz allem aber waren Bedeutung und Einfluß der Reichsvertretung jüdischer Landesverbände – sofern je wirklich vorhanden – am Tiefpunkt angelangt. Ihr faktisches Ende hat Leo Baeck mit seinem Rücktritt von der Präsidentschaft am 25. Juni 1933 signalisiert.

In der ‹C.V.-Zeitung› fand sich Ende Juni folgende Notiz:

«Der Centralverein arbeitet seit Wochen daran, einen ‹Führerrat› der Organisationen unter Vorsitz der Reichsvertretung zustande zu bringen. Die Widerstände sind aber – nicht durch seine Schuld – erheblich, teilweise schon kaum erträglich.»[20]

Schon am 25. April hatte sich eine Fünf-Männer-Kommission gebildet, der Rabbiner Leo Baeck und der Bankier Carl Melchior als neutrale Mitglieder angehörten neben den Vertretern der drei großen Verbände, Dr. Löwenstein (Reichsbund jüdischer Frontsoldaten), Dr. Blumenfeld (Zionistische Vereinigung) und Dr. Julius Brodnitz (C.V.). Die Kommission etablierte Unterausschüsse, die mit prominenten Mitarbeitern besetzt waren, größtenteils mit Leuten, die auch im «Zentralausschuß für Hilfe und Aufbau» maßgebend waren.

Eine zweite Stelle, die bei den Bemühungen um eine zentrale Führung eine wichtige Rolle spielte, war dieser Zentralausschuß selbst. Als Führungsorgan der mit Wirtschaftshilfe, Kredithilfe, Umschichtung, Auswanderung und Wohlfahrtswesen befaßten Organisationen, damit als Versammlung der Fachleute und Sammelstelle einschlägiger wirtschaftlicher und sozialer Daten, als potentieller Verteiler der Finanzmittel, auch der ausländischen Hilfsmittel, war er eine Macht, an der vorbei niemand planen konnte. Entsprechend war der Vorsitz im Zentralausschuß für Baeck eine Machtposition, die mit der faktischen Verselbständigung des Zentralausschusses nach dem Kappen der Personalunion eher zunahm. Alles spricht dafür, daß Baecks Verzicht auf das Präsidium der Reichsvertretung kein einsamer Entschluß, sondern ein mit den Vertrauten im und um den Zentralausschuß durchdachter wohlkalkulierter Schritt gewesen ist. Unbeschadet möglicher Dissonanzen oder sachlicher Schwierigkeiten gehörte die Anfang Juli erfolgte Lösung der Zentralstelle für jüdische Wirtschaftshilfe aus der Verbindung mit der Berliner Wirtschaftshilfe auch zum Kalkül, den Zentralausschuß aus Querelen und Machtkämpfen herauszuhalten. So konnte er unbeeinflußt arbeiten, konnte die Entwicklung der Dinge durch Mitarbeit beeinflussen oder auch abwarten – und mit ihm konnte Baeck das gleiche tun.

In der jüdischen Gemeinde Berlin gab es einen quantitativ nicht abschätzbaren Kreis von Liberalen, der sehr radikal die Auffassung von der Zugehörigkeit der jüdischen Deutschen zur deutschen «Volksgemeinschaft», mindestens aber die Verbundenheit mit ihr, vertrat. Sein Gewicht bezog der Kreis daraus, daß vier bis fünf seiner Anhänger dem Vorstand der Gemeinde angehörten, darunter Heinrich Stahl und insbesondere Bruno Woyda und Moritz Rosenthal; weitere Anhänger waren Mitglieder der Repräsentantenversammlung. Was auch immer den Kreis dazu gebracht hat, die Führung des deutschen Judentums für die Berliner Gemeinde zu beanspruchen, – das eminente quantitative und finanzielle Gewicht der Gemeinde sowie deren ausgezeichnete Verwaltung, oder Machtwille – es dürfte seine Aktivitäten besonders angestachelt haben, daß im Zentralausschuß und den angeschlossenen Organisationen wie auch unter den um eine Konzentration der deutschen Juden Bemühten neben Zionisten auch solche Liberale zahlreich vertreten waren, die 1929 dem «Initiativkomitee für die Erweiterung der Jewish Agency in Deutschland» beigetreten waren. Der Kreis und seine Protagonisten haben zu dieser Zeit (Juni/Juli) noch nicht offiziell, aber doch hinter den Kulissen so intensiv gehandelt, daß es weithin bekanntwurde.

Irgendwann vor Anfang Juli muß sich der Vorsitzende der Synagogengemeinde Essen, der Bankier Georg Hirschland, zu einer Initiative entschlossen haben; ob er sich zuvor mit anderen Personen beraten hat, und wenn ja, mit wem, ist nicht bekannt. Um den Monatswechsel Juni/Juli bat er den Essener Rabbiner Hugo Hahn, dessen weitreichende Beziehungen ihm bekannt waren, zu Sondierungsgesprächen nach Berlin zu reisen.

Anfang Juli 1933 wurde noch der Essener Rechtsanwalt Ernst Herzfeld, der führend im Preußischen Landesverband jüdischer Gemeinden und im C.V. tätig war, eingeweiht. Nach Vorüberlegungen über die mögliche Konstruktion einer Reichsführung, die auf eine Art Regierung der Persönlichkeiten hinausliefen, einigte man sich – für den Erfolgsfall – auf Leo Baeck als Spitzenkandidaten. Die Akteure suchten nun Zustimmung und Rückendeckung bei den Vorsitzenden der rheinischen und westfälischen Synagogengemeinden, die sie zum 23. Juli 1933 zu einer Aussprache nach Essen einluden. Es gelang, die Versammlung von der Notwendigkeit des geplanten Vorgehens zu überzeugen und eine «Blancovollmacht» zu erhalten, daß alle Schritte, die unternommen würden, das Einverständnis dieser Versammlung hätten.

Einer der Teilnehmer, der Vorsitzende des Westfälischen Provinzialverbandes des Preußischen Landesverbands jüdischer Gemeinden, Rechtsanwalt Willy Katzenstein, teilte am 29. Juli 1933 Herzfeld seine Eindrücke von der Sitzung mit:

«Die Sitzung vom letzten Sonntag beschäftigt mich noch dauernd in meinen Gedanken. Ich werde das Gefühl nicht los, daß irgend etwas dabei ‹unvollendet› geblieben ist. Die Besprechung war zu kurz und der Rahmen für die Aussprache zu eng gezogen. Die auswärtigen Teilnehmer waren, im Gegensatz zu den Essener Herren, die für die Sitzung seit Wochen gründlich vorgearbeitet hatten, zu wenig informiert über das, worauf es ankam. So kam eine Aussprache zustande, in der viel Unnötiges gesagt wurde – ich schließe mich davon nicht aus – und das Entscheidende zu kurz kam.

Für die Zusammenfassung des gesamten deutschen Judentums ist zweierlei notwendig:

Erstens die Niederringung der Berliner Widerstände,
Zweitens die Aufstellung geeigneter Führer.

Was die erste Voraussetzung anbetrifft, so scheinen mir, wenn ich von Naumann absehe, *innerhalb* der Berliner Gemeinde vor allem Woyda nebst Anhängern und im übrigen wohl hauptsächlich der R.J.F. und seine Führer die Hindernisse zu sein. Wer sich in die Gesamtfront jetzt nicht einordnen will, muß bekämpft werden mit dem Ziel der Ausschaltung oder Gewinnung. Wenn hierzu erforderlich ist, Berlin zunächst einzukreisen und zu isolieren, so schließe ich mich nach nochmaliger Überlegung auch diesem Vorschlag an. Natürlich ist ein endgültiger Zusammenschluß der deutschen Juden ohne Berlin nicht denkbar.

Ich glaube aber, daß für eine solche Strategie es nicht ausreicht, wenn Sie und die beiden anderen Essener Herren, so groß ihr Ansehen bei allen deutschen Juden auch ist, als alleinige Sprecher für Rheinland und Westfalen auftreten. Essen ist immerhin nur eine einzelne Gemeinde und nicht einmal die größte in diesem Bezirk. Wäre es nicht zweckmäßig, wenn gerade für ein solches Unternehmen, wie es der Zusammenschluß aller deutschen Juden ist, mindestens auch die Stimmen der Provinzialverbände in die Waagschale geworfen würden? Für den von mir vertretenen Westfälischen Provinzialverband habe ich keine Zweifel, daß er sich der Bewegung anschließen würde. Ich kann nichts weiter tun, als Ihnen diese Unterstützung anzubieten, bin aber sicher, daß angesichts der zu erwartenden Widerstände die Front gar nicht stark genug gemacht werden kann.

In der Führerfrage ist unsere Lage leider so, daß der ohne weiteres gegebene Führer nicht vorhanden ist. Ein Führer muß als solcher geboren sein, er muß da sein wie ein Wunder oder wie ein Gottesgeschenk. So einen haben wir nicht. Auch gegen den von Ihnen Genannten erheben sich Einwände. Nach meiner Überzeugung kommt für unsere gegebenen Verhältnisse überhaupt nicht eine *einzelne* Persönlichkeit, sondern eine Führer*gruppe*, eine Art Direktorium, eine ‹Reichsführung der Deutschen Juden› in Frage von 3–5 Personen, denen als beratende Instanz, nach Art des preußischen Staatsrats, ein größerer Kreis führender Persönlichkeiten aus dem ganzen Reich angegliedert werden müßte.

Für die Führergruppe würde ich z.B. auch Männer wie Dr. Friedrich Brodnitz und Dr. Ludwig Tietz für geeignet halten, die neben großer Aktivität und überparteilicher Einstellung auch noch den Vorzug der Jugend haben.»[21]

Herzfeld antwortete Katzenstein am 31. Juli, daß nach seiner Meinung zwischen ihnen kaum Auffassungsunterschiede bestünden. Dann unterrichtete er Katzenstein über den Fortgang der Dinge. Hahn und er hätten sich am 27. Juli mit den Vorsitzenden der süddeutschen Landesverbände Neumeyer (Bayern), Hirsch (Württemberg) und Stein (Baden) und zwei Vertretern des verreisten Vorsitzenden der Frankfurter jüdischen Gemeinde, Julius Blau, getroffen. Man habe sich rückhaltlos ausgesprochen und Einigkeit über die notwendigen Schritte und die einzuschlagende Taktik erzielt sowie ein offizielles Schreiben abgesprochen, das beigefügt sei.

«Wir sind auch insoweit weitergekommen, als wir uns darüber einig waren, daß dem Führer (Baeck) der Stuttgarter Herr (Hirsch) als Chef des Stabes oder Ministerpräsident, oder wie Sie es sonst bezeichnen wollen, an die Seite zu stellen ist. Der Auserkorene hat schließlich erklärt, daß er, wenn man ihn für nicht entbehrlich halte, bereit sei, seinen Wohnsitz nach Berlin zu verlegen. Die Organisation ist so gedacht, daß 5 Arbeitsressorts geschaffen werden, die unter dem Stuttgarter die einzelnen Aufgaben betreuen sollen.

Die süddeutschen Herren wiesen darauf hin, daß sie selbst Ämter in der Reichsvertretung bekleiden, auf diesen Umstand ist bei der Abfassung der Briefe Rücksicht genommen worden. Die Herren wollen und sollen nicht als Opponenten oder gar als Inkrimenten erscheinen, sondern eine starke Strömung, die an sie herankommt, in die sachgemäßen Bahnen leiten.

Aus all diesen Gründen ist es uns natürlich nur erwünscht, wenn Sie in Ihrem Verbande Bericht erstatten und sich unserem Vorgehen anschließen.»

Das offizielle Schreiben an die Gesprächsteilnehmer enthält die verklausulierte Bitte, in ihren Verbänden für das Ziel der Initiative zu werben, sowie eine Charakterisierung des Ziels:

«Die Fülle der Aufgaben, die die Gegenwart stellt, kann unserer Ansicht nach von den alten Organisationen nicht mehr in zureichender Weise bewältigt werden. Not tut eine Führung, die berechtigt und in der Lage ist, unter eigener Verantwortung frei zu handeln. Dieser Führerkreis muß so autoritativ sein, daß man damit rechnen kann, daß die positiven Kräfte des deutschen Judentums ihm willig Gefolgschaft leisten.»

Die folgenden Wochen waren ausgefüllt mit Versuchen, weitere Kreise für die angestrebte Lösung zu gewinnen, etwa die Rabbinerverbände und Jugendorganisationen. Herzfeld suchte Baeck auf, unterrichtete ihn über den Stand der Dinge und versicherte sich seiner Bereitschaft, gegebenenfalls an die Spitze der neuen Institution zu treten. Herzfeld und Baeck sprachen dann noch über deren Aufgabengebiete, und Herzfeld erinnerte sich später, daß besonders intensiv über Auswanderungsprobleme gesprochen wurde – just das überragende Thema der Sachgespräche in der Fünf-Männer-Kommission.

Herzfeld sprach auch mit dem Vorsitzenden des C.V., seinem Schwager Julius Brodnitz, der über die Unternehmungen von Anfang an in großen Zügen unterrichtet war; Brodnitz legte den Essenern dringend nahe, die angestrebte Zentrale auf die breitere Basis auch der großen jüdischen Organisationen zu stellen, was hieß, in Beziehung zur Fünf-Männer-Kommission zu treten. Die Essener, deren Ideal ja eigentlich die Führung aus Persönlichkeiten war, haben die Notwendigkeit dieser Verbreiterung eingesehen. Sie baten nun Brodnitz, die wichtigen Organisationen und die Gemeindeverbände einzuladen, Delegierte zu einer Besprechung nach Essen zu entsenden.

Zwischenzeitlich erschienen im ‹Israelitischen Familienblatt› zwei Leitartikel ‹Einheit und Einheitlichkeit› (3. August) und ‹Straffe Führung tut not› (10. August), von denen nicht ganz klar ist, ob sie in – wenn auch noch so vager – Kenntnis dieser Verhandlungen geschrieben wurden. Beide treffen jedoch entscheidende Schwachpunkte der bestehenden Organisation. Der erste die allmähliche Demontage der Reichsvertretung jüdischer Landesverbände, da Gemeindeverbände und Organisationen weiterhin Maßnahmen im eigenen Interesse getroffen hätten, ohne Rücksicht auf die Gesamtheit, und daß es ihr nicht gelungen sei, die deutschen Juden gegenüber Behörden alleine zu vertreten.

Der Tenor des zweiten Artikels lag in dem Satz, es gebe «wohl genug führende Juden im alten landläufigen Sinne, aber keine Führerpersönlichkeiten», «die wissen, was sie wollen und ihren Willen zu vertreten bereit sind gegen alle Gremien, alle Ausschüsse»; statt dessen gebe es nach wie vor «Vorstände mit ihren Kommissionen, Deputationen und Mikro-Parlamenten, ... die zwar häufig ... beraten aber nur selten eindeutige, klare Beschlüsse fassen». Wenngleich geblendet von der – oft nur scheinbaren, in Wahrheit oft chaotischen – Entscheidungsfreude nationalsozialistischer Führer, haben die Artikel doch zu Recht Mängel in den jüdischen Institutionen und Egoismen bei den Organisationen kritisiert.

Die Besprechung in Essen, zu der Brodnitz eingeladen hatte, fand am 20. August 1933 statt. Herzfeld schrieb darüber an Katzenstein:

«Es hat gestern hier eine Besprechung stattgefunden, an der außer den Führern der süddeutschen Verbände auch die Vertreter der Berliner Gemeinde (Stahl, Schoyer und Woyda), ferner Kammergerichtsrat Wolff, Max Warburg, Justizrat Brodnitz und Dr. Leo Löwenstein teilnahmen. Wir sind dazu gelangt, einen Ausschuß einzusetzen, der von allen einstimmig bevollmächtigt wurde, die Reichsführer endgültig zu wählen. Zum Vorsitzenden dieses Ausschusses wurde einstimmig Herr Dr. Hirschland, hier, bestimmt. Auch Herr Warburg gehört ihm an. In diesen Ausschuß, der bisher aus 8 Personen besteht, sollten tunlichst noch zwei Zionisten aufgenommen werden. Der Ausschuß soll ferner allgemeine Richtlinien für das neue Präsidium endgültig verabschieden und der neuen Führerschaft auf den Weg geben.»

Die Besprechung verlief entschieden turbulenter als das nüchterne «Ergebnisprotokoll» Herzfelds anzeigt. Die Atmosphäre war anfänglich von Unterstellungen gegen die Essener vergiftet, woraufhin diese mit Schärfe erklärten, keine Positionen in der neuen Institution anzunehmen.

Zwei Streitpunkte haben wohl die Wogen der Erregung hochgehen lassen: einmal der Anspruch des Reichsbunds jüdischer Frontsoldaten auf die Führungsposition und zum anderen der Streit um das «Gespann» Baeck–Hirsch.

Die Hochschätzung des Soldatentums durch die Nationalsozialisten hatte im RJF die Illusion genährt, jüdische Frontsoldaten könnten in diese Hochschätzung eingeschlossen sein. Die Ausnahmeregelungen im Gesetz zur Wiederherstellung des Berufsbeamtentums schienen die Auffassung zu bestätigen. Daraus leiteten die Führer des RJF ab, daß sie Anliegen der deutschen Juden vor Stellen des Reiches am erfolgreichsten vertreten könnten; zum Judentum hingewendet wurde daraus der Anspruch auf eine Führungsposition, die sie auch über bestätigende Äußerungen der Reichsregierung zu erreichen suchten, wobei sie sich anheischig machten, unter den jüdischen Organisationen, Gemeinden und Gemeindeverbänden «Gleichrichtung» zu erreichen. In Essen hat Löwenstein den Fortgang der Verhandlungen mit seinen Führungsansprüchen erheblich erschwert.

Zwei Tage nach der Konferenz schrieb Löwenstein noch einmal an Hirschland und bekräftigte seinen Standpunkt:

«Ich möchte ausdrücklich erklären, daß seitens des Reichsbundes jüdischer Frontsoldaten alle überhaupt möglichen Wege, welche zu einer Stärkung der Stellung und Existenz der deutschen Juden in ihrem deutschen Vaterlande führen konnten, mit aller Energie gegangen wurden und, soweit dies überhaupt möglich war, auch mit Erfolg. Der Reichsbund jüdischer Frontsoldaten darf von sich sagen, daß er gerade in diesen Zeiten für das deutsche Judentum wohl mehr erreicht hat als irgend eine andere jüdische Organisation, und daß seine Stellung gerade heute ihn befähigt, ganz besonders für das deutsche Judentum einzutreten.»[22]

Gegen eine Führung durch Baeck und Hirsch haben sich die Berliner Vertreter mit Händen und Füßen gesträubt. Vertreter der Vereinigung für das liberale Judentum neigten zeitweilig dazu, die Berliner zu unterstützen, und traten dafür ein, den Vorstand der Berliner Gemeinde mit der Wahrnehmung der Geschäfte des deutschen Judentums zu beauftragen. Zuletzt hatte sich aber wohl eine Mehrheit für das Gespann Baeck–Hirsch herauskristallisiert.

Noch reservierter zeigten sich die Zionisten, in deren Namen Georg Landauer am 19. August in einem Brief an Georg Hirschland dagegen protestierte, daß die Zionistische Vereinigung für Deutschland bei der Essener Konferenz unterrepräsentiert war:

«Man hat es für richtig gehalten, auf einer Liste von 22 Personen *einen* Vertreter der zionistischen Bewegung einzuladen. Nichts kann den tiefen Irrtum, in dem sich die Führer des deutschen Judentums über die wirkliche Situation befinden, deutlicher kennzeichnen als dieser Umstand. Sie glauben, der Zeit, der Entwicklung der Jugend, den kulturellen Aufgaben, dem wirtschaftlichen Umschichtungsbedürfnis, dem Palästina-Drang und der politischen Situation in Deutschland gerecht zu werden, wenn Sie eine Versammlung, die mehr oder minder identisch ist mit der Reichsvertretung, einberufen und den Zionisten hierbei einen bescheidenen Winkel konzedieren. War dieses Gremium dadurch, daß es sich in Berlin versammelte und seine Mitglieder Organisationen oder Gemeinden vertraten, untauglich zu jeder produktiven Arbeit, so wird es dadurch nicht tauglicher, daß die Mitglieder sich als Einzelpersonen in Essen versammeln.

Ich möchte hiermit ausdrücklich erklären – und ich wäre Ihnen dankbar, wenn Sie dies zur Kenntnis der sich in Essen Versammelnden bringen würden –, daß die klare Erkenntnis und unerschütterliche Überzeugung meiner Freunde ist, daß die gewaltige Umschichtung, die sich im deutschen Judentum schon vollzogen hat und ständig weiter vollzieht, einer Versammlung dieser Art jedes Recht nimmt, im Namen des deutschen Judentums zu verhandeln, Beschlüsse zu fassen und Instanzen zu bilden. Es ist selbstverständlich, daß wir derartigen Akten in keiner Weise zustimmen werden und daß kein Beschluß, der dort gefaßt wird, uns binden kann. Wir glauben, daß die Entwicklung im deutschen Judentum andere Wege weist, und die zionistische Bewegung wird diese Entwicklung führen.»[23]

Hugo Hahn, der auf Wunsch der Essener Versammlung Landauer aufsuchte, gelang es aber, dessen Zweifel und Befürchtungen auszuräumen und ihn zur Entsendung zweier Zionisten in den Wahlausschuß zu bewegen. An einem Gemeindeabend der Jüdischen Gemeinde Berlin am 4. September proklamierten Moritz Rosenthal und Bruno Woyda vor rund 3000 Zuhörern für die Berliner Gemeinde das «Recht, künftig in allen Fragen die Führung der deutschen Juden zu übernehmen». Die Redner haben die Proklamation nicht mit programmatischen Darlegungen verbunden, sie vielmehr sozusagen in der Luft stehen lassen: ein Paukenschlag, der Aufmerksamkeit wecken und vorbereiten sollte.

Es kann als sicher angenommen werden, daß Heinrich Stahl am Ende der Essener Besprechung am 20. August gebeten wurde, das weitere Procedere zu übernehmen, d.h. der Berliner Gemeindevorstand sollte die jüdischen Organisationen und Verbände zu einem frühestmöglichen Termin zu einer Delegiertenversammlung einladen, in der die neue Reichsvertretung installiert und deren Mitglieder formell gewählt werden sollten.

Willy Katzenstein schrieb am 19. September an seinen Essener Kollegen Herzfeld:

«Nach dem, was ich in der vorigen Woche in Berlin erfahren habe, haben die Berliner Gemeindeliberalen, Richtung Woyda und Rosenthal, zu einem Gegenstoß ausgeholt, und hatten auf letzten Sonntag eine Sitzung einberufen. Es würde mich nun sehr interessieren, ob Ihnen bzw. Ihrem Ausschuß eine Einladung zu dieser Besprechung zugegangen ist und was die Sitzung ergeben hat. Nach Zeitungsandeutungen scheinen auch Ihre Bemühungen, eine Reichsführung zu finden, Fortschritte gemacht zu haben.»

Herzfeld erwiderte am 20. September:

«Sie sind zutreffend dahin unterrichtet, daß die Herren Woyda und Gen. einen Gegenstoß unternommen haben. Wir haben aber dafür Sorge getragen, daß an der Sitzung, die am 17. ds. Mts. stattfand, auch unser Ausschuß teilnahm. In dieser Versammlung ist dann mit nicht wesentlichen Änderungen unser Programm endgültig zur Anerkennung gelangt. Baeck übernahm wunschgemäß sofort die Führung. Er hat sich mit den ihm unterstellten Herren noch am gleichen Tage zur ersten Arbeitssitzung zusammengefunden. Er hat Richtlinien für die weitere Arbeit bereits aufgestellt ...»[24]

Das tatsächliche Geschehen an diesem 17. September ist einen Monat später vom Vorsitzenden des Ausschusses der Reichsvertretung der deutschen Juden, Dr. Otto Hirsch, leicht ironisch beschrieben worden. In einem ‹Zielsetzung› überschriebenen Artikel ausgerechnet im Gemeindeblatt der jüdischen Gemeinde zu Berlin schrieb Hirsch, ins Leben getreten sei die Reichsvertretung durch einen gemeinsamen Willensakt sämtlicher jüdischer Landesverbände sowie der großen Organisationen Central-Verein, Reichsbund jüdischer Frontkämpfer und Zionistische Vereinigung für Deutschland:

«Diese haben aus Anlaß einer *von der Berliner Gemeinde einberufenen Zusammenkunft der deutschen Großgemeinden* beschlossen, die Gesamtleitung der deutschen Juden Herrn Rabbiner Dr. Baeck als Präsidenten und einem Ausschuß anzuvertrauen ...

In einer sofort einberufenen Sitzung der Reichsvertretung der jüdischen Landesverbände Deutschlands ... übergab diese die Leitung der Geschäfte eben diesem neuen Präsidium und Ausschuß. Die Bildung eines Beirats wurde vorbehalten, dem die Mitglieder der seitherigen Reichsvertretung als solche angehören sollen.»[25]

An diesem 17. September 1933 wurde die «Reichsvertretung der deutschen Juden» installiert, ihre Mitglieder wurden gewählt; die Reichsvertretung jüdischer Landesverbände übergab der neuen Institution offiziell die Geschäfte, die sich sofort in einer Arbeitssitzung konstituierte. An der Spitze des Gremiums stand Rabbiner Dr. Leo Baeck als Präsident, ihm war ein Ausschuß (manchmal Geschäftsführender –, manchmal Präsidialausschuß genannt) in folgender Zusammensetzung beigegeben: Vorsitzender und damit Chef der Exekutive: Dr. Otto Hirsch, Präsident des Oberrates der Israelitischen Religionsgemeinschaft Württembergs; stellvertretender Vorsitzender: Dr. Siegfried Moses, Vorsitzender der Zionistischen Vereinigung für Deutschland; Mitglieder: Dr. Rudolf Callmann, Köln, für den C.V., Rabbiner Dr. Hoffmann, Frankfurt a. M., für die Gemeindeorthodoxie, Dr. Leopold Landenberger, Nürnberg, für den Reichsbund jüdischer Frontkämpfer, Dr. Franz Meyer, Breslau, für die Zionistische Vereinigung, Dr. Julius L. Seligsohn, Berlin, für die Liberalen, Dir. Heinrich Stahl für die Liberalen und die jüdische Gemeinde Berlin.

Um diese Positionen war im Essener Ausschuß hart gekämpft worden. Die Führerrat-Streitigkeiten der Fünf-Männer-Kommission fanden hier ihre Fortsetzung, selbst Baeck und Hirsch wurden zeitweilig in Frage gestellt; Georg Hirschland und Max Warburg mußten ihr Ansehen und ihre Verhandlungsfähigkeiten voll in die Waagschale werfen, um die Verhandlungen zu einem Ergebnis zu führen. Besondere Probleme bereiteten die Zionisten, die immer noch fürchteten, nach ihrer quantitativen Bedeu-

Die «Reichsvertretung der deutschen Juden» im September 1933
Von links nach rechts: Dr. Franz Meyer (Zionistische Vereinigung für Deutschland), Rabbiner Dr. Jacob Hoffmann (orthodox), Dr. Siegfried Moses (Zionistische Vereinigung für Deutschland), Rabbiner Dr. Leo Baeck (Präsident), Dr. Otto Hirsch (Centralverein, Leiter der Reichsvertretung), Dr. Rudolph Callmann (Centralverein), Heinrich Stahl (Jüdische Gemeinde Berlin)

tung bedacht und zur einflußlosen Minderheit im Ausschuß zu werden. Eine Mehrheit des Wahlausschusses hat aber wohl erkannt, daß die Zionistische Vereinigung unter den veränderten politischen Bedingungen nicht mehr nur nach ihrer Quantität, sondern nach ihrem Vermögen etwa in der Auswanderungsfrage und ihren internationalen Beziehungen zu bemessen war. Die Zionisten wurden durch einen Kunstgriff befriedigt: Als Repräsentanten der Gemeindeorthodoxie wählte man mit Hoffmann eine Persönlichkeit, die zugleich dem Misrachi, der Vereinigung der Orthodoxen innerhalb der Zionistischen Organisation, angehörte. Waren die Zionisten Gewinner im Streit um die Positionen, so waren die Berliner radikalen Liberalen die Verlierer, denn als zweiter Liberaler wurde der Leo Baeck nahe-, den Berliner Gemeinde-Liberalen aber eher fernstehende Seligsohn gewählt. Die Führung des Frontkämpferbundes schließlich konnte ihren «Kameraden» zwar nicht die Übernahme der Führung vermelden, wohl aber vormachen, daß ihr Verband in der Reichsvertretung stark sei, denn außer Landenberger seien «auch die bewährten Kameraden Dr. Rudolf

Callmann und Dr. Julius L. Seligsohn Mitglieder unseres Bundes. Sie sind aber von anderen Organisationen ... entsandt worden». Am Ende des Streits stand jedoch die Feierliche Erklärung der Vorsitzenden von C.V., Zionisten und Frontkämpfern, daß sie diese Leitung der deutschen Juden anerkennen, ihr volles Vertrauen entgegenbringen und zu treuer, loyaler Mitarbeit mit ihr bereit sein würden. Die «Vereinigung für das liberale Judentum» reichte diese Zusicherung schriftlich nach.

Die ‹Jüdische Rundschau› berichtete rundum positiv und hob besonders hervor, daß Baeck und Hirsch zu der Richtung im C.V. gehörten, die schon sehr früh «die gesamtjüdische Bedeutung des jüdischen Palästina-Werkes erkannt» hätte. Die ‹Rundschau› hat kein Hehl daraus gemacht, daß die Mitglieder des Ausschusses «aus bestimmten Kreisen entnommen wurden». Wenn dagegen betont werde, «daß die Reichsvertretung sich nicht aus Parteivertretern zusammensetzt, sondern aus unabhängigen Persönlichkeiten, so soll damit wohl vor allem gesagt sein, daß die Mitglieder der Reichsvertretung sich in ihrer Tätigkeit über ihre parteimäßige Einstellung erheben und dem Gesamtinteresse dienen werden»[26].

Aus Julius Brodnitz' Leitartikel in der ‹C.-V.-Zeitung› klang Erleichterung über das Erreichte; er beurteilte Procedere und Zusammensetzung der Reichsvertretung ähnlich wie die ‹Rundschau›, doch ging es ihm schwer aus der Feder: die Mitglieder seien «ohne Rücksicht auf Organisationspolitik gewählt worden. Der Ausschuß setzt sich lediglich aus Einzelpersönlichkeiten zusammen, die sich nach keiner Richtung an Organisationsrücksichten gebunden betrachten wollen und dürfen.»[27]

Ob Versuche gemacht wurden, die Trennungsorthodoxie in den Konzentrationsvorgang einzubeziehen, dafür waren weder positive noch negative Hinweise zu finden; ihr Organ, ‹Der Israelit›, reagierte jedenfalls verärgert:

«Der jetzt bekanntgegebene Beschluß bedeutet einen offensichtlichen Sieg der Zionisten über die Berliner jüdische Gemeinde, zugleich aber auch eine starke Brüskierung der Orthodoxie, die damit gezwungen wird, ihre Interessen fortan selbständig und außerhalb der ‹Reichsvertretung› zu wahren. Wir erklären, daß *diese* ‹Reichsvertretung› zur alleinigen Führung *nicht* berufen ist.»[28]

Der Reichsbund jüdischer Frontkämpfer reagierte wie jemand, der abgewiesen wurde, weil seine überlegenen Ideen unverstanden blieben. Nicht nur, daß der Leitartikel in ‹Der Schild› vom 28. September der Reichsvertretung – wenn auch verhüllt – Führungs- und Tatkraft absprach und ihr Scheitern voraussagte, er stellte mindestens auch die Loyalitätserklärung Löwensteins in Frage.

«Führer und Taten können nur entstehen aus überlegener Kraft und aus überlegenem Geist. Sie müssen sich frei halten von Einflüssen solcher Organisationen, deren politische Linie sich nicht bewährt hat. Überhaupt muß gesagt werden, daß Organisationen, die innerlich abgewirtschaftet haben, die aber ihre Einflußsphäre im innerjüdischen Leben aufrechtzuerhalten wünschen, zurücktreten müssen von der entscheidenden Beherrschung eines Werkes, das heute das deutsche Judentum in seiner Ganzheit und ohne Hintergedanken repräsentieren soll. Wer wie wir Zeugen der Verhandlungen und Querverhandlungen der letzten Wochen und Monate gewesen ist, mußte immer wieder mit Erschrecken wahrnehmen, wie selten mit offenem Visier in diesen Verhandlungen gekämpft wurde. Wir haben eine Sammlung der deutsch-jüdischen Front bewerkstelligen wollen, indem wir die Sammlung beschränkten auf diejenigen, die ihre bleibende Heimat und das Ziel all ihrer Wünsche in Deutschland sehen. Als dann aber Versuche auftraten, eine *gesamt*-jüdische Vertretung zu bilden, haben wir uns diesem Versuch nicht entzogen. Wir konnten das um so mehr, als ... Beschlüsse in der Reichsvertretung nur bei Einstimmigkeit gültig sind.»[29]

Der Reichsbund jüdischer Frontsoldaten hat «wie bisher seine Arbeit für das deutsche Judentum» fortgesetzt, bis hin zu den Versuchen, die Teilnahme am aktiven Wehrdienst für Juden zu erreichen. Es gehe dem RFJ nur darum, «daß die jungen Leute jüdischer Religion und Rasse auch im Reichsheer zur Wehrhaftigkeit erzogen würden»; «daß jüdische Soldaten auch in Offiziersstellen einrückten», begehre man nicht. Als das Wehrgesetz vom Mai 1935 die Juden vom aktiven Wehrdienst definitiv ausschloß, hielt der Reichsbund durch juristisch spitzfindige Auslegung von Sonderregelungsparagraphen die Illusion aufrecht, daß Möglichkeiten für Juden zur Teilnahme am aktiven Wehrdienst durchaus noch gegeben seien. Leo Baeck schrieb dem Reichsbund damals namens der Reichsvertretung:

«Der Tatsache, daß das deutsche Judentum durch seinen Ausschluß vom aktiven Wehrdienst einen ebenso schweren wie schmerzlichen Schlag erlitten hat, muß man gerade ins Gesicht schauen. Man dient nicht dem deutschen Judentum, wenn man sie durch juristische Auslegung einzelner Paragraphen in ihrer Gesamtbedeutung abschwächt.»[30]

Die dem jüdischen Frontsoldatenbund immanente deutsch-jüdische Ideenwelt, die bis 1933 hinter äußerer Neutralität verborgen geblieben war, trat danach kraß hervor und ließ den Bund an die Stelle des Centralvereins treten, dessen «Parteiinhalte» sich, gleichermaßen wie die der Zionisten, aufgelockert hatten, wie der Arbeitsausschuß des C.V. bereits Ende 1933 konstatierte. Das hieß nicht, daß in den Jahren nach 1933 zwischen Zionisten und den Protagonisten des C.V. nur noch eitel Harmonie geherrscht hätte. An harschen Pressefehden hat es nicht gefehlt. Doch ist von zionistischer Seite – mindestens im Kreis um die ‹Jüdische Rundschau› – die Blumenfeldsche These von der Wurzellosigkeit des Juden in Deutschland erkennbar aufgegeben worden: «Ja-Sagen zum Judentum» bedeute nicht «Nein-Sagen zum Deutschtum», bedeute nicht die Empfehlung, sich vom Deutschtum zu trennen. Allerdings komme das ehrliche Ja nur aus der inneren Freiheit, die durch die Selbstfindung als Jude gewonnen werde. Gerade diese Forderung, jüdisches Bewußtsein und Selbstbewußtsein zu entwickeln, verbreitete sich besonders in der jüngeren Generation des C. V. Sicher hieß dies nicht Übereinstimmung, betonten doch die Zionisten mehr die geistigen Bindungen vor den Gefühlsbindungen, aber es hieß Annäherung und Auflockerung, die Zusammenarbeit in den Lebensfragen der deutschen Juden ermöglichte. So galt Auswanderung den einen nicht mehr als Verrat am Deutschtum, Bleiben und Positionenhalten den anderen nicht als Verrat am Zionismus. Die vernünftige und vertrauende Zusammenarbeit in der Reichsvertretung, ihren Abteilungen und angeschlossenen Institutionen, die vielfach bestätigt wird, ist durch die Annäherung erleichtert worden.

Die Trennungsorthodoxie hielt zunächst Distanz zur Reichsvertretung. Der Halberstädter Verband blieb der Reichsvertretung bis 1937 offiziell fern, doch haben deren Institutionen auf den Gebieten der Wirtschaftshilfe und der Wohlfahrtspflege in wachsendem Maße mit dem Halberstädter Verband zusammengearbeitet und Unterstützung geleistet. Vor allem die Frage der Gestaltung der jüdischen Schulen als Einheitsschulen ließ die Orthodoxen in der Distanz verharren. Erst unter dem Eindruck der wachsenden Notlage vieler seiner Gemeinden, die unter den gegebenen Formen der Zusammenarbeit nicht systematisch angegangen werden konnte, verstand sich der Halberstädter Verband im August 1937 zur Entsendung eines Vertreters in die Reichsvertretung.

Die Reichsvertretung der deutschen Juden wandte sich kurz nach ihrer Konstituierung mit einer Kundgebung «An die deutschen Juden». Bei der Übergabe an die jüdische Presse betonte Leo Baeck die Unabhängigkeit des Gremiums, das seine «Tätigkeit kraft eigener Vollmacht entfalten könne».

«In Tagen, die hart und schwer sind, wie nur je Tage der jüdischen Geschichte, aber auch bedeutungsvoll, wie nur wenige gewesen, ist uns durch die gemeinsame Entschließung der jüdischen Landesverbände, der großen jüdischen Organisationen und der Großgemeinden Deutschlands die Leitung und Vertretung der deutschen Juden übertragen worden.

Kein Parteigedanke, kein Sonderwunsch hat daraus gesprochen, sondern allein und ganz die Erkenntnis dessen, daß Leben und Zukunft der deutschen Juden heute durch ihre Einigkeit und ihr Zusammenhalten bedingt sind.

Darum ist es die erste Aufgabe, diese Einheit lebendig werden zu lassen. Jede Organisation und jeder Verband sollen in ihrer Lebenskraft und in ihrem Aufgabenkreise anerkannt sein, aber in allen großen und entscheidenden Aufgaben darf es nur die *eine* Gemeinschaft, nur die *eine* Gesamtheit der deutschen Juden geben. Wer heute Sonderwege geht, wer heute sich ausschließt, hat sich an dem Lebensgebot der deutschen Juden vergangen.

Im neuen Staate ist die Stellung der einzelnen Gruppen, auch derer, die zahlreicher und stärker sind als wir, eine ganz andere geworden. Gesetzgebung und Wirtschaftsführung haben ihren gewiesenen Weg, eingliedernd und ausgliedernd. Wir sollen dies einsehen, ohne Selbsttäuschung; nur dann werden wir jede einzige Möglichkeit beobachten können und um jedes Recht, um jeden Platz, um jeden Lebensraum zu ringen imstande sein.

Die deutschen Juden werden als arbeitnehmende und arbeitgebende, schaffende Gemeinschaft im neuen Staate sich bewähren können.

Eigene Gedanken, eigene Aufgaben zu verwirklichen ist uns nur auf *einem* Gebiete, aber einem entscheidenden gewährt, auf dem unseres jüdischen Lebens, unserer jüdischen Zukunft. Hier sind die bestimmtesten Aufgaben gestellt. Neue Pflichten jüdischer Erziehung sind zu erfüllen, neue Bereiche jüdischer Schulen sind zu schaffen und alte zu wahren und zu schützen, damit dem heranwachsenden Geschlechte seelische Festigkeit, innere Widerstandskraft, körperliche Tüchtigkeit gegeben werden. Zu Berufen, die ihr einen Platz im Leben zeigen, soll unsere Jugend in besonnener Auswahl herangebildet und umgeschichtet werden, damit ihr Dasein einen Ausblick gewinne. Das Bestehende wie alles Begonnene und Versuchte soll hier zusammengeführt werden, um zu helfen und zu stützen. Allem Zersetzenden soll entgegengearbeitet, dem Aufbau auf dem religiösen Fundament des Judentums alle Kraft geweiht werden.

Viel von einstiger wirtschaftlicher Sicherheit ist uns deutschen Juden genommen oder beeinträchtigt worden. Innerhalb dessen, was uns bleibt, soll der einzelne aus der Vereinzelung herausgeführt werden. Ständische Verbindungen und Zusammenschlüsse, soweit zulässig, können vorhandene Kräfte erhöhen und dem Schwachen einen Rückhalt geben, können Erfahrungen und Beziehungen für alle nutzbar machen.

So manchem wird die Stätte der Arbeit und des Berufs auf deutschem Boden versagt sein. Vor uns steht die Tatsache, der gegenüber alles Fragen und Meinen aufhört, die deutliche, geschichtliche Notwendigkeit, unserer Jugend Neuland zu bereiten. Es ist zur großen Aufgabe geworden, Plätze zu erkunden und Wege zu bahnen, wie auf dem heiligen Boden Palästinas, dem die Vorsehung eine neue Zeit gefügt hat, so überall, wo Charakter, Schweiß und Tüchtigkeit des deutschen Juden sich bewähren können, niemandem Brot nehmend, sondern anderen Brot schaffend.

Hierfür, wie für alles andere, erhoffen wir den verständnisvollen Beistand der Behörden und die Achtung unserer nichtjüdischen Mitbürger, mit denen wir uns in der Liebe und Treue zu Deutschland begegnen.

Wir bauen auf den lebendigen Gemeinschaftssinn und das Verantwortungsbewußtsein der deutschen Juden, wie auch auf die opferwillige Hilfe unserer Brüder überall. Wir wollen zusammenstehen und im Vertrauen auf unseren Gott für die Ehre des jüdischen Namens arbeiten. Möge aus dem Leide dieser Tage das Wesen des deutschen Juden neu erstehen!»[31]

3. Der Weg zur «Reichsvereinigung der Juden in Deutschland» und deren Ende 1943

In einer Mischung aus Nüchternheit, Illusionen und Zweckoptimismus wurden im Aufruf drei wesentliche Aufgaben genannt, denen sich die Reichsvertretung in hervorragendem Maß stellen wollte: «jüdische Erziehung», also Erziehung in Schule und Beruf im Geiste des Judentums; Sicherung – und soweit möglich – Ausbau der wirtschaftlichen Positionen sowie wirtschaftlicher und sozialer Zusammenschluß der jüdischen Menschen; Förderung der Auswanderung – nicht nur nach Palästina – unter Hintanstellung aller ideologischen Vorbehalte.

In der Verlautbarung der Reichsvertretung vom 22. September 1935 zu den Nürnberger Gesetzen sind die gleichen Aufgaben aufgeführt, die veränderte Diktion und Akzentuierung gibt Einblick in die Veränderungen der Realitäten und des Bewußtseins, die in den zwei Jahren eingetreten sind.

Die Reichsvertretung war in den ersten eineinhalb Jahren ihrer Tätigkeit in der Situation, ihren Gestaltungswillen nicht aus eigener Kraft in die Realität umsetzen zu können; das Instrument, das dazu in der Lage war, der «Zentralausschuß der deutschen Juden für Hilfe und Aufbau» mitsamt den angeschlossenen Verbänden, war organisatorisch selbständig geblieben und der Reichsvertretung weiterhin nur durch Personalunionen verbunden. Die Probleme lagen aber vor allem in der organisatorischen Schwerfälligkeit der Gesamtkonstruktion. Der Anfang 1934 ins Leben gerufene Beirat der Reichsvertretung, dem neben Einzelpersönlichkeiten Vertreter von Gemeinden, Gemeindeverbänden und Vereinigungen angehörten, stimmte im Oktober 1934 im Hinblick auf dieses Dilemma einem Antrag Max M. Warburgs zu, einen Ausschuß einzusetzen, «um die organische Weiterentwicklung der Reichsvertretung zu beraten». Dieser Organisationsausschuß hatte dann bis Ende 1934 die Grundzüge und bis Februar 1935 die Details der Reorganisation erarbeitet, der der Präsidialausschuß der Reichsvertretung am 19. Februar 1935 zustimmte.

«Mit dem 1. April 1935 wird nunmehr das Hilfs- und Aufbauwerk des Zentralausschusses einen festen Bestandteil des Organismus der Reichsvertretung bilden ...

Es werden damit die großen Arbeitsgebiete der Wohlfahrtspflege, der Wirtschaftshilfe, der Berufsumschichtung, der Kredithilfe, des Arbeitsnachweises und der übrigen Wirtschaftshilfe sowie der Rückwanderung in die Reichsvertretung eingefügt werden.»[32]

Die Auswanderungsorganisationen, Palästinaamt der Jewish Agency und Hilfsverein der deutschen Juden, konnten aus juristischen Gründen nicht einbezogen werden; ihre Einbindung in die Gesamtarbeit blieb aber erhalten und wurde weiterentwickelt. Die Geschäftsführer der eingegliederten Organisationen wurden Sachbearbeiter in der Reichsvertretung; die Finanzverwaltung wurde in einem Finanzdezernat vereinigt. Aus den Beraterstäben der Organisationen wurden Arbeitsausschüsse für Wanderungswesen, Wirtschaftshilfe, Wohlfahrtswesen und Mittelaufbringung zusammengestellt, die zur Beratung gemeinsamer Probleme und Aufgaben (z. B. Etatberatung) als «Zentralausschuß der deutschen Juden für Hilfe und Aufbau» zusammentraten.

An dieser Konstruktion der Reichsvertretung als einer Quasi-Regierung, in der Beratungs-, Entscheidungs- und Exekutivfunktionen konzentriert waren und in der der Präsidialausschuß Zugriff auf alle Probleme und letzte Entscheidungsbefugnis hatte, ist im Prinzip nichts mehr geändert worden.

Über die Arbeit der Reichsvertretung in den Bereichen Wirtschaftshilfe, Berufsumschichtung, Auswanderung, Wohlfahrtswesen und Schulwerk bis zum Erlaß der Nürnberger Gesetze, sei es in der Phase der mittelbaren Führung bis zur Eingliederung des Zentralausschusses, sei es in der dann folgenden unmittelbaren Führung, wird an späterer Stelle eingehend berichtet. Über die vielfältigen Versuche der Einflußnahme bei Staatsbehörden kennen wir nur wenige, sehr generelle Aussagen; danach begegnete die «alteingesessene», meist konservative Ministerialbürokratie etwa im Wirtschafts- oder im Arbeitsministerium den vorsprechenden Juden mit Achtung und zeigte sich bereit, Einwendungen und Vorschläge anzuhören und administrative Auswirkungen von gesetzlichen Maßnahmen in vernünftigen Bahnen zu halten, während etwa im Innenministerium der Typus des jungen Nationalsozialisten vorherrschte. Diese Beamten waren oft nicht einmal bereit, die vorsprechenden Vertreter der deutschen Juden anzuhören, schon gar nicht, ihnen Zugeständnisse zu machen.

Die «Nürnberger Gesetze» bildeten einen tiefen Einschnitt in den Beziehungen der Juden zur nichtjüdischen Umwelt. Die Reichsvertretung und mit ihr ein großer Teil der deutschen Juden neigten anfänglich zu der Interpretation, daß diese Maßnahmen nur den Rahmen abstecken sollten für ein zwar rechtlich eingeschränktes, aber wirtschaftlich und kulturell einigermaßen gesichertes jüdisches Leben in Deutschland. Aus Selbstschutz wurde der Gedanke zurückgedrängt, daß mit den «Nürnberger Gesetzen» die Schleusen zur totalen Entrechtung der Juden in Deutschland geöffnet wurden.

Die Reichsvertretung reagierte mit einer nüchternen Verlautbarung zur Situation und einem Arbeitsprogramm für die Zukunft:

«Die *vom Reichstag in Nürnberg beschlossenen Gesetze* haben die Juden in Deutschland aufs schwerste betroffen. Sie sollen aber eine Ebene schaffen, auf der ein erträgliches Verhältnis zwischen dem deutschen und dem jüdischen Volke möglich ist. Die *Reichsvertretung der Juden in Deutschland* ist willens, hierzu mit ihrer ganzen Kraft beizutragen. Voraussetzung für ein erträgliches Verhältnis ist die Hoffnung, daß den Juden und jüdischen Gemeinden in Deutschland durch Beendigung ihrer Diffamierung und Boykottierung die moralische und wirtschaftliche Existenzmöglichkeit gelassen wird ...

Die dringendsten Aufgaben der Reichsvertretung, denen sie in energischer Verfolgung des bisher von ihr eingeschlagenen Weges mit aller Hingabe nachgehen wird, sind:

1. Das eigene *jüdische Schulwerk* muß der Erziehung der Jugend zu religiös gefestigten, aufrechten Juden dienen, die aus bewußter Verbundenheit mit der jüdischen Gemeinschaft, aus der Arbeit an jüdischer Gegenwart und dem Glauben an jüdische Zukunft die Kraft schöpft, den schweren Anforderungen zu entsprechen, die das Leben an sie stellen wird. Über die Wissensvermittlung hinaus muß die jüdische Schule der planvollen Vorbereitung für den künftigen Beruf dienen ...

Ein eigenständiger *Kulturaufbau* muß den kunst- und kulturschaffenden Juden Betätigungs-Möglichkeiten geben und dem kulturellen Eigenleben der Juden in Deutschland dienen.

2. Dem gesteigerten *Auswanderungsbedürfnis* ist mit einer großzügigen Planung zu entsprechen, die vor allem Palästina, aber auch alle anderen in Frage kommenden Länder einbezieht und besonders der Jugend gilt ...

3. Die *Erhaltung* und *Betreuung* der *Hilfsbedürftigen*, der *Kranken* und der *Alten* muß in Ergänzung der staatlichen Fürsorge durch weiteren systematischen Ausbau der von den Gemeinden getragenen jüdischen Wohlfahrtspflege sichergestellt werden.

4. Diesen vielfältigen und schwierigen Aufgaben ist eine verarmte Gemeinschaft nicht gewachsen. Die Reichsvertretung wird mit allen Mitteln versuchen, die *wirtschaftliche Kraft der Juden* dadurch zu *sichern*, daß die vorhandenen Erwerbsmöglichkeiten erhalten bleiben ...

5. Kraft in der Gegenwart und Hoffnung für die Zukunft gibt das lebensvolle Fortschreiten im *Aufbau des jüdischen Palästinas.* Um das Judentum in Deutschland noch mehr als bisher in diese Entwicklung hineinzustellen, tritt die Reichsvertretung als solche dem *Jüdischen Aufbauwerk e. V.* (Keren Hajessod) bei und fordert die jüdischen Gemeinden und Verbände nachdrücklichst auf, ihrem Beispiel zu folgen. Die Reichsvertretung erklärt sich bereit, die organisatorische Verbindung der Körperschaften der Judenheit in Deutschland mit dem Aufbauwerk in Palästina herzustellen.»[33]

Der Beitritt der Reichsvertretung zum Keren Hajessod dokumentiert den Wandel der Anschauungen, der sich seit 1933 in der Führung des deutschen Judentums vollzogen hatte.

Die ausdrückliche Zustimmung der Gemeinden und Gemeindeverbände zu dieser Verlautbarung, sosehr sie den programmatischen Aussagen gegenüber ehrlich gewesen sein mag, täuscht freilich mehr Übereinstimmung und Zusammenarbeit vor, als in der Detailarbeit vorhanden war. Das war nicht immer böser Wille oder Ausfluß tiefgreifender Gegensätze. Oft knirschte es im Getriebe der Zusammenarbeit zwischen der Reichsvertretung und den eingefahrenen Organisationen der Gemeinden und Verbände, oft auch neigten Verantwortliche vor Ort dazu, zentrale Ansprüche angesichts örtlicher Erfordernisse und Notlagen zu «übersehen».

Diese Probleme versuchte man im August 1936 durch die Bildung eines «Rats der Reichsvertretung» zu steuern, dessen Mitglieder überwiegend von den Landesverbänden entsandt wurden. Seine Aufgaben waren: Beschlußfassung über Fragen der Verfassung, Wahl der Mitglieder des Präsidialausschusses, Festsetzung des Haushalts, Überwachung der Finanzgebarung, ausschlaggebende Stellungnahme zu Verlautbarungen der Reichsvertretung in grundsätzlichen Fragen. Die Übertragung weitgehender Rechte, damit aber auch weitgehender Verantwortlichkeiten, banden die Landesverbände in die Arbeit der Zentrale ein. Die Zusammenarbeit ist durch diesen organisatorischen Schritt – soweit erkennbar – verbessert worden.

Der Vorstand der Berliner jüdischen Gemeinde glaubte allerdings die neuen Gegebenheiten, nämlich die Dominanz der Landesverbände im Rat, für einen Vorstoß zur Umgestaltung der Reichsvertretung nützen zu können. Letztlich liefen seine Absichten darauf hinaus, den – in seinen Augen zionistisch verseuchten – Apparat der Reichsvertretung «zum Teufel zu jagen», die 1933 gegen seinen Willen erfolgten Personalentscheidungen (Baeck und Hirsch) zu korrigieren und die Verwaltungsarbeit der Reichsvertretung auf die Berliner Gemeinde zu übernehmen. Der Versuch der Berliner, die Landesverbände ihren Zielen geneigt zu machen, indem sie unter Ausnützung natürlicher Selbständigkeitsbestrebungen in den Landesverbänden Animositäten gegen die Zentrale schürten, schlug jedoch fehl. In den Ratssitzungen am 15. Juni und 7. Juli 1937 mußten sie ihre völlige Isolierung konstatieren, wozu der Council for German Jewry durch ein die Leistungen der Reichsvertretung herausstreichendes Schreiben gezielt beigetragen hatte.

Etwa um diese Zeit verstärkte das NS-Regime die Verfolgungsmaßnahmen; die Juden reagierten darauf sowohl mit vermehrter Auswanderung, welche die Finanzkraft des deutschen Judentums weiter schwächte, als auch mit stärkerer Binnenwanderung aus kleineren in größere Gemeinden, was erhebliche organisatorische Probleme zur Folge hatte. In diese Situation traf am 28. März 1938 ein Gesetz, das den Synagogengemeinden und ihren Verbänden den Status als Körperschaften öffentlichen Rechts aberkannte. Sie sollten künftig lediglich rechtsfähige Vereine bürgerlichen Rechts sein. Obgleich das Gesetz zunächst nur auf die Aufhebung bestimmter Steuerbefreiungen (z.B. Grund- und Hauszinssteuer) zielte, hatte es für die jüdische Gemeinschaft Folgen, die zur Überprüfung der gesamten Organisationsstruktur nötigten. Einmal verloren die jüdischen Gemeinden das Besteuerungsrecht; zum zweiten – hier lag ein Problem der Binnenwanderung – wurde der wandernde Jude nicht mehr automatisch Mitglied der jüdischen Gemeinde am Zuzugsort, er mußte vielmehr ausdrücklich seinen Beitritt zum «Verein» Gemeinde erklären. Zur Lösung der damit auftauchenden Probleme wurden ältere Überlegungen über die Schaffung einer Gesamtvereinigung der Juden in Deutschland wieder aufgegriffen. Am Ende entsprechender Beratungen stand der Beschluß, die Reichsvertretung in einen «Reichsverband der Juden in Deutschland e.V.» umzuwandeln. Seiner Satzung entsprechend sollten die jüdischen Gemeinden unter dem Namen «Kultusvereinigung» Ortsvereine des Verbandes werden. Mitglied konnte jede Person jüdischen Glaubens in Deutschland sein, sie mußte jedoch einer Kultusvereinigung angehören. Die Kultusvereinigungen sollten Mitglieder des Verbandes durch Aufnahme eines entsprechenden Passus in ihre Satzung werden. Die Mitglieder hätten einen Mitgliedsbeitrag zu entrichten, der von der Kultusvereinigung für den Reichsverband eingezogen werden sollte. Mit dem Zugriff auf alle zur Verfügung stehenden Gelder konnte der Vorstand dann einen Lastenausgleich durchführen und den Gemeinden anteilig finanzielle Mittel zuweisen. Die Landesverbände sollten aufgelöst werden, wobei die Verwaltung des Preußischen Landesverbands in den Reichsverband übernommen werden sollte. Schließlich war die Übertragung der Vermögen der Gemeinden und Verbände auf den Reichsverband vorgesehen.

Die staatliche Genehmigung des Reichsverbandes und seiner Satzung blieb bis über die Pogrome des 9. und 10. November 1938 hinweg aus, so daß die Reichsvertretung bis zu diesem Zeitpunkt in den alten Formen weiterarbeitete. Unter den chaotischen Zuständen der Wochen nach der «Reichskristallnacht» waren Organisationstätigkeiten überhaupt nicht mehr möglich.

Ende 1938 begannen sich in der Gestapozentrale Vorstellungen über die künftige Organisation der Juden herauszubilden, wobei leitender Gesichtspunkt die Forcierung der Auswanderung und ihre Finanzierung aus jüdischen Mitteln war. Dabei ist den NS-Stellen offenbar die Grundstruktur des geplanten jüdischen Reichsverbandes als praktikable Organisationsform erschienen, wobei es vor allem darum ging, den Rahmen für die Einrichtung von Auswanderungsfonds zu schaffen. Die rechtsgültige Errichtung der Reichsvereinigung erfolgte im Juli 1939 aufgrund der zehnten Verordnung zum Reichsbürgergesetz. Ihre Satzung war der Reichsverbands-Satzung abgeschaut.

Die Apparate der Reichsvertretung und des Preußischen Landesverbands jüdischer Gemeinden gingen, ebenso wie der Präsidialausschuß als Vorstand, wenig verändert auf die Reichsvereinigung über. Aber in dieser

Reichsvereinigung fehlte das Mitspracherecht der Gemeinden im Rat, ihre Führung wurde nicht aus der Vereinigung selbst heraus kontrolliert, sie war von «Sicherheitspolizei und SD» ernannt und stand unter deren unmittelbarer staatlicher Aufsicht.

Die Reichsvertretung der deutschen Juden, oder wie sie sich nach Erlaß der Nürnberger Gesetze nennen mußte: «der Juden in Deutschland», endete in den Pogromen des November 1938. Die Kontinuität einer frei gewählten Vertretung und Führung der deutschen Juden war damit abgebrochen.

Die Vorstandsmitglieder wandten sich mit einem Appell an die jüdische Öffentlichkeit, in dem das meiste zwischen den Zeilen gelesen werden mußte:

«Die Zusammenfassung unserer Kräfte ist für uns Juden in Deutschland seit langem das Gebot der Zeit. Nur gemeinsam können wir der schweren Aufgabe gewachsen sein, die auf uns gelegt ist.

Durch die Verordnung über die Reichsvereinigung der Juden und die ihr entsprechende Satzung sind unsere Gemeinden stärker noch als bisher zusammengeschlossen. Sie sollen die eine Gemeinde der Juden in Deutschland bilden. Aber darum behält doch, nach wie vor, jede Gemeinde mit ihrer Arbeitsfähigkeit und ihrem Arbeitswillen ihre besondere und wichtige Bedeutung. Sie bleibt weiterhin ein Platz eigenen Wirkens und Schaffens.

Noch größere und lastendere Aufgaben, als sie schon bisher bestanden, liegen dieser Reichsvereinigung ob. Noch mehr an Anforderung ist an die Opferbereitschaft aller gerichtet. Die schwere Verantwortung, die auf denen ruht, welchen die Leitung der Reichsvereinigung anvertraut ist, werden wir nur tragen können, wenn alle Juden in Deutschland, jeder auf seiner Stelle, das Gebot geschichtlicher Tage zu erfüllen bereit sind.»

Und Otto Hirsch erläuterte in der gleichen Ausgabe des ‹Jüdischen Nachrichtenblatts› die strukturellen Veränderungen:

«Anders als die auf den Religionsgemeinden aufgebaute seitherige Reichsvertretung umfaßt die neue Organisation, die zu ihrer Rechtsfähigkeit nicht der Eintragung ins Vereinsregister bedarf, sondern diese unmittelbar durch die Verordnung erlangt hat, alle – staatsangehörigen und staatenlosen – Juden im Sinne der ersten Verordnung zum Reichsbürgergesetz, also ohne Unterschied des Glaubens und unabhängig von der Zugehörigkeit des einzelnen zu einer jüdischen Kultusvereinigung. Die Reichsvereinigung hat danach auch die nichtarischen Christen und Dissidenten zu betreuen, mit deren Organisationen denn auch bereits Vereinbarungen getroffen worden sind. Der einzelne Jude ist unmittelbar Mitglied der Reichsvereinigung und scheidet aus ihr nur durch Tod oder Auswanderung aus.»[34]

In dem von der Sicherheitspolizei ernannten Vorstand der «Reichsvereinigung der Juden in Deutschland» verblieben mit Baeck als Vorsitzendem,

Stahl als seinem Stellvertreter sowie Hirsch und Seligsohn vier der 1933 Gewählten; dazu wurden ernannt Lilienthal und Dr. Paul Eppstein aus der Verwaltung der Reichsvertretung sowie der Vorsitzende der jüdischen Gemeinde Berlin, Moritz Henschel, und sein Stellvertreter Philipp Kozower.

Auf Geist und Arbeitsweise in der Berliner Kantstraße hat – so wird berichtet – die neue Organisationsform keinen Einfluß gehabt; kein Stuhl, keine Akte sei deswegen bewegt worden, nur der Briefkopf habe geändert werden müssen. Das Ethos, das diese Menschen trieb, ist wohl am besten mit einem Wort Leo Baecks beschrieben: «Solange noch ein Jude in Deutschland ist, ist mein Platz bei ihm.»

War die Organisation in der Verwaltung unverändert geblieben, so mußte aber unterhalb der Zentrale eine neue Struktur geschaffen werden. Die Verwaltungen der Gemeinden (jetzt «Kultusvereinigungen») – an deren Aufbau sich zunächst auch nichts änderte – wurden zu nachgeordneten Verwaltungsstellen, denen Bezirksstellen vorgeordnet wurden. Wo Mitglieder der Reichsvereinigung ohne Gemeindezusammenhang lebten, wurden Vertrauensmänner eingesetzt.

Auch an den Aufgaben, die der Reichsvereinigung gestellt waren, hat sich nichts geändert: Auswanderung, Berufsausbildung und -umschichtung, Erziehungs- und Schulwesen und Fürsorge. Hinzugekommen war eine Gemeindeabteilung, die vor allem mit den zahlreichen Gemeindeauflösungen, aber auch mit der Verwaltung und Betreuung von Gemeinderesten befaßt war.

Im Laufe der Zeit hat die Reichsvereinigung dann Aufgaben verloren, aber auch andere aufgebürdet bekommen.

Am 23. Oktober 1941 wurde den Staatspolizeistellen mitgeteilt, daß Himmler die Verhinderung jeder weiteren Auswanderung angeordnet habe. Damit entfiel in der Reichsvereinigung das Aufgabengebiet Auswanderung, ebenso die damit weitgehend zusammenhängende Berufsumschichtung.

Zum 1. Juli 1942 schließlich mußten alle jüdischen Schulen geschlossen werden, mit entsprechender Rückwirkung auf die Verwaltung der Reichsvereinigung.

Neuen Anforderungen stand sie gegenüber, als nach Kriegsbeginn zunehmend alle arbeitsfähigen Juden Zwangsarbeit verrichten mußten, was zusätzliche Betreuungsmaßnahmen für Kinder und pflegebedürftige ältere Menschen erforderte. Hinzu kamen die schikanösen Einschränkungen, denen die Juden unterworfen wurden, die dann vielfach einen Wust an Verwaltungsarbeit nach sich zogen. So mußten Sondergenehmigungen etwa für die Benutzung öffentlicher Verkehrsmittel über die Stellen der Reichsvereinigung beantragt werden. Auch das Verbot, eigene Telefone zu besitzen und – später – öffentliche Fernsprecher zu benützen, wirkte sich aus, denn selbst die einfachste Auskunft mußte nun bei den Stellen der

Reichsvereinigung persönlich eingeholt werden. Ab 1. Mai 1941 wurde der Reichsvereinigung befohlen, regelmäßig den Stand der jüdischen Bevölkerung mit allen Zu- und Abgängen für Berlin, das gesamte Altreich und die einzelnen Kultusvereinigungen statistisch festzuhalten.

Danach lebten zum Zeitpunkt des Auswanderungsverbots noch rund 180000 Juden im Altreich; Ende 1942 waren es noch 51000, Ende Januar 1943 etwa 48000, Ende Februar 1943 ca. 44000, Ende März 1943 rund 32000. Die Abnahme ging ausschließlich auf das Konto der Deportationen in die Ghettos und Vernichtungslager im Osten.

Die Stellen der Reichsvereinigung hatten die schreckliche Aufgabe, die zur Deportation in Sammellager verbrachten Menschen zu betreuen. So bei der sogenannten «Fabrik-Aktion» vom 27. Februar 1943 in Berlin, in der die Gestapo die zu deportierenden Menschen nicht – wie früher – aus den Wohnungen, sondern unmittelbar von den Arbeitsplätzen holte. Am Tage zuvor hatte die Gestapo angeordnet, für den 27. Februar fünf bis sechs Büroeinrichtungen mit Personal sowie Personal und Medikamente für die gleiche Zahl von Rettungsstationen bereitzustellen, die an noch zu nennende Plätze befohlen würden. Es waren dies dann die Sammelstellen für die rund 7000 von den Arbeitsplätzen weggeholten Juden.

Eine Mitarbeiterin der Reichsvereinigung, Hildegard Henschel, erinnerte sich an die «Fabrik-Aktion»:

«Ich möchte nur sagen, daß diese Aktion mit besonderer Rücksichtslosigkeit und Grausamkeit durchgeführt wurde. Die Verladung auf die SS-Autos ging so schnell, daß die meisten Frauen, die in bunten Kittelschürzen bei der Arbeit saßen, so wie sie waren, ohne Mäntel, ohne Frühstücksbrot, dies alles befand sich in den Fabrikgarderoben, mitgenommen wurden. Natürlich hatte fast jeder Angestellte der Gemeinde Familienmitglieder im Arbeitseinsatz, man war wie gelähmt, man tat erst gar nichts, bis die ersten Selbstmörder eingeliefert wurden. Es gab Fensterstürze, man warf sich unter die Autos, man nahm Veronal, auch Zyankali, das besonders vorsichtige Menschen nie von sich ließen, es war grauenhaft. Dazu die Unmöglichkeit, festzustellen, wo wer war, es gab noch keine Listen von den in die Lager Verbrachten, in den Fabriken waren die Telefone durch SA besetzt, also bekam man keinerlei Auskünfte, ein unvorstellbares Chaos. Daneben gab es wieder Straßenjagden und Absuchen von Häusern. – Inzwischen war es mittag geworden, natürlich hatte die Gestapo nicht für Lebensmittel gesorgt, die Gemeinde hatte inzwischen die Genehmigung erwirkt, die Verpflegung der Läger zu übernehmen. – Noch vor dem Abend verteilte die Kleiderkammer nach Möglichkeit warme Sachen und Decken, aber es war alles zu wenig, das Elend war unbeschreiblich. Dazu kam die Sorge der Lagerinsassen um ihre Angehörigen. Soweit diese auch im Arbeitseinsatz waren, konnten sie in einem anderen Lager sein, die jüdischen Lagerleiter taten, was sie konnten, um die zusammengehörigen Menschen ausfindig zu machen, in vielen Fällen ist es aber nicht gelungen. Eine furchtbare Sorge waren die in den Wohnungen befindlichen Kinder, die zum Teil eingeschlossen waren. Da es Sonnabend war, hatten die im Arbeitseinsatz tätigen Eltern, die am Sonnabend um 2 Uhr frei waren, die Kinder nicht in den Hort oder in den Kindergarten geschickt, sondern sie in der Wohnung auf sie warten lassen, manche waren auch bei Nachbarn, wo vielleicht eine noch nicht evakuierte alte Großmutter sich ihrer annahm, untergebracht. Die Gestapo hatte in den Lagern mitgeteilt, daß die Insassen beschleunigt evakuiert würden, nur Menschen, die den gelben Stern hatten, sollten zurückbleiben und bald entlassen werden, ebenso wurden alle, die sich als ‹arisch versippt› meldeten, in das Lager Rosenstraße verbracht, wo sie die weitere Klärung ihres Falles abwarten sollten. Wer ein Anrecht auf Theresienstadt zu haben glaubte und es nachweisen konnte, sollte auch abgesondert werden; bis auf einzelne Fälle, die eben in dem allgemeinen Chaos untergingen, wurde das auch durchgeführt. – Die Sorge um das in den Wohnungen verpackte Gepäck und um die Kinder wurde immer dringender. In der Nacht vom Sonnabend zu Sonntag fuhren alle Angestellten der Abteilung Fürsorge, vermehrt durch zahlreiche Krankenschwestern, durch Berlin, um in den von den Eltern angegebenen Wohnungen die Kinder abzuholen und in die Sammellager zu den Eltern zu bringen.»[35]

Zu diesem Zeitpunkt hat der Vorstand der Reichsvereinigung schon nicht mehr existiert. Julius L. Seligsohn war bereits im Dezember 1940 verhaftet worden, er ist im Frühjahr 1942 in Sachsenhausen gestorben. Otto Hirsch ist im Februar 1941 verhaftet worden und kam im Juni in Mauthausen zu Tode. Heinrich Stahl wurde im Juni 1942 nach Theresienstadt deportiert, wo er im Frühjahr 1943 starb.

In einer Sonderaktion gegen Vorstand und Verwaltung der Reichsvereinigung, deren Grund unbekannt ist, wurden im Juni 1942 Arthur Lilienthal und die Abteilungsleiter Cora Berliner, Franz Eugen Fuchs und Paula Fuerst verhaftet und mit unbekanntem Ziel deportiert, Hannah Karminski im Dezember. Ende Januar 1943 schließlich wurden Leo Baeck und Paul Eppstein nach Theresienstadt deportiert, Eppstein wurde dort im September 1944 ermordet.

Bis März 1943 war die Reichsvereinigung gezwungen worden, ihre volljüdischen Angestellten durch in privilegierter Mischehe lebende Juden zu ersetzen; im April/Mai 1943 wurden diese dann zu Hunderten deportiert, Philipp Kozower wurde um diese Zeit nach Theresienstadt gebracht. Die noch verbliebenen fünf Angehörigen der Zentrale, die nicht «arisch versippt» waren, darunter Moritz Henschel und seine Frau Hildegard, sowie Kurt Levi und Heinrich Elkeles wurden am 10. Juni 1943 verhaftet und nach Theresienstadt deportiert. Am gleichen Tag wurde die Zentrale der Reichsvereinigung durch die Gestapo geschlossen.

II.
Kulturelles und geistiges Leben

Von Volker Dahm

1. Jüdische oder deutsche Kultur: die Suche nach Identität

In einer kurz vor dem Ersten Weltkrieg in der konservativen Kulturzeitschrift ‹Der Kunstwart› geführten Diskussion über die Rolle der Juden im deutschen Kulturleben prägte der jüdische Publizist Moritz Goldstein den berühmt gewordenen Satz, die deutschen Juden hätten sich zu Verwaltern des «geistigen Besitzes» eines Volkes erhoben, das ihnen die Berechtigung und Fähigkeit dazu abspreche. Die angebliche Vorherrschaft der Juden im kulturellen und geistigen Leben Deutschlands war eines der zentralen und wirkungsvollsten Themen der nationalsozialistischen Agitation in der sogenannten Kampfzeit.

Die Juden als «Verwalter der deutschen Kultur» – dieser Begriff implizierte den oft genug ausdrücklich erhobenen Vorwurf, die Juden hätten ihre verlegerische und publizistische Macht dazu benutzt, ihre «Rassegenossen» zu protegieren, hätten noch das kümmerlichste jüdische «Talent» zu einem großen Künstler gemacht und umgekehrt die deutschen Begabungen unterdrückt und zur Bedeutungslosigkeit verdammt. Die Anschuldigungen halten einer sachlichen historischen Kritik nicht stand und sind auch seinerzeit schon widerlegt worden, etwa indem man zeigte, welche Förderung gerade nichtjüdische deutsche Autoren durch jüdische Verleger, Kritiker und Literarhistoriker erfahren haben.

Dabei steht außer Frage, daß deutsche Juden als Verleger, Schriftsteller, Publizisten, Musiker, Maler, Wissenschaftler usw. – auch der Zahl nach und schon in der Kaiserzeit – eine hervorragende Rolle im deutschen Kultur- und Geistesleben gespielt haben, wie überhaupt das gebildete jüdische Bürgertum eng mit der deutschen Kulturtradition verwachsen war. Dieses deutsch-jüdische Bildungsbürgertum war das soziale Produkt der durch die deutsche Aufklärung vorbereiteten und durch den politischen Liberalismus vollzogenen Emanzipation der Juden im 19. Jahrhundert. Die bürgerliche Gleichstellung war nicht ohne Gegenleistung zu haben. Ihr Preis war die Assimilation, die Eingliederung in die deutsche Nation, die Aufgabe jüdischer Lebensformen und jüdischen Bewußtseins mit Ausnahme des religiösen Bekenntnisses. Der jungen Generation erschien dieser Preis gering, wenn sie ihn überhaupt als solchen wahrnahm. Man tauschte das schwere, sorgenbeladene und ungesunde Leben in der Enge des Ghettos gegen eine freie bürgerliche Existenz, eine in der kasuistischen Auslegung biblischer und nachbiblischer Texte erstarrte Geistigkeit gegen die humanistische Allgemeinbildung, ein Weltbild, das dem eines vormittelalterlichen orientalischen Juden entsprach, gegen das Weltwissen des 19. Jahrhunderts. Als die Ghettomauern fielen, stürmten die jungen Juden in die Freiheit. Am Ende des Prozesses, der kein Jahrhundert dauerte, stand der emanzipierte, umfassend gebildete, beruflich erfolgreiche deutsche Jude, von den anderen Deutschen nur durch die Konfession unterschieden. Als der neue Antisemitismus des späten 19. Jahrhunderts die Errungenschaften der Emanzipation bedrohte und zu gemeinsamem Handeln zwang, fiel es schon schwer, überhaupt noch Gemeinsames zu finden. Man fand oder erfand den «deutschen Staatsbürger jüdischen Glaubens», der eine Hilfskonstruktion war, eine Fiktion, weil die Mehrheit der deutschen Juden, an der allgemeinen geistigen Säkularisierung teilnehmend, unreligiös geworden war. Der typische deutsche Jude im ersten Drittel des 20. Jahrhunderts ging an den hohen Feiertagen in die Synagoge und pflegte aus Pietät die Gräber der Eltern auf dem israelitischen Friedhof – wenn er dies wenigstens noch tat und nicht, wie es Kurt Tucholsky für sich selbst bekannt hat, ganz «aus dem Judentum ausgetreten» war.

«Das Jahrhundert der Emanzipation», sagte der bedeutende hebräische Dichter Chajim Nachman Bialik 1932 in Berlin, «hat das Judentum im Westen aus gelebtem Leben in eine Wissenschaft, eine Archäologie verwandelt».[1] Tatsächlich war jüdische Bildung eine Sache von Spezialisten geworden, von Rabbinern, die sie in Form der Glaubenslehre pflegten, und jüdischen Gelehrten, meist ebenfalls Rabbiner, die sich der historischen «Wissenschaft des Judentums» widmeten. Jüdische Bildung in zeitgemäßer Form wieder ins Volk zu tragen und lebendig werden zu lassen, bemühte sich eine kleine Gruppe nationaljüdisch gesinnter Intellektueller, deren bedeutendste Vertreter Martin Buber, Franz Rosenzweig und der aus Rußland stammende Micha Josef bin Gorion waren. Was dabei herauskam, war neben dem von Franz Rosenzweig in Frankfurt a. M. begründeten «Freien Jüdischen Lehrhaus» (mit einigen Folgegründungen in anderen Städten) eine Reihe wichtiger jüdischer Bücher, die nahezu alle in schöngeistigen deutschen Verlagen veröffentlicht wurden, wo man ein gewisses Faible für «Jüdisches» hatte und den literarischen Wert dieser Arbeiten zu schätzen wußte. So erschienen, um wenige Beispiele zu geben, Martin Bubers ‹Geschichten des Rabbi Nachmann›, eine literarische Rekonstruktion einer fragmentarischen chassidischen Überlieferung, bei Rütten & Loening (1. Aufl. 1906) und die großen Anthologien ‹Die Sagen der Juden› (1913–1927) und ‹Der Born Judas› (1916–1923) von Micha J. bin Gorion im Insel-Verlag; der christliche Verleger Lambert Schneider veröffentlichte Franz Rosenzweigs Übertragung von ‹Hymnen und Gedichten› des mittelalterlichen hebräischen Dichters Jehuda Halevi (1926) und nahm auch die von Rosenzweig gemeinsam mit Martin Buber begonnene neue «Verdeutschung» der hebräischen Bibel in seinen noch jungen Verlag (‹Die Schrift›, 1925 ff.).

An den traditionellen Verlagen des Judentums, die zum Teil schon im frühen 19. Jahrhundert gegründet worden waren (um 1830 J. Kauffmann in Frankfurt a. M. und M. W. Kaufmann in Leipzig), lief diese moderne jüdisch-literarische Strömung vorbei. In der Assimilationsperiode entstanden, verharrten sie in den engen Bahnen einer konfessionellen jüdischen Ideologie. Ihr Publikum waren jüdisch-traditionelle Kreise, die innerhalb des jüdischen Bürgertums eher zu den unteren und mittleren als zu den wirtschaftlich und gesellschaftlich führenden Schichten gehörten, was dem jüdischen Buch einen kleinbürgerlich-provinziellen Charakter gab, der sich nicht zuletzt in schlechten, billigen Drucken oder in geschmacklich fragwürdigen luxuriösen «Brautausstattungen» niederschlug. Man druckte traditionelle Bibel- und Thora-Ausgaben, klassische Kommentare, Gebet- und Gesangbücher, Synagogenkompositionen usw. und pflegte eine Art erbaulicher oder unterhaltender Erzählliteratur, die sich vorwiegend mit dem jüdischen Familien- und Kleinstadtleben befaßte. Außerdem betreute man die nur für die Fachkreise bestimmte Literatur der «Wissenschaft des Judentums». Aus diesem konventionell-konfessionellen Rahmen fiel lediglich der zionistische «Jüdische Verlag», der hauptsächlich das Schrifttum des politischen Zionismus und – in den 20er Jahren – eine Reihe grundlegender wissenschaftlicher Werke publizierte.

Immerhin, das moderne, nichtkonfessionelle, literarisch und ästhetisch anspruchsvolle jüdische Buch existierte, wenn auch nicht beim jüdischen Verleger und nicht in sehr großer Zahl. Jüdische Musik und jüdisches Theater gab es überhaupt nicht, wenn man nicht das einige Zeit in Berlin bestehende, als Zotenbühne berüchtigte Milieutheater der Brüder Herrnfeld als solches bezeichnen will. In den 20er Jahren konnte man in Berlin gelegentlich Gastspiele der hebräischen Habimah-Bühne aus Palästina und des Wilnaer jiddischen Volkstheaters («Wilnaer Truppe») sehen, die auch in der deutschen Presse Beachtung fanden. Wenn der deutsch-jüdische Bildungsbürger solche Aufführungen überhaupt besuchte, dann nicht, weil er in ein jüdisches Theater gehen wollte, sondern weil es sich um international anerkannte Ensembles handelte, die man als Theaterexperte ebenso zur Kenntnis zu nehmen hatte wie andere Nationalbühnen. Europäisch gebildet, kunstsinnig und kunstbeflissen bevölkerte man die großen deutschen Theater und Opernhäuser, besuchte die deutschen Kunstsammlungen und Galerien und las die Bücher der progressiven Literaturverlage wie S. Fischer, Gustav Kiepenheuer, Ernst Rowohlt, Insel – hie und da wohl auch einmal eines der neuen jüdischen, die zwar von einem antiquierten Thema handelten, aber, wenn sie nicht in einem jüdischen Verlag, sondern in solcher Umgebung herauskamen, doch von einem allgemeinen literarischen Wert sein mußten.

Mit der Machtübernahme des Nationalsozialismus brach die schöne und – trotz der antisemitischen Bedrohung – heile Welt des deutschen Emanzipationsjudentums wie ein Kartenhaus zusammen. Zwar gab es einzelne Gruppen wie den «Reichsbund jüdischer Frontsoldaten», den «Verband Nationaldeutscher Juden» und den «Vortrupp deutscher Juden», die bis ins Jahr 1935 hinein mit vaterländischen Treuebekenntnissen um die Gunst der neuen Machthaber warben, indessen setzte sich bei den führenden Männern des Judentums, in den repräsentativen jüdischen Organisationen und in der jüdischen Presse bald die Erkenntnis durch, daß die Errungenschaften der Emanzipation verloren waren, der Versuch, mit der deutschen Umwelt eins zu werden, gescheitert war. Ob man sich zum Judentum bekannte oder nicht, ob man als Jude oder Deutscher leben wollte, war nicht länger eine Sache der persönlichen Entscheidung. Man war Jude, ob man wollte oder nicht, war auf eine Daseinsform zurückgeworfen, die man kaum kannte und immer als etwas sehr Rückständiges angesehen hatte.

Aber bedeutete der Ausschluß aus dem deutschen Leben zwangsläufig den Weg zurück in ein geistiges und kulturelles Ghetto? Die Frage wurde allgemein verneint, aber sehr unterschiedlich beantwortet. Moritz Goldstein, eben jener, der das unglückliche Wort von den Juden als «Verwaltern der deutschen Kultur» geprägt hatte, forderte die deutschen Juden auf, ihre geistigen Errungenschaften im Rahmen der verbleibenden Möglichkeiten zu behaupten:

«Weitermachen! Wenn wir auch erleben, daß die staatsbürgerliche Gleichberechtigung der Juden zurückgenommen wird: die welthistorische Tatsache ihres Eintritts in die europäische Kulturgemeinschaft läßt sich nicht zurücknehmen. Die Juden sind mündig geworden. Sie haben sich dem Strom des europäischen Geisteslebens geöffnet, der Strom hat sie mit sich fortgetragen. Europäische Kultur und Zivilisation, seit jeher eine Gesamtleistung vieler konkurrierender Nationen, hat seit 100 Jahren auch die Mitleistung der Juden in sich aufgenommen, die Anteile lassen sich nicht mehr scheiden ...

Wir werden weiter daran teilnehmen. Mag das, was man uns aufzwingt, als Ghetto gemeint sein: der Geist wird darin herrschen. Darauf allein kommt es an. Alles andere ist äußerlich.»[2]

Die radikale Gegenposition vertrat der junge Rabbiner Joachim Prinz, ein kämpferischer Zionist, der beste jüdische Volksredner jener Jahre, zu dessen Auftritten Tausende von Menschen strömten und der wegen seiner politischen Predigten von der Berliner Jüdischen Gemeinde, in der die Liberalen den Ton angaben, zeitweise sogar mit Kanzelverbot belegt wurde. Prinz war der Auffassung, daß die neue Wirklichkeit einen grundlegenden Bewußtseinswandel erfordere, der auf der Erkenntnis beruhen müsse, daß Juden in dieser Zeit nur als Juden existieren könnten und daß es weder Tarnung noch Flucht geben dürfe. Prinz wörtlich:

«Kultur ... wird gestaltet durch die den Menschen innewohnenden schöpferischen Kräfte. Die Leistung des Juden innerhalb der Kultur, der Beitrag, den der jüdische Künstler leistet, ist mitgeformt und mitbestimmt durch seine jüdische Art und das Besondere seines jüdischen Seins. Jüdisch-kulturelle Leistungen, gleichgültig, wo sie stehen, werden deshalb mitbestimmt durch die besonderen jüdischen Kräfte, die in ihnen wohnen; und es gilt, sich auf diese Kräfte zu besinnen ...

Hat man das aber einmal, trägt man in sich ein völlig sicheres, unerschütterbares Bekenntnis zu Judentum und jüdischer Art, dann kann es keine Rückkehr in eine kleinbürgerliche Kunst des Ghettos geben. Dann wird der Weg zu den großen künstlerischen Erlebnissen, die zu den Namen der Großen aller Völker, zu Beethoven und Goethe führen, keine Flucht in eine unverbindliche Welt, sondern gerade in ihnen und nur in ihnen wird dann der besondere Anteil jüdischer Schöpferkraft in der Kultur lebendig werden.»[3]

So kontrovers die von Goldstein und Prinz vertretenen Standpunkte waren, so lag doch beiden die Annahme zugrunde, daß das Dritte Reich zwar die staatsbürgerliche Gleichstellung der Juden aufheben, sie aber unter ein Minderheitenrecht stellen würde, das ein erträgliches Leben für den einzelnen und ein Überleben der Gemeinschaft ermöglichte. Diese Annahme war keineswegs unbegründet. Schon im Vorfeld der Machtergreifung hatte es Äußerungen führender Nationalsozialisten gegeben, die – so verheerend sie an sich waren – zu solchen Hoffnungen Anlaß gaben. So sagte Göring im Mai 1932 in einem Interview mit der faschistischen Turiner Zeitung ‹Gazetta del Popolo› über das nationalsozialistische «Judenprogramm»:

«Wir werden alle Juden ... aus den leitenden Stellungen entfernen, ebenso aus der Presse, aus dem Theater, aus dem Film, aus der Schule und aus den Universitäten. Schließlich aus jedem Amt, aus jeder Würde, aus jeder Stellung, in der sie ihren zerstörenden, antinationalen, internationalen oder bestenfalls anationalen Einfluß zum Schaden des deutschen Volkes ausüben könnten.»

Göring machte aber folgende Einschränkung:

«Der anständige israelitische Kaufmann, der in Deutschland als Fremder bleiben will, unter dem Schutz des Gesetzes, unter dem alle Fremden leben, wird ungestört seinen Geschäften nachgehen können und wird keinerlei Schaden erleiden.»[4]

Diesem Programm entsprechend gingen die Nationalsozialisten, als ihre Macht im Staate durch das Ermächtigungsgesetz vom 24. März 1933 gesichert war, zielstrebig daran, die Juden aus dem Staatsdienst und anderen öffentlichen Ämtern zu entfernen. Am 7. April wurde das «Gesetz zur Wiederherstellung des Berufsbeamtentums» ausgefertigt, demgemäß (unter anderem) Beamte «nicht arischer» Abstammung in den Ruhestand zu versetzen waren, soweit sie nicht schon seit dem 1. August 1914 im Beamtenverhältnis standen, im Ersten Weltkrieg für Deutschland oder seine Verbündeten gekämpft hatten oder Väter oder Söhne gefallener Frontkämpfer waren. Im Bereich des öffentlichen Kulturlebens griff das Gesetz nur in wenigen Fällen, da Schauspieler, Musiker etc. in der Regel nicht im Beamtenverhältnis standen. Indessen wurden die Juden hier unter sinngemäßer Anwendung dieser Bestimmungen durch Auflösung ihrer Dienstverträge aus ihren Stellungen entfernt, zum Teil wohl schon im Vorgriff auf das Gesetz. Die Vorreiterrolle spielte dabei – wie auf anderen Gebieten – Preußen unter seinem neuen Ministerpräsidenten Hermann Göring, der sich als Theaterliebhaber die Aufsicht über die preußischen Staats- und Stadttheater persönlich vorbehielt. Die Ausführung seiner Theaterpolitik übertrug Göring dem preußischen Landesführer des NSDAP-nahen «Kampfbundes für deutsche Kultur» Hans Hinkel, den er als «Staatskommissar z. b. V.» im Preußischen Ministerium für Wissenschaft, Kunst und Volksbildung ansiedelte. Schon bald nach seiner Berufung im März 1933 gab Hinkel der Nachrichtenagentur WTB ein Interview. Auf die Frage, welche Maßnahmen gegen die Juden auf «künstlerischem Gebiet» geplant seien, sagte er:

«Wir wissen, daß die jüdische intellektuelle Vorherrschaft in Deutschland schließlich dahin geführt hat, daß insbesondere auf kulturpolitischem Gebiete wir Deutschen kein Hausrecht mehr besaßen. Daß solche Zustände einfach untragbar für jeden ehrliebenden Deutschen sind, werden Sie wohl verstehen. Selbstverständlich soll der freischaffende jüdische deutsche Künstler die Möglichkeit seiner Betätigung haben, wenn er sich den Pflichten des deutschen Staatsbürgers, das heißt natürlich des Bürgers unseres neuen Staates, restlos unterzieht. In den staatlichen, den beamteten Stellungen werden wir Deutschen uns gerade auf künstlerischem Gebiete unser Hausrecht vorbehalten und es, wenn es notwendig [ist], mit allen Mitteln verteidigen. Im übrigen verweise ich darauf, daß auch jüdische Künstler als Freischaffende, bemessen an ihrer persönlichen Leistung, sich durchzusetzen auch künftig immer Gelegenheit haben werden. Wir lehnen – noch dazu auf diesem Gebiet – auf das schärfste alles ab, was irgendwie mit Radau-Antisemitismus etwas zu tun hat oder als solcher bezeichnet werden könnte.»[5]

An dem Stellenwert gemessen, den der Kampf gegen die «Verjudung» des deutschen Kulturlebens in der «Kampfzeit» eingenommen hatte, gemessen auch an dem Haß, mit dem diese Agitation geführt worden war, klang dieses kulturpolitische Programm moderat, so moderat, daß sich die Hoffnungen vieler zu bestätigen schienen, die Nationalsozialisten würden, einmal in die staatliche Verantwortung eingebunden, auch eine halbwegs verantwortungsvolle Politik gegenüber den Juden betreiben. Daß die Nazis Juden nicht in staatlichen oder quasi-staatlichen Stellungen duldeten, empfand man zwar als ungerechtfertigte Zurücksetzung, das konnte aber verkraftet werden, wenn dafür die freien Berufe offenblieben.

Was nach außen als Korrektur radikaler Zielsetzungen wirken mußte, entstammte in Wahrheit dem Zwang, eine solche Zielsetzung erst zu entwickeln. Weit mehr Massenbewegung als politische Partei, verfügte der Nationalsozialismus bei seiner Machtergreifung zwar über ein reiches Arsenal an Ressentiments und Feindbildern, nicht aber über eine langfristige politische Planung und ein daraus abgeleitetes Aktionsprogramm. Nationalsozialistische Politik wurde so in einem erheblichen Maße durch eine Art freies Spiel der Kräfte bestimmt, das sich schematisch als Auseinandersetzung zwischen den revolutionären Kräften der Bewegung und den autoritär-normenstaatlich agierenden Funktionseliten in den staatlichen Verwaltungen darstellen läßt, in Wirklichkeit aber viel komplizierter war und zum Teil irritierende Koalitionen hervorbrachte, die meist durch persönliche Interessen bestimmt waren. Geregelt wurde stets das, was im Augenblick regime-intern durchsetzbar war. So stolperte man gewissermaßen von Aktion zu Aktion und reihte eine Maßnahme an die andere, wobei das politische Handeln in dem Maße eskalierte, in dem die revolutionären Kräfte gestärkt und die konservativ-autoritären geschwächt wurden. Dies gilt auch und in ganz besonderem Maße für die Judenpolitik, die in der Rückschau so folgerichtig und zielgerichtet erscheint.

Als über die Frage der Ausschaltung der Juden aus dem Kulturleben zu entscheiden war, standen einer radikalen Lösung, wie sie von vielen in der Partei gewünscht wurde, gewichtige Interessen und Kräfte entgegen. Zum einen ließ die überaus prekäre außenpolitische Lage, in die das Reich durch die nationalsozialistische Machtergreifung gekommen war, gewisse Rücksichten auf die in der Judenfrage besonders sensible öffentliche Meinung des Auslands geraten erscheinen. Vor allem aber war das Regime im Interesse seiner politischen Handlungsfähigkeit gezwungen, dem Wiederaufbau der in den Inflationsjahren zerrütteten Wirtschaft absolute Priorität einzuräumen. Wo Arbeitsplätze, Exporterlöse und Staatseinkünfte Vorrang genossen, war einem rassenpolitisch doktrinären Totalangriff auf die Rechtsstellung der Juden ein wirksamer Riegel vorgeschoben. So gelang es den konservativen Technokraten im Reichswirtschaftsministerium, die revolutionären Übergriffe auf jüdische Gewerbebetriebe bis zum Herbst 1933 einzudämmen und die Stellung der Juden in der gewerblichen Wirtschaft für einige Jahre zu sichern.

Vor diesem Hintergrund wird evident, daß es sich bei der von Hinkel für Preußen verkündeten kulturpolitischen Linie weniger um eine ideologische als um eine politische Lösung der Judenfrage gehandelt hat, bei der man sich pragmatisch an den Möglichkeiten der allgemeinen Judenpolitik orientierte, deren Grenzen fürs erste durch die in Vorbereitung befindliche Beamtengesetzgebung abgesteckt waren. Die Ausschaltung der Juden aus den freien künstlerischen und kulturwirtschaftlichen Berufen lag nicht im Rahmen dieser Möglichkeiten – zumal sie schlagartig ein jüdisches Kulturproletariat geschaffen hätte, das der staatlichen Sozialfürsorge zur Last gefallen wäre. Für die nationalsozialistische Art zu regieren durchaus typisch, stellte die preußische Regelung einen Vorgriff auf eine künftige Reichskulturpolitik dar, die zu dieser Zeit, im März 1933, erst in Ansätzen sichtbar war. Mit der Gründung des «Reichsministeriums für Volksaufklärung und Propaganda» am 13. März war immerhin der organisatorische Rahmen dieser Politik im Entstehen begriffen. Als Goebbels durch Hitlers «Verordnung über die Aufgaben des Reichsministeriums für Volksaufklärung und Propaganda» vom 30. Juni 1933 in den Besitz der notwendigen Kompetenzen gekommen war, hatte er sich mit den in Preußen bereits geschaffenen Fakten auseinanderzusetzen. Obwohl keineswegs ein gemäßigter Antisemit, schloß er sich im Juli «vollinhaltlich» der preußischen Regelung an,[6] weil er der preußischen Loyalitäten in gleichem Maße bedurfte wie des Wohlwollens des Reichswirtschaftsministers, um seinen Plan zur Errichtung einer «Reichskulturkammer» im Reichskabinett durchzusetzen.

Die durch Reichsgesetz vom 22. September 1933 geschaffene Reichskulturkammer war eine in sieben Fachkammern für Film, Rundfunk, Presse, Musik, Schrifttum, Theater und bildende Künste gegliederte berufsständische Zwangsorganisation, der jeder angehören mußte, der im Dritten Reich einen Kulturberuf ausüben wollte. Wer nicht in die für ihn zuständige Kammer bzw. den in der Kammer zuständigen Fachverband aufgenommen oder wer aus ihr ausgeschlossen wurde, unterlag einem Berufsverbot. Der skizzierten politischen Konstellation entsprechend, enthielten weder das Gesetz selbst noch seine Durchführungsverordnungen einen «Arierparagraphen» im Sinne des Berufsbeamtengesetzes, so daß also alle Juden, die einen kulturellen Beruf ausübten oder ausüben wollten, in die Kammern eingegliedert wurden – ausgenommen Redakteure an Tageszeitungen und politischen Zeitschriften, die unter den «Arierparagraphen» des flankierenden Schriftleitergesetzes vom 4. Oktober 1933 fielen.

Damit war ein politisches und rechtliches Gebäude errichtet, in dem sich viele Juden mit neuen Hoffnungen einzurichten begannen. Schon nach wenigen Jahren sollte sich zeigen, auf welch schwankendem Fundament diese Herberge stand. Den Stürmen der rassenpolitischen Eskalation preisgegeben, stürzte es nach und nach zusammen. In einem stufenförmig verlaufenden Prozeß wurden die Juden aus dem deutschen Kulturleben verdrängt und in ein kulturelles Ghetto eingewiesen, eine streng überwachte Kaserne mit relativ viel innerer Freiheit, bis auch diese in dem Maße abgebaut wurde, in dem sich die nationalsozialistische Judenpolitik ihrem letzten Ziel näherte – der physischen Vernichtung des europäischen Judentums.

2. Der organisatorische und politische Rahmen

Gründung und Ziele des Kulturbundes Deutscher Juden

Die politische Konstellation im Frühjahr 1933 hatte für das kulturelle und geistige Leben der deutschen Juden zwei Konsequenzen. Erstens erfolgte – entgegen einer zählebigen Meinung – keine generelle, alle einschlägigen Tätigkeiten treffende Ausschaltung aus dem deutschen Kulturleben, so daß Tausende künstlerisch und kulturwirtschaftlich tätiger Juden vorläufig ihren Berufen weiter nachgehen konnten. Zweitens blieb der jüdischen Gemeinschaft die Chance, eigene kulturpolitische Aktivitäten zu entwikkeln und Haltung und Maßnahmen der Behörden bis zu einem gewissen Grade zu ihren Gunsten zu beeinflussen.

Die bedeutendste und folgenreichste Initiative dieser Art war die Gründung des «Kulturbundes Deutscher Juden» in Berlin. Mitte Juli 1933 erschienen in der jüdischen Presse Anzeigen und redaktionelle Mitteilungen folgenden Inhalts:

«Mit Genehmigung der Regierungsbehörden ist soeben in Berlin der ‹Kulturbund Deutscher Juden› unter Beteiligung aller großen jüdischen Organisationen gegründet worden. Der Kulturbund Deutscher Juden hat sich die Pflege der künstlerischen und geistigen Bestrebungen der Juden in Deutschland zur Aufgabe gestellt. Diesem Ziele sollen eigene Veranstaltungen des Bundes: Theater (Schauspiel und Oper), Konzerte und Vorträge dienen.»[7]

In den Anzeigen wurde zu zwei Werbeveranstaltungen eingeladen, bei denen die Ziele der neuen Organisation näher erläutert werden sollten. Als Redner wurden die Rabbiner Leo Baeck und Joachim Prinz, der Präsident des Kulturbundes Kurt Singer und der Schriftsteller und Literaturkritiker Julius Bab angekündigt, außerdem ein musikalisches und literarisches Rahmenprogramm. Von der ersten Veranstaltung am 17. Juli 1933 in der Synagoge in der Berliner Prinzregentenstraße berichtete die ‹Central-Verein-Zeitung›:

«Erfreulicherweise war der Andrang der Einlaßbegehrenden so stark, daß viele Tausende keinen Einlaß mehr fanden, so daß die Veranstaltung am gleichen Abend um 10 Uhr vor einem zum zweiten Male vollbesetzten Hause wiederholt werden mußte.»[8]

Julius Bab sagte in seiner Rede u. a.: «Nicht nur materielle Not ist es, die die Ereignisse dieser Zeit über uns deutsche Juden gebracht hat [sic!], nicht nur die Erwerbsmöglichkeit ist für viele von uns jetzt so außerordentlich beschränkt und beeinträchtigt. Und es ist auch nicht nur das moralische Leid, das wir spüren, weil man unserer Ehre und Würde auf so vielfache Weise nahetritt. Am größten von allem ist vielleicht die geistige Not, ist der furchtbare Hieb, der das doppelte Wesen, in dem wir lebten, auseinanderzuspalten droht – unser Wesen als Deutsche und als Juden. In diesem Lande haben wir gelebt – viele Familien seit tausend Jahren und länger – und am Leben und der Geschichte dieses Landes haben wir zum mindesten seit fünf Menschenaltern auch handelnd teilgenommen. In deutscher Luft hat sich aus jüdischer Wurzel unser Geist entfaltet, durch deutsche Weisheit und deutsche Kunst haben wir den Weg zur Kulturgemeinschaft der Welt gefunden; und wenn wir im Glauben, Denken und Handeln dabei Juden blieben, so fühlten wir uns durch diese doppelte Bestimmung unseres Wesens nicht ärmer, sondern reicher. Nun aber wird unser Anteil an der deutschen Geistesgemeinschaft nicht nur gering erachtet, er scheint auf mannigfache Art sogar in seiner Existenz bedroht.

Hunderten von deutschen Künstlern, Schauspielern und Musikern und Geistesarbeitern aller Art, Gelehrten und Dozenten ist heute die Wirkungsmöglichkeit genommen, weil sie jüdischer Abstammung sind, und diese Menschen, die großenteils ihrem Beruf innerlich unentrinnbar verbunden sind, haben nicht einmal die Möglichkeit, sich auf eine andere Tätigkeit umzustellen. Eine Notlage besonders schrecklicher Art tut sich hier auf. Und doch ist diese in solche Lebenstiefe reichende Gefahr nach ihrem Ausmaß in der Breite noch gering gegenüber der Gefahr, die der gesamten Judenheit droht, weil sie sich heute von der Aufnahme geistiger und dem Genuß künstlerischer Werte in Deutschland ausgeschlossen sieht. Daß der Anteil an kulturellen Darbietungen den Juden ausdrücklich verwehrt ist, mag heute noch keine entscheidende Rolle spielen. Daß sich das Gefühl dieser Juden sträubt, Stätten als Aufnehmende zu besuchen, aus denen man unsere jüdischen Schicksalsgenossen als Mitarbeitende und Darbietende verbannt hat – das fällt schon schwerer ins Gewicht. Aber vor allem: wie sollen wir heute als Juden Stätten der Kunst und der Lehre aufsuchen, die eindeutig beherrscht werden von einem Geist, der die Feindschaft gegen alles Jüdische als wesentliche Forderung erhebt. So fühlen wir uns verbannt und verwaist gerade auf geistigem Gebiet. Und es ist diese Not, der zugleich mit der Not der jüdischen Künstler und Geistesarbeiter der Kulturbund deutscher Juden entgegentreten will.»[9]

Die Anliegen des Kulturbunds sind hier mit aller Deutlichkeit ausgesprochen. Zum einen ging es seinen Gründern darum, für die von den deutschen Bühnen und Konzertpodien ausgeschalteteten jüdischen Berufsschauspieler und Berufsmusiker neue Wirkungs- und Erwerbsmöglichkeiten zu schaffen, zum anderen sollte dem jüdischen Publikum eine Alternative zum jetzt von vielen als unzumutbar empfundenen Besuch deutscher Theater- und Musikveranstaltungen geboten werden. Der Plan, diesen beiden Nöten durch Schaffung einer jüdischen Bühne mit Besucherorganisation nach dem Vorbild der Volksbühnen zu begegnen, wurde in Zusammenarbeit zwischen dem Regisseur Kurt Baumann und dem Neurologen Kurt Singer entwickelt. Die eigentliche Urheberschaft ist umstritten. Kurt Singer, nicht nur Arzt, sondern auch passionierter Musiker, Gründer und Leiter des Berliner Ärztechors und – bis zu seiner Entlassung (wohl im März 1933) – Intendant der Städtischen Oper Berlin, berichtete hierzu im Herbst 1933:

«In den Tagen, da wir Juden mit schwerer Einbuße unserer bisherigen Arbeitsfreizügigkeit rechnen mußten, Anfang April, kam der junge Regisseur Kurt Baumann mit einem Organisationsplan zur Gründung eines Theaters und einer Mitgliederorganisation zu mir. Ich hatte einen ähnlichen Plan ausgearbeitet und überreichte beide zur Prüfung Herrn Rabbiner Dr. Baeck. Mit der Befürwortung durch ihn zog ich zu ersten Besprechungen führende Männer jüdischer Organisationen heran.»[10]

Dagegen ist in den Erinnerungen Kurt Baumanns von einem eigenen Plan Singers nicht die Rede. Er schrieb zur Vorgeschichte des Kulturbunds:

«Es war mir von vornherein klar, daß es vorläufig noch zweifelhaft war, ob und wie eine behördliche Genehmigung zu erreichen sei, gerade wegen der Ungewißheit, welcher Flügel der Nazis welche Amtspositionen innehatte und was das Parteiprogramm für die jeweiligen Amtsstellen bedeutete. Es war mir auch bewußt, daß zionistische Kreise ihre Unterstützung nur dann geben würden, wenn wir alle unsere kulturellen Bemühungen in Jiddisch oder Hebräisch ausführen würden ... Von der Mehrheit, die im Centralverein deutscher Staatsbürger jüdischen Glaubens zusammengefaßt war, ... konnte ich erwarten, daß der Vorschlag eines rein jüdischen Kulturkreises in Deutschland mit dem Ruf beantwortet werden würde: ‹Wir gehen nicht freiwillig ins Ghetto!›

Auf alle Fälle war mir klar, daß ein genau bis ins einzelne ausgearbeiteter Plan mit Etat, künstlerischem und intellektuellem Personal und Mitgliederorganisation vorliegen müsse, um zu beweisen, daß eine solche Idee verwirklicht werden könnte. Ich setzte mich daher hin und entwarf in ungefähr zwei Wochen einen bis ins kleinste ausgeführten Plan. Die nächste Überlegung war, wer die Leitung eines solchen Unternehmens übernehmen sollte ...

Es dauerte nur sehr kurze Zeit, bis ich auf meinen Mentor, den früheren Intendanten der Städtischen Oper kam: Dr. Kurt Singer ... Ich ging also zu ihm hin, erzählte ihm von der Idee im allgemeinen und bat ihn unter strengster Verschwiegenheit, sich meinen Plan genauer anzusehen. Er war sofort interessiert und sagte, daß ihm ähnliche Ideen auch schon durch den Kopf gegangen seien, nur daß er sich keine weiteren Gedanken darüber gemacht habe ... Nach sehr kurzer Zeit rief mich Dr. Singer an und bat mich zu sich zur Besprechung meines Planes. Es begann nun eine intensive tägliche Zusammenarbeit, in der einige Revisionen des Planes vorgenommen wurden. Dr. Singer hatte die Idee mit Begeisterung aufgenommen und sich bereiterklärt, im Falle des Gelingens die Organisation zu leiten.»[11]

Kurt Singer war der richtige Mann für die Durchführung des Plans. Mit der Befürwortung Leo Baecks ausgestattet, konnte er in kurzer Zeit die Jüdische Gemeinde Berlin und die repräsentativen jüdischen Organisationen für die Mitwirkung am Aufbau der Kulturorganisation gewinnen. Über die weitere Entwicklung berichtete Singer:

«Ich überreichte offizielle Anträge zur Genehmigung des ‹Kulturbunds deutscher Juden› den verschiedenen Regierungsstellen. Die Entscheidung darüber wurde von dem Herrn Ministerpräsidenten dem Kultusministerium übertragen, in dessen Ressort der Präsident des Preußischen Theaterausschusses, Staatskommissar Hinkel, zum Teil durch Vertreter, zum Teil persönlich die Verhandlungen führte. Gleichzeitig habe ich dem Polizeipräsidium und dem Propagandaministerium – hier dem Präsidenten der Theaterkammer Ministerialrat Laubinger – fortlaufend Mitteilung gemacht. Im Juli wurde mir die Genehmigung zur Gründung des Kulturbundes und zur Pachtung eines Theaters erteilt unter der Bedingung, daß nur Juden Mitglieder des Bundes seien und daß nur Mitglieder Zutritt zu den geschlossenen Veranstaltungen haben dürfen. Ein Kartenverkauf darf in keiner Form stattfinden. Es ist selbstverständlich, daß wir diese Bedingungen annahmen und ihre strikteste Durchführung garantierten.»[12]

Über den Gang der Verhandlungen berichtete Kurt Baumann:

«Von den internen Verhandlungen haben wir offiziell nie etwas erfahren, aber Mitte Mai 1933 teilte Herr Hinkel Dr. Singer mit, daß dem Vertrag nichts mehr im Wege stehe, daß er – Hinkel – von Göring zum Leiter ernannt sei und daß Dr. Singer mit seinem Kopf für die reibungslose Ausführung der im Vertrag enthaltenen Bedingungen haftbar sei. Es war nur noch nötig, sich bei Minister Göring vorzustellen und seinen ‹Segen› zu erhalten. Das geschah dann auch; Göring versuchte, leutselig und jovial zu sein und sagte ungefähr: ‹Wenn ihr alles richtig macht und Herrn Hinkel pariert, dann wird alles gut gehen, wenn ihr über die Stränge haut, dann knallt's, ihr wißt das ja.›»[13]

Die Verhandlungspartner auf nationalsozialistischer Seite waren mit dem Preußischen Ministerpräsidenten, dem Preußischen Kultusministerium und dem Reichspropagandaministerium primär jene Ämter, die zu dieser Zeit im Begriffe waren, sich über eine gemeinsame, im Verhältnis zu den Wünschen radikaler Parteikreise moderat zu nennende Judenpolitik zu verständigen. Die Verhandlungen dürften deshalb weniger schwierig gewesen sein, als sich Singer, Baumann und die beteiligten jüdischen Organisationen dies vorgestellt haben mochten. Denn der jüdische Vorstoß kam Hinkel zumindest nicht ungelegen. Davon abgesehen, daß die Notwendigkeit, eine Organisation dieser Art amtlich zu beaufsichtigen, ihm selbst Karrieremöglichkeiten eröffnete, stellte ein Theater, in dem Juden nur für Juden spielten, eine sinnvolle Ergänzung seines kulturpolitischen Konzepts dar, die ihm eigentlich selber hätte einfallen können. Es entsprach nicht nur der Maßgabe, die Juden von den öffentlichen Bühnen zu entfernen, sondern entschärfte auch das daraus resultierende Problem einer Massenarbeitslosigkeit jüdischer Künstler und die damit verbundene Gefahr einer kultur- und sozialpolitisch nicht wünschbaren Infiltration der Privatbühnen durch arbeitslose Juden. Außerdem eignete sich die Existenz einer solchen Organisation vortrefflich, die im Ausland von jüdischen Kreisen verbreitete «Greuelhetze» über die Behandlung der Juden in Deutschland zu widerlegen, indem man demonstrierte, wie maßvoll die deutsche Judenpolitik tatsächlich war und in welcher Großzügigkeit den Wünschen der Juden selbst Rechnung getragen wurde. Dementsprechend präsentierte Hinkel die Sache der deutschen und ausländischen Öffentlichkeit, wobei er sichtlich auch bemüht war, Einwendungen radikaler Kräfte im eigenen Lager abzuwehren. Über ein Gespräch Hinkels mit dem Chefredakteur des Conti-Nachrichtenbüros wurde berichtet:

«Staatskommissar Hinkel wies zunächst darauf hin, daß es sich hier um eine rein innerjüdisch-kulturelle Angelegenheit handle, die von Juden gefördert werde, die in Deutschland geblieben sind und sich gegen den Vorwurf jeder antideutschen Einstellung verwahren. So konnte man diesen, größtenteils schon seit Jahrzehnten in Deutschland ansässigen Juden die Möglichkeit eigener kultureller Arbeit geben. Diese Arbeit steht, wie Staatskommissar Hinkel betont, unter der Voraussetzung, daß sie in der Öffentlichkeit nicht in Erscheinung tritt und – wie die Träger der Organisation selber es wünschen – als kulturelle Tätigkeit von Juden nur für Juden bestimmt ist. Das dem Kulturbund zugestandene eigene Theater kann nur von den mit einem besonderen Ausweis versehenen Mitgliedern besucht werden. Es dürfen in dem Theater nur Juden tätig sein. Irgendwelche Propaganda in der nichtjüdischen Öffentlichkeit ist nicht zugelassen. Deshalb ist auch den Kritikern der Tageszeitungen der Zutritt nicht gestattet, sondern nur den Vertretern jüdischer Blätter. Mit dieser Regelung haben sich, so erklärte Staatskommissar Hinkel, die Gründer des Kulturbundes deutscher Juden durchaus einverstanden erklärt.»[14]

Daß die politische Opportunität, der der Kulturbund seine Entstehung verdankte, die Unternehmung in politisch-moralischer und geistiger Hinsicht problematisch machte, wurde von den Gründern erkannt und zugegeben, aber im Interesse der Menschen hingenommen. Baumann schrieb hierzu:

«Es war uns schon lange klar geworden, daß wir eine mögliche Genehmigung zunächst einmal damit erkaufen mußten, daß wir nur unter strikter behördlicher Kontrolle arbeiten durften. Der größere Preis aber war, daß die Nazis uns als eines ihrer stärksten Propagandamittel ausnützen würden, wann immer etwa antijüdische Maßnahmen im Ausland große Erregung über ‹Greuelmärchen› auslösen würden. Wir gingen tatsächlich ins Ghetto, aber wir brachten dem jüdischen Publikum wenigstens für einige Zeit eine Kulturstätte mit Darbietungen, die sie [sic!] gewohnt waren, und in einer Umgebung, die sie vor Unannehmlichkeiten aller Art schützte.»[15]

War man gegen den Mißbrauch des Kulturbunds für Zwecke der nationalsozialistischen Propaganda wehrlos, so glaubte man, der erklärten Absicht der Nazis, die Juden geistig und kulturell zu isolieren, aus eigenen Kräften entgegenwirken zu können.

Ein großes Wagnis war der Kulturbund aber nicht nur in geistiger, sondern auch in praktischer Hinsicht. Nur wenn es gelang, eine erhebliche Zahl der kulturell assimilierten deutschen Juden für die Idee eines rein jüdischen Kulturinstituts zu gewinnen, war dieses zu verwirklichen. Kurt Singer appellierte deshalb bei der ersten Werbeveranstaltung im Juli 1933 leidenschaftlich an das Verantwortungsbewußtsein und den Gemeinschaftssinn der Juden:

«Was die Behörde uns zu zimmern erlaubt hat, das dürft ihr nicht zertrümmern. Was wir in Plan und Programm fertig haben, das müßt ihr jetzt in Tat und Wirklichkeit umsetzen ... Nur eine Riesenmenge, eine in die Tausende gehende Zahl von Mitgliedern gibt dem ‹Kulturbund Deutscher Juden› Möglichkeit der Existenz, des Lebens, des Wirkens. Ich weiß, die Not ist groß, gerade unter den Juden. Aber selbst Leid und Not tragen sich leichter, wenn die Möglichkeit einer seelischen Erbauung oder künstlerisch-geistigen Belehrung da ist und ablenkt vom Ich. Das Gefühl, daß wir Hunderten von Künstlern und Angestellten Arbeit und Verdienst schaffen, das Gefühl, einer großen Zukunftsidee zu dienen, muß ausschlaggebend dafür sein, das Opfer des Notgroschens zu bringen.»[16]

Zum Zeitpunkt dieser ersten Werbekampagne waren die Vorarbeiten bereits so weit gediehen, daß Einzelheiten über den organisatorischen Aufbau und die Besetzung der wichtigsten künstlerischen, technischen und administrativen Stellen mitgeteilt werden konnten. Oberstes Gremium des Kulturbundes war ein Ehrenpräsidium, dem u.a. Leo Baeck, Martin Buber, Georg Hermann, Max Liebermann, Franz Oppenheimer und Jakob Wassermann angehörten. Den Vorstand bildeten Singer (als Vorsitzender) Julius Bab, Kurt Baumann und Vertreter aller großen jüdischen Organisationen. Sekretär und damit Chef der Verwaltung war Werner Levie. Die künstlerische Arbeit umfaßte zunächst vier Sparten: Schauspiel, Oper, Konzert und Vortragswesen. Als fünfter Aufgabenbereich kamen bis zum Herbst Kunstausstellungen jüdischer Künstler hinzu. Dramaturg des Schauspiels war Julius Bab. Als feste Regisseure fungierten Kurt Baumann und der vorher am Schauspielhaus in Frankfurt a.M. tätige Carl Löwenberg. Musikalischer Leiter der Oper war der ehemalige Generalmusikdirektor des Mannheimer Nationaltheaters Joseph Rosenstock. Die Konzertabteilung wurde von Kurt Singer, Leonid Kreutzer und Hermann Schildberger geleitet. Chefdirigent des Kulturbundorchesters war Michael Taube. Für Kunstausstellungen waren Max Osborn und Eugen Spiro verantwortlich.

Da die ersten Veranstaltungen bereits für September 1933 angekündigt wurden, mußte der institutionelle Rahmen innerhalb weniger Wochen durch den Aufbau der Ensembles, des Orchesters, des technischen Stabes und des Verwaltungsapparats gefüllt werden. Außerdem kam es darauf an, in ausreichender Zahl Mitglieder zu werben. Dabei zeigte sich, daß der Kulturbund nicht etwa die Fluchtburg aus ihrer Lebensbahn geworfener jüdischer Künstler war, sondern auf ein breites Interesse in der jüdischen Bevölkerung stieß:

«Der Widerhall bei den Berliner Juden war viel größer als wir es uns je vorgestellt hatten. Zur ersten großen Werbeveranstaltung in der Synagoge Prinzregentenstraße mit Chor, Orchester und Ansprache versammelten sich mitten im Hochsommer zweieinhalbtausend Menschen. Die Hälfte von ihnen wurde auf der Stelle Mitglied, und neunzig Prozent der anderen wurde es zehn Tage später, nachdem sich herausgestellt hatte, daß keinerlei Störungen geschahen und nur leichter Polizeischutz vorhanden war, wie es für alle kulturellen Veranstaltungen, jüdische oder nichtjüdische, üblich war. Weitere Veranstaltungen waren noch überfüllter als die erste und hatten ähnliche Werberesultate.»[17]

Tatsächlich strömten die Menschen in den nächsten Wochen und Monaten zu Tausenden in die neue Organisation, so daß am 1. Oktober 1933 schon 12500 und im Januar 1934 20000 Mitglieder gezählt werden konnten. Innerhalb kurzer Zeit gingen mehr als 2000 Bewerbungen jüdischer Schauspieler, Musiker, Bühnenarbeiter usw. ein. Davon konnte, allein aus Etatgründen, nur ein kleiner Teil berücksichtigt werden, wobei in Fällen gleicher Eignung die soziale Lage der Bewerber den Ausschlag für die Anstellung gab. Bis Mitte September war das Auswahlverfahren abgeschlossen, die Grundbesetzung des Kulturbunds gefunden. Der künstlerische Stab umfaßte 35 Schauspieler und Sänger, 35 Orchestermusiker, 10 Solisten und Kammermusiker. Hinzu kamen 15 Referenten für die geplanten Vortragszyklen. 25 Künstler, Handwerker und Bühnenarbeiter bildeten das technische Personal, und in der Verwaltung waren 10 geschulte Bürokräfte tätig. Schließlich wurden noch 30 Arbeitskräfte als Türschließer, Garderobefrauen etc. beschäftigt, so daß die Gesamtzahl der festen Mitarbeiter bei 200 lag.[18]

Obwohl an Bewerbungen kein Mangel herrschte, war es keine leichte Aufgabe, für die Besetzung der künstlerischen Ensembles geeignete, den Erwartungen des verwöhnten jüdischen Theaterpublikums entsprechende

Kräfte zu finden. Da nahezu alle Stars jüdischer Herkunft Engagements im Ausland angenommen hatten (z.B. die Schauspieler Elisabeth Bergner, Ilse und Curt Bois, Ernst Deutsch, Therese Giehse, Lucie Mannheim, Grete Mosheim, Max Pohl, Leonhard Steckel, Hermann Valentin und Rosa Valetti und Regisseure bzw. Theaterdirektoren wie Viktor Barnowsky, Rudolf Bernauer, Eric Charell, Leopold Jessner, Fritz Kortner, Leopold Lindtberg und Max Reinhardt), mußte sich die Kulturbundleitung meist mit Kräften aus dem zweiten Glied oder aus der Provinz begnügen, die in Berlin kaum bekannt waren. So wurden für die Schauspielbühne Darsteller wie Fritz Wisten, Kurt Katsch, Lilli Kann, Martin Brandt, Jenny Schaffer, Käte Förder, Mira Rosowsky und Ernst Lenart verpflichtet. Probleme machte die gleichwertige Besetzung des Orchesters, da sich die Blasinstrumente bei den jüdischen Musikern nie besonderer Beliebtheit erfreut hatten. Um geeignete Bläser zu finden, sah sich der Kulturbund sogar zu einer Stellenausschreibung gezwungen.

Trotz aller Schwierigkeiten hob sich der Vorhang des Kulturbunds wie geplant. Zur Eröffnung wurde am 1. Oktober 1933 – nach nur 14 Tagen Probezeit – im «Berliner Theater» an der Charlottenstraße Lessings Humanitätsparabel ‹Nathan der Weise› gegeben, in der Inszenierung von Carl Loewenberg und mit Kurt Katsch in der Rolle des Nathan. Der Premiere der Schauspielbühne folgte schon 14 Tage später das Debüt des Kulturbund-Orchesters unter Michael Taube. Die Oper des Kulturbunds trat am 14. November mit Mozarts ‹Hochzeit des Figaro› in der Regie von Kurt Singer und unter der musikalischen Leitung von Joseph Rosenstock vor das jüdische Publikum.

Die Veranstaltungen des Kulturbunds waren nur eingeschriebenen Mitgliedern zugänglich, die einen Mitgliedsausweis mit Lichtbild mitzuführen hatten. Gegen einen monatlichen Beitrag von 2,50 Reichsmark (später 2,85 RM) wurden jedem Mitglied drei Veranstaltungen im Monat geboten, und zwar eine Theatervorstellung (Schauspiel oder Oper), ein Konzert und ein Vortrag, wobei der Vortrag aus einem breiten Angebot gewählt werden konnte, während die Theaterstücke und Konzerte durch das jeweilige Monatsprogramm vorgegeben waren. Da ein freier Kartenverkauf nicht erlaubt war und jedes Mitglied, ob arm oder reich, prominent oder namenlos, die gleichen Rechte haben sollte, waren die Abonnementhefte so eingerichtet, daß von drei Theatervorstellungen je eine in die Platzkategorien A, B und C fiel, so daß alle Mitglieder in regelmäßiger Folge von den Plätzen der besten (A), der mittleren (B) und der schlechtesten (C) Kategorie Gebrauch machen konnten bzw. mußten. Am Abend der Vorstellung zogen die Besucher ihre Eintrittskarte aus einer Urne mit den Karten der ihnen zugeteilten Kategorie. Für Sonderveranstaltungen wie Kammer- und Solistenkonzerte, Liederabende und Dichterlesungen wurde eine zusätzliche Gebühr erhoben.

An der Kasse des Berliner Kulturbund-Theaters

Um die Rechte der Mitglieder zu befriedigen, war ein regelmäßiger Veranstaltungsbetrieb notwendig. Die Bühne spielte fast täglich, das Orchester (sofern es nicht in der Oper engagiert war) wohl dreimal in der Woche. In den ersten sechs Monaten seines Bestehens, also bis März 1934, bot der Berliner Kulturbund, das Programm selbst großer Agenturen weit übertreffend, 315 Veranstaltungen, 71 Schauspiel- und 52 Opernaufführungen, 43 Orchesterkonzerte, 24 Kammermusikabende, 8 Chorkonzerte und 8 Liederabende, 90 Vorträge, 3 Kindernachmittage, 2 Wohltätigkeitskonzerte und 12 Sonderveranstaltungen; hinzu kamen noch 19 Gastspiele verschiedener Art in der Provinz.[19]

Von Berlin aus breitete sich die Kulturbund-Idee wellenartig auf das ganze Reich aus. Bereits im Oktober 1933 nahm der «Jüdische Kulturbund Rhein-Ruhr» seine Tätigkeit mit einer Folge von Kammermusikabenden mit Emanuel Feuermann (Violoncello) und Hans Wilhelm Steinberg (Klavier) in Krefeld, Aachen, Essen und Bochum auf. Vorüberlegungen zu dieser Gründung waren schon im Apil 1933 angestellt worden und hatten dann durch die Berliner Aktivitäten kräftigen Auftrieb erhalten. Anläßlich der Eröffnungsveranstaltung in der Krefelder Synagoge am 16. Oktober berichtete das ‹Israelitische Familienblatt›:

«Unter dem Protektorat maßgeblicher jüdischer Persönlichkeiten ist in Köln der ‹Jüdische Kulturbund Rhein-Ruhr, eine Gemeinschaft der

Freunde des Theaters und der Musik e.V.›, gegründet worden. Der Kulturbund steht in enger Interessengemeinschaft mit dem Kulturbund Deutscher Juden, Berlin, dessen Ziele auch er übernommen hat ...

In jedem Monat bietet der Jüdische Kulturbund Rhein-Ruhr seinen Mitgliedern durch berufenste Künstler ein Konzert, einen Vortrag und eine Theaterveranstaltung ...

Als Spielorte sind vorläufig vierzehn rheinische und westfälische Städte vorgesehen: Aachen, Bochum, Bonn, Düsseldorf, Duisburg-Hamborn, Essen, Gelsenkirchen, Gladbach-Rheydt, Hagen, Koblenz, Köln, Krefeld und Kreuznach.

Der Jüdische Kulturbund, gegründet in einer unermeßlichen Notzeit, vereinigt eine opferbereite jüdische Zuhörerschaft und eine hingebungsvolle jüdische Künstlerschar. So ist er eine Gemeinschaft, ‹in der Juden für Juden› einstehen! Jeder Jude und jede Jüdin, die sich ihm als Mitglieder verschreiben, wirken mit, der rheinländischen und damit der gesamten deutschen Judenheit neuen Lebenswillen und hierdurch das feste Bewußtsein unverlierbarer menschlicher Würde zu schenken.»[20]

Erster Vorsitzender des Kulturbundes Rhein-Ruhr war Paul Moses, der im Herbst 1934 von Heinrich Levinger, einem erfahrenen Theatermann, abgelöst wurde. Außer der Zentrale in Köln unterhielt der Kulturbund feste Stellen in Aachen, Bochum, Bonn, Duisburg, Essen, Gelsenkirchen, Krefeld, Wuppertal und später, 1934/35, auch in Dortmund und Düren. Mit 5000 Mitgliedern war er nach Berlin der größte Kulturbund des Reiches. Da er über kein eigenes Orchester verfügte, wohl aber über einen Theatersaal (der freilich viel primitiver war als das Theater des Berliner Kulturbunds), lag das Schwergewicht seiner Aktivitäten auf der Theaterarbeit. Als Dramaturg fungierte Gerhard-Walter Rosenbaum, Oberspielleiter war Willibald Fränkel-Froon, bis April 1933 Oberspielleiter des Essener Stadttheaters. Über die Aufgaben seines Theaters schrieb Fränkel-Froon im November-Dezember-Heft 1933 der ‹Kulturbundmitteilungen›:

«Das Ziel unserer Bühne ist Freude und Lebensmut allen zu schenken, indem es sie teilhaben läßt an den ewigen Werten der Dichtung, die Fragen unserer Zeit entrollt, aber auch das heitere Spiel nicht verschmäht. Die Verbindung mit der deutschen Heimat soll es erhalten und die Brücke schlagen zu unserer großen jüdischen Vergangenheit und einer lebensbejahenden Zukunft.»[21]

Schon im September 1933 wurden auch Bestrebungen in Frankfurt a.M. bekannt, dort eine kulturelle Einrichtung nach dem Muster des Berliner Kulturbunds zu schaffen. Allerdings scheute man in Frankfurt finanzielle Risiken und beschränkte sich darauf, die dort bereits seit 15 Jahren bestehende «Gesellschaft für jüdische Volksbildung» mit der Durchführung künstlerischer Veranstaltungen zu beauftragen. Diese Konstruktion erwies sich jedoch bald als unzureichend. Offenbar unter massiver Einwirkung des Berliner Kulturbunds, namentlich Kurt Singers, wurde die der Gesellschaft für jüdische Volksbildung angegliederte «Abteilung für künstlerische Veranstaltungen» verselbständigt und im April 1934 unter dem Namen «Jüdischer Kulturbund Rhein-Main» als regionale Kulturorganisation für Südwestdeutschland neu konstituiert. Den Vorsitz übernahm Sanitätsrat Eillinger, die künstlerische Leitung der Pianist und Dirigent Hans Wilhelm Steinberg. Unter Leitung Steinbergs, früher erster Kapellmeister der Frankfurter Oper, wurde ein eigenes Berufsorchester aufgebaut, das von Anfang an auch dazu bestimmt war, das Gebiet des Kulturbunds Rhein-Ruhr mit Orchesterkonzerten zu versorgen. Umgekehrt schickte der Kulturbund Rhein-Ruhr seine Schauspieltruppe zu Gastspielen nach Frankfurt oder stellte Schauspieler und Regisseure für gemischte Ensembles ab, in denen auch bewährte Frankfurter Kräfte zum Zug kamen. So bestand zwischen Frankfurt und Köln von Anfang an eine enge Arbeitsgemeinschaft.

Auf preußischem Gebiet liegend, unterstanden auch die Kulturbünde Rhein-Main und Rhein-Ruhr der Kontrolle Hans Hinkels im Preußischen Kultusministerium. Eine der ersten Gründungen außerhalb Preußens und damit außerhalb der Zuständigkeit Hinkels war der «Jüdische Kulturbund in Bayern», der am 9. Februar 1934 durch einen Erlaß des Bayerischen Staatsministers für Unterricht und Kultus, Hans Schemm, genehmigt und am 4. März 1934 mit einer Feierstunde in der Münchener Hauptsynagoge eingeweiht wurde. Träger dieses Kulturbunds waren der «Verband Bayerischer Israelitischer Gemeinden» und die einzelnen Gemeinden. Eine Besucherorganisation nach preußischem Muster wurde zunächst nicht geschaffen. Zutritt zu den Veranstaltungen hatten die Mitglieder der dem Kulturbund angeschlossenen jüdischen Gemeinden (zunächst Aschaffenburg, Augsburg, Bad Kissingen, Bamberg, Fürth, Kitzingen, Nürnberg und Würzburg) und die Vertreter der jüdischen Presse. Den Vorstand bildeten Fritz Ballin (Vorsitzender), Hans Taub und Albert Fraenkel. Zum Geschäftsführer wurde Kapellmeister Erich Erck (Eisner) ernannt, der auch das Orchester leitete. Dieses Orchester, ein reines Streichorchester, war unter der Bezeichnung «Jüdisches Kammerorchester» bereits vor 1933 aufgetreten. Nach der Übernahme in den Kulturbund wurde es durch Eingliederung neuer Kräfte, darunter auch Berufsmusiker, erweitert und in seinen musikalischen Möglichkeiten gestärkt. Das Orchester war das institutionelle und künstlerische Kernstück des Kulturbunds in Bayern. Über ein eigenes Theater und ein Schauspielensemble verfügte er nie. Aus der Not eine Tugend machend, schufen Münchener jüdische Schauspieler und Sänger im Laufe des Jahres 1934 eine Marionettenbühne, die sich bald großer Beliebtheit erfreute.

Mangels behördlicher Genehmigung mußte auch die Jüdische Gemeinde in Hamburg zunächst auf Theateraufführungen verzichten. Träger der Kulturarbeit war dort anfangs die «Jüdische Gesellschaft für

Kunst und Wissenschaft», die ihre Tätigkeit am 17. Oktober 1934 aufnahm. Sie fungierte als Dachverband für alle kulturellen Aktivitäten in Hamburg, die Konzerte, Vorträge, Ausstellungen und Museumsführungen umfaßten. Nachdem die Hamburger Behörden einen Theaterbetrieb genehmigt hatten, begann man im August 1935 mit dem Aufbau eines Schauspiel-Ensembles. Anläßlich der Eröffnung des Theaterbetriebs im Oktober 1935 benannte sich die «Jüdische Gesellschaft für Kunst und Wissenschaft» in «Jüdischer Kulturbund Hamburg e. V.» um. Vorsitzender des Kuratoriums war bis zu seinem Tode im September 1938 Rudolf Samson. Künstlerischer Leiter und zugleich Regisseur des Schauspiels war Hans Buxbaum. Das Ensemble bestand anfänglich aus 13 festangestellten Künstlern, wozu noch etwa 230 Personen in einem losen Arbeitsverhältnis kamen.

Im September 1934 wurde der Kulturbund Ostwestfalen ins Leben gerufen, der nahezu alle jüdischen Gemeinden im Regierungsbezirk Osnabrück und in den Lippe-Ländern umfaßte. Schon im Laufe des Jahres 1933 hatte sich Stuttgart zu einem Zentrum der jüdischen Kulturarbeit außerhalb Berlins entwickelt. Auf Initiative des Komponisten und Musikpädagogen Karl Adler wurde dort das «Jüdische Lehrhaus» wiederbelebt und eine «Jüdische Kunstgemeinschaft» gegründet. Im Mittelpunkt der Arbeit stand die Laienmusik. Adler, ein Chorlehrer von Rang, gründete einen Singkreis und ein Orchester, Einrichtungen, die weit über die Grenzen Stuttgarts hinaus bekannt wurden. Das gleiche gilt für Mannheim, wo der jüdische Gesangverein «Liederkranz» entstand, dem eine von Kapellmeister Max Sinzheimer geleitete «Instrumentalgemeinschaft» angeschlossen war. In Breslau unterhielt der dortige «Jüdische Musikverein» ein in gutem Ruf stehendes Orchester unter Leitung von Kurt Havelland. Rege Aktivitäten entwickelte auch – allerdings ohne eigenes Orchester – die Konzertabteilung des «Vereins für jüdische Geschichte und Literatur» in Karlsruhe. Kulturbünde, Kulturkreise, Kunst- und Musikvereine entstanden in Oberschlesien, Ostpreußen, Stettin, Mecklenburg-Lübeck, Halle und Hannover. Darüber hinaus wurden bei vielen jüdischen Gemeinden Kulturdezernenten oder Kultur- und Bildungsausschüsse eingesetzt, die die ortsansässigen jüdischen Künstler betreuten und kulturelle Veranstaltungen durchführten, oft in Zusammenarbeit mit den Wohlfahrtsabteilungen der Gemeinden und den Provinzialstellen der jüdischen Wirtschafts- bzw. Künstlerhilfe.

Künstlerhilfe, Erwachsenenbildung, Museumsarbeit

Die Künstlerhilfe stand weniger im Licht der jüdischen Öffentlichkeit als die Kulturbünde, war aber als arbeitsschaffende Institution kaum weniger wichtig als diese. Ihre Anfänge reichen in die Zeit vor 1933 zurück. Wegen der schwierigen wirtschaftlichen Lage, in der sich viele jüdische Künstler schon vor dem «Umbruch» befanden, hatte das Wohlfahrtsamt der Jüdischen Gemeinde Berlin eine besondere Abteilung «Künstlerhilfe» geschaffen, die nach Einrichtung der Wirtschaftshilfsstelle der Berliner Gemeinde (Mitte März 1933) in diese eingegliedert und gleichzeitig ausgebaut wurde. Nach dem Vorbild der Berliner Wirtschaftshilfe, die von allen deutschen Juden in Anspruch genommen werden konnte, wurde im Juni 1933 durch den «Zentralausschuß für Hilfe und Aufbau» die «Zentralstelle für jüdische Wirtschaftshilfe» ins Leben gerufen, die für das Gesamtreich zuständig war, während der Berliner Wirtschaftshilfe im wesentlichen die lokalen Aufgaben überlassen blieben. Mit der Eingliederung des Zentralausschusses in die «Reichsvertretung der deutschen Juden» am 1. April 1935 wurde die Wirtschaftshilfe zu einer Abteilung der Reichsvertretung und damit die Künstlerhilfe zu einem ihrer Aufgabengebiete.

Im Gegensatz zu den weiterbestehenden jüdischen Wohlfahrtsämtern sah die Wirtschaftshilfe ihre Aufgabe nicht in fürsorgerischen Leistungen, sie versuchte vielmehr, die aus ihren beruflichen Stellungen entlassenen Juden, wie man sagte, zu «produktivieren», d.h. durch geeignete Maßnahmen in die Lage zu versetzen, sich und ihre Angehörigen zu ernähren. So legte die Künstlerhilfe, übrigens schon Monate bevor die Kulturbundpläne in ein konkretes Stadium getreten waren, eine Kartei sämtlicher stellungslosen jüdischen Künstler an, um bei Bedarf geeignete Kräfte nachweisen zu können. Einer Reihe von Schauspielern, Regisseuren, Musikern, Malern usw. konnte sie schon in den ersten Monaten ihrer Tätigkeit zur Auswanderung verhelfen oder ihnen Engagements im Ausland vermitteln. Um Beschäftigungsmöglichkeiten zu schaffen, führte sie eigene kulturelle Veranstaltungen verschiedener Art durch. Im August 1933 beschrieb Herbert Fischer, Leiter der «Abteilung für Schauspieler, Artisten und bildende Künstler» bei der Beratungsstelle Berlin, die Problematik:

«Für die Künstlerhilfe kommt es darauf an, nicht Wohltätigkeit zu üben, sondern durch die Eröffnung der Aussicht auf eine reguläre Tätigkeit den Künstlern, die unsere Hilfe in Anspruch nehmen, das Gleichgewicht wiederzugeben und ihre Produktivität zu erhalten. Die Hilfe muß aber auf diejenigen beschränkt werden, die in ihrem Fache etwas leisten ... Es kommen ‹Künstler› in meine Sprechstunde, die seit Jahren ohne Engagement sind und oft gar nicht das Recht haben, zu diesem Beruf gerechnet zu werden. Hier hilft nur eine Maßnahme: Ausschaltung aus dem für wirkliche Künstler vorgesehenen Arbeitsprozeß, Versuch einer Berufsumleitung ... Die so außerordentlich geringen Arbeitsmöglichkeiten können nur den wirklich Berufszugehörigen vorbehalten werden ...

Diesen wirklichen Künstlern kann nicht mit leeren Worten und durch Versprechungen, sondern nur durch Arbeitsbeschaffung geholfen werden.»[22]

Bei der Vermittlung von Engagements arbeitete die Künstlerhilfe eng mit anderen jüdischen Einrichtungen zusammen, vor allem mit den Kulturbünden und den Gemeinden, aber auch mit den jüdischen Verbänden, deren Gliederungen und Ortsvereine zu Zentren des innerjüdischen gesellschaftlichen Lebens wurden und eine rege Veranstaltungstätigkeit entfalteten. Alle boten ihren Mitgliedern auch Programme künstlerischer oder unterhaltender Art und halfen damit, die Not der jüdischen Künstler zu lindern, namentlich der «Centralverein deutscher Staatsbürger jüdischen Glaubens», die «Zionistische Vereinigung für Deutschland» (ZVfD) mit der besonders aktiven «Berliner Zionistischen Vereinigung» (BZV), der «Reichsbund jüdischer Frontsoldaten» (RjF), der «Jüdische Frauenbund», die jüdischen Jugendbünde und die Logen des «Unabhängigen Ordens B'nai B'rith» (UOBB). Daneben trug auch die private Initiative viel zur Belebung des kulturellen Lebens und zur Versorgung der jüdischen Künstler bei. Nicht wenige, meist selbst aus der Künstlerschaft stammende Menschen – wie etwa Erna Stein in Berlin und Hans Baron in Breslau – übten eine agenturartige Tätigkeit aus, indem sie Programme zusammenstellten und dem jüdischen Publikum präsentierten.

Darüber hinaus kam es zu einer starken Belebung der häuslichen Kunstpflege, vor allem zu einer – von der jüdischen Presse sogar als inflationär gerügten – Vermehrung meist allgemein zugänglicher Hauskonzerte, deren finanzieller Ertrag nicht nur den vortragenden Künstlern, sondern oft auch der jüdischen Wohlfahrt oder der Künstlerhilfe zugute kam. Statt in Resignation zu versinken oder auf die Hilfe der Gemeinschaft zu bauen, ergriffen viele jüdische Künstler selbst die Initiative und schlossen sich mit anderen zu leistungsfähigen Ensembles zusammen, die zugleich Kunst- und Erwerbsgemeinschaften waren. So entstanden neben einer Reihe von Kleinkunstbühnen vor allem zahlreiche neue musikalische Formationen – Instrumentalgruppen (Trios, Quartette, kleine Orchester), Vokalgruppen und Chöre –, die meisten im klassischen Sektor angesiedelt, aber, besonders in Berlin, auch solche, die zur Unterhaltung und zum Tanz aufspielten.

Ein wenig im Schatten der kulturellen und gesellschaftlichen Betriebsamkeit, aber für die geistige und existentielle Neuorientierung vieler Juden von großer Bedeutung, vollzog sich ein Neuaufbau der jüdischen Erwachsenenbildung. Die neben der Pflege der «Wissenschaft des Judentums» hauptsächlich der akademischen Ausbildung von Rabbinern und jüdischen Religionslehrern dienenden jüdischen Hochschulen, die liberale «Hochschule für die Wissenschaft des Judentums» in Berlin (gegr. 1872, von 1883–1920 und 1933–1942 auf behördliche Weisung unter dem Namen «Lehranstalt») und das konservative, aber nicht orthodoxe «Jüdisch-Theologische Seminar, Hochschule für jüdische Theologie» in Breslau («Breslauer Rabbinerseminar», gegr. 1854), waren daran nur insofern beteiligt, als sie ab 1934 auch allgemeinbildende Vorlesungen und Kurse anboten und Gasthörer zuließen. Träger der jüdischen Erwachsenenbildung im engeren und eigentlichen Sinne waren die Vortragsabteilungen der Kulturbünde, die Lehreinrichtungen der jüdischen Gemeinden und Verbände und vor allem die «Mittelstelle für jüdische Erwachsenenbildung» und die freien jüdischen Lehrhäuser. Die führende, in Theorie und Praxis maßgebende Gestalt war Martin Buber, dessen Vorschlag, ein «Bildungsamt der deutschen Juden» zu errichten, zwar nie realisiert wurde, auf dessen Betreiben aber immerhin im Frühjahr 1934 die «Mittelstelle» entstand. Die an die Schulabteilung der Reichsvertretung angebundene Mittelstelle war keine Volkshochschule und kein Lehrhaus, sondern eine Beratungs- und Schulungseinrichtung für jüdische Erzieher, die – der etwas sonderbare Name sollte dies zum Ausdruck bringen – von den jüdischen Verbänden und Weltanschauungsgruppen unabhängig war und von allen Gruppen und Richtungen in Anspruch genommen werden konnte.

In ihren erziehungstheoretischen Grundlagen war sie stark durch die existentialistische jüdische Pädagogik inspiriert, die der jüdische Bildungsreformer Franz Rosenzweig nach 1916 entwickelt und in dem von ihm durch Umwandlung der Volkshochschule der jüdischen Gemeinde 1920 in Frankfurt a.M. begründeten «Freien Jüdischen Lehrhaus» praktiziert hatte. Im Unterschied zu den jüdischen Volkshochschulen, die im Zuge der allgemeinen Volkhochschulbewegung bei allen größeren Gemeinden entstanden waren und – wie ihr deutsches Vorbild – eine extensive Wissensvermittlung betrieben, d.h. vielen alles und jedem etwas boten, ging es dem Rosenzweigschen Lehrhaus um eine intensive Bildung, die das Wesen der Lernenden produktiv veränderte und den Juden – in Rosenzweigs Worten – vom Rande in das Herz des Judentums zurückführte. Das Attribut «frei» hatte eine dreifache Bedeutung. Es stand für die weltanschauliche Ungebundenheit des Lehrhauses ebenso wie für seinen demokratischen Unterrichtsstil und brachte darüber hinaus zum Ausdruck, daß für die Aufnahme keinerlei formale Qualifikationen verlangt wurden. Nach dem Frankfurter Muster waren Lehrhäuser auch in Stuttgart (1925), Köln (1928), Mannheim (1928), Wiesbaden, Karlsruhe, München und Breslau entstanden, die zum Teil – wie das Frankfurter Lehrhaus nach Rosenzweigs Tod im Jahre 1929 – noch vor 1933 wieder geschlossen wurden.

Nach 1933 kam es zu einer Wiederbelebung der Lehrhausidee, an der die Mittelstelle und Martin Buber persönlich großen Anteil hatten. Geschlossene Institute wurden wiedereröffnet, noch bestehende aktiviert, einige neugegründet. Noch im Spätherbst 1933 nahm das Frankfurter Lehrhaus seine Tätigkeit wieder auf. 1934 bestanden Lehrhäuser in Frankfurt, Berlin, Köln, Stuttgart, Mannheim, Wiesbaden, Freiburg, später auch in Hamburg, Stettin, München, Dresden, Breslau und Karlsruhe. Meist gingen die Neugründungen aus bereits bestehenden Lehreinrichtungen hervor. In Berlin und Breslau wurden die dortigen «Freien Jüdischen Volkshochschulen» in Lehrhäuser umgewandelt, in Karlsruhe dürfte der rührige «Verein für jüdische Geschichte und Literatur» zum Lehrhaus erhoben worden sein, in München baute das zum Wintersemester 1936/37 eröffnete Lehrhaus auf den dort bereits seit Jahren angebotenen Lehrveranstaltungen auf. Der Gedanke der Erwachsenenbildung griff von den freien Lehrhäusern auch auf die weltanschaulichen und religiösen Gruppen über. Die Berliner Zionistische Vereinigung richtete in Ergänzung ihres breiten Angebots an praxisbezogenen Kursen (vor allem hebräische Sprachkurse) mit der «Lehrstätte Ch. N. Bialik» ein eigenes Bildungsinstitut ein (Herbst 1934), dem die seit 1929 in Berlin bestehende zionistische «Schule der jüdischen Jugend» angeschlossen wurde. Die Berliner Orthodoxie antwortete im Frühjahr 1935 mit der Begründung ihres «Rambam-Lehrhauses».

Einen Aufschwung nahm auch die museale Kunst- und Bildungspflege. Ihr institutionelles Zentrum war das Berliner Jüdische Museum, das – seit Jahren unzureichend untergebracht – bereits im Februar 1933 neue, repräsentative Räume bezogen hatte, die im Mai 1933 eingeweiht wurden. Im Unterschied zu anderen jüdischen Sammlungen, die meist auf Kultgegenstände beschränkt waren, diente das Jüdische Museum, Museum und Galerie in einem, der Vergegenwärtigung aller kulturellen Aspekte des deutschen Judentums. Auf die Sammlung von Dokumenten zur Geschichte und Kultur der Juden im ostdeutschen Raum spezialisiert war das 1929 begründete «Jüdische Museum» in Breslau, das – nachdem es aus politischen Gründen aus einer allgemeinen Breslauer Sammlung ausgegliedert worden war – am 19. November 1933 in neuen, umgebauten Räumen des Israelitischen Waisenhauses feierlich wiedereröffnet wurde. Gleichfalls renoviert und um einen Studien- und Bibliotheksraum erweitert, eröffnete schon im Juli 1933 das im historischen Gebäude der Rothschildbank untergebrachte Frankfurter Rothschild-Museum, das Gegenstände und Dokumente zur Geschichte des Hauses Rothschild und der Frankfurter Judenschaft zeigte.

Die Vielzahl kulturell tätiger Einrichtungen und die Fülle künstlerischer Veranstaltungen überall im Reich, über die die jüdische Presse in ihren Kultur- und Nachrichtenspalten nahezu lückenlos berichtete, dürfen nicht darüber hinwegtäuschen, daß die kulturelle Versorgung der jüdischen Bevölkerung sehr ungleichmäßig und ungleichwertig war. Im allgemeinen war die Häufigkeit, aber auch die Qualität der Veranstaltungen um so geringer, je kleiner die Gemeinden und je weiter sie von Berlin entfernt waren. Am schlechtesten war die Lage naturgemäß in den Klein- und Zwerggemeinden, wo oft nicht einmal die Mittel vorhanden waren, um die Fahrtkosten der Künstler zu bezahlen. Um der geistigen Not und der gesellschaftlichen Isolierung der dort lebenden Menschen entgegenzuwirken, führte der «Preußische Landesverband jüdischer Gemeinden» in Zusammenarbeit mit dem «Zentralausschuß für Hilfe und Aufbau» bei der Reichsvertretung regelmäßig sogenannte Kulturfahrten durch:

«Hierbei handelt es sich um Vortrags- und Kunst-Abende, die in den zahlreichen kleinen und kleinsten Gemeinden veranstaltet werden, die zu schwach sind und zu entfernt von den Verkehrszentren liegen, um sich einem Kulturbund anzuschließen.

Es kommen hierfür fast nur Gemeinden mit etwa 100 Seelen und darunter in Betracht. Es werden Männer entsandt, die genau mit der Arbeit der Zentralorganisationen vertraut sind; in ihrer Begleitung befinden sich ein bis zwei jüdische Künstler, welche den der Musik fast ganz entwöhnten Menschen eine Stunde der Entspannung zu geben vermögen.

Der Vortrag soll ein Bild der Arbeit der jüdischen Zentralorganisationen geben und zugleich Rat und Aufrichtung bringen, deren gerade Juden in den kleinen Orten besonders bedürfen.

Durch diese Veranstaltungen wird ein Dreifaches erreicht: einmal werden zahlreiche jüdische Künstler in würdiger Weise unterstützt, zweitens werden die Berliner Stellen laufend über die Verhältnisse im Reich genauer informiert, als das schriftlich möglich ist, wobei auch zahlreiche Einzelfälle gleich miterledigt werden können. Vor allem aber wird bei den Menschen in den kleinen Gemeinden das Gefühl der Verlassenheit, das sie so sehr bedrückt, erheblich gemildert.

Es sind in den letzten Jahren mehrere hundert Gemeinden besucht worden und zwar, wie die eingehenden Berichte zeigen, mit bestem Erfolge. Die meisten Abende fanden in den Synagogen statt, der Besuch lag nie unter 60%, stieg aber sehr oft auf fast 100% der Gemeindemitglieder.»[23]

Schon bald nach Gründung der Reichskulturkammer geriet das Propagandaministerium unter den Druck der radikalen Rassisten, denen das Fehlen eines Arierparagraphen im Kulturrecht und die dementsprechende Beschränkung der «Entjudungs»-Maßnahmen auf öffentliche Kulturinstitute als Ausverkauf der heiligsten Ideale des Nationalsozialismus erschien, zumal auch an staatlichen Bühnen anfänglich noch die eine oder andere Ausnahme gemacht wurde. So hieß es in einem Bericht aus dem Stab des mit Goebbels verfeindeten Parteidogmatikers Alfred Rosenberg von Anfang 1934:

«Allgemein macht sich der Eindruck bemerkbar, daß die nationalsozialistische Revolution an der deutschen Kultur, insbesondere an der deutschen Theaterkultur, spurlos vorübergeht. Nach wie vor werden dieselben Autoren, vornehmlich in der Operette, gespielt, und die Darsteller sind vielfach noch dieselben, trotzdem sie vor dem Umschwung im Januar 1933 sich ganz offen zum marxistischen oder kommunistischen System bekannt haben ... Die Juden Hansen, Mosheim, Mannheim, Thielscher, Matray,

Rosen werden jubelnd auf der Bühne begrüßt, natürlich eine Demonstration ihrer Rassegenossen.»[24]

Goebbels, der sich die preußischen Regelungen ohnehin nicht aus Überzeugung, sondern aus Zweckmäßigkeitsgründen zu eigen gemacht hatte, zeigte schnell Wirkung. Schon am 7. Februar 1934 erklärte er auf einer Arbeitstagung der Reichskulturkammer:

«Ich habe mit Befremden festgestellt, daß die aus anderen Berufen nach und nach hinausgedrängten Juden mangels eines Arierparagraphen im Kulturleben eine neue Betätigungsmöglichkeit suchen. Es gibt keine unmittelbare gesetzliche Möglichkeit, einen Arierparagraphen in der Reichskulturkammer und den angeschlossenen Verbänden einzuführen. Es darf aber nicht geschehen, daß am Ende alle Juden, die aus den Beamten-, Rechtsanwalts-, Ärzte- oder Schriftleiterberufen ausgeschieden sind, allmählich in den Kulturberufen auftauchen. Dies zu verhindern, gibt uns das Gesetz die Möglichkeit. Wenn jemand aus bestimmten Gründen als unzuverlässig oder ungeeignet angesehen werden muß, kann man ihm die Mitgliedschaft in den Verbänden verweigern, und nach meiner Ansicht und Erfahrung ist ein jüdischer Zeitgenosse im allgemeinen ungeeignet, Deutschlands Kulturgut zu verwalten!»[25]

Kaum vier Wochen später, am 5. März, richtete der Propagandaminister folgendes Ersuchen an die Regierungen der Länder:

«In zunehmendem Maße wird beobachtet, daß Nichtarier, die bereits verschwunden und größtenteils offenbar ins Ausland geflüchtet waren, in Theatern, Varietés, Kabaretts usw. wieder auftreten. Ich weise darauf hin, daß das Auftreten auf deutschen Bühnen von der Zugehörigkeit zu einem der Fachverbände der Reichstheaterkammer abhängig ist ... und daß Nichtariern die Aufnahme in diese Verbände ... regelmäßig verweigert wird. Ich bitte deshalb, die Polizeibehörden anzuweisen, in allen in Frage kommenden Fällen den Nachweis der Verbandszugehörigkeit zu verlangen und, wenn er nicht erbracht werden kann, das Auftreten zu verhindern. Ich stelle weiter anheim, Fälle, in denen eine Verbandszugehörigkeit nachgewiesen wird, zur Kenntnis des Präsidenten der Reichstheaterkammer zu bringen, damit der Fall einer Nachprüfung unterzogen wird. Ich bitte um nachdrückliche Durchführung meines Ersuchens. Es darf nicht dahin kommen, daß sich das Publikum gegen das Auftreten von Elementen, von denen es bereits befreit zu sein glaubte, mit Selbsthilfe zur Wehr setzt.»[26]

Mit diesen und weiteren Anweisungen wurden die Möglichkeiten zur Betätigung in den freien Kulturberufen, die Hans Hinkel noch im Herbst 1933 vollmundig garantiert hatte, stark eingeschränkt. Wer nicht schon in der Anfangsphase Mitglied der Reichskulturkammer geworden war, hatte jetzt kaum noch eine Chance, in einen ihrer Fachverbände aufgenommen zu werden; eingegliedert wurde nur noch, wer die Frontkämpfereigenschaft im Sinne der Beamtengesetzgebung nachweisen konnte und sonst keine «Schwachstelle» hatte, die eine Ablehnung gemäß § 10 der 1. Durchführungsverordnung zum Reichskulturkammer-Gesetz begründen konnte. Die dadurch entstandene Lage der jüdischen Künstlerschaft und die von jüdischer Seite getroffenen Gegen- und Hilfsmaßnahmen wurden im Arbeitsbericht der Künstlerhilfe beim Zentralausschuß für Hilfe und Aufbau für das erste Halbjahr 1934 wie folgt resümiert:

«Es gelang trotz größter Anstrengungen auch in den vergangenen Monaten nicht, jüdische Künstler in nichtjüdischen Unternehmungen in irgendwie nennenswerter Zahl unterzubringen. Wo es Künstlern bekannteren Namens gelang, ein Engagement zu erhalten, mußte es wegen der alsbald auftretenden Schwierigkeiten abgebrochen werden.

Während auf musikalischem Gebiet noch geringe Möglichkeiten vorhanden sind, sind darstellende Künstler – seit dem letzten Erlaß des Reichspropagandaministers – so gut wie vollkommen ausgeschaltet. Auch die bekannteren Bühnenkünstler, die im Jahre 1933 noch auftreten konnten, hatten im Jahre 1934 keine Möglichkeiten mehr zu spielen.

Die Situation wurde noch dadurch erschwert, daß die Möglichkeiten, Engagements im Ausland zu erhalten, so gut wie vollkommen aufgehört haben. Die Versuche, Gastspiele jüdischer Künstler im Auslande zustande zu bringen, sind von der Künstlerhilfe aufgegeben worden ...

Die Hilfsarbeit für die jüdische Künstlerschaft muß sich deshalb in Deutschland darauf konzentrieren, innerhalb des jüdischen Publikums durch geeignete Organisierung den jüdischen Künstlern gewisse Einnahmen zu schaffen.»[27]

Besonders schwierig war die Lage der darstellenden Künstler, die auch dann kaum noch Arbeit fanden, wenn sie Mitglied der Theaterkammer waren. Schauspieler, die auf Grund ihrer Frontkämpfereigenschaft bereits fest verpflichtet waren, wurden im letzten Augenblick am Auftreten gehindert. Der Berufsverband der deutschen Artisten nahm zwar alle Frontkämpfer auf, jedoch konnten diese im allgemeinen kein Engagement finden, da der zur gleichen Kammer gehörende Direktorenverband Druck auf die Unternehmer ausübte, keine Juden zu engagieren. Hingegen bestanden in der von Richard Strauss geleiteten Musikkammer noch keinerlei Einschränkungen. Jeder Nichtarier wurde ohne weiteres aufgenommen,[28] «sodaß eine ganze Anzahl jüdischer Ensemble-Musiker in allgemein zugänglichen Betrieben weiterhin ihre Beschäftigung behielten oder neue Arbeitsmöglichkeiten fanden»[29]. Trotzdem waren jüdische Selbsthilfemaßnahmen wichtiger denn je. Die Künstlerhilfe berichtete über ihre Aktivitäten:

«Wir begannen, einen Austauschdienst herauszugeben, in dem wir den Kulturbünden im Reich Künstler und ganze Programme für ihre Veranstaltungen empfehlen. Es wurden damit gute Vermittlungsergebnisse erzielt.

Daneben wurden Künstler in andere Berufe umgeschichtet oder in ihrem bisherigen Beruf naheliegender Tätigkeit ausgebildet; so wurden z.B. 30 Musiker zu Bläsern ausgebildet, ein Beruf, den bisher nur vereinzelt Juden ausübten. Die bereits ausgebildeten Bläser konnten sofort untergebracht werden. Die Ausbildungskosten belaufen sich im allgemeinen auf RM 250.– für ein Jahr Unterricht, wozu noch ein Darlehen für das Instrument kommt.»

Auch die Zahl der Veranstaltungen wurde gesteigert:

«Die Berliner Arbeit der Künstlerhilfe wies vor allem eine große Zahl von Veranstaltungen auf. In den Monaten November und Dezember wurden allein 500 Beschäftigungsmöglichkeiten geboten und monatlich etwa RM 2500.– an Honoraren ausgezahlt. Viele unserer Veranstaltungen wurden in großen Privathäusern abgehalten, wodurch besonders zahlungsfähiges Publikum gewonnen werden konnte.

Das uns angeschlossene Damenhilfskomitee hat sich dieses Veranstaltungszweiges besonders angenommen. Es hat für diese Hausveranstaltungen etwa 200 feste Spender gewonnen. Es unterhält außerdem den Künstlermittagstisch, der täglich von 35 Teilnehmern besucht wird.»[30]

Die Künstlerhilfe und die Kulturbünde und Kulturvereine, die Religionsgemeinden und Gemeindeverbände, die weltanschaulichen und religiösen Organisationen, die Vereine und Bünde verschiedener Art, die Hochschulen, Lehrhäuser, Volkshochschulen und Museen bildeten ein Netz weitgehend voneinander unabhängiger Einrichtungen, die sich zentral oder in Ergänzung ihrer eigentlichen Aufgaben der jüdischen Kulturpflege widmeten. Nimmt man noch die zahlreichen Privatinitiativen hinzu und bedenkt man, daß die weltanschauliche und religiöse Differenzierung der deutschen Juden ebenso erhalten blieb wie ihr regionalistisches Bewußtsein, so kann man von einer pluralistischen kulturellen Bewegung sprechen, in der die demokratisch-föderalistische Kulturverfassung der Weimarer Republik weiterlebte, die ansonsten durch die Errichtung dirigistischer Reichszentralinstanzen und durch den damit verbundenen Konformitätsdruck bereits im Jahre 1933 zu Tode gebracht worden war. Kaum von oben und schon gar nicht zentral organisiert, stellte die jüdische Kulturbewegung der Jahre 1933 und 1934 einen positiven Gegenentwurf zu der im Reiche herrschenden kulturellen Mentalität und Realität dar.

Der Reichsverband der Jüdischen Kulturbünde – Auf dem Weg zur Ghetto-Kultur?

Dem Partikularismus der jüdischen Kulturarbeit entsprach ein solcher der rechtlichen Regelungen und behördlichen Zuständigkeiten. Mangels reichsrechtlicher Bestimmungen operierten die Kulturbünde und alle anderen Kulturveranstalter in den verschiedenen Territorien unter unterschiedlichen Rechtsvorschriften und Zulassungsbedingungen oder gar in einem rechtsfreien Raum, der sie ganz der Willkür der jeweils zuständigen Verwaltungs-, Polizei- und Parteidienststellen unterwarf. Diese gingen vielfach, namentlich in der Provinz, durch förmliche Saalbenutzungsverbote oder durch Einflußnahme auf «arische» Vermieter gegen jüdische Veranstaltungen vor, so daß von einer ungestörten jüdischen Kulturtätigkeit nicht die Rede sein konnte. Dies gilt sogar für Preußen, wo es Hinkel offenbar Schwierigkeiten bereitete, die hier geltenden Bestimmungen in allen Territorien und auf allen Ebenen durchzusetzen. So heißt es in einem Brief der NSDAP Hessen-Nassau vom 2. Juli 1934 an Hinkel: «Ich möchte nochmals darauf hinweisen, daß die vom Herrn Staatskommissar dem ‹Kulturbund Deutscher Juden› gegebenen Vorschriften niemand kennt außer den Juden selber.»[31]

So mußte Hinkel auch in preußischen Städten, in Köln, Dortmund, Soest, Gütersloh, Krefeld, Breslau und Königsberg, bei den örtlichen Behörden intervenieren, um Saalvermietungs- oder Veranstaltungsverbote rückgängig zu machen. Neben den regionalen und lokalen Dienststellen der NSDAP war es vor allem die Geheime Staatspolizei mit ihren nachgeordneten Ämtern, die der Tätigkeit der Kulturbünde mit Mißtrauen und Feindseligkeit begegnete. Am 27. Oktober 1933, also nach den ersten Premieren und vier Monate nach Genehmigung des Berliner Kulturbunds, schrieb die Gestapo an den Berliner Polizeipräsidenten:

«Der Kulturbund scheint in Deutschland eine sogenannte Minderheit bilden zu wollen, die, ähnlich wie die deutsche Minderheit in Polnisch-Oberschlesien, die Belange der Juden in Deutschland vertreten soll [sic!]. Für diese Tatsache spricht, daß im Vorstand des Kulturbundes zwei ehemalige führende Sozialdemokraten sitzen, und zwar die Juden Dr. Ollendorf und Julius Bab ... Außerdem steht der Kulturbund in engster Verbindung mit dem Centralverein deutscher Staatsbürger jüdischen Glaubens und mit dem UOBB (Unabhängiger Orden B'nai B'rith). Eine derartige Vereinigung ist daher vollkommen unerwünscht.»[32]

Da aber die Gründung des Berliner Kulturbunds im Einvernehmen mit dem Polizeipräsidenten und mit dem Propagandaminister bzw. Gauleiter von Berlin erfolgt war, blieb dieser Angriff auf das Existenzrecht des Kulturbunds wirkungslos. Die Gestapo erzwang aber im Frühjahr 1935 eine Änderung des Vereinsnamens, die von einer Mitgliederversammlung vollzogen werden mußte. Anfang Mai 1935 brachte die ‹Jüdische Rundschau› folgende Meldung:

«Der Kulturbund teilt mit: Auf Anordnung des Polizeipräsidiums wurde der Name ‹Kulturbund Deutscher Juden› umgewandelt in den Namen ‹Jüdischer Kulturbund Berlin›. Diese Namensänderung wurde von einer Mitgliederversammlung, die am Freitag, dem 26. April, im Berliner Theater tagte und die auf Grund des § 9 Abs. 2 der Satzungen ordnungsgemäß durch Inserat im Reichsanzeiger eingeladen war, einstimmig beschlossen.»[33]

Von dieser schikanösen Maßnahme abgesehen, die deutschen Juden das Recht nahm, sich «deutsche Juden» zu nennen, gab es in Berlin keine nennenswerte Störung der kulturellen Arbeit, so daß das jüdische Kulturleben dort schnell eine gewisse Alltäglichkeit und Normalität gewann – nicht nur für die Juden, sondern auch für Teile der nichtjüdischen Umwelt. Im Januar 1935 wurde unter der Überschrift ‹Mit dem ‚Zwölfer' in die ‚Jüdische Kultur'› aus Berlin berichtet:

«Wenn man hier des Abends so gegen 7.30 in den Zwölfer Omnibus steigt, begegnet man zwischen Zoo und Charlottenstraße so manchem guten Freunde, der, mit Opernglas und ‹Mitglied-Ausweis› wohlversehen, dem Kulturbund-Theater zusteuert. Den BVG.-Schaffnern muß zugestanden werden, daß sie diese Theater- und Fahrgäste über das Problem ‹Wo aussteigen?› usw. freundlich und kundendienstbeflissen beraten. Es soll sogar schon vorgekommen sein, daß ein wohlwollender Schaffner einer ängstlich auf ihre Uhr blickenden Dame zugeflüstert hat: ‹Na, Frolleinchen, heute kommen wir aber erst zum dritten Akt zurecht! Die ham da schon angefangen!› Eine nicht alltägliche Art, Haltestellen auszurufen, dürfte auch die kürzlich von einem Schaffner eingeführte sein: ‹Charlottenstraße: ‚Jüdische Kultur' –: Alles aussteigen!›»[34]

Kaum Behinderungen gab es auch in Oberschlesien, wo das vom Völkerbund überwachte Oberschlesische Minderheiten-Abkommen – bis 1937 – einen gewissen Schutz vor Diskriminierungen bot. Dort konnten die Juden sogar öffentliche Einrichtungen in Anspruch nehmen. Anfang Januar 1934 kündigte die ‹Jüdische Rundschau› ein Gastspiel des Berliner Kulturbunds in Gleiwitz wie folgt an:

«*Gleiwitz: Kulturbund Deutscher Juden.* 9. 1., 20.30 Uhr, im Stadt-Theater, ‹Othello›. Für die Besucher aus Beuthen und Hindenburg erfolgt bei genügender Beteiligung die Gestellung von Sonderwagen der Straßenbahn, und zwar: ab Beuthen, Kaiserplatz, 19.25 Uhr, ab Hindenburg, Bahnhofstraße, 19.55 Uhr. Für die Rückfahrt stehen die Wagen nach Schluß der Vorstellung am Stadt-Theater in Gleiwitz bereit. – Die Fahrpreise der Hin- und Rückfahrt betragen für Beuthen 1,35 RM, für Hindenburg 0,65 RM.»[35]

So positiv sich die demokratisch-pluralistische Verfassung des jüdischen Kulturlebens von der autoritär-staatlichen des deutschen abhob, so wenig entsprach sie der inneren Lage des Judentums und den äußeren Gegebenheiten. Die Zersplitterung der Kräfte, der Mangel an Effizienz, die Notwendigkeit, die Beschäftigungsmöglichkeiten für stellungslose Künstler zu vermehren und die kulturelle Versorgung der Juden in der Provinz zu verbessern, das Bedürfnis schließlich, die Arbeit der regionalen und lokalen

Kulturbünde durch einheitliche Bestimmungen im ganzen Reich abzusichern – all dies ließ auf jüdischer Seite schon früh den Wunsch entstehen, die kulturelle Arbeit organisatorisch zu vereinheitlichen und zu zentralisieren. War schon im Herbst 1933 überlegt worden, dem Berliner Kulturbund Filialstellen in der Provinz anzuschließen, so gingen diese Überlegungen bald in Bemühungen über, die inzwischen selbsttätig entstandenen oder im Entstehen begriffenen Kulturbünde in einer Gesamtorganisation zusammenzufassen. Nachdem die «Regierung», also Hinkel, den Leiter des Berliner Kulturbunds, Kurt Singer, ermächtigt hatte, «in Berlin die Bestrebungen zu jüdischer Kulturarbeit in der deutschen Provinz zu zentralisieren und den Kulturbund Deutscher Juden in Berlin so zur Spitze einer Reichsorganisation der jüdischen Kulturbünde in Deutschland zu machen»[36], nahm diese im Herbst 1934 ihre Tätigkeit auf. Die Reichsorganisation war zunächst kaum mehr als eine Arbeitsgemeinschaft, die sich der Verbesserung des Programmaustausches und der Künstlervermittlung widmete. Die Weichen für den Aufbau eines alle Kulturbünde umfassenden und staatlich anerkannten Verbandes wurden auf einer Tagung gestellt, zu der Vertreter von 46 Kulturbünden und kulturbundähnlichen Organisationen am 27. und 28. März 1935 in Berlin zusammenkamen. Im Beisein von Beamten der Gestapo und des Propagandaministeriums sowie je eines Repräsentanten der Reichsvertretung der Deutschen Juden und der Jüdischen Gemeinde Berlin wurde nach mehreren Referaten mit eingehender Aussprache einstimmig die Gründung des «Reichsverbandes der Jüdischen Kulturbünde in Deutschland» mit Sitz in Berlin beschlossen, eine vorläufige Satzung angenommen und ein Vorstand gewählt, dem 16 jüdische Persönlichkeiten angehörten, darunter Otto Hirsch als Repräsentant der Reichsvertretung und Heinrich Stahl als Vertreter der Berliner Gemeinde. In den engeren, geschäftsführenden Vorstand wurden berufen: Dr. Kurt Singer, Berlin (Vorsitzender); Dr. Heinrich Levinger, Köln; Direktor Adler, Stuttgart; Dr. Perlmutter, München; Dr. Kauffmann, Magdeburg; Hedwig Levi-Michel, Frankfurt; Dr. Goldschmidt, Hamburg; Dr. Werner Levie (Verbandssekretär). Über Verlauf und Ergebnis der Tagung wurde ein Kommuniqué herausgegeben, in dem es u. a. hieß:

«Die Aufgabe dieses Verbandes besteht darin, auf Grund organisatorischen Zusammenschlusses aller jüdisch kulturellen Verbände, jedoch unter vollständiger Wahrung der Selbständigkeit der Kulturarbeit und der Verwaltung, eine wirksame Förderung der gemeinsamen Ziele und eine einheitliche Vertretung gegenüber den zentralen Reichsbehörden zu ermöglichen.»[37]

Staatskommissar Hinkel überbrachte auf der Tagung keine Befehle, sondern bemühte sich, auch in der Form verbindlich, die Vertreter der auf Eigenständigkeit bedachten Kulturbünde von den Vorteilen eines Zusammenschlusses zu überzeugen. Er ließ mehrere Delegierte kleinerer Kulturbünde in der Provinz über die Störung oder Verhinderung von Veranstaltungen durch lokale Behörden berichten und gab dann folgende Erklärung ab:

«Es hat sich ergeben, daß bei einer ganzen Menge von aufgetauchten Schwierigkeiten aus dem Reich letzten Endes immer wieder die Ursache im Mangel des Orientiertseins lag, daß Parteistellen, kommunale, behördliche und polizeiliche Stellen gar nicht wußten und wissen konnten [!], wie man sich in Berlin zu Fragen der Kulturarbeit stellt ... Ich glaube, daß es in Ihrem Interesse liegt, wenn wir zu dieser Dachorganisation kommen ... man könnte durch staatliche oder sonstige Stellen den Organen im Reich draußen zentrale Informationen geben, wie sie sich zur Arbeit der Jüdischen Kulturbünde und zu den einzelnen Veranstaltungen zu verhalten haben. In der Saalfrage z. B. wird man Ihnen sagen, so und so zu verfahren – wie es sich schon hier in Berlin als gut und richtig erwiesen hat. Man könnte dadurch erreichen, daß eine ganze Reihe von Reibungen vermieden würde.»[38]

Nicht zuletzt das Engagement, mit dem Hinkel für eine Sache warb, die sichtlich auch im jüdischen Interesse lag, hat die Auffassung entstehen lassen, daß es ihm bei der Schaffung des Reichsverbandes in erster Linie darum ging, seine eigene Karriere voranzutreiben, vom Staatskommissar z. b. V. in preußischen Diensten zum Reichskommissar aufzusteigen. Zweifellos war Hans Hinkel ein politischer Karrierist von Format. Ausschlaggebend war aber nicht sein persönlicher Ehrgeiz, sondern eine bestimmte politische Konstellation, die er geschickt für sich selbst zu nutzen verstand. Wie schon bei der Gründung des Berliner Kulturbunds im Frühjahr 1933 bündelten sich auch jetzt wieder jüdische und nationalsozialistische Interessen zu einer gemeinsamen Intention.

Das Bedürfnis der Juden, die kulturelle Arbeit durch Schaffung eines Dachverbandes zu verbreitern und abzusichern und ihre Wirkung zu steigern, kam den nationalsozialistischen Interessen schon insofern entgegen, als der pluralistisch-demokratische Charakter dieser Bewegung allen Grundsätzen zuwiderlief, die für den Aufbau des neuen Staates maßgebend waren. Nicht nur wirkten hier die Prinzipien einer für überwunden erklärten «liberalistischen» Staats- und Kulturauffassung fort, vielmehr bildeten die jüdischen Kulturorganisationen einen institutionellen Fremdkörper im Gefüge des Staates, der – bei aller «Polykratie» der Ämter und Organisationen – auf dem Prinzip der Hierarchisierung und Zentralisierung der politischen und exekutiven Gewalten beruhte. Waren oder wurden in praktisch allen Verbänden und Organisationen Instanzenzüge eingerichtet, die stets in einer mit den Obersten Reichsbehörden parallelisierten Reichsführung gipfelten, so verfügten die jüdischen Kulturorganisationen noch nicht einmal über ein autorisiertes und verantwortliches Vertretungsorgan.

Doch bestimmte diese Strukturfrage das Interesse des Propagandaministeriums an der Schaffung des Reichsverbandes nicht entscheidend. Auch die damit verbundene Erweiterung seines persönlichen Machtbereichs war für Goebbels nur ein erfreulicher Nebenaspekt. Ursächlich war eine grundsätzliche Revision seiner Judenpolitik, deren erste Auswirkung die Verschärfung der Aufnahmebedingungen der Reichskulturkammer im Frühjahr 1934 war. Damit wurde nicht nur der weitere Zustrom von Juden in die freien Kulturberufe unterbunden, es wurden auch die Weichen für die systematische «Entjudung» des deutschen Kulturlebens gestellt, die sukzessive Ausschaltung aller in die Fachverbände der Reichskulturkammer aufgenommenen Juden, die mit dem Ausschluß der jüdischen Schriftsteller aus der Reichsschrifttumskammer im Februar 1935 begann und Ende 1938 mit der «Arisierung» oder Schließung der letzten noch in jüdischem Besitz befindlichen kulturwirtschaftlichen Unternehmen wie Buch- und Kunsthandlungen zum Abschluß kam. Diese politische Wende, die Abkehr von der «liberalen» Position des Jahres 1933, wurde durch den Druck radikaler Parteikreise gefördert und durch den Umstand ermöglicht, daß der selbst radikal antisemitische Propagandaminister seine Stellung gegenüber den konservativ-autoritären Kräften im Regierungsapparat, von denen er 1933 noch abhängig gewesen war, erheblich gestärkt hatte. Den Ausschlag aber gab, daß die Tätigkeit der Kulturbünde, die in der ersten Rechnung gar nicht enthalten gewesen war, modellhaft einen Weg wies, wie man die Kammern «entjuden» konnte, ohne die deutschen Fürsorgekassen über Gebühr zu strapazieren – vor allem aber, ohne die geistig-kulturellen Bedürfnisse und Bestrebungen der deutschen Juden mit Brachialgewalt unterdrücken zu müssen und sich damit vor der internationalen Öffentlichkeit unmöglich zu machen. Um Tausende von Juden aus den Kammern zu entfernen und in ein kulturelles Ghetto einzuweisen, das sich als natürliche Konsequenz einer völkischen Kulturpolitik begreifen und propagieren ließ, war dreierlei nötig: erstens die Schaffung einer leistungsfähigen jüdischen Kulturorganisation außerhalb der Reichskulturkammer und gleichsam parallel zu ihr, zweitens ihre Absicherung durch reichsrechtliche Vorschriften und drittens ihre Zuordnung zu einem Reichsressort, das nach der bestehenden Geschäftsverteilung nur das Propagandaministerium sein konnte. Daß die für die jüdischen Menschen, die aktiven Künstler und das Publikum, so segensreiche Kulturbundinitiative auf diese Weise dazu beitrug, die Radikalisierungstendenzen zu fördern und den Ausschaltungsprozeß zu beschleunigen, gehört zu den tragischen Aspekten des jüdischen Selbstbehauptungskampfes.

Die von Goebbels geplanten Maßnahmen und Regelungen bedurften selbstverständlich der Zustimmung der Geheimen Staatspolizei, die aber jetzt verhältnismäßig leicht zu gewinnen war, weil auch in der Gestapo-Führung, im Geheimen Staatspolizeiamt Berlin, die politische Zweckmäßigkeit einer solchen Organisation erkannt worden war. Der Umschwung in der Haltung der Gestapo beruhte auf der Überlegung, sich in der Judenfrage nicht mehr auf die rein polizeilichen Überwachungsaufgaben und Verfolgungsmaßnahmen zu beschränken, sondern diese methodisch in den Dienst einer SS- und polizeieigenen Judenpolitik zu stellen. Ziel dieser Politik war es, die Judenfrage in möglichst kurzer Zeit durch die massenhafte Auswanderung der Juden zu lösen. Hierzu erschien es vor allem nötig, die unzureichende Auswanderungsbereitschaft der deutschen Juden zu stärken, indem man alle assimilatorischen Bestrebungen unterdrückte (Redeverbote für Juden, die sich öffentlich für ein Verbleiben in Deutschland aussprachen, Auflösung des radikalassimilatorischen «Verbands Nationaldeutscher Juden» im November 1935 u.a.m.) und umgekehrt die zionistischen und nationaljüdischen Aktivitäten tolerierte oder sogar förderte. Zu dieser im SD-Hauptamt, der «wissenschaftlichen» Abteilung von SS und Gestapo, entwickelten Strategie gehörte die Überlegung, die Juden, solange sie noch in Deutschland waren, «im eigenen Verein» abzuriegeln, sie geistig und gesellschaftlich zu isolieren, um auf diese Weise ihr jüdisches Selbstbewußtsein zu stärken oder ihnen wenigstens das Leben in Deutschland unerträglich zu machen. Es versteht sich, daß eine einheitliche jüdische Kulturorganisation, wie sie das Propagandaministerium projektierte, hervorragend in dieses Konzept paßte, zumal auf diese Weise auch die systematische polizeiliche Überwachung der jüdisch-kulturellen Aktivitäten erheblich erleichtert wurde.

Zum Vollstrecker seiner Absichten erkor Goebbels den einzigen «Fachmann», den es auf diesem Gebiet gab, den preußischen Staatskommissar und Aufseher der Kulturbünde in Preußen, Hans Hinkel, der zugleich den Vorzug hatte, als hoher SS-Führer der Gestapo angenehm zu sein. Nachdem er ihn Anfang Mai 1935 zu einem von drei Geschäftsführern der Reichskulturkammer ernannt hatte (mit der Amtsbezeichnung «Reichskulturwalter»), ging Ende Juli folgende Meldung durch die Tagespresse:

«Der Präsident der Reichskulturkammer, Reichsminister Dr. Goebbels, hat mit sofortiger Wirkung den Geschäftsführer der Reichskulturkammer, Hans Hinkel, nach Erledigung seines Auftrags als Preußischer Staatskommissar unter Beibehaltung seines derzeitigen Aufgabenbereiches zu seinem Sonderbeauftragten für die Überwachung und Beaufsichtigung der Betätigung aller im deutschen Reichsgebiet lebenden nichtarischen Staatsangehörigen auf künstlerischem und geistigem Gebiet berufen.»[39]

Praktisch hieß dies, daß Hinkels Kommissariat im Preußischen Kultusministerium samt Personal in das Reichsministerium für Volksaufklärung und Propaganda überführt worden war, wo es zunächst unter der umständlichen Bezeichnung «Sonderreferat Reichskulturwalter Hinkel betr. Überwachung der geistig und kulturell tätigen Juden im deutschen Reichsgebiet» firmierte (später Abt. II A bzw. Abt. BeKa = Besondere Kulturaufgaben). Durch Hinkels fast gleichzeitige Ernennung zum Geschäftsführer der Reichskulturkammer wurde eine personelle Klammer zwischen dieser und der neuen Behörde hergestellt, wodurch Zuständigkeitskonflikte, wie sie vorher gelegentlich aufgetreten waren, ausgeschlossen wurden. Zugleich wurde mit dieser Personalunion dem funktionalen Zusammenhang zwischen der «Entjudung» der Kammern und dem Aufbau einer jüdischen Ghettokultur Rechnung getragen, den Hinkel in der Öffentlichkeit ausdrücklich betonte. Auf die Frage eines Pressedienstes, worin eigentlich seine Aufgabe bestehe, antwortete er kurz und bündig: «Mit meinem Sonderauftrag ist die Aufgabe verknüpft, in Verbindung mit der Säuberung unseres Kulturlebens die Überwachung der Juden-Organisationen durchzuführen.»[40] Am 6. August 1935 gab die Reichskulturkammer folgende Anordnung heraus:

«Entsprechend den geltenden Richtlinien hat der Geschäftsführer der Reichskulturkammer, Hans Hinkel, als Sonderbeauftragter des Reichsministers Dr. Goebbels den künstlerisch und kulturell tätigen Vereinigungen jüdischer Staatsbürger die Auflage gemacht, sich bis zum 31. August 1935 im ‹Reichsverband› jüdischer Kulturbünde zusammenzuschließen.

Nur Lokalverbände, die dem Reichsverband angehören und unter Leitung des Berliner Vorstandes dieses Reichsverbandes arbeiten wollen, können sich nach dem festgesetzten Termin noch künstlerisch und kulturell betätigen.

Von dieser Maßnahme ausgenommen sind die jüdischen Schulen und die Kulturgemeinden religiöser Art.»[41]

Der Chef der Gestapo, Heydrich, informierte die Politischen Polizeien der Länder am 13. August durch eine Rundanweisung über die Genehmigung des Reichsverbandes, wobei er hervorhob, daß die Gründung am «27. und 28.4. 1935 auf Veranlassung des Geh. Staatspolizeiamts im Einvernehmen mit Staatskommissar Hinkel ... als Sonderbeauftragtem des Herrn Reichsministers für Volksaufklärung und Propaganda» erfolgt sei, «um sämtliche kulturellen jüdischen Vereinigungen zur leichteren Erfassung und zentralen Überwachung zusammenzufassen». Heydrich wies die nachgeordneten Staatspolizeistellen an, jüdische Organisationen, die die Eingliederung noch nicht vollzogen hätten oder verweigerten, aufzulösen, und machte ihnen zur «besonderen Pflicht», darauf zu achten, «daß in den örtlichen Kulturbünden assimilatorische Bestrebungen unterdrückt werden» und «daß der Vorstand der örtlichen Kulturbünde sich aus zionistischen bzw. staatszionistischen Kreisen zusammensetzt». Im übrigen verwies er auf die der Rundanweisung[42] beigefügten «Richtlinien für die Tätigkeit des Reichsverbandes der jüdischen Kulturbünde in Deutschland». Diese Richtlinien wurden im ‹Völkischen Beobachter› vom 18. August 1935 sinngemäß wiedergegeben und in dieser Form auch in der jüdischen Presse veröffentlicht. Der genaue Wortlaut war:

«1. Der Reichsverband der jüdischen Kulturbünde in Deutschland stellt den organisatorischen Zusammenschluß aller jüdischen Kulturbünde im deutschen Reichsgebiet dar. Sitz der verantwortlichen Reichsleitung des Reichsverbandes ist Berlin SW 68, Charlottenstr. 90/92.

2. Dem Reichsverband müssen sämtliche jüdischen Kulturbünde mit Ausnahme der Schul- und Kultusgemeinden eingegliedert sein. Mitglieder eines jüd. Kulturbundes können nur Juden oder Nichtarier im Sinne des Berufsbeamtengesetzes sein, jedoch können Ehegatten von Mitgliedern eines jüdischen Kulturbundes, auch wenn sie selbst «arisch» sind, einer solchen Organisation angehören.

3. Bei Veranstaltungen eines jüdischen Kulturbundes beschäftigt werden oder an einer solchen Veranstaltung teilnehmen dürfen nur die Mitglieder dieser Organisation. Derartige Veranstaltungen haben daher den Charakter von ‹Geschlossenen Veranstaltungen› und sind Personen ohne Mitgliedsausweis, sofern sie nicht im Besitze einer besonderen Erlaubnis der örtlichen Dienststelle der politischen Polizei (in Berlin des Büros des Staatskommissars Hinkel) sind, unzugänglich.

4. Die jeweilige Genehmigung von Vortragsfolgen jeder Art erfolgt durch das Büro des Staatskommissars Hinkel im Einvernehmen mit dem Geh. Staatspolizeiamt Berlin. Vortragsfolgen, Theaterstücke, Filme usw., die von diesen Stellen genehmigt sind, bedürfen grundsätzlich einer besonderen Genehmigung durch die zuständige örtliche Dienststelle nicht, sofern nicht besondere örtliche Verhältnisse eine abweichende Entscheidung erfordern. Vor Erlaß einer derartigen Entscheidung ist jedoch zuvor die Stellungnahme des Geh. Staatspolizeiamts Berlin einzuholen.

5. Die Veranstaltungen des jüdischen Kulturbundes sind tunlichst in Räumen abzuhalten, deren Eigentümer, Mieter oder Pächter Nichtarier ist. Nur sofern derartige Räume nicht vorhanden sind, können auch «arische» Personen einen solchen Raum zur Verfügung stellen. In diesem Falle darf dem «arischen» Vermieter aus der Tatsache der Vermietung Schaden nicht erwachsen.

6. Alle Veranstaltungen eines jüdischen Kulturbundes sind spätestens 10 Tage vorher der örtlichen Staatspolizeistelle anzumelden.

7. Jeder Lokalverband und jede sonstige Organisationsstelle des jüdischen Kulturbundes ist verpflichtet, personelle und organisatorische Veränderungen vorher dem Geh. Staatspolizeiamt und dem Büro des Staatskommissars zur Genehmigung vorzulegen.

8. Ein öffentlicher Verkauf von Theater-, Konzert- und Vortragskarten sowie eine Werbung oder Propaganda durch die Presse mit Ausnahme ausgesprochen jüdischer Zeitschriften ist untersagt.

9. Organ des Reichsverbandes sind die ‹Mitteilungen des Reichsverbandes jüdischer Kulturbünde›, deren redaktioneller Inhalt jeweils vor der

Drucklegung dem Büro des Staatskommissars Hinkel, Berlin, Reichsministerium für Volksaufklärung und Propaganda, zur Genehmigung vorzulegen ist.

10. Die Leitung des Reichsverbandes jüdischer Kulturbünde und die jeweilige örtliche Leitung des Kulturbundes sind mit ihren sämtlichen Personen dafür verantwortlich, daß die Veranstaltungen sich in keiner Form und keiner Richtung gegen den nationalsozialistischen Staat und seine Gesetze und Grundforderungen richten.

11. Ein Verstoß gegen diese Anordnung hat die Auflösung des jüdischen Kulturbundes zur Folge.»[43]

Ende August meldete der Reichsverband, daß Dr. Kurt Singer und Dr. Werner Levie von den Behörden in ihren Ämtern als Vorsitzender bzw. Generalsekretär bestätigt worden seien, und gab gleichzeitig die von Staatskommissar Hinkel «vollinhaltlich» genehmigten «Ausführungsbestimmungen» zu den Richtlinien bekannt.

Hans Hinkel nutzte die Gründung des Reichsverbandes zu einer großangelegten Propagandaaktion für die nationalsozialistische Judenpolitik. In einer Serie von Reden und Interviews hob er die «Humanität» der getroffenen Maßnahmen hervor, wobei er sich, wie schon bei der Genehmigung des Berliner Kulturbunds im Frühsommer 1933, mit warnenden Tönen an die Juden, mit pathetischer Geste an die in- und ausländische Öffentlichkeit und mit kämpferischer Apologetik an die Zweifler und Widersacher im eigenen Lager wandte:

«Jüdische Künstler arbeiten für Juden. Sie dürfen ungehindert arbeiten, wenn sie sich mit der Pflege jüdischen Kunst- und Kulturlebens in ihrem Kreis begnügen und wenn sie weder offen noch versteckt, noch getarnt, eine Beeinflußung unseres Kulturlebens versuchen ... Das war unsere *praktische Lösung der Judenfrage* in der nationalsozialistischen Kulturpolitik, die wir gefunden haben, ohne den nationalsozialistischen Grundsatz auch nur um ein Haar breit zu ändern und zu schmälern ... Und ich stelle hier öffentlich fest, daß die Führung des Reichsverbandes jüdischer Kulturbünde ... uns wiederholt ... bestätigt hat, nicht auf unseren Wunsch oder unsere Bitte oder unsere Forderung, sondern aus freiem Willen, daß wir für die jüdischen Künstler und für die jüdische Kunstpflege eine menschlich in jeder Weise achtenswerte loyale Maßnahme getroffen haben. Ich stelle das fest gegenüber der elenden, ungerechten, böswilligen und oft gemeinen Hetze, die aus bestimmten Ecken des Auslandes gerade in dieser Frage gegen den nationalsozialistischen Staat getrieben wird. Mögen die Vertreter der Presse und der öffentlichen Meinung der ganzen Welt nach Deutschland kommen. Wir geben ihnen die Möglichkeit, sich mit den bekannten Führern dieser jüdischen ... Organisationen zu unterhalten und diese Unterhaltungen wortwörtlich und sinngemäß in der gesamten Weltpresse zu veröffentlichen.»[44]

Fast eine jüdische Kulturkammer

Die Führung des Reichsverbandes sah die Dinge mehr unter praktischen Aspekten. Man betonte die gewonnene Rechtssicherheit, die «weitherzige Auslegung» der behördlichen Auflagen durch das Büro Hinkel, die Vereinfachung des Arbeitsprozesses u. a. m. Dabei dürfte den Männern um Kurt Singer klar gewesen sein, daß aus dem Reichsverband anderes geworden war als die von ihnen gewünschte Dachorganisation, nämlich ein kultureller Zwangsverband, den man fast eine jüdische Kulturkammer nennen könnte. Die Zeiten, in denen Kulturbünde, weltanschauliche Verbände, Gemeinden, Vereine usw. ihre kulturellen Veranstaltungen selbständig gestalten konnten, waren vorbei. Jedes Veranstaltungsprogramm bedurfte jetzt der Genehmigung des Reichsverbandes bzw. des Büros Hinkel, die Veranstalter mußten dem Reichsverband angehören oder bedurften – bei nur gelegentlicher Betätigung – einer Sondergenehmigung, auftreten durfte nur, wer Mitglied des Reichsverbandes war, und zusehen und zuhören konnte nur, wer Mitglied einer dem Reichsverband angeschlossenen Organisation war. Im Vergleich hierzu war die «arische» Kulturkammer geradezu eine freiheitliche Einrichtung. Sie war erstens keine Publikumsorganisation; wer ins Theater oder Kino gehen wollte, brauchte ihr nicht anzugehören. Zweitens gab es im Bereich der Reichskulturkammer *im allgemeinen* keine Vorzensur für kulturelle Veranstaltungen und Erzeugnisse. Ein weiterer Unterschied war, daß in der RKK auch alle «kulturschöpferischen» und «kulturwirtschaftlichen» Tätigkeiten erfaßt wurden, während der Reichsverband, wie früher schon die einzelnen Kulturbünde, nur die reproduzierenden Künste umfaßte. Wesentliche Bereiche des kulturellen und geistigen Lebens gehörten nicht zu seinem Aufgabengebiet: neben den erzieherischen Einrichtungen (Hochschulen, Volkshochschulen, Lehrhäuser, Schulen), die zum Ressort des Reichserziehungsministers gehörten und deshalb ausdrücklich ausgeklammert worden waren, das jüdische Verlagswesen, der jüdische Buch-, Kunst- und Musikalienhandel und die jüdische Presse. Diese Gebiete und die hier tätigen Menschen wurden in der Folge direkt dem Büro Hinkel unterstellt.

Als Genehmigungsbehörde übte der Reichsverband eine umfassende prophylaktische Programmkontrolle bis hin zu den kleinsten häuslichen Veranstaltungen aus, wodurch sich die eigentliche Zensurinstanz, das personell schwach besetzte und mit Aufgaben überhäufte Büro Hinkel, auf eine Art Dienstaufsicht beschränken konnte. Kurt Singer hat diese heikle Aufgabe des Reichsverbandes so beschrieben:

«Im Büro des Reichsverbandes laufen sämtliche Genehmigungsanträge aller jüdischen Kulturbünde in Deutschland ein. Sie werden geprüft, werden, wenn es notwendig erscheint, zur Vornahme von Veränderungen (zum Beispiel bei Vorträgen) zurückgereicht, wiederum geprüft und zur

Genehmigung vorgelegt. Daß es sich bei unseren Prüfungen nicht um Zensuren, nicht um Eingriffe in geistiges Eigentum handeln darf, versteht sich von selbst. Die Praxis ergibt aber, daß gewisse Formulierungen, manche thematische Details, daß vor allem bereits früher beanstandete Werke nicht weitergeleitet werden sollen. Sie verfielen sonst dem behördlichen Verbot. Bei dieser verantwortungsvoll vorgenommenen Siebung gehört eine behördliche Nichtgenehmigung zu den äußersten Seltenheiten. Der Staatskommissar gibt uns in solchen Fällen Gelegenheit, uns mündlich über den betreffenden Fall auszusprechen oder zu orientieren. Der Arbeitsweg von Büro (des Reichsverbandes) zu Büro (des Herrn Reichskulturwarts) ist ein täglicher. Im Winter laufen zwischen 200–300 Genehmigungsanträge monatlich im Reichsverband ein. Die Kulturbünde haben nach Eintreffen der Genehmigung nur mehr die polizeiliche Anmeldung an Ort und Stelle vorzunehmen.»[45]

«Schutz-Zensor» in diesem Sinne, offiziell «Lektor» genannt, war der Regisseur und Mitbegründer des Berliner Kulturbunds Kurt Baumann. Über seine schwierige Arbeit hat er aus der Erinnerung folgendes berichtet:

«Alle Texte, Musik, etc., die im jüdischen Kulturkreis aufgeführt oder gezeigt wurden, mußten von den Behörden genehmigt werden. Da dies nun auf Reichsebene vor sich gehen sollte, war es eine absolute Notwendigkeit, daß jemand unsere Programme sozusagen mit nationalsozialistischen Augen las, um möglichst zu verhindern, daß man uns etwas verbieten würde ...

Die Frage der Zensur wurde von 1935 an aber schon deshalb kritischer, weil wir mit einem Ministerium zu arbeiten hatten, von dem wir nicht wußten, wie es auf mögliche ‹Fehler› von uns reagieren würde. Auch waren uns durch den Druck Hinkels weniger Möglichkeiten gegeben, deutsche Kunstwerke zu bringen; vor allem war es ganz unklar, welche deutsche Kunst erlaubt sein würde und welche nicht ... Die Richtlinien für die jüdischen Kulturbünde sahen scheinbar sehr einfach aus: deutsches Material, das als besonders *deutsch* galt, vor allem die deutsche Romantik, war mehr oder weniger verboten. Die deutsche Klassik war bis auf Schiller eigentlich bis zuletzt erlaubt. Themen des deutschen Mittelalters und der sogenannten ‹Heldenzeit› waren von vornherein tabu. Die Sache mit der deutschen Romantik war sehr eigenartig. In der Musik war für lange Zeit die ganze deutsche Romantik erlaubt, vor allem in symphonischer Form, während es mit den Liedern eine Sache des Feingefühls war, welche Liedtexte welcher Autoren vielleicht genehmigt werden würden und welche nicht. Die sogenannten linksgerichteten Autoren der Weimarer Zeit waren natürlich nicht nur den Deutschen, sondern auch uns von Anfang an verboten ...

Wie sehr eine jüdische Vorzensur auf Feingefühl, Glück und fleißiges Zeitungslesen angewiesen war, sollen ein paar Beispiele beweisen, die uns heute sehr komisch anmuten, aber damals eine sehr ernste Sache waren, weil unter Umständen Konzentrationslager oder mindestens Zwangshaft für einen Irrtum des Vorzensors zu erwarten war. Wir hatten vor, Shakespeares ‹Hamlet› aufzuführen ... In ziemlich kurzer Zeit erhielten wir die Genehmigung, nur der große Monolog ‹Sein oder Nichtsein› war von der Behörde gestrichen worden ... Es stellte sich heraus, daß die Zeile ‹der Mächtigen Druck, der Übermächtigen Drängnis› auf einer jüdischen Bühne gesprochen, so aussehen könnte, als ob sich die Juden über die Behandlung durch die Nazis beschwerten. Aus diesem Grunde hatte man nicht etwa nur diese Zeile, sondern gleich den ganzen Monolog gestrichen ...

Nachdem wir Gustav Mahlers Musik seit Jahren gespielt hatten, wurden uns eines Tages seine ‹Lieder eines fahrenden Gesellen› verboten. Darüber herrschte große Verwirrung im Jüdischen Kulturbund, denn wir konnten uns überhaupt nicht vorstellen, warum man uns einen jüdischen Komponisten verbieten wollte ... Diesmal stellte sich heraus, daß ein neuer junger Mann in der Musikzensurabteilung von Hinkels Büro der festen Überzeugung war, daß der Komponist von ‹Des Knaben Wunderhorn› ‹arisch› sein müsse. Da hatten wir wieder einmal einen Beweis, daß Hinkel selbst wohl die Sachen, die er unterschrieb, nur sehr flüchtig lesen konnte, denn er hatte Mahler immer als besonderes Beispiel dafür genannt, was wir aufführen sollten. Natürlich wurde der Irrtum von Hinkels Büro sofort korrigiert.»[46]

Unter dem Druck der allgemeinen Radikalisierung der Judenpolitik verhärtete sich Hinkels Haltung zunehmend. Bereits 1937 war die Zeit der Freundlichkeiten, mit denen er die Kulturbundarbeit und insbesondere die Führung des Reichsverbandes bedacht hatte, vorbei. Am 14. Mai 1937 kommentierte er die Programmgestaltung der Kulturbünde in einem Interview mit der ‹Nationalsozialistischen Partei-Korrespondenz›:

«Behendig und stets im Vordergrund, sobald es sich um Fragen der Kulturwirtschaft handelt, bestreitet der Jude hilflos die Programme seiner eigenen Kulturveranstaltungen mit Schöpfungen aller Art, teils von Juden, die gerade bisher Wert darauf legten, ‹deutsch› genannt zu werden, teils von Nichtjuden, die zufällig einmal Themen aus der jüdischen Geschichte behandelten. Im übrigen nehmen Namen wie Molière, Shakespeare, Verdi, Johann Strauß, Shaw und Ibsen nicht unbedeutende Plätze im Spielplan ein. Als Anmaßung muß jedoch empfunden werden, wenn bei Vorschlägen bzw. Anträgen zu Veranstaltungen der Judenschaft unter sich Werke von Beethoven, Goethe und Mozart auftauchten, denn es ist nicht der Zweck der Übung, inhaltlich deutsche Kulturbünde mit jüdischen Mitgliedern aufzuziehen. Vielmehr soll dem Judentum Gelegenheit zur Entfaltung in den eigenen geistigen und schöpferischen Grenzen gegeben werden. Sollte diese Entfaltung dem Juden zu dürftig sein, dann wird er es um so besser verstehen, warum wir ihn nicht als Herrn und Meister über unser Kulturleben haben mögen.»[47]

Goethe und mit ihm die ganze literarische Klassik war bereits 1936 auf die schwarze Liste gesetzt worden, Beethoven folgte – trotz verzweifelter Interventionen Kurt Singers - jetzt. Der «Österreicher» Mozart blieb bis zum «Anschluß» Österreichs im März 1938 erlaubt, Händel, der den Nazis wegen seiner Liebe zu England und seiner Vorliebe für altbiblische Themen unsympathisch war, bis zur «Reichskristallnacht». Danach waren «arisch»-deutsche Autoren und Komponisten für jüdische Kulturveranstaltungen generell tabu. Auf Richard Wagner und Richard Strauss, die als Lieblingskomponisten Hitlers galten, hatten die Kulturbünde von Anfang an verzichtet. Ausländer, Juden und Nichtjuden, konnten immer gespielt werden, wegen der notorischen Devisenknappheit des Reiches allerdings nur, wenn sie schon länger als 50 Jahre tot, also nicht mehr tantiemenpflichtig waren oder falls sie – wie etwa der Ungar Molnar und der Engländer Priestley – auf ihr Honorar verzichteten.

Der funktionale Zusammenhang zwischen der «Entjudung» der Fachkammern der Reichskulturkammer und der Gründung des Reichsverbandes der Jüdischen Kulturbünde (RJK) wurde sofort sichtbar, als der RJK seine Tätigkeit aufgenommen hatte. Gleichzeitig mit der Veröffentlichung der «Ausführungsbestimmungen» zu den Zulassungsrichtlinien Ende August 1935 gab der Verband folgende Mitteilung heraus:

«Alle Künstler, welche in den letzten Tagen ein Schreiben der Reichsmusikkammer betr. ihre Mitgliedschaft bei der Reichsmusikkammer erhalten haben, werden ersucht, sich umgehend schriftlich, unter Mitteilung ihrer Adresse und ihrer bisherigen Berufsart, beim Reichsverband der Jüdischen Kulturbünde in Deutschland (Sonderdezernat F) ... zu melden.»[48]

Bei den erwähnten Schreiben handelte es sich um Ausschlußverfügungen der Musikkammer, die – nach Ablösung von Richard Strauss als Kammerpräsident – im August 1935 mit dem Gesamtausschluß ihrer «nichtarischen» Mitglieder begann. Damit entfiel das letzte große Kunstgebiet, auf dem ausübende jüdische Künstler noch in erheblichem Umfang im allgemeinen Rahmen hatten tätig sein können. Wie die Musikkammer schlossen auch die anderen Kammern ihre jüdischen Mitglieder, soweit sie nicht kulturwirtschaftlich tätig waren, im Laufe des Jahres 1935 aus. Der RJK meldete im Oktober 1935, daß ihm die Aufgabe zugewachsen sei, für viele jüdische Künstler, die bis vor kurzem noch den staatlichen Fachverbänden angehört hätten, ein neues Betätigungsfeld zu schaffen.[49] Kurt Singer berichtete hierzu ein Jahr später:

«Nach der Eliminierung jüdischer Sänger, Schauspieler, Rezitatoren aus den Reichskammern wurde es dem Reichsverband zur Pflicht gemacht, diese in seiner Organisation als aktive Mitglieder aufzunehmen. Die von uns nach öffentlicher Aufforderung versandten Fragebogen brachten ca. 2½ Tausend Anmeldungen. Von diesen dürften, nach endlosen Rückfragen und Begutachtungen bisheriger Ausbildung und Entwicklung, zirka tausend nicht für den Reichsverband in Frage kommen. Es kann nicht Sinn des Reichsverbandes sein, Menschen, die nur gelegentlich als Begleiter, Sänger in Toynbee-Hallen, Hauskonzerten usw. aufgetreten sind, zu einem Scheinberuf zu verhelfen. Die Rücksicht auf die Masse der wirklichen Berufskünstler verbietet das, zuweilen auch der (nachgeprüfte) Mangel an Begabung und Studium. Dagegen wurden alle diejenigen, die ihre bisherige Mitgliedschaft in einer Kammer nachweisen konnten, im Reichsverband aktiv aufgenommen, natürlich ohne daß der Reichsverband damit eine Verpflichtung zur Beschäftigung übernehmen konnte.»[50]

Um neue Erwerbsmöglichkeiten zu schaffen, die institutionell bereits vorhandenen zu vermehren und zugleich die kulturelle Versorgung der jüdischen Bevölkerung zu verbessern, führte der Reichsverband eine Reihe organisatorischer Maßnahmen durch. Überall im Reich wurden kleinere Kulturbünde neugegründet und mit den bereits vorhandenen zu leistungsfähigen regionalen Dachorganisationen zusammengefaßt. Noch 1935 wurde mit dem «Sekretariat für bildende Künste» eine neue Abteilung geschaffen, über deren Aufgaben Ende Dezember folgendes verlautbart wurde:

«Das Sekretariat hat die Aufgabe, die in Deutschland lebenden jüdischen Maler, Bildhauer und Graphiker zu erfassen und in ihren künstlerischen Angelegenheiten sachkundig zu beraten. Seine Tätigkeit soll darin bestehen, durch Veranstaltung von Ausstellungen verschiedener Art und sonstige fördernde Maßnahmen die Beziehungen zwischen den jüdischen Künstlern und dem jüdischen Publikum in Berlin und im Reich möglichst eng zu gestalten sowie darüber hinaus die Interessen der in Deutschland lebenden jüdischen Künstler im jüdischen Bereich wahrzunehmen. Das Sekretariat bietet nunmehr allen in Frage kommenden Künstlern, die sich bisher noch nicht beim Reichsverband der Jüdischen Kulturbünde in Deutschland angemeldet haben, Gelegenheit, ihre Anmeldung bis zum 15. Januar 1936 zu vollziehen. An Ausstellungen und anderen künstlerischen Veranstaltungen können von jetzt ab nur solche Künstler teilnehmen, die diese Meldung erstattet haben. Von allen geplanten Veranstaltungen jüdischer bildender Künstler muß das neugegründete Sekretariat rechtzeitig in Kenntnis gesetzt werden, da es die Genehmigung zu vermitteln hat.»[51]

Neuerungen gab es auch auf dem Gebiet des Theaters. Um jüdischen Kabarettisten und Unterhaltungskünstlern neue Erwerbsmöglichkeiten zu bieten, aber auch um das starke Bedürfnis des Publikums nach unterhaltenden Darbietungen auf hohem Niveau zu befriedigen, eröffnete der Berliner Kulturbund im Oktober eine eigene Kleinkunstbühne, die unter Leitung von Max Ehrlich, früher Mitglied des «Kabaretts der Komiker», regelmäßig dienstags und mittwochs im Café Leon am Lehniner Platz spielte. In Hamburg, wo die örtlichen Behörden jüdische Theateraufführungen nicht erlaubt hatten, konnte auf Grund der reichseinheitlichen Regelung der Kulturbundfrage ebenfalls im Herbst 1935 mit der Theaterarbeit begonnen werden. Da es außerhalb Berlins und des Rheinlands, von gelegentlichen Gastspielen des Berliner und des Kölner Kulturbunds abgesehen, kein professionelles Theater gab, sollte die Hamburger Bühne nach dem Willen ihrer Gründer außer Hamburg auch die größeren theaterlosen Gemeinden im Reich bespielen. Nachdem sie ihr Spielgebiet dementsprechend nach Sachsen und Schlesien ausgedehnt hatte, so daß die Kulturbünde in Dresden und Breslau faktisch zu Filialstellen des Hamburger Kulturbundes geworden waren (mit Repräsentanten in dessen Kuratorium), erklärte der Reichsverband der Jüdischen Kulturbünde die Hamburger Bühne im Juni 1937 zu seinem offiziellen Reise-Ensemble. Hamburg blieb aber Standort der Truppe. Dort befand sich die Verwaltung, dort wurde geprobt, und dort fand in der Regel auch die Premiere der Stücke statt, ehe das Ensemble die Koffer packte und mit der ganzen nötigen Ausstattung auf Reisen ging. Im Zuge der Erweiterung seines Spielgebietes auf Süddeutschland legte sich das Hamburger Theater die Bezeichnung «Wanderbühne für Mittel-, Süd- und Ostdeutschland» zu. Anfang 1936 trat mit dem «Theater der Jüdischen Schulen» eine weitere neue Bühne in Erscheinung, deren Träger der RJK und die Schulverwaltung der Jüdischen Gemeinde Berlin waren. Zur Eröffnung dieses Jugendtheaters schrieb die ‹C.V.-Zeitung›:

«Am 9. Februar beginnt die jüdische Jugendbühne unter Leitung von Ernst Rosenbaum (Raden) und Werner Hinzelmann ihre Tätigkeit ... Nun soll auch die jüdische Jugend ihr eigenes Theater erhalten, und sie braucht nicht mehr neidisch zu sein auf die Erwachsenen, wenn diese beglückt von den Aufführungen des Kulturbunds erzählen. Die jüdische Jugend braucht heute das Theater besonders nötig, denn es macht sie frei von der Not des Tages. Der Kulturbund selbst kann die Aufgabe nicht übernehmen, die Jugend mit dem ihr gemäßen Theater zu versorgen. Auch ist es schwierig, Kinder aus allen Gegenden Berlins an einem bestimmten Platz zu versammeln. Die Jugendbühne macht es ihrem Publikum so bequem wie möglich, sie kommt selbst zu ihm, soweit es nur angeht. Fast in jeder Schule ist eine Aula mit einer kleinen Bühne, worauf sich sehr schön Theater spielen läßt. Für den Westen steht der Saal des Café Leon zur Verfügung. Für die Besetzung der Stücke stehen eine ganze Anzahl ausgezeichneter Darsteller, von denen sich manche an ersten Bühnen einen Namen gemacht haben, zur Verfügung. Der Kulturbund kann sie nicht alle beschäftigen und sie sind glücklich, mit ihrer Kunst und ihrer Begeisterung dem neuen Unternehmen dienen zu dürfen. Auch was die kostümliche Ausstattung betrifft, wird die Jugend sicher nicht zu kurz kommen, denn diese stammt aus den Beständen des Kulturbundes, durch den die Jugendbühne die weitestgehende Förderung erhält. Das Programm ist darauf angelegt, der Jugend den Ausblick in die Schätze der dramatischen Weltliteratur zu öffnen. Vor allem aber, und das ist der Hauptzweck, soll das jüdische Drama gepflegt werden – jüdische Stoffe im Drama oder Werke jüdischer Autoren.»[52]

Auch im musikalischen Bereich kam es zu einer bedeutsamen Neuerung. Im Herbst 1936 wurde das Orchester des Kulturbunds Rhein-Main auf den Reichsverband der Jüdischen Kulturbünde übertragen und von diesem als Reise-Orchester mit Sitz in Frankfurt a.M. neu aufgebaut. Das Frankfurter Orchester unter Hans Wilhelm Steinberg hatte sein ursprüngliches Spielgebiet, den Rhein-Main-Bezirk, ständig erweitert und zuletzt ganz Westdeutschland bereist. Auf diese Weise waren zwar viele jüdische Gemeinden in den Genuß großer Orchesterkonzerte gekommen, die kaum mehr kosteten als sonst Kammerkonzerte oder Solistenabende, jedoch hatte sich der das Orchester tragende private Förderkreis nicht mehr in der Lage gesehen, diese Gemeinschaftsleistung zu finanzieren. Mit der Übernahme des Orchesters durch den Reichsverband sollten die finanziellen Lasten gerechter verteilt und sollte sein Aktionsradius noch weiter ausgedehnt werden. Die Leitung des neuen Orchesters und damit zugleich die künstlerische Leitung des jetzt eine Art Filiale des Kölner Kulturbunds darstellenden Kulturbunds Rhein-Main übernahm – an Stelle des an den Berliner Kulturbund wechselnden H.W. Steinberg – Prof. Julius Prüwer (Priever), vor 1933 Kapellmeister des Stadtorchesters Breslau und Gastdirigent des Berliner Philharmonischen Orchesters.

In Hamburg und Berlin wurden die Arbeitsbedingungen der Kulturbünde und damit auch das Leistungsangebot an das Publikum durch bauliche Maßnahmen verbessert. Die Berliner Bühne war schon im Herbst 1935 von der Charlottenstraße in das einige Bahnminuten weiter östlich gelegene Theater an der Kommandantenstraße umgezogen, nachdem die Stadt Berlin den Pachtvertrag für das Berliner Theater nicht mehr erneuert hatte, um auf dem Gelände eine Großgarage errichten zu können. Das kleinere Theater an der Kommandantenstraße, das um die Jahrhundertwende das schlecht beleumundete jüdische Jargontheater der Brüder Herrnfeld beherbergt hatte, platzte bald aus allen Nähten, so daß zusätzliche Räume in anderen, zum Teil weit entfernt liegenden Gebäuden angemietet werden mußten. Die Schwierigkeiten vergrößerten sich, als die Gestapo im Juni 1937 das Logenhaus (des inzwischen verbotenen Ordens B'nai B'rith) beschlagnahmte, wo u.a. die Kleinkunstbühne untergekommen war, nachdem sie – angeblich auf Betreiben des benachbarten Kabaretts der Komiker – schon am 1. Oktober 1936 den Saal des Café Leon am Kurfürstendamm hatte räumen müssen. Noch im gleichen Jahr gelang es indessen, sämtliche Raumprobleme durch Anmietung eines dem Theater direkt benachbarten Saales zu lösen, der Raum für 700 Besucher und – nach dem Einbau einer Bühne und eines Konzertpodiums – Gelegenheit für Konzerte, Kabarett, Filmvorführungen usw. bot. Der neue Kulturbundsaal, der später zum letzten Refugium des Kulturbunds werden sollte, wurde am 28. November 1937 mit einer feierlichen Matinee eröffnet.

Das Hamburger Theater spielte anfänglich auf einer provisorischen Bühne im Conventgarten, einem riesigen, 2000 Menschen fassenden Konzertsaal, der sich zwar für Monumentalstücke, nicht aber für die von den Kulturbünden gepflegten kleineren Inszenierungen eignete. Anfang 1937 erwarb ein von dem Bankier Max Warburg geleitetes und von ausgewanderten Hamburger Juden finanziell unterstütztes Konsortium das ehemalige Logenhaus, um es zu einem Zentrum des kulturellen und gesellschaftlichen Lebens der 15000 Hamburger Juden zu machen. Nach umfangreichen Umbauarbeiten wurde das in der Hartungstraße, inmitten des jüdischen Hauptwohnbezirks, gelegene neue Gemeinschaftshaus Anfang Januar 1938 feierlich seiner Bestimmung übergeben. Es enthielt ein 500 Zuschauer fassendes Theater mit allen erforderlichen technischen Einrichtungen, einen Vortragssaal für das Hamburger Lehrhaus, Gesellschaftsräume und ein Restaurant.

Wie die Kulturbünde führte auch die Künstlerhilfe Maßnahmen zur Verbesserung der kulturellen Infrastruktur durch. Neben einer «Operngemeinschaft», die eine Reihe von Opern einstudierte und – vermutlich konzertant – zur Aufführung brachte, entstand ein eigenes Orchester der Künstlerhilfe, das vor allem bei Wohltätigkeitsveranstaltungen auftrat. Im Herbst 1935 wurde die Operngemeinschaft zu einer auf Spielopern und Operetten spezialisierten «Wanderoper» ausgebaut. Als solche war sie Teil einer «Gastspielbühne» der Künstlerhilfe, die außerdem das literarisch-künstlerische Kabarett pflegte. Mit den sogenannten Weihestunden, tourneemäßig durchgeführten Veranstaltungen, bei denen dem Publikum ein religiöser lehrhafter Vortrag mit «musikalischer Umrahmung» geboten wurde, schuf die Künstlerhilfe einen neuen Veranstaltungstyp.

Nach einer Mitteilung des RJK umfaßte dieser am 1. Juli 1937 112 selbständige Organisationen in 100 Städten – Kulturbünde, Kulturabteilungen von Synagogengemeinden und Vereine mit künstlerischer Betätigung.[53] Für 1938 werden 76 Kulturbünde in 100 Städten genannt,[54] eine Angabe, die sich vermutlich nur auf die Kulturbünde im engeren Sinne bezieht. Größe und Leistungsfähigkeit der einzelnen Kulturbünde waren höchst unterschiedlich. Nur der Berliner Kulturbund war eine voll ausgebildete Organisation mit einem eigenen, allein ihm zur Verfügung stehenden Theatergebäude und mit eigenen Berufsensembles für Schauspiel, Oper und Konzert. Die Kulturbünde in Hamburg und Köln verfügten über ein professionelles Theater, aber über kein eigenes Orchester. Der Kulturbund

Rhein-Main schied mit der Übernahme seines Berufsorchesters durch den Reichsverband aus dem Kreis der «produzierenden» Kulturbünde aus. In München, Stuttgart, Mannheim und Breslau gab es gute, überwiegend aus Laienmusikern gebildete Orchestervereinigungen, mancherorts, etwa in Frankfurt a. M. und Breslau, auch Laienbühnen oder Laienspielgruppen. Bei der großen Zahl der Kulturbünde handelte es sich um reine Hörergemeinschaften bzw. Veranstaltungsdienste, die ihre Programme mit Gastspielen der wenigen produzierenden Kulturbünde sowie der Reise-Ensembles des RJK und der Künstlerhilfe und durch Verpflichtung freier Solisten und Ensembles bestritten und im übrigen lokalen Kräften, oft Amateuren, Auftrittsmöglichkeiten boten.

Der größte Kulturbund war selbstverständlich der in Berlin mit knapp 20000 Mitgliedern Anfang 1934, 15300 am 1. Oktober 1936 und 18200 am 30. November 1937,[55] den kleinsten stellte die jüdische Gemeinde Küstrin mit 24 Mitgliedern.[56] Solche Zahlenverhältnisse dürfen nicht darüber hinwegtäuschen, daß der Organisationsgrad um so größer war, je kleiner die Gemeinden waren. Beispielsweise wurde aus Stettin berichtet:

«Im Sommer 1934 wurde der Kulturbund gegründet. Ihm traten die Mitglieder der Gemeinde bald in so großer Zahl bei, daß etwa ¼ der Gemeindemitglieder ihm angehörten und der Stettiner Kulturbund sich zu denjenigen Kulturbünden im Reich rechnen konnte, die die prozentual größte Mitgliederzahl aufwiesen.»[57]

Dagegen lag der Organisationsgrad in Berlin, wo – im Gegensatz zu Stettin, Küstrin usw. – ein volles und hochwertiges Programm geboten wurde, nie über 10% der Gemeindemitglieder, was ein deutliches Indiz dafür ist, daß die gesellschaftliche, gemeinschaftsbildende Funktion der Kulturbünde in den kleineren, zumal ländlichen Gemeinden von weit größerer Bedeutung war als in den Großgemeinden, wo sich den Juden im Schutze der Anonymität der Städte noch andere Möglichkeiten des gesellschaftlichen Verkehrs, der Erbauung und der Zerstreuung boten. Noch im Frühjahr 1937 mußte Kurt Singer feststellen, daß ein großer Teil der Berliner Juden dem Kulturbund grundsätzlich fernblieb, daß «die Menschen, die den Weg zu den anderen Theatern für wesentlicher halten, sich nicht ‹ghettoisieren› lassen wollen, nicht an bestimmte Tage gebunden, resp. überhaupt nicht gebunden sein wollen»[58].

Um diese Zeit gab es in Berlin noch 12000 jüdische Familien, von denen niemand dem Kulturbund angehörte. Insgesamt waren im RJK, also in allen Kulturbünden, in den Jahren 1936 bis 1937 jeweils etwa 50000 Menschen organisiert,[59] wenig mehr als 10% der noch in Deutschland lebenden jüdischen Bevölkerung. Die mangelnde Bereitschaft der Juden, sich den Kulturbünden anzuschließen, wurde nicht nur innerhalb des Judentums kritisiert, sondern auch von Hinkel, der dadurch seine Ghettoisierungspolitik gefährdet sah. Im August 1935 antwortete er auf die rhetorische

Frage, ob es denn wahr sei, daß die geistig arbeitenden Juden in Deutschland verhungern müßten:

«Wenn das im Ausland von gewissen Emigranten behauptet wird, so zeigen die vorhandenen Tatsachen die Unwahrheit dieser Behauptung ganz deutlich ... Auch den jüdischen Künstlern würde es noch besser gehen, sie würden noch besser bezahlt werden können und noch mehr Betätigungsmöglichkeiten haben, wenn alle jüdischen Rassegenossen die jüdischen Veranstaltungen besuchten. Von den weit mehr als 160000 Juden in Berlin sind nur 18500 im Kulturbund, das ist ein Zeichen für zu wenig jüdisches Rassebewußtsein. Bemittelte Juden – und die Mehrzahl ist doch bemittelt – könnten außerdem ihre Theater- oder Konzertkarten teurer bezahlen als weniger bemittelte – aber das ist Sache der Juden selbst.»[60]

Was Hinkel zynisch unterschlug, war, daß die nationalsozialistische Judenpolitik ihren Teil dazu beitrug, das Problem von Jahr zu Jahr zu verschärfen. Durch Auswanderung, Verarmung und infolge des Sterbeüberschusses gingen allein dem Berliner Kulturbund jährlich Tausende von Mitgliedern verloren. Meistens verschwanden die Mitglieder einfach, ohne formell gekündigt zu haben. Zwar gelang es, durch aufwendige Werbeaktionen, zu denen kostenlose Werbevorstellungen, Aufrufe der jüdischen Organisationen und Pressekampagnen gehörten, die Mitgliederzahl über die Jahre mehr oder weniger konstant zu halten, jedoch reichten die Einnahmen aus den Mitgliedsbeiträgen nie aus, um die Kosten zu decken. Die Kulturbünde mußten durch Subventionen der Reichsvertretung gestützt werden, beispielsweise im Jahre 1936 mit 20000,– RM.[61] Aber auch diese Zuschüsse aus Gemeinschaftsmitteln setzten die Kulturbünde nie in die Lage, alle durch die nationalsozialistischen «Entjudungs»-Maßnahmen brotlos gewordenen Künstler dauerhaft oder auch nur gelegentlich zu beschäftigen. Die Zahl der aktiven Mitglieder des RJK belief sich im Jahre 1936 auf 2357[62] und im Jahre 1937 auf 1425, ein Rückgang, der hauptsächlich auf die Streichung von Dilettanten zurückzuführen sein dürfte. Von den 1425 im Jahr 1937 beim Reichsverband angemeldeten Künstlern waren: 111 Schauspieler, 81 Schauspielerinnen, 78 Opernsänger, 119 Opernsängerinnen, 100 Konzertsänger, 148 Konzertsängerinnen, 174 Instrumentalisten, 154 Unterhaltungsmusiker, 32 Rezitatoren, 54 Vortragende, 49 Kabarettisten, 25 Artisten, 22 Diseusen, 61 Tänzerinnen und Artistinnen, 171 Maler, 25 Bildhauer und 21 Graphiker.[63] Für 1938 werden ca. 1700 aktive Mitglieder genannt.[64] Zur Beschäftigungslage heißt es im Arbeitsbericht des Zentralausschusses für Hilfe und Aufbau für 1936:

«Ungefähr 800 haben schätzungsweise im Jahre 1936 gelegentlichen oder dauernden Verdienst durch die Arbeit in den Kulturbünden oder anderen kulturellen Organisationen gefunden. Dabei wurden innerhalb der durch den Reichsverband vermittelten Veranstaltungen im Jahr 1936 RM 455000,– an Honorar gezahlt.

Eine feste Daueranstellung mit Einkommen hatten im Durchschnitt bei folgenden Stellen:

Jüdischer Kulturbund, Berlin	125 Künstler
Orchester der jüdischen Kulturbünde, Frankfurt/Main	32 Künstler
Winawer-Chor	32 Künstler
Jüdisches Kammerorchester	17 Künstler
Jüdische Jugend- und Tournee-Bühne	14 Künstler
Jüdischer Kulturbund, Hamburg	18 Künstler
Jüdischer Kulturbund, Köln	18 Künstler
Jüdische Kunstgemeinde, Köln	14 Künstler»[65]

Außer den genannten Organisationen mit festangestellten jüdischen Künstlern arbeiteten im Rahmen des Reichsverbandes noch 10 «Dilettantenorchester», 20 «Dilettantenchor-Vereinigungen» und eine größere Zahl von Synagogenchören, ferner 10 Veranstalter, die als selbständige Unternehmer künstlerische Veranstaltungen durchführten. In diesem Rahmen fanden im Jahre 1936 2404 kulturelle Veranstaltungen statt, die sich wie folgt auf die einzelnen Gebiete verteilten:

Oper	189
Operette	57
Konzerte	639
Schauspiel	412
Vorträge und Rezitationen	465
Bunte Abende	642
Insgesamt:	2404[66]

Hinzu kamen noch die zahlreichen Veranstaltungen der Kultusgemeinden, die «Weihestunden» der jüdischen Künstlerhilfe sowie die Vorträge, Vorlesungen und Arbeitsgemeinschaften der Lehrhäuser und Bildungsanstalten, darunter auch die «Lernzeiten» der Mittelstelle für jüdische Erwachsenenbildung.

War das Jahr 1936 noch eine Periode relativer Ruhe, in der wieder Hoffnungen aufkamen, daß für die Juden in Deutschland ein erträglicher modus vivendi erreichbar wäre, so begannen sich ihre Lebensverhältnisse im Jahre 1937 durch eine neuerliche Eskalation der Entrechtungs- und Ausschaltungspoltik dramatisch zu verschlechtern. In der Arbeit der Kulturbünde machte sich dies in einem drastischen Rückgang der Veranstaltungen bemerkbar. Konnten in der Zeit vom 1. September 1935 bis zum 31. August 1936 noch 2066 Veranstaltungen durchgeführt werden, so waren es vom 1. September 1936 bis zum 31. August 1937 nur noch 1770.[67] Trotz der immer schwieriger werdenden äußeren Bedingungen, eines dramatischen Schwundes an Mitgliedern und der damit verbundenen Verknappung der finanziellen Mittel gelang es, die nach der Gründung des Reichsverbandes geschaffene kulturelle Infrastruktur weitgehend zu erhalten.

Die meisten Kulturbünde bestanden bis zur «Reichskristallnacht», die u.a. das Verbot sämtlicher jüdischen Organisationen mit Ausnahme des Palästina-Amts der Jewish Agency nach sich zog. Schon am Morgen des 9. Novembers wurde die Leitung des Berliner Kulturbunds durch das Propagandaministerium telefonisch angewiesen, das Theater sofort zu schließen. Am 12. November 1938, bei der berüchtigten Besprechung im Reichsluftfahrtministerium, bei der die führenden Nazis unter Leitung Görings über die gegen die Juden zu ergreifenden Maßnahmen berieten, wurde beschlossen, den Juden den Besuch deutscher Kulturveranstaltungen zu verbieten. Das Verbot erging noch am Tage der Besprechung in Form einer «Anordnung des Präsidenten der Reichskulturkammer über die Teilnahme von Juden an Darbietungen der deutschen Kultur»:

«Nachdem der nationalsozialistische Staat es den Juden bereits seit über fünf Jahren ermöglicht hat, innerhalb besonderer jüdischer Organisationen ein eigenes Kulturleben zu schaffen und zu pflegen, ist es nicht mehr angängig, sie an Darbietungen der deutschen Kultur teilnehmen zu lassen. Den Juden ist daher der Zutritt zu solchen Veranstaltungen, insonderheit zu Theatern, Lichtspielunternehmen, Konzerten, Vorträgen, artistischen Unternehmen (Varietés, Kabaretts, Zirkusveranstaltungen usw.), Tanzvorführungen und Ausstellungen kultureller Art, mit sofortiger Wirkung nicht mehr zu gestatten.»[68]

Das Gegenstück zu dieser Anordnung bildete die Wiederzulassung des jüdischen Theaterbetriebs. Ebenfalls noch am Tage der Besprechung im Luftfahrtministerium, am 12. November also, wurde der Vorstand des Reichsverbandes der Jüdischen Kulturbünde (in Abwesenheit von Kurt Singer) ins Propagandaministerium bestellt. Benno Cohn, Vertreter der Zionistischen Vereinigung im Vorstand, berichtete hierüber:

«Wir dachten, es würde eine Erklärung gegen die ‹Greuelhetze› von uns verlangt werden ... aber es kam ganz anders! – Herr Hinkel empfing uns mit seinem Stabe stehend, machte eine künstliche Pause und teilte uns dann mit: ‹Ich habe Ihnen namens des Herrn Reichsministers für Propaganda zu eröffnen: 1. Juden ist künftig verboten, deutsche Theater, Konzerte und Lichtspielhäuser zu besuchen. 2. Der Kulturbund hat seine Tätigkeit mit dem 20. des Monats wieder aufzunehmen und an diesem Tage sein zuletzt gespieltes Stück zu spielen.› – Wir rangen nach Fassung, so überrascht waren wir. Dann sagte Singer [richtig: Levie] sehr ruhig: ‹Herr Reichskulturwalter, die deutschen Juden haben im Augenblick vollkommen andere Sorgen als ins Theater zu gehen. Zehntausende sitzen im

Konzentrationslager. Mein Regisseur ist verhaftet. Glauben Sie, daß Juden ins Theater kommen werden, auf die Gefahr hin, verhaftet zu werden?› – Hinkel beriet sich mit seinen Nazi-Assistenten. Dann kam die Antwort: ‹Ich werde sofort alle Anweisungen treffen, damit Sie pünktlich anfangen können. Sie haben zu spielen. Reichen Sie eine Liste der Schauspieler ein, die spielen werden.› – Ich antwortete: ‹Wir können in keiner Weise garantieren, daß wir spielen können. Haben wir die Möglichkeit, mit Ihnen über die durch die neuesten Ereignisse entstandene Lage zu sprechen?› – Antwort: ‹Ich bedauere sehr, mein Auftrag erstreckt sich lediglich auf das Gebiet der Kultur.› – Wir entschlossen uns dann, das Beste aus der Lage zu machen, und es gelang uns, dadurch 20–30 verhaftete Schauspieler aus dem Lager zu retten. Die Anforderung erfolgte so prompt, daß manche Schauspieler nachts um 3 Uhr in den Baracken geweckt und sofort der Prozedur der Entlassung unterworfen wurden.»[69]

Am 14. November wurde das Veranstaltungsverbot durch das Propagandaministerium auch formell beseitigt:

«Hiermit hebe ich mit sofortiger Wirkung das bestehende Verbot jüdischer Kulturveranstaltungen für alle Theater-, Konzert-, Film- und Kleinkunstveranstaltungen auf. Das Verbot von Vorträgen aller Art im jüdischen Kulturbereich bleibt bestehen.

Das Erscheinen der Mitteilungsblätter und Programmhefte der jüdischen Kulturbünde wird mit sofortiger Wirkung freigegeben mit der Maßgabe, daß sie keine Artikel, sondern lediglich Programme und Bekanntmachungen, die von meiner Dienststelle genehmigt worden sind, enthalten dürfen.

Im Auftrag gez. Hinkel».[69a]

Am Tage der Wiederaufnahme des Theaterbetriebs, am 20. November, brachte das ‹Jüdische Nachrichtenblatt›, die einzige jetzt noch zugelassene jüdische Zeitung, folgende Mitteilung:

«Mit Genehmigung der zuständigen Behörden wird die Leitung des Jüdischen Kulturbundes in Berlin, und später auch in anderen Städten, noch im Laufe dieses Jahres eine Filmbühne errichten, die zunächst im Kulturbundsaal Kommandantenstraße 58/59 regelmäßig spielen wird. Und zwar werden neben spezifisch jüdischen allgemeine Filme aus dem Spielplan der Lichtspieltheater zur Aufführung gelangen.»[70]

Worum der RJK jahrelang vergeblich gekämpft hatte, das wurde jetzt unter völlig veränderten Verhältnissen nicht nur genehmigt, sondern offenbar angeordnet: die Errichtung eines jüdischen Filmtheaters. Sie geschah im Vorgriff auf die Gründung des «Jüdischen Kulturbunds in Deutschland e.V.», einer Einheitsorganisation, in der zum 1. Januar 1939 alle kulturellen und geistigen Aktivitäten der deutschen Juden zentralisiert wurden.

3. Kulturelles Leben 1933 bis 1938: Theater, Musik, Bildende Kunst, Film, Erwachsenenbildung

‹Nathan der Weise› und die Diskussion um Inhalt und Form jüdischer Kulturarbeit

«Wir bitten unsere Mitglieder dringend, jede große Autoauffahrt vor dem Haus zu vermeiden ... in Auftreten, Kleidung und Haltung zu berücksichtigen, daß wir Repräsentanten einer in Not befindlichen Gemeinschaft sind ... politische Gespräche jeder Art zu vermeiden.»[71]

Mit diesem Appell lud der «Kulturbund Deutscher Juden» Berlin zu seiner ersten Theatervorstellung, der Premiere von ‹Nathan der Weise› am 1. Oktober 1933 im Berliner Theater an der Charlottenstraße. Vor Beginn der Vorstellung richtete Kurt Singer, der Intendant, folgende Worte an das Publikum und die jüdische Öffentlichkeit:

«Wenn sich heute zum erstenmal der Vorhang hebt im Theater des ‹Kulturbundes Deutscher Juden›, dann wissen wir alle: es geht um mehr als um Theaterspiel. Wenn sich der Vorhang hebt, dann ahnen wir: aus einer Gemeinschaft, von der Not gezimmert, ist eine Gemeinschaft der schaffenden Arbeit geworden. Nur so kann uns das Theater, sonst wohl als eine Stätte der Unterhaltung und Erbauung geliebt, eine Stätte der Weihe und des Kults in schmerzreicher Zeit werden. Nie ist der Zusammenhang zwischen Bühne und Publikum, zwischen Oben und Unten im Theater so groß gewesen, wie jetzt, nie das Geben und Nehmen so sehr in eins verschmolzen, wie heute, wo jeder Atemzug, jedes Wort, jede Geste zu sagen, ja, uns in die Seele zu hämmern scheint: Schicksalsgemeinschaft ...

Wenn sich der Vorhang senkt über dem Bilde eines einsam gewordenen, in seinem Gottgefühl starken Juden, so sollen Sie das als Symbol mit nach Hause nehmen: wir haben aus der Einsamkeit herausgefunden und sind eine wahre Gemeinschaft dankbarer, hoffnungsfreudiger, im Gottgefühl geeinter Menschen geworden, wir Juden in Deutschland, wir deutschen Juden.»[72]

Eine «Schicksalsgemeinschaft» waren die deutschen Juden durch die politischen Ereignisse geworden; daß sie – seit Jahrzehnten in viele religiöse und ideologische Richtungen und Gruppierungen gespalten – dadurch noch lange keine Geistesgemeinschaft waren, zeigte sich bereits in der unterschiedlichen Reaktion der jüdischen Presse auf die Wahl des Stückes und die Inszenierung durch Carl Loewenberg. Schon Ende Juli 1933, als bekanntgeworden war, daß das Kulturbundtheater mit Lessings ‹Nathan› eröffnet werden sollte, hatte die zionistische ‹Jüdische Rundschau› unter der Frage «Warum Nathan der Weise?» Einwände erhoben und dabei die grundsätzliche Problematik jüdischer Kulturarbeit in dieser Zeit erörtert:

«Wir haben bereits über die mit Zustimmung der Regierungsbehörden erfolgte Gründung eines ‹Kulturbundes deutscher Juden› berichtet. Da ein solches Unternehmen nur gelingen kann, wenn es sämtliche Juden zusammenschließt, haben die Veranstalter sich um die Teilnahme aller jüdischen Gruppen und Richtungen bemüht. Dies halten wir auch für durchaus richtig. Aber es hat den Anschein, daß sich hierbei schon in den ersten Anfängen eine gewisse Verlegenheit ergeben hat. Die Leiter des Kulturbundes wollen beschwichtigend nach allen Seiten Versicherungen abgeben, aber dabei zeigt sich, wie sehr die Diskussion über die Judenfrage in manchen jüdischen Kreisen noch in den Kinderschuhen steckt. Man leidet an der Frage, was an den Veranstaltungen dieses Kulturbundes nun eigentlich ‹jüdisch› sein soll. Auf der einen Seite möchte man zeigen, daß man jüdische Gesichtspunkte bejaht, auf der anderen Seite scheut man sich, allzu ‹jüdisch› zu erscheinen. Manche Leute wollten bisher von jüdischen Dingen überhaupt nichts wissen und denen sucht man jetzt begreiflich zu machen, daß doch in dieser Zeit, auch innerhalb eines jüdischen Bundes, von jüdischen Themen gesprochen werden soll. Die Nationaljuden aber stellt man sich offenbar als Menschen vor, die sämtliche kulturellen Bedürfnisse nur durch ‹jüdische› Produkte befriedigt haben wollen, so daß man sich zu ihnen gewendet, entschuldigen zu müssen glaubt, daß in der Musik und im Theater auch Werke nichtjüdischer Autoren aufgeführt werden sollen. Diese Einstellung geht aber von ganz falschen Voraussetzungen aus. Es ist selbstverständlich für uns Nationaljuden, daß wir die Werke großer Dichter und großer Musiker als solche genießen wollen und daß sie uns viel lieber sind als minderwertige Produkte jüdischer Provenienz. Es würde lächerlich wirken, wenn etwa nur Opern jüdischer Komponisten gespielt werden sollten. Das ‹Jüdische› eines solchen Kulturbundes darf unseres Erachtens nicht darin bestehen, daß er nun engherzig in der Abstammung dieses oder jenen Künstlers, dessen Werk aufgeführt werden soll, herumstochert, sondern darin, daß er sich bewußt ist und in seinen Mitgliedern das Bewußtsein stärkt, daß sie als Juden zusammengeschlossen sind und als Juden diese Kunst oder Kulturgüter empfangen. Die Aufzählung, was jüdische Komponisten oder jüdische Virtuosen geleistet haben, entspricht durchaus nicht dem nationaljüdischen Empfinden, sondern ist ein Überbleibsel der apologetischen Assimilations-Dialektik, die meinte, die Juden könnten sich in ihrer nichtjüdischen Umgebung am besten dadurch ihren Platz sichern, daß sie sich damit rühmen, auf allen Gebieten des Lebens ‹auch› Hervorragendes geleistet zu haben.

Für die Welt offen sein, aber als Juden: das ist es, was das neue Judentum von dem alten Assimilationsjudentum unterscheidet. Wenn z.B. Herr Julius Bab, einer der Leiter des neuen Kulturbundes, in seiner Rede bei der letzten Propagandaveranstaltung des Kulturbundes in einer für viele Hörer peinlichen Weise sich darauf berief, daß Juden schon früher als die Germanen in Deutschland saßen, wenn er dabei auf den Judenfriedhof in Worms hinwies, so muß doch erwidert werden, daß jene Juden in Deutschland sich nicht einfallen ließen, sich als Germanen aufzuspielen oder gar die Germanen und ihre Kunst nach außen hin zu repräsentieren. Wenn Herr Bab auf dem Judenfriedhof in Worms stand, so kann er wohl in den hebräischen Inschriften der Steine gelesen haben, vor wieviel Jahrhunderten hier jüdische Menschen begraben wurden; aber es gibt wenig Plätze in Deutschland, wo man angesichts der Stadtmauer und des die Stadt überragenden gewaltigen Wormser Doms ein so starkes Gefühl bekommt, wie hier (auch architektonisch und soziologisch) zwei Welten nebeneinander liegen. Gewiß kann es – und soll es nach unserem Willen – ein friedliches Nebeneinander geben, aber das, worauf Herr Bab sich beruft, sind vor tausend Jahren fremde Welten gewesen ... Dies muß gesagt werden, weil man bei der Rede des Herrn Bab den Eindruck nicht los werden konnte, daß hier Tendenzen in den Kulturbund hineingetragen werden, die wir um der jüdischen Sache willen, aber auch um der Klarheit unseres jüdischen Tuns im neuen Deutschland willen ablehnen müssen. Denn wenn Herr Bab ankündigt, daß Lessings ‹Nathan der Weise› als Eröffnung der jüdischen Bühne gespielt werden soll, so ist dagegen nichts einzuwenden, sofern man nicht diese Aufführung aus einem künstlerischen Akt zu einem halb oder ganz ‹politischen› gestalten will. Wir Juden sehen im ‹Nathan› ein großes Kunstwerk und einen Ausdruck hoher Menschlichkeitsideale. Aber wir sehen dieses Werk auch in seiner Zeitbedingtheit, und wir wollen nicht den Anschein erwecken, als ob wir etwa im ‹Kulturbund deutscher Juden› uns zu Präzeptoren des deutschen Volkes aufwerfen wollten, die gewissermaßen sagen: Seht, hier ist der ‹echte› deutsche Geist gegenüber irgendeinem anderen, den wir als ‹unecht› bezeichnen; denn wir sind zu einer solchen Belehrung der Deutschen nicht legitimiert. Und weil wir nach der Rede von Herrn Bab fürchten müssen, daß der Kulturbund sich auf solche Irrwege begeben könnte, darum halten wir es für wichtig, gleich zu Beginn darauf hinzuweisen, daß wir auch als Juden nicht in die Vergangenheit, sondern in die Zukunft zu schauen haben; wir wollen uns nicht damit trösten, daß vor 150 Jahren Lessing den ‹Nathan› schrieb, sondern wir wollen sehen, wie wir mit der heutigen Not der Juden fertig werden. Sollte die Aufführung des ‹Nathan›, die wir als künstlerisches Ereignis begrüßen würden, diesen klar und unklar angedeuteten Nebensinn haben, die deutschen Juden nach alter Methode in eine Welt der Illusionen einzuspinnen, dann müßten wir uns gegen dieses Beginnen aussprechen.

Wir sagen das mit aller Offenheit, weil wir der Meinung sind, daß viele der leitenden Personen dieses Kulturbundes, die aus einer ganz anderen Welt und Denkweise plötzlich in jüdische Kulturarbeit hinübergleiten mußten, ihre eigenen Gedankengänge nicht immer zu kontrollieren in der Lage sind. Daher muß klargestellt werden, daß bewußtes Judentum der Ausgangspunkt aller Tätigkeit sein muß, wobei natürlich nicht die Rede davon sein kann, daß man bewußtes Judentum mit engherziger Beschränkung auf ‹jüdische› Kunst verwechselt. Es geht um die Haltung, nicht um den Inhalt.»[73]

Kurt Singer fühlte sich von dieser Attacke tief getroffen und antwortete in einem Leserbrief:

«Bei dem Temperament, mit dem Zionisten ihre Ideale verfechten, habe ich diesen Weckruf zur Besinnung erwartet; bei der Offenheit, mit der sich auch die bisherigen Assimilations-Juden zur Judenfrage bekennen, und zwar als Juden, die deutscher Kultur ihre geistige Bildung, ihr Wissen und ihre heutige Leistung verdanken, werden sie nicht von heute auf morgen eine Wandlung an Haupt und Gliedern, an Kopf und Herz verlangen. Die Duldsamkeit, die Lessings weiser Nathan predigte und forderte: soll sie unter Juden verlorengegangen sein? ... Gewiß: eine schwere Prüfung war nötig, uns sehend zu machen. Aber nicht jeder, der passiv abseits stand, muß heute als ein Konjunktur-Überläufer sein ‹Oschamnu› [wir sind schuldig] aus der Brust herausschreien. Gewaltige Umwälzungen im Äußeren bringen auch gewaltige Umwälzungen im Innern der Menschen mit sich. Bedenken Sie: wir stehen am Übergang, am Anfang. Unsere Gesinnung, als Juden für Juden dienen und schaffen zu wollen, ist wert, in aller Ehrlichkeit anerkannt zu werden.

Hier also, in unserer Haltung als Juden, sehe ich gar keinen Anlaß zur Polemik. Wir wollen als Juden ja nicht im ‹Kulturbund› Politik treiben, sondern Kunst machen ... Es kann gar keine Rede davon sein, daß der ‹Nathan› gerade als ein etwa zeitgemäßes kämpferisches Werk zuerst auf die Bretter gebracht werden soll. Sein sprachlicher, sein theatermäßiger, sein Rollen-Wert und dazu die rein-menschliche, zeitlose Seelen-Gebärde: das sind die Akkorde, die hier harmonisch zusammenklingen. Genau so, wie im ersten Opernwerk, das wir spielen wollen, im ‹Figaro›, nicht die revolutionäre Tendenz der Beaumarchaisschen Dichtung, sondern die im hellen Äther über der Welt geisternde Musik Mozarts den Ausschlag für die Wahl und den Wert des Werkes gab. Der Künstler im Juden sucht sich den Weg zu dem Herzen der jüdischen Hörerschaft. Wollte der Jude über den Künstler triumphieren, so müßte die Liturgie und das chassidische Volkslied das einzige Thema unserer musikalischen Veranstaltungen sein. Das hieße aber, den Ast absägen, auf dem Früchte wachsen sollen ...

Unser Schicksal, das Schicksal der Juden im Jahre der nationalen Revolution, führt uns unweigerlich zusammen. Die Frage ist ja gar nicht mehr: Zionist oder Assimilations-Jude, sondern Bekenntnis-Jude oder Abtrünniger. Im Kulturbund sollen sich alle bewußten Juden die Hand reichen, empfangend und gebend ...

Sind wir uns hierin nicht einig? Es gibt kein Auseinander mehr. Die Not hat uns zusammengeschmiedet. Als bewußte Juden schreiten wir den Weg ab, auf dem die Meilensteine jüdischen Geistes, jüdischer Wissenschaft und Gelehrsamkeit, jüdischer Ethik und Religion stehen; den Weg, auf dem deutsches Genie auch uns Juden Dichtung und Musik, Theater und Bildnerei in die Wurzeln hundertjähriger fruchtbarer Bäume pflanzte.

Über alle Gegensätze hinweg, die ihren Sinn verlieren, wenn es um die Selbstbehauptung geht: reichen wir uns die Hände!»[74]

Trotz dieser Replik hielt die ‹Jüdische Rundschau› in ihrer Besprechung der Aufführung ihre grundsätzlichen Einwendungen aufrecht:

«Die frühere jüdische Generation sah in ‹Nathan der Weise› das hohe Lied der Toleranz, auf der die Judenemanzipation gegründet war. Hundert Jahre lang oder noch mehr berief sich die jüdische Intelligenz auf Lessings Freundschaft mit Mendelssohn und auf die Gestalt des ‹Nathan›, in der Lessing seinem Freund Mendelssohn ein Denkmal gesetzt habe. Aus dieser historisch und literarisch sicher sehr bemerkenswerten Tatsache wollte man eine allgemeine ‹Lösung› des Judenproblems herleiten und ließ sich verführen, die wirklichen tiefen Abgründe des jüdischen Problems zu ignorieren. Insofern hat der ‹Nathan›, trotz der edlen Gesinnung, die aus ihm spricht, den deutschen Juden nichts Gutes getan. Er hat sie in eine Welt von Illusionen verstrickt und hat sie verhindert, die Wirklichkeit des Lebens so zu sehen, wie sie ist. Wenn man nun im jetzigen Moment durch die Aufführung des ‹Nathan› zu verstehen gibt, daß man das Rezept der Lösung der Judenfrage, das jenes liberale Judentum an den Nathan knüpfte, auch heute wieder für benutzbar hält, dann tut man den Juden, denen Klarheit mehr not tut als alles, keinen guten Dienst.»

An der Aufführung selbst fand die ‹Rundschau› durchaus Lobenswertes:

«Und dennoch gibt auch der ‹Nathan›, wenn man ihn richtig sieht, Stoff zur Reflexion über das wirkliche Judenproblem. Es ist dankbar anzumerken, daß bei der Aufführung des ‹Kulturbundes› solche Gesichtspunkte deutlicher hervortraten als sonst. Das ‹allgemeine Menschentum›, dessen hohes Lied Lessings Nathan singt, schwebt nicht in der Luft, wie gerade der jüdische Hörer jahrzehntelang anzunehmen sich vermaß, sondern auch dieser menschliche Hochstand ist geknüpft an bestimmte Individuen, Gruppen und Völker. Um so zu sprechen, wie Nathan spricht, muß man zunächst ein Jude sein, ‹der so ganz nur Jude scheinen wollte›. Nicht die Unterschiede verwischen, sondern jeder seine Tradition, seine Abstammung, seinen Glauben hoch halten und dennoch auch den Anderen respektieren. Das ist etwas ganz anderes, als was das assimilatorische Judentum unter Toleranz und ‹allgemeinem Menschentum› verstand. Bei diesen assimilatorischen Juden ging nämlich alles Menschentum auf Kosten des Judentums. Nathan will nicht, daß man ihm sein Judentum ‹verzeiht›, sondern daß man ihn als Juden Mensch sein läßt.

Der Regisseur Dr. Karl Loewenberg hat die jüdische Note, die früher häufig zu kurz kam, unterstrichen. Man hat dabei freilich manche überlieferte Vorstellung von Nathans Wesen aufgeben müssen. So z.B. kommt Nathan im ersten Akt kreuzfidel, ein chassidisches Liedel summend, von seiner Reise zurück; noch vor Aufgehen des Vorhangs hört man diese Melodie. Sein erstes Wort, noch ehe Lessings Text beginnt, ist ein ‹Baruch haba› [seid willkommen]. In Nathans Haus ist ein Betpult mit Magen David [Davidstern] und Menorah [siebenarmiger Kerzenleuchter] eingerichtet, und einmal sieht man Nathan vor Beginn der Szene im Gebet versunken. Beim Gespräch mit dem Tempelherrn, bei den – spöttisch gemeinten – Worten

‹Nicht zwar, als ob ich den geringsten Zweifel
In Euern Stammbaum setzte. Gott behüte!
Ihr könnt ihn Blatt vor Blatt bis Abraham
Hinauf belegen ...›

reckt sich Nathans Gestalt in stolzer Würde, als ob durch ihn das ganze jüdische Volk den Adel seiner Abstammung verteidigte. In der großen Erzählung Nathans an den Klosterbruder, bei der erschütternden Schilderung seines Haderns mit Gott, murmelt Nathan sogar einige hebräische Worte, die an die Liturgie der eben vergangenen Feiertage erinnern. Eine besondere Nuance erhält aber der Schluß. Nach der hart ans Lächerliche streifenden Erkennungsszene, deren dramatische und psychologische Mängel ja häufig genug erörtert worden sind, läßt Loewenberg die ganze Gesellschaft der neu zusammengefundenen Verwandten (Moslems und Christen) mit ihren bunten Gewändern und in fröhlichster Stimmung rechts in den Palast abgehen, während Nathans hohe Gestalt umdüstert und vereinsamt im Vordergrund bleibt und dann langsam in sein Haus zu seinem Betpult zurückkehrt. In diesem Schluß ist wirklich etwas vom Judenschicksal angedeutet ... Von dieser künstlerischen Verklärung einer Tragik zu einer positiven, zukunftsweisenden Tat ist freilich noch ein weiter Schritt. Wir hoffen, daß der ‹Kulturbund› sich dessen bewußt ist, daß er auch diesen Weg, so schwer es fallen mag, suchen muß.»[75]

Gerade diese symbolhafte, aktualisierende Umdeutung des Schlußbildes kreidete der Kritiker der C.-V.-Zeitung, Hugo Lachmanski, dem Regisseur Loewenberg als Mangel an:

«Woher aber kam ihm der Regieeinfall, an den Schluß des Ganzen einen wuchtigen, tragischen Akzent zu setzen? Warum läßt er Nathan, nachdem der Familienring im Hause Saladins geschlossen ist, wie einen Zusammengebrochenen in die Einsamkeit wanken, so daß man das Schlimmste für ihn befürchten muß? Sollte diese Nuance wirklich dem Lebensgefühl des weisen Nathan, seiner heiteren, fest in Gott ruhenden Resignation entsprechen, die er sich unter den furchtbarsten Schicksalsschlägen bewahrt hat?»

Kurt Katsch als Nathan bei der Eröffnung des Kulturbund-Theaters am 1. Oktober 1933

Dieser kritische Einwand entstammte einem Werkverständnis, das genau der von der ‹Jüdischen Rundschau› attackierten Nathan-Rezeption des liberalen Judentums entsprach:

«Als ein von Juden geschaffenes, für Juden bestimmtes Unternehmen, das zugleich das Krongut deutscher Geisteskultur in liebevolle Obhut zu nehmen gewillt ist, konnte der neue Bund seinen Mitgliedern zur Weihe des Hauses kein geeigneteres Werk darbieten als Lessings dramatisches Meistergedicht, in dem ein aus den Fesseln starrer Dogmatik befreites Judentum sich in einer seiner edelsten, freiesten und humansten Gestalten verkörpert und das, wie G. Gervinus in seiner mustergültigen Lessing-Studie sagt, neben Goethes ‹Faust› das eigentümlichste und deutscheste ist, was unsere neuere Poesie geschaffen hat. In ‹Nathan der Weise› ... wird gepredigt, daß jeder seiner unbestochenen, von Vorurteilen freien Liebe nacheifern möge; daß der echte Ring der allein wahren Religion bisher noch nicht gefunden sei; daß Völker und Religionen durch das allumfassende Band der Humanität und der gegenseitigen Duldung zusammengehalten werden; daß Sittlichkeit und Tugend an keine nationalen Bindungen gebunden seien, weil überall auf der Erde gute, gottergebene Menschen wohnen.

‹Nathan der Weise› bedeutet weder eine Verherrlichung noch auch nur eine Apologie des Judentums. Aber die frohe und freie Botschaft dieses Menschheitsevangeliums konnte nur aus einer Gesinnung fließen, der alle konfessionelle Unduldsamkeit fremd war und die das ‹göttliche Duldungs- und Schonungsgefühl›, von dem Goethe bei Bearbeitung des ‹Nathan› gesprochen hat, gerade den unterdrückten Juden zugute kommen lassen wollte ... Und deshalb wird jede Aufführung von ‹Nathan der Weise› gerade für Juden eine besondere Feiertagsstunde sein, deren Reiz sich noch erhöht, wenn der Träger der Titelrolle sich mit dem betonten Bekenntnis Nathans: ‹Sultan, ich bin ein Jud!› auch menschlich identifizieren kann.»[76]

Diese und andere Äußerungen zur Nathan-Aufführung des Kulturbundes waren der Anfang einer zum Teil mit großer Schärfe geführten Debatte, die im Kern um die Frage ging, was eigentlich unter jüdischer Kultur zu verstehen sei und auf welchem Wege und in welchem Tempo unter den historischen und aktuellen Bedingungen ein jüdisches Kulturleben aufgebaut werden könnte. Es war eine Kontroverse, die an der künstlerischen und literarischen Praxis der nächsten Jahre immer wieder Zündstoff finden sollte und durch Umfang und Niveau selbst zu einem wesentlichen Element des jüdischen Kulturlebens der NS-Zeit wurde.

Die erste Spielzeit 1933/34

Auf den ‹Nathan› folgte im Kulturbund-Theater am 14. November 1933 mit Mozarts ‹Hochzeit des Figaro› die Premiere der Opernbühne. Die Presse stimmte in der Bewunderung überein, daß diese Aufführung überhaupt zustande gebracht werden konnte. So schrieb Ludwig Misch im ‹Israelitischen Familienblatt›:

«Der Plan, in wenigen Monaten aus eigener Kraft einen Opernbetrieb aufzubauen, erschien so kühn, um nicht zu sagen gewagt, daß gerade in den Kreisen der Sachkundigen begründete Zweifel über die Möglichkeit seiner Verwirklichung auftauchen mußten.

Wer im Zuschauerraum eines Operntheaters sitzt, pflegt sich in der Regel kaum darüber Rechenschaft zu geben, was für ein verwickelter Organismus ein Opernbetrieb ist. Der Musikfreund ahnt kaum, wieviel Stadien kompliziertester Arbeit ein Opernwerk durchlaufen muß, bis es sich aus der in die Partitur gebannten Gestalt zur lebendigen Wirklichkeit der Aufführung entwickelt...

Gilt dies schon unter normalen Verhältnissen, so mutet die Leistung, die der Kulturbund unter den obwaltenden besonderen Umständen mit seiner ersten Opernaufführung vollbracht hat, fast wie ein Wunder an. Während es sonst als unumstößlicher Erfahrungssatz gilt, daß ein Opernunternehmen sich niemals aus den Einnahmen allein erhalten kann, sondern eines mehr oder weniger beträchtlichen Zuschusses bedarf, hat der Kulturbund nur die beschränkten Mittel zur Verfügung, die aus den Mitgliedsbeiträgen fließen... Der Mangel an jüdischen Bläsern, der schon bei der Aufstellung der Konzertprogramme in Rechnung gestellt werden mußte, wurde in der Opernfrage zum Gegenstand gesteigerter Sorge. Die selbstverständliche Notwendigkeit, sich auch in der Auswahl der Darsteller auf den begrenzten Kreis jüdischer Künstler zu beschränken, machte die Zusammenstellung des Ensembles zu einer noch problematischeren Angelegenheit als es sonst der Fall war. Hinzu kommt noch die Kürze der Zeit ... in der mit einem neuzusammengestellten Ensemble eines der künstlerisch anspruchsvollsten Werke der Opernliteratur einstudiert wurde.»

Das Premierenpublikum nahm gewisse Schwächen, zu denen Misch u.a. die Bühnenbilder von Heinz Condell rechnete, gern in Kauf: «Der Beifall, der mehrfach bei offener Szene losbrach und zum Schluß alle Mitwirkenden wieder und wieder vor den Vorhang rief, war zugleich ein Ausdruck des Dankes für einen künstlerischen Genuß und der Bewunderung für die vollbrachte Tat.»[77]

Anders als beim ‹Nathan› gab es gegen das Stück selbst keinerlei Einwendungen, auch nicht durch die ‹Jüdische Rundschau›, die den universalen Charakter der Opernkunst hervorhob:

«Eine ‹jüdische› Oper gibt es bis heute nicht ... Eine Auswahl etwa unter dem Gesichtspunkt jüdischer Komponisten oder jüdischen Stoffes vorzunehmen, wäre kleinlich und würde gerade von nationaljüdisch denkenden Menschen nicht gebilligt werden. Wenn in Berlin – zum ersten Male außerhalb Palästinas – der Versuch gemacht wird, eine jüdische Oper zu begründen, so liegt das ‹Jüdische› in den Ausführenden und in dem Publikum, die hier freilich, wo etwas Unausgesprochenes die Atmosphäre des ganzen Hauses erfüllt, in besonders eigenartiger Weise eine Gemeinde bilden. Das Werk, das gespielt wird, ist weder jüdisch, noch hat es mit Judentum auch nur das Geringste zu tun ... Dennoch merkt man sofort, in einem ‹jüdischen› Theater zu sein. Im Zwischenakt sagte jemand: Hier haben wir plötzlich ein jüdisches Nationaltheater. Das ist gewiß übertrieben, aber es ist ein eigentümliches Erlebnis, eine ‹Indiscretion› des Bewußtseins. Viele, die mitten drin stehen, werden es vielleicht gar nicht wollen. Aber so ist es.»[78]

Wesentlichen Anteil am Erfolg des ‹Figaro› hatte das Orchester des Kulturbundes unter Joseph Rosenstock. Unter der Stabführung von Michael Taube gab es Mitte Oktober 1933 das erste Sinfoniekonzert mit Werken von Händel, Tschaikowsky und Mozart:

«Dieses erste Konzert des Kulturbundes war ein großer und ergreifender Anfang. Menschlich gesehen: eine neuer Beweis für Beharrungswillen und -vermögen der Juden. Künstlerisch gesehen: ein Beweis für jüdischen Wahrheitsfanatismus in geistigen Dingen.»[79]

Anfang November bot der Kulturbund seine erste literarische Veranstaltung, einen Autorenabend mit den drei jüdischen Lyrikern Arthur Silbergleit, George A. Goldschlag und A. N. Stenzel. Dichterlesungen und Rezitationen gehörten zum Programm der Vortragsabteilung, die sich aber vornehmlich dem gelehrten Referat widmete. Die Musikhistorikerin Anneliese Landau begann einen Vortragszyklus über das romantische Volkslied, Ludwig Misch sprach über den ‹Unbekannten Beethoven›, Arno Nadel über ‹Das jüdische Volkslied›, der junge zionistische Rabbiner Joachim Prinz gab mehrfach eine ‹Einführung in das Judentum›, die jeweils von Tausenden von Menschen gehört wurde. Für die Kleinen wurde eine «Kinderstunde» eingerichtet:

«Man hat ein Dutzend hochmusikalischer Jungen und Mädel zusammengebracht, die mit einfachen Liedchen – deutsche und hebräische – ganz entzückend musizieren. In der ersten Programmnummer ‹Ich bin ein Musikante› führt jeder sein kleines Instrument ein ... und dann werden Gesang und Instrumente harmonisch in Wechselwirkung gesetzt und in zehn Nummern reizvoll abgewandelt. – Rahel Ermolnikoff sang mit kunstvoller Einfachheit drei jüdische Gesänge (hebräisch und jiddisch) ... Das kleine Lustspiel ‹Die Hose› von Lucy Gelber, die für die Leitung des ganzen gelungenen Nachmittags verantwortlich zeichnete, handelt von ein paar Berliner Kindern, die keß und hilfsbereit füreinander eintreten und ihrem Spielkameraden für eine zerrissene Hose eine neue zu verschaffen suchen. Sie spielen mit vorbildlicher Unbefangenheit ...»[80]

Außer dem ‹Figaro› brachte der Berliner Kulturbund in seiner ersten Spielzeit, die bis einschließlich September 1934 reichte, noch zwei weitere Opern auf die Bühne, im Februar 1934 ‹Die neugierigen Frauen› von Ermanno Wolf-Ferrari und im April ‹Hoffmanns Erzählungen› von Jacques Offenbach. Die Schauspielbühne spielte nach dem ‹Nathan› Shakespeares ‹Othello›, Schnitzlers ‹Paracelsus›, die im ostjüdischen Milieu spielende Komödie ‹Sonkin und der Haupttreffer› von Semen Juschkewitz, dann Ibsens ‹Wildente›, im Rahmen einer Purim-Feier Grillparzers Esther-Fragment, schließlich ‹Was ihr wollt!› von Shakespeare, den ‹Sturm im Wasserglas› von Bruno Frank (mit Rosa Valetti, die für ein Gastspiel verpflichtet werden konnte, in der Hauptrolle) und – die Saison beschließend – Schnitzlers Alterswerk ‹Im Spiel der Sommerlüfte›.

Als einer der Höhepunkte des Musikjahres wurde Händels Oratorium ‹Judas Maccabäus› gefeiert, das unter der Leitung Kurt Singers mit einem Aufgebot von 350 Sängern und Instrumentalisten in der Berliner Philharmonie aufgeführt wurde. An der Aufführung, einer Gemeinschaftsveranstaltung des Kulturbunds und der Künstlerhilfe, wirkten neben dem Opernchor des Kulturbunds unter Berthold Sander zwei Laienchöre mit, die «Jüdische Chorvereinigung» (Leitung Leo Kopf) und der von Kurt Singer schon in den zwanziger Jahren gegründete «Berliner Ärztechor». Gerhard Goldschlag berichtete für das ‹Israelitische Familienblatt›:

«Gibt es in der gesamten Musikliteratur ein Gegenstück zu jenem Symbol aufrechten Stolzes, dem prägnanten, steifnackigen ‹Noch niemals beugten wir das Knie›, das den zweiten Teil abschließt oder zu der erschütternden Elegie ‹Du sinkst, ach armes Israel› aus der der ewige Hauch alttestamentarischer Schicksalsgröße herüberzuwehen scheint? Und gar erst das populärste Stück der Partitur, der Chor ‹Seht, er kommt›, den Händel erst später aus seinem ‹Josua› übernommen hat, mit seiner grandiosen Steigerung vom schüchternen Piano des preisenden Jungvolkes bis zum mitreißenden Jubel der Volksmassen!»[81]

Mit diesen Worten über das Werk selbst war alles gesagt, was über die Bedeutung des Oratoriums für die Juden in dieser Zeit zu sagen war. Über die Aufführung selbst, schrieb Goldschlag, sei nur in Tönen höchsten Lobs zu berichten.

Bei aller Rücksicht auf die Schwierigkeiten, die beim Aufbau der jüdischen Ensembles zu überwinden waren, beim besten Willen auch, die zum Teil noch jungen und unerfahrenen Kräfte nicht zu entmutigen, sparte die jüdische Presse nicht mit Kritik, wenn ihr dies im Interesse der Sache erforderlich schien. Im ‹Israelitischen Familienblatt› verriß Lutz Weltmann die Othello-Inszenierung, und über ein Orchester-Konzert im Dezember 1933, bei dem ein neuer Dirigent den Taktstock führte, schrieb Oscar Guttmann folgendes Verdikt:

«Das Orchester des Kulturbundes ist etwa ein halbes Jahr alt. In zäher Erziehungsarbeit haben Michael Taube und Josef Rosenstock einen Klangkörper geschaffen, der in den Streichern heute schon eine seltene Kultur erreicht hat, der in den Bläsern, wo es viel schwerer ist, noch in Bildung und Aufstieg begriffen ist. Es geht nicht an, diese Erziehungs- und Aufbauarbeit dadurch zu stören, daß das Orchester noch von anderen, und noch dazu nicht so guten Dirigenten geleitet wird. Das kann man sich bei einem Orchester von jahrzehntelanger Tradition leisten, dem schadet das nichts (oder nur wenig), es geht hier aber um ein neugeschaffenes Kulturgut. Es geht nicht an, daß oben ein Kapellmeister steht, der unpräzis, undeutlich, verwirrend dirigiert, und daß infolgedessen bei der Begleitung eines Klavierkonzertes der Solist und das Orchester streckenweise einen halben Takt auseinander sind und sich notdürftig am Schlusse knapp zusammenfinden, so daß der kritische Hörer vor Angst schwitzt. Es geht nicht an, daß bei einer Schubert-Sinfonie, B-Dur, die schon unter Taube vor Monaten trefflich gespielt wurde, der (ebenfalls vortreffliche) Konzertmeister die Führung an sich reißt und durch Blicke und sehr kräftige Striche das Orchester zusammenhält. Und endlich, muß denn die Oberon-Ouvertüre gespielt werden, eines der schwersten Stücke der romantischen Orchesterliteratur? Die Hörer haben stellenweise gelacht, am Schluß aber begeistert Beifall geklatscht. Und hier liegt die Hauptgefahr: die Hörer werden nämlich in eine Genügsamkeit hineingetrieben, die in Vereinsmeierei und Dilettantismus enden muß. Es sollen doch Höchstleistungen geboten werden; aber so wird es nicht gehen. So geht die Kultur der *Hörer und der Spieler zugrunde.* Wenn durch die Zeitverhältnisse jüdische Dirigenten keine Stellung mehr finden, so soll man sie anderweitig zu beschäftigen suchen, als Begleiter, Chorrepetitoren, am Schlagzeug usw. Aber das kostbare Gut des Orchesters steht viel zu hoch, als daß man es jetzt Experimenten ausliefern darf.»[82]

Der Jüdische Kulturbund Rhein-Ruhr eröffnete sein Theater am 9. Dezember 1933 mit der Komödie ‹Sonkin und der Haupttreffer› von Semen Juschkewitz. Über die Premiere in Essen schrieb die ‹C.V.-Zeitung›:

«Nach dreiviertel Jahren Karenzzeit wissen wir wieder, was uns das Theater ist. Es geht uns wie Mutter Sonkin, die sich erst klar wird, wie sehr sie gehungert hat, nachdem sie sich wieder einmal an guten Dingen satt essen kann.

Wir geben zu: wir hatten mancherlei Befürchtungen: Würde ein gutes Niveau zu halten sein trotz der Primitivität, die notwendig ist? Mußte man diesem ersten Abend nicht eine schlechte Prognose stellen? Statt des Schauspielhauses mit Polstersesseln, erhöhtem Parkett, den Logen und Rängen, den differenziertesten Beleuchtungsmöglichkeiten, dem Foyer und dem prunkvollen Marmoraufgang – ein Saal, an dessen Seiten Ausschankvorrichtungen angebracht sind, ein rasselnd sich öffnender Vorhang vor einer allerdings geräumigen Vereinsbühne. Welche darstellerische Eindringlichkeit gehört dazu, diese Umgebung vergessen zu machen, das Fluidum von *diesem* Podium in *diesen* Zuschauerraum überspringen zu lassen? Konnte die Kraft einem Spielkörper gegeben sein, der sich eben erst gebildet hatte? ...

Als der Vorhang sich öffnete und Sonkins Dasein mit all den kleinen, bösen Sorgen und ein wenig Freude sich abzuspulen begann, wußten wir, es geht uns an, als Menschen, die ihren Alltag in einem Glas sehen, das manches wohl ein wenig verzerrt oder trübe wiedergibt, allein unser Leben in großen Umrissen spiegelt. Als der Vorhang des letzten Aktes sich senkte, wußten wir, es geht uns an als Juden.»[83]

Weitere Stücke, die die Kölner Bühne in ihrer ersten Spielzeit zur Aufführung brachte, waren Goethes ‹Stella›, Goldonis ‹Mirandolina›, Henri Bernsteins Konversationsstück ‹Der Dieb›, Rauol Auernheimers Lustspiel ‹Die große Leidenschaft› und Calderons ‹Dame Kobold› in der Bearbeitung von Hugo von Hofmannsthal.

Leichte Kost war zunächst nur außerhalb der einem bildungsbürgerlichen Kunstanspruch verpflichteten Kulturbünde zu finden, vor allem in Berlin, wo die ‹C.V.-Zeitung› schon Anfang 1934 eine «Hausse in jüdischen Kabaretts» konstatierte:

«Das Neueste ist das Wochenend-Kabarett im ‹König von Portugal›. Das Hotel, in der Burgstraße mit seinem von Schinkel erbauten Festsaale, in dem sich das ‹Brettl im Zentrum› aufgetan hat, ist eine historische Stätte ...

Das Haus konnte vor kurzem auf 280 Jahre seines Bestehens zurückblicken. Die Scherze, Witze, Anekdoten und Pointen (warum auch noch Zoten?), die im Laufe des Abends von dem Conferencier Arthur Zander und dem Humoristen Heinz Ganther zwischen Kaffee mit Kuchen und Bier nett serviert wurden, waren nicht ganz so alt. Aber ein dankbares, anspruchsloses Publikum fühlte sich offenbar in der historischen Atmosphäre so heimisch, daß es bei den Antiquitäten in alter und neuer Fassung nicht nur die Fassung bewahrte, sondern sie mit stürmischem Beifall aufwog.»[84]

Nicht viel besser kam eine Vorstellung des bereits seit November 1933 bestehenden Kabaretts «Bühne und Brettl» weg, wobei sich der Kritiker besonders darüber empörte, daß es sich um eine Veranstaltung der Künstlerhilfe handelte:

«Wenn eine Stelle, deren gewaltige Aufgabe darin bestünde, jüdische Kunst in Deutschland zu erhalten, zu pflegen und zu fördern, uns nur diese Auswahl zu vermitteln vermag, dann muß etwas nicht in Ordnung sein. Gute jüdische Künstler gibt es genug; Männer, die Erfahrung im Vermitteln von Künstlern haben, gibt es ebenfalls ... Wir üben diese Kritik nicht aus Freude am Tadeln. Aber die Werte, die hier einer unserer Aufbau- und Hilfsorganisationen anvertraut sind, berechtigen zu der Forderung, daß zu ihrer Pflege die Besten gerade gut genug sind.»[85]

Schon wenige Monate nachdem der Berliner Kulturbund mit ‹Nathan der Weise› seine Pforten geöffnet hatte, fand das ‹Israelitische Familienblatt› die Zeit für gekommen, eine erste Zwischenbilanz zu ziehen. Es sparte nicht an Lob:

«Die Organisation, die er sich geschaffen hat, ist achtungsgebietend; die Leistungen, die seine Mitglieder für einen kleinen monatlichen Beitrag erhalten, sind reichhaltig und vielgestaltig. In seiner Vortragsabteilung kann der Kulturbund Redner von Rang und Bedeutung präsentieren; seine Konzert-Abteilung erfährt unter der Leitung von Joseph Rosenstock eine selten gekannte Vervollkommnung, und was sonst von ihm geboten wird, rechtfertigt die Hoffnung, daß sein Werk der seelischen und geistigen Stützung des Judentums in höchstem Maße dient. Die gerechte Anerkennung, die der Kulturbund verdient, findet in der ständig wachsenden Zahl von Mitgliedern und in dem lebhaften Beifall, den wir alle seinen Leistungen zollen, ihren Ausdruck. Opferwillig und opferbereit stellen sich Darsteller und Mitwirkende in den Dienst der Sache. Schauspieler, die gewöhnt waren, hohe Gagen zu beziehen, begnügen sich mit kleinsten Gehältern; berühmte Dirigenten und Verwaltungstalente geben ihre beste Kraft für ein geringes Entgelt hin.»

Alles das dürfe aber nicht über die grundsätzliche Problematik hinwegtäuschen, die in der Frage liege: «Bekenntnisbühne oder ‹Kunst um ihrer selbst willen›?» Damit war die kulturideologische Kontroverse, die sich zuerst am ‹Nathan› entzündet hatte, neueröffnet, aber diesmal nicht von den Zionisten, sondern von den liberalen «Bekenntnisjuden»:

«Der innerste Kern des Problems liegt ... in der Entscheidung begründet, ob man vom Kulturbund Aufführungen nur *jüdischer* Stücke verlangt, oder anerkennt, daß es seine Aufgabe sei ... sich von rein *künstlerischen* Gesichtspunkten leiten zu lassen. ... Wir möchten glauben, daß es vielleicht doch die Aufgabe der Kulturbundbühne wäre, die jüdische Linie in ihrem Spielplan stärker zu betonen. Wenn wir das aussprechen, so soll darin nicht der Wunsch eingeschlossen sein, vom Theater des Kulturbundes nur Stücke jüdischen Inhalts vorgesetzt zu bekommen; wohl aber müßte es nach unserer Meinung Aufgabe gerade dieser Bühne sein, den jüdischen Dichtern und vielleicht auch denen, die man als jüdische ‹Bühnenschriftsteller› bezeichnen könnte, als Heimat für ihre Stücke zu dienen. Vielleicht wäre es geratener gewesen, an Stelle des ‹Othello› eines der jüdischen Schauspiele von Richard Beer-Hofmann zu spielen, und möglicherweise hätte sich das Kulturbund-Theater mit einer solchen Aufführung in noch weit stärkerem Umfange die Sympathien des jüdischen Theater-Publikums erworben.

Wie man von jedem künstlerischen Unternehmen eine gewisse innere Linie erwarten darf, wie jedes Museum seine besondere Note hat, und wie auch die deutschen Theater, jedes in seiner Art, bestimmte Typen repräsentieren, so möchten wir uns also dafür aussprechen, daß auch das Kulturbund-Theater eine bestimmte Überzeugungslinie hält.»[86]

Das ‹Familienblatt› gab dem Kulturbund Gelegenheit, in der gleichen Nummer auf diesen Artikel zu antworten. Julius Bab stimmte den Ausführungen Leo Kreindlers, von ihm stammte der Artikel, in allen wesentlichen Punkten zu, gab aber die höchst praktischen Probleme zu bedenken, die einer stärkeren Berücksichtigung jüdischer Autoren und spezifisch jüdischer Stücke im Wege ständen. Die Zahl «geeigneter und starker jüdischer Bühnenwerke» sei keineswegs groß. Nicht alle, die in Betracht kämen, fänden die Billigung der Behörde. Andere würden von den Autoren nicht zur Verfügung gestellt. So habe sich Richard Beer-Hofmann «bisher entschieden geweigert, irgend eines seiner Werke zur Aufführung im Kulturbund freizugeben». Unter diesen Umständen müsse die «Praxis der Ausführung der theoretischen Erkenntnis des Wünschenswerten ziemlich langsam folgen». Im übrigen ließe sich der Charakter eines künstlerischen Instituts durch einen «Willensentschluß» höchstens stützen, nicht aber dekretieren:

«Solche Dinge müssen werden! Und wenn die Form jüdischen Lebens in Deutschland, wie sie sich im Kulturbund ausdrückt, von langer Dauer sein wird (und das nehme ich allerdings an), so wird sich in Führung, Gestaltung und Schauspielkunst und am Ende auch in der dramatischen Produktion ein Stil herausbilden, der dieses Theater sehr erheblich als ein *jüdisches* von anderen Bühnen des deutschen und europäischen Kulturkreises unterscheiden wird. Ein deutsches Theater, eine Bühne abendländischer Kulturtradition zu sein, braucht und wird es deshalb nie aufhören.»[87]

Von der theoretischen und praktischen Antwort des Kulturbunds nicht befriedigt, verschärfte das ‹Familienblatt› im März 1934 seine Kritik. Unter Bezug auf eine Äußerung des nationalsozialistischen Politikers Alfred Rosenberg, die Juden hätten in Deutschland Gelegenheit, das zu pflegen, «was sie unter jüdischer Kultur verstehen», las es den Verantwortlichen die Leviten:

«Der ‹Kulturbund deutscher Juden› in Berlin und seine Zweig- und Parallelgründungen im Reich, die eine einzigartige, wohl kaum wiederkehrende und gewiß noch nie dagewesene Möglichkeit haben, jüdische Kultur zu pflegen und zu verbreiten, haben – das muß einmal klar ausgesprochen werden – ihre Aufgabe bisher keineswegs voll erfaßt. Damit, daß z. B. der Berliner Kulturbund eine Serie von Aufführungen herausgebracht hat, die – mögen sie gut oder schlecht sein – mit jüdischen Dingen so gut wie nichts zu tun haben, ist es doch wirklich ebenso wenig getan wie mit noch so erhebenden und hochkünstlerischen Konzerten, Vortragsabenden usw., bei denen zwar Juden für Juden wirken, ihnen aber nichts eigentlich Jüdisches vermitteln ...

Jüdisches Publikum, jüdische Künstler, jüdische Bühnenbildner, jüdische Leiter, – das aber ruft begierig zunächst einmal auch nach jüdischem Inhalt. Ein Theaterleiter, der diesen Ruf nicht hört, nicht erfüllt, ist kein Theaterleiter, weder im allgemeinen, noch im jüdischen Sinne. Wenn er vor diese Gemeinschaft schon kein jüdisches, sondern ein nicht jüdisches Stück stellt, dann muß dieses der Sehnsucht und der Not all der jüdischen Menschen in so umfassender Weise Ausdruck verleihen, daß seine Aufführrung wie eine Offenbarung wirkt. Ein Werk, das weder einen Juden zum Autor hat, noch von jüdischen Dingen spricht und trotzdem hier zur Aufführung gebracht wird, müßte in Inszenierung und Darstellung so ganz von jüdischer Leidenschaft durchglüht sein und dadurch ins Jüdische quasi transkribiert werden, daß seine Aufführung als jüdisches Erlebnis die Zuschauer ergreift.

Haben die Leiter des ‹Kulturbundes deutscher Juden›, sei es in Berlin, sei es im Reich, so gehandelt? Diese Frage ist – leider! – zu verneinen. Von ‹Figaros Hochzeit› bis zur ‹Wildente› ... führte der Weg nicht über ein Stück jüdischer Kultur. Was hier geboten wird, scheint sich mehr an eine verflossene jüdisch-deutsche Mentalität zu wenden, als dem gegenwärtigen Seelenzustand der deutschen Juden auch nur im mindesten gerecht zu werden, der sich heute mit einem aus literarischen Reminiszenzen mühsam zusammengeflickten Repertoire nicht begnügen kann und will, der vielmehr durchaus Bereitschaft und Aufgeschlossenheit für das Neue, Zukunftsvolle, Lebendige dieser Zeit besitzt.»[88]

Wo schon das ‹Familienblatt› tönte, als hätte es die Essenz nationaljüdischer Kulturkritik mit der Muttermilch eingesogen, da konnte selbstverständlich die zionistische ‹Jüdische Rundschau› nicht zurückstehen. Den Hauptangriff führte sie Anfang Mai 1934 unter der Überschrift ‹Illusion und Wirklichkeit›:

«Wir haben an dieser Stelle mehrfach Kritik an dem kulturellen Betrieb geübt, der heute im deutschen Judentum vorhanden ist. Sowohl die Veranstaltungen zahlreicher einzelner Künstler wie auch die Tätigkeit etwa des Kulturbundes, insbesondere auf dem Gebiet des Theaters, haben bei all denen, die sich wirklich Gedanken über die kulturelle Zukunft der deutschen Juden machen, eine instinktive Ablehnung gefunden ... Ein kultureller Betrieb, der rein auf allgemeine, nichtjüdische Werte gerichtet ist, muß verkümmern ...

Viele von denen, die die kulturelle Arbeit der deutschen Juden führend beeinflussen, entstammen ... einer Generation, die bei dem Umbruch bereits über die Möglichkeit innerer Umstellung hinaus war. Es geht ihnen die Fähigkeit ab, tatsächliche Verhältnisse neu zu durchdenken und aus den gewohnten Begriffen herauszutreten. Sie sind gewiß nicht stärker assimiliert als manche andere, deren Verwurzelung in der deutschen Umgebung kraft ihrer Erziehung ebenso stark ist; aber sie besitzen nicht mehr die Spannkraft, die notwendig ist, um eine zwar nicht autarke, aber doch im Eigenen wurzelnde Kulturleistung des deutschen Judentums heraufzuführen und den schweren Weg zu ihr zu ebnen.

Daß dieser Weg sehr schwer ist, gewaltige Opfer verlangt, liegt auf der Hand ... Wir gehören nicht zu denen, die ungeduldig jeden Tag an die Türen pochen und die Manifestationen des jüdischen Geistes von denen verlangen, die zu ihm nur auf dem Wege eines langsamen Prozesses und des Lernens vordringen können. Aber wir verlangen mit aller Deutlichkeit, daß die Notwendigkeit dieses Weges erkannt und er mit Energie beschritten wird.»[89]

In der Praxis der Theater- und Musikkritik wurde die Forderung nach jüdischen Stücken freilich deutlich niedriger gehängt:

«Bevor der Vorhang aufgeht, erhebt sich die Frage: Habt ihr nichts anderes aufzutragen als Henrik Ibsens alte ‹Wildente› und habt ihr wieder nichts gefunden, das uns in dieser Zeit näher angeht, die eine der Sorge, aber auch der Sammlung und der Wiederaufrichtung ist?»

So leitete Arthur Eloesser in der ‹Jüdischen Rundschau› seine Besprechung der Ibsen-Inszenierung ein, um dann – nach einer kurzen Erörterung der grundsätzlichen Probleme der Spielplangestaltung – fortzufahren.

«Wenn der Vorhang aufgegangen ist, gibt es solche grundsätzlichen Fragen nicht mehr. Das Theater war immer und ist eine ungeheuer praktische Angelegenheit.»[90]

Nach diesem Motto handelten die meisten Kritiker. Man fragte einleitend oder abschließend, wo eigentlich das «Jüdische» bleibe, und würdigte ansonsten Stück und Aufführung an sich. So zeigte sich der Reporter des Berliner Lokalteils der ‹Jüdischen Rundschau› von einem der Kindernachmittage des Kulturbunds außerordentlich angetan, fügte aber hinzu:

«Eine andere Frage ist es, ob man sich mit der Darbietung vom jüdischen Standpunkt aus zufriedengeben kann. Das Stück enthält keinerlei jüdischen Inhalt, es sei denn, daß man das Wort ‹koscher›, das einmal in einem Witze vorkam, als einen solchen betrachten will. Wir glauben, daß es möglich sein müßte, auch Kinderstücke zu finden oder zu schreiben, die bei aller Berücksichtigung der kindlichen Psyche und der Notwendigkeit, den Kindern einen unbeschwerten lustigen Nachmittag zu bieten, dennoch in Form und Inhalt jüdisch sind.»[91]

Die Langmut hörte allerdings auf, wenn die Darbietungen ein gewisses Niveau unterschritten, so wie es bei einem Bunten Abend in München der Fall war, über den Ben-Chorin (Fritz Rosenthal) in der ‹Rundschau› schrieb:

«Der ‹Jüd. Kulturbund in Bayern› veranstaltete am 2. Mai im großen Museumssaal einen bunten Abend, der, eine alte Lag-B'omer-Tradition aufgreifend, im Zeichen der Heiterkeit stehen sollte, aber im Zeichen der Würde- und Niveaulosigkeit stand. Nach den durchaus erfreulichen Leistungen der zehnjährigen Pianistin Ruth Weinschel, die man vom Münchener Sender her kannte, und der anmutigen Spitzentänzerin Inge Teutsch, langweilte der stimmlich indiskutable Erich Rosenthal mit kitschigen Allerweltsschlagern, die dem jüdischen Publikum in geschlossenen Veranstaltungen zu servieren nicht das geringste Bedürfnis besteht. Die stimmlich beachtlichere Operettensängerin Irene Velisch verabreichte das

Abgedroschenste, was die Operettenmusik überhaupt zu bieten hat. Der ehemalige Spielleiter des Münchener ‹Gärtnertheaters›, H. Langhofer, besorgte das Amt des Ansagers in geistlosester und humorlosester Weise. Es ist bedauerlich, daß in München, der Stadt einer klassischen Kabarett-Tradition, Derartiges dem jüdischen Publikum vorgesetzt wird. Den Vogel der geisttötenden ‹Volksbelustigung› schoß der Einakter von N. Bernstein ›Das Akzept‹, die Verballhornung eines an sich äußerst schwachen Sketchs von Tschechow, ab. Nachdem sich der Vorhang schloß, machte sich der Unwille des Publikums über eine solche Taktlosigkeit, wie sie dieser auf der ganzen Linie mißlungene Abend darstellt, spontan Luft. Man pfiff, rief ‹Pfui› und ‹Es lebe der Schund› und gab seinem Unwillen über diese widerwärtige Orgie der Assimilation noch in demonstrativen Gesprächen in den Gängen und in der Garderobe Ausdruck.

Herr Langhofer, der diesen ebenso kulturlosen wie unjüdischen Abend auf dem Gewissen hatte, zog es vor, sich dem entrüsteten Publikum nicht mehr zu zeigen.»[92]

Was von den Kulturbünden nicht oder in nicht befriedigender Weise geboten wurde, wurde zum Teil von anderen Veranstaltern wettgemacht. So bot die «Berliner Zionistische Vereinigung» im Mai 1934 ein ‹Ernest Bloch Konzert›, bei dem Hans Nathan, der Musikkritiker der ‹Jüdischen Rundschau›, den Klavierpart spielte. Über den Höhepunkt des Konzerts schrieb Arno Nadel:

«Dieser dritte Satz sei groß herausgehoben. Chassidisch, heilig orientalisch, heilig jüdisch wird da gelernt und in Gott gesonnen. Bloch erhebt sich in diesem Stück Musik gänzlich über sein Wollen und Experimentieren und wird völlig Müssen und Können und Brennen. Hier spukt es nicht mehr, hier ist Zauber und Magie, Magie des Musikers, des Weisen und des Juden, – des bleichen, gelben Wander- und Wunderjuden, der durch die Tiefen der Lehre zur Allmacht Gottes wandert. Hier ist Tauchen ins Nichts und Alles, Fliegen ins Uferlose, hier fragt man gar nicht mehr nach Formen und Werkzeugen, nach Instrumenten und Spielern, hier weilt der Lauscher in blausilberner Nähe von Elohim, Adonaj und den Urgeistern. Zu Beginn, im versonnenen Vorwärtsdrängen, in der Mitte im heiligen Trommelfeuer der süßesten Ekstase und zum Schluß völlig im Verglimmen tiefster Verzückung ... Diesen Satz sollte man öfter hören, bei Feiern und Festen, dies sollten mehr und mehr Juden vernehmen und ihr Volkstum, ihr altes, geheiligtes erleben.»[93]

Wer das jüdische musikalische Erlebnis suchte – hier und in anderen Kammerkonzerten fand er es, außerdem in Synagogenkonzerten, die eine starke Belebung erfuhren. Ein Beispiel aus Oberschlesien:

«Die erstmaligen Synagogenkonzerte jüdischer Künstler aus Breslau in Beuthen ... und in Gleiwitz ... wurden für die oberschlesische Judenheit zu einem starken Erlebnis ... Das Programm war einheitlich, zumeist aus geistlichen Gesängen und Musikstücken aufgebaut. – Den Höhepunkt erreichten die Darbietungen, als der zufällig in Gleiwitz weilende Oberkantor Leo Schächter von der Hauptsynagoge in Krakau mit seinem herrlichen, unerhört modulationsfähigen Tenor synagogale Gesänge zum Vortrag brachte ... Die Herren Rabbiner Prof. Dr. Golinski (Beuthen) und Dr. Ochs (Gleiwitz) dankten den Gästen im Namen der Gemeinde auf das herzlichste. Die Synagoge, so sagte Herr Dr. Ochs, werde nun wieder ihrer ursprünglichen Bestimmung zugeführt, das Haus jüdischen Gemeinschaftslebens (Beth ha Kenesset) zu sein.»[94]

Vom 10. bis 13. Mai 1934 fand in dem jüdischen Landschulheim Herrlingen bei Ulm die erste Arbeitstagung der neugegründeten «Mittelstelle für jüdische Erwachsenenbildung» statt, an der Vertreter fast aller jüdischen Organisationen teilnahmen. In der jüdischen Presse fand die Konferenz ein starkes Echo. So schrieb die ‹Jüdische Rundschau›, offenbar an den Eröffnungsvortrag Martin Bubers angelehnt:

‹Erwachsenenbildung› ist ein nüchternes Wort, ein Wort der Amtssprache, das, wie alle solchen ‹amtlichen Wörter›, seinen Gehalt nicht leicht verrät und nicht dazu angetan ist Begeisterung zu erwecken. Gemeint ist aber etwas wirklich für das nackte Dasein selber zentral Bedeutsames, nicht was man so ‹Bildung› nennt: nicht ein Unterrichtetsein über dies und jenes, ein gelegentliches Aufgeschlossensein für dies und jenes, sondern die Einsetzung und Ermächtigung des lebendigen Geistes, aus dem Menschen leben, und in unserm Fall, jenes Geistes, aus dem wir Juden, jüdische Gemeinschaft sind. Uns Juden, die wir ins atomisierte Einzeldasein zersplittert sind, die wir unserer jüdischen Gemeinschaft nur schicksalhaft erleidend, nicht aber erfüllt und von ihr gehalten zugehörig sind, soll der das Gleichgewicht des Lebens haltende Mittelpunkt wiedergegeben werden, der, weil er uns im Innern ist, durch nichts von außen verrückt, durch nichts von außen uns entrissen werden kann. Es geht darum, dem Widersinn unseres Erleidens den Sinn entgegenzusetzen, aus dessen Macht wir die Not eines widersinnigen Schicksals zur Tugend der Bewährung und Bewahrung in unserer ganzen Geschichte zu machen pflegten, und auch jetzt noch zu machen imstande sind.»[95]

Buber selbst hatte die Aufgabenstellung in seinem berühmten Text ‹Unser Bildungsziel› (1933) so formuliert:

«Einzig von den Urkräften seines jüdischen Daseins, von der Urverbundenheit ‹Israels› her, untereinander und mit dem Ursprung, untereinander, *weil* mit dem Ursprung, wird der Jude auf bebendem Boden standhalten und sein bebendes Herz zur Ruhe bringen.

Daß der jetzt heranwachsende Jude sich auf den Urbestand seines geschichtlichen Wesens besinne und sich aus ihm neu aufbaue zu dem Menschen, der die Problematik der Gegenwart am exponiertesten Punkt bewältige, das ist das Ziel unseres Bildens, ihr jüdischen Erzieher auf deutscher Erde!

Wir wollen ungespaltene, unbefangene, unabhängige Geschlechter erziehen. Wodurch sonst sollten sie es werden als durch die Wiedererwekkung der Urkräfte in ihnen, durch die Wiederknüpfung der Urverbundenheit? Als dadurch, daß die Urkräfte ihnen normativ werden und ihrem Leben eine selbständige Ordnung spenden, daß die Urverbundenheit ihnen fundamental wird und ihrem Leben einen unerschütterlichen Halt schenkt, eine Gewißheit, die nicht zerstört werden kann?

Man frage nicht, für welches Land wir erziehen wollen.

Für Palästina, wem es das Land sein darf. Für irgendeine Fremde, wem sie das Land sein muß. Für Deutschland, wem es das Land sein kann. Es ist *ein* Bild, *ein* Ziel, *eine* Erziehung.»[96]

Bereits am 19. November 1933 war das Frankfurter «Jüdische Lehrhaus» wiedereröffnet worden. Anfänglich mangelte es aber sowohl am richtigen Unterrichtsstil wie an den richtigen Inhalten und am richtigen Publikum. Das Israelitische Familienblatt kommentierte das erste Trimester:

«Wir nannten das vergangene Trimester einen vorbereitenden Lehrgang, da sowohl die Dauer als die Art der Veranstaltungen nicht den geplanten vollwertigen Charakter trugen. Es überwogen ... die Einzeldarbietungen, die ... gar nicht in den eigentlichen Aufgabenkreis einer wahren Volksbildungsstätte fallen. Auch die Lehrgänge hatten höchstens vier Stunden, und zu Arbeitsgemeinschaften ist es kaum gekommen. Dementsprechend war auch die Art der Besucher nicht ganz den Wünschen der Leitung entsprechend, es überwogen die Neugierigen und flüchtig Interessierten ... Vor allem die Jugend hielt sich noch stark zurück und kritisierte ... den allzu bürgerlichen und manchmal oberflächlichen Charakter der Veranstaltungen, die eher in den Rahmen eines Vereins als des Lehrhauses paßten ...

Wie die Lehrhausleitung es selbst als ihr Ziel verkündet, wie es unvoreingenommene Betrachtung als einzige und selbstverständliche Aufgabe des Lehrhauses erkennen läßt, und wie es endlich auch die Hörer, auf die es ankommt, wünschen, muß die rein jüdische Bildung, die Ausfüllung der schmerzlichen und klaffenden Lücken jüdischen Wissens, die kein Elternhaus, kein Gottesdienst und kein Religionsunterricht bei der bereits assimilierten älteren und noch mehr der heute jungen Generation geschlossen haben, das wesentlichste, das maßgebende Lehrhausziel sein und bleiben. Den deutschen Juden, die fast alle höhere Schulen besucht haben, ist, was die allgemein kulturelle Bildung betrifft, noch genug Gelegenheit zur Fortbildung geblieben. Seelischer Hunger, geistige Not und praktisches Bedürfnis schreien nach den rein jüdischen Bildungswerten, die aus den Quellen allein des Judentums geschöpft werden müssen.»[97]

Der Artikel stammte wahrscheinlich aus der Feder von Ernst Simon, der für einige Jahre aus Palästina nach Deutschland zurückkam, um sich der jüdischen Erwachsenenbildung zu widmen. Neben Buber, dem Leiter des Frankfurter Lehrhauses, war er zweifellos der bedeutendste und einflußreichste jüdische Erzieher.

Die Konsolidierung des Programms

Zu Beginn der zweiten Spielzeit des Berliner Kulturbunds am 1. Oktober 1934 versprach Kurt Singer in der Presse eine stärkere Berücksichtigung jüdischer Dramen, bat aber gleichzeitig um Geduld und Nachsicht:

«Ruhe tut not. Jene äußere Ruhe im Kampf der Meinungen, in der die Unruhe der künstlerischen Arbeit sich zu gleichmäßiger, stabiler, fruchtbarer Tat entwickeln kann; jenes Stillhalten der öffentlichen Richterin, die bei der Einsicht in Ziel, Haltung, Wille und Eifer des Instituts auch einmal Wohlwollen an Stelle der so unerbittlichen Strenge setzt. Wohlwollen einem Kinde gegenüber, das wächst, ist oft besser als Zucht und Strafe.»[98]

Der Appell verhallte nicht ungehört. Schon im Laufe des zweiten Jahres wich die ideologische und emotionale Aufgeregtheit der ersten Zeit einer ruhigeren und differenzierteren Betrachtungsweise. Im Mai 1935 konnte Friedrich Brodnitz in einem Grundsatzreferat über die kulturelle Arbeit feststellen:

«Eine Dauer der Kulturbundarbeit kann aber nur verbürgt werden, wenn es in gemeinsamem Wirken gelingt, Kunst zu einem Träger neuer Lebensgestaltung zu machen. Dabei scheint mir die Diskussion zwischen ‹deutscher› und ‹jüdischer› Kunst relativ belanglos geworden zu sein, da sich die Gegner in Theorie und Praxis weitgehend gefunden haben. Der gemeinsame Gegner beider steht da, wo versucht wird, teils aus Starrheit, teils aus doktrinärem Unvermögen in unseren Kulturbünden Gewesenes, Absterbendes zu konservieren.»[99]

Tatsächlich kam der Kulturbund seinen Kritikern in der zweiten Spielzeit mit einem ‹gemischten› Programm entgegen. Die Saison begann mit einem Paukenschlag, mit der deutschen Uraufführung von Stefan Zweigs Bibeldrama ‹Jeremias›, das von der Vernichtung des jüdischen Staates durch Nebukadnezar handelt, von der Auslöschung des Staatsvolkes und der Entstehung des Gottesvolks. In der jüdischen Presse wurde die Aufführung nicht nur als großes Theaterereignis, sondern auch als großes jüdisches Fest gefeiert. Übereinstimmend wurden der jüdische Geist und die aktuelle Bedeutung des Stückes hervorgehoben. So schrieb Eva Reichmann in einem Vorbericht für die ‹C.V. Zeitung›:

«Tod und Schrecken toben in den Straßen der gepeinigten Stadt. Die Schwerter der Chaldäer schlagen wahllos um sich wie Sensen in einem reifen Kornfeld ... Jeremias aber, zu Boden geschlagen von der grausamen Wucht, mit der seine Gesichte zur Wirklichkeit geworden waren, Jeremias hadert mit Gott. Jetzt, da er sieht, was er ahnend seit Jahren verkündete,

da erliegt auch er der Folterqual des geballten Leidens um ihn, und er lehnt sich auf gegen den Zorn des Ewigen. Aber seine Versuchung ist auch zugleich seine Erhöhung. In leidenschaftlicher Liebe wendet er sich den Resten des gequälten Volkes zu. Die Worte der Drohung, die er zu ihnen sprechen mußte, brennen in seiner Seele; er will die Wunde heilen, indem er fortan nur noch Trost und Hilfe bringt, und sei es selbst gegen den Befehl seines unbarmherzigen Gottes. Aber Gott ist mit Jeremias' Wandlung, und er segnet sie. Und deshalb strömen aus Jeremias' Munde fortan Worte der frohen Verheißung für die Zukunft des Volkes, er gibt seiner Niederlage neuen Sinn, und sein Leiden preist er selig, weil es in ihm erwählt ist zur ewigen Nachfolge Gottes. Hier recht eigentlich, in der *Sinngebung des nationalen Untergangs als Begründung ewigen religiösen und geistigen Fortbestandes,* wächst die Deutung des prophetischen Wortes zur grandiosen Apotheose des Judentums. Nicht die Enge eigenen staatlichen Seins, nicht Jerusalem, die irdische Stadt, kann seine Stätte sein, sondern der Herzen, des Glaubens, der Gottheit heiliger Gedanke: Jerusalem.»[100]
Wie Eva Reichmann empfand auch das Premierenpublikum:

«... aber dann kommt das Gewaltige, das Erschütternde und Erhebende; die Verkündung des Aufstiegs im Untergang. Und jetzt, wenn Jeremias' wundersame Tröstung durch die heiligen Schauer des Leids die niedergebrochenen Mauern des Tempels in den Herzen aufrichtet als ewiges Gleichnis unseres Schicksals, da öffnen sich die Herzen aller, die diese Stunden miterleben durften, die so alles andere waren als Spiel. Die Tränen in den Augen der Frauen und der Männer waren der Widerhall dieses Trosts und seiner Gestaltung. Und sie waren zugleich der schönste Lohn für den Gestalter auf der Szene, die mit unser aller Leid und Leben in eins verschmolz.»[101]

Über die Inszenierung schrieb die ‹Jüdische Rundschau›:

«Es war eine bedeutende Leistung. Zum ersten Male hat das Theater des Kulturbundes wirklich Massenszenen gestaltet, und der Regisseur Fritz Jessner gibt in diesen Szenen sein Bestes. Das Volk bildet wirklich eine harmonisch agierende Einheit, und die Bewegungen sind von stärkstem inneren Rhythmus erfüllt. Wie das Volk sinnlos jubelt, wie einer den andern übersteigert, wie tolle unfundierte Gerüchte die Menge erfassen, wie es den unerwünschten Störer wegstößt und wie es dann in seiner Not um Hilfe schreit, das ist so natürlich und bewegt dargestellt, daß man unmittelbar vor der erlebten Wahrheit steht. Und ebenso stark wie im Schauspielerischen waren die Massenszenen im Bildhaften.»[102]

‹Jeremias›, die «Dichtung unseres Schicksals», blieb nicht das einzige jüdische Stück dieser Spielzeit. Nach langwierigen Verhandlungen mit Richard Beer-Hofmann brachte der Kulturbund im Februar 1935 ‹Jaakobs Traum› zur Aufführung, ein Stück, das von der jüdischen Presse immer wieder gefordert worden war, aber wegen seines lyrischen, undramati-

Uraufführung von Stefan Zweigs ‹Jeremias›, Herbst 1934

schen Charakters beträchtliche Inszenierungsprobleme aufwarf. Während ‹Jaakobs Traum› wie der ‹Jeremias› in biblischer Zeit spielte, führte das im Juli 1935 gezeigte Stück ‹Jettchen Gebert› in die Biedermeierzeit. Das Stück beruhte auf dem gleichnamigen, sehr populären Roman von Georg Hermann aus dem Jahre 1906 und wurde in einer vom Verfasser selbst hergestellten Bühnenfassung gezeigt. An nichtjüdischen Stücken spielte man u.a. Goethes ‹Geschwister› und Molières ‹Gelehrte Frauen› (als Doppelveranstaltung), Pirandellos ‹Sechs Personen suchen einen Autor›, ‹Candida› von G.B.Shaw und – als letzte Aufführung im alten Haus an der Charlottenstraße – das ‹Spiel im Schloß› des ungarisch-jüdischen Dramatikers Franz Molnar. Es war, nimmt man alles in allem, eher eine Saison der Opernbühne. Dort wurde Erstrangiges geboten: ‹Fidelio› von Beethoven, ‹Die verkaufte Braut› von Smetana, ‹Nabucco› von Verdi und die ‹Fledermaus› von Johann Strauß. Mit ‹Nabucco› wurde erstmals ein altbiblischer, also jüdischer Stoff auf die Opernbühne gebracht.

Auch in der Provinz bemühte man sich um das «jüdische» Stück. Der Kulturbund Rhein-Main trat schon im November 1934 mit einer eigenen ‹Jeremias›-Inszenierung hervor, der ersten richtigen Theateraufführung in Frankfurt überhaupt. Da man mangels einer eigenen Bühne in einem Konzertsaal spielen mußte, wurde das Stück in stark vereinfachter Form gezeigt; zur Premiere kamen 1700 Menschen. Der Kulturbund Rhein-

Ruhr brachte, im gleichen Monat, mit dem Makkabäer-Drama ‹Joseph ben Matthias› von Julius Wolffsohn das erste, von der Kritik mit verhaltenem Beifall aufgenommene Stück dieses Nachwuchsautors heraus. Ein neues jüdisches Drama war auch das in biblischer Zeit angesiedelte Stück ‹Channa› der jungen Frankfurterin Martha Wertheimer, dem bei einem Dramenwettbewerb des Kulturbundes Rhein-Ruhr ein Preis zuerkannt worden war. Es wurde im Mai 1935 durch ein vom Kulturbund Rhein-Main zusammengestelltes Ensemble in Frankfurt uraufgeführt. Im gleichen Monat wurde dort mit Mozarts ‹Entführung aus dem Serail› eine erste eigene Opernaufführung gewagt. In Bayern, wo ein Theaterbetrieb nicht erlaubt worden war, mußten sich die Juden mit den Vorstellungen der «Marionettenbühne Münchener jüdischer Künstler» begnügen, die erstmals wohl im Januar 1935 mit dem Puppenspiel ‹Moses› nach der gleichnamigen Skizze von Strindberg und dem ‹Mädchen von Elizondo› von Jacques Offenbach vor das Münchner Publikum trat. Die Stimmen der Puppen stammten nicht von Laien, sondern von veritablen Schauspielern und Sängern.

Wie auf der Schauspielbühne bemühte man sich auch im Bereich der konzertanten Musik, das klassische Repertoire durch jüdische Stücke anzureichern. Im Märzprogramm 1935 brachte das Orchester des Berliner Kulturbundes außer dem 5. Brandenburgischen Konzert von Bach und der 5. Symphonie von Beethoven zwei Erstaufführungen von Werken jüdischer Komponisten, darunter die Suite ‹Uriel Acosta› von Karol Rathaus, deren Wiedergabe vom Musikkritiker der ‹Jüdischen Rundschau› als das «große Ereignis des Abends» gefeiert wurde:

«Die Begeisterung des Publikums brachte denn auch nach dem 4. Satz, dem ‹Jüdischen Tanz›, spontan dem anwesenden Komponisten und dem Dirigenten Huldigungen dar. Rathaus, ein Mann von reifem Können, erweist sich auch als ein ‹jüdischer› Musiker, der aus der eigenen Tiefe schöpft und vielleicht eben darum diese innere Kraft und Geschlossenheit zeigt, die zu packen und zu ergreifen vermochte.»[103]

«Jüdische» Musikerlebnisse waren vor allem auch die Konzerte des Männerchors von Chemjo Winawer, der auf synagogale Gesänge und hebräische und jiddische Volkslieder spezialisiert war. Eine Bereicherung des musikalischen Lebens waren die Lieder- und Arienabende, die der berühmte Bariton Alexander Kipnis (Staatsoper Wien) auf einer Deutschland-Tournee gab. Der bayerische Kulturbund organisierte neben den Konzerten seines Streichorchesters unter Erich Erck (Eisner) in größeren Städten Konzerte einheimischer Musiker («Konzert Münchner Künstler», «Konzert Nürnberger Künstler»), die zum Teil in Form häuslicher Veranstaltungen durchgeführt wurden. In Berlin stellte Erwin Jospe im März 1935 seinen 70 Knaben- und einige Männerstimmen umfassenden Kinderchor vor («Jüdische Sängerknaben»). Die neugebildete Operngemeinschaft

der Künstlerhilfe und das «Jüdische Kammerorchester» gaben im April aus Anlaß des Händeljahres eine konzertante Aufführung der Oper ‹Julius Caesar›. Hauskonzerte hatten Konjunktur:

«Neben den zahlreichen Kunstveranstaltungen im großen Rahmen, die man uns jetzt in Breslau bietet, werden künftig auch regelmäßige jüdische Hauskonzerte stattfinden. Das heißt aus der Not eine Tugend machen. Denn mit der Befriedigung des gesteigerten Bedürfnisses nach geistiger und künstlerischer Unterhaltung wird hier zugleich an die beste Tradition des jüdischen Hauses angeknüpft.»[104]

Ein musikalisches Zentrum war das Haus Weil in Berlin:

«Es zeugt von Verantwortungsgefühl für die Kunst, wenn sich Musiker und Musiklehrer uneigennützig zur Pflege hochwertiger Musik zusammenschließen. Der Kreis um den Cellisten Hermann Weil ist von dieser Aufgabe durchdrungen und zeigt in seinen Veranstaltungen die Wege, die zu einer vorbildlichen Musikübung führen können. So ist die Aufführung der ‹Winterreise› von Schubert im letzten Hauskonzert bei Weil ein Verdienst des Veranstalters um die Vermittlung bester Musik.»[105]

Häufig dienten diese Hauskonzerte wohltätigen Zwecken: Im Hause Zuckermann in Berlin-Dahlem wurde zum «Besten» der Jüdischen Künstlerhilfe musiziert, bei Dr. Hans A. Meyer Berlin – mit freiem Kartenverkauf – zugunsten der jüdischen Mittelstandsküchen.

Einen großen Aufschwung nahm auch die Laienmusik. Die deutschen Juden bildeten in dieser Zeit der Not viele Gemeinschaften, größere und kleinere, mit unterschiedlichen Interessen und Zielen, und in diesen Gemeinschaften wurde viel gesungen und musiziert. Im Dezember 1934 brachte die ‹Jüdische Rundschau› eine Reportage von Hans Nathan über das «Musikleben in jüdischen Jugendbünden». Einen «Oneg Sabbath» in der Berliner Gruppe des zionistischen «Makkabi Hazair» hatte Nathan miterlebt:

«Wir kommen um ½10 Uhr abends. Die Stube ist spärlich erleuchtet durch zwei Kerzen. Mädchen und Jungen sitzen zwanglos um einen gedeckten Tisch. Einer am Kopfende liest vor. Ostjüdische Geschichten: Schilderung eines Pogroms. Dann einen Brief von Bialik: etwas aus Palästina ... Der Leser ist nun zu Ende ... Ganz unvermittelt, ohne daß man merkt, daß er beginnen will, singt er ein hebräisches Lied. Alles schweigt. Der Sänger bringt seine Melodie noch einmal, summend ...

Ganz plötzlich ist jetzt die Lust zum Singen lebendig geworden. Man fängt an laut zu sprechen und überlegt sich gemeinsam, was man singen will. Nach den getragenen Weisen kommen nun rhythmische Horra-Melodien, die immer schneller wiederholt werden. Manche packt der Rhythmus; sie treten ihn mit den Füßen mit. Es wird jetzt versucht, mehrstimmig zu singen. Einige improvisieren eine einfache zweite Stimme zu der ersten hinzu, dann versucht der Leiter das Singen zu organisieren. Er teilt in

Gruppen auf, läßt kleine Kanons singen und Lieder mit einer sich immer wiederholenden Begleitstimme. Manches gelingt, manches weniger. Die Mädchen geben sich große Mühe, aber die Jungen stellen sich ein wenig besser an, singen mit dem richtigen Tonfall, den hebräische Lieder verlangen ...»

Im krassen Gegensatz hierzu stand die Liedpflege im «Vortrupp deutscher Juden», einer scharf antizionistischen und «erzdeutschen» Gruppe:

«Der ‹Vortrupp› kennt keine regelmäßig stattfindenden Singkreise, sondern bei Tagungen und Zusammenkünften wird spontan gemeinschaftlich gesungen, aber immer nur einstimmig. Hebräische Lieder werden überhaupt nicht gesungen, abgesehen von religiösen. Man bevorzugt dagegen die Lieder der deutschen Jugendbewegung: deutsche Landsknechtslieder u. a. Zur Bundeshymne wurde das Landsknechtslied ‹Wir marschieren über die Straßen› gewählt. Instrumentalmusik irgendwelcher Art wird nicht getrieben.»[106]

Der große Zulauf, dessen sich die privaten Kabaretts und Kleinkunstbühnen erfreuten, zeigte ein verbreitetes Bedürfnis nach leichter Kost, dem sich auch der noble Kulturbund nicht lange verschließen konnte. Nachdem bereits in der Frühjahrssaison 1934 einige «Bunte Abende» mit Sketchen, Einaktern, Rezitationen und Chansons angeboten worden waren (darunter zwei mit Rosa Valetti), fanden im Herbst 1934 in rascher Folge drei offizielle «Kleinkunstabende» statt, von denen die beiden ersten vernichtende Kritiken erhielten. Über den zweiten schrieb Margaret Edelheim in der ‹C.V.-Zeitung›:

«Nach dem ersten Kleinkunstabend des Berliner Kulturbundes stellten wir fest, daß der Kulturbund in die Kleinkunstprogramme etwas Typisches aufnehmen müsse, um seinen Abenden ein besonderes Gesicht zu geben und sie von den früheren Kurfürstendamm-Kabaretts abzuheben. Als wir die Einladung zu dem zweiten Kleinkunstabend erhielten, ... glaubten wir der Kulturbund habe diese Forderung richtig verstanden und er sei auf gutem Wege. ‹Ernste und heitere Familienbilder› hieß der Titel des Abends, und das erste Bild hieß vielversprechend ‹Simchat Thora zu Hause›. Mit diesem Programmpunkt war alles gegeben, was sich überhaupt auf Familie bezog, die nächsten hatten mit Familienbildern nichts mehr zu tun. Die einzige Familienszene aber wiederum hatte mit Simchat Thora nichts zu tun, das einzig jüdische an ihr waren zwei silberne Leuchter auf dem Tisch und die Handbewegungen von Nelly Hirth. Im übrigen war es das Bild einer unangenehmen Familie mit gänzlich unjüdischen Witzen, deren Alter mit zweistelligen Zahlen nicht mehr zu errechnen ist.»

Nach der Beanstandung weiterer Beiträge endete die Besprechung:

«Warum wir diesem Abend eine so lange Besprechung widmen? Weil wir glauben, daß dieser Weg des Kulturbundes in das Dickicht und nicht in die freie Atmosphäre führt. Der Kulturbund hat immer wieder gesagt: wir wollen kein geistiges Ghetto. Was Dienstagabend geboten wurde, ist zum großen Teil geistiges Ghetto, und es ist betrüblich zu sehen, wie wohl sich das Publikum dabei fühlte. Der Kulturbund darf sich in diesen Dingen aber nicht nach dem Publikum richten, er muß das Publikum erziehen, und wir glauben versprechen zu können, daß es auch gern mit ihm gehen wird, wenn man ihm wirkliche Kunst bietet.»[107]

Margaret Edelheim versprach nicht zuviel. Als beim dritten Abend unter der Regie von Nicolai Eljaschoff ein ‹Östlicher Bilderbogen› gezeigt wurde, sechs lebende Bilder nach bekannten jiddischen Volksliedern, kannte der Beifall des Publikums keine Grenzen. Die ‹Jüdische Rundschau› sah in diesem Vorgang ein jüdisches Politikum ersten Ranges:

«Wer vergangene Woche in einer Veranstaltung des Berliner Kulturbundes anwesend war, wurde Zeuge eines merkwürdigen Vorgangs, der mehr Licht auf die wahre Situation des deutschen Judentums wirft als so manche kluge Betrachtung von Rednern und Schreibern. Als nach einer belanglosen Folge abgestandener Kabarett-Vorführungen, wie sie leider dem bisherigen Stil des Kulturbundes entsprechen, in einer zweiten Abteilung ostjüdische Volkslieder dargestellt wurden, ging ein Erwachen durch das ganze Haus, und wie von unsichtbarer Hand berührt, erhoben sich die Menschen, klatschten, jauchzten, lachten und weinten mit. Wir hatten nicht mehr den steifen Bürger, als der das Bild des deutschen Juden erscheint, vor uns, sondern mit einem Schlage war aus dem ‹Publikum› Volk geworden ...

Das ist das Erlebnis der eigentümlichen Episode im Berliner Kulturbund: die Menschen spürten, wonach sie sich so lange gesehnt. Die Wärme schlug ihnen entgegen, die aus echter Volkstümlichkeit, aus gelöstem lebendigen Volkstum strömt. Da waren alle Theorien vergessen, alle Theorien von ‹Deutschjudentum› und ‹Ostjudentum›, alle Kunst-Ideologien des Kulturbundes, und in der Tiefe des Herzens war etwas angesprochen worden, was verschüttet lag, von den Trägern selbst in einen entfernten Winkel verdrängt, vielleicht seit Generationen brachliegend. Gefühl ist alles, Namen und Begriffe sind Schall und Rauch. Beglückend war es, verbunden zu sein mit – nein, als – Gemeinschaft, als Volk. Und alle die behäbigen Herrn und gesitteten Damen wollten mit dabei sein, standen und klatschten wie ein zionistischer Jugendbund, fühlten sich in einer Stunde der Gelöstheit befreit von der eiskalten Atmosphäre ihres Lebens und mitten ins Volk gestellt.»[108]

Als beste jüdische Kleinkunstbühne galt allgemein das wohl 1934 gegründete Kabarett «Der bunte Karren» in Leipzig. Der große Star der kleinen Bühne aber war die russisch-jüdische Künstlerin Dela Lipinskaja, die sich in der Saison 1934/35 schnell in die Herzen des jüdischen Publikums sang, tanzte und spielte. Nach ihrem ersten Auftreten in München im Dezember 1936 schrieb Ludwig Feuchtwanger in der ‹Gemeindezeitung›:

«Der europäische Ruf, der der Universalkünstlerin Dela Lipinskaja vorangeht, hat sich auch hier in München wieder als wohlerworben erwiesen. Sie ist jetzt an drei Abenden hintereinander im Kulturbund aufgetreten, an den drei Abenden vor ausverkauftem Haus. Nach Schluß der Vorstellungen verließ niemand das Haus. Beifallsstürme entlockten der Künstlerin immer neue Gaben. Sie hat auch das Münchener Publikum im Sturme erobert.

Wie soll man diese Kunst des rotblondgelockten, genialen Persönchens charakterisieren? Scheinbar mühelos, mit einem kaum spürbaren Kraftaufwand an stimmlichen und mimischen Mitteln bringt die kleine, quicklebendige Frau erstaunliche Wirkungen zustande. Sie singt in sechs Sprachen und begleitet sich oft selbst am Flügel. Man kann nicht sagen, ob ihr musikalisches Feingefühl stärker ist als ihr großes schauspielerisches Talent. Bewegung, Gesang, Mimik sind hier eins. Die besondere Begabung der Slavin und Jüdin für die Bühnenkunst wird in dieser Künstlerin in überwältigender Weise offenkundig. Die drei Abteilungen der Vortragsfolge waren mit seltenem Effektbewußtsein aufeinander abgestimmt: Kurz, ein Erfolg auf der ganzen Linie.»[109]

Das ganze Gegenteil eines Stars und doch eine der beliebtesten Kulturbund-Künstlerinnen war die Rezitatorin Edith Herrnstadt-Oettingen. Im Januar 1935 sprach sie in einer Synagoge in Königsberg. ‹Das Blatt der deutschen Jüdin›, ein Beiblatt der ‹C.V.-Zeitung›, berichtete:

«Es ist eine kleine alte Synagoge in der östlichsten Stadt Deutschlands. Helle Holzbänke mit aufklappbaren Pulten. Ein schöner alter Thoraschrein, gekrönt von einem goldenen Adler und zwei ihn flankierenden goldenen Löwen. Die Kronleuchter brennen und verströmen ihr Licht, dessen Reflexe auf den alten Leuchtern blinken ...

Vor dem Allerheiligsten, vor dem Betpult des Rabbiners, steht heute ein einfacher Lehnsessel. Von hier aus spricht eine schlanke, dunkelhaarige Frau, spricht Edith Herrnstadt-Oettingen zu den stillen, meistens blassen und nachdenklichen Menschen, die sich im Schiff der kleinen Synagoge versammelt haben.

Vielleicht ist es schon der eigenartige Rahmen, der die Herzen dieser Menschen gleich bei der Frage des sich seinen Brüdern offenbarenden Josephs ‹Lebt mein Vater noch?› aufhorchen läßt. Diese Frage, von der metallischen und doch weichen, alle Register echten Gefühls beherrschenden Stimme der dunklen Frau gestellt, schafft den Grundton dieses Abends. Diese Frage lockert die Seelen auf, die hart geworden sind in der Entlegenheit dieser Stadt und im Schicksal der letzten Jahre. So wird sofort die Stimmung vorbereitet – für die Melodien der Dichtungen, die hier heute erklingen sollen.

Denn Melodien sind es ... Es sind oft harte Rhythmen, Rhythmen, wie das Leben sie nun einmal schafft ... aber alles, was sie spricht (auswendig spricht, das ganze lange Programm!) ist getragen von einer inneren, edlen Musikalität und von ... unerschütterlichem Gottvertrauen! – Das ist es! Die Unerschütterlichkeit eines blindlings auf Gott fest vertrauenden, schöpferischen Menschen! Davon werden alle gepackt, davon werden alle mitgerissen. Ob es Salomo ist, der zum Herrn betet oder ob der Nimerower Rabbi durch die einfache, verstohlene Güte seines Herzens ‹noch höher› als in den Himmel fliegt oder ob Manfred Sturmann in seinem ‹Menschenspruch› die Beschwingtheit des geistigen Juden gibt oder ob im ‹Jeremias› immer wieder sehnsüchtig nach dem alten Traum des Wandervolkes, nach Jerusalem, gefragt wird ... immer ist in der Stimme dieser Frau, auf ihrer klaren Stirn, in ihren klugen und vom Leide ihres Volkes wissenden Augen, ja sogar in den spärlichen Gesten ihrer Hände das felsenfeste Vertrauen auf Gott! – Er wird helfen ... wie er Mendel Singer im ‹Hiob› [von Joseph Roth] geholfen hat ... Im Banne der großen Vortragskunst der Edith Herrnstadt-Oettingen sind alle hier Mendel Singers, jeder hat schon einmal verzweifelt, jeder hat einmal im tiefsten Innern abtrünnig gelästert und jedem kann alle Tage das große Wunder Gottes geschehen.

Beifall darf in der alten Synagoge natürlich nicht geklatscht werden. Aber die feucht und doch glücklich schimmernden Augen und das zitternde Aufatmen der Menschen ... sagen genug!»[110]

Um den jüdischen bildenden Künstlern neue Wirkungs- und Erwerbsmöglichkeiten zu verschaffen, führte der Berliner Kulturbund neben seinen Wechselausstellungen im Kulturbund-Theater ab 1934 regelmäßig sogenannte Atelierausstellungen durch. Auf dem Programm standen zum Beispiel Führungen durch die Ateliers von Julie Wolfthorn, Eugen Spiro und Arno Nadel. Die Künstlerhilfe präsentierte im Mai 1935 ihre zweite «Frühjahrsausstellung Berliner jüdischer Künstler», über die die ‹C. V.-Zeitung› schrieb:

«Die Berliner Ausstellung ist aber besonders interessant, weil sie Antwort gibt auf die oft gestellte Frage: Wie steht es um den jüdischen Nachwuchs? Durchgeht man unter diesem Gesichtpunkt die vielen Säle im Jüdischen Museum, so ist man erstaunt ob der vielen Begabungen, die an die Öffentlichkeit drängen. Da ist der junge Bildhauer Peter Fingesten mit seinem ‹Mädchentorso›, der technisch und inhaltlich vollendet ist. Man muß bedenken, daß dieser Künstler erst 19 Jahre zählt, und man wird die schöpferische Kraft in dem Wachsporträt mit ihrem ganzen großen Rhythmus bewundern und für die Zukunft dieses jungen Juden nicht besorgt sein. Zu den Jüngeren rechnen auch Heinz Rosenberg-Fleck, der schon oft Proben seines Könnens ablegte, Elisabeth Wolff und Ottilie Wollmann. Immer handelt es sich um ausdrucksvolle Köpfe, die wirklich ausstellungsreif sind.»[111]

Andere in der Ausstellung vorgestellte Plastiker waren Emil Pottner, Alexander Oppler, Franz Landsberger und Viola Böhm. An Malern und Zeichnern waren u.a. vertreten: Eugen Spiro, Else Meidner, Ludwig Bato, Anneliese Ratkowski, Georg Hausdorf, Max Heimann und Leo Prochownik. Die zwei schönsten «jüdischen Gemälde» stammten von Frauen. Von Julie Wolfthorn wurde das von der Künstlerhilfe in einem Wettbewerb zum Thema «Das Gegenwartsleben der jüdischen Frau» preisgekrönte Frauenbildnis ‹Besinnung› gezeigt, das eine nachdenkliche junge Frau am Sabbath-Tisch darstellte, von Paula Neufeld das Gemälde ‹Das ist das Gesetz›, eine Thorarolle, die von zwei geöffneten Händen gegen einen blauen Himmel gehoben wird. Obwohl also «Jüdisches» nicht fehlte, bedauerte die ‹Bayerische Israelitische Gemeindezeitung› den unspezifischen Charakter der Ausstellung:

«Woher erklärt sich nun diese Erscheinung? Einmal mag es daran liegen, daß die typisch jüdischen Maler, wie beispielsweise Budko, Struck oder Steinhardt nicht mehr hier sind, und daß auch ein Teil gerade der jüngsten schaffenden Künstler seinen Wohnsitz nach Palästina verlegt hat. Vielleicht ist es aber auch gerade eine Ehrlichkeit, daß trotz aller äußeren Ereignisse und innerer Aufwühlung viele jüdische Künstler der bisherigen Tendenz ihres künstlerischen Schaffens treu geblieben sind und nicht aus Konjunkturgründen sich wandelten.»[112]

Weit mehr als durch solche Ausstellungen wurden die deutschen Juden im Jahre 1935 durch den von der Palästina-Filmstelle der Zionistischen Vereinigung gezeigten «ersten» Palästina-Tonfilm ‹Land der Verheißung› aufgewühlt, der im Auftrag des Keren Hajessod Leisrael (Jüdischer Aufbaufonds) von der Fox Movietone Film, New York, hergestellt worden war und von der Urim Palestine Film Company weltweit vertrieben wurde. Nach Form und Qualität ein Kulturfilm ersten Ranges, war der Streifen dem Inhalt und den Absichten nach ein zionistischer Propagandafilm, der den Aufbau des jüdischen Palästina zum Thema hatte. Zum Inhalt schrieb die ‹Jüdische Rundschau›:

«Der Film zeigt ... was errungen wurde, was an offensichtlichem Erfolg sichergestellt worden ist. Wir sehen ... das tägliche Leben der Siedlungen, das Werk des Pflügers und Dreschers, Traktoren und Mähmaschinen, Orangenernte nach dem Setzen von Stecklingen, Schafe und Rinderherden ..., dann Bienenfarmen und Hühnerfarmen ... Wir begegnen vor allem den Menschen, Männern und Frauen, oft bei derselben Arbeit, abends bei der gemeinsamen Zerstreuung durch Unterhaltung, Musik, Tanz, und wir lassen uns überzeugen, daß diese Kameradschaft der Kwuzah nicht erst für die Leinwand gemacht worden ist.»[113]

Die Welturaufführung des Films fand am 26. Mai 1935 in Berlin statt, zuerst vor geladenen Gästen in der Alhambra am Kurfürstendamm, dann – am Abend des gleichen Tages – als öffentliche Vorstellung im Bachsaal an der Lützowstraße. Im Laufe der nächsten Monate lief der Film vor vollen Häusern überall im Reich.

1934/35 war das Jahr der jüdischen Erwachsenenbildung. Die «Lehranstalt für die Wissenschaft des Judentums» öffnete sich auch für Laien und bot eine Reihe von Bildungskursen auf den verschiedensten Gebieten an, z. B. über Philosophie, Neuere Geschichte, Geschichte des Vorderen Orient, Sozialfürsorge und semitische Sprachen. Am 30. Oktober 1934 eröffnete die Berliner Zionistische Vereinigung ihr eigenes Bildungsinstutut, das den Namen des hebräischen Dichters und Sprachschöpfers Chajim Nachman Bialik trug:

«Die ‹jüdische Lehrstätte Ch. N. Bialik› ist ein Bildungsinstitut für Erwachsene, das versuchen will, in Vortragsreihen und Arbeitsgemeinschaften Wissen um die jüdische Vergangenheit und Gegenwart zu vermitteln. Der Name ‹Chajim Nachman Bialik› bedeutet nicht nur eine Ehrung des Dichters, sondern auch ein Programm. Im Sinne des großen Volkserziehers will die Lehrstätte eine Schule jüdischer Erziehung sein, das jüdische Bewußtsein ihrer Hörer formen und sie vom jüdischen Wissen her zu einer klaren jüdischen Haltung bringen.»[114]

In ihrem ersten Arbeitsjahr bot die Lehrstätte 15 verschiedene Kurse an, darunter solche über jüdische Geschichte, Geschichte des Zionismus, zionistische Politik, jüdische Religion und jüdische Musik, außerdem Arbeitsgemeinschaften über jüdische Literatur und über den «palästinensischen Alltag» sowie eine Reihe von Sonderveranstaltungen, darunter Museumsführungen und Gesellschaftsreisen nach Palästina und dem «jüdischen Osten».

Bereits im Juli 1934 war die um 1920 gegründete «Freie Jüdische Volkshochschule» in Berlin unter neue Leitung (Paul Eppstein, Fritz Bamberger) gestellt worden, die es sich zur Aufgabe machte, das darniederliegende Institut durch Umbau des anonymen, fluktuierenden Publikums zu einem festen Hörerkreis dem Typus des um Wesenserziehung bemühten jüdischen Lehrhauses anzunähern. Als dieser Vorgang – unter massiver Ein- und Mitwirkung der Mittelstelle für jüdische Erwachsenenbildung – abgeschlossen war, wurde die Volkshochschule am 1. November 1934, also zwei Tage nach Einweihung der neuen Lehrstätte der Berliner Zionistischen Vereinigung, in einem Festakt als «Jüdisches Lehrhaus Berlin» wiedereröffnet. Der Andrang des Publikums war so groß, daß die Feier im großen Saal des Logenhauses durch Lautsprecher in den sogenannten Gartensaal übertragen werden mußte. Für das erste Semester wurden 2200 Hörerkarten ausgegeben. 1200 Hörer besuchten den Hauptzyklus ‹Tradition und Leben›, 300 die Einführungsvorlesungen ‹Geschichte der Juden› und ‹Einführung in das Judentum›, wiederum 1200 nahmen an den 70 angebotenen Arbeitsgemeinschaften teil.

Wo sich die «Häretiker» so intensiv um die jüdische Erziehung bekümmerten, da konnte die Antwort des «gesetzestreuen» Judentums, der jüdischen Orthodoxie, nicht ausbleiben. Am 21. Mai 1935 wurde, ebenfalls im Logensaal, das von der Berliner Gruppe des Misrachi und vom «Verein zur Erhaltung des überlieferten Judentums in Berlin» gegründete «Rambam-Lehrhaus Berlin» eröffnet, benannt nach dem großen mittelalterlichen jüdischen Theologen und Philosophen Rabbi Mosche ben Maimon, auch Maimonides und – nach den ersten Buchstaben seiner Namen – auch Rambam geheißen. Die Zielsetzung:

«Das Rambam-Lehrhaus will ... neben den bereits bestehenden jüdischen Lehrhäusern in Berlin eine besondere Aufgabe erfüllen: Die Welt der religiösen Überlieferung vom Standort dieser Überlieferung selbst dem jüdischen Menschen der Gegenwart erschließen.»[115]

Der systematische Lehrbetrieb begann im Herbst 1935, jedoch sollte schon im Sommersemester eine größere Anzahl von Vorträgen und Arbeitsgemeinschaften stattfinden.

Durch die Tätigkeit der neuen Lehreinrichtungen, der weltanschaulichen Organisationen und der Kulturbünde kam es zu einer Inflation lehrhafter Veranstaltungen, die Friedrich Brodnitz zu folgender Warnung veranlaßte:

«Im übrigen sollen sich die Kulturbünde in ihrer Arbeit auf das ihnen wesenseigene Gebiet beschränken. So bedarf das Vortragswesen der Kulturbünde einer Überprüfung durch den Reichsverband. Mit den Weltanschauungsgruppen in Konkurrenz zu treten, ist nicht Aufgabe der Kulturbünde. Ebenso müssen die Arbeitsgebiete der Lehrhäuser und der Kulturbünde sorgfältig abgegrenzt werden.»[116]

Mit dem Hinweis auf die Domäne der «Weltanschauungsgruppen» dürfte Brodnitz vor allem auf zionistische Referenten angespielt haben, die in den Kulturbünden von Anfang an aktiv waren. Ihr populärster, weil radikalster und rhetorisch am meisten begabter, war Joachim Prinz. Von einem seiner Vorträge im Münchner Kulturbund wurde berichtet:

«Am Donnerstag, den 10. Januar 1935, sprach der Berliner Rabbiner Dr. Joachim Prinz ... im überfüllten, viel zu kleinen Museumssaal über ‹Begegnung als jüdisches Schicksal›.

‹Sprach› – ist eigentlich nicht ganz der richtige Ausdruck, denn Joachim Prinz ‹spricht› nicht, er wird vielmehr selbst mitgerissen vom Sturm seiner Rede, die oft in ihrer leuchtenden Bildhaftigkeit an alttestamentale Mahnrufe der Propheten erinnert. Er, der ganze Mann, ist Rede, ist Aufruf, eine unwiderstehliche Dynamik erfüllt seine Worte, die getragen sind von einem echten, alle Schablonen des Herkömmlichen verschmähenden Pathos.

Bei Prinz muß zuerst nach dem ‹Wie›, erst dann nach dem ‹Was› der Rede gefragt werden. Denn dieser Redner versteht es, durch die Macht des Wortes zu wirken, mehr wohl als durch die rationale Tragkraft seiner Gedanken, die niedergeschrieben an Leuchtkraft und Macht verlören.»[117]

Dies war Anfang 1935. Unter dem Eindruck der Nürnberger Rassengesetze vom 16. September 1935 wandelte sich der Polemiker und Kämpfer zum Elegiker und Tröster. In einem ‹Zur Analyse der Zeit› betitelten Aufsatz schrieb Prinz:

«Die Tragödie der Juden in Deutschland vollendet sich ...

All unsere Beziehungen zu den verschiedensten Lebenskreisen der deutschen Umwelt sind gelöst, objektiv gelöst. Aber, was bleibt, was innerlich bleibt, ist bitter genug. Mehr als wir hier in Norddeutschland leben die Menschen der alten Judengemeinden in den Dingen draußen. Mehr als wir Großstädter waren sie an die Welt der Natur gebunden. Die Angleichung an viele Gewohnheiten des Lebens, in Essen und Trinken, die Felder, die Weinberge, der Fluß und die alten Türme und die alten Kirchen spielten in ihr Leben stärker hinein als bei uns Großstädtern. Sie wohnen oft seit Hunderten von Jahren in ihrer Gemeinde. Sie haben in ihren Schreibtischen Stammbäume verwahrt, die sie sehr stolz zeigen. Sie kannten die Menschen und sprachen zu ihnen im Dialekt der Heimat ...

Das neue Ghetto ist ein Leben in den vier Wänden ... Es ist ein Leben ohne Dinge, ohne Echo, ohne ‹Leben›. Es wird zum Schemen. Jetzt im Herbst fährt man durch rot gefärbte Wälder, die der schwarze Nadelwald schwarz kontrastiert. Man denkt an die Tage von einst: Der Ausflug am freien Tag, die Wanderung, die Fahrt der Jugend – ach, wie kümmerlich ist das alles für uns geworden! Auf den Weinbergen stehen fröhliche Menschen. Sie singen. Durch die Straßen der Stadt fahren die Karren mit den großen Holzbottichen, die den Most aufnehmen sollen. In den Wirtshäusern mit den wundervollen, alten Wirtsschildern, jenen großartig zierlichen Ornamenten der Fachwerkhäuser und der geraden Straßenzeilen, wird eifrig gesäubert und die großen, alten bemalten Fässer bereitgestellt. Unsere Menschen hatten einmal an alledem inneren Anteil. Am Lied und am Wein. ‹Schon hebt sich auch das Herbsten an›, haben wir einmal gesungen. Das ist zu Ende. Und selbst in der Großstadt flammen die Lichter, tönen die Stimmen nicht mehr für uns!»[118]

Die Saison 1935/36

Prinz konstatierte in diesem Aufsatz, einem der eindrücklichsten Dokumente zur psychischen Lage der Juden in dieser Zeit, daß sich der jüdischen Menschen eine tiefe Depression bemächtigt habe und daß ihre «seelischen Spannkräfte» nachzulassen begannen. Im Kulturleben war davon zunächst nichts zu spüren. Das Spieljahr 1935/36 war im Gegenteil durch gesteigerte Aktivitäten gekennzeichnet.

Ende Oktober debütierte die neue Kleinkunstbühne des Berliner Kulturbunds unter Max Ehrlich mit dem Programm ‹Herr Direktor, bitte Vorschuß›. Obwohl «Jüdisches» kaum vorkam, wurde die Premiere von der ‹Jüdischen Rundschau› beifällig aufgenommen:

«Wer den meisten Kabarett-Veranstaltungen in unserem jüdischen Kreis mit einer gewissen Beängstigung entgegensieht, weil er aus den vergangenen Wintern so manche Entgleisung gewohnt ist, wurde von diesem Abend angenehm enttäuscht. Es scheint, daß die Obhut des Kulturbundes der Sache gut bekommen ist, und der ‹Direktor› und Conferencier Ehrlich hatte wohl recht, wenn er aus dem – imaginären – Posteinlauf, der bei ihm zur Eröffnung der Bühne eingegangen ist, den Satz verlas, der besonderen Beifall fand: ‹Seien sie recht komisch, Zores haben wir zu Hause genug.›»[119]

Mitte November 1935 hatte die neue Wanderoper der Künstlerhilfe mit den Offenbach-Einaktern ‹Ein Eh'mann vor der Tür› und ‹Die Hanni weint – der Hansi lacht› Premiere (Regie Kurt Baumann, musikalische Leitung Ernst Ewald Gebert). Am 9. Februar 1936 gab das neue «Theater der jüdischen Schulen» als öffentliche Generalprobe vor geladenen Gästen den ‹Eingebildeten Kranken› von Molière:

«Man durfte mit Recht skeptisch sein. Im Laufe der letzten Jahre haben wir viele Schauspielerensembles sich zusammentun sehen, deren Aufführungen dann mehr als dilettantisch waren. Es gab keinen unter den Zuschauern bei dieser Generalprobe, der nicht ehrlich bekennen mußte, angenehm überrascht worden zu sein. Was wir zu sehen bekamen, war wirklich anständiges, handfestes Theater. Primitivste Mittel, eine Bühne (in der Aula der Schule Gr. Hamburger Straße), auf der sich die Schauspieler kaum bewegen können, sparsamste Dekoration: kurz ein Theater mit allen Attributen unserer Armut. Aber siegreich triumphierte über diese äußere Dürftigkeit die Spielfreude und der Wagemut durchweg guter Schauspieler, die sich mit wahrer Leidenschaft in ihre Aufgabe stürzten und – das bewies ihnen der herrliche Beifall – sie zu allgemeiner Zufriedenheit lösten.»[120]

Im März 1936 trat mit dem Stück ‹Weg nach Erez Israel› eine neue Bühne in die Öffentlichkeit, die nicht nur außerhalb des Kulturbunds stand, sondern sich ganz bewußt als zeitgemäßes Gegenmodell zu seinem konventionellen Theaterbetrieb verstand. In diesem vom Bezirk Friedrichshain der Berliner Zionistischen Vereinigung getragenen «Theaterstudio» wurde versucht, die Forderung nach jüdischem Zeittheater kompromißlos einzulösen. Man spielte überwiegend mit Laiendarstellern und nur in jiddischer Sprache. Kopf des Unternehmens war Jakob Haubenstock, Leiter des Bezirks Friedrichshain, unterstützt wurde er von Moische Salzmann, der Stücke schrieb, Regie führte und selbst auf der Bühne stand.

Im Frühjahr 1936 führte das vom Reichsverband der Jüdischen Kulturbünde gegründete «Sekretariat für bildende Künste» in Kooperation mit der Künstlerhilfe und der Reichsvertretung im Jüdischen Museum zu Ber-

Jugendaufführung im Theater an der Kommandantenstraße

lin die erste ‹Reichsausstellung jüdischer Künstler› durch, in der Arbeiten bildender Künstler aus Breslau, Dresden, Düsseldorf, Frankfurt a.M., Hamburg, Hannover, Köln, Mannheim, München und Stuttgart gezeigt wurden. Nur die mit Ausstellungsmöglichkeiten begünstigten Berliner fehlten – sie hatten im Interesse ihrer Kollegen aus dem Reich auf eine Beteiligung verzichtet. Insgesamt wurden 170 Exponate gezeigt, darunter Arbeiten von Ernst Dreyfuß, Marie-Luise Cohn, Benno Elkan, Rudolf Ernst, Hermann Fechenbach, Ernst Noether, Isidor Aschheim, Elisabeth Springer, Fritz S. Schames, Otto Schloß, Albert Giannini, Dina Cimbalist, um nur einige Namen zu nennen. Am künstlerischen Niveau der Ausstellung hatten die Kunstkritiker der jüdischen Presse nichts auszusetzen. Indessen machen sie übereinstimmend auf ein Phänomen aufmerksam, das schon bei der Frühjahrsausstellung der Berliner Künstler im Vorjahr beobachtet worden war. Das ‹Familienblatt› schrieb:

«Hieße die Ausstellung nicht eine der jüdischen Künstler – aus ihr selbst ginge nicht hervor, daß es sich um jüdische Menschen handelt, die diese Werke geschaffen haben. Nur in ganz wenigen Fällen, wie etwa Illustrationen zu biblischen Motiven oder den Blättern von Rothschild und Gumpel, wird das jüdische Thema angeschlagen ... und auch hier fast immer konventionell. Es ist, als seien alle diese dem Judentum nicht einmal von außen, geschweige denn in sich selbst begegnet. Wo ein jüdisches Antlitz als Porträt sichtbar wird, ist es immer ein dunkles Judentum, ein hoffnungsloses, unfreudiges. Die Begegnung mit der Kraft fehlt, die Begegnung mit der Jugend ist nicht da. Um so tiefer ergreift die visionäre Kraft der Rosy Lilienfeld und etwa die Erscheinung des jungen Mannes auf einem Bilde von Cimbalist (Eßlingen). Das Porträt überwiegt zusammen mit der Landschaft. Gesichter werden gemalen [sic!] wie Landschaft, Landschaft wie ein Gesicht. Es ist eine Flucht in die Problemlosigkeit vorhanden, über die alles tüchtige, malerische Können, alle geschliffene Artistik oder blühende Koloristik nicht wegzutäuschen vermag. Das Motiv verrät, was die Bilder im einzelnen später aussagen. Es ist eine Ausstellung von klugem und gutem Durchschnitt, von Ernst und Verantwortungsgefühl, aber eine Ausstellung ohne alles Pathos.»[121]

Den institutionellen Verbesserungen im jüdischen Kulturleben standen einige schwere personelle Rückschläge gegenüber. Der Berliner Kulturbund verlor mit Joseph Rosenstock, dem Musikdirektor und Chefdirigenten der Oper, und mit Fritz Jessner, dem Schauspieldirektor, in kurzer Folge seine wichtigsten Abteilungsleiter. Jessner ging als Regisseur an das Berner Stadttheater, Rosenstock folgte einem Ruf an das kaiserliche Symphonieorchester in Tokio.

Als Nachfolger Rosenstocks wurde Hans Wilhelm Steinberg vom Kulturbund Rhein-Main nach Berlin berufen. Von seinem Antrittskonzert Ende Juni oder Anfang Juli 1936, bei dem das Concerto grosso von Ernest Bloch, Mahlers ‹Lieder eines fahrenden Gesellen› und die 6. Symphonie von Tschaikowsky gespielt wurden, berichtete die ‹Jüdische Rundschau›:

«Die Entscheidung für ihn fiel nach den ersten Minuten. Es wurde ein Sieg ohnegleichen.

Steinberg läßt sich als eine Persönlichkeit von stärkster geistiger und triebhafter Art erkennen. Er ist ein suggestiver Orchesterleiter, ein Dirigent, der auf ‹Eleganz› verzichtet. Ein Künstler, der das Wesenhafte der Musik tief, haftend und sicher erlebt und seine brennenden Vorstellungen vermöge seiner Übertragungskraft seinem Orchester weitergeben kann. Er ist von schwerblütigerem Temperament als Rosenstock – dem Geistestyp Klemperers nicht unähnlich. Wie jeder echte Musiker besitzt er eine Spannung, die vom Anfang bis zum Ende des gesamten Werkes reicht und es eisern umklammert. Daher auch die gewogene Ruhe im Ausmusizieren, im Ausatmen in den Pausen. Er ist eine Erscheinung, die Juden sofort anspricht. Ein Ekstatiker, der andere mitreißt in einer fast gewaltsamen Art ...

Eine selten kultivierte Hörerschaft bereitete ihm Ovationen, wie sie sich nur bei großen Ereignissen einstellen. Stürmischer, ja rasender Applaus rief ihn immer wieder an die Rampe ...»[122]

Die Opernbühne debütierte im neuen Haus an der Kommandantenstraße im Oktober 1935 mit Rossinis ‹Barbier von Sevilla›, noch unter der

Stabführung von Joseph Rosenstock, in der Inszenierung von Kurt Singer und mit Fritz Lechner als Barbier, Gerhard Pechner als Barolo und Walter Olitzki als Basilio. Der mit Verdis ‹Nabucco› eingeschlagene Weg, wenn es schon keine jüdischen Opern gab, dann wenigstens solche mit jüdischen Stoffen zu spielen, wurde im März 1936 mit ‹Samson und Dalila› von Saint-Saëns fortgesetzt. Der Beifall der Musikkritik war freilich verhalten. Sie fand nicht nur das Werk epigonal, sondern war auch mit den gesanglichen und darstellerischen Darbietungen und mit der Leistung des Orchesters unzufrieden. Nach ‹Samson und Dalila› brachte man, im Juni, als leichtere Sommerkost Johann Strauß' Operette ‹Wiener Blut›, vorher, im Dezember 1935, ‹Carmen› von George Bizet. Die Carmen-Aufführung (Dirigent Joseph Rosenstock, in der Titelrolle Susanne Löwenstein) wurde in der Presse übereinstimmend als einmaliges, alle bisherigen künstlerischen Leistungen des Kulturbunds weit überragendes Ereignis gefeiert. In einem Rückblick auf den Berliner Musikwinter 1935/36, der auch eine Reihe ausgezeichneter Kammer- und Solistenkonzerte brachte, schrieb Hans Nathan im August 1936:

«Die wichtigste Aufgabe für den nächsten Winter ist die, sämtliche Programme aus der konventionellen Festigung zu lösen und eine Zusammenstellung zu finden, die unserem jetzigen Lebensgefühl einigermaßen entspricht. So würde man auch – bei Beachtung der Volksmusikbestrebungen – zu neuen Formen des Konzerts gelangen und eine einfache Addition von beliebten Stücken, auch wenn es Sommer ist, einer harmloseren Zeit überlassen ...

Die Hauskonzerte sind erheblich zurückgegangen. Eine Inflation, wie sie 1934 einsetzte, wird sich nicht mehr wiederholen. Wir haben inzwischen unsere Maßstäbe wiedergewonnen, und kein Musiker hat die Chance, ihnen zu entgehen. Von vielen Hauskonzerten sind im wesentlichen die im Haus Weil übriggeblieben. Sie haben sowohl eine soziale als auch eine nicht unwichtige künstlerische Funktion gehabt, indem junge Künstler in ihnen auftreten konnten und neue Musik zur Diskussion gestellt wurde ...

Freie Konzerte außerhalb jeder Organisation fanden selten statt. Sie sind wirtschaftlich für Einheimische nicht mehr tragbar. Künstler, wie etwa Kipnis, fanden immer einen vollen Saal und werden ihn auch in Zukunft finden. Ihre Abende waren Höhepunkte der Saison. Sie ließen uns die großen strengen Maßstäbe nicht vergessen. Insofern haben sie nicht nur einen wichtigen Erlebniswert, sondern auch einen moralischen. Daß diese hohen Einzelleistungen nicht mehr von uns selbst kommen können, sondern erst hereingebracht werden müssen, das wird ein Symptom unseres Zustandes werden. Es wäre sinnlos, sich auch weiterhin auf individuelle Kräfte zu verlassen; denn selbst mit einem Bleiben des Nachwuchses von einigen begabten Sängern, von Instrumentisten und Dirigenten für lange Zeit wird nicht zu rechnen sein. So sollte man das, was da ist, mit Verantwortung verwalten, dem Musikleben eine Richtung geben, es nicht treiben und auseinandertreiben zu lassen.»[123]

Während sich Nathan so skeptisch über die weiteren Möglichkeiten des jüdischen Musiklebens äußerte, feierte man in München das dortige Orchester:

«Unser Münchner Kulturbundorchester hat sich heute, wenn man von den jüdischen Berufsorchestern im Reiche absieht, zu einem künstlerischen Organismus entwickelt, wie ihn sonst kaum eine andere jüdische Gemeinde in Deutschland aufzuweisen hat, und es darf an dieser Stelle die Erwartung ausgesprochen werden, daß die Gemeinde in noch weit größerem Umfange sich der Bedeutung dieses wertvollen Kulturfaktors bewußt wird, als es bisher geschehen ist. Denn neben der künstlerischen Bedeutung dieser Leistungen muß vor allem auch ihre jüdische Bedeutung anerkannt werden ... Wenn uns ein Konzert ... bis ins Innerste ergreift und beschenkt, dann wollen wir nicht vergessen, daß dieses Orchester vom ersten bis zum letzten Pult aus Juden besteht, die sich mit ihrer ganzen Persönlichkeit in den Dienst der jüdischen Gemeinschaft gestellt haben. Was Juden in Einigkeit des Willens und Geschlossenheit vermögen, kann kaum sinnfälliger zum Ausdruck gelangen als im Spiel unseres Münchener jüdischen Orchesters.»[124]

Die seit dem 1. Juni 1936 von Fritz Wisten als Nachfolger Jessners geleitete Schauspielbühne des Berliner Kulturbunds brachte in der Spielzeit 1935/36 folgende Stücke: ‹Bronx-Express› von Ossip Dymow, Hebbels ‹Judith›, ‹Grüne Felder› von Perez Hirschbein, die ‹Antigone› des Sophokles, ‹Man kann nie wissen› von G. B. Shaw, die Einakter ‹Komtesse Mizzi› und ‹Abschiedssouper› von Arthur Schnitzler, ‹Jugendfreunde› von Ludwig Fulda und Franz Molnars neue Komödie ‹Große Liebe›. Die Kleinkunstbühne spielte nach dem Eröffnungsprogramm die neue Willy-Rosen-Revue ‹Kunterbunt›. So «kunterbunt» dieser Spielplan erscheint, war er doch ein klares Abbild der verschiedenen dramaturgischen Zielsetzungen des Kulturbunds. Man wollte jüdische Stücke jüdischer Autoren präsentieren (Dymow, Hirschbein), man suchte das jüdische Thema (Judith), man fühlte sich verpflichtet, Werke jüdischer Autoren auf die Bühne zu bringen, die sonst in Deutschland nicht mehr gespielt wurden (Schnitzler, Fulda, Molnar), man hielt an der klassischen (Sophokles) und modernen (Shaw) Weltliteratur fest und ebenso an der hohen deutschen Dichtung (Hebbel), und man wollte das Publikum, besonders gegen Sommer zu, auf möglichst geistreiche Weise unterhalten (Shaw, Schnitzler, Fulda, Molnar).

Hebbels ‹Judith› war das erste Stück, das – im Oktober 1935 – im neuen Domizil an der Kommandantenstraße gegeben wurde. Da es einen alttestamentarischen Stoff behandelte, wurden keine Einwände gegen seine Aufführung erhoben. Aber auch die ‹Antigone› wurde begrüßt:

«‹Nicht mitzuhassen, mitzulieben bin ich da!› dieser eine Satz der Antigone verkündet eine Weltenwende, und er sollte genügen, um das Werk des Sophokles in einer unberührbaren Unsterblichkeit zu erhalten. Das Wort gehört einer Frau, der ersten in der griechischen Dichtung, die nicht aus Eifersucht, nicht aus Rache handelt, sondern die in einer bis dahin nur den Männern gehörenden Welt sich für eine Idee zum Opfer bringt, die wir ruhig als eine der Humanität bezeichnen wollen. Damit dürfte die Frage nach einer Berechtigung der Aufführung erledigt sein; das Stück geht uns immer an oder sollte uns immer noch angehen.»[125]

Das Traumspiel ‹Bronx-Express› des amerikanisch-jüdischen Autors Ossip Dymow, mit dem die Saison eröffnet wurde, spielte man an Stelle von Schillers ‹Kabale und Liebe›, dessen Aufführung durch das Büro Hinkel untersagt worden war. Statt in die kleinbürgerliche und höfische Welt des 18. Jahrhunderts wurden die Zuschauer in den jüdischen Bezirk des modernen New York geführt; Thema des Stückes war die Gefahr der Amerikanisierung der Juden im Schmelztiegel der Millionenstadt. Im krassen Gegensatz hierzu stellte das im Februar 1936 gespielte Stück ‹Grüne Felder›, von Leo Hirsch aus dem Jiddischen ins Deutsche übertragen, die familiäre Idylle jüdischer Bauern irgendwo in Polen oder Rußland vor, deren einfaches, bodenverbundenes und durch naive Frömmigkeit geprägtes Leben durch den Zuzug eines talmudkundigen jungen Lehrers von jüdischer Geistigkeit berührt und überhöht wird.

Reges Bühnenleben herrschte auch in der Provinz. In Köln wurde im Januar 1936 das Stück ‹Reubeni, Fürst der Juden› uraufgeführt, eine «Chronik in 4 Akten», die der junge Gerhard Walter-Rosenbaum, Dramaturg am Kulturbund Rhein-Ruhr, nach dem gleichnamigen Roman von Max Brod geschrieben hatte. In den Hauptrollen sah man Karl Bruck als Reubeni und Ben Spanier als Turmwächter Gerson, Regie führte der Rezitationskünstler Otto Bernstein. Das von einem Pseudo-Messias des 16. Jahrhunderts handelnde Stück wurde mit «stürmischem» Erfolg auch in Aachen, Wuppertal und Gelsenkirchen gezeigt. Die neue Bühne des Hamburger Kulturbunds debütierte im Oktober 1935 mit ‹Jaakobs Traum› von Beer-Hofmann und spielte in der Folge Stücke wie ‹Lukardis› von Jakob Wassermann, ‹Die Häuser des Herrn Sartorius› von G. B. Shaw, die ‹Komödie der Irrungen› von Shakespeare und ‹Liebelei› von Schnitzler. Von einem durch auswärtige Kräfte verstärkten Ensemble des Breslauer Kulturbunds wurde u. a. das Drama ‹Die Krone Davids› von Calderon gespielt; Regie führte Nicolai Eljaschoff (Berlin), den David spielte Ben Spanier (Köln). Der kleine Kulturbund Oberschlesien versuchte sich mit eigenen Opernaufführungen in einfacher Gestaltung und brachte u. a. Verdis ‹La Traviata› und Rossinis ‹Barbier von Sevilla› auf die Bühne. Dirigent war Julius Prüwer, Regie führte der frühere Direktor der Wiener Volksoper Hermann Frischler.

Im Bereich der bildenden Künste war die ‹Reichsausstellung jüdischer Künstler› nur der Höhepunkt eines ereignisreichen Jahres. Sollte in der Reichsausstellung ein Überblick über das gesamte Schaffen in Deutschland gegeben werden, so daß von jedem Künstler nur wenige Arbeiten gezeigt werden konnten, so waren die monatlich wechselnden Ausstellungen, die das neue «Sekretariat für bildende Künste» ab Januar 1936 in einem Berliner Clubheim durchführte, dem Gesamtwerk einzelner ausgewählter Künstler gewidmet; beispielsweise wurden im Februar Arbeiten von Ludwig Schwerin, Adele Reifenberg-Rosenbaum und Viola Böhm gezeigt. Das Berliner Jüdische Museum eröffnete am 8. Februar 1936 anläßlich des ersten Todestages von Max Liebermann eine große Gedächtnisausstellung. Eine Gruppe «Neuer Naturalisten» stellte ihre Werke in Berlin selbst aus. Der Kulturbund in Bayern zeigte in München und Nürnberg eine ‹Ausstellung Münchner jüdischer Künstler›. Daneben gab es noch kleine Ausstellungen, die von jüdischen Organisationen oder im häuslichen Rahmen durchgeführt wurden. Im ebenso kunstsinnigen wie sozial eingestellten Haus Weil in Berlin verband man die regelmäßigen Hauskonzerte mit Ausstellungen und gab den Besuchern Gelegenheit, die gezeigten Arbeiten zu kaufen.

Wie die kritischen Anmerkungen von Hans Nathan zum Berliner Musikwinter 1935/36 zeigen, flammte die Diskussion um das Repertoire der Kulturbünde, die nie ganz verstummt war, in dieser Phase noch einmal auf. In der ‹Jüdischen Rundschau› (hier schon im November 1935), in der Kulturzeitschrift ‹Der Morgen› (Juni 1936) und im ‹Israelitischen Familienblatt› (Juni 1936) erschienen in scharfem Ton gehaltene Aufsätze, in denen ein zeitgemäßes jüdisches Theater gefordert und das Kulturbundtheater als antiquiertes Gesellschaftstheater abgelehnt wurde. Die teils anonym, teils unter dem Pseudonym «Prospero» veröffentlichten Artikel zeigten eine auffällige Übereinstimmung bis in die Formulierungen hinein, und tatsächlich stammten sie alle vom gleichen Autor, der später als Moritz Lederer identifiziert werden konnte. Kurt Singer gab für den Kulturbund eine scharfe Antwort:

«Vor einigen Wochen hat ein Mann ... in einem führenden jüdischen Blatt sich zum Führer des dramaturgischen Geistes aufgeschwungen. Er kritisiert das jüdische Theater des Kulturbundes und verlangt einen konstruktiven Arbeitsplan. Am Morgen und am Abend, im Blätterwald links und rechts, im Feuilleton und Auslandsbericht ersteht uns nun Woche für Woche die gleiche Klage ...

Da er etwas von dem Geschäft des Theaters versteht und seine Gedanken gut formt, hätte er es eigentlich nicht nötig, so heftig und polemisch vom Leder zu ziehen. Wir tippen auf einen Praktiker, der einmal auf den Stufen des Reinhardt-Tempels saß. Nun aber, 1936, enthüllt er sich als der Pächter, der geistige Pächter dessen, was als jüdisches Theater in Deutschland verlangt wird. Daß das jüdische Theaterstück, in deutscher Sprache, von jüdischen Schauspielern gestriger Tradition gespielt, problematische Arbeit bleiben muß, weiß er. Daß wir das westeuropäische Theater nicht imitieren sollen, verlangt er. Daß biblische Stoffe kein Kriterium für jüdische Kunst sind, betont er. Daß wir eine Oper haben, scheint er nicht zu wissen. Daß ein spezifisch-jüdisches Material an Werken nicht vorhanden ist, erwähnt er. Daß die artistischen Voraussetzungen eines stehenden jüdischen Ensemble-Theaters in Deutschland gering sind, ahnt er. Daß dieses einzige bestehende Theater ein sozialer Faktor von Rang sei, lehnt er ab. Daß ‹Hundertausende› unseren Spielplan verurteilen, behauptet er. Daß fast 1000 Menschen uns Abend für Abend Beifall spenden (Claque, Claque, mein Herr!) scheint er nicht zu wissen.

Statt dessen: ein Moses-Drama, ein Herzl-Drama, ein Heine-Drama sind ‹im Entstehen›. Noch ist gewiß keine Szene geschrieben. Aber schon meldet die Presse: Reinhardt inszeniert die Werke, sicher mit eigens dazu erzogenen jüdischen Schauspielern, nach vollendeter dramaturgischer Aufbauarbeit. Ist das nun jüdisch oder amerikanisch? Ist das Aufbau einer Idee oder Raubbau an einer Idee? Geist oder Geschäft; Reinhardt – oder Reibaro?»[126]

Tatsächlich hatte sich der Kritiker selbst aus dem Kreis der ernstzunehmenden Diskutanten ausgeschaltet, da er mit seinem hitzigen Plädoyer zugunsten des zeitnahen Problemtheaters weit hinter das inzwischen erreichte Niveau einer ideologisch entkrampften, realistischen und differenzierten Betrachtungsweise zurückfiel:

«Die Problematik einer jüdischen Kulturbundarbeit in Deutschland liegt offen zutage. Längst ist die Diskussion aus dem Fahrwasser falscher Fragestellung, aus der doktrinären und theoretischen Unterhaltung in den Bezirk praktischer Erwägungen geführt worden. Heute ringen alle an der Kulturbundarbeit beteiligten Kräfte gemeinsam um die Erkenntnis, wie unter den gegebenen Umständen jüdisches Theater, jüdischer Konzertbetrieb, kurz, künstlerische Arbeit in unserem Rahmen gestaltet werden kann.«[127]

Werner Levie, der Generalsekretär des Reichsverbandes der Jüdischen Kulturbünde, schrieb dies anläßlich der vom 5. bis 7. September 1936 in Berlin durchgeführten ersten jüdischen Kulturtagung, an der neben Vertretern der jüdischen Kulturbünde und ihrer künstlerischen Einrichtungen Repräsentanten aller maßgebenden jüdischen Organisationen, der jüdischen Gemeinden, der jüdischen Presse und – als Vertreter des Reiches – Staatskommissar Hans Hinkel teilnahmen. Ziel der Tagung war es, der kulturellen Arbeit innerhalb des Reichsverbandes, nach seiner organisatorischen Konsolidierung, auf Grund einer kritischen Bestandsaufnahme des bisher Geleisteten neue Impulse zu geben. Durch eine Plenarsitzung mit Grundsatzreferaten von Kurt Singer und Joachim Prinz vorbereitet, fanden die eigentlichen Beratungen in zwei neugebildeten Kommissionen für Theater und Musik statt.

«Um die Spielpläne der Jüdischen Kulturbund-Theater stärker als bisher mit jüdischen Stoffen zu durchdringen und um zugleich die jüdischen Schauspieler für die Gestaltung dieser Stoffe sowie das Publikum für die Aufnahme dieser Stoffe vorzubereiten, hat die Theaterkommission folgende Beschlüsse gefaßt:

1. Die Theaterkommission des Reichsverbandes der Jüdischen Kulturbünde in Deutschland beauftragt die Reichsverbandsleitung, eine dramaturgische Zentralstelle zu schaffen, die mit drei Personen, und zwar einem Hebraisten, einem Jiddischisten und einem Dramaturgen besetzt sein soll. Die dramaturgische Zentralstelle hat die Aufgabe, mit den jüdischen Theaterinstitutionen in Osteuropa, Palästina und Amerika in Verbindung zu treten, um eine Zusammenarbeit zu ermöglichen. Sie soll durch Sammlung, Übersetzung und Bearbeitung der jüdischen dramatischen Literatur die Basis für eine Auswahl jüdischer Stücke schaffen, die durch diese Zentralstelle den jüdischen Kulturbünden in Deutschland zur Auswahl dargeboten werden ...

2. Die Theaterkommission des Reichsverbandes der Jüdischen Kulturbünde ermächtigt und beauftragt die Reichsverbandsleitung, Maßnahmen einzuleiten, die der jüdischen Schulung des Schauspielers in den Jüdischen Kulturbünden dienen. An Hand der aufzuführenden Stücke sollen die jüdischen Wissensgebiete am dramatischen Stoff aufgezeigt werden, so daß der eigentlichen Probenarbeit die Erschließung des Werkes aus dem jüdischen Wissensstoff vorangeht. Dies soll erstmalig bei der Aufführung des ‹Schabbatei Zwi› erprobt werden. Die Herren Dr. Joachim Prinz und Dr. Max Nußbaum haben sich für diese pädagogische Aufgabe zur Verfügung gestellt. Die Reichsverbandsleitung wird ferner ermächtigt, Maßnahmen zu treffen, die auch den Kulturbünden im Reich die Anteilnahme an dieser Bildungsarbeit ermöglichen.

Um das Publikum auf die aufzuführenden Stücke vorzubereiten, sollen die Vorträge des vorangehenden Monats sowie die Mitgliedshefte in ihrem Inhalt auf die Stücke abgestellt sein.

3. Zur Frage der Kleinkunst hat die Theaterkommission nach eingehender Diskussion beschlossen, einen Beirat zu schaffen, der Vorschläge für eine jüdische Programmgestaltung in laufender Zusammenarbeit mit dem Leiter der jüdischen Kleinkunstbühne des Jüdischen Kulturbundes Berlin machen soll.»[128]

Diese Beschlüsse gingen zum Teil auf Forderungen und Vorschläge zurück, die Joachim Prinz als Vertreter der Zionisten in seinem Referat unterbreitet hatte:

«Kulturen wachsen ... Jüdische Kultur, d.h. Kultur getragen von Juden und zunächst geschrieben für Juden, muß doch voraussetzen, daß die zu schaffenden jüdischen Kulturwerte in der Langsamkeit, die das Zeichen aller schöpferischen Entwicklung ist, reifen können. Das Judentum in

Deutschland, das sich innerhalb einer sehr starken Auswanderungsbewegung befindet und dessen musikalische Lebensbegleitung der Pfiff der Lokomotiven und die Signale der Schiffe sind, hat im Angesicht der Tatsache, daß innerhalb der letzten 3½ Jahre nahezu hunderttausend und zumeist junge Menschen uns verlassen haben, sehr geringe Aussichten, eigene jüdische Kulturwerte zu schaffen, die reif wären, daß sie als die Kultur einer in einem fremden Lande lebenden Nation ausgegeben werden könnten ...

Das jüdische Theater ... hat ... seine besonderen Funktionen ... Es ist hier schon davon die Rede gewesen, daß unter gar keinen Umständen Juden ihr Leben empfinden können als preisgegeben irgendeiner ghettohaften Haltung, die das Jahrhundert, innerhalb dessen wir die Kulturwerte der Völker kennen gelernt haben, ignoriert ... Empfinden wir deshalb unseren Gang als aufrecht, unseren Blick als frei und unser inneres Leben als diktiert von allem, was eine Nation sich innerlich selbst diktiert, so kann es auch innerhalb der theatralischen Dinge kein Sicheinbuddeln und kein Sich-verbergen innerhalb des Jiddischen und des milieuhaft bestimmten Bezirks geben ... Stoffe bestimmen keine Kultur. Nirgendwo in der Welt haben Stoffe Kultur bestimmt ... Rembrandt ist kein jüdischer Maler, weil er die Judengasse in Amsterdam gemalt hat, und die Meister des Bamberger Doms sind keine jüdischen Plastiker, weil sie in den Chor Judengestalten, etwa Jona und die Propheten, hineingemeißelt haben. Tschernichowski aber, der oft weitab von jüdischen Stoffen gedichtet hat, ist ein jüdischer Dichter und lebt innerhalb des jüdischen Bezirks, weil nicht der Stoff, sondern der jüdische Mensch und die Sprache den Wert der Kultur bestimmt. Die jüdische Stoffwahl des jüdischen Theaters in Deutschland hat nur einen national-pädagogischen Sinn. Er besteht darin, daß das jüdische Theater mit dem jüdischen Stoff Brücken schlagen soll von einem entjudeten Judentum, von dem entnationalisierten und dem Jüdischen sehr ferngerückten Juden, zu dem jüdischen Leben.»[129]

Mit der Anerkennung der objektiven Schwierigkeiten, die einer authentischen jüdischen Kulturschöpfung in Deutschland entgegenstanden, mit der hieraus folgenden Erkenntnis, daß das jüdische Theater nur eine nationalpädagogische Funktion haben könne, und mit dem Beharren auf den geistigen Errungenschaften der Emanzipation war eine programmatische Plattform geschaffen, auf die sich alle maßgeblichen jüdischen Richtungen begeben konnten.

Die Kulturtagung des Reichsverbandes wurde so zu einer Demonstration jüdischer Selbstbehauptung und jüdischen Gemeinschaftswillens, die durch die gleichzeitig stattfindende große Kulturausstellung ‹Jemej Bialik› eindrucksvoll unterstrichen wurde. Diese von der Berliner Zionistischen Vereinigung zusammengestellte Wanderausstellung wurde von der jüdischen Presse übereinstimmend als kulturpolitische Großtat gewürdigt. Was wurde gezeigt? In der Eingangshalle in großen Bildern Symbole der Niederlage und des Aufstiegs des jüdischen Volkes: das Relief auf dem Titusbogen in Rom und ein verlassener jüdischer Friedhof in Süddeutschland, gegenüber die Hebräische Universität in Jerusalem und ein Kindergarten einer jüdischen Siedlung in Palästina. Im sogenannten Roten Saal des Logenhauses an der Kleiststraße wurde die Geschichte der hebräischen Literatur dokumentiert, von Mosche Chajim Luzzato bis Bialik, unter Einschluß der auch in hebräischer Sprache schreibenden jiddischen Autoren Mendele Mocher Sfarim, Jitzchak Leib Perez und Scholem Alechem. Daran schloß sich eine Kunstausstellung mit Bildern jüdischer Maler zu jüdischen Themen an. Im Gartensaal wurde das aktuelle jüdische Kulturleben in Deutschland vorgeführt; hier befanden sich Stände der jüdischen Kulturbünde, des jüdischen Schulwerks, der jüdischen Lehrstätten, der jüdischen Verlage und der jüdischen Presse. Die oberen Stockwerke waren Palästina gewidmet. Auf einen historischen Teil, in dem die das Land beherrschenden Machthaber – von den alten Ägyptern bis zu den Engländern – in kunsthistorischen Zeugnissen dargestellt wurden, folgten Exponate zum gegenwärtigen Leben im jüdischen Palästina. Der Besucher wurde mit dem neuen Radio Jerusalem, mit der hebräischen Presse, mit dem Theater- und Musikleben, mit der Landwirtschaft und mit industriellen Erzeugnissen vertraut gemacht. In einem besonderen Raum wurde eine Bialik-Gedächtnisausstellung gezeigt und das jüdische Erziehungswesen – vom Kindergarten bis zur Universität – dokumentiert.

Die sich in dieser Ausstellung der Berliner Zionistischen Vereinigung und in der Arbeitstagung des Reichsverbandes der Jüdischen Kulturbünde manifestierende kulturelle Willensgemeinschaft wurde wenige Wochen später durch eine offizielle Erklärung der Zionistischen Vereinigung für Deutschland auch politisch vollzogen:

«Die zionistische Bewegung hat seit ihrem Entstehen mit besonderer Energie die Forderung der kulturellen Erneuerung des jüdischen Volkes verfochten. Außer der Orthodoxie war sie praktisch die einzige jüdische Organisation, die unter ihren Mitgliedern jüdische Kulturarbeit geleistet hat ...

Als die historische Entwicklung unseren 50jährigen Kampf um jüdische Erziehung und jüdische Kulturarbeit beendete, war es nicht ein kleinliches Parteiinteresse, welches uns die Führung jüdischer Kulturarbeit fordern ließ, sondern die durch jahrzehntelanges Ringen legitimierte Sorge um die innere Gestaltung des jüdischen kulturellen Lebens in Deutschland.

Unter den sich nun rasch entwickelnden kulturellen Institutionen der Juden in Deutschland ragte als die umfassendste der ‹Jüdische Kulturbund› hervor. Wir begrüßten die Initiative der Männer, die sich anschickten, in großzügiger Weise eine in unserem jüdischen Leben entstandene Lücke auszufüllen. Anfangs mußten wir, die wir bestimmte, jüdisch betonte Vorstellungen von jüdischer Kulturarbeit hatten, der Arbeit des Kulturbundes mit einer gewissen Skepsis gegenüberstehen. Wir konnten uns mit der Form allein nicht begnügen, entscheidender denn je war für uns der Inhalt einer Institution, die jüdische Kulturarbeit leisten sollte. Die Programmgestaltung der ersten Monate schien uns aber zu zeigen, daß der Kulturbund von einem solchen jüdischen Kulturwillen noch nicht erfaßt war. So kam es, daß unsere Menschen nur in sehr geringem Umfange sich an der Arbeit des Kulturbundes beteiligten.

Drei Jahre innerjüdischer Entwicklung haben die Verhältnisse grundlegend geändert. Der Kulturbund ist sich seiner verantwortlichen jüdischen Aufgabe bewußt geworden. Seine künstlerische Leitung ist ernsthaft um jüdische Gestaltung der Kulturbund-Arbeit bemüht, an der Verwaltung des Reichsverbandes Jüdischer Kulturbünde sind Zionisten maßgeblich beteiligt.

Der jüdische Weg des Kulturbundes ist nicht leicht. Der Kulturbund bedarf nicht nur der konstruktiven Kritik, sondern auch der verständnisvollen Mitarbeit weitester Kreise. Für den Erfolg seiner Bemühungen um den jüdischen Inhalt im Theater-, Vortrags- und Konzertwesen wird nicht zuletzt die Einstellung seiner Mitglieder entscheidend sein.

Daher rufen wir heute die Zionisten auf, sich dem Kulturbunde anzuschließen.

Die künstlerische und weltanschauliche Leitung des Kulturbundes muß für ihre jüdischen Bestrebungen einen festen Rückhalt im Publikum finden. Der Kulturbund braucht jüdisch aufgeschlossene Menschen mit innerer Anteilnahme und mit Verständnis für die große Aufgabe, die er heute in unserem Leben zu erfüllen hat. Kein Jude, dem es mit der Besinnung auf sein Judentum ernst ist, darf heute dem Kulturbund seine Gefolgschaft versagen.»[130]

Theaterhöhepunkte, Konzertmüdigkeit und Resignation bei den Lehrhäusern

Mit neuer Dynamik und von dem Willen getragen, nicht nur ein Kulturbund der Juden in Deutschland, sondern ein jüdischer Kulturbund zu sein, ging der Berliner Kulturbund in die neue Spielzeit 1936/37. Und er begann mit zwei jüdischen Theaterstücken, mit dem Stück ‹Die goldene Kette› des ostjüdischen Dichters Jitzchak Leib Perez und mit dem Messiasdrama ‹Schabatai Z'wi› des zeitgenössischen jüdisch-palästinensischen Schriftstellers Nathan Bistritzky. ‹Die goldene Kette› führte in die Welt des Chassidismus, einer Glaubensbewegung, von der im 18. Jahrhundert weite Teile des polnischen und ukrainischen Judentums erfaßt wurden und die die letzte und – nach Martin Buber – höchste Entwicklung der jüdischen Mystik war. Von zugleich naiver und ekstatischer Frömmigkeit geprägt und dabei weltzugewandt und naturverbunden, stellte der Chassidismus den denkbar schärfsten Gegensatz zur trockenen, verstandesmäßigen und rituellen rabbinischen Gesetzesfrömmigkeit dar. Dieser Gegensatz zwischen Chassidim und Mithnagdim ist das Thema des Dramas von Perez, dessen Name, ‹Die Goldene Kette›, die im Chassidismus übliche Geschlechterfolge der religiösen Führer, der Zaddikim, symbolisiert. Das Drama stellt vier Glieder dieser Kette vor, deren erstes der Rabbi Israel Ben Elieser (volkstümlich Baal-Schem-Tow) gewesen ist und dessen geistiges Erbe bei Perez von Rabbi Schlomo getragen wird:

«Sichtbar und unsichtbar steht er in der Mitte dieses Stückes, dessen ersten Akt er ganz beherrscht. Rabbi Schlomo ... das Genie des Herzens inmitten einer zweckbesessenen Welt. Das pergamentene, silberumbuschte Antlitz von Traumgesichten ganz beladen, hat er gedacht und gedacht, wie man der Qual und dem Jammer dieser Welt ein Ende bereiten könne. Und endlich hat er es gefunden: er will Gott zwingen, ihm zu willen zu sein – er wird den Sabbat nicht aufhören lassen ... Sabbat soll sein, ewiger Sabbat! Mit Zangen will er den Sabbat festhalten, und nicht mehr soll die Welt gerichtet werden und gestraft.

‹Ein schwarzes Kleid
Hüllt die Seele der Welt;
Traurig tönt der Schechina Klage,
Im eignen Blutrauch
Zappelt und zittert
Das Weltenherz ...
Gelöst aus Pein werde die Welt:
Ich mache die Hawdolo nicht›

Denn dann, wähnt er, wird der Sabbat ewig währen, ‹Säen und Ernten, Handeln und Hasten ist nicht mehr ...› Aber die Welt wird dann zugrundegehen, sagt ihm, zitternd und bangend, ein armer Chassid. Und er:

‹Zugrundegehen
Soll die Welt!
Doch wir, die sabbatfeierfrohen,
Lösungsjauchzendfreien Juden
Schreiten über ihre Trümmer ...›

Singend und tanzend will er durch das Paradiestor zum Throne der Herrlichkeit.

‹Wir, die großen, stolzen Juden,
Sprechen frei vor ihm:
Länger konnten wir nicht warten.›

Der Alltag aber läßt sich nicht gewaltsam unterdrücken, das Volk wird von der Angst um sein kärgliches Leben gepeinigt, Rabbi Schlomo hat noch nicht Hawdolo [Sabbat-Abschiedszeremonie] gemacht, niemand wagt ein Licht anzuzünden, den Laden zu öffnen: das Schreien einer Kreißenden gellt von der Straße her – – da springt die Tür auf, in ihrem Rahmen steht der Gabbe [Synagogendiener] und brüllt: Gut Woch, Juden! Und das ist wie ein Schuß mitten durch das Herz. Der Gabbe hat inzwischen Rabbi Schlomo seines Amtes entkleidet, hat Pinchas, Schlomos harten, schwarzen Sohn zum Rabbi ernannt, und Pinchas hat Hawdolo gemacht ... (Denn immer kommt so ein lebenstüchtiger, gar nichts begreifender Gabbe und schlägt dem Begnadeten ins Gesicht ...) Schlomos wunderbarer Traum ist ausgeträumt, sterbend atmet er seine reine, große Seele aus.»[131]

Dieser erste Akt, in der Beschreibung von Micha Michalowitz, war der Höhepunkt der Berliner Aufführung. Im zweiten regiert Rabbi Schlomos Sohn, der harte Pinchas, ein mithnagdischer Eiferer, der seine Gemeinde in Angst und Schrecken versetzt. Aber auch dessen kaltes Herz bricht, als seine Enkeltochter Leah mit einem Abtrünnigen, einem Ungläubigen, seiner Tyrannei entflieht. Auf ihn folgt, im dritten Akt, sein Sohn Mosche, ein glaubensschwacher Zweifler, der Gott zu prüfen versucht. Die goldene Kette scheint zerrissen. Da legt das Volk das schwere Amt auf die Schultern des jungen Jonathan, des schwachen Mosche Sohn, in dem sich das Schwärmertum des Urgroßvaters Schlomo und die Strenge des Großvaters Pinchas in neuer Bindung vereinen – die Kette hat sich geschlossen. Publikum und Kritik waren voll Dankbarkeit und Bewunderung.

Schon Ende Oktober/Anfang November kam ein zweites jüdisches Stück heraus, das Messias-Drama ‹Schabatai Z'wi› von Nathan Bistritzky. Im Mittelpunkt dieses von der «Ohel»-Bühne in Palästina mit großem Erfolg in hebräischer Sprache uraufgeführten Stückes stand, wie im ‹Reubeni› von Brod bzw. Wolffsohn, ein historischer Pseudomessias, der – ungleich wirksamer als Reubeni – in der Mitte des 17. Jahrhunderts das Judentum in aller Welt in Atem hielt. Die fürchterlichen Judenpogrome des Kosaken Chmelnitzky im Jahre 1648, die 200000 Opfer forderten, und Berechnungen der Kabbalisten, nach denen eben in diesem Jahr das messianische Zeitalter anbrechen sollte, hatten das Judentum überall in eine Endzeitstimmung versetzt, die es für den falschen Messias empfänglich machte. Schabatai Z'wi, ein im kleinasiatischen Smyrna geborener Jude, von dem man nicht weiß, ob er an sich selber glaubte oder ob er ein Betrüger war, löste die stärkste, durchaus massenpsychotische Züge tragende messianische Bewegung in der Geschichte des Judentums aus, die erst zusammenbrach, als der Messias, um sein Leben zu retten, zum Islam übertrat. Das Thema war groß, das Stück Bistritzkys aber eher schwach, weil es sich weitgehend in Historienmalerei erschöpfte und weder Charaktere noch dramatische Situationen auf die Bühne brachte.

Da sich schlechte Stücke auch vom besten Ensemble nicht gut spielen lassen, blieb zunächst verborgen, daß das oft kritisierte und noch öfter nachsichtig gelobte Schauspielensemble des Kulturbunds in der Zwischenzeit einen großen Sprung nach vorne getan hatte. Was es – nachdem Fritz

Wisten die Oberspielleitung übernommen und neue Schauspieler, vor allem Alfred Berliner, integriert hatte – zu leisten imstande war, zeigte es erstmals bei der Aufführung von Shakespeares ‹Sommernachtstraum› im Dezember 1936, die als Meilenstein in der Geschichte dieser Bühne gefeiert wurde.

Nach dem ‹Sommernachtstraum› spielte die Kulturbundbühne das Ärztedrama ‹Menschen in Weiß› von Sidney Kingsley (Regie Hans Buxbaum, Hamburg), die im Orientalischen angesiedelten Stücke ‹Das Postamt› von Rabindranath Tagore und ‹Die Hochzeit der Sobeide› von Hugo von Hofmannsthal (Doppelveranstaltung), das jüdische Volksstück ‹Amcha oder das große Los› nach der gleichnamigen Novelle von Scholem Alechem, ‹Jean›, ein Konversationsstück von Ladislaus Bus-Fekete, einem «Landsmann und Stammesgenossen von Molnar», wie ihn die ‹Jüdische Rundschau› nannte, das Gesellschaftsstück ‹Hoffnung› (‹L'Espoir›) des französisch-jüdischen Dramatikers Henri Bernstein und zum Ausklang der Theatersaison ‹Die Stützen der Gesellschaft› von Henrik Ibsen.
‹Amcha› (‹Mein Volk›), das in einer neuen Übersetzung aus dem Jiddischen von Meir Broser gespielt wurde, handelt von einem armen ostjüdischen Schneider, der im irrigen Glauben, das große Los gewonnen zu haben, zum Wohltäter seiner notleidenden Mitmenschen wird, bis er nach Aufklärung des Irrtums selbst wieder so arm ist wie diese. Arthur Eloesser stellte die Aufführung von ‹Amcha› noch über die Sommernachtstraum-Inszenierung und berichtete von explosionsartigen Beifallsstürmen des Publikums. Martha Wertheimer beschrieb im ‹Israelitischen Familienblatt› die Stimmung:

«Schon im ersten Bild war's, als schwappte Glückseligkeit und inniges Behagen breit über die Rampen hinauf, Beifallswogen spritzten hoch, brachen in das Spiel ein, einmal und wieder und immer wieder. Nicht nur die Spieler wurden mitten in die Szene hinein applaudiert, auch der witzig-charakteristische Einfall einer Verwandlung bei der man einfach die pappene Salonherrlichkeit umdrehte, auch irgendeine geglückte Situation, ein Abgang, eine kleine Sentenz. Das Theater hörte auf. Das Märchen wurde Wirklichkeit, wurde sinnfällig zu unserem eigenen Dasein ... Durch die unbedingte Bejahung, die das Publikum dem Stück, seiner Fassung, seiner Übersetzung, seiner Regie, seiner Darstellung in Beifallsstürmen aussprach und die am Schluß zu zahllosen Hervorrufen aller Verdienten führte, durch dieses Ja klang das Leitwort der ganzen Dichtung und der ganzen Situation: ‹B'ne Jisrael amcha ...›, ‹Die Kinder Israels sind dein Volk›. Die Zuschauer waren zu Übersetzern geworden, ohne daß sie es wollten und wußten. Sie übersetzten ‹Amcha› sinngetreu mit ‹Wir – wir heute abend – und wir immer›.»[132]

Das vom Kulturbund mitgetragene «Theater der jüdischen Schulen» brachte im Spieljahr 1936/37 einige beachtenswerte Aufführungen, u.a.

Shakespeares ‹Was ihr wollt›, Ossip Dymows ‹Jusik› (‹Der Sänger seiner Traurigkeit›), Wolffsohns ‹Reubeni› und – im Rahmen eines humoristischen Einakterabends – den ‹Zerbrochenen Krug› von Kleist und ‹Die Gezierten› von Molière. Werner Hinzelmann, Schauspieler und – zusammen mit Ernst Rosenbaum Leiter der Jugendbühne – schrieb über deren Publikum:

«Es bereitet uns immer die größte Freude, zu sehen, mit welcher Liebe die Kinder an dem Theater hängen. Mit naiver Begeisterung haben sie das Theater in Besitz genommen; es ist ‹ihre Bühne›, es sind ‹ihre Schauspieler›. Und Liebe und Bereitschaft des jugendlichen Publikums lassen das Ensemble alle Schwierigkeiten freudig überwinden. Die Kinder kennen jeden Schauspieler, auch wenn er nur einmal gespielt hat, und vor jeder Vorstellung studieren sie eifrigst das Programm, um zu sehen, welche Rolle dieser oder jener Schauspieler diesmal darstellt. Nach der Vorstellung bedeutet es immer eine ziemliche Arbeit, eine Schar besonders begeisterter Autogrammsammler vom Bühneneingang fernzuhalten.»[133]

Außerhalb des Kulturbunds machte wieder das zionistische «Theaterstudio» von sich reden. Im Herbst 1936 gab man – wie immer in Jiddisch – das Stück ‹Schwer zu sein a Jid›, das dramatische Meisterwerk von Scholem Alechem, das der Forderung nach dem jüdischen Zeitdrama entsprach wie kaum ein anderes Stück. Im April 1937 wurde im Theaterstudio der ‹Verkischufte Schneider› (‹Der verzauberte Schneider›) uraufgeführt, ein Stück von David Feit nach einer Novelle von Scholem Alechem. Regie führte der von einigen Kleinkunstabenden des Berliner Kulturbunds bekannte Nicolai Eljaschoff. Zwischen den regulären Theatervorstellungen lud das Studio sein Stammpublikum zu Kleinkunstabenden. Anläßlich des ersten, im Oktober 1936, schrieb die ‹Jüdische Rundschau› über diese Bühne:

«Abermals, wie bei allen Studio-Aufführungen, war der Theatersaal überfüllt. Die ständig wachsende Frequenz des Studios beweist, daß das Bedürfnis eines breiten jüdischen Publikums nach spezifisch-jüdischem Theater besteht und daß das Studio auf dem richtigen Weg ist. Der Spielplan und die Darstellung sind keine Mischung aus westeuropäischen Bestandteilen mit jüdischen oder gar pseudojüdischen Rudimenten. Hier ist – bis heute einmalig in Berlin, wahrscheinlich einmalig im Reich – eine Einheit aus Sprache, Stoff, artistischem Stil, die im Zusammenhang mit dem Publikum eine vollkommen echte Atmosphäre ergibt: die jüdische Atmosphäre eines jüdischen Theaters.»[134]

Die Kleinkunstbühne des Berliner Kulturbunds hielt sich dagegen im bewährten, konventionellen Rahmen. Als erstes Programm nach dem Umzug vom Café Leon in den Schumannsaal des Logenhauses an der Kleiststraße wurde im Herbst 1936 die neue Revue ‹Vorhang auf› von Ehrlich und Rosen gegeben, wie immer eine bunte Folge von gespielten Witzen, Possen, Sketchen, Chansons, Schlagern und Tanzeinlagen, wie immer auch mit der Musik von Willy Rosen und Bühnenbildern von Heinz Condell. Ab Januar 1937 spielte man die schon von der Reinhardt-Bühne mit Erfolg aufgeführte Lustspieloperette ‹Essig und Öl› von Siegfried Geyer und Paul Frank. In der Rolle des Gemischtwarenhändlers, der den Vorsatz, sich aufzuhängen, aufgeben muß, weil ihm ein junges Mädchen den dazu erforderlichen Strick abkauft, war natürlich Ehrlich selbst zu sehen. Ab April 1937 stand wieder eine neue Revue auf dem Spielplan. ‹Bitte einsteigen!!› war diesmal das Motto:

«Schon der Titel einer Reise-Revue in 23 Stationen, wie sich das neue Kleinkunst-Unternehmen nennt, hat etwas Verlockendes. Der große Saal ... hat durch einen Vorhang mit rollendem Eisenbahnzug, durch Signale und Plakate das Gesicht einer Bahnhofshalle bekommen. Die drei Musikanten unter Führung von Werner Baer am Flügel erscheinen in Schaffneruniformen. Wir wissen, daß wir mit Max Ehrlich gut fahren werden; unter 23 Stationen gibt es gewiß auch mehrere, an denen der Aufenthalt nicht ganz lohnt, aber Entgleisungen ins Geschmacklose sind mit diesem Zugführer nicht zu befürchten. Die Reise mit Ehrlich geht nicht weit, sie zielt nach vertrauten Stationen, wie Leipzig, Finsterwalde und besonders Kalau; dafür hat sie das Verdienst, uns auf harmlose Weise ein paar Stunden von Sorgen und Bangen zu entlasten.»[135]

Im ganzen gesehen war die Spielzeit 1936/37 ein Jahr des Theaters. Im Bereich der Musik ließen die Kräfte nach, wenigstens auf seiten des Publikums. Die ‹C.V.-Zeitung› schrieb im April 1937:

«Im zweiten Abschnitt der Wintersaison machte sich eine auffallende Konzertmüdigkeit des Publikums bemerkbar, die nicht allein aus den (an der Oberfläche liegenden) Gründen der Abwanderung oder Verarmung interessierter Kreise erklärt werden kann. Es fehlt vielmehr immer noch einem großen Teil der jüdischen Bevölkerung das Verpflichtungsgefühl gegenüber den jüdischen kulturellen Institutionen. Wie könnte es sonst geschehen, daß ein vom Kulturbund gemeinsam mit der Zionistischen Vereinigung gebotenes Gastspiel des Winawer-Chors nur wenig Zuspruch fand? Überflüssig zu sagen, daß die Leistung Winawers und seiner Sänger dem ausgezeichneten Rufe, der ihnen vorausging, voll entsprach. Auch einige von dem feinsinnigen Dirigenten Prüwer geleitete Veranstaltungen mußten sich mehr mit dem künstlerischen als mit dem materiellen Erfolg zufrieden geben. Bei der Konzertaufführung des ‹Rigoletto› vermißte man die Szene noch schmerzlicher als unlängst bei der ‹Zauberflöte›.»[136]

Im Gegensatz zur Schauspielbühne blieb die Berliner Oper auf das konventionelle Repertoire verwiesen, soweit es in politischer Hinsicht überhaupt in Frage kam. Man spielte ‹Ein Maskenball› von Verdi (ab Oktober 1936), ‹Die lustigen Weiber von Windsor› von Nicolai (ab März 1937), ‹Don Pasquale› von Donizetti (ab April) und zum Ausklang im Juli wie immer etwas Leichtes, die Operette ‹Die Czardasfürstin› von Emmerich

Kalman, legitimiert durch die jüdische Abstammung des Komponisten und der Librettisten (Leo Stein, Bela Jenbach), gerechtfertigt aber auch durch eine glänzende Aufführung, die der Tenorbuffo der Oper, Julius Kuthan, eingerichtet hatte.

Die Saison brachte einige gravierende personelle Veränderungen. In der Titelrolle der Czardasfürstin brillierte Doris Wilamowska, eine Anfängerin, die im ‹Maskenball› ein mißglücktes Debüt gegeben hatte, sich aber schnell entwickelte und bald zur ersten Sängerin der Kulturbundoper avancierte, der sie bis zu deren Ende im Frühjahr 1939 angehörte. Letzteres gilt auch für den Baß Walter Ries, vor 1933 Mitglied der Bayerischen Staatsoper, danach in gelegentlichen Engagements vor allem beim Frankfurter Kulturbund und am Münchner Marionettentheater tätig, der in den ‹Lustigen Weibern von Windsor› erstmals in Berlin sang. Die wichtigste Veränderung aber war der Weggang des neuen Chefdirigenten Hans Wilhelm Steinberg, der schon im Februar 1937 seinen Vertrag löste, weil er in Palästina die Toscanini-Konzerte des neuen Hebräischen Nationalorchesters (Hubermann-Orchester) vorzubereiten und darüber hinaus eigene Konzerttermine in und außerhalb von Palästina wahrzunehmen hatte. An seine Stelle trat mit Rudolf Schwarz ein Mann, der nicht nur Steinberg vollwertig ersetzte, sondern die ganze musikalische Arbeit des Kulturbunds bis zu seinem bitteren Ende im Herbst 1941 entscheidend prägen sollte. Schwarz, der einer der besten jüdischen Pianisten und Kammermusiker war und sich auch schon als Konzertdirigent einen guten Namen gemacht hatte, debütierte als Operndirigent bei den ‹Lustigen Weibern von Windsor›. Unter seiner Leitung wurde das Julikonzert des Kulturbund-Orchesters mit dem ersten großen Auftritt des Nachwuchspianisten Erich Landerer zu einem der Höhepunkte der Saison. Micha Michalowitz, der Musikkritiker des ‹Israelitischen Familienblattes›, kam ins Schwärmen:

«Das Programm brachte zunächst Werke zweier zeitgenössischer jüdischer Komponisten, eine Ballet-Suite für kleines Orchester in sechs Sätzen op. 36 von Hans Gál und ein ‹In Memoriam› benanntes Kammerstück op. 7 von Karl Wiener ... Es muß hier ... gesagt werden, daß Rudolf Schwarz diese beiden Werke, die in Inhalt und Form seinem eigenen Wesen ungeheuer entgegenkommen, so makellos schön mit dem Orchester musizierte, daß der Anteil, den man ohnehin an ihnen nahm, sich durch das schöne Spiel und die Intensität des Ausdrucks ins noch besonders Beglückende steigerte.»[137]

Schon im Januar 1937 hatte das neugebildete Reiseorchester des Reichsverbandes der Jüdischen Kulturbünde unter Julius Prüwer seine Einstandskonzerte gegeben. Das ‹Israelitische Familienblatt› berichtete über die erste Tournee:

«Die ersten Sporen sind verdient! Das neue Orchester der Jüdischen Kulturbünde – von Frankfurt a. M. ausgehend – ist durch das Rheinland,

Westfalen, Norddeutschland und Mitteldeutschland gereist. Es hat bewiesen, daß wieder wie in früheren Jahren ein vollwertiger Klangkörper geschaffen worden ist und den jüdischen Kulturbünden in Deutschland für die Pflege der Orchestermusik zur Verfügung steht. Die Mitglieder in den Kulturbünden in Aachen, Braunschweig, Chemnitz, Dortmund, Dresden, Duisburg, Düsseldorf, Essen, Frankfurt a. M., Gelsenkirchen, Leipzig, Mainz, Recklinghausen, Wuppertal haben in begeisterten Zuschriften von den genußreichen Stunden berichtet, die ihnen die Orchesterkonzerte bereitet haben.»[138]

Infolge der starken Auswanderung von Musikern (die ja im Gegensatz zu den Schauspielern nicht an die Sprache gebunden waren und deshalb leichter Engagements fanden) wurde das Angebot an hochwertigen kammermusikalischen Darbietungen geringer. Viele Ensembles lösten sich auf, andere mußten neu formiert werden, etwa das von Prof. Mayer-Mahr (dessen Klavier-Lehrwerk noch heute in Gebrauch ist):

«Mayer-Mahr-Trio – der Name ist dem musikliebenden Berliner seit langer Zeit ein Begriff. In der alten Zusammensetzung besteht es nicht mehr; aber Prof. Moritz Mayer-Mahr hat in Wladislaw Waghalter und Leo Rostal neue Gefährten gewonnen, und er bietet uns mit ihnen – in einer Sonderveranstaltung des Kulturbundes – gleich zwei der schwersten Werke der Literatur, Beethovens Geistertrio und Brahms' op. 87. Man erlebt ein Zusammenwirken in strengster Form, bei dem alles auf Großlinigkeit des Aufrisses und Bindung der einzelnen Klangfarben zum einheitlichen Gemälde abgestellt ist.»[139]

Wie in allen Jahren zuvor brachte der Berliner Kulturbund – im Februar 1937 – mit ‹Israel in Ägypten› ein großes Händel-Oratorium zur Aufführung, wobei Orchester und Chor des Kulturbunds wieder mit großen Berliner Laienchören zusammenwirkten. Die «Jüdische Chor- und Orchestervereinigung» unter Leo Kopf bot im März 1937 als eigene Veranstaltung Händels Elias-Oratorium, nachdem sie schon im September 1936 das von ihr beim Komponisten bestellte Moses-Oratorium von Max Ettinger in der Berliner Neuen Synagoge uraufgeführt hatte. An gleicher Stelle fand im Oktober 1936 die europäische Erstaufführung der Freitagabend-Liturgie des amerikanisch-jüdischen Komponisten Jakob Weinberg statt, mit dem Chor von Chemjo Winawer, Paula Salomon-Lindberg als Solistin und Erwin Jospe an der Orgel.

Die Hamburger Bühne war, noch ehe sie formell zur Wanderbühne des Reichsverbands der Jüdischen Kulturbünde erklärt wurde, schon häufig im mittel- und südostdeutschen Raum zu Gast. Zur Eröffnung der Saison 1936/37 gab sie in den oberschlesischen Städten Beuthen, Gleiwitz, Ratibor und Oppeln das Lustspiel ‹Dame Kobold› von Calderon, in Dresden und Leipzig die Komödie ‹Tageszeiten der Liebe› von Nicodemi-Kahn; dieses Stück erwies sich als Fehlgriff:

«Der Jüdische Kulturbund Dresden hat für die Spielzeit 1936/37 u.a. vier Theatervorstellungen mit dem Hamburger Kulturbundensemble vorgesehen. Leider hat sich das zuerst aufgeführte Lustspiel ... ‹Tageszeiten der Liebe› für das Dresdner Publikum als Fehlschlag erwiesen: statt Erheiterung erregte die anspruchslose Liebes-Kauserie nur Verärgerung; niemand schien in Stimmung, sich für die Launen eines jungen Mädchens, auch wenn es so reizend aussah und spielte wie Liselotte Cohn (Rosen), zu interessieren. Für den Theaterpsychologen ist die Beobachtung interessant, wie ein solches Unterhaltungsstück, das früher sogar im Wiener Burgtheater und im Dresdner Albert-Theater ein gutes Publikum nett amüsierte, allerdings an einem Abend unter 100 anderen, in unserer drückenden Zeit keinerlei erheiternd-befreiende Wirkung ausüben konnte.»[140]

Besseren Erfolg hatte das Hamburger Ensemble in Breslau, wo es im Dezember 1936 das international erfolgreiche Ärztedrama ‹Menschen in Weiß› des amerikanisch-jüdischen Schriftstellers Sidney Kingsley zur deutschen Erstaufführung brachte. Der Kulturbund Rhein-Ruhr brachte im Januar 1937 das neue jüdische Drama ‹Der Pojaz› von Georg Hirschfeld nach dem gleichnamigen Roman von Karl Emil Franzos auf die Bühne. Die Gastspieloper der Künstlerhilfe bereiste Deutschland mit Opern wie ‹Doktor und Apotheker› von Dittersdorf und ‹Der Barbier von Bagdad› von Peter Cornelius. Der Breslauer Kulturbund präsentierte mit eigenen und auswärtigen Kräften die Operette ‹Die schöne Galathee› von Franz von Suppé. Nachdem der Mannheimer Kulturbund in den Besitz eines eigenen, 500 Menschen fassenden Saales mit einer kleinen Bühne gekommen war, bot er seinen Mitgliedern im November 1936 seine erste Opernaufführung. Unter Leitung von Max Sinzheimer spielte man vor ausverkauftem Haus Pergolesis Opera buffa ‹La serva padrona› (‹Die Magd als Herrin›) und Mozarts Singspiel ‹Bastien und Bastienne›. Nach monatelangen Proben gelangte im März 1937 Glucks Oper ‹Orpheus und Euridike› zur Aufführung. Mit Ausnahme des Orpheus, der von Paula Salomon-Lindberg gesungen wurde, waren alle Rollen mit Mitgliedern des Mannheimer Liederkranzes besetzt.

Die Saison brachte auch eine Reihe bemerkenswerter Ausstellungen. Das Jüdische Museum zeigte im November 1936 nach langer, mühevoller Vorarbeit eine «Ahnen-Ausstellung» mit Porträts deutscher Juden aus 150 Jahren. Die Kunstkritikerin der ‹Jüdischen Rundschau›, Hanna Schlesinger, schrieb zur Eröffnung:

«Dieses Ereignis greift zweifellos über den Rahmen einer üblichen Kunstausstellung hinaus – es ist vielmehr ein Programm und ein Bekenntnis und, wie wir glauben, ein tiefes Hinabsteigen zu den Quellen jüdischer Kraft.

Die Liebe und das Interesse, die man heute familiengeschichtlichen Dingen entgegenbringt, sind nicht ausschließlich zeitbedingt, sondern der Ausdruck einer wieder stark gewordenen alten jüdischen Tradition, die den Menschen dazu zwingt, sich nie alleine zu sehen, sondern sich eingebettet zu wissen in den Strom der Geschlechter. Wenn das Jüdische Museum in einer großen Fülle von Bildern aus den letzten 150 Jahren uns ‹zu den Gefilden hoher Ahnen› (wie es Goethe einmal im ‹Faust› ausdrückt) hinaufführt, so erweckt dies in uns nicht nur pietätvolle Erinnerungen, sondern stellt vor uns zugleich die ganze Größe und die Eigenart unserer Existenz lebendig hin.»[141]

‹Unsere Ahnen› war die eindrucksvollste und größte aller bisher gezeigten Ausstellungen. Die Exponate stammten aus den Sammlungen des Jüdischen Museums, aus dem Frankfurter Rothschild-Museum (darunter das kostbare Bildnis der Mutter der fünf Brüder Rothschild), von privaten Leihgebern und aus den Schätzen der «Gesellschaft für jüdische Familienforschung», die an der Vorbereitung maßgeblich beteiligt war. Im März 1937 präsentierte das Jüdische Museum eine Ausstellung über ‹Das jüdische Plakat›, deren Titel von der ‹Jüdischen Rundschau› scharf gerügt wurde:

«Wir halten es für verfehlt, dieser Ausstellung den Namen ‹Das jüdische Plakat› zu geben. Nach unserer Meinung ist eine von einem Juden entworfene Schuh- oder Putzmittelreklame noch lange kein ‹jüdisches› Plakat. Man hätte die Ausstellung sinngemäß etwa ‹Juden als Plakatkünstler› nennen können.»[142]

Ab April gab es dann wieder, nachdem im Vorjahr die «Reichsausstellung Jüdischer Künstler» gezeigt worden war, die obligate «Frühjahrsausstellung Berliner Jüdischer Künstler». Das Sekretariat für bildende Künste des Kulturbunds zeigte im Rahmen seiner monatlichen Ausstellungen u.a. «Kinderbildnisse jüdischer Künstler».

Im Herbst 1936 meldeten die jüdischen Gemeinden Dresden und München die Eröffnung eigener Lehrhäuser. Zur Einweihung des Dresdner Lehrhauses am 1. November wurde gesagt:

«Unter dem Namen ‹Jüdisches Lehrhaus› sind in anderen Gemeinden bereits solche Einrichtungen getroffen. Wenn auch bei uns der Name ‹Jüdisches Lehrhaus› geprägt wird, so geschieht das aus dem Grunde, die neuen Einrichtungen in das Gesamtgefüge der geistigen Arbeit des Judentums in Deutschland einzuordnen. Wir sind uns dabei dessen bewußt, daß weder die Zahl der Lehrenden noch der Lernenden so groß sein wird, um den Namen zu rechtfertigen. Immerhin mag der Hoffnung Ausdruck gegeben werden, daß die Kraft und der Wille der geistig Schaffenden die große Zahl ersetzen.»[143]

Der resignative Ton, mit dem hier ein neues Lehrhaus seiner Bestimmung übergeben wurde, war weit entfernt von dem Optimismus und Elan, mit dem die Lehrhausbewegung im Jahre 1934 angetreten war, entsprach aber einer allgemeinen Ernüchterung über Wert und Wirkung der jüdischen Erwachsenenbildung. Unter der Schlagzeile ‹1936 – ein dürres Jahr› schrieb Gerhardt Neumann in der ‹Jüdischen Rundschau›:

«Erst wenn man das abgelaufene Jahr 1936 in Beziehung setzt zu seinen Vorgängern seit 1933, erkennt man die abschüssige Bahn, auf die wir Juden in Deutschland, und die Berliner Juden zumal, im kulturellen Leben geraten sind. Wir denken an die Bereitwilligkeit der Juden in den Jahren 1933 und 1934, sich dem Jüdischen wieder aufzuschließen. Welche Lebendigkeit, welche mitreißende Kraft strömten damals sowohl Versammlungen als auch die Lehrhäuser aus! Damals konnten wir alle das Gefühl haben, es beginne trotz der Ungunst der äußeren Lebensumstände wirklich eine Wiedergeburt des jüdischen Selbstbewußtseins; die Menschen drängten sich zu den Quellen, sie versuchten zu lernen, sich hineinzufühlen in das – welch Paradoxon des Judeseins: – ihnen fremde Gebiet ihrer geistigen, seelischen Heimat ...

Eines Tages aber war die Begeisterung erloschen, der Impetus fort, und übrig blieb ein kleines Häuflein Unentwegter, die den Glauben an das Lernen noch nicht verloren haben. Woher dieser plötzliche Umschwung, der unverkennbar Anfang 1935 einsetzte? Wahrscheinlich kam in vielen Fällen die Begeisterung nicht aus der Seele, sondern oft aus der Angst des Alleinseinmüssens und aus der Erwartung, durch Lernen neue praktische Wege gewiesen zu bekommen. Man verstand nicht, daß das Lernen zunächst nur der Weg zu sich selber sein konnte, zu einer Regeneration des jüdischen Menschen ...

Der Veräußerlichung des geistigen Lebens von der Seite der Hörer entspricht auch die Veräußerlichung des geistigen ‹Angebots›. Vier Lehrhäuser werben jetzt in Berlin um die Gunst des Publikums! Wären wir nicht in einer so besonderen Lage – man müßte die Lauge des Spottes darüber ausgießen.

Wir sind der Überzeugung: dieser Zustand ist unhaltbar.

Er bedeutet nicht nur eine Vergeudung an Geld und Arbeitskraft, sondern auch eine Quelle der Verwirrung für den lernwilligen Juden, den die feinen und feinsten Unterschiede nicht interessieren und der nur Wissen erwerben will ...

Die junge Generation ist tapfer und lebensfreudig, und sie wird ihren Weg finden. Aber sie hat schon keine Beziehung zum Geiste mehr, und das empfinden wir als etwas Unjüdisches an ihr. So wie es heute keine Auseinandersetzungen mehr innerhalb der verschiedenen Richtungen dieser Jugend gibt und die Fronten zu Eis erstarrt sind, so meidet diese Jugend auch die Konfrontierung mit den geistigen Gegebenheiten. Die Ideologie genügt ... Daß unsere Theater, Konzertsäle, Lehrhäuser und Synagogen im wesentlichen die Besuchsstätten einer schon nicht mehr geistig aktiven Altersschicht geworden sind, ist schmerzlich.»[144]

Das Unterrichtsjahr 1936/37 brachte keine Besserung. Die Frage, wer für die Misere verantwortlich sei, beantwortete Willy Cohn aus der Sicht der Lehrhäuser so:

«Eine der großen Illusionen, die wir Menschen, die wir seit Jahrzehnten in der jüdischen Bildungsarbeit stehen, uns gemacht haben, ist endgültig zu begraben: daß nämlich die Juden in Deutschland wirklich den Willen haben, etwas zu lernen ... Man hat es auf alle Weisen versucht ... Es war immer das gleiche Ergebnis. Es scharte sich wohl eine Gruppe von Menschen um den Lehrer, die ausreichend waren, einen solchen Kurs abzuhalten, aber mit innerem Entsetzen fragte man sich, wo sind die anderen, die doch in dieser Zeit, das Bedürfnis haben müßten, von diesem Judentum etwas zu lernen ...

Wenn unsere Menschen nicht in die jüdischen Lehrhäuser strömen, wie wir das eigentlich nach dem Umbruch erwartet hatten, wenn sie nicht von dem Gedanken erfüllt sind, ihrem Leben einen neuen geistigen Gehalt zu geben, so gibt es dafür ... kein Wort der Entschuldigung. Sie haben versagt, und das muß ihnen in aller Deutlichkeit gesagt werden ...»[145]

Wie die Lehrhäuser hatten auch die Kulturbünde mit einem «Versagen» des Publikums zu kämpfen. Denn die zahlreichen Berichte über volle, ja überfüllte Theater-, Konzert- und Vortragssäle dürfen nicht darüber hinwegtäuschen, daß sich dieses Publikum immer wieder aus den gleichen Kreisen speiste, während die Mehrheit der deutschen Juden abseits stand. Freilich wurde diese Problematik in der stark durch Wunschvorstellungen geprägten, von der Realität abstrahierenden Auseinandersetzung um die Kulturbünde lange ignoriert oder in illusionistischer Weise interpretiert. So schrieb Martha Wertheimer noch im August 1936 im ‹Israelitischen Familienblatt›:

«Daß der Elan der ersten Zeit, die große Gutwilligkeit viel weiterer Kreise des jüdischen Publikums, als sie jetzt noch zum Kulturbund gehören, deutlich erkennbar abgesunken ist, das weiß man im Kulturbund selbst am allerbesten. Man kennt dort sein überaltertes Publikum. Aber man nimmt die Unzufriedenheit derer, die nicht kommen, vielleicht noch zu leicht. Es handelt sich dabei nicht um die Snobs und Premierentiger von früher, von denen sehr viele ihre Beziehung zum Judentum erst unter Zwang entdeckt haben. Deren Zahl ist gering, gemessen an der großen Berliner Gemeinde; aber hier handelt es sich um diejenigen, die man wirklich gewinnen könnte ... Es gibt sehr viele, für die es immer noch keine finanzielle Frage wäre, das Abonnement im Kulturbund zu nehmen; aber sie lehnen den Kulturbund, wie er ist, stillschweigend ab ...»[146]

Tatsächlich gab es, wie Leserbriefe in den jüdischen Zeitungen zeigen, viele, Zionisten und junge Menschen vor allem, die den Kulturbund ablehnten, weil er ihnen zu wenig jüdisch war. Die meisten aber lehnten ihn ab, weil er ihnen zu jüdisch war. Als die ausgesprochen jüdischen

Stücke in den Spielplan kamen, verzeichneten sie die geringsten Besucherzahlen. Die Statistik nennt für die ‹Grünen Felder› von Perez Hirschbein 12827 Besucher, für die ‹Goldene Kette› von J.L. Perez 11888 und für Bistritzkys ‹Schabatai Z'wi› 12908. Dagegen kamen zur ‹Judith› von Hebbel 15051 Zuschauer, zum ‹Sommernachtstraum› 14914 und zu ‹Menschen in Weiß›, Kingsleys Ärztedrama, 14356.[147] Kein Zweifel, daß das Publikum die «Judaisierung» des Spielplans nur zögernd annahm. Benno Cohn, zionistisches Vorstandsmitglied des RJK, räumte dies in einem Interview ein:

«Wir haben naturgemäß an einem Publikum, das in seinen breiten Schichten dem jüdischen Leben bisher völlig fernstand, eine nicht einfache Erziehungsaufgabe zu vollbringen. Ein Besucher der ‹Goldenen Kette› erklärte offen, man könne ihm ebensogut chinesisches Theater vorsetzen. Wir spüren aber, daß sich hier dank stetiger Bemühung eine Wandlung vollzieht.»[148]

Erst jetzt, als sich die Kulturdebatte ideologisch entkrampft hatte und der kulturpolitische Romantizismus früherer Jahre durch eine realistische Betrachtungsweise abgelöst war, kam die Publikumsfrage wirklich und in ihrer ganzen Dimension ins Blickfeld. Zusätzlich durch große, auswanderungsbedingte Mitgliederverluste beunruhigt, die die wirtschaftliche Existenz der Kulturbünde gefährdeten, fand die jüdische Presse im Sommer 1937, vor Beginn der fünften Spielzeit, Worte, die an Offenheit nichts zu wünschen übrigließen. «Kultur-Marranen» nannte Martha Wertheimer jetzt die ewig abseits Stehenden:

«Wünsche haben, Fehler nachweisen, Besserung verlangen und durch eigenen Rat und eigene Tat mitanstreben, das ist gesund und richtig. Aber unrichtig, nein entsetzlich ist die faule Nachlässigkeit, das träge Sich-Treibenlassen und am Schlimmsten das böswillige Sich-Absondern. Wir haben unter uns eine ganze Schicht von Kultur-Marranen – man gestatte mir, daß ich das Wort präge – die einen Horror vor jüdischer Kultur zur Schau tragen und lieber als Unwillkommene und kaum Geduldete sich Kunstgenüsse verschaffen, die sie ihrer Meinung nach ‹nicht entbehren› können. In Wirklichkeit geht es ihnen nicht so sehr um die Kunst als darum, daß sie das Zusammensein mit einer jüdischen Gemeinschaft vermeiden wollen, weniger nach außen hin, als mit einem Versteckspiel vor sich selbst. Sie spielen ... ein Gesellschaftsspiel anno 19 ... Diese Kultur-Marranen aufrütteln ist unsere Aufgabe. In einer Notgemeinschaft, die sich ihre eigenen Kulturwerte schaffen will und auch die geistigen und seelischen Kräfte hat, sie zu schaffen, kann man gerade diejenigen nicht entbehren, die nach ihrer finanziellen Situation die Möglichkeit hätten, Mäzene zu sein. Aber nicht nur an sie allein muß der Ruf zum Mithelfen an einem wahrhaften Bund jüdischer Kultur ergehen. Es geht jeden Juden an.»[149]

In der ‹C.V.-Zeitung› setzte sich Margarete Edelheim mit dem Problem auseinander:

«Wer ... das Theater des Kulturbundes, seine Konzerte und Vorträge regelmäßig besucht, sieht, daß – neben den Unbemittelten – gewisse Teile des jüdischen Publikums immer wieder fehlen. Wenn sich der Kulturbund gelegentlich in den Dienst der Winterhilfe oder eines anderen ausgesprochen wohltätigen Zweckes stellte, dann erschienen allerdings auch Menschen dieser Kreise. Da zahlten sie Eintrittspreise für die ersten Parkettreihen, die an solchen Festabenden in gesellschaftlichem Rahmen ein Vielfaches des sonstigen Monatsbeitrages betragen, und träumten sich wohl zurück in jene Zeiten, da sie bei keiner Premiere im Deutschen Theater oder in den Kammerspielen fehlten. Ja es gibt noch heute jüdische Außenseiter ... und die Anonymität der Großstadt, die ihnen mehr Bewegungsfreiheit gibt als die Kleinstadt oder das Land, leistet ihrer Anschauung, sie hätten den Kulturbund nicht nötig, Vorschub. Was heißt aber heute ‹nicht nötig haben›? Heißt es, daß man sich so auf eine Insel der Einsamkeit zurückgezogen hat, daß man die geistige Abwechslung und Auffrischung eines Theaterabends oder eines Konzerts nicht braucht? Oder heißt es, daß man im außerjüdischen Bereich noch die Zerstreuung findet, die man im Kulturbund suchen sollte? ...

Die Kulturbundarbeit beruht und muß beruhen auf einem gegenseitigen Geben und Nehmen ... Inzwischen haben die Künstler vier Jahre lang gewirkt und sind an ihrem Werk zu einer Gemeinschaft, zu einem Kollektiv gewachsen, das nur einen Ehrgeiz hat und nur eine Freude kennt: dem Publikum ihr bestes Können zu geben. Und die Menschen im Parkett – die meisten von ihnen Stammgäste seit vier Jahren, die gleich dem ersten Rufe folgten – nahmen das, was ihnen die Künstler gaben, von Monat zu Monat und von Jahr zu Jahr mit immer stärkerer Aufnahmebereitschaft und immer wachsender Zufriedenheit. Nicht daß sie blind gegen die Darbietungen waren. Viele von ihnen hatten ja noch die Größten der Bühnen der ganzen Welt gesehen und glaubten sich erst in ein Provinztheater versetzt. Aber sie lebten mit dem Ensemble, sahen sein Reifen und bedauerten das Fortgehen des einen oder anderen ihrer Lieblinge von Schauspiel und Oper. Auch sie konnten ablehnen – wie ja auch wir in unserem Blatte, wenn es nottat, abgelehnt und kritisiert haben – und man sah manchmal leere Reihen, wenn ein Stück nicht gefiel. Aber sie, die Treuen, kamen sofort wieder, wenn eine neue und immer bessere Leistung sie in ihr Theater zurückrief. Doch da gab es auch Treulose, Ungeduldige, die es nicht abwarten zu können meinten, bis die Leistung ihren höchstgeschraubten Ansprüchen entsprach. Sie sahen in dem Theater lediglich die Befriedigung ihres eigenen kulturellen Bedürfnisses und vergaßen das soziale Moment darüber ...»[150]

Mit der anklagenden Forderung, sich den Kulturbünden anzuschließen, stellte sich die jüdische Presse geschlossen in den Dienst der Sommerwerbeaktion des Reichsverbands der Jüdischen Kulturbünde, durch die allein in Berlin 5000 neue Mitglieder gewonnen werden sollten. Die repräsentativen jüdischen Organisationen, an ihrer Spitze Leo Baeck für die Reichsvertretung, unterstützten die Aktion mit folgendem Aufruf:

«Der Jüdische Kulturbund, der vor vier Jahren in Berlin gegründet wurde, ist nun seit langem Besitz und Lebensnotwendigkeit für alle großen und kleineren jüdischen Gemeinden in Deutschland. Es hat sich erwiesen, daß der Wert der Kulturbünde weit über die Möglichkeit hinausgeht, jüdischen Künstlern Betätigung, jüdischen Zuhörern Zerstreuung zu verschaffen. Hier ist ein Bund gegründet, der im Zeichen lebendigen geistigen Interesses jüdische Menschen sammelt und vereint, und der dies Interesse immer entschiedener und reiner in eine besondere jüdische Richtung zu lenken strebt. Die Existenz der Kulturbünde ist für alle Juden von innerster Bedeutung. Man kann es daher weder verstehen noch billigen, daß es immer noch Juden in Deutschland gibt, die nach ihren materiellen Lebensbedingungen wohl dazu imstande wären, Mitglieder des Kulturbundes zu sein, aber dennoch beiseite stehen. Der Verlust, den jedes Jahr den Kulturbünden unvermeidlicherweise bringt, kann und muß wettgemacht werden durch den Eintritt dieser noch Außenstehenden. Dem Kulturbund Treue zu halten, dem Kulturbund neue Mitglieder zu werben, scheint uns gemeinsame Ehrenpflicht aller Juden.»[151]

«Wir brauchen Tröstungen und wir brauchen Entspannungen»

So von einem breiten jüdischen Konsens getragen und tatsächlich mit Tausenden neuer Mitglieder gestärkt, gingen die Kulturbünde in die Spielzeit 1937/38, die für den Berliner Kulturbund die fünfte war. Und wie im Vorjahr begann dort die Schauspielbühne mit einem jüdischen Stück, mit dem von Leo Hirsch ins Deutsche übertragenen Drama ‹Der Golem› des russisch-amerikanisch-jüdischen Dramatikers Halper Leiwik, das von allen jiddischen Bühnen Amerikas und von der hebräischen Habimah mit großem Erfolg gespielt worden war. Das sich aus jüdischen mystisch-religiösen Quellen speisende, schwer deutbare, überaus düstere und entsprechend düster inszenierte Mysterium Leiwiks stellte das Publikum vor große Verständnisprobleme und spaltete es in Ratlose, Befürworter und Gegner. Viele verließen das Theater, noch ehe das Stück zu Ende war. Sogar ein Zionist nahm das Publikum jetzt in Schutz:

«Der Jude, der noch bis vor wenigen Jahren an einer reichen und großen Welt Anteil nehmen konnte, sieht sich heute auf seinen eigenen jüdischen Lebensbezirk zurückgedrängt. Der Kulturbund stellt für ihn wieder die Verbindung zur großen Welt her. Er kann, wenn er seine Aufgabe erfüllt, sein Bedürfnis nach Schönheit und Freude erfüllen, ihm Entspannungen bringen, aber ihn auch zu den Quellen des ihm verloren gegangenen jüdischen Lebens zurückführen.

Erfüllt der ‹Golem› diese Funktion? Wenn wir ehrlich sind, müssen wir das verneinen. Dabei brauchen wir noch nicht einmal jene Naivität des Mannes zu besitzen, der während der Pause zu einem anderen Besucher sagte, ihm gefalle ‹Die Csardasfürstin› besser als ‹Der Golem›. Die Welt des Golem ist und bleibt dem westlichen Juden fremd. Der Sagenkreis aus seinem eigenen Kulturbereich ist für ihn nicht mehr lebendig. Die dichterische Bewältigung des Stoffes kann ihn nicht ansprechen. Es liegt offenbar in der Eigenart der jiddischen Dichtung, daß in ihr die tragischen Seiten des jüdischen Lebens am stärksten zum Ausdruck kommen. Das Halbdunkel, in das das ganze Stück getaucht ist, die Grenze zwischen Wahn und Vernunft, der passive Grundzug erschüttern nicht, sondern bedrücken nur. Die abstrakte Symbolsprache bleibt unverständlich für ein nicht durch eine jüdische Erziehung gegangenes Publikum, das die Andeutungen, die aus dem Bereich der jüdischen Überlieferung und jüdischen Mythologie stammen, nicht verstehen kann. Theater aber, das man nur mit Kommentar verstehen kann, verliert an Wirkung. Die Tragik des jüdischen Stückes verklärt sich nicht zur Größe, sondern stößt ihn noch tiefer herab und überläßt ihn einfach seiner Verzweiflung.

Man tut daher dem Publikum unrecht, wenn man ihm vorwirft, daß es nicht die rechte Einstellung zum jüdischen Stoff habe. Das jüdische Problem, auf der Bühne dargestellt, ist für das Publikum etwas Neuartiges, Fremdes, das von ihm mit Recht oder Unrecht abgelehnt wird ... Das jüdische Schauspiel kann in dieser Situation keine künstlerische, sondern nur eine volkspädagogische Aufgabe haben. Der Jude muß in ihm die Größe und die Einmaligkeit seiner Existenz spüren und dadurch in seinem jüdischen Wert bestätigt werden ... Was zu den Juden in Deutschland sprechen würde, wäre das Stück, das einen Hauch von Größe verspüren lassen würde und das ihn nicht noch stärker in den durch die Bedingungen seines Lebens entstandenen Fatalismus hineinstößt.»[152]

Ein solches Stück war das im gegenwärtigen Palästina spielende Schauspiel ‹Das Gericht› der jüdischen Palästinenserin Schulamith Bath-Dori, das, von Herbert Friedenthal (später: Herbert Freeden) für die Kulturbühne eingerichtet, im Mai 1938 zur Aufführung kam. Mit diesem Stück beging die Berliner Bühne eine doppelte Premiere. Erstmals brachte sie ein aktuelles jüdisches Problem zur Darstellung, und erstmals versuchte sie sich in der Gattung des modernen, anti-illusionistischen Zeittheaters. Über den Inhalt des Stückes teilte der Bearbeiter Friedenthal mit:

«Das Stück beginnt in einer jüdischen Siedlung, nachts, als die Wachen verteilt werden – es endet in derselben Siedlung in derselben Nacht: dazwischen wird das Rad der Zeit zurückgedreht, die Opfer eines arabi-

‹Das Gericht› von Schulamith Bath-Dori, Kulturbund-Theater Berlin, Mai 1938

schen Angriffs, ein Jude, ein Engländer und ein Araber, werden erweckt und zum ‹Gericht› gerufen. Jeder von ihnen muß den Tag und die Stunde erzählen, die ihm das Gewehr in die Hand drückte, die ihn zu diesem Schuß veranlaßt haben. Und sie sehen ein, daß niemand von ihnen Schuld trägt, daß sie die Objekte einer zwangsläufig gewordenen Entwicklung sind. Da blendet die Bühne wieder in die jüdische Siedlung über. Noch ist die Nacht des Angriffs nicht vorüber. Aber schon hat die Wacht die nächste Generation übernommen – Siebzehnjährige stehen jetzt am Stacheldraht. Als der junge englische Soldat pflichtgemäß auf den Araber schießen will, der als Freund zu seinem jüdischen Kameraden geschlichen kommt, ruft ihm der Jude entgegen: ‹Nicht schießen, hörst du, nicht schießen, das ist mein Freund Mustapha ...› Mit dem optimistischen Ausblick beendet der ‹Sprecher› das Spiel: ‹Dort geht es noch weiter und man weiß nicht, wie es enden wird. Nur eins wissen wir: die drei da sind noch sehr jung, und die Zukunft ist in ihren Händen.› »[153]

Wie die ‹Jüdische Rundschau› mit Recht bemerkte: von ‹Nathan der Weise› im Oktober 1933 bis zum ‹Gericht› im Mai 1938 hatte der Kulturbund einen weiten Weg zurückgelegt – in Form und Inhalt. Die deutschen Juden wurden nicht mehr durch eine allgemeine Humanität getröstet, die niemanden verpflichtete, sondern durch die Anschauung einer sich in der heutigen Wirklichkeit kämpferisch behauptenden jungen jüdischen Generation, zu der womöglich die eigenen Söhne und Töchter gehörten. Das Besondere und Einmalige dieser Aufführung, durch Ansprachen von Michael Traub (Zionistische Vereinigung) und Kurt Singer unterstrichen, wurde allseits empfunden:

«Die Aufführung dieses Stückes bildet ein Ruhmesblatt in der Geschichte dieser Bühne. Es ist vielleicht die geschlossenste und am höchsten zu bewertende Leistung seit ihrem Bestehen. Die Arbeit des Regisseurs Wisten ist einschränkungslos bewunderungswürdig. Der Ton, in welchem er die Schauspieler sprechen ließ, war von einer wohltuenden Verhaltenheit und deshalb von so eindringlicher Wirkung. Die Entfaltung der Gebärden war bis zur äußersten Knappheit zurückgedrängt und dennoch intensitätsgeladen bis zum Rand ...

Und ... am Schluß ... muß man es endlich aussprechen, daß von dieser Aufführung, der Condell mit Klugheit und einer geradezu erregenden szenischen Phantasie den festen Rahmen schuf, etwas ausging, das wie eine heilige Flamme brannte und deshalb tief in unser Herz drang. Wie eine Mauer standen die erschütterten Menschen im Parkett, als der Vorhang sich zum letztenmal gesenkt hatte, und überschütteten die Bühne mit ihrem großen und aufrichtigen Dank.»[154]

Den sich dramatisch verschlechternden Lebensverhältnissen der Juden entsprechend, beließ es der Kulturbund in feinfühliger Dosierung bei diesen beiden jüdischen Problemstücken. Ansonsten spielte man, um den geplagten Menschen wenigstens einige Stunden der Zerstreuung und Entspannung zu ermöglichen, flotte alte und neue Komödien: ‹Zweikampf der Liebe› des Franzosen Eugene Scribe in einer Bearbeitung von Julius Bab, ‹Viel Lärm um nichts› von Shakespeare, das ‹Kap der guten Hoffnung› des Ungarn Bus-Fekete und von Molnar ‹Delila›, eine moderne, komödiantische Adaption eines Motivs der jüdischen Simson-Delila-Sage, ferner Einakter des Franzosen George Courteline und das Stück ‹Arm wie eine Kirchenmaus› von Ladislaus Fodor. In diesen Rahmen der geistreichen, aber unbeschwerten szenischen Kunst fügte sich auch die Opernbühne. Sie spielte ‹Eugen Onegin› von Tschaikowsky, dann die – historisch im Übergang zwischen «Grande opéra» und Operette stehende – Spieloper ‹Wenn ich König wäre› von Adolphe Adam und – nach diesem musikhistorischen Vorspiel – Jacques Offenbachs Meisteroperette ‹Die schöne Helena› mit dem offenbar umwerfend komischen «Maxe Ehrlich» als Oberpriester des Jupiter.

Einige Jahre früher hätte diese Programmfolge noch heftige Debatten ausgelöst. Jetzt, da die Not der Menschen ungeahnte Ausmaße angenommen hatte, verstummte jede Kritik und Besserwisserei. Erlaubt, ja gefordert war, was den Menschen gefiel. Die ideologisch-theoretischen Auseinandersetzungen über die künstlerischen und erzieherischen Aufgaben des jüdischen Theaters gehörten vergangenen besseren Tagen an wie die Perlen und Steine, die man längst versetzt hatte. Nichts zeigt diesen ganz untheoretischen, pragmatischen Wandel so deutlich wie die Theaterkritik der vormals so gefürchteten ‹Jüdischen Rundschau›. Im Premierenbericht über Fodors Komödie ‹Arm wie eine Kirchenmaus›, die im August 1938 in der Inszenierung von Max Ehrlich gegeben wurde, schrieb Micha Michalowitz:

«Es ist kein wesentliches Stück. Nicht einmal der Dramaturg wird das behaupten. Aber der Sommer ist sehr lang, der Kletterehrgeiz des Thermometers ist enorm, und überdies: an wirklichen Problemen leiden wir ja keine Not ... Aber dafür gab es eine Aufführung, die ersten Ranges war. Eine schattenlose Leistung von weltstädtischem Niveau ... Um es noch einmal zusammenfassend zu sagen: es war ein Abend, so leicht und wohltuend, wie ein sommerlicher Wind.»[155]

Als der Kulturbund die leichte Linie wieder verließ und im September, an der Schwelle der nächsten Spielzeit, Ibsens Problemstück ‹Gespenster› aufführte, reagierte Michalowitz fast empört auf diesen «Fehlgriff»:

«Unser primäres, äußeres, nüchtern reales Leben ... ist bis zum Rande mit einer Dramatik angefüllt, gegen die alles Bühnenspiel verblassen muß. Dennoch ... möchten wir auf jene Erlebnisse der Empfindungen und Gefühle nicht verzichten, sei es auch nur in der unwirklichen Form des Spiels. *Denn wir brauchen Tröstungen und wir brauchen Entspannungen.* In dieser Phase unseres Lebens kann das Theater keine andere Funktion haben, als eben diese. Man kann das bedauern und tut es gewiß in den geheimsten Kammern seines Herzens, – aber man kann davon nicht absehen. Tröstungen und Entspannungen – beides blieb uns an diesem Abend versagt.»[156]

Wo die Aufgaben des Theaters in dieser Weise praktisch geworden waren, konnten auch die meisten anderen Darbietungen vor den Augen der Kritik standhalten. Das «Theater der jüdischen Schulen» spielte Shakespeares ‹Komödie der Irrungen›, den ‹Pojaz› von Georg Hirschfeld, ‹Uriel Acosta› von Karl Gutzkow in einer neuen Bearbeitung von Herbert Friedenthal, den ‹Geizigen› von Molière, ‹Grüne Felder› von Perez Hirschbein und zur Ferienzeit im April 1938 mit stürmischem Erfolg den belanglosen, aber als Lachmuskelspanner unverwüstlichen Schulschwank ‹Das Extemporale› von Hans Sturm und Moritz Färber mit dem Gaststar Max Ehrlich als Gymnasialdirektor und der jungen Steffi Rosenbaum als Lotte.

Max Ehrlich, der noch in der bedrückendsten Lage die Kraft hatte, andere Menschen zu erheitern, gehörte in dieser Phase zu den aktivsten und wichtigsten Künstlern des Kulturbunds. Er inszenierte ‹Arm wie eine Kirchenmaus›, mimte und sang in der ‹Schönen Helena›, spielte in der Jugendbühne und führte seine Kleinkunstbühne von einem Erfolg zum anderen. Im Dezember 1937 hatte die neue Revue ‹Von Romeo bis Streichquartett› Premiere. Neben Ehrlich selbst spielte die von ihm entdeckte Rosl Gerstl eine tragende Rolle. Ab März gab die Kleinkunstbühne das zuvor in Wien mit großem Erfolg gelaufene musikalische Lustspiel ‹Warum lügst Du, Cherie?›. In der Hauptrolle der Suzette spielte sich die von Ehrlich von der Jugendbühne geholte Steffi Rosenbaum in die vorderste Reihe der Kulturbund-Schauspieler. Überhaupt war die Kleinkunstbühne eine Talentschmiede. Ehrlich brachte u.a. die junge Harmonika-Virtuosin Cläre Arnstein heraus (das «Mädel mit der Harmonika»), die, wenn sie nicht für den Kulturbund spielte, in ausländischen Kabaretts und Varietés auftrat. Zugleich schauspielerisch begabt, gehörte Cläre Arnstein ebenso wie Steffi Rosenbaum (nach ihrer Heirat als Steffi Hinzelmann) später und bis zum Ende im Herbst 1941 zu den wichtigsten weiblichen Darstellern der Kulturbund-Bühne. Außerhalb der Ehrlichschen Kleinkunstbühne, in der eine «volkstumsmäßig» neutrale Komik vorherrschte, gab es neuerlich Versuche, die Kunst des Heiteren mit jüdischen Themen zu verbinden. Der vielseitig begabte Leo Hirsch schrieb einen ‹Großen Bilderbogen›, der im Oktober 1937 in der Regie von Nicolai Eljaschoff von der Berliner Künstlerhilfe im Hotel «König von Portugal» aufgeführt wurde. Im November 1937 stellte sich in Berlin unter dem Namen «Die Touristen» ein neues «Kabarett der Autoren» vor, das um anspruchsvolles literarisches Kabarett bemüht war.

Anfang Januar 1938 wurde in Hamburg das neue «Jüdische Gemeinschaftshaus» eingeweiht. Zur Eröffnung spielte das Ensemble des Hamburger Kulturbunds Shakespeares ‹Romeo und Julia› mit Ruth Mannheimer (Reimer) als Julia und Hans Heinz Friedeberg als Romeo. Außerdem zeigte die Hamburger Bühne in ihrem Spielgebiet die Komödien ‹Jean› von Bus-Fekete, ‹Amcha› von Scholem Alechem, ‹Delila› von Molnar, das Problemdrama ‹Fahrt ins Grenzenlose› (‹Überfahrt›) von Sutton Vanes, das Kriminalstück ‹Kopf in der Schlinge› von John Bradley und das ‹Extemporale› von Sturm und Färber. Der Kulturbund Rhein-Ruhr brachte im Januar 1938 die deutsche Erstaufführung des von Max Reinhardt im Herbst 1937 in Wien uraufgeführten Schauspiels ‹In einer Nacht› von Franz Werfel. An weiteren Stücken spielte man ‹Achtung, frisch gestrichen› von René Fauchois, ‹Das Kamel geht durch das Nadelöhr› von Langer, ‹Jusik› von Dymow und ‹Delila› von Molnar.

Sieht man von den – meist kanonisierter Literatur gewidmeten – Rezitationen von Herrnstadt-Oettingen, Maur, Hardt, Bernstein, Koninski, Merten u.a. ab, waren literarische Veranstaltungen und insbesondere Autorenlesungen all die Jahre ein Stiefkind der organisierten Kulturarbeit geblieben. Die Existenz jüdischer Verlage und jüdischer Zeitungen mit regelmäßigen Kultur- und Literaturseiten, aber auch das eher schwache Interesse des Publikums ließen solche Veranstaltungen mehr oder weniger entbehrlich erscheinen. Die zunehmende wirtschaftliche Schwächung des jüdischen Buchhandels und die damit verbundene Einschränkung der

Publikationsmöglichkeiten führten ab Herbst 1937 zu verstärkten Bemühungen um die meist jungen deutsch-jüdischen Autoren. Die Künstlerhilfe stellte auf ihrem ersten Autorenabend im Oktober 1937 die Erzählerin Martha Wertheimer (die auch Redakteurin des ‹Israelitischen Familienblatts› war) und den Novellisten und Lyriker Werner Bukofzer vor. Um «Dichter und Publikum zusammenzuführen», gaben die Rezitatoren Leo Merten und Erna Leonhard, ebenfalls als Veranstaltung der Künstlerhilfe, ab Oktober unter dem Titel ‹Ungehörte Stimmen› sechs Vortragsabende, die ausschließlich Werken neuer jüdischer Dichter gewidmet waren, u.a. Bernd Götz, Elise Maas, Ilse Blumenthal-Weiß, Karl Escher, Fritz Rosenthal (Ben-Chorin), Anna Joachimsthal-Schwabe, Nelly Sachs, Paul Mayer, Gerda Senser, Gertrud Chodziesner und Martha Wertheimer. Jakob Picard – neben Manfred Sturmann, Fritz Rosenthal und Gerson Stern zu den bekannteren neuen jüdischen Autoren zählend – las im Central-Verein in Berlin aus seinen Werken.

Nachdem im Jahre 1935 der Palästina-Tonfilm ‹Land der Verheißung› mit großem Erfolg in den jüdischen Gemeinden gelaufen war, zeigte der Reichsverband der Jüdischen Kulturbünde ab Mai 1938 den im Milieu des ostjüdischen Stetl spielenden jiddischen Spielfilm ‹Idl mit'n Fidl›, den ersten «Judenfilm» der Welt, der, von Juden mit Juden für Juden in Warschau gedreht, mit großem Erfolg schon in Warschau, New York, Paris und London gelaufen war. Auch in Deutschland waren die Kinosäle wochenlang ausverkauft. Bei der Premiere am 2. Mai 1938 vor geladenem Publikum, die von der Berliner Gemeinde als Festvorstellung zugunsten der jüdischen Altersheime veranstaltet wurde, gab Kurt Singer in einer Ansprache «in pionierhaft-freudiger Erregtheit» (‹C.V.-Zeitung›) die Gründung des «Instituts für jüdische Filmarbeit KOL NOA» bekannt. Kurt Singer und seine Mitarbeiter glaubten noch an eine Zukunft der Juden in Deutschland.

Zur Lage der jüdischen Erwachsenenbildung schrieb Gerhardt Neumann im Januar 1938 in der ‹Rundschau›:

«Jede unserer kulturellen Institutionen muß sich heute darüber klar sein, daß der allergrößte Teil der Juden Berlins noch immer fremd und zum Teil ablehnend allen Versuchen geistiger Arbeit auf jüdischem Gebiet gegenübersteht. Es ist bisher nicht gelungen, diese ‹Juden am Rande› zu erfassen, geschweige denn zu aktivieren.»[157]

Es kam eben auf das Thema an! Die nichtjüdischen, musikhistorischen Vorträge von Anneliese Landau im Kulturbund fesselten wie eh und je Tausende von Zuhörern. Im August 1938 sprach sie über den ‹Geselligen Tanz›, wie immer mit Demonstrationen verbunden:

«Ruth Condell und Erich Baden tanzten die Barocktänze: Allemande, Courante und Sarabande im Kostüm der italienischen Renaissance, – ein harmloser Anachronismus; denn die ausgezeichneten Künstler wußten

Geste und Bewegung so fein zu stilisieren, daß man an einen aus dem Rahmen gestiegenen Botticelli glaubte. Reizvoll und preciös wurden Menuett und Gavotte gestaltet, beschwingt der Wiener Walzer mit seiner derberen Gefährtin, der Polka ... Bezeichnend für den Wert der tänzerischen Leistung war es, daß der abschließende Tango, der nicht im schmükkenden Kostüm, sondern in neutraler Abendkleidung getanzt wurde, den stärksten Beifall fand und stürmisch zur Wiederholung begehrt wurde ... Ein zahlreich erschienenes Publikum zeigte sich dankbar für den unterhaltsamen Abend.»[158]

Kultur als letzte Bastion

Während man im Vortragssaal des Kulturbunds noch Menuett und Gavotte tanzte, Wiener Walzer und Polka, vollzog sich in der Wirklichkeit die Liquidation des deutschen Judentums. Die exzessive Verschärfung der Verfolgungsmaßnahmen, die fortschreitende Ausschaltung aus der gewerblichen Wirtschaft und den freien Berufen, die bösartigen Schikanen und die antisemitische Hetze in der NS-Presse trieben Zehntausende aus dem Land, darunter Tausende von Mitgliedern der Kulturbünde, mehr als man bei der großen Werbeaktion im Sommer 1937 hatte gewinnen können. Als die Kulturbünde die neue, nunmehr sechste Spielzeit begannen, standen sie vor der Existenzfrage. Kurt Singer schrieb im Augustheft der ‹Mitteilungen des Reichsverbandes›:

«Der Kulturbund geht in den bisher schwersten Winter seiner Existenz ... Der Liquidationsprozeß des Judentums in Deutschland hat derart rasante Formen angenommen, daß alle Positionen, auf die sich unsere Arbeit stützen konnte, ins Wanken gekommen sind. Werte, um die eben noch gestritten wurde, sind illusorisch geworden; es geht nicht mehr um den künstlerischen Wettstreit der einzelnen Bünde, sondern um Sein oder Nichtsein der Kulturbundarbeit überhaupt ... Gefährlicher noch als der Mitgliederschwund ist die Resignation und Mutlosigkeit ... Wir wissen, wie die beruflichen Sorgen und die Vorbereitung der Auswanderung jeden einzelnen beschäftigen und absorbieren. Aber trotz aller Anstrengungen um die Auswanderung werden diesen Winter in zahlreichen Gemeinden noch genügend Juden vorhanden sein, zu denen der Kulturbund sprechen muß.»[159]

Aber welchen Sinn konnte Kulturarbeit in solcher Situation noch haben? Mußte sie nicht als purer Luxus erscheinen, wo das Denken aller nur noch von dem Wunsch beherrscht war, das Land schnellstmöglich zu verlassen? «Wir brauchen Tröstungen und wir brauchen Entspannungen», schrieb Micha Michalowitz im Kulturteil der ‹Jüdischen Rundschau›, und die politische Redaktion stimmte ihm zu:

«Noch niemals stand der Jüdische Kulturbund, in Berlin wie im Reich, vor einer neuen Spielzeit als einem größeren Wagnis als in diesem Jahre.

Auswanderung und Verarmung beeinflussen die Mitgliederbewegung, und es scheint fast, als könnte kein Damm, kein Bollwerk aufgerichtet werden gegen einen Prozeß der Verengerung und der Schrumpfung, der zwangsläufig ist und deshalb auch vor dem Kulturbund nicht haltmachen kann. Auch er kann keine Insel festen Bestandes sein, wenn alles um ihn herum in Bewegung ist. Gewiß: mit jedem Auswanderer wandert auch ein – wirkliches oder potentielles – Kulturbundmitglied aus; diese Wanderung so umfangreich zu gestalten wie nur irgend möglich, ist ja unser aller brennender Wunsch. Und doch: für die, die noch hier sind, die sich vorbereiten und hoffen, hinauszugehen, aber noch, an diesem Tage, in diesem Monat, in diesem Vierteljahr hier sind, darf die Meinung nicht gelten, daß der Kulturbund ein Luxus sei. Solange ein Jude in Deutschland lebt, hat er die Pflicht, von der ihn nichts und niemand entbinden kann, am jüdischen Leben teilzunehmen. Neben der Sorge um Visum und Vorzeigegeld darf, ja muß die Sorge um das *geistige Selbst* stehen, das zwischen den Mühlsteinen des Existenzkampfes nicht zerrieben werden darf.

Gegen dieses seelische Zerriebenwerden, gegen dieses geistige Stumpfwerden hat die Judenheit in Deutschland und in Berlin ein einziges Rüstzeug: den Jüdischen Kulturbund.»[160]

Die Antwort war richtig. Als der Kulturbund, von der jüdischen Presse einhellig unterstützt, die deutschen Juden rief, als sich die Vorhänge zur neuen Spielzeit hoben, strömten Tausende in die Konzert- und Theatersäle. Am 4. September 1938 lud der Berliner Kulturbund zu einem musikalischen Großereignis in die Synagoge in der Prinzregentenstraße. Unter Leitung von Chemjo Winawer gelangte in einer einmaligen Sonderveranstaltung die Oper ‹Die Chaluzim› (hebr. ‹Hechalutz›, engl. ‹The Pioneers›) von Jakob Weinberg, die teils im ostjüdischen Stetl-Milieu, teils im jüdischen Palästina spielende «erste jüdische Oper», konzertmäßig zur europäischen Uraufführung. Die große Synagoge war mit 2000 Besuchern bis auf den letzten Platz gefüllt. Hunderte standen bei strömendem Regen vor verschlossenen Türen und mußten wieder umkehren. Das Publikum ging so stark mit, daß während der Aufführung bei Veranstaltungen in Gotteshäusern sonst nicht übliche Beifallsäußerungen ausbrachen, die sich am Schluß zu stürmischen Beifallskundgebungen steigerten. Als wären die Kulturbünde doch eine von den Stürmen der Zeit verschonte Insel, begann die neue Spielzeit mit der Routine vergangener Jahre. Der Regisseur Kurt Baumann sprach im ersten Vortrag über das ‹Wesen des jüdischen Bühnenkünstlers›. Erna Leonhard brachte wieder ‹Ungehörte Stimmen› lebender deutsch-jüdischer Dichter zu Gehör, und Anneliese Landau begann eine Vortragsreihe über ‹Intime Musik›. Das «Theater der jüdischen Schulen» spielte zur Eröffnung der Saison das Lustspiel ‹Donna Diana› des Spaniers Moreto, eines Zeitgenossen von Calderon. Das Kulturbundtheater in Köln brachte Fodors ‹Arm wie eine Kirchenmaus› und darauf die Komödie

‹Regen und Wind› von Merton Hodge. Die Kleinkunstbühne Max Ehrlichs servierte um den 20. Oktober mit dem Programm ‹Gemischtes Kompott› eine neue Revue aus der Feder von Ehrlich und Willy Rosen, die zu einem enormen Lacherfolg wurde. Ehrlich war sich dessen anfänglich nicht ganz sicher:

«Der Protagonist dieses Unternehmens zum Vergnügen der Einwohner warf, aus dem Vorhang tretend, einen kleinen harmlosen Witz ins Publikum. Das heißt, es war gar kein Witz im eigentlichen Sinne, sondern viel eher so eine Art Versuchsballon, nur dazu ausgesandt, das Gelände, oder, wenn ich mich so ausdrücken darf, die Seelenlandschaft abzutasten. Er machte, der Seelenlandvermesser, ein etwas verlegen ängstliches Gesicht, als der kleine Witzballon aufstieg und hinausgesegelt war ... Das Witzlein, im Sekundenblitz abgeschossen, schlug ein, zündete und explodierte mit einer Gelächterwirkung, die der Matador sich nicht einmal im Traum hatte träumen lassen. Und da geschah das, was in solchen Fällen immer zu geschehen pflegt, ein Stein rollte von einem erlösten Herzen, des Protagonisten verängstete Züge entwölkten sich, und mit dem Siegerlächeln der Bescheidenheit sagte er: ‹Ich habe Sie also doch nicht unterschätzt!›»[161]

Die Gastspieloper der Künstlerhilfe startete in Berlin mit den Singspielen ‹Die schöne Galathee› von Franz von Suppé und ‹Das Mädchen von Elizondo› von Offenbach in das neue Jahr, mit zwei von Werner Fabian und Werner Baer gespielten Klavieren als Orchesterersatz. Die mit allem Notwendigen ausgestattete große Opernbühne des Berliner Kulturbunds lud Anfang Oktober zur Premiere von Verdis ‹Rigoletto›. Die Schauspielbühne spielte, wie der Kölner Kulturbund, die schottische Studentenkomödie ‹Regen und Wind› und probte unter Leitung von Fritz Wisten an dem für Dezember angesetzten Stück ‹Benjamin – wohin?›. Mitten in die Proben platzte das Verbot sämtlicher Kulturbundveranstaltungen.

Als das Verbot nach der «Reichskristallnacht» wieder aufgehoben wurde, als man wieder spielen mußte, ohne spielen zu wollen, machte man dort weiter, wo man vor der Pogromnacht aufgehört hatte, mit ‹Regen und Wind›. Herbert Freeden, damals Regieassistent von Fritz Wisten, beschreibt diese erste Vorstellung:

«Die Premiere [?] von ‹Regen und Wind› hat ihresgleichen nicht – selbst nicht in den bewegten Annalen der Theatergeschichte. Die Portale des Theaters in der Kommandantenstraße waren weit geöffnet. Das Halbrund des Parketts und Ranges strahlte im alten Glanz. Die Kronen an der Decke leuchteten auf, und Platzanweiserinnen in schmucken Uniformen standen im Foyer und auf den roten Teppichen, die zu den Logen führten. Zu Hause warteten Frauen auf Nachricht von ihren verschleppten Männern und Söhnen; zu Hause saßen Menschen auf den Trümmern ihrer Existenz – und hier im jüdischen Theater gingen auf Befehl die Lichter wieder an.

Die Routine des Betriebs ließ kaum einen Unterschied gegenüber einer ‹normalen› Vorstellung erkennen. Geschäftig liefen die Garderobiers hin und her, und vor ihren Spiegeln schminkten sich die Spieler. Trotzdem war etwas da, das die unheimliche Spannung verriet: die Stille in den sonst so lauten Ankleideräumen. Niemand lachte, niemand schimpfte. Hatte jemand etwas zu sagen, so sagte er es im Flüsterton. Nur wenige Besucher waren gekommen, meistens Frauen und alte Leute – und natürlich drei Männer, Aktenmappen unterm Arm, die unabweisliche Delegation der Gestapo.

Schließlich ging der Vorhang auf und das Lampenlicht zeigte den Salon einer schottischen Studentenpension, mit einem Kamin, in dem ein gemütliches Feuer flackerte. Am Anfang zitterten die Stimmen der Schauspieler ein wenig, als die Scheinwerfer ihre Gesichter erhellten, aber bald erfaßte sie die Magie der Bühne, und sie spielten einen Sektrausch nach einer Ballnacht. Das Grammophon schnarrte eine Rumba, sie lachten und tanzten – in ihrer Welt des Scheines und Gaukelspiels, eine Woche nach dem Pogrom.»[162]

So als hätte der Pogrom nicht stattgefunden, machte man, wenigstens in Berlin, weiter wie vorher. Die Kleinkunstbühne servierte erstmals am 26. und 27. November wieder ihr ‹Gemischtes Kompott›. Ab der ersten Dezemberwoche gab es wieder Orchesterkonzerte. Am 15. Dezember war im Kulturbund-Theater die Uraufführung von ‹Benjamin – wohin?›. Das Stück, von Hermann Sinsheimer nach einer Novelle von Mendele Mocher Sforim für den Kulturbund verfaßt, handelte von den abenteuerlichen Fahrten des Narren Benjamin und seines Begleiters Senderl, von Don Quichotte und Sancho Pansa in jüdischer Gestalt. Zur Premiere schrieb die nunmehr einzige jüdische Zeitung, das ‹Jüdische Nachrichtenblatt›:

«Wir glauben, daß dieser Abend den jüdischen Zuschauer unbedingt fesseln muß und daß er vielleicht sogar die Kraft hat, seine drängendsten Sorgen in einer Stunde des Lächelns zu lösen. Die Besucher der Erstaufführung, die das Theater füllten, bereiteten der Aufführung einen stürmischen Beifall, der sich am Schluß immer wieder steigerte und zu wiederholten Hervorrufen der Künstler führte. Es war ein genußreicher und belehrender Abend.

Die Premieren im Jüdischen Kulturbund sind für das Publikum auch gesellschaftliche Ereignisse ersten Ranges. In den Pausen hat man Gelegenheit, einander zu begrüßen, Bekannte, die sich längere Zeit nicht gesehen haben, drücken sich die Hände, der Inhalt des Stückes wird besprochen, die mündliche Kritik, die beste Propaganda, beginnt zu wirken.»[163]

Das Theater des Kulturbunds hatte mehr denn je eine gesellschaftliche Funktion. Eine der Antworten auf die vieldeutige Frage «Benjamin – wohin?» hieß: Kommt ins jüdische Theater!

Am 28. Dezember 1938 wurde die überraschend genehmigte Filmbühne mit dem amerikanischen Spielfilm ‹Chicago› eröffnet. In den Hauptrollen des von Henry King inszenierten Filmes waren Tyrone Power, Don Ameche und Alice Faye zu sehen. Thema des Films war die nahezu vollständige Zerstörung Chicagos durch eine dreitägige Feuersbrunst im Jahre 1871. Zur Erstaufführung im Jüdischen Kulturbund brachte das ‹Jüdische Nachrichtenblatt› einen ungezeichneten Artikel über die außerordentlich schwierigen, umfangreiche Sicherheitsmaßnahmen der Feuerwehren erfordernden Dreharbeiten in Hollywood, der mit folgenden Sätzen beginnt:

«Eine Stadt steht in Flammen, und die Feuerwehr schaut zu. Alle Schläuche sind angelegt, die Leitern sind ausgerichtet, die Spritzen stehen in Bereitschaft, aber keine Hand rührt sich, sie zu bedienen. Die Männer harren des Kommandos, aber kein Kommando wird laut. Erst als die Stadt, die über 500 Morgen sich ausdehnte, niedergebrannt ist und in Schutt und Asche liegt, ergeht ein Befehl. Die Feuerwehr fährt nach Hause.

Böswillige Erfindung? Ein häßliches Märchen? Nein. Die Wahrheit. Und in Hollywood hat sie sich zugetragen.»[164]

In Hollywood? Nein, in Berlin, München, Hamburg ... Es war die Wahrheit über den November-Pogrom, der einzige öffentliche jüdische Kommentar zur «Reichskristallnacht» und zugleich die letzte publizistische Meisterleistung vor der Auflösung der Kulturbünde und der Neuformierung des jüdischen Kulturlebens in der Einheitsorganisation «Jüdischer Kulturbund in Deutschland e. V.».

4. Die literarische Szene

Autoren, Verleger, Buchhändler

Mit der Aufnahme Tausender von Juden in die Kammern und Fachverbände der im Herbst 1933 gegründeten Reichskulturkammer schien die kulturelle Judenfrage in einer realistischen und verantwortungsvollen Weise gelöst. Man hatte zwar die Juden mit Ausnahme weniger Privilegierten aus allen öffentlichen Ämtern entfernt, aber man beließ ihnen die Möglichkeit, sich als freischaffende Künstler, Schriftsteller usw. und in den kulturwirtschaftlichen Berufen zu betätigen. Was in Wahrheit das Ergebnis regimeinterner Handlungszwänge war, wurde vielfach als Liberalisierung mißverstanden, besonders in Kreisen des Buchhandels, wo man weiter einträgliche oder wenigstens erträgliche Geschäfte machte, indem man am wirtschaftlichen Aufschwung partizipierte: So schrieb Gottfried Bermann Fischer, damals Leiter des S. Fischer Verlags, über die ersten Jahre nach der

Machtergreifung der Nazis: «In den Jahren 1933 und 1934 war die Verlagsproduktion besonders reich und bunt. Als hätte sich nichts verändert arbeiteten wir weiter.»[165]

Man war gewiß nicht ohne Sorge, sah aber seine Existenz nicht gefährdet, solange man nicht in die literarischen und politischen «Fehler» der «Systemzeit» verfiel und sich damit den Zorn der neuen Herren zuzog, die man im übrigen zu überleben glaubte.

«Sie werden fragen, warum ich 1933 nochmals in Deutschland angefangen habe? Der Hauptgrund war der, daß ich wie so viele andere geglaubt habe, daß ‹es nicht so lange dauern würde›.»[166] So wie Marie Rosenberg (damals Besitzerin einer Buchhandlung in Fürth), die dies 1975 an die Historische Kommission des Börsenvereins des Deutschen Buchhandels schrieb, täuschten sich viele über die Realitäten hinweg. Dabei fehlte es, wenn man die jüdische Presse las, nicht an Stimmen, die deutlich machten, daß man in einer Zeitenwende begriffen war. So nahm das ‹Israelitische Familienblatt› die Bücherverbrennung vom 10. Mai 1933 zum Anlaß, die jüdischen «Schreiber», aber auch die jüdischen Leser zu einer «literarischen» Neuorientierung aufzufordern:

«Was vor nun zwei Wochen auf dem Berliner Opernplatz geschehen ist, war mehr und anderes, als die im Talmud berichtete ‹Verbrennung der Thora am 17. Tamuß durch Apostumus›, die Verbrennung der Gemara [Teil des Talmud] zu Paris, das Autodafé von Ferrara, die Bücherscheiterhaufen von Spanien und Rußland. Denn überall dort ist die Hartnäckigkeit der Juden verurteilt worden, ihr Beharrenwollen auf ihren Schriften, ihr Eingesponnensein in ihre Welt und ihre Weigerung, sie zu verlassen. In Berlin dagegen ist ein Geschlecht verurteilt worden, dem seine Liebe zum deutschen Boden und zur deutschen Sprache auferlegte, um vollkommenes Eingehen und Einswerden mit ihnen, Mal um Mal erneut, hingegeben zu ringen.

Denn wenn wir von den ausgesprochen politischen Schriftstellern absehen, deren Namen zwangsläufig auf den Index kommen mußten, so kamen in der Hauptsache Bücher jüdischer Schriftsteller auf den Scheiterhaufen, die mit all ihren Kräften versucht haben, den Beweis zu erbringen, daß der Jude nicht andersartig ist, daß er zutiefst dem deutschen Kulturkreis, dem deutschen Menschen verhaftet ist und sein will. Wir glauben, dieser Beweis ist in vielen Fällen vollauf gelungen; die Studenten, die den Scheiterhaufen anzündeten, glauben es nicht. Und da der Akt vom Berliner Opernplatz unter Billigung der Reichsregierung und der überwiegenden Mehrheit des deutschen Volkes sich vollzog, sehen wir uns vor die Tatsache gestellt: der Beweis ist wirklich mißlungen; diese jüdischen Schriftsteller sind, wenn auch nicht ihrem eigenen Gefühl nach andersartig; die ehrliche Bemühung einszuwerden, wird von unseren Zeitgenossen als fehlgeschlagen abgelehnt.»[167]

So illusionär die hier im weiteren vertretene Annahme war, der sich seines Wesens bewußte jüdische Autor werde auch künftig am deutschen Kulturleben teilhaben können, so scharfsichtig war die Beobachtung, daß die Ablehnung des assimilierten jüdischen Schriftstellers nicht nur eine literaturpolitische Doktrin war, sondern einem allgemeinen Wandel des literarischen Bewußtseins entsprach. Mit großer Eindringlichkeit hat dies der jüdische Dichter Ernst Lissauer, der Autor des berüchtigten ‹Haßgesangs gegen England› (1914), am Beispiel seiner eigenen Person deutlich gemacht:

«Auch diejenigen jüdischen Schriftsteller, deren Wirken nicht mit ausdrücklichen Worten zurückgewiesen wurde, sind gebannt, aus ihrem amtlosen Dienst stillschweigend ‹entlassen›. Hier muß ich notgedrungen ein Wort von mir selbst sagen. Meine Werke sind auf charakteristische Weise in die Nation gedrungen. Mein ‹Yorck› wurde zu allererst von der deutschen Kolonie der Stadt Mexiko, also von Laien, gespielt, mehrmals von Ortsgruppen des ‹Stahlhelms›, auch von Schülern eines Berliner Gymnasiums. ‹Luther und Thomas Münzer› ward zum Jubiläum der Augsburgischen Konfession in Augsburg aufgeführt; christliche Laien eines großen evangelischen Vereins spielten es – Geistliche, Lehrer, Studenten, Gymnasiasten – zweimal. Bildschnitzer und Bauern von Oberammergau gaben 1932 mein biblisches Drama ‹Das Weib von Jephta›. Schüler und Schülerinnen lasen meine Stücke, meine Gedichte, meine Aufsätze über deutsche Dichtung und Landschaft; wie einst im Kriege Offiziere und Mannschaften von der Front, schrieben mir Lehrer und Klassen. So wähnte ich ein deutscher Dichter zu sein; heute bin ich fast von jeglichem Wirken in Deutschland, in Theater, Verlag, Zeitung, Zeitschrift, Rundfunk ausgeschlossen. Meine Einstellung zum Deutschtum ist niemals angezweifelt worden, und es wäre auch lächerlich, sie anzuzweifeln. Aber ich bin kein einzelner, sondern wie ich denken und fühlen viele andere deutsche Schriftsteller jüdischen Stammes und aber Zehntausende deutscher Juden, die mittelbar oder unmittelbar, ausdrücklich oder nicht ausdrücklich, so oder so, ausgestoßen werden.»[168]

«So wähnte ich ein Deutscher zu sein», – in diesem einen Satz ist die ganze Tragik eines Dichters jüdischer Abstammung zusammengefaßt, der deutscher als die meisten deutschen war, so deutsch, daß ihn junge Literarhistoriker unserer Tage, ohne diese Tragik auch nur anzudeuten, in die Reihe der geistigen Wegbereiter des Nationalsozialismus stellen.[169] Lissauers Schicksal war paradigmatisch für die Situation des assimilierten jüdischen Schriftstellers, der aus dem literarischen Leben Deutschlands ausgegrenzt wurde, noch ehe er formell verstoßen war. Denn das Recht der Berufsausübung besagte wenig, wo die Vermittlungsinstanzen, durch die Literatur zur Wirkung kommt und sich in Einkommen umsetzt, aber auch das Publikum mehr und mehr vom Geist der Zeit infiziert wurden. Daran änderte auch die Aufnahme der jüdischen Autoren in die Reichsschrifttumskammer wenig, zumal nur 428 von ihnen – überwiegend Frontkämpfer im Sinne der Beamtengesetzgebung – regelrecht eingegliedert wurden, während weitere 1500 bis 1600 Aufnahmeanträge «in der Schwebe» gehalten, d.h. weder zustimmend noch ablehnend beschieden wurden, so daß die Betroffenen nicht einmal in den Besitz von Mitgliedsausweisen und Mitgliedsnummern der Kammer kamen, der für die Unterbringung schriftstellerischer Arbeiten nahezu unabdingbar war.

Wie sehr sich die Publikationsmöglichkeiten, ohne daß es einer formellen Regelung bedurft hätte, innerhalb kurzer Zeit verengten, zeigt das Beispiel Alfred Momberts, dessen Verleger Anton Kippenberg (Insel-Verlag) es schon Mitte 1935 nicht mehr riskieren wollte, Momberts neuen Gedichtband ‹Sfaira der Alte› zu veröffentlichen, obwohl Mombert «nur» Halbjude und noch Mitglied der Schrifttumskammer war. Mombert schrieb in diesem Zusammenhang im September 1935 an seinen Dichterkollegen Rudolf G. Binding:

«In einer anderen Welt werden wir doch hoffentlich nicht wieder mit 1) Verleger 2) Schrifttumkammer geplagt werden, um uns vernehmlich machen zu können. Für 1) bin ich heute ein Objekt der Furcht und des Zitterns; für 2) wahrscheinlich eine höchst fatale, weil die Doktrin gefährdende Ausgeburt eines Volkes von Teufeln ...»[170]

In einer viel günstigeren Lage als die Autoren befanden sich die unter dem Schutz des Reichswirtschaftsministers stehenden Verleger und Buchhändler. Sofern sie nicht durch die Boykottaktionen im Frühjahr 1933 wirtschaftlich ruiniert worden waren, wurden sie als Mitglieder ihrer Berufsorganisation, des «Börsenvereins der Deutschen Buchhändler», automatisch in die Kammer übernommen. Sie wurden zunächst auch verschont, als die Kammer, nach entsprechenden administrativen Vorarbeiten im Jahre 1934, im Februar 1935 mit der «Entjudung» ihrer Fachverbände begann: Innerhalb eines halben Jahres wurden mit wenigen Ausnahmen alle jüdischen Autoren aus der Kammer entfernt oder – was einem Ausschluß gleichkam – von der Ablehnung ihrer seit 1933 schwebenden Aufnahmeanträge unterrichtet.

Im Sommer 1935 wurde auch die «Entjudung» des «Bundes Reichsdeutscher Buchhändler», des buchhändlerischen Fachverbandes der Schrifttumskammer, vorbereitet. Da bei diesem Vorgang erhebliche volkswirtschaftliche Werte – nämlich Arbeitsplätze deutscher Volksgenossen, Aufträge für «arische Firmen» und Exporterlöse (Devisen) – auf dem Spiel standen, ging die Kammer hier mit einer gewissen «Rücksichtnahme» zu Werke. Im Herbst 1935 erhielten die meisten selbständigen jüdischen Verleger und Buchhändler Briefe, in denen ihnen der bevorstehende Ausschluß aus der Reichsschrifttumskammer mitgeteilt wurde, verbunden mit der Aufforderung, die Firma zu liquidieren oder an einen «Arier» zu verkaufen. Auf diese «Vorwarnungen» folgten zum Jahreswechsel 1935/36 die formellen Ausschlußverfügungen:

«Da Sie jüdischer Abstammung sind, halte ich Sie nicht für geeignet, in einem kulturvermittelnden Beruf tätig zu sein. Ich sehe mich daher zu meinem Bedauern genötigt, Sie gemäß § 10 der Ersten Verordnung zur Durchführung des Reichskulturkammer-Gesetzes vom 1.11. 33 (RGBl. 1933 I S. 797) aus dem Bund Reichsdeutscher Buchhändler und damit aus der Reichsschrifttumskammer auszuschließen.

Ich ersuche Sie, Ihren Mitgliedsausweis unverzüglich an die Geschäftsstelle des Bundes Reichsdeutscher Buchhändler, Leipzig C 1, Gerichtsweg 26, zurückzusenden.

Wie Ihnen der Bund Reichsdeutscher Buchhändler bereits mitteilte, wird Ihnen Gelegenheit gegeben, Ihre Firma zu liquidieren oder in den Besitz geeigneter arischer Persönlichkeiten zu überführen. Sie wurden bereits aufgefordert, hierüber nähere Vorschläge zu machen. Da Sie dieser Aufforderung des Fachverbandes bisher nicht nachgekommen sind, muß ich Sie hierdurch nochmals ersuchen, mich unverzüglich von Ihren Absichten in Kenntnis zu setzen.»[171]

Der Massenausschluß jüdischer Buchhändler und Verleger war Teil einer koordinierten Aktion gegen die kulturwirtschaftlich tätigen Juden im Gesamtbereich der Reichskulturkammer, die beispielsweise auch gegen die Kunst- und Antiquitätenhändler (Reichskammer der bildenden Künste) oder die Inhaber von Filmtheatern (Reichsfilmkammer) gerichtet war. Auf Betreiben des Reichswirtschaftsministers mußte die Aktion am 22. Januar 1936 jedoch abgebrochen werden. Goebbels ließ die Kammern durch seinen Adlatus Hinkel anweisen, alle Maßnahmen «zur Entjudung der Fachschaften und -Verbände kulturwirtschaftlicher Berufsstände» sofort einzustellen. Bereits «rechtsgültig» gewordene Ausschlüsse sollten im allgemeinen bestehenbleiben, jedoch war allen «ordnungsgemäß» eingelegten Beschwerden stattzugeben. Damit war die von Goebbels angestrebte Radikallösung blockiert. Die vom Reichswirtschaftsminister erzwungene Rücksichtnahme auf die wirtschaftlichen Interessen des Reiches nötigte das Propagandaministerium, bei allen weiteren Maßnahmen die besonderen Umstände des Einzelfalles zu berücksichtigen. Ein Verlag, der regelmäßige Exporterlöse nachweisen konnte, vermochte sich deshalb leichter zu halten als etwa eine kleine Buchhandlung. In der Regel wurden die Betriebe nicht liquidiert, sondern im Wege des Verkaufs (meist zu sehr niedrigen Preisen) in «geeignete arische Hände» überführt. Die spezifischen Schwierigkeiten dieses unter dem Begriff «Arisierung» bekannten Verfahrens führten dazu, daß die letzten «Judenfälle» im deutschen Buchhandel erst im Laufe des Jahres 1939 «bereinigt» werden konnten.

Glaubten die im allgemeinen deutschen Buchhandel tätigen Juden zu Anfang noch, einen Beitrag zur deutschen Buchkultur zu leisten, so kämpften sie, als die Arisierungsmaßnahmen begannen, nur noch um die nackte Existenz. Dieser Kampf, der sich in manchen Einzelschicksalen verfolgen läßt, trug immer tragische und in manchen Fällen heldenhafte Züge. Er gehört in das Kapitel der jüdischen Selbstbehauptung und verdient jeden Respekt – als Beitrag zum jüdischen literarischen Leben ist er gewiß nicht zu würdigen. Dieses zu pflegen und zu fördern bemühte sich eine vergleichsweise sehr geringe Zahl von Verlegern und Buchhändlern, die sich zum Teil schon vor 1933 dieser Aufgabe gewidmet hatten und in einigen Fällen auf eine mehr als 100jährige Firmengeschichte zurückblickten.

Die jüdischen Verlage

Zu Rosch-ha-Schanah, dem ersten jüdischen Neujahrsfest unter nationalsozialistischer Herrschaft Ende September 1933, erschien der erste von sechs Almanachen des Berliner Schocken Verlags. Die 4000 Exemplare waren in kurzer Zeit vergriffen, so daß schon nach wenigen Wochen nachgedruckt werden mußte – für einen Verlagsalmanach ein durchaus ungewöhnlicher Vorgang. Üblicherweise eine der Verlagswerbung dienende Sammlung von Leseproben aus dem aktuellen Buchprogramm, stellte dieser Almanach ein Buch von eigenem literarischen Wert dar, eine jüdische Anthologie mit Texten aus mehreren Jahrtausenden – von der Bibel bis zur zeitgenössischen jüdischen Dichtung und Publizistik: mit dem 44. Psalm in der Verdeutschung von Martin Buber, einem Beitrag von Leo Baeck über ‹Umwälzung und Wandlung›, zwei Gedichten des mittelalterlichen jüdischen Dichters Jehuda Halevi in der Übersetzung von Franz Rosenzweig, einem bis dahin unbekannten Brief Franz Kafkas ‹Über Kierkegaards ‚Furcht und Zittern' und den Erzvater Abraham›, Texten und Gedichten von Franz Werfel, Alfred Mombert, Gerhard (Gershom) Scholem (‹Nach der Vertreibung aus Spanien›) und Samuel Joseph Agnon (‹Die Erzählung vom Kopftuch›), um nur einige Beiträge herauszugreifen.

Das Grundthema des Almanachs, die Galuth-Existenz des Juden, seine Zerstreuung unter die Völker der Erde und ihre innere und äußere Überwindung, wurde – die Problematik ins unmittelbar Aktuelle hebend – in einem großartigen Vorspruch Martin Bubers angeschlagen:

«Der jüdische Mensch von heute ist der innerlich ausgesetzteste Mensch unserer Welt. Die Spannungen des Zeitalters haben sich diesen Punkt ersehen, um an ihm ihre Kraft zu messen. Sie wollen erfahren, ob der Mensch ihnen noch zu widerstehen vermag, und erproben sich am Juden. Wird er standhalten? Wird er in Stücke gehen? Sie wollen durch sein Schicksal erfahren, was es um den Menschen ist. Sie machen Versuche mit dem Juden, sie versuchen ihn. Besteht ers? ... Etwas ist geschehen. Statt des einen Wesens, an dem die Spannungen des Zeitalters sich auslassen wollten, sind zwei zu schauen, – ein zerfallendes und ein unbezwingliches.

Eins, das Licht ausgibt wie ein phosphoreszierender Sumpf, und eins, das Licht ausgibt wie der Orion. Aber dieses steht für jenes ein. Dieses sagt von jenem: Das bin ich. Es streckt sich über es hin, es deckt es, es duldet, was zu dulden ist. Und wenn eure Probe bestanden sein wird, Spannungen des Zeitalters, werden nicht mehr zwei dasein, sondern einer, der Überwinder.»[172]

In Bubers geschichtsdialektischem Entwurf wird die Judenemanzipation des 19. Jahrhunderts als Voraussetzung für die Schaffung eines neuen jüdischen Menschen bejaht, der – wie der Ghettojude des 18. Jahrhunderts – fest in der Gemeinschaft seines Volkes und in sich selber ruht, aber zugleich – wie der Emanzipationsjude – weltoffen und selbstbewußt am Leben der modernen Gesellschaft und der Völkergemeinschaft teilhat. «Mensch werden und es jüdisch werden», so hatte Buber diese Erneuerungsideologie früher einmal zusammengefaßt. An dieser jüdischen Erneuerung durch Wiederentdeckung, Förderung und Vermittlung spezifisch jüdischer Kulturwerte mitzuwirken, darin sah der in Berlin ansässige Schocken Verlag seine Hauptaufgabe. Im Jahre 1931 von dem stark durch Martin Buber beeinflußten «Kaufhaus-König» und Bibliophilen Salman Schocken gegründet, verfügte er mit seiner in den jüdisch-ideologischen Kämpfen der 20er Jahre entwickelten «kulturzionistischen» Konzeption über ein zeitgemäßes geistiges Instrumentarium, als die deutschen Juden im Schicksalsjahr 1933 auf ihren Ursprung zurückgeworfen und mit der Frage nach ihrer seelischen und kulturellen Identität konfrontiert wurden. Der Schocken Verlag reagierte auf die neue Situation mit einer beträchtlichen Ausweitung und vor allem einer Popularisierung seiner Verlagsproduktion, die bis dahin – wegen der geringen Nachfrage nach jüdischen Büchern – einen deutlich esoterisch-bildungsbürgerlichen Charakter gehabt hatte. Erstes Ergebnis dieser Umstellung war der erwähnte Almanach. Sein überraschender Erfolg, der – wie die Verzehnfachung der Auflage der zionistischen ‹Jüdischen Rundschau› – deutlich machte, daß ein stark gesteigertes Interesse an jüdischem Wissen und jüdischer Bildung bestand, ermutigte den Verlag zur Begründung einer jüdischen Sammlung nach dem Vorbild der renommierten Insel-Bücherei. Die geistigen Grundsätze, die für die Edition der Bücherei maßgebend waren, wurden in folgendem Programm zusammengefaßt:

«Die Bücherei des Schocken Verlags will in allmählichem Aufbau aus dem fast unübersehbaren und häufig unzugänglichen jüdischen Schrifttum aller Länder und Zeiten in sorgfältiger Auswahl dasjenige darbieten, was den suchenden Leser unserer Tage unmittelbar anzusprechen vermag. Die alte hebräische Literatur, deren Lebendigkeit sich gerade in kritischen Zeiten bewährt, soll durch sinnvolle Auszüge und angemessene Übertragungen sowie durch zweisprachige Ausgaben dem heutigen Leser erschlossen werden. Aus dem zeitgenössischen jüdischen Schrifttum werden dichterische und erörternde Arbeiten aufgenommen, die in gedrängter Form Gültiges mitzuteilen haben. Verschollene oder nicht gebührend bekannte Werke der jüngeren Vergangenheit werden in Neudrucken herausgegeben. Hinzu kommen in wachsendem Maße Bücher belehrenden Inhalts.»[173]

Aus der Fülle der unter diesem Prospekt erschienenen Titel, insgesamt 83, davon 10 Doppelnummern, seien als Beispiele herausgegriffen: Band 1, 1933: ‹Die Tröstung Israels›, eine Auswahl aus den traditionell als Trostbuch der Juden gebrauchten Kapiteln 40–55 des Buches Jesaja im hebräischen Urtext und mit einer parallel gedruckten «Verdeutschung» von Martin Buber und Franz Rosenzweig; Band 3, 1933: ‹Joseph und seine Brüder›, ein altjüdischer Roman aus einem hebräischen Volksbuch des Mittelalters; Band 7, 1934: ‹Vögele der Maggid›, eine judendeutsche Novelle von Aaron David Bernstein; Band 17, 1934: ‹Die Stimme spricht›, Zeitgedichte von Karl Wolfskehl; Band 31, 1935: ‹Abdias›, eine Erzählung von Adalbert Stifter; Band 40, 1935: ‹Die Geheimnisse der Schöpfung›, ein Kapitel aus dem Sohar, dem Hauptwerk der Kabbala, übersetzt und eingeleitet von Gershom Scholem; Band 49/50, 1936: ‹Brautbriefe› von Moses Mendelssohn; Band 62, 1936: ‹Zion als Ziel und Aufgabe›, zionistische Gedanken von Martin Buber aus drei Jahrzehnten, und Band 80, 1937: ‹Der Rabbi von Bacharach›, Fragment einer Dichtung von Heinrich Heine. Anläßlich des bevorstehenden Erscheinens des fünfzigsten Bandes würdigte das ‹Israelitische Familienblatt› die Bücherei:

«Das ist das große Verdienst der Schocken-Bücherei: daß sie mit kleinen, wohlfeilen Bändchen eine sehr sorgfältige Auswahl aus dem ungeheuren jüdischen Stoffgebiet darreicht und den Leser so gleichsam auf den Geschmack bringen will, sich mehr und gründlicher mit der Sache zu befassen. Fünfzig Bände ... jene schmalen, bunten lockenden Bände ... eine gewaltige Mühe und zähe Arbeit stecken darin. Aber haben sich nicht Mühe und Arbeit gelohnt? Werden nicht diese Schocken-Bändchen von Mal zu Mal mehr Lieblingskinder unserer Bibliotheken? In jüdischen Familien hat es sich vielfach eingebürgert, an Abenden, besonders am Schabbath, im trauten Kreise aus ihnen vorzulesen. In den jüdischen Schulen sind sie bereits seit langem eine unentbehrliche Hilfe für Lehrer und Schüler. Es ist keine Übertreibung, wenn man sagt, daß diese ‹Reclam-Bücherei auf jüdisch› eine wichtige Funktion im deutschen Judentum ausübt, und daß sie unser arm gewordenes Leben wieder um vieles bereichert hat.»[174]

Ab 1934 brachte der Verlag in Zusammenarbeit mit der Schulabteilung der Reichsvertretung eine Serie schmuckloser ‹Jüdischer Lesehefte› heraus, mit denen «dem großen Mangel an billigen Stoffpublikationen für den Gebrauch von jüdischen Schulen, Bünden und Institutionen der Erwachsenenbildung» abgeholfen werden sollte. Beispiele aus dieser Serie sind ein Heft über ‹Die Juden in New York› von Jenny Radt (Nr. 21, 1937) und

Quellenhefte zu den jüdischen Feiertagen von Elieser L. Ehrmann wie ‹Chanukka› (Nr. 25, 1937) und ‹Rosch ha-Schana und Jom Kippur› (Nr. 30, 1938).

Die Hinwendung zu einer volkstümlichen Produktion, wie sie in der Begründung der Schocken-Almanache, der Schocken-Bücherei und der ‹Jüdischen Lesehefte› zum Ausdruck kam, bedeutete keine Abkehr von dem Ziel, Werke von hohem wissenschaftlichem Rang und kulturellem Wert bereitzustellen. Vielmehr blieb das «nicht dem Tage dienende», nur einem kleinen Kreis von Gelehrten und Eingeweihten zugängliche Buch ein Eckpfeiler der Verlagsarbeit. In Reinform wurde dieser Buchtypus von den historisch-kritischen Editionen und philologischen Studien des «Forschungsinstituts für hebräische Dichtung» verkörpert, das von Salman Schocken zur Erforschung der hebräischen Poesie des Mittelalters gegründet worden war. In diesen Reihen erschienen zum Beispiel: Diwane von Mosche ibn Esra (1934) und Jannaj (1938), satztechnisch extrem schwierige und in der Herstellung kostspielige Bücher, von denen jährlich kaum mehr als 20 oder 30 Exemplare verkauft werden konnten. Im Bereich der deutschsprachigen Produktion wären für diesen Typus zu nennen die große Ausgabe der Briefe Franz Rosenzweigs (1935), die berühmte Bibel-Übersetzung von Buber und Rosenzweig (1931 ff.) und der Genesis-Kommentar ‹Das erste Buch der Thora› von Benno Jacob (1934). So vereinigten sich im Programm des Schocken Verlages jüdisch-erzieherische und kulturelle, man könnte auch sagen, kulturpädagogische und kulturdienende Intentionen zu einem schlüssigen verlegerischen Konzept.

Zwischen diesen beiden Polen der Verlagsarbeit gab es natürlich fließende Übergänge, namentlich eine Reihe von Büchern, die ein hohes intellektuelles, wissenschaftliches oder literarisches Niveau hatten und zugleich für den jüdischen Laien taugten. Als Beispiele wären zu nennen: die einbändigen Neuausgaben der Mythen-, Märchen- und Legendensammlungen ‹Der Born Judas› (1934) und ‹Die Sagen der Juden› (1936) von Micha Josef bin Gorion, Elias Auerbachs jüdisches Geschichtswerk ‹Wüste und gelobtes Land› (1935 bzw. 1936), das Lesebuch ‹Das siebenfache Licht. Gestalten und Stoffe des Judentums in der deutschen Dichtung› von Emanuel bin Gorion (1936) und von Martin Buber, dem produktivsten und erfolgreichsten Autor des Verlags, ‹Die Stunde und die Erkenntnis. Reden und Aufsätze 1933–1935› (1936) und ‹Der große Maggid und seine Nachfolge› (1937). Von den streng wissenschaftlichen Werken seien stellvertretend nur zwei Standardtitel der jüdischen Geschichtsschreibung genannt: ‹Die Juden im christlichen Spanien› von Jizchak Fritz Baer (1934 bzw. 1935) und ‹Der Preußische Staat und die Juden› von Selma Stern-Täubler (1935).

Der Verlag sah es nach 1933 auch als eine seiner Aufgaben an, deutschen Dichtern und Denkern jüdischer Abstammung, deren Werke in deutschen Verlagen nicht mehr erscheinen konnten, eine Heimat zu bieten. In diesen Zusammenhang gehört auch die von Max Brod herausgegebene erste Gesamtausgabe der Werke Franz Kafkas, die allerdings nach dem Erscheinen der ersten vier Bände im Jahre 1935 von der Reichsschrifttumskammer verboten wurde, aber durch ein Abkommen mit einem Prager Verlagshaus komplettiert werden konnte.

Der Schocken Verlag war der mit Abstand produktivste und – auch im Bereich der Buchästhetik – das höchste Niveau erreichende jüdische Verlag der NS-Zeit. Von 1931 bis zu seiner Schließung im Dezember 1938 brachte er 225 Titel in 276 Bänden heraus, und nach 1933 dürfte er ein Viertel bis ein Drittel aller jüdischen Bücher publiziert haben. Dabei kam ihm zustatten, daß er als Abteilung des finanzstarken Schocken-Kaufhauskonzerns bis zu dessen «Arisierung» Anfang 1938 über beträchtliche Geldmittel verfügte, die ihn bis zu einem gewissen Grade von den Verkaufserlösen unabhängig machten.

Kein anderer Verlag befand sich in einer vergleichbaren Situation, am ehesten noch der Philo-Verlag, der als Abteilung des «Central-Vereins deutscher Staatsbürger jüdischen Glaubens» eine große Mitgliederorganisation und einen eingespielten Apparat im Rücken hatte. Im Jahre 1919 von Ludwig Holländer als «Gabriel Riesser Verlag» gegründet und schon ein Jahr später in «Philo-Verlag und Buchhandlung» umbenannt, publizierte der Verlag vor 1933 hauptsächlich das politische und wissenschaftliche Schrifttum des Centralvereins, d.h. Literatur zur Bekämpfung des Judenhasses («Abwehrliteratur») und zur Aufklärung der «infizierten Volksmassen» über den wahren Charakter des Judentums (apologetisches Schrifttum). Außerdem war der Verlag bemüht, «die eigenen Reihen mit dem geistigen Rüstzeug zu versehen, dessen sie für den täglichen Kleinkampf und die Aufklärung im eigenen Kreise bedurften». Dies geschah durch Veröffentlichung jüdisch-wissenschaftlicher Werke zur jüdischen Geschichte, Religion, Moral und Ethik. Für die «geistige Oberschicht» gab der Verlag die 1925 von Julius Goldstein begründete Zweimonatsschrift ‹Der Morgen› heraus und – um den «geschichtlichen Nachweis der Heimatberechtigung der deutschen Juden systematisch führen zu können» – seit 1929 auch die ‹Zeitschrift für die Geschichte der Juden in Deutschland›.[175] Da die Publikation von Abwehr- und Aufklärungsliteratur sinnlos und unmöglich geworden war, als der bekämpfte Gegner an die Macht gelangt war, verlegte der Philo-Verlag nach 1933 nur noch für die Juden selbst bestimmtes Schrifttum, insbesondere beratender, belehrender und wissenschaftlicher Art, wie Max Wiener: ‹Jüdische Religion im Zeitalter der Emanzipation› (1933); Arthur Czellitzer: ‹Mein Stammbaum. Eine genealogische Anleitung für deutsche Juden› (1934); Paul Marcuse: ‹Das Steuerrecht der Rechtsanwälte und Notare› (1934); ‹Kochbuch für den jüdischen Haushalt und Großbetriebe›, herausgegeben vom Jüdischen

Frauenbund (1935); Max Abt: ‹Konstruktive Auswanderungspolitik. Ein Beitrag zur jüdischen Überseekolonisation› (1936); Hanns John Jacobsohn: ‹Sabbathklang und Festessang. Ein musikalischer Wegweiser für die häusliche Sabbath- und Festesfeier› (1937). Die herausragenden Publikationen auf dem Gebiet des beratenden und belehrenden Schrifttums waren die drei Philo-Lexika, deren erstes, das «eigentliche» Philo-Lexikon, mit dem Erscheinungsjahr 1935 bereits im November 1934 in den Buchhandel kam. Über dieses «Handbuch des jüdischen Wissens» schrieb der bedeutende jüdische Historiker Ismar Elbogen:

«Ob Wissen Macht ist, mag heute umstritten sein, unbestreitbar ist, daß Wissen Notwendigkeit ist ... Wir Juden insbesondere müssen jeden Augenblick für unser Judentum einstehen – für sein Sein und Werden, für seine Vorstellungen und Vorschriften, für seine Institutionen und Organisationen, für seine Sachen und seine Menschen. Jeder von uns wird fast täglich in die Notwendigkeit versetzt, sich selbst und anderen auf eine jüdische Frage rasch eine Antwort zu geben, und vermißt dann die Hilfsmittel, die ihn schnell und klar unterrichten. Um so freudiger wird ein jeder von uns das kleine Wunderwerk begrüßen, das uns auf den Chanukka-Tisch gelegt wird, das in diesen Tagen erschienene Philo-Lexikon.

Nachschlagbücher hat es immer gegeben, wo Menschen sich Wissen aneignen wollten. Auch wir Juden besitzen eine Anzahl Enzyklopädien, die allerlei Wissen vermitteln ... Das neue ‹Buch des jüdischen Wissens› reiht sich ihnen würdig an und ist ihnen in zwei Dingen unerreichbar überlegen – in seinem geringen Umfang und in seinem niedrigen Preis. Auf 800 Spalten das ganze Gebiet umfassen und nichts von Bedeutung dabei übergehen, das ist eine Kunst, die man bewundern muß ...

Hier ist in kürzester Zeit und auf knappstem Raum ein Nachschlagewerk von hohem Rang geschaffen worden ... Von ‹Arische Abstammung› bis ‹Zentralstelle für jüdische Wirtschaftshilfe› findet man zahlreiche Artikel, die aus unserer gegenwärtigen Situation hervorgegangen sind und Wissensdurstigen willkommene Auskunft geben. Aber auch alte Stichworte sind neu angepackt und nach neuer Methode beantwortet.»[176]

Zur Entstehungsgeschichte schrieb Alfred Hirschberg:

«In einer Zeit, da manche Kreise nur an Liquidation des deutschen Judentums denken, da für bescheidenste geistige Aufgaben Mittel sehr schwer zu beschaffen sind, entschließt sich ein jüdischer Verlag, ein jüdisches Lexikon zu schaffen und damit eine in ihren Umrissen und Inhalten für uns scharf umrissene und doch verschwimmende Erscheinung und Zeit in Druckzeilen, Bildern, Tabellen, Karten einzufangen. Hier war der Gedanke: Wir treten in eine Kulturepoche jüdischen Lebens in Deutschland ein, von dessen Gestaltung im einzelnen wir nur Herkommen und Zielsetzung haben. Darum soll an der Schwelle der neuen Zeit der Inbegriff jüdischen Wissens im deutschen Kulturkreis und außerhalb der deutschen Grenzen zusammengefaßt und niedergelegt werden. Man soll wissen: so fingen wir deutschen Juden die neue Zeit ein. Wir fühlten die Verpflichtung, Rechenschaft abzulegen über das Überlieferte und zugleich die Menschen dieser Zeit mit ihm vertraut zu machen und heimisch inmitten eines glühend erstrebten Gebietes: Judentum.

Ein kleiner Apparat, wenige, meist junge Menschen (Emanuel bin Gorion, Alfred Loeven, Otto Neuburger, Johann F. Oppenheimer), ein opferfreudiger, verständnisvoller jüdischer Drucker (Max Lichtwitz), hinter allem eine zusammenfassende, drängende, rechnende Frau: Lucia Jacoby, die Prokuristin des Philo-Verlages. Freudige Mitarbeit der geistigen und praktischen Führer des deutschen Judentums ...

In vielen tausend jüdischen Händen drinnen und draußen befindet sich heute schon das Buch. Es trägt die Zeichen eines kulturell-geistigen Lebenswillens des deutschen Judentums in sich, die uns mit Dank gegen die Schöpfer des Lexikons erfüllen müssen. Hier resignierte nicht eine gefährdete Gemeinschaft, hier besann sie sich auf ihren Wert und Gehalt und stellt sich dar, wie sie ist: mit ihren Vorzügen und ihren Fehlern, mit ihren Großen und ihren Bestrittenen, mit ihrer Bejahung und ihrem Widerspruch: Lebendiges Leben, wie Leben sein muß; ein lebendiges Buch: Das Philo-Lexikon!»[177]

Das (heute wieder in einem Neudruck vorliegende) Philo-Lexikon wurde tatsächlich ein «jüdisches Hausbuch». Es fand reißenden Absatz und wurde zum erfolgreichsten jüdischen Buch der NS-Zeit. Innerhalb von 14 Tagen waren 10000 Exemplare abgesetzt, nach einem halben Jahr 18000, also 100 Exemplare pro Tag. Im März 1937 erschien eine vierte, verbesserte und aktualisierte Auflage, zugleich die letzte; man druckte das 27. bis 31. Tausend. 1936 erschien das ‹Philo-Zitaten-Lexikon› von Eugen Tannenbaum und Mitte Dezember 1938 – als letzte Veröffentlichung des Philo-Verlags – der ‹Philo-Atlas›, ein «Handbuch für die jüdische Auswanderung», herausgegeben von Ernst G. Löwenthal. Nach dem Vorbild des Schocken Verlags begründete der Philo-Verlag auch eine jüdische Bücherei, eben die ‹Philo-Bücherei›, die im Gegensatz zur Schocken-Bücherei für «lebende Autoren» reserviert war, es allerdings nur auf wenige Nummern brachte, darunter die Erzählungen ‹Der Gast› von Max Samter (Bd. 3, 1935) und ‹Das Knabenschiff› von Fritz Rothgießer (Bd. 5/6, 1936). Überhaupt wurde zeitgenössische jüdisch-deutsche Literatur und Dichtung zu einem weiteren Schwerpunkt der Verlagsarbeit. Außerhalb der Bücherei erschienen z. B. der Marranen-Roman ‹Maria Nunnez› von Hermann Sinsheimer nach einer jüdischen Überlieferung (1934) und der Gedichtband ‹Dreiklang› der Jean-Paul-Preis-Trägerin Hilde Marx (1935).

Älter als der Philo-Verlag war der Jüdische Verlag. Im Jahre 1902 von einer kulturzionistisch gesinnten Gruppe um Martin Buber gegründet, fungierte er lange Zeit als Verlag der Zionistischen Organisation, was ihm das Monopol für die zionistischen Klassiker eintrug (Herzl, Nordau, Achad Haam u.a.). Zur Blüte kam der Verlag erst in den 20er Jahren, als er in den Besitz von Siegmund Kaznelson überging. Kaznelsons Spezialität waren großangelegte Subskriptionswerke wie das – noch heute unersetzliche – fünfbändige ‹Jüdische Lexikon›, die zehnbändige ‹Weltgeschichte des jüdischen Volkes› von Simon Dubnow und der zwölfbändige ‹Babylonische Talmud› in der Übersetzung von Lazarus Goldschmidt. Diese verlegerischen Großtaten fanden ebenso wie viele Einzelpublikationen, etwa Joseph Klausners ‹Jesus von Nazareth› (1930) und Arthur Ruppins ‹Soziologie der Juden› (1930/31), große Beachtung nicht nur in jüdischen, sondern vor allem auch in nichtjüdischen wissenschaftlichen Kreisen, so daß sie im Laufe mehrerer Jahrzehnte Auflagen von bis zu 100000 Exemplaren erreichten (zum Teil nach 1950). Im Schicksalsjahr 1933 hatte der Jüdische Verlag seinen Höhepunkt bereits überschritten. Von 1933 bis 1938 kamen außer den Schlußbänden des Talmud einschließlich Neuauflagen nur noch 12 Titel in 25 Bänden heraus, darunter die dreibändige Kurzfassung der jüdischen Weltgeschichte von Dubnow (1937/38) und Theodor Herzls ‹Gesammelte Zionistische Werke› in fünf Bänden (1934/35). Im großen und ganzen hat sich der Jüdische Verlag, hauptsächlich wohl mangels ausreichender Geldmittel, darauf beschränken müssen, die in früherer Zeit geschaffene Substanz von rund 300 Publikationen zu betreuen. «Der Jüdische Verlag», urteilte das ‹Israelitische Familienblatt›, «hat sich von jeher besonders durch seine Tatkraft ausgezeichnet, Werke zu publizieren, deren Charakter eine umfassende Resonanz nicht zuließ, die aber jüdisch und wissenschaftlich gleich wertvoll waren.»[178]

Der älteste der im Dritten Reich tätigen jüdischen Verlage war J. Kauffmann in Frankfurt a.M., zu dem auch der berühmte Gebetbuchverlag M. Lehrberger (im Grunde eine Druckerei) gehörte. Bereits 1832 gegründet, verkörperte er in Reinform das konfessionell bestimmte jüdische Verlagswesen der Emanzipationsära. Die Schwerpunkte seines Programms waren Werke der «Wissenschaft des Judentums», religiöses und theologisches Schrifttum sowie Schul- und Jugendliteratur. Nach 1933 erschien hier u.a. eine Übersetzung der ‹Heiligen Schrift› unter der redaktionellen Leitung von Harry Torczyner (‹Torczyner-Bibel›, in Verbindung mit der Jüdischen Buchvereinigung, 1934ff.), das ‹Jahrbuch der Jüdisch-literarischen Gesellschaft›, aber auch ‹Judentum und Naturschutz› von S. Lichtenstädter. Ähnlich alte und daher auch im Typus ähnliche Verlage waren der als Reisebuchhandlung bereits um 1830 belegte Verlag M.W. Kaufmann in Leipzig (mit einer Vorliebe für Synagogenkompositionen) sowie M. Poppelauer (1860 gegründet) und Louis Lamm in Berlin (1903). Überwiegend als jüdische Sortimenter betätigten sich Jakob B. Brandeis in Breslau sowie C. Boas Nachf. und Rubin Mass in Berlin.

Weit größere Aktivitäten als diese traditionellen Firmen zeigten – neben dem Schocken Verlag und dem Philo-Verlag – weitere junge, zum Teil erst nach 1933 ins Leben getretene oder sich auf jüdisches Schrifttum umstellende Verlage. Zur letzteren Kategorie gehört der Verlag von Erich Reiss, der zwischen 1909 und 1925 einer der führenden schöngeistigen deutschen Verlage gewesen war (wenngleich an Bedeutung hinter Verlagen wie S. Fischer, Rowohlt, Gustav Kiepenheuer und Kurt Wolff zurückstehend). Im Laufe des Jahres 1933 beschloß Erich Reiss, nur noch jüdische Literatur zu publizieren, und tat mit dem populären zionistischen Rabbiner Joachim Prinz als Autor gleich einen guten Griff. 1934 veröffentlichte Erich Reiss Prinz' Buch ‹Wir Juden›, eine gnadenlose Abrechnung mit dem deutschen Emanzipationsjudentum, die Prinz dem Verdacht aussetzte, das Ghetto des 18. Jahrhunderts zu romantisieren, ja zu verherrlichen. Neben diesem Kampfbuch publizierte Prinz bei Reiss zwei Bücher, die ihn von einer ganz anderen Seite zeigten, nämlich jugendgerechte Nacherzählungen alttestamentarischer Geschichten: ‹Die Geschichten der Bibel. Der jüdischen Jugend neu erzählt› (1934, ab der 6. Auflage, 1937, in der Brandus'schen Verlagsbuchhandlung) und – als Fortsetzung – ‹Die Reiche Israel und Juda. Geschichten der Bibel. Der jüdischen Jugend neu erzählt› (1935). Auch diese beiden Bücher, von Heinz Wallenberg illustriert, waren außerordentlich populär. Daneben veröffentlichte Erich Reiss auch Gelehrtes wie eine Maimonides-Biographie des orthodoxen Rabbiners Abraham Heschel (1935), vor allem aber neue jüdische Belletristik. Im November 1934 erschien der Roman ‹Weg ohne Ende› von Gerson Stern, der erste und zugleich erfolgreichste in einer Reihe jüdischer Zeitromane. Die folgende Besprechung durch Bertha Badt-Strauß in der ‹Bayerischen Israelitischen Gemeindezeitung› vermittelt einen guten Eindruck vom Inhalt und Charakter dieses Romans:

«Gerson Sterns Buch ist eigentlich nichts anderes als eine jüdische Familienchronik. Es umfaßt die Geschichte zweier Generationen; der erste Teil erzählt von dem ‹Ehrbaren Kaufmann› Itzig ben Elieser, der von den Würdenträgern des kleinen Weserstädtchens aufgefordert wird, sich bei ihnen niederzulassen – nicht weil sie ihn schätzen, sondern weil sie alle die Abgaben und Kontributionen, zu welchen der Jude dieser Zeit verpflichtet war, gut zur Füllung ihres Stadtsäckels brauchen können. – Die Zeit der Aufklärung ist im Werden; aber nicht viel dringt in das kleine Weserstädtchen, wo der prachtvoll kernige Kaufmann Itzig ben Elieser seine arbeitsreichen Tage verbringt, nach dem Willen der Väter und nach dem Wunsche seines eigenen Herzens seine Verlobte, die liebliche Zartel, heimführt, ein Haus gründet und Kinder zeugt – und endlich einen vorzeitigen Tod durch seinen Kampf mit dem ungebändigten Element findet. Aber im benachbarten Dessau lebt schon der Fürst, der mit Moses Mendelssohn Briefe wechselt und der Tochter seines Hofjuden Calman im Schlosse die Hochzeit ausrichtet ... Neben dem Schicksal der Gemeinschaft – vielmehr unlösbar verflochten mit diesem Schicksal – das Los des Einzelnen: Ghettoschicksal, das den Einzelnen fest ans Ganze bindet, mag auch ein liebendes Herz darüber zugrunde gehen. Blätter fallen ab – aber der Stamm bleibt. – Frankfurt taucht auf mit seiner Judenstadt und seinen ‹ewigen› Talmudschülern. Im zweiten Teil des unerschöpflich reichen Buches bildet die uralte Gemeinde Prag den Schauplatz des Geschehens. Alles ordnet sich im Kreis um den Sohn des Itzig ben Elieser, den jungen schönen Perez, dessen wohlklingende Stimme und dessen großes Wissen den reichen Jesaia Wechsler bewogen hat, ihn trotz seiner Jugend als Chasan nach Prag [zu] berufen. Dort lebt er gefahrvollste Tage, da die alte heilige Gemeinde 1745 aus Prag vertrieben wird. – Warum? Weil der König von Preußen mit der Kaiserin von Österreich Krieg führt? Was haben die Juden damit zu schaffen? Keiner weiß es. Ein Sündenbock muß gefunden werden, eine Ablenkung für die aufgepeitschten Volksinstinkte – die Juden sind die Schwächsten, sie müssen gehen. Umsonst, daß Graf Schaffgotsche zu Graf Kolowrat sagt: ‹Wo steckt unser Handel mit dem Ausland? Wo bleibt die Regelung unseres Geldwesens?› – Nach Wien muß der Graf berichten, daß ‹nicht ohne dem [sic!] größten Herzeleid und Betrübnis die Schlüssel von Synagogen, Judenschulen und Rathaus dem allergnädigst konstituierten Exekutions-Kommissario behändigt wurden›. – In diesem Unglück der Gemeinschaft geht die zarte Liebesgeschichte des jungen Perez und der schönen Hendele zu Ende. Im Schnee sterben sie zusammen, die das Leben nicht mehr vereinigen konnte. Aber um sie herum lebt und wispert eine Vielfalt von Judenköpfen, Männer und Frauen. Alle diese verbogenen und verkrümmten Gestalten einen sich in dem Aufblick zu dem einen, der allein die Rätsel des jüdischen Weges kennt. Darum darf dieser Weg ohne Ende dennoch ein Weg des Lebens genannt werden. Und das ganze Buch, in dem doch viel mehr von Leid als von Lust die Rede war, schließt mit einem Dank an das Leben. ‹Wie tief muß der Sinn des Lebens sein, daß wir seinethalben so viel tragen müssen› sagt Abraham.

Gewiß, dies Buch ist nicht frei von künstlerischen Schwächen. So einhellig die Charaktere gestaltet sind, so unsicher ist manchmal ihre Sprache. Schon daß die Juden im deutschen Ghetto zu Frankfurt am Main im 18. Jahrhundert die heilige Sprache in sefardischer Aussprache reden, ist ein Stilfehler, der sich nur durch die Anpassung an heutige Lernbegierige erklärt. Daß es aber manchmal, wenn sie Deutsch reden, klingt, als hätten sie bereits die Bücher jüdischer Philosophen gelesen, das ist bedauerlich. – Und dennoch: der Schönheit des Buches tut es keinen Eintrag. – Vor kurzem hat ein anderer jüdischer Dichter aus dem Osten sein Buch mit einem Dankgebet beschlossen: ‹Ich danke Dir, Herr mein Gott, daß Du mich gewürdigt hast, dieses Buch zu schreiben.› – Dieses Dankgebet steht ungeschrieben auf jeder Seite dieses jüdischen Romans.»[179]

Wie hier wurde der Roman von allen Rezensenten als großes literarisches und jüdisches Ereignis begrüßt. Im Gegensatz zu Bertha Badt-Strauß lobte Leo Hirsch in der ‹Jüdischen Rundschau› gerade die Sprache des Autors.

«Das Ganze hat Stil. Selbst wo die Handlung Klischeehaftes streift, bleibt der Ausdruck originell. Es ist ein Ton, der unserer Zeit aus dem Herzen spricht. Knappe, gedrängte Hauptsätze, Frage und Antwort, Schlag auf Schlag, ein Trommelfeuer von Tatsachen und Reflexionen, eins reagiert aufs andere, eine unerbittlich klare und dichte Diktion, ein gesunder jüdischer Stil, gescheit, aber nicht übertüftelt, derb, aber zärtlich, herzhaft sinnenfroh, aber nie schwül sinnlich, traurig, aber vertrauend, übertreibend, aber nicht prahlerisch, fromm, aber nie bigott. Und die Sprechweise unserer jüdisch-deutschen Vorfahren ist faszinierend getroffen, nicht kopiert noch karikiert, sondern neu erlebt. Der Mangel solchen Scharfschützenstils ist allerdings, daß man nur Hochspannungen damit ganz erfassen kann, aber die Dramatik des Ausdrucks entspricht der Geladenheit des Stoffes, der Zeit der Handlung und der Hochspannung unserer Zeit.»[180]

Über die Aufnahme des Buches durch das Publikum schrieb die ‹Jüdische Rundschau› ein halbes Jahr später:

«Gerson Stern ist durch seinen Roman ‹Weg ohne Ende› mit einem Schlage bekannt geworden. Es hatte seit dem Umschwung in Deutschland ein so leidenschaftliches, von Tradition und Elan so durchglühtes jüdisches Bekenntnis noch nicht gegeben, und es war um so hinreißender, als es überraschend kam. Ein neuer Mann, ein mitreißendes Werk, ein Roman! Die Begeisterung der Leser war spontan und einmütig; der Roman hatte ungewöhnlichen Erfolg, und dieser Erfolg dauert noch an.»[181]

Ende 1935 brachte Erich Reiss einen zweiten jüdischen Roman, ‹Der Sohn des verlorenen Sohnes› des Österreichers Soma Morgenstern, der sich im Gegensatz zum ‹Weg ohne Ende› nicht in der Geschichte, sondern in der Gegenwart (allerdings nicht der Deutschlands) zuträgt und der ebenfalls hervorragende Kritiken erhielt (Kurt Pinthus in der ‹C.V.-Zeitung›, Leo Hirsch in der ‹Jüdischen Rundschau›). Im gleichen Jahr erschien auch ein ‹Herkunft und Gesinnung› überschriebener Gedichtband des jungen Münchener Lyrikers Manfred Sturmann. Im Laufe des Jahres 1937 stellte der Erich Reiss Verlag aus nicht näher bekannten Gründen seine Tätigkeit ein.

Ein weiterer Verlag, der sich nach 1933 ganz auf jüdische Literatur umstellte, war die Brandus'sche Verlagsbuchhandlung in Berlin. Dort erschien der in der ‹Jüdischen Rundschau› vorabgedruckte jiddische Meisterroman ‹Noah Pandre› des zeitgenössischen, in Paris lebenden Dichters Salman Schneur (1935 erster Träger des von Salman Schocken gestifteten Bialik-Preises) in einer deutschen Übersetzung (1936), aber etwa auch eine den Titel ‹Gestern und Heute› tragende Buchreihe, in die neben einem Bändchen von Joachim Prinz über die Sabbathgebete und -bräuche (‹Der Freitagabend›, 1935) eine «lockere, lockende Plauderei über jüdisches Essen und Trinken» (Micha Michalowitz: ‹Der gedeckte Tisch. Variationen über ein jüdisches Thema ohne Ende›) und frühe ‹Herzl-Briefe› (1935, herausgegeben von Manfred George) Aufnahme fanden.

Wie Erich Reiss widmete sich auch der junge Verlag von Erwin Löwe und die mit ihm verbundene «Jüdische Buchvereinigung» der neuen jüdischen Belletristik. Die Buchvereinigung wurde im Februar 1934 nach dem Vorbild des Jüdischen Kulturbunds unter Beteiligung aller großen jüdischen Organisationen einschließlich der Reichsvertretung gegründet, war aber faktisch eine private Gründung Erwin Löwes von Ende 1933, die dann in eine Gemeinschaftsorganisation umgewandelt wurde. Die Gründung rief einen Proteststurm des jüdischen Sortimentsbuchhandels hervor, der die Notwendigkeit einer solchen, den Buchhandel umgehenden Einrichtung in Abrede stellte und insbesondere den jüdischen Verbänden und Vertretungsorganen das Recht bestritt, einem durch die Auswanderung vieler, das Wegfallen der nichtjüdischen Kundschaft und die Verschlechterung der Einkommensverhältnisse der Juden ohnehin um sein Überleben kämpfenden jüdischen Berufsstand Konkurrenz zu machen. In ihrem bis vor das Schiedsgericht der Reichsvertretung gelangenden Kampf gegen die Buchvereinigung fanden die Sortimenter auch die Unterstützung einiger jüdischer Verleger, die folgende Solidaritätserklärung abgaben:

«Wir erkennen dankbar die von den jüdischen Sortimentsbuchhandlungen für die Verbreitung des jüdischen Buches geleistete, auch in kultureller Beziehung bedeutsame Tätigkeit an. Wir sehen in den jüdischen Buchhandlungen die wichtigsten Träger dieser Arbeit und können prinzipiell eine Ausschaltung der Sortimentsbuchhandlungen, die die Funktion der Vermittlung zwischen Buch und Leser erfüllen, nicht gutheißen. Jede Unterstützung des gerade heute schwer um seine Existenz ringenden Buchhandels fördert nicht nur diesen, sondern auch die Produktion des jüdischen Buches, die die unterzeichneten Verlage als ihre Aufgabe ansehen. Jüdischer Verlag, Berlin, gez. Dr. Kaznelson, Erich Reiß Verlag, Berlin; Schocken Verlag, Berlin, gez. Lambert Schneider; Hebräischer Verlag Menorah, gez. Dr. Silbermann.»[182]

Infolge dieser Interventionen, aber auch wegen der starken Konkurrenz durch den regulären jüdischen Buchhandel blieb die von den Verlegern Erwin Löwe und Erich Lichtenstein nebenberuflich geleitete «Jüdische Buchvereinigung» eine Buchgemeinschaft in kleinem Maßstab, die ihren ca. 6000 Mitgliedern (1937) für einen Monatsbeitrag von 1,– RM jährlich vier Bücher lieferte. Darunter befanden sich – als erste Veröffentlichung – der Roman ‹Eine Zeit stirbt› (1934) von Georg Hermann (d.i. G.H. Borchardt, bekanntgeworden durch den Roman ‹Jettchen Gebert› von 1906), aus dem Nachlaß Jakob Wassermanns der dritte Teil der ‹Maurizius-Trilogie› mit dem Titel ‹Joseph Kerkhovens dritte Existenz›, der nicht mehr bei S. Fischer erscheinen konnte, ferner die neuen deutsch-jüdischen Romane ‹Ahnen und Enkel› (1935) von Rudolf Frank und ‹Abraham› (1936) von Ernst Fürstenthal, der Novellenband ‹Der Gezeichnete› (1937) des ebenfalls zeitgenössischen Dichters Jakob Picard, die Autobiographie Shmarya Levins (2 Bände) sowie die – noch immer lesenswerte – ‹Geschichte der Juden in Deutschland› (1935) von Ismar Elbogen. Im Erwin Löwe Verlag erschienen u. a. ‹Das Leben im Ghetto. Jüdisches Schicksal in fünf Städten› (1937) von Joachim Prinz und das – dem Philo-Lexikon nachempfundene – Buch ‹Das jüdische ABC. Ein Führer durch das jüdische Wissen› (1935) von Emil Bernhard Cohn, das sich wegen zahlreicher Irrtümer und Schludrigkeiten freilich harte Kritik gefallen lassen mußte.

Ein junger Verlag war schließlich auch der «Vortrupp-Verlag» von Hans-Joachim Schoeps. Hauptsächlich dazu bestimmt, das Gedankengut des um Schoeps gescharten jugendbündischen Kreises («Vortrupp deutscher Juden») zu propagieren, der sich mit einer merkwürdigen, von niemandem so recht verstandenen Verbindung von extrem-deutschem Nationalismus und religiös bestimmtem Judentum mit so ziemlich jeder ideologischen Richtung und politischen Gruppe anlegte (Schriftenreihe ‹Deutsch-jüdischer Weg›), veröffentlichte der Verlag auch Werke wie die ‹Praktische Judentumskunde. Eine Einführung in die jüdische Wirklichkeit für jedermann› (1935) von Leo Hirsch (der als Literaturkritiker für die Schoeps bekämpfende zionistische ‹Jüdische Rundschau› schrieb), die Erzählung ‹Das Erdbeben› (1935?) von Max Samter (von der Kritik als «nichtjüdisch» abgelehnt) und ein Buch zum Thema ‹Jüdische Mütter› (1936) von Leo Hirsch und Egon Jacobsohn.

Zu erwähnen wären, ohne damit vollständig zu sein, mit je einem oder zwei Buchbeispielen noch die Verlage Siegfried Scholem Berlin (‹Neuhebräisch, schnell gelernt› von Emil Cohn, 1933 und 1934; ‹Gestalten und Symbole der Jüdischen Kunst› von Rahel Wischnitzer-Bernstein, 1935), Kedem Berlin (‹Im Zeichen der Wiedergeburt – Jüdische Essays› von Abraham Schlesinger, 1935?), Ernst Köstenbaum Berlin (Manfred Swarsensky: ‹Das jüdische Jahr. Jüdische Religion gestern und heute›, 1935), Anton Benjamin Leipzig (‹'Hawa Naschira' Auf! Laßt uns singen›, 1935), Eschkol Berlin (hauptsächlich damit beschäftigt, die von ihm in den 20er Jahren begonnene ‹Enzyklopedia Judaica› abzuschließen, was nicht mehr gelang), Joachim Goldstein Berlin (‹Predigten an das Judentum von heute›, 1935; ‹Pult und Bühne. Ein Almanach›, hrsg. vom Reichsverband der Jüdischen Kulturbünde in Deutschland, 1938) und Leo Alterthum Berlin (Neudruck der Bibel-Übersetzung von Leopold Zunz, 1935). Auch die jüdischen Zeitungsverlage gaben Bücher heraus. So erschien bei M. Leßmann in Hamburg, dem Verleger des ‹Israelitischen Familienblattes›, das

Buch ‹Jüdische Klänge› (1933) des Hamburger Oberkantors Leon Kornitzer (mit Gesängen und Musikstücken aus dem Gottesdienst und für das jüdische Haus, jüdischen Volksliedern und freien Kompositionen). B. Heller in München, Verlag und Druckerei der ‹Bayerischen Israelitischen Gemeindezeitung›, betreute die Werke des jungen Münchner Dichters Fritz Rosenthal (heute bekannt als Ben-Chorin), den Gedichtband ‹Das Mal der Sendung› (1935) und das ‹Messiasspiel› (1934?). Im Verlag der ‹Jüdischen Rundschau› erschienen u. a. ‹Land der Jugend› (1936), ein Buch der Kinderredaktion der ‹Rundschau›, der zuvor in der ‹Rundschau› in Fortsetzungen gedruckte ‹Hebräische Fernunterricht› (1934) von S. Kaléko und ‹Ja-Sagen zum Judentum› (1934), eine Sammlung der wirkungsvollsten Leitartikel zur Lage des Judentums aus dem Jahr 1933.

Literaturkritik, Bibliotheken, Buchhandel

Von solchen Buchveröffentlichungen abgesehen, spielte die vielgestaltige und in hoher Gesamtauflage (1935 ca. 400000 Exemplare) erscheinende jüdische Presse selbst eine wichtige Rolle im jüdisch-literarischen Leben. Jede der größeren Zeitungen führte regelmäßige Beilagen und Rubriken wie ‹Literatur-Blatt›, ‹Jüdische Bibliothek›, ‹Das neue Buch›, ‹Auf dem Büchertisch› usw. Zu Chanukkah im Dezember, dem «Geschenkfest» der Juden, erschienen immer Sonderseiten, in denen eine Übersicht über die für Geschenkzwecke geeigneten Bücher geboten wurde. Die Neuerscheinungen der jüdischen Verlage wurden in diesen Spalten nahezu ausnahmslos angezeigt und meistens mehr oder weniger ausführlich besprochen. Die Rezensenten bemühten sich stets, den Wert einer Publikation für die jüdische Literatur, die jüdische Kultur oder das jüdische Gemeinschaftsleben herauszustellen, und waren, wo solche Werte anerkannt werden konnten, gerne bereit, über Schwächen hinwegzusehen. Indessen gab es gelegentlich auch kritische Besprechungen, die Hinrichtungen gleichkamen und von den betroffenen Autoren auch als solche empfunden wurden. Ein Beispiel hierfür ist die Kritik des im Philo-Verlag erschienenen Gedichtbands ‹Dreiklang› (1935) durch die ‹Jüdische Rundschau›:

«Hilde Marx, eine junge Dichterin, verbreitet ... zunächst religiöse Poesie, worin sie Gott mit Ewigkeit, Tag und Nacht und anderen nie versagenden Requisiten ausstattet, bedauert, daß ‹zu viele sind, die nicht mehr sehen wie Kinder›, Gott bittet, ‹uns in allem Demut finden› zu lassen, befürchtet, ‹daß ich nicht stark genug bin zu erfüllen›, was Gott verlangt, und um Gottes ‹Hand› fleht, ‹wenn ich wanke›.

Im zweiten, erotischen Teil des Buches wünscht die Dichterin zu lieben und geliebt zu werden: ‹wie eine Libelle die andere liebt›, hier versichert sie, für diese Liebe sei ihr ‹kein Wort zu groß, kein Sinn zu weit›, hier reimt sie die ‹weiten Fernen› auf ‹goldnen Sternen›, ‹die Nacht› auf ‹erwacht›, ‹Herz› auf ‹Schmerz› und bekennt: ‹Wo die Liebe endet, fangen Lieder an›. Im dritten Teil überschlagen einander Einfälle wie: daß einmal ‹wir die Alten sein› werden, daß es ‹seltsam‹ sei, ‹Mensch zu sein›, daß wir den Weg gehen, ‹der uns gegeben›, und daß ‹die kleinen Lieder› doch das Innigste und ‹Minnigste› seien, ‹das je ein Herz erdacht›. Den Schluß bildet ein ‹Sprechchor der jüdischen Frauen in Deutschland›, den die Künstlerhilfe der Gemeinde preisgekrönt hat; nach dessen Lektüre fragt man sich nur, wie dann erst die nichtpreisgekrönten Sprechchöre sein mögen.»[183]

Angezeigt und besprochen wurden aber nicht nur jüdische Bücher, sondern auch Titel aus der Produktion deutscher Verlage, soweit sie für das jüdische Publikum von besonderem Interesse waren, etwa Thomas Manns Josephs-Romane. Beim Ableben und anläßlich von Jubiläen und Todestagen jüdischer und nichtjüdischer Dichter und Denker wurden Leben und Werk gemäß ihrer Bedeutung für die Juden gewürdigt. Große Artikel erschienen aus solchen Anlässen z.B. über Maimonides (auch Rambam genannt, 800. Geburtstag 1935), Moses Mendelssohn, Franz Rosenzweig, Arthur Schnitzler, Scholem Alechem, Chajim Nachman Bialik, Jakob Wassermann, Karl Wolfskehl und Thomas Mann. Darüber hinaus betätigte sich die jüdische Presse selbst als literarisches Medium, indem sie in großer Zahl alte und neue jüdische Literatur, Gedichte, Novellen und Romane, abdruckte. Einer der Höhepunkte dieser Publikationstätigkeit war die Erstveröffentlichung des neuen Bibel-Dramas ‹Der Weg der Verheißung› von Franz Werfel in der ‹Jüdischen Rundschau› im Jahre 1935.

Eine wichtige Rolle im literarischen Leben der Juden in der NS-Zeit spielten auch die jüdischen Bibliotheken. Jede größere Gemeinde besaß eine Bücherei, in der man sich mit Lesestoff auch aus der neueren Produktion der jüdischen Verlage versorgen konnte. Über die Entwicklung und Bedeutung der Bibliothek der Berliner Gemeinde nach 1933 schrieb die ‹Jüdische Rundschau› im August 1935:

«War vor einigen Jahren noch eine jüdische Bibliothek ohne Belang für die Berliner Juden, so ist die Bibliothek der Berliner Jüdischen Gemeinde, wie nicht anders zu erwarten, im Verlauf der letzten Zeit aus ihrem früheren Schattendasein herausgetreten und zu einer Quelle jüdischer Erneuerung für die geworden, die aus den Ereignissen dieser Zeit die nötigen Folgerungen gezogen haben. Diese Bibliothek ist eine Art weitgeöffneter Tür zum Judentum; von hier aus vermag der suchende Mensch sich seinen Weg zu neuen Lebensgebieten zu bahnen. Bücher, Wissensstoff gewinnen in unseren Tagen wieder Aktualität und Leben. Diese Tatsache läßt sich auch statistisch belegen, wenn man hört, daß im Jahre 1934 etwa 37000 Menschen die Bibliothek in der Oranienburger Straße benutzt haben. 36600 Bücher wurden in diesem Zeitraum verliehen. Das sind mehr als die Hälfte des gesamten Bestandes. Gegenüber früheren Jahren bedeutet diese Inanspruchnahme eine Verdoppelung.

Wer nimmt die Bibliothek in Anspruch? Während früher nur eine bestimmte Schicht las, nämlich diejenigen, die unmittelbar mit jüdischen Dingen zu tun hatten, erstreckt sich heute der Leserkreis der Bibliothek auf alle Teile der jüdischen Bevölkerung. Besonders auffallend unter den neu gewonnenen Benutzern sind die Akademiker, die in der letzten Zeit stärker das Verlangen nach jüdischem Wissen verspürt haben. Außerdem sind viele Schüler und Studenten sowie auch Mitglieder der Jugendbünde unter den Lesern zu finden.

Auch die Frage, was am meisten gelesen wird, ist ziemlich eindeutig zu beantworten. Verlangt werden in erster Reihe geschichtliche Werke, neue jüdische Romane und in starkem Maße zionistische Literatur, sowohl Geschichte des Zionismus als auch Tagesfragen Palästinas. Ferner wird der reiche hebräische Bestand der Bibliothek viel in Anspruch genommen. Ein kleiner Teil der Leser sitzt über alten Talmudfolianten gebeugt und lernt Gemara; die meisten verlangen neue hebräische Literatur, und der Bibliothekar schildert uns launig den Weg, den man bei den jungen Leuten in dieser Beziehung deutlich verfolgen kann: Zuerst suchen sie punktierte hebräische Texte, bald darauf verlangen sie leichte unpunktierte, und so geht die Entwicklung rasch voran. Viel gelesen werden Bialik, Agnon und andere hebräische Schriftsteller. Die Nachfrage nach jiddischer Literatur hat nachgelassen, weil der Interessentenkreis hierfür, nämlich das ostjüdische Publikum, nicht mehr so vorhanden ist wie früher.

Besonders gefragt sind die jüdischen Zeitungen, an deren Erscheinungstag schon vor der offiziellen Öffnung der Bibliothek ein wahrer Run auf diese Blätter einsetzt, die dann bis weit in den Tag hinein vorgemerkt werden müssen.»[184]

Wichtig, weil auch die kleinen Gemeinden mit Lektüre versorgend, war auch die «Wanderbücherei des Preußischen Landesverbandes jüdischer Gemeinden», zu der ein gedrucktes «besprechendes Bücherverzeichnis» existierte (verschollen) und die später – ganz oder in Teilen – in das Konzentrationslager Theresienstadt verbracht wurde. Auch der Centralverein verfügte über eine Wanderbücherei, die – 1935 von seinem Jugenddezernat aus der neueren Produktion der jüdischen Verlage zusammengestellt – in den Ortsgruppen des «Bundes deutsch-jüdischer Jugend» zirkulierte.

Die jüdischen Zeitungen und Bibliotheken unterstützten als Propagandisten bzw. Käufer des jüdischen Buches den jüdischen Buchhandel, sie machten ihm aber zugleich das Leben schwer, indem sie praktisch kostenlos Lesestoff zur Verfügung stellten, eine Wechselbeziehung, die immer gegeben ist, sich aber infolge der Verarmung der jüdischen Bevölkerung negativer auf den Buchabsatz auswirkte, als dies sonst der Fall zu sein pflegt. Dies war einer von vielen Aspekten einer in der jüdischen Öffentlichkeit geführten Debatte über Wert und Wirksamkeit des jüdischen Buches, deren alle Beteiligten vereinende Erkenntnis war, daß dieses viel zu wenig Leser habe. Tatsächlich darf etwa der Erfolg des Philo-Lexikons, dessen Verkaufsauflage von 30000 Exemplaren das ‹Israelitische Familienblatt› als eine Größe bezeichnete, «die im jüdischen Büchermarkt in Deutschland wie ein Wunder wirkt»[185], nicht über die wirklichen Verhältnisse hinwegtäuschen. Das Philo-Lexikon war ein Ausnahmeerfolg, wie ihn noch einige andere Bücher hatten, von denen an die 10000 Exemplare abgesetzt werden konnten (z.B. Martin Bubers ‹Hundert Chassidische Geschichten› und die ‹Peßach-Haggada› von E.D. Goldschmidt in der Schocken-Bücherei oder die erwähnten Bücher von Joachim Prinz und Gerson Stern bei Erich Reiss); in aller Regel reichte aber selbst bei den populären und wohlfeilen Bändchen der Schocken-Bücherei eine Auflage von 3000–5000 Exemplaren aus, um den Bedarf auf längere Sicht zu befriedigen. In Anbetracht der Tatsache, daß im Jahre 1937 noch ca. 100000 jüdische Familien in Deutschland lebten, sind dies keine sehr beeindruckenden Zahlen, zumal stets noch eine Exportquote abzurechnen ist, die z.B. beim Schocken Verlag bis zu 30 Prozent betrug.

In der Debatte über die Misere des jüdischen Buches, die natürlich ein Teil der allgemeinen Kulturdiskussion war, wurde keine der beteiligten Gruppen geschont, weder die jüdischen Verleger und Sortimenter noch die Autorenschaft und das Publikum oder die Literaturkritik. Bereits Mitte 1934, als eine erste Reflexion über die neuen Realitäten möglich war, schrieb Hans Lamm im Israelitischen Familienblatt:

«Das jüdische Buch ... hat im vergangenen Jahr eine bedauerlich geringe Beachtung gefunden. Das Jahr mag zu erlebnisreich gewesen sein – inter armas silent musae – oder was immer sonst der Grund war: der Büchermarkt hat das, worauf weite Kreise des deutschen Judentums gewartet haben, uns nicht gebracht. Erinnern wir uns hier beispielsweise jenes Buches (‹Wir Juden› von Prinz), das einen besonders reißenden Absatz gefunden hat und zahlenmäßig als das jüdische Buch des Jahres zu bezeichnen ist: – wer möchte behaupten, daß es den Weg zum inneren Wesen unserer Gemeinschaft gewiesen hat? Wer will leugnen, daß es Polemik, statt Führung, bestechende (allzubillige!) Formulierungen, statt ernster Einsicht vermittelt hat?»[186]

Julius Bab verneinte im Herbst 1935, daß es so etwas wie eine «neue jüdische Dichtung» gebe:

«Gewiß: es erscheinen seit geraumer Zeit Novellen und Romane, die von jüdischen Menschen und von jüdischen Schicksalen handeln. Einige haben sogar lebhaften Erfolg. Aber sofern sie überhaupt etwas wie eine eigene Form zeigen, so ist es einmal der feierliche Ton einer alten Chronik (christlich-mittelalterlichen Gepräges) und das andere Mal die sprunghafte Nervosität moderner Impressionisten. Aber ‹jüdische› Dichtung? Inwiefern? Wenn man etwa – eine wohl aufzuwerfende und vielleicht zu bejahende Frage – die melancholische Melodie des Erzählers Georg Hermann als jüdischen Stil kennzeichnen wollte, dann ist jedenfalls sein Roman ‹Grenadier Wordelmann› ebenso viel und ebenso wenig ‹jüdische› Dichtung wie ‹Jettchen Gebert›; obwohl der eine von friederizianischen Grenadieren und der andere von Berliner Juden handelt ...

Nur im Durchbruch schöpferischer Kräfte, die aus dem Tiefsten und Unbewußten des Menschen kommen, kann jüdisches Wesen sich vielleicht auch in deutscher Sprache abformen. Wahrscheinlich ist bei Heine, bei Mombert und ... auch bei Werfel derlei geschehen; vielleicht auch hie und da bei Wassermann, bei Beer-Hofmann, bei Georg Hermann. Es ist auch sehr wahrscheinlich, daß jene Scheidung der Juden vom allgemeinen deutschen Leben, die seit zwei Jahren eingesetzt hat und die unsere Beziehung auf jüdisches Wesen notwendig verstärkt, solche Fälle häufiger machen und die Entwicklung einer eigentlich jüdischen Literatur deutscher Sprache beschleunigen wird. Aber ‹beschleunigen› heißt hier noch immer: ein sehr langsamer Prozeß. Wenn man nicht mit der Übermittlung jüdischer Stoffe zufrieden ist, wenn man wirklich auf eine dichterische Form jüdischer Art wartet, würde es nicht Jahre, sondern Jahrzehnte, ja wahrscheinlich Menschenalter dauern, bis man ein so tiefgreifendes Ergebnis erwarten kann ...

Etwas so Neues und Bedeutsames wie eine jüdische Dichtung in deutscher Sprache kann vielleicht wachsen. Aber es kann ganz bestimmt nicht gemacht werden.»[187]

Der Lyriker Manfred Sturmann nahm hierzu als Autor Stellung:

«Der jüdische Dichter deutscher Zunge wird nie – und darum ist er eine tragische Erscheinung – die jüdische Dichtung in jüdischer Form schaffen können. Darum ist es müßig ... die deutschsprachigen Dichtungen jüdischer Autoren daraufhin zu untersuchen, in wieweit in ihnen der Weg zur jüdischen Form beschritten wurde.

Solange der jüdische Dichter in der Sprache seiner räumlichen Heimat jüdische Dichtung schafft, solange ihm die jüdische Sprache, das Iwrith, nicht Muttersprache geworden ist – steht über ihm der tragische Schein *zweier* Sterne, die sich nicht zu einem Licht vereinen können: hier jüdischer Stoff – dort nichtjüdische, entliehene Form ... Dem jüdischen Dichter deutscher Zunge bleibt die Einheit ... versagt. Er und sein Kritiker müssen sich damit abfinden.»[188]

Im Sommer 1936 veranstaltete die Zeitschrift ‹Der Morgen› unter einer Reihe bekannter jüdischer Autoren «deutscher Zunge» (Max Brod, Georg Hermann, Else Lasker-Schüler, Ernst Lissauer, Alfred Mombert, Soma Morgenstern, Jakob Picard, Kurt Pinthus, Alfred Wolfenstein, Otto Zarek, Stefan Zweig) eine Umfrage zum Thema ‹Gegenwart und Zukunft der jüdischen Literatur›. Während sich die meisten (mit Ausnahme von Lasker-Schüler, die eine nur flapsige Antwort gab) so wie Julius Bab und Manfred Sturmann mit dem Wesen jüdischer Dichtung beschäftigten, nahm Soma Morgenstern den gesamten gegenwärtigen jüdisch-literarischen Betrieb aufs Korn:

«Obgleich ich mit Umschreibungen wie ‹Lage der jüdischen Literatur› nicht viel anzufangen weiß, so sehe ich die gegenwärtige doch klar: es ist die schlimme alte Lage. Die jüdische Literatur hat wenig Leser. Die Juden, die in der Lage sind, ein Buch zu kaufen, interessieren sich nicht für jüdische Literatur. Die Juden, die sich für jüdische Literatur interessieren, sind nicht in der Lage, ein Buch zu kaufen, weil man um den Preis eines noch so billigen Buchs ungefähr dreimal ins Kino gehen kann. Eine Zeit hat es ausgesehen, als ob es anders werden wollte. Der Traum war kurz und die Reue wird nicht einmal kurz sein, denn die Verleger kennen keine Reue. Tollkühn will ich damit andeuten, daß die jüdischen Verleger nicht zum geringsten Teil schuld daran sind, wenn das wachgerüttelte Interesse für jüdische Literatur sich eben anschickt, wieder in den alten Zustand der Apathie zu sinken. Was hat sich die Leserschaft in den letzten Jahren nicht alles als ‹jüdische Kunst› gefallen lassen müssen. Die Folgen ließen nicht lange auf sich warten, und so sind wir bald auf dem Punkt angelangt, wo die alte Lage bereits eine gegenwärtige zu werden beginnt. Dabei hat die jüdische Literaturkritik, soweit es eine solche gibt, kräftig mitgeholfen. Im Stil des Vereinssekretärs wurde alles in den Himmel gelobt, es wimmelte eine Zeit nur so von dichterischen Schöpfungen, an denen man, wie die Sprache des literaturkritisierenden Vereinssekretärs es so würdig auszudrücken versteht, ‹nicht achtlos vorübergehen kann›. Man kann aber doch. Meistens sogar mit Recht! Wenn ihm das elendste Machwerk, husch husch für die angebliche Konjunktur hingeschustert, als eine Offenbarung des jüdischen Geistes aufgeschwatzt wurde, hält der Leser sich doch lieber an jene Machwerke des Tags, die nicht erst ‹jüdisch› eingekleidet zu sein brauchen; er tut es rein aus guter alter Gewohnheit, und man täte nicht recht, ihn deswegen zu tadeln.»[189]

Morgensterns Philippika wirkt geradezu zurückhaltend gegenüber der polemischen Schärfe, mit der Leo Hirsch das Thema wenig später im ‹Israelitischen Familienblatt› aufgriff:

«Man hat hier festgestellt, daß der Zustand des jüdischen Buches in Deutschland seit mehr als einem Jahr beschämend ist. Da man nun einmal davon angefangen hat, ist es nötig, die ganze Wahrheit zu sagen. Das Elend fängt mit den Verlegern an. Unsere Verleger haben versagt. Man muß hier mehrere Sorten von Verlegern unterscheiden, und wir müssen den Schocken-Verlag ausnehmen, weil er eine bestimmte Linie konsequent und ungemein anständig verfolgt und weil die zeitgenössische belletristische Literatur von dieser Linie von vornherein programmatisch ausgeschlossen war und bleibt. Die übrigen Verlage von der Buchgemeinschaft bis zu den kleinsten Outsiders haben versagt ...

Wie man es bisher macht, das ist weder geschäftsklug noch würdig. Anstatt daß die Verleger miteinander arbeiten, suchen sie einander das Wasser abzugraben. Kaum hat ein Verlag mit einem kleinen Lexikon Erfolg, schon juckts einen anderen, auch ein kleines Nachschlagewerk auf den Markt zu werfen. Kaum erscheint ein Buch über jüdisches Brauchtum, so kommen bereits drei andere Verlage auf die gleiche geistreiche ‹Idee›. Mit der Bibel, mit biblischen Jugendgeschichten, mit palästinensischen Jugendbüchern gehts ebenso. Schocken macht eine ‹Reihe› kleiner billiger Bändchen? Mindestens drei Verleger machen es nach. So gings von 1933 bis zum vorigen Jahr. So hat man mit Einfällen, deren Originalität schwachsinnig war, das Publikum verdorben und verstört. Und als man sich selber den Markt zerstört hatte, aus Dummheit, aus Mißgunst, da legte man die Hände in den Schoß und spielt nicht mehr mit.

Wir wissen sehr gut, daß die Schwierigkeiten groß sind. Aber wer es ernst meint und wirklich ein Verleger ist, der wächst mit den Schwierigkeiten. Und die Chancen sind immer noch größer als die Schwierigkeiten. Der einzige Verlag, der von Anfang an eine bestimmte Linie hatte und sie anständig einhielt, nämlich Schocken, hat auch faktisch etwas geleistet. Die andern ... Einzelne, wenige haben es redlich gemeint und nicht viel Glück damit gehabt. Von ihnen ist nicht zu reden, Ehre ihrem Andenken. Andere haben Erfolge gehabt, haben wollen und sich vielleicht daran überfressen. Schande ihrem Andenken. Wie wird es weiter gehen? So wie es heute hier mit unsern ‹Buchmachern› aussieht ... Die besten Chancen sind verpaßt.»[190]

Hirschs Angriffe forderten Antworten des Philo-Verlags, der Jüdischen Buch-Vereinigung, des Verlegers Erwin Löwe und der Brandus'schen Verlagsbuchhandlung heraus, von denen die letzte wiedergegeben werden soll, da sie auf eine Reihe praktischer buchhändlerischer Probleme hinweist, die bei dem Schriftsteller Leo Hirsch zu kurz kamen:

«Die Verkaufsschwierigkeiten liegen 1. in der gesunkenen Kaufkraft des jüdischen Publikums; 2. in den Auswanderungsabsichten der Juden, die sich nichts mehr anschaffen, was sie nicht mitnehmen werden; 3. in den zahlreichen Familienunterstützungen, die jedem noch einigermaßen kaufkräftigen Juden beschieden sind; 4. vor allem aber in der Übersättigung des Publikums mit jüdischen Themen.

Die Folgen sind kleinere Auflagen, also höhere Ladenpreise, also erneutes Verkaufshindernis.

Wie sollen wir dem kleinen Kreis von Juden unsere Publikationen bekannt machen? Die Inserate in den Blättern verschlingen ein Vermögen und verteuern das Buch abermals. Unseren buchhändlerischen Organisationen gehören wir nicht mehr an. Eine jüdische Buchhändlerorganisation aufzurichten, hat sich als unmöglich erwiesen. Adressenmaterial (das übrigens wegen der Auswanderung rapide veraltet) wird uns trotz vieler Bemühungen von den Gemeinden und Organisationen nicht zur Verfügung gestellt (darüber sollten Sie schreiben!!!). – Wenn Sie schließlich noch erwägen, daß die drei großen Blätter ‹Rundschau›, ‹C.-V.› und ‹Familienblatt› wegen der Fülle ihres Inhalts das jüdische Lesebedürfnis der meisten Juden vollauf befriedigen, so werden Sie sich selbst ein Bild der verlegerischen Situation machen können. Es spielt gar keine Rolle dabei, ob hier und da mal ein Schlager vorhanden ist. Der Erfolg dieser Bücher wird durch die Versager vollständig wieder absorbiert.

Wenn Sie schließlich bedenken wollen, daß eine Produktion auf die Dauer nur aus einem verlegerischen Gewinn möglich ist, so können Sie sich den Schluß des Kapitels selbst ausrechnen. Die besten Absichten und der stärkste Kulturwille scheitern an dem, was ich dargelegt habe. Ich habe Erfahrungen gemacht, daß ein Buch gekauft wird und nach und nach durch zehn und noch mehr Hände wandert. Das Buch als Geschenkartikel hat im wesentlichen lebensnotwendigen Dingen das Feld räumen müssen.

Also seien Sie gerecht, und wenn Sie die Möglichkeit haben, so schreiben Sie im ‹Familienblatt›, daß der Verleger nicht versagt hat, sondern versagen mußte.»[191]

Die «Diskussion um das jüdische Buch» lebte regelmäßig im Herbst, vor Beginn der Buchhandelssaison und vor den großen jüdischen Feiertagen Rosch-ha-Schanah, Jom Kippur und Chanukkah auf, hatte aber – anders als die Debatte über den Kulturbund, die mit der ersten Theater-Aufführung im Herbst 1933 einsetzte – ihren Schwerpunkt in den Jahren 1936 und 1937. In dieser Zeit vollzog sich ein grundlegender Wandel in den politischen Existenzbedingungen des jüdischen Buchhandels.

Zum Jahreswechsel 1936/37 verschärfte die Reichsschrifttumskammer ihren «Arisierungs»-Kurs. In diesem Zusammenhang wurden auch die auf jüdisches Schrifttum spezialisierten Unternehmen – die bis dahin einen verhältnismäßig leichten Stand gehabt hatten, weil ihre Tätigkeit politisch erwünscht war – aus der Kammer ausgegliedert und zu einem «jüdischen Buchhandel» zusammengefaßt, der – ohne Zwischenschaltung einer jüdischen Vertretungsorganisation, wie sie der Reichsverband der Jüdischen Kulturbünde darstellte – direkt dem Sonderreferat Hinkel im Propagandaministerium unterstellt wurde. Da mit der jüdischen Presse entsprechend verfahren wurde, war Hinkel jetzt der alleinige Herrscher über das jüdische Kulturleben. Ihm unterstanden die jüdischen Kulturbünde, der jüdische Buchhandel und die jüdische Presse, und er wirkte weiter an der noch nicht völlig abgeschlossenen «Entjudung» der Reichskulturkammer mit. Um diesen Vorgang im Bereich der Reichsschrifttumskammer zu beschleunigen, eröffnete Hinkel allen zu «arisierenden» Betrieben die Möglichkeit, sich künftig im Rahmen des jüdischen Buchhandels zu betätigen. Auf diese Weise wurde die Zahl der Konkurrenten in diesem ohnehin am Rande der Existenzfähigkeit lebenden Gewerbe zusätzlich erhöht.

Nachdem der Umbauvorgang abgeschlossen war, wurde der deutsche Buchhandel am 30. Juli 1937 auf vertraulichem Wege über die getroffenen Maßnahmen und die künftig zum jüdischen Buchhandel zugelassenen Firmen informiert:

«*Regelung der Frage jüdischer Buchverkäufer und Buchverleger im Reichsgebiet.*

Jüdische Buchverleger und Buchverkäufer dürfen ihr Gewerbe im Reichsgebiet zukünftig nur unter Beschränkung ihrer Tätigkeit auf *jüdisches* Schrifttum und auf einen ausschließlich *jüdischen Abnehmerkreis* ausüben. Sie sind nicht Mitglied der Reichsschrifttumskammer und werden von dem Sonderbeauftragten des Herrn Reichsministers für Volksaufklärung und Propaganda zur Überwachung der geistig und kulturell tätigen Juden im deutschen Reichsgebiet, Herrn Reichskulturwalter Hinkel, in einer besonderen Registrierung erfaßt.»[192]

Durch die bis ins Detail ausgeführten Bestimmungen war der jüdische Buchhandel in Deutschland, wirtschaftlich und geistig isoliert, zu einem Ghettobuchhandel geworden – nach dem Vorbild, das der jüdische Kulturbund für die reproduzierenden Künste geliefert hatte. Wie Theaterstücke, Opern, Revuen usw. schon seit 1933 bedurften jetzt auch Bücher und Zeitschriften der behördlichen Genehmigung, unterlagen also der Vorzensur, die die Arbeit noch schwieriger machte – wegen der zum Teil langwierigen Genehmigungsverfahren auch in ökonomischer Hinsicht. Der Ernst der Lage wurde in allen Kreisen des deutschen Judentums erkannt. Die Reichsvertretung veranlaßte vor Chanukkah 1937 eine Sonderaktion zugunsten des jüdischen Buches und des jüdischen Buchhandels, die sich vor allem in umfangreichen Sonderbeilagen der jüdischen Zeitungen (‹C. V.-Zeitung› Nr. 45 vom 11. November 1937, ‹Israelitisches Familienblatt› Nr. 45 vom 11. November 1937, ‹Jüdische Rundschau› Nr. 90 vom 12. November 1937) niederschlug. Die Werbeaktion fand bei der jüdischen Bevölkerung einen starken Widerhall und gab dem jüdischen Buchhandel noch einmal Auftrieb. Aber schon im Frühjahr 1938 wurden die Verhältnisse wieder schlechter und schlechter. Ende April schrieb Gerson Stern, Autor von ‹Der Weg ohne Ende›, in einem Artikel über den jüdischen Roman in Deutschland:

«Was liest der Jude in Deutschland? Ein Herr sagte kürzlich: ‹Wenn ich schon lese, wissen Sie, was ich dann möchte? Sie werden lachen. Ich möchte lachen.› Diese Worte werden als Ausdruck einer Stimmung hingesetzt. Tatsache ist, daß ein Teil der Juden wieder mehr Bücher sucht, die nicht ein jüdisches Thema behandeln.»[193]

Mit dem nachlassenden Interesse des Publikums gingen die Umsätze des Buchhandels und mit diesen die Erlöse der Verlage und damit auch die Zahl der neuen Veröffentlichungen zurück. Im Juli 1938 schrieb der Lektor des Schocken Verlags, Moritz Spitzer, einen Beitrag zu dem in Vorbereitung befindlichen Schocken-Almanach anmahnend, an seinen in Palästina lebenden Verleger Salman Schocken:

«Die Zeit ist der Zusammenstellung nicht günstig. Die Gedanken der Juden und die Regungen ihrer Herzen sind zur Zeit von einer Art, die – anders als in der Periode der ersten Erschütterung – eine rechte Verbindung zum überzeitlich gehandhabten Wort an die Zeit nicht zuzulassen scheint. Ich selbst kann mich da kaum ausnehmen. Gewiß, ich beiße die Zähne zusammen und tue, was ich kann, doch vermag ich dem Ergebnis keine große Hoffnung mehr entgegenzubringen. Wie dem auch sei: ich möchte Ihren Beitrag in diesem Almanach nicht missen, der – wenn es noch glückt ihn zustande zu bringen – jedenfalls der letzte in der bisherigen Folge sein wird. Sie hatten in den vergangenen Jahren Ihren ... Beitrag immer wieder hinausgeschoben. Diesmal gibt es keinen Aufschub mehr, es wäre denn im Hinblick auf eine neue, und dann nicht mehr deutschsprachige Folge.»[194]

Der Almanach, der sechste und letzte, ist noch erschienen – wenige Wochen vor der «Reichskristallnacht». Und Spitzer bewies, daß er sich auch noch in dieser Situation auf das «überzeitlich gehandhabte Wort an die Zeit» verstand, das er und mit ihm der Schocken Verlag in den zurückliegenden Jahren so meisterlich praktiziert hatten. Der Almanach enthielt – trotz Vorzensur – folgendes Gedicht Jehuda Halevis, des größten hebräischen Dichters, in der Verdeutschung von Franz Rosenzweig, des größten jüdischen Denkers, Umkehrers und Bekenners, den das deutsch-jüdische Bildungsbürgertum hervorgebracht hat:

Nächtliche Träne

Jerusalem, weheklage / die Träne, Zion, laß fließen!
Deiner Söhne Aug, denkts dein / kann sein Naß nicht verschließen.
Hand, vergiß mich, vergäß ich / Stadt dich, der Psalmen sprießen!
Kleb, Zung', am Gaumen, ließ' den / Sinn je froh ich genießen!

Hetzen mich meine Sünden / aus meiner Mutter Lehre,
Verlangt nach mir Vaters Strafe / ob meiner Sünden Schwere
Und nahm mein Bruder und meiner / Magd Sohn mir Erstlings Ehre, –
Könnt' mit all dem die Seele / Vor Gott sich flehend ergießen!

Und gib Schlägen die Wange / nicht birg dein Antlitz vor Speien,
Daß nach solchem Kasteien / Lasten der Schuld leicht seien,
Und leb, wo Schakale schreien / mit Straußen in Wüsteneien
Und nachtgleichen Herzens wandle / Gehüllt in schwärzlich Verliesen

Doch sei still zu ihm, der nicht / ewig vergißt des Armen.
Der nicht gänzlich vernichtet / nein wendet sich zum Erbarmen,
Bis daß Israels Tag kommt / in Zion Heil sie umarmen,
An Seilen der Liebe Er dich / Zieht aus Elends Verdrießen.

Ach, Gott, zürne nicht zu sehr / der Schuld woll nicht ewig denken.
Eifre um Zion! woll nicht / dein Restvolk fürder verschenken.
Zum Herzen sprich deinem Erbe / nicht tiefer in Gram wolls senken
Und früh wird Jubel sein, wo des / Nachts die Tränen noch schießen.[195]

Mit dem Novemberpogrom 1938 kam der jüdische Buchhandel praktisch zum Erliegen. Druckereien und Buchbindereien, die mit den jüdischen Verlagen bis zuletzt loyal zusammengearbeitet hatten, weigerten sich unter dem Druck der politischen Verhältnisse, noch Aufträge anzunehmen oder auch nur die angefangenen Arbeiten zu Ende zu führen. Dem Philo-Verlag gelang es noch, Mitte Dezember 1938 den Philo-Atlas auszuliefern – offensichtlich weil dieses «Handbuch für die jüdische Auswanderung» von den Behörden als nützlich angesehen wurde und daher politisch erwünscht war. Wenige Tage später, am 17. Dezember 1938, versandte das Propagandaministerium (Büro Hinkel) die Auflösungsverfügungen:

«Ich ordne hiermit an, daß Ihr bisher von mir im Rahmen des jüdischen Buchhandels unter der Firmenbezeichnung

Schocken Verlag, Jüdischer Buchverlag

widerruflich zugelassener Betrieb bis zum 31. Dezember 1938 aufzulösen ist.

Hiermit bestimme ich:

1. Sie haben Ihren Betrieb sofort zu schließen und den Verkauf von Druckwerken jedweder Art einzustellen.
2. Ihr Buchbestand wird nach Maßgabe meiner Dienststelle – im Wege ordentlichen Verkaufs – geschlossen an den neu gegründeten Verlag ‹Jüdischer Kulturbund› abgegeben. Es wird geprüft, ob Sie selbst künftig im Verlag ‹Jüdischer Kulturbund› beschäftigt werden können.
3. Zur Vorbereitung der Übernahme Ihres Buchbestandes ersuche ich Sie, bis zum 31. Dezember eine genaue Aufstellung über
   a) eigene Verlagswerke
   b) Werke anderer Verlage
   und c) antiquarische Werke

mit genauem Titel und unter Einsetzung des Inventurwertes einzureichen. Aus der Aufstellung muß der Gesamtwert des Bestandes hervorgehen.

4. Die Liquidationsbilanz Ihres Betriebes haben Sie beschleunigt aufzustellen und in zweifacher Ausfertigung bis zum 31. Dezember 1938 an meine Dienststelle zu senden.
5. Den Empfang dieser Anordnung haben Sie mir – Abteilung II A – postwendend zu bestätigen.»[196]

Praktisch kam der «ordentliche Verkauf» der Buchbestände der jüdischen Verlage einer entschädigungslosen Enteignung gleich, da der Verlag des neugegründeten «Jüdischen Kulturbunds in Deutschland e. V.» mit den Liquidatoren dieser Betriebe über einen Zeitraum von zehn (!) Jahren nach Maßgabe der von ihm monatlich getätigten Umsätze abzurechnen hatte. Der Kulturbund-Verlag, ab jetzt der einzige jüdische Verlag in Deutschland, kam so ohne nennenswerte finanzielle Aufwendungen in den Besitz eines riesigen Buchlagers, das er auf Weisung der Behörden im In- und Ausland in klingende Münze zu verwandeln suchte.

5. Kulturelles und geistiges Leben 1939–1941

Der «Jüdische Kulturbund in Deutschland e. V.»

Schien mit der «Reichskristallnacht», mit dem Verbot aller kulturellen Veranstaltungen, mit der Einstellung der jüdischen Zeitungen und der Stillegung der jüdischen Organisationen das Ende aller jüdischen Kulturarbeit gekommen, so gab die gegenteilige Entwicklung der nächsten Wochen politische Rätsel auf. Die Juden fragten sich, was die Nazis veranlaßt haben mochte, ausgerechnet die jüdischen Theater wieder zu öffnen, als einzige Organisation den Kulturbund wieder in Gang zu setzen, ja die jüdische Filmbühne, um die man – unter scheinbar günstigeren Voraussetzungen – lange vergeblich gekämpft hatte, von einem Tag auf den anderen zu genehmigen.

Heydrich, Chef der Sicherheitspolizei (Gestapo und Kripo) und des SD, hatte bei der Konferenz im Luftfahrtministerium am 12. November 1938 auf die Gefahr einer jüdischen «Verproletarisierung» hingewiesen und empfohlen, die Juden einerseits zu isolieren, ihnen aber andererseits einen beschränkten Tätigkeitsbereich zu belassen. Neben solchen Gesichtspunkten «sozialpflegerischer» Art herrschte im Sicherheitsapparat die Einsicht vor, daß man – solange eben noch Juden im Deutschen Reich lebten – jüdischer Organisationen bedurfte, um die Überwachung der Juden zu erleichtern, die innerjüdischen Lebensverhältnisse zu regeln und die künftigen judenpolitischen Maßnahmen im jüdischen Bereich durchzusetzen. Das Judenreferat im SD-Hauptamt (Abteilung II 112), eine Unterabteilung der Hauptabteilung «Weltanschauliche Gegnerbekämpfung», legte Pläne zur Errichtung einer deutschen «Zentralstelle für jüdische Auswanderung» und für die Zusammenfassung sämtlicher jüdischen Organisationen und Kultusgemeinden in einer «Reichsvereinigung» aller «Rassejuden» vor, die von Göring und allen beteiligten Ministerien gebilligt wurden. Die geplante Reichsvereinigung sollte, als Hilfsorgan der Zentralstelle, die Auswanderung im jüdischen Bereich vorbereiten und daneben für das jüdische Schulwesen und die jüdische Fürsorge zuständig sein.

Heydrich und sein Sicherheitsapparat waren Nutznießer der «Reichskristallnacht», obwohl sie an ihrer Vorbereitung überhaupt nicht beteiligt gewesen waren. Das gleiche gilt für Göring, der unter souveräner Mißachtung bestehender Zuständigkeiten, vor allem des Reichsinnenministers, aber mit Billigung Hitlers die Richtlinienkompetenz in der Judenpolitik an sich gezogen hatte. Goebbels aber, der das ganze inszeniert hatte, um die Judenpolitik unter seiner Führung zu radikalisieren, stand vor einem politischen Fiasko. Er hatte nicht nur keine neuen judenpolitischen Kompetenzen gewonnen, sondern lief auch Gefahr, daß die von ihm stillgelegte Kulturbundarbeit in irgendeiner Form im Rahmen der von der Sicherheitspolizei geplanten neuen jüdischen Einheitsorganisation fortgeführt würde. Um dies zu verhindern, um wenigstens seine bisherigen Zuständigkeiten zu behaupten und den judenpolitischen Apparat seines Ministeriums nicht funktionslos werden zu lassen, gab es nur einen Weg: die Kulturbundarbeit schnellstmöglich zu reaktivieren, die Theater sofort wieder zu öffnen, um das Veranstaltungsverbot als vorübergehende Maßnahme erscheinen zu lassen, und auf der Basis einer praktizierten Ressortkompetenz mit den Sicherheitsbehörden über die Weiterführung der Kulturbundarbeit unter Leitung des Propagandaministeriums zu verhandeln.

Demgemäß trat die Abteilung II A des Propagandaministeriums (Büro Hinkel) Anfang Dezember in Verhandlungen mit dem Judenreferat des SD-Hauptamtes ein, dem die federführende Bearbeitung der Organisation der «Reichsvereinigung» oblag. Über eine Besprechung am 7. Dezember 1938 verfertigte der Leiter des Referats, SS-Oberscharführer Herbert Hagen, einen Aktenvermerk «betr. Jüdischer Kulturbund usw.»:

«1) Es ist vorgesehen, in Anlehnung an die zukünftige Gestaltung der «Reichsvereinigung» den Kulturbund der Juden aufzuziehen und ihnen die Möglichkeit zur Aufführung von Theaterstücken, Spielfilmen (auch solche nicht rein jüdischen Inhalts, wobei von der Abt. II A die Ansicht vertreten wird, daß man auf diese Weise u. a. die Juden besser überwachen könne) und der Veranstaltung von Vorträgen zur Förderung der Auswanderung usw. zu geben ...

2) Die Lehrhäuser, die bisher von den Juden in verschiedenen Städten unterhalten wurden (insbesondere Berlin und Frankfurt) sollen aufgelöst werden.

3) Die bisher bestehenden jüdischen Buchhandlungen wurden [richtig: werden] reduziert und ebenfalls dem Kulturbund unterstellt, so daß sie auf keinen Fall Eigentum einer Person bilden. Die gesamten vorbereitenden Arbeiten sollen durch einen gleichfalls dem Kulturbund unterstellten Verlag erledigt werden.

4) a) Auch das ‹Jüdische Nachrichtenblatt› soll dem Kulturbund unterstellt sein, wobei allerdings der größte Teil des Raumes der Reichsvereinigung zur Verfügung gestellt wird. Einkünfte und Unterhalt sollen jedoch ausschließlich vom Kulturbund eingezogen bzw. bestritten werden. Um die Zeitung finanziell existenzfähig zu machen, ist vorgesehen, sie späterhin auch mit einem Anzeigenteil zu versehen und bis etwa Januar auf 4 Seiten zu erweitern ...

5) Die Finanzierung des Kulturbundes soll insbesondere durch Filmveranstaltungen erfolgen. Da außerdem der Kulturbund vorbereitende Auswanderungsarbeiten übernehmen soll durch Erteilung von Sprachunterricht usw., wäre es der Abt. II A erwünscht, wenn späterhin in dem Haushalt der Reichsvereinigung ein Zuschußbetrag – falls dies erforderlich sein sollte – vorgesehen würde. (An dieser Stelle habe ich darauf aufmerksam gemacht, daß nach Möglichkeit jede Bezuschussung durch die Reichsvereinigung vermieden werden solle, da der Etat für 4 Monate bereits mit 15 Millionen RM eingeschätzt und die Sicherstellung noch keineswegs gewährleistet sei.)»[197]

Neben wichtigen Einzelheiten, wie der überraschend banalen Erklärung für die rätselhafte Genehmigung der Filmbühne, liefert dieser für Prof. Dr. Franz Six, Leiter der Hauptabteilung «Weltanschauliche Gegnerbekämpfung» im SD-Hauptamt, und das Geheime Staatspolizeiamt bestimmte Aktenvermerk klaren Aufschluß über die Absichten und die Vorgehensweise des Propagandaministeriums. Noch in den Formulierungen des SD-Mannes Hagen wird die taktische Verhandlungsführung der Hinkel-Leute deutlich, ihr Bemühen, die Absicht des SD zu durchkreuzen, den Kulturbund mit der geplanten Reichsvereinigung zu verschmelzen und damit dem Herrschaftsbereich der Sicherheitspolizei einzuverleiben. Freilich läßt sich auf Grund des Aktenvermerks nicht eindeutig entscheiden, ob zum Zeitpunkt der Besprechung bereits das grundsätzliche Einverständnis der Sicherheitspolizei vorlag oder ob deren Zustimmung erst in dem von Hinkel gewünschten Gespräch mit Six erreicht wurde. Jedenfalls konnte die vom Propagandaministerium angestrebte «Endregelung» in der letzten Ausgabe des ‹Jüdischen Nachrichtenblattes› von 1938 unter der Schlagzeile ‹Konzentrierte Kulturbund-Arbeit› bekanntgegeben werden:

«Mit dem 1. Januar wird die jüdische Kulturbund-Arbeit in Deutschland auf eine neue Grundlage gestellt werden, die den Aufgabenkreis des jüdischen Kulturbundes, dessen Arbeit sich bisher vornehmlich auf die reproduzierende künstlerische Arbeit (also Theater und Konzert) beschränkte, erheblich erweitern wird.

Zu der Abteilung *Theater* und *Musik*, zu der noch die Vortragsabteilung seit Gründung des Jüdischen Kulturbundes hinzutrat, wird der Jüdische Kulturbund im ganzen deutschen Reichsgebiet den allgemeinen und den jüdischen *Spiel- und Kulturfilm* hinzunehmen, so daß dem jüdischen Bevölkerungsteil die Möglichkeit des *Kinobesuches im rein jüdischen Bezirk* gegeben sein wird. Die Filmproduktion der deutschen und ausländischen Filmgesellschaften wird auf diese Weise durch den jüdischen Kulturbund den Juden in Deutschland zugängig sein. So wird in Berlin die *Filmbühne des Jüdischen Kulturbundes* mit dem Fox-Film ‹*Chicago*› eröffnet.

Im jüdischen *Verlagswesen* wird eine den Zeitschriften- und Buchverlag betreffende Neuorganisation einschließlich des Buch- und Zeitschriftenvertriebes im Rahmen des Jüdischen Kulturbundes geschaffen. Mit dem 1. Januar beginnt ein neugegründeter Verlag, der ‹*Verlag Jüdischer Kulturbund*›, zu arbeiten. Dieser wird die periodisch erscheinenden Zeitschriften herausgeben, so unter anderem auch das ‹Jüdische Nachrichtenblatt›, die ‹Blätter des Jüdischen Kulturbundes›, die ‹Informationsblätter für Jüdische Auswanderung› usw. Die Buchproduktion der bisherigen jüdischen Buchverlage in Deutschland wird von dem neuen Verlage *Jüdischer Kulturbund* übernommen und durch ihn vertrieben werden, ebenso werden alle irgendwie in Betracht kommenden Neuerscheinungen des jüdischen Buchwesens in Zukunft durch den Jüdischen Kulturbund verlegt werden.

Auf diese Weise wird die Substanz des jüdischen Buchwesens, insbesondere die wertvolle Judaica-Literatur der letzten Jahre in all ihrer vielfältigen Erscheinungsform in ihren Beständen erhalten bleiben und durch die Vertriebsstellen des Jüdischen Kulturbundes bzw. des Zeitschriften- und Buchverlages Jüdischer Kulturbund, die die Funktionen des jüdischen Buchhandels übernehmen, an das jüdische Publikum in Deutschland herangetragen werden.

Um diesen sehr weit gesteckten Aufgabenkreis in konzentrierter Form durchführen zu können, tritt an die Stelle der verschiedenen Jüdischen Kulturbünde, die bisher finanziell und organisatorisch selbständig waren, eine *Einheitsorganisation*. Unter Auflösung des Reichsverbandes der Jüdischen Kulturbünde in Deutschland und aller ihm angeschlossenen jüdischen Kulturbünde und ähnlichen Organisationen wurde der bisherige Jüdische Kulturbund Berlin e.V. zu einer Gesamtorganisation, die den Namen ‹*Jüdischer Kulturbund in Deutschland e.V.*› trägt, erweitert. Der neue Jüdische Kulturbund in Deutschland e.V. errichtet im Reiche Ortsabteilungen, die gewissermaßen Filialbetriebe der Berliner Zentrale darstellen werden.»[198]

In der neuen Leitung des Kulturbundes, deren personelle Zusammensetzung am 20. Januar 1939 im ‹Jüdischen Nachrichtenblatt› verlautbart wurde, fehlten drei Persönlichkeiten, die den Vorstand des bisherigen Reichsverbandes gebildet und die Kulturbundarbeit maßgeblich geprägt hatten, nämlich Benno Cohn, Max Wiener und Kurt Singer. Singer war von den Nachrichten über den Novemberpogrom in den Vereinigten Staaten überrascht worden und hatte sich sofort auf den Rückweg nach Berlin gemacht. Als er in Amsterdam einen Hinweis erhielt, daß ihm in Deutschland die Verhaftung durch die Gestapo drohe, entschloß er sich, nicht nach Deutschland zurückzukehren. Von der alten Führungsriege war nur noch Werner Levie vertreten, dem man die Gesamtleitung der neuen Einheitsorganisation übertragen hatte. Unter ihm fungierten als Abteilungsleiter: Fritz Wisten, bisher Oberspielleiter des Berliner Kulturbunds (Theater); Rudolf Schwarz, bisher 1. Kapellmeister des Berliner Kulturbunds (Musik); Julius Bab, bisher Dramaturg des Berliner Kulturbunds (Vortrag); Manfred Epstein (Film); Erich Liepmann, bisher Geschäftsführer der ‹Jüdischen Rundschau› (Verlagswesen); Walter Abelsdorff, bisher Büroleiter des RJK (Gesamtorganisation); Hans Zander, bisher – mit Levie – Verwaltungsleiter des Berliner Kulturbunds (Verwaltung der Theater-, Musik- und Vortragsabteilung).

Äußerlich betrachtet, konnte die Errichtung des «Jüdischen Kulturbunds in Deutschland e. V.», wie im ‹Jüdischen Nachrichtenblatt› geschehen, als «Erweiterung» oder als «Konzentration» der jüdischen Kulturarbeit dargestellt werden, je nachdem, ob man als Bezugspunkt den früheren Reichsverband und sein Tätigkeitsgebiet oder die bisherige kulturelle und geistige Tätigkeit der Juden im ganzen wählte. Aber keine Betrachtungsweise konnte darüber hinwegtäuschen, daß das jüdische Kultur- und Geistesleben in seiner Vielfalt und Fülle, wie es noch bis zur «Reichskristallnacht» bestanden hatte, durch die Zentralisierung und die damit verbundene Reduktion des Kräfte- und Ideenpotentials zerstört war. Statt einer Vielzahl relativ selbständiger Bünde und Vereine gab es jetzt nur noch eine Organisation, statt Dutzender Presseorgane nur noch eine Zeitung, statt 25 miteinander konkurrierender Verlage nur noch einen Zentralverlag, statt mehr als 50 Buchhandlungen nur noch einige uniforme Buchvertriebsstellen. Was übrigblieb, war ein institutioneller Torso und ein kulturelles Notprogramm, war ein Instrument der sicherheitspolizeilichen Überwachung und der manipulativen Sozialhygiene, das im gleichen Maße überflüssig wurde, wie die Auswanderung der Juden vorankam. Aber auch in dieser rudimentären Form war der Kulturbund für die noch in Deutschland lebenden Juden unentbehrlich. Ja im Zeichen des Abbruchs erst wurde er zu einer allseits benötigten und bejahten Institution der jüdischen Gemeinschaft.

Am wenigsten machte sich die Umstellung in Berlin bemerkbar, wo der dortige Kulturbund als institutioneller Träger der neuen Einheitsorganisation fortbestand. Allerdings sah sich die neue Leitung vor die Aufgabe

Jüdischer Kulturbund Berlin, Juli 1939. Von links nach rechts: Fritz Wisten, Josef Rosner, Werner Hinzelmann, Friedländer (stehend), Frau Ali Jacob, Rudolf Callmann, Hanna Litten, Rudolf Schwarz, Leo Hirsch, Dr. Werner Levie

gestellt, die durch die Auswanderung stark gelichteten Ensembles zu komplettieren bzw. neu aufzubauen, wofür in erster Linie Kräfte der aufgelösten Ensembles des Reichsverbandes (Reiseorchester, Wanderbühne), der Künstlerhilfe (Wanderoper, Orchester) und der Jüdischen Gemeinde Berlin (Theater der jüdischen Schulen) herangezogen wurden. Am geringsten waren die Schwierigkeiten im Bereich der Sprechbühne, die – nachdem im Dezember ‹Benjamin – wohin?› gespielt worden war – im Januar 1939 Molnars Lustspiel ‹Die Fee› und im Februar Shakespeares ‹Wintermärchen› aufführte, so daß überhaupt keine Unterbrechung des Theaterprogramms eintrat. Die Schauspieltruppe des Kulturbunds übernahm auch die Aufgaben des «Theaters der Jüdischen Schulen», das zum 1. Januar 1939 als «Abteilung Schultheater» in die Einheitsorganisation eingegliedert wurde. Als erste Abonnementvorstellung für Schüler wurde am 22. und 23. Januar 1939 Goldonis Komödie ‹Der Diener zweier Herren› gegeben. Die Kleinkunstbühne unter Max Ehrlich trat am 28. Januar mit einer Reprise der erfolgreichen Revue ‹Gemischtes Kompott› erstmals wieder in Erscheinung.

Weit größere Schwierigkeiten machte es, die Lücken im Orchester, bei den Opernsängern und wohl auch bei den Chören zu schließen. In seinen ersten Konzerten am 19., 20. und 21. Februar spielte das neuformierte Orchester unter Chordirektor Berthold Sander Werke von Smetana, Tschaikowsky und Borodin. Besondere Besetzungsprobleme warf Verdis Oper ‹La Traviata› auf, die Anfang März in der Regie von Kurt Baumann und unter der musikalischen Leitung von Rudolf Schwarz in Szene ging. Da für die Hauptrollen keine geeigneten Kräfte zur Verfügung standen, wurden mit Fritzi Merley und Igo Guttmann zwei Sänger aus Wien nach Berlin verpflichtet. Wie der Kulturbund baute auch die Künstlerhilfe der Berliner Gemeinde wieder ein eigenes Orchester auf, dessen Leitung dem Dirigenten des früheren Reiseorchesters des Reichsverbandes Julius Priever (Prüwer) übertragen wurde. Dieser bildete Anfang März zusätzlich ein «Laien-Orchester», das jeden Donnerstagabend in der Aula der Josef-Lehmann-Schule probte und spielte. Dem gemeinsamen Singen diente ein Laienchor, den Berthold Sander schon im Februar gegründet hatte. Den Kern bildeten Mitglieder der aufgelösten freien jüdischen Chorvereinigungen, jedoch stand der Chor, gemäß Dauerinserat im ‹Jüdischen Nachrichtenblatt›, allen «stimmgewandten Damen und Herren» offen. Laienchor und Laienorchester bildeten innerhalb des Kulturbunds eine neue Abteilung «Laienmusik».

Auch die Vortragsabteilung, nach Auflösung der jüdischen Lehrhäuser die einzige Stätte jüdischer Erwachsenenbildung, litt stark unter der Auswanderung ihrer Referenten. Ihre Möglichkeiten wurden zudem durch die behördliche Forderung nach Auswanderungspropaganda stark eingeengt. So standen im Monat März nur folgende Vorträge auf dem Programm: Anneliese Landau: ‹Ungetanzte Tänze›, Arnold Horwitz: ‹Probleme und Ziele der Auswanderung›, Benno Cohn: ‹Sechs Jahre Palästina-Wanderung der Juden aus Deutschland› und Max Nußbaum: ‹Zentren der Judenheit – Untergang und Aufbau›.

Weitgehend problemlos gestaltete sich die Tätigkeit der neuen Filmbühne. Ihr stand – nach vorheriger Billigung durch das Büro Hinkel – das ganze Filmrepertoire der Welt zur Verfügung, also neben deutschen auch amerikanische, englische und französische Filme, soweit sie im Deutschen Reich nicht verboten und von einem deutschen Verleih erworben worden waren. Die neue Einrichtung, die nicht nur für einige Stunden Ablenkung und Entspannung bot, sondern auch das Tor zur weiten Welt öffnete, wurde vom jüdischen Publikum mit großer Begeisterung angenommen. Es gab täglich zwei Vorstellungen, sonntags sogar drei. Jede Woche wurde das Programm gewechselt. Auf den amerikanischen Streifen ‹Chicago›, der Ende Dezember 1938 angelaufen war, folgten im Januar die Metro-Goldwyn-Mayer-Produktion ‹Lord Jeff› mit den Kinderstars Freddie Bartholomey und Micky Rooney, die deutsche Tobis-Produktion ‹Unsere kleine Frau› mit Käte von Nagy, Albert Matterstock, Grethe Weiser, Lucie Englisch (!), Rudolf Platte und Paul Verhoeven, der amerikanische Musikfilm ‹Tarantella› mit Jeanette MacDonald und der von Hans Steinhoff inszenierte Tobis-Film ‹Tanz auf dem Vulkan› mit Gustaf Gründgens, Gisela Uhlen und Theo Lingen. Von der «Abteilung Schultheater» des Kulturbunds wurden spezielle Schülervorstellungen gegeben, zu denen nur Jugendliche bis 14 Jahren Zutritt hatten. Den Auftakt machte eine Sondervorführung von ‹Lord Jeff› am 16. Januar.

Für die Filmbühne gab es kaum Repertoireprobleme und natürlich überhaupt keine Personalsorgen, die sich ansonsten je länger desto mehr verschärften, weil fast jeder, der noch zur Verfügung stand, seine eigene Auswanderung betrieb und nur darauf wartete, das notwendige Einwanderungszertifikat oder die Schiffspassage zu erhalten. Es begann, soweit es sich um prominente Künstler handelte, die Zeit der Abschiedsvorstellungen. Als einer der ersten von den ganz Großen ging Max Ehrlich, nachdem er noch Molnars ‹Fee› einstudiert hatte. Anläßlich seines Weggangs schrieb Micha Michalowitz im ‹Jüdischen Nachrichtenblatt›:

«Wir wollen nicht mehr von Abschied reden – es wäre in unserm Leben das Unoriginellste von der Welt, weil es so alltäglich geworden ist wie essen oder schlafen. Außerdem scheint es in unser Schicksal eingefügt, eingetan wie das Gesetz des Kreislaufs der Gestirne. Und wäre es überdies nicht ein bißchen stillos, in dem Augenblick, da dieser ‹Spaßmacher› sein buntes Taschentuch wie einen Wimpel herauszieht, um uns, wie wir hoffen wollen, lächelnd noch einmal einen Gruß zuzuwinken, daß wir dann, nur um diese Gebärde eigensinnig zu variieren, das unsere an die Augen drückten? Das wollen wir uns nicht antun und vor allem ihm nicht, ihm, der sich mühte, Tag und Nacht mühte, etwas auszusinnen, was das Zeug in sich hätte, uns, trotz aller Wirrnisse des Lebens, das Lachen und sogar das Lächeln nicht verlernen zu lassen.»[199]

Zum Abschied gab die Kleinkunstbühne eine ‹Revue der Revuen›, die «schönsten Bilder aus 8 Revuen» von Ehrlich und Rosen aus den vergangenen Jahren. Da die für den 19. und 25. März angesetzten Vorstellungen frühzeitig ausverkauft waren, mußte für den 2. April eine dritte angesetzt werden. Über diese «letzte Vorstellung» berichtete Hugo Lachmanski im ‹Nachrichtenblatt›:

«Dreimal war das Theater des Kulturbundes bis unter das Dach gefüllt. Ich sah Ehrlich bei seiner unwiderruflich letzten Abschiedsvorstellung. Er war, als wollte er uns das Scheiden besonders schwer machen, an diesem Abend glänzend in Form. Gab ein buntes Potpourri aus den besten Nummern der von ihm als Autor, Regisseur, Darsteller seit Jahren betreuten Kleinkunstbühne; ließ den oft grotesken Eingebungen seiner sprudelnden Phantasie in ungebundener Laune die Zügel schießen; zwang die amüsantesten Menschentypen in Geste, Maske und Wort unter die Treffsicherheit einer nur ihm gehörigen vis comica; bewährte sich wieder als urkomischer Schallplatten-Imitator, und – –

Und bewies ... allen, die es etwa noch nicht wußten, daß er viel, viel mehr ist als ein bloßer Spaßmacher ... Auch er wird ‹sentimental›, wenn er in der einsamen Pariser Nachtbar sich in die sorglos durchlebten Stunden seiner Jugendzeit zurückträumt ... Wie lächelt hier ein wehmütiger Humor unter Tränen – als klänge Erinnerung herauf aus Hofmannsthals melancholischem Vers: ‹es war so schön, denkst du nicht mehr daran?›»[200]

Mit Ehrlichs Auswanderung nach Holland, wo er den Nazis bald wieder in die Hände fallen sollte, war die Arbeit der Kleinkunstbühne zu Ende. Kaum weniger schmerzlich war der Weggang von Anneliese Landau, der erfolgreichsten Referentin der Vortragsabteilung, die sich am 7. und 8. März 1939 mit einer Reprise ihres Vortrags ‹Ungetanzte Tänze›, der ihre Popularität begründen half, von ihrem Publikum verabschiedete. Micha Michalowitz gab ihr folgende Eloge mit auf den Weg nach Übersee:

«Nun verläßt auch Dr. Anneliese Sara Landau diesen immer rapider sich verengernden Kreis jener Menschen, die Jahre hindurch ihre Kräfte den kulturellen Bemühungen der jüdischen Gemeinschaft in nie ermüdender Arbeit dargebracht haben. Aber das Abschiednehmen fällt uns nicht schwer, wir wissen, daß dies ein Teil unseres Schicksals ist, und wir begreifen, daß es so sein muß ...

Nun geht also auch sie von uns, und der Verlust dieser in unserem kulturellen Leben einzigartigen Erscheinung wird nur deshalb nicht zum Schmerz, weil wir wissen, daß sie einem ehrenvollen Ruf an eine Lehranstalt in New York Folge leistet ... Dieses Amt entspricht ihren Kräften, die sich in Vorträgen vor einem Laienpublikum doch nur bis zu einem gewissen Grade auszuwirken vermochten. Aber ... dieses Laienpublikum, das von Vortrag zu Vortrag an Zahl immer größer wurde, bis es zuletzt einen Kreis von nahezu zweieinhalbtausend Hörern umfaßte, begriff vollkommen, daß ihm hier eine Auserwählte gegenüberstand, die die wunderbare Gabe hatte, die Ergebnisse nüchtern-wissenschaftlich-sachlicher Forschung so darzureichen, daß der innerste Wesenskern dessen, was zu sagen war, sich wie die Musik selber, nur auf einer anderen Ebene, offenbarte ...»[201]

Wie prekär die Personalsituation des Kulturbunds durch die Auswanderung wurde, verdeutlicht folgendes Telegramm, das Werner Levie am 24. April 1939 an die Anzeigenabteilung der Wiener Ausgabe des ‹Jüdischen Nachrichtenblattes› sandte:

«Erbitten dringend sofortige Aufnahme folgenden Inserates in Freitag Nachrichtenblatt: Erster Operettentenor, Erste Operettensängerin und Tanzsoubrette für Theater des Jüdischen Kulturbundes gesucht. Schriftliche Bewerbungen mit Photo und Pressematerial unter Angabe bereits getroffener Auswanderungsvorbereitungen an Leitung des Jüdischen Kulturbundes Berlin.»[202]

Levie suchte Kräfte für die in Vorbereitung befindliche Aufführung der Operette ‹Gräfin Mariza› von Emmerich Kalman und wollte dabei sichergehen, daß diese noch für längere Zeit zur Verfügung standen. Nichts zeigt deutlicher, wie sich die Aufgabenstellung des Kulturbunds durch die äußere Entwicklung verändert hatte. Hatte man in den Anfängen ein Publikum gesucht, um stellungslosen Künstlern Betätigungs- und Erwerbsmöglichkeiten zu bieten, so suchte man jetzt künstlerisches Personal, um ein sich zwar ständig verkleinerndes, aber eben noch vorhandenes Publikum mit Darbietungen künstlerischer oder unterhaltender Art versorgen zu können.

Die kulturelle Verödung der Provinz

Erforderte unter den gegebenen Verhältnissen schon die Aufrechterhaltung des Berliner Betriebs alle Kräfte, so ist es nicht verwunderlich, daß die angekündigte Ausdehnung der Kulturbundarbeit auf das Reichsgebiet nur mühsam vorankam und die kulturelle Versorgung der Juden außerhalb Berlins weder in quantitativer noch in qualitativer Hinsicht je noch jenes Niveau erreichte, das bis zur «Reichskristallnacht» gegeben war. Nachdem die Veranstaltungstätigkeit in der Provinz seit dem Pogrom noch gar nicht wieder in Gang gekommen war, blieben die Juden dort auch nach Gründung der Zentralorganisation noch Wochen und Monate ohne kulturelles Angebot. Bücher und Radioapparate (und diese nur bis zur erzwungenen Ablieferung im September 1939) waren die einzigen Quellen der Erbauung, Unterhaltung und Zerstreuung. Daß es im Deutschen Reich überhaupt noch eine jüdische Veranstaltungskultur gab, erfuhren die Menschen draußen im Lande nur, wenn sie die Kulturbundseite des ‹Jüdischen Nachrichtenblatts› aufschlugen. Was dort zu lesen stand, erschien wie ein Märchen aus fernen Welten.

Erst Ende Februar, Anfang März 1939 begannen in Hamburg, Hannover, Köln, Breslau, Frankfurt a.d.O. und Stettin lokale Einrichtungen der Berliner Zentrale zu arbeiten – zumeist mit Eröffnungsvorstellungen der Filmbühne, die in Berlin bereits abgesetzte Streifen zeigte. In den nächsten Wochen und Monaten kamen noch Filialstellen in Königsberg, Leipzig, Gleiwitz, Frankfurt a.M. und Düsseldorf hinzu, wobei die Eröffnung der jüdischen Filmbühne in Düsseldorf mit dem Marlene-Dietrich-Film ‹Desire› (!) am 22. August 1939 den vorläufigen Abschluß dieser Entwicklung bedeutete.

Auch die Einrichtung von Buchvertriebsstellen der Verlagsabteilung des Kulturbunds kam nur langsam voran. Anfänglich konnten die Bücher aus der Produktion der früheren jüdischen Verlage nur direkt vom Kulturbund

Berlin bezogen werden. Der Kulturbundverlag wies in regelmäßigen Inseraten im ‹Nachrichtenblatt› auf diese Möglichkeit hin und stellte dabei meist das Buchprogramm eines der in Liquidation befindlichen Verlage heraus. Ein Beispiel:

«Die Standardwerke aus dem Philo-Verlag i. L. liefert nur der Jüdische Kulturbund in Deutschland e. V. Abteilung Verlag, Berlin W 15, Meinekestr. 10, Postscheck-Konto: Berlin 202 318 Erich Israel Liepmann. Geben Sie uns Ihre Bestellung schriftlich auf / Zusendung nur geg. Voreinsendung des Betrags oder geg. Nachnahme.»[203]

Mitte Februar 1939 wurde eine Auslieferungsstelle in Frankfurt a. M. eröffnet, wo zu diesem Zeitpunkt noch gar kein Filialbetrieb des Kulturbunds existierte. Adresse und Postscheckkonto lauteten auf J. Kauffmann, was bedeutet, daß der in Liquidation befindliche Verlag gleichen Namens diese Aufgabe im Auftrag des Kulturbunds übernahm. Ende April wurde eine Buchhandlung am Sitz des Kulturbundverlags in der Berliner Meinekestraße eingerichtet, im Laufe des Monats Mai zwei weitere in anderen Berliner Stadtteilen und je eine bei den Kulturbund-Filialen in Breslau, Hamburg und Leipzig.

Verglichen mit den selbständigen Kulturbünden von früher, führten die lokalen Niederlassungen des «Jüdischen Kulturbunds in Deutschland e. V.» nur noch eine schattenhafte Existenz. Keine einzige umfaßte, so wie es angekündigt worden war, alle in der Berliner Zentrale vorhandenen «Betriebsabteilungen» (also Theater und Musik, Vortragswesen, Film, Verlagswesen), so daß die anspruchsvolle Bezeichnung «Ortsverband» bzw. «Ortsabteilung», wie sie anfänglich für den Berliner Kulturbund und die Neugründungen in Hamburg, Breslau und Königsberg gebraucht wurde, bald durch den angemessenen Namen «Zweigstelle» ersetzt wurde. Manche Zweigstelle wurde kaum diesem Namen gerecht, da nicht einmal eine Geschäftsstelle existierte. In Hannover zum Beispiel, wo es etwa 800 Mitglieder gab, konnten Karten im Vorverkauf nur bei den Pensionen Blumenfeld und Sollinger erworben werden. In Gleiwitz und Düsseldorf erfolgte der Vorverkauf in den Büros der Synagogengemeinden. Kulturbund-Geschäftsstellen mit eigener Adresse existierten in Breslau, Leipzig und Stettin. Die anderen Zweigstellen unterhielten Kassen und wohl auch Büros in den jeweiligen Veranstaltungsgebäuden.

In Hamburg fanden die Veranstaltungen wie früher im Jüdischen Gemeinschaftshaus, Hartungstraße 9–11, statt, in Breslau in dem «Freunde-Saal» genannten ehemaligen Kulturbundsaal (Neue Graupenstraße 3–4), in Frankfurt a. M. im Philanthropin (jüdische Schule), in Hannover in der «Alten Synagoge» in der Bergstraße Nr. 8, die in späteren Veranstaltungsanzeigen als «Turnhalle» bezeichnet wurde. In Köln, Düsseldorf und Frankfurt a. d. O. spielte man im Jüdischen Gemeindehaus, in Königsberg in der Aula der Hindenburg-Oberrealschule, in Leipzig in der

Turnhalle des Israelitischen Turnvereins, Gustav-Adolf-Straße 7, später als «Turnhalle der Höheren Israelitischen Schule» angeführt.

Der überwiegende Teil der Veranstaltungen wurde – wegen des geringen finanziellen, personellen und organisatorischen Aufwands – mit Filmen bestritten, die zuvor in Berlin gelaufen waren. Die Häufigkeit der Vorführungen hing von der Größe, d.h. der Mitgliederzahl der Zweigstellen ab. In Hamburg, das jetzt – nach Berlin – mit 3500 Mitgliedern die größte Filiale hatte, gab es fast jede Woche drei Filmtage mit je zwei Vorstellungen, in Breslau (2800 Mitglieder), Köln (2500) und Frankfurt a.M. (2500) spielte die Filmbühne in einem zwei- bis dreiwöchigen, in Hannover (800) und Leipzig in einem drei- bis vierwöchigen Turnus. In Stettin, Königsberg und Frankfurt a.d.O. konnten – wegen zu geringer Mitgliederzahl oder mangels geeigneter Räumlichkeiten – keine Filme gezeigt werden.

Theateraufführungen waren nur in Hamburg und Breslau möglich, wo noch die früheren Theatersäle zur Verfügung standen. Die Gastspielreisen des Berliner Ensembles machten freilich nicht einmal das halbe Dutzend voll. Außer Molnars ‹Fee› (in Hamburg) und Scribes ‹Zweikampf der Liebe› (in Hamburg und zweimal in Breslau) zeigte man noch Klabunds Komödie ‹XYZ› (Breslau). Statt diese beiden Bühnen öfters mit großem Ensemble zu bespielen, zog man es vor, möglichst viele Zweigstellen mit Konzerten in kleinster Besetzung, musikalischen, bunten und heiteren Abenden zu versorgen. Zu diesem Zweck wurden die in Berlin freien Kräfte zu kleinen Gruppen zusammengestellt, die die Zweigstellen in Tourneen bereisten. Solche Tourneeprogramme waren zum Beispiel ein ‹Bunter Abend› mit der Schauspielerin Lilly Kann, dem Humoristen Willy Prager und der Pianistin Erna Klein, das Programm ‹Chansons – Duette – Sketche› mit Cläre Arnstein (‹Das Mädel mit der Harmonika›), Fritz Tachauer und Steffi und Werner Hinzelmann, ‹Zwei vergnügte Stunden› mit Fritz Melchior, der Rezitationsabend ‹Blickt aufwärts, stark und fest› von Edith Herrnstadt-Oettingen, ferner Arien- und Liederabende mit den Sängern Doris Wilamowska, Ruth Adler, Wilhelm Guttmann, Walter Ries, Gerhard Pechner und den Pianisten Kurt Heinemann, Martin Keil und Rudolf Lehmann. Bei Kindernachmittagen führten Steffi und Werner Hinzelmann künstlerische Handpuppenspiele vor.

Die Häufigkeit dieser Veranstaltungen, auch in den größeren Zweigstellen, ist am besten mit «hin und wieder» beschrieben. Ganz trostlos war die Lage im süddeutschen Raum, wo offensichtlich nicht eine einzige Zweigstelle errichtet werden konnte. Von einer flächendeckenden oder auch nur örtlich intensiven kulturellen Versorgung der jüdischen Bevölkerung im Reich konnte nicht die Rede sein. Der Kulturbund war gewissermaßen zu dem degeneriert, was er in seinen Anfängen gewesen war – eine preußische, ja eine Berliner Angelegenheit.

In Berlin bot man neben den durchlaufenden Vorstellungen der Filmbühne noch beinahe täglich großes Theater. Auf Molnars ‹Fee› im Januar, Shakespeares ‹Wintermärchen› im Februar und Verdis ‹La Traviata› im März folgte im April das Spiel ‹Menschen auf See› von J. B. Priestley, im Mai Klabunds ‹Spiel zu Dreien XYZ›, ein Kammerspiel in kleinster Besetzung, im Juni – wieder mit großem Ensemble – die Komödie ‹Märchen von der Gerechtigkeit› des Ungarn Ladislaus Fodor, im Juli die Operette ‹Gräfin Mariza› und im August, als Doppelveranstaltung, die musikalische Pantomime ‹Die Entführung› und Carlo Goldonis Lustspiel ‹Mirandolina›. Zu den regulären Veranstaltungen kamen Sonderaufführungen im Rahmen des Schultheaters, darunter eine jugendgemäße Neuinszenierung von Scribes ‹Zweikampf der Liebe› unter dem Namen ‹Frauenkampf›.

Das Kulturbund-Orchester gab turnusgemäß im Februar, April und Juni je drei Konzertabende. Außer diesen regulären Konzerten gab es Sonderveranstaltungen des Orchesters der Künstlerhilfe unter Prüwer und des Kulturbund-Orchesters, zum Teil unter Mitwirkung des Opernchors und von Sängern der Oper. Die Filmbühne brachte, außer den schon erwähnten Filmen, deutsche Streifen wie ‹Männer müssen so sein› (Terra) mit Hertha Feiler, Hans Söhnker und Paul Hörbiger, ‹Der Blaufuchs› (Ufa) mit Zarah Leander und Willy Birgel, ‹Wasser für Canitoga› mit Hans Albers, ‹Bel Ami› (Tobis) von Willi Forst mit Olga Tschechowa und Johannes Riemann – sowie ausländische Produktionen wie ‹Merrily we live› (Metro-Goldwyn-Mayer), ‹Vier Mann – Ein Schwur› von John Ford (20th Century Fox) und den französischen Film ‹Gebrandmarkt› im Verleih der Ufa.

Den künstlerischen Höhepunkt bildete zweifellos ‹La Traviata›, die erste Oper des Kulturbunds nach der Umstellung, die zugleich seine letzte in szenischer Aufführung sein sollte. Micha Michalowitz widmete dem Ereignis eine ebenso umfang- wie kenntnisreiche und stilistisch großartige Besprechung,[204] die nicht nur nachfühlen läßt, welches Erlebnis diese Aufführung für die Berliner Juden gewesen ist, sondern auch deutlich macht, daß das ‹Jüdische Nachrichtenblatt›, in dem sie erschien, trotz Zensur und sonstiger Schwierigkeiten, noch ein beachtliches journalistisches Niveau behaupten konnte und keineswegs – wie öfters zu lesen ist – sofort zu jenem Mitteilungs- und Verordnungsblatt der Gestapo verkam, zu dem es im Herbst 1941 tatsächlich wurde. Dies gilt allgemein, besonders aber für den Kulturteil, wo mit Julius Bab (bis zu seiner Auswanderung im März 1939), Hugo Lachmanski, Micha Michalowitz, Leo Rein, Ludwig Misch und Leo Hirsch überaus kenntnisreiche, schreibgewandte und mutige Männer zur Verfügung standen. In besonderem Maße waren diese Eigenschaften in Leo Hirsch vereinigt, der es immer wieder wagte und verstand, offen oder zwischen den Zeilen Verbindungen zwischen dem

Geschehen auf der Bühne oder der Leinwand und dem wirklichen Leben, der Lebenswirklichkeit der Juden im nationalsozialistischen Deutschland, herzustellen.

In seiner großen Besprechung des Anfang Februar in Szene gegangenen ‹Wintermärchens› von Shakespeare steht folgende Passage:

«Den Grund seines Wesens drückt Leontes im Anfang des Spiels und seines Verdachts aus: ‹Affekt! Dein Ahnen bohrt zum Mittelpunkt –›, Affekt, Leidenschaft, Eifersucht macht den König zum Unmenschen, zum Despoten und Tyrannen gegen alle, der blindwütige Sklave der Affekte versklavt alles ringsum. Hermione wiederum ist ‹mild wie Kindheit und Gnade›, ist es aber nicht aus angeborener Gallenlosigkeit, denn sie hat Stolz, Würde und das ganze Gefühl für das Unrecht, das ihr widerfährt, sie hat Einsicht in die verhängnisvolle Triebversklavtheit, die den König unfrei macht, die Einsicht macht sie selber frei und überlegen, so daß sie sogar verzeihen kann; es ist also die innere Menschenfreiheit, die Hermione so göttlich-menschlich macht, es ist Bewußtheit und Herz, es ist das Gegenspiel der Affektgebundenheit: Geist.»[205]

Wer – außer den Zensoren im Propagandaministerium – mußte da nicht an Hitler denken, an Hitler und seine Opfer?

Zeitbezüge im Repertoire, Mitgliederschwund, «Rationalisierung»

Schon bei der Auswahl der aufzuführenden Stücke wurde offenkundig nicht nur auf ihren künstlerischen Rang oder ihren Unterhaltungswert und ihre szenische Machbarkeit, sondern auch auf eine mehr oder weniger deutliche Zeitbezüglichkeit geachtet. Stücke wie ‹Benjamin – wohin?›, ‹Das Wintermärchen› und ‹Das Märchen von der Gerechtigkeit› waren allein durch den Titel Anspielungen auf die jüdische Situation. Von einer geradezu handgreiflichen Symbolik war das von Leo Hirsch übersetzte und für die Kulturbundbühne bearbeitete Problemstück ‹Menschen auf See› des zeitgenössischen englischen Dramatikers J.B. Priestley. Die aktuellen Bezüge des im April 1939 gespielten Stücks wurden im Vorbericht Leo Hirschs und in der Aufführungskritik Hugo Lachmanskis deutlich herausgearbeitet. Leo Hirsch schrieb u.a.:

«Der Schauplatz, auf dem J.B. Priestleys Drama ‹Menschen auf See› spielt, ist ein Schiff. Besser: ein Wrack; auf dem Schiff ist Feuer ausgebrochen, man kann nicht mehr steuern, man hat alle Rettungsboote ausgesetzt, Sturm ist aufgekommen, das letzte Rettungsboot ist zerschellt, einige Passagiere sind ertrunken, und auch der Kapitän scheint ein Opfer dieses Unglücks zu sein.

Aber das alles hat sich schon abgespielt, bevor der Vorhang aufgeht. Jetzt ist das Feuer gelöscht, und wenn es nicht wieder ausbricht oder wenn kein neuer Sturm aufkommt, müßte das Schiff sich noch über Wasser halten können. Es muß – denn an Bord sind noch 12 Menschen, und um diese Menschenleben geht es in Priestleys Spiel.»

Das Schiff war Deutschland, das Feuer waren die Synagogenbrände der «Reichskristallnacht», und die übriggebliebenen 12 Menschen, die auf Rettung warteten, standen für die ca. 300000 Juden, die noch in Deutschland lebten. Und Hirsch sprach dies auch aus:

«Wie hart uns alle, jeden von uns so etwas angeht, braucht man niemand zu erzählen, der selbst schon mehr oder weniger ‹mit einem› Fuß auf dem Schiff und mit dem nächsten Fuß in einem wahrscheinlich ganz schiffsähnlichen Leben steht. Wie Priestley diese Aufgabe anpackt und löst, damit mag sich jeder selbst auf seine Weise auseinandersetzen. Denn es ist toternst, ja es ist lebensernst und es ist dabei ein Spiel ... zum Anschauen, zum Anhören, zum Mitempfinden, zum Mitweinen und zum Mitlachen und nur, ‹wenn ihr wollt›, ist es ein Märchen. – –»[206]

Deutlicher als Hirsch hob Hugo Lachmanski den Gedanken der Erlösung hervor:

«Was verbindet die Priestleyschen Menschen, außer ihrem gemeinsamen, gegenwärtigen Schicksal? Nur wenige von ihnen atmen unverzagt im Licht; die anderen stehen im Dunkel ihrer Natur oder der eigenen Vergangenheit, selbstquälerische Außenseiter des Lebens, die etwa das furchtbare Bekenntnis ablegen ‹Ich bin nix!› oder die sich als Angehörige der letzten Generation fühlen oder auch sich für immer davonmachen und dorthin gehen, wo ‹die Ratten nicht mehr an sie herankönnen›. Erst ganz zum Schluß des Stückes eröffnet sich solchem lichtlosen Pessimismus ein Ausblick in die Helle, in die Höhe: das ist der feierliche Moment, in dem der geistige Herrscher in diesem engen Schiffsbereich mit der nahenden Rettung den Weg nach oben weist – zu Gott. –»[207]

Weder Hirsch noch Lachmanski konnten wissen, daß die von ihnen so kräftig unterstrichene Symbolik des Stückes bald ihren eher noch abstrakten Charakter verlieren und schreckliche Konkretheit gewinnen sollte. Noch während das Stück auf dem Spielplan des Kulturbunds stand, kam das «Gesetz über Mietverhältnisse mit Juden» (30. April 1939) heraus, das den Gemeinden die Handhabe bot, einander fremde, nur durch das gemeinsame Schicksal verbundene Menschen in «Judenhäusern» zusammenzulegen, der erste Schritt zur Deportation und zur «Konzentration» in Lagern, aus denen es – anders als von Priestleys «Arche» – kein Entrinnen mehr gab.

Auch der Film bot mitunter Gelegenheit, in Form scheinbar sachlicher Berichterstattung Kritisches über die äußeren Verhältnisse zu sagen. Die kühne Kommentierung der «Reichskristallnacht» in der Vorschau auf den Film ‹Chicago› wurde bereits erwähnt; kaum weniger deutlich und mutig war ein Vorbericht auf den Gründgensfilm ‹Tanz auf dem Vulkan›, der unter der Überschrift ‹Der Zeitgeist im Film› erschien. Vordergründig ging es um den Zeitgeist im Paris des frühen 19. Jahrhunderts, in Wirklichkeit aber um den jetzt in Deutschland herrschenden:

«Paris war seit je eine internationale Stadt; Aufgabe der Polizei war und ist es, dies Menschengewirr in Ordnung zu halten. An der Spitze stand ein Polizeipräfekt mit einigen Dutzend Polizeikommissaren und Hunderten von Beamten, zu denen sich noch die geheimen Polizeiagenten gesellten, die jeden nur irgendwie Verdächtigen auf Schritt und Tritt bewachten. Der Film vermittelt uns auch davon eine Vorstellung, wenn die Spottlieder Debureaus verteilt und von der Menge der Theaterbesucher mit Begeisterung aufgenommen und gesungen werden. Sogar die berittene Polizei wird gegen die Demonstranten eingesetzt. Das Polizeiwesen war teuer, der Aufwand für die Sicherheitsmacht betrug einige Millionen Franken; man kann sagen, daß etwa der vierte Teil der ordentlichen Einnahmen der Stadt für polizeiliche Zwecke ausgegeben wurde.»[208] Unabhängig vom tatsächlichen Inhalt der Filme stellten Filmtitel wie ‹Tanz auf dem Vulkan› und ‹Gebrandmarkt› eine prägnante, ein Titel wie ‹Merrily we live› (‹Wie glücklich leben wir doch›) eine sarkastische Kommentierung der jüdischen Lebensverhältnisse dar.

Im Bereich der Musikkritik standen naturgemäß die künstlerischen Aspekte und Probleme im Mittelpunkt. Als das Kulturbund-Orchester nach zweimonatiger Pause in der dritten April-Woche 1939 drei Symphonieabende gab, wurde besonders die Aufführung der 1. Symphonie von Gustav Mahler mit Beifall bedacht:

«Dieser Abend war allein schon durch die Wahl seines Programms ungewöhnlich: Weinberger, Strawinsky und dann – zum erstenmal in diesen Konzerten – eine Sinfonie von Gustav Mahler. Es mag auf den ersten Blick sehr erstaunlich erscheinen, daß in allen bisherigen Sinfonie-Abenden dieses Orchesters – der größte jüdische Sinfoniker fehlte. Der musikalische Kenner indessen weiß, daß die Erfüllbarkeit der orchesterlichen Besetzungsansprüche, die Mahler an die Aufführung seiner Sinfonien knüpfte, die unerläßliche Voraussetzung ist, und so war unsern sehnsüchtigen Wünschen in dieser Richtung sehr schnell eine harte Grenze gesetzt. Denn es waren eben diese Ansprüche, die unsere Kräfte und unsere Möglichkeiten bei weitem überstiegen.

Für diese Erste Sinfonie in D-Dur aber existiert eine Ausgabe für kleineres Orchester, es wird darin zwar immer noch eine Besetzung von ungefähr fünfzig Musikern gefordert ... aber das war, bei immensen Anstrengungen allerdings, noch zu erreichen. Es versteht sich am Rande, daß darüber hinaus noch beträchtliche Schwierigkeiten bestanden, aber sie wurden überwunden, und so kam es dann zu dieser für die Geschichte dieses Orchesters so ruhmvollen Aufführung des Werks.»[209]

In der Theater- und Musikkritik, aber auch in manch anderen Beiträgen des ‹Jüdischen Nachrichtenblatts› lebten die besten Eigenschaften der liquidierten jüdischen Presse fort: Mut, intellektuelles Niveau und kultivierter Stil. Dagegen konnte der Buchverlag des Kulturbundes nicht einmal ansatzweise an die Leistungen der früheren Verlage anknüpfen. Seine neuen Veröffentlichungen lassen sich wohl an einer Hand abzählen. Im Juni 1939 erschien in «prächtiger Ausstattung» eine ‹Bibelkunde›, d.h. eine «Anleitung zum Lesen der Bibel», von Joseph Gutmann, im Juli eine ‹Festschrift für Leo Baeck› anläßlich des 25. Jahrestags seiner Tätigkeit an der «Lehranstalt für die Wissenschaft des Judentums», die in nahezu fertigem Zustand vom Schocken Verlag auf den Kulturbund-Verlag übergegangen war. Dessen Hauptaufgabe bestand darin, die von den jüdischen Verlagen zu billigsten Preisen übernommenen Buchbestände in Geld umzuwandeln, das zum Teil wohl für jüdische Zwecke Verwendung fand, zum Teil aber auch an das Propagandaministerium abgeführt werden mußte.[210] Um den Absatz anzukurbeln, führte der Verlag im ‹Jüdischen Nachrichtenblatt› Werbekampagnen durch, die von diesem auch redaktionell unterstützt wurden. Anfang März 1939 forderte Erwin Löwe, der ehemalige Inhaber des gleichnamigen Verlags, die Juden in einem Artikel auf: ‹Ihr müßt wieder lesen›. Löwe beklagte, daß die Gedanken und Gespräche der Juden heute nur noch um die Sorgen des Alltags und die Möglichkeiten der Auswanderung kreisten. Damit mache man sich aber nur gegenseitig das Herz und das Leben schwer. Hier könne die Lektüre guter Bücher Abhilfe schaffen:

«Wir müssen – für Stunden wenigstens, für die Stunden des Zusammenseins im Freundeskreis – über den Dingen des Alltags stehen. Wir müssen auch über andere Dinge uns unterhalten können, als über Tel Awiw und Bogota, über Zertifikat und Affidavit, über englischlernen und Iwrith, über ... Wir sollten wieder lesen! Wir haben ja Zeit, wohl die meisten von uns. Wir sollten lesen und darüber sprechen; im Freundeskreis, im Familienkreis! Aber lesen, Bücher lesen, die uns entspannen, die unsere Gedanken fortführen aus den Regionen der Sorgen. Aus dem Volk, das das Buch liebte, ist ein Volk geworden, von dem man beinahe sagen müßte, daß es müde ist! Warum? Warum? Weil wir im Aufbruch sind? Weil die Bücherschränke voll sind? Weil unsere Wohnungen enger werden? Weil heute die Bücher unverkäuflich sind? Ja, vergeßt ihr denn, oder habt ihr vergessen, was euch früher Bücher gewesen sind? Waren sie nicht eure treuesten Freunde?! Haben sie euch nicht Stunden der Freude, der Erbauung, der Belehrung verschafft? ... Und wißt ihr nicht, daß all das, was euch das Buch früher gegeben hat, es euch heute wieder geben will und in vielfach verstärktem Maße geben wird, wenn ihr es wieder zur Hand nehmt?! ...

Und das ist es, was das Buch allen heute mehr gibt als früher: nämlich die Erkenntnis, daß es auch heute und auch für uns Dinge gibt, die uns seelisch freimachen und daß wir trotz allem immer noch die Fähigkeit in uns haben, uns abzuriegeln von den Sorgen des Alltags und unser eigenes, besonderes, verinnerlichtes und vergeistigtes Leben zu leben! Und darum kann man nicht eindringlich genug mahnen und raten: vergeßt das Buch nicht! Lest! Lest! Lest!»[211]

«Kauft! Kauft! Kauft!» - so hätte der dreifache Aufruf ehrlicherweise lauten müssen. Mochte Löwe auch um das seelische Wohl der Juden besorgt gewesen sein, so schrieb er doch in erster Linie im wirtschaftlichen Interesse des Kulturbund-Verlags, der, weil die Juden tatsächlich andere Sorgen hatten, als Bücher zu kaufen, aber auch wegen der starken Auswanderung und der Verarmung der Zurückgebliebenen, mit beträchtlichen Absatzschwierigkeiten zu kämpfen hatte. Der Verlag bemühte sich deshalb schon bald nach seiner Gründung, Absatzmärkte im Ausland zu finden. Die umfangreichen Buchbestände wurden inventarisiert und mittels Katalog jüdischen Buchhändlern und Antiquaren in Europa und Übersee angeboten. Außerdem wurden in Amsterdam (dort bemerkenswerterweise unter dem Namen der Frau des Kulturbundleiters Werner Levie), Tel-Aviv, Riobamba (Ecuador) und Sydney Bezugsstellen für Europa, Palästina, Südamerika und Australien eingerichtet. Das größte Geschäft des Kulturbund-Verlags war der Verkauf von 80 Prozent der Bestände des ehemaligen Schocken Verlags an den in Palästina lebenden Salman Schocken. Werner Levie schrieb in diesem Zusammenhang am 27. Juli 1939 von Amsterdam aus an Schocken:

«Als verantwortlicher Leiter des ‹Jüdischen Kulturbunds› ohne unser Zutun in die Lage versetzt, Buch*vertreiber* der ehemaligen jüdischen Verlage in Deutschland sein zu müssen, befinde ich mich in der schwierigen Situation, Ihnen gegenüber als Unterhändler und Verkäufer Ihrer eigenen Restbestände aufzutreten.»[212]

Als Devisenbeschaffer des Propagandaministeriums hatte der Kulturbund-Verlag auch die Aufgabe, die entbehrlich gewordenen Bibliotheken der aussterbenden jüdischen Gemeinden ins Ausland zu verkaufen.

Im Juli 1939, vor Beginn der nächsten Spielzeit, führte der Kulturbund noch einmal eine Werbeaktion durch, um den Mitgliederschwund auszugleichen und die damit verbundenen finanziellen Probleme zu lösen, aber auch, um noch immer abseits stehenden Menschen einen Weg zu weisen, wie sie der Trostlosigkeit ihres Lebens wenigstens für ein paar Stunden entfliehen konnten. In einer Sonderausgabe des ‹Nachrichtenblatts› schrieb Rabbiner Max Nussbaum:

«Wenn sich der Kulturbund jetzt mit seinem neuen Programm an die Öffentlichkeit wendet, so tritt er nicht nur ins siebente Jahr einer erfolgreichen Arbeit, sondern so will mir scheinen, auch in ein drittes Stadium seiner Existenz. Seine Aufgabe ist verantwortungsvoller und schwieriger geworden. Die Darbietungen des Jüdischen Kulturbundes haben neben dem künstlerisch-ästhetischen und jüdisch-erzieherischen Wert in der letzten Zeit einen immer stärkeren seelsorgerischen Aspekt gewonnen. Sie sind Trost geworden, und der Kulturbund wurde zu einem Diener an der Seele des jüdischen Menschen ...

Indem er unseren Menschen ‹Welt› gab, hob er sie aus dem Alltag in eine höhere Sphäre. Indem er ihnen ‹Judentum› gab, bezog er sie ein in die Schicksalsgemeinschaft des jüdischen Volkes ... Indem er ihnen nun beides zusammen gibt, schenkt er ihnen helle Minuten des Glücks.

Welcher Jude in Deutschland wird dieser Kraftquelle, die wir noch besitzen, ausweichen wollen!»[213]

«Jeder Jude soll in der kommenden Spielzeit unser Theater besuchen!», hieß es in einer Anzeige. Um dies auch den Ärmsten zu ermöglichen, wurde der Beitrag um 1 RM auf 1,85 RM gesenkt. Als Gegenwert wurde «monatlich eine Theateraufführung in abwechslungsreicher Folge» versprochen. Auf dem Spielplan für die nächste Saison standen neben einer Reihe von Konzerten und Vorträgen eine «Spieloper» und neun Schauspiele. Zur Unterstützung der Werbeaktion spielte man im Juli die populäre Operette ‹Gräfin Mariza›. Für Nichtmitglieder gab es Sonderaufführungen zu einem ermäßigten Eintrittspreis von 1,50 RM. Der Erfolg gab dem Vorhaben recht. Die Operette wurde 25mal vor ausverkauftem Haus gespielt und von 20000 Zuschauern gesehen.

Die «Kraftquelle», von der Rabbiner Nussbaum sprach, war wichtiger denn je, sie versiegte aber immer mehr. Goldonis Lustspiel ‹Mirandolina›, das im August 1939 gegeben wurde, sollte die letzte Repertoire-Vorstellung der Kulturbund-Bühne sein. Am 5. September 1939, fünf Tage nach dem deutschen Angriff auf Polen, mit dem der Zweite Weltkrieg begann, stand im ‹Jüdischen Nachrichtenblatt› folgende Bekanntmachung des Kulturbunds:

«Sämtliche Theater-, Film- und sonstigen Veranstaltungen des Jüdischen Kulturbundes in Deutschland e.V. fallen bis auf weiteres aus. Es ist aber bestimmt damit zu rechnen, daß die Veranstaltungen demnächst wieder aufgenommen werden.

Wir bitten daher unsere Mitglieder, ihre Beitragspflicht pünktlich zu erfüllen. Weitere Nachrichten erfolgen im ‹Jüdischen Nachrichtenblatt›.»[214]

Nur diese Bekanntmachung – keine Erläuterung, aber jeder wußte natürlich, daß die Stillegung der Kulturbundarbeit mit dem Kriegsausbruch zusammenhing und auf behördliche Weisung erfolgt war. Und ebenso kommentarlos wurde ca. drei Wochen später, am 29. September, mitgeteilt:

«Die Theatervorstellungen im Kulturbund-Theater, Kommandantenstraße 57, sind eingestellt worden.

Die Arbeit des Jüdischen Kulturbundes, insbesondere die der Filmbühne und der Verlagsabteilung, wird fortgesetzt.

Diejenigen Mitglieder, die bereits den September-Beitrag geleistet haben, erhalten hierfür Zutritt zu den Sondervorstellungen der Filmbühne, am 8., 15., 22., und 29. Oktober, vormittags um 11.15 Uhr, laut untenstehendem Plan.

Zur Aufführung gelangt der Film ‹Tolle Marietta› mit: Jeanette MacDonald, Nelson Eddy. Im Beiprogramm: Die Weltstadt der Tropen.»[215]

Mit der Einstellung des Theaterbetriebs kam zwar, wie sich im weiteren zeigen sollte, die Bühnenarbeit des Kulturbunds nicht völlig zum Erliegen, sie bedeutete aber das Ende der Kulturbundbühne in der seit 1933 bestehenden Form, d. h. das Ende des Repertoiretheaters mit durchgehendem Programm und regelmäßiger Kartenzuteilung an die eingeschriebenen Mitglieder. Erst am 20. Oktober lieferte das ‹Jüdische Nachrichtenblatt› in einem Artikel des Redakteurs Leo Kreindler die Begründung des Vorgangs nach. Nach einem Rückblick auf die Geschichte des Kulturbunds seit 1933 schrieb Kreindler:

«Mit der zunehmenden Wanderung der Juden mußte naturgemäß die Basis, auf der der Kulturbund ruhte, immer schmaler werden. Das große und reich gegliederte Programm konnte nur dann voll durchgeführt werden, wenn die Menschen bereit standen, es zu empfangen. Je weniger Mitglieder der Kulturbund zählte, desto einschneidender mußten die Abstriche sein, die sich das Programm gefallen lassen mußte.

Zunächst sah sich die Kulturbundleitung ... genötigt, die Oper einzustellen, die allerdings bis Mai 1939 gepflegt werden konnte. Niemand im jüdischen Kreis hätte es verstanden, wenn in einer Zeit, in der die Auswanderung erhebliche finanzielle Mittel beansprucht, Geld in Opernaufführungen angelegt worden wäre. Mit der Zeit wurden die zahlenmäßigen und wirtschaftlichen Bedingungen im jüdischen Kreis weiter so verändert, daß die Aufrechterhaltung des vollen Theaterbetriebs nicht mehr zu rechtfertigen war. Wollte man die gesamte Institution als solche erhalten, dann war Ende 1939 eine Umstellung geboten. Wollte man das Notwendige erhalten, dann mußte man sich vom Entbehrlichen trennen ... Indem so der jüdische Kulturbund in der letzten Zeit eine Konsolidierung seiner Aufgaben durchgeführt hat, trug er den veränderten innerjüdischen Verhältnissen Rechnung.

Der jüdische Kulturbund steht nach seiner Reorganisation innerlich gefestigter denn je den jüdischen Menschen zur Verfügung, die heute seiner mehr noch als früher bedürfen.»[216]

Kreindlers Artikel ist ein Musterbeispiel für den erzwungenen Sklavenjournalismus, der das ‹Jüdische Nachrichtenblatt› bei Artikeln, die die politische und rechtliche Lage der Juden betrafen, in wachsendem Maße kennzeichnete. Kein Zweifel, daß Kreindler, der zweimal in der Woche zum Befehlsempfang im Propagandaministerium erscheinen mußte, die Instruktion erhalten hatte, die Reorganisation des Kulturbunds in einem rundum positiven Lichte und als logische Konsequenz der innerjüdischen Entwicklung darzustellen. Folgt man seinen Erläuterungen, so war kaum etwas geschehen, was man dramatisch nennen konnte. Man hatte das «Entbehrliche» geopfert, um das «Unentbehrliche» zu sichern. Dies klang in der damaligen Situation plausibel, wenn man nicht durchschaute, daß hier durch eine Umkehrung der bisherigen Wertmaßstäbe verschleiert wurde, daß mit der Stillegung des regulären Theaterbetriebs das Herzstück der Kulturbundarbeit zerstört worden war und Dinge, mit denen der Kulturbund bis vor Jahresfrist noch gar nicht befaßt gewesen war, das Gebiet des Films und des Buchwesens, in den Rang des Essentiellen gehoben wurden.

Den jüdischen Leser von damals, der in der Regel ein sehr kritischer Leser gewesen sein wird, dürfte diese Bewertung des Vorgangs ebensowenig überzeugt haben wie die dafür gelieferte Begründung. Zwar war offenkundig, daß die Auswanderung die Arbeitsmöglichkeiten des Kulturbunds zunehmend erschwerte. Andererseits hatte der Kulturbund bei seiner Werbeaktion im Juli noch regelmäßige Theatervorstellungen zugesagt, einen Spielplan mit 10 Stücken veröffentlicht und funktionsfähige administrative, technische und künstlerische Stäbe im Bild vorgestellt. ‹Gräfin Mariza› hatte im Juli noch einmal Abend für Abend ein ausverkauftes Haus gebracht, und auch bei Goldonis ‹Mirandolina› im August wird man kaum vor leeren Rängen gespielt haben. Jedenfalls konnten sich die wirtschaftlichen und personellen Verhältnisse des Kulturbunds innerhalb zweier Monate keinesfalls so dramatisch verschlechtert haben, daß die Einstellung des Theaterbetriebs nötig und gerechtfertigt gewesen wäre.

Um was es dabei im Wahrheit ging, deutete Kreindler mit der Bemerkung an, daß Opernaufführungen und ein regelmäßiger Theaterbetrieb Luxus seien, wo erhebliche finanzielle Mittel für die Auswanderung benötigt würden. Tatsächlich hatte der Kulturbund, wie aus archivalischen Quellen hervorgeht, bereits im ersten Halbjahr 1939 einen finanziellen Überschuß von 32 000 RM erzielt, der auf ein von der Gestapo benanntes Sonderkonto für Auswanderungszwecke abgeführt werden mußte. Der Überschuß resultierte nicht zuletzt aus einem bewußt durchgeführten Personalabbau, der mit der Einstellung der Oper und des Theaterbetriebs verstärkt wurde und bis Ende November 1939 zu einer Verminderung des Mitarbeiterstabs von 400 auf 90 Personen führte.[217] Zweck der Operation war es also, die finanzielle Leistungsfähigkeit des Kulturbunds zugunsten anderer jüdischer Aufgaben, vor allem zugunsten der Auswanderung, durch Liquidation der kosten- und personalintensiven Zweige zu steigern. Erhalten blieb, was nützlich und profitabel war (Filmbühne, Verlag, ‹Jüdisches Nachrichtenblatt›) oder nur geringe Kosten verursachte. Die Fortführung der musikalischen Darbietungen scheint nicht in dieses Schema zu passen, jedoch wurde auch hier «rationalisiert», indem man die beiden noch bestehenden musikalischen Ensembles, das Kulturbund-Orchester und das Orchester der Künstlerhilfe, zu einem einzigen Orchester zusammenzog.

Die letzte Neuorganisation

Die von Kreindler nicht erwähnte Tatsache, daß dem Kulturbund das Theater in der Kommandantenstraße (nicht aber der benachbarte Kulturbundsaal) entzogen worden war, macht deutlich, daß die Reorganisation des Kulturbunds nicht auf Grund freier Entscheidungen der Kulturbundleitung oder autonomer innerjüdischer Verabredungen, sondern unter dem Diktat der Behörden erfolgte. Sie war Teil der sicherheitspolizeilichen Judenpolitik, die mit dem von langer Hand vorbereiteten Zusammenschluß der jüdischen Gemeinden in der «Reichsvereinigung der Juden in Deutschland» am 4. Juli 1939 in das Stadium der organisierten Austreibung eingetreten war. Zu den Aufgaben der Reichsvereinigung gehörten auch die Betreuung des jüdischen Schulwesens (nachdem die jüdischen Kinder von den allgemeinen Schulen ausgeschlossen worden waren) und die jüdische Sozial- und Gesundheitsfürsorge. Vornehmlich aber hatte sie in Zusammenarbeit mit der «Zentralstelle für jüdische Auswanderung» im Reichsministerium des Innern in möglichst kurzer Zeit eine möglichst große Zahl von Juden zur Auswanderung zu bringen.

Um den Kulturbund diesen Zwecken dienstbar zu machen, wurde die erst im Januar 1939 eingesetzte Kulturbundleitung unter Werner Levie, die vorwiegend noch kulturelle Interessen verfolgt hatte, durch einen neuen Vorstand ersetzt, dem nur Vertreter der Reichsvereinigung und der Großgemeinden Berlin und Wien angehörten. Erster Vorsitzender und Geschäftsführer war jetzt Martin Brasch von der Berliner Gemeinde. Stellvertretender Vorsitzender war Moritz Henschel, Vorstandsmitglied sowohl der Reichsvereinigung als auch der Berliner Gemeinde. Außerdem gehörten dem Vorstand an: Arthur Lilienthal, Leiter der Finanz- und Gemeindeabteilung und Vorstandsmitglied der Reichsvereinigung, Josef Löwenherz (Gemeinde Wien) und Maurycy Grün (Gemeinde Wien). Unterhalb dieses Vorstands gab es nur noch drei Abteilungen. Die früheren künstlerischen Abteilungen waren zu einer «künstlerischen Gesamtleitung» in den Händen von Fritz Wisten zusammengeschmolzen. Die Abteilung Verlag unterstand jetzt Willy Pless, die Finanzangelegenheiten wurden von Max Ehrlich bearbeitet. Von den Männern, die die Kulturbundarbeit in den vergangenen Jahren maßgeblich geprägt hatten, war nur noch der Schauspieler-Regisseur Fritz Wisten übriggeblieben.

Hatte das Propagandaministerium mit der Gründung des «Jüdischen Kulturbund in Deutschland e. V.» die Absicht verfolgt, neben der von der Sicherheitspolizei geplanten Reichsvereinigung eine zweite jüdische Organisation im eigenen Zuständigkeitsbereich zu schaffen, die nach Möglichkeit von der Reichsvereinigung subventioniert werden sollte, so war der Kulturbund kaum ein Jahr später zwar nicht formell, aber – durch die personelle Verknüpfung – faktisch eine Nebenorganisation der Reichsvereinigung geworden und hatte diese seinerseits finanziell zu unterstützen. Dennoch wäre es falsch und ungerecht, den Kulturbund nur als «Melkkuh» und die neuen Männer an seiner Spitze (wie generell die Amtsträger der Reichsvereinigung) als bloße Kollaborateure oder Lakaien der Nazis anzusehen. Kein Mensch hätte sich ohne altruistische Beweggründe, nur aus persönlicher Not oder Opportunismus in eine so schwierige Lage begeben. Männer wie Martin Brasch waren jüdische Idealisten und Handlanger und Opfer der Nazis zugleich. Sie hatten die unglaublich schwere, theoretisch gar nicht lösbare Aufgabe, einerseits die Anweisungen der Aufsichtsbehörden im jüdischen Bezirk zu vollstrecken und andererseits die Interessen der jüdischen Gemeinschaft zu vertreten, wobei es schwierig genug war, diese so wahrzunehmen, daß weder das Auswanderungsprogramm beeinträchtigt noch die Bedürfnisse der Zurückbleibenden vernachlässigt wurden.

Der neue Kulturbundvorstand war offenkundig gewillt und bemüht, hier – in den von den Behörden gesteckten Grenzen – erträgliche Kompromisse zu finden. Unter seiner Führung kam es nicht nur zu einer Verstärkung der Konzerttätigkeit, sondern auch – nach einer gewissen Frist – zur Wiederbelebung der Theaterarbeit in kleinerem Umfang und einfacherem Stil.

Die kriegsbedingte, aber wohl auch oder sogar in erster Linie der Reorganisation des Kulturbunds dienende Unterbrechung der Veranstaltungstätigkeit wurde am 24. September mit der Wiedereröffnung der Filmbühne der Berliner Zweigstelle beendet. Da inzwischen allgemeine Verdunkelungsvorschriften in Kraft waren, wurden die Anfangszeiten so festgesetzt, daß die zweite Vorstellung vor 19 Uhr zu Ende war. Gespielt wurde anfangs nur an fünf, bald aber wieder an sechs Wochentagen. Zur Wiederaufnahme der Filmvorführungen mit dem Hans-Moser-Film ‹Das Ekel› schrieb das ‹Nachrichtenblatt›:

«Mit dem Wiederbeginn der jüdischen Filmbühne wird dem Publikum wieder die Möglichkeit geboten, hervorragende Filme kennen zu lernen, die sowohl Belehrung wie Unterhaltung bieten. Jeder wird es begrüßen, daß der Jüdische Kulturbund in Deutschland e. V. gerade in dieser Zeit dem Publikum in den schweren Sorgen des Alltags Entspannung durch die Mittel der Kunst gewährt. Nichts ist so hervorragend geeignet, von drükkenden Sorgen abzulenken, wie künstlerische Darbietungen hohen Niveaus. Der Jüdische Kulturbund in Deutschland e. V. hat gezeigt, daß er mit sicherem Geschmack seinem Publikum das vorsetzt, was es braucht.

Wir sind überzeugt davon, daß die Filmbühne ... nach der Wiedereröffnung auf ebenso große Scharen von Zuschauern rechnen kann wie sie es vorher tun konnte.»[218]

In der Tat war das Interesse groß. Da die wenigsten Besucher schon im Besitz der – wegen der Einstellung des Theaterbetriebs nötigen – neuen Ausweiskarten waren, drängten sich die Menschen an den Abendkassen, so daß der Kulturbund mehrfach dazu auffordern mußte, den auch für den Kinobesuch erforderlichen Ausweis an den bekannten Vorverkaufsstellen zu lösen. Aus dem Andrang des Publikums läßt sich freilich nicht unbedingt auf die Qualität der Filme schließen. Im Laufe der Spielzeit 1939/40 wurden u.a. folgende Streifen gezeigt: ‹Es war eine rauschende Ballnacht› (Ufa) mit Zarah Leander und Marikka Roekk, ‹Wer küßt Madeleine› mit Magda Schneider und Albert Matterstock, ‹Robert Koch› mit Emil Jannings und Werner Krauß, ‹Anna Karenina› mit Greta Garbo, ‹Südseenächte› (Metro-Goldwyn-Mayer) mit Eleanor Powell und Robert Young und ‹Ihr erstes Erlebnis› (Ufa) mit Ilse Werner und Johannes Riemann. Als Schülervorstellungen liefen Filme wie ‹Michelangelo – Das Leben eines Titanen›, ‹Ritter ohne Furcht und Tadel› mit Laurel und Hardy (Dick und Doof) oder ‹Ausgerechnet Weltmeister› mit Harold Lloyd. Im Unterschied zur vergangenen Spielzeit waren Filme aus deutscher Produktion deutlich in der Überzahl.

Das ‹Jüdische Nachrichtenblatt›, das mehr und mehr im Zeichen der Auswanderung (fast in jeder Nummer gab es große Artikel über Wanderungswege und Einwanderungsländer) und amtlicher Bekanntmachungen stand, nahm von diesem Kinoprogramm in seinem redaktionellen Teil kaum noch Notiz. Zu den Ausnahmen zählte eine Vorschau von Leo Rein auf den Streifen ‹Es war eine rauschende Ballnacht›, die mit folgendem Satz schloß:

«Die Besucher der jüdischen Filmbühne haben Gelegenheit, in diesem Film Teile der IV., V. und VI. Symphonie Tschaikowskys und den Walzer aus ‹Eugen Onegin› zu hören, dessen sie sich gewiß noch aus der schönen Aufführung des Jüdischen Kulturbundes in Berlin erinnern werden.»[219] Diese melancholische Erinnerung an «bessere Zeiten» kennzeichnet den Verfall des Kulturbunds ebenso wie die damit verbundenen Empfindungen. Und trotzdem war der Kulturbund, war insbesondere die Filmbühne nach wie vor unentbehrlich. Mitte Mai 1940 erschien im ‹Nachrichtenblatt› folgende Bekanntmachung:

«Um vielfachen Wünschen Rechnung zu tragen, wird in der Filmbühne des Jüdischen Kulturbundes in Berlin vom 19. Mai ab an den Sonntagen eine dritte Filmveranstaltung eingeführt. Diese Veranstaltung ist in erster Linie für die Berufstätigen bestimmt, die nicht die Möglichkeit haben, an den Wochentagen die Filmbühne zu besuchen und die sich auch nicht die Karten für die Sonntagsvorstellungen im Vorverkauf besorgen können.

Aus diesem Grunde findet für diese Vorstellungen, die jeden Sonntag um 13.30 Uhr beginnen werden, kein Vorverkauf statt. Die Karten für diese Veranstaltung werden nur am Vorstellungstage an der Filmkasse zum Einheitspreis von 1 RM verkauft. Es ist zu hoffen, daß die Berufstätigen von dieser neuen Möglichkeit zahlreich Gebrauch machen werden.»[220]

Diese «Filmveranstaltungen für Berufstätige» waren in Wahrheit Sondervorstellungen für jüdische Zwangsarbeiter!

Die erste musikalische Veranstaltung nach der Reorganisation war ein Konzert des zu einem «Kammerchor» mit 14 Mitgliedern abgemagerten ehemaligen Opernchors. Unter Leitung von Berthold Sander wurden am 29. Oktober 1939 Chorwerke von Mendelssohn und Monteverdi, jüdische Gesänge sowie hebräische und ostjüdische Lieder dargeboten. Am 12. November debütierte in Hamburg ein aus Musikern des großen Orchesters neu zusammengestelltes Streichquartett mit Morduch Finkelstein (1. Violine), Helene Croner (2. Violine), Alfred Schlesinger (Bratsche) und Johann Kraus (Violoncello). Das große Orchester trat erstmals am 19. November vor das Publikum:

«Dieses erste Sinfoniekonzert der beiden nunmehr vereinigten Orchester des Jüdischen Kulturbundes und der Künstlerhilfe der Jüdischen Gemeinde Berlin wird allen, die es hörten, im Gedächtnis bleiben – es stand zum Teil auf so beträchtlicher künstlerischer Höhe, daß es damit selbst den Maßstab schuf, mit welchem die musikalische Arbeit dieser neuen Orchestervereinigung in Zukunft wird bewertet werden müssen. Es zeigte seine großen Möglichkeiten bis an die Grenze dessen, was sie zu leisten vermag, zugleich aber auch den Punkt, von dem aus weiterhin die erzieherische Arbeit fortzusetzen sein wird.

In diesem Konzert standen an der Spitze des Orchesters zwei Dirigenten, Prof. Julius Israel Priever (Prüwer) und Berthold Israel Sander. Prof. Priever dirigierte ein Concerto grosso von Händel und drei Slawische Tänze von Dvorak, Sander die 5. Tschaikowsky-Sinfonie.

Die Arbeit, die Prof. Priever hier geleistet hat, ist höchster Bewunderung würdig. Der Streichkörper wurde unter seinen Händen zu einem völlig homogenen Instrument, die große Erfahrung und technische Meisterschaft, der pädagogische Sinn dieses Dirigenten zauberte aus den Musikern alle Großartigkeit und Klangfülle dieser Musik hervor, so daß man nur noch sie selber in sich einströmen fühlte und fast schon darüber vergaß, wieviel hingebungsvolle Arbeit zur Erzielung solcher Wirkung notwendig war. Die Herren Smytschek, Dr. Kaperl und Kraus verdienen hier durch ihr abgewogenes und nobles Spiel im ‹Concertino› dieser Musette ein besonderes Lob.

Es ist vollkommen begreiflich, daß dann, als bei Dvorak und Tschaikowsky die Bläsergruppen und das Schlagzeug hinzutraten, diese Homogenität sich nicht mehr einstellte; diese Gruppen stehen, in ihrer technischen Entwicklung, nicht auf der gleichen Höhe mit der des Streicherkorps. Trotz aller (uns bekannten) Schwierigkeiten wird also hier die pädagogische Arbeit einzusetzen haben, insbesondere bei den Blechbläsern, deren jetzt noch etwas undifferenzierte und massive Tongebung bis zur Erreichung eines klingenden Pianos verfeinert werden muß, damit das ganze sich zur Einheit fügt.

Bei der 5. Sinfonie von Tschaikowsky ... war dieser Mangel an Nuancierungsreichtum bis zur Beeinträchtigung fühlbar. Wir sagen das, weil wir die künstlerische Arbeit unseres einzigen Orchesters sehr ernst nehmen und die Aufrichtigkeit unseres Urteils nicht durch summarische und idealisierende Lobpreisungen entwerten wollen.

Zu unserer Freude muß nun aber auch gesagt werden, daß die Anziehungskraft dieser Konzertveranstaltung des Kulturbunds weit über das erwartete Maß hinausging. Es hatte Menschen angelockt, die sonst wahrscheinlich still in ihren vier Wänden sitzen, deren Instinkt sie indes vermuten ließ, daß sie hier eine besondere Feierstunde erwarte. Und sie wurden nicht enttäuscht. Im Gegenteil. Sie fühlten sich beschenkt, und sie gaben ihrer Dankbarkeit beredtesten Ausdruck. Ihr Dank an die beiden Dirigenten und das Orchester nahm erst ein äußeres Ende, als die Lichter des Saals erloschen.»[221]

Die Besprechung von Micha Michalowitz ist in zweifacher Hinsicht bemerkenswert. Zum einen erstaunt der hohe Qualitätsanspruch, der nach wie vor an die künstlerischen Leistungen gestellt wurde, zum anderen die damit verbundene Forderung nach erzieherischer Arbeit. Solche Forderungen konnte eigentlich nur stellen, wer noch an eine – wie immer beengte – Lebensmöglichkeit der Juden in Deutschland glaubte. Unter einer solchen Perspektive stand auch die Wiederbelebung der Bühnenarbeit. Den Anfang machte am 18. November 1939 eine Art gehobener «Bunter Abend», der vom ‹Nachrichtenblatt› unter der Überschrift ‹Kulturabend auf neuen Wegen› als neue Form der jüdischen Kleinkunst gewürdigt wurde. Statt der früher üblichen Revuen wurden unter dem Kennwort ‹Quer durch Ernst und Scherz› zwei Einakter von Felix Salten und Arthur Schnitzler gespielt, die durch Chansons und Duette umrahmt wurden. Am 13. Februar 1940 meldete das ‹Nachrichtenblatt› den Beginn der Proben zu Shakespeares Lustspiel ‹Der Widerspenstigen Zähmung›. Mit verhaltener Deutlichkeit wurde auf die besonderen Bedingungen hingewiesen, unter denen diese Arbeit stattfand:

«Die Ordnung des ganzen ist in der bewährten Hand Fritz Israel Wistens, dessen Aufgabe nun immens gewachsen ist. Man wird sie wie die Aufgabe jedes seiner Mitarbeiter nicht nur der Leistung entsprechend zu werten wissen; denn hier ist nicht mehr und nicht weniger als Theater, Musik, Dichtung, Kunst, ein Gebilde aus Laune und Leichtigkeit zu schaffen aus einem Nichts, aus einer Erdenschwere, die ohne die letzte und äußerste Bemühung kein Haarbreit geistiger und künstlerischer Freude freigibt.»[222]

Diese Bemerkungen bezogen sich sowohl auf die allgemeine Lage der Juden in dieser Zeit wie auf die äußeren, technischen Schwierigkeiten, die zu überwinden waren. Da das Theater und wohl auch die dazugehörigen Nebenräume wie Werkstätten, Probenräume etc. nicht mehr zur Verfügung standen, mußte man sich mit dem Kulturbundsaal behelfen, der aber für die Filmbühne eingerichtet war und von dieser täglich beansprucht wurde. Das Stück ging, zwei Wochen später als zunächst vorgesehen, am 2. März 1940 vor ausverkauftem Haus in Szene. Die Aufführung wurde als «Ein neuer Anfang» empfunden; einen Tag vor der dann verschobenen Premiere brachte Leo Kreindler im ‹Nachrichtenblatt› einen umfangreichen Leitartikel über das jüdische Theater im allgemeinen und das Kulturbundtheater im besonderen, in dem er u. a. schrieb:

«Wenn nach längerer Pause nunmehr der Jüdische Kulturbund am 17. Februar seinem Publikum wieder eine Theatervorstellung darbietet, so bedeutet dies ein Ereignis, das über den Rahmen der durchschnittlichen Kulturbundarbeit hinausreicht. Wie wichtig Konzerte und Kleinkunst-Veranstaltungen auch sind, wie sehr sie geeignet sind, ein nach Kunst und Zerstreuung hungriges Publikum zu erfreuen und zu unterhalten, seine eigentliche Bewährung kann ein künstlerisches Unternehmen naturgemäß nur im Theater als solchem finden. Die Bühne ist das Podium, auf dem Regisseur und Schauspieler ihre Probe zu bestehen haben, hier mögen und können sie zeigen, daß sie in der Sprache der Bühne etwas zu sagen haben. Um so dankbarer ist anzuerkennen, daß die Jüdische Kulturbundbühne Gelegenheit hat, mit einem Stück von Shakespeare diese ihre Bewährungsprobe wiederum zu liefern. Daß es gar die Zähmung der Widerspenstigen ist, erhöht den künstlerischen Reiz, hier wird sich zu erweisen haben, über welches Kapital an künstlerischem Können Regisseur und Schauspieler des Kulturbundes verfügen.»

Die in der Rückschau kaum begreifliche Zuversicht ließ sofort auch wieder den Wunsch, ja die Forderung entstehen, der Kulturbund möge sich an die «Aufführung von Stücken jüdischen Charakters von Rang und Bedeutung» heranwagen:

«Im Grunde ist dies doch eigentlich die Aufgabe einer jüdischen Bühne, neben Werken der Weltliteratur auch Bühnenstücke darzustellen, die als jüdisches Theater im besten Sinne des Wortes angesehen werden können ... Dem ersten Theaterstück ... werden, so hoffen wir, eine Reihe jüdischer Stücke folgen, die dem Publikum das jüdische Leben von der Bühne herab zur Anschauung bringen können.»[223]

Der Wunsch – hinter dem wohl das Wissen um die Planungen stand – ging schon im April in Erfüllung, als die Kulturbundbühne Ossip Dymows

‹Jusik› gab. Im Mai brachte man weder Jüdisches noch Weltliteratur, sondern das eher belanglose Unterhaltungsstück ‹Bob beehrt sich vorzustellen ...› des unbekannten Dramatikers Gregor Rogoff. Als letzte Aufführung der Spielzeit 1939/40 stand im August das Singspiel ‹Der eingebildete Kranke› nach der Komödie von Molière auf dem Programm. Strenggenommen handelte es sich, wie die Kritik vermerkte, nicht um ein Singspiel im geläufigen Sinne, sondern um Sprechtheater, das man um kleine Musikstücke – Vorspiel, Zwischenakt, Chansons, Tanzbilder – angereichert und damit der zu Molières Zeiten üblichen Aufführungsform angenähert hatte. Die hinzugefügten Gesangstexte stammten aus der Feder von Leo Hirsch, der auch den Originaltext nach den szenischen Möglichkeiten der Kulturbundbühne bearbeitet hatte. Die dazu passende Musik «nach alten Meistern» vornehmlich der Rokokozeit hatte Karl Wiener ausgesucht. Regie führte bei allen Stücken Fritz Wisten. Die Zahl der Vorstellungen wurde durch die anderweitige Beanspruchung des Kulturbundsaals, aber wohl auch durch das Interesse des Publikums begrenzt. ‹Der Widerspenstigen Zähmung› erlebte sieben, ‹Jusik› sechs, ‹Bob beehrt sich vorzustellen ...› nur drei Aufführungen. Beim ‹Eingebildeten Kranken› war der Andrang des Publikums noch einmal so groß, daß mehrere außerplanmäßige Wiederholungsvorstellungen angesetzt werden mußten. Die «unwiderruflich letzte› von insgesamt sieben Vorstellungen wurde am 7. September 1940 gegeben.

Konnte das Theater im Spieljahr 1939/40 weder nach der Zahl der Premieren und Vorstellungen noch nach der Qualität der Aufführungen das Niveau der vergangenen Jahre erreichen, so ließ das Musikleben kaum Wünsche offen. Schon 14 Tage nach dem ersten Orchesterkonzert am 19. November folgte am 3. Dezember 1939 ein zweites und am 13. Januar 1940 ein drittes. Bis September 1940 wurden acht verschiedene Konzerte gegeben, die wegen des großen Publikumsandrangs zum Teil mehrfach wiederholt wurden, so daß 17 Konzertveranstaltungen zu zählen sind. Hinzu kamen noch zwei «Populäre Konzerte» mit Wiederholungen, bei denen das Orchester zusammen mit Sängern der ehemaligen Opernbühne bekannte und beliebte Ouvertüren, Arien und Operettenmelodien darbot. Zwischen den großen Konzerten gab es Chor-Konzerte, Kammermusik des Finkelstein-Quartetts und – wie im Vorjahr schon in der Provinz – musikalische oder musikalisch-literarische Kleinveranstaltungen, die Titel trugen wie ‹Musikalischer Nachmittag› (Lieder, Arien, Duette, Klavierstücke) und ‹Jüdisches Wort und Jüdischer Ton› (Rezitationen und Musikstücke). Die ersten beiden Orchesterkonzerte wurden noch von Julius Priever, die weiteren von Berthold Sander bzw. Werner Fabian dirigiert – bis am 3. August 1940 Rudolf Schwarz, der vermutlich längere Zeit in Polizeihaft gewesene Chef des Orchesters, den Taktstock wieder in die Hand nahm:

«Dieses von Rudolf Israel Schwarz ... geleitete Sinfonie-Konzert ... wird sich in das Gedächtnis der Zuhörer eingraben als die schattenlose Erinnerung an eine große Stunde erhabener und erhebender Musik. Niemand, der sie erlebte, wird sie vergessen ...

Um von der künstlerischen Darbietung selber zu sprechen – allein schon die Wahl der zur Aufführung gelangten Werke machte die lenkende Geistigkeit des Musikers Schwarz offenkundig: Berlioz, Tschaikowsky, Arnold Schönberg. Ein unverkennbar Gemeinsames verbindet sie miteinander. Denn von Berlioz laufen deutlich sichtbare, vielfach ineinander verschlungene Fäden zu dem großen Russen und noch in dem um beinahe ein Jahrhundert von ihm entfernten Schönberg, zumal in dem hier gespielten Frühwerk ‹Verklärte Nacht›, werden sie auffallend evident ...

Wie mit einer silbernen Nadel in seinen wissenden Händen nahm der Dirigent Schwarz die farbendurchtränkten Fäden dieser Stimmen auf und webte daraus ein Gebilde aus schimmerndem Brokat. Bei Berlioz, im Sylphentanz, wird das zu einem Fest der Anmut, das leicht wie eine Wolke vorüberschwebt. Bei Tschaikowsky [4. Symphonie in f-moll] erreicht er mit seinem Orchester eine so klanggesättigte Schönheit und Ausdruckskraft, die alle Wunder dieser Partitur heraufbeschwört ...

Die Wirkung war ungeheuer. Sie brandete, aus danküberströmenden Herzen, wieder und immer wieder zu ihm hinauf. Aber er gab diesen rauschenden Dank an seine Musiker weiter, deren brennender Ehrgeiz solche Leistungen erst ermöglichte.»[224]

Solche «Stunden hoher Kunst» blieben allerdings den Juden in Berlin vorbehalten. In der Provinz hatte sich nach Wiederaufnahme der Arbeit schon insofern eine Einschränkung ergeben, als es nur noch dort Zweigstellen gab, wo noch eine verhältnismäßig große Zahl von Juden lebte. Schon am 1. und 15. Oktober 1939 waren die Filmbühnen in Hamburg bzw. Breslau wiedereröffnet worden. Im März 1940 nahmen auch die Zweigstellen in Frankfurt a. M. und Köln ihre Tätigkeit wieder auf. Ab September 1940 wurden auch Düsseldorf und Leipzig wieder als Zweigstellen genannt. Das Veranstaltungsprogramm bestand in noch stärkerem Maße als im Vorjahr aus Filmen, die zuvor in Berlin gelaufen waren. Gelegentlich spielte das Streichquartett des Kulturbunds, und hin und wieder gab es Solisten-Konzerte oder «musikalische Nachmittage». Mit dem Programm ‹Wort und Ton› gingen Willy Bischof (Rezitator), Wilhelm Guttmann (Gesang) und Grete Sultan (Klavier) im Juni und Juli auf Tournee und traten dabei auch in Gemeinden wie Stuttgart, München, Nürnberg und Leipzig auf, wo es keine Zweigstellen gab. In München spielte man in einem Betsaal in der Lindwurmstraße, in Nürnberg in der Turnhalle der jüdischen Volksschule und in Leipzig im Cafe Silberstein im Barfußgäßchen. Im Durchschnitt gab es alle zwei Monate eine solche Veranstaltung. Das Schauspiel-Ensemble ging nur einmal auf Reisen.

Am 19. und 21. August gab man in Frankfurt a. M. bzw. in Köln den ‹Eingebildeten Kranken›. Das Gastspiel war für die dort lebenden Juden ein Erlebnis ohnegleichen. Martha Wertheimer berichtete aus Frankfurt:

«‹Spielen wir Theater!› Eine Gruppe von Künstlern, spielbesessen, glückselig im Sichverwandeln, ausgefüllt von der dichterischen Gestalt, der sie Leib und Seele leihen, fährt aus Berlin fort, nach Frankfurt am Main, in sehr einfache Bühnenbedingungen. Aber sie fahren: kein Ensemble schlechthin, eine Schicksalsgemeinschaft, die an ihre Aufgabe glaubt, Menschen gleichen Schicksals mit ihrer Kunst das Echte, das Unvergängliche zu vermitteln.

‹Sie spielen für uns Theater!› In der Jüdischen Gemeinde zu Frankfurt am Main ist sofort der Wille da, das fast Unmögliche möglich zu machen. ‹Sie spielen für uns Theater!› Drei Vorstellungen an einem einzigen Tag ... sind ausverkauft, schon viele Tage vorher gibt es Enttäuschte, die keine Karten mehr haben können ...

Und dann spielen sie: Fritz Israel Wisten und die Seinen. Sie spielen Molière, die tragisch-burleske Clownerie vom Eingebildeten Kranken, mit der ein Dichter die Maske seines todgezeichneten Lebens vors sterbende Antlitz band und die Kraft hatte, über alles zu lachen, was ihm das Herz wund macht: Treulosigkeit, Einsamkeit, Lebensleere. Er lacht, und wir lachen mit ihm, über das Geld, das wertlos wird, über Gier, die sinnlos ist, über Eitelkeit von Titeln und Phrasen, über den bejammernswerten Selbstbetrug mit Krankheit, die vor dem allzu harten Leben schützen soll. Er tröstet, und wir sind mit ihm getröstet, mit dem gesunden Menschenverstand und der herzhaften Arbeitstreue, mit Jugend, Liebe und dem ewigholden Lied vom Sichfinden und Zusammenbleiben.»[225]

Der Kulturbund-Verlag setzte 1940 seine Anstrengungen fort, seine großen Buchbestände zu veräußern. Im August brachte er einen neuen Gesamtkatalog heraus, der in 10 Sachgruppen eingeteilt war: Die Bibel und ihr Schrifttum; Gebet- und Andachtsbücher; Religionswissenschaft, Religionsphilosophie, Talmudisches Schrifttum; Jüdische Geschichte; Palästina und Zionismus; Belletristik und Biographie; Kinder- und Jugendbücher; Lehrbücher und Fibeln; Musikalien und Schallplatten; Hebraica. Jede Gruppe des Gesamtkatalogs war auch als Einzelkatalog erhältlich. Die wichtigsten wurden im ‹Nachrichtenblatt› ausführlich besprochen. Die Kataloge wurden kostenlos abgegeben, die Buchpreise waren zum Teil erheblich herabgesetzt worden. Im ‹Nachrichtenblatt› häuften sich literarische und literaturkundliche Beiträge sowie Inserate des Kulturbund-Verlags. Immer wieder wurde an die Juden appelliert, das jüdische Buch nicht zu vergessen, wobei man gezielt auch die Auswanderer ansprach, für die der Kauf von Büchern purer Luxus war. So hieß es in einer Anzeige vom 10. September 1940:

«Sie können Ihre Bücher mitnehmen wenn Sie auswandern! Aber selbst, wenn aus Raummangel dies oder jenes Buch zurückgelassen wird, bleibt auch jetzt der Neuerwerb von Büchern wichtig und wertvoll. Auf jeden Fall vermittelt er Ihnen Stunden der Anregung, der Belehrung, der Unterhaltung. Für lange Abende ist das Buch der beste Kamerad, für den Auswandernden ist es zur Ergänzung des Wissens von bleibendem Wert. Orientieren Sie sich daher über die großen und preiswerten Buchbestände des Jüdischen Kulturbundes aus allen Gebieten. Wir beraten Sie gern.»[226]

Von der Arbeit des Kulturbund-Verlags abgesehen, waren die Leistungen des Kulturbunds in der Spielzeit 1939/1940, der siebten seit seinem Bestehen, bewunderungswürdig, zumal wenn man die so schwierigen äußeren Bedingungen in Rechnung stellt. Speziell auf dem Gebiet der konzertanten Musik wurde nach dem Urteil des Kritikers Michalowitz sogar alles bis dahin Gebotene in den Schatten gestellt. Keines der vorangegangenen Jahre sei «so voll von künstlerischen Schwierigkeiten und Fährnissen», aber auch «so voll von fruchtbaren und ausgezeichneten Resultaten» gewesen. Dem habe ein «spürbar gesteigertes Interesse» des Publikums entsprochen.[227] Letzteres galt auch für die Filmbühne. Obwohl es weniger Vorstellungen gab, weil der Kulturbundsaal häufig für Theater- und Konzertaufführungen freigemacht werden mußte, stieg die Zahl der Besucher ständig an und übertraf sogar diejenige des Vorjahrs.[228] Offensichtlich hatte der Kulturbund erst jetzt, nach langjährigem Bemühen und unter extremen Verhältnissen, erreicht, was immer sein Ziel gewesen war: eine rückhaltlose Bejahung durch die Juden, eine uneingeschränkte Identifizierung zwischen Gebenden und Nehmenden, zwischen Akteuren und Publikum:

«Der Kulturbund ist im jüdischen Lebenskreis in Deutschland ein eminenter Erzieher geworden, um so mehr als die Erzogenen sich der Umformung gar nicht bewußt geworden sind. Das Publikum hat seine früheren Maßstäbe verloren oder bewußt aufgegeben. Damit kam es aus der Sackgasse des Vergleichens, von dem Blick nach rückwärts weg und lernte Leistung an sich im jüdischen Künstler begreifen. Es bedeutet noch lange keine Verkleinerung des Maßstabes oder eine Verminderung des Anspruchs, wenn man sich über die bescheidenen äußeren Mittel hinweggesetzt, über enge oder gar keine Bühnen, schmale Finanzen, lückenhafte Ensembles. Diese Beschränkung hat diktiert, und herauskam ein eigener Stil aus eigener künstlerischer Kraft und ein eigenes Publikum ...»[229]

Verbot und Ende im achten Jahr

Unter diesen Umständen ging man mit nicht geringem Optimismus in das achte Spieljahr 1940/41, kaum ahnend, daß es das letzte sein sollte. Die unter der Leitung des Schauspielers Werner Hinzelmann stehende Filmbühne konnte jetzt, wie alle Kinos in Deutschland, nur noch Filme aus deutscher Produktion zeigen, zum Beispiel ‹Kleider machen Leute› (Terra) mit Hertha Feiler und Heinz Rühmann, ‹Opernball› (Terra) mit Fita Benkhoff und Paul Hörbiger, ‹Der Postmeister› (Ufa) mit Heinrich George und ‹Zwischen Hamburg und Haiti› (Ufa) mit Gisela Uhlen und Gustav Knuth. Als Jugendvorstellungen gab es u. a. ‹Ferien vom Ich› mit Paul Henckels und ‹Sehnsucht nach Afrika›. In der Provinz wurden verschiedentlich noch neue, «allen Ansprüchen» genügende Tonfilm-Apparaturen installiert. In Breslau gab es wöchentlich meist drei, in Köln, Frankfurt und Hamburg zwei Filmtage mit mehreren Vorstellungen. In Düsseldorf und – neuerdings – auch in Stuttgart spielte man ein- bis zweimal im Monat. Hingegen gab es in Berlin noch beinahe täglich Vorführungen, immer dann, wenn der Kulturbundsaal nicht durch andere Veranstaltungen blokkiert war. Im Februar 1941 brachte das ‹Nachrichtenblatt› zwischen den Filmanzeigen mehrfach folgenden Aufruf: «Besucht unsere Filmbühne an den Wochentagen! Überlaßt die Sonntagsvorstellungen den Werktätigen!» Die Zahl der jüdischen Zwangsarbeiter hatte sich in der Reichshauptstadt nämlich drastisch erhöht.

Die Schauspielbühne brachte noch fünf Neuinszenierungen heraus: ‹Die Mutter›, ein jüdisches Volksstück des amerikanisch-jüdischen Theaterpioniers Jacob Gordin (September bis Oktober 1940), das Maskenspiel ‹Der tugendhafte Glücksritter› des Spaniers Jacinto Benavente mit Musik nach spanischen Meistern (Dezember 1940), das Lustspiel ‹30 Sekunden Liebe› von Aldo de Benedetti (März bis Mai 1941), die «moderne» Komödie ‹Señor Alan aus dem Fegefeuer› von Sancho Lopez mit Musik nach Jacques Offenbach (Juni bis Juli 1941) und Franz Molnars ‹Spiel im Schloß› (August bis Anfang September 1941). Die meisten Vorstellungen erlebte das Unterhaltungsstück ‹30 Sekunden Liebe›, das neunmal gegeben wurde, gefolgt von dem jüdischen Stück ‹Die Mutter›, das es auf acht Aufführungen brachte. Die anderen Stücke wurden, der geringeren Nachfrage wegen, nur vier- bis sechsmal gespielt. Mit dem ‹Eingebildeten Kranken› gastierte die Schauspieltruppe im Oktober 1941 in Breslau bzw. Hamburg. Mit Ausnahme von Molnars ‹Spiel im Schloß›, bei dem Ben Spanier Regie führte, wurden alle Stücke von Fritz Wisten inszeniert, der in ‹Señor Alan› nach langer Zeit auch wieder auf der Bühne zu sehen war. Äußerlich betrachtet wurde dem Publikum mehr Theater geboten als in der vergangenen Spielzeit. Statt vier gab es fünf Inszenierungen und statt 23 Vorstellungen 32 (ohne Gastspiele). In der Art der Stücke machte sich jedoch eine Tendenz zum reinen Unterhaltungstheater bemerkbar, eine künstlerische Verflachung, in der sich die nachlassende Kraft des Ensembles, aber wohl auch die zunehmende seelische Erschöpfung des Publikums spiegelt.

Fast so als konzentrierten sich jetzt alle noch verbliebenen Energien auf das musikalische Ereignis, konnte das Konzertprogramm auf der Höhe des Vorjahres gehalten werden. Von Ende September 1940 bis Mitte

Mai 1941 wurden acht große Konzerte gegeben, die 18mal gespielt wurden. Zur Aufführung gelangten Werke von Liszt, Mahler, Sibelius, Rachmaninoff, Rimsky-Korsakoff, Glasunow, Vivaldi, Smetana, Dvorák, César Franck, Rothstein, Weinberger, Mendelssohn-Bartholdy und anderen. Im November 1940 gab es, an den vorangegangenen Erfolg der ‹Cavalleria Rusticana› anknüpfend, an mehreren Abenden eine wiederum von Berthold Sander einstudierte konzertante Aufführung des ‹Bajazzo› von Leoncavallo. Mit einem großen Verdi-Abend im Juli 1941, der mehrfach ein ausverkauftes Haus sah, traten Orchester und Sänger zum letztenmal vor ihr Publikum. Dazwischen gab es ein großes Konzert des Kammerchors unter Berthold Sander (vermutlich verstärkt durch Sänger des noch immer wöchentlich probenden Laienchors) mit A-capella-Werken des alten jüdischen Komponisten Salomone Rossi aus Padua, eine hauptsächlich von Bläsern des Orchesters bestrittene ‹Musikantische Stunde›, Kammermusik des Finkelstein-Streichquartetts, Liederabende und Solistenkonzerte – etwa ein Dutzend Veranstaltungen im ganzen. Mit einem ‹Musikalisch-literarischen Nachmittag›, einem ‹Kulturbund-Kunterbunt› und einem ‹Heiteren Nachmittag› wurde auch die Reihe der musikalisch-literarischen Mischveranstaltungen fortgesetzt.

Für die Kinder spielte man ‹Reb Babusch heiratet›, ein «Lust- und Trauerspiel für Puppen», das sich Leo Hirsch und Werner Hinzelmann ausgedacht hatten. Dieses Handpuppenspiel wurde auch in Breslau, Hamburg und Leipzig gezeigt. Außer den Gastspielen des Schauspiel-Ensembles in Breslau und Hamburg und den Vorführungen der Filmbühne gab es in der Provinz einzelne Darbietungen des Streichquartetts, Liederabende, Solistenkonzerte, ‹Bunte Nachmittage› und Rezitationen. Mit dem Programm ‹Ernstes und Heiteres aus Dichtung und Musik› gingen die Sopranistin Doris Wilamowska, der Rezitator Willy Buschhoff und der Konzertpianist Kurt Heinemann im Februar 1941 auf Tournee nach Wiesbaden, Frankfurt, Düsseldorf, Köln, Leipzig, Stuttgart, Nürnberg und Halle. Mit einer gewissen Regelmäßigkeit wurden aber nur noch die Zweigstellen in Breslau und Hamburg bedient, wo solche Veranstaltungen ungefähr alle 10 Wochen stattfanden. Andere Gemeinden mußten sich mit zwei bis drei Veranstaltungen begnügen, viele sahen nicht eine einzige.

Der absolute künstlerische Höhepunkt der letzten Spielzeit und damit die letzte Großtat in der an großen künstlerischen Leistungen nicht armen Geschichte des Jüdischen Kulturbunds war die Aufführung der zweiten Symphonie in c-moll von Gustav Mahler am 27. Februar 1941. Sie war Gegenstand einer Besprechung von Micha Michalowitz, in der auch die immer auf beachtlichem Niveau stehende jüdische Kunstkritik noch einmal in die Höhe der Gipfelleistungen dieses Genres vorstieß:

«Als die letzten Akkorde dieses musikalischen Tempelwunders, in die Sphären des höchsten dringend und von dort her widerhallend, in brausender Harmonie verklungen waren, und die Menschen im Saal, nach Sekunden des Schweigens in tränenverhaltener Stummheit sich spontan von ihren Sitzen erhoben hatten, um in einer Ergriffenheit ohnegleichen ihrer Dankbarkeit Ausdruck zu geben, fühlte es jeder, daß es von allen Künsten allein der Musik gegeben ist, die vor den letzten Fragen des Seins in Rätselschwermut versinkende Menschenseele hinaufzuführen in das erlösende Licht der Verklärung ...

Aber noch ein anderes kam hinzu, was die aufgeschlossen Hörenden in ihrer Ergriffenheit spürten: – daß sie hier einem musikalischen Ereignis beiwohnten, für welches es in der Geschichte des Kulturbunds keine Möglichkeit des Vergleichens gibt, und daß hier, in kaum noch zu fassender Höchstspannung aller Kräfte, eine Gipfelleistung zustande gebracht worden war. Sie wird für immer verbunden bleiben mit dem Namen dessen, der, ein Beispiel reinster und vollkommenster Besessenheit, alle zur Mitwirkung Auserlesenen durch seinen anfeuernden Arbeitsfanatismus zu solcher Höhe führte. Im letzten möglich wurde sie aber erst durch des überragenden Musikers Rudolf Israel Schwarz divinatorische Begnadung und wahrhafte Berufung. Er ist in die abgründige Tiefe dieser Musik eingedrungen und daher offenbarte sich ihm und uns ihr geheimnisvoller, zum Höchsten schwebender Geist. Die weitgespannten Bögen ihrer Architektur leuchteten in vollkommen durchsichtiger Klarheit von den gewaltigen Fundamenten des ersten Satzes bis hinauf zum Finale, das gleich einer Kuppel alle Einzelteile auffängt und sie überwölkt.

Die Intensität und die Beseeltheit seines Musizierens übertrugen sich auf die Musiker und Sänger in einem solchen Maße, daß sie ihr Letztes hergaben, um seinen hohen Intentionen zu folgen. Das Vereinigte Orchester des Kulturbundes und der Künstlerhilfe, der erweiterte Kammerchor waren hier auf eine Höhe gelangt, die allen darin Wirkenden zu höchstem Ruhm gereicht. Wäre es möglich, man würde am liebsten ihrer aller Namen hier dankbar verzeichnen.»[230]

Aus der künstlerischen Arbeit des Kulturbunds ließ sich noch im Sommer 1941 nicht auf sein baldiges Ende schließen. Indessen zeigten Veränderungen im Jüdischen Nachrichtenblatt schon im Juni an, daß zumindest mit weiteren Einschränkungen gerechnet werden mußte. Ab der Ausgabe Nr. 46 vom 10. Juni 1941 war es im Umfang von acht auf vier Seiten reduziert, ab Nr. 47 vom 13. Juni verringerte sich die Fläche für die Veranstaltungsanzeigen des Kulturbunds, die in der Regel eine halbe Seite oder mehr eingenommen hatten, auf eine Viertelseite und ab Nr. 49 vom 20. Juni auf eine Achtelseite. Sämtliche Veranstaltungen in Berlin und in der Provinz wurden jetzt nur noch in tabellarischer Form und in schwer leserlichem Schriftgrad angezeigt, kaum zu unterscheiden von den danebenstehenden Kleinanzeigen. In der Ausgabe Nr. 61 vom 12. September wurden die Mitglieder aufgefordert, ab sofort die Mitgliedskarten für die Spielzeit 1941/42 zu lösen, da die alte Karte am 30. September ungültig werde. Am 14. und 15. September sollte in Breslau Molnars ‹Spiel im Schloß› gezeigt werden. Es war die letzte Veranstaltungsanzeige des Kulturbunds, und das Gastspiel kam nicht mehr zustande. Am 11. September 1941 wurde der Kulturbund, offenbar ohne jede Vorwarnung, durch die Gestapo aufgelöst:

«Auf Grund des § 1 der Verordnung des Reichspräsidenten zum Schutze von Volk und Staat vom 28. Februar 1933 löse ich mit dem heutigen Tage den Jüdischen Kulturbund in Deutschland e. V., Berlin, auf. Der Verlag und der Buchvertrieb werden von dieser Anordnung nicht betroffen.

Gleichzeitig untersage ich jede Tätigkeit, die den Versuch einer Fortsetzung oder Neugründung der Organisation mit gleichen oder ähnlichen Zielen darstellt. Bei Verstößen gegen diese Anordnung wird der § 4 obiger Verordnung zur Anwendung gebracht.»[231]

Das Verbot des Kulturbunds stützte sich auf die sogenannte Reichstagsbrand-Notverordnung Hindenburgs vom 28. Februar 1933, die ausdrücklich der «Abwehr kommunistischer staatsgefährdender Gewaltakte» diente. Nach § 4 wurden Verstöße gegen Anordnungen, die zur Durchführung der Notverordnung erlassen wurden, mit Strafen bedroht, die von einfachen Geldstrafen bis zur Todesstrafe reichten. Von einer «kommunistischen Gefahr» konnte im Falle des Kulturbunds selbstverständlich nicht die Rede sein, 1941 so wenig wie in den Jahren vorher. Auch hatte sich der Kulturbund nichts zu schulden kommen lassen, was ein Verbot begründet hätte. Er wurde liquidiert, weil er sich durch die neuen Zielvorgaben des staatlichen Rassenantisemitismus überlebt hatte. Am 31. Juli 1941 war Heydrich von Göring beauftragt worden, ihm einen «Gesamtentwurf über die organisatorischen, sachlichen und materiellen Vorausmaßnahmen zur Durchführung der angestrebten Endlösung der Judenfrage vorzulegen»[232]. Etwa zur gleichen Zeit hatten die Einsatzgruppen der Sicherheitspolizei und des SD mit der Vernichtung der russischen Juden im Hinterland des vorrückenden deutschen Ostheeres begonnen. Am 19. September wurde das Tragen des Judensternes vorgeschrieben, am 1. Oktober die weitere Auswanderung untersagt. Am 14. Oktober begannen die Deportationen aus dem Reichsgebiet. Wo nicht mehr die Auswanderung der deutschen Juden das Ziel war, sondern ihre schnellstmögliche Deportation in den Osten und ihre physische Vernichtung, war die kulturelle Arbeit von Juden für Juden sinnlos geworden. Die Behörden nahmen deshalb das Ende der Spielzeit 1940/41 zum Anlaß, die überflüssige Einrichtung zu liquidieren und ihr Vermögen einzuziehen.

6. Jüdische Kultur im Schatten der «Endlösung» 1941–1945

Die Liquidationsverfügung der Gestapo vom 11. September 1941 betraf nur den Kulturbund als Organisation und seine Veranstaltungstätigkeit. Der Verlag und der Buchvertrieb blieben erhalten. Sie wurden jetzt in in die bis Juni 1943 – bis zum weitgehenden Abschluß der Deportationsmaßnahmen – weiterbestehende Reichsvereinigung der Juden in Deutschland eingebracht. Die Gründe für diese Maßnahme sind leicht zu erkennen: Den Verlag benötigte man noch zur Herausgabe des ‹Jüdischen Nachrichtenblatts›, das ‹Nachrichtenblatt›, um die noch in Deutschland lebenden Juden von den gegen sie verhängten Verordnungen und Maßnahmen zu unterrichten, den Buchvertrieb als Geldquelle – mochte sie noch so spärlich fließen. Ab Ausgabe Nr. 1 vom 6. Januar 1942 umfaßte das ‹Nachrichtenblatt› nur noch zwei Seiten. Hin und wieder enthielt es noch kleine Beiträge religiös- oder literarisch-besinnlicher Art, hauptsächlich aber behördliche Verordnungen und Anordnungen, diesbezügliche Erläuterungen und Anweisungen der Reichsvereinigung, Gemeindenachrichten, Todes- und Kleinanzeigen sowie – regelmäßige Inserate der Buchabteilung! Zum 31. Januar 1942 wurde der Buchverkauf in Berlin «zentralisiert». Die Lager der bisherigen Vertriebsstellen wurden dort in zwei Verkaufsstellen zusammengezogen, die als Ladengeschäfte geführt wurden, aber auch schriftliche Bestellungen auf dem Versandwege ausführten. Im Oktober 1942 veröffentlichte das ‹Nachrichtenblatt› folgende Bekanntmachung der Reichsvereinigung über den «Kauf von Büchern»: «Der Kauf von Büchern ist Juden ... nur bei der Abteilung Buchvertrieb der Reichsvereinigung nach Maßgabe der bei ihr vorhandenen Bestände, jedoch nicht in Buchhandlungen, gestattet.»[233]

Zweifellos folgte die Reichsvereinigung mit dieser Bekanntmachung einer Weisung der Behörden, die vielleicht reine Schikane war, vielleicht aber auch ihren Grund darin hatte, daß es der eine oder andere Jude – trotz des gelben Sterns auf der Brust – gewagt hatte, eine deutsche Buchhandlung zu betreten.

Im Dezember 1942 gab es nur noch eine Buchverkaufsstelle in der Oranienburger Straße 29, und es ist anzunehmen, daß auch diese im Januar 1943 geschlossen wurde. Schon vorher soll das Buchlager von der Gestapo nach und nach als überflüssiger Buchbestand konfisziert und vernichtet worden sein. Der verbliebene Rest sei dann im Februar 1943 verschwunden.[234] Das ‹Jüdische Nachrichtenblatt› wurde am 1. Juni 1943 eingestellt – das Deutsche Reich war nahezu «judenfrei».

Das Verbot des Kulturbunds bedeutete aber noch nicht das Ende der jüdischen Veranstaltungskultur, sondern drängte sie in den Untergrund, in die Illegalität. Max Plaut, der letzte Vorsitzende der Jüdischen Gemeinde Hamburg, hat hierzu folgendes berichtet:

«Selbstverständlich war für die Folgezeit jegliche künstlerische oder wissenschaftliche Veranstaltung ähnlich der des Kulturbunds untersagt. Indessen konnten weder Schikane der Goebbelschen Kreaturen noch die Furcht vor der Gestapo den Kulturwillen der Juden ganz unterdrücken. Vielerorts gab es Möglichkeiten, in privaten Zirkeln, in den Heimen und Anstalten der jüdischen Gemeinschaft, ausgezeichnete Konzerte zu genießen, die ebenso wie die insgeheim fortgesetzten Gottesdienste stets durch mehrere wachsame und zuverlässige Aufpasser vor unliebsamen Überraschungen geschützt waren . . .»[235]

Wie häufig und wie lange diese illegalen Veranstaltungen stattfanden, ist nicht bekannt, jedoch liegt auf der Hand, daß sie in dem Maße zurückgingen, wie die «Evakuierung» genannte Deportation der Juden des «Altreichs» vorankam. Wer in das ca. 60 Kilometer nördlich von Prag gelegene «Ghetto Theresienstadt» kam, der hatte eine kleine Chance zu überleben. Theresienstadt war, so grauenhaft die Lebensbedingungen dort waren, ein «Eldorado der Freizeitgestaltung». Mit Ausnahme eines Kinos gab es so ziemlich alles, was eine Großstadt an kulturellen Einrichtungen und Vergnügungen bieten konnte: «Theater, Konzerte, Vorträge, Bücher und leichtere Genüsse in verschwenderischer Auswahl».[236]

Theresienstadt, eine von den Habsburgern in der zweiten Hälfte des 18. Jahrhunderts als Festung angelegte Stadt, war ein Konzentrationslager sui generis. Ende 1941 in Betrieb genommen, diente es einerseits als Sammel- und Durchgangslager für die zur Deportation in den Osten bestimmten Juden des Protektorats Böhmen und Mähren; andererseits nahm es Juden aus dem «Altreich» und der «Ostmark» auf (später auch Gruppen aus Holland und Dänemark), die gemäß den Beschlüssen der Wannsee-Konferenz vom 20. Januar 1942 nicht (oder vorerst nicht) «evakuiert» werden sollten: Juden, die älter als 65 Jahre waren (daher auch die Bezeichnung «Alters-Ghetto»), Schwerkriegsbeschädigte, Juden mit hohen Kriegsauszeichnungen (EK I) sowie jüdische Prominenz, etwa Vertreter jüdischer Organisationen oder namhafte Künstler und Wissenschaftler. Diese Menschen sollten nicht einfach verschwinden, sondern erreichbar und zur Not auch vorzeigbar bleiben – wie überhaupt das ganze Lager dazu bestimmt war, die in- und ausländische Öffentlichkeit über den wahren Charakter der «Evakuierungs»-Maßnahmen zu täuschen.

Zur Täuschung – nicht zuletzt auch der Lagerinsassen selbst – gehörte der Schein eines normalen Lebens und zu diesem ein normales Kulturleben. Fanden künstlerische Veranstaltungen in der Anfangsphase noch illegal statt, so wurden sie im Zuge der sogenannten Normalisierung des Lagers von der SS ausdrücklich gefordert und gefördert. Der Besitz von Musikinstrumenten war anfänglich verboten. Als man im Dezember 1942 ein «Kaffeehaus» einrichtete, mußte ein kleines Orchester zusammengestellt werden, und die SS schaffte aus dem im Protektorat konfiszierten jüdischen Besitz immer mehr Musikinstrumente und Noten heran. Eine «Stadtkapelle» mußte, gleich einem Kurorchester in einem Badeort, täglich im sogenannten Musikpavillon aufspielen. Auf Befehl der SS wurden mehrere Säle für Theater-, Konzert- und Vortragsveranstaltungen hergerichtet. Was spontan und im geheimen begonnen hatte, wurde – sobald es als zweckdienlich erkannt war – in nationalsozialistischer Manier von oben organisiert und beaufsichtigt. Innerhalb der jüdischen Lagerleitung wurde ein Kulturamt eingerichtet, das den Namen «Freizeitgestaltung» führte. Die «Freizeitgestaltung» war für das offizielle Lagerprogramm verantwortlich, das in den Jahren 1943/44 jede Woche öffentlich angeschlagen wurde, sie schützte und förderte aber auch die unzähligen «privaten» Veranstaltungen. Als Aufsichtsorgan hatte die «Freizeitgestaltung» im Grunde die gleiche Funktion wie seinerzeit die Leitung des Reichsverbandes der Jüdischen Kulturbünde – mit dem Unterschied freilich, daß sie über weit mehr Freiheiten verfügte als jene. Denn im Gegensatz zu den Hinkel-Leuten kümmerte sich die SS kaum um das, was gespielt, gesprochen und getan wurde. Es mußten nur gewisse Vorsichtsmaßregeln beachtet werden. Ein Vortrag über die Juden in der deutschen Literatur war durchaus erlaubt, er mußte nur «Deutschschreibende Juden in der Literatur» betitelt sein.

Über die Entwicklung und die Besonderheiten des Theresienstädter Kulturlebens liegt ein anschaulicher Bericht der tschechischen Sängerin H. Grabová vor, die von Dezember 1941 bis zur Befreiung im Lager war:

«Als ich am 17. 12. 1941 ... nach Theresienstadt kam, ließen wir es uns nicht träumen, daß man in diesem Gefängnis überhaupt singen oder Theater spielen könnte ... Aber nach zwei Monaten ... zeigte sich das Bedürfnis, den Menschen zu der schlechten Kost wenigstens ein wenig geistige Kost hinzuzufügen, und eines Tages erschienen Fredy Hirsch und Rabbiner Weiner ... und betrauten mich ... mit der Aufgabe, etwas zu schaffen, dem auf der Dienststelle die Bezeichnung Freizeitgestaltung gegeben wurde ... Ich trieb einen Raum auf, einen Saal, der gerade nicht bewohnt war, ich ließ Bänke hineintragen und trug sie selber hinein, ich suchte ein Instrument, wenigstens eine Harmonika, die man heimlich verwenden mußte ... Wir veranstalteten eine sogenannte Prüfung aller Menschen, die sich mit Rezitation, Gesang und Tanz beschäftigten, und ich stellte das erste bunte Programm zusammen. Am 21. 3. 1942 kam der sogenannte Stab und der Judenälteste Edelstein zu uns in die Frauenkaserne ... Der erste Kulturabend wurde veranstaltet, allerdings um 3 h nachmittag. Ich sorgte für ein stilgemäßes und wertvolles Programm. Ich selbst beteiligte mich mit Gesang, eine Gruppe junger Mädchen tanzte eine tschechische Polka, die Schwestern Adler, Töchter des Dichters Friedrich Adler, rezitierten, und eine ehemalige gute Operetten-Soubrette sang ... die ganze Sache hatte einen so großen Erfolg, daß wir nicht nur dieses Programm mehrmals wiederholen mußten ... wir erhielten die Erlaubnis ... auch andere Kasernen, Männerkasernen zu besuchen, wo wir diese Vorstellung gaben. Und so begannen wir, unsere Kunst armen Menschen zu bieten, damit sie auf eine Weile vergessen sollten, in welchem Elend sie sich befanden ... Mit der Zeit kamen mehr und mehr Sänger, Musiker, Komponisten zusammen, ... und so konnte es dazu kommen, daß unter Leitung des im Konzentrationslager verstorbenen Dirigenten Raffael Schächter an die Einstudierung und Aufführung ... der ‹Verkauften Braut› ... geschritten wurde. Schächter, der an Abenden in der Sudetenkaserne ... nur mit Hilfe einer Stimmgabel ... jüdische Chöre einstudierte, hatte den Einfall, man könnte Chöre aus der ‹Verkauften Braut› einstudieren. Ich trieb in unserer Kaserne Mädchen auf, und er übte ... Männer ein, und schließlich, als sich annehmbare Solisten fanden, fiel ihm ein, man könnte die ganze Oper, allerdings konzertant, aufführen. Irgendwo ... stand ein altes halb zerbrochenes Klavier ohne Beine, und inzwischen bekam er ein halbzerbrochenes Harmonium und irgendwo im Keller einen kleinen Raum ... Und so probten wir während der größten Kälte bis an die Ohren verpackt ... Im Knabenjugendheim L 417 stellte man uns die Turnhalle zur Verfügung, und schließlich führten wir am 28. 11. 1942 erstmals die ‹Verkaufte Braut› auf. Der Eindruck war unvergeßlich ... Die ‹Verkaufte Braut› wurde etwa 35mal aufgeführt ... Das Kultur- und Theaterleben war 1943/44 so reich, daß nicht einmal in Friedenszeiten in einer mittelgroßen Stadt so viele Veranstaltungen stattfanden wie in unserem Ghetto ... Es scheint seltsam, daß die SS den Juden ... Musik, Kunst, Vorträge usw. ... gestattete, aber die Herren wußten gut, was sie machen ... Da sie eine Kommission erwarteten, so ... ordneten sie an, daß die Opern in tadelloser Ausstattung mit Kostümen und Perücken aufgeführt werden sollten, kurz, daß man wirkliches Theater spielen sollte ... Arch. Zelenka, Prof. Lederer und andere bekannte Künstler arbeiteten unausgesetzt an der Ausstattung der verschiedenen Bühnen, schließlich mußten alle für einen Theaterbetrieb notwendigen Beleuchtungsapparaturen und Glühbirnen nach Theresienstadt geliefert werden. Auf dem Platz wurde ein Pavillon errichtet, wo die Stadtkapelle aufspielen mußte, lauter vorzügliche Musikanten, jeder einzelne ein Virtuose. Und im Kaffeehaus spielte ein Trio und wurden Kabaretts veranstaltet (Hans Hofer) und im Sommer wurden Vorstellungen unter freiem Himmel auf den Höfen gegeben. So erschien Theresienstadt eigentlich im Sommer 1944 als ein vollkommenes Eldorado in Europa, wo keine Anflüge waren, kein Kriegsschauplatz, nichts als Zeitvertreib, scheinbar drohte keine Gefahr. Und die löbliche Kommission kam und staunte sichtlich ... In den Theatern waren die Schauspieler bereit und im Augenblick, als die Kommission eintrat, begann man mitten in einer Oper oder in einem Drama zu spielen. Nach 5 Minuten begab sich die Kommission weiter, und das Spiel wurde unterbrochen. Man ging nachhause. Auch die Komponisten Haas, Krása, Ullmann und Gideon Klein wurden angespornt, Opern und Lieder zu komponieren, die nachher gespielt wurden. Das alles eigentlich auf Befehl der SS.»[237]

Das kulturelle Leben in Theresienstadt wurde entscheidend durch drei Faktoren geprägt: erstens durch seine Opportunität und die damit verbundene Freizügigkeit, zweitens durch ein alle sozialen Schichten erfassendes, beinahe triebhaftes Unterhaltungs- und Bildungsbedürfnis und drittens durch den Umstand, daß auf Grund der behördlichen Gesichtspunkte für die «Überstellung» nach Theresienstadt Tausende mitteleuropäischer Intellektueller im Lager konzentriert waren. Das Resultat war ein Veranstaltungsprogramm, das von Darbietungen hohen künstlerischen und wissenschaftlichen Niveaus bis hin zur leichten Unterhaltung reichte und das in seiner Fülle und Gedrängtheit wohl alles in den Schatten stellte, was der Jüdische Kulturbund je hatte bieten können.

Ernstes Theater wurde in tschechischer und deutscher Sprache geboten. Aufgeführt wurden z. B. Molières ‹George Dandin›, Schillers ‹Maria Stuart›, Gogols ‹Hochzeit› und Dramen Shakespeares. Von den modernen Autoren spielte man u. a. Shaw, Hofmannsthal, Molnar und die Tschechen Wolker und Langer. Es gab jiddische Stücke wie ‹In mitt'n Weg›, ein Fragment aus der (auch im Kulturbund aufgeführten) ‹Goldenen Kette› von J. L. Perez, aber etwa auch das alttschechische Bauernspiel ‹Esther› mit einer von Karel Reiner im Lager komponierten Begleitmusik. Besonderer Beliebtheit erfreuten sich Opern, die entweder konzertant oder auch szenisch in Kostümen, aber meist nur mit Klavierbegleitung aufgeführt wurden. Dabei schreckte man vor keiner Schwierigkeit zurück. Gespielt wurden u. a. ‹Bastien und Bastienne›, ‹Die Entführung aus dem Serail›, ‹Die Zauberflöte›, ‹Carmen›, ‹Aida›, ‹Hoffmanns Erzählungen›, ‹La Bohème›, ‹Tosca›. Einer der größten Erfolge war die Uraufführung (!) der noch in Prag komponierten Kinderoper ‹Brundibár› von Hans Krása, die unter Leitung des Komponisten mehr als 30mal gespielt wurde. Auch konzertante Musik gab es in Fülle und – trotz der meist mangelhaften Instrumente – in teilweise hoher Qualität, dargeboten von Instrumentalisten, Vokalisten, Chören und verschiedenen Kammermusikensembles. Schließlich bildete sich sogar ein Orchester, das unter der Leitung des Prager Dirigenten Karel Ančerl zwei Standardkonzerte gab, eines mit tschechischer Musik (Suk, Dvorák, Haas) und ein zweites mit Kompositionen von Bach, Händel und Mozart.

Auch und gerade die leichte Muse hatte Konjunktur. Es gab Revuen, Kabaretts und Operetten, die nicht zuletzt das Leben im Ghetto behandelten, aber offenbar nur selten ein gewisses Niveau erreichten. Der Kabarettist Švenk stach aus dem Mittelmaß hervor. Über einen seiner Auftritte berichtete der Komponist Viktor Ullmann an das Amt «Freizeitgestaltung»:

«Unser Theresienstädter Aristophanes stellt sich leider nur selten ein, wiewohl er Stoff und Erfindungsgabe genug hätte, seine Jahresbeiträge in Monats-Revuen umzuwandeln. ‹Vor Gebrauch zu schütteln› ist nun diesmal nicht die Medizin, sondern der Patient, und es ist nach eineinhalbstündigem Lachen ganz unmöglich, etwa kritische Einwände zu erheben ... In wesentlichen Szenen erreicht Švenk unbedingt das Niveau der Satire und damit echter Kunst, so in den auch musikalisch ausgezeichneten Chorparodien, in der Tonfilm-Wochenschau, in der Parodie Theresienstädter Theaterereignisse ...»[238]

Öfter aber identifizierte man sich mit den Verhältnissen, als sie zu parodieren. Unter dem Protektorat des Leiters der Ghetto-Wache gab die «Klauber-Bühne» die «aktuelle» Operette ‹Das Ghetto-Mädel› mit dem Lied ‹My golden Baby› aus der Operette ‹Blume von Hawaii› von Paul Abraham und einem «Marsch der Ghetto-Wache» mit dem Titel ‹Theresienstadt, die schönste Stadt der Welt›. Bei der «Freizeitgestaltung» ging Anfang 1943 folgender Antrag ein:

«Ich teile Ihnen mit, daß ich beabsichtige mit einem Jazz-Orchester in die Öffentlichkeit zu treten, welches vornehmlich jüdische Musik pflegen wird ... Das Orchester würde unter dem Titel Die (The) Ghetto-Swingers auftreten. Ich wäre Ihnen zu Dank verbunden, wenn Ihr Musikreferent sich mit mir in Verbindung setzen würde, damit ich ihn eingehend über unsere Absichten und Wünsche informieren könnte.»[239]

Die «Freizeitgestaltung» stimmte zu, und das Lager hatte neben einer Tanz-Kapelle auch noch eine Jazzband – seine «Ghetto-Swingers».

Wie nahe in Theresienstadt Kunst, Vergnügungen und Tod beieinanderlagen, veranschaulicht eine Erinnerung von Gerty Spies, die drei Jahre Theresienstadt überlebt hat:

«Abendveranstaltung!

Kabarett!

Vortrag und Musik!

Es dauert keine halbe Stunde, da ist das eng begrenzte Viereck mit Menschen überfüllt. Die Ältesten sitzen auf den Bänken, die andern stehen dicht gedrängt, Kopf an Kopf, Mensch an Mensch. Hunderte von Großen, Kleinen, Jungen, Alten, Männern, Frauen. Und schon ist da droben der Teufel los. Einer spielt Ziehharmonika, verdreht die Glieder, schneidet Grimassen. Eine schöne junge Frau läßt ostisch-schwermütige Weisen in den Abend hinausströmen. Ein junger Mann reißt Witze. Ein älterer hält eine Ansprache, bringt alle zum Lachen. Ein rosig geschminktes Paar tritt auf, der junge Mann singt Sopran, die junge Frau Tenor – alles brüllt vor Heiterkeit. Mitten hinein ein unheimliches Verstummen: Ein alter Mann greift um sich, röchelt auf, verdreht die Augen und schlägt zu Boden. Er wird fortgetragen. ‹Es ist nichts für die alten Leute. Sie halten den Hunger nicht durch.› Irgend jemand hat es gesagt. Und weiter geht das Spiel.»[240]

Von hohem Niveau war das Theresienstädter Vortragswesen. Die große Zahl von Akademikern und Intellektuellen war ein nahezu unerschöpfliches Reservoir für Vorträge auf allen nur denkbaren Gebieten. Es gab wissenschaftliche Vorträge, Sprachvorträge, Vorträge zu jüdischen Fragen, Rezitationen von Dichtungen, Vorträge innerhalb vereinsmäßiger Zusammenschlüsse (z. B. Naturfreunde) und Vorträge unterhaltender Art. Auffällig ist, wie oft Themen behandelt wurden, die im Lager eigentlich sinnlos geworden waren, etwa Vorträge über Steuern und Finanzen oder Lebensmittelchemie.

In der Woche vom 10. bis 16. Juli 1944 kamen zu 23 «allgemeinen Vorträgen» noch 10 Veranstaltungen mit «jüdischen» Themen, darunter eine hebräische ‹Bialikfeier›, zwei ‹Herzl-Gedenkfeiern› und Vorträge über ‹Jüdische Mystik› und ‹Optimismus im Judentum›. Insgesamt gab es also in dieser – durchaus nicht untypischen – Woche 33 offizielle Vortragsveranstaltungen, mehr als der Jüdische Kulturbund nach 1938 in einem ganzen Jahr bieten konnte, von dessen Beschränkung auf jüdische Themen gar nicht zu reden. Ähnlich dicht war die Folge der musikalischen und bühnenmäßigen Darbietungen.

Eine hervorragende Rolle spielte im Ghetto nach einer gewissen Anlaufzeit auch das Buch. Die meisten Häftlinge brachten in ihrem Notgepäck ein paar Bücher mit ins Lager, von denen sie sich nicht hatten trennen wollen, manche 30 und mehr. Solange es keine Bücherei gab, wurden diese Bücher durch private Leihbetriebe getauscht. Im Spätsommer 1942 konnte die Genehmigung zur Errichtung einer «Ghettozentralbücherei» erwirkt werden, die vom ersten Tag ihres Bestehens bis zur Auflösung des Lagers von Prof. Dr. Emil Utitz geleitet wurde. Anfänglich verfügte die Bücherei über kaum mehr als 4000 Bücher, jedoch schaffte die SS auf Elbkähnen und in Eisenbahnwaggons massenhaft Bücher aus Deutschland und dem Protektorat heran, so daß der Bestand bereits ein Jahr später, im November 1943, auf 48710 Bände angewachsen war. Die große Masse stammte aus den Resten jüdischer Privatbibliotheken in Brünn und Prag und aus dem Besitz jüdischer Organisationen. Nach Theresienstadt gelangten u. a. – ganz oder teilweise – die «Wanderbibliothek des preußischen Landesverbandes jüdischer Gemeinden» und die Bibliotheken der «Lehranstalt für die Wissenschaft des Judentums» und des Jüdischen Kulturbunds, vielleicht auch die «verschwundenen» Restbestände des Kulturbund-Verlags. Der Herkunft der Bestände gemäß waren belletristische Werke und Unterhaltungsliteratur nur relativ schwach vertreten. Da aber gerade danach eine besonders starke Nachfrage bestand, wurden diese in einer Wanderbücherei zusammengefaßt, die in Einheiten von ca. 30 Büchern im Lager zirkulierte. Der Hauptbestand wurde in einer «jüdischen Studienbibliothek» vereinigt, die – als Leihbibliothek geführt – «Personen mit nachweisbaren wissenschaftlichen, künstlerischen oder religiösen Fachinteressen»[241] zur Verfügung stand. Daneben wurden in verschiedenen Abteilungen und Einrichtungen des Lagers Spezialbibliotheken angelegt – eine Jugendbibliothek, eine medizinische Zentralbibliothek, eine technische Fachbibliothek in der «Wirtschaftsabteilung Produktion», außerdem eine sogenannte Volkslesehalle mit Handbibliothek. Über die Organisation der Ghettozentralbücherei hat ihr Leiter Utitz nach der Befreiung folgendes festgehalten:

«1) Wanderbibliothek ... So investierten wir gegen 50000 Bände ...

2) Fachbibliotheken. Mit ihnen wurden alle Abteilungen ausgestattet, insbesondere die Jugendfürsorge mit ihren zahlreichen Heimen ... Auf diese Weise fanden 20000 bis 25000 Bände den Weg in die Öffentlichkeit.

3) Soziale Büchereien. Wurden in allen Krankenhäusern, Siechenheimen, Tuberkulosestationen errichtet ...

4) Einzelverleih ... Der monatliche Parteienverkehr schwankte zwischen 2000 bis 4000 Personen. Auf diese Weise konnten unsere großen wissenschaftlichen Bestände nutzbar gemacht werden.

5) Volkslesehalle. Mit einer Bücherei von 6000 Bänden, die unter pädagogischen Gesichtspunkten zusammengestellt wurden. Dieser Saal war stets überfüllt.

6) Ausstellungen. Durch sie suchten wir dem Publikum Meisterleistungen der jüdischen Kunst nahezubringen.

7) Hebräischer Raum. Mit 10000 einschlägigen Werken für Spezialforscher.

8) Gebetbücher ... Im Laufe der Zeit wurden 8000 Exemplare geliefert.»[242]

Bei der Auflösung des Lagers belief sich der Buchbestand auf 180000 Bände. Über den Wert der Bibliothek schrieb der – 1944 in den Tod geschickte – Bibliothekar Hugo Friedmann:

«Das reichhaltige Gebiet des hiesigen Bibliothekswesens und die hier gebotene Möglichkeit, geistigen Interessen nachzugehen, die fachgemäße Beratung ... durch die Bibliothekarbeamten, haben die GZB zu einer der ersten Kulturinstitutionen des Ghettos gemacht. Sicherlich steht sie in der Reihe der sich selbst-verwaltenden jüdischen Siedlungsgebiete Europas [!] an erster Stelle und gehört angesichts ihrer Bestände zu den größten jüdischen Bibliotheken der Welt.»[243]

Von beträchtlichem Umfang war in Theresienstadt das produktive künstlerische Schaffen. Bei einem Gedichtwettbewerb im Jahre 1944, zu dem nur deutsche Verse zugelassen waren, reichten 3000 von 37000 Gefangenen Gedichte ein. Es gab Hunderte von Kunsthandwerkern, Malern, Schriftstellern und Komponisten, meist Dilettanten, aber auch eine nicht geringe Zahl wirklicher Begabungen, zum Beispiel die Maler Fritz Taussig, Karel Fleischmann, Otto Ungar, Peter Kien und Dolfi

Außenberg, die Dichter Georg Kafka, ein weitläufiger Verwandter Franz Kafkas, und Hans Kolben, ferner die Komponisten Viktor Ullmann, Karel Reiner, Pavel Haas, Hans Krása, Siegfried Schul und Gideon Klein. Von allen diesen hat nur Karel Reiner überlebt.

Das kulturelle Leben in Theresienstadt war – darin die schon extreme Situation des Jüdischen Kulturbundes nach 1938 ins Tragisch-Groteske steigernd – ein Spiel am Rande des Abgrunds, in dem Selbsttäuschung, Wirklichkeitsflucht und geistig-moralische Selbstbehauptung unauflöslich ineinander verwoben waren. Theresienstadt war der Vorhof der Hölle. Immer wieder gingen Transporte in den Osten, von denen die sogenannten Alters- und Familientransporte eine traurige Berühmtheit erlangten. Anfänglich eher Irrfahrten mit ungewissen Zielen, wurden die Transporte ab Sommer 1942 in die Vernichtungslager im besetzten Polen dirigiert, nach Auschwitz-Birkenau, Treblinka, Belzec, Sobibor. Wenn «Transportzeiten» waren, Deportationen bevorstanden, dann stockte das Kulturleben. Aber es hob mit gesteigerter Aktivität wieder an, sobald der letzte Transport das Lager verlassen hatte und die alles lähmende Furcht gewichen war. Die Menschen waren erleichtert, davongekommen zu sein, ohne wirklich zu wissen, welchem Schicksal sie entgangen waren. Man wußte, daß in Polen schreckliche Verhältnisse herrschten, aber man wußte lange nicht, was dort wirklich geschah. Die ganze Wahrheit wurde in Theresienstadt erst kurz vor Kriegsende bekannt, als die östlichen Lager vor der heranrückenden Roten Armee in den Westen evakuiert und ausgemergelte Gestalten in gestreiften Häftlingskleidern ins «Ghetto» eingeliefert wurden. Über die Endphase in Theresienstadt berichtete die Sängerin Grabovà:

«Fast alle Männer – Künstler, Schauspieler, Komponisten, Sänger, Dirigenten, Instrumentalisten – kamen ums Leben. Und in Theresienstadt blieben vom ganzen Ensemble 7 Frauen, die vergessen worden waren ... Als der letzte Transport ... abgefertigt wurde ... und der Judenälteste Murmelstein dem Lagerleiter Rahm den Rest jener präsentieren wollte, die an ihm nicht vorbeidefiliert waren ... fragte Murmelstein, ob sie [die 7 Frauen] in diesen letzten Transport eingereiht werden sollen, da sagte Rahm gnädig lächelnd im Wiener Dialekt: ‹Aber was, lassen Se's da. Sollen's dann wieder spielen und singen.› ... etwa drei Tage nach der Abfahrt des letzten Transportes bekam ich den Befehl, ein neues Konzertprogramm zusammenzustellen. So mußten wir uns abends in den ungeheizten Saal der Sokolhalle stellen, schnell ein Programm vorbereiten und ... wieder singen. Und so vergingen 4 Monate bis zum 7.3. 1945, als ... Herr Rahm anordnete, daß wir schnell die [tschechische] Kinderoper ‹Glühwürmchen› und ‹Hoffmanns Erzählungen› einstudieren sollten, weil man schon wieder eine neue Kommission erwartete. Und so schrieben wir tags und nachts Noten, stellten das Orchestermaterial zusammen, probten mit den Musikern, die inzwischen als ‹arisch-versippt› eingetroffen waren, und so spielte man wieder in der Sokolhalle auf der überaus prächtig ausgestatteten Bühne in Kostümen. Die Kommission kam auch, alles verlief gut, und das Leben ... schien wieder wie vor der Abreise der vielen tausend Menschen. Rund um den 20. April [1945] kam ... der erste Transport der sogenannten Pyjamas ... und da öffneten sich uns die Augen. Nun erkannten wir die Wirklichkeit, und von diesem Tage an hörte alles Singen, Spielen und sich Zerstreuen auf.»[244]

Theresienstadt wurde auch zum letzten «Refugium» des Kulturbund-Schauspielers Ben Spanier. Ehe er in den Todeszug nach Osten gepfercht wurde, inszenierte er dort Molnars ‹Spiel im Schloß›, jenes Stück, mit dem das Ensemble des Kulturbunds zwei Jahre zuvor unter seiner Leitung zum letztenmal vor das jüdische Publikum getreten war. Wie er starben auch die Schauspielerin Jenny Bernstein-Schaffer und ihr Mann, der Rezitator Otto Bernstein, beide dem Kulturbund von Anfang an verbunden, in einem Vernichtungslager. Verhaftung, Durchgangslager, Vernichtungslager war der Schicksalsweg der meisten, die bis zuletzt künstlerisch, administrativ oder publizistisch für den Kulturbund tätig gewesen waren. Nur wenige konnten sich retten. Fritz Wisten überlebte im Untergrund, Rudolf Schwarz überlebte die Lager Auschwitz und Bergen-Belsen und emigrierte 1945 nach England, wo er das Orchester der BBC und das Sinfonieorchester von Birmingham leitete. Martin Brasch, der letzte Chef des Kulturbunds, kam im Konzentrationslager Sachsenhausen bei Oranienburg unter unklaren Umständen ums Leben. Leo Kreindler, der Redakteur des ‹Nachrichtenblatts›, erlag einem Herzanfall, als die Gestapo im November 1942 die Mitarbeiter der Berliner Jüdischen Gemeinde für die Deportation «aussiebte». Die feinfühlige Schriftstellerin und Journalistin Martha Wertheimer, zuletzt noch Mitarbeiterin des ‹Jüdischen Nachrichtenblatts›, wurde deportiert. Das gleiche Schicksal ereilte Kurt Singer, Werner Levie, Max Ehrlich und Willy Rosen, die sich in Holland vermeintlich in Sicherheit gebracht hatten. Im holländischen Internierungslager Westerbork, das eine gewisse Ähnlichkeit mit Theresienstadt hatte, gaben Ehrlich und Rosen nochmals ihre Revuen, bevor sie nach Osten in den Tod geschickt wurden. Auch Levie und Singer waren längere Zeit vermutlich in Westerbork interniert. Levie wurde mit seiner Familie Anfang 1944 nach Bergen-Belsen verlegt und starb nach der Befreiung an einer Flecktyphus-Infektion. Kurt Singer kam mit einem der «Holländer-Transporte» nach Theresienstadt, wo er im Februar 1944, 58 Jahre alt, starb.

III.
Wirtschaft und Erwerbsleben

Von Günter Plum

1. Die Situation der deutschen Juden zu Beginn der NS-Zeit

Anfang der dreißiger Jahre wurde gelegentlich davon gesprochen, daß sich die Berufs- und Wirtschaftsstruktur der Juden in Deutschland – gemessen an der Zeit um die Jahrhundertwende – erheblich differenziert habe, was eine Tendenz zur Angleichung an die Struktur der Gesamtwirtschaft erkennen lasse. Daran war soviel richtig, daß 1933 in nahezu allen Wirtschaftszweigen Juden tätig waren. Die Konzentration der Juden im Handel und in handelsnahen Tätigkeiten (z. B. bestimmte mit einem Geschäftsbetrieb verbundene Handwerke) blieb aber bestimmendes Phänomen jüdischer Erwerbstätigkeit, was jüdische Sozialwissenschaftler vielfach mit einer auf «Kopfarbeit» (die Handelstätigkeit einschloß) gerichteten psychischen Konstitution zu erklären suchten. Ein weiteres Charakteristikum war der Drang in akademische Berufe: «Es war fast Tradition, daß der Posener jüdische Kaufmann seine Söhne studieren ließ, und zwar hat er sie fast ausschließlich dem Arztberuf oder dem Anwaltsberuf übergeben können.»[1]

Der akademische Berufsweg bot neben dem sozialen Aufstieg auch größte Chancen, den Beruf in einer von mindestens vielen Juden bevorzugten Form ausüben zu können: der Selbständigkeit, die sie auch unter widrigsten Bedingungen zu erhalten suchten.

«Ein eigener Laden bietet noch immer einen größeren Reiz, als der Beruf eines Schlossers oder Technikers, dazu noch in abhängiger Stellung. Solange die geringste Möglichkeit besteht, den Laden aufrechtzuerhalten, wird sich das Individuum an ihn klammern, mit Wechseln und Darlehen, durch Preissenkung und maßlose Konkurrenz den Kampf für seine Existenz weiter führen.»[2]

Die Kritik an der jüdischen Wirtschaftsstruktur, die sich mit Klagen über das «wirtschaftliche Schicksal» der Juden verband, kam aus allen Lagern des Judentums. Und die meisten Kritiker waren sich darin einig, daß eine schwerwiegende Ursache für die Krisensituation in der Berufskonzentration zu suchen sei.

«Die Juden sind infolge gleichartiger historischer Prozesse überall viel zu stark in wirtschaftlichen Zwischenstadien – vom Trödler bis zum Grossisten – tätig ...

Fest steht, daß die wirtschaftliche Risikoverteilung der Judenheit in Deutschland vom Gesamtstandpunkt aus gesehen unzweckmäßig und daß eine andere wirtschaftliche Eingliederung notwendig ist.»[3]

Uneins war man aber bezüglich der Frage, ob der wirtschaftliche Niedergang nur Faktoren außerhalb des Judentums anzulasten sei, oder ob – neben der Konzentration – auch schwerwiegende innerjüdische Faktoren verursachend gewirkt haben: Verharren im wirtschaftlichen Individualismus, im wirtschaftsliberalistischen Denken, was verhindert habe, sich auf Entwicklungen in der Wirtschaft einzustellen und neue Wirtschaftstheorien aufzunehmen.

Tatsächlich hat die – wie man damals sagte – Kollektivierung der Wirtschaft, die Gründung von Kartellen, Konzernen, Genossenschaften, dem Handel insgesamt geschadet; Handel der Produzenten mit eigenem Unternehmen und auf eigene Rechnung haben dem Metallhandel, landwirtschaftliche Genossenschaften dem Getreidehandel die Produkte entzogen und die freien Handelsunternehmen teilweise vom Markt gedrängt. Daß davon jüdische Unternehmen überproportional betroffen wurden, lag nicht nur an deren starker Beteiligung an solchen Handelszweigen, sondern auch an Bestrebungen, die Juden speziell zu verdrängen.

Von verschiedenen jüdischen Seiten wurden Gesundungsvorschläge vorgebracht. Sozialistisch beeinflußte Kreise sahen das Heil in der Umsetzung in sogenannte produktive Berufe und einer – für viele faktisch ohnehin erreichten – Proletarisierung, das heißt Anspruchsbegrenzung, Leistungssteigerung und soziale Angleichung an die Arbeiterschaft. Liberale Juden – soweit sie nicht einfach die Augen vor den Problemen schlossen – machten Vorschläge, die auf die Erhaltung der jüdischen Mittelstandsgesellschaft hinausliefen, nämlich berufliche Umschichtungen ins produktive – aber mittelständische – Handwerk und Stärkung der Einzelbetriebsstrukturen durch genossenschaftliche Zusammenschlüsse. Gegen diese – die Möglichkeit eines Galuthlebens voraussetzende – Position standen die Zionisten mit ihren Forderungen und Vorschlägen «der Errichtung einer eigenen Wirtschaft», Produktivierung und Eingliederung «in die eigene Volksgemeinschaft in Palästina»; diesem Ziel sollten die wirtschaftlichen Maßnahmen im Galuth, in der Diaspora, unterworfen werden.

Die wirtschaftliche Lage der Juden in Deutschland war schon vor 1933 nicht ermutigend. Der Versuch, das Einkommen der Berliner Juden für 1928 anhand der Steuerstatistik der Jüdischen Gemeinde Berlin (die Gemeindesteuer war auf 10% der Einkommenssteuer festgesetzt) zu schätzen, kam zu folgendem Ergebnis:

«Für die gesamte jüdische Bevölkerung Berlins erhalten wir auf diese Weise ein Einkommen von etwa 466 bis 510 Millionen Reichsmark. Bei einer jüdischen Bevölkerung von 175 000 Seelen ergibt sich somit ein durchschnittliches Einkommen von 2660 bis 2910 RM pro Kopf, gegenüber einem Gesamtdurchschnitt von etwa 1550 RM pro Kopf. Verglichen mit der Vorkriegszeit, wo das durchschnittliche jüdische Einkommen dasjenige der Gesamtbevölkerung um zwei- bis dreimal überstieg, ist jetzt der jüdische Anteil wesentlich zurückgegangen.

... Im Vergleich zur Gesamtbevölkerung ist die wirtschaftliche Situation der Juden auch in der Nachkriegszeit noch als verhältnismäßig günstig zu bezeichnen.»[4]

Die Schätzung blieb nicht unumstritten, doch haben die ernsthaften Kritiker die Zahlen nicht in das Reich der Phantasie verwiesen, so daß man von ihnen als Annäherungswerten ausgehen kann.

Auf dem Verbandstag des Preußischen Landesverbandes jüdischer Gemeinden im Jahre 1932 wurde von Finanzreferenten konstatiert:

«Die preußischen Juden haben ... 50 vom Hundert ihres Einkommens in den beiden letzten Jahren verloren.»[5] Dazu paßte die Feststellung, daß sich das Steueraufkommen zahlreicher jüdischer Klein- und Mittelgemeinden seit 1929 auf die Hälfte bis ein Drittel verringert habe. Schon 1925 lebten an die 40% (rund 26000) der jüdischen Steuerpflichtigen von einem monatlichen Einkommen von 100 RM und weniger, wobei offenbleiben muß, wie viele berufslose Angehörige ihnen zuzurechnen sind.[6]

Im Oktober 1933 wurde in der Berliner jüdischen Gemeinde an der Festsetzung der Gemeindesteuer für 1933 auf der Grundlage des Steuerergebnisses von 1932 gearbeitet. 1932 hatten die Steuereinnahmen 6202222 RM betragen, die von 40626 Gemeindemitgliedern aufgebracht worden waren. Zu zahlen waren 13 Prozent der Reichseinkommensteuer (RESt). Von diesem Betrag stammten 2682493 RM von 38968 Personen, deren RESt unter 500 RM betragen hatte; 3519729 RM sind von 1658 Personen aufgebracht worden, die eine durchschnittliche RESt von rund 16000 RM zu entrichten hatten. Personen, deren RESt-Schuld weniger als 27 RM betrug, was einem jährlichen Einkommen unter 800 RM entsprach, waren von der Gemeindesteuer befreit. Das zu versteuernde Einkommen der Gruppe mit unter 500 RM RESt betrug durchschnittlich 4–6000 RM; das der Gruppe mit über 500 RM RESt 55–60000 RM.

Aufgrund dieser Zahlen lassen sich zwei Feststellungen treffen: 1. Das Gesamteinkommen der Berliner Juden im Jahre 1932 blieb hinter dem von 1928 erheblich zurück, es betrug zwischen 350 und 400 Millionen RM. 2. Der Personenkreis, der wegen zu geringen Einkommens von der Gemeindesteuer befreit war, hatte sich seit 1925 deutlich auf mindestens 40000 erhöht. Nach der Volkszählung 1933 waren 80500 Berliner Juden erwerbstätig; rund 15000 berufslose Selbständige hatten ein zu versteuerndes Einkommen. Es zahlten 1932 jedoch nur 40626 Personen Gemeindesteuern. Auch unter Berücksichtigung der vielleicht nicht immer hohen Steuermoral erscheint daher die Schätzung von 40000 Steuerbefreiten realistisch. Darin waren die von der Steuer befreiten jüdischen Arbeitslosen enthalten. Für 1932 ist deren Zahl nicht bekannt, sie dürfte aber weit unter der vom Juni 1933 gelegen haben.[7]

Die Arbeitslosigkeit unter jüdischen Arbeitern, Angestellten und Hausangestellten war größer (31,5%) als unter den nichtjüdischen (28,9%). Leider kennen wir die Zahl derjenigen nicht, die im Zuge des Boykotts vom 1. April 1933 ihre Stellung verloren haben, und damit auch nicht die Arbeitslosenziffer für Anfang 1933. Ob sich die für Berlin genannte Ziffer von 25% jüdischer Erwerbsloser (rund 25000) auf das Deutsche Reich übertragen läßt, ist nicht sicher.[8] Bemerkenswert ist, daß der Anteil der jüdischen Arbeitslosen an allen jüdischen Erwerbstätigen (14%) deutlich niedriger lag als der entsprechende Wert bei den Nichtjuden (18,1%). Ursache dafür war der höhere Anteil von Arbeitern, Angestellten und Hausangestellten von 63% bei der nichtjüdischen Bevölkerung gegenüber 43% bei der jüdischen; oder vom anderen Ende der Stellung im Beruf betrachtet: die vergleichsweise hohe Zahl der jüdischen Selbständigen. Diese Tatsache fordert ein Überdenken des Begriffs der Arbeitslosigkeit heraus, konnte doch ein Selbständiger im sozialrechtlichen Sinne nicht arbeitslos, wohl aber faktisch ohne Arbeit und ohne Einkommen sein. Dazu gehörte etwa jene

«...breite jüdische Bevölkerungsschicht, die vor dem Kriege für die deutsche Judenheit repräsentativ war und mit dem Sammelnamen ‹Mittelstand› bezeichnet wird ...

(Wirtschaftlich) war diese Schicht dadurch charakterisiert, daß ihre Vertreter einen freien Beruf ausübten oder ein selbständiges Unternehmen betrieben. Das Unternehmen pflegte sich oft – bei gelegentlichen Rückschlägen – günstig zu entwickeln, nicht selten so, daß der Inhaber aus dem Mittelstand herauswuchs. Krieg und Inflation haben diese Schicht stark erschüttert: die Deflation hat sie aufgelöst. Weite Kreise dieser früher wohlhabenden teilweise reichen Schicht leiden heute wirkliche schwere Not. Zu kapitalarm, um von neuem als selbständiger Unternehmer anfangen zu können, sind sie meist auch zu alt, um eine Anstellung zu finden. Das ist das Kennzeichen der Wirtschaftskrise des jüdischen Mittelstandes: sie betrifft in der Regel Menschen der älteren Generation, der Generation, die zu Beginn des Krieges bereits eine selbständige Existenz hatte. Hier geht keine Proletarisierung vor sich – wenn man unter diesem Begriff das versteht, was nach exaktem Sprachgebrauch allein darunter verstanden werden darf, nämlich: Umwandlung von wirtschaftlich Selbständigen in wirtschaftlich Unselbständige – sondern etwas ganz anderes, die völlige Ausschaltung von Menschen aus dem wirtschaftlichen Produktionsprozeß.»[9]

Schon Anfang des Jahres 1932 war in der ‹Jüdischen Rundschau› konstatiert worden,

«... weite Schichten des jüdischen Mittelstandes (sind) pauperisiert und figurieren nicht einmal in der Liste der Arbeitsuchenden, da sie gar keinen Anspruch darauf haben, als Unterstützungsempfänger aus der allgemeinen staatlichen Arbeitslosenunterstützung betrachtet zu werden. Diese Kreise fallen restlos der Wohltätigkeit anheim.»[10]

Den faktisch Arbeitslosen gesellten sich noch jüngere Selbständige zu: kleine Handwerker und Ladeninhaber, Hausierer, Handelsreisende, kleine Immobilienmakler, die buchstäblich nichts zu tun und finanziell nichts zuzusetzen hatten. Dazu gehörten dann ab April 1933 auch aus dem Beruf verdrängte Ärzte und Rechtsanwälte, die noch keine finanziellen Rücklagen hatten machen können.

2. Boykott

Viele der jüdischen Selbständigen sind nicht nur durch die Wirtschaftskrise geschädigt worden, auch die Boykottbewegung gegen jüdische Unternehmungen hat lange vor der Machtübernahme durch die NSDAP zu den wirtschaftlichen Schwierigkeiten beigetragen. Die antisemitische Boykottbewegung ist in der zweiten Hälfte der zwanziger Jahre ausgeweitet worden. In der jüdischen Presse häuften sich Berichte darüber, und der Central-Verein sah sich veranlaßt, einen Rechtsanwalt (Hans Lazarus) mit der Beobachtung der gerichtlichen Behandlung von Boykottfällen und mit der Beratung von Betroffenen zu beauftragen. In der ‹C.V.-Zeitung› erschienen regelmäßig Berichte über einstweilige Verfügungen oder Verurteilungen von Boykott-Aufrufern.

«Unseren Freunden ist zur Genüge bekannt, mit welcher nachhaltigen Energie und welchem erfreulichen Erfolge der Central-Verein der nationalsozialistischen Boykottbewegung bisher entgegengetreten ist. Zahlreiche Urteilssammlungen sind, worauf wir wiederholt hinwiesen, bei unseren Landesverbänden niedergelegt, so daß in allen Bezirken für vorkommende Fälle reichhaltiges Material bereit liegt. Unser Archiv umfaßt jetzt etwa 150 Entscheidungen.»[11]

In der gleichen Nummer wurde eine Liste mit 16 weiteren «in der letzten Zeit erstrittenen Urteilen gegen den Boykott» mitgeteilt. Die vom Central-Verein stimulierte juristische Abwehrbewegung hatte wohl erst allmählich Erfolg. Zunächst herrschte – insbesondere bei unteren Gerichten – die Maxime vor «Der Boykott der Juden ist erlaubt», die sich auf eine entsprechende beiläufige Bemerkung des Reichsgerichts in einem Urteil von 1906 mit ganz anderem Gegenstand stützte. Rechtsanwalt Lazarus schrieb im Oktober 1931:

«Die Untersuchung der Frage führt zum Teil in juristisches Neuland, dessen Probleme noch nicht überall richtig erkannt und durchdacht worden sind. Bei näherer Betrachtung zeigt sich, daß der völkische Boykott gegen die deutschen Juden unecht ist.

Im Wirtschaftskampf ist der Boykott eine erlaubte Waffe, soweit seine Zielsetzung oder seine Mittel nicht gegen die guten Sitten verstoßen. Auf der Arbeitgeberseite wird mit dem Boykott die Erreichung besserer Absatzbedingungen erstrebt. Auf der Arbeitnehmerseite soll der Boykott günstigere Lohn- und Arbeitsverhältnisse erzwingen. Beide Male findet die Boykottbewegung durch Erreichung des gesteckten Zieles ihr natürliches Ende. Gemeingut der Rechtsprechung ist es, daß der Boykott nicht die Vernichtung des Gegners bezwecken darf. Letzteres jedoch ist das offen eingestandene Ziel des völkischen Boykotts gegen die Juden. Die Juden werden wegen einer außerhalb des Wirtschaftslebens liegenden Tatsache verfolgt und mit Boykott bedroht. Und diese Tatsache können die Juden niemals ändern.

Mit dieser Einsicht, so sollte man meinen, wäre die Boykottbekämpfung sehr einfach. In der Praxis ist sie es jedoch nicht, denn nur langsam, wenn auch in zunehmendem Maße, setzt sich die oben entwickelte Auffassung durch.»[12]

Es war sicher ein Verdienst des CV, daß zahlreiche Boykotthetzer vor Gericht kamen und verurteilt wurden. Aber zum einen konnten einstweilige Verfügungen und Strafen die schon eingetretene Wirkung eines Boykottaufrufs nicht mehr aufheben, und zum anderen gab es zu viele Wiederholungstäter und solche, die den Richterspruch ignorierten. Hatten die jüdischen Handels- und Gewerbetreibenden bis zum 30. Januar 1933 Justiz und Verwaltung in Boykottfällen – wenn auch oft halbherzig – auf ihrer Seite, so änderte sich dies danach in verwirrender Weise.

Die Installierung der Regierung Hitler wurde zunächst allerdings mehr von terroristischen Gewaltakten begleitet, die sich sowohl gegen jüdische Personen wie gegen Synagogen, jüdische Friedhöfe, Geschäfte und Wohnungen von Juden richteten.[13] Erst nach den Wahlen vom 5. März 1933 wurden Großaktionen planmäßig organisiert:

«In einer Reihe von Städten des Industriegebietes sind am Dienstagabend (7. 3. 33) und im Laufe des Mittwochvormittag zahlreiche Warenhäuser und jüdische Geschäfte geschlossen worden. In den Straßen der Essener Geschäftsstadt herrschte am Vormittag buntes Leben. An den Toren und Eingängen zahlreicher jüdischer Geschäfte, dem Karstadt-Warenhaus Althoff, auf dem eine Hakenkreuzfahne weht, den Epa- und Woolworth-Einheitspreisgeschäften hatten sich große Menschenmengen angesammelt. Starke SA-Posten verhinderten mit dem Hinweis ‹Deutsche, kauft in deutschen Geschäften› ein Betreten der Geschäftshäuser und sorgten im übrigen für die Aufrechterhaltung der Ruhe.

Die von diesem Vorgehen betroffenen Kauf- und Warenhäuser haben ebenso wie die übrigen jüdischen Geschäfte angesichts dieser Lage ihre

Verkaufsräume geschlossen, das Personal einstweilen nach Hause geschickt und sich im übrigen beschwerdeführend an die zuständigen Stellen gewandt. Zu Zwischenfällen ist es bisher nirgends gekommen.

Nach anderen Meldungen wurden auch in Bottrop alle jüdischen Geschäfte geschlossen. In Mülheim-Ruhr nahmen Trupps uniformierter SA Aufstellung vor den jüdischen Geschäften und hinderten das Publikum am Eintritt. Die meisten Inhaber haben daraufhin ihre Geschäftsräume geschlossen. Auch hier entstanden im Stadtinnern große Menschenansammlungen, denen von Sprechchören der SA die Aufforderung, nicht in jüdischen Geschäften zu kaufen, zugerufen wurde. Die Polizei hat das Vorgehen der SA geduldet und erklärt, es handle sich nur um eine Protestkundgebung, die bis zum Geschäftsschluß am Mittwoch dauern soll.»[14]

Unter der Schlagzeile ‹Hiobsmeldungen aus dem ganzen Reich› zog das ‹Israelitische Familienblatt› das traurige Resumee der Woche vom 8.–12. März 1933:

«In vergangener Woche ereigneten sich fast im ganzen Reich Vorfälle, die zu einer Bedrohung und öfters auch zur Mißhandlung jüdischer Menschen und Schließung jüdischer Geschäfte durch unverantwortliche Elemente führten. Alle diese Fälle im einzelnen aufzuführen, ist angesichts ihrer bedauerlichen Fülle technisch unmöglich und wegen ihrer vielfach zu beobachtenden Gleichartigkeit wohl auch nicht zwingend nötig ... (Es) dehnten sich die gleichen Zwischenfälle am Freitag und Sonnabend auch auf andere Städte des Reiches aus. So wurden in Berlin, Frankfurt a. M., Hamburg, Gotha, Breslau, Würzburg, Leipzig, Chemnitz, Zwickau, Hannover, Kassel, Magdeburg, Königsberg, Mainz sowie in zahlreichen kleineren Orten nach dem gleichen System Geschäfte jüdischer Inhaber geschlossen. In fast allen diesen Städten erklärten die Gauleiter der NSDAP, daß die Order für dieses Vorgehen nicht von ihnen stamme.»[15]

Hitlers Aufrufe zur Disziplin vom 10. und 12. März, die mehr der Beschwichtigung konservativer Kritiker als der Beendigung des Terrors dienen sollten, brachten vorübergehend «eine gewisse Ruhe». Um den 23. März gemeldete Aktionen machten nicht mehr den Eindruck der Fernsteuerung.

Die Terroraktionen der Nationalsozialisten gegen jüdische Unternehmen, die Gewaltakte gegen Juden, gegen politische Gegner verschafften den Nationalsozialisten international eine mehr als schlechte Presse. Möglicherweise hätte dies die Verantwortlichen nicht einmal übermäßig berührt, wenn sich nicht Anzeichen eines Handelsboykotts gegen das Deutsche Reich bzw. deutsche Produkte bemerkbar gemacht hätten. Man griff zu «Abwehrmaßnahmen», und zwar zu einer die ausländischen Pressemeldungen und -kommentare scharf überzeichnenden Medienkampagne und zur Ankündigung eines Judenboykotts: Die deutschen Juden sollten als Geiseln oder Faustpfand für das Wohlverhalten des Auslandes, vor allem seiner «Pressejuden» vorgeführt werden. Am 26. März wurde der Boykott für den 1. April beschlossen, er sollte bis zum Widerruf – also bis zur «Kapitulation» der Auslandspresse – dauern. In den letzten Märztagen wurde die Aktion in der Presse als Maßnahme der Partei angekündigt; die Reichsregierung hielt sich derweil bedeckt.

«Aus München ist jetzt der angekündigte Aufruf der nationalsozialistischen Parteileitung erfolgt, der die Einsetzung von Aktionskomitees im ganzen Reich anordnet, um den Boykott jüdischer Geschäfte, Waren, Ärzte, Rechtsanwälte zu organisieren. Der Boykott soll schlagartig am Samstag, den 1. April, 10 Uhr vormittags beginnen.

Zur Begründung dieser Maßnahmen wurde in dem Aufruf der Partei gesagt, daß das deutsche Volk nach vierzehnjähriger innerer Zerrissenheit, seine Stände, Klassen, Berufe und konfessionellen Spaltungen politisch überwindend, eine Erhebung durchgeführt habe, die dem marxistisch-jüdischen Spuk blitzschnell ein Ende bereitete. In jämmerlicher Feigheit hätten die jüdisch-marxistischen Bonzen ihre Machtstellungen geräumt. Trotz allen Geschreis wagte kein einziger, ernstlichen Widerstand zu leisten. Nur der beispiellosen Disziplin und Ruhe, mit der sich der Akt des Umsturzes vollzog, hätten es die Urheber und Nutznießer unseres Unglückes zuzuschreiben, wenn sie fast ausnahmslos ungeschoren blieben ...

In dem Aufruf wird dann angeordnet, daß in jeder Ortsgruppe und Organisationsgliederung sofort Aktionskomitees, zur praktischen, planmäßigen Durchführung des Boykotts jüdischer Geschäfte, Waren, Ärzte, Rechtsanwälte gebildet werden.»[16]

Der Ankündigung folgten «wilde» Aktionen in vielen Orten des Reichs, vor allem im Ruhrgebiet, auf dem Fuß: Der Boykott wurde sozusagen geübt. Der Führer des «Zentral-Komitees zur Abwehr der jüdischen Greuel- und Boykotthetze», der fränkische NSDAP-Gauleiter Julius Streicher, gab am 30. März eine Anordnung zur Durchführung der Aktion bekannt:

«1. Die Leiter der örtlichen Komitees ... werden unverzüglich von den zuständigen Dienststellen der P(artei) O(rganisation) ernannt.

Als Leiter des Gaukomitees empfiehlt es sich, die Gauführer des Kampfbundes des gewerblichen Mittelstandes zu ernennen, da diese N.S.-Organisation gemäß ihrer Eigenart über die notwendigen Unterlagen und Erfahrungen für den Aufbau der Abwehrbewegung verfügt. Die Rücksichtnahme auf die persönliche Eignung des zu Ernennenden wird hierdurch selbstverständlich nicht berührt.

2. Die Aktionskomitees (deren Mitglieder keinerlei Bindung mit Juden haben dürfen) stellen sofort fest, welche Geschäfte, Warenhäuser, Kanzleien usw. sich in Judenhänden befinden.

3. Es handelt sich bei dieser Feststellung selbstverständlich um Geschäfte, die sich in den Händen von Angehörigen der jüdischen Rasse

befinden. Die Religion spielt keine Rolle. Katholisch oder protestantisch getaufte Geschäftsleute oder Dissidenten jüdischer Rasse sind im Sinne dieser Anordnung ebenfalls Juden.

4. Firmen, bei denen Juden nur finanziell beteiligt sind, fallen unter eine noch zu treffende Regelung.

5. Ist der Ehegatte einer nichtjüdischen Geschäftsinhaberin Jude, so gilt das Geschäft als jüdisch. Das gleiche ist der Fall, wenn die Inhaberin Jüdin, der Ehegatte dagegen Nichtjude ist.

6. Einheitspreisgeschäfte, Warenhäuser, Großfilialbetriebe, die sich in deutschen Händen befinden, fallen nicht unter diese Boykottaktion. Ebenso fallen nicht darunter die ‹Woolworth›-Einheitspreisgeschäfte. Diese Firma ist amerikanisch und außerdem nicht jüdisch. Die sogenannten ‹Wohlwert›-Einheitspreisgeschäfte dagegen sind jüdisch und daher zu boykottieren.

7. Die Aktionskomitees übergeben das Verzeichnis der festgestellten jüdischen Geschäfte der SA und SS, damit diese am Sonnabend, dem 1. April 1933, vormittags Punkt 10 Uhr die Wachen abstellen können.

8. Die Wachen haben die Aufgabe, dem Publikum bekannt zu geben, daß das von ihnen überwachte Geschäft jüdisch ist. Sie haben vor dem Einkauf in diesem Geschäft zu warnen. Tätlich vorzugehen ist ihnen verboten. Verboten ist auch, die Geschäfte zu schließen, die Fensterscheiben zu zertrümmern oder sonstigen Sachschaden anzurichten ...»[17]

Der Vorschlag, die Gauführer des Kampfbundes des gewerblichen Mittelstandes zu Leitern der Gaukomitees zu bestellen, zielte darauf, die boykotterfahrensten Nationalsozialisten – als die besten Kenner ihrer jüdischen Konkurrenz – in die vorderste Linie zu stellen, denn der Kampfbund hatte schon in den Jahren zuvor die meisten Aktionen initiiert oder praktiziert. Am Rande sei noch vermerkt, daß Streicher im dritten Punkt seiner Anordnung die Nürnberger Rassegesetze von 1935 zum Teil vorwegnahm. In den letzten Tagen vor dem Boykott hatte eine Reihe von Personen, Organisationen und Institutionen, die nicht unbedingt mit dem Nationalsozialismus identifiziert werden konnten, gegen die «Greuelhetze» der ausländischen Presse Protest erhoben, darunter der Central-Verein, die Zionistische Vereinigung für Deutschland und die Jüdische Gemeinde zu Berlin. Über die Intentionen der nichtjüdischen kann man nur spekulieren; die jüdischen Proteste waren wohl so etwas wie ein Hilferuf. Der Berliner Gemeindevorstand sandte am 30. März das folgende Telegramm unter anderem an das American Jewish Committee New York:

«Zeitungsnotizen zufolge dauert dort Greuel- und Boykottpropaganda gegen Deutschland an, angeblich teilweise auch seitens jüdischer Organisationen. Als Deutsche und als Juden müssen wir hiergegen entschieden Verwahrung einlegen. Die Verbreitung unzutreffender Meldungen ist nur geeignet, Schaden anzurichten, das Ansehen unseres deutschen Vaterlandes zu mindern und die Beziehungen der deutschen Juden zu ihren Mitbürgern zu gefährden. Ersuchen dringend, dafür zu wirken, daß jegliche Greuel- und Boykottpropaganda unterbleibt.»[18]

Aber noch etwas muß in den letzten Märztagen geschehen sein. Man scheint auf nationalsozialistischer Seite kalte Füße bekommen zu haben. War man nicht sicher, ob man die «Volkswut» von SA und SS und den Konkurrenzneid des Kampfbundes zügeln könnte? Das Verbot von Tätlichkeiten und Sachbeschädigungen war sicher nicht nur Alibi; und Meldungen über Vorfälle beim Vorweg-Boykott konnten die Befürchtungen nur bestärken:

«Aus Annaberg in Sachsen wird gemeldet: Hier zogen heute vormittag vor den jüdischen Geschäften starke SS-Abteilungen auf und drückten jedem Käufer, der die Läden verließ, einen Stempel mit der Inschrift: ‹Wir Verräter kauften bei Juden› ins Gesicht.»[19]

War man sich vielleicht weiter nicht sicher, ob die Reaktion des Auslandes den eigenen Wünschen entsprechen würde? Es konnte mit noch schärferen Angriffen reagieren; eine große Boykottwelle konnte sich ausbreiten, die für die deutsche Wirtschaft tödlich sein würde. Und hatten diejenigen, die vor einer Beschädigung der jüdischen Wirtschaft in Deutschland warnten, genügend Bedenken wachgerufen? Denn noch war die deutsche Wirtschaft auf die Leistung jüdischer Unternehmen angewiesen.

Den Boykott abzublasen war angesichts der Propagandakampagne nicht möglich; aber man konnte ihn begrenzen. So erklärte Goebbels noch am 31. März, die «Greuelhetze» flaue – ein Erfolg der Boykottandrohung – ab. Der Boykott werde am 1. April «mit voller Wucht und Disziplin durchgeführt». Er werde vom Abend des 1. bis 5. April ausgesetzt. Sei die Greuelhetze bis dahin eingestellt, kehre man zum Normalzustand zurück. So zeigen Aufrufe, die kurz vor Aktionsbeginn herausgegeben wurden, ein doppeltes Gesicht, martialisch gegen die Juden und zugleich drohend gegen potentielle Gewalttäter.

«Achtung! Schlag 10 Uhr beginnt der Abwehrboykott gegen die internationale jüdische Greuelhetze. Er wird durchgeführt, bis die Parteileitung die Beendigung anordnet.

Jegliche Ausschreitung ist mit allen Mitteln zu verhindern. Lassen sich Parteigenossen zu irgendwelcher Gewalt hinreißen, so ist ihnen auf der Stelle das Braunhemd herunterzureißen. Keinem Juden wird auch nur ein Haar gekrümmt.

Parteigenossen und deren Angehörige sowie Mitglieder nationalsozialistischer Organisationen, die in boykottierten Geschäften kaufen oder boykottierte Personen in Anspruch nehmen, sind zum Ausschluß sofort den Parteidienststellen zu melden.»

Und der Aufruf der NSDAP-Gauleitung Baden schloß:

«Judenboykott» am 1. April 1933. SA-Wache vor jüdischen Rechtsanwaltspraxen in München

«Deutsche Volksgenossen und Volksgenossinnen!
Meidet die mit dem Boykottzeichen gekennzeichneten Häuser!
Zur Abwehr der jüdischen Greuel- und Boykotthetze!
Boykottiert alle jüdischen Geschäfte!
Kauft nicht in jüdischen Warenhäusern!
Geht nicht zu jüdischen Rechtsanwälten!
Meidet jüdische Ärzte!
Die Juden sind unser Unglück!
Kommt zu den Massenversammlungen!»[20]

Der Boykott verlief im wesentlichen entsprechend den Vorgaben der Parteiführung; auch Gewalttätigkeiten sind weitgehend unterblieben. Die ‹Frankfurter Zeitung› berichtete:

«Aus Berlin, 1. April. Um 10 Uhr ist der Potsdamer Platz vom Boykott so gut wie unberührt – daß alle Verkehrsmittel der Berliner Verkehrsgesellschaft schwarzweißrot und Hakenkreuz geflaggt haben, geschah wegen des Geburtstages Bismarcks, nicht wegen des Boykotts. Nur vor einem schwach besuchten Café stehen Nationalsozialisten. Aber schon am angrenzenden Leipziger Platz vor Wertheim drängen sich dichte Scharen um die Boykottposten, die vor den geöffneten Toren des Warenhauses auf und ab gehen. Die ganze Leipziger Straße ist belebt wie bei einem Volksfest. Die Friedrichstraße desgleichen. SA und Polizei fordern zum Weitergehen auf und sorgen dafür, daß sich die dichtesten Gruppen von Zeit zu Zeit zerstreuen. Das Bankenviertel wird vom Boykott nicht betroffen und ist ruhig wie immer. Drei verschiedene Plakate kleben an den Schaufenstern der jüdischen Geschäfte. Ein großes weißes mit deutschem und englischem offiziellem Boykottext, oder das große rote, das auch die Boykottposten umgehängt tragen, mit den Worten: ‹Wehrt euch, kauft nicht bei Juden!›, oder schließlich ein ganz kleines gelbes mit einem schwarzen Punkt in der linken unteren Ecke und der Bemerkung, der Kauf beim Juden sei mit Lebensgefahr verbunden.

...

Gruppen Schaulustiger umstehen die SA-Posten, unterhalten sich mit ihnen und tun, was auch bei jüdischen Geschäften nicht verboten ist, sie betrachten die Auslagen. Gelegentlich werden Flugblätter verteilt. Viele, auch große Firmen haben geschlossen. An ihren Scheiben hängen nur die Plakate, Posten sind hier überflüssig. So ist es fast überall im Textilviertel, in den Nebenstraßen ist die Aktion gegen mittag noch nicht überall durchgeführt. Aktionsmitglieder gehen noch mit Listen von Haus zu Haus und stellen die zu boykottierenden Läden fest.

...

Am Alexanderplatz, in der Königstraße, am Rathaus und weiter hinauf zum Norden ist der Verkehr stellenweise kaum zu bewältigen. Soviel Volk ist hier unterwegs. In diesen Gegenden hat private Arbeit den offiziellen Boykottext ergänzt. ‹Juda verrecke› und Hakenkreuze sind an die großen Scheiben der (geschlossenen) Hermann Tietz-Filialen mit brauner Farbe auf die Scheiben aufgemalt. Achtung Lebensgefahr, Judas raus, Achtung Itzig, auf nach Palestina, Juden raus oder nach Jerusalem ... ist zu lesen ... Die Häuser, in denen jüdische Ärzte praktizieren oder Rechtsanwälte ihre Kanzleien haben, erhielten Plakatträger mit der Aufforderung: ‹Achtung Juden, Besuch verboten›.»[21]

Es gab aber auch Solidaritätsbeweise für die Juden. Als Beispiel für nonkonformes Verhalten von Nichtjuden sei der Leserbrief eines jüdischen Geschäftsmannes aus Berlin-Friedenau wiedergegeben:

«Als der Posten gegen ¾ 10 Uhr vormittags vor meinem Geschäft Aufstellung nahm, hängte ich ein Plakat folgenden Inhalts in mein Schaufenster:

‹Vier Jahre habe ich für Deutschland mein Leben eingesetzt; davon fast drei Jahre auf dem Unterseeboot U.C.22. Zwei Brüder von mir sind in Frankreich für Deutschland gefallen. Wer es mit deutscher Gesinnung vereinbaren kann, der boykottiere mich jetzt und kaufe nicht bei mir.›

An das Plakat befestigte ich meine sechs Kriegsauszeichnungen, darunter das E.K.I und das U-Bootsabzeichen.

Ich hielt mein Geschäft geöffnet. In unmittelbarer Nähe war Markt. Vor meinem Schaufenster stauten sich die Menschen, die fast durchweg für mich Stellung nahmen. Ein General kam, ostentativ an dem Posten vorbei, zu mir ins Geschäft und sprach mir unter ermunternden Worten seine Anerkennung ... aus. Ein Landgerichtsdirektor kam und kaufte eine Kleinigkeit, um mir an dem für mich so bitteren Tage seine Treue zu zeigen. Eine Dame, die Frau eines bedeutenden Gelehrten, brachte mir ein Sträußchen Veilchen – und so könnte ich noch viele aufzählen.

Als die Ansammlung immer größer wurde, kam der Hauptmann vom Revier und ersuchte mich in höflichster Form, das Plakat abzunehmen, da der Verkehr behindert würde. Das tat ich nun selbstverständlich und schloß gegen ¾ 1 Uhr mittags mein Geschäft.»[22]

Der Boykott wurde – wie angekündigt – in der Nacht vom 1. zum 2. April ausgesetzt und nicht wieder aufgenommen, obgleich die Berichterstattung der internationalen Presse kaum an Schärfe verlor. Der Boykott wurde aber auch nie offiziell beendet. Aktionen haben dann trotz aller amtlichen Verlautbarungen, daß keine Störungen der Wirtschaft erlaubt seien, in der Folgezeit immer wieder stattgefunden, in einigen Regionen mehr, in anderen weniger.

3. Verdrängung

Die Angestellten

Die Boykott-Aktion wurde vielfach zum Anlaß genommen, jüdische Angestellte zu entlassen. Wie viele davon betroffen waren, ist nicht festzustellen. Die Entlassungen erfolgten, entweder weil der Arbeitgeber Gefährdungen für seinen Betrieb durch Umsatzrückgänge vorgab – ihm drohe wegen der Beschäftigung von Juden dauernde Boykottierung – oder weil tatsächlich Parteistellen oder von der Partei eingesetzte Betriebskommissare mit Maßnahmen gegen den Betrieb gedroht hatten.

«Es mag richtig sein, daß mancher jüdische oder auch nichtjüdische Arbeitgeber, um Beunruhigungen oder Störungen in den einzelnen Wirtschaftsunternehmen zu vermeiden, sich zu Verhandlungen mit lokalen oder Betriebsangehörigen-Stellen bereit gefunden hat. Eine gütliche Regelung ist fast überall dort erreicht worden, wo der Arbeitgeber sich mit Energie auf den Standpunkt gestellt hat, daß er der allein Verantwortliche für seinen Betrieb ist und er darüber zu entscheiden habe, wer in seinem Betrieb arbeiten soll oder nicht. Wo diese Forderung verkannt wurde, muß darauf hingewiesen werden, daß der Wiedereinstellung oder der Wiederbeschäftigung jüdischer Arbeitnehmer rechtliche Hinderungsgründe nicht entgegenstehen. Es ist aber leider richtig, daß die Neigung zur kampflosen

Selbstaufgabe in höherem Maße verbreitet ist, als die andere Seite selbst annehmen konnte.»[23]

Der Central-Verein, der Mitte März eine juristisch-wirtschaftliche Beratungsstelle eingerichtet hatte, wurde zum Zentrum von Gegenaktionen.

«Die meisten Anfragen betrafen naturgemäß den Boykott und die dabei angekündigten fristlosen Entlassungen jüdischer Angestellter. Der Central-verein hatte noch in letzter Stunde gemeinsam mit den zuständigen Gremien des Einzelhandels eine maßgebliche Auslegung der Kündigungsfrage erreicht. In zahlreichen Einzelbesprechungen konnte bei jüdischen oder nichtjüdischen Arbeitgebern, die sich nach den Boykottbestimmungen zur Kündigung der jüdischen Angestellten für verpflichtet gehalten hatten, Aufklärung darüber gebracht werden, daß die Frage der Entlassung der jüdischen Angestellten vorläufig zurückzustellen sei. Nach Mitteilung der NSBO sollen auch die Betriebszellen entsprechend verständigt worden sein.»[24]

Dieser Versuch, Zeit zu gewinnen, hatte offensichtlich teilweise Erfolg, auch wenn zunächst Arbeitsgerichte im Sinne einer Art höherer Revolutionsgesetzlichkeit entschieden: «Die fristlose Entlassung ... steht im Zusammenhang mit der nationalen Revolution des deutschen Volkes. Die Maßnahmen sind durch die gewonnene Revolution rechtlich sanktioniert.»[25] Ende April und Anfang Mai wurden Erlasse des Preußischen Innenministeriums und des Preußischen Ministerpräsidenten veröffentlicht, die die Möglichkeiten der fristlosen Entlassung jüdischer Arbeitnehmer auch rückwirkend erheblich einschränkten. Der in der Beratungsstelle tätige Fritz Goldschmidt berichtete später: «Mit einzelnen Parteidienststellen wurde ein ‹Waffenstillstand› geschlossen, nach dem eine Anzahl von Entlassungen jüdischer Angestellter in ‹Beurlaubungen› umgewandelt wurden.»[26]

In einem Rückblick stellte man im CV fest:

«Als der Boykottag auch viele jüdische Angestellte vor das Nichts stellte oder zu stellen drohte, stand die praktische Behebung der dringendsten Unzuträglichkeiten im Mittelpunkt. Auch heute noch ist einzelnes nachzuglätten und auszugleichen, aber die springflutartige Fülle gerade der Angestelltenbeschwerden hat nachgelassen.»[27]

Die nachfolgenden zahlreichen Arbeitsgerichtsurteile schienen ebenso wie zahlreiche offizielle Äußerungen, daß störende Eingriffe in die Wirtschaft verboten seien, den Optimismus zu rechtfertigen. Die Arbeitsgerichte urteilten zunehmend nach dem Tenor, trotz der «veränderten Einstellung» des deutschen Volkes gegenüber dem Judentum sei der Satz, jeder Angestellte nichtarischer Abstammung könne fristlos entlassen werden, für das Gebiet des Wirtschaftslebens nicht anzuerkennen. Auch die «bloß subjektive Vermutung einer Gefahr für den Arbeitgeber» genüge nicht, «um die fristlose Entlassung zu rechtfertigen»[28].

Vor allem hoben die Gerichte darauf ab, daß schon am 1. April habe übersehen werden können, der Boykott würde zunächst auf einen Tag begrenzt werden, und daß in den Tagen danach klargeworden sei, daß er nicht wieder aufgenommen würde. Schon vor den eindeutigen Urteilen des Reichsarbeitsgerichts haben die Landesarbeitsgerichte fristlose Entlassungen jüdischer Angestellter während des Boykotts oder später wegen drohenden Boykotts für ungerechtfertigt erklärt. Jedoch konnte hier angesichts der Rechtslage der Urteilstenor nur lauten: Die frist*lose* Kündigung war ungerechtfertigt, nicht aber eine unter Wahrung der Fristen. Die beklagten Arbeitgeber wurden also nicht zur Wiedereinstellung verurteilt, sondern zur Weiterzahlung des Gehalts bis zu dem Zeitpunkt, an dem eine ordentliche Kündigung wirksam wurde. Das Heer der jüdischen Arbeitslosen vergrößerte sich weiter.

Ärzte, Juristen, Beamte

Jüdische Ärzte und Rechtsanwälte (oder generell Juristen) bildeten den Nationalsozialisten besonders verhaßte jüdische Berufsgruppen. Jüdische Rechtsanwälte, die häufig in Prozessen gegen nationalsozialistische Täter aufgetreten waren, galten auch als Symbole der verhaßten Weimarer Republik, während die jüdischen Ärzte mehr rassistisch-wolkig als Volksvergifter denunziert und für unfähig erklärt wurden, deutsche Menschen zu heilen. Handfestere Gründe für die Einstellung der Nationalsozialisten resultierten aber aus der Tatsache, daß vergleichsweise sehr viele Juden als Rechtsanwälte oder Ärzte tätig waren. So haben im Juni 1933 (Volkszählung) 5557 Juden als Beruf Arzt, 3030 als Beruf Rechtsanwalt/Notar und 79 Patentanwalt angegeben, das waren 11% aller Ärzte, 16% aller Rechtsanwälte/Notare und 13% aller Patentanwälte. Hinzu kommt, daß die jüdischen Berufsgruppen in erheblichem Ausmaß räumlich konzentriert waren, 45% der jüdischen Ärzte und rund 40% der Anwälte praktizierten in Berlin, mindestens weitere 30% der Ärzte in anderen preußischen Großstädten.

«Diese auffallend ungleiche Verteilung, mit dem Übergewicht auf einige Großstadtzentren, erklärt sich im wesentlichen daraus, daß man in der deutschen Kleinstadt und im ländlichen Bezirk Juden immer viel unduldsamer gegenüberstand, als es in den großen Städten der Fall war, die ja zudem noch meist starke jüdische Gemeinden besaßen. Dazu kam, daß gerade Berlin mit seiner liberalen Atmosphäre besonders in der Weimarer Zeit und mit seinen entsprechend freisinnigen Strömungen in der Stadtverwaltung und in den ständischen Organisationen, speziell in den freien Berufen seinen Juden günstige Arbeitschancen bot. Für die jüdischen Ärzte spiegelte sich diese relativ gute Position in Berlin besonders im kassenärztlichen Bereich wider, der in den kleineren Orten Deutschlands unzugänglicher war. Juden befanden sich in maßgeblichen Stellungen des Berliner Ärztebundes, ebenso wie sie auch in den leitenden Gremien der Gewerkschaften vertreten waren. Hierzu trug allerdings der Umstand bei, daß gerade jüdische Ärzte der älteren Generation wesentlich an Aufbau und Entwicklung der Sozialversicherung teilgenommen hatten.

In der Provinz gab es Juden nur spärlich in leitenden ärztlichen Stellungen oder auf Assistentenposten von Krankenhäusern. In Berlin hingegen – wenn man von den «konfessionell» dirigierten katholischen und protestantischen Institutionen absieht – waren nach meiner Schätzung mehr als 50% von allen dirigierenden Krankenhausärzten städtischer Anstalten Juden, der Prozentsatz jüdischer Assistenzärzte an diesen Krankenhäusern lag sogar noch höher. Weiterhin befanden sich die zahlreichen Berliner Privatkliniken überwiegend in jüdischen Händen. Der Grund hierfür bestand in dem empfindlichen Mißverhältnis zwischen der großen Zahl guter jüdischer Spezialisten und deren Chance einer klinischen Betätigung an öffentlichen Institutionen. In diesem Bereich wirkte sich besonders stark der Umstand aus, daß jüdische Ärzte in der Provinz eben nur geringe Berufschancen hatten, von Kreis- und Ortskrankenhäusern dort praktisch ausgeschlossen waren.»[29]

Ob jüdische Rechtsanwälte in ihren Standesorganisationen besonders einflußreich waren, ist schwer auszumachen, will man nicht im ‹Anwaltsblatt›, dem Organ des Deutschen Anwaltsvereins, jüdisch klingende Namen in Vorstand- und Delegiertenlisten auszählen. Immerhin wurde der Vorsitzende der Vereinigung für das liberale Judentum noch im Februar 1933 in den Vorstand der Berliner Anwaltskammer gewählt.[30]

Daß unter deutschen Richtern *diejenigen* zahlreich vertreten waren, die auch schwerwiegende nationalsozialistische Terrorhandlungen außerordentlich milde beurteilten, ist hinlänglich bekannt. Auf der anderen Seite scheint die Mehrheit der Rechtsanwälte in Deutschland ihren jüdischen Kollegen positiv bis neutral gegenübergestanden zu haben, mindestens einem Radauantisemitismus abhold gewesen zu sein. Man wird dies als Tatsache nehmen müssen, sofern man akzeptiert, daß die Zusammensetzung der Vorstände der Anwaltskammern und des Deutschen Anwaltvereins die politische Stimmung und das Berufsethos der Wählenden spiegeln. Im Juli 1932 reagierten die genannten Vorstände scharf auf eine Einlassung des nationalsozialistischen Abgeordneten Kube im Preußischen Landtag am 22. Juni 1932. Kube hatte gesagt: «Die Mehrzahl der heute tätigen Anwälte hat wiederholt Ehrauffassungen bekundet, die den deutschen Ehrauffassungen grundsätzlich widersprechen ... in Ihren Anwaltskammern sind derartig viel – ich gebrauche absichtlich das Wort – Judenjungen hemmungslosester Art, daß wir diesen Burschen nach keiner Richtung hin das Recht einräumen, über einen von uns zu Gericht zu sitzen.»

Der Präsident des Deutschen Anwaltvereins, Rudolf Dix, erklärte daraufhin in einem offenen Brief an Kube über die scharfe Zurückweisung der

Behauptung über die Ehrauffassungen hinaus: «Gleichgültig welche Stellung man weltanschaulich, politisch und rassenmäßig zur Judenfrage einnimmt, kann man nur die menschliche und politische Kulturlosigkeit bedauern, die in solchen antisemitischen Ausfällen gegen meine jüdischen Kollegen liegt ...» Die Erklärung der Vereinigung der Vorstände der deutschen Anwaltskammern fiel nicht minder deutlich aus.[31]

Wohl die erste organisierte Aktion der Nationalsozialisten gegen die Justiz nach der Bildung der Regierung Hitlers erfolgte in Breslau. Rechtsanwalt Ludwig Foerder berichtete später darüber, er sei an jenem Sonnabend, dem 11. März 1933, nach dem Synagogenbesuch ins Amtsgericht gegangen.

«Plötzlich – es war genau 11 Uhr – ertönte auf den Korridoren ein Gebrüll wie von wilden Tieren, das sich schnell näherte. Die Türen des Anwaltszimmers flogen auf. Herein quollen zwei Dutzend SA-Männer in ihren braunen Blusen und Kappen und schrien ‹Juden raus›. Einen Augenblick waren alle, Juden und Christen, wie gelähmt. Dann verließen die meisten jüdischen Anwälte das Zimmer. Ich bemerkte den über 70 Jahre alten Justizrat Siegmund Cohn, Mitglied des Vorstandes der Anwaltskammer, wie er vor Schreck wie angenagelt auf seinem Stuhl saß und unfähig war, sich zu erheben. Ein paar Mitglieder der braunen Horde stürzten auf ihn zu. Da traten einige jüngere christliche Anwälte, darunter Mitglieder des deutsch-nationalen ‹Stahlhelms›, hinzu und stellten sich schützend vor ihn, was die Eindringlinge bewog, von ihm abzulassen. Ich selbst rührte mich zunächst nicht von der Stelle. Da sprang ein SA-Mann auf mich zu und packte mich am Arm. Ich schüttelte ihn ab, worauf er sogleich aus dem rechten Ärmel seiner Bluse ein metallenes Futteral hervorzug, das auf einen Druck eine Spirale hervorspringen ließ, an deren Ende eine Bleikugel befestigt war. Mit diesem Instrument versetzte er mir zwei Schläge auf den Kopf, der sogleich infolge eines Blutergusses anzuschwellen begann. ... Man sah Richter, Staatsanwälte, Rechtsanwälte, wie sie, manche in ihren Amtsroben, von kleinen Gruppen der braunen Horde auf die Straßen getrieben wurden. Überall rissen die Eindringlinge die Türen der Verhandlungszimmer auf und brüllten ‹Juden raus›. Ein geistesgegenwärtiger junger Assessor, der gerade seine Sitzung abhielt, schrie sie an: ‹Macht, daß Ihr herauskommt›, worauf sie sogleich verschwanden. In einem Zimmer saß ganz allein ein jüdischer Referendar. Zwei Hooligans schrieen ihn an: ‹Sind hier Juden?› Er erwiderte seelenruhig: ‹Ich sehe keinen› – worauf sie die Tür zuwarfen und weiterzogen.

Ich begab mich in der Absicht, gegen die Unholde Hilfe von außen herbeizurufen, in das Zimmer des Aufsichtsrichters des Amtsgerichts. Der 64jährige Amtsgerichtsdirektor, ein alter Hauptmann der Landwehr, den ich seit mehr als zwei Jahrzehnten als einen anständigen und energischen Deutschnationalen kannte, saß ziemlich bleich in seinem Lehnstuhl. Ich fragte ihn, welche Maßnahmen er zu treffen gedenke, um diesem unerhörten Ereignis zu begegnen. Er erwiderte, er habe bereits mit dem stellvertretenden Landgerichts-Präsidenten telefoniert, dieser habe ihm mitgeteilt, daß er sich seinerseits mit dem Präsidenten des Oberlandesgerichts in Verbindung setzen werde. Ich wandte ein, daß mir die Beobachtung des Instanzenzuges in dieser Situation nicht ganz angebracht scheine, und bat ihn, mich seines Telefonapparates bedienen zu dürfen, was er gestattete. Ich rief das Überfallkommando des benachbarten Polizeipräsidiums an und erhielt den Bescheid, zwanzig Polizisten seien bereits nach dem Gerichtsgebäude unterwegs. ... Nach einer kleinen Weile sah ich zwanzig Mann im Gänsemarsch über die Straße kommen, und zwar *im denkbar gemächlichsten Schritt.* Sofort wurde mir klar, daß der neue Polizeipräsident Heines zu den Arrangeuren des Pogroms gehöre; er sorgte dafür, daß seine Männer nicht zu zeitig eintrafen. ... Die Art, auf die die Breslauer Richterschaft auf dieses in den Annalen der deutschen Rechtsgeschichte noch nicht dagewesene Ereignis reagierte, war sehr interessant und ist wohl bis heute noch nicht genügend bekannt geworden. Am Nachmittag desselben Tages versammelten sich die Richter im Gebäude des Oberlandesgerichts und beschlossen für sämtliche Gerichte der Stadt Breslau ein Justitium (Stillstand der Rechtspflege) eintreten zu lassen. Es wurde bekanntgegeben, daß für eine gewisse Dauer kein Richter ein Gerichtsgebäude betreten werde, was zur Folge hatte, daß keine Gerichtsverhandlungen stattfanden und der Lauf wichtiger gesetzlicher Fristen gehemmt oder unterbrochen wurde. Mit anderen Worten: die Richter streikten. Wäre dieses Verfahren an all den vielen Gerichten verfolgt worden, in denen sich in den nächsten Wochen die gleichen unwürdigen Szenen abspielten, wer weiß, welchen Verlauf dann die ‹nationale Erhebung› genommen hätte, die mit einem derartigen Niedergang der Moral begann.»[32]

Vergleichbare Exzesse spielten sich am gleichen Tag auch im Landgericht und am folgenden Montag im Oberlandesgericht ab. Der Vorfall endete mit einer Vorwegnahme kommender Dinge. Der Oberlandesgerichtspräsident legte als Richtlinie fest:

«Unter allen jüdischen Breslauer Anwälten werden 17 ausgewählt, welche an den Breslauer Gerichten auftreten. Diese Herren erhalten zu ihrer Legitimation besondere polizeiliche Ausweise. Alle anderen jüdischen Rechtsanwälte halten sich vom Auftreten vor Gericht fern.»[33]

Bis zum und am Boykottag, dem 1. April 1933, wurden auch in zahlreichen anderen Orten Deutschlands jüdische Richter und Rechtsanwälte – häufig gewaltsam – aus den Gerichten gewiesen. Die ‹Vossische Zeitung› berichtete am Abend des 1. April:

«Boykottposten stehen auch vor den Eingängen der Gerichte. Man hört, daß der Reichskommissar für das preußische Justizministerium, Kerrl, die nationalsozialistischen Justizbeamten angewiesen hat, darauf zu achten, daß heute keine jüdischen Richter, Geschworenen oder Schöffen erscheinen. Auch den jüdischen Anwälten, die Termine wahrzunehmen hatten, wurde der Eintritt ins Gericht verwehrt. Bei den Terminen, zu denen trotzdem jüdische Anwälte schon vor der Absperrung erschienen waren, wurde die Vertagung herbeigeführt.»[34]

Am 7. April 1933 erließ die Reichsregierung das «Gesetz zur Wiederherstellung des Berufsbeamtentums». Auf die deutschen Juden bezog sich dessen Paragraph 3, der bestimmte, daß Beamte, «die nicht arischer Abstammung sind, ... in den Ruhestand zu versetzen» seien. Davon ausgenommen wurde, wer vor dem 1. August 1914 Beamter geworden war, wer Frontkämpfer war oder dessen Vater oder Söhne im Weltkrieg gefallen sind.

Durch Verordnungen vom 4. und 6. Mai 1933 wurde die Wirksamkeit des Gesetzes auch für Angestellte, Arbeiter, Richter, Lehrer und Hochschullehrer festgestellt. Wie viele in irgendeiner Form im öffentlichen Dienst tätige Juden dadurch ihre Stellung verloren haben, ist nicht auszumachen. Die Zentralstelle für jüdische Wirtschaftshilfe schätzte 1934, «daß etwa 2000 akademisch vorgebildete und berufstätige Beamte durch die Ariergesetzgebung ihre Position verloren haben»[35]. Darüber hinaus wurden im gleichen Bericht knapp 700 glaubensjüdische Hochschullehrer (allerdings im weitesten Sinne) als ausgeschieden genannt.

Die Bedeutung des «Gesetzes zur Wiederherstellung des Berufsbeamtentums» reichte aber für die deutschen Juden weit über den öffentlichen Dienst hinaus. Es wurde zum gesetzlichen Richtmaß für alle Juden, die in Berufen mit öffentlich-rechtlicher oder öffentlicher Wirksamkeit tätig waren. Als erste Berufsgruppe außerhalb des öffentlichen Dienstes wurden die Rechtsanwälte und Notare betroffen. Am 18. April wurde ein Gesetz über die Zulassung von Rechtsanwälten vom 7. April 1933 veröffentlicht; danach sollten entsprechend den Bestimmungen des Gesetzes zur Wiederherstellung des Berufsbeamtentums bestehende Zulassungen aufgehoben und Neuzulassungen verweigert werden, womit Realitäten in Gesetzesform gegossen wurden; denn in mehreren Ländern waren schon Ende März jüdische Rechtsanwälte aus den Gerichten verwiesen worden.

Um den 10. April erfolgte in Preußen dann auch der «Hinauswurf» der Notare. Reichsminister Kerrl hatte an die Oberlandesgerichtspräsidenten und nachgeordneten Stellen verfügt, es müsse

«damit gerechnet werden, daß die Aufrechterhaltung der öffentlichen Ordnung und Sicherheit ernstlicher Gefahr ausgesetzt ist, wenn Deutsche sich im Rechtsverkehr weiterhin Urkunden entgegenhalten lassen müssen, die von jüdischen Notaren aufgenommen oder beglaubigt worden sind. Mit Rücksicht hierauf ersuche ich, den jüdischen Notaren in ihrem eigenen Interesse dringend zu empfehlen, sich bis auf weiteres der Ausübung ihres Amtes zu enthalten. Dabei sind die Notare darauf hinzuweisen, daß sie im Falle ihrer Weigerung sich mit Rücksicht auf die erregte Volksstimmung erheblichen Gefahren aussetzen. Die Notare sind anzuweisen, daß sie sich (bis) zu einer anderweitigen Regelung der Verhältnisse der Notare der Ausübung ihres Amtes enthalten werden. Von der Verpflichtung zur Amtsausübung werden die in Betracht kommenden Notare hierdurch entbunden.»[36]

Mit Gesetz vom 22. April wurden schließlich auch die Patentanwälte den Prinzipien des Gesetzes zur Wiederherstellung des Berufsbeamtentums unterworfen.

Am 25. April begannen für die jüdischen Rechtsanwälte die bürokratischen Prozeduren über die Zulassung oder Nichtzulassung.[37] Ende Mai konnten die aufgrund der Ausnahmeregelungen zugelassenen Anwälte ihre Tätigkeit wieder aufnehmen, freilich nicht überall ungehindert.

«Kaum war es bekannt geworden, daß die nach einer Verfügung des Reichsjustizministers wieder zur Amtsführung zugelassenen jüdischen Rechtsanwälte am Montag ihre Tätigkeit am Duisburger Amts- und Landgericht wieder in Person aufnehmen würden, als sich auch schon vor den Zugängen des Gerichts an der Königstraße und am Königsplatz erregte Menschenmassen ansammelten, die ihrem Unwillen über das Wiedererscheinen der Juden an Gerichtsstelle lauten Ausdruck verliehen. ... Gegen 10 Uhr drangen die Demonstranten spontan in das Gebäude ein und durchzogen die Korridore mit lauten Protestrufen, in die sich immer wieder die Forderung mischt: ‹Juden heraus!›»[38]

Der «Bund nationalsozialistischer Juristen», der das vollständige Ausscheiden der Juden aus allen Bereichen des Rechtswesens forderte, dürfte die Wirkung dieser gesetzlichen Maßnahmen mit Entsetzen beobachtet haben. War doch die Zahl der jüdischen Rechtsanwälte und Notare, die ihre Zulassung aufgrund der Ausnahmebestimmungen behalten hatten, unerwartet hoch. Genaue Zahlen liegen nur für Preußen vor.

Notare	
Am 7.4.33 waren zugelassen	2051 «Nichtarier»
Am 1.5.34 waren zugelassen	852 «Nichtarier» = 41%
Ihre Zulassung verloren	1055 «Nichtarier» = 51%
Anwälte	
Am 7.4.33 waren zugelassen	3370 «Nichtarier»
Am 1.5.34 waren zugelassen	2006 «Nichtarier» = 60%
Ihre Zulassung verloren	1084 «Nichtarier» = 32%

Außerhalb Preußens waren in Deutschland schätzungsweise noch etwa 700 «nichtarische» Anwälte zugelassen, während etwa 300 ausgeschieden sind.[39]

Am 1. Januar 1935 waren im Deutschen Reich noch 2736 «nichtarische» Anwälte tätig. Bis Anfang 1938 verminderte sich die Zahl um rund 1000.

Laut Verordnung vom 27. September 1938 mußten dann alle Juden aus der Rechtsanwaltschaft ausscheiden. Lediglich eine begrenzte Zahl durfte als «Konsulenten» ausschließlich für jüdische Klienten tätig bleiben. Am 1. Januar 1938 gab es noch 1753 Rechtsanwälte, Ende 1938 im Altreich nur noch rund 200 jüdische Konsulenten.[40]

Am 23. März 1933 erschien im ‹Völkischen Beobachter› ein Aufruf des Nationalsozialistischen Deutschen Ärztebundes. Darin wurde zunächst konstatiert, daß allenthalben «das völkische Erwachen und die Abkehr von artfremden, liberalistischen Irrwegen» zu sehen sei, dann folgte ein verräterischer Satz: «Bis jetzt aber steht unser Stand noch immer abseits ... keiner ist auch so verjudet wie er und so hoffnungslos in volksfremdes Denken hineingezogen worden.»

Dieses Eingeständnis, daß der nationalsozialistische Deutsche Ärztebund keine machtvolle und einflußreiche Organisation war, daß die Mehrheit der Ärzte in Deutschland – trotz verbreiteter antisemitischer Grundstimmung – sich sachfremden Auseinandersetzungen innerhalb der Ärzteschaft abgeneigt zeigte, wurde von jüdischen Stimmen bestätigt. Die nationalsozialistischen Ärzte in Berlin hätten es bisher vorgezogen, ihre antisemitischen Ziele zu verschweigen und unter einem neutralen Namen aufzutreten, schrieb die ‹C.V.-Zeitung› am 26. Januar 1933, und Siegfried Ostrowski, Chirurg am Jüdischen Krankenhaus Berlin, erinnerte sich, daß ihre Auftritte in Ärzteversammlungen anfänglich sachlich gewesen seien und sich im Rahmen parlamentarischer Gepflogenheiten gehalten hätten. Und zur Situation in der Ärzteschaft schrieb er: «Trotz zweifellos immer vorhandenem Antisemitismus gewisser Gruppen läßt sich aber bei objektiver Beurteilung nicht sagen, daß die jüdischen Ärzte in der beruflichen Zusammenarbeit mit ihren deutschen Kollegen vor 1933 auf offene grobe Äußerungen von Animosität gestoßen wären.» Da die nationalsozialistischen Mediziner in Ärzteversammlungen nichts hätten ausrichten können, hätten sie sich «mehr unterirdischer Propagandamittel» bedient, wie «der Beeinflussung nichtjüdischer Patienten in der Kassensprechstunde oder bei Nachuntersuchungen durch Vertrauensärzte»[41].

Im Januar 1933 fanden zwei Mitgliederversammlungen des Groß-Berliner Ärztebundes statt, in denen ein Satzungsentwurf der kassenärztlichen Organisation beraten werden sollte. Die nationalsozialistische Ärztegruppe hatte hier offensichtlich ihren ersten großen Auftritt.

«Der Verlauf der Versammlungen jedoch, an denen über 1000 Ärzte teilnahmen, übertraf die schlimmsten Erwartungen ... Gegen die Leitung des Bundes hatte sich eine von den Nationalsozialisten geführte Opposition zusammengefunden, die durch Verschleppungsanträge und lange Diskussionsreden die sachliche Arbeit zu stören versuchte. Bedauerlicherweise haben sich auch jüdische Führer einer oppositionellen Gruppe dieser

Kampfstellung angeschlossen, die, wie sich klar gezeigt hat, nur eine Hilfe im politischen Machtkampf der Nationalsozialisten bedeutet. ... Die Erregung, in der sich die Versammlung, als die standespolitischen und politischen Gegensätze sich zuspitzten, befand, steigerte sich in der zweiten Versammlung durch das Verhalten der Nationalsozialisten, die sich heftig darüber beklagten, sie hätten keine Gelegenheit zu wirklicher Mitarbeit in der Standespolitik. Ihnen trat Dr. med. Friedrich Brodnitz in einer Diskussionsrede entgegen, in der er feststellte, daß der größte Teil der Berliner Ärzteschaft in Übereinstimmung mit den jüdischen Ärzten die Zusammenarbeit mit einer Gruppe ablehnte, die zwar aus taktischen Gründen unpolitische Reden hielte, deren Kampfziele aber, die auf die Entrechtung der jüdischen Ärzteschaft hinausliefen, schon längst durch die Veröffentlichungen über die nationalsozialistischen Ärztetage bekannt wären. Er stellte weiter fest, daß die nationalsozialistische Ärztefraktion von ihrer Möglichkeit zu wahrer Mitarbeit in den Standesorganisationen keinen Gebrauch gemacht hätte, und daß insbesondere der Führer der Fraktion, Herr Dr. Leonardo Conti, in keiner der vorbereitenden Sitzungen anwesend gewesen wäre, hier in der Vollversammlung jedoch als ‹sachlicher› Kritiker auftrete. Um die Wirkung dieser Ausführungen, die den Nationalsozialisten sichtlich unangenehm waren, abzuschwächen, brachte Dr. Conti eine Entschließung ein, in der mißbilligt wurde, Tagespolitik in Standesfragen hineinzutragen. Dieser Antrag stand in einem so grotesken Gegensatz zu der sonstigen Tätigkeit Dr. Contis und seiner Fraktion, der gerade die zunehmende Politisierung der Berliner Ärzteschaft in erster Linie zu danken ist, daß Herr Dr. Loevi-Hattendorf beantragte, diese Entschließung mit dem Namen des Antragstellers der Berliner Presse zu übergeben. Die Auseinandersetzungen zwischen den einzelnen Gruppen der Versammlungsteilnehmer waren während dieser Debatten so wild geworden, daß der Vorsitzende sich genötigt sah, die Versammlung zu schließen.»[42]

Zwei Monate später, noch vor dem Boykott und den gesetzlichen Maßnahmen, wurden die ersten jüdischen Krankenhausärzte und Ärzte in gemeindlichen Einrichtungen – vor allem in Berlin – gekündigt oder entlassen. Anfang April 1933 hatte auch der Münchner Bürgermeister Fiehler «Bereinigungen» in den städtischen Krankenhäusern vorgenommen: jüdische Ärzte sollten nur noch Juden behandeln dürfen, die Überzähligen wurden beurlaubt oder gekündigt. Und Fiehler hatte auch ein anderwärts übersehenes Problem geregelt: «Den jüdischen Ärzten ... ist nur das Sezieren jüdischer Leichen gestattet.»[43]

Am 24. März 1933 wurden die Ärzteverbände gleichgeschaltet, und der Vorsitzende des Nationalsozialistischen Deutschen Ärztebundes, Dr. Gerhard Wagner, ordnete an, alle jüdischen Mitglieder aus Vorständen, Ausschüssen und dergleichen zu entfernen. Mitte April teilte er mit, daß «in allen Gliederungen der Berufsorganisation die jüdischen Ärzte aus den Vorständen und aus der Geschäftsführung ausgeschieden seien»[44]. Gleichzeitig wurden Maßnahmen im Hinblick auf die Zulassung jüdischer Ärzte zu den Krankenkassen angekündigt. Sie erfolgten am 24. April mit einer Verordnung des Reichsarbeitsministers «über die Zulassung von Ärzten zur Tätigkeit bei den Krankenkassen». Sie bestimmte die Beendigung der Tätigkeit «nichtarischer» Kassenärzte analog den Bestimmungen des Gesetzes «zur Wiederherstellung des Berufsbeamtentums» und das Verbot der Neuzulassung.

Das Entscheidungsverfahren über Nichtzulassung oder Zulassung war so geregelt, daß das Reichsarbeitsministerium letzte Beschwerdeinstanz war. Hier wurde über 1377 Beschwerdefälle entschieden, von denen 40% mit der Bestätigung der Zulassung zum Kassenarzt endeten. 1934 – kurz vor Abschluß der Verfahren – schrieb der zuständige Referent darüber einen Aufsatz, in dem er auf «Anomalien» hinsichtlich der örtlichen Beschwerdeeingänge hinwies; so seien aus Kiel überhaupt keine, aus einigen Städten des Rhein-Ruhrgebiets nur ganz wenige Beschwerden eingelegt worden.

«Aus diesen Tatsachen muß der Schluß gezogen werden, daß anscheinend die zuständigen kassenärztlichen Vereinigungen von dem ihnen eingeräumten Ausschlußrecht – wobei es unerörtert bleiben mag, ob es sich nicht um eine rechtliche Ausschlußpflicht handelte – zum guten Teil keinen Gebrauch gemacht haben. Ob das an der grundsätzlichen Einstellung der in Frage kommenden Persönlichkeiten lag oder ob sie, wofür mancherlei Beweise vorliegen, die Ausnahmevoraussetzungen, namentlich bezüglich Frontdienst usw., sehr extensiv, mindestens in Anlehnung an die Ausführung des Berufsbeamtengesetzes, auszulegen bereit waren, mag dahingestellt bleiben.»

Er berichtete aber auch über gegenteilige Fälle.

«Andererseits sind in einer Reihe von Fällen die Verordnungen wenigstens zeitweise und vor allem im Anfang in einer Art ausgelegt und angewandt worden, die eine rechtliche Stütze in Sinn und Wortlaut der in Frage kommenden gesetzlichen Bestimmungen nicht fand. Wenn beispielsweise in einem süddeutschen Ort die Zugehörigkeit zu einer jüdisch-konfessionellen Freimaurerloge als Beweis für Betätigung im kommunistischen Sinne angesehen wurde, so konnte die letzte Instanz dieser Auffassung ebensowenig folgen wie in den Dessauer Fällen, wo entgegen dem Gutachten der berufenen Anhalter staatlichen Stellen augenscheinlich sämtliche Ärzte, die dem Kreis der Freunde des Bauhauses in Dessau angehörten, auf Grund dieser Tatsache wegen Betätigung im kommunistischen Sinne ausgeschlossen wurden.»[45]

Die quantitative Entwicklung der «nichtarischen» Ärzte in Deutschland verlief wie folgt:

«Nichtarier» am 1.4.1933	9000	davon in Berlin	3423
bis 1.7.1934			
ausgewandert	1500		874
Berufswechsel	500		
Bestand am 1.7.1934	7000		2549
mit Kassenzulassung	4000		1400
ohne Kassenzulassung	3000		1150
(hierin sind auch die zuvor beamteten oder angestellten Ärzte enthalten)			
Bestand Ende 1934	6000		2400
mit Kassenzulassung	3600		
Bestand am 1.1.1936	5000		
mit Kassenzulassung	2800		1120
Bestand Ende 1936	3300		1500

Nach der Aberkennung der Approbationen am 30. September 1938 waren als «Krankenbehandler» noch zugelassen:

am 1.10.1938	709
am 31.12.1938	285[46]

Die aus den gesetzlichen Krankenkassen verdrängten jüdischen Ärzte konnten zunächst noch hoffen, wenigstens durch Ersatzkassen- und privat versicherte Patienten ein gewisses Einkommen zu behalten. Doch endete auch dieser Zustand im Juli 1933. Sie wurden einmal aus den Ersatzkassen hinausgeworfen, und zweitens vergüteten private Krankenversicherungen ihre Liquidationen von da an nur noch jüdischen Versicherten.

Noch weiter eingeengt wurden die beruflichen Möglichkeiten aller noch praktizierenden jüdischen Ärzte (ob mit oder ohne Kassenzulassung) durch das im Juli/August 1933 ausgesprochene Verbot des beruflichen Verkehrs mit «arischen» Ärzten, also das Verbot gegenseitiger Vertretung, wechselseitiger Überweisung von Patienten und Zuziehung zu Beratungen.

«Hierdurch ist an vielen Orten große Notlage bei den jüdischen Ärzten entstanden und die Kassenzulassung wertlos geworden. Es ist zu erhoffen, daß dieser Erlaß aufgehoben wird. Dieser Erlaß wirkt sich weiter aus auf den kollegialen Sonntags- und Nacht-Vertreterdienst, von dem fast in ganz Deutschland die jüdischen Ärzte ausgeschlossen wurden; ferner in der Frage der Privatkliniken, wo in vielen deutschen Städten auf klinische Tätigkeit angewiesenen Ärzten diese unmöglich gemacht wurde.»[47]

Auf gleicher Linie lag schließlich auch das Gesetz über Ehrenämter vom 18. Mai 1933, durch das von den Kassen ausgeschlossene jüdische Ärzte ihre Positionen in Aufsichtsgremien, in Ausschüssen, als Gutachter, Berater und als Vertrauens- oder Durchgangsärzte verloren. Da auch von der ärztlichen Fortbildung ausgeschlossen, wurden sie systematisch in ein gesellschaftliches und berufliches Ghetto getrieben. Soweit sie noch praktizierten, blieben ihnen nur noch die jüdischen Privatpatienten. Viele, die ihre Praxis aufgegeben hatten, arbeiteten im Bereich der jüdischen Gesundheitsfürsorge, z.T. umgeschult in nichtärztliche Heilberufe wie Krankenschwestern oder -pfleger, Masseure, Hebammen, Krankengymnasten und dgl. Aber auch bis 1938 noch zugelassene Ärzte mußten diesen Weg gehen, wo «arische» Patienten den Weg zum jüdischen Arzt nicht mehr wagten, weil sie durch Drohungen an der Konsultierung jüdischer Ärzte gehindert wurden.

Diese Ausgrenzungen stehen für viele andere: Juden wurden aus Berufen wie Zahnarzt, Zahntechniker, Patentanwalt, Makler, aus Ehrenämtern wie der Position von Schöffen, von Beisitzern in Arbeitsgerichten, von Mitgliedern in Steuerausschüssen gedrängt. Vor allem aber wurden sie auch aus einflußreichen Positionen in den wirtschaftlichen Spitzenverbänden ausgeschlossen wie den Industrie- und Handelskammern oder den Spitzenorganisationen des Handels (z.B. Reichsverband des Deutschen Groß- und Überseehandels), aber auch aus den Aufsichtsräten von Unternehmungen oder – dies relativ spät – aus dem Zentralausschuß der Reichsbank.

4. Die Bedrohung der Existenz

Erstaunlicherweise zeigte sich die Mehrheit der Bevölkerung – aus welchen Gründen auch immer – resistent gegenüber den Bemühungen der nationalsozialistischen Politik, die darauf abzielte, die Juden aus dem Wirtschaftsleben zu verdrängen. Fritz Goldschmidt, der ab April 1933 beim Centralverein und bald auch bei der Reichsvertretung als juristischer Berater für hilfesuchende Juden tätig war, schrieb nach seiner Auswanderung im Mai 1939 rückblickend:

«Trotz der ununterbrochenen Bemühungen der Nazis, die deutschen Juden wirtschaftlich zu ruinieren, blieben die Massen der Bevölkerung als Kunden den jüdischen Kaufleuten, Industriellen, Ärzten und Anwälten treu. Bis 1938 gelang es zwar, an einzelnen Orten und in gewissen Geschäftszweigen die Juden wirtschaftlich zu schädigen; im großen ganzen aber war der Boykott nicht vernichtend. In manchen Gegenden bevorzugten Mißvergnügte offensichtlich jüdische Läden und Betriebe.»[48]

Der Leiter der Staatspolizeistelle Kassel hatte in seinem Lagebericht für Juni 1934 festgehalten: «Wenn es einem Teil der Judenschaft schlecht geht, so nimmt die wirtschaftliche Machtstellung des anderen Teils zu.»[49]

Beide Berichte verweisen aus unterschiedlichem Blickwinkel auf das gleiche Phänomen: die wirtschaftlich-soziale Schere, die sich innerhalb des deutschen Judentums auftat, wobei die Beurteilung im Gestapo-Bericht im Blick auf die Schattenseite realistischer, im Blick auf die «Machtstellung» ideologisch verfärbt ist. Verschiedene Blickwinkel meint hier aber nicht nur die ideelle Komponente: rückblickendes Erstaunen und Bewunderung über das Beharrungsvermögen der Juden auf der einen, Mißbilligung der positiven Entwicklung und ihre Entstellung zum Zerrbild auf der anderen Seite, sondern auch den regionalen Unterschied zwischen Hessen-Nassau und Berlin/Ostdeutschland, wo Goldschmidt sich hauptsächlich aufhielt und wirkte.

Wenngleich die «Schere» zweifellos ein regional übergreifendes Phänomen der jüdischen wirtschaftlich-sozialen Situation gewesen ist, läßt sich ein – auch nur annähernd – repräsentatives Gesamtbild für die Jahre 1933 bis 1935 infolge erheblicher regionaler Unterschiede selbst innerhalb unterer politischer Einheiten nicht gewinnen. «Aus einem Teil der Bezirke wird berichtet, daß die Geschäfte der Juden sehr zurückgegangen und mancherorts die Juden weggezogen seien; andere Bezirke berichten, daß sich die jüdischen Geschäfte behaupten.»[50]

Ambulantes Gewerbe und Vertreter

Es wundert nicht, daß nationalsozialistische Aktionen gegen selbständig Wirtschaftende sich besonders gegen Schwache und Abhängige richteten.

«Auf einer Gautagung des Reichsverbandes ambulanter Gewerbetreibender wurde ... dem offiziellen Organ des Verbandes deutscher Händler, Schausteller und Marktreisender (Sitz Dresden), die Frage gestellt, ob künftighin jüdische Händler zugelassen sein sollen. Der Gauführer vertrat den Standpunkt, daß die ‹Juden radikal ausgemerzt werden müssen›. Nur bewährte Frontkämpfer sollten durch das Präsidium des Reichsverbandes ambulanter Gewerbetreibender eine andere Behandlung erfahren und besondere Ausweise erhalten. Es scheint, als ob tatsächlich ein solches Verfahren bereits auf zahlreichen deutschen Kleinmessen praktisch angewendet wird. So hat, um ein Beispiel zu nennen, eine jüdische Händlerin von dem Stadt-Rentamt in Konstanz den Bescheid erhalten, daß sie nur dann eine Bude erhalten könne, wenn sie nicht der jüdischen Konfession angehöre. ... Ebenso lautet der Bescheid des städtischen Marktmeisters in Darmstadt, der kurzerhand schreibt: ‹An jüdische Händler dürfen zu den hiesigen Messen keine Plätze abgegeben werden.› Auch in Frankfurt wurde bereits auf der letzten Ostermesse angeordnet, daß die jüdischen Händler in einer besonderen ‹Juden-Reihe› ihre Plätze angewiesen bekamen. Die Frage erhebt sich, auf welche gesetzlichen Bestimmungen sich dieses Vorgehen stützt.»[51]

Einen Monat später berichtete die Zentralstelle für jüdische Wirtschaftshilfe über die Situation im jüdischen ambulanten Gewerbe.

«Die jüdischen Marktfahrer, soweit sie auf Jahrmärkten und Messen auswärts handeln, sind in großen Gebieten des Deutschen Reiches an der Ausübung ihres Berufes gehindert. Teilweise wurden sie auf den Märkten verhindert auszupacken, zum Teil wurden ihnen die Stände versagt, bzw. nur in besonderer Reihe oder an ungünstigen und sehr entlegenen Stellen des Marktes oder entfernt von dem eigentlichen Markt zugewiesen. Auf einzelnen Märkten ist ein Stand erst zugewiesen worden, wenn die Frontkämpfer-Eigenschaft nachgewiesen wurde. Vielfach ist auch zwischen deutschen und ausländischen Juden unterschieden worden, wobei die ausländischen Juden schlechter, zum Teil aber auch besser als die deutschen Juden behandelt worden sind. Eine gesetzliche Grundlage für diese Maßnahmen, die insbesondere gegen den Grundsatz der Gewerbefreiheit verstoßen, ist nicht vorhanden. Tatsächlich werden die Markthändler durch diese Boykottmaßnahmen vielfach völlig ruiniert. Es handelt sich um Hunderte von Familien, zum großen Teil um Menschen, die seit vielen Jahren, häufig seit Jahrzehnten, das Gewerbe ausüben, jahrelang auf den Märkten der betreffenden Städte immer ihren Stand hatten, und die eine wirtschaftlich bescheidene, aber in den Grundlagen solide Existenz aufgebaut hatten. Obwohl es sich im ganzen um besonders bewegliche und sich der Situation anpassende Menschen handelt, ist die wirtschaftliche Lage zur Zeit vielfach verzweifelt, und viele, die niemals irgendeine öffentliche oder jüdische Stelle zur Hilfe in Anspruch genommen haben, müssen dies jetzt notgedrungen tun.»[52]

Im Arbeitsbericht für 1933 schrieb die Zentralstelle für jüdische Wirtschaftshilfe, daß sie «ausgedehnte Rechtshilfe» geleistet habe, «die um die Wiedererreichung der Möglichkeiten ging, die Märkte besuchen zu können, Wandergewerbescheine zum Handeln zu bekommen». An ein Beispiel solcher Rechtshilfe erinnerte sich Kurt Sabatzky, ab 1933 CV-Syndikus in Leipzig.

«Ich sah es nach der Machtergreifung als meine Hauptaufgabe an, den Juden Rechtsschutz zu gewähren und vor allen Dingen Löcher in dem engmaschigen Netz von Partei und Gestapo zu finden, durch die die Juden schlüpfen konnten. Es gab bei manchen Behörden noch Sachbearbeiter, die innerlich Anti-Nazis waren und die aus ihrer anständigen Gesinnung heraus gern bereit waren, den Juden in ihrer schwierigen Situation zu helfen, wenn sie es irgendwie konnten. Im Aufspüren solcher Persönlichkeiten sah ich meine wesentliche Aufgabe. So stellte ich z. B. mit Hilfe meines Freundes Rabbiner Dr. Felix Goldmann fest, daß der Leiter der Handelsabteilung des sächsischen Wirtschaftsministeriums, Dr. von Buch, ein Mann war, der objektiven Erwägungen durchaus zugänglich blieb. Wir hatten in Leipzig etwa 300 jüdische Markthändler, die mit einem Schlage von den Märkten in den kleinen Städten ausgeschlossen wurden, weil die nationalsozialistische Markthändler-Organisation sich überall hinter die

Bürgermeister steckte, um die Juden von den Märkten zu vertreiben. Goldmann und ich konnten von Buch von der ebenso unsozialen wie ungesetzlichen Haltung dieser Maßnahme überzeugen, und er veranlaßte eine amtliche Bekanntmachung im Ministerialblatt des sächsischen Wirtschaftsministeriums, wonach der Ausschluß bestimmter Gruppen von den Märkten gesetzwidrig sei, da jedem der Besuch von Märkten und Messen offenstehe. Das hatte zur Folge, daß nunmehr die jüdischen Markthändler Leipzigs noch bis zum Jahre 1938 die sächsischen Märkte besuchen konnten. – In Fällen, die sich außerhalb des Landes Sachsen ereigneten, verhandelte ich häufig mit gutem Resultat mit den einzelnen Bürgermeistern.»[53]

Im November 1933 gab der württembergische Wirtschaftsminister einen Erlaß heraus, der aufgrund eines Runderlasses des Reichswirtschaftsministers, wonach eine unterschiedliche Behandlung «arischer» und «nichtarischer» Unternehmen oder Gewerbetreibender im Interesse der Gesamtwirtschaft zu unterlassen sei, bestimmte, daß «nichtarische» Gewerbetreibende «daher grundsätzlich auch zu Messen und Märkten mit den gleichen Rechten wie andere Besucher zuzulassen» seien.[54]

Solche Erlasse haben Aktivitäten von Parteiorganen vor Ort gegen jüdische ambulante Gewerbetreibende nicht verhindern können. Der Dualismus amtlicher Judenpolitik in der Wirtschaft und des Aktionismus der NSDAP war für die ersten Jahre kennzeichnend. Da es aber Gebiete gab, in denen jüdische Ambulante ihren Geschäften – sicher nicht unbehelligt – nachgehen konnten, hat jedenfalls ein Teil von ihnen das Gewerbe weiterführen können. Anders wäre nicht zu erklären, weshalb jüdischerseits einschlägige Verordnungen für das ambulante Gewerbe bekanntgemacht oder seitens der Gestapo im März 1936 erste Restriktionen in die Wege geleitet wurden. Die Frage, ob und bei wie vielen das Gewerbe noch einträglich oder bloße Scheinexistenz war, ist nicht zu beantworten. Dies gilt auch für die Handelsvertreter.

Von den Boykottmaßnahmen weniger betroffen waren die – zum größeren Teil fest angestellten – jüdischen Vertreter jüdischer und nichtjüdischer Großbetriebe; soweit letztere in den ersten Jahren überhaupt unter Druck gesetzt wurden, ihre jüdischen Vertreter zu entlassen, haben sie diese offenbar häufig aus der Schußlinie gezogen. In einer Chefbesprechung über die wirtschaftlichen Auswirkungen der «neuerdings wieder verstärkten Bekämpfung des Judentums» im August 1935 prangerte Reichsbankpräsident Schacht die Praxis des Gauleiters Streicher an, nichtjüdische Firmen zu nötigen, ihre jüdischen Auslandsvertreter zu entlassen, und bemerkte dann: «Außerdem hätten die Firmen häufig, um die jüdischen Angestellten aus Deutschland zu entfernen, diese zu Vertretern im Ausland gemacht.»[55]

Betroffen waren aber die von der Wirtschaftskrise ohnehin gebeutelten jüdischen Provisionsvertreter, die in der Regel mehrere meist kleinere Firmen vertraten und als Selbständige galten. Der Zahl nach waren es rund 14000.

«Die Berufsgruppe der Provisionsvertreter ist durch die Boykottbewegung in besonders schwierige Verhältnisse geraten. Da die Provisionsvertreter nur in den wenigsten Fällen zugleich Angestellte ihrer Firmen sind, sind sie lediglich auf den Erfolg ihrer Reisetätigkeit angewiesen. Üblicherweise werden die Provisionen erst nach Eingang des Kaufpreises bei der vertretenen Firma fällig, so daß die Aufrechterhaltung ihrer wirtschaftlichen Existenz von der lückenlosen Fortführung ihrer Tätigkeit abhängt. In den wenigsten Fällen werden gegenwärtig den Provisionsvertretern noch Spesenvorschüsse gezahlt, da infolge der wirtschaftlichen Krise die vertretenen Firmen hierzu kaum noch in der Lage sind.»[56]

Daß das Maß der Behinderungen dieses Berufes auf manchem Pflaster besonders groß war, liegt nahe. Ein noch 1933 aus Fürth emigrierter Jude berichtete dem «Comite voor Joodsche Vluchtlingen» in Amsterdam:

«Im Jahre 1933, Ende Februar, konnte ich mit Vertretungen schon nichts mehr machen, selbst mein väterliches Geschäft, in dem ich immer wieder nebenbei tätig war, rentierte nicht mehr, denn in Bayern wurde seit dem Januar 1933 von dem ‹berühmten› Julius Streicher derart gegen die Juden gehetzt, daß es uns in Nürnberg-Fürth unmöglich war, unser Brot noch ausreichend zu verdienen.»[57]

Über eine – allerdings größere – Textilvertretung in Breslau wiederum wird berichtet:

«Zu Beginn des Nazi-Regimes ging geschäftlich alles weiter wie vorher; der Verkauf hob sich sogar noch, und die christlichen Fabrikanten zeigten keinerlei Zeichen von Antisemitismus. Die jüdische Firma vertrieb u.a. einen roten Stoff, der, wenn auch ohne Hakenkreuz, als Fahnenstoff Verwendung fand und viel von Geschäften gekauft wurde.»[58]

Ähnlich war die Situation in Pommern und Stettin, wo auch die jüdischen Textilvertreter nach wie vor von «arischen» Firmen empfangen wurden und ihre Ware ohne viel Unterschied, ob ihre Lieferanten «Arier» oder Juden waren, absetzten.[59]

Juden sind bis zur Ausschaltung im Juli 1938 im Vertretergewerbe tätig geblieben. Sicher nicht 100000, wie im September 1938 aufgrund einer «Information» des «Instituts zum Studium der Judenfrage» in der Presse behauptet wurde; auch nicht die rund 24000, die bei der Volkszählung 1933 diesen Beruf angaben, wovon sich rund 3000 als arbeitslos bezeichnet hatten, sondern rund 5000. Die Zentralstelle für jüdische Wirtschaftshilfe hat offensichtlich in einer Reihe von Fällen helfen können, die unmittelbaren Boykottfolgen zu überbrücken; und der Berliner Arbeitsnachweis hat 1933 bis 1935 rund 450 Vertreterstellen vermitteln können.

Der jüdische Handel auf dem Lande

Die Zentralstelle für jüdische Wirtschaftshilfe hat im ersten Arbeitsbericht für 1934 anhand einiger Beispiele die wirtschaftlichen Probleme in ländlichen Gemeinden beschrieben:

«Die Situation der erwerbsfähigen Bevölkerung in den Kleingemeinden ist fast überall keine einfache. Besonders schwierig liegen die Verhältnisse in den Gemeinden, in denen eine Häufung einer besonderen Berufsschicht zu beobachten ist.

So gibt es Gemeinden, in denen 90% der jüdischen Bevölkerung bisher vom Viehhandel sich ernährt haben. Der Viehhandel liegt in ganz Deutschland danieder. Es ist festgestellt, daß auf einem Viehmarkt früher durchschnittlich am Tage 1600 Tiere aufgetrieben worden sind, jetzt kommen nur noch 200–250. Diese Zahlen zeigen deutlich den Niedergang des Viehhandels im allgemeinen. Wenn man dann noch berücksichtigt, daß fast überall Bestrebungen bestehen, den jüdischen Viehhandel auszuschalten, so ist die schlechte Lage des jüdischen Viehhändlers klar erkennbar.

Ähnlich liegen die Verhältnisse im Weinhandel. Auch hier gibt es in Süddeutschland Orte, in denen bis 90% der jüdischen Bevölkerung vom Weinhandel leben.

In einigen Gemeinden, vornehmlich in Ostfriesland, überwiegen die Schlachter. Hier haben sich bisher in einzelnen Kleingemeinden bis zu 50% der jüdischen Bevölkerung durch diesen Beruf ernährt. Sie haben früher die Nordseebäder mit Fleisch beliefert und sind jetzt von diesem Handel ausgeschlossen.

In Orten, in denen die Konfektion beheimatet ist, leben zum Teil bis zu 60% der jüdischen Bevölkerung von diesem Beruf. Hier sind vor allem die jüdischen Händler und Vertreter besonders stark betroffen.

Die Lage der Manufakturisten ist recht unterschiedlich; besonders liegen in den Kleingemeinden die Ladengeschäfte still. Vielfach halten sich die Leute nur noch durch das Überlandgeschäft über Wasser. Überall macht man die Beobachtung, daß die kleinen Geschäftsleute, die bisher noch als Kaufleute bezeichnet werden konnten, heute vom Hausieren leben. Die Umsätze bei den Geschäftsleuten sind fast überall zurückgegangen. Der Rückgang schwankt, soweit festgestellt ist, zwischen 30 und 60%.»[60]

Glaubt man der nationalsozialistischen Agitation, dann war der jüdische Handel auf dem Lande, insbesondere der Viehhandel bei den Bauern, die dessen wucherischem Geschäftsgebaren ohnmächtig ausgeliefert gewesen seien, zutiefst verhaßt. Tatsächlich, das zeigte sich bald, trauerten die Bauern aber ihren jüdischen Viehhändlern nach, weil ihre Geschäftspraktiken reeller und günstiger waren als die ihrer Nachfolger. Von den rund 30000 Viehhandelsfirmen (Ein-Mann-Betriebe eingerechnet) waren rund die Hälfte jüdische Firmen.

Im September 1933 verschickten der «Genossenschaftsverband Raiffeisen in Frankfurt a.M. bzw. die Hauptabteilung III des Hessen-Nassauischen Bauernstandes» ein Rundschreiben an die angeschlossenen Genossenschaften:

«Der Wiederaufbau der deutschen Volkswirtschaft kann nur gelingen, wenn die uns von der nationalen Regierung gestellten Aufgaben restlos erfüllt werden. In unserer genossenschaftlichen Arbeit werden wir überhaupt nur zu restlosen Erfolgen kommen, wenn die Bauern zusammenhalten und Verständnis für die gesamte genossenschaftliche Gemeinschaftsarbeit aufbringen. Der Feind für die genossenschaftliche Gemeinschaftsarbeit ist nach jeder Richtung der Jude und der jüdische Handel, der auch heute wieder versucht, mit allen möglichen Verlockungen an die Landwirte heranzukommen und auch an die genossenschaftlichen Funktionäre. Jegliche Verbindung mit dem Juden und dem jüdischen Handel läuft nicht nur jeder genossenschaftlichen Auffassung zuwider, sie ist auch ein Verstoß gegen nationalsozialistische Grundsätze. Wir verlangen aus diesem Grunde ... daß unsere Genossenschaften jegliche Verbindung mit dem jüdischen Handel im Einkauf und Verkauf unverzüglich abbrechen. Zuwiderhandlungen werden wir zu geeigneter Zeit zu ahnden wissen. Ferner verlangen wir von unseren Genossenschaftsverwaltungen, daß sie uns diejenigen Landwirte melden, die nach wie vor mit Juden handeln. Es ist allerdings notwendig, daß mit diesen Meldungen authentisches Beweismaterial vorgelegt wird. Jüdische Händler, die abfallende Bemerkungen gegen unsere genossenschaftliche Arbeit machen, sind ebenfalls bei uns unter Vorlage des erforderlichen Materials zur Anzeige zu bringen. Neuerdings ist auch festzustellen, daß jüdische Firmen, um ihre Geschäfte weiter betreiben zu können, sich mit christlichen Vordermännern versehen. Auch solche Vorgänge müssen uns laufend berichtet werden, damit wir entsprechend einschreiten können. Der Kampf gegen das jüdische Kapital und gegen die jüdische Mißwirtschaft, die nur zerstörend in unserer deutschen Volkswirtschaft wirken, muß lückenlos durchgeführt werden.»[61]

Zusammen mit der Veröffentlichung dieses Rundschreibens meldete das ‹Israelitische Familienblatt› am 4. Oktober 1933, daß hessische Molkereigenossenschaften beschlossen hätten, diejenigen bäuerlichen Mitglieder auszuschließen, die geschäftliche Beziehungen zu Juden unterhielten, und daß die Kreisbauernschaft in Schlüchtern (Oberhessen) folgendes bekanntgemacht habe:

«Es ist uns wiederholt zu Ohren gekommen, daß es immer noch Bauern gibt, die die Geschäftemacherei mit Juden noch nicht lassen können. Wir weisen heute letztmals darauf hin, daß es eines deutschen Bauern unwürdig ist, noch Geschäfte irgendwelcher Art mit den Juden zu tätigen ... Wir haben bis heute davon abgesehen, diejenigen öffentlich zu brandmarken, werden aber nach der Generalversammlung jeden, der sich noch mit Juden einläßt, der Öffentlichkeit preisgeben und ihn auch noch in anderer Weise empfindlich zu treffen wissen.»

Um die gleiche Zeit wurde berichtet, daß der Bürgermeister von Gießen «Nichtarier» von der Teilnahme am Pferdemarkt ausgeschlossen habe.[62] Und bereits im Juli wurde die Zulassung jüdischer Viehhändler zum Frankfurter Viehgroßmarkt drastisch beschränkt.[63]

Die nach der «Gleichschaltung» einzige Viehhändlerorganisation, der «Reichsverband des nationalen Viehhandels Deutschlands», bestimmte in ihrer Satzung, daß jüdische Viehhändler in den Verband nicht mehr aufgenommen würden, daß aber diejenigen Juden, die vor der Zusammenfassung und Gleichschaltung einer Viehhändlerorganisation angehört hatten, Mitglied blieben.[64] Bemerkenswert war ein Rundschreiben des «Reichsstandes des Deutschen Handels»:

«Die nationalsozialistische Bewegung betrachtet die Juden als Gastvolk, denen es gestattet ist, in Deutschland Handelsgeschäfte zu betreiben. Aus dieser Einstellung ergibt sich logisch, daß Juden und Ausländer nicht in die Leitung deutscher Handelsverbände, auch nicht als Geschäftsführer hineingehören; wohl aber als Mitglieder in die Fachverbände. Solange seitens der Regierung keine anderen Richtlinien gegeben werden, sind Aufnahmegesuche ausländischer und jüdischer Firmen in die Fachverbände nicht abzulehnen; es sei denn, daß man ihnen von vornherein schon unehrenhafte Handlungen nachweisen kann. Mitglieder jüdischer oder ausländischer Herkunft sind auch zu den Mitgliederversammlungen einzuladen. Sachliche Anfragen sind zu beantworten, eventuell vorkommende Übergriffe unsachlicher Art zu unterbinden und derartige Missetäter aus den Versammlungen zu entfernen.»[65]

Die angeführten Beispiele lassen die Widersprüchlichkeit der Lage erkennen. Einmal die genossenschaftlichen Konkurrenten – wohl nicht nur des jüdischen – individuellen Landhandels, die eine abrupte und völlige Verdrängung der Juden wollten, wozu auch der Landhandelsbund gehörte; dann diejenigen, die durch Zulassungsbeschränkungen und Verbot von Neuzulassungen den jüdischen Handel allmählich aussterben lassen wollten, schließlich der Reichsstand des Handels, der dem «Gastvolk» gestatten wollte, Handelsgeschäfte zu betreiben, solange die Reichsregierung ihre wirtschaftspolitische Richtung nicht ändere.

Die große Zahl der Rundschreiben seitens der Regierung und die zahlreichen Drohungen gegen Boykott-Unwillige seitens der Parteistellen und gleichgeschalteter Organisationen beweisen, daß keine Seite sich mit ihren Absichten voll durchsetzen konnte. Dafür war entscheidend, daß die Anhänger der totalen Verdrängung etwa des jüdischen Viehhandels zwar die Möglichkeit hatten, die Händler örtlich oder regional schwer zu behindern, nicht aber sie aus dem Berufsstand zu verdrängen. Die Mehrzahl von ihnen z. B. in Hessen und Württemberg hat offenbar die Phase der besonders starken Pressionen wirtschaftlich überstanden und die Einbußen verkraftet, was auch für den übrigen jüdischen Landhandel (Getreide, Futtermittel usw.), ebenso aber für jüdische Geschäfte zumindest im Hessischen zu gelten scheint.

Im Lagebericht der Stapostelle Kassel für April 1934 (es handelt sich um den ersten überlieferten einschlägigen Bericht) heißt es:

«Der jüdische Viehhandel steht im Regierungsbezirk Kassel nach wie vor in großer Blüte. Wegen der starken Ausbreitung der jüdischen Händler kommen deutsche Händler nicht auf ... Man wartet jetzt nur noch darauf, daß die jüdischen Vieh-, Futtermittel- und Getreidehändler noch in den Reichsnährstand aufgenommen werden.»[66]

Die Zwangsmitgliedschaft des Landhandels, einschließlich des jüdischen, im Reichsnährstand war zu diesem Zeitpunkt gesetzlich bereits bestimmt. Am 17.2. 1934 hatte der Vorsitzende der Arbeitsgemeinschaft der deutsch-jüdischen Firmen des württembergischen Landesprodukten- und Mehlhandels den Mitgliedern vertraulich folgendes mitgeteilt:

«Die Ausführungsbestimmungen betr. Hauptabteilung IV im Reichsnährstand sind gestern vom Herrn Reichsernährungsminister Darré unterzeichnet worden. Das, was mir Herr Reichskommissar Dr. Reischle in seiner Erklärung vom 31. Oktober v.J. mitteilte, ist zur Tatsache geworden, so daß der solide «nichtarische» Handel in den Reichsnährstand eingegliedert werden wird.»[67]

Bemerkenswert war, daß der Stabsamtsführer des Reichsnährstandes Dr. Hermann Reischle bereits einen Monat nach Erlaß des Gesetzes über den Reichsnährstand einem Vertreter des jüdischen Landhandels eine positive Erklärung über die Mitgliedschaft abgab und diesen offensichtlich am Tage nach der Unterzeichnung der entscheidenden Verordnung informierte. Erst eine Bestimmung vom 25. Januar 1937 bot dann die Handhabe, in individuellem Verfahren Viehhändler wegen Unzuverlässigkeit mit Berufsverbot zu belegen; wovon man – aber nicht generell – gegen Juden Gebrauch gemacht hat.

Die Staatspolizeistelle Frankfurt a.M. meldete in ihrem Bericht für Februar 1935:

«Der Viehhandel liegt, besonders in ländlichen Gegenden, nach wie vor in Händen der Juden. Der Landkreis Wetzlar beziffert den jüdischen Anteil auf 80%. Als Grund wird nach wie vor eine bessere Bezahlung durch die jüdischen Händler als durch die Viehverwertungsgenossenschaft angegeben.»[68]

Im März-Bericht bestätigte sie die von den Juden offerierten günstigeren Preise und fuhr fort: «Im Zusammenhang damit erscheint es nicht allzu auffallend, daß die Juden auf dem Lande auch wieder in verstärktem Maße an Tanzlustbarkeiten und ähnlichen öffentlichen Veranstaltungen teilnehmen.»[69]

Im Bericht für Mai 1935 beschäftigte sich die Stapostelle Kassel mit der Geschäftstätigkeit der Juden außerhalb des Landhandels:

«Die geschäftliche Betätigung der Juden ist unverändert und bewegt sich hier und da in stark aufsteigender Linie. Besonders auffallend ist es, daß ein Teil der Bauern und besonders die Bauersfrauen in den Landstädten mit den Juden die besten Geschäfte machen. Im Kreise Ziegenhain, wo von den Bauern die Schwälmer Tracht getragen wird, befindet sich der Handel dieser Trachtenstoffe und -bänder fast ausschließlich in Händen der Juden in Treysa, Ziegenhain und Neukirchen. Es ist bedauerlich, daß gerade der Jude an der Pflege des deutschen Brauchtums und heimatlicher Volkstrachten seine Geschäfte macht.»[70]

Im Bericht für August 1935 meldet der Berichterstatter jene heftigen, seitens der Partei überall als Auftakt zum Nürnberger Parteitag inszenierten antijüdischen Ausschreitungen sowie Gewalttaten gegen Juden und jüdisches Eigentum. Die Anweisung des Innenministers, dagegen «unnachsichtig vorzugehen», werde Wandel schaffen. Es sei aber wichtiger, «auf die Volksgenossen durch Aufklärung» einzuwirken, «nicht bei Juden zu kaufen, als gegen die Juden zu hetzen»:

«Bedauerlicherweise gibt es aber immer noch zahllose Volksgenossen, die sich ihres Vorteils wegen mit Juden einlassen und bei ihnen kaufen. Bezeichnend dafür ist der in den letzten Tagen eingeleitete Ausverkauf des jüdischen Schuhgeschäfts Knobloch in Kassel. Diesen Ausverkauf besuchten die Volksgenossen in hellen Scharen, um sich dabei einzudecken. Wenn sie von dem nationalsozialistisch eingestellten Publikum zur Rede gestellt wurden, erklärten sie, daß es ihnen niemand verwehren könne, dort zu kaufen, wo es am billigsten sei. Die Löhne seien doch so niedrig usw. usw.

Insbesondere sind aber die Bauern und die anderen Landbewohner sehr schwierig davon abzubringen, ihre Geschäfte mit Juden abzuschließen. Dahingehenden Vorwürfen begegnen sie regelmäßig mit dem Einwand, daß der ‹christliche Viehhandel› noch völlig im argen liege und sie nicht in der Lage seien, weniger wertvolles Vieh, insbesondere alte Kühe, anderweitig loszuwerden. Bei einer Abgabe an die Verkaufsgenossenschaft bekämen sie zunächst gar kein Geld. Auch trügen sie das Risiko, daß das Vieh längere Zeit unverkauft am Marktorte auf ihre Kosten verpflegt werden müßte. Schließlich sei der erzielte Preis nach all den vielen Abzügen, die von seiten der Genossenschaft gemacht würden, völlig unzureichend. Deutsche Viehhändler, die ihnen auf den Höfen gegen bar das Vieh abkauften, seien nicht vorhanden. Nach diesen überall auftauchenden Klagen scheint die Frage des Viehhandels vom Reichsnährstand noch nicht vollkommen gelöst zu sein.»[71]

In seinem der Gestapo als Grundlage dienenden Bericht schrieb der Landrat von Kassel, «daß auch Parteigenossen und sogar SA-Führer und Politische Leiter mit Juden handeln und bei ihnen kaufen»; hier zeige sich ein noch weit verbreiteter Mangel an charakterlicher und weltanschaulicher Festigung selbst unter Parteigenossen. «Hier und da waren sogar Äußerungen zu hören, daß die Juden auch Menschen seien und auch leben müßten.»

Die letzten überlieferten Berichte der Staatspolizeistelle Kassel (Januar u. Februar 1936) lassen einen allmählichen Rückgang der jüdischen Wirtschaftstätigkeit erkennen, der mit erheblich gesteigerter Abwanderung einherging. Den Viehhändlern machte man vielerorts durch Behinderung des Marktzugangs das Leben schwer, ohne sie völlig verdrängen zu können. «Bemerkenswert ist dabei immer wieder, daß trotz aller Aufklärung und Vorhaltungen größere Teile der Bevölkerung, insbesondere des Landvolks und die Frauen, immer noch gern und willig Geschäfte mit Juden machen.»

Die Staatspolizeistelle Frankfurt berichtete für denselben Zeitpunkt aber noch von guten Geschäften der jüdischen Viehhändler, die den Bauern bessere Preise zahlten. Die «Viehverwertungsgenossenschaften, die meist leider viel schwerfälliger sind als der geschäftstüchtige Jude, (werden) von den Bauern gemieden». In Limburg gebe es nur «ganz wenige Bauern, die mit den Juden keinen Viehhandel treiben. Die Käufe werden meist zur Nachtzeit und heimlich in den Ställen getätigt.» «Aus großen Teilen des Bezirks wird gemeldet, daß die katholische Bevölkerung bewußt Geschäfte mit Juden tätigt, was wiederum ein Beweis für die Sympathie des politischen Katholizismus zu den berüchtigten Kreisen ist. Bei der Postüberwachung Limburg wurde entsprechendes festgestellt.»[72]

Für die wirtschaftliche Bedeutung des jüdischen Viehhandels und die Haltung der Bauern gibt es auch Beispiele aus anderen Regionen. In einem Bericht des Bürgermeisters von Haigerloch vom 14. 5. 1937 heißt es, in der Nacht vor dem Großviehmarkt sei auf dem Marktgelände eine große Tafel mit antijüdischer Aufschrift angebracht worden, deren rechtzeitige und unauffällige Entfernung nicht möglich gewesen war:

«Wann und von wem bzw. in wessen Auftrag die Tafel angebracht worden ist, ließ sich nicht ermitteln. Die Gemeindebehörde hatte nichts veranlaßt, es war ihr auch von keiner Seite eine derartige Maßnahme nahegelegt worden. Auch die zuständigen Stellen des Reichsnährstandes haben mit der Sache nichts zu tun, vielmehr erklärte mir ein auf dem Markt anwesender Vertreter der Kreisbauernschaft, daß derartige Schritte in unserem Gebiet solange verfrüht seien, als noch kein genügend leistungsfähiger arischer Händlerstand eingesetzt werden könne. Endlich erklärte mir auch der Ortsgruppenleiter der NSDAP, daß weder von ihm noch mit seinem Einverständnis ein entsprechender Auftrag ergangen sei.

Die Folge der Anbringung war, daß die teils mit, teils ohne Vieh anrükkenden jüdischen Händler beim Anblick der Tafel sofort wieder umkehrten und sich bemühten, noch rechtzeitig den Markt in Rangendingen zu erreichen. In Haigerloch fand sich für das von den Bauern aufgebrachte Vieh kein Käufer, so daß nach kurzer Zeit fast sämtliche Bauern unter lebhaftem Geschimpf wieder abzogen.»[73]

Ein Jahr zuvor hatten sich allerdings in Vaihingen weder Juden noch Bauern um ein ähnliches Transparent gekümmert.

Wenn der jüdische Handel sich zunächst einigermaßen behaupten konnte, so vielleicht aufgrund größerer Flexibilität etwa in der Preiskalkulation, sicher aber auch aufgrund des traditionellen einfachen Verfahrens (Ware gegen sofortige Bezahlung) im Gegensatz zum bürokratisiert schwerfälligen Verfahren bei Reichsnährstand und den Genossenschaften, denen die Mehrheit der Bauern ohnehin mit größtem Mißtrauen gegenüberstanden. Aber auch andere Motive haben mitgewirkt. Die Staatspolizeistelle Frankfurt konstatierte, daß «die Käufer und Käuferinnen in Stadt und Land ... aus einem gewissen Mitleid heraus» weiter bei Juden kauften und mit ihnen handelten, und sie hatte festgestellt, daß Katholiken «bewußt» mit Juden Geschäfte machten. Solches Verhalten von Katholiken war gewiß kein Einzelfall, mußte doch die Staatspolizeistelle für den Regierungsbezirk Aachen mit über 90 Prozent Katholiken – fast resigniert – berichten, daß die Judenpolitik nur Unverständnis und Unwillen hervorrufe, «da bei ihrer Mentalität die katholische Bevölkerung zunächst den Juden als Menschen wertet ...» Sicherlich war es auf dem Lande aber auch in hohem Maße traditionelles Verhalten – sich nicht durch «neumodische Ideen» von bewährten Beziehungen abbringen zu lassen –, gepaart mit gesundem Geschäftssinn.

Die hessischen Berichterstatter haben aus ihrem Antisemitismus heraus die wirtschaftliche Stellung des jüdischen Handels verbal übertrieben. Aber auch er stand nur so gut da, wie es die schlechte Wirtschaftslage – etwa die geringe Kaufkraft oder das aus Futtermangel verringerte Viehangebot – zuließ. Man wird aber – gerade im Blick auf Hessen – aus dem Ganzen den Schluß ziehen können, daß die wirtschaftlich-soziale Lage der jüdischen Geschäftsleute nicht so sehr vom Ausmaß des antijüdischen Terrors abhing – sofern sie die ungeheure psychische Belastung aushielten. Die Lage blieb – im Rahmen der allgemeinen wirtschaftlichen Möglichkeiten – da erträglich, wo die Bevölkerung den Beeinflussungsversuchen und Drohungen zum Trotz die Geschäftsbeziehungen – aus welchen Motiven auch immer – aufrechterhielt. Fritz Goldschmidt erzählte eine bezeichnende – schon fast satirische – Episode:

«In einem anderen pommerschen Städtchen kam eine Bäuerin abends nach Einbruch der Dunkelheit in einen jüdischen Laden und sagte dem Inhaber, sie wolle ihre letzten Einkäufe bei ihm vornehmen, da es in Zukunft Ariern verboten sei, bei Juden zu kaufen. Der Kaufmann gab ihr darauf eine Abschrift der Erlasse des Reichswirtschaftsministeriums, die sich gegen den Judenboykott wandten. Nach ein paar Tagen sprach die

Bauersfrau voller Freude wieder bei ihm vor und erzählte ihm, sie habe an einem Frauenschaftsabend die Erlasse vorgelesen und betont, daß man danach wieder ‹zum Juden› gehen könne. Die Leiterin der Frauengruppe habe aber noch Bedenken erhoben. Daraufhin habe sie, die Bäuerin, eine schriftliche Abstimmung vorgeschlagen. Von 72 Stimmen sprachen sich vier gegen Käufe in jüdischen Geschäften aus. Zehn weiße Zettel waren abgegeben worden, und alle übrigen Stimmen hatten sich gegen den Boykott jüdischer Geschäfte gewandt. Zweifellos wird die Leiterin der Frauengruppe Vorwürfe erhalten haben, daß sie eine solche Abstimmung zuließ.»[74]

Auch in anderen Bereichen des Landhandels, wie etwa im Hopfenhandel, der noch Ende 1925 zu zwei Dritteln in jüdischer Hand war, konnten nationalsozialistische Funktionäre und «arische» Konkurrenten ihr Ziel der totalen Verdrängung – selbst im fränkischen Machtbereich Streichers – nicht oder nur teilweise erreichen. Es war wohl die besondere Position des Vermittlers im Landhandel – sofern er mit festem Kundenstamm arbeitete –, welche die Hartnäckigkeit erklärt, mit der viele Produzenten und Einkäufer an ihrem Händler, obwohl er Jude war, festhielten. Ein jüdischer Weinhändler erinnerte sich:

«Für den Produzenten war ich der Käufer und für den Sektfabrikanten der Verkäufer, der dafür einzustehen hatte, daß die richtigen Weine für den jeweiligen Zweck zugeteilt wurden. Für beide Teile war ich die Vertrauensperson, und aufgrund meiner mehr als vierzigjährigen fachlichen Erfahrung hatte ich auch das unbeschränkte Vertrauen beider Teile. Ich übertreibe sicher nicht, wenn ich behaupte, daß dies Vertrauen, besonders zwischen den Weinbauern und mir, beinahe patriarchalisch genannt werden durfte. Dies Vertrauen bewährte sich auch in den letzten Jahren 1935 bis 1938 noch ...»[75]

Großbetriebe des Einzelhandels und Industrie

1932 existierten in Deutschland insgesamt rund 100000 jüdische Wirtschaftsbetriebe, doch sind in dieser Zahl alle, vom Ein-Mann-Betrieb bis zum Großunternehmen, subsumiert. 50000 davon waren Betriebe des Einzelhandels (vom Warenhaus bis zum Tante-Emma-Laden).

Problematisch ist freilich die Frage nach der Definition des jüdischen Betriebs. Selbst bei den genannten Ziffern, denen allerdings keine rassischen Kriterien zugrundeliegen, ist nicht sicher, wie bei Beteiligungen oder bei konfessionell verschiedenen Inhabern verfahren wurde. Im Zusammenhang mit der Vergabe öffentlicher Aufträge, an denen jüdische Firmen zwar beteiligt, im Falle von Angeboten, die gleichwertig waren mit denen nichtjüdischer Firmen, aber nicht beauftragt werden sollten, erfand die Reichsregierung den Begriff der «maßgeblichen Beteiligung», der von auftragerteilenden Stellen – vor allem im von der NSDAP beherrschten kommunalen Bereich – «großzügig» zu Lasten der Juden ausgelegt wurde. Erst 1938 gab das Reichswirtschaftsministerium im Hinblick auf die «Arisierungen» eine genauere Definition. (Den folgenden Zahlen liegt das nationalsozialistische Verständnis von jüdisch zugrunde.) Im Handelsregister von Nürnberg-Fürth waren am 31. Dezember 1935 (noch) rund 1200 Firmen eingetragen, die als jüdisch eingestuft wurden. Zu diesem Zeitpunkt seien in Nürnberg 28 und in Fürth 50 Prozent der Großhandelsfirmen (absolute Zahlen fehlen) jüdisch gewesen; viele von ihnen waren spezialisierte und für die mittelständische Industrie unentbehrliche Exporthandelsfirmen.[76] Im Kreis Aschaffenburg bestanden Anfang 1938 noch 15 jüdische Kleiderfabriken.[77] In Berlin wurden 1938 – im Zuge der «Arisierung» – 300 jüdische Industriebetriebe (davon ein Drittel Bekleidungsindustrie) sowie 180 Großhandelsfirmen gezählt.[78] Ein Ministerialrat aus dem Reichswirtschaftsministerium schrieb in einem «Kommentar zur Judengesetzgebung», am 1. April 1938 hätten im Altreich 39552 jüdische Betriebe bestanden.[79]

Der Rückgang jüdischer Betriebe um rund 60 Prozent bis April 1938 erfolgte vor allem zwischen 1933 und 1935. Überwiegend handelte es sich dabei um kleine und kleinste Betriebe, die unter dem Druck von Krise und Boykott aufgegeben wurden. Zahlreich waren aber auch die Verkäufe gesunder Betriebe – teils aus Panik, teils freiwillig mit dem Ziel der Auswanderung, teils unfreiwillig, um Druck und Gewaltanwendung von nationalsozialistischer Seite zu entgehen.

Während die mittleren und großen jüdischen Industriebetriebe, die zwar auch mit zahlreichen Unzuträglichkeiten zu kämpfen hatten, aufs ganze gesehen bis 1938 wenig behelligt wurden, standen die mittleren und großen jüdischen Firmen des Einzelhandels unter schärfstem Druck. Warenhäuser galten – unbeschadet der Besitzverhältnisse – als jüdisch und jüdische Erfindung. Sie waren für die NSDAP ein besonderes Problem: Einerseits hatte die Partei ihre mittelständische Klientel nicht zuletzt durch den Kampf gegen diese Form der Handelsorganisation und das Versprechen unverzüglicher Liquidation gewonnen, andererseits arbeiteten im Sommer 1933 an die 100000 Menschen in Warenhäusern und sogenannten Einheitspreisgeschäften, von denen dann noch Produzenten, Zulieferer usw. mit ihren Belegschaften wirtschaftlich abhingen.

Da alle Waren- und Kaufhäuser durch die Umsatzverluste der Krisenjahre schon in eine substanzverzehrende wirtschaftliche Lage geraten waren, gelangten jetzt viele jüdische durch die Boykott-Aktionen an die Grenze der Kreditwürdigkeit und an den Rand der Zahlungsunfähigkeit. So stand der Hermann-Tietz-Konzern im Juni 1933 vor der Liquidation, sofern nicht eine Sanierung erreicht wurde. Da nicht nur die 14000 Arbeitsplätze des Konzerns auf dem Spiel standen, sondern auch die bei den Zulieferern, von denen Tietz 1932 Waren im Wert von 133 Millionen RM bezogen hatte, mußte Hitler der Forderung des Reichswirtschaftsministers zähneknirschend zustimmen, die Sanierung des jüdischen Warenhauskonzerns durch eine finanzielle Garantie des Reiches zu ermöglichen. Das jüdische Textil-Kaufhaus Gebr. Kaufmann in Wuppertal dagegen mußte um die gleiche Zeit die Zahlungen einstellen und ein Vergleichsverfahren einleiten, nach dessen Beendigung es liquidiert wurde.

Bei Hermann Tietz hatte – und ähnliche Prozesse scheinen auch bei anderen jüdischen Waren- und Kaufhäusern abgelaufen zu sein – die Sanierung aber faktisch einen Arisierungseffekt; denn die kreditgebende Bankengruppe erhielt maßgebenden Einfluß auf die Geschäftspolitik; sie dürfte die jüdischen Inhaber des Konzerns dazu gebracht haben, im August 1934 einem Ausscheidungsvertrag zuzustimmen.

Über die Leonhard Tietz-AG hatte die ‹Jüdische Rundschau› bereits am 13. April 1933 gemeldet:

«Im Interesse des Unternehmens und der Gesamtheit seiner Angestellten- und Arbeiterschaft haben die Vorstandsmitglieder der Leonhard Tietz-AG Dr. Alfred Leonhard Tietz (und vier weitere Herren) dem Aufsichtsrat ihre Ämter zur Verfügung gestellt. Ferner haben die Herren Max Grünbaum (und sieben weitere Herren) ihre Ämter als Mitglieder des Aufsichtsrats der Gesellschaft niedergelegt. Zum Vorsitzenden des Aufsichtsrats wurde der neu eingetretene Industrielle Frowein ... gewählt. Dr. Alfred Tietz hat sich auf Wunsch bereit erklärt, dem Unternehmen als Mitglied des Aufsichtsrats seine wertvollen Erfahrungen weiterhin zur Verfügung zu halten.»

Bezüglich der näheren Umstände dieser «Gleichschaltung», die übrigens vor dem 1. April 1933 erfolgte und unter den Boykotteuren Verwirrung auslöste, ist unklar, ob die Rücktritte unter dem Druck der nichtjüdischen Anteilseigner oder in einer Art freundschaftlichem Einvernehmen erfolgt sind.

Der Warenhaus-Konzern Schocken-AG blieb bis zum März 1938 ein jüdisches Unternehmen; der Verkauf erfolgte offenbar in relativ normaler Verhandlungsatmosphäre – zwar unter dem Druck der Verhältnisse, aber ohne daß Parteistellen ihre Hände im Spiel hatten –, was wohl dadurch verursacht worden ist, daß der Verkauf an eine deutsche Bankengruppe durch niederländische Banken vermittelt worden ist.

«Freundschaftliche Arisierungen», z. B. Hereinnahmen nichtjüdischer Teilhaber – meist Geschäftsfreunde – und oft Rückzug in die stille Teilhaberschaft, gänzliche oder teilweise «Arisierung» der Geschäftsleitung oder normale Verkäufe von Industriebetrieben oder größeren Handelsunternehmen haben bis 1935 vielfach stattgefunden; sie waren veranlaßt durch den Druck der Verhältnisse und/oder nüchterne Voraussicht. Alle diese Veränderungen wurden von der jüdischen Presse zwar wahrgenommen und kommentiert, nicht jedoch – wie es ab Anfang 1936 von der ‹Jüdischen Rundschau› geschah – im einzelnen mitgeteilt, so daß die Größenordnung nicht bekannt ist. Es waren mindestens 45 größere Industrie- und Handelsbetriebe, die bis Ende 1935 auf einem der zuvor beschriebenen Wege zu «arisierten» oder zumindest dem maßgeblichen jüdischen Einfluß entzogenen Unternehmen wurden, in einigen wenigen Fällen erfolgte Liquidation.

Die größeren jüdischen Betriebe hatten bis Ende 1938 bessere Existenzbedingungen als die kleinen und ganz kleinen Firmen. So hielt sich die Reederei Josef Schalscha, das einzige jüdische Unternehmen in der ost- und mitteldeutschen Binnenschiffahrt, trotz der Pressionen, denen die beiden Inhaber persönlich ausgesetzt waren, bis 1938 an der Spitze der Oderschiffahrt. Die Erwerbsverhältnisse hätten sich in den Jahren 1934 bis 1937 erheblich gebessert und «die vielmonatlichen zwangsweisen Betriebspausen gehörten ... der Vergangenheit an», berichtete Sylvius Schalscha.[80]

Der Vorsitzende des Landesverbandes israelitischer Gemeinden in Thüringen, der zusammen mit zwei Brüdern Inhaber einer Lackfabrik am Rande von Meiningen war, überliefert ähnliche Erfahrungen:

«Die Machtergreifung durch die Nationalsozialisten änderte zunächst nichts in dem Betrieb unserer Fabrik. Unter Boykottmaßnahmen hatten weder wir noch andere jüdische Betriebe zu leiden. Die Zeppelinwerke und sonstige Kunden von Bedeutung hielten ihre Geschäftsverbindung mit uns aufrecht. Dieses blieb auch in den folgenden Jahren so. Der Grund dafür, daß man uns solange unbelästigt ließ, war möglicherweise der Umstand, daß wir unsere Erzeugnisse zum erheblichen Teil in das Ausland verkauften und hierdurch Devisen in das Land brachten ... Auch persönlich wurden wir Juden in den ersten Jahren der Naziherrschaft kaum belästigt. Ich erhielt zwar Telefonanrufe, in denen ich gefragt wurde, weshalb ich noch immer nicht nach Palästina gegangen sei. Aber im übrigen wurden wir nicht gehindert, unser bisheriges Leben weiterzuführen.»[81]

Die Entschlossenheit, sich und das Unternehmen zu behaupten, prägte die Haltung der Besitzer eines Müllereigroßbetriebs in Bartenstein in Ostpreußen:

«Vom Jahre 1933 an führten wir einen Verteidigungskampf, um uns die Mühle zu erhalten, wobei mein Schwiegervater und mein Vetter viel zu optimistisch waren, während ich skeptischer war. In Ostpreußen herrschte seit je die ‹zahme› Judenfeindschaft der Konservativen; nun wurden die Juden im Landhandel durch die nationalsozialistische Propaganda besonders verhaßt. Koch, der ostpreußische Gauleiter, ging scharf gegen uns ins Zeug, während der ostpreußische Müllereiverband, dessen Mitglied wir waren, uns die Liquidation freundschaftlich nahelegte. Meine Partner waren jedoch nicht dazu zu bewegen. Man brachte Plakate an ‹Kauft nicht bei Juden!› und stellte Wachen vor die Mühle. Das Geschäft ging beständig herunter. Koch erschien mit dem größten Müller Ostpreußens,

Karow, öfter bei uns. Die beiden versuchten uns mürbe zu machen, um die Mühle ‹schlucken› zu können. Unsere Kundschaft war hauptsächlich der Landadel. Wir hatten einen Millionenumsatz, und verschiedene Kunden schuldeten uns durchschnittlich oft 500000 bis 1000000 RM. Als die Mühle im Jahre 1935 abbrannte und ein Schaden von mehreren Millionen entstand, ließen wir sie wieder aufbauen; ... Wenn die Reichsbankpräsidenten Schacht und später Luther Ostpreußen besuchten, fuhren sie im Auto unserer Firma durch das Land. ... Erst im Jahre 1938 wurde die Mühle ‹getarnt› an einige frühere Kunden und die Deutsche Bank verpachtet ...»[82]

Hans Robinsohn, der nach dem Novemberpogrom nach Dänemark ins Exil ging, war Mitinhaber eines Hamburger Textil-Kaufhauses. Er verstand seine Rolle als «Betriebsführer» einer großen jüdischen Firma nicht nur als Verpflichtung zur Selbstbehauptung, sondern – als streitbarer Liberaler, der er war – auch als Notwendigkeit, Widerstand gegen das Regime zu leisten. Sein Bericht enthält eine Fülle von Details aus dem Wirtschaftsleben:

«In meiner Erinnerung zerfallen die Jahre unter Hitler in zwei Perioden, nämlich die Zeit von 1933 bis Ende 1937, in der eine zwar paradoxe, aber einigermaßen konstante Situation vorlag, die man ungefähr übersehen konnte, und die Jahre von Ende 1937 bis Anfang März 1939, in der die nackte Gewalt und Willkür vorherrschte, die dann auch zum Ende der Firma führte. In der ersten Periode galt offiziell die Parole, daß es auf wirtschaftlichem Gebiet keine Judenfrage gäbe ...

Nach den Wirbeln des März und April 1933 trat eine gewisse Beruhigung ein. Man hatte Zeit, sich mit den neuen und unbekannten Faktoren zu beschäftigen. Das bedrohlich Neue war der Zustand, daß man in Zukunft nicht mehr mit dem Schutz des Staates und seiner Organe rechnen konnte, sondern man mit der grundsätzlichen Feindseligkeit der herrschenden Schichten und Personen rechnen mußte. Unbekannt war vor allem, wie sich die wirtschaftlichen Möglichkeiten für offiziell verfemte Betriebe entwickeln würden. ...

Wir hatten keine Schwierigkeiten mit unserer Bank, bei der wir seit Jahrzehnten Kunden waren. In den zahlreichen Besprechungen mit der Bank habe ich bei aller formellen Korrektheit dem Staat gegenüber stets nur Wohlwollen für unsere Firma empfunden. Wir wurden einwandfrei beraten. Unser Kredit wurde nicht schroff gekürzt oder gekündigt, sondern – was durchaus auch in unserem Interesse lag – langsam verringert. Niemals ist durch die Bank ein politisch motivierter Druck ausgeübt worden. In der ersten Periode bis Ende 1937 gab es auch keine Schwierigkeiten mit Lieferanten. Allerdings wurde dauernd auf diese eingewirkt, jüdische Kunden nicht mehr zu beliefern. Aber damit hatte man wenig Erfolg. Die Kunden eines jüdischen Betriebs konnte man dazu bewegen, die nichtjüdische Konkurrenz zu besuchen. Es war aber etwas ganz anderes, den Lieferanten zuzumuten, auf gute jüdische Kunden zu verzichten. In vielen Fällen bestanden gute menschliche Beziehungen, die auch ohne das rein wirtschaftliche Moment ausgereicht hätten, den Boykott durch Lieferanten unwirksam zu machen ...

Oft war es auch nur der Widerstand selbständiger Menschen gegen den Versuch, ihnen vorzuschreiben, was sie tun sollten, der sich gegen die Boykottpropaganda auswirkte. So hatten wir in der ersten Periode keine wesentlichen Finanzierungs- und Warenbeschaffungsprobleme. Erst seitdem der Boykott seitens der Kunden unsere Einnahmen beschränkte, begannen finanzielle Sorgen, die selbstverständlich auch über die nötig werdenden Zahlungsfristen auf das Gebiet der Warenlieferungen übergriffen. Aber das geschah erst ab 1938.

Über das Verhalten unserer Kundschaft läßt sich nichts Allgemeines sagen. Da waren zunächst die Abnehmer unserer Großhandelsabteilungen. Die Provinzkunden, stark bespitzelt durch ihr Personal, ihre Konkurrenten und auch sogar durch ihre eigenen Kunden, waren dem Druck am meisten ausgesetzt. Die Großhandelsumsätze fielen ständig und erheblich, ... Die Absatzmöglichkeiten verringerten sich derart, daß wir auf Anraten unserer Vertreter und Reisenden zur ‹Tarnung› eine Firma gründeten, die als Expeditions- und Fakturierungsstelle wirkte. Den letzten Anstoß dazu gaben die unaufhörlichen Denunziationen durch die örtlichen Postbeamten bei der Partei. Diese Beamten registrierten jede Sendung mit unserer Absenderadresse und ermöglichten es den örtlichen Parteigrößen, unsere Abnehmer zu beschimpfen und sie wirtschaftlichen Repressalien auszusetzen. In einem geringeren Ausmaß wiederholten sich diese Ereignisse in Hamburg bei den gewerblichen Abnehmern unserer Einzelhandelsabteilungen. Sehr erhebliche Umsätze von Stoffen und Zutaten aller Art waren bisher durch Schneiderinnen getätigt oder vermittelt worden. Auf Grund einer rabiaten antisemitischen Hetze der Innungsleiter gingen diese Umsätze zurück. Zuerst blieben nur die gelegentlich kaufenden Schneiderinnen fort, aber allmählich verschwanden mehr und mehr ...

Bei den Privatkunden war lange Zeit hindurch die Boykottaufforderung ziemlich wirkungslos. Gewisse Schwierigkeiten gab es bei Beamten, besonders wenn sie Kredit in Anspruch nehmen mußten. Die Angst vor schriftlichem Beweismaterial spielte eine steigende Rolle und führte zu einem Rückgang der Kreditumsätze ...

Im großen und ganzen blieben die Umsätze von 1933 bis 1937 ziemlich gleich. Das lag einmal an unseren Gegenmaßnahmen. Einen geradezu symbolischen Eindruck machte es auf größere Schichten Hamburgs, daß wir im Sommer 1933 einen Umbau vornahmen, durch den wir vier neue große Schaufenster gewannen ...

Diese Aktion wurde als Beweis dafür genommen, daß wir bleiben und trotz aller Schwierigkeiten versuchen würden, uns durchzusetzen; sie brachte uns viel Sympathien ein.

Mit Werbemaßnahmen, sorgfältigster Bedienung und ausgesuchten Warenangeboten gelang es uns, einen großen Teil von sogenannten ‹Laufkunden› zu erwerben, die die Abgänge auf Grund des Boykotts ausglichen. Viele dieser Kunden gehörten einem durch das Regime selbst geschaffenen Typ an, nämlich dem ‹Protestkunden›. Grundsätzliche Gegner des Regimes kauften ‹nun gerade› in jüdischen Geschäften ...

Auf dem Gebiet der Beziehungen zwischen Arbeitgeber und Arbeitnehmer produzierte die offizielle Parole von der ‹Wirtschaft ohne Judenfrage› die größte Paradoxie der damaligen Verhältnisse, nämlich den jüdischen Betriebsführer. Ausgestattet mit den sehr erheblichen Rechten, die das Arbeitsordnungsgesetz von 1934 dem Betriebsführer verlieh, sollte der jüdische Unternehmer seine Aufgabe erfüllen, der selber allen Willkürmaßnahmen der Partei- und Arbeitsfrontstellen innerhalb und außerhalb seines Betriebs ausgesetzt war ...

Da die gesamte innere Organisation in der Firma mein Arbeitsgebiet war, mußte ich von vornherein alle Arbeitsprobleme behandeln und wurde später auch Betriebsführer. Aber gerade hier lagen große Bewährungsmöglichkeiten, und durch die Tätigkeit des Betriebsführers mußte entscheidend beeinflußt werden, ob man sich behaupten konnte oder nicht. Mehr oder minder unbewußt begriff ich von vornherein, daß alle Erfolgschancen davon abhingen, ob man alle Möglichkeiten des Rechtszustands ausnutzte und völlig ignorierte, daß der tatsächliche machtmäßige Sachverhalt der Rechtslage diametral entgegengesetzt war. Diesen wirklichen Sachverhalt durfte man nie erkennbar werden lassen. Es galt daher, Ruhe und Festigkeit zu zeigen, die Überzeugung zu verbreiten, daß auch im nationalsozialistischen Staat das Gesetz gehalten werden müsse und würde, einerlei ob der Betriebsführer ein Jude oder ein ‹Arier› war ...

Verhältnismäßig übersehbar waren die arbeitsrechtlichen Fragen. Der Betriebsführer engagierte und entließ Mitarbeiter, wobei er den Vertrauensrat zu Rate ziehen mußte. Da wir – besonders in den Jahren 1933 und 1934 – erhebliche Einsparungen auf dem Gehaltskonto durchführen mußten, waren Entlassungen unvermeidlich. Dadurch gerieten wir aber in einen politisch gefärbten Konflikt, da gerade damals Hitler die ‹Arbeitsbeschaffungsschlacht› führte. Ich habe trotzdem am 30. Juni 1933 etwa drei Dutzend Kündigungen ausgesprochen, von denen ich im Laufe der folgenden Verhandlungen etwa ein Drittel zurückzog. Teilweise führte man diese Verhandlungen mit den Mitteln psychologischer Kriegsführung – aber da die Rechtslage eindeutig war und man damals noch nicht mit Gewaltmaßnahmen gegen uns vorgehen wollte, genügte der feste Wille, um den größten Teil der Kündigungen durchzusetzen. Allerdings mußten über ein Dutzend Arbeitsgerichtsprozesse geführt werden, und auch in den späteren Jahren entwickelten sich fast aus allen Kündigungen Arbeitsgerichtsverfahren. Meine Erfahrung mit dem Arbeitsgericht war ausgezeichnet. Ich hatte es mir allerdings angewöhnt, in allen Kündigungsfällen dem zu entlassenden Mitarbeiter ein Vergleichsangebot zu machen, durch das er mehr erhalten würde, als ihm gesetzlich zustand. Meistens wurde auf Grund dieser Angebote auch das arbeitsrechtliche Verfahren beendet, da die Richter es verständlicherweise vorzogen, sich auf diese Weise Verurteilungen ‹arischer› Arbeitnehmer zu ersparen. Im ganzen bestand jedoch beim Arbeitsgericht das Bestreben, objektiv zu urteilen und keinerlei politische Momente auf das Verfahren Einfluß erlangen zu lassen. Gelegentliche Versuche, mit groben Schimpfworten antisemitischer Art die Richter gegen unsere Firma einzunehmen, sind sämtlichst gescheitert ...

Nachdem allmählich bekanntgeworden war, daß meine Praxis beim Gericht Erfolg hatte, wurden die Entlassungsdebatten im Vertrauensrat mehr zur Routine. Ein wunder Punkt blieb jedoch die unterschiedliche Behandlung jüdischer und nichtjüdischer Angestellter. Der Anteil der jüdischen Mitarbeiter hatte Anfang 1933 etwa neun Prozent betragen. Im Laufe der Jahre stieg er an, weil wir selbstverständlich nur in ganz besonderen Fällen jüdische Mitarbeiter entließen. Bei den Einstellungen versuchten wir gleichfalls, jüdische Bewerber zu bevorzugen. Die Beschwerden des Vertrauensrats hiergegen behandelte ich mit völliger Offenheit, indem ich darauf hinwies, daß jüdische Arbeitnehmer in wachsendem Umfange darauf angewiesen waren, ihr Brot bei jüdischen Arbeitgebern zu verdienen, da sie anderswo – sehr stark durch das Zutun der nationalsozialistischen Vertrauensräte – nicht eingestellt wurden. Eine gewisse Solidarität müsse man uns zugestehen. Damit bin ich bis zum November 1938 auch durchgekommen.

Das tägliche Leben war durchsetzt von kleineren und größeren Überraschungen. Fast in jeder Woche war irgendein Schock zu überwinden. Mehrere Vertrauensratsbesprechungen wöchentlich waren die Regel. Jeder Brief vom Oberfinanzpräsidenten, von der Devisenstelle, der Reichsbank, den Steuerbehörden konnte Bedrohungen und Gefahren enthalten. Überall saßen Beamte, die es darauf anlegten, jüdischen Betrieben das Leben zu verkümmern.

Ein ungeschickt abgefaßtes Inserat führte zur Drohung mit einem Verfahren wegen unlauteren Wettbewerbs. Ein Auslandskunde, der nicht bezahlte, war die Veranlassung zu einer Untersuchung, ob dahinter Kapitalflucht verborgen war ...

Jedes Jahr kamen wie amtliche Abgaben aufgemachte Aufforderungen, ‹Adolf-Hitler-Spende› zu zeichnen. Ich entschied mich dafür, überhaupt nicht zu reagieren. Außer ein paar Mahnungen geschah nichts.

Immer wieder wurde darüber diskutiert, ob Versammlungen der Betriebszelle in den Räumen der Firma abgehalten werden konnten. Ich verweigerte der Zelle dieses Recht mit der Begründung, daß in den Räumen der Firma nur Veranstaltungen durchgeführt werden könnten, an denen alle Mitarbeiter und die Inhaber selbst teilnehmen durften. Es gelang mir, mit einer Ausnahme diesen Standpunkt bis zum November 1938 durchzusetzen. Als der erste Betriebszellenobmann starb, wurde mir auf Befragen mitgeteilt, die Partei wünsche nicht nur meine Anwesenheit bei der Beisetzung, sondern auch eine passende Traueransprache. Zu meinem Entsetzen sah ich, daß – abgesehen von zahlreichen uniformierten Trauergästen – eine SA-Ehrenwache anwesend war. Ich sprach ein paar Sätze, und es gelang mir, auch um diese drohende Klippe herumzukommen ...

Das alles sind Beispiele dafür, daß selbst in der sogenannten normalen Periode bis Ende 1937 ein dauernder Kampfzustand zwischen der Firma und der Partei im weitesten Sinn bestand und daß man dauernd im Alarmzustand sein mußte, wenn man sich behaupten wollte. Es sind aber auch Beispiele dafür, daß man selbst als Jude die Möglichkeit hatte, sehr aufrecht einen gewissen Widerstand zu leisten, solange man sich auf Recht und Gesetz berief. ... So unmöglich war eine Haltung des Widerstandes nicht, wie es damals, und insbesondere später immer wieder dargestellt wurde.»[83]

Sicherlich hat es zahlreiche diesen Schilderungen vergleichbare Situationen gegeben, doch wäre eine Verallgemeinerung falsch. So waren z. B. jüdische Kauf- und Warenhäuser im Ruhrgebiet und in Bayern in diesen Jahren häufig Boykott-Aktionen und Behinderungen (etwa in der Werbung) ausgesetzt, während in Hamburg oder auch in Berlin die Linie der Regierung gegenüber der Partei offensichtlich erfolgreicher durchgesetzt werden konnte.

Industriebetriebe und Verkehrsunternehmen wie Schalscha waren «von der Straße» her nicht zu schädigen. Die Boykottierungen des jüdischen Handels konnten nur die Anbieter entsprechender Fertigprodukte – und auch nur längerfristig – treffen. Umsatzeinbußen mußten die hinnehmen, die in besonderem Maße Aufträge der öffentlichen Hand erhalten hatten; hier wurden die jüdischen Anbieter vom Markt verdrängt, wenn auch nicht regelmäßig, denn z. B. von der Reichswehr sind noch weiter Aufträge an jüdische Betriebe vergeben worden.

Wer die Belastung aushielt und genügend Geschick besaß, Ansprüche und Eingriffsversuche der Partei mit den wirtschaftlichen Maßnahmen und Zielvorstellungen der Regierung zu konterkarieren, konnte sich wirtschaftlich behaupten. Dabei hing der wirtschaftliche Erfolg oder Mißerfolg in hohem Maße von gesamtwirtschaftlichen Faktoren ab. Zwar hat die teilweise Abschnürung jüdischer Unternehmen von öffentlichen Aufträgen die betroffenen Firmen geschädigt, aber etwa die Wirkung der Importbeschränkungen und der erhebliche Anstieg der Importpreise für Rohstoffe nach 1933 hat sich bei importabhängigen jüdischen Industriebetrieben (z.B. der Textilbranche) mindestens ebenso negativ ausgewirkt. Exportorientierte Unternehmen und Produzenten von Gütern, die rüstungswirtschaftlich von Bedeutung waren, haben – im Rahmen des damals wirtschaftlich Möglichen – mit Erfolg wirtschaften können. Die Konsumwirtschaft dagegen hatte insgesamt mit Schwierigkeiten zu kämpfen. Robinsohns Feststellung, die Firma habe am allgemeinen Aufschwung nicht teilgehabt, trifft sicher nicht für die Jahre bis 1935 zu, in denen für die Textilindustrie und den Textilhandel gar kein Aufschwung stattgefunden hat. Und die negative Geschäftsentwicklung der Mühle in Bartenstein dürfte auch damit zu tun gehabt haben, daß die Ernteerträge z.B. an Roggen und Weizen zwischen 1933 und 1935 um rund 15 Prozent sanken.

Das in den ersten Jahren der nationalsozialistischen Herrschaft regierungsamtlich verbreitete Schlagwort, es gebe keine «Judenfrage» in der Wirtschaft, war aber trotzdem falsch, schon deswegen, weil die Regierung die Aktivitäten der Partei nicht zu verhindern vermochte, weil Teile der Regierung sie auch gar nicht ernstlich verhindern wollten; man wird jedoch aufs ganze gesehen – sagen können, daß die wirtschaftlichen Auswirkungen der «Judenfrage» bis 1938 in der Industrie insgesamt gering waren, aber sich auch im Handel, jedenfalls bei größeren Betrieben, in Grenzen hielten.

IV.

Jüdische Selbsthilfe bis 1938

Von Clemens Vollnhals

1. Der Zentralausschuß für Hilfe und Aufbau

Dem Aufruf zu Solidarität und Selbsthilfe, der nach dem Schock der Boykottaktionen um den 1. April 1933 und dem Erlaß der ersten antijüdischen Gesetze die Leitartikel der jüdischen Presse aller Richtungen füllte, entsprach am 13. April die Gründung des Zentralausschusses für Hilfe und Aufbau. Wie in der Namensgebung bereits deutlich werden sollte, verstand sich der Zentralausschuß als Hilfsorganisation zur Selbstbehauptung der jüdischen Gemeinschaft unter dem NS-Regime. Mit seiner Gründung war die Verteilung der sozialen Organisationsaufgaben des deutschen Judentums im wesentlichen festgelegt: Der Zentralausschuß übernahm auf übergemeindlicher Ebene wirtschaftliche, soziale und wohlfahrtspflegerische Aufgaben, während die politische Repräsentation der jüdischen Gemeinschaft der im September 1933 formell gegründeten Reichsvertretung der deutschen Juden oblag, die auch für sämtliche Kultusaufgaben der jüdischen Gemeinden und für Erziehung und Bildung zuständig war.

Im Zentralausschuß, dessen Gründung auf die Initiative der Reichsvertretung der jüdischen Landesverbände, der Vorläuferin der Reichsvertretung der deutschen Juden, zurückging, waren die führenden jüdischen Verbände vertreten: der Centralverein deutscher Staatsbürger jüdischen Glaubens, die Zionistische Vereinigung für Deutschland, der Preußische Landesverband jüdischer Gemeinden und die Jüdische Gemeinde Berlin. Wenig später schlossen sich dem Ausschuß auch der Jüdische Frauenbund und die deutsche Landesorganisation der Agudas Jisroel, der internationalen Vereinigung des gesetzestreuen Judentums, an. Hinzu kamen die wichtigsten Hilfsorganisationen: die Zentralwohlfahrtsstelle der deutschen Juden, die Zentralstelle für jüdische Wirtschaftshilfe, die der Preußische Landesverband am 26. März 1933 gegründet hatte, der Hilfsverein der deutschen Juden und das Palästina-Amt der Jewish Agency for Palestine.

Die Spannbreite der vertretenen Verbände und Institutionen umfaßte alle Gruppen des deutschen Judentums. Sie reichte von Verfechtern der Assimilation bis zu entschiedenen Zionisten, von religiös Liberalen zu streng Orthodoxen. Ende April 1933 trat der Zentralausschuß erstmals mit einem Aufruf an die Öffentlichkeit, der den Willen zur Selbstbehauptung deutlich zum Ausdruck brachte:

«Groß ist die Aufgabe, die der Gemeinschaft der deutschen Juden heute gestellt ist. Die Not steht vor den Türen unserer Menschen, ihre Kraft droht zu zerbrechen. Von uns, von der Kraft der Gesamtheit, muß die Rettung kommen.

Neue Aufgaben in ungekanntem Umfange treten an uns heran. Es genügt nicht, denen, die nicht wissen, wovon sie die nächsten Tage fristen sollen, das tägliche Brot zu reichen. Gewiß ist es unsere erste Aufgabe, dafür zu sorgen, daß niemand der Unseren zu hungern braucht und des Daches über seinem Kopf entbehrt ... Aber mit alledem ist es nicht getan. Wir wollen, und wir dürfen uns nicht damit begnügen, unseren Brüdern und Schwestern Almosen zu geben, für ihre einfachsten Bedürfnisse zu sorgen. Unsere Pflicht ist es, ihnen zu helfen, daß sie eine neue Grundlage ihrer Existenz finden, eine Arbeit, mit der sie sich selbst erhalten, die ihnen wieder eine Aufgabe, ihrem Leben einen Inhalt gibt ...

Nur in Einigkeit und Geschlossenheit können die Aufgaben, die unserer harren, erfüllt werden. Alle Meinungsverschiedenheiten zwischen uns, alles, was uns trennt, muß zurückgestellt werden. Die großen Organisationen und Hilfswerke des deutschen Judentums sind in dieser Richtung vorangegangen. Sie haben sich zusammengeschlossen zu gemeinsamer Arbeit im

‹Zentralausschuß der deutschen Juden
für Hilfe und Aufbau›

in ihm schweigen alle Sonderinteressen und eigensüchtigen Wünsche. Die Menschen, die in ihm zusammenwirken, arbeiten nur mit dem *einen* großen gemeinsamen Ziel vor Augen: *Das Hilfswerk der deutschen Juden!* ...

Deutsche Juden, zeigt Euch der Größe der Aufgabe gewachsen! Glaubt nicht, daß die Probleme des deutschen Judentums ohne äußerste Opfer durch eine *zügellose Auswanderung* gelöst werden können. Es ist kein Verdienst, Deutschland zu verlassen, um frei von dem Los der Brüder in Deutschland in Sorglosigkeit seine Zinsen zu verzehren. Niemandem wird dadurch geholfen, daß er ziellos ohne Aussicht auf eine Existenz ins Ausland wandert, um nun dort die Schar der Erwerbs- und Mittellosen zu vergrößern. Es wird jede Aussicht geprüft werden, jede Möglichkeit benutzt, um Menschen, die im deutschen Vaterlande nicht mehr die Möglichkeit einer wirtschaftlichen Existenz haben, eine Existenz im Auslande gründen zu helfen! Aber verlaßt nicht sinnlos Deutschland! Erfüllt *hier* Eure Pflicht! Schiebt nicht blindlings Menschen ab, einem ungewissen Schicksal entgegen.

Keiner entziehe sich seiner Pflicht in der Stunde der Prüfung! Jeder trage an seinem Orte und nach seinem Können zu dem Werke der Hilfe bei! Die Stunde des deutschen Judentums ist gekommen, die Stunde der Verantwortung und die Stunde der Bewährung. Das deutsche Judentum möge sich ihr gewachsen zeigen!»[1]

Der Vorsitz des Zentralausschusses lag stets bei Leo Baeck, der in Personalunion auch der Reichsvertretung vorstand, während die eigentliche Geschäftsführung einem ständigen Wechsel unterworfen war. Als erster Geschäftsführer amtierte Arthur Liljenthal, der zugleich Generalsekretär der Reichsvertretung der jüdischen Landesverbände war und somit neben Baeck die enge Verbindung zur politischen Repräsentation der deutschen Juden herstellte. Ihm folgte Ende Mai 1933 Ludwig Tietz, stellvertretender Vorsitzender des Centralvereins und Vorsitzender des Reichsausschusses der jüdischen Jugendverbände, dem Werner Senator von der Jewish Agency for Palestine und vorübergehend der Schuldezernent der Jüdischen Gemeinde Berlin, Walter Alexander, zur Seite standen. Nach dem Freitod Tietz' im November 1933 trat als Repräsentant des Centralvereins Friedrich Borchardt, der – weil er Jude war – als Direktor einer Privatbank entlassen worden war, in die Geschäftsführung ein; für Senator, der im März 1934 nach Palästina zurückkehrte, rückte Max Kreutzberger als Vertreter der Zionisten nach.

Der Ausbau der jüdischen Selbsthilfeeinrichtungen wurde maßgeblich von jüngeren Sozialarbeitern getragen, die mit ihrer Kritik am Honoratioren-Establishment nicht zurückhielten. Zu ihrem Wortführer machte sich Max Kreutzberger, der als überzeugter Zionist sozialistischer Prägung Mitte 1935 nach Palästina auswanderte. Er schrieb im Sommer 1933 in der von ihm herausgegebenen Zeitschrift ‹Jüdische Wohlfahrtspflege und Sozialpolitik›:

«So hat ein kleiner Kreis die Dinge kommen sehen, hat seit Jahren als das deutsche Judentum noch die Kraft und die materiellen Möglichkeiten besaß, die Umkehr der sozialen Arbeit, ihre Verstärkung und Neufundierung, eine Umwandlung der sozialen Struktur des deutschen Judentums gefordert, und immer wieder erneut als Problem vor das deutsche Judentum gestellt. Keiner aber hat die rasende Schnelligkeit voraussehen können, mit der das Problem in seiner tragischen Schärfe und vielleicht tragischen Auswegslosigkeit in wenigen Monaten sich dem deutschen Judentum offenbaren würde ...

Wir sind Jahre hindurch bei all diesen Arbeiten vielfach auf Widerstand, nur allzu oft auf Verständnislosigkeit und zumeist auf bourgeoise Untätigkeit gestoßen. Das deutsche Judentum hat es sich leisten können, Jahrzehnte die Lethargie der meisten jüdischen Gemeinden und der jüdischen Gemeindeverbände zu ertragen, hat zusehen müssen, daß die Männer, die über sein Schicksal entscheiden durften, gewählt wurden nicht nach ihrer Eignung, sondern nach ihrem Titel und nach den Regeln parteilicher Taktik. Auch bis heute hat sich zumeist nichts geändert, wenn man die Gemeinden in allen Teilen Deutschlands betrachtet. Die Leitungen sind vielfach überaltert und stehen verständnislos den Erfordernissen und der Problematik der jüdischen sozialen Gegenwart gegenüber ...

Dieser Zweifel an der Ernsthaftigkeit der Situation, an den schwerwiegenden Folgen der Ereignisse der letzten Monate ist deshalb so beunruhigend, weil er wieder dazu führen kann, in der Zeit, die uns gesetzt ist, an den Aufgaben vorbeizusehen und die Mahnungen und Erfordernisse der Stunde endgültig zu versäumen. Selbst wenn, was zu hoffen ist, sich mit der Besserung der Wirtschaftskrise auch die wirtschaftliche Situation der deutschen Juden mildert, kann es dennoch kein Zurück in die bourgeoise Existenz des deutschen Judentums geben. Die äußeren und inneren Erschütterungen des deutschen Judentums sind so leicht nicht zu überwinden.»[2]

Diese Situationseinschätzung stand in krassem Gegensatz zu dem verhaltenen Optimismus und dem vorsichtig abwartenden Verhalten der jüdischen Führungsgremien und galt weithin, bis in die Reihen der Zionisten, als überdramatisiert, als allzu pessimistisch. Ausschlaggebend für die relativ problemlose Zusammenarbeit der unterschiedlichen Richtungen im Zentralausschuß war, wie Friedrich Brodnitz 1936 hervorhob, die gemeinsame Überzeugung, «daß nur eine solche Einheitsorganisation die Gewähr für die technische und inhaltliche Bewältigung der Fülle von Aufgaben bieten konnte, die auf allen Gebieten des sozialen Lebens in verwirrender Fülle entstanden»[3].

Hinzu kam, worauf Brodnitz ebenfalls hinwies, daß allein der Zentralausschuß von den großen ausländischen jüdischen Hilfsorganisationen als autorisierter Verhandlungspartner anerkannt war, da nur er die Gewähr für eine einheitliche, überparteiliche und zentral kontrollierte Verwendung der bereitgestellten Gelder bot. Die finanzielle Unterstützung, die das American Joint Distribution Committee und der Central British Fund bereits Anfang 1933 ihren bedrängten Glaubensbrüdern in Deutschland in Aussicht gestellt hatten, bewegte sich in Millionenhöhe und deckte über die Hälfte der Ausgaben des Zentralausschusses, der stets mit dem Autonomiebestreben der jüdischen Gemeinden zu kämpfen hatte.

Die Ausgaben des Zentralausschusses für Wanderung, Wohlfahrt, Erziehung und Bildung, Wirtschaftshilfe und Berufsumschichtung stellten nur einen Teil der Gesamtleistungen der jüdischen Gemeinschaft dar. Weitere Millionenbeträge brachten alljährlich die jüdischen Gemeinden zur Finanzierung des umfassenden Selbsthilfewerks auf. 1933 besaßen die zehn größten jüdischen Gemeinden einen Gesamtetat von 15,66 Millionen RM, von denen sie 5,27 Millionen RM für «Hilfs- und Aufbauzwecke» ausgaben. Insgesamt standen 1933 aus Gemeindesteuermitteln, zentralen und örtlichen Sammlungen rund 11 Millionen RM zur Verfügung. Für 1935 und 1936 wurden die Gesamtaufwendungen für die verschiedenen Zweige der jüdischen Selbsthilfe auf jeweils rund 12,5 Millionen RM geschätzt, was ungefähr der Hälfte des Steueraufkommens aller jüdischen Gemeinden entsprach.[5]

Jahresetat des Zentralausschusses 1933–1938[4]

Jahr	Gesamtetat	Inlandsaufkommen	Auslandsaufkommen
1933	1216204	?	?
1934	2418146	748865	1047336
1935	2863379	1228089	1635290
1936	4123125	1691119	2432006
1937	4054265	1591103	2463162
1938	5302267	1970766	3331501
Insgesamt	19977386 RM	(7229942 RM)	(10909295 RM)

Ausgabenschwerpunkte des Zentralausschusses 1933–1938

Jahr	Wanderung	Wohlfahrt	Bildung u. Erziehung	Wirtschafts-hilfe u. Berufs-umschichtung	Gesamt-ausgaben
1933	482157	193110	103537	437400	1216204
1934	669130	299397	437420	762588	2297934
1935	425556	287807	543650	574779	2209773
1936	1461462	426504	687547	1085876	4296565
1937	1149973	447388	718932	1414652	4439266
1938	1680607	451374	483219	1301249	4985718
Insgesamt	586885 RM	2105580 RM	2974305 RM	5576544 RM	19445460 RM

In den ersten eineinhalb Jahren seines Bestehens wirkte der Zentralausschuß als Dachverband selbständiger Hilfsorganisationen. Am 1. April 1935 wurden dann im Zuge einer grundlegenden Organisationsreform die Hauptstelle für jüdische Wanderfürsorge, die Jüdische Arbeitshilfe E.V. (Landwerk Neuendorf), die Vereinigte Zentrale für jüdische Arbeitsnachweise, die Zentralstelle für jüdische Wirtschaftshilfe und die Zentralwohlfahrtsstelle der Juden in Deutschland E.V. unmittelbar der Reichsvertretung unterstellt. Die Geschäftsführer der genannten Organisationen fungierten von nun an als weisungsabhängige Sachbearbeiter, denen Arbeitsausschüsse zur Seite gestellt wurden. Mit der Eingliederung, die teils der veränderten politischen Situation Rechnung trug, teils aus organisatorischen Gründen zur Vermeidung unnötiger Kosten und Doppelarbeit erfolgte, änderte sich auch die offizielle Bezeichnung des Zentralausschusses, der nunmehr «Zentralausschuß für Hilfe und Aufbau bei der Reichsvertretung der Juden in Deutschland» hieß. Als formell unabhängige Institutionen, die jedoch faktisch der Reichsvertretung bzw. dem Zentralausschuß unterstanden, blieben lediglich die Zentralstelle für jüdische Darle-

1, 2, 3 Reichsvertretung/Schulabteilung
4 Reichsvertretung/Schulabteilung und Mittelstelle für Jüdische Erwachsenenbildung
5 Reichsvertretung
6, 7 Reichsvertretung/Abt. Berufsausbildung und Berufsumschichtung
8 Palästinaamt der Jewish Agency for Palestine
9 Hilfsverein der Juden in Deutschland
10, 11 Reichsvertretung/Abt. Wirtschaftshilfe
12 Zentralstelle für Jüdische Darlehenskassen e. V.
13, 14, 15, 16 Reichsvertretung/Abt. Wirtschaftshilfe
17, 18, 19, 20 Reichsvertretung/Abt. Zentralwohlfahrtsstelle
21 Reichsbund Jüdischer Frontsoldaten/Abt. Kriegsopferfürsorge
22 Reichsvertretung/Abt. Jüdische Winterhilfe
Quelle: Arbeitsbericht 1936, Anlage IV.

henskassen E.V. sowie die beiden Auswanderungsorganisationen, der Hilfsverein und das Palästina-Amt, bestehen.

Von den beiden Generalsekretären übernahm Borchardt die Leitung des Finanzdezernats bei der Reichsvertretung, das die bislang getrennten Finanzverwaltungen der Hilfswerke zusammenfaßte und eine einheitliche Budgetgestaltung sicherstellte. Der Jahresetat des Zentralausschusses, gespeist aus Steuermitteln der jüdischen Gemeinden, Sammlungen und Spenden ausländischer Hilfsorganisationen, umfaßte nun das gesamte Hilfs- und Aufbauwerk, einschließlich des Schul- und Auswanderungswesens. Seine Beratung, Genehmigung und Kontrolle erfolgte im Haushaltsausschuß der Reichsvertretung, in dem die Landesverbände, die Großgemeinden sowie die großen jüdischen Verbände vertreten waren. Das Dezernat für Zusammenfassung und Gesamtplanung der Arbeitsgebiete des Zentralausschusses lag in den Händen Kreutzbergers, der jedoch bald darauf nach Palästina auswanderte und an dessen Stelle im Juni 1935 der Zionist Salomon Adler-Rudel trat. Als Adler-Rudel 1936 aus Deutschland ausgewiesen wurde, übernahm Friedrich Brodnitz, Vorsitzender des Reichsausschusses der jüdischen Jugendverbände und seit 1933 Pressereferent des Zentralausschusses, bis zu seiner Emigration 1937 in die USA die Geschäftsführung. Ihm folgte Paul Eppstein, der später auch dem Vor-

stand der Reichsvereinigung der Juden in Deutschland angehörte und der 1944 im KZ Theresienstadt umkommen sollte.
Der organisatorischen Neugliederung folgte im Herbst 1935 die inhaltliche Überprüfung der Zielsetzungen, zu der der Erlaß der Nürnberger Gesetze den entscheidenden Anstoß gab. Auf die Deklassierung der Juden zu bloßen «Staatsangehörigen» ohne politische Rechte antwortete der Präsidialausschuß der Reichsvertretung am 22. September 1935 mit einer programmatischen Erklärung, die von allen jüdischen Großverbänden mitunterzeichnet worden war. Sie benannte als die «dringendsten Aufgaben»:

«1. Das eigene jüdische Schulwerk muß der Erziehung der Jugend zu religiös gefestigten, aufrechten Juden dienen, die aus bewußter Verbundenheit mit der jüdischen Gemeinschaft, aus der Arbeit an jüdischer Gegenwart und dem Glauben an jüdische Zukunft die Kraft schöpft, den schweren Anforderungen zu entsprechen, die das Leben an sie stellen wird ... Mit Rücksicht auf die Auswanderungsfähigkeit, insbesondere nach Palästina, wird dabei die Hinführung zu handarbeitenden Berufen und das Erlernen der hebräischen Sprache im Vordergrundestehen ...

Ein eigenständiger Kulturaufbau muß den kunst- und kulturschaffenden Juden Betätigungsmöglichkeiten geben und dem kulturellen Eigenleben der Juden in Deutschland dienen.

2. Dem gesteigerten Auswanderungsbedürfnis ist mit einer großzügigen Planung zu entsprechen, die vor allem Palästina, aber auch alle anderen in Frage kommenden Länder einbezieht und besonders der Jugend gilt. Hierzu gehört die Sorge für die Vermehrung der Auswanderungsmöglichkeiten, Ausbildung in für die Auswanderung geeigneten Berufen, insbesondere Landwirtschaft und Handwerk ...

3. Die Erhaltung und Betreuung der Hilfsbedürftigen, der Kranken und der Alten muß in Ergänzung der staatlichen Fürsorge durch weiteren systematischen Ausbau der von den Gemeinden getragenen jüdischen Wohlfahrtspflege sichergestellt werden.

4. Diesen vielfältigen und schwierigen Aufgaben ist eine verarmte Gemeinschaft nicht gewachsen. Die Reichsvertretung wird mit allen Mitteln versuchen, die wirtschaftliche Kraft der Juden dadurch zu sichern, daß die vorhandenen Erwerbsmöglichkeiten erhalten bleiben. Die wirtschaftlich Schwachen sind durch weitere Ausgestaltung wirtschaftlicher Hilfsmaßnahmen wie Arbeitsnachweise, Wirtschaftsberatung sowie Personal- und Realkredithilfe zu stärken.

5. Kraft in der Gegenwart und Hoffnung für die Zukunft gibt das lobensvolle Fortschreiten im Aufbau des jüdischen Palästinas. Um das Judentum in Deutschland noch mehr als bisher in diese Entwicklung hineinzustellen, tritt die Reichsvertretung als solche dem Jüdischen Aufbauwerk E. V. (Keren Hajessod) bei und fordert die jüdischen Gemeinden und Verbände nachdrücklich auf, ihrem Beispiel zu folgen ...

Im vollen Bewußtsein der Größe der Verantwortung und der Schwere der Aufgabe ruft die Reichsvertretung alle jüdischen Männer und Frauen, die gesamte jüdische Jugend zur Einigkeit, zu jüdischer Haltung, strengster Selbstzucht und größter Opferbereitschaft auf.»

Diese Erklärung hatte in doppeltem Sinne große Bedeutung. Sie trug die Unterschriften aller jüdischen Landesverbände, aller größeren Gemeinden sowie der großen Verbände aller Richtungen und umfaßte, mit Ausnahme unwichtiger Splittergruppen, erstmals das gesamte Judentum. Zugleich war damit, wie der Arbeitsbericht des Zentralausschusses mit Genugtuung feststellte,

«ein einheitliches, allen Gruppen gemeinsames Arbeitsprogramm auf den Gebieten von Hilfe und Aufbau festgelegt worden ... Vorbereitung und Durchführung der Auswanderung wurde als Kernstück des Hilfs- und Aufbauwerkes erklärt. Die Tatsache, daß die heranwachsende jüdische Generation in Deutschland ganz überwiegend den Weg der Auswanderung gehen muß, soll für die Gestaltung der Arbeit auf allen Gebieten maßgebend sein.»[6]

Hatte der Zentralausschuß 1933 – getreu der Devise des Centralvereins und des Reichsbunds jüdischer Frontsoldaten «Jeder bleibt auf seinem Posten» – zum Verbleiben in Deutschland aufgerufen und gehofft, durch Interventionen und juristische Mittel «ungesetzmäßige» Boykotte und Entlassungen verhindern zu können, so rückte nun die Auswanderung in den Mittelpunkt der Richtlinien.

Wie sehr die Aufkündigung der deutsch-jüdischen Kultursymbiose auch die Zionisten erschütterte, die der Assimilation ablehnend gegenüberstanden, brachte Arthur Prinz, ehemaliger Herausgeber der ‹Neuen Leipziger Zeitung› und seit 1933 Leiter der Presseabteilung des Hilfsvereins, zum Ausdruck, als er im April 1935 einen Aufsatz mit der Bemerkung einleitete:

«Die schweren Ereignisse, die in den letzten beiden Jahren über die deutsche Judenheit hereingebrochen sind, bedeuten auch für uns Zionisten, denen die Unsicherheit aller jüdischen Existenz in der Galuth (der gewaltsamen Verbannung aus der Heimat) längst klar war, eine tiefe geistige und seelische Erschütterung. Daß in einem der kulturell führenden Länder in so kurzer Frist eine derartige Veränderung in der wirtschaftlichen, rechtlichen, politischen und kulturellen Stellung der Juden, und auch in ihren menschlichen Beziehungen zur Umwelt vor sich gehen könne, das hat auch von uns Zionisten kaum jemand für möglich gehalten ...»[7]

Die überwiegende Mehrheit der deutschen Juden setzte jedoch auch weiterhin all ihre Hoffnung auf den Fortbestand ihrer Gemeinschaft in der vertrauten Heimat. So nahm die Auswanderung 1936 nur um 4000 Personen zu und lag mit 25 000 ein Drittel niedriger als 1933. 1937 ging die Zahl der Auswanderer auf 23 000 zurück und erreichte damit wieder das Niveau von 1934. 1938 verließen 40 000 Juden Deutschland, 1939 waren es 78 000. Der Verlauf der Auswanderung spiegelt im wesentlichen die unterschiedlichen Phasen der NS-Judenpolitik wider. War die erste Phase bis zum Sommer 1933 von offenem Terror und spektakulären antijüdischen Gesetzesmaßnahmen bestimmt, so können die Jahre bis Ende 1937 als die Periode der «schleichenden Judenverfolgung»[8] gekennzeichnet werden. Die Stagnation der Auswanderung nach der ersten, primär politisch motivierten Fluchtwelle 1933 verweist darauf, daß die Situation der jüdischen Gemeinschaft, trotz politischer Entrechtung, sozialer Diskriminierung und brutaler Übergriffe in wellenförmig verlaufenden «wilden» Einzelaktionen, als nicht völlig hoffnungslos eingeschätzt wurde.

Hierzu trug wesentlich bei, daß die NS-Führung aufgrund außenpolitischer Rücksichtnahmen und im Interesse der wirtschaftlichen Beruhigung von einer weiteren Verschärfung der wirtschaftlichen Verdrängungsmaßnahmen absah und die Verdrängungsgesetze von 1933 nur kleine Berufsgruppen betrafen. Jüdische Beamte im Staatsdienst stellten 1933 gerade ein Prozent aller erwerbstätigen Juden; hinzu kam, daß die Ausnahmebestimmungen für ehemalige «Frontkämpfer» des Ersten Weltkriegs, Söhne und Väter gefallener «Frontkämpfer» und für bereits vor 1914 tätige Beamte viele zunächst vor der Entlassung bewahrten. Die selben Ausnahmeregelungen galten für jüdische Ärzte sowie Rechtsanwälte und Notare, die 2,9% bzw. 1,3% der erwerbstätigen Juden ausmachten. So konnten in Preußen beispielsweise 60% der jüdischen Anwälte weiter praktizieren.[9] Fast die Hälfte aller Juden waren jedoch Selbständige in Handel und Industrie, deren Existenz in den ersten Jahren der NS-Diktatur nicht durch Berufsverbote bedroht war, wenngleich ihr Einkommen vielfach zurückging.

Im Frühjahr 1935 kam es erneut zu zahlreichen Boykottaktionen und Ausschreitungen, die bis in den Sommer hinein fortdauerten und erst am 20. August aus staatspolitischen Gründen durch einen Erlaß des Reichs- und Preußischen Ministers des Inneren unterbunden wurden:

«Der Führer und Reichskanzler hat angeordnet, daß Einzelaktionen gegen Juden von Mitgliedern der NSDAP, ihrer Gliederungen und der angeschlossenen Verbände unbedingt zu unterbleiben haben: Wer hiernach noch an Einzelaktionen gegen Juden teilnimmt oder dazu anstiftet, muß in Zukunft als Provokateur, Rebell und Staatsfeind betrachtet werden.»[10]

Der Erlaß ist ein typisches Beispiel der teilweise recht widersprüchlichen Judenpolitik des NS-Regimes, deren allgemeines Kennzeichen Reichsjustizminister Gürtner beschrieb, als er am 20. August bei einer Besprechung auf Ministerebene, bei der auch der zitierte Erlaß Fricks zur Debatte stand, betonte, «daß jede Anordnung von Staat oder Partei solange wirkungslos bleiben müsse, als im Volke der Glauben genährt werde, daß die leitenden Stellen es nicht ungern sähen, wenn ihre einschränkenden Anordnungen übertreten würden, da sie nur aus politischen Rücksichten nicht so handeln könnten, wie sie gerne wollten»[11].

Dem ungeduldigen Antisemitismus der Straße folgten am 12. September 1935 als staatliche Reaktion die Nürnberger Gesetze, die die Entrechtung der Juden und die rassische Trennung gesetzlich verankerten und zur Entlassung aller noch im öffentlichen Dienst verbliebenen Juden führten. Da gesetzgeberische Beschränkungen der jüdischen Wirtschaftstätigkeit jedoch ausblieben, wurden die Nürnberger Gesetze vielfach als Abschluß der Dissimilation gedeutet. So schrieb beispielsweise das ‹Israelitische Familienblatt› Anfang Januar 1936, kurz nachdem der Lösener-Knost'sche Kommentar zu den Nürnberger Gesetzen erschienen war, unter der Überschrift ‹Unsere Lage in Deutschland›:

«Anders als jüdische Bevölkerungsgruppen hier und da im europäischen Ausland – so bis vor anderthalb Jahren in Polen – stellen wir keine ‹nationale Minderheit› im völkerrechtlichen Sinne des Wortes dar, wenn wir auch als ‹völkische Minderheit› betrachtet und bezeichnet werden ...

Ebenso, wie uns im Rahmen des deutschen Staatswohls und der deutschen Staatsgesetze grundsätzliche Bewegungsfreiheit hier gegeben ist, überläßt uns der Staat die Ausgestaltung jüdisch-*kulturellen* Lebens ...

Als Angehörige des deutschen Staates sind und bleiben wir in das Wirtschaftsleben des Ganzen eingeschaltet und sind für sein Gedeihen, jeder an seiner Stelle, in vollem Umfange mitverantwortlich. Es ist wohl kein Zufall, daß der Kommentar zwar von politischer, kultureller und biologischer Scheidung der Juden vom deutschen Wirtsvolke, nicht aber von einer wirtschaftlichen Sonderung spricht ...

Desto bedeutungsvoller ist für uns die Feststellung des Kommentars, daß die Nürnberger Gesetze ‹den Beginn einer *Befriedung* der Beziehungen des deutschen und des jüdischen Volkes bedeuten›. Dieses Wort weist der Gestaltung unseres Schicksals in der deutschen Umwelt einen Weg, den wir Juden *voller Loyalität* zu gehen bereit sind. Es darf und wird seinen tiefen Widerhall in unseren Reihen nicht verfehlen.»[12]

Die Illusion scheinbarer Stabilisierung und Normalisierung erfuhr mit der Olympiade 1936 eine weitere Bestärkung. Wie in der Saarpfalz, wurden auch anderenorts Staats- und Parteistellen angewiesen, antijüdische Schmierereien und Verbotsschilder zu entfernen:

«1. In Anbetracht des zu erwartenden ausländischen Fremdenzustroms (der Gau Saarpfalz selbst wird voraussichtlich mit einigen Sonderzügen bedacht werden) wolle gefälligst veranlaßt werden, daß sämtliche Anschriften, wie ‹Juden sind hier unerwünscht› usw. oder besonders aggressive Aussprüche gegen Juden, die sich gegebenenfalls auf Stürmerkästen befinden, nach und nach bis zum Tage des Beginns der Olympiade im gesamten Gaubereich verschwinden. Selbstverständlich sind hiervon die Stürmerkästen selbst nicht berührt.

2. Es wolle auch aus den gleichen Gründen unterlassen werden, daß Bürgermeister oder Gemeindeverwaltungen für ihren Bereich amtliche

Verbote des Vermietens an Juden erlassen. Es soll daher jedem Betriebsinhaber, ohne daß demselben irgendwelche Schwierigkeiten gemacht werden, persönlich überlassen bleiben, ob er Juden aufnehmen will oder nicht.»[13]

Obwohl solche Anweisungen an der fortbestehenden Entrechtung der jüdischen Bürger nichts änderten, waren sie doch geeignet, neue Hoffnungen auf einen modus vivendi oder gar einen Kurswechsel des NS-Regimes zu wecken. Von den insgesamt rund 2000 antijüdischen Gesetzen und Verordnungen traten 1936 und 1937 «nur» jeweils rund 150 in Kraft, die sich eher planlos mit Randgebieten befaßten, während umfassende Aktionen gegen die jüdische Bevölkerung in ihrer Gesamtheit weiterhin ausblieben. So heißt es in einem Berliner Gestapo-Bericht von 1937:

«Während die Versammlungen der zionistischen Organisationen ohne Beanstandungen abliefen, mußte über zahlreiche Redner des ‹Jüdischen Centralvereins› Redeverbot verhängt werden, weil sie in öffentlichen Versammlungen in einer mit der Zielsetzung der Reichsregierung unvereinbaren Weise die Versammlungsmitglieder zum Verbleiben in Deutschland aufgefordert hatten.»[14]

Die Verfolgungsmaßnahmen des NS-Regimes bis etwa Ende 1937, insbesondere die Ausschaltung der Juden aus dem Staatsdienst, die Begrenzung der jüdischen Berufstätigkeit in Berufen mit halböffentlichem Charakter und der Widerruf der Emanzipation durch Entzug des Bürgerrechts bzw. die Degradierung zu Bürgern zweiter Klasse, standen, wie Herbert A. Strauss urteilt, «völlig im Einklang mit den politischen Vorstellungen des deutschen Konservatismus»[15]. Nicht gedeckt von diesem Konsens waren die relativ kurzen Phasen massiver Ausschreitungen im ersten Halbjahr 1933 und im Frühjahr 1935, die jedoch selbst bei den christlichen Kirchen keinen nennenswerten Protest hervorriefen. Als sich das NS-Regime nach seiner Konsolidierungsphase aller taktischen, vor allem wirtschaftlich und außenpolitisch motivierter Rücksichtnahmen entbunden glaubte, gewann die NS-Judenpolitik eine neue Qualität. Sie zielte nun eindeutig auf die Vernichtung der wirtschaftlichen Existenzbasis des deutschen Judentums ab und gipfelte in dem Novemberpogrom 1938.

Am 28. März 1938 wurde den jüdischen Kultusgemeinden und ihren Verbänden die Anerkennung als Körperschaften des öffentlichen Rechts entzogen, womit sie nicht länger den großen Religionsgemeinschaften gleichgestellt waren und der vollen Besteuerung unterlagen. Am 26. April folgte die «Verordnung über die Anmeldung des Vermögens von Juden», soweit es 5000 RM überstieg. Die Zielsetzung dieser Maßnahme, der am 22. April die «Verordnung gegen die Unterstützung der Tarnung jüdischer Gewerbebetriebe» vorangegangen war, benannte Paragraph 7, der im Zusammenhang mit der wirtschaftlichen Kriegsvorbereitung zu sehen ist: «Der Beauftragte für den Vierjahresplan kann die Maßnahmen treffen, die notwendig sind, um den Einsatz des anmeldepflichtigen Vermögens im Einklang mit den Belangen der deutschen Wirtschaft sicherzustellen.»

Eine Durchführungsverordnung vom gleichen Tag machte jede Veräußerung, Verpachtung oder «Bestellung eines Nießbrauchs» sowie die Neueröffnung jüdischer Gewerbebetriebe genehmigungspflichtig. Im Juli erfolgte im Anschluß an die 3. Verordnung zum Reichsbürgergesetz die Registrierung aller jüdischen Unternehmen, womit die organisatorischen Voraussetzungen zur endgültigen Ausschaltung der Juden aus dem Wirtschaftsleben und zur Heranziehung zur sogenannten «Sühneleistung» nach dem Novemberpogrom geschaffen waren. Hinzu kamen in rascher Folge weitere Berufsbeschränkungen, deren gravierendste das Verbot der Betätigung als Hausierer, Reisender oder Vertreter war, da damit Tausenden von entlassenen Angestellten oder ehemals Selbständigen die letzte Ausweichmöglichkeit zur Sicherung ihres Lebensunterhalts entzogen wurde.

Parallel zu den gesetzgeberischen Maßnahmen verlief eine neue Boykottwelle, die in Nürnberg mit dem von Julius Streicher inszenierten Weihnachtsboykott ihren Anfang nahm und am 18. Juni 1938 in pogromartigen Unruhen in Berlin ihren vorläufigen Höhepunkt erreichte. Die Mobilisierung des «Volkszorns, der sich in Ausschreitungen ergeht», hatte das Judenreferat des SD-Hauptamtes bereits im Januar 1937 zur «Lösung der Judenfrage» empfohlen, «da der Jude durch Pogrome ... viel gelernt hat und nichts so fürchtet als eine feindliche Stimmung, die sich spontan gegen ihn wenden kann»[16].

Das Ergebnis aus dem Zusammenspiel neuer Verordnungen und organisierten «Volkszorns» war, wie beabsichtigt, die beschleunigte «Arisierung» jüdischer Geschäfte. So verzeichnete allein die ‹Jüdische Rundschau›, die wie die übrige jüdische Presse ihr Erscheinen nach dem Novemberpogrom einstellen mußte, von Januar bis Juli 1938 207 «Arisierungen», im August 75, im September 235, im Oktober und Anfang November weitere 230. Unter ihnen befanden sich etwa 340 Fabrikationsbetriebe, vor allem für Textilien und Bekleidung, sowie 370 Groß- und Einzelhandelsgeschäfte. Die Zahl der Unternehmen, die zwischen der Vermögensanmeldung im April und dem Novemberpogrom zu äußerst ungünstigen Bedingungen für die jüdischen Eigentümer ihren Besitzer wechselten, wird auf über 4000 geschätzt. Gab es im Februar 1938 in München noch 1690 jüdische Gewerbetreibende, so waren es im Oktober nur mehr 666. Etwas länger behaupten konnten sich die jüdischen Handwerksbetriebe, zumeist kleine Schneider, Kürschner oder Hutmacher, die als Arisierungsobjekte nur von geringem Interesse waren. Von den 5800 Handwerksbetrieben, die noch im Dezember 1938 von rund 8500 1933 bestanden, wurden nur 345 «arisiert», fast alle übrigen bis Ende März 1939 aufgelöst.[17]

Mit welchen Methoden die «Arisierungen», die Ausschaltung und Bereicherung am Vermögen der jüdischen Konkurrenz, ins Werk gesetzt wurden, schildert der seltene Fall eines Protestschreibens an die Industrie- und Handelskammer, in dem ein Münchner Kaufmann die Vorgänge drastisch beim Namen nannte:

«In den letzten Zeiten war ich öfters bei der Arisierung von jüdischen Geschäften als Sachverständiger, Experte und Gutachter etc. zugezogen und bin von den hiebei zu Tage getretenen brutalen Maßnahmen der zuständigen Stellen der Handelskammern, nationalsozialistischen Wirtschaftsstellen etc. und überhaupt von all dieser Art von Erpressungen an den Juden derart angeekelt, daß ich von nun ab jede Tätigkeit bei Arisierungen ablehne, obwohl mir dabei ein guter Verdienst entgeht.

Ich bin Nationalsozialist, S.A. Mann und ein Bewunderer Adolf Hitlers! Aber ich kann als alter, rechtschaffener, ehrlicher Kaufmann nicht mehr zusehen, in welcher schamloser Weise von vielen arischen Geschäftsleuten, Unternehmern etc. versucht wird unter der Flagge der Arisierung und im Interesse der nationalsoz. Wirtschaft die jüdischen Geschäfte, Fabriken etc. möglichst wohlfeil und um einen Schundpreis zu erraffen.

Die Leute kommen mir vor wie die Aasgeier, die sich mit triefenden Augen und heraushängenden Zungen auf den jüd. Kadaver stürzen, um ein möglichst großen Stück Fleisch herauszureißen!»[18]

Am 12. November 1938 erfolgte die erste «Verordnung zur Ausschaltung der Juden aus dem deutschen Wirtschaftsleben», die die Auflösung sämtlicher jüdischer Einzelhandelsgeschäfte bis zum 31. Dezember 1938 und die Entlassung aller jüdischen Angestellten aus leitenden Positionen verfügte. Drei Wochen später, am 3. Dezember 1938, trat als vorläufig letzte Maßnahme die «Verordnung über den Einsatz des jüdischen Vermögens» in Kraft. Sie leitete die Zwangsarisierung all derjenigen Betriebe ein, die bislang weder verkauft noch aufgelöst waren, und entzog den Juden die freie Verfügungsgewalt über ihr Vermögen, da Wertpapiere, Bargeld, Schmuck und andere Wertgegenstände auf Sperrkonten deponiert werden mußten. Von den 39552 jüdischen Betrieben, vom großen Warenhaus bis zum kleinen selbständigen Hausierer, die am 1. April 1938 noch bestanden und deren Zahl für 1933 auf 80000 bis 100000 geschätzt wird, waren ein Jahr später, wie Alf Krüger, Ministerialrat im Reichswirtschaftsministerium, angab, «14803 liquidiert, 5976 entjudet, 4136 in der Entjudung begriffen und 7127 wurden überprüft, ob sie zu entjuden seien»[19]. Der Restbestand von rund 19000 formell noch bestehenden jüdischen Betrieben wurde dann während des Krieges liquidiert, zu einem geringen Teil auch «arisiert».

Kamen die «Arisierungsgewinne» vor allem deutschen Geschäftsleuten, aber auch korrupten Beamten und Parteistellen zugute, so diente die Anmelde- und Deponierungspflicht des jüdischen Vermögens der staatlichen Bereicherung. Die «Sühneleistung» von einer Milliarde RM, die die jüdische Gemeinschaft nach dem Novemberpogrom aufzubringen hatte, wurde von jedem einzelnen Juden in Form einer zwanzigprozentigen Abgabe auf das im April 1938 angemeldete Vermögen erhoben, wobei der Satz im Oktober 1939 auf 25% erhöht wurde. Insgesamt brachte die «Sühneleistung» dem Reich 1,127 Milliarden RM ein. Weitere 900 Millionen RM erbrachte im Laufe der Jahre die «Reichsfluchtsteuer», die von jedem Auswanderer erhoben wurde. Beide Abgaben trugen im Steuerjahr

Verteilung der jüdischen Bevölkerung nach Alter, Familienstand und bisherigem Beruf (Altreich) Ende 1938[21]

Gliederung	Insgesamt	davon	
		männlich	weiblich
	1	2	3
Zahl der Glaubensjuden	300 000	140 500	159 500
davon			
1. nach Altersgruppen in Jahren			
0 bis unter 6	6 000	3 000	3 000
6 12	13 200	6 400	6 800
12 14	6 600	3 300	3 300
14 17	10 800	5 200	5 600
17 20	11 700	5 500	6 200
20 35	36 200	16 800	19 300
35 50	70 700	32 900	37 800
50 60	54 400	26 200	28 200
60 und darüber	90 500	41 200	49 300
2. nach dem Familienstand:			
ledig	131 200	65 500	65 700
verheiratet	136 000	61 000	75 000
verw. geschl. getrennt	32 800	14 000	18 800
3. nach den bisherigen Berufen:			
Landwirte u. Gärtner	4 200	3 700	500
Handwerker selbständig	6 100	4 700	1 400
Gehilfen	14 000	8 400	5 600
Arbeiter gelernt	4 700	3 300	1 400
ungelernt	3 700	2 600	1 100
Kaufmännische Berufe			
Vertreter	19 700	15 500	4 200
Händler	3 700	2 600	1 100
Sonst. Selbst. Kaufleute	35 700	29 000	6 700
Kaufm. u. Büroangestellte	45 000	23 000	22 000
Freie Berufe	13 200	8 400	4 800
Hausangestellte	8 500	500	8 000
Rentner und Pensionäre	15 000	7 500	7 500
Hausfrauen	56 200		56 200
Kinder, Schüler	35 600	17 300	18 300
Sonstige ohne Beruf	34 700	14 000	20 700

1938 (1. April 1938 bis 31. März 1939) fast 5% zum gesamten Staatshaushalt bei.

In welchem Ausmaß die wirtschaftliche Existenzbasis jedoch bereits vor der großen «Arisierungswelle» des Jahres 1938 unterhöhlt war, zeigt sich besonders deutlich am Rückgang der jüdischen Einzelhandelsgeschäfte. Von über 50000 im Jahre 1933 bestanden im Juli 1938 nach offiziellen Angaben nur mehr rund 9000, davon 3637 in Berlin. Aufschlußreich ist auch das Ergebnis der Anmeldepflicht jüdischen Vermögens vom April 1938. Danach belief sich das jüdische Vermögen im Altreich auf ca. 5,1 Milliarden RM und betrug damit nach verschiedenen Schätzungen weniger als die Hälfte von 1933. Einschließlich Österreichs bestand das angemeldete Vermögen von insgesamt 8,531 Milliarden RM nur zu 1,195 Milliarden RM aus «Betriebsvermögen». Der Rest verteilte sich auf Grundbesitz mit knapp 2,5 Milliarden und «anderes Vermögen» mit 4,88 Milliarden RM, in erster Linie Wertpapiere und andere liquide Titel.[20]

Im Kontext der Ausschaltung der Juden aus dem Wirtschaftsleben leitete der Novemberpogrom 1938 nur die Endphase einer Entwicklung ein, die Jahre zuvor begonnen und seit Ende 1937 in schneller Abfolge mit dem Ziel der endgültigen Zerschlagung der wirtschaftlichen Basis des deutschen Judentums umgesetzt worden war.

Einen Einblick in die Alters- und Berufsstruktur der jüdischen Gemeinschaft Ende 1938 gibt eine Schätzung der Reichsvertretung, deren Aussagekraft allerdings insofern begrenzt ist, als sie nur die bisherigen Berufe, nicht aber die Zahl der tatsächlich noch erwerbstätigen Juden angibt. Gleichwohl dürfte sie einen guten Annäherungswert für die Situation von Anfang 1938 abgeben (siehe Tabelle S. 327).

Das ganze Ausmaß der wirtschaftlichen Existenzvernichtung läßt sich am besten an der Gegenüberstellung der Berufszählungen von Juni 1933 und Mai 1939 ablesen:[22]

Erwerbstätige	1933		1939	
	absolut	%	absolut	%
Selbständige	110669	46,0	5367	15,7
Mithelfende Familienangehörige	23160	9,6	1137	3,4
Beamte	2275	1,0		
Angestellte	80559	33,5	8152	23,9
Arbeiter	20921	8,7	19446*	57,0
Hausangestellte	2903	1,2		
Insgesamt	240487	100	34102	100

* inkl. Hausangestellte

Während 1933 noch 48,1% der Juden im Erwerbsleben standen, waren 1939 von den 213930 Glaubensjuden, die im Mai noch im Altreich lebten, nur mehr 15,9% erwerbstätig. War 1933 fast die Hälfte der Erwerbstätigen selbständig, so sank ihr Anteil bis 1939 auf 15,7%; gleichzeitig stieg der Anteil der Arbeiter von 8,7 auf 57%. Einen weiteren Aufschluß über die völlige Änderung der Sozial- und Berufsstruktur gibt die Verteilung der erwerbstätigen Juden auf die einzelnen Wirtschaftssektoren:[23]

Wirtschaftssektoren	1933		1939	
	absolut	%	absolut	%
Land- u. Forstwirtschaft	4167	1,7	3029	8,9
Industrie- u. Handwerk	55655	23,1	11493	33,7
Handel u. Verkehr	147314	61,3	6473	18,9
Öffentl. Dienst u. private Dienstleistungen	29974	12,5	8645	25,4
Häusliche Dienste	3377	1,4	4462	13,1
Insgesamt	240487	100	34102	100

Diese Zahlen zeigen die radikale Umstrukturierung als Resultat der nationalsozialistischen Verdrängungsmaßnahmen, die sich am schärfsten im Handelssektor auswirkten. Da andererseits die Aufnahme einer anderen Beschäftigung den Juden seit 1938 kaum mehr möglich war, stieg die Zahl der berufslosen Selbständigen unter der jüdischen Bevölkerung von 16% im Jahr 1933 auf 76% im Mai 1939. Von den 107855 berufslosen Selbständigen lebten 41% als Rentner vom eigenen Vermögen, weitere 45,8% bezogen Klein-, Invaliden- und Unfallrenten oder Witwengeld.[24]

Mit der Vernichtung der wirtschaftlichen Existenzbasis im Schicksalsjahr 1938 war auch den im Zentralausschuß für Hilfe und Aufbau zusammengeschlossenen Hilfsorganisationen jede Grundlage für eine weitere produktive Wirtschaftshilfe entzogen, die beim Ausschluß der Juden aus dem öffentlichen Dienst und ihrer Zurückdrängung in den freien Berufen noch einen beachtlichen Beitrag zur Existenzsicherung der Betroffenen hatte leisten können. Nach der Zerschlagung der seit 1933 zunehmend eingeschränkten Lebensbasis und der letzten Hoffnungen auf einen – wie auch immer gearteten – modus vivendi gab es für die jüdische Gemeinschaft, wie die Reichsvertretung Anfang 1939 in ihrem Arbeitsbericht für das Jahr 1938 ausführte, nur noch die eine Aufgabe, «alle Kräfte auf eine Förderung und Beschleunigung der Auswanderung zu konzentrieren und die fürsorgerische Betreuung der durch die Ausschaltung der Juden aus dem Wirtschaftsleben hilfsbedürftig werdenden Personen sicherzustellen»[25] – soweit und solange dies dem Restbestand der jüdischen Gemeinschaft in Deutschland noch möglich war.

2. Schulwesen

Die Verdrängung der jüdischen Schüler aus den öffentlichen Schulen

1933 schätzte die Reichsvertretung die Zahl der jüdischen Schulpflichtigen, also die Jahrgänge 1919 bis 1927, auf rund 60000. Da die Schulpflicht mit dem 14. Lebensjahr endete, sind in dieser Zahl die Schüler höherer Lehranstalten nur zum Teil enthalten. Ebenso fehlen genaue Angaben zur Zahl der Lehrlinge oder der Schüler von Berufsfachschulen. Insgesamt verzeichnete die Volkszählung im Juni 1933 116961 jüdische Kinder und Jugendliche im Alter von sechs bis 25 Jahren. Anfang 1938 verzeichnete die Statistik in dieser Altersgruppe nur noch 60000. Für Ende 1938 wird die Zahl der Sechs- bis Zwanzigjährigen auf 42300 geschätzt. Zu Beginn des Jahres 1939, nach dem Novemberpogrom, betrug die Zahl der schulpflichtigen jüdischen Kinder noch etwa 19800 Mädchen und Jungen und war damit gegenüber 1933 auf knapp ein Drittel gesunken. Im September 1939 umfaßte die Altersgruppe der bis 24jährigen noch rund 24700. Am 31. Juli 1941 schließlich lebten in der Altersgruppe bis 18 Jahre noch 20669 jüdische Kinder und Jugendliche in Deutschland, allerdings sind in dieser Statistik nicht nur die Glaubensjuden erfaßt.[26]

Detaillierte Angaben über den Schrumpfungsprozeß der jüdischen Gemeinden sind für Württemberg vorhanden. Hier wanderte die Hälfte der jüdischen Jugendlichen der Jahrgänge 1915 bis 1920 zwischen 1933 und 1935, ein weiteres Viertel 1936 und 1937 aus, 5,7% blieben in Deutschland zurück. Schwieriger war die Situation für die jüngeren Jahrgänge 1921 bis 1926, da sie noch in Ausbildung standen. Von ihnen blieben 12,8% in Deutschland zurück, von den Jahrgängen 1927 bis 1932 waren es 10,5%.[27] Hier war es oft der Wunsch der Eltern, den Abschluß der Ausbildung noch abzuwarten, der eine rechtzeitige Emigration verhinderte. Leichter fiel der Entschluß zur Auswanderung und den Risiken einer neuen Existenzgründung, wenn die Kinder die Ausbildung abgeschlossen hatten oder noch nicht schulpflichtig waren.

Wesentlich stärker als die bereits im Beruf stehende ältere Generation traf die «schleichende Judenverfolgung» der Jahre 1933 bis Herbst 1938 die jüdische Jugend, deren schulische und berufliche Ausbildungsmöglichkeiten sich drastisch verschlechterten. Bereits am 12. Februar 1933 hatte der Nationalsozialist Bernhard Rust in einer Wahlrede, wie die ‹Frankfurter Zeitung› am nächsten Tag berichtete, angekündigt, daß er als preußischer Kultusminister die deutschen Schulen «von allem Nichtdeutschen» reinigen werde, «daß er alles das was dort nicht hingehöre und undeutsch sei, abschneiden werde, mit aller Brutalität der Pflicht. Schon in den nächsten Wochen seien Verfügungen zu erwarten, die über den neuen Willen keinen Zweifel mehr lassen würden.»

Zu den ersten Maßnahmen des NS-Regimes gehörte denn auch das am 25. April 1933 erlassene «Gesetz gegen die Überfüllung von deutschen Schulen und Hochschulen», das sich auf alle Schularten mit Ausnahme der Volksschulen bezog. Kernpunkt war die Bestimmung, daß bei Neuaufnahmen der Anteil von Personen «nichtarischer Abstammung» mit deutscher Staatsangehörigkeit «unter der Gesamtheit der Besucher jeder Schule und jeder Fakultät den Anteil der Nichtarier an der reichsdeutschen Bevölkerung» nicht übersteigen dürfe. Die 1. Durchführungsverordnung vom selben Tag legte aus propagandistischen Gründen den Anteil bei Neuaufnahmen auf 1,5% fest, obwohl der Anteil der jüdischen Bevölkerung 1933 nur 0,8% betrug, und verlangte in allen anderen Fällen die Herabsetzung des jüdischen Schüler- und Studentenanteils auf 5%. Nicht betroffen von diesem Numerus Clausus waren die Kinder jüdischer «Frontkämpfer», entsprechend der Sonderregelung des «Gesetzes zur Wiederherstellung des Berufsbeamtentums» vom 7. April 1933, sowie Kinder aus Mischehen und von Ausländern, was die konservativen Regierungspartner Hitlers in Hinblick auf mögliche Reaktionen des Auslandes durchgesetzt hatten.

Während es jüdischen Volksschülern und Lehrlingen weiterhin möglich war, ihre Ausbildung fortzuführen oder auf jüdische Einrichtungen überzuwechseln, bestand dieser Ausweg für Jugendliche, die eine höhere Schulanstalt besuchten, nur in geringem Maße, da im gesamten Reichsgebiet 1933 lediglich zehn höhere jüdische Schulen, davon fünf mit der Berechtigung zur Abiturprüfung, bestanden. Völlig aussichtslos war die Situation für jüdische Studenten, von denen aufgrund des rabiaten Antisemitismus des NS-Studentenbundes und der fehlenden Zukunftsperspektive bereits im Herbst 1933 nur mehr 590 an deutschen Universitäten immatrikuliert waren gegenüber 3950 im Sommersemester 1932.[28]

Im Schuljahr 1926/27, dem letzten Jahr vor 1933, für das detaillierte Statistiken vorliegen, stellte die jüdische Bevölkerungsgruppe im Reichsdurchschnitt 2,71% aller höheren männlichen Schüler. Trotz der traditionellen Stellung der Frau in den jüdischen Familien schloß das Bildungsstreben, zumindest im assimilierten Bürgertum, auch die Töchter ein, deren Anteil bei den höheren Schülerinnen sogar 3,92% betrug. Auch wenn man den erheblichen Schülerrückgang zwischen 1926/27 und 1933 in Rechnung stellt, so dürfte es zu keinen drastischen Verschiebungen innerhalb der Schularten gekommen sein, «weil ja auch», wie die ‹C.V.-Zeitung› im Zusammenhang mit dieser Statistik schrieb, «bei den nichtjüdischen Schülern nicht zuletzt aus den gleichen Gründen der Wirtschaftsnot der Eltern die Schülerzahl in den höheren Lehranstalten sich vermindert hat». Sie schätzte Anfang Juni 1933 die Zahl der jüdischen Schüler an höheren Schulen auf etwa 12500 Jungen (2,5%) und 8500 Mädchen (4%).[29]

Von den Ausführungsbestimmungen des Gesetzes waren vorwiegend die jüdischen Gemeinden in Mittel- und Großstädten, und hier besonders in Berlin, betroffen. Besuchten doch allein in Berlin im Mai 1933 5931 jüdische Schüler öffentliche höhere Schulen und stellten damit 8,2% aller Schüler, während die einzige höhere jüdische Lehranstalt, die Adaß Jisroel-Schule, 1932 gerade 345 Schüler zählte.[30] Illusionslos konstatierte deshalb Heinz Cohn in der ‹C.V.-Zeitung› vom 4. Mai 1933: «Wir müssen also mit der Tatsache rechnen, daß eine sehr beträchtliche Anzahl jüdischer höherer Schüler aus den öffentlichen Schulen ausscheidet.»

Im Mai 1934 besuchten in Berlin noch 2777 jüdische Schüler (4,3%) die öffentlichen höheren Schulen, zwei Jahre später waren es nur mehr 1172 (1,9%).[31] Dennoch zeigte sich, daß die gesetzlichen Ausnahmebestimmungen einen wesentlich größeren Personenkreis umfaßten und schützten, als die Nationalsozialisten erwartet hatten. So ergab eine Untersuchung der höheren Lehranstalten in Preußen nach dem Stand vom 1. Mai 1934, daß von insgesamt 396183 Schülern, einschließlich aller privaten Lehranstalten, 10845 «Nichtarier» waren. Unter ihnen befanden sich 2654 «Nichtarier mit arischem Einschlag (Halbarier)», 5087 Kinder von jüdischen Frontkämpfern und als dritte Gruppe 3104 «sonstige Nichtarier».[32] Da die beiden ersten Gruppen bei der Berechnung der Quoten nicht mitgezählt werden durften und die Schüler der dritten Gruppe nur 0,79% der Gesamtzahl aller höheren Schüler stellten, erwies sich der Numerus Clausus aus der Sicht der Nationalsozialisten als völlig ungenügend. An einer höheren Töchterschule in Nürnberg mit insgesamt 595 Schülerinnen gehörten beispielsweise 41 von 44 jüdischen Schülerinnen zum privilegierten Personenkreis, wie ein Nationalsozialist 1936 erbittert feststellte.[33] Im Reichsdurchschnitt waren im Schuljahr 1935/36 75% aller höheren jüdischen Schüler durch die Stellung ihrer Eltern vor Entlassung geschützt,[34] so daß die Auswirkungen des gesetzlich verordneten Numerus Clausus nicht überschätzt werden dürfen.

Wesentlich wirksamer als die gesetzlichen Verdrängungsmaßnahmen, zu denen auch die Aufhebung der Schulgeldbefreiung für bedürftige jüdische Eltern und ähnliche Maßnahmen auf dem Verordnungswege zu rechnen sind, erwies sich der systematisch geschürte Antisemitismus, der sich in vielfältigen Schikanen und Demütigungen jüdischer Schulkinder entlud. Ruth Freund-Joachimsthal erlebte in Dresden aber auch solidarisches Verhalten der Mitschüler:

«Anfang April 1933, nach den Osterferien, kam ich in die Oberprima (heute die 13. Klasse) der Dürerschule in Dresden.

Noch während der Ferien wurde die Schule ‹gleichgeschaltet›. Der neue Deutschlehrer kam in die Klasse mit einem Hakenkreuz im Knopfloch. Vor sich hatte er eine Liste der Schüler, die er vor Beginn des Unterrichts intensiv studierte.

Dann stellte er eine Frage, an die ich mich heute nicht mehr erinnere. Was jedoch dann geschah, ist mir unvergeßlich. Ich hob die Hand wie viele meiner Schulkameraden. Der neue Lehrer wies mit dem Finger auf mich und rief mir zu: ‹Joachimsthal (mein Mädchenname), Hand herunter, im Deutschunterricht haben Juden nichts zu melden.›

Daraufhin fielen sämtliche Hände meiner Mitschüler zurück auf die Bänke. Es herrschte eine eisige Stille. Der neue Deutschlehrer wartete eine Weile und dann rief er: ‹Hände herauf, ich habe doch Hände gesehen!› Aber niemand in der Klasse meldete sich zu Wort.

Der Lehrer unterbrach die Stunde und ging zum Direktor, der auch ‹gleichgeschaltet› war. Nach einer Weile kam der Direktor in die Klasse und beorderte mich hinaus. Später erfuhr ich von meinen Schulfreundinnen, daß er meinen Mitschülern die neue politische Lage erklärt hatte.

Verwirrt ging ich nach Hause und betrat die Schule nie wieder, obwohl viele meiner Schulfreundinnen mich besuchten und versuchten, mich zu überreden, es nicht so ernst zu nehmen und die Schule zu beenden. Ich tat es nicht.»[35]

Aus Württemberg ist bekannt, daß nur 10,6% der jüdischen Schüler ihre höhere Schulausbildung auf Grund der gesetzlichen Bestimmungen abgebrochen haben, 58% jedoch infolge des massiven Drucks einer feindlichen Umwelt.[36] Bot die Anonymität der Großstädte den Juden im allgemeinen einen gewissen Schutz, so galt dies für die jüdischen Schüler in wesentlich geringerem Maße, da viele Schulleitungen, Lehrer und Schüler häufig ihren Ehrgeiz daransetzten, ihre Schule möglichst bald als «judenfrei» melden zu können.

Die Übergriffe setzten sofort nach der Machtergreifung ein und nahmen ein solches Ausmaß an, daß selbst Rust als kommissarischer preußischer Kultusminister, ab 1934 Reichs- und Preußischer Minister für Wissenschaft, Kunst und Volksbildung, in einem Erlaß vom 8. Mai 1933 gegen eigenmächtige Entlassungen Stellung nehmen mußte:

«Wie ich erfahre, sind einzelne Leiter höherer Lehranstalten bereits dazu übergegangen, Schüler nichtarischer Abstammung, zum Teil auch Angehörige ausländischer Staaten, vom Besuch der höheren Lehranstalten auszuschließen. Ein solches Vorgehen ist nicht statthaft ... Ich ersuche zu veranlassen, daß danach zu Unrecht etwa bereits von der Teilnahme am Unterricht ausgeschlossene Schüler und Schülerinnen unverzüglich wieder zugelassen werden.»[37]

Daß solche Ermahnungen, die primär auf die Wiederherstellung der staatlichen Autorität abzielten, in der vergifteten Atmosphäre des Sommers 1933 häufig unbeachtet blieben, da NS-Rassenfanatiker nicht zu Unrecht auf die wohlwollende Billigung und Duldung ihrer Aktionen rechnen konnten, zeigt ein weiterer Erlaß Rusts vom 31. Juli. Hier hieß es abermals, daß es «Unberufenen, Einzelpersonen wie Verbänden» nicht gestattet sei, «immer wieder in den Staatsapparat, insbesondere in die Schul- und Hochschulverwaltung» einzugreifen und sich «staatliche Befugnisse» anzumaßen. Derartigen Übergriffen sei «mit allem Nachdruck entgegenzutreten»[38].

Wenn sich auch 1933/34 noch viele Lehrer ihrer pädagogischen Verantwortung bewußt waren und die Diskriminierung der jüdischen Schüler im Unterricht zu verhindern suchten, so gab es doch viele Fälle wie in Breslau, wo in einer Schule die «Judenbänke» in einen gewissen Abstand von den Bänken der übrigen Schüler gerückt wurden, wie die ‹Jüdische Rundschau› am 26. Mai 1933 meldete. Sie berichtet in vorsichtiger Sprache über die Not der Schüler:

«Auch im Unterricht ergeben sich besonders bei der schon jetzt beginnenden Unterweisung in Rassenkunde für die jüdischen Schüler peinliche Momente. Die vielen Schulfeiern, bei denen das Wesen des deutschvölkischen Staates unterstrichen wird, müssen sich bei den jüdischen Schülern um so problematischer auswirken, als ja den Kindern bekannt ist, daß das neue Deutschland Juden nicht als vollwertige Staatsbürger anerkennt.»

Marta Appel, deren Kinder in Dortmund die öffentliche Schule besuchten, berichtet in ihren Memoiren:

«Fast jede Unterrichtsstunde wurde für die jüdischen Kinder zu einer Quälerei. Es gab eigentlich kein Thema mehr, bei dem der Lehrer nicht über die ‹Judenfrage› gesprochen hätte. Die jüdischen Kinder mußten mit anhören, wie die Lehrer alle Juden ausnahmslos als Verbrecher bezeichneten und als zersetzende Kraft in allen Ländern, in denen sie lebten. Während solcher Reden durften meine Kinder das Klassenzimmer nicht verlassen, sie wurden gezwungen dabeizusitzen und zuzuhören, und sie mußten fühlen und erleben, wie die anderen Kinder sie als die Musterexemplare einer verachteten Rasse anstarrten.

An jedem Schultag waren meine Kinder beleidigenden und bedrückenden Erlebnissen ausgesetzt. Zum Muttertag hatten die Schüler im Chor Lieder eingeübt, denn dieser Tag wurde jedes Jahr mit einem großen Schulfest gefeiert. Am Tag vor dem Fest mußten meine Töchter zur Musiklehrerin kommen. ‹Ihr müßt am Schulfest teilnehmen, aber mitsingen dürft ihr natürlich nicht, da ihr nicht arisch seid.› Die Kinder protestierten mit Tränen in den Augen: ‹Wieso können wir nicht mitsingen? Wir wollen doch auch für unsere Mutter singen!› Anscheinend wollte die Lehrerin die Gefühle der Kinder nicht verstehen. So sagte sie nur kurz und von oben herab: ‹Ich weiß, daß ihr auch eine Mutter habt, aber sie ist ja nur eine jüdische Mutter.› Darauf wußten sie keine Antwort; es hatte auch keinen Zweck, mit dieser Lehrerin zu sprechen. An diesem Tag kamen sie noch trauriger und verstörter nach Hause als sonst, weil die Lehrerin so verächtlich über ihre Mutter gesprochen hatte.»[39]

Die Auswirkungen der ständigen Erniedrigungen, denen die jüdischen Kinder wehr- und hilflos ausgesetzt waren, beschreibt Valentin Sänger, der als «Arier» getarnt seine Schulzeit verbrachte:

«Und ich saß stumm dabei, mußte mir die angeblichen Frevel meiner Leute anhören – und das alles in der salbungsvollen Stimme meines Gesangslehrers ... Wie ich dieses Schweigen, dieses Immer-nur-dulden, dieses Nichtaufbegehren verfluche! Mein ganzes Leben war davon geprägt. Noch heute entschuldige ich mich zwanzigmal am Tage für alles und nichts ... All meine Verlegenheit, Unsicherheit, Unscheinbarkeit, die mir anerzogen wurde, damit meine Familie überleben konnte, liegen in dem Sich-entschuldigen.»[40]

Wie unterschiedlich der Schulalltag sein konnte, zeigen zwei Schilderungen aus der Malwida von Meysenburg-Schule in Kassel. Ruth Wertheim entstammte einer assimilierten Familie, schloß sich 1933 der zionistischen Palästinaorganisation Hechaluz an und leitete eine Ortsgruppe des jüdischen Jugendbundes «Werkleute».

Ruth Wertheim berichtet über ihre Schulzeit von Ostern 1928 bis 1934, bevor sie auf Wunsch ihrer Mutter nach England anstatt nach Palästina auswanderte:

«Ich war fast die ganzen Jahre die einzige jüdische Schülerin meiner Klasse und, da ich eine gute, enthusiastische und hilfsbereite Schülerin war, hat das wohl auch meine Stellung in der Klasse geformt. Ich hatte immer gute Freundinnen, nahm bis zuletzt an Wandertagen teil, obwohl ich mich erinnere, daß ich mich bei einem der letzten Ausflüge zur Ludwigsburg sehr schlecht fühlte, weil ich wußte, daß ich als Jüdin dort unerwünscht war ... Rassenkunde wurde bei uns noch nicht so unterrichtet, daß es mir unangenehm war. Es war mehr biologisch aufgebaut. Auch im Deutschunterricht gab die Lehrerin uns immer auch ein allgemeines Thema, über das auch ich schreiben konnte. Mein Klassenlehrer war voller Verständnis und erlaubte mir auch inoffiziell, nicht an den Versammlungen und Hitlerreden in der Aula teilzunehmen. Auch unser Direktor, Dr. Bekker, ein ehemaliger Volksparteiler, war rücksichtsvoll, aber es war ja auch erst 1933/34 ... Andere waren Nationalsozialisten und ließen es mich spüren, aber sie waren gerecht und gaben mir die Noten, die mir zukamen ... Meine Klasse war anständig zu mir bis zuletzt. Ich bekam den Hyperion von Hölderlin als Abschiedsgeschenk und, obwohl ich wußte, daß sie fast alle bis auf drei oder vier zu dem BDM gehörten, trugen sie mir zuliebe nie das Abzeichen in der Klasse; und nachmittags, wenn ich sie auf der Straße traf, sah ich sie damit rumlaufen. Ich verließ die Schule ohne Druck, aber weil ich wußte, daß man mich doch nicht zum Abitur zulassen würde.»

Ganz andere Erfahrungen machte hingegen Ilse Oppenheim, die von Ostern 1931 bis September 1935 die Meysenburg-Schule besuchte und anschließend mit ihren Schwestern im Rahmen der Hechaluz nach Palästina auswanderte:

«Zu der Zeit war es für uns, die jüdischen Schülerinnen, unmöglich weiter zu lernen. Rings um uns war Haß und Feindschaft, kein Mensch akzeptierte uns mehr, wir waren Dreck. Vaters Bruder, Onkel Julius, wurde geschändet. Man rasierte ihm die Haare vom Kopf und mißhandelte ihn. Er mußte mit einem Schild auf die Straße: ‹Ich bin ein Schwein. Ich habe mich mit einer Arierin abgegeben.› Ich hatte vorher viele Freundinnen. Wir besuchten uns gegenseitig, spielten und lernten. Plötzlich war alles aus. Wenn ich morgens in die Klasse kam, rümpften sie die Nase: ‹Ja, was stinkt denn da so? – Ah, das jüdische Schwein, das immer Knoblauch frißt!› Auch die Lehrer beachteten uns nicht mehr, und die Noten wurden immer schlechter. Ob ich in dieser Atmosphäre von selbst ging oder rausgeschmissen wurde, bleibt sich gleich. Meine Schwester Ruth wurde nach vier Jahren Volksschule in keine höhere deutsche Schule mehr aufgenommen ... Meine Schwester Alice war die einzige jüdische Schülerin ihrer Klasse im Oberlyzeum. Direktor Friedrich stand unter dem Druck der Nazis und bat unsere Eltern, sie aus der Schule zu nehmen.»[41]

Besonders schlimm war die Situation auf dem Lande und in Kleinstädten, wo es häufig nicht bei Beschimpfungen blieb. Die Erinnerungen einer Mutter aus Laupheim im Bezirk Biberach stehen für viele Berichte:

«Meine Tochter konnte nicht mehr länger in die Lateinschule gehen, vielmehr bleiben, infolge der gefährlichen Drohungen von der nationalsozialistischen Partei. Es war lebensgefährlich. Einige Male des Nachts kam ein Mann ans Haus, klopfte und schlug an die Fensterläden und machte schreckliche Lebensbedrohungen. Mein Sohn ging damals noch in die jüdische Volksschule. Er zitterte vor Angst, auf der Straße lauerten die bösen Buben hinter den Hausecken. Wenn er und sein Freund auf der Straße gingen, bekamen sie Haue und Schläge mit Faust und Steinen von denselben.»[42]

Nicht selten waren es weniger die Mitschüler als einzelne Lehrer, die den Schulbesuch zu einem ständigen Spießrutenlaufen werden ließen. Ralph Giordano erinnert sich an seine Schulzeit von 1933 bis 1940 am humanistischen Gymnasium Johanneum in Hamburg:

«Ich habe auf dem Johanneum Antisemitismus von mehreren Seiten erfahren, zum Beispiel von dem auf dem Gruppenfoto uniformierten Rechenlehrer L.: Durch heftige persönlich-verbale Angriffe auf mich unter disziplinären Vorwänden; von dem Schulleiter Dr. P., der kaum eine direkte Begegnung in der Anstalt oder auf dem Schulhof ausließ, ohne hämische und herabsetzende Bemerkungen mir gegenüber zu machen; und ich habe Antisemitismus erfahren durch den Akademiker, der dies alles zu einem bloßen Vorspiel degradierte, Dr. Werner F., auf dem Foto der Uniformierte ganz rechts, SA-Führer mit Koppel, Hakenkreuzarmbinde und Schulterriemen, lange vor 1933 schon Mitglied dieser Schlägertruppe. Ich will es kurz machen: Dr. Werner F. hat mich so ausgeklügelt infernalisch gequält, daß ich mir im Herbst 1938 keinen anderen Ausweg wußte, als den Freitod zu wählen. Ich war damals fünfzehn. Nur einem unvorhergesehenen Umstand war es zu verdanken, daß der todernst unternommene Versuch nicht zur vollen Ausführung kam. Aber die Erinnerungen an die Jahre 1938, 1939, 1940 – so lange hatte ich noch mit der ‹Speckrolle› zu tun – werden mich nie verlassen. Mir ist in dieser Inkarnation kein Antisemit, kein Rassist je wieder begegnet. Auch suche ich unter den anderen Herren des Gruppenfotos nach wenigstens von fern vergleichbaren Charakteren – ohne fündig zu werden. Gewiß, da war der für den VDA (Verein ‹Volksbund für das Deutschtum im Ausland›) emsig agierende Dr. H., durchaus Nazi, sogar mit schmißgezeichnetem Gesicht (wie das von Dr. Werner F. übrigens auch); gewiß, da war der damals noch jugendliche Dr. W., von den regimefeindlichen Schülern und Lehrern durchaus als ernstzunehmender Nazi eingestuft; und da war der nicht gerade durch Judenfreundlichkeit sich auszeichnende Prof. St., der seine Ressentiments eher heimlich, sozusagen hinterrücks, abprotzte – aber keinen von den dreien würde ich in eine Reihe stellen mit Dr. Werner F., der sich bei Latein- oder Griechisch-Extemporale in Obersekunda seine braune SA-Uniform anzog und während der Stunde wie von ungefähr zufällig neben mir verweilte – lange verweilte, und ich nicht die Feder aufs Papier setzen konnte, so zitterten mir die Hände, und die Arbeit also schlecht schrieb, wenn ich überhaupt imstande war, zu schreiben ...

Nein, die anderen dreißig Herren waren nicht lauter ‹Speckrollen›. Aber dieser eine Lehrer genügte, um dem Sohn einer jüdischen Mutter zwischen dem fünfzehnten und siebzehnten Lebensjahr einige der furchtbarsten Erlebnisse seines Daseins zu bescheren.»

Es gab aber auch Lehrer, die sich ihrer pädagogischen Verantwortung bewußt waren und genügend Zivilcourage besaßen, um sich schützend vor die jüdischen Schüler zu stellen. So berichtet Hans Winterfeldt, der in der Kleinstadt Lippehne östlich der Oder die Volksschule besuchte:

«Mein Klassenlehrer, Herr Lehrer Walter, hatte seit einiger Zeit beobachtet, daß meine Klassenkameraden mit mir nichts zu tun haben wollten. Niemand wollte neben mir sitzen, niemand wollte mit mir während der Pause spielen. Wir mußten immer zu zweit das Klassenzimmer verlassen, um auf den Schulhof zu gehen. Auch beim Zurückkehren vom Schulhof in die Unterrichtsräume mußten die Schüler klassenweise und zu zweit antreten. Ich ging ständig ganz allein, und zwar als letzter. Eines Tages erzählte uns Lehrer Walter eine Geschichte, die von seiner Tochter handelte, die sehr krank gewesen war. Es konnte ihr kein Arzt am Orte helfen. Ohne

Geld entschloß sich Herr Walter nach Berlin zu fahren, um einen berühmten Spezialisten auf diesem Gebiet aufzusuchen. Dieser Arzt erklärte sich bereit, seine Tochter umsonst zu behandeln. Sie wurde wieder gesund. Unser Lehrer beendete seine Geschichte mit dem Hinweis, daß der Berliner Doktor Jude gewesen sei. Dann sagte er, daß mein Großvater einer seiner besten Freunde und ein hochangesehener Bürger der Stadt Lippehne war. Er fügte hinzu, daß er meine Eltern hoch schätze und daß meine Mutter seine Schülerin gewesen sei. Ich fühlte mich durch diesen Bericht sehr geehrt, schämte mich jedoch etwas, denn es war in jenen Jahren doch absolut nicht üblich, daß man öffentlich von guten Taten der Juden sprach oder sich gar als Freund meiner Glaubensgenossen bezeichnete. Die Geschichte mit seiner Tochter und dem jüdischen Arzt kam mir persönlich auch unglaublich vor, denn ich war daran gewöhnt, nur negative Dinge über Juden in der Öffentlichkeit zu hören.

Einige meiner Klassenkameraden lächelten mir in den nächsten Tagen zu, wenn sie sich unbeobachtet fühlten. Es hätte jedoch niemand gewagt, mit mir zusammen auf den Schulhof zu gehen. Es hat auch weiterhin niemand mit mir während der großen Pause auf dem Schulhof gespielt. Glücklicherweise waren wir sechs jüdische Kinder am Ort. Wir standen während der Pause ganz ruhig an der Schulhofmauer und unterhielten uns. Es kam auch vor, daß wir von vorbeilaufenden Kindern beschimpft oder gestoßen wurden.»[43]

Sicherlich können Statistiken nichts über den von Angst, erzwungener Vereinsamung und oft bedrückender häuslicher Atmosphäre geprägten Leidensweg jüdischer Kinder und Jugendlicher aussagen, dennoch bleiben sie unentbehrliche Hilfsmittel. Über den Zeitpunkt und die Motive für das Ausscheiden der jüdischen Schüler aus den öffentlichen höheren Schulen gibt die Untersuchung Herrmanns über Württemberg interessante Aufschlüsse, da sie die starken regionalen Unterschiede hervorhebt.[44]

Entsprechend dem regional sehr verschieden zutage tretenden Antisemitismus unterschieden sich auch in den ersten Jahren der NS-Diktatur die konkreten Lebensumstände. Wie der Schulalltag im einzelnen aussah, hing von vielen Faktoren ab: Ob man auf dem katholischen Land oder in einer evangelischen Kleinstadt wohnte, ob der Klassenlehrer ein überzeugter Nationalsozialist oder mehr ein widerwilliger Mitläufer war, ob man im Klassenverband beliebt war oder nicht, und nicht zuletzt, ob man sich auch mit körperlicher Gewalt gegen Mitschüler wehren konnte.

Dennoch blieb das Dilemma des jüdischen Schülers letztlich unauflösbar, da auch ohne ständige Mißhandlungen und Verhöhnungen an den Abschluß der höheren Schulbildung immer weniger zu denken war, deren Nutzen zudem immer fragwürdiger wurde: «Mein Sohn braucht nicht

Zeitpunkt des Ausschlusses von der höheren Schule regional gegliedert (in v. H.)

Zeitpunkt	Stuttgart	Neckar-kreis	Ulm	Heilbronn	Hohenlohe	Kocher-kreis	Schwarzwald-kreis	Ober-schwaben	Hohen-zollern	ins-gesamt
1933	13,0	10,9	15,3	10,5	22,6	16,7	7,7	11,4	9,1	13,3
1934	11,5	10,9	10,1	24,2	12,9	4,1	19,2	11,4	36,3	13,6
1935	10,8	7,3	15,3	27,4	33,9	29,2	15,4	31,4	27,3	20,2
1936	20,2	21,8	30,5	24,2	27,4	29,2	11,5	17,2	–	21,9
1937	16,5	25,5	16,9	10,5	3,2	12,5	34,7	8,6	–	15,1
1938	22,0	23,6	11,9	3,2	–	8,3	11,5	20,0	27,3	15,9
n =	322	55	59	95	62	24	26	35	11	689

Gründe für das vorzeitige Verlassen der höheren Schule (in v. H.)

	Stuttgart	Neckar-kreis	Ulm	Heilbronn	Hohenlohe	Kocher-kreis	Schwarzwald-kreis	Ober-schwaben	Hohen-zollern	ins-gesamt
freiwillig	29,5	20,0	18,6	20,0	9,7	12,5	15,4	8,6	–	22,1
Mißhandlung durch Lehrer oder Schüler	25,8	9,1	42,4	48,4	45,2	25,0	19,2	37,0	18,2	30,9
N. S. Parteistellen	0,9	–	–	–	–	–	–	–	–	0,4
Schulleitung	17,1	41,8	32,2	22,1	38,7	45,9	53,9	40,0	54,5	27,1
Vorges. Behörde oder ges. Best.	14,9	10,9	3,4	4,2	1,6	8,3	7,7	11,4	27,3	10,6
Verfolgungsgründe ohne nähere Angabe	9,3	18,2	3,4	5,3	4,8	8,3	3,8	–	–	7,7
unbekannt	2,5	–	–	–	–	–	–	–	–	1,2
n –	322	55	59	95	62	24	26	35	11	689

Homer zu lesen. Die Hauptsache ist, er lernt was Praktisches.» Solche Überlegungen waren weit verbreitet und gaben Pädagogen, die sich als Wahrer der humanistischen Bildungstradition verstanden, Anlaß zu besorgten Kommentaren. Manche sahen gar, wie Heinz Kellermann, der Leiter des Bundes jüdischer Jugend, Ende 1935 in einem mit ‹Bildung am Ende?› überschriebenen Leitartikel der ‹C.V.-Zeitung›, die Gefahr einer «Fellachisierung» des deutschen Judentums in «greifbarer Nähe» gerückt. Der Aufruf «Bildung ist Haltung! Unbeschadet aller äußeren Schwierigkeiten, sich und seiner Tradition treu zu bleiben»[45], konnte jedoch den harten Realitäten immer weniger gerecht werden.

Nüchtern konstatierte Georg Lubinski im Herbst 1935 in der Zeitschrift ‹Jüdische Wohlfahrtspflege und Sozialpolitik› die Situation:

«Es wäre unrichtig, wenn man die Abkehr von der höheren Schulbildung auf seiten der jüdischen Jugend in Deutschland nur als Ergebnis der einschlägigen Gesetzgebung und der veränderten wirtschaftlichen Lage ansehen würde. Es ist vielmehr in den Reihen der jüdischen Jugend ein starker, manchmal beängstigender Wille vorhanden, möglichst frühzeitig an Stelle der Schulbildung eine für das praktische Leben geeignete Berufsausbildung zu erhalten. Die Generation der Eltern setzt diesem Willen keinen Widerstand entgegen. Sie empfindet ihre eigene wirtschaftliche Lage als so unsicher, daß ihr jeder Weg recht ist, der die Jugend möglichst schnell zur beruflichen Selbständigkeit führt.»[46]

Die allgemein rückläufigen Schülerzahlen an den höheren Lehranstalten zeigt eine Statistik für Preußen.[47]

Verminderung der Zahl der Juden an öffentlichen höheren Schulen in Preußen

Stichtag	Knabenanstalten			Mädchenanstalten			Knaben- u. Mädchenanstalten zusammen		
	überhaupt	darunt. Juden	=%	überhaupt	darunt. Juden	=%	überhaupt	darunt. Juden	=%
15. Mai 1932	278407	8609	3,1	123216	6317	5,1	401623	14926	3,7
15. Mai 1933	267783	7442	2,8	116286	5482	4,7	384069	12924	3,4
15. Mai 1934	252036	4453	1,8	103326	3323	3,2	355362	7776	2,2
15. Mai 1935	251004	3914	1,6	104064	2938	2,8	355068	6852	1,9
15. Mai 1936	252181	2429	0,96	102073	1680	1,65	354254	4109	1,16

Belief sich im Reichsdurchschnitt im Schuljahr 1935/36 der Anteil der jüdischen Schüler am höheren Schulwesen, einschließlich der jüdischen Schulen, noch fast auf 2%, so war ihre Zahl ein Jahr später um fast die Hälfte zurückgegangen. Im Schuljahr 1937/38 betrug der Anteil nur noch

1%. Ab Jahresbeginn 1938 wurden die jüdischen Schüler von der gemeinsamen Abiturprüfung ausgeschlossen.

In der Folge des Novemberpogroms 1938 mußten auch die letzten jüdischen Schüler alle öffentlichen Schulen verlassen. In dem Erlaß des Reichsministers für Wissenschaft, Erziehung und Volksbildung hieß es unter dem Datum des 15. November:

«Nach der ruchlosen Mordtat von Paris kann es keinem deutschen Lehrer ... mehr zugemutet werden, an jüdische Schulkinder Unterricht zu erteilen. Auch versteht es sich von selbst, daß es für deutsche Schüler unerträglich ist, mit Juden in einem Klassenraum zu sitzen. Die Rassentrennung im Schulwesen ist zwar in den letzten Jahren im allgemeinen bereits durchgeführt, doch ist ein Restbestand auf deutschen Schulen übriggeblieben, dem der gemeinsame Schulbesuch mit deutschen Jungen und Mädeln nun nicht mehr gestattet werden kann. Soweit es noch nicht geschehen sein sollte, sind alle zur Zeit eine deutsche Schule besuchenden jüdischen Schüler und Schülerinnen sofort zu entlassen.»[48]

Als diese Anordnung wenige Wochen später widerrufen wurde, «da es nicht angehe, schulpflichtige Juden ganz ohne Unterricht zu lassen», war ihr Ausschluß in der Praxis bereits vollzogen. Den letzten Akt bildete die 10. Verordnung zum Reichsbürgergesetz vom 4. Juli 1939, die die schulische Versorgung der jüdischen Kinder der «Reichsvertretung der Juden in Deutschland» übertrug.

Das jüdische Schulwerk

Vor 1933 war das jüdische Volksschulwesen vorwiegend von den Landgemeinden in den katholischen Gebieten Hessen-Nassaus und der Rheinprovinz sowie in Bayern getragen worden, da in diesen Gebieten die Konfessionsschulen überwogen. Auch ein Teil des gesetzestreuen orthodoxen Judentums, überwiegend dem Milieu der Agudas Jisroel, der internationalen Vereinigung des gesetzestreuen Judentums, nahestehend, schickte seine Kinder bevorzugt in jüdische Schulen und unterhielt auch einen Großteil der höheren Schulen, so in Berlin, Breslau, Frankfurt, Hamburg und Köln. Als dritte Trägerschicht sind große Teile der aus Osteuropa eingewanderten Juden zu nennen, die noch an den althergebrachten Traditionen festhielten.

Das assimilierte jüdische Bürgertum hingegen stand den jüdischen Schulen, deren Eltern- und Schülerschaft, wie Hans Gaertner, einer der führenden zionistisch geprägten Pädagogen der 30er Jahre urteilt, «häufig einen ausgesprochenen kleinbürgerlichen Charakter» trug, zumeist ablehnend gegenüber. Zu den seltenen Fällen liberaler Schulwerke gehörten die Löwenberg-Schule in Hamburg und das Philanthropin in Frankfurt, dessen Gymnasium sich als «europäisches» verstand. Aber auch bei den Zionisten, die der jüdischen Erziehung ein wesentlich stärkeres Gewicht zumaßen, führte nach dem Urteil Gaertners nur bei einer kleinen Zahl «die Bejahung der jüdischen Schulen auch zur Tat»[49]. In Berlin gründete der zionistisch orientierte «Jüdische Schulverein» unter der Leitung von Studienrat Kurt Hammerstein zu Beginn der 20er Jahre eine Volksschule in der Fasanenstraße, die spätere Theodor-Herzl-Schule, und eine zweite in der Rykestraße im Nordosten der Stadt.

Bei den meisten jüdischen Volksschulen vor 1933, überwiegend einklassigen Schulen mit 20, oft auch nur zehn Schülern, handelte es sich, wie ‹Die Jüdische Schule›, eine Beilage der ‹Jüdischen Rundschau›, im Juni 1933 urteilte, um eine «deutsche Schule für Juden, der alle lebendige Judentumsverbundenheit mangelte, in der, je nach der religiösen Richtung, etwas mehr oder etwas weniger Hebräisch, biblische und jüdische Geschichte gelehrt wurde, ohne daß der Unterricht in diesen Fächern zu einer wirklich jüdischen Haltung der Schüler geführt hätte»[50].

Als symptomatisch für viele Zwergschulen kann der Bericht Max Spangenthals aus der hessischen Kleingemeinde Spangenberg gelten, die 1925 88 jüdische Seelen zählte:

«Trotz aller Verdienste der jüdischen Lehrerschaft konnte man eine Verbreitung wirklich intimer Kenntnisse des Judentums kaum erwarten. Der Religionsunterricht war auf 3–4 Wochenstunden begrenzt, und eine gewisse Fertigkeit im Lesen des Hebräischen, zumeist des Gebetsbuches, genügte. Dazu kam ein mechanisches Übersetzen ins Deutsche, Biblische Geschichte und religiöses Brauchtum. Systematischer hebräischer Sprachunterricht war nicht Teil des Lehrplans. Zu einer Vertiefung des religiösen und geschichtlichen Verständnisses reichte die Zeit nicht. Quellenstudium wurde bereits auf den Lehrerseminaren vernachlässigt. Die jüdische Volksschule unseres Ortes hatte zudem unter dem Bestreben der jüdischen Eltern zu leiden, ihre Kinder auf die Höhere Schule zu schicken, so daß sie schließlich 1925 mangels Schüler geschlossen wurde.»[51]

1913 zählte man im Reichsgebiet 247 jüdische Volksschulen, 1921 207 mit 23300 Schülern. 1932 schließlich bestanden noch etwa 140 jüdische Volksschulen mit rund 12000 Schülern. Hinzu kamen zehn höhere Schulen in den Städten Berlin, Breslau, Fürth, Frankfurt, Halberstadt, Hamburg, Leipzig und Köln, die von knapp 3000 Schülern besucht wurden. In Hamburg ging damals jedes zweite jüdische Kind im Alter von sechs bis 18 Jahren auf eine jüdische Schule, in Berlin, der mit Abstand größten Gemeinde, jedoch nur jeder siebte Schüler, was dem Reichsdurchschnitt entsprach. Befand sich das jüdische Volksschulwesen, mit Ausnahme einiger leistungsfähiger Schulen in Mittel- und Großstädten, vor 1933 allgemein im Niedergang, so begann mit der nationalsozialistischen Machtergreifung ein neuer Abschnitt.

Bereits Ende Juni war von den jüdischen Landesverbänden ein Erziehungsausschuß unter Vorsitz von Professor Ismar Elbogen ins Leben gerufen worden, der aus acht Liberalen, drei Zionisten und zwei Vertretern des orthodoxen Judentums bestand. Wenngleich die Zusammensetzung die Kräfteverhältnisse der drei Gruppierungen widerspiegelte, so war doch das bislang bestehende jüdische Schulwesen nur zu einem geringen Teil von den Liberalen getragen worden. Welche Spannungen sich daraus ergaben, läßt sich einem Brief Erich Klibanskys, des Direktors des orthodoxen Kölner Realgymnasiums Jawne, an den ebenfalls konservativ-orthodoxen Frankfurter Rabbiner Jakob Horowitz entnehmen, in dem er die Mitglieder des Erziehungsausschusses als «Außenseiter, Rechtsanwälte, Literaten, liberale Geistliche und Dozenten» bezeichnete.[52]

Ende 1933 verabschiedete der Erziehungsausschuß, der nunmehr der von Adolf Leschnitzer geleiteten Schulabteilung der neugegründeten Reichsvertretung der deutschen Juden unterstand, die «Richtlinien zur Aufstellung von Lehrplänen für jüdische Volksschulen», die den staatlichen Lehrplan für öffentliche Schulen ergänzten. Als «allgemeine Ziele» benannten die Richtlinien, die naturgemäß nur Kompromißcharakter besitzen konnten, fünf Aufgaben:

«1. Die jüdische Schule erfährt ihre besondere Prägung aus dem doppelten Urerlebnis, das jedes in Deutschland lebende jüdische Kind in sich trägt: dem jüdischen und dem deutschen. Diese beiden Grunderlebnisse sind gleichmäßig zu entwickeln und ins Bewußtsein zu heben; sie sind in ihrem Neben- und Miteinander wie auch in ihrer Spannung fruchtbar zu machen und zu entfalten.

2. Die Schule soll von einem sich selbst begreifenden jüdischen Geiste durchdrungen sein. Das heranwachsende Kind soll seines Judeseins in gesundem Bewußtsein sicher werden; es soll sich seines Namens freuen lernen, mit allem Stolz und aller Entbehrung, die damit verbunden sind. Zur Erreichung dieses Zieles ist das Jüdische in den Mittelpunkt aller dafür in Betracht kommenden Unterrichtsfächer zu stellen. Lebendiges Verständnis für die Ewigkeitswerte der jüdischen Religion und für das jüdische Leben der Gegenwart, insbesondere für das Aufbauwerk in Palästina, sollen im Kinde geweckt und gepflegt werden, damit es seine Aufgaben in Haus und Synagoge, in der Gemeinde und der jüdischen Gesamtheit zu erfüllen in den Stand gesetzt wird.

3. In Ergänzung der staatlichen Richtlinien für den Deutschunterricht soll all das, was jüdisches Sein und Denken dem deutschen Geiste zu danken hat, wie umgekehrt das, was jüdischer Geist und jüdische Arbeit zum Aufbau der deutschen Kultur beigetragen haben, in seiner Wechselwirkung aufgezeigt werden.

4. Unbeschadet der Ausbildung aller intellektuellen Fähigkeiten ist stets im Auge zu behalten, daß die gesamte Erziehung auf die Erzielung wil-

lensstarker und in sich gefestigter jüdischer Charaktere abgestellt sein muß. Von allem anderen abgesehen, mahnen hierzu die dringenden Notwendigkeiten der Gegenwart: Das jüdische Kind muß fähig gemacht werden, den seiner wartenden besonders schweren Lebenskampf aufzunehmen und zu bestehen.

5. Daher wird eine sorgfältige körperliche Erziehung, insbesondere die Pflege von Turnen und Sport, zu den wichtigsten Aufgaben der Schule gehören. Der notwendigen Berufsumschichtung wird durch die Pflege manueller Ausbildung (Zeichnen, Nadelarbeit, Werkunterricht) die Bahn bereitet werden. Um der besonderen Situation der deutschen Judenheit gerecht zu werden, soll den Volksschülern auch die Möglichkeit geboten werden, mindestens eine moderne westeuropäische Fremdsprache sowie ganz besonders auch das Neuhebräische zu erlernen.»[53]

Die Richtlinien entsprachen der im deutschen Judentum vorherrschenden ‹Zwei-Seelen-Theorie› und forderten, wie es die ‹C.V.-Zeitung› im Leitartikel vom 18. Januar 1934 formulierte, «eine Erziehung und Bildung, die bestimmt ist von Deutschtum und Judentum». Im Deutschunterricht sollten außer Prosa und Gedichten aus dem deutschen Kulturkreis «jüdische Lesestoffe behandelt werden, seien es Werke deutscher Dichter oder aber wertvolle Übersetzungen aus dem Schrifttum biblischer und nachbiblischer Zeit». Für das Fach Heimatkunde forderten die Richtlinien das «Vertrautwerden mit allem Jüdischen der näheren und weiteren Umgebung», um eine «bewußte Erkenntnis des Judentums vorzubereiten». Ebenso sollten im Erdkundeunterricht die politischen, kulturellen und wirtschaftlichen Verhältnisse der Juden in anderen Ländern besprochen und der Palästinakunde «besondere Beachtung» geschenkt werden. Selbstverständlich waren auch die musischen Fächer auf den jüdischen Lebenskreis bezogen.

Das Fach Geschichte schließlich wurde völlig dem Religions- und Hebräischunterricht, für den vier bis sechs Wochenstunden vorgesehen waren, angegliedert. Im Mittelpunkt des Unterrichts in der Unter- und Mittelstufe stand die Biblische Geschichte, «wobei die Behandlung der gesetzlichen Teile der Thora sowie der Psalmen und Propheten im Vordergrund» stehen sollte. Darauf aufbauend, folgte in der Oberstufe die jüdische Geschichte, insbesondere die Geschichte der Juden in Deutschland. Hinzu kam die Erarbeitung des jüdischen Kalenderjahres mit seinen Festen, religiösen Vorschriften und Gebräuchen.

Die Kontroversen, die sich an den Richtlinien entzündeten, waren weniger pädagogischer Natur, da ihre vieldeutigen Formulierungen den einzelnen Schulen hinsichtlich der konkreten Ausgestaltung und Umsetzung der Bildungsziele einen großen Spielraum ließen, sie liefen vielmehr entlang den innerjüdischen Frontstellungen vor 1933. Auf massive Ablehnung stießen die Richtlinien beim Verband nationaldeutscher Juden, der heftig gegen die «jüdisch-völkische Tendenz» protestierte, und beim Reichsbund jüdischer Frontsoldaten, der sie als eine unter «zionistischem Einfluß entworfene Notstandsarbeit» verwarf.[54] Robert Hirschfeld, der Schulreferent der Jüdischen Gemeinde Berlin, begrüßte als Sprecher der gemäßigten Liberalen die Richtlinien im «großen und ganzen». Allerdings sah auch er in der Betonung des Neuhebräischen und der Hervorhebung des Aufbauwerks in Palästina einen «vollen Sieg der nationaljüdischen Seite» und vermutete, daß bei der Lektüre der Aufgabenbeschreibung der kulturkundlichen Fächer «manchen meiner liberal-jüdischen Freunde eine Gänsehaut über den Rücken gelaufen» sei. Für die Zionisten kritisierte Rose Katzenstein, Mitglied des Erziehungsausschusses, daß für das Neuhebräische im Lehrplan zu wenig Stunden vorgesehen seien, wie überhaupt die Bedeutung Palästinas zu kurz komme. Aus orthodoxer Sicht schließlich vermißte Max Sinasohn, der Rektor der Volksschule der Berliner Adass-Jisroel Gemeinde, «die Erziehung zum glaubensstarken, thoratreuen, für die Ideale unserer Sittenwelt begeisterten Juden ... Wenn wir eine wahrhaft jüdische Schule wollen, so muß das Jüdische das Primäre sein.»[55]

1933/34 standen jedoch viele jüdische Gemeinden dem Aufbau eines selbständigen jüdischen Schulwerkes noch skeptisch gegenüber. Gründe dafür nennt Ernst Loewenberg, Vorstandsmitglied des CV-Landesverbandes Nordwestdeutschland und zweiter Gemeindevorsitzender Hamburgs, in seinen Memoiren:

«Im ganzen aber war man zurückhaltend. Man wollte nicht dem Staat eine Last abnehmen, zu der er noch gesetzlich verpflichtet war. ... In Klein- und Mittelgemeinden war die Entscheidung noch schwieriger. Sollte man eine einklassige Volksschule gründen und den Kindern die Vorteile einer vollausgebauten Schule nehmen?»[56]

In größeren Gemeinden spielten auch die innerjüdischen Gegensätze eine bedeutende Rolle, wie Sam Echt aus der liberal dominierten Danziger Gemeinde berichtet:

«Ihre ablehnende Haltung wurde noch durch die Überzeugung gestärkt, daß bei den herrschenden Gegensätzen innerhalb der Gemeinde die geforderte jüdische Schule keine jüdisch-konfessionelle Gemeindeschule, sondern eher eine zionistische Parteischule darstellen würde. Man fürchtete, sie würde völlig dem Einfluß zionistischer Gruppen unterstehen und hauptsächlich von Kindern zionistischer und ostjüdischer Eltern besucht werden.»[57]

Viele Eltern, vor allem aus dem assimilierten jüdischen Bürgertum, schickten ihre Kinder auch weiterhin auf öffentliche Schulen, da sie deren Niveau als höher beurteilten und ihren Kindern eine möglichst gute Ausbildung geben wollten. Hinzu kam die Überlegung, daß man keine der mühsam errungenen gesellschaftlichen Positionen aus eigenem Verzicht räumen sollte. «Allein die Hoffnung», schreibt Marta Appel, die Ehefrau des Dortmunder Rabbiners, deren Kinder auf der öffentlichen Schule einen schweren Stand hatten, «daß dieser Schrecken nicht lange dauern könne, hielt uns aufrecht. Der Tag, an dem dieser Alptraum vom deutschen Volke genommen werden würde, konnte eigentlich nicht mehr fern sein.»[58]

Leichter fiel im allgemeinen orthodoxen und zionistisch eingestellten Juden die Umstellung auf die neue Situation, da beide Gruppen aufgrund ihrer weltanschaulichen Einstellung eher bereit waren, der vertieften religiösen Erziehung bzw. der Ausbildung einer bewußt jüdischen Identität den Vorzug vor schulischen Leistungen zu geben. Einen weiteren Grund, der für den Besuch der jüdischen Schulen sprach, nannte die ‹Jüdische Rundschau› vom 25. April 1933:

«Ausgesprochen oder unausgesprochen wird das jüdische Kind in der deutschen Schule die Lehre von der Minderwertigkeit der jüdischen Rasse und des Judentums in sich aufnehmen. Es wird hierdurch entweder zu einer verzweifelten Mimikry getrieben werden (ein nutzloses Beginnen in einer Zeit, wo selbst ein jüdischer Großelternteil einen längst getauften Abkömmling zum Juden stempelt, – aber das weiß das Kind nicht), oder es empfängt einen seelischen Bruch, der nur durch starke Gegenwirkung wieder geheilt werden kann. Was können jüdische Eltern tun, um dies zu verhüten? Sie brauchen jüdische Schulen.»[59]

Die Sorge um das «Schulmartyrium» der jüdischen Kinder stand im Mittelpunkt vieler Elternversammlungen. Den Verlauf eines Elternabends beschrieb Rabbiner Dr. Rülf im August 1933 in einem Leitartikel für das ‹Nachrichtenblatt› der Synagogengemeinde des Kreises Saarbrücken:

«Am 15. Juli fand ein Elternabend der Religionsschule statt, der einer Aussprache über die Situation der jüdischen Schulkinder in Saarbrücken gewidmet war. Im Verlaufe dieser Aussprache wurde seitens der Elternschaft das spontane Verlangen nach Errichtung einer jüdischen Volksschule zum Ausdruck gebracht. Nahezu einstimmig wurde folgende Entschließung angenommen:

‹Die Teilnehmer des Elternabends vom 19. Juli 1933 halten die Gründung einer jüdischen Volksschule in Saarbrücken zum frühest möglichen Termin für dringend wünschenswert. Sie bitten die Verwaltung der Saarbrücker Synagogengemeinde, die hierfür geeigneten Schritte zu unternehmen.›

Der Entschluß der Eltern, für diese Resolution zu stimmen, ergab sich aus der Erkenntnis, daß die Lage unserer Kinder in den städtischen Schulen zu den ernstesten Besorgnissen Anlaß gibt.

Es mehren sich Fälle, in denen jüdische Kinder in ihren Klassen, auf dem Schulhofe oder auf dem Schulwege groben Gewalttätigkeiten seitens ihrer Mitschüler ausgesetzt sind. Häufig konnten die Namen der Angreifer nicht festgestellt werden. Wo dies jedoch möglich war und die Schwere des Falles ein Eingreifen erforderlich machte, wurde bei den in Frage kommenden Schulleitern Beschwerde erhoben.

Es soll dankbar anerkannt werden, daß ein Teil der Beschwerden mit dem nötigen Nachdruck bearbeitet wurde, so daß die gröbsten Mißstände beseitigt werden konnten.

In anderen Fällen wurden jedoch die Beschwerden von den betreffenden Schulinstanzen nicht mit ausreichender Energie behandelt, so daß ein Ergebnis nicht erzielt wurde. Es liegen auch Äußerungen von Schulmännern vor, daß sie gegen die Verhetzung der Schüler auch beim besten Willen kaum etwas auszurichten imstande seien. Bisweilen wurden unsere Bemühungen, die jüdischen Kinder zu schützen, durch passive Resistenz und sogar feindselige Einstellung vereitelt.

Die faßbaren Fälle treten jedoch weit zurück hinter der Fülle kleiner Quälereien, Kränkungen und Bosheiten, die unsere Kinder tagtäglich zu erdulden haben und die durch keine Beschwerde beseitigt werden können.

Hiervon erhalten die Eltern nur selten Kenntnis. Denn Kinder sprechen im Allgemeinen nur von den gravierenden Vorkommnissen. Von den kleinen Beleidigungen und Erniedrigungen schweigen sie aus Scham; sie wollen sich selbst ihr Martyrium nicht eingestehen und verdrängen ihre Erlebnisse in das Unterbewußtsein. Jeder Jugendpsychologe weiß, daß sich daraus in der Zukunft schwere Schädigungen des Seelenlebens ergeben müssen. Die Eltern erfahren all das nur indirekt durch die gedrückte Stimmung der Kinder, ihre Furcht, mit anderen Kindern zu spielen und ihre Scheu vor der Schule.

Aber selbst wenn den jüdischen Kindern gar nichts ‹passierte›, wäre ihre Lage unter den gegenwärtigen Verhältnissen schlimm genug. Denn sie leben in den Schulen fast völlig isoliert, gleichsam im luftleeren Raum, von Kälte und Ablehnung umgeben. Sie fühlen, daß sie nicht ‹dazugehören› und daß die allgemeinen Regeln der Kameradschaft auf sie nicht angewendet werden.

Gegenüber diesem Schulmartyrium gibt es keine andere Möglichkeit als den Versuch, die jüdischen Kinder wenigstens in den ersten Schuljahren im eigenen Kreise zu erziehen, bis sich ihre seelische Widerstandskraft gefestigt hat. So erklärt es sich, daß sich aus der Summe der Einzelberichte in der Elternversammlung der klare Wille herauskristallisierte, einer jüdischen Schule den Weg zu ebnen ... Schulunterricht bezweckt ja nicht nur die Vermittlung von Kenntnissen, sondern auch Charakter- und Gesinnungsbildung. Wir Juden haben den begreiflichen Wunsch, daß diese Bildung bei unseren Kindern eine jüdische Note erhält. Wir sind der Meinung, daß der Geist des Judentums eine starke erzieherische Kraft besitzt, und möchten unseren Kindern möglichst viel von dieser Kraft in ein Leben mitgeben, das sie voraussichtlich vor besonders schwere Aufgaben stellen wird.

Der Religionsunterricht, den wir z.Zt. nachmittags in der Religionsschule erteilen müssen, leidet unter unvermeidbaren Hemmungen und Unvollkommenheiten. Er gliedert sich nicht organisch in den Gesamtunterricht ein und nimmt überdies unseren Kindern viel Freizeit fort. So nötig und wichtig er unter den gegenwärtigen Verhältnissen ist, so sehr wäre zu wünschen, daß der Geist und die Lebensform des Judentums in weit vollkommenerer Weise durch den Gesamtunterricht einer jüdischen Volksschule vermittelt würde.

Was aber wohl das Wichtigste ist: Unsere Kinder bekommen in der jüdischen Volksschule eine freie, unbefangene jüdische Haltung und erleben ihr Judesein als etwas Selbstverständliches und Beglückendes. Sie wachsen in ihrer Schule ohne inneren Zwiespalt heran und können sich gradlinig entwickeln. Sie brauchen bei keinem Unterrichtsgegenstand in Konflikt zu kommen, brauchen keine inneren Vorbehalte zu machen und können alles, was sie lernen und in der Schulgemeinschaft erleben, freudig bejahen.

Fast ist es unnötig zu betonen, daß auch die Schüler einer jüdischen Schule zu guten Staatsbürgern erzogen werden. Die nach modernen Grundsätzen ausgebildeten jüdischen Lehrer sorgen selbstverständlich dafür, daß ihre Schüler nicht in die Absonderung eines geistigen Ghettos zurückgedrängt werden. Das deutsche Kulturgut wird auf Grund des allgemein festgelegten Lehrplanes genau so wie in jeder anderen Schule gepflegt. Der Unterricht untersteht der Aufsicht der staatlichen und städtischen Schulbehörden. Die Anzahl der eigentlichen Religionsstunden ist nicht höher als in den übrigen Volksschulen, und die Kinder verlieren damit nicht mehr, wie bisher, zwei Nachmittage.

Die jüdische Volksschule wird einem Teil unserer Kinder die ausreichende Vorbildung für einen praktischen Beruf geben. Handfertigkeitsunterricht wird besonders gepflegt werden. Daneben besteht wie in allen saarländischen Volksschulen die Möglichkeit zur Erlernung einer Fremdsprache. Eine solche Volksschulbildung ist wertvoller als eine halbe Gymnasialbildung. Es ist daher zu hoffen, daß der Andrang jüdischer Kinder zu den höheren und Mittelschulen nachlassen und eine gesündere Berufsschichtung Platz greifen wird.»[60]

Ende 1933 besuchten nach Schätzungen der Reichsvertretung von rund 60000 schulpflichtigen Kindern etwa 10000 jüdische Volksschulen, von denen es nach der staatlich verordneten Schließung zahlreicher Zwergschulen noch rund 70 gab. Weitere 5000 besuchten höhere jüdische Schulen.[61] Bis zu Beginn des neuen Schuljahres, Ostern 1934, wurden in Aschaffenburg, Berlin, Bonn, Breslau, Darmstadt, Lübeck, Mainz, Offenburg, Stettin und Stuttgart zehn neue Volksschulen errichtet, in weiteren

10 bis 15 Orten waren die Gründungsschwierigkeiten noch nicht überwunden. Ende Juni 1934 war der Anteil der Schüler, welche nunmehr eine jüdische Schule besuchten, gegenüber Ende 1933 um 23% auf 18500 gestiegen. Sie wurden von 766 Lehrern unterrichtet, von denen 250 neu eingestellt worden waren.[62]

Die Finanzierung der neuen Schulen wurde in der Regel zu einem Drittel von der örtlichen Gemeinde, zu einem weiteren von den Eltern und zum letzten Drittel von der Reichsvertretung getragen, die dafür 1933 103537 RM ausgab.[63] Bereits im nächsten Jahr mußten die Subventionen kräftig erhöht werden. Die Ursachen lagen nach dem Arbeitsbericht des Zentralausschusses für 1934 «in der Verarmung der Gemeinden, welche Zuschüsse in früher gezahlter Höhe jetzt nicht mehr leisten können, in der Einstellung staatlicher Zuschüsse und nicht zuletzt in dem Ausbau der Schulen selbst, deren Schülerzahl wuchs, ohne daß die Schulgeldeingänge sich in entsprechendem Maße aber erhöhten»[64].

Insgesamt gab die Reichsvertretung für den Unterhalt des jüdischen Schulwerks, einschließlich der Lehrerfortbildung und der Fahrtkostenzuschüsse für mittellose Schüler, 1934 415810 RM aus. 1935 betrugen die Aufwendungen 395421 RM, ein Jahr später 485500 RM, 1937 427798 RM und 1938 483219 RM.[65]

1935 gingen erstmals knapp über die Hälfte der 30000 jüdischen Volksschüler auf eine jüdische Schule. Unter den 14000 Kindern, die eine öffentliche Volksschule besuchten, lebten rund 5200 in Orten, in denen es bereits eine jüdische Schule gab. Unter den 13800 Schülern höherer Lehranstalten waren 4000 auf einer jüdischen Anstalt, 2800 besuchten eine öffentliche höhere Schule, obwohl an ihrem Ort eine höhere jüdische Schule vorhanden war. Insgesamt gingen 1935 noch 54,5% aller schulpflichtigen jüdischen Kinder auf öffentliche Schulen. 1936 waren 52% aller schulpflichtigen Kinder von jüdischen Schulen erfaßt, in Zahlen: 22000 von 42000.[66]

Der rapide Anstieg der Schülerzahlen stellte die Schulen vor außerordentliche Probleme. Heinemann Stern, Leiter der staatlich anerkannten jüdischen Mittelschule in Berlin, berichtet in seinen Memoiren:

«Wer nur normale Schuleinrichtungen kennt, macht sich von den organisatorischen Schwierigkeiten, vornehmlich in den gehobenen Schulen, kaum eine entsprechende Vorstellung. Eine Mittelschule hat 6 aufsteigende Klassen – vom 5. bis zum 10. Schuljahr. Unsere Mittelschule hatte zur Zeit ihrer Hochblüte 25 Klassen, zum Teil mit 50 bis 60 Schülern. Da die erste Fremdsprache in der Mittelschule Englisch war, in vielen höheren Schulen jedoch Französisch, mußten sowohl in der Knaben- wie in der Mädchenabteilung je zwei Zöten eingerichtet werden, der A-Kurs mit Englisch, der B-Kurs mit Französisch als Grundsprache. Daneben gab es auch noch Realgymnasiasten mit Latein. So kam es, daß zwischen Parallelklassen nicht einmal ein Schüleraustausch stattfinden konnte, wenn eine Klasse überfüllt, die andere mäßig besetzt war. Eine besondere Schwierigkeit bereitete das Hebräische. Eine normale Vorbildung hatten in der Regel nur die Schüler, die aus unseren Volksschulen kamen. Jetzt aber strömten alljährlich von den städtischen Schulen Hunderte hinzu, die von Hebräisch nichts oder nur wenig wußten, so daß für dieses Hauptfach Sonderkurse eingerichtet werden mußten. Diese vielfachen Aufsplitterungen der Klassen in Abteilungen und Gruppen führten dazu, daß an der Schule zu Zeiten mehr als 600 Wochenstunden gegeben werden mußten, für die nicht weniger als 48 Lehrer benötigt wurden, von denen viele allerdings als Hilfslehrer nicht voll (mit etwa 25 Stunden), sondern nur halb beschäftigt waren. Die Stundenpläne glichen militärischen Aufmarschplänen für alle Waffengattungen. Sie waren wahre strategische Kunstwerke, an denen ein halbes Dutzend sachverständiger Lehrer zwei bis drei Wochen arbeitete.»[67]

Ihre ersten Eindrücke von der jüdischen Mittelschule an der Großen Hamburger Straße in Berlin, die 1934 von knapp über tausend Schülern besucht wurde, während es 1932 noch 470 gewesen waren, schildert Inge Deutschkron:

«Wenn ich an meinen ersten Schultag in dieser Schule zurückdenke, empfinde ich noch heute die Verwirrung, in die mich die große Zahl meiner Mitschülerinnen stürzte. In den beiden Schulen, die ich vorher besucht hatte, war der Klassendurchschnitt auf etwa 30 Kinder begrenzt gewesen. In der jüdischen Mittelschule waren wir nie weniger als 50 Kinder in einer Klasse. Ein geordneter Lehrbetrieb war unter diesen Verhältnissen kaum möglich. Unter Schülern und Lehrern herrschte ein ständiges Kommen und Gehen.»[68]

Neben zu großen Klassen, beschränkten Räumlichkeiten und Mangel an geeigneten Unterrichtsmaterialien erschwerte der unterschiedliche Kenntnisstand der bunt zusammengewürfelten Schülerschaft das Arbeiten. Lore Herrmann-Pintus berichtet darüber aus der jüdischen Schule an der Klopstockstraße in Berlin:

«Die einen konnten Griechisch, die anderen hatten Latein gelernt, die einen konnten Algebra, die anderen nur Mathematik. Ein Teil hatte Französisch gelernt, die anderen hatten mit Englisch angefangen; ein Teil hatte bereits Literaturgeschichte gehabt, die anderen Chemie. Es war ein großes Durcheinander und die jungen unerfahrenen Lehrer standen vor der schweren Aufgabe, diese verschiedenen Menschen mit verschiedenartigem Wissen auf einen Nenner zu bringen.»[69]

Mit den Anpassungsschwierigkeiten jener Lehrer, die nach ihrer Entlassung aus dem öffentlichen Schuldienst erstmals an einer jüdischen Schule unterrichteten, befaßte sich die ‹Jüdische Rundschau› im August 1934:

Zweite Klasse der jüdischen Schule Auguststraße in Berlin, 1937

«Außer der Umstellung im Existenzkampf kommt oft genug eine tiefe deprimierende Entwurzelung hinzu. Denn der müßte ein schlechter Lehrer sein, der nicht mit sehr viel innerer Anteilnahme an der deutschen Schule deutsche Kinder unterrichtet hätte. Sein Bedürfnis, in der jüdischen Welt neu oder wieder heimisch zu werden, kann sehr brennend sein, er wird sich doch lange – vielleicht immer – mit zwei Welten auseinandersetzen müssen. Nicht wenige Studienräte fühlen sich anfangs als Volksschullehrer oder gar bei den ‹Kleinen› degradiert ... Wenn nun noch eine natürliche Anfangsfremdheit den anderen Kollegen gegenüber hinzukommt, so sieht man einen Menschen in einem Meer von Schwierigkeiten, in dem er alle Kräfte aufbieten muß, um sich geistig über Wasser zu halten.»[70]

Spezielle Integrationsprobleme brachte die Vergrößerung des Lehrkörpers für zionistisch orientierte und orthodox geführte Schulen, da die Mehrzahl der neuen Lehrer und Schüler dem liberalen Judentum entstammte. «Für diese Lehrer war», wie Gaertner aus seinen Erfahrungen an der Theodor-Herzl-Schule in Berlin berichtet,

«alles neu: das ausschließlich jüdische Milieu, die Forderung, die Erziehung zum bewußten Judentum in den Mittelpunkt der erzieherischen Arbeit zu stellen, die Unruhe und das Durcheinander der ersten Monate in ihrem Kontrast zu der geordneten und wohlorganisierten deutschen Schule. Viel innere Überwindung und manche seelischen Kämpfe waren notwendig, um dieses Ziel zu erreichen ...»[71]

Welche Konflikte sich aus dem Zustrom neuer Schüler für orthodoxe Schulen ergaben, zeigt das Beispiel des Kölner Reformrealgymnasiums Jawne. Im Schuljahr 1932/33 kamen die 224 Schüler des Jawne noch zu 50% aus alteingesessenen orthodoxen Kreisen, zu 40% aus ostjüdischen Familien und nur zu 10% aus religiös-liberalen Elternhäusern. 1934 jedoch befanden sich unter 100 neuaufgenommenen Schülern nur mehr 15 orthodoxer Herkunft. Daraus mußten sich unvermeidlich Spannungen ergeben, die sich im wiederholten Antrag liberaler Eltern nach getrenntem Religionsunterricht für ihre Kinder, was die Schulleitung ablehnte, und dem Versuch einer liberalen Schulgründung, dem die Regierung nicht zustimmte, niederschlugen. Zur Bewahrung des orthodoxen Charakters mußten sich deshalb alle neuangestellten Lehrer verpflichten, «im Unterricht und in der Öffentlichkeit nicht gegen das Religionsgesetz zu verstoßen»[72].

Der schnelle Ausbau des jüdischen Schulwerks ab 1934 auf 130 Schulen 1935 und 160 im Jahre 1936 beruhte zu einem großen Teil auf der Gründung öffentlicher jüdischer Volksschulen, die von staatlicher Seite in Form von «Sonderklassen» zum Teil schon vor der Verabschiedung der Nürnberger Rassengesetze eingerichtet worden waren, um die Absonderung der jüdischen Schüler zu beschleunigen. Auch wenn die vom Reichsminister für Wissenschaft, Erziehung und Volksbildung in einem Erlaß vom 10. September 1935 für das Schuljahr 1936 in Aussicht gestellte «möglichst vollständige Rassentrennung» nicht erreicht wurde, so ließ er doch an der weiteren Entwicklung keinen Zweifel.

Die fortschreitende Entrechtung und Verdrängung führten auch auf dem Schulsektor allmählich zum Versiegen der innerjüdischen Kontroversen, die teilweise erbitterte Züge angenommen hatten. In Breslau jedoch, wo die Gegensätze schon vor 1933 besonders scharf ausgeprägt waren, hielten die Spannungen an und führten 1937 zur Spaltung des Lehrkörpers des religiös-liberalen Schulwerkes, das Ende 1933 als Alternative zum bestehenden streng orthodoxen gegründet worden war.

Das Realgymnasium ‹Jawne› in Köln

«Der äußere nervenaufreibende Druck trug hier», wie Rudolf Schaeffer berichtet, «eher noch zu einer Verschärfung der Gegensätze bei. Sie fanden unseligerweise ihren Niederschlag in dem Verhältnis des Schulträgers zu seinem Lehrerkollegium. Die Gegner des Zionismus im Vorstand des ‹Neuen Jüdischen Schulvereins› wollten den Stempel ihrer Gegnerschaft auch der ihnen anvertrauten Schule aufprägen ... So verließ ein Teil des Kollegiums mit mir 1937 das Schulwerk.»[73]

Im Herbst 1937 legte die Reichsvertretung eine überarbeitete Fassung der «Richtlinien» vor, die sich vor allem durch die Tilgung aller Formulierungen der früheren ‹Zwei-Seelen-Theorie› auszeichnete. Sie benannten nunmehr als «allgemeine Ziele»:

«Die Schule soll von einem sich selbst begreifenden jüdischen Geist durchdrungen sein. Das heranwachsende Kind soll seines Judeseins in gesundem Bewußtsein sicher werden; es soll sich des Namens freuen lernen, mit allem Stolz und aller Entbehrung, die damit verbunden sind. Zur Erreichung dieses Zieles ist das Jüdische in den Mittelpunkt aller dafür in Betracht kommenden Unterrichtsfächer zu stellen. Lebendiges Verständnis für die Ewigkeitswerte der jüdischen Religion und für das jüdische Leben der Gegenwart, insbesondere für das Aufbauwerk in Palästina, sollen im Kind geweckt und gepflegt werden, damit es seine Aufgaben in Haus und Synagoge, in der Gemeinde und in der jüdischen Gesamtheit zu erfüllen in den Stand gesetzt wird ...»[74]

Anders als 1934 lösten die überarbeiteten Richtlinien, die weitgehend den zionistischen Forderungen nach einer «wesensjüdischen Schule» mit betonter Ausrichtung auf Palästina entsprachen, keine großen Diskussionen aus, da sich 1937 auch die Liberalen das Scheitern ihrer großen Hoffnungen auf die Fortexistenz der deutsch-jüdischen Kultursymbiose eingestehen mußten.

Im gleichen Jahr erreichte auch das jüdische Schulwerk seinen Höchststand mit 167 Schulen und rund 1200 Lehrern, die 23670 von insgesamt 39000 jüdischen Schülern unterrichteten. Die Schülerzahl verteilte sich nach einer statistischen Umfrage vom 1. März auf folgende Schultypen:[75]

Das jüdische Schulwerk (unter Zugrundelegung der Ergebnisse der schulstatistischen Umfrage vom 1. 3. 1937)

Schulgattung	Anzahl d. Schulen	Anzahl d. Klassen	Schülerzahl		
			Knaben	Mädchen	zus.
	1	2	3	4	5
Öffentl. jüd. Volksschulen	76	198	3345	3298	6643
Private jüd. Volksschulen	72	376	5837	5354	11191
Jüd. Volksschulen *gesamt:*	148	574	9182	8652	17834
Jüd. höhere Schulen	14	159	2236	1891	4127
Jüd. Schulen mit gehobenem Lehrplan	4	38	405	377	782
Öffentl. jüd. Mittelschulen	1	25	437	490	927
insgesamt:	167	796	12260	11410	23670

Orte mit jüdischen Schulen[76]

Ort	Schülerzahl		Ort	Schülerzahl	
	Volks-schul.	Höhere Schul.		Volks-schul.	Höhere Schul.
Berlin	(11)5419	(8)3426	*Hessen-Nassau*		
Beelitz	40	–	Abterode	neu	–
Caputh	77	–	Burghaun	neu	–
Königsberg	174	–	Eschwege	53	–
Stettin	118	–	Fulda	119	–
Schneidemühl	neu	–	Frankenberg	15	–
Schlesien			Frankfurt	(2)1192	(2) 772
Breslau	(2) 930	450	Hanau	20	–
Beuthen	284	–	Hersfeld	26	–
Gleiwitz	124	–	Kassel	189	–
Hindenburg	90	–	Marburg	22	–
Oppeln	37	–	Nassau	neu	–
Kreuzberg	15	–	Rhina	17	–
Sachsen			Schlüchtern	13	–
Halberstadt	60	–	Wiesbaden	162	–
Magdeburg	neu	–	Wüstensachsen	10	–
Hannover			*Rheinprovinz*		
Ahlem	43	–	Aachen	111	–
Aurich	54	–	Bonn	67	–
Emden	54	–	Dinslaken	47	–
Hannover	154	–	Düren	21	–
Hildesheim	29	–	Düsseldorf	346	–
Leer	36	–	Duisburg	192	–
Sögel	7	–	Eschweiler	10	–
Westfalen			Essen-Ruhr	364	–
Ahlen	13	–	Kall-Eifel	neu	–
Beckum	6	–	Kerpen bei Köln	14	–
Bocholt	12	–	Kleve	16	–
Bochum	66	–	Köln	1025	410
Borken	11	–	Krefeld	68	–
Burgsteinfurt	7	–	Kreuznach	neu	–
Castrop-Rauxel	12	–	Linnich	17	–
Dortmund	323	–	Mayen	18	–
Gelsenkirchen	160	–	Moers	22	–
Hagen	30	–	Mnch.-Gladbach	58	–
Herne	40	–	Neuwied	30	–
Paderborn	30	–	Oberhausen	21	–
Laasphe	23	–	Rheydt	25	–
Münster	41	–	Schweich	9	–
Recklinghausen	23	–	Siegburg	18	–
Soest	8	–	Trier	56	–
Wanne-Eickel	18	–	Wittlich	21	–
			Wuppertal	–	–

Ort	Schülerzahl	
	Volks-schul.	Höhere Schul.
Hohenzollern		
Haigerloch	12	
Bayern		
Aschaffenburg	36	–
Augsburg	28	–
Bamberg	38	–
Brückenau (Ufr.)	12	–
Burgpreppach (Unterfranken)	5	–
Coburg	63	–
Dinkelsbühl	?	–
Fischbach (Schwaben)	11	–
Fürth	98	224
Gunzenhausen (Mfr.)	11	–
Hörstein (Unterfranken)	7	–
Ichenhausen	28	–
Kaiserlautern	34	–
Kitzingen a. M.	27	–
Landau (Pfalz)	22	–
Ludwigshafen	73	–
Mainstockheim	11	–
Marktbreit (Unterfranken)	18	–
Mittelsinn (Unterfranken)	14	–
München	398	–
Neustadt (Saale)	22	–
Nürnberg	378	–
Pirmasens	34	–
Regensburg	15	–
Schweinfurt	14	–
Speyer	17	–
Treuchtlingen	13	–
Unsleben (Unterfranken)	12	–
Weiden (Oberfranken)	9	–
Würzburg	160	–
Sachsen		
Chemnitz	neu	
Dresden	144	–
Leipzig	651	396
Württemberg		
Bad Mergentheim	24	–
Baisingen (O.-A. Horb)	7	–
Braunsbach	10	–
Buchau	6	–
Buttenhausen	4	–
Creglingen	6	–
Eßlingen	69	–
Freudenthal	5	–
Göppingen	15	–
Heilbronn	39	–
Herrlingen	–	103
Laupheim	5	–
Niederstetten	5	–
Öhringen	16	–
Rexingen	16	–
Stuttgart	202	–
Ulm	22	–
Baden		
Bruchsal	41	–
Freiburg	33	–
Heidelberg	51	–
Karlsruhe	226	–
Mannheim	427	–
Pforzheim	44	–
Hessen		
Bad Nauheim	104	–
Darmstadt	(2) 190	–
Höchst	38	–
Mainz	256	–
Offenbach	143	
Worms	89	–
Hamburg		
Altona	140	–
Hamburg	(1) 683	(2) 538
Oldenburg	50	–
Lübeck	23	–
Braunschweig	neu	–
Saarbrücken	92	

Zu einem weiteren Ausbau war allerdings die durch wirtschaftliche Verdrängungsmaßnahmen und Auswanderung erheblich geschwächte jüdische Gemeinschaft «aus eigener finanzieller Kraft», wie der Arbeitsbericht der Reichsvertretung für das Jahr 1937 feststellte, nicht mehr imstande:

«Auch macht sich, wie überhaupt, die Beschränkung der Mittel bemerkbar. An sich wäre eine Umschulung für viele noch auf allgemeinen Schulen befindlichen Kinder dringend wünschenswert. Diese Aufgabe ist aber für uns besonders hinsichtlich der in den Kleingemeinden zerstreuten Kinder, wo sie an sich besonders dringlich ist, nicht lösbar.»[77]

Welche Probleme sich für die kleinen jüdischen Landgemeinden ergaben, zeigt das Beispiel Hessen-Nassaus: Hier hatten 1937 von 127 erfaßten Gemeinden 22 überhaupt keine Schulkinder mehr, 62 nur 1–5 Kinder und 28 Gemeinden 6–10 Kinder. Nur in 15 Gemeinden lebten mehr als zehn Kinder. Um der Not dieser vereinsamt aufwachsenden Kinder abzuhelfen, wurde im Januar 1937 mit Unterstützung der Reichsvertretung eine jüdische Bezirksschule in Bad Nauheim gegründet, der ein orthodox geführtes Internat angeschlossen war. Die Schule umfaßte neun Klassen mit 151 Schülern aus 76 Orten, davon sieben aus Bad Nauheim. Über die von Verarmung gekennzeichnete wirtschaftliche Lage der Eltern, die sich aus 68 Kaufleuten, 38 Viehhändlern, 25 Metzgern und acht Handwerkern zusammensetzten, geben folgende Zahlen Aufschluß: Von den 70 Fahrschülern benötigten 26 einen Zuschuß, ebenso 54 der 74 Internatsschüler. Weiterhin mußte 108 Kindern das Schulgeld erlassen und weiteren 15 ermäßigt werden.

Über den gesundheitlichen Zustand dieser Kinder berichtete Hilde Meyerowitz 1937 in der Zeitschrift ‹Jüdische Wohlfahrtspflege und Sozialpolitik›:

«Bei der Eröffnung der Schule fiel es allgemein auf, wie blaß, bedrückt und gehemmt sie waren. Auf Grund der ersten ärztlichen Schuluntersuchung mußten 140 Kinder im Winter ein Schulfrühstück erhalten und 40 Kinder erhalten es auch jetzt noch während des Sommers. Aber schon nach kurzer Zeit änderte sich das Bild wesentlich. Die Gewichtszunahmen sind durchaus günstig, und erfreulich ist vor allem das veränderte Aussehen ... Einige Kinder, deren körperlicher Zustand trotz der allgemeinen Pflege sich nicht wesentlich besserte, wurden während der Sommerferien im Juli im Heim behalten und führten dort eine besondere Kur durch.»

Große Probleme bereitete der unterschiedliche Kenntnisstand der Schüler:

«Nach den Angaben des Schulleiters waren 50% der Schüler etwa 2–3 Jahre in ihren Schulleistungen zurück und 25% fehlten sämtliche Elementarkenntnisse. Es war demnach im üblichen Klassensystem nicht möglich, die Kinder soweit zu fördern, daß sie die normalen Schulleistungen aufwiesen. Daher wurde in Rechnen, Religion, Geschichte, Hebräisch und

Schulspeisung

Englisch ein Kurssystem eingeführt ... Die Schulkinder wurden geprüft und je nach den Lücken, die sie aufwiesen, denjenigen Klassen zugewiesen, in denen der für sie notwendige Unterricht erteilt wurde.»

Hebräisch stand vom dritten Schuljahr an, Englisch vom fünften auf dem Lehrplan. Abweichend vom allgemeinen Volksschullehrplan gab es auch Unterricht im Gartenbau, der vom fünften Schuljahr an mit zwei Wochenstunden erteilt wurde und ebenso wie der Werk- bzw. Hauswirtschaftsunterricht auf die Auswanderung vorbereiten sollte.

Die Atmosphäre und der Lerneifer unterschieden sich von anderen Schulen beträchtlich:

«Es ist erstaunlich, mit welch starkem Interesse die Kinder dem Unterricht folgen. Sie spüren, wie weit sie zurück sind, und es gibt wohl kaum Schulkinder, die mit einem derartigen Ernst und Eifer ihre Schulaufgaben erledigen und wissen, daß sie nicht für die Schule, sondern für sich selbst lernen. Der Arbeitseifer geht so weit, daß die Lehrer, die anfangs selbstverständlich mit den Kindern versuchten, die Wissenslücken auszufüllen, heute bereits bremsen müssen.»

Hilde Meyerowitz räumte aber auch selbstkritisch ein:

«Trotz aller Bemühungen der Lehrer und Schüler ist es allerdings fraglich, ob die Kinder des 8. und 9. Schuljahres heute noch die großen

Lücken, die bei der Mehrzahl von ihnen bestehen, werden schließen können.»

Das Wichtigste war jedoch, daß die Kinder, die bislang die öffentlichen Dorfschulen besuchen und erleiden mußten, nicht mehr isoliert ohne Verständnis und Spielkameraden aufwuchsen:

«Die Kinder sind in ihrem ganzen Benehmen freier, unbefangener, kindgemäßer geworden. Bereits im Chamischo ossor (dem Festtag für Kinder) hatte man eine freudige Kindergemeinschaft, die unbefangen kindlich das Fest zu feiern verstand.»[78]

Bis November 1938 blieb das jüdische Schulwerk «im wesentlichen unverändert», wie der Arbeitsbericht der Reichsvertretung konstatierte. Allerdings war die Gesamtzahl der jüdischen Schülerkinder im Mai 1938 auf etwa 27500 abgesunken, von denen 20029 Volksschulen besuchten. Der Anteil der jüdischen Schüler an allgemeinen Schulen betrug nach zuverlässigen Schätzungen mindestens 25%.[79] Die Zäsur, die der Novemberpogrom auch für die jüdischen Schulen bedeutete, denen mit Ministerialerlaß vom 17. Dezember 1938 sämtliche staatliche Zuschüsse gestrichen wurden, konnte der Arbeitsbericht nur in verhaltener Sprache andeuten:

«Fast sämtliche bestehenden jüdischen Schulen mußten auf kürzere oder längere Zeit ihre Arbeit unterbrechen, so daß die Überführung der aus den öffentlichen Schulen ausgeschulten jüdischen Kinder in jüdische Schulen nicht sofort erfolgen konnte. Immerhin gelang es dort, wo ein öffentliches oder privates jüdisches Schulwerk bereits bestand ... die Beschulung allmählich durchzuführen. Das war in sämtlichen Großgemeinden der Fall ... außerdem in den Ländern Bayern, Baden und Württemberg, in denen bereits weitgehend in den vorhergehenden Jahren von staatlicher Seite eine Regelung des jüdischen Schulwesens erfolgt war.»

Schwierig bis unlösbar war allerdings die Aufgabe, die verstreut in Mittel- und Kleingemeinden lebenden Kinder in einer jüdischen Schule zusammenzufassen:

«Die vielen einzelnen Kinder aus völlig abgelegenen Orten, die auch durch Bahnfahrt keine jüdische Schule erreichen können, müssen, falls es im Rahmen der Kinderwanderung nicht gelingt, sie ins Ausland zu bringen, in Heimen oder Familien untergebracht werden, wo die Möglichkeit eines geordneten Schulbesuchs für sie besteht.»

Anfang 1939 schätzte man die Zahl der schulpflichtigen jüdischen Kinder noch auf etwa 19800.[80] Von einem geordneten Schulbetrieb konnte nach dem Novemberpogrom, der eine fluchtartige Auswanderungsbewegung auslöste, jedoch kaum mehr die Rede sein. William Katz, damals Lehrer an einer jüdischen Schule in Kassel, erinnert sich an jene Zeit:

«Nach den Zerstörungen der Kristallnacht versuchten wir, eine einigermaßen organisierte Schule wieder einzurichten. Es gelang uns auch bis zu einem gewissen Punkt, aber ich muß gestehen, wir Lehrer waren nicht mehr mit dem Herzen dabei und die Kinder auch nicht. Das Gemeindehaus, in dem die Klassen untergebracht waren, war zum größten Teil zerstört; Bänke, Tafeln, Pulte waren auf die Straße geworfen. Wir holten alles wieder herein, soweit es noch brauchbar war, und versuchten, wieder normalen Unterricht und sogar einen religiösen Gottesdienst in einem der Schulsäle zu organisieren. Aber, wie gesagt, wir waren nicht mit dem Herzen dabei.»[81]

Die Auswanderung von Schülern und Lehrern, die häufig aus Pflichtgefühl ihre eigene Emigration von Jahr zu Jahr verschoben hatten, führte nun in rascher Folge zur Schließung zahlreicher Schulen. Im Oktober 1939 bestanden noch in 120 Orten geringe Ausbildungsmöglichkeiten, zumeist sogenannte Unterrichtszirkel, da mehrklassige jüdische Schulen nur mehr in größeren Städten existierten. Fast ein Drittel der 9521 gezählten jüdischen Schulkinder lebte zu diesem Zeitpunkt in Berlin (2907), gefolgt von Frankfurt a. M. (867), Breslau (579), Köln (480) und Hamburg (458). In diesen Städten bestanden auch noch höhere jüdische Schulanstalten, die ab Juni 1940 jedoch keine Reifezeugnisse mehr ausstellen durften. In Berlin gab es weiterhin zwei Sprach-, eine Musik- und eine Gehörlosenschule.[82]

Die einsetzenden Deportationen, zuerst in Baden am 22. Oktober 1940, versetzten den noch bestehenden Resten des jüdischen Schulwesens den Todesstoß. Mitte 1941 sah sich die Reichsvertretung gezwungen, alle höheren Schulen bis auf Berlin, wo die zehn begabtesten Schüler in einer geschlossenen Anstalt zusammengefaßt werden sollten, zu schließen. Ende 1941 bestanden nur noch zehn ausgebaute jüdische Volksschulen.[83] Über die letzten Jahre der jüdischen Schule in Nürnberg, die einst über 500 Volks- und Berufsschüler zählte, berichtet Rabbiner Bernhard Kolb:

«Aber noch schneller wie der Aufstieg, war von 1938 ab und naturgemäß bei den Verschleppungen der Verfall. Bei der durch Gesetz angeordneten Auflösung der jüdischen Schulen waren nur noch wenige Kinder aus Mischehen und ein Lehrer der Rest des so stolzen Werkes.»[84]

Die letzten Schulen mußten zum 30. Juni 1942 geschlossen werden. Zugleich wurde der Reichsvereinigung bekanntgegeben, «daß ab 1. Juli 1942 jegliche Beschulung jüdischer Kinder durch besoldete und unbesoldete Lehrkräfte untersagt ist». Weiterhin erteilte das Reichssicherheitshauptamt Berlin die Weisung, alle jüdischen «Lehrer, einschließlich ihrer Familienangehörigen ... zum nächstmöglichen Termin zu evakuieren»,[85] was die Deportation in ein Konzentrationslager bedeutete.

Leistungen und Grenzen der jüdischen Schulen

Hat man gelegentlich die öffentliche Schule im Dritten Reich als «Erziehung zum Tod» charakterisiert, so die jüdische als «Erziehung zum geistigen Widerstand». Was Kurt Bergel über seine Motivation als Lehrer in dem von Hugo Rosenthal geleiteten Landschulheim Herrlingen berichtet, gilt für den Geist vieler jüdischen Schulen:

«Der Eifer, mit dem wir Jungen und Mädchen lehrten und erzogen, war die einzige Antwort, die wir den Nazis geben konnten. Stolz auf unser Judentum – kein sturer Chauvinismus, sondern Stolz, der auf Kenntnis und Erlebnis begründet war – war uns der Weg zur seelischen Gesundheit unserer Kinder, die in der Atmosphäre des erzwungenen Ghettos bedroht war.»[86]

Welchen inneren Halt eine bewußt jüdische Erziehungsarbeit vielen Kindern, gerade aus assimilierten Elternhäusern, die zunehmend in ein geistiges Vakuum gestoßen wurden, geben konnte, mögen zwei Erinnerungen von Schülern verdeutlichen:

«Nachdem ich 5 Jahre in deutschen Schulen lernte, mit ihren ‹Schulmeistermethoden› verstärkt noch durch die Nazis, waren die Lehr- und Erziehungsmethoden in Herrlingen eine Entdeckung! Daß man Lehrer und sogar Schulleiter mit Vornamen anreden durfte oder sogar sollte, war etwas für mich bis dahin ganz Unerhörtes. Daß ich das erste Mal in meinem Leben jüdische Kameraden hatte, als Gleicher unter Gleichen, und nicht mehr als einziger Jude unter lauter Christen, war natürlich ein großartiges Erlebnis ... Das Landschulheim machte aus mir, um Herzl zu paraphrasieren, aus einem Judenjungen einen jungen Juden, eine Tatsache, die mir das Einleben in meine neue Heimat und die schwere Wirklichkeit, die Palästina 1939 für uns darstellte, wesentlich erleichterte, zumal von zu Hause aus jede zionistische Motivation fehlte.»[87]

Ein anderer Schüler urteilt im Rückblick:

«Die Größe des Landschulheims lag darin, daß es uns von verwöhnten, schamhaften, bedrückten Juden zu selbstbewußten Juden machte. In dieser schweren Zeit, von einer feindlichen Welt umzingelt, war Herrlingen eine Insel von ernsthaftem Lernen und Tradition.»[88]

Reformpädagogisch geprägte Landschulheime wie Herrlingen oder Caputh bei Potsdam verfügten allerdings als kleine Internatsschulen mit einem hochmotivierten Lehrerkollegium über besonders günstige Voraussetzungen, um den den jüdischen Schulen allgemein im Zuge der nationalsozialistischen Rassentrennungspolitik eingeräumten Freiraum zugunsten der Ausbildung eines spezifisch jüdischen Erziehungsideals zu nutzen. Das Niveau der meisten jüdischen Schulen wird man jedoch, bei aller Vielschichtigkeit, nicht an solchen Musterschulen messen dürfen. Sie waren vielmehr infolge der äußeren Bedingungen und der starken personellen Fluktuation zu erheblichen Abstrichen an den hohen Erziehungszielen gezwungen.

Als Defizite in der konkreten Unterrichtspraxis benannte Hans Gaertner in einem Artikel in der ‹Jüdischen Rundschau› vom 7. August 1936 unter anderem, «die jüdische Geschichte, deren Behandlung in der Schule noch viele Fragen offen läßt, und die jüdische Gegenwartskunde, die ebenfalls im Unterricht noch zu kurz kommt. Das Leben der Juden in der Welt wird in den jüdischen Schulen viel zu wenig behandelt, so daß ein großer Teil unserer Jugend noch keine rechte Vorstellung von den Lebensbedingungen der Judenheit außerhalb Deutschlands und Palästinas hat.»

Und über die Lehrerschaft fällte er das harte Urteil:

«Diese ist heute noch nicht geeignet, die Ziele einer wirklich jüdischen Schule in die Tat umzusetzen. Sie ist infolge ihrer noch ungenügenden Durchbildung in jüdischen Dingen und ihrer Fremdheit gegenüber dem zionistischen Gedanken sogar das *eigentliche Hemmnis* für einen baldigen Erfolg der zionistischen Schulidee.»

Anders wurde das in der jüdischen Presse breit diskutierte Bildungsproblem der jüdischen Schule in einem Leitartikel der ‹C.V.-Zeitung› Ende Dezember 1935 gesehen:

«Der Ausschluß aus dem deutschen Kultur- und Lebenskreis sowie die Entwicklung der deutschen Kultur der Gegenwart nach einer Seite hin, die sie als Bildungselement für uns Juden gegenstandslos macht, haben unsere bisherige Bildungsgrundlage zerstört. Andererseits ist die jüdische Kultur und somit das höchste Bildungsgut noch nicht so entwickelt – und wie könnte das auch sein? – daß wir den Ersatz auf allen für die Bildung wichtigen Gebieten ‹greifbar› hätten.»[89]

Wie auch immer man solche Stellungnahmen bewerten mag, so sollten sie doch vor unangemessener Idealisierung warnen und den Blick auf die Kluft zwischen Anspruch und Wirklichkeit lenken. So konnte beispielsweise an der 1934 gegründeten jüdischen Volksschule in Saarbrücken Englisch und Französisch nur zeitweise und sporadisch unterrichtet werden, ebenso stand für den Sport nur ein viel zu kleiner Schulhof zur Verfügung. Auch das spezifisch Jüdische und die geistige wie praktische Vorbereitung auf die Auswanderung kamen allenfalls am Rande zum Tragen. Eine Erinnerung an die Schulzeit in Saarbrücken:

«Ich erinnere mich nicht, daß wir über das Schicksal des jüdischen Volkes diskutiert haben oder unterrichtet worden sind. Auch erinnere ich mich nicht, daß wir auf die Auswanderung vorbereitet worden sind, außer natürlich, daß wir alle wußten, daß wir Deutschland verlassen müssen ... Ich würde sagen, daß normaler Schulunterricht niemals möglich war, sogar ganz am Anfang nicht, als wir vier Klassenzimmer hatten ... Offen gesprochen, wundere ich mich, daß ich überhaupt etwas gelernt zu haben scheine.»[90]

Der Verwirklichung der hohen Ziele einer «wesensjüdischen Schule» standen in der pädagogischen Alltagspraxis freilich vielfache Hemmungen entgegen:

«Die ständige Ungewißheit ließ keinen zu rechter Besinnung kommen. Ein konzentrierter und kontinuierlicher Unterricht war unmöglich. Die gleichen Probleme beherrschten das Dasein der Lehrer wie auch die Atmosphäre der Elternhäuser. Sollte man auswandern? Sollte man bleiben? War ein menschenwürdiges Dasein in Deutschland überhaupt noch möglich? So war es nicht verwunderlich, daß uns oftmals Lehrkräfte gegenüberstanden, die – nervös bis zur Hysterie – unfähig waren, uns Sachwissen zu vermitteln, geschweige denn, pädagogisch auf uns einzuwirken. Andere wiederum verfügten über eine bewundernswerte innere Ruhe und Haltung, die auch auf ihre Umgebung ausstrahlte.»[91]

Gemessen an den außerordentlichen Schwierigkeiten, waren die organisatorischen Leistungen und pädagogischen Bemühungen der jüdischen Schulen aber zweifellos sehr beachtlich. Ein Bezirk, «in den die Verzweiflung und die Nöte der Zeit nicht eindrangen», wie gelegentlich in Erinnerungen jüdischer Lehrer geurteilt wurde,[92] konnten sie aber wohl nur in seltenen Ausnahmefällen sein. In einer Zeit, als die Erziehung zum Rassenhaß auf dem Lehrplan der öffentlichen Schulen stand, waren die Vermittlung von Selbstachtung und die partielle Geborgenheit, die die jüdischen Schulen zumindest ein paar Jahre lang ihren Schülern geben konnten, bereits sehr viel.

3. Wirtschaftliche Selbsthilfe

Symptomatisch für die Reaktion der jüdischen Gemeinschaft auf die ersten antijüdischen Maßnahmen der NS-Regierung ist der mit ‹Haltung!› überschriebene Aufruf zur wirtschaftlichen Selbsthilfe, den Professor Ismar Elbogen am 6. April 1933 in der ‹C. V.-Zeitung› veröffentlichte:

«Zehntausende sind aus ihrem Brot und ihrem Beruf gedrängt, zahlreiche selbständige Existenzen sind entwurzelt worden. Es hat keinen Sinn, heute nach den Ursachen und Gründen zu fragen, es hat keinen Sinn, uns oder andere anzuklagen – die Stunde kennt nur ein Gebot: Arbeiten und Helfen!

Man kann uns zum Hungern verurteilen, aber nicht zum Verhungern! Man kann unseren Lebensraum noch so sehr einengen, in dem beschränkten Lebensraum müssen wir uns zusammenschließen und einer den anderen zu stützen suchen! Denken wir an die Kriegszeit, wo es dem ganzen deutschen Volk, und uns mit ihm, an Brot und Milch, an Fleisch und Fett, an Kleidung und Wäsche mangelte, wo wir dennoch die Zähne zusammengebissen und durchgehalten haben. Denken wir an die Geschichte unserer Väter, die immer wieder solche Katastrophen erlebt und dennoch den Lebenswillen nicht aufgegeben haben! Sie haben unbeirrt Mittel und Wege gesucht und gefunden, sich weiter zu erhalten. An Stelle der verlorenen Existenzen neue, wenn auch bescheidenere aufzubauen. Auch wir müssen, wenn wir nach der lähmenden Betäubung dieser Wochen wieder zur Besinnung kommen, alles daran setzen, für unsere Brüder und Schwestern Brot und Arbeit zu beschaffen, alles auch daran setzen, die Umwelt davon zu überzeugen, daß hier nicht nur den deutschen Juden ein Unrecht von gewaltigem Ausmaß zugefügt wird, sondern daß die Aufrechterhaltung dieses Zustandes ganz Deutschland in schlimmster Weise schädigen muß. Jeder muß helfen, die Berufsumschichtung zu fördern, Arbeitsplätze zu sichern, denjenigen, die sich betätigen wollen und können, die Möglichkeit zu erwirken.

Unsere Lage ist nur so lange verzweifelt, wie wir selbst an uns zweifeln! Eine Gemeinschaft geht nicht unter, wenn sie selbst sich nicht aufgibt! Jedem von uns, gleichgültig, ob er direkt von der Not betroffen wird oder nicht, ist eine Aufgabe gestellt, die er zu erfüllen hat, wenn er sich nicht am Judentum und am Deutschtum versündigen will.

Unsere Väter haben ihr Geschick mit Heroismus, mit innerer Würde, in gläubigem Vertrauen getragen. Lernen wir von ihnen!»

Die Organisation der wirtschaftlichen Selbsthilfe mit ihren drei Hauptbereichen – Darlehenskassen, Arbeitsvermittlung sowie Berufsumschichtung und Erstausbildung – lag im wesentlichen bei der Zentralstelle für jüdische Wirtschaftshilfe, die bereits Ende März 1933 vom Preußischen Landesverband gegründet worden war:

«In der Arbeit der Zentralstelle für jüdische Wirtschaftshilfe spiegelt sich das wirtschaftliche Schicksal des deutschen Judentums in diesem Zeitraum wider. Die einzelnen Abteilungen der Zentralstelle haben sich mit der Wirtschaftsnot fast aller Berufsgruppen des deutschen Judentums zu befassen.

Die Beamten, die auf Grund des Arierparagraphen ihre an sich unkündbare Position verlassen mußten, die Angestellten, die aus dem gleichen Grunde oder wegen des ständig wachsenden Boykotts ihr Angestelltenverhältnis plötzlich über Nacht zu lösen gezwungen waren, die Händler, insbesondere die Markthändler, die die Märkte nicht mehr besuchen konnten, die Ärzte, die ihre Krankenkassenzulassung verloren, die Rechtsanwälte und Notare, denen ihre anwaltschaftliche Zulassung und ihr Notariat durch die Gesetzgebung genommen wurde, die freie Künstlerschaft, die fast vollständig den Broterwerb verlor, kurz, alle Berufsgruppen drängten zu den Wirtschaftshilfestellen hin und verlangten von ihnen – wenn nicht eine Lösung ihrer Probleme, so doch mindestens eine materielle Linderung ihrer Situation.»[93]

Ende 1933 bestanden 53 lokale Wirtschaftshilfestellen, die nach einheitlichen Richtlinien die Arbeit vor Ort durchführten und zum größten Teil von den Gemeinden finanziert wurden, während die Zentralstelle in Berlin die Verwendung zentraler Finanzmittel, beispielsweise für die Berufsumschichtung, überwachte und allgemeine Grundsatzfragen bearbeitete. Über die Anfänge der Berliner Wirtschaftshilfestelle berichtet Alexander Szanto in seinen Memoiren:

«Die Räumlichkeiten stellte die Gemeinde zur Verfügung. Sie bestanden zunächst aus dem Gebäude Oranienburger Straße 31, unmittelbar neben der großen Synagoge. Dieses Gebäude hatte früher als Altersheim der Jüdischen Gemeinde für die Unterbringung alter Leute gedient, so daß im Laufe der folgenden Jahre eine ganze Anzahl von Umbauten im Hause vorgenommen werden mußten. In den ersten Monaten, als Tausende und Abertausende von Rat- und Hilfssuchenden vom frühen Morgen bis zum Abend das Gebäude bestürmten, waren die Verhältnisse sehr arg. Es ging zu wie in einem Bienenstock, in den Zimmern und Korridoren bewegte sich ein ununterbrochener Schwarm von aufgeregten Menschen, die Treppen waren von ihnen überflutet, oft war es schwierig, von einer Etage in die andere zu gelangen. Mit Grauen erinnere ich mich an den Winter 1933/34, als wir zu allem Überfluß auch noch die Auswandererberatungsstelle des Hilfsvereins der Deutschen Juden bei uns beherbergen mußten, und die Leute sich Leib an Leib in den Gängen und im Treppenhaus drängten. Es war zunächst schwer, irgendeine Ordnung aufrechtzuerhalten, die Heizung funktionierte schlecht, die Ventilation war im argen, die Luft oft zum Ersticken schlecht. Aber allmählich gelang es, dieser Schwierigkeiten Herr zu werden ...

Bei Schaffung der Wirtschaftshilfe und während ihres ganzen Bestehens haben alte Gemeindebeamte und neu hinzugezogene Fachleute, Zionisten und Nichtzionisten, Liberale und Orthodoxe, alle einmütig zusammengearbeitet, und die Arbeit selbst ist – frei von jeder parteimäßigen Bindung oder Voreingenommenheit – ausschließlich vom Gesichtspunkt einer möglichst umfassenden Hilfeleistung für alle in Notlage geratenen Glaubensgenossen ausgeführt worden. Mit einer Selbstverständlichkeit, die aus der Not der Stunde geboren war, haben alle Mitarbeiter, die alten und die neuen, unter den schwierigsten Umständen ihre Pflicht getan. Es gab für sie, besonders in den ersten schwierigen Zeiten, keine Pause und keine Begrenzung der Arbeitszeit und des Pensums. Mit einer Hingabe ohnegleichen wurde Tag für Tag, oft bis zur Grenze der physischen Leistungsfähigkeit, die Aufgabe gemeistert, einer Vielzahl von hilfesuchenden, oft recht erregten, manchmal im Zustand der Verzweiflung befindlichen Glaubensgenossen zu raten und zu helfen. Es war ehrliche, anständige, jüdische und menschliche Arbeit, die in jenen Jahren dort im altersgrauen Gebäude in der Oranienburger Straße geleistet wurde.»[94]

Darlehenskassen

Vor 1933 stellten die jüdischen Darlehenskassen zumeist verkappte Wohlfahrtsinstitutionen dar, die bei der Gewährung von Darlehen mehr nach sozialen als nach kaufmännischen Gesichtspunkten entschieden. 1931 besaßen von 28 in einer Übersicht erfaßten Kassen nur sechs ein Eigenkapital von über 20000 RM, die größte von ihnen war die Jüdische Darlehenskasse GmbH in Berlin mit 180000 RM. Als typisches Beispiel für die kleineren Kassen kann die Jüdische Darlehenskasse E.V. in Hannover gelten, die mit einem Stammkapital von 2000 RM, einem Darlehen von 5000 RM und einem jährlichen Zuschuß der Gemeinde in Höhe von 300 RM arbeitete und 1930 gegen Bürgschaft 5900 RM verliehen hatte.[95] Die Darlehensnehmer waren vorwiegend ältere Personen, die während der Inflationszeit ihr erspartes Vermögem verloren hatten und denen deswegen oft auch die Rückzahlung der geringen Darlehen erlassen wurde.

Mitte 1931 erfolgte die Gründung der Zentralstelle für jüdische Darlehenskassen. Sie sollte als eine Arbeitsgemeinschaft des Preußischen Landesverbandes und der Zentralwohlfahrtsstelle den Ausbau der Kassen zu einem leistungsfähigen Instrument produktiver Wirtschaftshilfe vorantreiben und damit zur Stützung des von der Weltwirtschaftskrise schwer erschütterten Mittelstandes beitragen. Mangel an Eigenkapital und Kooperationsbereitschaft seitens der jüdischen Gemeinden verhinderten jedoch die zügige Umsetzung dieses Vorhabens, so daß sich Max Kreutzberger, der erste Geschäftsführer der Zentralstelle, 1933 zur öffentlichen Klage veranlaßt sah:

«Die Widerstände, die die maßgeblichen jüdischen Gremien und Persönlichkeiten dem Ausbau der jüdischen Darlehenskassen entgegenbringen, sind zumeist nur ein Ausdruck für die allgemeine Lethargie, in der sich die Leitungen der jüdischen Gemeinden oft befinden. Was vor einigen Jahren noch ohne große Schwierigkeiten möglich gewesen wäre, nämlich die Errichtung eines weit verzweigten und gut ausgebauten Netzes jüdischer Darlehenskassen, wird heute unter erheblich schwierigeren Verhältnissen unter allen Umständen und trotz aller Widerstände nachgeholt werden müssen.

Die Erfahrungen der letzten Jahre, die auf diesem Gebiete von der ‹Zentralstelle für jüdische Darlehenskassen› gemacht werden konnten, lehren, daß den deutschen Juden der Gedanke der Selbsthilfe, der Solidarität, erst nahegebracht werden muß.»[96]

Zur Überwindung der Schwierigkeiten trug maßgeblich das finanzielle Engagement der American Joint Reconstruction Foundation bei, die seit Spätherbst 1932 die Zentralstelle unterstützte. Die Foundation war 1924 vom American Joint Distribution Committee und der Jewish Colonization Association als Hilfsorganisation für das zentral- und osteuropäische Judentum geschaffen worden und hatte dort an der Gründung von über 700 Darlehenskassen und Genossenschaftsbanken mitgewirkt. Die Zentralstelle, die am 12. Januar 1933 in einen eingetragenen Verein umgewandelt wurde, blieb bis zu ihrer Auflösung am 1. Januar 1939 eine selbständige

Organisation, die jedoch in enger sachlicher und personeller Zusammenarbeit mit dem Zentralausschuß für Hilfe und Aufbau wirkte. Sie gehörte zugleich der Wirtschaftsgruppe Privates Bankgewerbe an und vertrat die Interessen der jüdischen Darlehenskassen gegenüber dem Reichskommissar für das Kreditwesen.

Ende 1933 bestanden 27 Orts- und 15 Bezirkskassen mit einem bilanzierten Gesamtkapital von 934323 RM, wovon ein gutes Drittel aus einem Kredit der Foundation stammte. Nach einer vorübergehenden Stockungsphase erfolgten 1935 eine Reihe weiterer Neugründungen, so daß gegen Jahresende ein Bestand von 36 Orts- und 24 Bezirksdarlehenskassen zu verzeichnen war, der sich 1936 auf insgesamt 68 Kreditinstitute mit einem Gesamtkapital von 1,25 Millionen RM erhöhte. Nach der Zusammenlegung kleinerer Ortskassen zu leistungsfähigeren Einheiten bestanden 1937 noch 45 Darlehenskassen, deren Gesamtkapital gegenüber dem Vorjahr unverändert blieb. Von ihnen arbeiteten zehn ohne den von der Zentralstelle verwalteten Kredit der Foundation in Höhe von 570000 RM.[97]

Die reguläre Darlehensform war der «A-Kredit», der gegen bankenübliche Sicherheiten und Zinsen vergeben wurde. Daneben bestanden die zinslosen «B-Kredite», auch Gemiluth-Chessed-Kredite genannt, die für Personen gedacht waren, die nur ungenügende bürgschaftliche oder Realsicherheiten vorweisen konnten. Für die letztgenannte Kreditart, die speziell für Darlehenskassen in verarmten Notstandsgemeinden bestimmt war, stand 1934 jedoch nur ein Betrag von 101090 RM zur Verfügung.[98] 1935 wurde als dritte Form der «Z-Kredit» geschaffen, der auch als reiner Personalkredit vergeben werden konnte, wenn jüdische Familien aus Kleingemeinden in eine größere übersiedelten. Die Verluste bei den schlecht abgesicherten Z-Krediten übernahm zur Hälfte die Foundation. Gemeinsam war allen Darlehensarten, daß sie nur für die wirtschaftliche Existenzsicherung, nicht aber für konsumtive Zwecke verwendet werden durften.

Den Hauptteil der Darlehensnehmer stellten 1936, wie in den Vorjahren, fünf Berufsgruppen: Vertreter (19%), Kleinhändler – Hausierer, Marktfahrer und dergl. – (18%), Einzelhändler (15%), Großhändler (14%) und Handwerker (12%). Sie zählten ganz im Sinne der Kassen zu der Gruppe der «produktiven Darlehensnehmer», auf die 1936 78% der Anzahl (1935: 84%) und 72% des Betrags (1935: 82%) aller bewilligten Kredite entfielen.[99]

Für welche Zwecke die Darlehen verwendet wurden, schildert Alexander Szanto aus seinen Erfahrungen als Leiter der Finanzabteilung der Berliner Wirtschaftshilfestelle:

«Der jüdische Gastronom X betrieb seit vielen Jahren eine kleine Konditorei, deren Kundschaft vorwiegend aus Christen bestand. Obwohl er persönlich bei den Kunden sehr beliebt war, wagten sich diese seit dem Boykott-Tage kaum mehr in sein Lokal, zumal das Stadtviertel von den Nazis zu einer ihrer Hochburgen gemacht wurde. Gleichzeitig erwuchsen ihm Schwierigkeiten mit den bei ihm beschäftigten christlichen Kellnern, und die Behörden setzten ihm mit allerhand Schikanen zu. Er geriet in Schulden, fand keinen Käufer für sein Lokal und mußte schließen. Auswanderungsmöglichkeiten gab es für ihn zu jenem Zeitpunkt nicht. Die Wirtschaftshilfe verhalf ihm dazu, in einem ganz anderen Stadtteil eine Eisdiele zu eröffnen ... Die Speiseeis-Maschine wurde für ihn von der Wirtschaftshilfe bei einem jüdischen Fabrikanten gekauft. Personal brauchte er keines, da seine Familienmitglieder im Laden mithalfen. Natürlich war das Unternehmen weit kleiner als sein voriges, auch hatte es ausgesprochenen Saisoncharakter, aber die Einnahmen waren doch so, daß er mit seiner Familie seinen Lebensstandard aufrechterhalten konnte. Der Betrieb hielt sich bis zum Sommer 1938, als die Nazis eine Hetz- und Boykottaktion gegen die jüdischen Eisdielen unternahmen. Aber zu diesem Zeitpunkt ergab sich für ihn endlich eine Möglichkeit zur Auswanderung, und er zog mit der ganzen Familie nach Übersee. Sein Darlehen hatte er der Wirtschaftshilfe schon vorher bis zum letzten Pfennig zurückgezahlt.

Der jüdische Kaufmann Y war ein tüchtiger Geschäftsreisender in Textilwaren. Da er bei seiner Kundschaft – Juden und Christen – sehr gut eingeführt war, konnte er seine Reisen in der Provinz vorerst erfolgreich fortsetzen. Er hatte aber Schwierigkeiten bei der Unterkunft in den kleinen Provinzstädten, wo die Hotels und Gasthöfe immer mehr dazu übergingen, jüdischen Personen Quartier und Verpflegung zu verweigern. Die Wirtschaftshilfe verschaffte ihm ein Auto und später einen Lieferwagen, wodurch es ihm ermöglicht wurde, seine Touren unabhängig vom Eisenbahnfahrplan so einzurichten, daß er am Abend regelmäßig in eine größere Stadt gelangte, wo Unterkunftsmöglichkeiten noch verfügbar waren. Als auch dies etwa seit 1937 unmöglich wurde, pflegte er auf der Landstraße in seinem Lieferwagen zu übernachten und sich aus mitgebrachten Konserven zu verpflegen. Das war für ihn gewiß nicht angenehm, aber er konnte auf diese Weise seinen Beruf bis Ende 1938 fortsetzen, zu welchem Zeitpunkt er auswanderte. Auch er zahlte sein Darlehen an die Wirtschaftshilfe restlos zurück.»[100]

Infolge der ständigen Verschlechterung der wirtschaftlichen Existenzmöglichkeiten waren die Ausleihebedingungen für die regulären A-Kredite immer schwerer zu erfüllen, so daß sich ein steigender Bedarf an risikoreicheren B-Krediten ergab, der «nur zu einem kleinen Teil» erfüllt werden konnte. Wenngleich die Foundation 1937 den Rahmen für B-Kredite von 130000 auf 170000 RM erhöhte, standen doch niemals genügend Mittel zur Verfügung. Waren die jüdischen Darlehenskassen, wie es im Arbeitsbericht der Reichsvertretung für 1937 hieß, «ursprünglich nur als Instrumente des wirtschaftlichen Aufbaus gedacht», so hatten sie nun «in den Zeiten der Ausgliederung und der Auswanderung wichtige Funktionen für die wirtschaftliche Selbsterhaltung der Auswanderungsfähigen zu erfüllen»[101].

Zur Lösung dieser Aufgabe konnten die Kassen noch bis Ende 1938 im Rahmen ihrer beschränkten Mittel beitragen:[102]

Jahr	Anzahl der Darlehen	Gesamtbetrag in RM
1933	1417	465295
1934	2005	680028
1935	2300	880000
1936	2620	911597
1937	2584	930677
1938 (1.1.–30.9.)	1289	492643
Insgesamt	12215	4360240

Die Auflösung der jüdischen Darlehenskassen erfolgte zum 1. Januar 1939, nachdem Anfang Dezember 1938 der Reichskommissar für das Kreditwesen der Zentralstelle die Liquidation der Kassen «empfohlen» hatte. Ihre Auflösung war aber auch aus wirtschaftlichen Gründen unumgänglich geworden:

«Infolge der völligen Ausschaltung der Juden aus dem Wirtschaftsleben, die schon Ende des Jahres 1938 erfolgt ist, war die Grundlage für eine produktive Wirtschaftshilfe nicht mehr gegeben. War es bis dahin im Laufe der letzten sechs Jahre noch in erheblichem Umfange möglich, durch die soziale Kredithilfe zu der Erhaltung und zu dem Neuaufbau der Existenzen in Deutschland beizutragen, so entfielen nunmehr die Einsatzmöglichkeiten für die Kredithilfe völlig. Ein wichtiger Zweig der jüdischen Sozialarbeit in Deutschland mußte beendet werden.»[103]

Das Vermögen der Darlehenskassen sowie die Rückzahlungen der vergebenen Darlehen, die bei A-Krediten 92% und bei B-Krediten 58% der Außenstände betrugen, wurden mit Genehmigung staatlicher Stellen und der Zustimmung der Foundation der Reichsvereinigung zur Förderung der Auswanderung übertragen.

Eine andere Form finanzieller Unterstützung wurde durch die Kredithilfe der Zentralstelle für jüdische Wirtschaftshilfe praktiziert. Sie vergab über ihre örtlichen Stellen, später auch über die Darlehenskassen kurzfristige, weitgehend ungesicherte Personalkredite, die nicht über 200 RM betragen und ebenfalls nicht für konsumtive Zwecke verwandt werden sollten. Sie wurden vorwiegend an Kleinhändler, Vertreter und Handwerker vergeben und dienten häufig zur Begleichung von Zinsrückständen auf Hypotheken, zur Finanzierung von Gelegenheitsgeschäften oder als Umzugshilfe. Den fließenden Übergang zur Wohlfahrtspflege zeigt folgendes Beispiel aus dem Jahr 1935:

«Ein 30jähriger Mann ist sehr verzweifelt. Er muß mit seinem Bruder die alten Eltern (Vater 68, Mutter 61) ernähren. Die Mutter ist infolge wiederholter Schlaganfälle halb gelähmt, kann daher den Haushalt nicht allein versorgen. Ein Bruder hat sich schon aus Verzweiflung das Leben genommen. Unterstützung will er nicht. Er erbittet ein Darlehen, um den begonnenen Straßenhandel mit Blumen erfolgreich aufziehen zu können. Sein anderer Bruder hat sich besser eingearbeitet; aber sein Verdienst reicht nicht aus. Die drei verheirateten Geschwister sind arbeitslos. Die Nachprüfung bestätigt die Richtigkeit der Angaben. Es liegen bereits mehrere Pfandscheine über notwendige Kleidungsstücke vor. Das Wohlfahrtsamt reicht das Gesuch befürwortend an die Wirtschaftshilfe weiter, die ein Darlehen bewilligt. Inzwischen ist ein halbes Jahr vergangen. Der Darlehensnehmer ist nicht mehr vorstellig geworden. Er hat mit dem Darlehen eine Existenz für sich und die alten Eltern schaffen können.»[104]

Für solche Art der Kredithilfe, die mangels Sicherheiten nicht von den Darlehenskassen übernommen wurde, stellten die jüdischen Gemeinden und die Reichsvertretung von 1933 bis Oktober 1938 rund 925 000 RM aus ihren Etats zur Verfügung, die ungefähr 6200 Personen zugute kamen.[105]

Die durchschnittliche Kredithöhe von 357 RM bei den Darlehenskassen und rund 150 RM bei der Wirtschaftshilfe zeigen allerdings die recht begrenzten Möglichkeiten der jüdischen Kredithilfe, die zweifellos in vielen Fällen zur notdürftigen Stützung kleiner selbständiger Existenzen beitragen konnte, deren Volumen aber auch unter günstigeren äußeren Bedingungen nicht zur wirtschaftlichen Stabilisierung des unteren Mittelstandes ausgereicht hätte.

Arbeitsnachweise

Die Vorläufer der jüdischen Arbeitsvermittlungsstellen, der sogenannten Arbeitsnachweise, reichen in den Ausgang des 19. Jahrhunderts zurück, als die B'nai B'rith Logen und der Jüdische Frauenbund aus sozial-caritativen Gründen erste Einrichtungen zur Arbeitsvermittlung gründeten, die sich vor allem der aus Osteuropa eingewanderten Juden annahmen.

Nach der Neuregelung durch das Arbeitsnachweisgesetz von 1922 gab es während der Weimarer Republik 16 jüdische Arbeitsnachweise, die eine staatliche Genehmigung zur Berufsberatung, Arbeits- und Lehrstellenvermittlung besaßen. Neben dem 1919 gegründeten Jüdischen Arbeitsamt in Berlin bestanden weitere Stellen in den Städten Breslau, Dortmund, Frankfurt a. M. (2), Hamburg, Hannover, Köln, Königsberg, Mannheim (2), München, Stettin, Stuttgart, Tilsit und Wuppertal-Elberfeld.[106] Im Jahre 1925 schlossen sich die Vermittlungsstellen bei der Hauptstelle für jüdische Wanderfürsorge in der «Vereinigten Zentrale für jüdische Arbeitsnachweise» zusammen, die den weiteren Ausbau auf einheitlicher Grundlage in die Wege leiten sollte und auch alle notwendigen Verhandlungen mit staatlichen Institutionen zu führen hatte. Mitte 1935 wurde die Vereinigte Zentrale der Zentralstelle für jüdische Wirtschaftshilfe bei der Reichsvertretung eingegliedert.

Welche Bedeutung der jüdischen Arbeitsvermittlung zukam, zeigen die Zahlen der Volks- und Berufszählung vom Juni 1933. Danach waren von 240487 hauptberuflich erwerbstätigen Juden 33661 erwerbslos (14%), zum größten Teil Angestellte aus Handel und Verkehr.[107] Beim jüdischen Arbeitsnachweis in Berlin waren bis Ende des Jahres 20555 Personen als arbeitslos registriert, gegenüber 14289 im Jahre 1932. Wenngleich es gelang, die Vermittlungen von 4406 auf 7025 zu erhöhen, so konnten doch die Auswirkungen des bereits vor der NS-Machtergreifung einsetzenden Verdrängungsprozesses bei weitem nicht abgefangen werden.[108]

Bis Anfang 1932 waren, wie der Tätigkeitsbericht der Wirtschaftshilfe der Jüdischen Gemeinde Berlin im Herbst 1933 feststellte,

«die in jüdischen Händen befindlichen Großbetriebe und Warenhäuser hauptsächliche Abnehmer der bei uns eingetragenen Arbeitssuchenden. Aus diesen Betrieben sind die jüdischen Angestellten nicht nur fast restlos entfernt, sondern es finden dort überhaupt keine Neueinstellungen von jüdischen Arbeitnehmern statt. Hingegen hat eine große Zahl mittlerer und kleinerer jüdischer Betriebe ihre Bereitwilligkeit zur Einstellung jüdischen Personals sehr rege bekundet; darauf ist die Zunahme der Vermittlungsergebnisse im wesentlichen zurückzuführen.»[109]

Nachdem sich die Reichsregierung im Sommer und Herbst 1933 wiederholt gegen weitere Boykottaktionen gewandt und bei eigenmächtigen Eingriffen in die Wirtschaft sogar polizeiliche Zwangsmaßnahmen und Strafen angedroht hatte, trat eine gewisse Beruhigung ein. Dennoch blieb die Arbeitsmarktlage äußerst prekär:

«In den männlichen Abteilungen bestand an kaufmännischen Kräften starkes Überangebot. Gegen Ende des Jahres war aus konjunkturellen Gründen ein günstigeres Vermittlungsergebnis fast überall zu verzeichnen. Verkaufspersonal konnte vorübergehend Beschäftigung finden. Qualifiziertes männliches Büropersonal war zum Abschluß des Jahres im allgemeinen gefragt.

In den handwerklichen Berufen werden Fachkräfte gut vermittelt ...

Das Vermittlungsergebnis für gelernte und ungelernte Arbeiter kann im zweiten Halbjahr als befriedigend bezeichnet werden. Auch hier macht sich gegen Ende dieses Jahres eine erhöhte Vermittlungstendenz bemerkbar.

In den weiblichen Abteilungen liegen die Vermittlungsergebnisse durchweg höher als in den männlichen. Es läßt sich, wie uns berichtet wird, immer wieder das Bestreben feststellen, soweit als möglich anstelle männlicher Bewerber weibliche einzustellen.

Der Bedarf an qualifizierten weiblichen Verkaufs- und Bürokräften konnte nicht immer gedeckt werden. Gegen Ende des Jahres konnte auch nur durchschnittlich qualifiziertes Personal in großem Umfange – wenn auch nur vorübergehend – eingestellt werden.

Nach Hauspersonal besteht überall stärkste Nachfrage, hinter der das Angebot weit zurückbleibt. Der Umfang der Meldeziffern darf nicht darüber hinwegtäuschen, daß nur wenige ausgebildete Kräfte, die Dauerstellen annehmen können, darunter sind.»[110]

Trotz des allgemeinen konjunkturellen Aufschwungs stieg in Berlin 1934 die Zahl der jüdischen Arbeitslosen auf 27203 an, wobei 30,7% der männlichen und 42,3% der weiblichen Arbeitssuchenden eine neue Beschäftigung vermittelt werden konnte.[111] Einen Vergleich mit den Vermittlungsquoten in anderen Städten ermöglicht eine Statistik, die auf den Angaben der Arbeitsnachweise für das zweite Halbjahr 1934 beruht:[112]

Vermittlungsquote vom 1. Juli bis 31. Dezember 1934

Stadt	männlich (%)	weiblich (%)
Breslau	26,1	32,7
Frankfurt/M.	37,3	21,7
Hannover	51,7	50,0
Köln	46,3	39,9
Mannheim	29,5	70,8
München	-	31,8
Stuttgart	40,3	37,2

Besonders schwer zu vermitteln waren Männer aus kaufmännischen Berufen – vor allem Buchhalter, Kontoristen, Lageristen, Verkäufer und Vertreter –, unter denen die Arbeitslosigkeit stets auf einem hohen Niveau blieb:

«Die männliche Abteilung der Arbeitsnachweise weist ein ähnliches statistisches Bild auf wie im Jahre 1934. Es besteht weiterhin ein starkes Überangebot an kaufmännischen Kräften. Durch den Übergang zahlreicher jüdischer Firmen in arischen Besitz wurde eine erhebliche Anzahl an jüdischem kaufmännischen Personal arbeitslos. Das Stellenangebot von Seiten jüdischer Betriebe stand in keinem Verhältnis zu der starken Nachfrage. Außerordentlich schwer ist es vor allem, älteres Personal unterzubringen. Jüngere Menschen, insbesondere wenn sie vielseitig sind, z. B. auch dekorieren können, kommen leichter unter.»[113]

Allein in Berlin waren 1935 7050 Männer aus kaufmännischen Berufen als erwerbslos registriert, von denen nur 847 eine, zumeist kurzfristige, Beschäftigung fanden, bei den Frauen waren es immerhin 2483 von 5770.[114] Die hohe Arbeitslosigkeit unter den in Handel und Verkehr abhängig beschäftigten Juden, deren Zahl für 1933 auf etwa 75000 geschätzt wird, ist angesichts des allgemeinen Wirtschaftsaufschwungs ein deutliches Zeichen für die Auswirkung der fortgesetzten «wilden» Boykottmaßnahmen. Sie richteten sich nicht allein gegen jüdische Geschäfte, die mehr als zwei Drittel aller im Einzelhandel tätigen jüdischen Angestellten aufnahmen, sondern auch gegen jüdische Angestellte in «arischen» Firmen. Von untergeordneter Bedeutung dürften die im Arbeitsbericht genannten «Arisierungen» jüdischer Geschäfte gewesen sein, über deren Umfang für die Jahre 1933 bis Herbst 1937 allerdings keine genauen Angaben vorliegen (vgl. Kapitel III).

Zwar unterbanden die Arbeitsgerichte im allgemeinen, entsprechend einer Weisung des Reichswirtschaftsministeriums, die fristlose Kündigung jüdischer Angestellter aus rasseideologischen Gründen, einer fristgemäßen Kündigung stimmten sie hingegen durchweg zu. So bestätigte etwa das Landesarbeitsgericht Frankfurt a. M. im März 1935 im Berufungsverfahren die fristgemäße Entlassung einer jüdischen Angestellten, die sieben Jahre bei einer Firma beschäftigt gewesen war und für ihren 71jährigen Vater und einen schwerkriegsbeschädigten Bruder sorgen mußte. Die Kündigung ging auf ein Schreiben der Wiesbadener NSDAP-Kreisleitung zurück, in dem es unmißverständlich hieß:

«Wir sind nun in Zukunft nicht mehr in der Lage, weiterhin Ihr Kunde zu sein, wie wir auch unseren Parteigenossen sowie den Angehörigen unserer Gliederungen in Zukunft länger nicht mehr zumuten können, in einer Firma Einkäufe zu tätigen, die noch jüdische Angestellte unterhält. Wir sind daher genötigt, zum Schutze unserer Parteigenossen die geeigneten Maßnahmen zu ergreifen, falls Sie nicht gewillt sind, die Konsequenzen betr. Ihrer jüdischen Angestellten zu ziehen. Ihre Entscheidung erwarten wir baldmöglichst.»

Die Anfechtung der Kündigung seitens der Angestellten wegen sittenwidriger Motive wurde vom Landesarbeitsgericht verworfen:

«Im vorliegenden Fall ist die Kündigung der Klägerin aus wirtschaftlichen Gründen erfolgt, um die von zahlreichen Kunden und von der Kreisleitung angedrohten schweren geschäftlichen Nachteile zu vermeiden. Eine solche, durch triftige wirtschaftliche Erwägungen begründete Kündigung kann niemals sittenwidrig im Sinne des § 138 BGB sein. Der Begriff des Anstandsgefühls der billig und gerecht denkenden Volksgenossen unterliegt zudem der Wandlung und bei ihm ist der nationalsozialistischen Weltanschauung als Richtschnur eine maßgebliche Bedeutung beizumessen. Heute wird im nationalsozialistischen Staat die Mehrheit der deutschen Volksgenossen es nicht als sittenwidrig empfinden, wenn eine christliche Firma die einzige jüdische Angestellte, die auf einem der bestbezahlten Posten mit einem Monatsgehalt von 575 RM sitzt und einer christlichen Angestellten den Platz versperrt, aus dem Betrieb entfernt und an ihrer Stelle eine arbeitslose deutsche Volksgenossin einstellt.»[115]

In einem anderen Fall erklärte das Arbeitsgericht Frankfurt a.M. die Entlassung eines jüdischen Angestellten für rechtens, dessen Firma das verkaufsfördernde Schild «Deutsches Geschäft» angebracht hatte, das ihr bei Beibehaltung des Buchhalters entzogen worden wäre. Bei der Abwägung des drohenden Umsatzrückganges und der sozialen Lage des älteren Angestellten, der seine Mutter und einen arbeitslosen Bruder miternähren mußte, kam das Gericht zu dem Urteil, daß die Entlassung zwar eine große, aber keine unbillige Härte darstelle.[116]

Nach der gesetzlichen Neuregelung der Arbeitsmarktvermittlung, Berufsberatung und Lehrstellenvermittlung vom 5. November 1935 bemühte sich die Vereinigte Zentrale für jüdische Arbeitsnachweise, die Weitergenehmigung ihrer Tätigkeit zu erlangen, und stellte den Antrag, ihren Vermittlungsdienst auf 13 Bezirksnachweise mit 17 Zweigstellen ausbauen zu dürfen, was jedoch Mitte 1936 abgelehnt wurde. Gleichzeitig erhielt sie, wie der Arbeitsbericht des Zentralausschusses für 1936 mitteilt, den Bescheid, «daß für die Entscheidung über die Anträge der bisher genehmigten jüdischen Arbeitsnachweise der Grundsatz maßgebend sei, die Vermittlung volleinsatzfähiger Personen ausschließlich bei der Reichsanstalt (für Arbeitsvermittlung und Arbeitslosenversicherung) und ihren Organen zusammenzufassen und die nichtgewerbsmäßigen Einrichtungen außerhalb der Reichsanstalt generell aufzuheben».

Da weitere Vorstellungen der Vereinigten Zentrale und der Reichsvertretung erfolglos blieben, mußten die jüdischen Arbeitsnachweise ihre Tätigkeit zum Jahresende 1936 einstellen. Zum ersten August 1936, von dem ab alle Neuzugänge von jüdischen Arbeitssuchenden an die öffentlichen Arbeitsämter zu verweisen waren, waren bei den jüdischen Arbeitsnachweisen 37204 Personen, darunter 16340 Frauen, als arbeitslos registriert. Den größten Anteil stellten Erwerbslose aus kaufmännischen Berufen (21351) und Frauen, die eine Anstellung in der Hauswirtschaft suchten (5518).

Einen guten Einblick in die berufsspezifische Arbeitsmarktsituation und die regional recht unterschiedlichen Vermittlungsergebnisse bietet die letzte Statistik der zehn staatlich genehmigten jüdischen Arbeitsnachweise für das Jahr 1936. Sie besitzt den Vorzug, daß sie in der Rubrik «Meldungen» bereinigte Zahlen angibt, während andere Aufstellungen aus früheren Jahren alle Meldungen Arbeitssuchender im Laufe eines Jahres aufaddieren, auch wenn der Arbeitsnachweis nach kurzfristiger Aushilfsstellung zum wiederholten Male in Anspruch genommen wurde.

Weiteren Aufschluß über die Entwicklung des Arbeitsmarkts geben die Zahlen des jüdischen Arbeitsnachweises in Berlin für die Jahre 1932 bis 1936, die allerdings aufgrund der besonderen Struktur Berlins als der mit Abstand größten jüdischen Gemeinde nur bedingt Rückschlüsse auf die Situation in anderen Städten zulassen.

Statistik der jüdischen Arbeitsnachweise für 1936 (1. 1.–1. 8.)[117]

I. Männer

Ort	Kaufmännische Berufe		Handwerker		Freie Berufe		Gelernte Arbeiter		Ungelernte Arbeiter	
	gem.	verm.	gem.	verm.	gem.	verm.	gem.	verm.	gem.	verm.
Berlin	5284	1174	*	*	2062	983	2015	1036	1980**	2761***
Frankfurt/M.	4989	176	2451	290	147	2	750	387	857	125
Breslau	3252	37	85	42	397	7	28	20	173	115
Hannover	995	26	403	17	387	15	93	22	65	21
Stuttgart	541	34	–	–	37	1	111	5	250	84****
Köln	327	56	180	89	15	1	12	18	98	120
Wuppertal-Elberfeld	268	5	49	–	32	1	17	–	9	1
Dortmund	71	13	20	5	1	–	3	–	106	37
Insgesamt	15727	1521	3188	443	3078	1010	3029	1488	3538	3264
Vermittlung (%)		9,7		13,9		32,8		49,1		92,3

* In den Zahlen «Gelernte Arbeiter» mitenthalten.
** Davon 456 Haushalt.
*** Davon 294 Haushalt.
**** Davon 53 Haushalt, 4 Landwirtschaft.

II. Frauen

Ort	Kaufmännische Berufe		Gewerbliche Arbeitnehmerinnen		Hauswirtschaft		Freie Berufe	
	gem.	verm.	gem.	verm.	gem.	verm.	gem.	verm.
Berlin	4363	2287	1742	1717	3395	3861	1479	421
Frankfurt/M.	1237	218	133	35	2844	310	184	25
Breslau	2661	105	249	24	1556	147	1380	24
München	604	53	82	–	647	57	165	2
Hannover	482	59	124	8	449	63	149	3
Stuttgart	287	66	41	1	445	63	145	18
Köln	235	111	46	35	676	228	60	21
Wuppertal-Elberfeld	164	18	12	1	115	–	17	7
Dortmund	31	21	9	5	132	106	–	–
Stettin	29	10	–	–	122	28	8	1
Insgesamt	10093	2948	2438	1826	10381	4863	3587	522
Vermittlung (%)		29,2		74,9		46,8		14,6

Jüdischer Arbeitsnachweis Berlin[118]

I. Männer	1932	1933	1934	1935	1936 (bis 1.8.)
Kaufmännische Berufe					
– Meldung	3753	4777	6193	7050	5284
– Vermittlung	780	635	792	847	1174
– Frequenz	24283	32150	51603	46141	46911
Handwerker und gelernte Arbeiter					
– Meldung	1676	2507	3642	3393	2471*
– Vermittlung	447	808	1169	1247	1330*
– Frequenz	11815	16471	17829	15305	9402*
Ungelernte Arbeiter					
– Meldung	1244	1203	1866	1898	1524
– Vermittlung	627	802	1332	1476	2467
– Frequenz	5946	7527	8439	8629	9865
Freie, soziale und künstlerische Berufe					
– Meldung	789	1380	1777	2591	2062
– Vermittlung	196	262	848	1155	983
– Frequenz	5759	9232	13666	18779	20592
Meldungen	7462	9867	13478	14932	11341
Vermittlung (%)	27,5	25,4	30,7	31,6	52,5

II. Frauen	1932	1933	1934	1935	1936 (bis 1.8.)
Kaufmännische Berufe					
– Meldung	3897	4547	6109	5770	4363
– Vermittlung	1229	1769	2836	2483	2287
– Frequenz	23252	27190	33800	31927	23666
Gewerbliche Arbeitnehmerinnen					
– Meldung	674	1476	2682	2879	1742
– Vermittlung	317	973	1838	1818	1717
– Frequenz	3271	5411	7557	7417	5742
Hauspersonal					
– Meldung	1428	3222	3185	4268	3395
– Vermittlung	610	1337	1985	2971	3861
– Frequenz	6673	9791	10758	12212	10400
Freie, soziale und künstlerische Berufe					
– Meldung	828	1443	1749	1925	1579
– Vermittlung	200	439	474	488	421
– Frequenz	5310	8642	13193	12512	10912
Meldungen	6827	10688	13725	14842	11079
Vermittlung (%)	34,5	42,3	52,0	52,3	74,8

* inklusive Hauspersonal

Bei der Auswertung der Tabellen ist zu berücksichtigen, daß das Jahr 1936 nur sieben Monate umfaßt, da nach dem 1. August Arbeitssuchende nicht mehr neu registriert werden durften, so daß die Zahlen nur beschränkt vergleichbar sind.

In der Abteilung Männer konnten kaufmännische Berufe in allen erfaßten Jahren nur schwer vermittelt werden. Das Verhältnis der Vermittlungen zu den Meldungen in Berlin betrug 1932: 20,8%, 1933: 13,3%, 1934: 12,8%, 1935: 12%, 1936 dagegen 22,2%, während es im Reichsdurchschnitt nur 9,7% waren. Erheblich über dem Reichsdurchschnitt lag 1936 in Berlin auch die Vermittlungsquote bei freien, sozialen und künstlerischen Berufen (47,7 zu 32,8%). Noch günstiger fiel das Vermittlungsergebnis für gelernte Arbeiter und Handwerker aus, wobei die Vermittlungschancen für erwerbslose Handwerker auch in Berlin wesentlich schlechter gewesen sein dürften. Hier stieg die Vermittlungsquote von 1932 mit 28% bis auf 52% 1936, wozu die Umschulung von bisher berufsfremden Personen zu Hauspersonal nach dem Erlaß der Nürnberger Gesetze erheblich beitrug. Am besten zu vermitteln waren ungelernte Arbeiter, die jedoch in erheblichem Umfang nur als saisonale Aushilfskräfte und unständiges Hauspersonal untergebracht werden konnten. Daß in dieser Sparte die Vermittlungen 1936 in Berlin die Meldungen überstiegen, ist auf die Vermittlung bisher berufsfremder Personen zurückzuführen.

Leichter als Männer waren im allgemeinen Frauen zu vermitteln. Hier konnte auch jüngeres kaufmännisches Personal für Büro und Verkauf gut untergebracht werden. Günstige Vermittlungsaussichten bestanden für gewerbliche Arbeitnehmerinnen, unter ihnen viele Hausschneiderinnen, Näherinnen und Wäscheausbesserinnen. Bei den freien, sozialen und künstlerischen Berufen schnitten Frauen 1936 allerdings merklich schlechter ab als Männer. Interessant ist die Nachfrage nach Hauspersonal aller Art, die in Berlin mit Abstand am stärksten war, so daß auch berufsfremde Personen gut vermittelt werden konnten, während in anderen Städten kaum Nachfrage bestand, was auf die unterschiedliche Sozialstruktur der jüdischen Gemeinden hinweist.

In absoluten Zahlen erhöhte sich die Zahl der jüdischen Arbeitslosen gegenüber 1933 um 3543 auf 37204 Personen; gemessen an der durch Auswanderung und «Sterbeüberschuß» geschrumpften erwerbstätigen jüdischen Bevölkerung lag der prozentuale Anstieg der Arbeitslosigkeit jedoch wesentlich höher. So schätzte Paul Eppstein im Oktober 1936 den Anteil der Erwerbslosen «auf mehr als ein Fünftel der Erwerbspersonen»[119]. Bereits die absoluten Zahlen zeigen jedoch, daß die jüdische Bevölkerung am Rückgang der Massenarbeitslosigkeit um 58% – von 6,01 Millionen im Januar 1933 auf 2,52 Millionen im Januar 1936 – keinen Anteil hatte, und sie sind ein deutlicher Indikator dafür, in welchem Maße der wirtschaftliche Verdrängungsprozeß bis zum Herbst 1936 vorangeschritten war. Für Ende 1937 schließlich wurde die Zahl der jüdischen Erwerbslosen von der Reichsvertretung auf rund 40000 Personen geschätzt.[120]

Spezielle Hilfsmaßnahmen

Neben der Kredithilfe für Selbständige und der Arbeitsvermittlung für abhängig Beschäftigte organisierte und koordinierte die Zentralstelle jüdische Wirtschaftshilfe seit Mitte 1933 die Standesselbsthilfe für jüdische Hochschullehrer, Ärzte und Juristen, die ihre Stellung oder ihre Zulassung verloren hatten, und bemühte sich in Zusammenarbeit mit dem Jüdischen Kulturbund um Engagements für arbeitslose Künstler. Die berufsständische Selbsthilfe setzte, wie Ernst Loewenberg aus Hamburg berichtet, unmittelbar nach dem Erlaß der ersten Verdrängungsgesetze ein:

«Im April 1933 bildeten die jüdischen Juristen, Ärzte und Lehrer Hamburgs Sonderausschüsse, um den vom Gesetz zur Wiederherstellung des Berufsbeamtentums (7. April 1933) betroffenen Kollegen zu helfen. Oft handelte es sich mehr um Rat als um finanzielle Hilfe. Als Obmann der Lehrer habe ich im Jahr 1933 und später wohl alle Lehrer und Lehrerinnen, die die Hamburger Schulen verlassen mußten, bei mir gesehen. Darüber hinaus galt es, durch Verbindung mit der Schulabteilung der Reichsvertretung bei der Neugründung jüdischer Schulen Hamburger Kollegen unterzubringen. So übernahm ein Hamburger die Leitung der neuen jüdischen Schule in Stuttgart. Die Juristen und Ärzte halfen auch finanziell mit Mitteln, die die noch Tätigen aufbrachten, um Mittelstandsbeihilfen zu geben, die über die Beratungsstellensätze hinausgingen. Es war vor allem notwendig, Ärzten und Juristen, die bisher eine überwiegend ‹arische› Praxis gehabt hatten, beim Aufbau einer jüdischen Praxis zu helfen. In den ersten Jahren waren wirtschaftliche Beratungen und Stützungen von kleinen Betrieben möglich und vertretbar. Hier wurde bald in der Provinz und in kleinen Städten die Lage unhaltbar, weil dort die Partei zu sehr kontrollierte. In der Großstadt konnte mit geringen Mitteln manche Existenz auf einige Jahre gehalten werden.»[121]

Als ein Beispiel, wie die Zentralstelle Berufsgruppen unterstützte, die von Anfang an einem besonders scharfen Verdrängungsprozeß ausgesetzt waren, sei die im Juli 1933 gegründete Hochschulabteilung genannt. Sie beriet entlassene jüdische Hochschullehrer in allen Rechtsfragen, die sich in bezug auf Pensionierung, Bezüge, Titelführung und andere Spezialfragen ergaben. Nach Erhebungen der Abteilung waren bis Ende 1933 ungefähr 800 «nichtarische» Professoren, Privatdozenten, Assistenten und andere Wissenschaftler entlassen worden, von denen 85% der jüdischen Gemeinschaft zugerechnet wurden. Unter ihnen befanden sich 350 Hochschullehrer, die vom 1. Oktober an alle Bezüge verloren hatten. Einen weiteren Schwerpunkt bildete die Vermittlung von Stipendien und Berufungen an ausländische Universitäten. Aufgrund der engen Zusammenarbeit mit ausländischen Hilfskomitees konnte, wie der Arbeitsbericht des Zentralausschusses für das 1. Halbjahr 1934 angab, etwa 200 entlassenen Wissenschaftlern eine, zumeist befristete, Anstellung vermittelt werden. In besonderen Notlagen vergab die Abteilung auch Beihilfen, die aus einem kleinen Selbsthilfefonds noch beschäftigter jüdischer Hochschullehrer finanziert wurden. Konnten daraus 1934 noch ungefähr 100 Personen unterstützt werden, so stand 1935, als nach den Nürnberger Gesetzen auch die letzten noch verbliebenen jüdischen Wissenschaftler die Universität verlassen mußten, nur mehr ein Beitrag von 3800 RM zur Verfügung, der sich auf 32 Hilfsbedürftige verteilte.[122]

Eine längere Tätigkeit vermochten infolge des langsameren Verdrängungsprozesses die Selbsthilfeorganisationen der jüdischen Ärzte und Rechtsanwälte zu entfalten. So brachte beispielsweise der Ärztehilfsfonds 1936 rund 60000 RM zur Unterstützung notleidender Kollegen auf. Mit der 4. Verordnung zum Reichsbürgergesetz vom 25. Juli 1938 wurde den noch tätigen jüdischen Ärzten – 3152 von knapp 8000 1933 – die Approbation zum 30. September entzogen. Die Zahl der danach widerruflich zugelassenen 709 «Krankenbehandler», wie sie sich nun nennen mußten, richtete sich nach dem Anteil der jüdischen an der Gesamtbevölkerung. Am schlimmsten wirkte sich die Ausschaltung der jüdischen Ärzte in Pommern und Sachsen-Anhalt aus, wo jeweils nur mehr zwei jüdische Ärzte praktizierten, gefolgt von Kurhessen und Westfalen-Lippe, wo auf jeden der vier bzw. sieben zugelassenen Ärzte 1662 bzw. 1450 Juden entfielen.[123]

Den jüdischen Rechtsanwälten, deren Zahl im Januar 1938 noch 1753 betrug – gegenüber etwa 3500 Anfang 1933 – entzog die am 27. September 1938 erlassene 5. Verordnung zum Reichsbürgergesetz die Existenzgrundlage vollends. Nach dem 30. November waren nur mehr 200 von ihnen als «Konsulenten» zugelassen, deren Tätigkeit ebenso wie die der Ärzte auf die jüdische Gemeinschaft beschränkt war.

Berufsumschichtung und Erstausbildung

Die Abkehr vom traditionellen jüdischen Berufsbild zugunsten einer landwirtschaftlichen oder handwerklichen Ausbildung mit minderem Sozialprestige war bereits nach dem Ersten Weltkrieg in jüdischen Jugendbünden, die mit der deutschen Jugendbewegung die romantisch verklärte Liebe zum einfachen, naturverbundenen Leben teilten, lebhaft diskutiert und von dem 1912 gegründeten zionistischen Jugendbund «Blau-Weiß» für seine Mitglieder im Rahmen der Palästinasiedlung auch ansatzweise verwirklicht worden. Neuen Auftrieb erhielt die Diskussion, als der jüdische Nationalökonom und Soziologe Alfred Marcus 1931 seine aufsehenerregende Untersuchung ‹Die wirtschaftliche Krise des deutschen Juden›[124] vorlegte. Sie enthielt eine eingehende Analyse der einseitigen Berufsstruktur des deutschen Judentums wie des allgemeinen wirtschaftlichen Strukturwandels und warnte eindringlich vor der Einschätzung der Wirtschaftskrise als eines vorübergehenden Phänomens. Da Marcus die Ausweichmöglichkeiten in Richtung Landwirtschaft und Handwerk für äußerst begrenzt hielt, propagierte er zur Normalisierung der Berufsstruktur die konsequente Eingliederung in den industriellen Arbeitsprozeß.

Mit der NS-Machtergreifung verlor die Diskussion über das Für und Wider ihren akademischen Charakter. Nun wurde die Frage ‹Berufsumschichtung als Ausweg?›, mit der Adler-Rudel Mitte 1933 einen Beitrag in der ‹Jüdischen Wohlfahrtspflege und Sozialpolitik› überschrieb, zu einem Thema, das die Existenz vieler unmittelbar berührte:

«Die Entwicklung der letzten Monate hat die wirtschaftliche Stellung des deutschen Judentums außerordentlich erschüttert. Tausende jüdischer Menschen haben plötzlich ihre wirtschaftliche Existenz verloren. Es ist ihnen die Möglichkeit genommen, in den von ihnen bisher ausgeübten Berufen weiter tätig zu sein; Tausende jüdischer Menschen müssen mitten in den Vorbereitungen auf ihren selbstgewählten Beruf sich umstellen und nach neuen, anderen Berufen suchen ...

Während wir bis zu dem Schicksalstag, dem 1. April 1933, bei den Untersuchungen über die Möglichkeiten einer Berufsumschichtung der Juden in Deutschland davon ausgingen, daß es notwendig sei, im Wege eines allmählich und viele Jahre dauernden Prozesses, der naturgemäß bei unserer Jugend beginnen mußte, die Berufsumschichtung tiefgreifend zu verändern und unsere in der Wirtschaft tätigen Menschen aus den von Juden überbesetzten kaufmännischen und freien Berufen in jene Berufe zu überführen, in denen wir bisher nur in geringer Zahl vertreten waren, sind wir unter dem Druck der politischen und wirtschaftlichen Entwicklung der nichtjüdischen Umwelt gezwungen, die Umstellung unserer wirtschaftlichen Betätigung in Deutschland sehr rasch durchzuführen.»[125]

Wie Adler-Rudel anschließend ausführte, legte die Zentralstelle für jüdische Wirtschaftshilfe im Juni 1933 ihren ersten Planungen die Schätzung zugrunde, daß jährlich ungefähr 10000 junge Juden ins berufsfähige Alter kämen, von denen 60% für ihre Berufswahl und Erstausbildung die Dienste jüdischer Hilfsstellen in Anspruch nehmen würden. Weiterhin rechnete man mit 5000 Personen, die für einen neuen Beruf umgeschult werden müßten, und veranschlagte die Kosten für die finanzielle Unterstützung von rund 3000 schulentlassenen Jugendlichen und 2000 Berufsumschülern allein für das zweite Halbjahr 1933 auf 940000 RM. Diese Zahlen zeigen die Größenordnung des Problems, das die finanziellen Möglichkeiten der jüdischen Gemeinschaft überforderte.

Die Berufsumschichtung stellte die Gemeinden, wie Ernst Loewenberg in seinen Memoiren berichtet, vor völlig neue Aufgaben:

«Kaufleute, Studenten, Akademiker wollten ein Handwerk lernen, bevor sie auswanderten. Die Einrichtungen, die zunächst für die Umschichtung geschaffen wurden, waren ein Schlosser- und ein Tischlerkurs, außerdem ein Kurs für landwirtschaftliche Umschichtung. Hier waren es vor allem die palästinensisch orientierten Mitglieder des Hechaluz, die eine landwirtschaftliche Hachschara (Vorbereitung) suchten, um ein Arbeiterzertifikat für die Einwanderung nach Palästina zu bekommen. – Von den Kreisen, die nicht zionistisch waren, die aber jüdische Umschichtung in jeder Form in die Tat umsetzen wollten, war in den zwanziger Jahren in Groß-Gaglow bei Cottbus eine jüdische Bauernsiedlung gegründet worden. Dieselben Kreise regten nun an, in dem leerstehenden Kinderheim der Gemeinde in Blankensee einen nichtzionistischen landwirtschaftlichen Vorbereitungskurs zu veranstalten. Der ‹Reichsbund für jüdische Siedlung› unterstützte das Vorhaben. Es wurde ein heizbares Gewächshaus errichtet, die Hälfte des Geländes terrassenförmig in einen Nutzgarten umgewandelt und Felder wurden gepachtet. Ein erfahrener Obstgärtner übernahm die Leitung.»[126]

Bis zum Jahresende 1933 konnten die jüdischen Hilfsstellen 3700 Personen eine Umschulungsmöglichkeit vermitteln, wobei 1933/34 noch mehr als die Hälfte der Umschüler in Einzelausbildungsstellen untergebracht werden konnte. Weitere 2369 Personen bereiteten sich Ende 1933 im Rahmen des Hechaluz auf die Auswanderung nach Palästina vor. In handwerklicher Ausbildung befanden sich insgesamt 3025 Personen, gefolgt von Landwirtschaft und Gärtnerei mit 2738 und Hauswirtschaft mit 306. Näheren Aufschluß über Herkunft und Berufswahl der sogenannten «Umschichtler» gibt eine Statistik der Wirtschaftshilfe der Jüdischen Gemeinde Berlin, die bis Ende 1933 1468 Personen zur Berufsumschichtung verholfen hatte (Tabelle S. 382). Die Umschulungsziele entsprachen im großen und ganzen den etwas schwerfälligen formulierten «Richtlinien zur jüdischen Berufspolitik», die der Zentralausschuß für Hilfe und Aufbau im Juni 1934 verabschiedet hatte. Hier hieß es unter Punkt 3:

«Berufsumschichtung im Sinne einer Normalisierung der Berufsgliederung der Juden erfordert in erster Linie landwirtschaftliche und handwerkliche Ausbildung.

Die Herbeiführung einer normalen Berufsschichtung der jüdischen Bevölkerung in Deutschland ist namentlich in Bezug auf die Landwirtschaft außerordentlich gehemmt. Daher muß bei allem Streben nach einer normalen Berufsverteilung der Juden in Deutschland die landwirtschaftliche und in gewissem Umfang auch die handwerkliche Ausbildung so erfolgen, daß sie die Berufsumschichtenden befähigt, den neu erlernten Beruf auch außerhalb Deutschlands überall in der Welt zu erfüllen.

Frühere Berufe [127]

Frauen		Männer	
Kontoristinnen	331	Kaufleute	461
Verkäuferinnen	119	Akademiker	53
Handwerkerinnen	71	Studenten	45
Freie Berufe	67	Händler	36
Haushalt (Ehefrauen)	66	Freie Berufe	17
Akademikerinnen	40	Beamte	9
Studentinnen	38	Sonstige Berufe	38
Händlerinnen	16		
Ungelernte Arbeiterinnen	8		
Ohne Beruf	53		
Frauen	809	Männer	659

Berufe nach Umschulung

Landwirtschaft/Gärtnerei	257	Radio- u. Elektrotechnik	28
Schneiderei	254	Tischler	25
Zuschneiden	138	Fließenleger u. Maurer	25
Gummimäntelkleben	89	Anstreicher	23
Schlosser	68	Polsterer	22
Wäschenähen	63	Klempner	19
Putzmachen	62	Konfisöre	19
Diät- und Massenküchen	55	Massage	15
Kosmetik	51	Schildermaler	12
Frisieren	50	Entflecken	9
Chauffeure	44	Sonstige Berufe	112
Glaser	28		
Insgesamt			1468

Da eine Normalisierung der jüdischen Berufsverteilung (im Sinne einer Berufspolitik auf lange Sicht) nur in Palästina möglich ist, hat Palästina unter den Einwanderungsländern für diejenigen, die einen landwirtschaftlichen Beruf ergreifen sowie für die, die ein Handwerk erlernt haben und nicht in Deutschland bleiben können, ein besonderes Gewicht. Daher verdient die Berufsumschichtung im Dienste des Aufbauwerks Palästinas eine besondere Förderung.»[128]

Der Verwirklichung der hochgesteckten Ziele standen jedoch nicht nur zahlreiche Schwierigkeiten mit Behörden und lokalen NSDAP-Stellen entgegen, die 1934 zur Schließung verschiedener Ausbildungsstätten führten, sondern in noch stärkerem Maße die Umschulungskosten. So errechnete die Zentralstelle den notwendigen Bedarf allein für das erste Halbjahr 1934 auf 900000 RM,[129] was jedoch die zur Verfügung stehenden Mittel bei weitem überschritt. Bis Ende Juni 1934 hatten 1272 Umschüler ihre Ausbildung beendet, von denen 776 auswanderten. An Neuzugängen verzeichnete die Statistik 2174 Personen, so daß sich Mitte 1934 insgesamt 6771 in der Berufsumschichtung befanden.[130] Im August 1934 sah sich die Zentralstelle zu drastischen Sparmaßnahmen gezwungen und verhängte eine Zuschußsperre, so daß keine neuen Personen mehr zur Berufsumschichtung aufgenommen werden konnten und sich die Warteliste bis Anfang 1935 auf rund 1000 Anwärter erhöhte. Die Zahl der Umschüler sank gegen Jahresende 1934 auf 4005 Personen ab, von denen sich 1048 im europäischen Ausland auf zumeist landwirtschaftlichen Ausbildungsstätten auf die Auswanderung nach Palästina vorbereiteten. Die finanzielle Unterstützung der «Auslands-Hachscharah» durch ausländische jüdische Hilfsorganisationen bedeutete, wie der Arbeitsbericht des Zentralausschusses für das zweite Halbjahr 1934 dankbar festhielt, «eine nicht unwesentliche Erleichterung unseres Berufsumschichtungswerkes»[131].

Die hohe Auswanderungsquote war zugleich der Grund, weshalb sich die Gestapo für die Genehmigung jüdischer Ausbildungsstätten einsetzte. Im Juni 1934 teilte Heydrich dem Reichsminister des Inneren mit, daß die Gestapo gegen die Umschulung von Juden nichts einzuwenden habe, sofern damit die Auswanderung erleichtert werde. Keineswegs dürfe es aber gestattet werden, wie Heydrich am 14. September 1934 gegenüber dem Preußischen Ministerpräsidenten Göring erklärte, daß Juden sich «in Deutschland selbst ein neues Betätigungsfeld in der Landwirtschaft oder im Handwerk» zu verschaffen suchten.[132]

Ganz auf dieser Linie lag der Runderlaß des Reichswirtschaftsministers vom 8. März 1935, der auch vom Rassenpolitischen Amt der NSDAP den Parteigliederungen zugeleitet wurde:

«Wie der Reichs- und Preußische Minister des Innern mir mitteilt, hält er es nicht für angebracht, die Abhaltung von handwerklichen Unterrichtskursen für auswanderungswillige Juden zu verhindern oder zu erschweren, da jede Maßnahme zu begrüßen ist, die die Auswanderung der Juden fördert. Der bei einem Verbleib einzelner handwerksmäßig ausgebildeter Juden im Inlande befürchteten Schwarzarbeit dürfte durch polizeiliche Maßnahmen wirksam begegnet werden können.»[133]

Zwar waren mit dem Runderlaß nicht alle Widerstände überwunden, doch trug er zur Konsolidierung der Berufsumschichtung bei, die nun immer stärker auf die Auswanderung ausgerichtet war. Über die zahlreichen Umschulungskurse, die die Berliner Wirtschaftshilfe in den Jahren 1935 bis 1939 organisierte, berichtet Alexander Szanto:

«Die Wirtschaftshilfe errichtete vor allem drei große eigene Lehrwerkstätten, nämlich eine Werkstätte für Baugewerbe (Maurer, Zimmerleute, Installateure), eine andere für metallverarbeitende Industrie (Schlosser, Schweißer usw.) und eine dritte für die Holzverarbeitung (Tischler, Drechsler usw.). Die Ausbildung in diesen gemeindeeigenen Lehrwerkstätten erfolgte unter Anweisung von Fachleuten – Ingenieuren, Handwerkern, Vorarbeitern – und unter Benutzung neuzeitlicher Maschinen und Geräten, wobei die größtmögliche Sorgfalt angewendet wurde, um wirklich branchenmäßige Kenntnisse zu vermitteln. Die ‹Umschichtler› – wir nannten sie so, weil es etwas eigentümlich gewesen wäre, für Leute im Alter zwischen 20 und 40 Jahren die Bezeichnung ‹Lehrlinge› oder ‹Schüler› anzuwenden – arbeiteten acht Stunden täglich; die Gesamtdauer der Kurse betrug je nachdem neun bis zwölf Monate; die Einteilung der Arbeit erfolgte ungefähr nach den Normen, wie sie in einem entsprechenden Fachbetrieb üblich waren.

Die Kosten dieser Lehrgänge waren erheblich. Nicht nur mußten die Umschichtler, die ja in dieser Zeit keinen eigenen Verdienst hatten und meist über keine Existenzmittel verfügten, materiell unterstützt werden, sondern die Anschaffung von Maschinen und Material, die Besoldung der festangestellten Fachleute, die Miete für die Räumlichkeiten, Beleuchtung, Beheizung usw. verschlangen große Summen. Für meine Abteilung ‹Kasse, Buchhaltung und Statistik› ergaben sich hiermit neue Probleme. Ich suchte nach Möglichkeit rationelle wirtschaftliche Maßnahmen einzuführen, einmal durch strikte Kontrolle des Inventars und der zur Verwendung gelangenden Materialien, andererseits indem der Einkauf, wo nur irgendmöglich, bei jüdischen Firmen bzw. Lieferanten bewerkstelligt wurde, die ohnedies von der Kaufmännischen Beratungsstelle der Wirtschaftshilfe betreut wurden, so daß also hier die Tendenz zur Schaffung einer Art von jüdischem Wirtschaftssektor betont wurde. Ferner versuchten wir, die Produkte der Lehrwerkstätten zu verwerten, um auf diese Weise einen Teil der Unkosten wieder hereinzubringen. So stellten zum Beispiel in der Tischlerlehrwerkstatt die geübteren Umschichtler Schreibtische und Pulte her, die bei jüdischen Geschäften in den Handel gebracht oder für den Eigengebrauch der Gemeindebüros verwendet werden konnten.

Natürlich wurden nun aber nicht alle Umschichtungskurse in eigenen Lehrwerkstätten durchgeführt. Im Textilfach zum Beispiel erwies es sich als rationeller und praktischer, anstatt zahlreiche Nähmaschinen anzuschaffen, die Umschichtler in bestehende jüdische Betriebe als Lehrlinge einzuweisen. Doch wurde der Unterricht hier von uns kontrolliert und finanziell angemessen vergütet. Auf diese Weise konnten eine ganze Anzahl von männlichen und noch mehr weiblichen Schneidern, Zuschneidern, Büglern, Nähern und Wäschenähern ausgebildet werden. Die Ausbildungszeit in diesen Textilkursen war in der Regel erheblich kürzer als in den obengenannten eigenen Lehrwerkstätten. Von weiteren Umschichtungskursen, die im Lauf der genannten Jahre durchgeführt wurden, seien genannt: Fotographie, Buchbinderei, Automechanik, Keramik, Chemie, Schaufensterdekoration, Kindergarten, Krankenpflege, Kosmetik, Modezeichnen, Diät- und Massenküche, Weberei, Lederverarbeitung, Uhrmacherei, Putzwarenherstellung und andere mehr.»[134]

Lehrgang in der Auguststraße 17, Berlin, 1935

Als im Frühjahr 1936 auch der Reichsnährstand endlich seinen Widerstand gegen jüdische Landwirtschaftsbetriebe aufgab, begann die Reichsvertretung mit dem zügigen Ausbau kollektiver Ausbildungsstätten, deren Errichtung um so notwendiger war, als der normale Ausbildungsweg Juden kaum mehr offenstand. Ende 1936 bestanden im Reichsgebiet 31 jüdische Lehrbetriebe für Landwirtschaft und Gärtnerei sowie 11 Lehrwerkstätten für handwerkliche Berufe, deren Zahl bis Ende 1937 auf insgesamt 94 Einrichtungen anstieg.

Aufbau und Unterhalt der Lehrbetriebe, die seit 1935/1936 in steigendem Maße auch zur Erstausbildung schulentlassener Jugendlicher beitragen mußten, führten Anfang 1937, trotz des großen Rückgangs an Umschülern im Jahre 1936, erneut zu einer schweren Finanzkrise. Die Auswirkungen der am 20. März in Kraft tretenden Sparmaßnahmen waren beträchtlich:

«Die Beschränkungen haben eine fast völlige Sperrung des Zugangs zur Berufsumschichtung und eine Teilsperre für die Erstausbildung zur Folge. Neuaufnahmen von Umschichtenden in die Berufsausbildung konnten nicht mehr erfolgen, freiwerdende Plätze konnten nur für Anwärter der Erstausbildung benutzt werden. Mit Ausnahme besonderer Dringlichkeitsfälle in sehr beschränkter Zahl wurden neue Zuschüsse an Berufsumschichtende nicht gewährt ... Als Folge der wesentlichen Verringerung der Zuschüsse mußte auch eine Verringerung bzw. Verschiebung des Aufbauprogramms für neue Pläne eintreten, indem von der Verwirklichung fertig vorliegender Projekte einstweilen Abstand genommen wurde oder der Belegungstermin neugeschaffener Stellen hinausgeschoben werden mußte. Diese unerläßlichen Beschränkungen wirken sich außerordentlich hart gerade jungen Berufsanfängern gegenüber aus, denen ja nur über eine Berufsausbildung der Weg zur Auswanderung eröffnet werden kann. Auch die Verringerung der Zertifikate für Palästina-Wanderer und die Erschwerung der Einwanderung in die südamerikanischen Staaten haben sich auf unser Ausbildungswerk ausgewirkt. Der Zudrang zur Berufsausbildung ist dadurch nicht verringert worden, im Gegenteil, gerade in den letzten Monaten des Jahres 1937, die die Tendenz der völligen wirtschaftlichen Ausgliederung der Juden stärker erkennen ließen, zeigte sich ein neuer Andrang zur Berufsumschichtung, der aber zum großen Teil aus Mangel an Mitteln nicht befriedigt werden konnte.»[135]

Zu der äußerst angespannten Situation trug wesentlich das Problem der Erstausbildung bei, das seit Frühjahr 1934 die jüdischen Organisationen belastete. Aus der Praxis der Berufsberatungsstelle der Jüdischen Gemeinde Berlin berichtete Lucie Zobel:

«Kam die Klientel der Lehrstellenvermittlung in früheren Jahren hauptsächlich aus proletarischen und kleinbürgerlichen Kreisen, so sind es heute die Kinder des Bürgertums, die Lehrstellen durch unsere Vermittlung suchen. Vielfach sind es auch junge Menschen, die plötzlich, infolge der neuen Gesetzgebung aus den unteren Klassen der höheren Schulen abgegangen sind, die jetzt eine Lehrstelle erhalten sollen ... Ein großer Teil dieser Jugend kommt nach schweren Schulerlebnissen ohne die Vorbereitung, die sie früher im letzten Schuljahre in Elternhaus und Schule erhalten hätten, in den Beruf. Erschwerend wirkt hier auch noch die Tatsache, daß ein großer Teil der Eltern gerade der Kinder dieser Kreise durch die veränderte Lage nicht nur wirtschaftlich schwer geschädigt, sondern sehr häufig ganz plötzlich völlig existenzlos geworden, oft sogar aus einer völlig sicheren, fast sorglosen Existenz ohne jeden Übergang hinausgeschleudert ist.»[136]

Die Zahl der zum 1. April schulentlassenen Berufsanfänger schätzte der Zentralausschuß im Februar 1934 auf «mindestens» 9000. «Etwa ein Drittel davon kann vielleicht», wie es in den ‹Informationsblättern› weiterhin hieß, «noch in kaufmännischen Lehrstellen untergebracht werden. Für den Rest von 6000 Jugendlichen sind handwerkliche oder landwirtschaftliche Stellen erforderlich.»[137] Wie in Frankfurt, wandten sich deshalb die jüdischen Gemeinden mit eindringlichen Appellen an die jüdischen Arbeitgeber:

«Dringende Aufforderung! Das Gebot der Stunde!

An alle jüdischen Arbeitgeber wenden wir uns mit der dringenden Bitte, Lehrstellen für die Ostern 1934 zur Entlassung kommenden jüdischen Jugendlichen zur Verfügung zu stellen.

Eine Generation, die die ungesunde Verteilung der Berufe unter den deutschen Juden erkannt hat und frühzeitig mit einer verständigen Umschichtung Ernst machen will, sieht sich vor außerordentlichen, nicht vorhergesehenen Schwierigkeiten.

Auch auf dem nunmehr verengteren Raum bietet sich noch Aussicht zu verständiger Berufswahl, wenn alle mithelfen, die dazu imstande sind.

Gesetzliche Bestimmungen, die die Einstellung jüdischer Lehrlinge verbieten, gibt es nicht. Auf den Erlaß des Herrn Reichsarbeitsministers vom 24. November 1933 wird ausdrücklich hingewiesen.

Wenn irgendwo, so bedarf es in dieser Lebensfrage unseres Nachwuchses der jüdischen Solidarität!...»[138]

Wie erfolgreich solche Appelle waren, läßt sich nur schwer abschätzen, da Schulabgänger, die aus eigenem Antrieb oder durch Vermittlung von Eltern und Verwandten eine Lehrstelle fanden, in keiner Statistik erfaßt sind. Das ‹Israelitische Familienblatt› führte jedenfalls im März 1933 die Klage:

«Überall bleibt die Tatsache bestehen, daß nahezu für die Hälfte der jetzt abgehenden Schüler und Schülerinnen Lehrplätze in handwerklichen und landwirtschaftlichen Betrieben ebensowenig wie die Möglichkeit zur Ausbildung in einem der freien Berufe geschaffen werden konnten.»[139]

Mit Hilfe der jüdischen Lehrstellenvermittlung konnten bis Mitte 1934 knapp über 3000 Jugendliche untergebracht werden; der Anteil kaufmännischer Ausbildungsplätze lag hier unter 12%. 1935 fanden bis zum Jahresende 2587 Jugendliche mit Hilfe der jüdischen Vermittlungsstelle eine Ausbildungsstelle. Die Berufsverteilung ergab folgendes Bild:[140]

Beruf	Jungen		Mädchen	
Landwirtschaft/Gärtnerei	293	22,8%	227	17,4%
Handwerk	588	45,8%	311	23,9%
Kaufmännische Berufe	214	16,6%	236	18,1%
Hauswirtschaft			339	26,0%
Sonstige Berufe	190	14,8%	189	14,6%
	1285	100%	1302	100%

Im Jahre 1936 verzeichnete die Statistik, daß von etwa 6000 Schulabgängern 4806 Jugendliche in Erstausbildung standen, was ungefähr der Gesamtzahl entsprechen dürfte, da die zunehmende Verdrängung eine bessere Erfassung ermöglichte:

«Es wurde immer deutlicher, daß für die Berufsausbildung für Juden innerhalb der Wirtschaft nur die Betriebe mit jüdischem Betriebsinhaber und darüber hinaus nur die von der Reichsvertretung und den Gemeinden selbst geschaffenen Lehrbetriebe zur Verfügung stehen. Die Betriebe mit nichtjüdischen Inhabern schieden in der Berichtszeit in immer wachsendem Umfange für die Ausbildung von Juden aus.»[141]

Ein Beispiel für solche im Zuge der Selbsthilfe geschaffenen Lehrbetriebe waren die Frankfurter Lehrwerkstätten, deren Gründung die jüdische Gemeinde bereits seit Mitte 1933 betrieb und die im Dezember 1933 vom Regierungspräsidenten als private Berufsschule unter der Bedingung genehmigt worden waren, «daß die Zeit der Teilnahme an der Anlernwerkstätte auf eine etwaige spätere Lehrzeit nicht angerechnet wird»[142]. Als das ‹Israelitische Familienblatt› im Februar 1934 die Einrichtung ihren Lesern vorstellte, standen zur Erstausbildung schulentlassener Jugendlicher wie zur Berufsumschichtung älterer Personen rund 40 Ausbildungsplätze zur Verfügung:

«Der achtstündige Arbeitstag beginnt morgens um halb Acht, nur die, die den Morgengottesdienst nicht versäumen wollen, erscheinen einige Minuten später. Dann wird durchgearbeitet mit Unterbrechung durch eine Mittagspause bis nachmittags zwischen 4 und 5 Uhr. Das Essen wird von der Mittelstandsküche geliefert, die im gleichen Hause untergebracht ist. Die Menschen sitzen hier an selbst gezimmerten weiß gescheuerten Tischen mit gutem Silberbesteck aus dem Bestand des Hauses.

Die allgemeine Ausbildung wird ein Jahr dauern, dann soll in einem weiteren halben Jahr noch eine Speziallehre sich anschließen für die, die sich mehr für die Bauschreinerei eignen, und für die Bastler und Feinfingrigen, die besser der Möbeltischlerei zugeführt werden. Ebenso werden die Schlosser sich fürs Baufach, Gas- und Wasserinstallation, Elektroinstallation oder Autoschlosserei spezialisieren. Eine private Abschlußprüfung ist vorgesehen. Staatliche Gesellenprüfung ist leider nicht möglich, da hierzu nicht ein oder zwei Leiter, sondern nach den staatlichen Vorschriften annähernd ein Dutzend den weit längeren Ausbildungsgang überwachen müßten ...

Die Kosten der Ausbildung sind einschließlich des Mittagstisches auf 15 RM monatlich festgesetzt, doch wer nicht in der Lage ist, diesen Betrag aufzubringen, erhält Ermäßigung oder Freistelle, sogar nach Bedarf noch Zuschuß für seine Lebenshaltung. Einige der Auswärtigen wohnen im Chaluzheim, die meisten privat.»

Der Artikel schloß mit folgenden Sätzen, die das Zeitbewußtsein der Jahre 1933/34 widerspiegeln:

«Es sind erste Anfänge der praktischen Verwirklichung dessen, was führende Männer aller Richtungen schon seit Jahren für die Zukunft der jüdischen Jugend gefordert und als unausweichliche Notwendigkeit erkannt haben. Die Forderung blieb unerfüllt, weil noch kein eherner Zwang, wie heute, die nötigen Ausbildungsstätten schuf und auch die Jugend zwar Umschichtung gern proklamierte, aber ungern persönlich verwirklichte. Und so bitter wir manches Geschehen der Zeit als Juden empfinden, wird es doch Zeit, daß sie uns nötigte, den einzigen Weg zur Gesundung der anormalen jüdischen Existenz zu beschreiten und die Umschichtung ernstlich in Angriff zu nehmen.»[143]

Spätestens nach den Nürnberger Gesetzen jedoch war allen Verantwortlichen klar, daß das Verbleiben der jüdischen Jugend in Deutschland mangels beruflicher Aussichten keinen Sinn mehr hatte, so daß nur noch die Auswanderung, die früher nur die Zionisten propagiert hatten, in Frage kam. Da die gesetzliche Schulpflicht mit dem 14. Lebensjahr endete, die Auswanderung im Regelfall aber erst mit 18 Jahren möglich war, beschloß man 1936, die Berufsausbildung erst nach Vollendung des 15. Lebensjahrs zu beginnen. Zur Überbrückung der Wartezeit wurde das neunte Schuljahr eingeführt, das vor allem manuelle Grundfertigkeiten vermitteln sollte. Demselben Ziel dienten auch die Berufsvorlehre bzw. Grundlehre, die in einigen Städten in Form von Tagesschulen geschaffen wurde:

«Die jüdischen Vierzehnjährigen sind heute zum größten Teil ‹schulmüde› ... Die Not in vielen Familien schafft in den frühreifen jüdischen Kindern eine innere Unruhe, die sie zur rein theoretischen Arbeit oft unfähig macht. Sie wollen schnell etwas lernen, um bald ins Ausland zu gehen, um die Eltern bald nachkommen lassen zu können. Die Aufbruch- und Auswanderungsstimmung in vielen Elternhäusern ist eine denkbare schlechte Voraussetzung für die weitere schulmäßige Erfassung der Vierzehnjährigen. Eine berufliche Ausbildung, die Hand in Hand geht mit einer weiteren charakterlichen und geistigen Formung, scheint deshalb für die meisten Vierzehnjährigen die einzig mögliche Antwort auf die Situation zu sein.»

In der Frankfurter Grundlehre wurden, wie Epstein berichtete, 60 Mädchen in Hauswirtschaft unterwiesen; für die 126 Jungen bestanden Kurse in den Fächern Metallbearbeitung, Holzbearbeitung und Gartenbau. Die berufliche Ausbildung betrug täglich 5½ Stunden. Zum Lehrplan gehörten weiterhin: Gemeinschaftskunde und Judentumskunde je 2 Stunden wöchentlich, Hebräisch und Deutsch (3), Englisch (2½), Singen (1) und freie Arbeit (2). Das Zusammentreffen verschiedener sozialer Milieus stellte besondere erzieherische Anforderungen an das Lehrpersonal:

«Ein Teil der Jungen aus der Stadt kommt aus früher ‹gut bürgerlichen› bis ‹großbürgerlichen› Kreisen, von der ‹höheren Schule›, bringt meist eine gewisse Kultur in den Umgangsformen, im Benehmen beim Essen, in der Kleidung mit, oft auch – es sind meist die bewußt bündischen – eine ausgezeichnete geistige Begabung und rege Interessen, auch Interesse am Technischen und Handwerklichen ... Andere Jungen aus der Großstadt kommen aus dem verarmten jüdischen Kleinbürgertum. Diese Jungen, die im allgemeinen von der jüdischen Volksschule kommen – zum größten Teil aus ostjüdischen Kreisen –, sind oft gut begabt, aber infolge der großen Not im Elternhaus bisher nicht ihren Fähigkeiten entsprechend gefördert; manche sind aber auch dumpf, schwierig, milieumäßig stark gefährdet. Ein großer Teil dieser Jungen ist von Hause aus nicht zureichend ernährt und gekleidet. Wir haben Jungen aus der Kleinstadt, die die höhere Schule ihres Städtchens besuchten, und Jungen vom Land, die meist frisch, gesund, unkompliziert, handwerklich geschickt und, mit wenigen Ausnahmen, ohne wirkliche geistige Kenntnisse sind. Sprachlicher Ausdruck, Rechtschreibung und Stil dieser Landjungen sind meist schlecht. Von allgemeiner und jüdischer Geschichte haben sie meist keine Ahnung. Sie sind aber dankbar und aufgeschlossen für alles, was man ihnen an Wissen gibt. Wir haben auch ganz einfache, ungeistige, geistig gar nicht oder nur wenig zu entwickelnde Jungen vom Lande, deren Primitivität in allen Äußerungen des Lebens immer wieder deutlich wird: in der Gier und Unmanier beim Essen, der Ungepflegtheit des Körpers, der Scheu vor dem Wasser, dem primitiven Stil und der schauderhaften Rechtschreibung.»[144]

Mit solchen Integrationsproblemen hatten sicherlich nicht nur jüdische Ausbildungsstätten zu kämpfen, doch verschärften sie sich hier unter dem Druck der äußeren Verhältnisse. Hinzu kamen Konflikte, die sich unvermeidlich aus der Nichterfüllung der eigenen Berufswünsche, aus der harten Arbeit, besonders in der Landwirtschaft, und dem Zusammenleben verschiedener Altersstufen mit unterschiedlichen Neigungen und Interessen ergeben mußten. Schließlich wird man auch nicht vergessen dürfen, daß viele Jugendliche, sofern sie keine überzeugten Zionisten waren, die ihnen bevorstehende Auswanderung vor allem als schmerzliche Trennung von Eltern und Freunden empfanden.

Infolge der 1937 erneut notwendig gewordenen einschneidenden Sparmaßnahmen befanden sich gegen Jahresende nur mehr 2506 Jugendliche in Erstausbildung. Dennoch waren die Kosten weiter gestiegen, da nunmehr alle Jugendlichen einen Zuschuß benötigten, während es 1936 nur 2006 von insgesamt 4806 gewesen waren. Für 1938 liegen keine Zahlen vor. Hier beschränkte sich der Arbeitsbericht des Zentralausschusses auf die kurze Mitteilung, daß bis Ende September 5520 Personen in der Berufsumschichtung und Erstausbildung finanziell unterstützt worden seien. Die Gesamtausgaben für Erstausbildung und Berufsumschichtung wurden mit 1,3 Millionen RM angegeben.[145]

Bis Ende 1937 hatte die Zentralstelle für jüdische Wirtschaftshilfe rund 13000 Jugendlichen eine Erstausbildung und weiteren 20000 Personen eine Umschulung vermittelt und mit der beruflichen Qualifizierung einen wesentlichen Beitrag zur Förderung der Auswanderung geleistet. Die Bilanz, die Georg Josephthal, der als Zionist der Reichsvertretung angehörte, Anfang 1938 zog, machte freilich auch auf Schwachstellen aufmerksam:

«Die negativste Erscheinung des gesamten Berufs-Umschichtungswerks in Deutschland war die unzureichende sprachliche Ausbildung, der Mangel an geeigneten Lehrern, der ständige Zwang zum Unterricht durch Dilettanten, die selbst nur um weniges ihren Schülern überlegen und im Lehren teilweise völlig unerfahren waren ...

Im Laufe der letzten 5 Jahre ist es uns nicht gelungen, die Juden in Deutschland zu der Erkenntnis zu erziehen, daß die handarbeitenden Berufe keine Degradierung gegenüber dem kaufmännischen oder dem akademischen Beruf bedeuten. Die Lebensumstände der Eltern und ihr Berufsleben sind stärker als alle gedankliche Überzeugungsarbeit ...

Wir erfassen in unserem Berufsausbildungswerk nur einen Bruchteil der Jugendlichen, jetzt nur noch 10%, wenn wir berechnen, daß es zwischen 15 und 25 Jahren vierzigtausend Juden in Deutschland gibt.»[146]

Ein Jahr zuvor hatte Josephthal auf ein anderes Problem hingewiesen, nämlich darauf, daß in den Ausbildungsstätten der Anteil der Mädchen unter 25% lag:

«Ungefähr 70% der Mädchen, die von der Schule alljährlich abgehen, entziehen sich der Arbeit jüdischer Instanzen völlig ... Die Eltern behalten ihre Kinder zu Hause, damit sie in der Hauswirtschaft helfen, oder verwenden sie sonst als billige Arbeitskräfte und vermitteln ihnen so keine geeignete berufliche Ausbildung.»[147]

Rund ein Drittel der Lehrbetriebe wurden während des Novemberpogroms zerstört. Ihr Verlust konnte jedoch durch stärkere Belegung der noch bestehenden und durch Schaffung neuer Ausbildungsstellen abgefangen werden, da die Förderung der Auswanderung weiterhin im Interesse der Nationalsozialisten lag. So erklärte sich der Reichsinnenminister beispielsweise am 21. Januar 1939 damit einverstanden, Bescheinigungen über die Teilnahme an Umschichtungskursen als Berufsangabe in die Pässe jüdischer Auswanderer einzutragen.[148] Mitte 1939 bestanden, einem Bericht der Abteilung «Berufsausbildung und Berufsumschichtung» der Reichsvereinigung zufolge, 21 Lehrbetriebe für Landwirtschaft und Gärtnerei mit 1555 Ausbildungsplätzen sowie 1500 handwerkliche Stellen und 370 für Hauswirtschaft, Säuglings- und Kinderpflege.[149]

Die Zahl der Jugendlichen, denen zwischen dem Novemberpogrom und dem Ausbruch des Zweiten Weltkriegs noch die Auswanderung, allein oder mit ihren Eltern, gelang, wird auf ca. 4300 geschätzt.[150] Ende Juli 1941, knapp drei Monate bevor das Auswanderungsverbot für Juden in Kraft trat, lebten noch ungefähr 26000 Kinder und Jugendliche im Alter bis zu 25 Jahren im «Altreich». Mitte 1941 mußte dann schließlich die Reichsvereinigung die finanzielle Unterstützung der Ausbildungsstätten einstellen. Einige der früheren Lehrbetriebe wie das Landwerk Neuendorf oder das Gut Groß-Breesen blieben als Zwangsarbeitslager bis Mitte 1943 bestehen, bis auch ihre letzten Insassen in die Konzentrationslager deportiert wurden.

4. Wohlfahrtspflege

Im August 1931 wandte sich Leo Baeck, namens des Vorstandes der «Zentralwohlfahrtsstelle der deutschen Juden», mit einem Aufruf an die jüdischen Gemeinden, der mit folgenden Sätzen begann:

«In schwerer Stunde richten wir an die Jüdischen Gemeinden in Deutschland den Ruf: *Haltet die Wohlfahrtsarbeit aufrecht!*

Wir wissen, daß alle Gemeinden, große wie kleine, in diesen Wochen und Monaten vor dem Übergewicht der Ausgaben über die Einnahmen fast erdrückt werden, daß vielfach geglaubt wird, die Aufwendungen für die Wohlfahrtspflege müßten nunmehr wesentliche Kürzungen erfahren. Dieser Auffassung muß entgegengehalten werden: *Keine Aufgabe ist zwangsläufiger als die Aufrechterhaltung der Wohlfahrtsarbeit und der Sozialpolitik, ohne die die Gemeinschaft nicht gesund bleiben und leben kann.* Kultus und Verwaltung haben keinen Sinn mehr, wenn die Gemeinschaft nicht am Leben bleibt.»[151]

Der Appell zeigt in eindringlicher Weise, daß die große Wirtschaftskrise, deren soziale Auswirkungen durch die drastischen Sparmaßnahmen der Präsidialkabinette noch zusätzlich verschärft wurden, auch in den jüdischen Gemeinden tiefe Spuren hinterlassen hatte. Die Belastungen, die sich aus dem stetig anwachsenden Heer der Arbeitslosen, dem Zusammenbruch zahlreicher kleiner Geschäfts- und Gewerbebetriebe und der Schlechterstellung der osteuropäischen Juden in der öffentlichen Fürsorge ergaben, waren enorm:

«Der Jahresdurchschnitt der von der Gemeinde Berlin in den letzten 5 Jahren (1926–1930) Unterstützten waren über 4000 Familien mit 20000 Köpfen und 4500 Einzelpersonen. Da die Gemeinde Berlin 172000 Seelen zählt, mußte ungefähr jeder 7. Berliner Jude von ihr unterstützt werden. Auch die Zahlen, die die Gemeinde Breslau angibt, beleuchten die erschütternde Notlage, von der die Juden in dieser einst so wohlhabenden, blühenden Gemeinde betroffen worden sind. Dort werden 8000 Personen unterstützt, wofür ein Etat von ca. 190000 RM zur Verfügung steht. Es sind dies ein Drittel der jüdischen Gemeinde Breslau, die einer Wohlfahrtspflege bedürfen. Die Jüdische Gemeinde Köln berichtet, daß im Jahre 1930 jeder 8. Jude Unterstützungsempfänger war. Die Gemeinde Dresden, die vor dem Krieg nicht wußte, an wen sie ihre reichen Stiftungsmittel verteilen sollte, hat im Jahre 1930 370 Familien mit 1000 Köpfen betreut, Dresden hat 5120 Seelen, es wird also ungefähr jeder 5. unterstützt. Aus dem Bericht einer kleineren Gemeinde, Duisburg mit ca. 2080 Seelen, geht hervor, daß dort 173 ansässige jüdische Familien betreut werden, und zwar 143 regelmäßig jeden Monat.»[152]

Im Vergleich zur Gesamtbevölkerung war jedoch die Lage der jüdischen Gemeinschaft, da sie vorwiegend dem Mittelstand angehörte, noch relativ günstig. Hinzu kam, daß die Leistungen aus den Wohlfahrtsetats der jüdischen Gemeinden, der 1930 in Berlin rund 1,6 Millionen RM betrug, in aller Regel die Sätze der öffentlichen Fürsorge ergänzten und somit zu einer gewissen Besserstellung führten. Dennoch war die Verarmung weiter Bevölkerungskreise während der Weltwirtschaftskrise, der bereits die Schädigung des Mittelstandes durch die Hyperinflation 1923/24 vorangegangen war, auch für viele Juden zur bitteren Realität geworden, die dem landläufigen Klischee vom reichen jüdischen Geschäftsmann Hohn sprach.

Das weitgespannte Netz sozial-caritativer Einrichtungen, die zumeist von den Gemeinden aus Steuermitteln, in manchen Städten aber auch zu einem großen Teil von wohltätigen Stiftungen und Vereinigungen getragen wurden, war sowohl Ausdruck des starken sozialen Verpflichtungsgehalts des jüdischen Glaubens als auch sozialer Nöte. 1932 bestanden mehr als 200 Anstalten und Einrichtungen der jüdischen Wohlfahrtspflege, von denen nicht alle in der nachstehenden Übersicht erfaßt sind.[153]

Einrichtungen 1932	Anzahl	Zahl der Betten
Altersheime	58	2489
Heime für Obdachlose	3	95
Heime für Arbeitslose	3	105
Krankenhäuser	8	1333
Krankenhäuser in Verbindung mit Altersheimen	6	439
Sanatorien für Lungenkranke	2	96
«Siechenheime»	7	283
Anstalten für Blinde, Taube, Stumme sowie für Schwachsinnige	9	350
Erholungsheime für Kinder	26	1600
Erholungsheime für Erwachsene	26	1420
Heime für Kinder und Jugendliche	36	1655
Lehrlingsheime	28	730
Insgesamt	212	10595

Als Dachverband der jüdischen Wohlfahrtspflege fungierte die bereits genannte, 1917 gegründete «Zentralwohlfahrtsstelle der deutschen Juden» (ZWSt). Ihre ursprüngliche Aufgabe bestand in der Koordination der damals im Wohlfahrtsbereich tätigen Organisationen. Zu ihnen zählten vor allem die B'nai B'rith Logen, der Deutsch-Israelitische Gemeindebund, der Jüdische Frauenbund, die Zentralstelle für Jüdische Wanderarmenfürsorge und die Zionistische Vereinigung für Deutschland. Als erster Vorsitzender der Zentralwohlfahrtsstelle amtierte Eugen Caspary, ihm folgte ab 1926 Leo Baeck. Das Autonomiebestreben der einzelnen Organisationen, zu denen in der Weimarer Republik die neugegründeten Landes- bzw. Provinzialwohlfahrtsverbände der jüdischen Landesverbände hinzutraten, setzte der Tätigkeit der Zentralwohlfahrtsstelle, die seit 1924 als Spitzenverband der Wohlfahrtspflege staatlich anerkannt war, jedoch enge Grenzen. Ihren Status beschrieb Georg Lubinski, der von 1933 bis 1938 die Abteilung für Sozialarbeit und Berufsumschichtung bei der Reichsvertretung leitete, zutreffend als «eine Zentrale ohne Vollzugsgewalt und ohne Organisationsgewalt»[154].

Wenngleich der äußere Druck nach 1933 zu einer gegenseitigen Annäherung der einzelnen Wohlfahrtsträger und zu einer Aufwertung der Zentralwohlfahrtsstelle führte, blieb doch das Problem der gleichmäßigen Verteilung der finanziellen Lasten, des Ausgleiches zwischen reichen und armen Gemeinden ungelöst. Symptomatisch für das zähe Ringen um Geld und Kompetenzen war die Schlußbemerkung eines Artikels über ‹Reform und Lastenausgleich der Gemeinden und Sozialverwaltung›:

«Das Leben der jüdischen Gemeinden, ihre Organisationsformen, ihre Auffassung von der Solidarität der deutschen Juden sind teilweise noch immer von dem Geiste des bürgerlichen Individualismus bestimmt. Die umgebende Welt ist längst über diese Formen hinausgegangen. Wir verlangen keine Anpassung an die Formen der Umwelt. Wir können aber nicht auskommen, ohne daß wir dem Leben der deutschen Juden eine Form schaffen, die der Ausdruck einer einheitlichen Lebens- und Schicksalsgemeinschaft ist.»[155]

Die nachdrücklich geforderte Vereinheitlichung der jüdischen Wohlfahrtspflege konnte die Zentralwohlfahrtsstelle auch nach ihrer Eingliederung in die Reichsvertretung im April 1935 nur zum Teil durchsetzen. Die Auflösung aller selbständigen wohltätigen Stiftungen und Anstalten erfolgte erst mit der 10. Verordnung zum Reichsbürgergesetz vom 4. Juli 1939, die die Anfang des Jahres gegründete «Reichsvereinigung der Juden in Deutschland» zum alleinigen Träger der jüdischen Wohlfahrtspflege bestimmte. Die vordringlichste Aufgabe, die sich der Zentralwohlfahrtsstelle in den ersten Jahren des Dritten Reiches stellte, war die Betreuung der ländlichen Klein- und Kleinstgemeinden, die zum Teil schon vor 1933 außerstande gewesen waren, bedürftige Gemeindemitglieder ausreichend zu unterstützen. In welch trostloser Situation sich zahlreiche Kleingemeinden befanden, schildert der Arbeitsbericht des Zentralausschusses für das Jahr 1933. Ihm lagen die Berichte von Reisefürsorgerinnen zugrunde, die die Zentralwohlfahrtsstelle entsandt hatte:

«Die Jugend hat diese Gemeinden zum größten Teil verlassen und ist entweder in die größeren Städte gezogen oder hat sich nach dem Auslande begeben. Die finanziell tragfähigeren Kreise in den kleineren Gemeinden, wirtschaftlich schwer geschädigt, haben ihre geschäftlichen Interessen zumeist in die großen und größeren Gemeinden verlegt.

So ist in den kleineren Gemeinden eine Bevölkerungsschicht zurückgeblieben, die zu einem wesentlichen Teil überaltert ist, zum Teil, wirtschaftlich nicht mehr verankert, auf wohlfahrtspflegerische Hilfsmaßnahmen angewiesen ist ...

Diese ständig steigende Zahl der Fürsorgebedürftigen erzwang eine starke Herabsetzung ihres Lebensstandards und eine Senkung der Unterstützungsbeiträge, die oft aus Mangel an ausreichenden Mitteln leider ein kaum erträgliches Maß annehmen mußten.«[156]

Der Kreis der Bedürftigen beschränkte sich jedoch nicht allein auf Landgemeinden. In Berlin mit seinem großen Anteil osteuropäischer Juden, die zumeist in sehr beschränkten Verhältnissen lebten, wurden 1933 über 20000 Personen neben der öffentlichen Fürsorge zusätzlich von der jüdischen Gemeinde unterstützt, 1934 waren es bereits 31000. Erschwerend kam hinzu, daß fast alle Großstädte und zahlreiche Mittelstädte als Notstandsgebiete ausgewiesen waren, die neu zuziehenden Wohlfahrtsempfängern nur den allernotwendigsten Lebensunterhalt gewährten, so daß weitere Leistungen seitens der jüdischen Wohlfahrtspflege unumgänglich wurden.

Die Aufwendungen der jüdischen Gemeinden wiesen starke Schwankungen auf, da in manchen Orten sämtliche Ausgaben aus dem Gemeindeetat bestritten wurden, während in anderen Stiftungen und private Vereinigungen für den Unterhalt der offenen Wohlfahrtspflege aufkamen. An der Spitze lag Berlin, wo 1934 pro Kopf der jüdischen Bevölkerung 22,84 RM für Wohlfahrtszwecke verwandt wurden, gefolgt von Altona mit 16,69 RM und Hamburg mit 14,62 RM. Am Ende der Skala lagen Wuppertal-Barmen mit 1,39 RM und Darmstadt mit 1,22 RM. Die Auswanderung vor allem junger und wohlhabender Personen bewirkte eine zunehmende Überalterung und eine weitere finanzielle Schwächung der Gemeinden, deren Aufwendungen gleichzeitig stiegen. 1935 betrug der Anteil der «Soziallasten» am Gemeindeetat in Aachen bereits 38,5% und in Berlin 35,5%. Von 68 im Arbeitsbericht des Zentralausschusses erfaßten Gemeinden gaben vier mehr als 30% für Wohlfahrtspflege aus, 14 20–30% und 21 10–20%. Bei 29 Gemeinden lag der Anteil jedoch unter zehn Prozent.[157]

Wie unterschiedlich die Finanzierung der steigenden Sozialausgaben – Wohlfahrtspflege, Berufsausbildung und -umschichtung, Auswanderung und Wirtschaftshilfe – erfolgte, zeigt das Beispiel dreier badischer Gemeinden. In Mannheim wurden die Ausgaben je zur Hälfte aus dem regulären Etat und aus Spenden gedeckt. In Karlsruhe betrug das Verhältnis etwa 2 zu 7. In Freiburg schließlich wurden nur acht Prozent der Aufwendungen für Soziales aus Steuermitteln aufgebracht. Einen Einblick in die Ausgabenstruktur der Etats der genannten Gemeinden gibt folgende Aufschlüsselung aus dem Jahre 1938:[158]

Gemeindeetat	Angaben in %					
	1932/33	1933/34	1934/35	1935/36	1936/37	1937/38
Mannheim						
Kultus u. kulturelle Bedürfnisse*	29	30	30	34	35	36
Baubedürfnisse**	31	30	20	23	24	18
Verwaltungsaufwand	10	10	11	11	8	10
Soziale Bedürfnisse***	30	30	31	32	33	36****
Karlsruhe						
Kultus u. kulturelle Bedürfnisse	44	40	38	37	33	33
Baubedürfnisse	12	14	18	13	13	16
Verwaltungsaufwand	5	5	4	5	4	4
Soziale Bedürfnisse	39	41	40	45	50	47
Freiburg						
Kultus u. kulturelle Bedürfnisse	63	63	63	63	63	63
Baubedürfnisse	20	20	20	20	20	20
Verwaltungsaufwand	10	10	10	10	10	10
Soziale Bedürfnisse	7	7	7	7	7	7

* Vor allem Ausgaben für Kultusbeamte, Lehrer und sonstige Angestellte.

** Für Unterhalt und Instandsetzung sowie Versicherung von Gebäuden; Verzinsung und Tilgung von Bankschulden usw.

*** Wohlfahrtspflege, Berufsausbildung, Berufsumschichtung, Wanderung und Wirtschaftshilfe ohne Darlehenskasse und ohne Winterhilfe.

**** Die in Mannheim z.T. noch sehr leistungsfähigen freien Wohlfahrtsvereine entlasten das Wohlfahrts- und Jugendamt der Gemeinde erheblich. Sie bringen zusätzlich noch etwa ⅓ des Betrages auf, den die Gemeinde für soziale Zwecke ausgibt. Den obigen Zahlen liegen lediglich die Aufwendungen des Wohlfahrts- und Jugendamtes der Gemeinde zugrunde.

Der Umfang der Aufgaben, die das straff organisierte Wohlfahrtsamt der Jüdischen Gemeinde Berlin zu bewältigen hatte, schlug sich in den Zahlen des Verwaltungsberichts des Gemeindevorstandes für 1937 nieder:

«Im Jahresdurchschnitt sind etwa 16000 Personen laufend betreut und unterstützt worden. Durch die sieben Bezirke sind 309000 RM gelaufen, die im wesentlichen für Barunterstützungen, Lebensmittel, Hauspflegen und Mietbeihilfen verwendet wurden, außerdem für Sonderfälle 90000 RM. Von der Zentrale wurden unmittelbar noch 156000 RM an Unterstützungen gewährt. In den 10 Küchen des Wohlfahrtsamtes wurden 330000 Portionen ausgegeben, von den subventionierten Vereinsküchen weitere 210000 Portionen. Die Mietabteilung gewährte 1300 Familien annähernd 15000 RM und konnte dadurch vielfach Exmissionen vermeiden. Die Fürsorgestelle für Durchreisende und Obdachlose trat in 8900 Fällen mit einem Aufwand von 60000 RM ein. Daneben hat die

Gefangenen-Fürsorgestelle 830 Personen betreut und dafür 6800 RM verausgabt. Die Paßstelle wurde von 7700 Personen aufgesucht. Für Paßgebühren und mit der Auswanderung verbundenen Nebenkosten trug die Gemeinde, nach dem Abkommen mit dem Hilfsverein, 57000 RM.

Durch die Gesundheitsfürsorge wurden 454 Erwachsene verschickt, davon 287 zu Heilkuren, 67 in Lungenheilstätten und 100 zu Erholungszwecken. In Familienpflegestellen waren 60 Kranke und Sieche untergebracht.

Die Jugendwohlfahrt führt u.a. die Schulspeisung durch: 1200 Portionen täglich, 250000 im Jahr. In Kindertagesheimen waren täglich 1200 Kinder untergebracht, in Berliner und auswärtigen Heimen (ohne die eigenen Einrichtungen der Gemeinde) 325, in Privatpflege 180. Verschickt wurden 1070 Kinder mit 29600 Verpflegungstagen, 2000 waren auf Ferienspielplätzen untergebracht. Die Kosten für alle diese Leistungen beliefen sich auf über 550000 RM.

Erhebliche Bedeutung haben die Kleider- und Möbelkammer. Die erstgenannte hat 42900 Personen bedient, wobei durch Instandsetzungen usw. Heimarbeiter und Geschäftsleute Verdienst haben konnten, die Möbelkammer konnte 1532 Personen berücksichtigen.

Vom Jugendpflegedezernat werden außer dem zentralen Jugendheim in fast allen Bezirken kleinere Heime unterhalten, insgesamt etwa 40 Räume, die allen Bünden Unterkunft bieten. Deren Eigenheime werden im übrigen durch Zuschüsse unterstützt. Für die körperliche Ertüchtigung stehen 3 Sportplätze mit 7 Spielfeldern und 10 Turnhallen zur Verfügung. Die sportärztliche Beratungsstelle hat in 82 Sprechstunden mehr als 500 Sportler beraten. Die Zahl der Kurse für Sprachen, Handelsfächer und jüdische Geschichte belief sich auf 50, die Hörerzahl auf etwa 1000.

An Anstalten unterhält die Gemeinde acht Altersheime mit 1000 Insassen, ein Siechenhospital mit jetzt 167 Plätzen, zwei Waisenhäuser und das ‹Jüdische Jugendwohnheim und Lehrlingsheim Pankow›.

Aus dem Bericht der Gesundheitsverwaltung ist noch zu erwähnen, daß das Krankenhaus täglich mit etwa 220 Patienten belegt war, die Poliklinik 9500 erstmalige und 39500 wiederholte Besucher aufzuweisen hatte. Der Krankenfürsorgedienst versorgt ambulant Kranke mit Diätnahrungsmitteln und arbeitet mit der Hauspflegeorganisation zusammen.»[159]

Nach dem Rechenschaftsbericht, den der Gemeindevorsitzende Heinrich Stahl am 20. Dezember 1937 der Repräsentantenversammlung gab, zählte die Berliner Gemeinde gegen Jahresende etwa 140000 Mitglieder und umfaßte nach seiner Schätzung rund 40% aller noch in Deutschland wohnenden Juden. Der Gemeindeetat, aus dem auch rund 1300 Beamte und Angestellte bezahlt wurden, betrug 1937 14 Millionen RM. Neben den Ausgaben für Wohlfahrtspflege nannte Stahl weiterhin an einzelnen Etatposten: Subventionen für die privaten Synagogenvereine in Höhe von rund 200000 RM, für das Palästina-Amt 30000 RM, für den Hilfsverein der Juden in Deutschland, der die Auswanderung in andere Länder organisierte, 240000 RM sowie einen Zuschuß für den Jüdischen Kulturbund in Höhe von 36000 RM.[160]

Drei einzelne Fälle aus dem Alltag einer jüdischen Sozialarbeiterin in Berlin sollen deutlich machen, welche verschiedenen individuellen Notsituationen in den Statistiken und Bilanzen der Wohlfahrtspflege in abstrakten Chiffren subsumiert sind. Dem ersten von Adelheid Levy berichteten Fall lagen unauflösbare Familienzwistigkeiten zugrunde, die ein Eingreifen des Wohlfahrtsamtes zum Schutz des schwächeren Teils erforderten:

«In einer streng orthodoxen Familie kommt es zu einer heftigen Auseinandersetzung zwischen den Eltern und dem ältesten Bruder einerseits und vier Kindern im Alter von zwölf bis achtzehn Jahren andererseits. Da die Kinder nicht alles streng beobachten, was nach Ansicht der Eltern unerläßlich ist, werden sie gezüchtigt. Sie bitten um anderweitige Unterbringung. Das jüdische Wohlfahrtsamt verhandelt mehrmals mit den Eltern und den Kindern, getrennt und gemeinsam, immer wieder erfolglos. Ein weiteres Zusammenleben ist in diesem Fall wirklich unmöglich. Es gelingt, der ältesten Tochter eine Arbeitsstelle zu beschaffen, der zweiten eine landwirtschaftliche Lehrstelle mit Kost und Logis; die dritte Tochter findet in einem jüdischen Heim Aufnahme, der Bruder bekommt zunächst städtische Unterstützung. Hier sind vier junge entwicklungsfähige Menschen gerettet worden, die ohne Hilfe sicherlich seelisch zugrunde gegangen oder auf die schiefe Ebene geraten wären.»

Falls eine Arbeitsbeschaffung in Deutschland nicht möglich war, vergab das Wohlfahrtsamt auch Beihilfen zur Auswanderung, wie in diesem Fall:

«Ein 34jähriger Händler, Pole, seit 1914 in Deutschland, mußte sein Gewerbe im Sommer 1933 abmelden. Es bestand für ihn keine Aussicht, wieder in seinem bisherigen Beruf seinen Lebensunterhalt für seine vierköpfige Familie zu verdienen. Die jüdische Berufsumschichtung verhalf ihm auf Befürwortung des jüdischen Wohlfahrtsamtes zur Ausbildung als Maler. Auf Grund dieser Ausbildung erlangte er ein (Einreise)Zertifikat. Er bedurfte zur Auswanderung nach Palästina eines größeren Beitrages zum Transport seiner Möbel. Ferner fehlten allen Familienmitgliedern Kleidungsstücke. Hier trat das jüdische Wohlfahrtsamt weitgehendst ein, so daß die Übersiedlung ermöglicht wurde, und die Familie sich nunmehr in Palästina eine neue Existenz aufbauen kann.»

Konnte erwerbsfähigen Personen häufig mit einmaligen Leistungen geholfen werden, so benötigten Kranke und Alte der ständigen materiellen und seelischen Fürsorge:

«Ein Synagogendiener von 72 Jahren, der schon mehrere Schlaganfälle hatte, leidet an geistiger Altersschwäche. Seine Frau, 70 Jahre alt, ist schwer zuckerkrank. Vor 2 Jahren wurde ihr ein Bein amputiert; sie ist völlig hilflos. Trotzdem will sie sich von ihrem Manne auf keinen Fall trennen und – wie es erforderlich ist – in ein Hospital gehen. Das jüdische Wohlfahrtsamt gibt ihr erst laut Attest 2 Krücken; dann gelingt es, durch ein Inserat im Gemeindeblatt, einen fahrbaren Krankenstuhl zu beschaffen. Die Frau ist glücklich, nach Monaten dadurch wieder an die Luft zu kommen. Doch der Zustand wird immer unhaltbarer. Die Hauspflege hält die Pflege im Haushalt nicht mehr aus, da es unmöglich ist, die verwanzte und schmutzige Wohnung sauber zu halten. Hier arbeiten die Gesundheitsfürsorgerin und ein orthodoxer ehrenamtlicher ‹Pfleger› sehr intensiv mit dem Arzt und der Hauspflege zusammen, um die Zeit bis zur Hospitalisierung, die immer unaufschiebbarer geworden ist, durchzuhalten.»[161]

Zahlreiche Kleingemeinden waren jedoch schon 1935 nicht mehr in der Lage, ihre Hilfsbedürftigen angemessen zu unterhalten, und mußten deshalb von der Zentralwohlfahrtsstelle bzw. den ihr unterstellten Landes- oder Provinzialfürsorgestellen betreut und finanziell unterstützt werden. Ende 1936 galten nach eingehender Prüfung der wirtschaftlichen Situation 276 jüdische Gemeinden als «Notstandsgemeinden», deren Anzahl sich bis Ende 1937 auf 309 erhöhte. Weitere 303 Gemeinden waren zu diesem Zeitpunkt als «Teilnotstandsgemeinden» eingestuft.[162] Andere Belastungen ergaben sich aus dem Entzug verschiedener steuerlicher Begünstigungen. Im April 1936 entzog der Reichsfinanzhof den jüdischen Wohlfahrtseinrichtungen die Gemeinnützigkeit, und im Dezember hob er in einem weiteren Grundsatzurteil die Steuerbefreiung für mildtätige jüdische Vereine auf. Beide Urteile hatten weitreichende Folgen, da sie auch rückwirkend auf alle noch nicht abgeschlossenen Steuersachen angewandt werden durften. Außerdem wurden jüdische Wohlfahrtsanstalten von der Umsatzsteuerbefreiung ausgeschlossen.[163]

Die Jüdische Winterhilfe

Einen ersten Schritt zur zusätzlichen Finanzierung ihrer rasch anwachsenden Ausgaben unternahm die Zentralwohlfahrtsstelle Mitte 1934 mit der «Blauen Beitragskarte», die an die reichsweite Sammlung «Jüdische Not» während der Inflationszeit anknüpfte. Die Sammlung floß zu zwei Dritteln der örtlichen Wohlfahrtspflege zu, der Rest ging an die Zentralstelle. 1935 betrug das Spendenaufkommen ca. 310000 RM, 1936 595000 RM, 1937 527000 RM und 1938 415000 RM. Der tiefe Einbruch, den das Jahr 1939 für die jüdische Wohlfahrtspflege brachte, zeigte sich auch hier im drastischen Rückgang der Spenden auf 62765 RM.[164]

Die bedeutendste Leistung der Zentralwohlfahrtsstelle war die Organisation der «Jüdischen Winterhilfe» (JWH), die ihre übrigen Tätigkeitsfelder weit in den Schatten stellte. Bis September 1935 hatte das «Winterhilfswerk des deutschen Volkes», das an frühere Aktionen der Winternothilfe seitens der freien Wohlfahrtsverbände während der Endphase der Weimarer Republik anknüpfte, auch bedürftige Juden mitbetreut. Gewisse Probleme gab es in Hessen, Bayern und der Pfalz, wo lokale Instanzen wiederholt jüdische Hilfsbedürftige bei der Verteilung von Lebensmitteln, Kleidern und Brennstoffen übergingen. Nach der Verabschiedung der Nürnberger Gesetze wurden Juden generell als Empfänger wie Spender aus dem Winterhilfswerk ausgeschlossen, so daß mit Zustimmung der zuständigen NS-Behörden der Aufbau eines selbständigen jüdischen Hilfswerks in Angriff genommen werden mußte.

Mitte Oktober 1935 wandte sich die Reichsvertretung, unterstützt von allen großen jüdischen Verbänden, erstmals mit einem Aufruf an die Gemeinden:

«Kein Hungernder unserer Gemeinschaft darf in diesem Winter ohne Nahrung, kein Bedürftiger ohne Kleidung und niemand ohne Obdach sein! Niemand darf in seinem Vertrauen auf unsere Hilfsbereitschaft enttäuscht werden. Unsere Gemeinschaft, die für die Linderung der Not des Winters in diesem Jahre auf sich selbst gestellt ist, wird niemanden im Stich lassen!

Seid Euch Eurer Verantwortung bewußt, wenn die Jüdische Winterhilfe Eurer Gemeinde in diesen Tagen zum ersten Mal an Euch herantritt.»[165]

Die Kampagne selbst wurde am 20. Oktober mit einer großen Festveranstaltung in Berlin eröffnet, in der Leo Baeck eindringlich den Willen zur Selbstbehauptung in schwerer Zeit beschwor:

«Um uns erhebt sich das Schicksal. Es droht uns oft zu erdrücken. Aber das wäre das Schlimmste, wenn das Leben mit seinem Druck uns sinnlos werden sollte. Aller wahrer Glaube ist Glaube, der sich über das Schicksal erhebt, ist der Wille, der in diesem Glauben erwächst, der Wille zu gestalten und zu schaffen, das Gesetz zu erfüllen. Durch unsere Winterhilfe können wir stärker werden als das Schicksal.»[166]

In ihrem Aufbau entsprach die Jüdische Winterhilfe dem nationalsozialistischen Winterhilfswerk: Lohn- und Gehaltsempfänger hatten einen monatlichen Beitrag von 10% der Lohnsteuer zu entrichten, den die Arbeitgeber automatisch einbehielten. Bei Arbeitnehmern, die auch zur Einkommenssteuer veranlagt waren, kamen zusätzlich 3% der Einkommenssteuer von 1934 hinzu. Bei Gewerbetreibenden, Freiberuflern und Inhabern offener Handels- und Kommanditgesellschaften betrug der Satz mindestens 3% der vorjährigen Einkommenssteuer. Steuerpflichtige, die nicht der Einkommenssteuer unterlagen, hatten 3% ihres Vermögenssteuersatzes von 1934 zu entrichten. Durch den Vergleich mit den Unterlagen der Steuerabteilungen der jüdischen Gemeinden war, wie der Arbeitsbericht des Zentralausschusses für 1935 mit Genugtuung festhielt, eine «lückenlose Erfassung» gegeben: «Wich die Spende erheblich von den in den Richtlinien aufgestellten Richtsätzen ab, so wurde der Spender entweder schriftlich oder mündlich aufgefordert, seinen Beitrag zu erhöhen.»[167]

Zu den steuerähnlichen Spenden, die während des ganzen Winterhalbjahres zu entrichten waren, kamen zahlreiche weitere Aktionen, die von den jüdischen Verbänden und einem Heer freiwilliger Helfer durchgeführt wurden: Haussammlungen, Büchsensammlungen bei öffentlichen und kulturellen Veranstaltungen, Lebensmittel- und Kleidersammlungen («Pfundsammlungen») sowie die ebenfalls vom Winterhilfswerk übernommene Form der monatlichen Eintopfspende. Wie sich die jüdische Presse der Werbung für die Winterhilfe annahm, zeigt ein Ausschnitt aus einer Reportage über den ersten Eintopfsonntag in Berlin:

«In den meisten Fällen ist der Empfang, der einem zuteil wird, durchaus ein freudiger, die Hilfsbereitschaft eine Selbstverständlichkeit: besonders aber, das muß gesagt werden, bei denen, die selbst ganz arm sind, so daß man ihnen eigentlich etwas schenken möchte, statt was von ihnen mitzunehmen: da ist z.B. eine kahle Stube, die einzige, in der die Familie haust; junge Menschen, zwei Kinder sind da. Der Mann scheut sich, den Betrag von Pfennigen zu nennen, den er geben kann, er weint, daß es nicht mehr ist ...

Viele Stunden hat die Wanderung gedauert. Ein wenig müde, aber froh im Gefühl, etwas geschafft zu haben, kommt man zu der Familie, die einen selbst zu Tische gebeten hat. Eben kehren auch die beiden Söhne von ihrem Sammelgang zurück. Natürlich haben sie Hunger, alle; aber zuerst wird abgerechnet – die Quittungsblocks, die Listen kontrolliert und der Inhalt der schwarzen Geldtasche voll Eifer gezählt: es stimmt! ‹Ach, du hast mehr als ich!› Enttäuschung und neuer Entschluß zu noch größerem Einsatz der Person spricht deutlich aus den Mienen des einen Jungen: nun, einer muß doch mehr haben! Und dann bringt die Mutter eine große, dampfende Schüssel auf den Tisch: Brühe mit Kartoffeln- und Gemüseeinlage.»[168]

Der Appell an Opferbereitschaft und Solidarität verhallte nicht ungehört. Die erste Sammelaktion der Jüdischen Winterhilfe erbracht 3,64 Millionen RM. Davon entfielen 63,3% auf den Abzug vom Arbeitslohn und anderen Einkommensarten, 22,9% auf einmalige Spenden, den Rest erbrachten die Eintopfspende und andere Sammlungen. Unterstützt wurden im Winter 1935/36 83761 «Glaubensjuden», was einem Anteil von 20,48% der jüdischen Bevölkerung entsprach, sowie 1580 Personen, die der jüdischen Gemeinschaft nicht im religiösen Sinne angehörten. An der Spitze lagen die Grenzmark Posen-Westpreußen mit 33,85% und das Saarland mit 30,74%, merklich unter dem Reichsdurchschnitt lagen nur Württemberg (14,07%), Bayern (15,77%), Pfalz (16,57%) und Baden (18,12%).[169] Zur Verteilung gelangten vorwiegend Sachwerte, vor allem Kohle und Kleidung, die bevorzugt in jüdischen Betrieben eingekauft wurden, womit die Winterhilfe zugleich einen Beitrag zur Stärkung des jüdi-

Sammlung für die Jüdische Winterhilfe

Chanukka-Feier im Kinderspielkreis der Berliner Zionistischen Vereinigung

schen Wirtschaftssektors leistete. Die Verteilung von Textilien hatte Wirkungen über den materiellen Effekt hinaus:

«Der Bedarf an Kleidungsstücken war sehr erheblich. Die vorwiegend aus dem Mittelstand stammenden Hilfsbedürftigen hatten zum großen Teil ihren Bestand an Kleidern aufgebraucht . . . Die Zuwendung von Kleidungsstükken ist von den Hilfsbedürftigen besonders dankbar empfunden worden. Der soziale Abstieg kommt äußerlich ja am stärksten durch die Minderung der Kleidung zum Ausdruck. Hier wieder ausgleichen zu können, bedeutet oftmals nicht nur materielle, sondern auch seelische Hilfe.»[170]

Der moralischen Unterstützung dienten auch zahlreiche kulturelle Veranstaltungen, die im Zuge der sogenannten «seelischen Winterhilfe» stattfanden. Soweit sie nicht kostenlos waren, erhielten Bedürftige Freikarten und, wenn sie isoliert auf dem Land wohnten, auch Ersatz für die Fahrtkosten. Auch wurden Kinder notleidender Familien an Chanukka und Purim zu gemeinsamen Feiern eingeladen und mit kleinen Geschenken bedacht oder Alleinstehenden mit einem Freiabonnement jüdischer Zeitungen die langen Abende verkürzt. Die Jüdische Winterhilfe trug damit nicht nur wesentlich zur Linderung materieller Not bei, sondern stärkte zugleich das Gemeinschaftsbewußtsein und wirkte der gesellschaftlichen Isolation entgegen. Die Empfänger revanchierten sich mit Dankschreiben:

«Ich sage Ihnen meinen herzlichsten Dank für das schöne Paket. Die Sachen passen sehr gut und sind außergewöhnlich schön. Man sieht, daß da mit Liebe gearbeitet wird. Ein aufrichtiges ‹Vergelts G'tt!› Ich glaubte niemals, daß ich so etwas nötig hätte, denn wenn man selbst immer gerne gab und wohlhabend war, ist das sehr bitter, nehmen zu müssen.»

«Ich danke Ihnen vielmals und herzlichst für das mir überlassene Exemplar des ‹Israelitischen Familienblattes›. Sie haben mir damit eine große Freude bereitet und über viele einsame Stunden hinweggeholfen. Auch danke ich Ihnen für sonstige Zuweisungen der Winterhilfe herzlichst.»[171]

Im Winter 1936/37 betrug das Ergebnis der Winterhilfe 3,63 Millionen RM, ein Jahr später 3,31 Millionen RM. Der Rückgang des Spendenaufkommens verlief langsamer als die Abnahme der jüdischen Bevölkerung, die Ende 1937 noch auf etwa 371 000 Personen geschätzt wurde. Die Zahl der Unterstützten sank von 82 067 auf 77 231, prozentual stieg jedoch der Kreis der Hilfsbedürftigen 1937/38 auf 20,79%.[172] 33,2% der Hilfeempfänger waren zwischen 45 und 65 Jahre alt, 16,4% über 65 Jahre. In der Berufsgliederung stellten, wie nicht anders zu erwarten, Hausfrauen, Schüler und sonstige Personen ohne Beruf die größten Gruppen. Bemerkenswert ist jedoch der hohe Anteil von Selbständigen, die ein Fünftel aller Hilfsbedürftigen stellten.

In Berlin betreute die Winterhilfe 1937/38 mit einem Stab von 120 Festangestellten und 5000 ehrenamtlichen Helfern rund 25 800 Personen. Unter ihnen befanden sich auch 1800 Personen aus Mischehen, die seit 1936/37 von der Jüdischen Winterhilfe betreut werden mußten, wenn der Haushaltsvorstand Jude war. Die Hälfte der Hilfsbedürftigen stellten Alleinstehende, ein weiteres Viertel Zwei-Personen-Haushalte. Unter den Betreuten befanden sich 3500 Kinder, 2000 Jugendliche und 4000 alte Menschen über 65 Jahren. 20% waren ausländische, 10% staatenlose Juden. Die Bilanz war ein eindrucksvolles Zeichen der Solidarität:

«Was hat die Jüdische Winterhilfe nun an Leistungen ihren Betreuten gegeben? Da sind zunächst und in erster Linie die Regelleistungen zu nennen: 88 714 Ztr. Kohlen im Werte von nahezu RM 120 000.–, 12 379 Lebensmittelscheine im Werte von über RM 210 000.–, 11 163 Ztr. Kartoffeln im Werte von etwa RM 33 000.–, 74 664 Pfundpakete im Werte von nahezu RM 190 000.– bildeten die Leistungen, die jedem der 26 000 Betreuten einheitlich monatlich zugute kamen. Außer diesen Regelleistungen aber wurden in allen Notfällen zahlreiche Sonderleistungen gewährt. Wir nennen u. a. die folgenden:

Über 5000 Barunterstützungen, die einen Gesamtwert von nahezu RM 60 000.– darstellen, 4000 Portionen Mittagessen, über 1000 Lebensmittelscheine an Durchwanderer, ärztliche Versorgung und Versorgung mit Medikamenten, orthopädische Schuhe, zahnärztliche Behandlung, für RM 10 000.– Diätpakete, die durch den Krankenfürsorgedienst verteilt

Jüdische Winterhilfe 1937/38[173]

Berufsgliederung der Hilfsbedürftigen

Berufe	In Gemeinden bis zu 100 Seelen m.	w.	v. 100–500 Seelen m.	w.	ab 500 Seelen m.	w.	Insgesamt m.	w.
Landwirte	204	26	32	6	163	23	399	55
Handwerker								
selbständige	368	67	249	47	1394	380	2011	494
Gehilfen	123	22	106	16	2184	655	2413	693
Arbeiter								
gelernte	89	16	107	30	1048	499	1244	545
ungelernte	247	33	214	39	1366	599	1827	671
Vertreter	133	5	182	21	2033	174	2348	200
Händler	1297	104	688	87	2094	564	4079	755
Sonst. selbst. Kaufleute	486	78	318	47	2470	208	3274	333
Kaufm. u. Büro-angestellte	166	68	234	138	3730	2649	4130	2855
Freie Berufe	54	20	72	33	1304	664	1430	717
Hausangestellte	4	183	4	116	65	1806	73	2105
Rentner u. Pens.	120	210	149	176	806	1312	1075	1698
Hausfrauen	–	2911	–	2164	–	10723	–	15798
Schüler	753	733	592	565	3697	3554	5042	4852
Sonst. ohne Beruf	768	1519	552	904	3051	7686	4371	10109
Ohne Angabe	304	304	204	239	243	341	751	884
Gesamt	5113	6302	3707	4624	25647	31838	34467	42764

Altersgliederung der Hilfsbedürftigen

Alter in Jahren	In Gemeinden bis zu 100 Seelen m.	w.	von 100 bis 500 Seelen m.	w.	ab 500 Seelen m.	w.	Insgesamt m.	w.
bis 6	243	232	201	191	1353	1424	1797	1847
über 6–14	656	673	504	534	3083	2997	4243	4204
″ 14–21	499	289	339	268	2763	2261	3601	2818
″ 21–35	452	434	353	403	3105	3569	3910	4406
″ 35–45	672	930	563	756	3866	5199	5101	6885
″ 45–65	1675	2298	1169	1562	8109	10832	10953	14692
″ 65	888	1405	559	875	3361	5546	4808	7826
Ohne Angabe	28	41	19	35	7	10	54	86
Gesamt	5113	6302	3707	4624	25647	31838	34467	42764

wurden, etwa 1000 Pakete an nahezu 200 besonders pflegebedürftige Kinder im Werte von RM 5000.–.

Zu Chamischa asser b'Schwat (dem Festtag der Kinder im Januar bzw. Februar) wurden an Familien mit 2 und mehr Kindern Obsttüten verteilt, zu Chanukka erhielten 3615 Kinder Kleidung im Werte von RM 40000.– sowie Spielzeug und Süßigkeiten im Werte von RM 2000.–.

Während des Winters wurden ferner Bekleidungsgegenstände im Werte von nahezu RM 300000.– zur Verteilung gebracht ... Dabei wissen wir, daß trotz dieser gewaltigen Leistung nicht einmal alle Wünsche unserer Betreuten bezüglich der Kleidung berücksichtigt werden konnten.

Neben der materiellen darf aber nicht die seelische Betreuung vergessen werden. Es wurden von uns während des vergangenen Winters 5 Konzerte, 1 Kammer-Musikabend, 11 Kinder-Nachmittage, 26 Bunte Abende und 5 Filmvorführungen durchgeführt, die von über 24000 Personen besucht wurden. Außerdem waren wir in der Lage, unseren Betreuten nahezu 1500 Freikarten für andere Veranstaltungen, z. B. durch Entgegenkommen des Kulturbundes für seine Vorstellungen, ferner für Vorträge, Konzerte, Oratorien u. a. zur Verfügung zu stellen.»[174]

Probleme und Grenzen der jüdischen Sozialarbeit

Viele Juden lebten jedoch völlig isoliert in kleinen jüdischen Gemeinden, die ihre religiösen, sozialen und kulturellen Aufgaben nicht mehr erfüllen konnten. Ende 1937 zählten von den rund 800 Gemeinden des Preußischen Landesverbandes über 400 weniger als 50 Seelen. In Ostpreußen waren 31 von insgesamt 42 Gemeinden unter 50 Seelen bereits aufgelöst oder standen kurz vor ihrer Liquidation, in Pommern waren es 17 von 29 Gemeinden, in Westfalen 36 von 62. Von den ehemals 260 Gemeinden des Hessischen Landesverbandes bestanden nur mehr 200[175]. Der Auszehrungsprozeß der jüdischen Gemeinschaft, die Ende 1937 noch etwa 350000 Personen gegenüber knapp einer halben Million 1933 umfaßte, führte nicht nur zur Verödung zahlreicher Landgemeinden, in denen vorwiegend alte Leute zurückblieben, sondern minderte auch die Leistungsfähigkeit der mittleren und größeren Gemeinden. Ende 1937 besaßen nur mehr 52 von insgesamt 1400 jüdischen Gemeinden mehr als 500 Seelen, während es 1933 noch 67 von rund 1600 gewesen waren. 1933 gab es noch zehn Großgemeinden mit über 5000 Seelen, in denen 55% der jüdischen Bevölkerung ansässig waren. 1937 lebten jedoch 63% in Berlin, Frankfurt a. M., Breslau, Hamburg, Köln, Leipzig und München, während die jüdischen Gemeinden Nürnberg, Mannheim und Düsseldorf nun weniger als 5000 Seelen zählten[176].

Trotz großer Anstrengungen konnten die meisten jüdischen Gemeinden den steigenden sozialen Anforderungen immer weniger gerecht werden.

Gemeindegröße	Mitte 1933		Ende 1937	
	Anzahl	Seelenzahl	Anzahl	Seelenzahl
500–1000	21	14200	17	10000
1000–5000	36	78000	28	60000
über 5000	10	278000	7	230000

Bereits für das Jahr 1937 mußte der Arbeitsbericht der Reichsvertretung eingestehen, daß die Zentralwohlfahrtsstelle an die Grenzen ihrer Leistungsfähigkeit angelangt war:

«Während es in den letzten Jahren noch möglich war, allen berechtigten Anforderungen an die Wohlfahrtspflege zu genügen, tritt jetzt immer die Situation ein, in der die Gegebenheiten des Budgets das entscheidende Wort sprechen müssen und oft selbst dringend notwendige Anforderungen auf dem Gebiet der Wohlfahrtsbetreuung aus Mangel an Mittel nicht mehr erfüllt werden können ... Aus allen Bezirken erhielt die Zentralwohlfahrtsstelle Anträge, die Kontingente zu erhöhen, weil der Bedarf gestiegen war. Alle diese Anträge mußten schweren Herzens abgelehnt werden.»

Welche Konsequenzen dies für das Einzelschicksal hatte, benannte der Bericht an zwei Fallbeispielen aus der «Gefährdeten-Fürsorge»:

«Kurt H., in Ostpreußen, ein geistig zurückgebliebener Junge, der in einem kleinen Dorf in Ostpreußen als einziger jüdischer Jugendlicher gänzlich isoliert lebt. Die verwitwete Mutter führt ein kleines Geschäft, das sie kaum ernährt. Für den Jungen war eine Unterbringung in der Farm vorgesehen, wo man ihn gegen ein monatliches Pflegegeld von RM 45.– aufnehmen wollte. Ein in Berlin lebender Bruder war bereit, RM 10.–, der Provinzialverband weitere RM 10.– aufzubringen. Der Antrag lautete daher auf RM 25.– monatlich. Er mußte aus Mangel an Mitteln abgelehnt werden, obwohl sich die Farm, die für den Jungen durchaus geeignet gewesen wäre, zur Aufnahme bereit erklärt hatte.»

«Hildegart B., Bezirk Kassel, 13 Jahre alt. Nach völliger Verarmung der Familie Auflösung des Haushaltes, damit die Eltern Stellung annehmen können; die Kinder, sonst ohne Aufsicht und Pflege, sind inzwischen in das Waisenhaus Kassel aufgenommen worden. Von den aufzubringenden RM 45.– monatlich können RM 20.– durch Angehörige, RM 10.– durch die Wohlfahrtsstelle Kassel aufgebracht werden. Der Antrag der Gefährdeten-Fürsorge der Zentralwohlfahrtsstelle auf Übernahme der restlichen RM 15.– monatlich mußte wegen Mittelverknappung abgelehnt werden.»[177]

Aber auch auf anderen Gebieten waren die im Zentralausschuß für Hilfe und Aufbau zusammengeschlossenen Selbsthilfeorganisationen an die Grenzen ihrer finanziellen Möglichkeiten angelangt:

«Im laufenden Jahr mußten wir erstmals Anträge an den Schulkinder-Fonds aus Mangel an Mitteln ablehnen, obwohl die zur Entscheidung unterbreiteten Fälle keineswegs weniger dringlich waren als die bisher bewilligten Gesuche. Es ist sogar manchmal vorgekommen, daß Kinder, die bereits eine jüdische Schule besuchten, wieder in ihre ursprüngliche Schule zurückkehren mußten, weil die Übernahme der Kosten für ihre Unterbringung außerhalb der Familie nicht möglich war ...

Wir haben die Grenzen unserer Leistungsfähigkeit auch auf dem Gebiet der offenen Wohlfahrtspflege erreicht, soweit sie von den Landes- und Provinzialverbänden für jüdische Wohlfahrtspflege ausgeübt wird. Auch hier waren wir in den letzten Monaten gezwungen, Anträge auf Vergrößerung des Wohlfahrtskontingents abzulehnen, obgleich diese Anträge sachlich voll und ganz begründet waren. Etwas günstiger liegt es damit in den Mittel- und Großgemeinden, die innerhalb der wesentlich größeren Kontingente besser disponieren können. Wir sehen also, daß durch den Mantel der Sozialarbeit die Not schon in sehr vielen Fällen hindurchschaut.

Die Berufsausbildung ist derjenige Teil unserer Arbeit, bei dem die Drosselung der Neuzugänge wiederholt das gänzlich unsoziale Mittel gewesen ist, den Umfang der Arbeit mit den finanziellen Möglichkeiten in Übereinstimmung zu bringen. Drosselung der Neuzugänge bedeutet die bewußte Ablehnung der Hilfe, obwohl die sachlichen Voraussetzungen für diese Hilfe gegeben sind ... Unbesetzte Plätze in der Berufsausbildung kosten nur ein Geringes weniger als besetzte Plätze. Dieser geringe Unterschiedsbetrag fehlt uns aber oft genug, um den Widersinn aufzuheben, der darin liegt, daß vor den Toren unserer Ausbildungsstätten ausbildungsbedürftige Jugend wartet auf Plätze, die für sie geschaffen sind, die Geld kosten und dennoch leer stehen müssen ...

Wir wollen die Aufzählung der Lücken unserer Arbeit, die bei nicht übertriebenen Anforderungen an die Sozialarbeit heute vorhanden sind, nicht weiter ergänzen. Diese Lücken zeigen uns, daß wir die eingangs gestellte Frage, ob die jüdische Sozialarbeit heute ihre Aufgabe erfüllt, *nicht bejahen* können.»[178]

Dennoch zeigte sich Georg Lubinski, der Leiter der Abteilung für Sozialarbeit und Berufsumschichtung bei der Reichsvertretung, zuversichtlich, daß die genannten Notstände durch eine umfassende Steuerreform der jüdischen Gemeinden gelöst werden könnten. Die Verschärfung der NS-Judenpolitik, die bis Ende 1938 zur endgültigen Ausschaltung der Juden aus dem Wirtschaftsleben führte, machte jedoch alle Reformvorschläge und Anstrengungen zur Selbstbehauptung der jüdischen Gemeinschaft zunichte. Im Winter 1938/39 stieg der Anteil der Hilfsbedürftigen auf rund 25% der jüdischen Bevölkerung an. Von rund 291000 noch in Deutschland verbliebenen Juden waren 70782 als notleidend bei der Jüdischen Winterhilfe registriert.

Gebiete	Winterhilfe 1935/36		Winterhilfe 1938/39[179]	
	Hilfs-bedürftige	%	Hilfs-bedürftige	%
Baden	3063	18,12	2396	26,14
Bayern	4397	15,77	3428	21,12
Hanse-Städte	3657	20,40	3853	39,51
Hessen	3263	24,43	2068	36,85
Lippe-Detmold*	69	18,16		
Mecklenburg	143	23,83	96	32,00
Sachsen	3272	18,84	2820	23,81
Württemberg	1272	14,07	1348	30,24
Berlin	29986	19,72	25604	19,70
Brandenburg	1082	19,67	1235	37,54
Grenzmark Posen-Westpreußen*	635	33,85		
Hannov.-Braunschweig	2114	20,04	1727	26,04
Hessen-Nassau	8166	20,95	6463	24,72
Hohenzollern	55	22,54	42	21,54
Ost- u. Westpreußen	1577	24,55	1243	41,39
Pfalz (Rheinpfalz)	936	16,57		
Saarland	277	30,74	989	41,89**
Pommern	1159	24,77	1008	37,14
Rheinland	8421	20,90	6848	25,38
Sachsen-Anhalt	1105	22,25	700	33,03
Südsachsen-Thüringen	615	27,63	480	26,67
(Nieder)-Schlesien	5463	25,45	4337	28,43
Ober-Schlesien***			1374	30,69
Schleswig-Holstein	985	24,20	565	44,45
Westfalen	3629	22,55	2158	23,64
Insgesamt	85341	20,48	70782	24,31

* Nur für 1935/36 angegeben.
** Die Gebiete Pfalz und Saarland sind für 1938/39 nicht gesondert ausgewiesen.
*** Nur für 1938/39 angegeben.

Noch deutlicher wird der innerhalb weniger Jahre eingetretene Verarmungsprozeß, wenn man den von der Jüdischen Winterhilfe mit dem vom NS-Winterhilfswerk unterstützten Bevölkerungsanteil vergleicht. Während der Prozentsatz der jüdischen Hilfeempfänger von 1935/36 bis 1938/39 kontinuierlich von 20,5 auf 24,3% anstieg, sank im gleichen Zeitraum der Prozentsatz der «arischen» Hilfsbedürftigen von 19,4 auf 10,4%.[180]

Bis Ende 1938 besaßen Juden einen Anspruch auf die Unterstützung durch die öffentliche Fürsorge. Die Leistungen der Jüdischen Winterhilfe stellten demgemäß in vielen Fällen nur eine Ergänzung dar, kamen aber, entsprechend den weiter gefaßten Richtlinien des Winterhilfswerks, einem größeren Personenkreis zugute. Mit der Verordnung vom 19. November 1938, die zu Jahresbeginn 1939 in Kraft trat, wurden die Juden aus der öffentlichen Fürsorge ausgegrenzt, sie seien künftig «im Falle der Hilfsbedürftigkeit auf die Hilfe der jüdischen freien Wohlfahrtspflege zu verweisen. Soweit diese nicht helfen kann, greift die öffentliche Fürsorge ein. Die Voraussetzungen der Hilfsbedürftigkeit sind streng zu prüfen.»

In der Praxis ergaben sich aus dieser Verordnung «in den verschiedenen Gemeinden die verschiedensten Regelungen und fast jede denkbare Kostenverteilung», wie die Reichsvertretung in ihrem Jahresbericht festhielt. Vielfach lehnte jedoch die öffentliche Fürsorge jegliche Kostenbeteiligung ab, solange die zuständige jüdische Wohlfahrtsorganisation und der Hilfsbedürftige noch über irgendein Vermögen verfügten. In Württemberg wurde die Verordnung beispielsweise dahingehend interpretiert, «daß von den Juden nunmehr auch der Verbrauch und die Verwertung eines kleineren Vermögens verlangt werden kann, bevor die öffentliche Fürsorge einzutreten braucht». Der dann eintretende Anspruch war auf einfachen Unterhalt, Nahrung, Kleidung und Krankenpflege beschränkt. Von den Leistungen der gehobenen Fürsorge, etwa der Wiederherstellung der Arbeitsfähigkeit, waren Juden prinzipiell ausgeschlossen. Ausnahmeregelungen bestanden nur für jüdische Schwerkriegsbeschädigte. Eine weitere Erschwerung brachte die im Dezember 1938 erlassene Verordnung, die Juden mit Ausnahme der Schwerkriegsbeschädigten von der Erhöhung der ohnehin niedrigen Renten ausschloß.

Die insgesamt anfallenden Fürsorgekosten für jüdische Hilfsbedürftige schätzte die Zentralwohlfahrtsstelle auf jährlich etwa 36 Millionen RM und kam, wie der Arbeitsbericht der Reichsvertretung für 1938 mitteilt, zu dem Ergebnis,

«daß eine derartige Summe von der jüdischen freien Wohlfahrtspflege auch bei rücksichtslosester Ausschöpfung aller Möglichkeiten der Geldbeschaffung nicht aufgebracht werden kann. Aber schon die fraglos gebotene Bestreitung eines wesentlichen Teiles der Fürsorgekosten für jüdische Hilfsbedürftige durch die freie jüdische Wohlfahrtspflege erfordert die Aufbringung gewaltiger Mittel und ihre rationelle Verteilung, die nur durch eine straffe Zusammenfassung der jüdischen Fürsorge unter der Leitung der Zentralwohlfahrtsstelle gewährleistet werden können».[181]

Am 2. Februar 1939 teilte die «Fürsorgeabteilung» der «Reichsvereinigung der Juden in Deutschland» in einem Rundschreiben, das zugleich das erste überlieferte Dokument der Reichsvereinigung darstellt, den Einrichtungen der jüdischen Wohlfahrtspflege mit, daß alle Anstalten demnächst der Reichsvereinigung unterstellt würden:

«Wir geben Ihnen zunächst von diesem Sachverhalt Kenntnis, damit alle Maßnahmen und Verfügungen unterbleiben, die die Überleitung erschweren oder dem Zweck der Vereinheitlichung zuwiderlaufen könnten. Wir bitten Sie, sich bis auf weiteres auf die Erledigung der laufenden Geschäfte zu beschränken.»[182]

Am Jahresende 1938, nachdem infolge des Novemberpogroms 19 Anstalten geschlossen werden mußten, bestanden nach einer Aufstellung der Zentralwohlfahrtsstelle noch 103 jüdische Wohlfahrtseinrichtungen:[183]

Einrichtungen Ende 1938	Anzahl	Zahl der Betten
Altersheime	67	3565
Krankenhäuser	14	1599
«Siechenheime»	6	303
Erholungsheime für Kinder	1	35
Erholungsheime für Erwachsene	2	135
Kinderheime	19	1076
sonstige Heime	8	442
Insgesamt	103	5556

Mit der Gründung der Reichsvereinigung verloren auch die jüdischen Gemeinden ihre frühere Bedeutung. Sie blieben lediglich in ihrer Eigenschaft als Kultusvereinigungen selbständig, auf dem Gebiet der Wohlfahrtspflege, dem Schulwesen und in allen anderen Bereichen wurden sie zu weisungsabhängigen Zweigstellen der Reichsvereinigung. «Auf diese Weise wurde», so der Arbeitsbericht der Reichsvertretung für 1938, «eine Solidarhaftung der jüdischen Gemeinschaft in Deutschland für das Endstadium ihrer Liquidation statuiert»[184]. Die Finanzierung aller Aufgaben erfolgte nunmehr durch Pflichtbeiträge, die alle Juden im Sinne der Nürnberger Gesetze an die Reichsvereinigung zu leisten hatten, durch Zwangsabgaben bei der Auswanderung und den Verkaufserlösen von Gemeindevermögen.

Als Mitte 1939 die Unterstellung des gesamten jüdischen Wohlfahrtswesens unter die Reichsvereinigung erfolgte, standen in Preußen 90% der jüdischen Gemeinden vor ihrer endgültigen Auflösung. Gegenüber 1933 war die jüdische Bevölkerung infolge von Emigration, Ausweisung und ‹Sterbeüberschuß› um 57,4% zurückgegangen. Von den noch verbliebenen 213930 Glaubensjuden waren 73,7% über 40 Jahre alt, während der entsprechende Anteil 1933 bei 47,7% gelegen hatte.[185] 1939 besaßen nur mehr 16% eine Erwerbsmöglichkeit, über die Hälfte von ihnen als Arbeiter. Die überwiegende Mehrheit der überalterten jüdischen Bevölkerung mußte ihren Lebensunterhalt jedoch von Ersparnissen, kümmerlichen Renten oder Unterstützungsleistungen bestreiten. Waren die vorhergehenden Jahre von Entrechtung und Verarmung gekennzeichnet, so setzte nun Verelendung und Zwangsarbeit ein, der bald die Deportation in die Konzentrationslager folgen sollte.

V.
Auswanderung aus Deutschland

Von Juliane Wetzel

Die antisemitische Politik des NS-Staates wandte sich zuallererst gegen die jüdische Intelligenz. Bücherverbrennung, Schreib- und Lehrverbot führten schon bald nach der Ernennung Hitlers zum Reichskanzler zu einem Exodus aus Deutschland, dem sich so bedeutende Wissenschaftler wie die Physiker Albert Einstein, James Franck, Otto Stern, Hans Bethe, Arno Penzias, Felix Bloch, Gustav Hertz, Max Born und Lise Meitner anschlossen, die Chemiker bzw. Biochemiker Richard Willstätter, Fritz Haber, Otto Fritz Meyerhof, Ernst Boris Chain, Konrad Emil Bloch, Fritz Lipmann, Hans Adolf Krebs und der Pharmakologe Otto Loewi, die entweder den Nobelpreis schon gewonnen hatten oder noch gewinnen sollten. Die meisten von ihnen verließen bereits 1933 Deutschland und setzten fast alle schließlich ihre Tätigkeit in den USA fort, einige blieben in England. Einen ähnlich schwerwiegenden Verlust wie die Naturwissenschaften erlitten Literatur und Geisteswissenschaften. Schriftsteller wie Arnold Zweig, Ernst Toller, Lion Feuchtwanger, Else Lasker-Schüler, Alfred Döblin und Karl Wolfskehl flüchteten 1933 zunächst nach Frankreich bzw. in die Schweiz und Kurt Tucholsky nach Schweden, 1938 verließ auch Elias Canetti, der 1981 den Nobelpreis erhalten sollte, Deutschland und kam über Frankreich nach England. Mit ihnen gingen einige der bedeutendsten deutschen Verleger: Salman Schocken, Bruno Cassirer, die Brüder Ullstein und Gottfried Bermann-Fischer. Die deutsche Geisteswissenschaft wiederum verlor Philosophen wie Theodor W. Adorno, Max Horkheimer, Hannah Arendt und Martin Buber.

Was die darstellende Kunst betrifft, so mußten viele derjenigen auswandern, die dem deutschsprachigen Theater und Film der zwanziger Jahre Weltruf eingetragen hatten: Fritz Kortner, Kurt Pinthus, Helene Weigel, Billy Wilder, Victor Barnowsky, Leopold Jessner, Ernst Deutsch, Therese Giehse, Lilli Palmer, Fritzi Massary, Paul Grätz, Erich Pommer und schließlich Max Reinhardt, der den ihm von den Nationalsozialisten angebotenen Titel «Arier ehrenhalber» ablehnte und 1933 zunächst nach Österreich und dann 1937 in die USA auswanderte. Dort arbeitete er in Hollywood und am Broadway, allerdings weniger erfolgreich als der bereits 1935 in den USA eingetroffene Komponist Kurt Weill, mit dem Reinhardt zusammen Franz Werfels Stück «Eternal Road» für den Broadway inszenierte. Mit Weill hatte die deutsche Musikszene einen ihrer wichtigsten modernen Vertreter verloren. Die Liste der bedeutenden deutschen Musiker, Komponisten und Dirigenten, die Deutschland wegen ihrer jüdischen Abstammung schon sehr bald verlassen mußten, läßt sich mit Otto Klemperer, Paul Dessau, Willy Hess, Leo Blech, Rudolf Nelson und Arnold Schönberg, dem Begründer der Zwölftonmusik, fortsetzen.

Dazu kamen noch Maler, deren Kunst schon bald als «entartet» galt: Thomas Theodor Heine, Max Oppenheimer, Arthur Kaufmann, Eugen Jacob Israel Spiro, Eduard Bendemann, David Bloch und Julius Wolfgang Schülein. Zusammen mit ihnen verließen viele jüdische Kunst- und Theaterkritiker sowie Journalisten Deutschland: Alfred Kerr, Max Osborn, Alfred Kantorowicz, Moritz Goldstein, Bernhard Guttmann, auch der Literaturkritiker und Schriftsteller Walter Benjamin.

Wenn auch hier nur eine Auswahl genannt wurde, zeigt sich doch deutlich der gravierende Verlust, den die deutsche Kultur durch die Emigration der jüdischen geistigen Elite erlitten hatte. Obwohl einige Exilanten nach Kriegsende zurückkehrten, spüren wir noch heute, daß dieser Verlust für die deutsche Kulturlandschaft nicht mehr gutzumachen war. Viele hatten sich in der Emigration das Leben genommen, so Walter Benjamin, Kurt Tucholsky und Ernst Toller. Besonders die Literaten, aber auch alle anderen, deren Wirken auf der Sprache beruhte, konnten nur schwer in ihrer neuen Heimat Fuß fassen. In dieser Hinsicht erging es ihnen nicht viel besser als all den anderen jüdischen Emigranten, die Deutschland verlassen mußten. Jedoch hatten die meist früh aufgebrochenen namhaften Emigranten, vor allem die Naturwissenschaftler, den Vorteil, sich das Exilland noch aussuchen zu können und dort zunächst mit offenen Armen aufgenommen zu werden. Die zahlreichen Schwierigkeiten, die alle übrigen jüdischen Emigranten, die sich zumeist erst wesentlich später zum Weggehen entschließen konnten, erwarteten, hatten die bedeutenden jüdischen Exilanten nicht zu bewältigen. Die Aufgabe des folgenden Beitrages ist es, den Weg der viel zahlreicheren unbekannten jüdischen Verfolgten in die Emigration zu zeichnen.

1. «Es war nie Auswanderung, immer nur Flucht»[1]

So beurteilte die jüdische Schriftstellerin Adrienne Thomas, die bereits 1933 nach Frankreich emigrierte, die Reaktion der deutschen Juden auf die NS-Verfolgung. Die jüdischen Emigranten aus Deutschland können nicht mit den freiwilligen Auswanderern früherer Zeiten verglichen werden. Sie waren fast ausschließlich Flüchtlinge, «Heimatvertriebene», die meist völlig mittellos über die Grenzen ihres Geburtslandes gejagt wurden. Die Regierung eines Landes, das sie als ihre Heimat betrachtet und geliebt hatten, schob sie mit Schimpf und Schande ab. Dieses leidvolle Erlebnis haben nur die wenigsten überwunden, selbst wenn ihnen die wirtschaftliche und gesellschaftliche Eingliederung im Zukunftsland gelang.[2]

Erwin Lichtenstein, der 1939 auf einem Schiff illegal nach Palästina gelangte, schrieb über die Verabschiedung eines Freundes im Jahre 1938: «Artur stand am Fenster, Tränen in den Augen. Er konnte den Abschied von seiner Vaterstadt nicht verwinden, mit der er wie ein Bauer mit seinem Boden verbunden war.»[3]

Diese innere Verbundenheit mit ihrer Heimat hielt viele deutsche Juden davon ab, rechtzeitig die vorgeschriebenen Auswanderungsformalitäten in Angriff zu nehmen. Noch 1937 hatten die meisten von ihnen, so auch der Vater des 1944 nach Auschwitz deportierten und dort befreiten Hans Winterfeldt, die nationalsozialistische Gefahr nicht erkannt:

«Weshalb soll ich auswandern, es wird nicht alles so heiß gegessen, wie es gekocht wird. Wir leben schließlich in einem Rechtsstaat. Was kann mir schon passieren, ich bin Frontkämpfer, habe vier Jahre für mein Vaterland an der Westfront gekämpft, war Unteroffizier und habe das Eiserne Kreuz erster Klasse.»[4]

Und wirklich blieben die jüdischen Frontkämpfer lange Zeit relativ unbehelligt von restriktiven Maßnahmen. Das Gefühl, in einem Rechtsstaat zu leben, hatten sogar die «Nürnberger Gesetze» des Jahres 1935 vermittelt. Die «Reichsvertretung der Juden in Deutschland» sprach in ihrer Stellungnahme zu diesem folgenschweren Erlaß zwar von «Betroffenheit», sah aber vor allem eine Ebene, «auf der ein erträgliches Verhältnis zwischen dem deutschen und dem jüdischen Volke möglich ist»[5]. Ein solches Verhalten konnte natürlich nicht dazu beitragen, den jüdischen Bürgern Deutschlands ihre Situation klar vor Augen zu führen und sie zu einer schnellen Auswanderung zu bewegen. Diesen Punkt greift Hans Winterfeldt in seiner Kritik auf:

«Man hätte den Juden von jüdischer Seite her von Anfang klarmachen sollen, daß es sich hier um eine regelrechte Judenverfolgung handelte, die von höchster Stelle der Regierung organisiert wurde ... Anstatt dafür zu sorgen, den Juden unter der Nazityrannei das Leben so angenehm wie möglich zu gestalten, hätte man alles und jeden Pfennig daransetzen sollen, die Juden ins Ausland zu bringen.»[6]

Freilich beurteilte Winterfeldt die Situation aus der Nachkriegsperspektive, damals war die Entwicklung nicht so klar vorauszusehen. Deportation und Vernichtung waren zu Beginn des NS-Regimes schwer vorstellbar. Einige Zehntausend jüdische Intellektuelle verließen 1933 das Reich, Mitglieder linksgerichteter Parteien, Journalisten, Akademiker und plötzlich entlassene Angestellte von Großbetrieben. Die Mehrheit der deutschen Juden war 1933 in keiner Weise auf eine Massenauswanderung vorbereitet.

Das lag, abgesehen von ihrer Verwurzelung im Deutschtum, zum einen an der ungünstigen beruflichen Struktur und zum anderen an der deutlichen Überalterung der Gemeinden. Die Mehrheit der deutschen Juden mußte erst beruflich «auswanderungsfähig» gemacht werden, weil in vielen Einwanderungsländern nur mit bestimmten Berufen eine neue Existenz aufgebaut werden konnte, andere Staaten sogar nur bestimmten Berufsgruppen Einlaß gewährten. Die Zeiten, in denen man die Opfer politischer oder religiöser Verfolgungen unterstützt und mit offenen Armen aufgenommen hatte, waren längst vorüber. Die Politik zahlreicher überseeischer Staaten, die im 19. und beginnenden 20. Jahrhundert die Einwanderung in dem Bestreben zu forcieren versucht hatten, ihre gewaltigen Gebiete zu erschließen und zu bevölkern, gehörte der Vergangenheit an,[7] wie der Generalsekretär des Hilfsvereins, Dr. Mark Wischnitzer, auf einer Kundgebung der Berliner Jüdischen Gemeinde im Oktober 1935 feststellte:

«Als die Juden vor 500 Jahren aus Spanien und vor 50 Jahren aus Rußland in großen Massen auswandern mußten, warteten neue Staaten und Erdteile, die gerade aufzublühen begannen, auf ihre fruchtbare Mitarbeit. Jetzt aber herrschte auf der ganzen Welt eine Krise, die sich in Absperrungsmaßnahmen gegen Neueinwanderung, in Verweigerungen von Arbeitserlaubnissen u. ä. auswirkte.»[8]

Die besondere Tragik für die deutschen Juden lag darin, daß die nationalsozialistische Machtübernahme gerade in eine Zeit fiel, in der die Auswanderungsmöglichkeiten wegen der Weltwirtschaftskrise so gering waren wie niemals zuvor. Besonders die USA, die britischen Dominions und Lateinamerika waren durch den Zusammenbruch der Agrar- und Rohstoffpreise schwer getroffen worden und suchten jede neue Einwanderung abzuwehren.[9] Der Historiker Walter Laqueur, der 1938 als 17jähriger nach Israel ausgewandert war, drückte eine einfache Tatsache aus, als er schrieb:

«Daß kein Land der Welt auf die Juden wartete. Die Worte aber, die in aller Munde waren und die ganze Epoche in meiner Erinnerung kennzeichnen, waren ‹Umschichtung›, ‹Existenz› (auch ‹Existenz schaffen› und ‹gesicherte Existenz›), ‹Leumundszeugnis›, ‹Hachscharah› (Vorbereitung für Palästina), ‹Gesundheitsattest›, ‹Unbedenklichkeitserklärung›, ‹Bordgeld›, ‹Zertifikat› (Einreiseerlaubnis nach Palästina), ‹Affidavit› (Vorbedingung für das amerikanische Visum), ‹Chamada› (dasselbe für Brasilien) und noch einiges mehr. Hinzu kamen die vielen neuen Abkürzungen wie ICA, HIAS, HICEM, Altreu, Paltreu und dergleichen, die nun plötzlich von entscheidender Wichtigkeit waren. All das schien merkwürdig und ein wenig komisch; wie sich jedoch bald zeigen sollte, waren die Zertifikate, die Affidavits und die Chamadas eine Frage von Leben und Tod.»

Wir verstehen diese Begriffe kaum mehr. Der deutsch-jüdischen Bevölkerung erging es damals nicht anders, allerdings mit dem entscheidenden Unterschied, daß für sie das Überleben davon abhängen konnte, ob sie sich in dem Auswanderungs-Chinesisch zurechtfanden.

Informationsprospekt für Auswanderer

An vorderster Stelle stand das Problem, überhaupt ein Einwanderungsland zu finden:

«Als ich neulich in alten Papieren kramte, fand ich ein vergilbtes, hektographiertes Blatt, das ich in einer Auswandererberatungsstelle bekommen hatte (Sommer 1938). Ich will einige Auszüge daraus wiedergeben, sie übersteigen alle menschlichen Phantasien. Luxemburg: Die Grenze ist für Einwanderer und Durchwanderer völlig gesperrt. Justizministerium Amsterdam: Ein Flüchtling wird in Zukunft als ein unerwünschter Fremdling zu betrachten sein. Das Generalkonsulat der Vereinigten Staaten in Berlin teilt mit: Infolge der außerordentlich großen Zahl von Einwanderungsanträgen sind die für die nächste Zeit verfügbaren Quotennummern erschöpft. Gesucht wurden für die Fidschiinseln: ein jüdischer Pastetenbäcker und ein alleinstehender Uhrmacher, der nicht jünger als 25, nicht älter als 30 Jahre sein durfte, für Paraguay ein perfekter, selbständiger Bonbonkocher, für Britisch-Betschuanaland ein perfekter Kürschner, für Mittelafrika ein jüdischer lediger Schlächter (spezialisiert auf die Herstellung von grober Cervelatwurst), für San Salvador ein unverheirateter, jüdischer Ingenieur für den Bau elektrischer Maschinen. Am größten waren noch die Chancen in Mandschukuo. Gesucht wurden für ein Kabarett ein jüdischer Regisseur, der gleichzeitig Ballettmeister sein mußte und mit der ersten Ballerina als Partner tanzen sollte, und ein Ballett von 6 bis 8 Balletteusen, die imstande sein mußten, auch als Solotänzerinnen aufzutreten. Außerdem brauchte man dort ein jüdisches Damenorchester und eine Pianistin, die auch Akkordeon spielen konnte ...»

Diese Aufstellung liest sich wie eine Parodie, aber sie war bitterer Ernst. So drehten sich die Gespräche innerhalb der jüdischen Gemeinde, wie Laqueur berichtet, immer um dasselbe Thema:

«Auswanderung. Einer hatte einen Bruder in einem Kibbutz in Palästina, der gerade geschrieben hatte, ein anderer hatte einen begüterten Verwandten in Amerika entdeckt, der bereit war, ihm zu helfen, ein dritter sprach über die Schwierigkeiten, die überwunden werden mußten, um bei einer Hotelfachschule im Ausland anzukommen.»[10]

Nachdem sich ein Staat nach dem anderen der Aufnahme von Juden aus Deutschland verschlossen hatte, wurde die Suche nach einem aufnahmebereiten Einwanderungsland zu einer Art «Gesellschaftsspiel», wie es die Berlinerin Inge Deutschkron überliefert:

«Vielleicht könnte man hierhin oder auch dorthin ... Und die Finger wanderten unruhig auf der Landkarte hin und her. Oder: ‹Was ist eigentlich mit Paraguay?› ‹Hast du schon Neuseeland probiert?› ‹Ich habe gehört, daß der X ein Visum für Panama bekommen hat.› ‹Zehntausend Mark soll ein Visum nach Venezuela kosten ...›»[11]

Phasen der Emigration

Die erste große Emigrationswelle setzte unmittelbar nach Hitlers Machtübernahme Ende Januar 1933 ein: eine größtenteils überstürzte Auswanderung, die von der Illusion lebte, daß diesem Terrorstaat ein baldiges Ende bevorstünde. Ziele waren daher bevorzugt die europäischen Nachbarländer, nur selten Übersee. Die wenigsten Flüchtlinge hatten konkrete Pläne für eine Niederlassung im Ausland, zunächst wollten sie nur den nationalsozialistischen Repressalien entkommen. Nachdem im Jahre 1933 etwa 37000 Juden Deutschland verlassen hatten, ebbte im Jahre 1934 diese erste große Auswanderungswelle, bedingt durch das scheinbare Nachlassen des anti-jüdischen Terrors und durch die Hoffnung auf ruhigere Zeiten nach dem «Röhm-Putsch», ab. Die trügerische Vorstellung, Juden könnten doch in Deutschland unter einigermaßen normalen Umständen weiterleben, veranlaßte sogar einen Teil der 1933 Ausgewanderten zur Rückkehr.

Eine zweite Auswanderungsphase läßt sich auf die Zeit nach dem Erlaß der «Nürnberger Gesetze» im September 1935 datieren. Gleichzeitig setzte eine verstärkte Binnenwanderung innerhalb Deutschlands ein. Viele Juden wanderten aus deutschen Kleingemeinden in die Großstädte, um sich durch die Anonymität dort vor der anti-jüdischen Hetze zu schützen. Später war dann häufig auch die größere Nähe zu den ausländischen Konsulaten und den jüdischen Hilfsorganisationen der Grund für einen Umzug in die Stadt. Solche Beweggründe veranlaßten den später nach Riga deportierten Vater von Joel König, der selbst in der Illegalität überlebte, zum Umzug nach Berlin:

«Von dem abgelegenen Schönlake konnte er nicht viel unternehmen. Wenn er beim amerikanischen Konsulat etwas ausrichten wollte, mußte er unzählige Male persönlich vorsprechen ... Darum reichte er bei der Gestapo ein Gesuch ein, ihm die Übersiedlung nach Berlin zu gestatten ... In Berlin begegneten wir damals mehreren jüdischen Bekannten, die ebenfalls aus Provinzstädten nach der Reichshauptstadt gezogen waren, um ihre Auswanderung voranzutreiben. Dadurch fühlte mein Vater sich in seiner eigenen Planung bestätigt.»[12]

Die Binnenwanderung als Reaktion auf die «Nürnberger Gesetze» sollte sich später als folgenschwerer Irrtum herausstellen. Wirklicher Schutz wäre nur durch Auswanderung gewährleistet gewesen. Die trügerische Vorstellung, nicht einer unmittelbaren Gefahr ausgesetzt zu sein, hielt immer noch viele von der Emigration ab. Das Berliner Gemeindemitglied Dr. Paul Eppstein stellte aber doch eine Veränderung fest:

«Inzwischen hat sich jedoch, besonders seit den Nürnberger Gesetzen, in der sozialpolitischen Zielsetzung eine Änderung vollzogen. Die Möglichkeiten der produktiven Neueinordnung von erwerbslos gewordenen Juden in Deutschland haben sich als wesentlich geringer erwiesen, als es für deren Selbsterhaltung notwendig gewesen wäre ... In Übereinstimmung mit dem individuellen Auswanderungsdrang tritt die Vorbereitung und der Vollzug der Auswanderung in den Mittelpunkt der Planung der Sozialarbeit.»[13]

Die Zahl der Auswanderer stieg im Jahre 1936 auf 25000 an, fiel aber 1937 dann wieder auf 23000. Alle suchten den politischen Horizont nach Anzeichen für Änderungen ab; jede unerwartete Milde in der anti-jüdischen Politik wurde als Vorbote einer Änderung interpretiert.[14] Dr. Michael Meyer, der im Herbst 1940 noch auf einem der illegalen Schiffe nach Palästina auswandern konnte, berichtete 1941 vor der B'nai B'rith in Palästina von der Stagnation der Auswanderung, die zwischen Sommer 1937 und Sommer 1938 eingetreten war:

«Man ließ die Juden in den Schranken, die man ihnen gezogen hatte, ziemlich unbehelligt. Im jüdischen Kulturbund, im jüdischen Lehrhaus, in den Synagogen konnten sie nach ihren Wünschen leben. Verpönt und gefährlich war nur jeder Eingriff in die Sphäre der Arier ... Die geschilderte Situation änderte sich plötzlich Mitte Juni 1938. Es trat eine erhebliche Verschärfung und Gefährdung der Lage der Juden ein. Die Nazis hatten wohl Mut daraus geschöpft, daß sie nach der Annexion Österreichs, die einige Monate vorher im März erfolgt war, die dortige Judenfrage mit einer unerhörten Brutalität radikal angepackt hatten, ohne bei der europäischen Kulturmenschheit auf Widerstand zu stoßen.»[15]

Die Verschärfung des Kurses gipfelte im Novemberpogrom 1938 und den daran anschließenden judenfeindlichen Verordnungen der Hitler-Regierung. Es begann die dritte Auswanderungsphase. Nach dem Terror der «Reichskristallnacht» gab es nur noch wenige Juden, die nicht nach einem Zufluchtsort im Ausland Ausschau hielten. Aber den wenigsten gelang damals noch der Sprung über die Grenze.[16] Es begann der völlige Zusammenbruch einer geregelten Emigration, die, nachdem sich die erste Panik von 1933 gelegt hatte, durch die deutschen Auswandererhilfsorganisationen hatte organisiert werden können. Seit Herbst 1938 beherrschte die Stimmung «Rette sich wer kann» die Szene.[17]

In ihrer Tagebuchaufzeichnung vom 24. Februar 1939 fängt die Berlinerin Ruth Andreas-Friedrich diese Stimmung ein:

«Der Lift ist Trumpf in Berlin. Nicht der Personenaufzug eleganter Hotels, sondern der Transportbehälter erlaubten Emigrantengepäcks. Seit sechs Wochen gibt es kaum ein anderes Gesprächsthema mehr. Der 10. November hatte selbst den heimattreusten Juden die Augen geöffnet. Wer es irgend ermöglichen kann, versucht aus dem Lande zu gehen. Es ist nicht leicht, ein Einwanderungsvisum zu bekommen. Fast scheint es so, als hätten sich alle Staaten verschworen, den deutschen Juden das Auswandern zu erschweren.»[18]

Die jüdischen Hilfsorganisationen standen dem Chaos ohnmächtig gegenüber. Die Konsulate westeuropäischer Staaten und der USA wurden von Tausenden von Menschen belagert, die nur das Verlangen hatten, ihre bisherige Heimat auf dem schnellsten Wege zu verlassen. Hans Winterfeldt schreibt, sein Vater habe die «Mode» mitgemacht, als er die überfüllten ausländischen Konsulate besuchte, um sich über Auswanderungsmöglichkeiten zu informieren.[19] Eine «Modeerscheinung» aber war es wohl inzwischen ganz und gar nicht mehr. Daß die ausländischen Staaten ausgerechnet zu dem Zeitpunkt, als die Auswanderung der deutschen Juden dringender denn je zu einer Voraussetzung für deren Überleben geworden war, noch weniger als in den Vorjahren bereit waren, jüdische Flüchtlinge aufzunehmen, macht die Ausweglosigkeit der Situation deutlich. Amely Adler, die 1939 zunächst nach England und später in die USA auswanderte, beschreibt die Folgen der «Reichskristallnacht» für ihren Vater, der wie viele, die in diesen Tagen verhaftet wurden, nur unter der Bedingung einer nachweisbaren Auswanderung aus dem KZ freikommen konnte:

«Das traumatische Erleben der Reichskristallnacht am 9. November 1938 veränderte unser Leben von Grund auf und hinterließ einen bleibenden Eindruck in meinem Gedächtnis ... Auch mein Vater wurde festgenommen ... Nach 17 Tagen ließ man ihn frei unter der Bedingung, daß er unsere Emigration beschleunigt betreiben und sich jede Woche persönlich auf dem örtlichen Polizeiposten melden würde. Wir hatten das große Glück, durch entfernte Verwandte ein Affidavit für die Einwanderung in die Vereinigten Staaten zu bekommen, aber unsere Wartenummer war hoch, und so sahen wir uns gezwungen einen Zwischenaufenthalt in England zu nehmen.»[20]

Große Scharen verängstigter Juden flohen damals sogar ohne Paß und ohne Visum über die Grenzen des Reiches. In den Nachbarländern wurden für sie gesonderte Lager eingerichtet, in denen sie vor einer eventuellen Weiterwanderung Aufnahme fanden.[21] Wenn die im Rahmen der «Reichskristallnacht» verhafteten Juden das Land nicht rechtzeitig verließen, drohte erneute «Schutzhaft». Durch diese massiven Maßnahmen der deutschen Behörden verschärfte sich der Druck auf die jüdischen Auswanderungsorganisationen erheblich. Für diejenigen Juden, die während der Novemberaktionen in Konzentrationslagern inhaftiert worden waren, mußten auf dem schnellsten Weg alle Auswanderungsformalitäten erledigt werden. Heydrich hatte in einem Rundbrief an die Staatspolizeistellen vom 31. Januar 1939 u.a. angeordnet:

«3) Jüdische Schutzhäftlinge können grundsätzlich, wenn sie im Besitze von Auswanderungspapieren für andere europäische Staaten – also nicht nur nach Übersee – sind, entlassen werden.

4) Die mündliche Androhung der lebenslänglichen Überführung in ein Konzentrationslager, falls der Betreffende, der zum Zwecke der Auswanderung aus der Schutzhaft entlassen worden ist, später unerlaubt zurückkehrt, hat weiterhin in jedem Falle zu erfolgen.»[22]

Einerseits kannten die deutschen Behörden genau die Schwierigkeiten, die mit solch einer befohlenen Auswanderung verbunden waren, andererseits sollten die «Schutzhaft» und die an die Entlassung geknüpften Bedingungen den Auswanderungsdruck verstärken. Die Widersinnigkeit lag vor allem in der gewöhnlich auf drei Wochen begrenzten Frist, die normalerweise unmöglich ausreichte, um eine geregelte Auswanderung technisch durchzuführen. Komplizierte Paß- und Zollvorschriften, schier endlose Formalitäten und zahllose Behördengänge konnten einfach nicht innerhalb von drei Wochen erledigt werden. Zudem handelte es sich um etwa 30000 aus der Schutzhaft freigelassene Juden, die unmöglich alle so kurzfristig ein aufnahmebereites Einwanderungsland finden konnten.[23]

Begrenzte Möglichkeiten: Die Haltung des Auslands

Waren also schon nach dem Novemberpogrom die Auswanderungsmöglichkeiten durch den nun ausgelösten Massenandrang und die immer höher gezogenen Einwanderungsbeschränkungen im Ausland stark limitiert, so schrumpften sie mit dem Ausbruch des Zweiten Weltkrieges auf ein Minimum. Die kriegführenden Länder sperrten sich gegen jede Einwanderung, die neutralen Staaten beschränkten die Zahl der Einwanderer rigoros. Die wenigen Wege, die noch offenstanden, konnten meist wegen Transportschwierigkeiten und Devisenmangel nicht genutzt werden. Im ersten Kriegsjahr gelang es noch einer kleinen Anzahl von Juden, mit der transsibirischen Eisenbahn nach Shanghai zu reisen. Aber als die sowjetische Bahn kein deutsches Geld mehr annahm, war auch dieser Weg versperrt.[24] Die Gestapo allerdings versuchte, auch nach Ausbruch des Krieges weiterhin die illegale Einwanderung nach Palästina zu organisieren. Wegen der Quotenregelung der britischen Mandatsregierung konnten die Juden nur illegal das Land erreichen. Aber nach dem Kriegseintritt Italiens, im Juni 1940, war auch der Seeweg nach Palästina so gut wie verschlossen. Am 23. Oktober 1941 wurde dann von den NS-Behörden die Auswanderung endgültig verboten. Die Vorbereitung zur Deportation war abgeschlossen, jetzt begann die NS-Regierung die «Endlösung» in Angriff zu nehmen. Die verschiedenen Auswanderungsphasen zusammenfassend, schreibt Dr. Arthur Prinz vom Hilfsverein der deutschen Juden:

«Eine fruchtbare und zielbewußte jüdische Auswanderungspolitik hatte es gegeben in der Zeit zwischen den Nürnberger Gesetzen und der Juniaktion (Festnahme von rund 1500 jüdischen ‹Asozialen› im Juni 1938). Von der Juniaktion bis zur Novemberaktion (‹Reichskristallnacht› November 1938) hatte die jüdische Auswanderungspolitik mit wachsenden Schwierigkeiten zu kämpfen und wurde sozusagen gezwungen, sich ihr eigenes Grab zu graben. Nach der Novemberaktion wurde die jüdische Auswanderungspolitik zwischen zwei Mühlsteinen zerrieben, bis zuletzt überhaupt nichts mehr von ihr übrigblieb. Diese beiden Mühlsteine waren einerseits der Druck, den die Gestapo als Förderin jüdischer Auswanderung ausübte, andererseits der Gegendruck, den die Gestapo bzw. die mit ihr Hand in Hand arbeitenden Stellen wie das Propagandaministerium und die Auslandsorganisation (der NSDAP) des Herrn Bohle zur Verhinderung jüdischer Einwanderung in anderen Ländern ausübten.»[25]

Der Druck der Gestapo betraf insbesondere finanzielle Aspekte. Durch die von deutscher Seite betriebene Verarmung der jüdischen Bevölkerung und die hohen Abgaben bei der Auswanderung kam die Emigration praktisch einer Enteignung gleich. Damit hatten nur die wohlhabenderen Juden noch eine Chance, legal in ein fremdes Land zu emigrieren. Welcher Staat wollte in den wirtschaftlich schwierigen Zeiten schon sein eigenes Proletariat durch mittellose Immigranten noch vergrößern? Erwägungen dieser Art bestimmten vor allem in den USA den politischen Kurs gegenüber dem Strom der jüdischen Einwanderer. Die Gegner dieser Einwanderung verwiesen auf die hohe Arbeitslosigkeit nach der Wirtschaftskrise und gaben ihrer Befürchtung Ausdruck, daß jene Flüchtlinge Arbeitsplätze einnehmen würden, die eigentlich arbeitslosen Amerikanern zuständen. Hinzu kamen

Fremdenfeindlichkeit und ein spürbarer Antisemitismus. Umfragen zwischen 1938 und 1941 ergaben, daß 30 bis 50 Prozent der amerikanischen Bevölkerung der Ansicht waren, die Juden hätten «zuviel Macht in den Vereinigten Staaten». In den Kriegsjahren stieg der Anteil sogar auf 56 Prozent. Diese antisemitische Strömung zeigte sich auch in der Handhabung der amerikanischen Einwanderungsgesetzgebung.[26] Die Schranken waren zwar Anfang 1938 ein wenig geöffnet worden, gingen aber im Herbst 1939 allmählich wieder zu, und von Juli 1941 an hielten die Amerikaner ihre Grenzen weitgehend geschlossen. Dabei ließ auch die Behandlung der Antragsteller auf den jeweiligen Konsulaten viel zu wünschen übrig.

Das war noch 1937 anders gewesen. Eine inner-amerikanische Debatte im November 1936 hatte noch einmal eine gewisse Erleichterung gebracht. Eine Direktive an alle amerikanischen Konsulate und diplomatischen Vertretungen begann mit den Worten:

«Im Außenministerium gingen in letzter Zeit eine zunehmende Anzahl von Beschwerden sowie kritische Stimmen der Öffentlichkeit ein, daß die Visa-Arbeit der Konsuln nicht in gerechter und unvoreingenommener Weise abgewickelt werde, insbesondere, daß die Fürsorgeklausel nicht richtig angewandt werde und daß die Konsuln von der irrigen Auffassung ausgingen, es sei ihre Aufgabe, die Ausstellung von Visa auf ein Minimum zu beschränken.»

Keinem sollte ein Visum nur deshalb vorenthalten werden, weil nicht ein naher, sondern nur ein entfernter Verwandter den Unterhalt des Einwanderers in Amerika garantierte. Solche Affidavits, Bürgschaften, die verhindern sollten, daß Einwanderer der Fürsorge zur Last fielen, waren die Voraussetzung für jede Einwanderung in die USA. Bisher hatte man sie in erster Linie nur von nahen Verwandten akzeptiert. Die Liberalisierung im Jahre 1937 führte denn auch zu einem deutlichen Anwachsen der Einwanderung in die USA. Die Zahl der Einwanderer stieg im Jahre 1937 mit 11 536 Personen auf etwa das Doppelte gegenüber 1936 mit 6642 Personen. Eine steigende Tendenz läßt sich auch im Jahre 1938 feststellen, allerdings blieben die damals eingewanderten 17 868 Flüchtlinge noch deutlich hinter der gemeinsamen Quote von 27 370 pro Jahr aus Deutschland und Österreich zurück.[27] Hatte sich durch die neuen Direktiven an die Konsuln zumindest hinsichtlich der amerikanischen Einwanderungspolitik etwas geändert, so blieb den deutschen Juden dennoch die bittere Erkenntnis, auch von ausländischen Behörden wie Menschen zweiter Klasse behandelt zu werden. Else Behrend-Rosenfeld, die ehrenamtlich in der Münchner jüdischen Gemeinde arbeitete, beklagte dies in ihrem Tagebuch: «Daß wir jüdischen Menschen auf einer Reihe ausländischer Konsulate im Reich gleichfalls wie Parias behandelt werden, ist leider keine Ausnahmeerfahrung.»[28]

Die ablehnende Haltung vieler Länder, für die die USA hier zunächst nur als Beispiel dienen sollen, war Wasser auf die Mühlen der NS-Politik. Hitler höhnte in seiner Rede vom 30. Januar 1939:

«Es ist ein beschämendes Schauspiel, heute zu sehen, wie die ganze Welt der Demokratie vor Mitleid trieft, dem armen gequälten jüdischen Volk gegenüber allein hartherzig verstockt bleibt angesichts der dann doch offenkundigen Pflicht, zu helfen.»[29]

Mit den Worten «beschämendes Schauspiel» hatte er in diesem Fall wirklich den Kern der ausländischen Flüchtlingspolitik getroffen. Die letzte Möglichkeit zur Rettung der deutschen Juden wurde dann durch das Scheitern der Konferenz von Evian vertan. Hans Schäffer, unter Reichskanzler Brüning Staatssekretär im Reichswirtschaftsministerium und beteiligt an der Schaffung der Reichsvertretung der deutschen Juden, schrieb etwa einen Monat vor Beginn der Konferenz, im Mai 1938, daß Evian «eine wahrscheinlich nicht mehr wiederkehrende Gelegenheit» darstelle.[30] Auf Veranlassung des amerikanischen Präsidenten Roosevelt wurde diese Konferenz unter Beteiligung von 32 Nationen am 6. Juli 1938 in dem Heilbad am französischen Ufer des Genfer Sees eröffnet. Die in Deutschland auf Auswanderungsmöglichkeiten wartenden Juden setzten große Hoffnungen auf die Ergebnisse dieser internationalen Flüchtlingstagung:

«... Etwa 20 jüdische und nichtjüdische Organisationen haben in Memoranden Wünsche und Anregungen niedergelegt. Auch die Reichsvertretung der Juden in Deutschland hat in Zusammenarbeit mit dem Hilfsverein der Juden in Deutschland ein Memorandum vorbereitet und dem Wanderungsausschuß der Reichsvertretung, in dem alle an Auswanderungsfragen interessierten jüdischen Organisationen vereinigt sind, zur Beratung vorgelegt.»[31]

Die Reichsvertretung legte dar, daß die deutschen Juden zum Verlassen ihrer Heimat gezwungen seien und daß sie dazu der Hilfe des Auslandes bedürften. Sie unterbreitete außerdem einen Mehrjahresplan, mit dessen Hilfe dieses Ziel erreicht werden könne.[32]

Leider bestand aber die Gefahr, daß innerjüdische Zwistigkeiten, wie etwa die unterschiedliche Stellung zur Palästina-Einwanderung – die Zionisten etwa sahen nur darin eine Lösung des jüdischen Problems –, den eigentlichen Sinn dieser Konferenz, nämlich die schnelle Unterbringung der Flüchtlinge, gefährdeten. Gleichzeitig war es nicht im Sinne der deutschen Juden, daß auf diesem internationalen Podium gegen die NS-Politik protestiert wurde. In der ‹C.V.-Zeitung› war am 9. Juni 1938 zu lesen:

«Deshalb ist unser Wunsch an die politischen Kreise der Konferenz, affektfrei zu verhandeln und zu beschließen. Die schweigende Unterbringung von zehntausend Juden bedeutet uns mehr als flammende Proteste gegen Erscheinungen, die jene Unterbringung notwendig werden ließen.»[33]

In der Tat hielten sich die Konferenz-Teilnehmer im Urteil über die Vorgänge in Deutschland sehr zurück – Ländervertreter, wie die Kolumbiens, die offene Proteste gegen die steigenden Verfolgungsmaßnahmen des NS-Regimes wünschten, drangen mit ihren Ansichten nicht durch.[34] Das amerikanische State Department und das britische Foreign Office vermieden es ebenso, das jüdische Problem anzusprechen, wie die nationalsozialistische Politik oder Hitler zu erwähnen.[35]

Man hatte die deutsche Regierung aufgefordert, an der Konferenz teilzunehmen, da eine Tagung über verbesserte Auswanderungsmöglichkeiten ja auch in ihrem Interesse liegen mußte. Der Staatssekretär im Auswärtigen Amt, Ernst Freiherr von Weizsäcker, gab daraufhin zehn deutschen Botschaften, u.a. in London, Paris und Washington, den Standpunkt Ribbentrops bekannt:

«Der hiesige britische Botschafter hat anläßlich des Beginns der Konferenz in Evian den Herrn Reichsaußenminister darauf angesprochen, ob die Reichsregierung bereit sei, bei der Lösung der Emigrantenfrage, insbesondere bei der Auswanderung von Juden deutscher Staatsangehörigkeit mit den übrigen interessierten Staaten zusammenzuarbeiten ... Der Herr Reichsaußenminister hat ... erwidert, daß er eine Zusammenarbeit mit anderen interessierten Staaten in der deutschen Judenfrage ablehnen müsse. Es handele sich um ein innerdeutsches Problem, das außer jeder Diskussion stehe ... Eine Zusammenarbeit mit den zur Zeit in Evian tagenden Mächten käme daher für Deutschland nicht mehr in Frage.»[36]

Das bescheidene Ergebnis der Evian-Konferenz läßt sich zum Teil auf die Ablehnung der deutschen Mitarbeit zurückführen, zum anderen aber auch auf die Haltung der Konferenzteilnehmer, denn ein Land nach dem anderen gab zu erkennen, daß es nicht willens sei, seine jeweilige Flüchtlingspolitik den dringenden Erfordernissen der deutschen Juden anzupassen. Im Gegenteil, einem Großteil der Delegierten lag nur der Nachweis am Herzen, daß aus diesem oder jenem Grund keine weiteren Flüchtlinge aufgenommen werden konnten. Immerhin aber vergrößerte sich die Bereitschaft einiger Länder, Emigranten zu erleichterten Bedingungen aufzunehmen oder bereits aufgenommenen Flüchtlingen Verdienstmöglichkeiten zu eröffnen. Jene Länder, die ihre Einwanderung nach Quoten regelten, versprachen, diese weitestgehend ausnützen zu lassen. Aufsehen erregte die dominikanische Delegation, die erklärte, daß ihr Land Landwirten aus den Reihen der Verfolgten zu vorteilhaften Bedingungen die Ansiedlung gestatten wolle.[37]

Ein positives Ergebnis in Evian war die Einsetzung eines permanenten Zwischenstaatlichen Komitees für die Flüchtlinge aus Deutschland («Intergovernmental Committee for Refugees») mit Sitz in London. Allerdings befand sich dieses Komitee zum Zeitpunkt des Kriegsausbruches noch immer im Projekt-Stadium. Kurt R. Grossmann sah das «Intergovernmental Committee, das in Evian unter den ungünstigen Sternen auf die politische Bühne trat», zur Untätigkeit verdammt, «weil das Gewissen der Verantwortlichen schlief»[38].

Dieses Gewissen wurde erst durch den Pogrom vom 9. und 10. November 1938 wachgerüttelt. Es gelang daraufhin, in erster Linie eine Anzahl von Kindern ins rettende Ausland zu schicken. Mehrere Länder gingen mit gutem Beispiel voran: Die Niederlande nahmen 1700 deutsch-jüdische Kinder auf, und das bereits überfüllte Belgien brachte mehrere hundert Kinder unter. Großbritannien reagierte am deutlichsten auf die Folgen der «Reichskristallnacht»; dort erhielten mehr als 9000 Kinder eine gesicherte Bleibe.[39] Am 9. Januar 1939 unterbreitete eine Delegation katholischer und protestantischer Geistlicher im Weißen Haus eine Petition mit der Aufforderung, die Tore der USA für die deutschen Kinder zu öffnen. Die Vorlage wurde unter der Bezeichnung «Wagner-Rogers Bill» oder «Child Refugee Bill» bekannt und sollte insgesamt 20000 Kindern die Einreise in die USA ermöglichen, und zwar außerhalb der normalen Quotenregelung. Die Vorlage führte zu heftigen Auseinandersetzungen im Kongreß. Bei einer Meinungsumfrage Anfang 1939 sprachen sich 66 Prozent der amerikanischen Öffentlichkeit gegen die Aufnahme dieser Flüchtlingskinder aus.[40] Der Ausschuß für Einwanderung nahm das Gesetz schließlich am 1. Juli 1939 in folgender Abwandlung an: Die Visa für die 20000 Kinder sollten innerhalb der vorgesehenen Quoten ausgestellt werden. Das hätte 20000 Todesurteile für Erwachsene bedeutet, die aus der Quote verdrängt worden wären. Senator Robert F. Wagner, der die nach ihm benannte Resolution in den Senat eingebracht hatte, betrachtete es deshalb als seine Pflicht, den Antrag zurückzuziehen. Damit hatten die Kinder verloren und die Patrioten, die wesentlich am Scheitern des Projekts beteiligt waren, gesiegt.[41]

Die unberechenbaren Verfolger: Förderung und Behinderung der Auswanderung durch die Gestapo

An den Restriktionen gegenüber den jüdischen Einwanderern war die NS-Regierung selbst nicht unbeteiligt. Die Einziehung des jüdischen Vermögens, die zwar schon seit Dezember 1931 erhobene, seit der Machtergreifung aber verschärfte «Reichsfluchtsteuer» sowie viele andere auf die wirtschaftliche Vernichtung der deutschen Juden abzielende Verordnungen wurden von der NS-Regierung nicht zuletzt auch deshalb erlassen, weil man die Auswanderer völlig verarmt ins Ausland schicken wollte. Dort sollten diese finanziell ruinierten Menschen soziale Schwierigkeiten hervorrufen, für die dann «die Juden» verantwortlich gemacht würden. Ein Rundbrief des Auswärtigen Amtes vom Januar 1939 an alle deutschen Stellen im Ausland weist ausdrücklich darauf hin, «daß es sich bei diesen Verfolgungen nicht so sehr darum handle, die Juden loszuwerden, als den Antisemitismus in die westlichen Länder, in denen Juden Zuflucht gefunden haben, zu tragen ... Dabei wird ausdrücklich darauf hingewiesen, daß es im deutschen Interesse liege, die Juden als Bettler über die Grenzen zu jagen, denn je ärmer der Einwanderer sei, desto größer die Last für das Gastland.»[42]

Die NS-Regierung und insbesondere die Gestapo zeigte sich gleichzeitig als «Freund und Feind» einer jüdischen Auswanderung.[43] Die Akten der Bayerischen Politischen Polizei machen allerdings auch deutlich, daß man bis zum Erlaß der «Nürnberger Gesetze» noch keine klare Konzeption der «Judenfrage» hatte; NSDAP und Gestapo waren sich über die Methoden nicht einig. Welche Auffassung die jeweilige Behörde zur «Lösung der Judenfrage» aber auch vertrat, bei allen Überlegungen stand die Auswanderung im Vordergrund. Polizeiliche Eingriffe waren von der Absicht getragen, besonders die zionistischen Organisationen, die die Auswanderung hauptsächlich unterstützten, indirekt zu fördern. Hier verfuhr man anders als bei assimilierten Gruppen wie dem «Reichsbund jüdischer Frontsoldaten», dem «Verband nationaldeutscher Juden» und der «Erneuerungsbewegung der jüdischen Deutschen». Vermieden wurde allerdings eine allgemeine Anerkennung des zionistischen Programms, weil ein solches Vorgehen mit dem freundschaftlichen Verhältnis zu den Arabern nicht vereinbar war. Ebenso wurde eine Neugründung von Jugendgruppen nur dann erlaubt, wenn diese eine deutliche Hilfe für die Auswanderung boten. Entsprechend ergingen Anordnungen hinsichtlich des Gebrauchs der hebräischen Sprache:

«Auf Grund von §§ 1, 4 der Verordnung des Herrn Reichspräsidenten zum Schutze von Volk und Staat vom 28. Februar 1933 verbiete ich ... den Gebrauch der hebräischen Sprache in öffentlichen Versammlungen ... von dieser Regelung sind lediglich geschlossene Veranstaltungen und solche Übungsabende ausgenommen, zu denen die Mitglieder der veranstaltenden jüdischen Vereinigungen nur zu dem Zweck zusammenkommen, um sich zur Erleichterung der Auswanderung nach Palästina in dem Gebrauch der hebräischen Sprache zu üben.»[44]

Gleichzeitig aber suchte die NS-Regierung immer wieder nach neuen Möglichkeiten, die angeblich so gewünschte Auswanderung einzuschränken. Insbesondere die Politik der Gestapo, die Auswanderung in das europäische Ausland zu verhindern, lief praktisch auf eine Einschränkung der jüdischen Emigration überhaupt hinaus. Dieses Verhalten kann als Resultat der vermehrten Rückwanderung gerade aus dem europäischen Ausland, das in den ersten Jahren bevorzugtes Ziel der jüdischen Flüchtlinge gewesen war, bewertet werden. Manche Juden aus Deutschland kehrten mit der Staatsangehörigkeit eines Nachbarstaates zurück und gaben sich der Illusion hin, unter dem Schutz eines Auslandspasses wieder in der Heimat bleiben zu können. Das aber wollten die deutschen Behörden unter allen Umständen verhindern.

Die Verdrängung der Juden aus der Wirtschaft einerseits und die Forcierung der Auswanderung andererseits widersprechen sich insofern, als mittellose Emigranten nur schwerlich ein entsprechendes Einwanderungsland finden konnten und deshalb länger, als von deutscher Seite gewünscht, in Deutschland bleiben mußten. Dieser Widersprüchlichkeit war sich auch Joachim Prinz bewußt:

«Was nun die Stellung der Gestapo selbst zur jüdischen Auswanderung anlangt, so erschien sie uns zunächst zwiespältig und unklar. Dieser Zwiespalt schien uns im Folgenden zu liegen: auf der einen Seite drängte die Gestapo die jüdischen Stellen in immer schärferem Maße, die Auswanderung zu forcieren ... Andererseits aber hielt die Gestapo es durchaus nicht für notwendig, nun die Haupthindernisse einer jüdischen Auswanderung mit aus dem Wege zu räumen, im Gegenteil, während sie die jüdischen Stellen auf alle Weise preßte, die Auswanderung zu forcieren, betrachtete sie wohlwollend die Propaganda des Goebbelsschen Propagandaministeriums, die Juden in der ganzen Welt als Parasiten und Schädlinge in jeder Hinsicht hinzustellen und die Einwanderungsfeindschaft der überseeischen Länder, soweit es sich um Juden handelte, zu stärken ... Endlich hatte die Gestapo nicht die geringste Neigung, den Juden in Transferfragen (finanziell) irgendwie entgegenzukommen. Ihre Idee schien damals zu sein: die Austreibung aller Juden, nicht eine geordnete Auswanderung.»

Und genau das traf zu. Die Gestapo sah als angemessene Lösung der «Judenfrage» damals eigentlich nur die Massenauswanderung:

«... schon 1938, lange vor dem Pogrom, wurde ein immer unerträglicherer Druck ausgeübt, der alle Planungsarbeit schnell zunichte machte ... Dieselbe Linie der Gestapo, die jüdische Auswanderung immer nur durch Druck zu erzwingen, zeigte sich zum ersten Male in ganz großem Maße in der sogenannten Juniaktion 1938, als ca. 1500 Juden, sogenannte asoziale Elemente, verhaftet wurden ... Die Verhafteten der Juniaktion wurden nur freigelassen, wenn für ihre Auswanderung unmittelbar vom Konzentrationslager aus gesorgt wurde. Nach der Juniaktion blieb den jüdischen Auswanderungsstellen – da die Menschen in den Konzentrationslagern in Lebensgefahr waren – kaum eine Wahl, als legal oder illegal Einwanderungsmöglichkeiten zu schaffen.»[45]

Üble Geschäftemacher und die Gestapo selbst nützten die ausweglose Situation der deutschen Juden aus: Korruption war an der Tagesordnung. Valerie Wolffenstein beschreibt in ihren Erinnerungen die Kontrolle des Auswanderergutes und das Verhalten der dafür zuständigen Beamten:

«Die kontrollierenden Beamten waren außerordentlich verschieden, es war ganz große Glücksache, wen man bekam. Korrupt waren sie alle, sie ließen sich erst einmal kräftig bestechen ... Es gab auch manche, die andeuteten, daß sie von der Hauswäsche gut etwas gebrauchen könnten, und einen habe ich erlebt, der sich nicht genierte, einen dicken Velourläufer zu ‹kaufen›, den seine telefonisch herbeigerufene Frau und Tochter schnell abholten. Auf den Betrag, den die Hausfrau ihn bat, der Winterhilfe zu überweisen, wartet diese wohl heute noch.»[46]

Ähnliches berichtet ein anonymer Betroffener über seine Erlebnisse mit einem Beamten bei der Beantragung von Auswanderungspässen. Nach den amtlichen Formalitäten ereignete sich folgendes:

«Dann verließ er das Zimmer und ich auch. Draußen sagte er mir seinen Namen ... und sagte: ‹Nicht wahr, wenn Sie auswandern, dann denken Sie an mich.› Ich sagte ihm, er solle mir mal seine Wünsche sagen, ich würde gern sehen, was ich tun könnte. Wenige Stunden später, als ich bei Tisch zu Hause saß, klingelte es draußen, der Beamte selbst erschien (in Uniform mit Mantel darüber), und als ich ihm verblüfft öffnete, sagte er, ‹er wollte mir nur sagen, er hätte gern einen runden Tisch und einen Teppich 2 mal 3 Meter›. Im übrigen sind die Auswanderungspässe in verblüffend kurzer Zeit ausgestellt worden. Einer meiner Freunde, Rechtsanwalt W., dem ich die Sache erzählte, rief mich einige Tage später an, um mir zu sagen, daß, was bei mir der ‹runde Tisch›, bei ihm die ‹Schreibmaschine› sei.»[47]

Zunächst war für die jüdische Auswanderung das Reichswanderungsamt im Reichsinnenministerium zuständig. Bei den dort tätigen Beamten, soweit sie früher der Zentrumspartei oder anderen nicht-nationalsozialistischen Parteien angehört hatten, traf man in den meisten Fällen auf Menschen, die diese Korruption nicht unterstützten und wesentlich zur Erleichterung der Arbeit der jüdischen Stellen beitrugen:

«Sie hatten volles Verständnis für den Standpunkt des Hilfsvereins der Juden in Deutschland, daß die jüdische Auswanderung, soweit sie sich nicht nach Palästina richtete, – denn die Palästina-Auswanderung war vom Palästinaamt betreut, nicht vom Hilfsverein – in solche Länder gelenkt werden müsse, in denen die Juden durch ihre Fähigkeiten als Bereicherung des Einwanderungslandes wirken konnten.»[48]

Diese Zusammenarbeit zwischen den Beratungsstellen des Hilfsvereins und den öffentlichen Auswandererberatungsstellen der Regierung funktionierte aber nur, bis am 24. Januar 1939 im Reichsministerium des Innern unter der Leitung des Chefs der Sicherheitspolizei, Reinhard Heydrich, eine «Reichszentrale für die jüdische Auswanderung» gebildet wurde. Heydrich kündigte am 30. Januar 1939 die neue Regelung an:

«In der Anlage übersende ich eine Abschrift des Schreibens des Herrn Generalfeldmarschalls Göring als Beauftragter für den Vierjahresplan vom 24. 1. 1939 an den Herrn Reichsminister des Innern, daß eine Reichszentrale für die jüdische Auswanderung zu bilden ist, deren Leitung mir übertragen ist ... Als Geschäftsstelle bestimme ich die bereits sachlich mit diesen Aufgaben befaßte Abteilung II des Geheimen Staatspolizeiamtes, zum Geschäftsführer den Leiter dieser Abteilung, SS-Standartenführer Oberregierungsrat Müller ...»[49]

Über die Aufgaben dieser Reichszentrale, die als Organ der Gestapo fungierte, teilte Göring, der als Beauftragter für den Vierjahresplan mit außerordentlicher wirtschaftlicher Weisungsgewalt versehen war, am 24. 1. 1939 dem Reichsinnenminister Frick folgendes mit:

«Die Auswanderung der Juden aus Deutschland ist mit allen Mitteln zu fördern ... Die Reichszentrale hat die Aufgabe, für das gesamte Reichsgebiet einheitlich

1. alle Maßnahmen zur Vorbereitung einer verstärkten Auswanderung der Juden zu treffen, u. a. eine zur einheitlichen Vorbereitung von Auswanderungsgesuchen geeignete jüdische Organisation ins Leben zu rufen, alle Schritte zu tun, um die Bereitstellung und zweckentsprechende Verwertung in- und ausländischer Geldmittel zu erwirken, und in Zusammenarbeit mit der Reichsstelle für das Auswanderungswesen geeignete Zielländer für die Auswanderung festzustellen;

2. die Auswanderung zu lenken, u. a. für eine bevorzugte Auswanderung der ärmeren Juden zu sorgen;

3. die Durchführung der Auswanderung im Einzelfall zu beschleunigen, indem sie durch zentrale Bearbeitung der Auswanderungsanträge die für den einzelnen Auswanderer erforderlichen staatlichen Ausweise und Bescheinigungen schnell und reibungslos beschafft und den Vollzug der Auswanderung überwacht.

Die Leitung der Reichszentrale übernimmt der Chef der Sicherheitspolizei. Er bestimmt den Geschäftsführer und regelt die Geschäftsführung der Reichszentrale. Über die Arbeit der Reichszentrale ist mir laufend zu berichten. Vor grundsätzlichen Maßnahmen ist meine Entscheidung einzuholen.»[50]

Vorbild dieser neuen Reichszentrale war die «Zentralstelle für jüdische Auswanderung» in Wien, die von Adolf Eichmann, dem «Judenreferenten» der Gestapo, als rigorosem Antreiber der Emigration geleitet wurde. Das Berliner «Zentralamt», wie es kurz genannt wurde, hat allerdings in der Folgezeit die Auswanderung eher behindert als gefördert. Es stellte nur unzureichend Geldmittel zur Verfügung und gab nur teilweise Devisen frei, so daß Angebote von Schiffahrts- und Reisegesellschaften nicht genutzt werden konnten. Die Gestapo bemühte sich allerdings, diese Erschwerung einer legalen Emigration zu umgehen, indem sie selbst illegale Auswanderertransporte organisierte. Schiffe wurden gechartert und in Richtung Palästina in Marsch gesetzt. Die Flüchtlinge mußten weit überhöhte Preise bezahlen, um donauabwärts zunächst bis ans Schwarze Meer und dann auf halbverrotteten Schiffen an ihr Ziel zu gelangen, wo man sie schließlich in Nacht und Nebel an Land setzte.[51]

Um die österreichischen Auswanderungserfolge auch im «Altreich» zu wiederholen, wurde Eichmann Ende 1939 die «Reichszentrale für jüdische Auswanderung» in Berlin mit weitreichenden Vollmachten praktisch unterstellt: Die «Reichszentrale» verschmolz mit dem von Eichmann geleiteten Referat im Reichssicherheitshauptamt. Obwohl zu diesem Zeitpunkt der Krieg bereits ausgebrochen war und sich dadurch die Auswanderungsmöglichkeiten nochmals verringert hatten, betrieb die «Reichszentrale» die jüdische Emigration weiter. Die Juden sollten aus Deutschland verschwinden. Hielten sie sich erst einmal außerhalb der Reichsgrenzen auf, dann bestand von deutscher Seite aus kein Interesse mehr an einer Weiterwanderung in Länder, in denen die Emigranten dauerhaft ein gesichertes Leben hätten führen können. Im Gegenteil, man versuchte sogar, solche Weiterwanderungen zu unterbinden, um nicht die Möglichkeiten für die jüdische Auswanderung aus dem Reichsgebiet zu schmälern. Ein Befehl aus Eichmanns Referat vom 20. Mai 1941 lautete dementsprechend:

«... Da für die Juden aus dem Reichsgebiet z. Zt. ungenügend Ausreisemöglichkeiten, in der Hauptsache über Spanien und Portugal, vorhanden sind, würde eine Auswanderung ... aus Frankreich und Belgien eine erneute Schmälerung derselben bedeuten. Unter Berücksichtigung dieser Tatsachen und im Hinblick auf die zweifellos kommende Endlösung der Judenfrage ist daher die Auswanderung von Juden aus Frankreich und Belgien zu verhindern.»[52]

Wie aus Eichmanns Befehl hervorgeht, war zu diesem Zeitpunkt bereits die unmittelbare Vorstufe zur «Endlösung» erreicht. Schon am 24. Juni 1940 hatte Heydrich in einem Brief an Reichsaußenminister Ribbentrop ähnliches verlauten lassen:

«Der Herr Generalfeldmarschall hat mich im Januar 1939 in seiner Eigenschaft als Beauftragter für den Vierjahresplan mit der Durchführung der jüdischen Auswanderung aus dem gesamten Reichsgebiet beauftragt. In der Folgezeit gelang es, trotz großer Schwierigkeiten, selbst auch während des Krieges, die jüdische Auswanderung erfolgreich fortzusetzen. Seit Übernahme der Aufgabe durch meine Dienststelle am 1. Januar 1939 sind bisher über 200000 Juden aus dem Reichsgebiet ausgewandert. Das Gesamtproblem – es handelt sich bereits um rund 3¼ Millionen Juden in den heute Deutscher Hoheitsgewalt unterstehenden Gebieten – kann aber durch Auswanderung nicht mehr gelöst werden.

Eine territoriale Endlösung wird daher notwendig.»

Mit dem Blick auf die «territoriale Endlösung» wurde die Auswanderung deutscher Juden etwa ab 1. Oktober 1941 verhindert. Allerdings scheint die betreffende Verordnung erst langsam bei den zuständigen Behörden bekanntgeworden zu sein. Erst am 23. Oktober 1941 teilte z. B. SS-Standartenführer Müller in einem Runderlaß an den Chef der Sicherheitspolizei und des SD für Belgien und Frankreich mit, der «Reichsführer-SS und Chef der Deutschen Polizei hat angeordnet, daß die Auswanderung von Juden mit sofortiger Wirkung zu verhindern ist»[53]. Erlaubt wurde die Auswanderung, entsprechend einer Absprache zwischen Himmler und Hitler, jetzt nur noch im Falle einer «Loslösung von Juden gegen Devisen», und das auch nur dann, «wenn sie wirklich in namhaftem Umfang Devisen von auswärts hereinbringen»[54].

Aus guten Gründen jedoch behandelten die deutschen Stellen das Auswanderungsverbot zunächst unter dem Siegel der Verschwiegenheit. Damit konnten nach außen hin die jüdischen Auswanderungsvorbereitungen weiterlaufen. Das ließ keine Unruhe aufkommen und vermied auch jegliche negative Kritik im Ausland. Außerdem hatten so die bereits angelaufenen Deportationen einen starken Überraschungseffekt: Viele Menschen wurden inmitten ihrer letzten Vorbereitungen für die bevorstehende Emigration abgeholt. Das Kapitel der rettenden Auswanderung war damit abgeschlossen, nur wenigen Juden gelang es noch, durch die Hinterlassung hoher Devisenbeträge, ins Ausland zu entkommen.

2. Auswanderung und jüdisches Selbstverständnis

Liegt das Heil in Palästina? Zionistische Propaganda gegen das Beharrungsvermögen der Assimilierten

In der Frage der Auswanderung schieden sich die Geister innerhalb der jüdischen Gemeinschaft. Trotz Verfolgung und antisemitischer Ausschreitungen plädierten etwa die Mitglieder des Reichsbunds jüdischer Frontsoldaten für den Verbleib in Deutschland, während andere ihre Aufgabe darin sahen, eine möglichst rasche Auswanderung ihrer Glaubensgenossen zu erreichen. Letztere, die zionistischen Organisationen, wurden von den Nationalsozialisten unterstützt, weil der Wille zur Auswanderung ihren – damaligen – eigenen Zielen sehr entgegenkam. Auch gab es insofern Berührungspunkte, als «Ideologen beider Richtung die Existenz des jüdischen Volks als ‹Rasse› und die daraus folgende Notwendigkeit einer Trennung von Deutschen und Juden anerkannten»[55].

Die Zionisten nutzten das Entgegenkommen der NS-Regierung und waren bereit, die Emigration der Juden aus Deutschland zu fördern in der Hoffnung, damit die jüdischen Siedlungen in Palästina durch den deutschen Zustrom zu stärken. Das Organ der Zionistischen Vereinigung für Deutschland, die ‹Jüdische Rundschau›, betrieb Werbung für diese Idee:

«Die Auswanderung der Juden aus Deutschland, die im Jahre 1933 eingesetzt hatte, steht unter dem besonderen Zeichen, daß Palästina das wichtigste Land für die Seßhaftmachung der Emigranten geworden ist. Durch eine Verknüpfung historischer Umstände und durch die jahrzehntelange Vorarbeit des Zionismus ist Palästina zu einem Land geworden, das erhebliche Menschenmengen aufnehmen und ihnen Heimat und Arbeitsstätte sein kann. Es hat sich gezeigt, welche Bedeutung der Einsatz nationalen Kapitals in Palästina besitzt und wie sehr dadurch die Entwicklung der Wirtschaft des Landes und seine Aufnahmefähigkeit für neue Einwanderer gesteigert werden kann.»[56]

Eine wichtige Komponente war also in den Augen der Zionisten die Stärkung Palästinas durch deutsch-jüdisches Kapital. Im Laufe der Jahre sollte sich allerdings zeigen, daß durch die NS-Restriktionen Geld von Emigranten nur noch in begrenztem Maße zur Verfügung stand. Deshalb bemühte sich die zionistische Organisation in erster Linie um die Menschen, die durch ihre Ausbildung für den Aufbau der neuen Heimat in Palästina geeignet erschienen.

Die berufliche Struktur des deutschen Judentums allerdings versprach in diesem Sinne keine großen Erfolge. Es blieb nur die Möglichkeit einer Umschulung auf landwirtschaftliche und handwerkliche Berufe. Und so traten denn die zionistischen Kreise keineswegs für eine überstürzte Massenauswanderung ein. Deutlich wird dies in der ‹Jüdischen Rundschau› vom Dezember 1933:

«Allen jüdischen Menschen, die sich noch in Deutschland befinden, wird aufgrund eingehender Erfahrungen der Rat erteilt, an ihrer Absicht, sich umzuschichten, festzuhalten, und diese Absicht in Deutschland selbst durchzuführen . . ., denn trotz aller vorhandenen Schwierigkeiten dürfte es letzten Endes in Deutschland selbst leichter und aussichtsreicher sein, die große Umschichtungsbewegung, von der die jüdische Jugend instinktsicher und unter dem Druck der Notwendigkeit ergriffen ist, in die Tat umzusetzen.»[57]

Die Forderung, jene «Umschichtung» in Deutschland zu vollziehen und erst danach das Land zu verlassen, macht deutlich, daß auch die Zionisten die bevorstehenden Gefahren nicht erkannten. Die zionistische Organisation zur Vorbereitung und beruflichen Ausbildung für ein Arbeiterleben in Palästina, der «Hechaluz», stellte aber schon im Mai 1933 fest:

«Die Entfremdung vom eigenen Volkstum hat dem Juden zwar keine Assimilation innerhalb der Umgebung ermöglicht, ihn aber dafür zwiespältig und wurzellos gemacht . . . Der einzige Ausweg ist der historische Ausweg: Arbeitendes Judentum in Palästina . . . Der Zionismus ist der Weg zur jüdischen Arbeit in Palästina.»[58]

Der Zionismus half seinen Anhängern bei der sozialen und kulturellen Ablösung von ihrer bisherigen Heimat und gab ihnen eine neue Identität: die Hoffnung auf eine neue, eine jüdische Heimat in Palästina. Nicht wenige im deutschen Sinne national denkende Juden gaben ihre Überzeugung auf und schlossen sich den zionistischen Gruppen an. Der 1919 in Kippenheim/Baden geborene und heute in Israel lebende Erich Valfer beschreibt seine innere Verwandlung als Weg «von einem Deutschen jüdischen Glaubens zu einem überzeugten Zionisten»[59].

Dieser «Übertritt» war allerdings bei den meisten primär von der Hoffnung auf eine Erleichterung bei der Auswanderung getragen. Nach 1933 bedeutete zionistisches Bewußtsein nicht unbedingt eine politische Überzeugung. Es gab jedoch auch Menschen, die geradezu zum Zionismus konvertierten. Wie eine solche Verwandlung vor sich ging, schildert der ehemalige Gemeindevorsteher von Deutsch-Krone in Westpreußen, der 1934 nach Palästina ausgewanderte Edwin Landau, nach dem «Judenboykott» am 1. April 1933:

«Das war mein Abschied vom Deutschtum, meine innere Trennung vom gewesenen Vaterland – ein Begräbnis. Ich begrub 43 Jahre meines Lebens. Und wäre es nur der eine und einzige Tag solchen Erlebens gewesen, jetzt konnte ich kein Deutscher mehr sein. Und was war ich nun? Zwar war ich ein religiöser Jude, aber doch schon sehr assimiliert ... Ich ahnte, daß nun der Centralverein deutscher Staatsbürger jüdischen Glaubens erledigt war, weil wir eine Rasse bilden und keine Glaubensgemeinschaft ... Ich sah wie viele ‹Centralvereinler› zur neuen zionistischen Ortsgruppe übergingen ... So wurde ich nach Jahren Zionist ... Für mich selbst aber wurde es ein innerer Aufstieg. Ich wurde ruhiger und fand den Kontakt mit dem neuen Leben wieder.»[60]

Viele andere, die sich ursprünglich dem assimilierten Teil der jüdischen Gemeinschaft zugehörig fühlten, schlossen sich den Äußerungen der Zionistischen Vereinigung für Deutschland vom 21. Juni 1933 an, die lauteten:

«Die Lage der Juden zwischen den Völkern und die zeitweise vor sich gehende Ausschaltung aus Berufskategorien und wirtschaftlichen Erwerbsmöglichkeiten sowie die Sehnsucht nach Normalisierung der Lebensbedingungen zwingt viele Juden zur Auswanderung.

Der Zionismus will die Auswanderung der Juden nach Palästina so gestalten, daß dadurch eine Entlastung der jüdischen Position in Deutschland erfolgt.

Der Zionismus hat sich nicht damit begnügt, lediglich eine theoretische Auffassung von der Judenfrage zu erzeugen, sondern er hat praktisch eine Normalisierung des jüdischen Lebens durch Gründung einer neuen nationalen Siedlung der Juden in Palästina, in ihrem alten Stammland, eingeleitet.»[61]

Obgleich für die Zionisten eigentlich nur ein Auswanderungsziel in Frage kam, sahen sie doch die Notwendigkeit, alternative Möglichkeiten zu schaffen. Den nicht-zionistischen Kreisen, die in erster Linie um solche anderen Auswanderungsländer bemüht waren, gestand die zionistische Organisation allerdings nicht zu, dafür jüdische Gelder zu verwenden:

«Die Kreise, die über diese Mittel verfügen, sind auf der Suche: auf der Suche nach Anlagemöglichkeiten, auf der Suche nach Ländern auf dem weiten Erdenrund, wohin sie Juden schaffen können. Nun ist gewiß gegen eine solche Suche nichts einzuwenden, da wir selbst am besten wissen, daß Palästina nicht alle auswanderungsbedürftigen Juden der Welt oder auch nur Deutschlands aufnehmen kann, und daß nicht die Gesamtheit des jüdischen Volkes für ein Leben der Arbeit in Palästina geeignet ist ...

Das Land und die Aufgabe sind da. Dies müssen wir gerade dann feststellen, wenn wir hören, daß in diesen Tagen Projekte realisiert werden, die in gewissen jüdischen Kreisen Deutschlands schon längere Zeit erörtert wurden und das Ziel haben, junge Menschen für eine landwirtschaftliche Siedlung außerhalb Palästinas auszubilden. Gewiß kann eine solche Ausbildung nützlich sein, aber wir fragen: Was soll ein solches Kollektiv-Unternehmen, das mit den Mitteln der Gesamtheit durchgeführt wird, wenn ihm das konkrete Ziel fehlt?»[62]

Diese Ausschnitte stammen aus einem Artikel der ‹Jüdischen Rundschau› unter dem Titel «Unbegreifliches», der gleichzeitig als Beginn einer längeren Auseinandersetzung zwischen der Zionistischen Vereinigung Deutschlands und dem Central-Verein betrachtet werden kann. Dieser Streit um die Errichtung des Auswandererlehrgutes Groß-Breesen, des einzigen nichtzionistischen Schulungszentrums für Landwirtschaft und Gärtnerei, wurde in erster Linie in den beiden Organen der Kontrahenten, der ‹Jüdischen Rundschau› und der ‹C.-V.-Zeitung›, ausgetragen. Die ‹C.V.-Zeitung› nimmt in ihrer Ausgabe vom 23. Januar 1936 Stellung zu der Kritik der Zionisten:

«Am 16. Januar fand in den Räumen der Reichsvertretung der Juden in Deutschland die Gründungsversammlung der jüdischen Auswanderungsschule statt. Die ‹Jüdische Auswanderungsschule› setzt sich die Vorbereitung junger jüdischer Menschen für die Auswanderung nach Übersee zur Aufgabe ... (Ein) Plan, der schon bei seiner Entstehung den Widerstand gewisser jüdischer Kreise erregte ... Es hat auch in zionistischen Kreisen außerordentlich befremdet, daß die ‹Jüdische Rundschau› die Indiskretionen ihres ersten Angriffes gegen die jüdische Auswanderungsschule nicht etwa bedauert und zurückgenommen, sondern fortgesetzt hat ... Die Angriffe sind nur berechtigt, wenn man das Judentum als einen Annex des Zionismus und nicht etwa den Zionismus als einen engeren Sonderfall jüdischer Gesinnung ansieht ... Die Polemik der ‹Jüdischen Rundschau› ist aber auch geeignet, in den Kreisen der nichtzionistischen Palästinafreunde lebhafte Zweifel an der Aufrichtigkeit der Argumente zu wecken, mit denen sie für Palästina geworben werden. Schon lange vor 1933 gab es einen beträchtlichen Menschenkreis, der innerjüdisch nichtzionistisch orientiert, den Palästinaaufbau als ein gesamtjüdisches Werk freudig unterstützte.»[63]

Die Unterstützung des Palästinaaufbaus gerade auch von nichtzionistischer Seite verdeutlicht ein Aufruf des Stuttgarter Ministerialrats Dr. Otto Hirsch vom September 1933 (Hirsch wurde kurze Zeit später Geschäftsführer der Reichsvertretung): «Es gilt, Palästinas heiligen Boden durch deutsche Juden und für deutsche Juden zu erschließen ... Das Entscheidende kann nur durch uns selbst geschehen!»[64]

War man sich in der Sache offensichtlich gar nicht so uneinig, so blieb doch die unterschiedliche Auffassung, wie dieses Ziel denn zu erreichen sei. Am konkreten Fall des Auswandererlehrgutes Groß-Breesen hatte sich die Auseinandersetzung entzündet. Dazu nochmals die ‹Jüdische Rundschau›, die gleichzeitig auf die Problematik der sogenannten assimilierten Gruppen in NS-Deutschland hinweist:

«Die Kreise, die hinter diesem Projekt stehen, haben vor nicht sehr langer Zeit die zionistische Jugend als ‹materialistisch› und ‹opportunistisch› gebrandmarkt, weil sie – wie man sagte – den ‹leichteren Weg› der Auswanderung beschreite, während man selbst auch unter den heutigen Umständen dem ‹idealistischen› Grundsatz des Ausharrens in einer gefährdeten Position huldige. Nun muß man sich der Macht der Tatsachen beugen. Aber statt daß man nun wenigstens den jungen Menschen, die dafür geeignet sind, den Weg aus dem Golus heraus eröffnet, spricht man von einer – höchst nebulosen – ‹Ungeeignetheit›, sich zu hebräisieren und zu ‹orientalisieren› und will diesen Menschen in der Welt draußen die Möglichkeit geben, auch weiterhin Träger deutscher Kultur zu sein ... Wenn überhaupt eine Auswanderungswelle Aussicht auf Einwurzelung der neuen Einwanderer haben wird, so doch nur dadurch, daß der Einwanderer sich als Bürger des Landes fühlt, in dem er lebt. Das bedeutet naturgemäß auch eine kulturelle Angleichung an die neue Heimat (mit allen innerjüdischen Gefahren der Assimilation).»[65]

Die zionistischen Gruppen forderten vor allem eine fundierte jüdische Erziehung, damit man dann die Schwierigkeiten im Exil leichter ertragen könnte. Gerade einen Mangel an solcher Ausbildung warfen sie denn auch den nichtzionistischen Kreisen und ihrer Auswanderungsschule vor. Insbesondere die Vernachlässigung der hebräischen Sprache als Grundlage des jüdischen Wissens im Unterrichtsplan erregte in zionistischen Kreisen Kritik.

So verhinderten also die sehr unterschiedlichen Vorstellungen innerhalb der jüdischen Bevölkerung ein gemeinsames Handeln gegenüber dem NS-Staat. Die assimilierten Kreise, wie der Verband nationaldeutscher Juden, der Reichsbund jüdischer Frontsoldaten und der Central-Verein, erkannten die Gefahren ihrer Aufforderung, in Deutschland zu bleiben und von innen heraus der NS-Politik zu widerstehen, viel zu spät. Der «geistige Widerstand», wie ihn der von Martin Buber beeinflußte Zionist und Pädagoge Ernst Simon nannte, mündete in der berühmten Aufforderung des

Redakteurs der ‹Jüdischen Rundschau›, Dr. Robert Weltsch: «Tragt ihn mit Stolz, den gelben Fleck». Nach Ende des Krieges machte sich der 1938 nach Palästina ausgewanderte Weltsch, wie viele andere, den Vorwurf, die Gefahren nicht rechtzeitig erkannt und die Auswanderung nicht mit Nachdruck propagiert zu haben.

Statt einer organisierten Auswanderung stand etwa bei den Mitgliedern des Centralvereins der Geist des «Ja-Sagens» zum Judentum im Mittelpunkt ihrer Arbeit. Im Dezember 1933 bezeichnete die ‹C.V.-Zeitung› sich als Organ des «Centralvereins, der großen Aufbaubewegung des deutschen Judentums». In der gleichen Ausgabe definiert Dr. Ludwig Holländer, eine der führenden Persönlichkeiten des Centralvereins, die «Grundbegriffe der jüdischen Gegenwart». Dabei berief er sich auf Maimonides (Rabbi Mose ben Maimon), den bedeutendsten jüdischen Religionsphilosophen des Mittelalters, der schon damals scharf mit denen ins Gericht ging, die von oben her jeden als minderwertigen Juden kennzeichneten, der sich ihrer Ansicht nicht anschloß. Damit spielt Holländer auf die Verhaltensweisen der zionistischen Kreise an: «Das könnte heute geschrieben sein. Das Entscheidende aber ist der Geist der Abhandlung: Wo nicht ein unbedingtes Erfordernis vorliegt, ist eine Auswanderung unzulässig.»[66]

Man sah also von seiten der Leitung des Centralvereins ein solches Erfordernis noch nicht gegeben. Die Assimilanten beriefen sich auf ihr «Heimatrecht». Der Gedanke an eine Auswanderung wurde in der ersten Phase der NS-Judenpolitik noch von vielen Gruppen eindeutig negiert. Charakteristisch hierfür ist die Ansicht des Reichsbundes jüdischer Frontsoldaten:

«Der RJF sieht die Grundlage seiner Arbeit in einem restlosen Bekenntnis zur deutschen Heimat. Er hat kein Ziel und kein Streben außerhalb dieser deutschen Heimat und wendet sich aufs schärfste gegen jede Bestrebung, die uns deutsche Juden zu dieser deutschen Heimat in eine Fremdstellung bringen will.»[67]

Ein Schreiben von Dr. Leo Löwenstein, Gründer und weltanschaulicher Leiter des Reichsbundes, an Hitler zeigt, daß die Vorschläge des Bundes immer wieder die Bitte miteinschlossen, die alteingesessenen jüdischen deutschen Familien besonders zu berücksichtigen. Dabei wird deutlich, daß man in der Illusion lebte, nur den «zugewanderten» Juden würde eine schlechte Behandlung widerfahren. Viele glaubten, die NS-Verfolgung sei nur auf die seit dem Beginn des 20. Jahrhunderts eingewanderten Ostjuden zurückzuführen.[68]

Walter Laqueur berichtet über die Familie einer Freundin:

«Sie hatte einen tyrannischen Vater, der im Krieg Offizier gewesen war und ein paar hohe Orden bekommen hatte. Er gehörte zum Reichsbund der deutsch-jüdischen Frontsoldaten und sagte jedem, dem er begegnete, daß die deutschen Juden in soldatischer Haltung auf ihrem Posten ausharren müßten. Es würde schon bald besser werden, die Maßnahmen wären hauptsächlich gegen die Ostjuden gerichtet. Der Tochter hatte er verboten, an Auswanderung zu denken.»[69]

Ähnliches berichtet Charlotte Zernik, die 1938 zunächst nach Antwerpen und dann nach New York auswanderte, über ihre Eltern:

«Sie hegten keinerlei Sympathie für den Zionismus und hielten eine nationale Heimstätte für absurd. Als Mitglieder des C.V. hielten sie an der Überzeugung fest, es sei die Verpflichtung jedes einzelnen, ob Jude oder Christ, sich nicht von der Heimat zu trennen und zum Vaterland zu stehen.»[70]

Wie viele andere wurde auch die Familie von Charlotte Zernik erst durch die Verhaftung ihres Vaters nach der «Reichskristallnacht» zur Auswanderung gezwungen.

Die unterschiedliche Einstellung der verschiedenen jüdischen Gruppierungen zur Auswanderung konnte auch den deutschen Behörden nicht verborgen bleiben. So heißt es schon in einem Erlaß des Württembergischen Politischen Landespolizeiamtes vom 17. Oktober 1935:

«a) Die Assimilanten sehen im Judentum nur eine religiöse Richtung und sind der Meinung, daß im übrigen Juden heute bereits so eng mit dem deutschen Volkstum verschmolzen seien, daß es undenkbar wäre, eine Trennung zu versuchen ...

b) Die Zionisten sind die Reaktion auf die Assimilationsbestrebungen. Als bei einigen Juden, besonders in Osteuropa, sich die Erkenntnis durchsetzte, daß der assimilatorische Versuch zur Lösung der Judenfrage an dem Widerstand der arischen Wirtsvölker scheitern würde, entstand die Idee der Wiederherstellung des Judenstaates in Palästina ... Der Zionismus bejaht als völkische Bewegung den nationalsozialistischen Volks- und Rassengedanken. Durch die Förderung der jüdischen Auswanderung kommt er den deutschen Bestrebungen zur praktischen Lösung der Judenfrage entgegen.»[71]

Die «Nürnberger Gesetze» machten dann den Juden den bitteren Ernst der Lage klar: Ein jüdisches Leben in Deutschland hatte keine Zukunft mehr. Bis dahin war für die assimilierten Kreise die Auswanderung «eine» Lösung, für die Zionisten «die» Lösung. Nun blieb nur noch «die» Lösung.[72]

Die Reichsvertretung konzipierte denn auch ihr Programm neu. An erster Stelle stand immer noch die jüdische Erziehung. Zur zweiten Aufgabe wurde die Förderung der Emigration erklärt:

«Dem gesteigerten Auswanderungsbedürfnis ist mit einer großzügigen Planung zu entsprechen, die vor allem Palästina, aber auch alle anderen in Frage kommenden Länder einbezieht und besonders der Jugend gilt. Hierzu gehört die Sorge für die Vermehrung der Auswanderungsmöglichkeiten, Ausbildung in für die Auswanderung geeigneten Berufen, insbesondere Landwirtschaft und Handwerk, die Schaffung von Möglichkeiten zur Mobilisierung und Liquidierung des Vermögens wirtschaftlich Selbständiger, die Erweiterung bestehender und die Schaffung neuer Transfermöglichkeiten.»[73]

Auch der Centralverein sah die Situation jetzt mit anderen Augen: «Unsere Beziehungen zu der deutschen Umwelt haben sich geändert ... Die neuen Realitäten haben unsere Gedanken, Gefühle und unser Verhalten verändert.»[74]

Nachdem sich nun die Überzeugung allgemein durchgesetzt hatte, daß nur die Auswanderung eine wirkliche Lösung bringen konnte, galt es laut Robert Weltsch für die Juden in Deutschland,

«in einer präzedenzlosen Lage und gesetzlichen Unsicherheit eine Möglichkeit zu suchen, innerhalb des engen Raumes, in den sie verbannt waren, ein Maximum an nützlichen Einrichtungen zu schaffen, um den besonders hart betroffenen Menschen zu helfen und einen – möglichst geordneten – Übergang zu einer anderen Existenz, für die immer deutlicher nur die Auswanderung eine Möglichkeit eröffnete, vorzubereiten. Das war das einzige, was in Deutschland damals noch getan werden konnte.»[75]

Jüdische Hilfsorganisationen in Deutschland

Die Gründung der Reichsvertretung der deutschen Juden am 17. September 1933 hatte endlich die Basis geschaffen für ein gemeinsames jüdisches Handeln in Deutschland. Daß es allerdings bis etwa 1935 kaum gelang, diese Basis auch zu nutzen, war ein Problem der unterschiedlichen Denkweisen der Betroffenen. Erst die immer weitergehenden Einschränkungen des jüdischen Lebens zwangen alle Beteiligten, sich über jegliche Unterschiede hinweg solidarisch zu erklären.

Neben der Reichsvertretung wirkte der bereits im April 1933 gegründete «Zentralausschuß für Hilfe und Aufbau». Um der veränderten Situation Rechnung zu tragen, wurde er zwei Jahre später in den Apparat der Reichsvertretung eingegliedert. Der Arbeitsbericht des Zentralausschusses aus eben diesem Jahr wies darauf hin, daß «die heranwachsende jüdische Generation in Deutschland ganz überwiegend den Weg der Auswanderung gehen muß»[76]. Um die Organisation dieser Auswanderung kümmerten sich außer der Reichsvertretung noch drei weitere Einrichtungen: das Palästinaamt als Abteilung der Jewish Agency for Palestine – bis zur Gründung des Staates Israel die de-facto Regierung Palästinas –, der Hilfsverein der deutschen Juden und die Hauptstelle für jüdische Wanderfürsorge. Während sich das Palästinaamt nur mit der Emigration nach Palästina befaßte, bemühte sich der Hilfsverein – eine Gründung des Jahres 1901 – um Auswanderungsmöglichkeiten in alle anderen Länder der Welt. Der

Anstehen für die Auswanderung nach Palästina im Januar 1939

Hilfsverein wurde schließlich zur Zentralstelle der gesamten nicht-palästinensischen Auswanderung der Juden aus Deutschland. Seit dem 31. Oktober 1924 durch das Reichsinnenministerium als gemeinnützige Auswanderungsberatungsstelle für jüdische Auswanderer anerkannt, hatte sich der Hilfsverein seit 1933 darauf eingestellt,

«den Juden in Deutschland, die aus seelischer oder materieller Not gezwungen und gewillt sind, Deutschland zu verlassen, zu helfen. Der Strom der auswandernden Juden fließt in zwei Richtungen. Etwa drei Fünftel gehen alljährlich nach Palästina, der Rest verteilt sich auf die Länder der übrigen Welt. Also etwa zwei Fünftel der gesamten Auswanderung geht nicht nach Palästina ...

Ein Netz von 400 Vertrauensmenschen, mit denen der Hilfsverein in ständiger Korrespondenz ist, ist über die ganze Welt gespannt, und in diesem Sinne arbeitet der Hilfsverein international. Der Hilfsverein, an seiner Spitze Max Warburg, muß sich angesichts der politischen und der wirtschaftlichen Lage in der ganzen Welt im wesentlichen auf die Wegbahnung für Einzelwanderungen beschränken. Nur in ganz wenigen Ausnahmen kommen bis jetzt Ansiedlungen von Gruppen, bisher nirgends außer in Palästina, jüdische Massenansiedlungen in Frage. Diese Einzel- oder Tropfenkolonisation hat sich überall gut bewährt.»[77]

Der Hilfsverein, der vor 1933 insbesondere die durchwandernden Ostjuden unterstützte, entwickelte bemerkenswerte Aktivitäten. Insgesamt 18 Beratungsstellen, die über das ganze Land verteilt waren, sowie ein in mehreren Ausgaben zwischen 1933 und 1938 erschienenes Korrespondenzblatt ‹Jüdische Auswanderung› versorgten die jüdische Bevölkerung mit Informationen über die verschiedenen Einwanderungsländer. Bis Ende 1939 gelang es dem Hilfsverein, rund 90000 Juden zu beraten und rund 31000 Auswanderer finanziell zu unterstützen. Allerdings konnte er keinen Einfluß auf die Zahl der erteilten Visa nehmen.[78]

Die dritte Auswanderungsorganisation, die Hauptstelle für jüdische Wanderungsfürsorge, war als selbständige Abteilung der seit 1917 bestehenden Zentralwohlfahrtsstelle der deutschen Juden angegliedert. Bis zum Jahre 1933 arbeitete sie vor allem auf dem Gebiet der Durch- und Binnenwanderung. Nach 1933 dann übernahm sie die Repatriierung nicht-deutscher Juden in ihre Ursprungsländer. Der Erlaß der «Nürnberger Gesetze» erforderte eine straffere Organisation der Auswanderungsarbeit. Die Reichsvertretung, die jetzt die «Vorbereitung und Durchführung der Auswanderung» zum «Kernstück des Hilfs- und Aufbauwerkes» erklärte, etablierte einen Wanderungsausschuß, in dem alle für die Emigration tätigen Organisationen beteiligt waren.

Schließlich wurde durch einen Beschluß des Wanderungsausschusses vom 13. Dezember 1937 eine «Zentralstelle für die jüdische Auswanderung» geschaffen, in der neben den drei bisherigen Auswanderungsorganisationen alle anderen interessierten Stellen vertreten waren. Die Zentralstelle sah ihre Aufgabe in der «einheitlichen Lenkung und planvollen Förderung der Einzel- und Gruppenwanderung» und wollte «angesichts des starken Auswanderungsbedürfnisses und der nur beschränkt vorhandenen Einwanderungsmöglichkeiten» alles in Bewegung setzen, «um die vorhandenen Auswanderungsmöglichkeiten wahrzunehmen und neu zu erschließen»[79]. Immer wieder versuchte man auf jüdischer Seite durch Straffung und Umorganisierung der Auswanderungsberatungsstellen der unaufhörlichen Veränderungen in der Lage der Juden Herr zu werden. Das Auswanderungsbedürfnis wuchs parallel zur Radikalisierung der nationalsozialistischen Judenpolitik. Der schon vor dem Novemberpogrom von der Gestapo ausgeübte Druck zur Beschleunigung der Auswanderung hatte in den Beratungsstellen zu chaotischen Zuständen geführt. Nach der «Reichskristallnacht» wurden die beiden Organe der Auswanderung, Palästinaamt und Hilfsverein, auf Befehl der deutschen Behörden als Abteilungen der Reichsvertretung eingegliedert. Der Druck wurde nochmals verstärkt. Die «Zehnte Verordnung zum Reichsbürgergesetz» machte dann am 4. Juli 1939 aus der Reichsvertretung die Reichsvereinigung. Alle Juden im Sinne der «Nürnberger Gesetze» wurden Zwangsmitglieder, und die Gemeinden erhielten das «Recht», eine Zwangsabgabe bei Auswanderung zu erheben.[80] Aus einer Anweisung des Reichsführers SS vom 18. Dezember 1939 ist zu ersehen, daß eine solche Abgabe Voraussetzung für die Bewilligung einer Auswanderung war:

«Am 1. Januar 1940 wird eine neue Beitragsordnung der Reichsvereinigung der Juden in Deutschland für die Erhebung des ordentlichen und außerordentlichen Beitrages (Auswandererabgabe) in Kraft treten. Um den Eingang des festgesetzten ordentlichen Beitrages für das Jahr 1940 und des jetzt erhöhten außerordentlichen Beitrages für den Fall, daß die Auswanderung bisher nicht erfolgt sein sollte, sicherzustellen, werden die von den jüdischen Kultusvereinigungen bisher ohne Befristung der Gültigkeit ausgestellten Bescheinigungen über die Errichtung oder Sicherstellung des Beitrages vom 31. Dezember 1939 ungültig und können nach diesem Zeitpunkt als Unterlage für Paßanträge nicht mehr verwendet werden ...»

Die Reichsvereinigung und ihre «Wanderungsabteilung» mußten sich mit immer neuen Maßnahmen zurechtfinden, bis schließlich, nach Bekanntwerden des Auswanderungsverbotes im Herbst 1941, die Auflösung der Auswanderungsberatungsstellen einsetzte. Die Aufgaben der Reichsvereinigung beschränkten sich von da an fast ausschließlich darauf, die zur Deportation bestimmten Menschen zu sammeln und sie bis zum Abgang der Transporte zu betreuen. Endgültig einstellen mußte sie ihre Arbeit am 10. Juni 1943. Trotz des Auswanderungsverbotes gelang es von 1942 bis Kriegsende noch etwa 8500 Juden – auf legalem oder illegalem Wege –, Deutschland zu verlassen. Unter diesem «letzten Rest der Geretteten», wie sich die Überlebenden nach einem Bibelzitat in den Nachkriegsjahren nannten, befand sich auch der Hilfsrabbiner der jüdischen Gemeinde in Berlin, Herbert A. Strauss, mit seiner Frau Lotte. Nachdem sich beide zunächst vor der Gestapo hatten versteckt halten müssen, gelang ihnen im Frühjahr 1943 die Flucht in die Schweiz mit Hilfe eines in Lausanne lebenden Onkels von Lotte Strauss. Lottes Onkel hatte mehrere Gesuche an die Eidgenössische Fremdenpolizei in Bern gerichtet, um eine Einreise für die beiden Verfolgten in die Schweiz zu ermöglichen. Nachdem dies aber auf legalem Wege nicht genehmigt worden war, organisierte Lottes Onkel mit der Hilfe von schweizerischen und deutschen Grenzbewohnern die Flucht.[81]

Jüdische Hilfe aus dem Ausland

Die deutschen Auswanderungsberatungsstellen wurden nicht nur finanziell, sondern auch in ihrer praktischen Arbeit von den großen ausländischen Hilfsorganisationen unterstützt. Spezielle Ansprechpartner waren «ICA» (Jewish Colonisation Association) und «HIAS» (Hebrew Sheltering and Immigrant Aid Society of America). Letztere, 1888 in Amerika gegründet, basiert auf der Idee, den in Amerika ankommenden Immigranten hilfreich zur Seite zu stehen. Die seit 1891 bestehende «ICA» ist eine Auswanderer- und Fürsorgegesellschaft, die über Ackerbaukolonien in den Vereinigten Staaten, Argentinien, Brasilien und Canada verfügt. Seit die jüdische Emigration nach dem Ersten Weltkrieg einen besonderen Stellenwert eingenommen hatte, bemühte sich die «ICA», Verbindung mit anderen jüdischen Organisationen aufzunehmen mit dem Ziel, eine Organisation zu schaffen, die die ganze Auswanderungsarbeit zentralisierte; nur die Palästinaauswanderung sollte den Stellen der Jewish Agency vorbehalten bleiben. So wurde 1927 das zunächst 1925 gegründete «United Evacuation Committee» durch die «HIAS-ICA-EMIGDIRECT» (HICEM) abgelöst. Beteiligt waren, wie der Name sagt, HIAS, ICA und das Vereinigte Komitee für jüdische Auswanderung (EMIGDIRECT) aus Berlin. Das «Normalprogramm der HICEM» beschreibt die Zeitschrift ‹Jüdische Wohlfahrtspflege und Sozialpolitik› im Jahre 1933/34:

«1. In den Auswanderungs- und Durchgangsländern:

a) Die jüdischen Auswanderer soweit wie möglich über die Lebensbedingungen, ganz besonders aber über den industriellen und landwirtschaftlichen Arbeitsmarkt in den Immigrationsländern zu unterrichten.

b) Den jüdischen Auswanderern jede juristische und konsularische Hilfe angedeihen zu lassen, d.h. zu ihren Gunsten bei den verschiedenen Regierungsinstanzen und Konsulaten zu intervenieren, um ihnen die Erlangung der zur Auswanderung erforderlichen Papiere und Visen zu erleichtern.

c) Die Auswanderer vor und während der Überfahrt von Schwindlern und Ausbeutern aller Art, denen sie leider nur zu oft in die Hände fallen, zu bewahren und ihnen alle Reiseannehmlichkeiten zu verschaffen.

d) Durch Einrichtung von Sprach-, Berufs- und Landwirtschaftskursen in den Emigrationsländern die Auswanderer gemäß den jeweiligen Erfordernissen des Landes, in das sie einzuwandern gedenken, vorzuschulen.

2. In den Einwanderungsländern:

a) Den sachgemäßen Empfang der Auswanderer bei der Landung sicherzustellen und in den hauptsächlichen Einwanderungshäfen geeignete Unterkunftsstätten zu errichten.

b) Sowohl in den Häfen als auch in den Städten im Innern des Landes Arbeitsnachweise zu schaffen und zu unterhalten.

c) Sprachkurse in der Landessprache ins Leben zu rufen und die Berufsschulung bei den Neuankömmlingen fortzusetzen.»

Damit war die «HICEM» eine «Art Trust des gesamten Hilfswerks für die jüdische Auswanderung mit Ausnahme Palästinas».

Über die spezielle Tätigkeit der HICEM für die Auswanderer aus Deutschland hieß es:

«Sofort nachdem sich der Zustrom jüdischer Auswanderer aus Deutschland fühlbar machte und ihre Unterbringung zu einer dringlichen Notwendigkeit wurde, da die Nachbarländer Deutschlands in keiner Weise so vielen Menschen Aufnahme, geschweige denn Arbeit geben konnten, hat sich die HICEM mit ihren Büros und Korrespondenten in Ägypten, Argentinien, Australien, Brasilien, Chile, China, Griechenland, Jugoslawien, Kanada, Mexiko, Nordafrika, Persien, Portugal, Südafrika, Syrien, Türkei, Uruguay und den Vereinigten Staaten von Amerika in Verbindung gesetzt und sie unter Betonung der Dringlichkeit gebeten, alles nur mögliche zu tun, um diesen Personen die Einreise zu erleichtern und eine Einreiseerlaubnis zu verschaffen. Um von vorneherein eine Hauptschwierigkeit zu beheben, hat die HICEM die Bürgschaft dafür übernommen, daß die Einwanderer in dem betreffenden Einwanderungsland nicht der öffentlichen Fürsorge zur Last fallen werden.»

In der Praxis sah das so aus, daß die HICEM etwa in Brasilien aufgrund einer Spezialgenehmigung, die allerdings durch die Veränderung der brasilianischen Einwanderungspolitik bald wieder rückgängig gemacht wurde, für 112 Personen Einreisegenehmigungen erlangen konnte. Es war Bürgschaft geleistet worden, daß die Einwanderer nicht der öffentlichen Fürsorge zur Last fielen. Um trotz der veränderten brasilianischen Politik auch weiterhin diesen Fluchtweg offenzuhalten, sah die HICEM sich genötigt, die Auswanderer mit einer Landungsgarantiesumme, die allgemein von Einwanderern in Brasilien gestellt werden mußte, in Höhe von 3 «Contos» (600 bis 700 RM) zu versehen.

Durch eine Ausnahmegenehmigung des Präsidenten von Uruguay konnte die HICEM für 50 jüdische Bauernfamilien und einige landwirtschaftliche Arbeiter die Einwanderung dorthin ermöglichen.

Ein weiteres südamerikanisches Land, Chile, nahm aufgrund einer Intervention der HICEM ebenfalls 50 Familien auf, allerdings unter der Bedingung, daß sie je 4000 RM mitbrächten. In Nordafrika gelang es den Vertretern der HICEM, einige Ärzte in Tanger und Tetuan und einige junge Leute verschiedener Berufsgruppen in Tunis unterzubringen. Südafrika dagegen legte zunächst den jüdischen Auswanderern keine Schwierigkeiten in den Weg – wenn ein einheimischer Bürger für die Zahlungsfähigkeit des Einwanderers garantierte. Seit 1. November 1936 mußte dann eine Landungsgarantiesumme von 100 Pfund vorgewiesen werden. Diese Forderung bedeutete bei den bestehenden Transferschwierigkeiten aus Deutschland das Ende jeder nennenswerten deutsch-jüdischen Einwanderung. HICEM beteiligte sich auch an der Organisation des französischen Hilfswerks für die jüdischen Auswanderer in Frankreich und versuchte, in Ländern wie Jugoslawien, Portugal, Griechenland, Spanien und Italien Juden aus Deutschland unterzubringen.

In enger Verbindung mit der HICEM wurde dann Ende Oktober 1933 die ANGLO-HICEM (German Jewish Emigration Council) in London gegründet. Nun erfolgte eine Art Arbeitsteilung zwischen HICEM und ANGLO-HICEM:

«Die Zusammenarbeit ... ist derart geregelt, daß das Büro der ANGLO-HICEM in London die Erforschung neuer Einwanderungsländer und die Untersuchung weiterer Möglichkeiten in den alten Einwanderungsländern, außerdem die gesamte diplomatische Arbeit mit Ausnahme von Frankreich, seinen Kolonien und Syrien sowie die gesamte technische Arbeit im Britischen Reich und seinen Mandatsgebieten (ausgenommen Palästina) übernommen hat. Das Büro der HICEM in Paris wird die grundsätzlichen Entscheidungen der Londoner Stelle im einzelnen ausführen, mit Ausnahme des Britischen Reiches und seiner Mandatsgebiete (ausgenommen Palästina), in denen auch die Einzeldurchführung der ANGLO-HICEM vorbehalten bleibt. Die HICEM wird demgemäß mit Hilfe der verschiedenen örtlichen Komitees die Auswahl der für die Einwanderung in Betracht kommenden Personen treffen ... Die HICEM wird weiter die gesamte technische Arbeit durchführen, die im Zusammenhang mit dem Transport der Auswanderer zu leisten ist, insbesondere wird die HICEM auch die Verhandlungen mit den Schiffahrtsgesellschaften führen.»[82]

Als zentrale Verwaltungsstelle war gerade diese Organisation dazu bestimmt worden, die Flüchtlinge, die sich nach der Machtergreifung panikartig über die an Deutschland angrenzenden Länder ergossen hatten, von Land zu Land umzusiedeln. Im Jahre 1933 fielen 42% aller von HICEM behandelten Fälle in diese Kategorie. Zwei Jahre später wurde von solchen Umsiedlern nichts mehr berichtet, dafür wanderten im gleichen Jahr 1935 72% im Rahmen des Überseeprogramms von HICEM aus; 1933 gingen nur 12% nach Übersee, 1934 waren es bereits 52%.

Die HICEM hat in den Jahren 1933 bis 1939 insgesamt 2700000 Dollar ausgegeben, um die Auswanderung zu organisieren. Bei insgesamt 50000 Anträgen konnte sie mit diesen Geldern 32011 Personen die Auswanderung ermöglichen. Diese beträchtlichen Mittel kamen von verschiedenen Hilfsorganisationen: 43% von der ICA, 38% vom American Jewish Joint Distribution Committee (kurz: Joint), 17% vom Britischen Zentralfonds für die deutsche Judenheit und 2% von anderen Gruppen.[83] Offensichtlich war also von den in der HICEM zusammengeschlossenen Organisationen die ICA die wichtigste. Sie ermöglichte vor allem auf ihren südamerikanischen Ländereien die Ansiedlung.

Das Siedlungsgebiet der ICA in Argentinien z. B. umfaßte ein Areal von über 600000 ha. Dort hatte sie, so ein Artikel in der Zeitung ‹Jüdische Wohlfahrtspflege und Sozialpolitik› vom April 1936,

«eine erste Gruppe von 19 jüdischen Familien aus Deutschland in ihrer Kolonie Avivgdor (Entre Rios) in Argentinien angesiedelt ... Es handelt sich dabei um Familien, die für landwirtschaftliche Siedlungsarbeit geeignet sind, mit mindestens drei erwachsenen männlichen Mitgliedern und mindestens einer erwachsenen weiblichen Arbeitskraft, gegebenenfalls ergänzt durch Verheiratung von Söhnen oder Töchtern bzw. durch nahe Verwandte (Neffen oder Nichten). Die Familien werden auf ihre Eignung für die Siedlungsarbeit von einem Beauftragten der ICA persönlich ausgewählt ... Zum Zweck der Ansiedlung erhält jeder Kolonist von der ICA soviel Land zugewiesen, daß er bei dessen persönlicher Bearbeitung für sich und seine Familie ein normales Auskommen hat und das Land im Verlauf einer Reihe von Jahren abzahlen kann ... Für jede Familie wird auf dem ihr zugewiesenen Felde ein Haus aus zwei Zimmern mit Küche gebaut. Sie erhält ferner die zur Bewirtschaftung notwendige Anzahl von Pferden, Kühen und Ackergeräten und wird von landwirtschaftlichen Experten während der ersten Zeit ihres Aufenthalts zur Arbeit angeleitet.»[84]

Die Ansiedlung jüdischer Familien auf den ICA-Kolonien in Argentinien blieb bis September 1938, als auch in diesem Land Beschränkungen die Einwanderung sogar bereits bestätigter Familien erschwerten, die wichtigste Form der Gruppenauswanderung – neben der nach Palästina. In enger Zusammenarbeit mit dem Hilfsverein der Juden in Deutschland gelang es der ICA, mehrere tausend Flüchtlinge in Argentinien anzusiedeln. Schätzungen ergaben, daß etwa 20000 bis 30000 jüdische Einwanderer, von denen die überwiegende Mehrheit aus Deutschland kam, in diesem südamerikanischen Land eine Zuflucht fanden. Ein Drittel davon passierte die argentinischen Grenzen ohne gültige Visa.[85] Der Joint, nach der ICA wichtigster Geldgeber der HICEM, bemühte sich gerade in Argentinien darum, der durch den Strom deutscher Einwanderer ausgelösten zunehmend ablehnenden Haltung der einheimischen Bevölkerung entgegenzuwirken. Zu diesem Zweck gründete der Joint ein eigenes Flüchtlingskomitee für Zentral- und Südamerika.

Die wichtigste Unterstützung leistete der Joint allerdings in Deutschland. Er stellte 1933 bereits 1 Million Dollar für die deutschen Juden zur Verfügung, 1936 waren es 210000 Dollar. Gleichzeitig wurden auch Mittel für die deutsch-jüdischen Flüchtlinge in Frankreich, den Niederlanden, der Schweiz und anderen europäischen Ländern bereitgestellt. Diese Zuschüsse waren in jenen Staaten von entscheidender Wichtigkeit, denn nur so konnten die europäischen Hilfsorganisationen den Emigranten helfen. Auch nach Kriegsbeginn bemühte sich der Joint mit Erfolg, deutschen Juden und christlichen «Nichtariern» aus anderen europäischen Ländern die Auswanderung zu ermöglichen. Im Juni 1940 errichtete der Joint in New York ein «Transmigration Bureau», das die Gelder verwaltete, die amerikanische Verwandte und Freunde von Flüchtlingen für deren Einwanderung in die USA zur Verfügung gestellt hatten.

Insgesamt gab der Joint in den Jahren 1939 bis 1945 über 50 Millionen Dollar aus, die ausschließlich von amerikanischen Juden gespendet worden waren. Diese Gelder wurden auch für die Ausbildung und berufliche Umschichtung deutscher Juden in europäischen Nachbarländern verwendet. Der Joint und der «Central British Fund» erklärten sich bereit, nicht nur für die finanzielle Unterstützung dieser Unternehmungen zu sorgen, sondern auch die Garantie zu übernehmen, daß die Auszubildenden nicht der Fürsorge ihrer Aufnahmeländer zur Last fielen. Der «Central British Fund» und dessen 1936 gegründeter Nachfolger, der «British Council for German Jewry», setzten sich sowohl aus Zionisten als auch aus Nichtzionisten zusammen. Wie der Joint sah die britische Hilfsorganisation ihre Aufgabe vor allem in der Förderung der jüdischen Auswanderung aus Deutschland und die anschließende Eingliederung der Flüchtlinge in ihren Aufnahmeländern. Im ersten Arbeitsjahr 1933 stellte der Central British Fund größere Beträge dem jüdischen Flüchtlingskomitee in Großbritannien zur Verfügung, beträchtliche Mittel gingen außerdem an das Zentralkomitee für die deutschen Juden in Palästina zur Unterbringung von Einwanderern. Eine spezielle Förderung erfuhr dort das Kinderdorf Ben Shemen. Auf diese Weise wollte man die Aufnahme von deutschen Kindern erleichtern. Auch im Bereich der Unterstützung deutscher Emigranten im benachbarten Ausland bemühte sich der Council, durch entsprechende Beträge die Arbeit der ansässigen Hilfsorganisationen zu fördern.[86]

Ohne diese großen jüdischen Hilfsorganisationen, von denen hier nur die wichtigsten genannt wurden, wäre sowohl in Deutschland selbst als auch in den jeweiligen Emigrationsländern keine derartig umfangreiche Betreuung des Flüchtlingsstroms möglich gewesen.

3. Die Auswanderung nach Palästina

«Sammlung der Zerstreuten»

Die Wahl Palästinas als künftige Heimat hatte, zumindest in den ersten Jahren der NS-Herrschaft, einen ausgesprochen ideologischen Hintergrund. Selbst die Mitherausgeberin der bestimmt nicht zionistischen ‹C.V.-Zeitung›, Margarete Edelheim, schrieb schon 1935: «In Palästina läßt das ideelle Moment den Einwanderer vieles Schwere ertragen, das ihm in jedem anderen Land unerträglich scheinen würde.»[87]

Palästina nahm eine Sonderstellung ein, die in erster Linie darauf beruhte, daß, welcher politischen Couleur auch immer, jeder sich mit dem Geschick und Aufbau dieses Landes innerlich besonders verbunden fühlte.[88] Zunächst kamen vor allem Zionisten in die neue Heimstätte der Juden. Aber in den folgenden Jahren drängten auch ideologisch nicht gebundene Juden immer stärker nach Palästina. Schließlich machte dann die Zahl der wirklichen Zionisten unter den Einwanderern nur noch einen verschwindend kleinen Teil aus. «Kommen Sie aus Überzeugung?», fragte man sie beim Eintritt in das Heilige Land. «Nein, aus Deutschland», lautete die Antwort.[89]

Georg Landauer, in den Jahren 1924/1925 und 1929 bis 1933 Leiter des Palästinaamts in Berlin, später selbst Palästina-Auswanderer, nannte im Herbst 1933 die «Palästinasache» «eine entscheidende Lebensfrage des deutschen Judentums ... Vor Palästina schweigt der Gegensatz von Zionisten und Nicht-Zionisten, von Liberalen und Orthodoxen, von Unternehmern und Arbeitenden, von Ostjuden und Westjuden ... Palästina ist eine Schicksalsfrage des deutschen Judentums geworden.»[90]

Palästina nahm bis 1936 die meisten deutsch-jüdischen Auswanderer auf, 34700 Personen. Daß die Eingliederung in Gesellschaft und Wirtschaft des Landes gelang, führte der «Zentralausschuß der deutschen Juden für Hilfe und Aufbau» in seiner Informationsbroschüre aus dem Jahre 1933 darauf zurück, daß dies das einzige Land war, «in dem konkrete Vorbereitungen für eine größere Einwanderung deutscher Juden gemacht wurden. Hier gibt es zwar nur geringe Möglichkeiten für die Betätigung der Juden in ihren bisherigen Berufen (wie es in anderen Immigrationsländern in beschränkter Weise der Fall ist), aber Bedarf an allen möglichen qualifizierten und halbqualifizierten Arbeitskräften.»[91]

Andererseits aber diente sie auch der Verwirklichung einer Idee: der «Sammlung der Zerstreuten» und der Schaffung eines Gemeinwesens in der alten Heimat. Nicht von ungefähr läßt sich ein deutliches Anwachsen der zionistischen Bewegung in Deutschland nach 1933 feststellen. Nur der Zionismus, der Verfolgung und Diskriminierung zum typischen Bestandteil der Diasporageschichte erklärte, bot durch die Idee der jüdischen Nation eine Lösung. Die «Alijah», so die hebräische Bezeichnung der Palästinawanderung, heißt wörtlich übersetzt «Aufstieg», interpretiert also die Einwanderung ins Gelobte Land als eine Erhöhung. Das Wort hat, wie viele Begriffe der zionistischen Terminologie, religiösen Charakter: Es bedeutet zunächst einmal das Aufgerufenwerden zur Thoravorlesung, ist aber zugleich auch der Begriff für den Emporstieg zum Tempel in Jerusalem an den drei Pilgerfesten des Jahres. Als erste Alijah bezeichneten die Zionisten denn auch die erste (wegen der Judenverfolgung in Rußland und Rumänien) Einwanderung der Juden nach Palästina von 1880 bis 1905. Mit der «Erhöhung» der Einwanderer war ein geistiger Prozeß gemeint: Das zerstreute Volk findet zurück in seine Heimat. Allerdings hatte das neue Leben in Palästina auch seine Kehrseite. Die seit 1924 in Palästina lebende Korrespondentin des zionistischen Organs ‹Jüdische Rundschau›, Gerda Luft, zeichnet in ihrem Buch ‹Heimkehr ins Unbekannte› ein ziemlich klares Bild der Schwierigkeiten, die einen Palästinaeinwanderer erwarteten:

«Um sich einzuleben, mußte er sich jedoch vor allem in dem jüdischen Palästina jener Zeit zurechtfinden ... Die Formen des täglichen Lebens wurden durch die früheren Einwanderer bestimmt und diese stammten aus Rußland, Rumänien und Galizien ...

Der Lebensstandard der früheren Einwandererschichten war im Durchschnitt niedriger, als es der der Einwanderer aus Deutschland zu Hause gewesen war. Sie sind eines der wenigen, vielleicht das einzige Beispiel dafür, daß eine Immigrantenschicht im Lande gezwungen wurde, ihren Standard erheblich zu senken ...

Die ‹Jischuw›, die bereits im Lande ansässige jüdische Gemeinschaft, brachte nur wenig Verständnis für die Nöte der Einwanderer auf. Das rührte nicht so sehr von der Hartherzigkeit der Alteingesessenen her, sondern von den noch viel schwereren Bedingungen, mit denen sie bei ihrer Einwanderung zu kämpfen gehabt hatten ...

Als die ersten deutschen Einwanderer in den dreißiger Jahren ankamen, waren bereits zivilisatorische Fortschritte aufzuweisen. Ein Teil davon war den Engländern zu verdanken. Das gilt für das Sanitätswesen, für die ersten modernen Straßen und den Bau des Hafens in Haifa ...

Die Alteingesessenen maßen eben ihre Lebensbedingungen an dem was vor zehn und zwanzig Jahren gewesen war, und gelangten daher automatisch zu einer positiven Bilanz. Der (deutsche) Einwanderer maß dieselben Bedingungen an denen, die er eben verlassen hatte. Die Konsequenzen der beiden Gruppen waren daher völlig verschieden. Es ereignete sich bei der Einwanderung aus Deutschland, was sich bei jeder Einwanderungswelle in Palästina und später in Israel ereignet hat: man begrüßte die Neulinge, aber man warf ihnen zugleich vor, daß sie nicht verstanden, wieviel sie ihren Vorgängern zu verdanken hatten.»[92]

Nachdem die Auswanderer der Verfolgung in Deutschland entgangen waren, fingen in Palästina selbst die Probleme erst an. So mancher Siedler, der glaubte, sich bald wieder eine Existenz aufbauen zu können, wurde bitter enttäuscht. Die Tatsache, daß man vielen ein Stück Boden zuwies, auf dem weiter nichts als Unkraut wuchs und auf dem sie sich erst ein Haus bauen mußten, versetzte diesen Menschen einen tiefen Schock. Kaum einer von ihnen war an körperliche Arbeit gewöhnt; meist hatten nur die jungen Menschen an den Vorbereitungs- und Umschulungskursen in Deutschland teilgenommen. Schwer hatten es vor allem Akademiker und Kaufleute. Von den 1935 in Palästina ansässigen 600 Ärzten entschlossen sich 200 zur Umschulung, 200 befanden sich in einer festen Anstellung und die restlichen unterhielten Privatpraxen.[93] Geht man davon aus, daß gerade Ärzte in einem sich im Aufbau befindlichen Land eine wichtige Rolle spielen, so ist es erstaunlich, daß immerhin ein Drittel offensichtlich keine Arbeitsmöglichkeiten vorfand. Auch Rechtsanwälte hatten einen schweren Stand. Sie konnten eine Praxis nur unter der Bedingung eröffnen, daß sie ein Examen, die «Foreign Advocates Examination», bestanden. Diese Prüfung stellte sich vor allem deshalb als besonders schwer heraus, weil man Hebräisch und Englisch beherrschen mußte, zwei Sprachen, die in der Regel den Deutschen fremd waren. Darüber hinaus wurden Kenntnisse in englischem und türkischem Recht verlangt. Insgesamt meldeten sich 150 Anwälte aus Deutschland für diese sehr strenge Prüfung, aber nur 20 konnten sie im Jahre 1933 und 75 im Jahre 1934 bestehen. 175 bis 200 Anwälte ließen sich schließlich in erster Linie auf landwirtschaftliche Berufe umschulen. Diese Unterschätzung der akademischen Berufe zeigte, so Gerda Luft, daß «es an Verständnis für das gewaltige geistige Potential, das hier vorlag», fehlte: «Wie bei jeder Ware, die gerade im Überfluß vorhanden ist, wurden intellektuelle Leistungen in den dreißiger Jahren in Palästina wenig geschätzt.»[94]

In Anbetracht der schwierigen sozialen und wirtschaftlichen Lage war es wichtig, daß nach der chaotischen Flucht des Jahres 1933 von den jüdischen Beratungsstellen Informationsreisen nach Palästina organisiert wurden. Diese Reisen dienten dem Zweck, an Ort und Stelle die Möglichkeiten für eine neue Existenzgründung auszukundschaften, sich über klimatische und soziale Bedingungen zu informieren, und in manchen Fällen hatten sie sogar die Beschleunigung der Einreiseerlaubnis zu bewirken. Nicht selten blieben die Palästina-Touristen gleich im Land. Allerdings bedurften auch solche Informationsreisen einer Genehmigung durch die deutschen Behörden. Dr. Heinz Cohn, Devisenberater für jüdische Auswanderer, nennt in seinem 1938 verfaßten Buch ‹Auswanderungsvorschriften› die wichtigsten Bedingungen für eine solche Reise:

«Soweit der jüdische Auswanderungsinteressent reichsdeutscher Staatsangehöriger und nicht im Besitze eines gültigen deutschen Reisepasses ist, kann er im Interesse einer planmäßigen jüdischen Auswanderung zum Zwecke einer einmaligen Informationsreise die Ausstellung eines Reisepasses beantragen.

Er muß in diesem Falle der zuständigen Auswandererberatungsstelle an Hand von Unterlagen dartun, daß die beabsichtigte Reise der Information für eine ernstlich in Aussicht genommene Auswanderung dient. Als Unterlagen zur Darlegung dieser Absicht werden insbesondere Korrespondenzen mit Einwanderungsbehörden, Einwanderungsorganisationen und im Ausland befindlichen Verwandten ausreichen, wenn sich aus diesen die ernstlich in Aussicht genommene spätere Auswanderung ergibt.

Wenn die Auswandererberatungsstelle auf Grund der vorgelegten Unterlagen ... den Charakter der beabsichtigten Reise als einer der späteren Auswanderung dienenden Information glaubhaft gemacht ansieht, stellt sie dem Antragsteller eine der Paßausstellung dienende Paßbescheinigung aus ...

Diese Paßbescheinigung der Auswandererberatungsstelle ist nun zusammen mit einem schriftlichen Antrag auf Ausstellung eines Reisepasses dem zuständigen Polizei-Revier zu übergeben ... Vor Erteilung des Passes hat der Antragsteller der Polizeibehörde die Unbedenklichkeitsbescheinigungen des Finanzamtes und der städtischen Steuerbehörde vorzulegen.»[95]

Die deutschen Behörden genehmigten im allgemeinen solche Informationsreisen. Die größte Schwierigkeit bereitete dabei die Erlangung eines gültigen Reisepasses. Bereits zu Beginn des Jahres 1936 sollten Juden in der Regel keine Pässe mit einer Gültigkeit von mehr als einem Jahr erhalten,[96] wobei der Grundsatz galt, «daß durch Reisen reichsangehöriger Juden in das Ausland erhebliche Belange des Reichs gefährdet werden»[97]. Laut Erlaß des Reichsministers des Innern vom 16. November 1937 ging man zwar grundsätzlich von dieser Gefährdung der Reichsinteressen aus, ließ aber folgende Ausnahmen zu:

«a) An Juden können Reisepässe mit Geltung für das Ausland ausgestellt werden, wenn der Reisepaß zur Auswanderung oder zur Vorbereitung der Auswanderung benötigt wird. Dies gilt auch dann, wenn mit einer deutschfeindlichen Betätigung des Paßbewerbers im Ausland nach seiner Auswanderung gerechnet werden muß, soweit es sich nicht um besonders gefährliche Juden handelt.

b) Die ernsthafte Auswanderungsabsicht oder die Notwendigkeit einer Auslandsreise zur Vorbereitung der Auswanderung muß in diesen Fällen durch Vorlage einer entsprechenden Bescheinigung der für den Wohnort des Paßbewerbers zuständigen größeren Auswandererberatungsstelle nachgewiesen werden.

c) ... Für Auslandsreisen zur Vorbereitung der Auswanderung ist die Geltungsdauer des Reisepasses auf die für die Erreichung des Reisezwecks unbedingt notwendige Frist zu beschränken.

d) Die Bestimmungen unter a)–c) finden auf minderjährige Juden entsprechende Anwendung, die sich zu Schulungs- und Ausbildungszwecken in das Ausland begeben, um ihre spätere Auswanderung aus Deutschland vorzubereiten.»[98]

Für Reisen nach Palästina galt darüber hinaus noch eine Sonderregelung:

«Der Informationsreisende nach Palästina kann eine Genehmigung zur Mitführung von Hotel- und sonstigen Gutscheinen nach Palästina erhalten, wenn durch Vorlage einer Bescheinigung des Palästina-Amtes (spezielle Beratungsstelle für Palästinaauswanderer) dargetan wird, daß die beabsichtigte Reise nachweislich der Prüfung und Vorbereitung einer späteren Auswanderung dient ... Selbstverständlich darf der Informationsreisende bei seiner Ausreise die Freigrenze bis zu RM 10.– in Hartgeld oder ausländischer Währung gegen Paßeintragung verwenden, sofern er nicht bereits im Ausreisemonat die Freigrenze in Anspruch genommen hat, z. B.

durch Unterstützung eines im Ausland wohnenden näheren Angehörigen ...

Der Informationsreisende kann auch auf Grund einer sogenannten Dringlichkeitsbescheinigung die erweiterte Freigrenze bis zu weiteren RM 50.– in deutschem Hartgeld oder ausländischer Währung nicht in Anspruch nehmen, da auf Grund ausdrücklicher Bestimmung Dringlichkeitsbescheinigungen für Informationsreisende nicht ausgestellt werden.»[99]

Bedeuteten diese Auflagen, Verordnungen und Beschränkungen schon im Zusammenhang mit einer bloßen Informationsreise Restriktionen von deutscher Seite, die in den Auswanderungsvorgang eingriffen, so bildeten die Einwanderungsbestimmungen im Lande selbst schwer überwindbare Hürden.

Die Einwanderung in das britische Mandatsgebiet Palästina war durch ein System von Einwandererkategorien geregelt. Trotz der am 2. November 1917 erlassenen «Balfour Declaration», in der die britische Regierung erklärte, daß sie «die Schaffung einer nationalen Heimstätte in Palästina für das jüdische Volk mit Wohlwollen» betrachtete, war die Einwanderung beschränkt. Die damals noch als Vertreter der alliierten Besatzung Palästinas fungierenden Briten erhielten 1922 den Auftrag des Völkerbundes, Palästina als Mandat zu verwalten. Die Mandatsregierung erteilte nun – aufgrund ihrer Beurteilung der Aufnahmefähigkeit des Landes – der Jewish Agency, der rechtlich anerkannten Vertretung des jüdischen Volkes in Palästina-Angelegenheiten, halbjährlich eine wechselnd bemessene Zahl von Einwanderungsgenehmigungen («Zertifikate»). Diese wurden dann an die von der Jewish Agency in den jeweiligen Ländern eingerichteten Palästina-Ämter verteilt, die ihrerseits geeignete Bewerber aussuchten.[100] Mit Rücksicht auf die politisch viel einflußreichere arabische Bevölkerung Palästinas, die sich gegen den starken jüdischen Zustrom zur Wehr setzte, wurde, vor allem nach den arabisch-jüdischen Unruhen des Jahres 1936, die Einwanderung drastisch beschränkt. Das wirkte sich insbesondere auf die Zuteilungen der Zertifikate an die sogenannte Kategorie «C», die Arbeitereinwanderer, aus. So standen der Jewish Agency im Sommer 1937 nur 400 «Samuel-Zertifikate» für vierzig Länder zur Verfügung, im Vergleich dazu wanderten auf diese von Sir Herbert Samuel – Vertreter des «Council for German Jewry» – vereinbarten Sondergenehmigungen im Jahre 1936 1200 Absolventen einer zweijährigen Ausbildung für Palästina ein. Nach arabischem Widerstand gegen die jüdische Siedlung erfolgte 1939 die Schließung der Tore Palästinas für die jüdische Immigration, gerade zu dem Zeitpunkt, zu dem die Juden am dringendsten auf Palästina angewiesen waren. Die neuen Verordnungen wurden allerdings von der Mandatskommission des Völkerbundes und von nahezu der Hälfte des britischen Parlaments als unvereinbar mit der britischen Mandatsverpflichtung mißbilligt.

Von Anfang an war lediglich die Einwanderung von «Kapitalisten», d.h. solchen Einwanderern, die im Besitz eines Vorzeigegeldes von 1000 Palästina-Pfund waren, nicht der Reglementierung unterworfen. Sie fielen unter Kategorie «A1» der potentiellen Einwanderer. Dann durfte auch noch laut ‹Philo-Atlas – Handbuch für die jüdische Auswanderung› – folgender Personenkreis die Grenzen Palästinas offiziell passieren:

«A2: Angehörige freier Berufe mit LP (Palästinapfund) 500 bar, soweit wirtschaftl. Lage nach Ansicht d. Immigration Department Einwanderung rechtfertigt.

A3: Handwerker mit mindestens LP 250 bar (Handwerkzeug und Maschinen können teilweise angerechnet werden) nach Wirtschaftslage.

A4: Rentenempfänger m. Mindestrente von LP 4 monatlich.

A5: Personen, d. einen ‹seltenen›, im Lande wenig vertretenen Beruf ausüben, m. Kapital v. mindestens LP 500 ...

Kategorie B: Personen mit gesichertem Lebensunterhalt.

B1: Waisenkinder unter 16 Jahren, deren Lebensunterhalt durch öffentl. Institutionen gesichert ist.

B2: Personen religiöser Berufe.

B3: Studenten und Schüler, deren Lebensunterhalt bis zur Berufsausübung gesichert ist.

Kategorie C: Arbeiterzertifikate (Schedule).

Für Arbeiter zwischen 18 u. 35 (evtl. 45) Jahren. Zahl (sog. Arbeiter-Schedule) bestimmt zweimal jährlich Pal. Regierung. Verteilung durch Jewish Agency.

Kategorie D: Anforderung.

D1: Ehefrauen, Kinder, Eltern (selten auch entfernte Angehörige) erhalten Einwanderungserlaubnis, wenn ihre sie anfordernden, in Pal. ansässigen Angehörigen nachweislich f. ihren Unterhalt sorgen können.

...

D2: Unternehmer können in Ausnahmefällen Spezialarbeiter anfordern

...

Kategorie Jugendalijah.

Für Jugendliche zwischen 15 u. 17 Jahren steht eine Anzahl Sonderzertifikate d. Pal.-Regierung zur Verfügung. Verteilung durch Jewish Agency ...[101]

Entscheidend war also die wirtschaftliche Aufnahmefähigkeit des Landes vor allem bei der Vergabe von Arbeiterzertifikaten und jener Zertifikate für freie Berufe und das Handwerk. Die Einwanderung auf «Kapitalistenzertifikate» dagegen blieb bis zum Ausbruch des Zweiten Weltkrieges unbeschränkt und ermöglichte so auch den freien Berufen des Mittelstandes die Einwanderung nach Palästina. Das erklärt auch, warum in der Tabelle der Jewish Agency für die Jahre 1933 bis 1942 die Auswanderung der Kategorie «A1» den weitaus höchsten Prozentsatz einnimmt:

Einwanderungskategorie	Gesamt-einwanderung	Einwanderung aus dem Dt. Reich
Anzahl der registrierten Personen	189627	52463
A1 Kapitalisten, Mindestkapital LP 1000.-	19,9%	36,0%
A2+A5 Freie Berufe, Mindestkapital LP 500.-	0,1%	0,2%
A3 Handwerker, Mindestkapital LP 250.-	1,3%	0,9%
A4 Personen mit gesichertem Einkommen (Rentner etc.)	0,2%	0,4%
B2 Religiöse Berufe	2,2%	0,6%
B3 Schüler und Studenten mit gesichertem Einkommen (Jugendalijah)	8,2%	14,5%
C Arbeiter	46,5%	32,6%
D Von Ansässigen abhängige Personen (Dependents)	21,6%	14,8%
	100,0%	100,0%[102]

Die Zwangslage, in der sich die deutschen Juden durch diese Einwanderungsbeschränkungen befanden, machte erfinderisch: Ein Ehepaar benötigte nur *ein* Zertifikat, um in Palästina einreisen zu können. So konnten durch Scheinehen Menschenleben gerettet werden. In der ‹Jüdischen Rundschau› vom 27. August 1935 stehen folgende Anzeigen:

«Ich suche einen Mann, der bereit ist, sich mit mir in Palästina eine Existenz zu gründen. Ich bin 23 Jahre alt, hübsch und vermögend. Zuschr. unter D 963 an die Anz.-Abt., Meinekestr. 10.»

oder:

«24jähriger junger Mann, 1.70 m groß, aus guter Familie, der in einigen Monaten als Kapitalist nach Palästina auswandert, um dort zu siedeln, sucht 18–21 Jahre altes kerngesundes tüchtiges hübsches Mädel zwecks Heirat. Ausführliche Bildzuschriften unter D 951 an Anzeigen-Abteilung, Meinekestraße 10.»[103]

Die Notwendigkeit solcher Verbindungen schildert Ernst Löwenberg, der von 1930 bis zu seiner Auswanderung in die USA im Jahre 1938 zum Vorstand des CV-Landesverbandes Nordwestdeutschland gehörte:

«Ein schweres Problem waren die Scheinehen, die aus der Handhabung der Einwanderungszertifikate notwendig folgten. Es kam einfach darauf an, möglichst viele Chawerim und Chaverot (Genossen und Genossinnen) nach Palästina zu bringen. Gefahren und Berechtigung dieser Scheinehen wurden oft erörtert. In manchen Fällen kam es auch zu Ehen, denen die Eltern, die ihre Kinder in das Alt-Neuland schickten, gern zustimmten. Hier konnte man beobachten, wie häufig Menschen aus ganz assimilatorischen Häusern sich ostjüdische Ehepartner nahmen, um auch damit der jüdischen Volksmasse näher zu kommen.»[104]

Hachscharah: Umlernen für Palästina

Die Jewish Agency war eine Art Dachorganisation der gesamten Palästinaeinwanderung. Ihr Geld erhielt sie aus zionistischen und auch nichtzionistischen Sammelaktionen, deren Erlös seit 1929 im amerikanischen United Palestine Appeal zusammenfloß. Dieser relativ gesicherte finanzielle Hintergrund ermöglichte es der Jewish Agency, die von ihr in vielen Ländern eingerichteten Palästinaämter mit den notwendigen Mitteln zu unterstützen. Das erste Amt dieser Art entstand 1908 als Zentralstelle für Kolonisationsangelegenheiten in Jaffa, 1918 dann wurde das erste außerhalb Palästinas in Wien gegründet. Nach Inkrafttreten des Mandatsvertrages eröffnete die Jewish Agency in Berlin 1924 das zentrale Palästinaamt für Deutschland. Um sich 1933 der veränderten Lage anzupassen, wurden zusätzlich etwa 22 Zweigstellen und etwa 400 Vertrauensstellen in der Provinz eingerichtet.

In den Jahren 1933 bis 1936 verließen nach vorsichtigen Schätzungen etwa 29000 Juden Deutschland in Richtung Palästina, sehr viele mit Hilfe der Jewish Agency. Diese Einwanderung verringerte sich in den folgenden Jahren drastisch. Beschränkungen in Deutschland selbst sowie eine veränderte Einwanderungspolitik im britischen Mandatsgebiet hatten zur Folge, daß von 1937 bis 1941 auf legalem Wege, d.h. mit offiziellen Visa, nur noch rund 18000 Menschen die Möglichkeit erhielten, in Palästina einzuwandern. Dadurch wurde die Zertifikats-Abteilung die wichtigste im Palästinaamt. Man sah im Palästinaamt aber auch wichtige Aufgaben in der sogenannten Wirtschaftsberatung und der juristischen Abteilung. Dort wurde versucht, Industriellen und Kaufleuten Anregungen für die künftige Betätigung in Palästina zu geben und bei Neugründungen von Industrien und der Anknüpfung von Handelsbeziehungen behilflich zu sein. Der Arbeitsbericht des Zentralausschusses aus dem Jahr 1936 äußerte sich positiv über den Rückgang der allzu illusionistischen Vorstellungen hinsichtlich der Wirtschaftslage in Palästina:

«Die Wirtschaftsabteilung konnte im Laufe des Berichtsjahres deutlich eine Abkehr von den in früheren Jahren häufig ziemlich theoretischen Wirtschaftsprojekten feststellen. Die jetzigen Interessenten befassen sich folgerichtig mit Plänen zur Errichtung von kleineren und mittleren Industriebetrieben, wobei sie von ausführlichen und gründlichen Marktuntersuchungen, die in unserem Auftrage durch das American Economic Committee in Tel Aviv vorgenommen werden, ausgehen.»[105]

Im Palästinaamt beschäftigte sich die Abteilung für juristische Beratung mit Devisen-, Transfer- und Steuerfragen, Beschaffung von Zertifikaten und Visa für die Kategorie «A1» und Dringlichkeitsbescheinigungen für bevorzugte Zuteilungen – außerhalb der Reihenfolge. Letztere mußten vom Palästinaamt bestätigt werden.[106]

In der Abteilung mit dem etwas irreführenden Namen «Touristik» befaßte man sich mit der Planung und Durchführung von Informationsreisen:

«Nachdem infolge der Unruhen im Sommer und Herbst 1936 das Interesse an der Palästina-Touristik gering war, ist es in den letzten Monaten des Jahres 1936 um ein Vielfaches gestiegen. Es liegen dem Palästinaamt monatlich 400 bis 500 Anträge auf Zuteilung von Reisekreditbriefen von solchen Touristen, die auf Grund ihrer persönlichen Information ihre spätere Palästina-Wanderung vorbereiten wollen, vor ... Um eine gründlichere Informationsmöglichkeit für die Touristen zu schaffen, hat das Palästinaamt mit dem Palestine & Egypt Lloyd, Jerusalem, sowie mit dem Zionistischen Informationsbüro, Tel Aviv, vereinbart, daß zweimal monatlich für die vom Palästinaamt ausgewählten Reisenden zehntägige Informationsrundreisen durch das Land durchgeführt werden, die im Rahmen des Kreditbriefes in Deutschland bezahlt werden können.»[107]

Bei diesen Informationsreisenden handelte es sich meistens um Juden, die im Rahmen der Kategorie «A»-Zertifikate nach Palästina einwandern wollten, die also über ein, wenn auch geringes, Vermögen verfügten.

Dem Palästinaamt war jedoch vor allem daran gelegen, jenen zu helfen, die nicht im Besitz derartiger Mittel waren. Denen bot sich eigentlich nur die Möglichkeit, mit einem sogenannten Arbeiterzertifikat einzuwandern. Da diese Auswanderungswilligen aber im allgemeinen nicht die dazu geforderte handwerkliche Ausbildung durchlaufen hatten, mußten sie an Umschulungskursen teilnehmen. Diese berufliche und sprachliche Vorbereitung auf die Auswanderung nach Palästina wurde mit dem hebräischen Wort für Ertüchtigung, «Hachscharah», bezeichnet. Der Kreis der Teilnehmer beschränkte sich im wesentlichen auf Chaluzim und Chaluzot (Kameraden und Kameradinnen) im Alter von 18 bis 35 Jahren. Zur Durchführung einer solchen beruflichen Vorbereitung wurde 1918 die Organisation «Hechaluz» (der Pionier) gegründet; der deutsche Landesverband entstand im Dezember 1922 in Zusammenarbeit zwischen den Angehörigen der Jugendbünde und den Mitgliedern der zionistischen Arbeiterbewegung. «Der Weg nach Palästina ist ein Weg des Pioniertums, – der Chaluzinth. Er führt durch berufliche Umschichtung und geistige Wandlung. Er kann nur aus einem Entschluß, alles von vorn zu beginnen, gegangen werden», so beschrieb der «Hechaluz» im Mai 1933 seine Aufgabe.[108] Anläßlich des zwanzigjährigen Jubiläums des «Hechaluz» verweist Senta Josephthal, die 1933 die Hechaluz-Zentrale in München gründete, 1938 an einer landwirtschaftlichen Umschulung in Ellguth/Schlesien teilnahm und 1938 mit einem «A1»-Zertifikat nach Palästina auswanderte, in der Zeitschrift ‹Jüdische Wohlfahrtspflege und Sozialpolitik› auf die unterschiedlichen Ziele des «Hechaluz»:

«Die ersten Gruppen des ‹Hechaluz›, die aus Rußland zur Alijah gingen (1918), fühlten sich als Träger einer Massenbewegung mit Pionieraufgaben, als Vortrupp für die Massen des jüdischen Volkes, das, ihnen folgend, eine gesicherte Existenz in Palästina finden sollte. Sie waren bereit, einen Teil ihres Lebens dafür einzusetzen, den Nachkommenden die Wege zu eröffnen, auf denen jene weiter fortschreiten konnten; sie dachten zunächst nicht daran, selbst Siedler zu werden, sie wollten das Land so weit vorbereiten, daß andere weniger tatkräftige, weniger starke Elemente es besiedeln könnten.

Demgegenüber ist das Ziel der chaluzischen Bewegung heute, Arbeiter und Siedler zu erziehen, die ihren Arbeitsplatz nicht nur erkämpfen, sondern ihn auch halten, durch alle wirtschaftlichen und politischen Krisen hindurch – nicht ausschließlich Bahnbrecher des Aufbaus, sondern seine täglichen Erfüller ihr ganzes Leben hindurch. Der ‹Hechaluz› in seinen Anfängen trug alle Elemente einer Jugendbewegung in sich, aber er wollte – anders als die Jugendbewegungen Europas – die Impulse der Jugendbewegung in den Dienst einer aufbauenden Wirklichkeit stellen ...

Chaluz ist heute, zumindest in Deutschland, nicht nur der jüdische Mensch, der gewillt ist, als Arbeiter nach Erez-Israel zu gehen, sondern weitgehend wird in diesen Begriff einbezogen der Mensch, der bereit ist, freiwillig und ohne Resignation auf Güter und Lebensformen zu verzichten, die seinem wirklichen Stand in der Welt nicht sehr angemessen sind und lähmend auf die Umgestaltung der gesamten jüdischen Gemeinschaft wirken.»[109]

Auf einem Treffen des deutschen «Hechaluz» im Oktober 1935 wurde nochmals die Bedeutung einer solchen speziellen Palästina-Umschulung für die «Umschichtler» propagiert. Der Hechaluz sah darin nicht nur eine berufliche, sondern auch eine geistige Wandlung. Die ‹C.V.-Zeitung› vom 24. Oktober 1935 berichtete:

«Der Hechaluz ist diejenige Jugendorganisation, in deren Händen die geistige und berufliche Erziehung der zukünftigen palästinensischen Arbeiter liegt. Er bildet in ideologischer und organisatorischer Hinsicht einen Bestandteil der zionistischen Bewegung.»[110]

Verantwortlich für die landwirtschaftliche Berufsausbildung in Deutschland war von 1933 bis zu seiner Auswanderung nach Palästina 1936 Hans (Chanan) Sternberg, zunächst unter der Leitung von Hechaluz-Deutschland und später nach Gründung der Reichsvertretung in deren Auftrag. Chanan Sternberg erläuterte das System rückblickend 1971:

«Im allgemeinen wurden die landwirtschaftlichen Ausbildungsstellen durch Verträge, die die Reichsvertretung mit jüdischen Grundbesitzern abschloß, geschaffen, oder aber durch die Gründung eigener Betriebe der Reichsvertretung, in welche Umschichtler eingewiesen wurden. Die Umschichtler wurden in der großen Mehrzahl vom Hechaluz Deutscher

Landesverband Berlin, Meinekestraße 10 (beim Palästinaamt) ausgewählt und in die Umschichtungsstätten entsandt.»[111]

Die deutschen Behörden erklärten sich mit dieser großorganisierten Umschulung einverstanden, zumal sich zeigte, daß viele Juden nach abgeschlossener Ausbildung – 1½ Jahre landwirtschaftlich oder 2 Jahre handwerklich – auch tatsächlich auswanderten. Beweis genug waren ihnen die ständig steigenden Zahlen der Palästinaauswanderer im Bereich Kategorie «C» – Arbeiterzertifikate. 1935 etwa nahmen sie mit 2719 Personen mehr als die Hälfte der vom Zentralausschuß vermerkten gesamten Palästinawanderung ein. Anfang 1935 ging demzufolge ein Brief von Heydrich an alle Polizeistellen:

«Die Tätigkeit der zionistisch eingestellten jüdischen Jugendorganisationen, die sich mit der Umschichtung zu Landwirten und Handwerkern zum Zwecke der Auswanderung nach Palästina befassen, liegt im Sinne der nationalsozialistischen Staatsführung. Wo es die auf diese Berufsumschichtung abgestellte Tätigkeit erforderlich macht, stelle ich anheim, Ausnahmen gegenüber den von mir gegebenen Arbeitsrichtlinien zuzulassen und die Bundesmitglieder der zionistischen Verbände im Hinblick auf die auf Abwanderung nach Palästina gerichtete Tätigkeit nicht mit derjenigen Strenge zu behandeln, wie sie gegenüber den Angehörigen der sogen. deutsch-jüd. Organisationen (Assimilanten) notwendig ist. Es obliegt natürlich zu prüfen, ob die Umschichtung auch tatsächlich mit dem Ziele der Auswanderung erfolgt.»[112]

Allerdings gab es im Reichsernährungsministerium Bedenken gegen eine jüdische Betätigung auf dem Lande, die solche Umschulungszentren zwangsläufig mit sich brachten. In einem Brief von Dr. Bernhard Lösener, Referent für «Rasserecht» im Reichsministerium des Innern von Mitte 1933 bis Ende 1942, findet sich eine Passage an den Reichsinnenminister:

«Das Geheime Staatspolizeiamt vertritt den Standpunkt: es sei zwar nicht wünschenswert, daß jüdische Landhelfer einzeln bei Bauern eingestellt würden, dagegen bestünden keine Bedenken, die Umschulung in geschlossenen Lagern vorzunehmen. Das Reichsernährungsministerium dagegen lehnt jede Art von Umschulung schroff ab, und zwar im wesentlichen aus folgenden Gründen:

Die Beschäftigung von städtischen Arbeitskräften als Landhelfer führe zur Verschleppung ansteckender Krankheiten, u.a. auch Syphilis ... Bei einem größeren Zuzuge berufsfremder Juden aufs Land würden außer diesen Gefahren noch die weiteren für die Reinhaltung der Rasse hinzukommen.»[113]

Obwohl das Innenministerium, die Gestapo und das Reichsarbeitsministerium sich für die Beibehaltung der Umschulungszentren aussprachen, verhielt sich das Reichsernährungsministerium weiterhin ablehnend, was jedoch praktisch ohne Bedeutung blieb. Die Einstellung einzelner Umschichtler bei nichtjüdischen Landwirten galt aber nicht nur als «nicht wünschenswert», sondern es war bereits seit 28. Mai 1934 laut Erlaß des Präsidenten der Reichsanstalt für Arbeitsvermittlung verboten, Juden in Zukunft als Landhelfer einzustellen.[114] Von 1936 an wurde die landwirtschaftliche Umschulung dann nur mehr in jüdischen Betrieben durchgeführt.

Im Jahre 1941 mußte sich auch die Hachscharah-Ausbildung den veränderten Umständen anpassen und sich der Reichsvereinigung eingliedern, denn von da an war dem Palästinaamt keine eigenständige Arbeit mehr erlaubt. Anneliese Ora Borinski, die mit einer Gruppe der Hashomer Hazair – eines zionistisch-sozialistischen Pfadfinderbundes – zur Hachscharah-Ausbildung im Herbst 1941 vom Landwirtschaftsgut Ahrensdorf in das 1932 gegründete Landwerk Neuendorf gekommen war, berichtet von den Spannungen:

«Mit welcher Ernsthaftigkeit damals die Frage des Anschlusses an die R. V. (Reichsvereinigung) diskutiert wurde. Es wäre vieles verwaltungsmäßig einfacher gewesen, man hätte stärkere Einflußmöglichkeiten gehabt – aber wir wollten so ungern etwas von unserer Selbständigkeit aufgeben. Die letzte größere gemeinsame Veranstaltung war ein Seminar in Berlin für ungefähr sechzig jüngere und ältere Chawerim ... Man tarnte es damals als Umschulungslehrgang. Das war Februar–April 1941. Damals mußte man schon eine Form der Zusammenarbeit mit der R. V. finden, die von beiden Seiten in einem Vertrag festgelegt wurde.»[115]

Joel König, dessen Vater Rabbiner war und seit jeher Bedenken gegen die Ideologie des Zionismus gehabt hatte, begann 1939 auf Anraten seines inzwischen umgestimmten Vaters eine solche Hachscharah-Ausbildung im landwirtschaftlichen Ausbildungsgut bei Steckelsdorf, 70 km westlich von Berlin. Er beschreibt die Entwicklung der Ausbildungsstätte im Spätherbst 1940:

«Die Reichsvertretung ... riet den arbeitsfähigen Juden, sie sollten sich in Industrie und Wirtschaft unentbehrlich machen ... Auch der Betriebsleiter des Landwerks folgte diesem Rat ... Die Anzahl der ‹Außenarbeiter› überstieg bald die der ‹Innenarbeiter› ... Ein großer Teil der Chawerim machte sich am Morgen, mit Brotbeuteln und Feldflaschen behängt, auf den Weg zu den neuen Arbeitsplätzen ... Aus dem Palästina-Vorbereitungsgut war eine Arbeitskaserne geworden.»[116]

Anneliese Ora Borinski sah in dieser «freiwilligen» Bereitstellung zum Arbeitseinsatz die einzige Möglichkeit, die Ausbildungslager noch weiter aufrechtzuerhalten:

«... In der Praxis mußte man eine ... Lösung zur Erhaltung der Kibbuzim finden. Und man fand folgende: die Hachscharah-Kibbuzim, die dazu fähig waren, sollten versuchen, sich dem Arbeitseinsatz zur Verfügung zu

Hachscharah-Ausbildung im Gut Winkel

stellen, (etwas später wurden doch alle Betriebe dazu gezwungen) um sich von dem Verdienst selbst zu erhalten ... Man mußte sehr stark unter den Chawerim wählen, jeder einzelne mußte sich vollkommen bewußt sein über die Schwere und Tragweite des nun einzuschlagenden Weges. Alles mußte sehr schnell entschlossen und bearbeitet werden, damit man die Behörden vor eine Tatsache stellen konnte.»

Bis auf wenige «Mischlinge» wurden die letzten Chawerim vom Landgut Neuendorf im April 1943 nach Auschwitz deportiert; Frau Borinski war eine der wenigen Überlebenden. Sie hatte 1939 im Hachscharah-Ausbildungs-Kollektiv Ahrensdorf (Kreis Trebbin/Brandenburg) mit ihrer landwirtschaftlichen Erstausbildung begonnen und wurde nach dessen Rückgabe an den ursprünglichen Besitzer am 1. Oktober 1941 zusammen mit den noch verbliebenen Chawerim in das Landwerk Neuendorf verlegt. Dieses am 15. Juli 1932 vom Arbeitskreis der Hauptstelle für jüdische Wanderfürsorge eröffnete landwirtschaftliche Lehrgut stand unter der Verwaltung der Reichsvereinigung. Als nach und nach viele «Hechaluz»-Einrichtungen aufgelöst wurden bzw. nicht mehr bestehen durften, nahm Neuendorf neben seinen nicht-zionistischen Umschichtlern einen Großteil der Chawerim auf.[117]

Es zeigte sich, daß auch die der NS-Regierung zunächst genehmen Umschichtungskurse in Deutschland immer stärkeren Restriktionen unterworfen waren. So blieb den Juden nur der Versuch, die Berufsausbildung ins Ausland zu verlegen. 1934 war in Holland bereits das Werkdorf Wieringen entstanden, auf einem von der holländischen Regierung zur Verfügung gestellten Gebietsteil der trockengelegten Zuidersee.

«Die Gründung des Werkdorfs bedeutet geradezu einen symbolischen Akt, befindet es sich doch auf jenem Land, das die holländische Regierung bei der Trockenlegung des Zuider-Sees dem Meer abgerungen hat. Auf einem Teil dieses Bodens ist das Werkdorf untergebracht, in dem sich heute 150 Zöglinge aus Deutschland befinden. Das Werkdorf umfaßt ein Terrain von 140 Hektar, davon sind 70 Hektar Ackerland, 65 Hektar Weidefläche, 4 Hektar Gartenbau, 1 Hektar umfaßt die Wohnsiedlung ... Der beruflichen Ausbildung nach lernen 50 junge Leute Landwirtschaft und Viehzucht, 20 Gartenbau, Hühnerzucht und Bienenzucht, 15 Möbeltischlerei, 15 Bauschlosser, 15 Zimmerer, Maurer und Betonarbeiter, 30 Mädchen erlernen landwirtschaftlichen Haushalt und Gärtnerei. Bis jetzt hat das Werkdorf bereits 41 Praktikanten entlassen, und zwar gingen 30 nach Palästina, 7 nach Argentinien, 1 nach Südafrika und 3 nach verschiedenen anderen Ländern.»[118]

Die «Auslands-Hachscharah», die vor allem in den an Deutschland angrenzenden Staaten wie Dänemark, Frankreich, Italien, Luxemburg, Tschechoslowakei und in Jugoslawien durchgeführt wurde, bot den Chaluzim, die sich zunächst auf Bauernhöfen in Schlesien, Thüringen, Niedersachsen, in Hessen, Rheinland-Pfalz und Westfalen befunden hatten, die Möglichkeit, ihre Ausbildung fortzusetzen.[119] Im Jahre 1936 umfaßte dieser Sondertypus der Hachscharah schon zehn europäische Länder:

«Es befinden sich in Dänemark 195, in Frankreich 45, in Holland 338, in Italien 108, in Jugoslawien 92, in Litauen 62, in Luxemburg 101, in Memelland 29, in Polen 14 und in der Tschechoslowakei 147. Davon sind 843 Männer und 288 Frauen. 865 Personen finden ihre Ausbildung in der landwirtschaftlichen Gärtnerei, 135 im Handwerk und 131 in der Hauswirtschaft.»

Dies gab dem «Hechaluz» in Deutschland die Möglichkeit ständigen Ausweichens und erweiterte ganz wesentlich seine Dispositionsfreiheit. Aber die Ereignisse im November 1938 brachten auch Einschränkungen für die Auslands-Hachscharah. Die Einbeziehung Österreichs und des Sudetenlandes in das Deutsche Reich vergrößerte die Zahl der Menschen, die zur Fortsetzung ihrer Ausbildung in ausländische Lehrgüter gebracht werden mußten. Außerdem

«verminderte die antisemitische Einstellung Italiens nicht nur die Zahl der bisher zur Verfügung stehenden Ausbildungsmöglichkeiten, sondern es mußten sogar die dort zu Beginn des Jahres untergebrachten 145 Personen teils zur Auswanderung nach Palästina, teils zur Beendigung ihrer Ausbildung nach anderen Ländern gebracht werden ... Eine besondere Erschwerung der Liquidation in Italien ergab sich daraus, daß, als ein Teil der aus Italien Ausgewiesenen nach Jugoslawien gebracht wurde, auch die dortige Regierung zu schärfsten Maßnahmen gegen ausländische Juden griff.»

Der «Hechaluz» kümmerte sich auch um die handwerkliche Ausbildung. Die deutsche Handwerks- und Gewerbekammer hatte bereits im September 1933 angeordnet, daß Juden von der Ausbildung im Handwerk auszuschließen seien. 1934 wurden dann sämtliche von der Berliner jüdischen Gemeinde eingerichteten Ausbildungskurse verboten.[120] Am 28. März 1935 gab es schließlich eine definitive, für die Juden positive Regelung durch einen Erlaß des Reichswirtschaftsministers, der entschied, es sei nicht angebracht, «die Abhaltung von handwerklichen Unterrichtskursen für auswanderungswillige Juden zu verhindern oder zu erschweren, da jede Maßnahme zu begrüßen ist, die die Auswanderung der Juden fördert»[121].

Trotzdem konnten nur ganz wenige Betriebe der Berliner Ausbildungsstätten wieder eröffnet werden. Die Politik der zuständigen deutschen Stellen zielte darauf ab, eine handwerkliche Ausbildung nur noch in besonderen jüdischen Handwerkerschulen zu tolerieren, nicht aber durch ordnungsgemäße Lehre in einem «arischen» Betrieb.[122] Es blieb also nur die Kollektivausbildung, die Form der Schulung, die der «Hechaluz» propagierte. Bereits Ende 1933 bildete er auf diese Art 325 Personen im Handwerk aus.[123]

Ein wichtiger Schritt für die handwerkliche Ausbildung war die Eröffnung der ersten ORT-Ausbildungsschule in Berlin im Jahre 1937. Die Organisation ORT (Obshchestvo Raprostraneniya Truda – Gesellschaft für handwerkliche Arbeit) war 1880 in St. Petersburg gegründet worden, um den sechs Millionen russischer Juden den Zugang zum Handwerk zu ermöglichen. 1921 ließ sich ORT in Berlin als Zweigstelle der nun internationalen Organisation World ORT Union nieder. Die Berliner Schule arbeitete allerdings unter dem Schutz der britischen ORT. Diese Schule, deren Teilnehmer sich verpflichten mußten, nach Beendigung der Lehre auszuwandern, überstand die «Reichskristallnacht» und arbeitete noch 1939 mit mehr als 200 Schülern – zu Beginn des Jahres 1937 waren es 101 Jugendliche zur Erstausbildung und 13 Erwachsene in Umschichtungskursen. Nachdem es mit Hilfe der britischen ORT 1939 gelungen war, 100 Lehrer und Schüler nach England zu bringen, setzte die Schule ihre Arbeit nun in kleinerem Rahmen fort. 1943 wurde aber auch diese Einrichtung von der NS-Regierung liquidiert.[124] Die ORT-Schulen waren keine Hachscharah-Ausbildungsstätten, aber ihre Zielsetzung war die gleiche, weil ORT von Beginn seiner Arbeit an gerade die Veränderung der jüdischen Berufsstruktur als seine Aufgabe ansah – wozu sich viele deutsch-jüdische Stellen und auch die Zionisten in Deutschland erst im Laufe der anti-jüdischen Maßnahmen der NS-Regierung bekehrten. Außerdem stand bei vielen ORT-Absolventen ebenso wie bei jenen der Hachscharah die Palästina-Auswanderung im Vordergrund, und es wurden in beiden Organisationen im wesentlichen Menschen ab 17 oder 18 Jahren unterrichtet. Eine selbständige Auswanderung war nämlich erst mit 18 Jahren möglich. Die Jugendlichen, die im Alter von 14 Jahren die Grundschule verließen und dem Mindestalter der Hachscharah noch nicht entsprachen, wurden damit zum Problem. Der Zentralausschuß für Hilfe und Aufbau berichtete im Jahre 1935 über eine neue Schulungs- und Ausbildungsmöglichkeit dieser Altersstufe:

«Im Frühjahr 1935 ergab sich die Notwendigkeit, die Altersgruppe der 14–17jährigen, die keine ordentliche handwerkliche Lehrstelle bekommen konnten und die für Palästina vorbereitet werden sollten, planmäßig in besonderen Ausbildungsstellen einzuordnen. Die Vorschläge für diese Aufgabe der Einrichtung einer sogenannten ‹Mittleren-Hachscharah› gehen vom Hechaluz aus und werden von uns laufend bearbeitet.»

Durch die Zusammenarbeit zwischen «Hechaluz», Jugendbünden und Zentralausschuß wurden noch im selben Jahr acht solcher Erstausbildungsstätten, zumeist in Verbindung mit bereits bestehenden «Älteren-Hachscharah»-Zentren, geschaffen. Insgesamt konnten dort etwa 200 Jugendliche Aufnahme finden.[125]

So wurde die «Miha» (Mittlere-Hachscharah) 1935 zum integralen Bestandteil des «Hechaluz»-Deutschland. Aus der Not der Zeit geboren, war sie bis dahin in der Chaluzbewegung anderer Länder unbekannt. Als 1939 die Kriegsgefahr wuchs und Großbritannien seine Tore für Jugendliche aus Deutschland öffnete, gelang es, die meisten «Miha»-Gruppen noch rechtzeitig nach England zu bringen.[126]

Eines der neuen «Miha»-Zentren befand sich auf Gut Steckelsdorf in der Mark. 20 Jugendliche hatten dort 1935 im Anschluß an eine bestehende Älteren-Hachscharah eine Ausbildungsstätte gefunden. Joel König, der 1939 mit 16 Jahren nach Steckelsdorf kam, berichtet über seine Eindrücke:

«Ich bewohnte zusammen mit 11 Jungen einen großen Raum. Man nannte ihn die ‹Kaserne› ... Wer Einsamkeit wollte, konnte bei schönem Wetter seine freien Stunden im Wald zubringen; doch lief er dann Gefahr, sich als Eigenbrötler unbeliebt zu machen. Die Anhänger des Kibbuz-Ideals hatten offenbar nicht daran gedacht, daß junge Menschen gelegentlich auch einmal allein sein wollen ...

Trotz allem bemerkte ich während meiner ersten Monate in Steckelsdorf kein Murren gegen die Einbuße des Eigenlebens. ... Einige Jungen – darunter auch ich – waren voller Bedenken gegen die kollektive Lebensform, lange bevor die Gemeinschaft auf so harte Proben gestellt wurde. Unsere Mitgliederversammlung kümmerte sich um Fragen, die zu tief ins persönliche Leben eingriffen ...

Als ich im Jahre 1944 in ein rumänisches Internierungslager geriet, wurde mir rückblickend manches klarer. Es erging uns im Landwerk, wie es überall Menschen ergeht, die man zu unablässiger Zimmer- und Tischgemeinschaft zwingt und ihres Privatlebens beraubt: Wir litten an Lagerkoller.»[127]

Hatte man dann schließlich die vorgeschriebene zweijährige landwirtschaftliche bzw. die dreijährige handwerkliche Ausbildung abgeschlossen und entsprach der Mindestaltersgrenze, dann – so erinnert sich der Münchener Jakob Renka – begann die Reise nach Palästina:

«Im Juli war ich 18 Jahre alt geworden (1934), das Mindestalter für das langersehnte Chaluz-Zertifikat. Kämpfe um die knappe Zahl der Zertifikate. Rasch geprägte, längst vergessene Wortprägungen beherrschten die Diskussion: Alijah-reif war eine davon. Diejenigen, die zu messen und zu entscheiden hatten, waren meist so bar jeglichen echten Kenntnissen vom Land, Leuten, Wirklichkeit wie jene, über die sie entschieden. Gesinnungstreue, bündische Vergangenheit und vor allem Angesehenheit in der Hachscharah-Gruppe gaben den Ausschlag ... Und an einem schwülen Tag Ende August war es soweit. Die Familie brachte mich zur Bahn, den Jüngsten und den ersten der Familie, der Deutschland verließ ... In Triest übernachteten wir in irgendwelchen primitiven Unterkünften und gingen am nächsten Tag aufs Schiff ... Sieben Tage waren wir unterwegs, liefen Häfen in Griechenland an, Zypern und Alexandria. ... Dann war da plötzlich Haifa, Aussteigen, Gedränge, ordinärster, geschäftiger, unverständlicher Werktag mitten nach dieser Ruhe, die sich in uns geschlichen hatte ... In diesem Tohu Wa-bohu wurden wir in seltsame, kleine Autobusse, dunkel und mit zwei Längsplanken, verstaut und fuhren nach Beth Gahn (?) einige Kilometer vom Hafen in das Aufnahmelager ... Plötzlich wieder bekannte Gesichter aus Deutschland, die früher gekommen waren und damit wieder ein erstes Nest.»[128]

Mit der beruflichen Umschichtung und dem besonderen Augenmerk auf eine landwirtschaftliche oder handwerkliche Erstausbildung verfolgten der «Hechaluz» und alle anderen zionistischen Stellen in Deutschland ein doppeltes Ziel: Einerseits verhalfen sie damit den verfolgten Juden zu einer schnelleren und organisierteren Auswanderung, andererseits sollte Palästina nicht nur ein Zufluchtsort sein, sondern auch dazu dienen, dem jüdischen Volk eine Struktur zu geben. Nur wenn jede Arbeit von Juden gemacht wurde, konnte aus der zusammengewürfelten Masse von Flüchtlingen ein Volk entstehen. Natürlich bedeutete es für die meisten Auswanderer, die ja bislang nur an geistige Arbeit gewöhnt gewesen waren, eine gewaltige Umstellung, sich in einem im Aufbau befindlichen Land unter schwersten Bedingungen körperlich betätigen zu müssen. Um so erstaunlicher ist es, daß sich die meisten Palästinasiedler aus Deutschland der neuen Umgebung anpassen konnten. Gerda Luft spricht in diesem Zusammenhang von «einem Höhepunkt der Pionierleistung», gab doch offensichtlich «gerade die Überwindung körperlicher Schwierigkeiten und das Leben unter primitiven Bedingungen vielen früher an behagliche Lebensbedingungen gewöhnte Menschen besondere Befriedigung». Sie zitiert dazu einen Einwanderer:

«Ich war in einem wohlbehüteten Hause aufgewachsen, wo nichts fehlte und wo man bei allem für mich sorgte. Als ich in Palästina zum ersten Male selbst etwas reparieren, mich mit Tierpflege befassen und alles selber machen durfte, eröffnete sich für mich eine neue Welt.»[129]

Haavara-Transfer: Waren gegen Menschenleben

Haavara, das hebräische Wort für Transfer, stand für ein Ausfuhr- und Verrechnungsabkommen, das sechs Jahre, von 1933 bis 1939, in Kraft war. Die Notwendigkeit für ein solches Abkommen bestand wegen der in Deutschland seit dem 4. August 1931 herrschenden Devisenbewirtschaftung: zunächst war der Transfer von Reichsmark in fremde Währung nur in beschränktem Maße gestattet, um wegen der angespannten Devisenlage eine Kapitalflucht zu verhindern. 1936 schließlich wurde der Geldumtausch ganz verboten. Da nun aber neben der chaluzischen Auswanderung Minderbemittelter mit Arbeiterzertifikaten nur noch die Inhaber von «Kapitalisten»-Zertifikaten eine Chance auf Einreise in Palästina hatten, mußten sich die jüdischen Stellen bemühen, möglichst vielen Auswanderungswilligen die erforderlichen LP 1000,– (RM 15000) in Devisen zu verschaffen. Es gab genügend Auswanderer in Deutschland, die über ein solches Kapital in Reichsmark verfügten. Sie konnten es aber aufgrund der Devisenbeschränkungen nicht einwechseln. Dr. Chaim Arlosoroff – Mitglied der Palästina-Exekutive der Jewish Agency – benannte schon in seinem Artikel in der ‹Jüdischen Rundschau› vom 23. Mai 1933 die Frage der Liquidation der deutsch-jüdischen Vermögenswerte als zentralen Punkt:

«Solange wir um dieses Abwicklungsproblem herumgehen, haben wir für eine beträchtliche Anzahl von Menschen, deren Vermögen größer ist als das im Rahmen der geltenden Devisenbestimmungen den Auswanderern gewöhnlich bewilligte, keinen Ausweg. Nach einer ziemlich vorsichtigen Schätzung haben bei den Palästina-Beratungsstellen in Berlin und in der Provinz im Laufe der letzten Monate etwa 40000 Einzelne und Familien nach Palästina gefragt. Wenn auch nur ein Teil von ihnen letzten Endes nach Palästina gehen wird, so zeigt diese Ziffer deutlich, mit welcher Schärfe das Wanderungsproblem besteht. Es ist unsinnig darüber hinwegzusehen oder anzunehmen, daß es ohne ein Abkommen mit der deutschen Regierung gelöst werden kann. Es ist ein Erfordernis des fair play, denjenigen Juden, die unter den gegenwärtigen Verhältnissen sich eine Chance außerhalb Deutschlands suchen müssen, ihr Vermögen zu lassen, das ihnen diese Zukunft sichern kann. Aber es ist klar, daß Deutschland seine Währungs- und Devisenposition keiner Spannung aussetzen wird, um den Juden besonders entgegenzukommen. Ein Ausweg kann nur so gefunden werden, daß ein Ausgleich zwischen den Interessen geschaffen wird. Dafür gibt es verschiedene Möglichkeiten. Es sollte möglich sein, zu einem Abkommen zu gelangen, das die für die Palästina-Wanderung freigegebenen Vermögen durch deutsche Warenexporte nach Palästina aufwiegt. Es wäre vielleicht möglich, eine Treuhandgesellschaft ins Leben zu rufen, an der das Reich direkt beteiligt wäre, an der sich auch andere europäische Interessen beteiligen könnten, die die langsame Abwicklung der betreffenden Vermögenswerte auf sich nehmen könnten ...»[130]

Arlosoroff selbst wurde im Juni 1933 Opfer eines politischen Attentats in Palästina, seine Ideen aber konnten in die Tat umgesetzt werden. Das Prinzip: Ware gegen Menschen (also Vermögenstransfer durch Verkauf deutscher Ware nach Palästina) konnte erstmals im Mai 1933 die palästinensische Zitrus-Pflanzungsgesellschaft «Hanotea» Ltd. in einem Übereinkommen mit dem Reichswirtschaftsministerium durchsetzen. Die Prozedur beschreibt der frühere Generalmanager der Haavara, Dr. Werner Feilchenfeld:

«Das Abkommen mit diesem Ministerium sah vor, im Rahmen von 1 Million Reichsmark Auswanderern oder solchen, die später auswandern wollten, die Genehmigung zu erteilen, durch Zahlung auf ein Sperrkonto der Hanotea – bis zu RM 40000,– im Einzelfall – sich eine Heimstätte in Palästina zu schaffen. Die Hanotea verpflichtete sich vertragsmäßig, dem Transferenten als Gegenwert ein Haus oder eine Zitruspflanzung zur Verfügung zu stellen, die er selber bewirtschaften konnte; er konnte sie aber auch gemäß einem Sondervertrag durch die Hanotea bewirtschaften lassen. Die Hanotea-Gesellschaft ihrerseits erwarb mit den auf ihr Sperrkonto eingezahlten Reichsmarkbeträgen Waren für ihren eigenen Bedarf, wie z.B. Röhren, landwirtschaftliche Maschinen, Pumpen, Düngemittel usw.»

Am 18. Juni 1933 erweiterte dann das Reichswirtschaftsministerium den finanziellen Umfang des Vertrages mit der Hanotea auf 3 Millionen Reichsmark, allerdings unter der Bedingung, daß offizielle zionistische Stellen – in diesem Fall die Zionistische Vereinigung für Deutschland – mit der Abwicklung befaßt würden und daß dies auch vertraglich festgelegt werde. Das war der Anfang der Verhandlungen, die zum eigentlichen Haavara-Abkommen führen sollten. Am 28. August 1933 erging dann ein Runderlaß des Reichswirtschaftsministeriums an alle deutschen Devisenstellen:

«Um die Abwanderung deutscher Juden nach Palästina weiterhin durch Zuteilung der erforderlichen Beträge ohne übermäßige Inanspruchnahme der Devisenbestände der Reichsbank zu fördern und gleichzeitig die deutsche Ausfuhr nach Palästina zu steigern, ist mit den beteiligten jüdischen Stellen ein Abkommen auf folgender Grundlage abgeschlossen worden: Auswanderern, denen die Auswanderungsberatungsstelle bestätigt, daß über den als Einreisegeld erforderlichen Mindestbetrag von LP 1000,– hinaus weitere Beträge zur Gründung einer Existenz in Palästina erforderlich und angemessen sind, kann im Rahmen dieses Gutachtens für den RM 15000,– übersteigenden Betrag die Genehmigung zur Einzahlung auf ein bei der Reichshauptbank errichtetes Sonderkonto I der Tempelgesellschaft [Bank der ‹Templer›, der deutschen Kolonisten, die Ende des 19. Jahrhunderts in Palästina einwanderten] ... erteilt werden ... Aus dem Konto werden deutsche Warenlieferungen nach Palästina bezahlt. Den Auswanderern wird der Gegenwert ihrer Einzahlungen nach Maßgabe der aus dem Absatz der deutschen Waren in Palästina zur Verfügung stehenden Beträge durch die palästinische Treuhandgesellschaft ... in Palästina-Pfunden ausgezahlt ... Für die Bank der Tempelgesellschaft ist bei der Reichsbank ferner ein Sonderkonto II eingerichtet worden. Auf Antrag können die Devisenbewirtschaftungsstellen deutschen Staatsangehörigen jüdischen Volkstums, die zur Zeit noch nicht auswandern, sich aber gleichwohl schon jetzt eine Heimstätte in Palästina schaffen wollen, die Genehmigung zur Einzahlung von Beträgen bis zu höchstens RM 50000,– je Person auf diesem Konto ... erteilen.»

In Berlin wurde die Haavara durch die «Palästina-Treuhandstelle zur Beratung deutscher Juden G.m.b.H» (Paltreu) vertreten. Der Auswanderer zahlte sein zu transferierendes Kapital auf Treuhandkonten dieser Paltreu bei deren Gesellschaftern, den jüdischen Privatbanken M. M. Warburg & Co, Hamburg, und A. E. Wassermann, Berlin, zugunsten der bei der Reichsbank errichteten Sonderkonten ein. Praktisch lief das Geschäft dann so ab, daß aus diesen Sonderkonten die deutschen Warenlieferungen nach Palästina bezahlt wurden, deren Exporterlös das transferierte Kapital darstellte. Trotz des Verlangens der Juden in aller Welt, einen Warenboykott über alle deutschen Waren zu verhängen, entschied sich die Zionistische Weltorganisation, das Haavara-Abkommen zu bejahen, weil trotz aller Bedenken die Rettung der deutschen Juden vor der NS-Verfolgung im Vordergrund stand. In Palästina tat man alles, um durch bereitwillige Aufnahme der deutschen Waren dem Unternehmen vollen Erfolg zu sichern. Zudem konnten die jüdischen Träger des Transfers weitgehend nach eigenem Ermessen handeln und auf diese Weise auch minderbemittelten Pensionären, Studenten oder Schülern einen Devisentausch mit geringerem Verlust ermöglichen und dies durch schlechtere Kurse bei besser situierten Auswanderern wieder ausgleichen.[131]

Der Erfolg des Abkommens war durchschlagend: Rund 52000 Juden wanderten zwischen 1933 und 1942 aus Deutschland nach Palästina aus und transferierten 140 Millionen Reichsmark. Zwanzig Prozent der deutschen Juden, die überhaupt auszuwandern vermochten, fanden direkt oder indirekt durch das Haavara-Abkommen den Weg in eine relativ gesicherte Zukunft. Es gelang den Beamten des Reichswirtschaftsministeriums sogar, Pensionen, Kriegsopferrenten und Versorgungsbezüge zu transferieren.[132] Inge Deutschkron verweist darauf, daß gerade dies den Ausschlag für den Entschluß ihres Vaters, sich für eine Palästina-Auswanderung anzumelden, gegeben habe:

«. . . meines Vaters Wahl war ja ohnehin nur aus sehr praktischen Überlegungen auf Palästina gefallen. Das deutsche Reich transferierte nämlich Staatspensionen nach Palästina. Das Arrangement sah vor, daß die in Palästina seßhafte Tempelgesellschaft Investitionsgüter für ihre landwirtschaftlichen Siedlungen aus Deutschland beziehen und in Palästina bezahlen konnte. Aus diesen Fonds wurden die Gelder in Palästina an jene ausgezahlt, die in Deutschland das Recht auf Transfer hatten. Meines Vaters Pension, so klein sie auch war, wäre schließlich eine gute Grundlage für einen neuen Anfang in einem fremden Land gewesen, hätte es denn sein müssen . . .»[133]

Das im großen und ganzen sehr gut funktionierende Haavara-Abkommen regte auch die palästinensische Wirtschaft an und trug somit erheblich zum Aufbau Palästinas bei, es war aber gerade deshalb den deutschen Parteifunktionären im Außenhandelsamt und in der Auslandsorganisation der

NSDAP ein Dorn im Auge. Im März 1937 eröffnete der deutsche Generalkonsul Döhle in Jerusalem die massive Kritik am Haavara-Transfer:

«Bei allen unseren Maßnahmen war bisher der Gedanke der Förderung der jüdischen Auswanderung aus Deutschland und Seßhaftmachung der ausgewanderten Juden in Palästina vorherrschend. In Durchführung dieses Gedankens sind für die jüdischen Auswanderer Transfermöglichkeiten geschaffen worden, ist der Transferierung der jüdischen Vermögen nach Palästina die deutsche Warenausfuhr dienstbar gemacht und auf einen Devisenerlös für unsere Warenausfuhr verzichtet worden. Wir haben uns damit abgefunden, der jüdischen Treuhandgesellschaft ‹Haavara› eine Monopolstellung einzuräumen und ihr bzw. der Jewish Agency die Lenkung der deutschen Wareneinfuhr nach Palästina in die Hände zu legen ... Wir haben wenig getan, um die Sympathie, welche die Araber für das neue Deutschland hegen, zu stärken und zu erhalten, und haben die Gefahr außer Acht gelassen, daß die Araber durch unsere Mithilfe an dem Aufbau des jüdischen Nationalheims und der jüdischen Wirtschaft zu unseren Gegnern werden können.»

Nicht nur die Befürchtung eines deutsch-arabischen Interessenkonflikts veranlaßte Döhle dazu, die Fortführung des Haavara-Verfahrens nur noch in beschränktem Maße zu befürworten, sondern auch das Bedenken, die ausgewanderten deutschen Juden könnten in Palästina einen deutschfeindlichen Nationalstaat schaffen. Einer relativ kleinen Gruppe im Reichswirtschaftsministerium gelang es erstaunlicherweise, diese Befürchtungen und die Vorschläge für einen Abbruch des Haavara-Transfers abzuwehren. Sogar einem Wunsch Görings vom 20. September 1937 konnte sie entgegenwirken. Göring hatte an das Außenhandelsamt der Auslandsorganisation der NSDAP geschrieben:

«Unter Bezugnahme auf die mit Ihnen gehabte mündliche Besprechung teile ich Ihnen mit, daß die Beibehaltung des Haavara-Abkommens in der bisherigen Form vom volkswirtschaftlichen Gesichtspunkt aus nicht mehr tragbar erscheint und daß eine Abänderung möglichst sofort erfolgen muß ...»[134]

Die Auseinandersetzungen über das Haavara-Verfahren dauerten bis Kriegsbeginn an, der dann fast allen Transfermöglichkeiten ein Ende bereitete.[135]

Gruppenauswanderung: Die Jugend-Alijah

Organisierte Gruppenauswanderung, vor allem mit dem Ziel Palästina, war seit 1933 ein viel diskutiertes, aber auch umstrittenes Thema. Bruno Stern, der 1938 mit seinen Eltern nach USA emigrierte, erinnert sich:

«Damals kam mein Vater, den das Gefühl der ständigen Gefahr nicht mehr losließ, auf die Idee, daß die jüdische Gemeinde von Niederstetten nach Israel auswandern könnte. Er dachte an eine richtige Gruppenauswanderung, auch Witwen und ältere Leute, die nicht mehr arbeiten konnten, sollten dabei sein. Mit vereinten Kräften würde schon alles gut gehen, wenn die Jüngeren sich der Älteren fürsorglich annahmen. Ein Vorschlag in dieser Richtung wurde erarbeitet und dem Oberrat in Stuttgart vorgelegt. Natürlich gab mein Vater den Plan auch vor der Gemeinde bekannt, und alle waren dafür ... Kurz nachdem mein Vater seinen Auswanderungsvorschlag eingereicht hatte, kam der Sekretär des Oberrats (des Zentralverbandes württembergischer Juden), ein Herr Wissmann, und gab vor versammelter Gemeinde kund, daß der Oberrat das Projekt nicht begrüße und es auch nicht finanziell unterstützen würde. Zur Panik gäbe es keinerlei Anlaß.»[136]

Allerdings konnte Gruppenauswanderung – abgesehen von der gemeinsamen Emigration im Anschluß an eine Hachscharah-Ausbildung – nur im Bereich der Jugend-Alijah realisiert werden. Die Einwanderung von Jugendlichen in Palästina – ohne Begleitung der Eltern – wurde von einer eigenen Organisation durchgeführt. Initiiert hatte sie Recha Freier, die Frau des von 1926 bis 1939 in Berlin tätigen Rabbiners Moritz Freier, die erstmals im Herbst 1932 eine Gruppe Jugendlicher nach Palästina begleitete. Ihr Ziel war das Kinderdorf «Ben-Schemen», das von dem 1926 nach Palästina ausgewanderten Berliner Dr. Siegfried Lehmann im Jahre 1927 für verwahrloste Waisenkinder aus Kowno/Litauen geschaffen worden war.[137] Die gesamte Einordnungs- und Erziehungsarbeit in Palästina selbst leitete Henrietta Szold, «eine der bemerkenswertesten Persönlichkeiten in der modernen Geschichte», wie sie Chaim Weizmann einmal nannte. Die ‹Bayerische Israelitische Gemeindezeitung› berichtete über sie am 1. Oktober 1935, wenige Monate vor ihrem 75. Geburtstag:

«An der Spitze dieses einzigartigen jüdischen Werkes steht in Palästina die Leiterin der Jugendalijah-Abteilung der Jewish Agency, Miß Henrietta Szold ... Im Jahre 1912 gründet sie die Hadassah, die in wenigen Jahren unter ihrer Leitung die größte Frauenorganisation Amerikas wird, sie wird Präsidentin der amerikanischen zionistischen Organisation ... In den darauffolgenden Jahren (nach 1927) widmet sie sich ausschließlich allen Zweigen der sozialen Fürsorge in Palästina ... Als im Jahre 1933 die deutschen Juden vor eine neue Situation gestellt wurden, hat Miß Szold in Palästina begonnen, hervorragenden Anteil an der Rettung und Befreiung besonders der jüdischen Jugendlichen Deutschlands zu nehmen. In der Arbeit der Jugend-Alijah sieht sie die Krönung ihres Werkes ... Sie besucht alle Siedlungen, kennt alle Kinder aus Deutschland, und wird daher im Lande ‹die Mutter der Jugendalijah› genannt.»[138]

Die Jugend-Alijah wurde seit Februar 1934, dem Datum ihres offiziellen Beginns, finanziell von der «Hadassah Women's Organization of America» unterstützt. So verband Henrietta Szold ihre ehemalige Arbeit in

Amerika mit der in Palästina.[139] Träger in Deutschland war die «Jüdische Jugendhilfe e.V.» in Verbindung mit der «Jüdischen Waisenhilfe für das Jugenddorf Ben-Schemen» und dem «Kinderheim Ahawah» in Berlin, die sich zur «Arbeitsgemeinschaft für Kinder- und Jugendalijah» zusammenschlossen, um in Zusammenarbeit mit Palästinaamt und Zentralausschuß die notwendigen Mittel aufzubringen.[140] Frau Dr. Grete Kitzinger, Mitarbeiterin der Jugend-Alijah in Berlin, zog in einem Artikel der ‹Jüdischen Wohlfahrtspflege und Sozialpolitik› vom September 1935 ein Resumée der bis dahin geleisteten Arbeit:

«Seit Beginn des Jahres 1934 sind 650 Jugendliche zwischen 15 und 17 Jahren mit der Jugendalijah nach Palästina übersiedelt und dort gruppenweise in 15 verschiedenen Siedlungen untergebracht worden. Das Programm der Jüdischen Jugendhilfe umfaßt eine Gesamtalijah von 700 Jugendlichen jährlich, die zu einem zweijährigen Ausbildungsgang in den Siedlungen verbleiben, so daß insgesamt 1400 Ausbildungsplätze jährlich bereit stehen müssen ... Das Leben der Jugendlichen in den palästinensischen Siedlungen ist aber nicht nur der Arbeit gewidmet, die ihnen im Lande voraussichtlich eine Existenz sichern wird, sondern es gliedert sich in Arbeit und geistige Fortbildung ... Unsere Aufgabe in Deutschland ist es für die Auswahl und Vorbereitung der Jugendlichen zu sorgen ... Die Jüdische Jugendhilfe, der diese Aufgaben obliegen, sucht sich bei jeder Anmeldung, die ihr zugeht, ein möglichst umfassendes Bild von den Jugendlichen zu machen. Maßgebend gewertet wird das Urteil der Führer im Bunde ... Ergänzend werden Beurteilungen von Lehrern und Berufsberatungsstellen eingeholt ... Den letzten Prüfstein bildet das Vorbereitungslager. Hier werden die Jugendlichen für die Dauer von vier Wochen meist in der Gruppenzusammenstellung und unter der Leitung zusammengefaßt, wie sie für das Leben in Palästina geplant ist. Zwei Güter in der Nähe von Berlin sind von der Jüdischen Jugendhilfe bisher für die Vorbereitungslager gepachtet worden.»[141]

Im Rahmen einer solchen Jugendalijah wanderte auch die 1921 in Lahr/Schwarzwald geborene Ruth Ucko nach Palästina aus:

«Mein verstorbener (späterer) Mann, der im Jahre 1934 Bezirksrabbiner in Offenburg gewesen war, wanderte 1935 aus und war dann Lehrer in dem Kinder- und Jugendheim ‹Ahawah› in Kirjath-Bialik (Haifa) und forderte mich und meine Zwillingsschwester an. Wir erhielten vom Palästinaamt Berlin-Meinekestraße unsere Permits und Pässe und wurden der Kinder- und Jugend-Alijah angeschlossen. Wir waren sechs Wochen im Rahmen der Jugend-Alijah in der Berliner ‹Ahawah› auf Hachscharah, wurden dann mit der Bahn nach Triest gebracht und fuhren dann mit dem Schiff ‹Tel Aviv› von Triest nach Haifa (angegebenes Auswanderungsdatum: 20.4. 1936). Wir waren ca. 30 Jugendliche und hatten einen Erzieher als Begleitung und zwar den berühmten Prof. Ollendorf. Wir waren noch keine 15 Jahre alt und ohne eigenes Geld, daher bezahlten unsere Eltern die Reise.»[142]

Der von Frau Ucko erwähnte Franz Heinrich Ollendorf war von 1928 bis 1933 als Privatdozent und Chefingenieur an der TU-Berlin tätig, verlor dann seine Stellung und unterrichtete bis 1934 in der jüdischen Schule in Berlin. 1934 emigrierte er nach Palästina, kehrte aber 1935 zurück, um den Transfer von jüdischen Kindern im Rahmen der Jugend-Alijah zu organisieren. 1937 verließ er schließlich endgültig Deutschland; er wurde später Professor für Elektrotechnik am «Technion» in Haifa.

Von 1934 bis Ende März 1939 konnten 3262 Jungen und Mädchen zwischen 15 (dem Mindestalter für die Jugend-Alijah) und 17 Jahren direkt aus Deutschland oder aus europäischen Transitländern nach Palästina gebracht werden. Die Mandatsregierung stellte diesen Jugendlichen besondere Zertifikate («B3») zur Verfügung, die an die Bedingung geknüpft waren, daß die Unterbringungs- und Ausbildungskosten für zwei Jahre sichergestellt waren.[143] Hinter diesen trockenen Zahlen verbargen sich nicht selten erschütternde Schicksale. Um wenigstens ihre Kinder zu retten, freundeten sich viele Eltern mit den ihnen ursprünglich fremd erscheinenden Ideen des Zionismus an und schickten ihre Söhne und Töchter mit der Jugend-Alijah nach Palästina. Marta Appel, die Frau des ehemaligen Dortmunder Rabbiners Ernst Appel, sprach wohl gerade deshalb von der Organisation der Kindertransporte als ihrer «härtesten Aufgabe»:

«Es war immer herzzerreißend, den Abschied der Kinder von ihren Eltern mitzuerleben. Und doch waren es die Eltern, die zu uns kamen, um uns zu bitten und uns anzuflehen, doch ihre Kinder sobald wie möglich zu verschicken, weil sie es nicht mehr mitansehen konnten, wie sehr ihre Kinder unter Haß und Verfolgung litten. In ihrer selbstlosen Liebe waren die Eltern bereit, ihr Kostbarstes zu opfern, damit die Kinder in Frieden und Freiheit aufwachsen konnten.»[144]

Die Eltern waren sich der Situation in Deutschland und der äußerst begrenzten Fluchtmöglichkeiten bewußt. Den Kindern aber wurde erst viel später klar, daß dies in vielen Fällen ein endgültiger Abschied war. Sie waren in der Regel davon überzeugt, die Trennung von der Familie werde nur vorübergehend sein. Eine solche kindliche Bewertung der Situation schilderte Valerie Wolffenstein:

«Solche Kindertransporte sah ich abgehen, die Mütter, die sich im Wartesaal von ihrem Kind trennen mußten, ohne zu ahnen, ob sie es je wiedersehen, werde ich nie vergessen. Jedes Kind durfte 10 Mark mitnehmen. Sehr gelacht wurde über die Karte eines Jungen, die er von der Reise aus schrieb und die der Zensor wohl übersehen oder aus Spaß weiterbefördert hatte. Der kleine Neffe einer Bekannten hatte seine Mutter bei der Abreise beschworen, ihm sofort mitzuteilen, wenn Hitler gestorben wäre. Schließ-

Lehrerin Ehrmann verabschiedet ein Kind zur Auswanderung, Sommer 1935

lich versprach sie ihm, in diesem Falle zu schreiben: ‹Großmutter ist tot›. Die erste Karte des Jungen lautete: ‹Das Geld habe ich glücklich über die Grenze gebracht. Bitte vergiß nicht mir zu schreiben, wenn Großmutter tot ist und wir eine neue Regierung bekommen haben.› »[145]

Die Jugend-Alijah war sicherlich eine der erfolgreichsten Rettungsmaßnahmen im nationalsozialistischen Deutschland. Die emotionalen Tragödien in den jüdischen Familien, die sich ja traditionell durch ein besonderes Zusammengehörigkeitsgefühl auszeichnen, sind freilich nicht zu ermessen.

Die illegale Palästina-Einwanderung

Für Palästina gewann die «Alijah Beth», die illegale Einwanderung, immer mehr an Bedeutung. Nicht nur die illegale Einwanderungsorganisation der Revisionisten-Zionisten (1925 gegründete rechte Flügel-Partei) und die 1937 gegründete «Mossad le ‹Alijah Beth› » (Ausschuß für illegale Einwanderung), sondern auch die Gestapo unterstützten diese Unternehmungen. Die Gestapo tat dies, um einerseits die jüdische Auswanderung zu beschleunigen und andererseits die britische Regierung in Schwierigkeiten zu bringen: eine willkommene Gelegenheit, Zwietracht zwischen Arabern,

Briten und Juden zu erzeugen. Solange die jüdische Auswanderung aus Deutschland erlaubt war, betätigten sich die Gestapo und die deutschen Schiffahrtslinien de facto als Helfershelfer der illegalen Einwanderung nach Palästina. Die Reichsvertretung und die Zionistische Vereinigung für Deutschland lehnten sie allerdings zunächst ab. Erst nach den Ereignissen im November 1938 öffnete man sich auch in diesen Kreisen einer Auswanderung um jeden Preis.[146]

Illegale Einwanderung in das britische Mandatsland Palästina hatte es schon in den zwanziger Jahren, wenn auch in geringem Umfang, gegeben, vor allem von jenen Juden, die aus den benachbarten arabischen Ländern über die Grenze wanderten. Die erste «Alijah Beth», die über das Meer nach Palästina führte, begann im Sommer 1934 mit dem griechischen Schiff «Velos», das etwa 300 junge Pioniere aus Polen an Bord hatte und sicher an der Küste Palästinas anlegte. Aber bereits die «Velos II» wurde von den Briten abgefangen, und nach längerer Irrfahrt mußten die Passagiere nach Polen zurückkehren. Dieser mißglückte Versuch brachte die illegale Einwanderung zunächst zum Erliegen, bis dann nach der Gründung der «Mossad» die «Alijah Beth» in größerem Umfang organisiert wurde. Von Paris aus, das die Initiatoren der «Mossad» als geeignetstes Organisationszentrum erkoren, konnten in immer größerem Maße Boote beschafft und auf abenteuerlichen Wegen in die neue Heimat gebracht werden.

Der erste organisierte illegale Transport von 280 Juden aus Deutschland verließ im März 1939 Berlin. In Wien kam nochmals eine große Zahl österreichischer Juden hinzu. Nach vielen Schwierigkeiten, die zum Teil nur durch hohe Bestechungssummen aus dem Weg geschafft werden konnten, erreichten die Flüchtlinge zunächst den jugoslawischen Hafen Susak. Von dort aus ging die Reise mit der «Colorado» weiter. Da sie ein sehr langsames und schwerfälliges Schiff war, lud man die Passagiere in der Nähe der Insel Korfu auf den schnelleren Dampfer «Otrato» um. Die mehreren hundert Juden landeten unbemerkt an den Küsten Palästinas, wo sie sofort in den Gemeinschaftssiedlungen untertauchten.[147] Insgesamt gab es von Beginn des Jahres 1939 an bis zum August 1940 sieben illegale Transporte aus Reichsdeutschland. Bevor der letzte im Herbst 1940 abging, trat die Reederei «Hapag» an das Berliner Palästinaamt mit dem Vorschlag heran, Schiffe für den illegalen Palästina-Transport zur Verfügung zu stellen. Dazu schreibt der Historiker Kurt Jakob Ball-Kaduri:

«Es mag sein, daß die Gestapo, die immer noch an der Auswanderung interessiert war, sich von der Einschaltung der deutschen Schiffahrtsgesellschaft die Auswanderung von Tausenden Juden versprach. Vielleicht wollte die ‹Hapag› die gewaltigen Profite einstreichen, die bei den illegalen Transporten zu machen waren, und erkannte die Risiken und Schwierigkeiten dieses Geschäfts nicht. Möglicherweise lockten die Devisenbeträge die deutsche Regierung – jedenfalls stand das Palästinaamt vor dem Angebot der ‹Hapag›, das nicht ohne Zustimmung der Gestapo gemacht sein konnte ... Die ‹Hapag› wollte bei diesem Geschäft nicht unter ihrem eigenen Namen auftreten, wohl aber Propaganda in großem Stil machen. Daher legte man den Decknamen ‹Ha'pala› (illegale Einwanderung) fest.»[148]

Als das Projekt bekanntwurde, ging eine Flut von Anträgen beim Palästinaamt ein, dem die Entscheidung über die Eignung der jeweiligen Antragsteller oblag. Während dies noch im Gang war, scheiterte jedoch die «Ha'pala»-Aktion. Die «Hapag» hatte ihre Fähigkeiten, ein solches Unternehmen durchzuführen, weit überschätzt. Einige der zahlreichen Bewerber konnten dann allerdings doch noch im Herbst 1940 mit dem siebten und letzten Transport auf die Reise nach Palästina gehen. Einer der Teilnehmer, Dr. Michael Meyer, berichtete am 21. August 1941 in Palästina über seine Erlebnisse:

«Es gab nun (1939), von ganz besonderen Ausnahmefällen abgesehen, nur noch eine einzige Möglichkeit nach Erez Israel zu gelangen, eine sogenannte S.-H.-Fahrt. S. H. bedeutet Sonder-Hachscharah. Der Ausdruck wurde gewählt, um zu tarnen, daß es sich um illegale Alijah handelte ... Illegal waren die Transporte natürlich nur den Engländern gegenüber, in Deutschland waren sie legal und konnten nur legal sein, da alle jüdischen Stellen unter Aufsicht der Gestapo standen, und jede Auswanderung, von vereinzelten Ausnahmen abgesehen, nur mit Wissen und Willen der Behörden möglich war ...

Wir meldeten uns für einen S. H.-Transport im vollen Bewußtsein der Gefahren und Strapazen, die mit einem solchen verbunden waren. Ich war darüber ziemlich informiert, da ich seit Frühjahr 1939 auf dem Palästina-Amt Berlin ehrenamtlich arbeitete, und die Berichte über die vorangegangenen Transporte zu meiner Kenntnis gekommen waren. Es war nicht leicht mit der S. H. 7 mitzukommen. Der Andrang war ungeheuer.»

Meyer gehörte zu den Beratern im Palästinaamt und war außerdem Mitglied der Kommission, die über die endgültige Bestätigung eines Auswanderers für die «Ha'pala» zu befinden hatte:

«Wir hatten zur Hapag-Apala nicht das Vertrauen, daß es ihr gelingen werde, Schiffe zu stellen. In Betracht kamen – es war nach Ausbruch des Krieges – nur Schiffe neutraler Länder ... Unsere Vermutung, daß die Hapag keine Schiffe stellen könnte, bestätigte sich. Es bemühten sich daher nach den gleichen Methoden, nach denen man für die früheren S. H.-Fahrten Schiffe erhalten hatte, die Ausschüsse für Überseetransporte in Berlin und Wien, unterstützt von der Reichsvereinigung der Juden in Deutschland und vom Joint. Die Geduld der für die Fahrt Bestätigten wurde aber auf eine harte Probe gestellt. Meine Frau und ich gehörten zu den Bestätigten. Wir wurden von Woche zu Woche, von Monat zu Monat vertröstet ...

Anfang Juli 1940 befahl die Gestapo dem Palästina-Amt, aus der Zahl der für die S.H.-Fahrten Bestätigten 500 auszusuchen und die Liste der Ausgesuchten bis zum anderen Morgen 9 Uhr bei ihr, der Gestapo, einzureichen sowie den Abtransport dieser 500 mit größter Beschleunigung durchzuführen. Eine Kommission, der ich nicht angehörte, trat sofort zusammen, saß die ganze Nacht hindurch und stellte die Liste der 500 zusammen. Es war dabei nicht ohne schwere Kämpfe abgegangen ... Meine Frau und ich gehörten zu den 500 ... Den Ausschlag gab, daß für uns in Zürich 200 Dollar Passagekosten eingezahlt waren. Sämtliche Ausgewählten wurden nunmehr vom Palästina-Amt aufgefordert, einen Revers zu unterschreiben. Der Revers wies auf die Gefahren und Anstrengungen der Reise hin, schloß jede Haftung für Schäden aus und betonte insbesondere, daß keinerlei Haftung für eine Ankunft in Palästina übernommen werden könne.»

Damit war aber auch für die 500 Auserwählten noch längst nicht alles vorbei. Es war noch eine Fülle von Formalitäten zu erledigen, dazu gehörte vor allem die Bestätigung des Finanzamtes, daß «Reichsfluchtsteuer» und «Judenbuße» ordnungsgemäß bezahlt sowie alle Auswanderungsabgaben geleistet worden waren. Und dann fehlte noch das Visum. Von der britischen Mandatsregierung bekam man ohne Zertifikat natürlich keines:

«Die Reichsvereinigung hatte aber vorgesorgt. Das Konsulat von Paraguay gab das Gewünschte gegen gute Bezahlung, die die Reichsvereinigung mit Hilfe des Joint leistete. Der Joint hatte auch die Garantie dafür übernehmen müssen, daß wir in Wirklichkeit Paraguay nicht heimsuchen würden.»

Schließlich war das letzte Dokument, das Ausreisevisum des Polizeipräsidiums, besorgt worden:

«Wir hätten nun endlich abfahren können, wenn nicht eine neue Schwierigkeit aufgetaucht wäre. Die griechische Regierung verbot plötzlich die Führung der griechischen Flagge ... Reichsvereinigung und Palästina-Amt wollten nicht die Verantwortung für die Abfahrt übernehmen. Da griff wieder die Gestapo ein und erteilte am 3. August 1940 den Befehl zur Abfahrt in Gruppen. Nach Anordnung der Gestapo durfte am 18. August von den 500 niemand mehr im Altreich sein ... Meine Frau und ich fuhren mit der letzten Gruppe am Abend des 17. August ab. In Wien, wo wir Station machen mußten, weil die Flaggenfrage noch nicht geregelt war, wurden sämtliche 500, statt in den erwarteten Massenquartieren, in Hotels untergebracht und verpflegt. Die Kosten trug die Reichsvereinigung ... Nach einem Warten, das uns unendlich lang erschien und allen möglichen Gerüchten Tür und Tor öffnete – es wurde sogar von unserem

Rücktransport ins Altreich gesprochen – kam endlich die Nachricht, daß die Schiffe an der Donaumündung in Ordnung seien und der ehrenwerte Staat Panama die Einwilligung zur Führung seiner Flagge gegeben habe. Natürlich hatte auch dies wieder der Reichsvereinigung und dem Joint Geld gekostet ... Es entstand aber ein neues (Hindernis), mit dem wir am allerwenigsten gerechnet hatten. Für unsere Weiterfahrt nach Preßburg benötigten wir das slowakische Visum. Dies war früher ... stets glatt erreicht worden. Dieses Mal verweigerte es die Behörde. Die Gestapo drohte nun tatsächlich mit unserem Rücktransport ins Altreich, falls wir nicht bis zum 3. September endgültig weiterfahren würden. In letzter Stunde gelang es, das slowakische Visum zu erhalten.»

Am 3. September fuhren die Auswanderer dann von Wien nach Preßburg, wo sie noch in der gleichen Nacht ihr Schiff bestiegen. Die Fahrt bis zur Donaumündung dauerte einige Tage. Dort, in der rumänischen Stadt Tulcea, stieg man um auf das bereits wartende griechische Schiff «Pacific». Nach abenteuerlicher Fahrt auf dem völlig überfüllten Schiff kamen die Flüchtlinge endlich in die Nähe der Küste Palästinas:

«Da geschah in der frühen Morgendämmerung des 1. November 1940 das größte aller Wunder. Der Kapitän sagte den in seiner nächsten Nähe Stehenden, daß in weiter Ferne die charakteristischen Höhenzüge des Karmel in Sicht seien. ... Nun wechselten Tränen der Rührung und Äußerungen der Freude miteinander ab, aber es war kein lauter Jubel und noch weniger ein Freudentaumel. Wir fühlten noch einmal, daß wir viele Male am Abgrund vorbeigekommen waren. Es war fast ein ehrfürchtiges Schweigen, als wir nach einer weiteren Zeit vor dem Hafen von Haifa Anker legten.»[149]

Die Passagiere der «Pacific» blieben zunächst noch an Bord und mußten dann, nachdem die Engländer ihre Rückführung nach Rumänien angeordnet hatten, auf die «Patria» verladen werden. Das Schiff wurde am 25. November 1940 durch eine Explosion versenkt, 251 Passagiere kamen dabei ums Leben. Erst danach erlaubte die britische Mandatsregierung den Überlebenden, in Palästina an Land zu gehen; sie wurden allerdings noch für einige Monate im Internierungslager Athlit festgehalten.

Die illegale Einwanderung nach Palästina, deren exakte Zahlen nie bekanntwurden, hat zwar mehreren tausend Menschen aus Deutschland und den besetzten Gebieten das Leben gerettet, führte aber andererseits auch zu einem Stop der legalen Auswanderung. Die britische Mandatsregierung verhängte als Strafmaßnahme gegen die «Alijah Beth» von Oktober 1939 bis April 1940 eine absolute Einwanderungssperre.[150]

4. Die Auswanderung in andere Länder

Selbst führende Zionisten wie das Mitglied der Exekutive der Jewish Agency Arthur Ruppin und wie Georg Landauer von der Zionistischen Vereinigung hatten trotz der bevorzugten Auswanderung nach Palästina stets auch andere Länder in ihre Planung einbezogen. An erster Stelle standen die Vereinigten Staaten. Ruppin wies in seinem Referat auf dem 18. Zionistenkongreß in Prag im August 1933 auf die USA als wichtigstes Aufnahmeland für die Juden aus Deutschland hin:

«Im Jahre 1932 sind nur 6000 Juden in die Vereinigten Staaten eingewandert, und zwar fast nur Verwandte von amerikanischen Bürgern. Auf die gesetzliche Einwanderungsquote, die eine Maximalziffer von 153000 Einwanderern jährlich zuläßt, sind im Jahre 1931 nur für 48000 Visa erteilt worden. Trotzdem scheint es mir nicht ausgeschlossen, daß unter Berücksichtigung der schwierigen Verhältnisse der Juden in Deutschland, besonders wenn die von der staatsmännischen Klugheit Roosevelts angebahnte Besserung in der amerikanischen Wirtschaftslage anhält, eine gewisse Milderung in der Erteilung von Visa für Juden aus Deutschland eintritt.»

Zogen andere Zionisten in Deutschland erst nach und nach eine nicht nach Palästina gehende Auswanderung in Erwägung, so sah der Central-Verein von Beginn der Wanderungsbewegung an die Notwendigkeit einer solchen Streuung. Im Jahre 1936, als die Zionisten in Deutschland durch die Folgen der «Nürnberger Gesetze» mehr Einfluß in der Reichsvertretung gewonnen hatten, nahm der Central-Verein in seiner neuen Satzung Stellung zu dieser Problematik:

«Die Notwendigkeit, über die Grenzen Palästinas hinaus zu planen und neue Diasporasiedlungen zu schaffen, ist... unbestritten. Bei der Würdigung dieser Notwendigkeit setzen die Meinungsverschiedenheiten ein ... In diesem, um rein jüdische Belange gehenden Meinungsstreit ist der C.-V. der Vertreter des Diasporagedankens. Er verkennt keineswegs, daß Palästina unter den Einwanderungsländern eine besondere Stellung zukommt ... Die Bejahung des Diasporagedankens steht damit nicht im Widerspruch ... Es ist nicht richtig, daß Juden nur in Palästina der Verflachung, der Unproduktivität, der Assimilation, und zuletzt der Ausgliederung entgehen können. Wäre daran nur ein Körnchen Wahrheit, so würde es nach 70 Generationen, die in der Diaspora lebten, weder Juden noch ein Judentum mehr geben. In Wirklichkeit ist in der ungeheuren Zeit von 2000 Jahren weder die Lebenskraft, noch der Lebenswille der jüdischen Menschen erlahmt.»

Dr. Werner Rosenstock, als Jurist von 1933 bis 1938 Rechtsberater und Angestellter des Central-Vereins, sah gerade darin eine positive Zukunftsperspektive:

«Vielleicht werden die Menschen unseres Herkunftslandes, die heute in zahlreichen Erdteilen und Ländern Grundsteine zu neuen jüdischen Gemeinschaften legen, einmal aus ihrer Mitte die gleichen lebensspendenden Kräfte zeugen, durch die die Judenheit in Deutschland einst Vorbild der gesamten Judenheit war.»[151]

Wer sich zu einer Auswanderung in ein anderes Land als Palästina entschlossen hatte, mußte sich an den Hilfsverein der deutschen Juden wenden. Der Zentralausschuß für Hilfe und Aufbau machte in seinem Arbeitsbericht für 1933 die Anfangsschwierigkeiten deutlich:

«Die Ereignisse überstürzten sich anfänglich derart, daß die Fürsorgestellen nicht in der Lage waren, in der Weise, wie es erforderlich gewesen wäre, aufklärend auf die ungeduldigen, zur Auswanderung drängenden einzuwirken. Bei der heutigen wirtschaftlichen Struktur der deutschen Juden fehlen vielfach die ersten Voraussetzungen für den Aufbau einer Existenz im fremden Lande. Kenntnis fremder Sprachen ist nicht immer vorhanden, landwirtschaftliche und manuelle Berufe sind sehr schwach vertreten und für die zahlreichen kaufmännischen Angestellten und Angehörigen der freien Berufe bieten die fremden Länder wenig oder gar keine Chancen.

Umsomehr waren die Bemühungen des Hilfsvereins darauf gerichtet, Möglichkeiten für Auswanderer ausfindig zu machen und Material für die Beratung derselben zu beschaffen. Nach vorsichtiger Schätzung waren es 60000 Menschen, denen der Hilfsverein bis zum Ende des Jahres 1933 Auskunft zu erteilen hatte ...

Von den Auswanderern, die die materielle Hilfe des Hilfsvereins in Anspruch nahmen, wandten sich 5940 zunächst nach den Nachbarländern Deutschlands und nach anderen europäischen Ländern wie England, Bulgarien, Italien, Jugoslawien, Portugal, Spanien und Griechenland ...»

Gegen Ende des Jahres 1933 nahm dann die Emigration nach Übersee zu. Im Dezember gingen bereits 40% der vom Hilfsverein unterstützten Personen nach Übersee.[152] Eine besondere Schwierigkeit ergab sich auch hier durch die deutsche Devisenbewirtschaftung. Die Auswanderung vermögensloser Juden scheiterte oft an finanziellen Hindernissen. Staaten wie Kolumbien, Paraguay, Uruguay oder Australien forderten bei der Einreise, ähnlich wie Palästina, ein «Vorzeigegeld» oder ein «Landungsdepot» in Devisen. Damit wollten sich die jeweiligen Regierungen gegen den Fall absichern, daß minderbemittelte Einwanderer der Fürsorge zur Last fielen. Im Herbst 1936 führte die Reichsstelle für Devisenbewirtschaftung Bestimmungen ein, die an die Auswanderung von Einzelpersonen oder Familien mit geringerem Kapital die Auswanderung vermögensloser Personen banden. Für die deutsche Regierung brachte dies, unter dem Deckmantel der Unterstützung minderbemittelter Auswanderer, nicht unerhebliche Gewinne. Der Auswanderer, der über ein kleineres Kapital verfügte, durfte nun Beträge bis zu 8000,– RM mit einem Verlust von 50% nach jedem gewünschten Land außer Palästina transferieren. Die Hälfte des Kapitals ging also an die deutschen Stellen, die ihrerseits minderbemittelten Auswanderern daraus Reichsmarkbeträge zum Erwerb von Devisen auf Darlehensbasis genehmigten. Im Oktober 1937 wurde für diesen Kleinkapitalistentransfer eine «Allgemeine Treuhandstelle für die jüdische Auswanderung G.m.b.H» (Altreu) geschaffen, die schon im November erweitert wurde: Aus dem Kleinkapitalistentransfer wurde ein Mittelstandstransfer. Heinz Cohn schrieb dazu in seinem 1938 erschienenen Buch über Auswanderungsfragen:

«Nach diesem neuen Altreu-Verfahren war es möglich, Beträge bis zu RM 30000, 40000, 50000 nach Maßgabe der Familienzahl des Auswanderers zu einer Quote zu transferieren, die auf einer besonderen, durch den Reichs- und Preußischen Wirtschaftsminister festgesetzten Tabelle beruhte.

Voraussetzung war, daß das Vermögen des Auswanderers abzüglich einer etwa zu entrichtenden Reichsfluchtsteuer die Höchstbeträge der Tabelle nicht überstieg.

Ein weiterer Grundsatz bestand darin, daß der Auswanderer sein gesamtes Vermögen über dieses Altreu-Verfahren zu leiten hatte.»[153]

Cohn vermerkte im Anschluß daran, daß das Altreu-Verfahren zur Zeit für neue Anträge geschlossen sei. Nach nochmaliger Öffnung war dann Ende Februar 1939 jedoch das bereitgestellte Devisenkontingent erschöpft. In der gesamten Laufzeit des Altreu-Verfahrens konnten 1657 Altreu-Darlehen für 2962 Personen bewilligt werden, in erster Linie für Handwerker, Kaufleute, Arbeiter und Landwirte, die zum überwiegenden Teil nach Südamerika auswanderten.[154]

In Europa sind die Chancen gering

Die europäischen Länder waren vor allem in den Jahren 1933/34 zum Hauptziel der jüdischen Auswanderer aus Deutschland geworden. Die Nähe zur ehemaligen Heimat, die ähnlichen Lebensbedingungen und nicht zuletzt das Gefühl, nach dem damals noch erwarteten raschen Sturz Hitlers sofort wieder nach Deutschland zurückkehren zu können, veranlaßten die flüchtenden Juden zu einer – wie sie meinten – vorläufigen Niederlassung in diesen Ländern. In der Frühzeit des NS-Regimes handelte es sich vor allem um Intellektuelle und politisch engagierte Juden. Sie suchten eine neue geistige Heimat am ehesten in den Deutschland verwandten Kulturkreisen. Spontan kam vielen aus sprachlichen Erwägungen und auch wegen der jahrhundertealten freiheitlichen Tradition die Schweiz als Auswanderungsland in den Sinn. Allein in den Monaten März bis Mai 1933 zählte die Grenzpolizei auf dem Baseler Bahnhof 7631 jüdische Flüchtlinge aus Deutschland. Allerdings hatte das Eidgenössische Justiz- und

Polizeidepartement bereits am 31. März 1933 eine Weisung herausgegeben, in der eine Politik ausgesprochener Zurückhaltung bei der Aufnahme von Flüchtlingen Ausdruck fand. Am 7. April 1933 vom Schweizer Bundesrat bestätigt, enthielt diese Weisung zwar die Aufforderung, alle Grenzen offenzuhalten, aber auch die Vorschrift, den Einwanderern nur einen vorübergehenden Aufenthalt von drei Monaten zuzugestehen. Außerdem bestand für sie Arbeitsverbot. Die Schweizer Einreisebestimmungen wurden in den folgenden Jahren noch erheblich verschärft. Die Praxis sah allerdings milder aus. Vor allem die Schweizer Hilfsorganisationen sorgten immer wieder in unbürokratischer Weise dafür, daß Härten vermieden werden konnten. Ein Teil der Bevölkerung nahm sich privat der Juden an und versteckte sie notfalls, wenn es galt, sie dem Zugriff der Behörden zu entziehen.[155]

Wichtigstes Auswanderungsland der Jahre 1933/34 war allerdings Frankreich. Auch hier änderte sich aber bald die Einstellung der Behörden. In der Zeitschrift ‹Jüdische Wohlfahrtspflege und Sozialpolitik› war im Mai 1935 zu lesen:

«In Frankreich, dem Hauptziel der Auswanderung von 1933, muß heute von einer Massentragödie gesprochen werden. Eine Reihe von Umständen haben sich vereinigt, um die großherzige Aufnahme und die relativ günstigen Lebensbedingungen, die Frankreich 1933 den deutschen Emigranten bot, fast in ihr Gegenteil zu verkehren. Vor allem nahm der Druck der Wirtschaftskrise 1934 in Frankreich stark zu, die Arbeitslosigkeit wuchs, und so machte sich das Verlangen, möglichst viele Ausländer ... wieder abzuschieben oder wenigstens vom Arbeitsmarkt fernzuhalten, überall bemerkbar. ...

Für die heutige Lage ist ausschlaggebend das Gesetz vom 20. November 1934 ‹Zur Beschränkung ausländischer Arbeitskräfte› ... Ein Anrecht auf Erlangung der Arbeitserlaubnis sollten nur Leute haben, die mindestens zehn Jahre in Frankreich lebten und mindestens zwei Jahre (sic!) Arbeitserlaubnis besaßen ...

Die Wirkung auf die jüdische Emigration mußte furchtbar sein. Sieht man von der relativ geringen Zahl derer ab, die mit ihrem eigenen Kapital lebensfähige Unternehmen errichten konnten, oder denen es gelang, sich in den freien Berufen eine tragfähige Existenz zu schaffen, so ist die Lage unserer Menschen in Frankreich nahezu trostlos.»[156]

Besonders schwer hatten es Ärzte und Zahnärzte. Seit dem Gesetz vom 21. April 1933 mußten sie nicht nur den erforderlichen französischen akademischen Grad besitzen, sondern auch die damals kaum zu erlangende französische Staatsbürgerschaft. Ein großer Teil dieser Akademiker sah sich schließlich gezwungen, zusammen mit mehreren Tausend anderer Emigranten das Land wieder zu verlassen, nachdem die Arbeitssuche ergebnislos geblieben oder eine Ausweisung verfügt worden war. Unter dem Druck der fremdenfeindlichen Stimmung kamen solche Ausweisungen nicht eben selten vor. Einigen gelang es, in anderen Ländern Zuflucht zu finden, viele kehrten desillusioniert nach Deutschland zurück. Welche Verzweiflung mußte diese Menschen getrieben haben, daß sie in die «Höhle des Löwen» zurückkehrten![157]

Die allgemein schlechte Wirtschaftlage führte auch in anderen europäischen Ländern zu verschärften Einwanderungsbestimmungen.

«In dem benachbarten Belgien hat, ähnlich wie in Frankreich, die starke Verschlechterung der Wirtschaftslage zu einer solchen Verschärfung der Gesetze geführt – eine besondere Rolle spielt die Order vom 15. Februar 1935 –, daß für neuen Zuzug kaum irgendeine Aussicht besteht, auch nur Aufenthaltserlaubnis zu erlangen. Den schon ansässigen Immigranten gegenüber bemüht sich die belgische Regierung allerdings um eine einigermaßen weitherzige Haltung. Ebenso ist es in Holland nahezu ausgeschlossen, als neu hinzukommender Arbeitnehmer Stellung zu finden. Anders steht es bis zu einem gewissen Grad mit selbständigen Unternehmern, und es ist vor allem bekannt, daß eine Reihe von Unternehmungen, die in den letzten zwei Jahren von deutschen Juden in Holland gegründet worden sind, relativ gut reüssiert haben und fortdauernd einer großen Zahl holländischer Arbeiter und Angestellter – nach jüdischen Erhebungen etwa 5000! – Arbeit geben. Doch macht augenblicklich die sehr starke Wirkung der Wirtschaftskrise selbst eine Betätigung als Unternehmer in Holland äußerst schwierig.»[158]

Dennoch wanderten von 1933 bis 1941 etwa 25000 bis 30000 Flüchtlinge aus Deutschland in die Niederlande. Die Solidarität und Hilfsbereitschaft der Bevölkerung sowie die Bemühungen der niederländischen Regierung, das Los der Verfolgten – allerdings ohne Verpflichtungen in gesetzlicher oder finanzieller Hinsicht – zu erleichtern, verschafften den deutschen Emigranten eine gewisse Sicherheit.

Auch Italien, dessen Faschismus der nationalsozialistische Antisemitismus fehlte, nahm eine nicht geringe Anzahl deutsch-jüdischer Flüchtlinge auf. Zwar herrschte dort ebenfalls Arbeitslosigkeit, aber die Chancen, einen Arbeitsplatz zu finden, waren hier größer als in anderen europäischen Staaten. Kaufmännisch gut ausgebildete junge Leute, Zeichner oder Reklamefachleute hatten in Norditalien, besonders in Mailand, eine Möglichkeit, ihrem Beruf nachzugehen. Auch einige freie Berufe wie Ärzte oder Rechtsanwälte konnten sich hier noch eine neue Existenz aufbauen. 1938 jedoch änderte das faschistische Regime unter dem Einfluß des Freundschaftspaktes mit Deutschland seine Politik.[159] Nach Restriktionen im schulischen und universitären Bereich traten am 7. September 1938 zwei antijüdische Dekrete in Kraft. Das eine ordnete an, daß alle Juden, die sich seit 1919 in Italien niedergelassen hatten, binnen sechs Monaten das Land verlassen müßten. Zudem wurden alle seit 1919 vorgenommenen Einbürgerungen für nichtig erklärt. Das zweite Dekret verfügte, daß Juden künftig vom Besuch italienischer Lehranstalten ausgeschlossen seien und daß sie künftig weder Eigentümer noch Direktoren von Betrieben mit hundert und mehr Personen sein dürften.[160] Spätere Erlasse verboten das Halten von christlichen Dienstboten und bestimmten, daß Ärzte, Rechtsanwälte, Architekten und Ingenieure nur noch für «Rassegenossen» tätig werden dürften. Im Unterschied zu Deutschland war freilich der Widerstand gegen die antisemitischen Maßnahmen innerhalb der italienischen Bevölkerung wesentlich stärker.[161] Nur die offizielle Propaganda betrachtete die Juden als «Feinde der Nation». Die Mehrheit der Italiener nahm von der neuen judenfeindlichen Politik des faschistischen Regimes keine Notiz.

Auf Dauer boten weder Italien noch die später von den Nationalsozialisten besetzten europäischen Länder eine rettende Zuflucht. Eines der wenigen Länder, das nicht unter deutsche Herrschaft geriet, war England. Bis September 1938 nahm England nur etwa 11 000 jüdische Flüchtlinge aus Deutschland auf. Nach dem Novemberpogrom machte sich jedoch eine deutliche Liberalisierung der britischen Einwanderungspolitik bemerkbar. Bis dahin hatte die britische Regierung die Einwanderung rigoros beschränkt. Die Einreise wurde im allgemeinen nur gestattet, wenn gewährleistet war, daß die Einwanderer nicht der Öffentlichkeit zur Last fallen würden. Im Jahr 1935 stellte sich die Situation für deutsche Emigranten folgendermaßen dar:

«Im Gegensatz (zu anderen Ländern) ist in England die Wirtschaftskrise weitgehend überwunden. Bei der chronischen Massenarbeitslosigkeit, die drüben selbst in relativ guten Zeiten seit dem Kriege herrscht, besagt das aber nicht, daß für jüdische Stellungsuchende irgendwelche Möglichkeiten bestehen; im Gegenteil hier ist schon die Haltung der Behörden unerbittlich. England hat wohl mehr als irgendein anderes Land für emigrierte Wissenschaftler getan und bemüht sich, dies auch weiter zu tun; es hat außerdem eine Anzahl jüdischer Unternehmer, nicht nur aus der Textilbranche, aufgenommen und hierbei eine wirklich großzügige, unbürokratische Denkungsart seiner Behörden bewiesen; sofern die Unternehmerauswanderung künftig bei uns noch eine Rolle spielen sollte, bietet England innerhalb Europas, nicht zuletzt wegen der leichten Finanzierungsmöglichkeiten, wohl noch die besten Chancen. Doch kann es sich hierbei jedenfalls nur um eine zahlenmäßig geringe Auswanderung handeln.»[162]

So war es also neben Wissenschaftlern in erster Linie nur Unternehmern, die Kapital und Arbeit schufen und nicht suchten, gestattet, für längere Zeit in England zu bleiben. Auch eine beschränkte Anzahl jüdischer Ärzte erhielt das «Permit», in England einzuwandern. Allerdings wurden die deutschen Prüfungen nicht anerkannt. Die Examina mußten an britischen Universitäten nochmals abgelegt werden. Das bedeutete praktisch eine völlige Wiederholung des Fachstudiums. Trotz dieser erschwerten Bedingungen löste die Möglichkeit, sich eine gesicherte Existenz aufzubauen, einen derartigen Andrang aus, daß vom 15. Juli 1934 an keine ausländischen Ärzte mehr zur britischen Staatsprüfung zugelassen wurden.

Die «Kristallnacht» brachte schließlich bei Presse und Bevölkerung das Erwachen. Auch die britische Regierung gewährte nun großzügig Hilfe. Von den 100000 jüdischen Auswanderern, die zwischen November 1938 und September 1939 Deutschland verließen, fanden 40000 Asyl in Großbritannien. Den schönsten Entschluß aber faßte die britische Regierung im November 1938: 10000 jüdische Kinder aus Deutschland sollten nach England in Sicherheit gebracht werden. Im November und Dezember konnten auf diese Weise bereits 1500 Kinder in England eine neue Bleibe finden. Else Behrend-Rosenfeld, die als Sozialarbeiterin in der Münchener Jüdischen Gemeinde einige solcher Transporte nach Frankfurt zur deutschen Sammelstelle brachte, beschreibt eine dieser Kinderrettungsaktionen aus dem Jahre 1939:

«Noch kann ich mich nicht lösen von der Erinnerung der letzten Tage, deren Ablauf wie Filmbilder schnell und wechselnd an meinen Augen vorüberzieht: Mittwochnacht die Reise mit den zwanzig Münchner Kindern, die ich bis Frankfurt brachte, wo der Transport der jüdischen Kinder aus dem ganzen Reich gesammelt und zusammengestellt wurde. Der Wagen war fast leer. Drei Abteile waren reserviert für die ‹Reisegesellschaft Meyer›, wie auf dem Zettel an der Tür stand, damit die übrigen Reisenden nicht ahnen sollten, daß es jüdische Kinder sind, die hier ihre Ausreise aus Deutschland antreten, um drüben in England eine neue Heimat für immer oder wenigstens vorübergehend zu finden. Der Abschied von den Eltern verlief – wie noch jedes Mal – ruhig und würdig, auch die Kinder verhielten sich musterhaft. Die Jüngsten waren sechs, die Ältesten 15 Jahre ... Der Zug, mit dem die Kinder weiter an die holländische Grenze fahren sollten, ging erst nach zwölf Uhr mittags ab, gegen elf Uhr sollten wir uns wieder an einer bestimmten Stelle der Bahnhofshalle versammeln, wo sich dann auch die Kinder aus dem übrigen Reich einfanden ... Dann rasteten wir in einer Anlage am Main, und die zehnjährige lebhafte Rosi, die in Nürnberg zu mir in den Zug gestiegen war, tanzte singend vor uns auf und ab. ‹Rosi du wirst müde werden, magst du nicht sitzen?› fragte ich sie ... sie sagte: ‹Ich kann nicht sitzen vor Freude, daß ich nun aus Deutschland fortkomme! Jetzt brauche ich keine Angst mehr haben, angespuckt zu werden, jetzt können die Kinder aus unserem fränkischen Dorf nicht mehr hinter mir her schimpfen oder mich gar mit Steinen bewerfen! All das gibt es in England nicht! Ach was bin ich so froh!›»[163]

Diese Möglichkeit, wenigstens die Kinder zu retten, entfiel mit dem Ausbruch des Krieges 1939.

Die USA üben Zurückhaltung

Die Vereinigten Staaten von Amerika wurden erst 1937 das Haupteinwanderungsland für die deutschen Juden. Vor diesem Zeitpunkt sah es anders aus. Noch im Jahre 1933 konnten nur 186 Personen aus dem Kreis derer, die vom Hilfsverein betreut wurden, nach Nordamerika ausreisen. Insgesamt emigrierten in diesem Jahr aus Deutschland und Österreich 1450 Juden in die USA, das bedeutete eine Quotenausnutzung von nur 5,3%. Diese in den zwanziger Jahren eingeführten Quoten legten, getrennt nach Ländern, Obergrenzen für die Zahl der Einwanderer fest. Maßgebend war das Geburtsland. Alle Quoten zusammen summierten sich auf 154000 Personen pro Jahr. Davon wurden mehr als die Hälfte allein britischen und irischen Einwanderern zugeteilt.[164]

1937 hatte die Zahl der Immigranten aus Deutschland und Österreich mit 42,1% noch immer nicht die Hälfte der eigentlich verfügbaren Quoten erreicht. Erst im Jahre 1939 konnte mit 27370 Einwanderern aus den beiden Ländern die Quote zu 100% ausgenutzt werden. Auch 1940 wurden diese Zahlen in etwa gehalten, fielen dann aber 1941 wieder auf die Hälfte ab.[165]

Die geringen Einwanderungszahlen, zumindest bis 1937, waren keineswegs nur auf Beschränkungen durch die deutsche Devisenbewirtschaftung zurückzuführen. Der Hauptgrund war die restriktive amerikanische Einwanderungspolitik. Trotz kontinuierlicher Interventionen der großen amerikanisch-jüdischen Organisationen und einiger liberaler Kongreßmitglieder konnten weder Präsident Roosevelt noch das besonders zurückhaltende State Department für eine Liberalisierung der Einwanderungsgesetze gewonnen werden. Die Quoten waren zwar gesetzlich festgelegt, für die peniblen Vorschriften, mit denen das State Department die Einwanderung erschwerte, gab es jedoch keine derartige Grundlage. Allerdings stand es jederzeit in der Macht des Präsidenten, die Restriktionen aufzuheben und die volle Ausschöpfung der Quoten zu ermöglichen. Bis 1938 tat er nichts dergleichen. Dann aber zwang ihn die verschärfte Judenverfolgung in Deutschland, die Einwanderungspolitik zu lockern. Diese Maßnahmen konnten jedoch auch nicht zu einer Masseneinwanderung in die USA führen, denn für die europäischen Länder standen insgesamt nur 40000 Quotenplätze pro Jahr zur Verfügung. Mitte 1940 aber wurde es erneut schwierig. Mit der Begründung, die Nationalsozialisten schleusten mit dem Flüchtlingsstrom Geheimagenten in die USA ein, erschwerte man die Erteilung von Einreisevisa. Die wenigen Spione, die auf diese Weise in die USA gelangen wollten, wurden meist bereits auf dem Schiff von den Flüchtlingen erkannt und noch vor der Landung festgenommen. So diente diese angebliche Angst vor NS-Spionage nur als Vorwand, um die unwillkommenen jüdischen Flüchtlinge abwehren zu können.[166]

Über die Voraussetzungen, die ein Quota-Immigrant erfüllen mußte, vermerkt das vom Hilfsverein herausgegebene ‹Korrespondenzblatt für Auswanderungs- und Siedlungswesen› vom Sommer 1938:

«Bei der Einwanderung der übrigen (nicht bevorzugten Personen) sind die Konsulate angewiesen, vor Erteilung des Visums zu prüfen, ob Gefahr besteht, daß der Einwanderer der Öffentlichkeit in Amerika zur Last fallen könnte. Wenn hierüber Zweifel bestehen, kann ein Visum nicht ausgestellt werden. Falls das eigene Vermögen des Einwanderers zur Sicherung des Lebensunterhalts in den Vereinigten Staaten nicht ausreicht, so muß er durch Bürgschaften (Affidavits) beweisen, daß er Verwandte oder nahe Freunde in den Vereinigten Staaten hat, die fähig und bereit sind, für ihn zu sorgen. Die Bürgschaften müssen notariell beglaubigt sein. Sie sollen Angaben über Beruf, Einkommen und Vermögen des Bürgen (Bankguthaben, augenblicklichen Wert von Wertpapieren, Grundbesitz usw.) enthalten. Ferner soll darin angegeben sein, für wieviele Personen der Bürge zu sorgen hat. Aus der Bürgschaftserklärung sollen die Verwandtschaftbeziehungen des Bürgen zum Einwanderer genau ersichtlich sein. Ferner ist anzugeben, in welchem Umfang der Bürge zu seinem Unterhalt beitragen will. Freundschafts-Affidavits sind nicht unzulässig, werden aber vom Konsulat nur dann anerkannt, wenn aus dem Affidavit hervorgeht, aus welchem Grund der Affidavit-Geber sich für verpflichtet hält, gleich einem Verwandten die Sorge für den Einwanderer zu übernehmen.»[167]

Viele amerikanische Juden scheuten weder Kosten noch Bittgänge, um den Verfolgten aus Deutschland die Einreise in die USA zu ermöglichen. Wohlhabende gewährten Dutzende von Affidavits, häufig, ohne zu den Flüchtlingen, für die sie diese Bürgschaften ausstellten, irgendwelche verwandtschaftlichen oder freundschaftlichen Beziehungen zu haben. Sie nahmen gerne die Schwierigkeiten auf sich, die mit der Ausstellung von Affidavits an Nichtverwandte verbunden waren, und richteten auf Verlangen sogar Sperrkonten für die betreffenden Flüchtlinge ein. Damit sollte gewährleistet sein, daß jene Einwanderer, die außerstande waren, sich eine neue Existenz aufzubauen, nicht der öffentlichen Fürsorge zur Last fielen. So stellte etwa der in Laupheim geborene Gründer der Universal Pictures in Hollywood, Carl Laemmle, in Absprache mit dem Oberrat der Israelitischen Religionsgemeinschaften Württembergs über 300 Affidavits aus. Das amerikanische Generalkonsulat in Stuttgart zeigte sich allerdings über diese beträchtliche Zahl von Bürgschaften aus der Hand nur eines Mannes recht ungehalten: «Wir wissen ja, daß Herr Laemmle sehr reich ist, aber einmal muß es doch ein Ende haben, denn für über 300 Familien zu garantieren, ist doch zu viel.»[168]

Amerikanische Juden, die nicht über die Mittel verfügten, ein volles Affidavit für einen Einwanderer zu stellen, hatten die Möglichkeit, gemeinsam mit einem anderen Bürgen für einen Flüchtling zu garantieren. So konnten auch mehrere Affidavits auf einen Einwanderer vereint werden.[169] Dadurch, daß die Affidavitgeber nur ihren Wohnsitz in den USA haben, aber keine Staatsbürger sein mußten, konnten auch bereits Ausgewanderte für ihre zurückgebliebenen Freunde und Verwandten bürgen. Die Reichsvereinigung der Juden in Deutschland machte sich diese Chance zu Nutze und schrieb bereits ausgewanderte Flüchtlinge mit der Bitte an, nun den in Deutschland auf eine Auswanderung Wartenden zu helfen:

«Sehr geehrter Herr Dr. Picard! 28. Mai 1940

Die Beschleunigung der Auswanderung der Juden aus Deutschland (Altreich) ist unsere dringlichste Aufgabe. In dieser Zeit, in der die Auswanderung für Tausende als einziger Ausweg erscheint, ist jeder aus Deutschland nach Übersee ausgewanderte Jude verpflichtet, sich für die Nachwanderung der in Deutschland Verbliebenen einzusetzen. Nachdem sie selbst im Ausland einen neuen Lebensweg gefunden haben, erwarten wir von ihrer Opferbereitschaft eine großherzige und schleunige Mitwirkung an unserer schweren Arbeit ...

Wir wenden uns an Sie persönlich, da uns Ihre Hilfsbereitschaft bekannt ist. Wir bitten Sie ferner, sich mit Ihren Freunden und Bekannten in Verbindung zu setzen und auch sie zur Hilfeleistung zu veranlassen. Dabei denken wir daran, daß Personen, die selbst nicht über genügend Mittel verfügen, um größere Beträge spenden zu können, sich mit anderen in eine Art Patenschaft für einen Auswanderer zusammenschließen ...»

gz. gez.
Leo Israel Baeck Otto Israel Hirsch[170]

Hatte ein solches Affidavit den auf die Auswanderung Wartenden in Deutschland erreicht, so ermöglichte dies keineswegs die sofortige Ausreise nach Amerika. Das Affidavit mußte zunächst bei einem der amerikanischen Konsulate in Deutschland vorgelegt werden. Dann erhielt man eine Nummer auf der Warteliste, die entsprechend den Quoten für das jeweilige Geburtsland des Auswanderers abgerufen wurde. Da diese Quoten nicht dem aus Deutschland – spätestens seit Herbst 1938 – in die Vereinigten Staaten drängenden Flüchtlingsstrom angeglichen wurden, entstanden jahrelange Wartezeiten. Das bedeutete für diejenigen, die nicht bis zur Fälligkeit ihrer Quotennummer Zuflucht in einem anderen Land gefunden hatten, den sicheren Tod. Der Wiener Mittelschullehrer Philipp Flesch konnte noch im Jahre 1939 über Holland in die USA auswandern:

«Meine Pension kam regelmäßig, wenn auch durch die hohen Reichssteuern stark verkürzt ... Dennoch begann ich nach dem zehnten November ernstlich an meiner Auswanderung zu arbeiten.

Da traf ich einmal auf der Straße meinen Augenarzt. Auf seine dringenden Vorstellungen hin reichte ich beim amerikanischen Konsulat den Bogen mit dem Ansuchen um eine Quotennummer ein. Aber woher sollte ich ein Affidavit bekommen, da ich doch keine Menschen in Amerika kannte? Nun, findige Leute suchten aus amerikanischen Telefonbüchern Namens- oder Berufsgleiche heraus und baten sie brieflich um Affidavits. Ich tat dies auch. Ich kaufte eine ehrwürdige Schreibmaschine ... und sandte etwa 150 Briefe nach Amerika, aber auch viele nach fast allen Ländern der Erde. ... Auf meine Briefe erhielt ich meist keine oder ganz ablehnende Antworten. Ich machte mir aber damit auch liebe Freunde in den Vereinigten Staaten, die ich nach meiner Landung hier begrüßen durfte und die mir mit Rat und Tat zur Seite stehen. Ein Affidavit erhielt ich aber erst, als einer meiner Wiener Freunde in Amerika eintraf ... Ich war glücklich. Weniger zufrieden war das Konsulat, das etwa sechs Beilagen zu dieser Bürgschaft verlangte. So mußte ich denn wieder nach Amerika schreiben und telegraphieren. Die Zeit verstrich, die Papiere kamen nicht. Aber ein zweites Affidavit traf ein, ausgestellt von einem Namensvetter in Chicago. Auch dieses wurde dem Konsulat vorgelegt.

Am ersten September (1939) wurde ich ... an einem Leistenbruch operiert ... Ich befand mich auf dem Wege der Genesung, da traf die Vorladung des Konsulates zur ärztlichen Untersuchung ein, ein Zeichen, daß die beiden Affidavits zusammen stark genug waren. Inzwischen aber war der Krieg ausgebrochen und die Schiffahrtsgesellschaften nahmen als Zahlung nurmehr Dollars an! Ich konnte mir daher die Schiffskarte nicht mehr zahlen. Ich telegraphierte meinen Affidavitgebern, wie die Sache stand. Sie taten nichts. Die erwähnten Freunde aber, mit Glücksgütern nicht gesegnet, sammelten 50 Dollar und leiteten sie nach Europa über. Dies aber war unnötig, denn inzwischen hatte die jüdische Kultusgemeinde mir eine Schiffskarte gegeben, für die ich nur den kleinen Betrag von 200 Mark zu erlegen hatte. Nunmehr mußte der Paß eingeholt werden ... Die Abholung des fertigen Passes mußte ich selbst besorgen ... Ich muß noch einige Mark zahlen und halte endlich, endlich das braune Büchlein in der Hand. Die Steuerunbedenklichkeitserklärung liegt darin. Sie ist nurmehr zwei Monate gültig. In zwei Monaten muß ich weg sein!

Nun mit Paß und Erklärung der Kultusgemeinde, daß eine Schiffskarte besorgt wird, zum amerikanischen Konsulat. Untersuchung und Ausstellung des Visums. Mit Visum und der Erklärung der Kultusgemeinde zur holländischen Schiffahrtslinie. Erst in drei Wochen kann ich fahren ... Vor der Abreise habe ich noch einmal in das Auswanderungsamt zu gehen und einen letzten Stempel, den sogenannten Sichtvermerk, einzuholen ...»[171]

Neben der Quotenregelung und der Notwendigkeit der Affidavits gab es noch andere Einwanderungsbestimmungen. So fielen z.B. Geistliche, Professoren, Künstler und Studenten nicht unter die Quoteneinwanderung – vorausgesetzt, sie erhielten drüben eine feste Stellung angeboten. Diese sogenannte Non-Quota-Immigrants-Regelung führte zu einer besonders starken Abwanderung der jüdischen Intelligenz in die Vereinigten Staaten.

Die Eindrücke, die auf den Auswanderer bei der Ankunft in New York einstürmten, hat der Rabbiner der Berliner Gemeinde, Joachim Prinz, festgehalten. Er war mit einem Non-Quota-Visum eingereist:

«Ankunft im Land der Freiheit?

Als das Schiff – es ist die ‹Pennland›, ein gutes, starkes Schiff der ‹Red-Star-Linie›, auf dem es jüdische Stewards und einen jüdischen Schiffsarzt gibt –, als dieses höchst wohnliche und seegewohnte Schiff an der Freiheitsstatue vorbeifuhr, blickten alle wie gebannt hin. Sie sahen den gestreckten Arm und die Fackel, die so groß ist, daß sich in ihr ein ganzes Observatorium befinden soll, und dachten, daß in wenigen Augenblicken nun das Leben der Freiheit im Lande der Freiheit beginnen würde. Der Emigration-Officer drückt den Einwanderern die Hand. Er sagt: Welcome in Amerika. Die Leute strahlen. Wie freundlich der Mann doch ist. Ein paar andere werden, weit weniger freundlich, nach Ellis Island befördert. Aber die Freiheitsstatue überstrahlt alles. ‹You are here in a free country ...› ...

Man sieht nur einen kleinen Ausschnitt des neuen Lebens, ja man kommt mit dem wirklichen Leben Amerikas kaum in Berührung. Man ist (in New York) von einer jüdischen Bevölkerung von nahezu zwei Millionen Juden umgeben. Das bedeutet, daß die Patienten, die Kunden, die Lieferanten, der Besuch, die Bridgepartner, die Freunde unserer Kinder, daß sie alle, alle Juden sind. Das legt sich gut und schützend um das neue Leben, denn es wird erstaunlich viel getan, und meist in erheblicher Großzügigkeit. Aber es schützt nicht nur, es versperrt einem auch die Aussicht. Man sieht nicht das Wesentliche, und man will es auch nicht sehen.»[172]

Besonders in New York also konnten sich die deutsch-jüdischen Einwanderer relativ heimisch fühlen. Außer in Palästina fanden die Heimatlosen nur dort eine so zahlreiche jüdische Gemeinschaft vor, die ihnen zumindest über die anfänglichen Eingewöhnungsschwierigkeiten relativ gut hinweghelfen konnte. Längerfristig allerdings mußte der überwiegende Teil der Flüchtlinge sich buchstäblich vom Tellerwäscher hochdienen. Nur angesehene Wissenschaftler und eine kleine Anzahl Industrieller, die mit wenig Kapital und der Unterstützung von Hilfsorganisationen oder Verwandten beachtliche Unternehmen aufbauten, konnten ihren früheren Lebensstandard halten. Auch Ingenieure und Techniker, Handwerker und

Facharbeiter fanden relativ schnell Arbeitsmöglichkeiten in ihren Berufen. Weniger aussichtsreich war die Lage für die zahlreichen Ärzte. Waren sie bis 1935 in die Vereinigten Staaten eingewandert, dann hatten sie nur ein englisches Sprachexamen ablegen müssen. Nach dem Stichtag erhielten sie nur eine Approbation, wenn sie eine Fachprüfung an der Staatsuniversität in New York oder an einer anderen staatlichen Universität absolvierten. Als Vorbereitung auf eine solche Prüfung kam 1938 durch Vermittlung der Reichsvereinigung und des Hilfsvereins in Berlin ein Kurs zustande, der auf das amerikanische medizinische Staatsexamen hinführte.[173]

Die Möglichkeit eines solchen Kurses hat die Berliner Ärztin Hertha Nathorff, die 1940 mit ihrem Mann in New York ankam, nicht nutzen können, weil sie den Lebensunterhalt verdienen mußte, während ihr Mann sich auf die Prüfung vorbereitete. Sie schreibt in ihrem Tagebuch am 3. Mai 1942:

«Und dann kommt all das Weh, die Verzweiflung und auch eine gewisse Eifersucht auf meinen Mann und auf alle, die wieder im Arztberuf sind, warum sind wir nicht einige Jahre früher hierher gegangen, zu einer Zeit, als die Ärzte praktizieren durften, nachdem sie nur das Sprachexamen bestanden hatten? Jetzt müssen sie das schwere, medizinische Staatsexamen machen, gerade diejenigen, die arm, elend herüber gekommen sind. Sie werden nun so maßlos gequält, denn es ist eine Quälerei, und schon manch einer hat Selbstmord begangen darum.»[174]

Doch auch das bestandene Examen garantierte noch längst keine Anstellung. Der Anfang war für die deutschen Ärzte schwer. Schließlich gelang es dann aber doch einem Großteil der etwa 2500 deutsch-jüdischen Ärzte und Zahnärzte, die zwischen 1933 und 1945 in die USA gekommen waren, entweder eigene Praxen zu eröffnen oder anderweitig, etwa in Hospitälern, unterzukommen.[175]

Von allen Akademikern fanden die Juristen die schwierigsten Bedingungen in den USA vor. Ihre Kenntnisse waren unverwertbar. Die etwa 1000 aus Deutschland eingewanderten Rechtsanwälte waren gezwungen, ihre Ausbildung nochmals von vorne zu beginnen. In den meisten Fällen fehlte dazu allerdings die finanzielle Grundlage, so daß schließlich nur rund 15% wieder als Anwälte tätig werden konnten; die übrigen mußten sich ihren Lebensunterhalt auf andere Weise verdienen.

Insgesamt erwies sich die Eingliederung der deutsch-jüdischen Flüchtlinge in den Vereinigten Staaten zwar als schwierig, aber schließlich doch nicht als undurchführbar. Vor allem im kulturellen und wissenschaftlichen Bereich waren diese deutsch-jüdischen Einwanderer für das gesellschaftliche Leben in den USA eine Bereicherung. Viele kehrten als Befreier mit der amerikanischen Armee nach Deutschland zurück und leisteten dort zunächst den Überlebenden der Konzentrationslager die erste Hilfe, um dann an der Demokratisierung ihres früheren Heimatlandes mitzuwirken.

Lateinamerika öffnet seine Grenzen nur unter Vorbehalten

Als sich zeigte, daß die USA die deutschen Flüchtlinge nur begrenzt aufnahmen, und als selbst viele, die auf der Quotenliste standen, wegen der langen Wartezeit ihre Aussichten auf rechtzeitige Rettung schwinden sahen, ergriffen viele die Möglichkeit, zunächst in süd- und mittelamerikanische Länder auszuwandern. Von dieser vorläufigen Zwischenstation aus hofften sie dann, entsprechend den Quoten für das jeweilige Geburtsland, ein Visum für die USA zu erhalten. Das wichtigste dieser Sprungbretter für die Vereinigten Staaten war Kuba. Vor allem nach der «Reichskristallnacht» erschien Kuba wegen seiner Nähe zu den USA und seiner zunächst noch liberalen Einwanderungspolitik als geeignetster vorläufiger Aufenthaltsort. Allerdings mußten auch hier die Einwanderer die Verpflichtung eingehen, sich jeglicher Arbeit gegen Entgelt zu enthalten. 1939 lebten schon mehrere tausend deutsche Juden in Kuba. Curt Eichelbaum, Berliner Rechtsanwalt und Notar, schrieb seinem Freund Hans Engelmann in Berlin über die Reise von Le Havre nach Havanna Anfang April 1939:

«Wir genießen die Überfahrt ins Ungewisse, erst recht daß man uns durchaus als Menschen behandelt. 1000 km und zwei Visa-Barrieren trennen uns noch von USA. Die erste hoffen wir bald zu nehmen. In 3 Tagen werden wir auf den Bahamas sein; wenn alles gutgeht, einen Tag später in Havanna. Noch knapp 100 weitere Passagiere steigen dort aus, die rund 300 anderen reisen weiter nach Mexiko, Panama, Costa Rica, Chile, einer sogar nach Neuseeland. Wer hätte je gedacht, daß wir soweit herumkämen. Join the Jews and see the world . . .!»[176]

Die «Reina del Pacifico», auf der Eichelbaum und seine Familie reisten, war das letzte Schiff, dessen Kuba-Passagiere zumindest zur Hälfte an Land gehen durften, zum Teil aber zunächst im Gefängnis Castillo del Morro festgehalten wurden. Ein hartes Schicksal traf dann jene, die sich am 13. Mai 1939 mit dem Hapag-Dampfer «St. Louis» von Hamburg nach Kuba einschifften. Dr. Oskar Schwartz hat an dieser Reise teilgenommen:

«In dieser Zeit (Ende 1938) hatte sich die Möglichkeit ergeben für einen Betrag von einigen Hundert Dollar ein Permit für Kuba zu erwerben. Wir nutzten diese Gelegenheit aus und erhielten von dem Agenten, der diese Sache durchführte, die Nachricht, daß uns das Permit zugesagt sei und daß wir für sofortige Überweisung des Betrages aus Paris Sorge tragen sollten . . . Durch Telegrammwechsel und Telefonat mit Paris erreichte ich schließlich noch die rechtzeitige Überweisung nach Kuba, und wir erhielten umgehend das Permit.

Die Beschaffung der Schiffsplätze ging auch nicht ohne Schwierigkeiten vor sich. Die Hapag hatte für 1000 Passagiere, die alle das gleiche Permit für Kuba hatten, ein besonderes Schiff, den größten Dieselmotordampfer, die ‹St. Louis› in Dienst gestellt . . . So fuhren wir am 13. Mai 1939 mit der

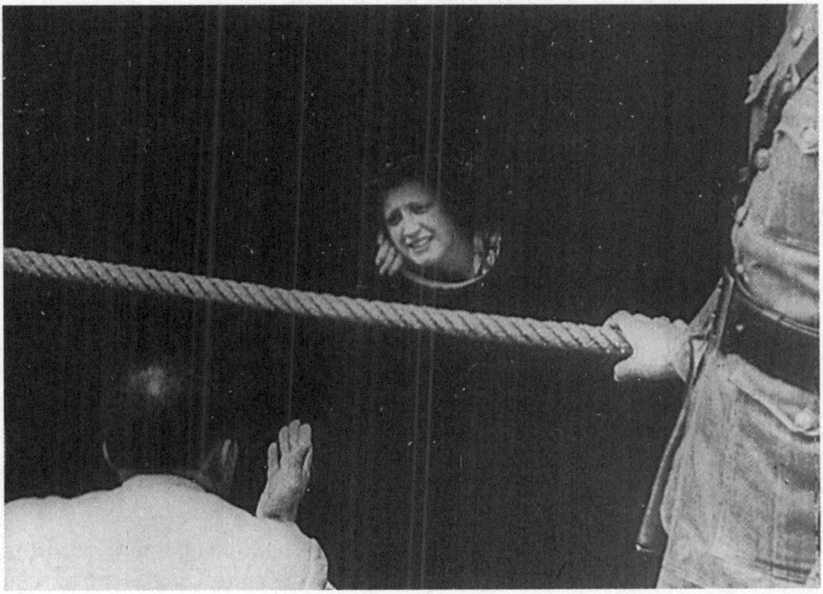

Abschiedsszene im Hamburger Hafen

‹St. Louis› von Hamburg nach Kuba ... Nach einer wunderbaren Reise in schönstem Wetter auf dem Atlantik kamen wir frohen Mutes in Havanna an. Als alle Passagiere sich bereits zur Ausschiffung bereit gemacht hatten, kam die katastrophale Meldung, daß der Präsident von Havanna im letzten Moment die Landung verboten habe, und kubanische Polizei kam an Bord, um uns zu bewachen. Gründe für dieses Verbot sind uns nicht bekannt.»

Den Passagieren war tatsächlich nicht mitgeteilt worden, daß die Landungspermits der kubanischen Einwanderungsbehörde kurz vor dem Auslaufen der «St. Louis» für ungültig erklärt worden waren. Anfang Mai nämlich hatte der kubanische Präsident Federico Laredo Bru das Dekret Nr. 93 unterzeichnet. Darin wurde von den Flüchtlingen ein Visum verlangt, das vom Außen-, Arbeits- und Finanzministerium in Kuba genehmigt sein mußte. All die Blankogenehmigungen, die man der Hamburg-Amerika-Linie zum Weiterverkauf an die verzweifelten Flüchtlinge überlassen hatte, waren damit ungültig. Man hatte die Reise mit den 936 Passagieren aus Deutschland aber dennoch gewagt, weil die Hapag die Zusicherung erhielt, daß die Passagiere ihres Schiffes trotzdem an Land gehen dürften. Aber das Gegenteil war der Fall:

«Der amerikanische Joint nahm sich sofort der Sache an, es kamen führende Persönlichkeiten aus New York herübergeflogen, aber alle Bemühungen blieben vergeblich, selbst das Angebot des Joint, eine halbe Million Dollar für den Fall der Erlaubnis zu bezahlen, wurde abgelehnt. So mußte also die ‹St. Louis› mit allen jüdischen Auswanderern Havanna verlassen, nachdem der Kapitän aus Hamburg die telegraphische Weisung ‹Kurs Hamburg› erhalten hatte. Die Stimmung an Bord war verzweifelt. Jetzt aber griff die Weltöffentlichkeit durch Vermittlung des Joint ein, und als dies bekannt wurde, legte sich der erste Schock ... Es trat keine Panik ein, nicht zuletzt durch das Verhalten des Kapitäns Schröder, eines wahrhaften Menschen, dem alle Passagiere nicht genug dankbar sein konnten. Schließlich gelang es dem Vertreter des amerikanischen Joint in Paris, Monsieur Tropper (Morris Troper), die Länder Belgien, England, Frankreich und Holland dazu zu bewegen, je ein Viertel der Passagiere gegen Zahlung des dem kubanischen Präsidenten angebotenen Betrages bei sich aufzunehmen. Wir kamen auf die englische Liste und landeten im Juni 1939 in Southampton; wir waren gerettet.»[177]

Kuba nahm dann aber 1940 und 1941 eine wesentlich liberalere Haltung gegenüber den jüdischen Flüchtlingen ein. So konnte durch kubanische Visa doch noch eine größere Zahl deutscher Juden auf dem Weg über Lissabon gerettet werden. Ähnlich wie die «St. Louis» versuchten zahlreiche andere Schiffe, ihre jüdischen Passagiere in Bolivien, Uruguay oder in karibischen Häfen an Land gehen zu lassen. Mit Hilfe von teuer erkauften Visa glaubten die Flüchtlinge, endlich einen Zufluchtsort gefunden zu haben. Meist entsprachen diese Visa, von schlitzohrigen Geschäftemachern gefälscht oder von bestechlichen Konsulatsbeamten ausgestellt, aber nicht den jeweiligen Einwanderungsbedingungen. In vielen Fällen gelang es der HICEM, den Rücktransport nach Deutschland zu verhindern und die Flüchtlinge in anderen südamerikanischen Ländern unterzubringen. Wie Schiffe, die in den seltensten Fällen für derartige Reisen tauglich waren, von Hafen zu Hafen gejagt wurden, ist eines der traurigsten Kapitel der deutsch-jüdischen Emigrationsgeschichte.

Die Wanderung nach Südamerika hatte bereits 1933 eingesetzt, machte aber zunächst noch einen unbedeutenden Teil der gesamten Auswanderung aus Deutschland aus. Brasilien etwa rangierte 1933 nach den Vereinigten Staaten und Palästina an dritter Stelle unter den Aufnahmeländern. 173 vom Hilfsverein unterstützte Flüchtlinge wanderten in diesem Jahr nach Brasilien aus. Sie machten damit etwa die Hälfte der gesamten Südamerikawanderung aus.[178] In den Jahren 1934 und 1935 blieb die Zahl der vom Hilfsverein betreuten Brasilien-Auswanderer konstant, hatte sich aber gegenüber 1933 mit 300 Personen verdoppelt.[179] 1936 schließlich stieg die Zahl auf etwa 1000 an.[180] Allerdings verschärfte Brasilien im Jahre 1937 seine Einwanderungsbestimmungen so drastisch, daß 1939 nur noch

30 Personen dort Aufnahme fanden.[181] Eine Zeitlang schien es sogar so, als ob die Neueinwanderer der letzten Jahre wieder ausgewiesen werden sollten.[182]

Seit 1935 gehörte auch Argentinien zum Kreis der wichtigeren Auswanderungsländer. Von diesem Jahr an nahm es eine ständig steigende Zahl von Flüchtlingen auf, die insbesondere auf den landwirtschaftlichen Siedlungskolonien der ICA untergebracht wurden. 1935 hieß es in der Zeitschrift ‹Jüdische Wohlfahrtspflege und Sozialpolitik› über die Aussichten, in Brasilien oder Argentinien unterzukommen:

«Die beiden Länder, in denen außer Südafrika – und immer abgesehen von Palästina – die deutsche Einwanderung auf lange Sicht die größten Chancen haben dürfte, sind Brasilien und Argentinien. Von diesen ist Brasilien sicherlich sehr viel zukunftsreicher, während die Aufnahmefähigkeit und Bedeutung Argentiniens meist überschätzt wird ... In beiden Ländern bestehen eifrige jüdische Hilfsorganisationen – in Argentinien ein deutschsprachiges Komitee (der ‹Hilfsverein deutschsprechender Juden›) –, denen es u.W. gelungen ist, sämtliche Einwanderer aus Deutschland über kurz oder lang unterzubringen ... Bei dem starken Wachstum der argentinischen und brasilianischen Wirtschaft und den ... Industrialisierungstendenzen liegen in diesen Ländern zweifellos noch große Möglichkeiten für unsere Menschen.»[183]

Doch wie in Brasilien wurde dann auch in Argentinien die Einwanderung wieder beschränkt. Seit den Regierungsdekreten vom 28. Juli und 26. August 1938 hing die Aufnahmeerlaubnis von der Einladung durch nahe Verwandte (Llamada) oder von spezieller beruflicher Qualifikation ab. Danach sank die Zahl der Einwanderer stetig und erreichte nach Beginn des Zweiten Weltkriegs den Nullpunkt.[184] Von den anderen südamerikanischen Ländern kam höchstens noch Paraguay und Uruguay einige Bedeutung zu. Im Jahre 1936 nahmen sie z.B. 269 bzw. 183 der vom Hilfsverein betreuten Auswanderer auf[185], nachdem die Regierungen vorübergehend die Einwanderung jüdischer Handwerker erlaubt hatten. Aber auch hier traten schon 1937 erhebliche Erschwernisse ein, die zum Teil mit der Verschlechterung der Wirtschaftslage zusammenhingen. Chile, Peru und Bolivien spielten in all den Jahren keine Rolle. 1937/38 trat schließlich Kolumbien mehr in den Vordergrund. Über tausend unterstützte Einwanderer aus Deutschland konnten in diesen beiden Jahren dorthin gelangen und sich vor allem in den klimatisch günstigeren mittleren und höheren Lagen einleben.[186]

Südafrika ist drei Jahre lang aufnahmewillig

Dank der positiven wirtschaftlichen Entwicklung in Südafrika konnte bereits 1934 eine große Zahl deutscher Juden dorthin auswandern «und u. W. fast restlos im Wirtschaftsleben unterkommen, dank der großen Hilfsbereitschaft der dortigen jüdischen Hilfskomitees und überhaupt der ansässigen ostjüdischen Bevölkerung, und andererseits der weitgehenden Überwindung der Wirtschaftskrise in diesem reichen, dünnbevölkerten Land. Daß die nach Südafrika auswandernden Juden, besonders wenn sie die englische Sprache nicht beherrschen, mit sehr bescheidenen Stellungen zufrieden sein müssen, und daß überhaupt jede Anpassung an ein verhältnismäßig primitives überseeisches Land für uns schwer ist, ändert nichts daran, daß Südafrika auch in Zukunft eine der größten Hoffnungen für deutsche Juden ist. Nur für akademische Berufe liegen die Dinge auch hier sehr schwierig».[187]

Während die meisten Länder der Welt an der Wirtschaftskrise zu leiden hatten, verzeichnete die Südafrikanische Union besonders seit 1935 einen starken wirtschaftlichen Aufschwung, der sich zugunsten der Einwanderung deutscher Juden auswirkte. Generell durften sie gegen ein Vorzeigegeld von 100 Pfund oder sogar nur gegen entsprechende Garantie eines zahlungsfähigen südafrikanischen Bürgers ins Land kommen. Folglich strömten, nachdem im Jahre 1935 nur 173 deutsch-jüdische Einwanderer gekommen waren, 1936 über 1200 Menschen nach Südafrika.[188] Der Zentralausschuß für Hilfe und Aufbau berichtete über den Ansturm auf Südafrika, das nach Amerika zum zweitwichtigsten überseeischen Auswanderungsland geworden war: «Die Auswanderung nach Südafrika war schon in den ersten acht Monaten 1936 recht stark, erreichte dann im September und Oktober ihren Höhepunkt, um nach dem 1. November infolge der verschärften Einwanderungsbestimmungen abzusinken.»[189]

Diese Verschärfung der Einwanderungsbestimmungen war eine Reaktion der südafrikanischen Regierung auf den jüdischen Massenansturm. Nach dem 1. November reichte die bisherige Garantie nicht mehr aus: es mußte das Vorzeigegeld von 100 Pfund direkt bezahlt werden, was bei den damaligen Devisenbeschränkungen in Deutschland die weitere Einwanderung praktisch ausschloß. Noch bevor die neue Regelung rechtskräftig wurde, reagierte der Hilfsverein und charterte den Dampfer «Stuttgart», um 540 Einwanderer noch vor dem Stichtag nach Kapstadt zu bringen.

Endgültig zum Erliegen kam die Immigration aus Deutschland, als am 1. Februar 1937 die Bestimmungen nochmals verschärft wurden: Ein Einwanderungsauswahlamt hatte nun über die Ansuchen zu entscheiden und lehnte sie in fast allen Fällen ab. 1937 wanderten nur noch 154 Personen nach Südafrika aus. Ein weiteres Land war aus dem Kreis der aufnahmebereiten Staaten ausgeschieden. Obgleich seit 1937 die meisten lateinamerikanischen und südafrikanischen Länder die Einwanderung derart erschwert hatten, daß sie für die deutschen Flüchtlinge als Zielland ausschieden, stellte die Reichsvereinigung in ihrem Arbeitsbericht aus dem Jahre 1937 fest:

«Auf der anderen Seite sind aber auch gewisse günstigere Faktoren nicht zu verkennen. An weitaus erster Stelle steht hier die Existenz von mindestens 50000 deutschen Juden in überseeischen Ländern, welche für die Nachwanderung der noch in Deutschland Verbliebenen die wichtigste Voraussetzung schafft. Fast alle überseeischen Einwanderungsländer, insbesondere so wichtige Staaten wie U.S.A., Argentinien, Australien und Südafrika, sehen besondere gesetzliche Erleichterungen für die Nachwanderung naher Angehöriger der schon im Lande Befindlichen vor; infolgedessen wird insoweit sicherlich auch ein Teil der nicht mehr erwerbsfähigen jüdischen Bevölkerung aus Deutschland zur Auswanderung gebracht werden können.»[190]

Die Reichsvereinigung gab die Hoffnung nicht auf und klammerte sich an solche für die überwiegende Mehrheit der deutschen Juden leider wenig hilfreichen Möglichkeiten.

Shanghai – Zuflucht bis 1941

Die damals internationale Zone von Shanghai wurde seit der Verhaftungswelle nach dem Novemberpogrom 1938 zum Zufluchtsort einer Flut von Flüchtlingen aus Deutschland. Zu diesem Zeitpunkt lebten in Shanghai drei verschiedene jüdische Gruppen, die wenig miteinander in Berührung kamen: die sephardischen Juden aus dem Nahen Osten (ursprünglich aus Spanien gekommen), zwei aschkenasische Gruppen, osteuropäische Juden aus Polen und Rußland, und die Juden aus Mitteleuropa, hauptsächlich aus Deutschland, Österreich und der Tschechoslowakei. Der gebürtige Stuttgarter Fritz Kauffmann, der 1927 eine Import-Export-Firma in Australien gegründet hatte, verlegte diese 1931 nach Shanghai:

«Die letzten Ankömmlinge waren die Juden aus Mitteleuropa. Als ich 1931 nach Shanghai kam, lebten hier nur ungefähr zehn Familien mitteleuropäischer Juden ... Die ersten Flüchtlinge aus Hitler-Deutschland in den vier Jahren nach 1933 waren hauptsächlich Akademiker, Ärzte, Rechtsanwälte und technische Fachleute, im ganzen ca. 300. Zu dieser Zeit konnte man noch Geld aus Deutschland mitnehmen, so daß sie nicht mittellos ankamen. Die ansässigen deutschen Juden gründeten ein kleines Hilfskomitee, und soweit ich mich erinnere, mußten bis 1936 nur zwei Familien finanziell unterstützt werden.

Bis zum Ausbruch des Krieges im Pazifik im Dezember 1941 war Shanghai der einzige Ort auf der Welt ohne Einwanderungsbeschränkungen. Jeder konnte hier landen und bleiben, mit oder ohne Paß ... Bis zum Ausbruch des Krieges in Europa kamen die meisten in Schiffen; danach benutzten viele die trans-sibirische Eisenbahn bis Wladiwostok und schifften sich dann nach Kobe und schließlich nach Shanghai ein. Als dieser Weg nach dem Angriff auf die Sowjetunion verschlossen wurde, waren schon über 25 000 Flüchtlinge aus Deutschland, Österreich, der Tschechoslowakei und Ungarn in Shanghai eingetroffen.»[191]

Bis 1938 wählten die deutschen Emigranten nur in Ausnahmefällen diesen exotischen Ort als Ziel. Daß schließlich die Shanghai-Überlebenden zur geistigen Führung aller großen Thora-Zentren in Israel, Europa und den Vereinigten Staaten wurden, war etwa 2000 Juden aus Polen zu verdanken, die vor der deutschen Invasion hatten fliehen können. Unter ihnen befanden sich mehr als tausend Yeshivah-Studenten und deren Rabbiner. Über Sibirien und Wladiwostok waren sie per Schiff nach Kobe in Japan gekommen. Die Japaner rüsteten für den Krieg und schickten die verbliebenen 1000 polnischen Juden – die anderen 1000 besaßen Visa für die USA und Kanada – nur einige Monate vor Pearl Habor in das internationale Gebiet von Shanghai. Mit über 250 Studenten war die Mir[russ.: Frieden]-Yeshivah aus dem litauischen Gardinas vertreten. Sie repräsentierte die einzige osteuropäische Yeshivah-Gemeinschaft, die den Zweiten Weltkrieg überlebte und dann 1947 nach Brooklyn ging, wo sie das «Mirrer Yeshiva Central Institute» gründete. Einige der Studenten wanderten dann später zur Mir-Yeshivah in Jerusalem ab.[192] In Shanghai entstand durch diese Immigranten ein neuer jüdischer Stadtteil mit einem aktiven religiösen Zentrum – Geschäfte, Restaurants und Cafés wurden eröffnet, Rechtsanwälte und Ärzte nahmen ihren Beruf wieder auf. Diese günstige Entwicklung ging allerdings durch den Ausbruch des Krieges zwischen Japan und den USA abrupt zu Ende. Die Geldquellen, insbesondere der amerikanischen Hilfsorganisationen, begannen zu versiegen. Die existentiellen geschäftlichen Verbindungen mit Amerika und England, die in den vergangenen Jahren entstanden waren, wurden unterbrochen, und der Export in alle japanfeindlichen Länder hörte auf. Die Japaner nahmen unter dem Einfluß der Deutschen zunehmend eine feindselige Haltung gegenüber den Shanghai-Juden ein. Welche Folgen das schließlich hatte, berichtet Fritz Kauffmann:

«Im Februar 1943 veröffentlichten die Japaner eine Proklamation, daß alle seit Januar 1937 angekommenen staatenlosen jüdischen Flüchtlinge in eine Art Ghetto, einen abgegrenzten Bezirk innerhalb von Hongew ziehen mußten. Niemand durfte diesen Bezirk verlassen, es sei denn, er konnte nachweisen, daß er außerhalb eine Beschäftigung hatte, und auch dann durfte er nur zwischen sieben Uhr morgens und sieben Uhr abends abwesend sein. Das eigene Geschäft durfte man nicht weiterführen und man mußte den Nachweis erbringen, für eine registrierte Firma zu arbeiten, um einen Passierschein zu bekommen ... Die Japaner forderten von der Ghettobevölkerung, ihre eigene Polizeitruppe aufzustellen. Sie nannten sie Pao Chao, nach dem chinesischen Vorbild, und machten sie für die Einhaltung der Polizeistunden und die Aufrechterhaltung der öffentlichen Ordnung verantwortlich. Mauern mit Stacheldraht wurden um den ganzen Bezirk errichtet, so daß es nur wenige leicht kontrollierbare Ein- und Ausgänge gab.»[193]

Trotz der vielen Schwierigkeiten haben die Flüchtlinge ohne große Verluste auch die Bombenangriffe überstanden und konnten nach der Kapitulation Japans am 2. September 1945 mit Unterstützung der Hilfsorganisationen der Vereinten Nationen (UNRRA) schnell wieder in ein normales Leben zurückfinden. Nach und nach wanderten fast alle in Shanghai lebenden Juden in andere Länder – Amerika, Palästina und Australien – ab, so daß bereits wenige Jahre nach Kriegsende diese Flüchtlingsgemeinschaft aufgelöst war.[194]

5. Zurück nach Deutschland: Der Weg ins Verderben

Ein Kapitel der deutsch-jüdischen Emigrationsgeschichte erscheint angesichts des heutigen Wissens über die totale Vernichtung des deutschen Judentums unverständlich: die Rückwanderung ins Deutsche Reich. Doch während der ersten Jahre nach der Machtergreifung erschien vielen eine Rückkehr nach Deutschland keineswegs abwegig. Die deutsch-jüdischen Organisationen plädierten noch immer dafür, im Lande zu bleiben, und glaubten trotz aller Hetze und Gewalt der Nationalsozialisten an eine halbwegs erträgliche Zukunft. Gerade jene, die unmittelbar nach den Boykottmaßnahmen im April 1933 ausgewandert waren, ließen sich zum Teil von der dann eintretenden äußerlichen Zurückhaltung gegenüber den Juden beeindrucken. Auf eine solche Beruhigung der Situation hatte man ja gehofft und war deshalb nur in einen Nachbarstaat geflüchtet, damit man so bald wie möglich wieder zurückkehren konnte. Besonders die Menschen, die im Auswanderungsland nicht hatten Fuß fassen können oder, wie etwa in Palästina, mit den klimatischen und sozialen Bedingungen nicht zurecht kamen, zog es wieder zurück. Inge Deutschkron erzählt von einem Freund ihres Vaters, er habe, nachdem er nach kurzem Aufenthalt in Palästina wieder nach Berlin zurückgekehrt sei, über die «haarsträubenden» Verhältnisse dort berichtet: «Ich höre ihn noch, wie er die Plage mit den zahlreichen Insekten schilderte, die schmutzigen Ecken des Hafenviertels von Haifa, die ‹seltsamen› Menschen, die ihm dort begegneten. Alles schien ihm in Deutschland – selbst in Nazi-Deutschland – so viel besser.»[195]

Besonders aus Frankreich kehrten viele zurück. Nachdem dort das Gesetz zur «Beschränkung ausländischer Arbeitskräfte» am 20. November 1934 in Kraft getreten war, wanderten zwar viele Hundert weiter in andere Länder, aber Tausende gingen nach Deutschland zurück.[196] Schätzungen des ‹Völkischen Beobachters› vom Frühjahr 1935 beliefen sich auf insgesamt 10000 Rückwanderer aus den verschiedensten Ländern. Obwohl diese Zahl vermutlich zu hoch gegriffen war, befürchteten die deutschen Stellen eine Unterwanderung ihrer Politik, die zunächst die Auswanderung als Lösung der «Judenfrage» propagierte. In einem Rundschreiben der Bayerischen Politischen Polizei vom 7. März 1935 hieß es:

«In letzter Zeit ist ein ständiges Anwachsen der Zahl der zurückkehrenden Emigranten zu beobachten, von denen die jüdischen Rückwanderer den weitaus größten Prozentsatz darstellen. Die Rückwanderung dieser grundsätzlich als unerwünscht anzusehenden Elemente gab bereits in mehreren Fällen Anlaß zu judenfeindlichen Ausschreitungen, deren Ursache stets in dem anmaßenden Auftreten der Rückwanderer zu suchen war.»

Jene «judenfeindlichen Ausschreitungen» entsprachen nur in wenigen Fällen der Wahrheit, dienten aber als Argumente für gesetzliche Maßnahmen gegen die jüdische Bevölkerung. So wurde in einem Zusatz zum Rundschreiben der Bayerischen Politischen Polizei vom 21. März 1935 angeordnet:

«Stichtag für das Inkrafttreten des Rundschreibens vom 7. 3. 1935 ist der 28. 1. 1935. Es sind somit alle Emigranten einem Schulungslager zu unterstellen, die vom 28. 1. 1935 an über die Grenze zurückgekommen sind; desgleichen diejenigen, bei denen es zweifelhaft ist, ob sie schon vor oder erst nach dem sogenannten Zeitpunkt in das Reichsgebiet zurückgekehrt sind. Als Emigranten sind dabei alle Personen anzusehen, die das Reich nach der nationalsozialistischen Erhebung aus politischen Gründen verlassen haben, und zwar sowohl Arier wie Nichtarier. Bei Nichtariern kann grundsätzlich unterstellt werden, daß sie aus politischen Gründen ausgewandert sind, auch wenn sie angeben, sie hätten sich im Ausland eine neue Existenz gründen wollen. Männliche Emigranten werden in das Konzentrationslager Dachau eingewiesen; zurückkehrende Frauen kommen in das Konzentrationslager Moringen.»[197]

Spätestens im November 1938 begriffen auch die letzten Zweifler unter den Auswanderern, daß es in ihrer alten Heimat keine Zukunft mehr für sie geben konnte.

VI.

Der Novemberpogrom 1938

Von Wolfgang Benz

1. Anlaß und Vorwand: Die Deportation der Ostjuden und Herschel Grünspans Attentat

Die Ereignisse am und um den 9. November 1938 markierten in mehrfacher Sicht einen Wendepunkt – nicht nur in der Geschichte des nationalsozialistischen Deutschland. Der Novemberpogrom, als «Reichskristallnacht» im Umgangston verniedlicht, bedeutete den Rückfall in die Barbarei; in einer Nacht wurden die Errungenschaften der Aufklärung, der Emanzipation, der Gedanke des Rechtsstaats und die Idee von der Freiheit des Individuums zuschanden. Seit dem 15. Jahrhundert hatte es in Mitteleuropa solche Judenverfolgung nicht mehr gegeben, aber nicht nur dies, denn die mittelalterlichen Pogrome fanden statt als unkontrollierte Aggressionen zusammengelaufener Volkshaufen, in denen sich soziale und wirtschaftliche Spannungen auf dem Hintergrund religiös motivierter Judenfeindschaft entluden. Regelrecht programmiert und in Szene gesetzt von staatlichen Instanzen war vor dem 9. November 1938 kein einziger solcher antisemitischer Aufruhr gewesen.

Im November 1938 wurde den Juden in Deutschland, und zugleich der Weltöffentlichkeit, auf die man bislang noch Rücksicht genommen hatte, klargemacht, daß für sie die bürgerlichen Rechte und Gesetze nicht mehr galten. Mit keinem anderen Ereignis hatte das NS-Regime so eindeutig und kaltblütig demonstriert, daß es auch auf den Schein rechtsstaatlicher Tradition nun keinen Wert mehr legte. Antisemitismus und Judenfeindschaft, wie sie seit der Machtübernahme 1933 in diskriminierenden Gesetzen, im Boykott, in der Verdrängung aus der Wirtschaft demonstriert worden waren, schlugen nun um in die primitiven Formen physischer Verfolgung. Die «Reichskristallnacht» bildete den Scheitelpunkt des Wegs zur «Endlösung»: Die physische Vernichtung der Judenheit war als Ende dieses Wegs, als Ziel der nationalsozialistischen Herrschaft sichtbar geworden.

Wie häufig in der Geschichte des Dritten Reiches bildete ein marginaler Anlaß, ein ganz peripheres Ereignis, den Anfang der verhängnisvollen Entwicklung. Im März 1938, nach dem «Anschluß» Österreichs, hatte die polnische Regierung die Gültigkeit der Pässe aller Auslandspolen in Frage gestellt, wenn sie mehr als fünf Jahre ohne Unterbrechung im Ausland gelebt und die Verbindung mit dem polnischen Staat verloren hatten. In Warschau fürchtete man im Frühjahr 1938 die Rückkehr der rund 20000 Juden polnischer Staatsangehörigkeit, die seit langem in Österreich ansässig waren, aber jetzt möglicherweise nicht unters nationalsozialistische Regime kommen wollten.

Das polnische Gesetz trat am 31. März 1938 in Kraft, aber es wurde noch nicht angewendet. Erst im Herbst, unmittelbar nach dem «Münchener Abkommen», erging am 15. Oktober eine polnische Verordnung, die die Überprüfung der Pässe der Auslandspolen vorsah. Alle konsularischen Pässe, d.h. alle im Ausland ausgestellten Dokumente, sollten ab dem 31. Oktober 1938 nur noch dann zur Einreise nach Polen berechtigen, wenn sie einen besonderen Vermerk der Überprüfung in den polnischen Konsulaten bekommen hatten. Das betraf nun auch die rund 50000 polnischen Juden, die (und viele von ihnen seit Jahrzehnten) im Deutschen Reich lebten. Die Mehrzahl von ihnen sollte nach den Intentionen der Regierung in Warschau Ende Oktober, exakt am 30. des Monats, staatenlos werden. Danach hätte auch die deutsche Reichsregierung keine Möglichkeit mehr gehabt, die lästigen Ostjuden über die Ostgrenze abzuschieben, da Polen sie dann nicht mehr als Bürger anerkannte. Nachdem Verhandlungen zwischen Berlin und Warschau fehlgeschlagen waren – die Polen hatten zweimal abgelehnt, ab 31. Oktober Besitzer polnischer Pässe ohne den Prüfungsvermerk ins Land zu lassen –, übergab das Auswärtige Amt am 26. Oktober die Angelegenheit der Gestapo: Alle polnischen Juden sollten in den nächsten vier Tagen abgeschoben werden. Die Gestapo machte sich unverzüglich mit aller Brutalität ans Werk.

Der damals 29jährige Julius Rosenzweig, der als Kaufmann in Chemnitz gelebt hatte, berichtete in einem Brief aus Warschau seiner noch in Deutschland wohnenden jüngeren Schwester, wie die Deportation sich abgespielt hatte:

«Der fragwürdige Tag, der 27. Oktober, fing gleich gut an. Frühmorgens ging ich zum Arbeitsamt um meine Unterstützung zu holen, und da wurde mir erklärt, daß ich von jetzt ab nur noch RM 5,50 pro Woche bekommen sollte als wie bisher RM 12,50. Als ich nach Hause kam, der zweite Schlag, war ein Brief vom Hauswirt da, der uns verbot, Untermieter zu halten. Nachmittags ging ich zu Herschberg, um englische Stunde zu erteilen. Nachdem wir schon fertig waren, sollte ich auf Herschberg warten, der sich erst noch rasieren wollte. Nachher wollten wir zusammen in die Stadt gehen. Ich war in der Stube, während Herschberg im Badezimmer war. Plötzlich klingelt es und Herschberg sprach mit zwei Herren, die er dann in die Stube zu mir mit reinführte, wo sie sich ruhig hinsetzten. Ich saß weiter dort und las Zeitung. Plötzlich bemerkte ich bei einem der Herren ein Hakenkreuzabzeichen und hatte eine dunkle Ahnung, daß dies Gestapoleute sein könnten. Auf einmal wurde einer von ihnen ungeduldig und meinte, der rasiert sich aber lange, der reißt sich wohl die Haare einzeln heraus. Er ging dann ins Badezimmer und fragte dort Herschberg, wer der Herr wäre, der in der Stube saß (also ich). H. sagte ihm meinen Namen, und auf weitere Frage auch, daß ich polnischer Staatsbürger sei. Der Herr kam dann zurück und verlangte meinen Paß (wobei mir ganz angst und bange wurde), und wies sich dabei als Gestapobeamter aus. Er fragte dann, wo ich wohnte, und als ich Moritzstraße 2 sagte, meinte er, mich hätte man schon lange gesucht, und behielt den Paß bei sich. Herschberg ist inzwischen fertig geworden. Die Beamten hießen uns dann anziehen und mitgehen, und auf unsere Fragen antworteten sie, daß es jetzt nach Palästina ginge, wir hätten 5 Jahre dazu Zeit gehabt. Das faßten wir nur als Witz auf, umsomehr als uns dann bedeutet wurde, wir sollen uns für 24 Stunden Essen mitnehmen. Ich dachte mir, daß es sich um irgendeine Schikane handelt und wir 24 Stunden eingesperrt werden würden. Auf meinen Einwand, daß ich erst nach Hause gehen müßte, mir etwas Essen zu holen, und ich meiner Mutter Bescheid sagen müßte, bekam ich zu hören, daß ich die Mutter schon noch sehen würde. Wir gingen dann auf die Straße, ich mit dem einen Beamten vorneweg, und Herschberg mit dem anderen hinterher. Unterwegs fragte er mich allerhand aus, und wollte mir wieder weismachen, daß wir jetzt nach Palästina kommen, wobei er darauf hinwies, daß ich das meinen Glaubensgenossen zu verdanken hätte. Wir kamen in die Jakobstraße und plötzlich standen wir vor Zweisingers Ballokal. Davor sah ich ein Polizeiauto, dem eine Anzahl Juden entstiegen. Wir wurden dann in den Saal geführt, in dem bereits eine Anzahl weiterer Juden waren. Wir unterhielten uns untereinander und mutmaßten, was da mit uns passieren sollte. Es kamen mittlerweile immer mehr Juden, alte und junge Männer, Frauen und Kinder in Begleitung von uniformierten Schupos und nichtuniformierten Gestapos. Der Saaleingang ist von Schupos mit Gewehr flankiert gewesen, und eine Masse Schupos und höhere Polizeibeamte trieben sich so im Saal herum. Ein Polizeioffizier, ein ganz junger Mensch, der das Kommando führte, schnauzte gewaltig herum und behandelte uns sehr niederträchtig (das heißt nur mit der Fresse) ... Im Saal stellte es sich nun langsam heraus, was gespielt wird. Jeder bekam einen vorgedruckten Schein in die Hand, in dem stand, daß wir laut Gesetz so und so auf Anordnung des Reichsführers SS ausgewiesen werden und das Deutsche Reich noch vor Ablauf des 29. Oktober verlassen müssen. Der Abtransport nach Polen wird durch den Polizeipräsidenten geregelt. Das war natürlich ein harter Schlag. So unerwartet ausgewiesen zu werden, und nicht wissen, warum. Ohne alles, wie man steht und geht. Ich persönlich hatte ja garnichts mit ... Gegen morgen wurde es immer unruhiger im Saal, weil doch bald der Abtransport erfolgen mußte. Bevor wir uns fertig machten, wurde uns erklärt, daß wir jetzt zur Bahn gebracht würden. Die Fenster in den Waggons dürfen nicht geöffnet werden, sonst würde geschossen werden! Es ging auf die Straße hinaus, wo es sehr stark regnete, im Hausflur standen Neugierige, auf der Straße auch, und aus allen Fenstern raus sahen welche. Wir wurden in Polizeiautos verladen, und in schneller Fahrt ging es zum Bahnhof. Vor dem Bahnhof auch Neugierige, aber auch Juden, die stumm Abschied nehmen wollten. Dann Bahnsteig 13. Ein Sonderzug stand schon bereit. Es dauerte noch lange, bis wir einsteigen konnten. Ein Lautsprecher verkündete, daß alle Bahnarbeiter, die auf dem Bahnsteig 13 nichts zu tun hätten, sofort verschwinden sollten. (Damit sie nicht wissen, was hier vorgeht!) ... Abends gegen 10–11 Uhr waren wir in Beuthen, wo auf dem anderen Gleis bereits Züge aus Leipzig und Dresden voll mit Juden standen. Von Chemnitz waren es übrigens insgesamt 493 Personen, wie uns ein Schupo sagte. Im Zug selbst waren ca. 800, weil noch die Juden von Plauen, Glauchau, Zwickau, und allen kleineren Orten des Chemnitzer Kreises dabei waren ... In Beuthen war sehr langer Aufenthalt. Gegen 12 Uhr nachts fuhren wir weiter, und nach 10 Minuten waren wir in einer kleinen Station gelandet, dem Endziel. Dort hieß man uns in sehr barschem Ton aussteigen ... Dann ging es durch das kleine Bahnhofsgebäude auf die finstere Straße hinaus. Links und rechts SS-Spalier, wir in Viererreihen, die SS trieben uns an, schneller zu gehen, ohne Rücksicht auf Frauen und alte Leute, ohne Rücksicht auf die, die Koffer in den Händen trugen. SS beleidigte dauernd und drohte mit Schießen, schimpfte unverschämt, ihr Judenpack, ihr Lumpengesindel, und der Weg schien nicht aufzuhören. Die SS trieb immer mehr an, die Häuser hörten schon auf, wir waren ganz in freier Gegend, und wußten nicht, wo man uns hintrieb. Die Koffer wurden schwer, ich hatte es unternommen für eine Frau einen Koffer ein Stück des Wegs zu tragen, da ich ja nichts weiter hatte. Es war eine Riesenqual, denn SS ließ nicht einmal zu, die Koffer eine Sekunde abzustellen, um sie in die andere Hand zu nehmen, damit man es sich ja nicht leichter macht. Laßt den Dreck liegen, wenn ihr es nicht tragen könnt, schrien uns die schwarzen Hitlergardisten an. Und viele, viele warfen ihre Koffer weg, weil sie sie nicht mehr tragen konnten, und nicht nur bei uns war es so, sondern auch bei den Leipzigern und Dresdnern, die ähnliche Strapazen durchmachen mußten. Immer weiter ging es in die finstere Nacht, grauenhaft anzusehen war es, wie ein Geisterzug mitten in der Nacht, wie der leibhaftige Auszug der Kinder Israel aus Ägypten. Wie wir so dahinmarschierten, hörten wir vor uns Weinen und Schreien, immer näher kam es. Ich konnte es mir nicht erklären. Wer weiß was da vorn geschah? Vielleicht wollte man uns erschießen? Endlich kamen wir an die bewußte Stelle, ein großes Gedränge, ein Weinen, Schreien, Drohen seitens der SS, Stoßen, Schlagen. Es war da ein Bach, und die SS stieß jeden in den Bach hinein, alle stürzten über alle, und die SS half noch mit Gummiknüppeln, Ochsenziemern, Revolverkolben und drohte mit Erschießen, wenn ja einer umkehren wollte. Auch das

Benutzen von Taschenlampen bedrohte die SS mit Erschießen, denn in der Finsternis versuchten manche ihre Taschenlampen zu benutzen, und die SS-Schweine wollten natürlich der polnischen Seite nichts merken lassen, was hier los war. Der Bach bildete die Grenze Deutschland-Polen. Nachdem wir glücklich aus dem Bach herausgeklettert waren mit vermatschten Hosen und Schuhen, waren wir auf polnischem Boden, auf einem freien Feld, lehmiger Boden, dazu regnerisches Wetter, also alles anders als angenehm. Nun wußte man nicht, was man machen sollte, denn es kannte keiner den Weg. Endlich entschlossen wir uns zu einer Richtung und kamen nach einer Weile zu einem polnischen Grenzposten, der uns aber nicht weiterlassen wollte, trotzdem diejenigen, die polnisch konnten, alles erzählten und darauf aufmerksam machten, daß wir gültige Pässe hatten. Das half aber alles nichts, denn wir sind doch über die grüne Grenze, also illegal gekommen. Jedenfalls wollte er uns nicht weiterlassen, und fing dann an, uns mit seinem Hund zurückzujagen. Wieder großes Schreien und Weinen und Durcheinanderrennen. Vor dem Zurück nach Deutschland hatten natürlich alle Angst, denn dort drohte uns Erschossenwerden. Bald hörte er auf mit seinem Hund, und wir gingen wieder in Richtung Polen. Es wurde wieder eine Weile verhandelt, und dann fing es wieder mit dem Hund an. Zurück Richtung Deutschland; als er sich wieder zurückzog, kehrten wir abermals um. Später holte er noch ein paar Soldaten hinzu, alle mit Gewehr, und es wurde mit uns eine Weile hin- und herkommandiert. Wir wußten nicht, woran wir waren. Einmal marschierten wir ein Stück, einmal mußten wir wieder stehen bleiben. Wir auf der einen Seite, die Soldaten auf der anderen, uns gegenüber. Sie machten ihre Gewehre zurecht, und es sah so aus, als ob sie uns erschießen wollten, was wir auch in unserer Angst uns dachten. Vielleicht wollten sie uns auch nur schikanieren. Dann ging es wieder weiter, und plötzlich merkten wir, daß die Soldaten weg waren, und wir allein, und daß man uns im Bogen geführt hatte, also gen Deutschland. Da hub wieder Weinen und Jammern an, denn es wäre doch Untergang gewesen, dorthin zurückzugehen, vielleicht hätten sie uns fertig gemacht, vielleicht ins Konzentrationslager geschickt. Auch auf polnischem Boden wurden infolge der stundenlangen Strapazen Koffer weggeworfen (diese sind aber alle gesammelt worden und den Flüchtlingen bald zugestellt worden, während die Koffer, die auf deutschem Boden liegengelassen wurden, ein gefundenes Fressen für die Deutschen waren). Wir suchten allein wieder den Weg in Richtung Polen, bis uns wieder ein Soldat begleitete, und in längerem Marsch an ein Stück Niemandsland führte, dort lagerten wir uns, 4 Uhr nachts mag es gewesen sein, d.h. wir setzten uns auf Koffer und Steine und walgerten uns dort ca. 2 Stunden herum. Vor uns waren 3 polnische Grenzposten, denen gegenüber 3 SS-Posten standen. Die Posten debattierten heftig wegen uns. Die SS sagten, wir gehören zu Polen, und die Polen sagten wieder, wir wollten ihnen das Brot wegnehmen. Als es hell wurde, mußten wir weiter marschieren und wurden auf eine große Wiese gebracht. Es war bereits 6 Uhr früh, Sonnabend, der 29. Oktober. Es war nur ein Glück, daß es nicht stark geregnet hat. Sonst wären in dieser grausamen Nacht manche auf der Strecke liegengeblieben. Auf der Wiese nun standen wir eine ganze Weile, es wurde uns bald schlecht vom Stehen, dabei störte besonders der feine Sprühregen. Hinter uns eine Kette polnische Soldaten, vor uns SS und Schupos. Was war da los? Wir wußten es nicht. Es scheint so gewesen zu sein, daß die Polen mit den Deutschen während der Nacht verhandelt haben, über das, was mit uns geschehen soll. Kurz und gut, wir kamen wieder in die Hände der Deutschen, und das Spiel vom Vorabend ging wieder los. Wir mußten wieder in Reihen marschieren, und links und rechts von SS und Polizei flankiert, die uns antrieben und beschimpften, wobei man wieder die Qual mit dem Gepäck hatte, weil sie einem kaum eine Atempause ließen, um von einer Hand zur anderen zu wechseln. Allmählich kamen wir in bewohnte Gegend, die Leute standen neugierig auf den Straßen und sahen zum Fenster hinaus, die SS trieb uns immer mehr an und endlich kamen wir auf eine breite Landstraße, die zur Grenze führte. Am Schlagbaum, das war nun die legale Grenze, waren wir wieder frei von den Hitleristen, und jetzt wurden wir von den Polen übernommen. Zum Schluß stellten sich übrigens am Schlagbaum die Hitleristen in 3 Reihen mit vorgehaltenem Gewehr auf, und zwar eine Reihe SS, eine Reihe Polizei und eine Reihe Zollbeamte, daß ja keiner wagen sollte, nach Deutschland zurückzugehen.»[1]

Den kläglichen Transport, in dem sich Julius Rosenzweig befand, hatten die Polen immerhin noch ins Land gelassen. Nach der ersten Überraschung erfolgten dann nämlich zweierlei Gegenmaßnahmen: Einerseits ergriff man Repressalien gegen in Polen lebende Bürger des Deutschen Reiches, worauf die Deportationen aus Deutschland am 29. Oktober eingestellt wurden, und andererseits wurde die polnische Grenze geschlossen. Für einen Großteil der etwa 17000 abgeschobenen Ostjuden bedeutete dies, daß sie im Niemandsland zwischen Polen und Deutschland umherirrten.

Unter den Deportierten befand sich die Familie Grünspan (Grynszpan) aus Hannover. Ob die Grünspans – die Eltern waren 1911 aus Russisch-Polen nach Hannover gekommen, der Vater war Schneider und hatte sich in der Zeit der Depression 1929–1934 als Trödler betätigt – besonders schlecht behandelt worden waren, ließ sich nicht feststellen, aber es tut auch nichts zur Sache. Die Grünspans hatten, außer den beiden Töchtern, die mit abgeschoben wurden, einen Sohn Herschel, damals 17 Jahre alt, der in Paris lebte. Herschel ging nach wenig erfolgreichem Besuch der Volksschule keiner Tätigkeit nach, war Verwandten zur Last gefallen, und er war heimatlos, denn sein polnischer Paß war seit Februar 1938 ungültig, das Wiedereinreisevisum für Deutschland seit Oktober 1937 abgelaufen. Aus Frankreich war er zum 15. August ausgewiesen worden, er hielt sich also illegal in Paris auf.

Grünspan erhielt am 3. November 1938 eine Postkarte seiner Schwester aus Zbaszyn (Bentschen), dem deutsch-polnischen Grenzort, in der sie über die Abschiebungsaktion berichtete. Herschel kaufte daraufhin am 7. November eine Pistole und Munition und begab sich zur deutschen Botschaft, wurde dort, als er den Botschafter zu sprechen verlangte, an einen der jüngeren Herren der Mission verwiesen und kam so ins Zimmer des Legationssekretärs Ernst vom Rath, auf den er fünfmal schoß, ehe er sich ohne Gegenwehr festnehmen und der französischen Polizei übergeben ließ. (Er überlebte zunächst in französischem, später in deutschem Gewahrsam die ganze Ära des Nationalsozialismus.)[2] Weder Opfer noch Täter waren zur Märtyrerrolle prädestiniert: Ernst vom Rath war zwar im Besitz der NSDAP-Mitgliedschaft, aber strenggenommen kein Nazi und gewiß kein Exponent des Systems und seiner judenfeindlichen Politik. Und Herschel Grünspan hatte, nicht ahnend, was seine Tat auslöste, die Lunte ins Pulverfaß geworfen.

Mit Hilfe der nationalsozialistischen Propagandamaschinerie ließ sich die unüberlegte Tat des jugendlichen Desperado mühelos zum Anschlag des «internationalen Judentums» auf das Deutsche Reich umbiegen. Das wußte niemand besser als die deutsche Judenheit. Magnus Davidsohn, der Oberkantor der Synagoge in der Fasanenstraße in Berlin, war als Nachbar einer der ersten, der die Eltern Ernst vom Raths besuchte, um seine Anteilnahme auszudrücken. Der Vater des Legationssekretärs glaubte damals, wie er seinem Besucher versicherte, eher an eine von den Nationalsozialisten gedungene Kreatur als an ein jüdisches Attentat.[3]

2. Die Inszenierung des Pogroms und die Regie der öffentlichen Meinung

In einem Leitartikel, der die Nachricht über das Attentat auf Ernst vom Rath flankierte, waren am 8. November 1938 im ‹Völkischen Beobachter›, dem Zentralorgan der NSDAP, Drohungen zu lesen, die unmißverständlich deutlich machten, daß jetzt eine neue Ära nationalsozialistischer Judenpolitik beginnen würde:

«Es ist klar, daß das deutsche Volk aus dieser neuen Tat seine Folgerungen ziehen wird. Es ist ein unmöglicher Zustand, daß in unseren Grenzen Hunderttausende von Juden noch ganze Ladenstraßen beherrschen, Vergnügungstätten bevölkern und als ‹ausländische› Hausbesitzer das Geld deutscher Mieter einstecken, während ihre Rassegenossen draußen zum

Krieg gegen Deutschland auffordern und deutsche Beamte niederschießen ... Die Schüsse in der Deutschen Botschaft in Paris werden nicht nur den Beginn einer neuen deutschen Haltung in der Judenfrage bedeuten, sondern hoffentlich auch ein Signal für diejenigen Ausländer sein, die bisher nicht erkannten, daß zwischen der Verständigung der Völker letzten Endes nur der internationale Jude steht»[4]. Überschrieben war der Artikel aus der Feder Wolfgang Diewerges: «Die Verbrecher».

Daß sich der ‹Völkische Beobachter› als Flaggschiff der nationalsozialistischen Presse solchermaßen vernehmen ließ, war Ergebnis sorgsamer Regie. Das Drehbuch der Inszenierung des Volkszorns vom November 1938 blieb erhalten, die Regie der öffentlichen Meinung läßt sich ohne Mühe rekonstruieren. Lenkung, Ausrichtung und Gleichschaltung der deutschen Presse erfolgte täglich in der «Pressekonferenz des Reichsministeriums für Volksaufklärung und Propaganda», hier wurden die publizistischen Instrumente eingestimmt und der Ton angegeben.

Am 7. November wurde allen Redaktionen durch Rundruf des offiziösen Deutschen Nachrichtenbüros (DNB) folgende Anweisung über Form und Inhalt der Berichterstattung zum Ereignis in Paris zuteil:

«Alle deutschen Zeitungen müssen in größter Form über das Attentat auf den Legationssekretär an der deutschen Botschaft in Paris berichten. Die Nachricht muß die erste Seite voll beherrschen. Nachrichten über den ernsten Zustand des Herrn vom Rath werden durch das DNB ausgegeben werden. Er schwebt in größter Lebensgefahr. In eigenen Kommentaren ist darauf hinzuweisen, daß das Attentat des Juden die schwersten Folgen für die Juden in Deutschland haben muß, und zwar auch für die ausländischen Juden in Deutschland. In Ausdrücken, die der Empörung des deutschen Volkes entsprechen, kann festgestellt werden, daß die jüdische Emigrantenclique, die schon Frankfurter den Revolver in die Hand drückte, auch verantwortlich für dieses Verbrechen sei. Es ist die Frage zu stellen, ob es die Absicht der jüdischen Clique war, Schwierigkeiten zwischen Deutschland und Frankreich heraufzubeschwören, indem ein Mörder in die deutsche Botschaft, also auf den Boden des Reiches geschickt wurde, nachdem das jüdische Gift schon lange die deutschen Sendungen des französischen Rundfunks beherrschte.»[5]

Wichtig war in der Presseanweisung, daß Zusammenhänge konstruiert werden sollten mit der Ermordung Wilhelm Gustloffs in Davos – das war 1936 die Tat eines jüdischen Studenten jugoslawischer Staatsangehörigkeit namens David Frankfurter gewesen – und daß der Öffentlichkeit suggeriert werden sollte, das Attentat sei Teil einer organisierten Verschwörung des angeblich existenten «Weltjudentums» und deutsch-jüdischer Emigranten in Frankreich. Wegen der Olympiade, die als regimestabilisierendes internationales Ereignis 1936 in Deutschland gestaltet wurde, aber auch weil die Zeit für öffentliche Aktionen gegen die Juden noch nicht reif war, hatte die Propagandamaschinerie die Ermordung des NS-Funktionärs Gustloff in der Schweiz noch nicht so hochgespielt. Das wurde jetzt nachgeholt.

Am 8. November wurde in der Pressekonferenz verlautbart, «es muß noch einmal zum Fall vom Rath geschrieben werden». Der zuständige Referent im Goebbelsministerium, Wolfgang Diewerge, hatte herausgefunden, daß es sich beim Attentäter um einen Juden handele (das wußte man am Tag zuvor zwar auch schon, aber es wurde noch einmal betont), und zwar um einen, «der offenbar mit Vorbedacht ausgewählt sei. Er sei noch jugendlich und sei wie im Falle Gustloff nicht Staatsbürger des Landes, in dem die Tat vollbracht wurde ... Hinter dem Attentat ständen die gleichen Kreise wie beim Fall Gustloff. Seit Wochen werde für einen jüdischen Kampffond gesammelt. Das Judentum mache keinen Unterschied zwischen sogenannten ‹wilden Parteifanatikern›, auf die man sich im Falle Gustloff berufen habe, und ruhigen Beamten. Man habe sich sogar in die Botschaft hineingetraut, die selbst im Kriegsfalle vom Feinde respektiert werde.»[6]

Empfohlen wurde vom Propagandaministerium ferner, bei der Aufzählung einzelner Verantwortlicher den besonders verhaßten Schriftsteller Emil Ludwig zu erwähnen, und bei der Gelegenheit möge auch die Frage aufgeworfen werden, ob die im Pariser Exil lebenden deutschen Schriftsteller diesen Namen überhaupt noch verdienten. So geschah es, ebenso wie der «Ausrichtung» vom 9. November entsprochen wurde, «das neueste Kommuniqué über den Gesundheitszustand des Legationssekretärs vom Rath ist auf der ersten Seite aufgemacht zu bringen».

Abgesehen davon, daß nur fanatische Nationalsozialisten glaubten, die Schriftsteller und Intellektuellen des Exils hätten mit dem Attentat auf den gerade 29jährigen Beamten etwas zu tun, hielten viele Leute gerade wegen des Propagandagetöses das Attentat für gestellt, ebenso wie manche Regimegegner ja daran glaubten, die Nationalsozialisten hätten 1933 den Reichstag selbst angezündet, um einen Vorwand zur Verfolgung der Kommunisten zu haben.

Eine junge Berliner Journalistin, die nicht auf der Seite des Regimes steht und viele jüdische Freunde hat, notiert am 9. November in ihr Tagebuch: «Im Omnibus, auf der Straße, in Geschäften und Kaffeehäusern wird der Fall Grünspan laut und leise diskutiert. Nirgends merke ich antisemitische Entrüstung, wohl aber eine drückende Beklommenheit, wie vor dem Ausbruch eines Gewitters. Am Kurfürstendamm, auf der Tauentzienstraße und der Leipziger Straße sind die Geschäfte, die sich laut amtlicher Anordnung durch weiße Namensaufschrift als jüdische kennzeichnen mußten, auffallend leer.»

Sie fragt einen ehemaligen Kollegen aus der Redaktion, der als «Nichtarier» längst entlassen ist, und, seine Tage mit dem Schreiben von Briefen füllend, auf die Katastrophe wartet. Dr. Heinrich Mühsam sagt auf die Frage, ob Herr vom Rath sterben und was dann passieren werde:

«Natürlich stirbt er. Sonst hätte das Ganze ja keinen Wert. Um ihn zu rächen, muß man erst um ihn weinen. Je größer die Trauer, desto fanatischer der Haß. Haben Sie nicht gewußt, daß politische Zwischenfälle nur dann aufzutreten pflegen, wenn man bis zum letzten Gamaschenknopf darauf vorbereitet ist? Wenn alle Verordnungen erlassen, alle Vorkehrungen getroffen, alle Maßnahmen abgesprochen sind? Kein Zweifel: der jüdische Krieg steht vor der Tür. Ich für meinen Teil gedenke Pazifist zu bleiben. Mehr als sterben kann auch ein Jude nicht.»[7]

Am 9. November wurde auch gemeldet, Hitler habe den Legationssekretär vom Rath (der diesen Rang erst seit September 1938 bekleidete) «wegen seines tapferen Verhaltens zum Gesandtschaftsrat Erster Klasse ernannt. Die Zeitungen mögen diese Meldung besonders gut herausbringen. Das Befinden ist so schlecht, daß mit seinem Ableben gerechnet wird». Und wenig später lautet der DNB-Rundruf: «Nachdem Herr vom Rath soeben gestorben ist, werden die Zeitungen gebeten, die Nachricht über die Beförderung nicht mehr zu veröffentlichen. Bei Nennung des Dienstgrades ist selbstverständlich Gesandtschaftsrat 1. Klasse zu schreiben.»[8]

Die durch den amtlichen Mechanismus der Presselenkung erzeugte Stimmung entlud sich vereinzelt schon am 7. und am 8. November in Ausschreitungen gegen Juden und jüdische Institutionen. In Hessen geschah das in mehreren Orten, auch in Kassel, wie in der dortigen Zeitung nachzulesen ist:

«Die Bluttat in Paris hat in Kassel und zahlreichen kurhessischen Orten spontane Kundgebungen der Bevölkerung gegen jüdische Geschäfte und Einrichtungen ausgelöst. Die Bevölkerung Kurhessens gab damit ihrer Empörung Ausdruck, einer Empörung, die aus tiefstem Herzen aufkommt. Die zertrümmerten Fensterscheiben und die in Mitleidenschaft gezogenen Inneneinrichtungen der Synagogen und anderen jüdischen Einrichtungen sind eine spontane Quittung an das Weltjudentum, eine Quittung, die sich das Volk der Hetzer und Betrüger selbst zuzuschreiben hat. Als im Laufe des Nachmittags in Kassel die Nachricht von der Pariser Mordtat bekannt wurde, da zog es hunderte aus allen Stadtteilen zunächst zu dem sichtbarsten Ausdruck jüdischen Machtstrebens, zur Kasseler Synagoge Ecke Untere Königstraße/Bremer Straße. Empörte Rufe wurden laut und die Menge war in ihrem Willen nicht mehr einzudämmen, den jüdischen Einrichtungen einen Denkzettel für die Bluttat in Paris zu geben. Die Menge gab ihrer Empörung durch weitere Kundgebungen vor jüdischen Geschäften, so vor einem sattsam bekannten jüdischen Kaffee in der Moltkestraße, sichtbaren Ausdruck. Im Verlauf der Demonstrationen sammelten sich auch Hunderte vor dem Gebäude der Israelitischen Gemeinde in der Großen Rosenstraße, um auch hier spontan gegen das Weltjudentum zu protestieren. Daß es auch hier zu zertrümmerten Fensterscheiben und ähnlichem kam, kann man ebenso wie die Demonstration als solche mit dem tiefen Eindruck erklären, den die Schüsse von Paris auslösten.»[9]

Pogrome, die von Ortsgruppenleitern der NSDAP (die oft in Personalunion Bürgermeister waren) initiiert wurden, sind aus einer ganzen Reihe von kleineren Orten bekannt. Bemerkenswert daran war, daß diese Aktionen, entfacht von übereifrigen Ortsbonzen, die glaubten, im Einklang mit höheren Stellen der Partei zu handeln, ihrer Kontrolle entglitten, weil die Bevölkerung sich an den Ausschreitungen gar rege beteiligte. So rief in Wachenbuchen bei Hanau der Bürgermeister, nachdem er befohlen hatte, das jüdische Schulhaus zu demolieren und dem jüdischen Lehrer eine «Abreibung» zu geben, den Kreisleiter und den Landrat zu Hilfe, weil ihm die Geister, die er gerufen hatte, über den Kopf wuchsen. Sogar die Anführerschaft wollte er leugnen, er sei schon im Bett gewesen, als der Radau angefangen habe.[10]

Waren das noch vereinzelte Aktionen lokalen Charakters, bei denen alte Rechnungen beglichen, sozialer Neid und ähnliche Gefühle abreagiert wurden, so änderte sich das Bild im Laufe des 9. November; jetzt tauchten hier und da ortsfremde Aktionisten auf, die zu Ausschreitungen gegen die Juden provozierten. Die Stunde der militanten Antisemiten war gekommen, unter ihrer Führung wurde Judenfeindschaft in Taten umgesetzt, ohne daß dies «von oben» schon ausdrücklich befohlen worden war. Es war erst das Vorspiel zur Inszenierung des allgemeinen Pogroms, die der Reichsminister für Volksaufklärung und Propaganda am Abend des 9. November 1938 persönlich vornahm.

Der 9. November war für die NSDAP ein sensibles Datum, alljährlich wurde in München in der parteieigenen Mythologie des Marsches auf die Feldherrnhalle – des mißglückten Hitlerputsches von 1923 – gedacht. Kernpunkt der Feier war immer der Kameradschaftsabend, bei dem sich die «alten Kämpfer» um Hitler scharten. Keine günstigere Gelegenheit konnte es geben, um die Spitzen der Partei auf ebenso informelle wie zwingende Weise zur Aktion zu treiben.

Gegen 21 Uhr brachte ein Bote Hitler die Nachricht, daß Ernst vom Rath seinen Verletzungen erlegen war. Nach längerem Dialog mit Goebbels, der neben seinem Führer im Alten Rathaussaal zu München saß, verließ Hitler die Versammlung, und Goebbels machte sich ans Werk. Gegen 22 Uhr verkündete er den Tod des Diplomaten und hielt eine gehässige antisemitische Rede, die im Appell nach Vergeltung und Rache gipfelte. Die anwesenden Führer von NSDAP und SA erhielten den Eindruck, sie seien jetzt zu Aktionen aufgerufen und müßten sie organisieren. Das war genau so beabsichtigt, ohne daß es ausdrücklich befohlen wurde; und ins taktische Kalkül gehörte auch, daß Hitler sich entfernte, ehe Goebbels die primitiven antisemitischen Triebe und Leidenschaften derart stimulierte, daß die Parteiführer glaubten, ihnen sei die Entfesselung des Judenhasses befohlen worden. Hitler war immerhin auch Staatsoberhaupt und mußte sich den Rückzug offen halten, sowohl dem Ausland gegenüber als auch möglichen Kritikern innerhalb der Partei. Deren gab es auch in der nationalsozialistischen Prominenz etliche, nämlich Göring, aber auch Himmler und Heydrich. (Freilich waren es, wie sich wenige Tage später zeigte, nicht philanthropische Gefühle gegenüber den Juden, sondern taktische Bedenken und Rivalität, die Goebbels die Mißbilligung seiner Kollegen einbrachten.)

Durch die Pressekampagne vom 8. und 9. November war der Boden bereitet. Die Goebbelsrede war das Signal zum Losschlagen und zugleich Handlungsanweisung. Das Oberste Parteigericht der NSDAP, das die Ereignisse des 9. und 10. November später untersuchte, legte Göring im Februar 1939 einen Bericht vor, in dem Goebbels' Rolle und Wirkung (der bei der Münchener Veranstaltung in seiner parteiamtlichen Eigenschaft als Reichspropagandaleiter der NSDAP – nicht als Propagandaminister – agierte) fixiert sind. Er hatte mit Wissen und Billigung Hitlers die Lunte angezündet:

«Am Abend des 9. November 1938 teilte der Reichspropagandaleiter Pg. Dr. Goebbels den zu einem Kameradschaftsabend im Alten Rathaus zu München versammelten Parteiführern mit, daß es in den Gauen Kurhessen und Magdeburg-Anhalt zu judenfeindlichen Kundgebungen gekommen sei, dabei seien jüdische Geschäfte zertrümmert und Synagogen in Brand gesteckt worden. Der Führer habe auf seinen Vortrag entschieden, daß derartige Demonstrationen von der Partei weder vorzubereiten noch zu organisieren seien, soweit sie spontan entstünden, sei ihnen aber auch nicht entgegenzutreten ... Die mündlich gegebenen Weisungen des Reichspropagandaleiters sind wohl von sämtlichen anwesenden Parteiführern so verstanden worden, daß die Partei nach außen nicht als Urheber der Demonstrationen in Erscheinung treten, sie in Wirklichkeit aber organisieren und durchführen sollte. Sie wurden in diesem Sinne sofort – also geraume Zeit vor Durchgabe des ersten Fernschreibens – von einem großen Teil der anwesenden Parteigenossen fernmündlich an die Dienststellen ihrer Gaue weitergegeben ...»[11]

Die Übermittlung zu den Gaupropagandaämtern und von diesen weiter zu den Kreisleitern und Ortsgruppenleitern der NSDAP bzw. zu den SA-Stäben im ganzen Deutschen Reich funktionierte schnell und reibungslos. Überall sprangen sie aus den Betten, um der Aufforderung zum Pogrom Folge zu leisten. Von Mitternacht bis zum Morgen währte der Schrecken, wie er in Mitteleuropa seit Jahrhunderten nicht mehr gewesen war, auch seit dem Zeitalter der Aufklärung als Rückfall zur Barbarei nicht mehr denkbar schien.

Die Ausführung des Pogrombefehls durch die lokalen Protagonisten des Nationalsozialismus hat in den Anfangsjahren der Bundesrepublik viele Gerichte beschäftigt. Die Ereignisse der «Reichskristallnacht» wurden mit den Mitteln der Justiz rekonstruiert; es gibt keine andere Station in der Geschichte des NS-Staats, die so minuziös dokumentiert ist wie der Judenpogrom in den Gerichtsakten, die ein Jahrzehnt danach entstanden sind. In der Urteilsbegründung eines Verfahrens vor dem Landgericht Wiesbaden ist nachzulesen, wie die Zerstörung der Synagoge in Rüdesheim in der Pogromnacht ins Werk gesetzt wurde:

«Der Angeklagte G., Führer der SA-Standarte Niederwald mit dem Sitz in Wiesbaden, wartete in der Nacht vom 9. zum 10. November 1938 im Wartesaal des Bahnhofs Wiesbaden auf die Rückkehr der Standartenfahne von der Novemberfeier in München. In seiner Begleitung waren der Angeklagte A., der Kraftfahrer der Standarte, und der Angeklagte M. als Standartenschreiber im Range eines SA-Obertruppführers. Gegen 2 Uhr morgens erhielt G. von dem Brigadeführer Kraft aus Mainz fernmündlich den Befehl, die in seinem Standartenbereich vorhandenen Synagogen zu zerstören. Dieser Befehl sei, so erklärte Kraft, von der obersten SA-Führung wegen der Ermordung des Botschaftsrats vom Rath gegeben worden. Die Aktion sei in Zivil durchzuführen. Polizei und Feuerwehr würden das Übergreifen eines etwaigen Feuers auf Wohnungen verhindern. Vollzug sei der Brigade noch am gleichen Tage bis 6 Uhr früh zu melden. G. setzte hiervon die mit ihm wartenden Angeklagten M. und A. sowie den Sturmbannführer S. ... in Kenntnis, befahl, nachdem er von ihnen gehört hatte, daß in Rüdesheim eine Synagoge sei, nach Hause zu gehen, Zivil anzuziehen, sich auf dem Standartenbüro einzufinden und alsdann mit ihm nach Rüdesheim zu fahren. Alle vier trafen kurz darauf im Standartenbüro zusammen und begaben sich mit dem von A. gesteuerten Dienstkraftwagen nach Rüdesheim. Unterwegs sprach G. mit den drei anderen nochmals über den ihnen erteilten Befehl und darüber, wie er sich die Ausführung dachte. In Rüdesheim fuhr A. den Wagen an der bereits beleuchteten, in der Nähe der Synagoge befindlichen Wohnung des Hausmeisters Dries vorbei und parkte hiervon etwa 200 m entfernt gegen 4 Uhr in der Schiffergasse, einer kleinen seitlich gelegenen Straße. Hier stiegen die 4 Insassen aus, um sich zu Fuß zur Synagoge zu begeben. An einem Fenster einer beleuchteten Wohnung erblickte G. den Hausmeister Dries. Er rief ihn herunter und erklärte, was er – Dries – nun hören und sehen werde, gehe ihn nichts an, die Sache sei in Ordnung und Dries habe darüber zu schweigen. Alsdann setzten die 4 Fahrtteilnehmer ihren Weg zur Synagoge fort; dort drückten sie gemeinsam die schwere Eichentür der Synagoge mit Gewalt ein. G., M., A. und S. drangen sodann in das Innere der Synagoge, und zwar in einen durch einen Vorhang von dem eigentlichen Betraum getrennten Vorraum ein. Dort waren eine Menge Gebetbücher und sonstige Papiere vorhanden, die G., wozu er keinen Befehl hatte, durch S. und M. zum Wagen schaffen ließ, wozu diese den Weg etwa zwei- bis dreimal machen mußten. A. blieb währenddessen in unmittelbarer Nähe des Angeklagten G., der sich im Vorraum der Synagoge aufhielt. Inzwischen war, von wem ließ sich nicht feststellen, in der Synagoge ein 5-Liter Kanister mit Benzin, der im Wagen mitgeführt worden war, ausgegossen worden. G. setzte, nachdem er ein Streichholz vergeblich zu entzünden versucht hatte, ein Stück Papier in Brand, um es in das Benzin zu werfen. In diesem Augenblick erfolgte eine heftige Detonation, eine Stichflamme schlug empor und G. wurde mit Brandwunden in den Rahmen der Eingangstür geschleudert, wo ihn die zuschlagende Tür festklemmte, während der Mantel des einige Schritte davon entfernt stehenden Angeklagten A. von der Stichflamme erfaßt und angesengt und A. infolge des Luftdrucks durch die offene Tür nach außen geworfen worden war. Nachdem G. sich aus der Tür befreit hatte, ging er mit A. und den inzwischen vom Wagen zum Tatort zurückgekommenen Angeklagten M. und S. zum Wagen, um sich seiner Verletzungen wegen – er glaubte insbesondere Knochenbrüche erlitten zu haben – zum Arzt fahren zu lassen ... Inzwischen waren mehrere Rüdesheimer Bürger, darunter die Zeugen B., R., B. und T., durch den Lärm der Explosion aufgeweckt, zur Synagoge geeilt, wo sie feststellten, daß die Synagoge voller Rauch war, die Gebetsstühle schwelten und ein Vorhang sowie einige auf dem Boden herumliegende Gebetsrollen angekohlt waren. In der Synagoge fand man einen leeren Benzinkanister und ein Stück Papier mit dem Aufdruck: ‹Oberste SA-Führung München›. Der Zeuge B. löschte sodann mit Hilfe eines schnell herbeigeschafften Minimax-Handgerätes die schwelenden Teile der Gebetsstühle ab. Das war innerhalb weniger Minuten geschehen. Das Synagogengebäude selbst hatte, abgesehen von einer offenbar durch die Explosion zersprungenen Fensterscheibe, keine Beschädigungen erlitten ... Die Ortspolizeibehörde in Rüdesheim hatte alsbald nach dem Brand der Synagoge, jedenfalls aber noch vor den am Nachmittag einsetzenden weiteren Zerstörungshandlungen, von ihrer vorgesetzten Dienststelle durch Funkspruch den Befehl erhalten, die Ausschreitungen gegen jüdische Kultstätten zu dulden. Am nächsten Morgen erstattete sie dennoch der Staatsanwaltschaft in Wiesbaden Anzeige wegen Brandstiftung gegen unbekannt, erhielt aber hierauf keinen sachlichen Bescheid, sondern lediglich ein kurzes Schreiben der Staatsanwaltschaft, in dem diese ihrem Mißfallen darüber Ausdruck gab, daß die Gemeinde Rüdesheim als einzige über den Synagogenbrand Anzeige erstattet habe.»[12]

Mit dem tölpelhaften Brandstiftungsversuch hatte es freilich sein Bewenden nicht, am folgenden Tag wurde die Rüdesheimer Synagoge zerstört, und das Plündern und die Mißhandlung jüdischer Bürger fand statt wie überall.

Trümmer der Synagoge in Hof

In Düsseldorf spielte sich nach dem Bericht des Rabbiners Dr. Max Eschelbacher folgendes ab. Gegen Mitternacht kam das Ehepaar von einem Besuch bei Freunden nach Hause zurück:
«Kaum war ich da, als das Telefon läutete: Eine Stimme, die vor Entsetzen bebte, schrie: ‹Herr Doktor, sie zertrümmern das Gemeindehaus und schlagen alles kurz und klein, sie schlagen die Menschen, wir hören ihr Schreien bis hierher.› Es war Frau Blumenthal, die im Nachbarhaus wohnte. Ich dachte in das Gemeindehaus zu gehen, obgleich ich dort nichts helfen konnte. Aber fast im gleichen Augenblick läutete es heftig an der Haustüre. Ich löschte die Lichter aus und sah hinaus. Der Platz vor dem Hause war schwarz von SA-Leuten. Im Augenblick waren sie oben und hatten die Flurtüre eingedrückt. Ich konnte nur sehen, daß das Treppenhaus voll von ihnen war, von Gemeinen und allerhand Vorgesetzten, kenntlich an ihren Mützen und Aufschlägen. Sie drangen in die Wohnung unter dem Chorus: ‹Rache für Paris! Nieder mit den Juden!› Sie zogen aus Beuteln Holzhämmer heraus, und im nächsten Augenblick krachten die zerschlagenen Möbel und klirrten die Scheiben der Schränke und der Fenster. Auf mich drangen die Kerle mit geballten Fäusten ein, einer packte mich und schrie mich an, ich solle herunterkommen. Ich war überzeugt, daß ich totgeschlagen werde, ging ins Schlafzimmer, legte Uhr, Portemonnaie und Schlüssel ab und nahm Abschied von Berta. Sie sagte nur: Chasak! (Sei stark!)
Wie ich die Treppe hinunter gekommen bin, weiß ich selber nicht. Man ist in solchen Augenblicken glücklicherweise so benommen, daß man

kaum bemerkt, was um einen vorgeht. Daher rührt die Unerschrockenheit, die man in derartigen Augenblicken zu haben scheint. Wäre man mehr bei Bewußtsein, dann hätte man auch mehr Angst. Unten war die Straße voll von S.A.-Leuten. Es mögen im Ganzen, mit denen im Hause, 50–60 Mann gewesen sein. Ich wurde mit dem Rufe empfangen: ‹Jetzt predige mal!› Ich fing an, vom Tode des Herrn vom Rath zu sprechen, daß seine Ermordung ein Unglück mehr für uns, als für das deutsche Volk sei, daß wir keine Schuld an seinem Tode tragen ... Um die Ecke, in der Stromstraße, sah ich die Straße bedeckt mit Büchern, die aus meinem Fenster geworfen worden waren, mit Papieren, Akten, Briefen. Zertrümmert lag auf der Straße meine Schreibmaschine. Während sich das alles abspielte, waren die S.A.-Leute bei Wertheimers in der Etage unter uns eingedrungen, hatten dort sehr viel zerstört, Herrn Wertheimer und seine Frau aus dem Bett geholt und heruntergebracht. Ich selber wurde von einem S.A.-Mann gepackt und im großem Bogen über die Straße an das Haus geschleudert. Ein Nachbar, der Augenzeuge war, sagte mir nachher, das sei mehrmals geschehen. Ich wurde dann in den Hausgang geworfen und zwischen Wand und dem Lift eingesperrt. Dann kam der Kreisleiter und sagte: ‹Ich nehme Sie in Schutzhaft.› Nun begann der Marsch zum Polizeipräsidium. Ein Trupp S.A.-Leute zog vor uns. Dann kam ich, eskortiert von zweien. Dann wieder ein Trupp S.A.-Leute, sodann Herr Wertheimer, in gleicher Weise geleitet, dann durch einen weiteren Trupp S.A.-Leute von uns getrennt Frau Wertheimer im Pyjama und dann zum Schluß wieder eine Gruppe S.A.-Leute. Auf dem ganzen Weg sangen sie im Sprechchor: ‹Rache für Paris! Nieder mit den Juden!› Einer sagte mir: ‹Jetzt könnt Ihr Laubhüttenfest feiern.› Passanten, die uns begegneten, stimmten auch ein: ‹Rache für Paris! Nieder mit den Juden!›»

Zwölf Tage blieb der Rabbiner in Haft, am 22. November wurde er entlassen, erst jetzt erfuhr er, was sich im einzelnen abgespielt hatte:

«Es hatte viele Tote gegeben. Was sich in der Nacht abgespielt hatte, war ein Pogrom gewesen. Paul Marcus, der Inhaber des Café Karema, flüchtete, als sein Restaurant vollkommen zerstört war. Er ist in der Nacht erschossen worden und wurde am frühen Morgen vor der Wohnung von Dr. Max Loewenberg, am Martin-Luther-Platz, tot aufgefunden. In Hilden sei Frau Isidor Willner und ihr Sohn Ernst erstochen worden. Ferner sind dort Carl Herz und Nathan Mayer entweder erstochen oder erschossen worden. Der 68jährige Dr. Sommer in Hilden, ein Mann, der in Mischehe lebte und sich nie um Jüdisches bekümmert hatte, ging, als (s)ein Haus geplündert und er selber schwer mißhandelt worden war, mit seiner Frau und ihrem alten, ebenfalls «arischen» Mädchen in den Garten. Dort haben sich alle drei vergiftet. Die Leichen von Marcus, Herz und Mayer sowie von Frau Willner und Ernst wurden zunächst beschlagnahmt. Berta wandte alle ihre Energie an, um bei der Gestapo die Freigabe für die Beerdigung zu erwirken. Sie wurde endlich bewilligt. Die Leichen kamen von der Polizei in verschlossenen Särgen an. Sally Rosenbusch sprach die Gebete, ich war ja im Gefängnis. Kein Jude sonst durfte an diesem späten Abend des 15. November, beinahe acht Tage nach ihrer Ermordung, zugegen sein. Dafür waren mehrere Beamte der Gestapo da. Keine Untersuchung wegen Mordes ist eingeleitet worden. Noch zwei andere Tote hat die Nacht des zehnten November gefordert, Stefan Goldschmidt und Lewkowitz, beide in den Siebzigern. Ob auch sie erschlagen worden sind oder ob sie durch den Schrecken einen Herzschlag bekommen haben, konnte ich nicht erfahren ... Mein erster Weg führte mich zur Synagoge. Ein hoher Bretterzaun umgab sie, die Scheiben waren geborsten, die Kuppel noch auf dem Dach, aber ausgebrannt, die Sparren ragten zum Himmel empor. In der Pogromnacht war eine Bande dort erschienen, einige sollen Ärzte von den Städtischen Krankenanstalten, einige Landgerichtsräte gewesen sein. Aus der Flora-Apotheke am Schadowplatz waren Mengen von Benzin herbeigeschafft worden, von anderen Orten Teer. Die Thorarollen wurden aus dem Aron Hakkodesch (Thora-Schrein) geholt und im Hof angezündet, wobei die Mordbrenner um sie herumtanzten, zum Teil in den Ornaten der Rabbiner und Chasanim (Vorbeter). Dann wurde alles Holz, insbesondere der Dachstuhl und die Bänke, mit Benzin und Teer bestrichen und angezündet. Bald brannte der Dachstuhl lichterloh. So ist unsere Synagoge verbrannt worden. Andere Synagogen sind gesprengt worden. Die Leichenhalle auf unserem alten Friedhof ist zerstört worden.»

Rabbiner Eschelbacher war überzeugt, daß der Pogrom Ergebnis detaillierte Vorbereitung gewesen war:

«Die Plünderungen, Brandstiftungen, Morde, Verhaftungen, Mißhandlungen erfolgten nach einem genau ausgearbeiteten Plan. Die Banden der Mordbrenner waren vorher schon bis ins Einzelne bestimmt. Herr vom Rath ist am späten Nachmittag des 9. November seinen Wunden erlegen. Mord und Zerstörung setzten um Mitternacht ein. Die Anweisungen zum Pogrom sind nach sorgfältiger Vorbereitung durch Funkspruch gegeben worden.»[13]

Detailliert waren auch die Regieanweisungen für die Berichterstattung am Tag nach der schrecklichen Nacht. Mit einer Meldung des Deutschen Nachrichten Büros wurde die amtliche Version verbreitet. Sie lautete:

«DNB Berlin, 10. November. Nach Bekanntwerden des Ablebens des durch feige jüdische Mörderhand niedergestreckten deutschen Diplomaten Parteigenossen vom Rath haben sich im ganzen Reich spontane judenfeindliche Kundgebungen entwickelt. Die tiefe Empörung des deutschen Volkes machte sich auch vielfach in starken antijüdischen Aktionen Luft.»

Dazu lieferte das Propagandaministerium in der Pressekonferenz am

10. November Sprachregelung und Direktiven zur Plazierung und Aufmachung der Nachricht für den 11. November:

«Im Anschluß an die heute morgen ausgegebene DNB-Meldung können eigene Berichte gebracht werden. Hier und dort seien Fensterscheiben zertrümmert worden, Synagogen hätten sich selbst entzündet oder seien sonstwie in Flammen aufgegangen. Die Berichte sollen nicht allzu groß aufgemacht werden, keine Schlagzeilen auf der ersten Seite. Vorläufig keine Bilder bringen. Sammelmeldungen aus dem Reich sollen nicht zusammengestellt werden, aber es könne berichtet werden, daß auch im Reich ähnliche Aktionen durchgeführt worden seien. Einzeldarstellungen darüber sind zu vermeiden. Über örtliche Vorgänge könne ausführlicher berichtet werden. Dies alles nur auf den zweiten oder dritten Seiten. Wenn Kommentare für nötig befunden würden, so sollen sie nur kurz sein, und etwa sagen, daß eine beträchtliche begreifliche Empörung der Bevölkerung eine spontane Antwort auf die Ermordung des Gesandtschaftsrates gegeben habe.»[14]

Das wurde landauf, landab getreulich befolgt, und so las man im ‹Trierer Nationalblatt›:

«Als die Nachricht vom Tode des der jüdischen Mörderhand zum Opfer gefallenen Botschaftsrats vom Rath in Trier bekannt wurde, hat sich die Erregung der Bevölkerung, die schon vorher groß war, noch mehr gesteigert. Überall sah man in der Nacht zum Donnerstag Gruppen von Menschen zusammenstehen und die Straßen durchwandern, die in höchster Erregung nicht nur die Tragik des Sterbens eines jungen deutschen Menschen besprachen, die vor allem auch mit dem echten Volksinstinkt nicht allein den Mörder selbst für die Tat verantwortlich machten, sondern in der rassischen Zugehörigkeit eines Individuums die eigentliche Ursache des Meuchelmordes erblickten ... So ist es denn auch in Trier und überall im Trierer Lande im Laufe der Nacht zum Donnerstag und in den frühen Morgenstunden des gestrigen Tages zu spontanen Kundgebungen gegen Juden gekommen, die zum Teil Zerstörung am jüdischen Besitz nach sich zogen. In Trier selbst wurden die Fensterscheiben jüdischer Geschäfte eingeschlagen, die Auslagen durcheinandergeworfen und auch die Einrichtungen zum Teil erheblich in Mitleidenschaft gezogen.»[15]

Über die Ereignisse in Nürnberg und Fürth, die dem damaligen genius loci der Stadt der Reichsparteitage und der Residenz des berüchtigten Chef-Antisemiten der NSDAP und fränkischen Gauleiters Julius Streicher entsprachen – mindestens 26 Menschen waren ums Leben gekommen, und die SA hatte in außergewöhnlichem Maß geplündert –, war im ‹Fränkischen Kurier› zu lesen:

«Die Nachricht von dem Tode des deutschen Gesandtschaftsrats vom Rath, der den Kugeln eines jüdischen Verbrechers zum Opfer fiel, löste in Nürnberg und Fürth, wie im ganzen Reiche, die stärkste Erregung der gesamten Bevölkerung aus. Diese Empörung steigerte sich im Laufe des Abends und der Nacht zu Aktionen gegen die in Nürnberg und Fürth wohnenden Juden. Die Synagoge in der Essenweinstraße in Nürnberg und die Synagoge in Fürth wurden in der Nacht zum Mittwoch auf Donnerstag in Brand gesteckt. Die beiden Synagogen sind im Innern völlig ausgebrannt; die sofort herbeigeeilte Feuerwehr verhinderte jede Ausdehnung des Brandes. Die Judengeschäfte wurden demoliert, die Scheiben wurden eingeschlagen und der Inhalt der Läden wurde durcheinandergeworfen. Zu Plünderungen ist es nirgends gekommen. Noch jetzt liegen die Waren zerstreut in den jüdischen Geschäften.»[16]

Das ‹Göttinger Tageblatt› berichtete mit mehr Energie und Engagement:

«Zu stark traf uns der Schlag des internationalen Judentums, als daß wir darauf mit Worten allein hätten reagieren können. Eine seit Jahrzehnten aufgespeicherte Wut gegen das Judentum brach sich Bahn, für die sich die Juden bei ihrem Rassegenossen Grünspan, bei dessen geistigen oder tatsächlichen Lenkern und bei sich selbst bedanken können ... Dabei ist mit den Juden selbst glimpflich verfahren worden. Es ist lediglich demonstrativ vor Augen geführt worden, welchen Grad der Zorn des deutschen Volkes erreicht hat, ohne daß dabei Juden an Leib und Seele Schaden erlitten haben ... Wir brauchen auch in Göttingen nicht zu verschweigen, was sich in der Nacht zum 10. November zugetragen hat. Wer dafür kein Verständnis aufbringt, ist unfähig, die Stimme des Volkes zu verstehen. Wir haben gesehen, daß der gelbe Tempel des rachsüchtigen Judengottes in der Oberen Maschstraße in Flammen aufgegangen ist und daß die Fensterscheiben einiger noch in jüdischen Händen befindlicher Geschäfte gestern morgen nicht mehr vorhanden waren. Die Sicherheitsbehörden haben dafür gesorgt, daß es bei diesen Demonstrationen des Volkszorns blieb.»[17]

Mächtig ins Zeug legte sich auch der Redakteur der ‹Hohenzollerischen Blätter›, der über den Volkszorn in Hechingen berichtete:

«Das Bekanntwerden des Ablebens des durch feige jüdische Mörderhand niedergestreckten deutschen Diplomaten, Parteigenossen vom Rath, hat, wie im ganzen Reich, so auch in unserer Stadt tiefste Empörung und gerechten Zorn des Volkes ausgelöst. In der Nacht vom Mittwoch auf Donnerstag sammelten sich in der Goldschmiedstraße vor der Synagoge empörte Volksgenossen, die in durchaus verständlicher und berechtigter Erregung diese jüdische Kultstätte zum Zielpunkt ihres Vergeltungswillens genommen hatten. Binnen kürzester Zeit waren die Türen erbrochen und die gesamten Einrichtungsgegenstände zerstört. In ihrem kaum zu überbietenden Zorn machten die Volksgenossen derart ‹ganze Arbeit›, daß an eine Wiederherstellung der Innenausstattung für den bisherigen Zweck nicht mehr gedacht werden kann. Das im Jahre 1775 erbaute Haus, welches seit seinem Bestehen den Juden als religiöser Versammlungsraum diente, gleicht innen einem Trümmerhaufen. Auch sämtliche Fenster und Türen sind zerschlagen. Die schon in den frühen Morgenstunden des Donnerstag zur Goldschmiedstraße strömende Einwohnerschaft diskutierte erregt über den gemeinen Meuchelmord an einem hoffnungsvollen jungen Deutschen und gab unverhohlen ihrer Befriedigung über die empfindliche Vergeltung des heimtückischen Schurkenstreiches Ausdruck. Mit Abscheu spricht jedermann von dem jüdischen Pack, das nun auch hier in Hechingen die Faust des Volkes zu spüren bekam. Möge dieses Beispiel der Judenschaft zeigen, daß Deutschland nicht länger mit sich spielen läßt und seine Feinde dort zu treffen weiß, wo es sie am meisten schmerzt. – Überflüssig zu sagen, daß von Ausschreitungen oder gar Plünderungen nirgends etwas bemerkt werden konnte. Wer Zeuge der antijüdischen Aktionen war, mußte sich vielmehr über die Disziplin, die von der Volksmenge trotz der Empörung über die jüdische Mordtat gehalten wurde, wundern.»[18]

Die Münchener Hauptsynagoge an der Herzog-Max-Straße gegenüber dem Künstlerhaus war schon im Juni 1938 im Vorgriff auf die Novemberereignisse zerstört worden. Das bayerische Innenministerium hatte auf Wunsch Hitlers das Gebäude als Verkehrshindernis deklariert. Am 8. Juni wurde die jüdische Kultusgemeinde gezwungen, dem Abriß zuzustimmen. Am folgenden Tag begann die Zerstörung des Bauwerks. Im November dienten zwei andere Synagogen in der Reichenbachstraße und in der Herzog-Rudolf-Straße als Objekt des Vandalismus. Über die «gewaltige Empörung gegen das Judentum in München» berichtete der ‹Münchener Beobachter›, das lokale Beiblatt des ‹Völkischen Beobachters›, auf Seite 13:

«Das hat der 10. November in München wie im ganzen Reich klar erkennen lassen! Eine ausgebrannte Synagoge in der Herzog-Rudolf-Straße, eingeworfene Schaufenster in zahlreichen jüdischen Geschäften der Neuhauser, Wein- und Theatinerstraße, im Tal, Rosenthal, am Stachus und Lenbachplatz – um nur einige zu nennen – sowie eine größere Zahl von in Schutzhaft genommenen Juden sind zunächst nur ein kleiner Denkzettel, durch den sich die geradezu bewundernswerte Langmut des deutschen Volkes einmal Luft gemacht hat.»[19]

In der Norddeutschen Ausgabe des ‹Völkischen Beobachters› konnte man die amtliche Version dessen, was in der Reichshauptstadt Berlin geschehen war, nachlesen:

«Im ganzen Berliner Westen, wie überall auch sonst, wo die Juden sich noch in der Reichshauptstadt breitmachten, ist kein Schaufenster eines jüdischen Geschäftes heilgeblieben. Zorn und Wut der Berliner, die trotz allem größte Disziplin bewahrten, hielten sich doch in bestimmten Grenzen, so daß Ausschreitungen vermieden und keinem einzigen Juden auch nur ein Haar gekrümmt wurde. Die in den zum Teil allzu prächtig ausgestatteten Fenstern feilgebotenen Waren blieben unberührt, höchstens daß hier und da der eine oder andere Gegenstand durch einen Steinwurf oder eine herabfallende Scherbe beschädigt wurde ... Die drei Berliner Synagogen sind in Brand geraten ... In allen Straßen Berlins, in den Städten der Mark, überall wo Juden wohnen und ‹arbeiten›, bietet sich den Passanten das gleich Bild: in geräumten Auslagen und Schaukästen gähnt die Leere, nirgendwo ist ein Jude zu sehen. Nur hier und da sieht man hinter den teilweise verriegelten und durch Gitter geschützten Eingängen einen Sohn Israels bei Aufräumungsarbeiten. Die Bevölkerung verhält sich heute absolut ruhig, jeder geht seiner Beschäftigung nach und nimmt von den zertrümmerten Schaufenstern nur im Vorübergehen – allerdings mit nicht unverständlicher Freude und Genugtuung – gebührend Kenntnis.»[20]

Weitere Beispiele des verordneten Zynismus in der Presse ließen sich beliebig aneinanderreihen. Gegenüber den Beteuerungen, wie spontan der Volkszorn gewesen, wie diszipliniert sich die Erzürnten verhalten hätten, daß nichts geplündert, daß den Juden ja kaum ein Haar gekrümmt worden sei, steht die Bilanz, die die Exponenten des NS-Regimes unter Görings Vorsitz am 12. November 1938 aufmachten. Heydrich, der Gestapo-Chef, trug bei der Sitzung, an der Vertreter aller Reichsministerien und anderer Stellen teilnahmen und bei der das weitere Vorgehen gegen die Juden besprochen wurde, Zahlen vor: 7500 zerstörte Geschäfte mit einem vorläufig geschätzten Gesamtschaden an Sachen, Inventar und Waren von mehreren hundert Millionen Reichsmark. Ein Versicherungsexperte berichtete dann über den Schaden, der durch Diebstahl und Plünderung entstanden war; er illustrierte den Sachverhalt am Beispiel des Juweliergeschäfts Margraf, Unter den Linden in Berlin, das vollkommen ausgeplündert worden war und einen Schaden in Höhe von 1,7 Millionen Mark bei der Versicherungsgesellschaft geltend machte.

Göring befahl Riesenrazzien, um die Juwelen wieder herbeizuschaffen. Kurt Daluege, SS-General und Chef der Ordnungspolizei, sagte, das sei schon angeordnet, und 150 Verhaftete gebe es auch schon. Heydrich, der Chef der politischen und der Kriminalpolizei, fügte hinzu, im ganzen Reich sei in rund 800 Fällen geplündert worden, mehrere hundert Plünderer seien aber bereits verhaftet. Angesichts der Größenordnung des Sachschadens entfuhr Göring die Bemerkung, ihm wäre es lieber gewesen, man hätte 200 Juden erschlagen, anstatt solche Werte zu vernichten. Heydrich warf ein, es habe 35 Tote bei der Aktion gegeben – das war aber nur ein geringer Teil der tatsächlichen Todesopfer des Pogroms, zu denen die Selbstmorde und die an den Folgen der Mißhandlung später Gestorbenen ja auch gerechnet werden müssen.

Göring war jedoch nur über die ökonomischen Konsequenzen des von Goebbels entfachten «Volkszorns» empört, denn die mit so großer Zerstörungslust angerichteten Schäden trafen teilweise gar nicht die Juden. Die zerschlagenen Scheiben der jüdischen Geschäfte im Wert von ca. 6 bis 10 Millionen Reichsmark mußten durch die Versicherungen den Hausbesitzern, die zum größeren Teil nicht jüdisch waren, ersetzt werden. Das setzte der Versicherungsexperte Hilgard den Herren auseinander, und auf die dümmliche Bemerkung Goebbels', der Jude müsse den Schaden bezahlen, tobte Göring los und meinte, das habe doch keinen Sinn, weil Deutschland keine Rohstoffe habe und das ausländische Glas gegen Devisen kaufen müsse. Schaufensterglas wurde ausschließlich in Belgien produziert, und eine halbe Jahresproduktion der gesamten belgischen Glasindustrie hatten die Helden der Pogromnacht in wenigen Stunden zerschlagen. Trotz der Schelte war Goebbels aber zufrieden. In seinem Tagebuch resümierte er die Konferenz mit der Bemerkung «Jedenfalls wird jetzt tabula rasa gemacht. Ich arbeite großartig mit Göring zusammen. Er geht auch scharf heran. Die radikale Meinung hat gesiegt.»[21]

Entgegen den amtlichen Verlautbarungen hatten die Sachwalter des deutschen Volkszorns jüdisches Eigentum in großem Stil geraubt und gestohlen. Aber auch en détail bedienten sie sich ungeniert. Erna Philipp, Sozialarbeiterin und Sekretärin der jüdischen Gemeinde in Bochum, berichtete, wie in der Nacht vom 9. zum 10. November zwischen zwei und drei Uhr fünfzehn Männer in ihre Wohnung eindrangen:

«Zwischen 2–3 a.m. in der Nacht vom 9.–10. November 1938 drangen 15 Männer in meine Wohnung ein. Sie erbrachen die Haustür (christliche Hausbesitzer) und bedrohten diese durch Vorhaltung von Revolvern in der gleichen Weise, in der mich zwei Männer mit Revolvern ‹beschützten› und sich, nachdem genügend gestohlen und zertrümmert war – (10 Leute und ein Anführer besorgten das) –, sich mit höflicher Verbeugung verabschiedeten mit der Versicherung, sie seien dagewesen, damit mir kein Haar gekrümmt wurde. Bemerkenswert war die Organisation des Diebstahls, Bargeld, Schreibmaschine, Leica, Schmuck, Haushalts-Silber, Kunstgegenstände wurden in meine Aktentaschen und Koffer verpackt, wertvolle Bilder und Zeichnungen sorgfältig aus den Rahmen geschnitten. Nichts Zerbrechliches blieb heil in der Wohnung.»[22]

Das Ende der amtlich inszenierten Demonstration der Volkswut gegen die Juden wurde schon am 10. November dekretiert, und zwar durch Goebbels auf der ersten Seite des ‹Völkischen Beobachters›: «Es ergeht nunmehr an die gesamte Bevölkerung die strenge Aufforderung, von allen weiteren Demonstrationen und Aktionen gegen das Judentum, gleichgültig welcher Art, sofort abzusehen. Die endgültige Antwort auf das jüdische Attentat in Paris wird auf dem Wege der Gesetzgebung beziehungweise der Verordnung dem Judentum erteilt werden.»[23]

Sowenig aber der Pogrom eine spontane Aktion der Bevölkerung gewesen war, so schlecht ließ er sich jetzt beenden. Die Geister, die er gerufen hatte, wurde Goebbels so schnell nicht los. Die Behauptung, das deutsche

Volk habe «dem Gebot der Regierung willig und diszipliniert Folge geleistet» und in «Stundenfrist sind Demonstrationen und Aktionen zum Schweigen gebracht worden»[24], war gelogen. Die Ausschreitungen gingen an einzelnen Orten bis zum 13. November weiter. Der Organisator des Pogroms mußte sich nicht nur von Göring rüffeln lassen, auch das Oberste Parteigericht der NSDAP übte im Februar 1939 Kritik an der Art der Goebbels-Inszenierung. Das NSDAP-Gericht befaßte sich mit den Ereignissen des November 1938 weniger deshalb, um Ausschreitungen zu ahnden, als um die Morde, Plünderungen und Vergewaltigungen, die Parteigenossen verübt hatten, der öffentlichen Gerichtsbarkeit zu entziehen. Das Parteigericht empfahl Hitler, in den meisten Fällen die Verfahren vor den ordentlichen Gerichten niederzuschlagen, und zwar mit der Begründung, es habe sich «um Tötungen auf Befehl, aufgrund unklaren oder vermeintlichen Befehls, ohne Befehl aus Haß gegen die Juden und aus der Auffassung heraus, daß nach dem Willen der Führung Rache genommen werden sollte für den Tod des Pg. vom Rath, oder um Tötungen aufgrund plötzlich aus der Situation heraus in der Erregung gefaßten Entschlusses» gehandelt.

Aus diesem Anlaß hatte sich das NSDAP-Gericht gründlich mit dem Problem der Gesamtverantwortung für die Exzesse beschäftigt und war zu dem Schluß gekommen, daß die verschleierte Befehlsgebung durch Goebbels unzeitgemäß gewesen sei:

«Eine andere Frage ist die, ob der absichtlich unklar, in der Erwartung gegebene Befehl, der Befehlsempfänger werde den Willen des Befehlsgebers erkennen und danach handeln, nicht im Interesse der Disziplin der Vergangenheit angehören muß. In der Kampfzeit mochte er in einzelnen Fällen notwendig sein, um einen politischen Erfolg herbeizuführen, ohne dem Staat die Möglichkeit zu geben, die Urheberschaft der Partei nachzuweisen. Dieser Gesichtspunkt fällt heute weg. Auch die Öffentlichkeit weiß bis auf den letzten Mann, daß politische Aktionen wie die des 9. November von der Partei organisiert und durchgeführt sind, ob dies zugegeben wird oder nicht. Wenn in einer Nacht sämtliche Synagogen abbrennen, so muß das irgendwie organisiert sein und kann nur organisiert sein von der Partei.»[25]

3. Die Täter

Der Pogrom war also, wie jedermann wußte und wie die Aktivisten nach 1945 vor Gericht immer wieder beteuerten, eine befohlene Sache, aber das Engagement, mit dem der Befehl allenthalben ausgeführt wurde, machte erst die Dimension des Ergebnisses aus. Goebbels hatte an die niederen Instinkte appelliert und eine Flutwelle von Aggressionen und Vandalismus,

Zerstörungsrausch und Mordlust entfesselt, die biedere Bürger und harmlose kleine Leute in Bestien verwandelte. In Köln beobachteten zwei Kinder die Zerstörung eines kleinen jüdischen Altwarenladens:

«SA-Männer hatten sich im Halbkreis vor das Geschäft der Eltern meiner Schulfreundin postiert und warfen abwechselnd unter Gebrüll ‹Juden raus› eine dicke Eisenkugel in den Laden, dessen Schaufenster sie zertrümmerte und dessen Auslagen sie zerstörte. Nun blieben auch wir Kinder wie erstarrt stehen und blickten hinüber zu den Eltern meiner Schulfreundin, die wortlos zusahen, wie man ihren Besitz vernichtete. Ich verstand nicht, warum diese Menschen sich so gar nicht gegen diese Zerstörungswut wehrten, und unbegreiflich war mir auch, daß da so viele Menschen herumstanden und nicht die geringsten Anstalten machten, hier einzugreifen.»[26]

In Eßlingen war das jüdische Waisenhaus Ziel der nationalsozialistischen Empörung:

«Am 10. November 1938 zwischen 12 und 1 Uhr erschienen im Speisesaal des Waisenhauses mit Äxten und schweren Hämmern bewaffnete Zivilisten und SA-Leute und zwangen uns unter den Rufen ‹Raus mit euch› das Haus zu verlassen und uns hinter dem Gebäude am Komposthaufen zu versammeln. Ein Teil der Kinder floh, die übrigen wurden mit uns von SA bewacht. Ich persönlich kannte keinen der Leute, habe aber einen besonders rohen Rothaarigen und einen Buckligen in steter Erinnerung. Während sich ein Teil unbeteiligt in den Gängen und außerhalb aufhielt, zerstörten die anderen, was erreichbar war. Aus den Zimmern der Lehrer und aus unserer Wohnung warf man Bücher, aus dem Betsaal Gebetbücher, Thorarollen und Gedenktafeln auf einen brennenden Scheiterhaufen. Den weinenden Kindern drohte einer dieser Rohlinge, man werde auch sie dort verbrennen ... Dann kam der Befehl, die Kinder noch vor Einbruch der Nacht wegzubringen. Nach langen Verhandlungen erlaubte man meinem Mann, Stuttgarter Bekannte anzurufen, um die Kinder mit Autos zu holen. Wir hatten zu unterschreiben, daß wir, mein Mann und ich, als Letzte das Haus bis 7.30 Uhr nächsten Tages zu verlassen hätten, andernfalls man uns in Schutzhaft nehmen werde. Taxichauffeuren und Privatleuten, die Kinder wegbringen wollten, wurde jede Verbindung mit uns verboten. Ehemalige Zöglinge aus Stuttgart kamen auf Umwegen während der Nacht und halfen uns. Wir verließen das Haus mit Rucksäcken ... Einige Kinder hatten sich zu Fuß auf den Weg nach Stuttgart gemacht, sie fanden Hilfe unterwegs von Passanten.»[27]

Das Schicksal einer Nürnberger Arztfamilie komprimiert in der Aussage eines Zeugen im Wiedergutmachungsverfahren 1954:

«In der Nacht nach dem ‹gläsernen Donnerstag› 9./10. 11. 1938 sah ich sofort nach einigen Freunden, um zu helfen, soweit man damals überhaupt in der Lage war. Ich fuhr sofort nach Nürnberg zur Familie Dr. Albert Weinstock, und was sich da meinen Augen bot, werde ich in meinem

Leben nicht vergessen können. Daß es Menschen gibt, die eine solche Verwüstung anrichten können, hielt ich nicht für möglich, es müssen Bestien gewesen sein, die in ihrem Haß keine Grenzen mehr sahen. Die Wohnung der Familie Dr. Weinstock bot ein Bild des Grauens. Im Wohnzimmer lagen die Scherben so hoch, daß man kaum zu gehen vermochte. Die Wohnzimmermöbel, schwer und wuchtig, waren vollständig zertrümmert, die Türen des Büffets z.B. mit dem Beil aufgeschlagen und sämtliches Porzellan, sämtliche Gläser herausgeworfen. Der Flügel (oder Klavier) war so zerstört, wie man es sich kaum vorstellen kann. Mutwillig waren mit dem Beil die einzelnen Tasten der Klaviatur herausgeschlagen! Was an Marmor anzutreffen war, wurde zerschlagen. Die Einrichtung des Sprechzimmers war zerstört, die Bücher teilweise zum Fenster hinausgeworfen. Was an Tischen aus Edelholz vorhanden, war so zerschmettert, daß es nicht mehr zu leimen war. Im Schlafzimmer war der Toilettentisch samt Spiegel und Tischplatte aus Glas zerschlagen, der Kleiderschrank aufgebrochen, die Wäsche herausgeworfen, um zum Schmuck und dem Geld zu kommen, das im Schrank unter der Wäsche versteckt war ... Soweit die materielle Seite, die man wieder gutmachen kann. Ich möchte nicht versäumen, auch auf die menschliche Seite einzugehen, da sie weitaus größere Folgen hatte und nicht mehr gutgemacht werden kann; denn derartige Schandtaten kann man mit Geld nicht aufwiegen. Die Leute, die ich in der Wohnung antraf, nämlich Herrn Dr. Albert Weinstock, seine Ehefrau Dora und die beiden Söhne im Alter von etwa 12 und 14 Jahren waren ein Bild des Jammers, und es hat mich damals selbst ganz schön Nerven gekostet, diesen armen Menschen ein ganz klein wenig Mut zu machen. Die Jungens waren vollständig verstört. Die SA-Rohlinge hatten die Jungen, die man doch noch als Kinder ansprechen mußte, mit dem Gesicht zur Wand gestellt und mit der Pistole bedroht. Man hat sie durch die ganze Wohnung geführt immer unter der Androhung des Erschießens, und sie mußten zusehen, wie man die Familienwerte und Erinnerungen zerstörte. Frau Weinstock wurde ebenfalls mit der Pistole bedroht und zur Herausgabe des Schmucks (zum Teil alter Familienschmuck) und Geldes aufgefordert, was sie unter diesen Umständen nicht verweigern konnte. Daß Herr Dr. Weinstock selbst nicht sanft behandelt wurde, brauche ich nicht zu erwähnen, trotzdem war er am schnellsten mindestens äußerlich gefaßt, weil er um seine Angehörigen besorgt war. Folgen: Dr. Weinstock konnte es nicht überwinden, daß man ihm, der ein so großes Ansehen als Arzt und Mensch in Nürnberg genossen hat, wie einen Verbrecher behandelte einzig und allein seiner Abstammung wegen. Er nahm sich das Leben! Kurt Weinstock, der ältere Sohn, der an sich etwas schwach war, hat die Folgen des erlittenen Schocks nie überwinden können und starb nur dreißigjährig, eine gebrochene Mutter zurücklassend. Frau Dr. Weinstock selbst hat diese grausige Nacht auch nie vergessen und sich ebenfalls nie von dem Schrecken erholt."[28]

Dumpfe Aggression als Frucht der Verhetzung ist als einziges Motiv der schweren Mißhandlung auszumachen, bei der das Opfer ein älterer Mann und der Täter ein 17jähriger Hilfsarbeiter war. Die kleine Stadt Assenheim in Hessen (sie hatte 1933 1216 Einwohner, darunter 21 Juden) war Schauplatz der Tat, die im Herbst 1946 gerichtlich geahndet wurde. Der Täter wurde zu zwei Jahren Gefängnis wegen schweren Landfriedensbruchs in Tateinheit mit gefährlicher Körperverletzung verurteilt, die Rädelsführer und Anstifter konnten nicht zur Verantwortung gezogen werden. Der Angeklagte zeigte sich reuig und geständig. Er hatte in Assenheim die Volksschule besucht, dann eine Maurerlehre gemacht (ohne Abschluß) und war seit 1937 am Westwall beschäftigt. Am 8./9. November hatte er Heimaturlaub:

«Er war an dem Tage der Aktion gegen 13 Uhr in Assenheim angekommen. Da er niemand seiner Angehörigen zu Hause vorfand, fuhr er mit seinem Fahrrad ins Dorf, um dieselben zu suchen. Als er in die Nähe der Apotheke kam, sah er vor dem Hause Liebmann eine größere Menschenmenge, zumeist Jugendliche, stehen. Schon beim Näherkommen hörte er, wie der Ortsgruppenleiter der NSDAP, Hergert, die Anwesenden aufforderte, ins Haus einzudringen und den schon betagten Liebmann herauszuholen. Der Angeklagte stellte jetzt sein Rad in der Nähe ab, mengte sich unter die Anwesenden und begab sich kurz darauf in den Hof des Liebmannschen Hauses. Von dort ging er mit einigen anderen in das Haus. Er stieg zunächst in den oberen Stock, wo er die Möbel bereits zerschlagen vorgefunden haben will. Eine Uhr nahm er und warf sie zum Fenster hinaus. Mit dem Fuß trat er ein anderes Fenster ein, kletterte auf die Altane des Hauses und von dort durch ein bereits zerschlagenes Fenster wieder ins Zimmer. Dann begab er sich zum Erdgeschoß. Als er die Treppe herunterkam, bemerkte er, wie mehrere ihm nicht mehr bekannte Männer auf den in eine Ecke gedrängten, blutenden Liebmann einschlugen. Dieser wehrte sich mit einem Spazierstock. Der Angeklagte, der an der Gruppe vorbeiwollte, fühlte sich dabei von Liebmann angegriffen. Zur Abwehr ergriff er den Stock und entwendete ihn dem Verteidiger. Er hat dann mit auf Liebmann eingeschlagen, doch ist ihm der Gegenstand, den er dabei in den Händen hielt, nicht mehr bekannt, auch nicht, wo er den Angegriffenen traf. Ein Beil will er jedoch nicht gehabt haben. Der so hart bedrängte Liebmann versuchte nun, das Freie zu gewinnen. Die Angreifer folgten ihm. Voran der Angeklagte, der den Flüchtenden einholte. Mit Schritten und Schlägen trieb er ihn vor sich her. Diese Jagd ging ungefähr 100 Meter so. Da hakte der Angeklagte mit dem immer noch in seiner Hand befindlichen Spazierstock das Bein des Verfolgten ein und brachte diesen dadurch zu Fall. Dann stürzte er sich selbst auf den wehrlos Daliegenden, um weiter auf ihn einzuschlagen. In diesem Augenblick griff der Zeuge K. ein, der den Angeklagten von seinem Opfer wegriß. – Liebmann, der einige Zeit später seinen Sohn, den Zeugen Liebmann, der inzwischen verhaftet worden war, im Arrestlokal besuchte, erzählte diesem, daß er schon kurz nach dem Eindringen der Menge ins Haus mit einem Beil einen Schlag quer unter der Stirn über die Nasenwurzel erhalten habe, der ihm das Augenlicht genommen habe.»[29]

Die Geschehnisse des 10. November 1938 in der hessischen Kleinstadt Büdingen unterschieden sich weder dem Grad der Roheit nach, der dabei zum Ausdruck kam, noch in der Anteilnahme der Bevölkerung von den Exzessen im übrigen Deutschen Reich:

«Zunächst wurden zahlreiche jüdische Einwohner von Büdingen von nicht mehr zu ermittelnden Tätern aus ihren Wohnungen geholt und in das Amtsgerichtsgefängnis gebracht. Am frühen Nachmittag rottete sich eine größere Menschenmenge zusammen, die durch die Straßen der Stadt zog und Gewalttätigkeiten beging. Während zahllose Neugierige von der Straße aus zusahen, drangen einzelne Haufen, zumeist aus Jugendlichen und Schulkindern bestehend, in die jüdischen Wohnungen ein, zertrümmerten die Möbel und andere Einrichtungsgegenstände, zerschlugen Fensterscheiben und Geschirr, schlitzten die Betten auf und warfen Möbelstücke, Wäsche und andere Dinge auf die Straße. Diese Umtriebe, die hin und wieder etwas abebbten und später wieder von neuem aufflackerten, dauerten bis in die Abendstunden.»[30]

Solchen Tatbestand – juristisch klassifizierbar als Aufruhr und Landfriedensbruch, Freiheitsberaubung und Nötigung – rekonstruierte die Erste Strafkammer des Landgerichts Gießen Anfang 1949. Einer der Angeklagten, der Metzgergeselle L., war zur Tatzeit achtzehn Jahre alt. Er gehörte weder der Hitlerjugend noch der NSDAP an, galt als fleißig und tüchtig. Im Jahre 1939 verheiratete er sich, wurde erst zum Arbeitsdienst und dann zur Wehrmacht eingezogen; 1945, aus britischer Gefangenschaft entlassen, stellte ihn, weil er so fleißig und tüchtig, ordentlich und gefällig war, sein alter Meister wieder ein. Er war inzwischen Vater von zwei Kindern geworden, die Spruchkammer hatte ihm den Jugendamnestie-Bescheid erteilt. Den folgenden Sachverhalt bestätigten nicht nur mehrere glaubwürdige Zeugen, sondern auch der Angeklagte selbst:

«Am 10. November 1938 verließ L. nachmittags nach Beendigung seiner Arbeit den Schlachthof, schaffte sein Arbeitsgerät nach Hause und ging zur Schloßgasse, weil er auf dem Heimweg viele Menschen in dieser Richtung hatte laufen sehen. Er schloß sich ihnen an und kam zum Hause Hirschmann, wo das Zerstörungswerk schon fast zu Ende war. Gruppen von Jugendlichen und auch einige Erwachsene machten sich jedoch noch in der Wohnung zu schaffen. L. ging deshalb ebenfalls in die Wohnung. Als hier die annähernd 60jährige Frau Hirschmann, die mit ihrem gelähmten Mann in der Küche saß, von zwei jungen Burschen die Treppe hinuntergestoßen wurde, folgte L. ihnen, faßte Frau Hirschmann auf der Straße plötzlich und trieb sie etwa 300 m die Schloßgasse entlang durch die Menge. Er hatte sie dabei an den Kleidern gepackt, schlug auf sie ein und trat sie mit seinen Metzgerstiefeln, wohin er sie gerade traf. Als einige Jugendliche der alten Frau mehrmals ein Bein stellten, so daß sie zu Boden stürzte, riß er sie jedesmal wieder hoch, trieb sie weiter vor sich her und schrie, er wolle sie ins Wasser werfen.»[31]

Unnötig zu sagen, daß das Opfer dem Täter, der zu einem Jahr Gefängnis verurteilt wurde, nie etwas zuleide getan hatte. So entsetzlich wie unverständlich die Exzesse waren, wenn Jugendliche ohne erkennbare Bindung an den Nationalsozialismus als Täter in Erscheinung traten, so waren die Untaten der Antisemiten und Hitleranhänger nicht weniger abscheulich. Die Parteigenossen zeigten sich im nachhinein auch weniger tapfer als während des Pogroms.

Das Schulbeispiel bot ein Mannheimer Apotheker, der als fanatischer Nazi und Judenhasser stadtbekannt war. Der Pharmazeut hatte sich, was er später vor Gericht zu leugnen versuchte, heimlich schon vor 1933 der NSDAP angeschlossen. Im Ersten Weltkrieg, den der 1881 Geborene seiner schwachen Gesundheit wegen nicht aktiv mitmachen konnte, hatte er der ultra-chauvinistischen Vaterlandspartei angehört. Am 10. November 1938 betätigte er sich an der Spitze einer Gruppe uniformierter SA-Leute als Antreiber und Anführer bei der Verwüstung und Plünderung von Wohnungen jüdischer Bürger. Im Juni 1948 sprach ihm das Landgericht Mannheim deswegen das Urteil wegen Landfriedensbruchs. Die örtliche Apothekerschaft hatte sich im März 1946 in einer einstimmig angenommenen Resolution feierlich distanziert, sie verurteilte «mit Abscheu das menschen- und standesunwürdige Verhalten», das der Kollege während der Nazizeit an den Tag gelegt habe, und erklärte, «sie duldeten nicht länger, daß er einer der ihrigen sei». Er muß es also, wenn die Standesgenossen sich nachträglich so drastisch äußerten, besonders schlimm getrieben haben. Vor Gericht bestritt der Apotheker jede Beteiligung am Pogrom und behauptete entgegen einer Vielzahl glaubwürdiger Zeugenaussagen, er sei, da er im übrigen von der ganzen Entwicklung am 8. und 9. November nichts gewußt habe, am frühen Morgen des 10. November nach Heidelberg gereist und erst am Nachmittag, als die Ausschreitungen vorbei waren, wieder nach Mannheim zurückgekehrt. Die dreiste Feigheit des Scharfmachers nach der Tat nahm seine Richter zusätzlich gegen ihn ein. Sie verurteilten den Apotheker zu zwei Jahren Zuchthaus und begründeten das folgendermaßen:

«Der Angeklagte ist zwar noch nicht vorbestraft. Dieser Umstand allein war aber nicht geeignet, ihm die Zubilligung mildernder Umstände zu sichern. Er ist Akademiker und verfügte danach über einen Bildungsgrad, der ihn mehr als jedem sonstigen das Unrecht und die Ungeheuerlichkeit der Tat zum Bewußtsein kommen lassen mußte. Weit entfernt davon, aus solcher Erkenntnis die Schlußfolgerung zu ziehen, andere weniger gebildete und einsichtsfähige Personen von der Verübung solcher Scheußlichkeiten, die dem Normalempfinden eines jeden Kulturmenschen Hohn sprechen, abzuhalten, hat er seine Autorität dazu mißbraucht, um anderen mit dem übelsten Beispiel voranzugehen, und dies in einem Ausmaß, das in so kurzer Zeitspanne überhaupt nicht überboten werden konnte. Die Tatsache, daß er, wie er selbst vorträgt, früher von jüdischen Kreisen finanziell unterstützt wurde, entlastet ihn nicht, sondern belastet ihn umsomehr, als er die frühere Hilfe in übelster Weise vergalt. Dabei hat er auf Kranke und Sterbende, auf frühere Bekannte und auf alleinstehende Frauen keine Rücksicht genommen. Ihn trieb nur der Vernichtungswille. Jegliche Einsicht fehlt ihm. In nach wie vor überheblicher Form, dazu in feiger nunmehriger Verleugnung der Ideen und der Taten, die er früher als vorbildlich propagierte, verschanzt er sich nunmehr hinter behaupteter Unkenntnis und Ortsabwesenheit. Für Zubilligung mildernder Umstände war bei diesem Sachverhalt kein Raum. Nur die ganze Härte des Gesetzes kann ihm vielleicht noch zum Bewußtsein bringen, wie unrecht er gehandelt. So viele Schändlichkeit konnte und durfte nur mit einer Zuchthausstrafe geahndet werden. Eine solche in Höhe von zwei Jahren erschien schuldangemessen. Bei der Ehrlosigkeit der Gesinnung, die sich in der Handlungsweise des Angeklagten offenbarte, mußten ihm auch die bürgerlichen Ehrenrechte aberkannt werden. Die Dauer der Aberkennung hat man auf zwei Jahre bemessen. Da der Angeklagte die Dauer der Untersuchungshaft durch sein beharrliches Leugnen selbst verschuldet hat, erschien es nicht angebracht, sie ihm auf die Strafe anzurechnen.»[32]

Viel weniger auffällig waren naturgemäß jene Deutschen, die sich der Exzesse schämten, die keinen Anteil haben wollten an den Untaten, die heimlich den jüdischen Nachbarn halfen oder auch nur in der Ablehnung der Geschehnisse einig waren. In Köln stand am Tag nach dem Pogrom eine Menschenmenge vor den Trümmern der Synagoge an der Roonstraße und beobachtete die Demontage des Davidsterns auf der Kuppel. Ein Passant verfolgte in ohnmächtigem Zorn die Dinge:

«Wieder schloß ich die Augen für einen Moment, aber dann nahm ich wahr, daß ich nicht allein stand. Es gab noch Bürger, die mit Abscheu, Ekel und Entsetzen still protestierend Zeugen dieses erbärmlichen Schauspiels gewesen sind. Ich bin sicher, daß sie mit mir dachten: Das also ist das Volk, das sich dünkt und den Anspruch erhebt, ein Kulturvolk zu sein. Ich habe mich nie in meinem Leben so geschämt, wie an jenem Tage.»[33]

Ebenfalls in Köln, typisch aber nicht nur für diese Großstadt, trug sich im November 1938 dieses zu:

«Nach der Reichskristallnacht fuhr ich mit der Straßenbahn: Betroffenes Schweigen, das war die angeblich ‹kochende Volksseele›. In der Kolumbastraße/Ecke Glockengasse bildete sich eine Menschenmenge vor der brennenden Synagoge. Ein Polizist kam: ‹Weitergehen, weitergehen!› Darauf eine Kölnerin: ‹Dürfen mir uns nicht mal besinn, wat wir jedonn haben sollen?›»[34]

4. Die Opfer

In Erfurt lebten zur Zeit der nationalsozialistischen Machtübernahme etwa 830 Juden. In der Pogromnacht wurden alle Männer zwischen 18 und 80 abgeholt. Unter ihnen der Rechtsanwalt und Notar Dr. Harry Stern, Präsident der örtlichen B'nai B'rith Loge. An der brennenden Synagoge vorbei wurde Dr. Stern in eine Turnhalle gebracht.

«Dort herrschte ein schrecklicher Lärm durch die teilweise offensichtlich betrunkenen Angehörigen der Polizei, SS und SA, teilweise auch von Leuten in Zivil ... An einem Tisch wurden meine Personalien festgestellt, dann wurde ich von zwei Männern ergriffen und in einen Waschraum geführt. Hier standen zwei SA-Männer mit Knüppeln, die uns offenbar verhauen sollten. Einer erhob den Knüppel und berührte mich damit. Der andere sagte: ‹Schrei, was Du kannst›, was ich tat. Sie wollten offensichtlich ihren Befehl zum Schlagen umgehen. Dann wurde ich aus der Waschzelle herausgestoßen und von anderen SS-Männern ergriffen, mit dem Gesicht zur Wand gestellt; ich fand dabei eine größere Anzahl von anderen Juden vor. Wir mußten in Kniebeuge stehen, was die größte Qual war, die ich je erlebt habe ... Einige der Nazis nahmen sich besonders Juden vor, die sie persönlich kannten, um an ihnen ihre Wut auszulassen. Der getaufte Rechtsanwalt Flesch wurde besonders durch einen SA-Mann gequält und beleidigt, gegen den er in einem Ehescheidungsprozeß vor Gericht vertreten hatte. Eine Anzahl von Juden – ohne Rücksicht auf Alter und Körperbeschaffenheit – mußte die in der Turnhalle angebrachten Leitern heraufklettern. Unten standen Nazis mit Reitpeitschen, sie schlugen solange zu, wie die Menschen auf den Leitern in Reichweite waren ... Wir mußten antreten und nach den Klängen des Horst-Wessel-Liedes herummarschieren. Dann wurde kommandiert ‹Juda verrecke!› zu schreien, was wir tun *mußten*. Danach wurden wir in Omnibusse verladen und nach Buchenwald gebracht, wo wir beim Morgengrauen eintrafen.»[35]

Was nach dem Schrecken dieser Nacht die Einlieferung in eines der drei Konzentrationslager – Dachau, Buchenwald, Sachsenhausen – bedeutete, ist, obwohl es zahlreiche Schilderungen dazu gibt, kaum darstellbar. Die reinen Fakten, daß es ungefähr 30000 Männer waren, die im ganzen Deutschen Reich verhaftet wurden, daß die Aktion auf einige Wochen begrenzt war, daß sie der Einschüchterung und der Pression zur Auswanderung, aber (noch) nicht der Vernichtung der Opfer diente – diese Feststellungen wiegen wenig gegenüber der Katastrophe, die die Einlieferung ins KZ für die bürgerliche Existenz, für die Zerstörung der bisherigen Lebensform und im Bewußtsein der Opfer bedeutete, «wie groß die Schmach war, die unter dem Begriff des Konzentrationslagers wie eine Geißel das tägliche Leben knechtete und bedrohte».

Erich Guttmann, Sohn eines Rabbiners, kam in der Pogromnacht ins KZ Sachsenhausen. Nach den Prügeln und Quälereien beim Empfang warten Tausende auf das weitere:

«Die Stunden verrinnen und zum Martyrium der Seele gesellt sich die kaltfeuchte Luft einer Novembernacht. – Hier und da fällt Regen, aber wir spüren ihn kaum noch. – Acht Stunden stehen wir schon so da, den Blick unentwegt gegen die Mauer gerichtet. Barhäuptig und ohne Mantel. In einigen Abständen werden immer etwa hundert Menschen fortgetrieben in die Dunkelheit hinein, und als sie wieder vorüber kommen, marschieren sie in Reih und Glied, stumm angetan mit Sträflingskleidern, wie es scheint, oder mit alten zerlumpten Militärröcken. Das Haar ist vom Schädel geschoren, die Bärte sind abrasiert. Sie wurden unkenntlich und waren zunächst kaum anders voneinander zu unterscheiden, als durch eine Nummer, die auf Rock und Hose aufgestempelt waren, dazu ein Davidstern in grellen roten und gelben Farben.»

Wochen später waren die meisten wieder frei. «Einst gesunde Menschen, verließen sie nicht zu selten diese von Gott verdammte Stätte alt und gebrochen. Nicht selten war es, daß ihnen die Freiheit nach diesen schwersten Entbehrungen schwerer wurde als man es ahnen mochte, und es war eine psychologisch schwere Aufgabe, diese geschlagenen Menschen wieder in den Lebensprozeß einzureihen, in ein Leben zu lenken, das aus dieser Knechtschaft herausführte in Länder, die uns eine neue Heimat geben wollten.» Erich Guttmann, der in der Emigration, in der 1941 sein Bericht entstand, seinen deutschen Namen ablegte, gehörte zu den letzten dieser Verhaftungsaktion, die entlassen wurden. Im Frühjahr 1939 vertauschte er das KZ mit dem Polizeigefängnis seiner Heimatstadt. Seine von den Eltern betriebene Auswanderung klappte nicht auf Anhieb, er wurde vier Wochen später zum zweitenmal unter die Häftlinge des KZ Sachsenhausen eingereiht.

Jetzt macht er die erschreckende Beobachtung, wie das Konzentrationslager die Psyche der Insassen verändert, wie aus honorablen Bürgern stumpfe Häftlinge werden:

«Ich kam wieder unter meine früheren Gefährten, soweit sie noch da waren. Und die, die ich wieder sah, hatten sich gewiß nicht vorteilhaft verändert. Diese 4 Wochen des Fortseins hatten mich angesichts der eigenen Sorgen oft ihre Gesichter vergessen lassen. Jetzt aber war ich erschüttert. Sie waren verändert, äußerlich und seelisch, oder sollte ich eher sagen, moralisch? Mit eingefallenen Gesichtern, in die der Kummer oder die Ergebenheit in das Schicksal unweigerlich ihre Spuren eingezeichnet hatten, trugen sie ihr hartes Los. Sie hatten sich in einem erschreckenden Maß an den Ton und die Gewohnheit des Lagerdaseins akklimatisiert; ihr eigenes Ich war längst von ihnen abgefallen und der Körper barg nichts mehr, was auf eine Persönlichkeit schließen lassen konnte. Sie waren rauh und rücksichtslos geworden. Ihre Stimmen scharf und oft gemein. Sie empfingen mich mit einer Roheit, die mich zutiefst abstieß.»[36]

Einer der etwa 6000 Hamburger Juden, die im November 1938 verhaftet und ins Konzentrationslager Sachsenhausen gebracht wurden, beschrieb die Ereignisse zwischen dem 10. und dem 21. November, zwischen Gefangennahme und Freilassung unmittelbar danach. Er gehörte im Vergleich mit den Leidensgenossen zu denen, die noch einmal davonkamen:

«Wir kamen zunächst in das Zuchthaus Fuhlsbüttel in einen dunklen Raum in einer Anzahl, die das Fassungsvermögen etwa um das fünffache überstieg, verblieben dort ohne Nahrung den ganzen Tag und wurden dann im offenen Waggon in einer Nachtfahrt nach Sachsenhausen befördert, wo wir nachts um 2 Uhr ankamen. Unterwegs erlebte ein Bremer junger 17jähriger Mann einen Nervenzusammenbruch, weil er mit hatte ansehen müssen, wie SS-Leute seine Mutter, die aus Schmerz über seine Fortführung schrie, erschossen und dann liegen gelassen wurde. Bei unserer Ankunft in Sachsenhausen empfing uns eine große Anzahl SS-Leute und begann sofort mit derartigen Mißhandlungen durch Treten und Schlagen mit Gewehrkolben und Knüppeln, daß der uns begleitende Schupo fassungslos dabeistand und beschleunigt sich entfernte und – die körperliche Anstrengung und das unausgesetzte Schlagen und Stoßen durch die SS war derart, daß zwei von unserer Gruppe auf dem 15 Minuten langen Marsche tot liegen blieben. Dann begann das furchtbarste, was in der Wirkung vor allem auf mich alle körperlichen Mißhandlungen als gering erscheinen ließ – wir mußten 19 Stunden lang im Lager stehen (bei einzelnen dehnte sich diese Zeit bis zu 25 Stunden aus), und während dieser Zeit, falls einer oder der andere zusammenbrach, Fußtritte und Schläge mit Gewehrkolben in Empfang nehmen. Als erstes ertönte dann der Ruf nach dem Rabbiner, der am Bart gezerrt und mißhandelt wurde, – ihm wurde dann ein Schild in die Hand gegeben mit der Aufschrift: ‹Ich bin ein Landesverräter und mitschuldig am Tode vom Rath's›. Dieses Schild mußte er mit gestrecktem Arm 12 Stunden umhertragen. Die SS-Leute, von denen kaum einer über 21 Jahre alt war, hatten es vor allem auf alte, dicke, jüdisch aussehende und sozial höherstehende Juden z.B. Rabbiner, Lehrer, Anwälte, abgesehen, während sie sportlich aussehende jüngere Juden milder behandelten. So wurde ein früherer höherer juristischer Beamter, der sich mit seinem Titel meldete, besonders scharf angefaßt und mit ihm der Inhaber eines großen Restaurationsbetriebes. Ich bin den Eindruck nicht los geworden, daß ein homosexueller Unterton das Vorgehen der SS-Leute beeinflußt. Wir wurden nun am Bart und Kopfhaaren geschoren und mußten wieder 6 Stunden ohne Essen, Trinken und Kopfbedeckung im Freien, im Regen stehen, – wir waren mithin 2 Tage und Nächte ohne Schlaf und Essen und mußten die längste Zeit stehen ... Die Arbeit, zu der man im Laufschritt geführt wurde, vollzog sich in den Klinker (Hermann Göring)-Werken und bestand im Schleppen von Sand und Zementsäcken. Zum Sandtragen mußten wir Gefangenen die Jacken ausziehen und so anziehen, daß der Rückenteil nach vorn war, dann wurde die Jacke hochgenommen und rücksichtslos Sand eingeschaufelt, den wir dann mit gestreckten Armen im Laufschritt etwa 5 Minuten weit schleppen, in die Lore abwerfen mußten. Dann ging es wieder im Laufschritt zurück. Zementsäcke von 1 Zentner wurden unterschiedslos 60- und 65jährigen Leuten auf den Nacken geworfen, sie mußten diese Last dann denselben Weg in strammen Schritten schleppen, niederwerfen und zurücklaufen. Zuweilen wurde der Sand auf sogenannten Tragbahren geschleppt, das war noch furchtbarer, da das Holz derart in die Hände einschnitt, daß bei meinen Händen das Fleisch bis auf die Knochen durchschnitten wurde ... Beim Rückmarsch von der Arbeit liefen wir in Fünferreihen, Zusammenbrechende wurden geschlagen und dann in einer Bahre innerhalb der Fünferreihen getragen, damit die Bevölkerung auf den Straßen, die wir passieren mußten, nicht etwa mehrere Bahren außerhalb der Reihen bemerkte. Wer nicht stramm genug beim Exerzieren war, mußte ‹rollen›, d.h. sich so lange im Sande um sich selbst drehen, bis er bewußtlos war. Diese Unglücklichen liefen dann oft gegen das elektrisch geladene Gitter und wurden vom elektrischen Schlag oder durch den Posten, der das Überschreiten der Grenze feststellte, getötet. Schließlich, am 21. November kam die Nachricht von unserer Freilassung, und zwar wurden wir zu 70 zurücktransportiert. Als wir zur Entlassung bei dem Kommandanten angetreten waren, unterhielten sich die höheren SS-Beamten darüber, ob es nicht zweckmäßig wäre, den oder den besonders dicken Juden zu schlachten oder zu verbrennen. Die Wirkung dieser als Witz gedachten Unterhaltung auf die mit ihren Nerven Zusammengebrochenen war entsetzlich. Damit war der Leidensweg aber noch nicht zu Ende. Am Morgen nach der Bekanntgabe mußten wir von 6 Uhr morgens bis 6 Uhr abends ohne Kopfbedeckung im strömenden Regen stehen, dann am folgenden Tage wiederum von 11 bis 3 Uhr ohne Essen und ohne austreten zu dürfen. Schließlich wurde bekannt gegeben, daß die Juden keine Fahrkarten bekämen, und dabei bemerkt, ‹Ihr könnt zu Fuß laufen, meinetwegen bis Stargard›. Wir haben dann für die Unbemittelten unter uns bezahlt, und mußten dann, bevor wir abfahren konnten, noch 12 Stunden auf dem Bahnhof warten. Unsere Kleidung, die, weil alle Juden verlaust sind, desinfiziert werden mußte, war vollkommen ruiniert.»[37]

Ganz ungewöhnlich ist die Geschichte einer Freilassung aus dem KZ Dachau, die durch den Mut eines jungen Mädchens zustande kam. Ruth stammte aus Allenstein und lebte bei einer verheirateten Schwester in Berlin. Sie muß, 25 Jahre alt, auch sehr attraktiv gewesen sein und hatte kurz vor dem Novemberpogrom ihren späteren Mann kennengelernt. Er war Mitinhaber eines großen Möbelgeschäfts am Alexanderplatz, das beim Pogrom verwüstet worden war.

«Am Morgen nach der Kristallnacht rief er mich an und bat mich, ob ich ihm nicht helfen könnte noch lebend aus seinem Geschäft zu entkommen. Sein Geschäft war in Trümmer und ihn fand ich hinter einer Säule versteckt und führte ihn an der Hand durch die tobende Volksmenge. Von einem Postamt rief er seine Eltern in Frankenthal in der Pfalz an. Seine Mutter war ganz verzweifelt, sein Vater bereits im Abtransport nach Dachau. Sie bat ihn, zu ihnen nach Mannheim zu kommen, wohin sie vor hatte zu flüchten.»

Er reiste dorthin und rief gleich darauf Ruth zu Hilfe, da er mit der verzweifelten Mutter und der Situation nicht zurecht kam:

«Meine Eltern, die das Telefongespräch zufällig anhörten, wollten davon nichts wissen, weil sie es als unmoralisch ansahen, mich als junges Mädchen zu einem Manne fahren zu lassen. Meine Schwester konnte aber meine Eltern dazu überreden, daß in solch anormalen Zeiten die normalen moralischen Grundsätze außer Kraft treten und jetzt die Hauptsache ist, daß einer den anderen stützen sollte. So fuhr ich nach Mannheim ... Mit Mühe und Not fand ich den Weg zu Frau Abraham, die zusammen mit ca. 20 anderen Frauen und jungen Mädchen in einer Wohnung bei Verwandten Unterkunft gefunden hatte. Sämtliche Männer waren bereits in Dachau. Nachdem ich die Situation überschaut hatte, faßte ich den Mut und sagte zu mir selbst, ich werde nur auf eine Weise etwas erreichen können, um für meinen späteren Schwiegervater etwas zu tun, wenn ich es riskiere, mich selbst ins Lager nach Dachau zu begeben und mein Glück zu versuchen. Als ich den Anwesenden meinen Plan mitteilte, glaubten sie eine Wahnsinnige vor sich zu sehen, denn welcher vernünftig denkende Mensch würde sich freiwillig in eine solche Situation begeben? Ich wollte helfen, und mir war alles egal, und ich hatte das Gefühl und das Gottvertrauen, daß mein Gang nach Dachau für Herrn Abraham die Freilassung bringen würde. Wie dies zustande kommen würde, wußte ich selbst nicht, aber trotzdem fuhr ich noch in der gleichen Nacht nach München. In meiner Handtasche befanden sich 2 Photografien von Herrn Abraham, den ich ja nicht kannte, und eine von seinem Sohn. Am nächsten Morgen in München angekommen sah ich auf dem Bahnhofsplatz Autobusse stehen, einer darunter nach Dachau. Kurz entschlossen, ohne jemand zu fragen, bestieg ich diesen Omnibus als erster Passagier. Schnell füllte sich dieser Bus mit Männern in SS-Uniform, und mir war ganz unheimlich zu Mute, keiner fragte mich, wohin ich will, und niemand forderte Fahrgeld von mir. Das Wetter war wie meine Stimmung, trübe und bedrückend, und schnell näherte sich der Bus dem Lager. Unterwegs sah ich die Stacheldrähte, die das Lager umschlossen, und als ich durch das Lagertor fuhr, sah ich mit eigenen Augen Juden mit kahlgeschorenen Köpfen jeden Alters in Sträflingskleidung, abgehärmten Gesichtern zum Appell antreten. Ich schauderte, aber jetzt gab es kein Zurück mehr für mich. Als sich der Bus leerte, verließ auch ich den Bus und stand verlassen da, nicht wissend, wohin ich mich wenden sollte. Ein SS-Mann kam auf mich zu und fragte, was ich hier will, worauf ich ihm mit fester Stimme antwortete: Bitte führen Sie mich zum Lagerkommandant. Seine Antwort war: Sie müssen warten, bis der Kommandant zu sprechen ist. Man hielt mich scheinbar für ein BDM-Mädchen, und das war wahrscheinlich der Grund, weil der SS-Mann nicht weitere Fragen stellte. Nach einer Weile wurde ich zum Kommandanten hereingerufen, und er fragte mich, warum ich hierher gekommen bin, und ich sagte ihm, ich komme aus Ostpreußen, eine weite Reise, um Sie zu bitten, einen alten kranken Mann aus der Haft zu entlassen. Er fragte nach den Personalien des Betreffenden und versprach mir, nach 3 Tagen Bescheid zu geben. Er gab mir seine Telefonnummer, und ich war entlassen. Als ich im Freien war, regnete es stark, und ich machte mich auf den Weg, das Lager zu verlassen. In wenigen Minuten war ich vollkommen durchnäßt. Plötzlich hörte ich ein Auto sehr langsam hinter mir herfahren. Der Fahrer sprach mich an und forderte mich auf, ohne auf meinen Widerspruch zu achten, mit ihm nach München zu fahren. Ich sagte ihm, wenn Sie ein Abenteuer suchen, sind Sie an der falschen Adresse, ich bin Jüdin und möchte weder Sie noch mich in Gefahr bringen. Bitte fahren Sie weiter. Er bestand darauf, daß ich einsteige, und was meine Person anbelangt, war ich soweit, daß mir alles egal war. Ich hatte keine Furcht mehr und wagte es und fuhr mit ihm. Sie brauchen mir nichts zu sagen, ich weiß alles, die Unterredung mit dem Kommandant habe ich vom Nebenzimmer mit angehört, ich will Ihnen helfen, sagte er. Fragen Sie mich nicht, was ich hier im Lager zu tun habe, ich kann mich niemals reinwaschen, doch ich fühle mit Ihnen. Vertrauen Sie mir. Ein guter Freund von mir ist Rechtsanwalt von der Partei, Sie werden sich mit ihm in Verbindung setzen, nachdem ich mit ihm gesprochen habe. In München angekommen, ging er mit mir in das berüchtigte Braune Haus. Er war ein bekannter Juwelier in München, und sein Name war Joseph Müller. Zu dieser Zeit durften Juden kein Hotel mehr benutzen, nur bei Juden selber Unterkunft finden, Herr Müller bot mir an, in seinem Büro hinter seinem Laden zu übernachten, aber morgens in aller Frühe das Büro zu verlassen, damit mich niemand von seinem Personal sieht. Ich nahm sein Angebot an, inzwischen fand Herr Müller eine jüdische Pension Spira. Ich begab mich dorthin, die Inhaber waren sehr reserviert mir gegenüber, sie glaubten mir nicht, daß ich Jüdin bin und verdächtigten mich als Spitzel. Ich erzählte ihnen von meinen Begebenheiten in Dachau und von der Begegnung mit Joseph Müller. Als ich fragte, ob sie ihn zufällig dem Namen nach kennen, sagten sie mir, daß er ein bekannter Juwelier in München ist, und glaubten es daher nicht, was ich ihnen über ihn erzählte: ich müßte fantasieren. Als Herr Müller mich in der Pension anrief und mich dann mit seinem Auto abholte, glaubten die Pensions-Inhaber ihren eigenen Augen nicht, aber von nun an glaubten sie mir alles. Inzwischen war ich bei dem Parteianwalt, der bereits mit dem Kommandant in Verbindung getreten war und mir die Hoffnung geben konnte, daß mein Antrag auf Freilassung am 3. Tag wohl erfolgen würde. Ich war die ganze Zeit sehr deprimiert, und meine Nerven waren sehr angespannt. Weder Joseph Müller noch alle anderen, mit denen ich in München in Kontakt kam, glaubten mir, daß ich Volljüdin bin, ein Umstand, der mir in der damaligen Zeit viele Türen öffnete. Um mich etwas zu zerstreuen lud mich Herr Müller ein, mit ihm zum 5 Uhr Tee in das Hotel Vierjahreszeiten zu gehen. Dort wimmelte es von SS- und SA-Leuten, ich fühlte mich höchst unbequem, ließ mir aber nichts anmerken. Am 3. Tage rief ich selbst, wie vom Kommandant angeordnet, in Dachau an, und zu meiner größten Freude sagte er mir, daß ich meinen Schwiegervater abends vom Münchener Bahnhof abholen könnte. Ich ließ den Kommandant im Glauben, daß Herr A. damals schon mein Schwiegervater war, und bedankte mich. Als der Dachauer Zug einlief, sah ich unter den Passagieren einen alten zusammengebrochenen Mann aus dem Zug steigen, und obwohl ich Herrn A. noch niemals gesehen hatte, konnte er es nur sein. Sein kahler Kopf, seine verängstigte Haltung waren die äußeren Anzeichen für einen Häftling. Ich ging auf ihn zu, nahm ihn bei der Hand, sagte wer ich bin, und zur Beglaubigung zeigte ich ihm die 2 Bilder, die seine Frau mir mitgegeben hatte. Er war so benommen und ließ alles mit sich geschehen. Ich führte ihn auf den anderen Bahnsteig, wo die Züge nach Mannheim abgingen. Während wir auf den Zug warteten, telefonierte ich mit Herrn Müller und gab ihm die gute Nachricht und bedankte mich für seine Hilfe, die mir so vieles erleichtert hatte. Er selbst bedauerte den kurzen Abschied am Telefon und versicherte mir, stets helfen zu wollen, wenn ich in Not bin. Im Zuge nach Mannheim war es höchst unerquicklich, Mitreisende waren zum großen Teil Fliegeroffiziere, die mit Verachtung auf Herrn A. schauten, ihn verspotteten und ihn am liebsten aus dem fahrenden Zug geworfen hätten. Sie fragten mich, was ich als ‹Deutsche Frau› mit diesem Juden zu tun hätte, und ich gab ihnen keine Antwort.»[38]

5. Bürokratische Nachspiele

Von Amts wegen waren im ganzen Deutschen Reich viele Personen verpflichtet, höheren Stellen über die Ereignisse im November 1938 zu berichten: Polizisten, Bürgermeister, Landräte, Regierungspräsidenten auf der staatlichen Seite ebenso wie die Funktionäre der NSDAP und ihrer Gliederungen. Von den letzteren waren kritische Töne selbstredend nicht zu erwarten, allenfalls kam indirekt zum Ausdruck, daß der Pogrom nicht von der Begeisterung der ganzen Bevölkerung getragen war. Aus dem oberbayerischen Landkreis Traunstein wurde berichtet:

«Die Stimmung ist angesichts der friedlichen Angliederung des Sudetenlandes an das Reich gut und konnte auch durch die Aktion gegen die Juden im wesentlichen nicht getrübt werden. Die Bauern und Bürger, allen voran die Schwarzen, mitunter sogar ein Pg., geißelten die Gewaltanwendung gegenüber dem ‹auserwählten Volke›. Das habe mit Kultur und Anstand nichts mehr zu tun. Es fehlte aber auch nicht an Verteidigern, welche diesen neunmalklugen Kritikern die Leviten lasen und ihnen bewiesen, daß die brennenden Synagogen und zerbrochenen Fensterscheiben einerseits nur eine bescheidene Revanche gegenüber den, dem deutschen Volke, ja den Völkern Europas, durch die Juden zugefügten Schäden (Krieg, Revolution, Inflation, Gewaltherrschaft und Bürgerkrieg) sind, und daß andererseits auch hier wie in der römisch-katholischen Kirche der Zweck die Mittel heilige: Nämlich den Juden möge hierdurch der Appetit an weiterem Verbleib im Reiche vergehen.»[39]

Dagegen behauptete die Kreispropagandaleitung der NSDAP in Eichstätt, bei der «Judenaktion» sei «das Volk restlos in der Hand der Partei» gewesen, einmütig habe die Bevölkerung den «Angriff» gutgeheißen. In den Monatsberichten der Gendarmeriestationen im oberfränkischen Landkreis Ebermannstadt war die Stimmung in der Bevölkerung jedoch als zwiespältig beschrieben. Die Zerstörung jüdischer Geschäfte und der Synagogen sei von einem Teil der Bevölkerung begrüßt worden, und zwar «von alten Kämpfern und den jüngeren Leuten, die schon aus der Hitlerjugend hervorgegangen sind. Dagegen wurde von der Mehrzahl der Bevölkerung hierfür kein Verständnis aufgebracht, daß man ohne weiteres fremdes Eigentum zerstören darf.»[40]

Eine andere Gendarmeriestation meldete:

«Bezüglich der jüngst erfolgten Aktion gegen die Juden ist die Bevölkerung zweierlei Meinung. Der eine Teil der Bevölkerung vertritt den Standpunkt, daß bewußte Aktionen mit den damit zusammenhängenden Verhaftungen und Zerstörungen noch viel zu mild ausgefallen seien. Der andere Bevölkerungsteil aber, und das ist der weitaus größte, ist der Anschauung, daß diese Zerstörungen nicht am Platze gewesen seien. In diesem Zusammenhang erscheint noch erwähnenswert, daß in der Bevölkerung schon wiederholt die Frage aufgeworfen wurde, ob die an der Aktion beteiligten Personen auch der Bestrafung zugeführt werden.»[41]

In den Bericht des Bezirksamts Ebermannstadt sind viele derartige Beobachtungen eingeflossen. Der Verfasser beschrieb den in seinem Bezirk angerichteten Sachschaden und überlieferte spezielle Formen der Bereicherung, die in der Form vonstatten gingen, «daß Schuldner ihre jüdischen Gläubiger unter körperlicher Einwirkung zwangen, vorgeschriebene Quittungen über die angebliche Bezahlung der Schulden zu unterzeichnen. Ja, sogar Grundstücke mit Gebäuden wurden auf diese Art und Weise unentgeltlich übereignet.»

Dieser Berichterstatter scheute sich auch nicht, seiner vorgesetzten Stelle – dem Regierungspräsidenten von Ober- und Mittelfranken – mitzuteilen, daß das Rechtsbewußtsein der Bürger durch den Pogrom ins Wanken geraten sei; und er schrieb in den Bericht, der mit dem Satz «Die wichtigsten Gesprächsstoffe waren und sind auch heute noch die Vergeltungsmaßnahmen gegen die Juden und die Schweinefleischknappheit», geschäftsmäßig begonnen hatte, auch folgendes hinein:

«Vom Standpunkt der Polizeibeamten aus habe ich dazu noch folgendes beizufügen: Vergeltungsmaßnahmen gegen einzelne Volksgenossen, die sich an dem Volke versündigen, darf das Volk nur durch die hierzu berufenen Organe des Staates ausführen lassen. Das sind die Strafverfolgungs- und Strafgerichtsbehörden. Der einzelne Volksgenosse ist weder für sich allein noch durch Zusammengehen mit anderen Volksgenossen dazu befugt. Daher die strengen Bestimmungen über die Bestrafung des Verbrechens des erschwerten Landfriedensbruchs. Die Autorität der Polizei muß notgedrungen einen schweren Schlag erleiden, wenn sie eine solche Straftat unbeanstandet geschehen läßt. Ein solches Verhalten wird dann entweder als Parteilichkeit beurteilt oder als Unfähigkeit, die Aufrechterhaltung von Ruhe, Ordnung und Sicherheit gewährleisten zu können. Justitia fundamentum regnorum!»[42]

Auf der Regierungspräsidenten-Ebene war die Berichterstattung jedoch mindestens in Stil und Tonfall den Erwartungen der höheren Instanzen angepaßt. Servilität und Anpassungsbereitschaft an die offiziellen Sprachregelungen wurden demonstriert. So hieß es im Bericht der Verwaltungsspitze von Ober- und Mittelfranken:

«Die freche Herausforderung des Weltjudentums durch den feigen Mord in Paris war für zahlreiche Lehrer des Regierungsbezirks Veranlassung, aufgrund ihrer nationalsozialistischen Einstellung zur Judenfrage den Religionsunterricht niederzulegen. Im Verlauf der Protestaktion gegen die Juden wurden in Wunsiedel auch zwei evangelische Geistliche und vier katholische Pfarrer, die als ‹Judenknechte› gelten, durch die empörte Volksmenge auf die Polizeiwache verbracht und dort vorübergehend festgehalten. In den Pfarrhäusern wurde eine Anzahl Fensterscheiben zertrümmert.»[43]

Auch der Regierungspräsident von Schwaben befleißigte sich der Sprache des ‹Völkischen Beobachters›:

«Helle Empörung weckte allenthalben der feige Meuchelmord an dem Gesandtschaftsrat 1. Klasse vom Rath. Deutlich erkennbar für alle unterstrich dieser Mord die weltgeschichtliche Bedeutung der Judenfrage und die Notwendigkeit ihrer kompromißlosen Lösung, die in den Reden führender Männer, durch die Aufklärungstätigkeit der Partei und andere Mittel der Führung, wie Presse und Rundfunk, immer wieder betont worden war. Nach solchem Anschauungsunterricht wurden die Gegenwirkungen des Volkes in Gestalt von Demonstrationen und Aktionen gegen Juden und jüdischen Besitz, insbesondere Synagogen, und jene der Reichsregierung durch Verordnungen, namentlich über die Sühneleistung der deutschen und staatenlosen Juden und zur Ausschaltung der Juden aus dem Wirtschaftsleben, allgemein verstanden und – hauptsächlich die wirtschaftspolitischen Maßnahmen – von immer mehr Volksgenossen auch grundsätzlich gebilligt, zumal ja den Juden ihr kulturelles Eigenleben immer noch unverwehrt bleibt.»[44]

In anderen Berichten wurde zwar geschmeidig die amtliche Sprachregelung angewendet, dann aber die Aufmerksamkeit darauf gelenkt, daß viele nicht mit dem Pogrom einverstanden waren:

«Die jüdische Mordtat an dem deutschen Gesandtschaftsrat in Paris löste in allen Kreisen der Bevölkerung helle Empörung aus; allgemein wurde ein Einschreiten der Reichsregierung erwartet. Die gegen das Judentum gerichteten gesetzlichen Maßnahmen fanden deshalb vollstes Verständnis. Um so weniger Verständnis brachte der Großteil der Bevölkerung für die Art der Durchführung der spontanen Aktion gegen die Juden auf; sie wurde vielmehr bis weit in Parteikreise hinein verurteilt. In der Zerstörung von Schaufenstern, von Ladeninhalten und Wohnungseinrichtungen sah man eine unnötige Vernichtung von Werten, die letzten Endes dem deutschen Volksvermögen verloren gingen und die in krassem Gegensatz stehe zu den Zielen des Vierjahresplans, insbesondere auch zu den gerade jetzt durchgeführten Altmaterialsammlungen. Auch die Befürchtung wurde laut, daß bei den Massen auf solche Weise der Trieb zum Zerstören wieder geweckt werden könnte. Außerdem ließen die Vorkommnisse unnötigerweise in Stadt und Land Mitleid mit den Juden aufkommen.»[45]

Aus Unterfranken wurde sogar gelinder Protest gemeldet, der sich in der Verweigerung von Spenden für das Winterhilfswerk der NSV – die bei den «Eintopfsonntagen» eingeworben wurden – äußerte. Verursacht war die Verweigerung der ländlichen Bevölkerung weniger durch Mitgefühl mit den Juden als durch die Mißbilligung des Vandalismus gegen Sachwerte und Lebensmittel:

«Die Empörung über den feigen jüdischen Mord an dem Gesandtschaftsrat vom Rath führte in der Nacht vom 9. auf 10. November im ganzen Regierungsbezirk zu judenfeindlichen Kundgebungen, denen allenthalben die Synagogen sowie eine Anzahl jüdischer Laden- und Wohnungseinrichtungen zum Opfer fielen. ... Von einem Großteil, insbesondere der ländlichen Bevölkerung, wird bedauert, daß bei den Aktionen Werte vernichtet wurden, die mit Rücksicht auf unsere Rohstofflage zweckmäßigerweise der Allgemeinheit hätten nutzbar gemacht werden können. Beanstandet wurde ferner, daß die Aktion auch noch nach dem Erlaß des Herrn Reichspropagandaministers, der die sofortige Einstellung anordnete, fortgesetzt wurde und insbesondere auch Lebensmittel mutwillig vernichtet worden seien. So wurden in Oberelsbach, Bezirksamt Bad Neustadt a. d. Saale, 3½ Ztr. Mehl in den Mist und eine Kiste Vorratseier auf die Straße geworfen. Nach dem Berichte eines Bezirksamts haben bei der darauffolgenden Eintopfsammlung viele Volksgenossen erklärt, nachdem so viele Vermögenswerte unnütz vernichtet worden seien, könnten sie sich nicht entschließen, etwas zur Sammlung zu geben. Befürchtungen in bezug auf die Gebefreudigkeit zum Winterhilfswerk werden auch von anderen Bezirksämtern geäußert.»[46]

Sowenig amtliche Berichte der geeignete Ort für Gefühlsäußerungen sind, so fällt doch auf, mit welcher Kaltschnäuzigkeit jüdische Todesopfer, die als Folge des Pogroms zu beklagen waren, erwähnt sind. Das Bedauern über die vernichteten Güter war allemal größer, und die Meinung war oft zu hören, man hätte mit weniger rabiaten Mitteln die jüdischen Mitbürger enteignen, entrechten, verdrängen und verjagen können. Im übrigen blieb man kühl und gelassen wie der Oberbürgermeister von Ingolstadt, der rapportierte: «Die Aktion gegen die Juden wurde rasch und ohne besondere Reibungen zum Abschluß gebracht. Im Verfolg dieser Maßnahme hat sich ein jüdisches Ehepaar in der Donau ertränkt.»[47]

War es mangelnde Zivilcourage, Feigheit und der Drang, sich anzupassen, waren es die Früchte der Propaganda oder war es Übereinstimmung mit dem nationalsozialistischen Antisemitismus – generelle Billigung des Pogroms und Wegschauen bei persönlicher Konfrontation mit dem Unglück der Juden gingen Hand in Hand. Dazu ein letztes Beispiel. Vier Wochen nach dem Pogrom vergiftete sich in Bayerisch Gmain bei Bad Reichenhall die 67jährige Klara Dapper. Sie hatte, seit 1924 verwitwet, zurückgezogen in ihrem Haus gelebt. In der Nacht zum 10. Dezember 1938 hatten Unbekannte ihr einen Zettel an die Haustür gehängt: «Alle Juden endlich einmal heraus». Frau Dapper, die seit langem in Angst lebte, beging Selbstmord mit Veronal. Im Polizeibericht hieß es dazu lakonisch: «Die Ortschaft Gmain ist somit judenfrei.»[48]

Der Bericht war ein bißchen retuschiert, der Todestag selbst – 13. Dezember – stimmte, aber der Anlaß des Todes war falsch datiert.

Damit wurde verschleiert, daß Frau Dapper drei Tage im Todeskampf gelegen hatte. Das Hausmädchen fand sie am Morgen des 10. Dezember bewußtlos und verständigte mehrere Ärzte in Bad Reichenhall, die aber die Behandlung ablehnten. Es gab keine gesetzliche Bestimmung, die «arischen» Ärzten die Hilfeleistung verboten hätte, und den Eid des Hippokrates, der sie zur Hilfeleistung verpflichtete, hatten sie alle einmal geschworen. Als ein jüdischer Doktor schließlich gefunden wurde, war es zu spät.

Ganz anderer Art waren die Probleme des Frankfurter Stadtarchivdirektors, der zweimal dienstlich Anlaß hatte, sich mit den Folgen des Judenpogroms zu befassen:

«Am 10. November gegen ½ 2 Uhr mittags rief mich Herr Oberinspektor Richter im Auftrage von (dem Frankfurter Bibliotheksdirektor) Herrn Professor Dr. Oehler an und teilte mir mit, daß ich auf Anordnung des Herrn Oberbürgermeisters sofort alle Maßnahmen zu treffen hätte, um die jüdischen Gemeindearchivalien sicherzustellen. Ich begab mich sogleich mit fünf Mann in die Fahrgasse, wo ich das wüsteste Durcheinander vorfand: zerbrochene Scheiben, eingeschlagene Türen, geschlitzte Gemälde, zertrümmerte Schaukästen, Akten und Bücher in wildem Haufen auf der Erde verstreut usw. Die sämtlichen Fenster des Erdgeschosses hatten keine Scheiben mehr, die Eingangstür war eingeschlagen und konnte nicht mehr verschlossen werden.

Unter diesen Umständen konnte nur eine Sicherung des gesamten schriftlichen Materials in Frage kommen, da über das Schicksal des Gebäudes und die Wiederaufnahme des Geschäftsbetriebes darin nichts ermittelt werden konnte. Ebenso machten es auch die Leiter der anderen beteiligten Institute (Stadtbibliothek und Stadtgeschichtliches Museum). Gemeinsam mit dem Stadtgeschichtlichen Museum benutzten wir eine Reihe von Möbelwagen, worüber Verrechnung erst später erfolgen kann. Dagegen habe ich die nötig gewordenen Überstunden bereits mitgeteilt. Die Räumungsarbeiten setzten sich auch am Vor- und Nachmittag des 11. November fort, ein kleiner Rest wurde noch am Vormittag des 12. November ins Stadtarchiv gebracht. Unter den Akten der laufenden Geschäftsregistratur der Jüdischen Gemeindeverwaltung befand sich auch eine vollständige Einwohner-Kartei über sämtliche hier wohnhaften Juden (rund 23000 an der Zahl). Diese befand sich in Eisenschränken mit großen Rolläden unter Verschluß. Da ich es für notwendig erachtete, gerade diese wichtige Kartei zu sichern, setzte ich mich mit der Staatspolizei, mit welcher bereits Herr Professor Dr. Oehler am Vormittag des 10. November verhandelt hatte, und zwar wegen der Sicherungsmaßnahmen, in Verbindung und frug an, ob ich die Genehmigung erhielte, auch diese Kartei zu überführen, nachdem die Rolläden durch die Stapo aufgeschlossen wären, oder was sonst damit geschehen solle. Nach längeren Verhandlungen erschien der Chef der Stapo (ein Standartenführer SS Borgert?) persönlich in der Fahrgasse 146. Er sprach seine Verwunderung über die vorgefundenen Zustände aus, worauf ich ihn für die Verhandlungen an Herrn Professor Dr. Oehler verwies, dabei aber sehr entschieden betonte, daß ohne unsere Sicherung vermutlich kaum noch etwas erhalten sein würde. Er erklärte, daß die Kartei in dem wieder verschlossenen Zimmer verbleiben solle, und daß das Gebäude durch Bretterverschläge gesichert werden solle, was durch das Stadtgeschichtliche Museum geschah. Die ins Stadtarchiv verbrachten Archivalien sowie die Geschäftsregistratur verbleiben zunächst im Stadtarchiv, wo sie gesondert auf dem Speicherboden Aufstellung finden werden, bis die Stapo entschieden hat, in welcher Weise die jüdische Gemeindeverwaltung wieder in Gang gebracht wird. Alsdann werden die ins Stadtarchiv überführten Akten durch die Stapo gesichtet, es wir sodann eine Regelung darüber stattfinden, ob etwas bzw. was zur endgültigen Verwahrung im Stadtarchiv verbleiben soll. In ähnlicher Weise wird vermutlich auch mit den von den anderen wissenschaftlichen Instituten gesicherten Beständen verfahren werden.»

Kurz vor Weihnachten verfaßte der Stellvertreter des Archivdirektors einen zweiten Bericht, mit dem er hoffte, die historisch wertvollen Akten und Urkunden der jüdischen Gemeinden für das Stadtarchiv und für die künftige Stadtgeschichtsschreibung zu retten. Die Art, mit der die Gestapo mit dem Schriftgut umging, ließ ihn Schlimmes befürchten:

«Am Dienstag, den 15. November 1938, fanden sich im Stadtgeschichtlichen Museum zwei Beauftragte der Staatspolizei ein und begannen, das Material zu verzeichnen. Ehe aber auch nur ein geringer Hundertsatz desselben zu Papier gebracht werden konnte, begann am Freitag, den 18. November, der Abtransport, der am heutigen Montag beendigt werden soll. Er ging vor sich unter Aufsicht eines Stapo-Beamten und eines Museumsdieners durch halbwüchsige Juden im Alter von durchschnittlich 15 Jahren; am Freitag befand sich unter ihnen auch ein etwa 11jähriger Junge. Das Aktengut, unter welchem sich auch wertvolle und niemals ersetzbare Urkunden mit herabhängenden Siegeln, ferner Briefschaften, handgeschriebene Bücher und Bilder befanden, wurde bei teilweise regnerischer Witterung auf offene Lastwägen gebracht, auf denen sie teilweise längere Zeit unter freiem Himmel liegen blieben. Von diesen ganzen Vorgängen erhielt das Stadtarchiv dienstlich keine Kenntnis. Es wurde mir lediglich ein Durchschlag des geplanten Archivalienverzeichnisses versprochen. Am Freitag, den 18., stellte mir Herr Henrich von der Stapo, mit dem Herr Dr. Gerber schon am 11. November gesprochen hatte, eine Unterredung über das zukünftige Schicksal des Schriftgutes in nahe Aussicht. Später teilte er mir jedoch mit, es würde noch ein anderer Herr beigezogen. Dessen Name ist mir bis zum Augenblick noch unbekannt, da er noch nichts von sich hören ließ.»[49]

6. Die «Kristallnacht» als Anfang vom Ende

Man kann den Novemberpogrom als ein Ritual öffentlicher Demütigung deuten, als inszenierte Entwürdigung einer Minderheit, gegen die latente Haß- und Neidgefühle mobilisierbar waren.[50] Im Ausland wurden die Verletzung elementarer deutscher Tugenden wie Respekt vor privatem Eigentum, Sparsamkeit, Achtung religiöser Stätten und nachbarschaftliches Verhalten (womit die ganze Skala von Zurückhaltung bis Hilfsbereitschaft gemeint ist) mit Verwunderung registriert – die alltäglichen Normen bürgerlichen Verhaltens im Rechtsstaat schienen für den Novemberpogrom suspendiert.[51] Zutreffend an solchen Vermutungen, die sich in den Spalten der internationalen Presse fanden, war, daß das Deutsche Reich vor aller Welt demonstrierte, daß es kein Rechtsstaat mehr war. Aber an den spontanen Volkszorn glaubte natürlich niemand, und die bürgerlichen Konventionen galten weiter, nur eben nicht mehr für die Juden in Deutschland.

Daß viele die Ausschreitungen mißbilligten und als schändlich und schmachvoll für das deutsche Selbstbewußtsein empfanden, ist überliefert. Die Ausschreitungen seien von der großen Mehrheit des deutschen Volkes scharf verurteilt worden: «In den ersten Pogromtagen sind im ganzen Reich viele Hunderte ‹Arier› verhaftet worden, die ihren Unwillen laut geäußert haben», heißt es in einem Bericht an die Sozialdemokratische Exilführung in Paris, aber «die Brutalität der Pogromhorden» habe auch die Einschüchterung gesteigert; und ein Berichterstatter aus Südwestdeutschland meldete: «Mit einem Nazi spricht man über die Sache nicht. Aber in der Bevölkerung werden die Vorfälle allgemein verurteilt. Die Einwohner haben sich nicht an der Schande beteiligt. Eine Volkserregung wegen des toten Botschaftsrats gab es hier nicht.» Aus der Reichshauptstadt wurde berichtet: «Der Protest der Berliner Bevölkerung gegen die Beraubungen und Brandstiftungen, gegen die Missetaten an jüdischen Männern, Frauen und Kindern jeden Alters war deutlich. Er reichte vom verächtlichen Blick und der angewiderten Gebärde bis zum offenen Wort des Ekels und drastischer Beschimpfung.»[52]

Wenn die große Mehrheit der Bevölkerung mit den Formen des Pogroms nichts zu tun haben wollte, so bedeutete das freilich auch nicht, daß sie die Entrechtung und Verdrängung der jüdischen Mitbürger aus der Wirtschaft und Gesellschaft des Deutschen Reiches grundsätzlich mißbilligt hätte. Eine Lösung der sogenannten Judenfrage wollten sehr viele schon, aber sie sollte weniger brutal und unsichtbarer vonstatten gehen.

Die Maske, die das offizielle Deutschland noch zwei Jahre zuvor anläßlich der Olympiade in Garmisch-Partenkirchen und Berlin getragen hatte, war gefallen. 1936 waren die antisemitischen Parolen und Boykottaufforderungen aus dem öffentlichen Erscheinungsbild entfernt worden, um den positiven Eindruck nicht zu gefährden, den die ausländischen Gäste vom nationalsozialistischen Deutschland haben sollten. Das Attentat im Frühjahr 1936 wäre als Anlaß für antijüdische Ausschreitungen mindestens genauso gut geeignet gewesen, denn Wilhelm Gustloff, der im Februar 1936 in Davos durch die Kugel des staatenlosen jüdischen Studenten David Frankfurter umkam, war im Gegensatz zu Ernst vom Rath als «Landesgruppenleiter der NSDAP für die Schweiz» als nationalsozialistischer Funktionär ein wenig exponiert, und sein Mörder hatte öffentlich erklärt, er habe in seinem Opfer einen prominenten Vertreter des Nationalsozialismus treffen wollen. Das NS-Regime hatte aus außenpolitischen Rücksichten auf die Tat Frankfurters nur mit einem Staatsbegräbnis reagiert, weil die Zeit für eine drastischere Demonstration noch nicht gekommen war. Im Herbst 1938, unmittelbar nach dem außenpolitischen Erfolg des «Münchener Abkommens», das die Zerschlagung der Tschechoslowakei einleitete, ein halbes Jahr nach dem «Anschluß Österreichs», der ohne Protest der Großmächte erfolgt war, die das in den Friedensverträgen von 1919 ausdrücklich verboten hatten – in dieser Situation brauchte man keine Rücksicht mehr zu nehmen und konnte die Tat des Herschel Grünspan zum Anlaß eines inszenierten Pogroms machen. Der Termin lag wie bestellt – und nicht wenige glaubten deshalb, auch der Anlaß, das Attentat in Paris, sei inszeniert –, denn der 9. November galt im nationalsozialistischen Kalender als besonderer Schicksalstag: 1938 jährte sich zum 20. Mal der Beginn der Novemberrevolution, und genau fünfzehn Jahre vor der «Kristallnacht» hatte Hitler in München zum ersten Mal vergeblich nach der Macht gegriffen.

Das Grünspan-Attentat mußte geradezu als Geschenk des Schicksals zum richtigen Zeitpunkt empfunden werden, denn auch die Vorbereitungen für die endgültige Ausschaltung der Juden waren gerade beendet. Im April 1938 war die Anmeldepflicht für jüdische Vermögen über 5000,- RM verordnet worden, ab Juni mußten jüdische Wirtschaftsbetriebe gekennzeichnet sein, um deren «Arisierung» einzuleiten. Den Berufsverboten für jüdische Ärzte (im Juli) und Rechtsanwälte (im September) und dem Zwang zur Annahme jüdischer Vornamen im August folgte die Kennzeichnung der Reisepässe ab Anfang Oktober 1938. Aus dem öffentlichen Dienst und aus einer Reihe von Branchen der Wirtschaft (etwa Immobilienhandel und -verwaltung), in der sich Juden traditionell stärker betätigt hatten, waren sie entfernt. Auf dem Gesetz- und Verordnungswege war also kaum mehr zu tun, um die deutschen Juden zur Auswanderung zu zwingen, sie zu isolieren und ihres Eigentums zu berauben. Mit der Verhaftungsaktion im Juni 1938, bei der vorbestrafte Juden (und mit ihnen auch nichtjüdische «Asoziale und Arbeitsscheue») in Konzentrationslager verschleppt wurden, waren die Grenzen formalen Rechts längst überschritten. Am 14. Oktober 1938 hatte Göring in einer Konferenz über die Produktionsziele im bevorstehenden gigantischen Wirtschafts- und Rüstungsprogramm erklärt, «die Judenfrage müßte jetzt mit allen Mitteln angefaßt werden, denn sie müßten aus der Wirtschaft raus». Und der Staatsrat Schmeer hatte davor gewarnt, «in der Judenbekämpfung rücksichtsvoller vorzugehen». Um Druck zur Auswanderung auszuüben, solle man jüdische Arbeitskolonnen aufstellen, «dann würden die Leute schon von allein auswandern»[53].

Knapp einen Monat später, in der Sitzung am 12. November, als die Bilanz des Pogroms gezogen wurde und bei der Göring Goebbels die wirtschaftlichen Schäden und die beim Pogrom zerstörten Werte vorhielt, wurde der weitere Kurs der nationalsozialistischen Politik gegenüber den Juden festgelegt. Goebbels durfte in den folgenden Tagen und Wochen propagandistisch vorbereiten, was als Vollstreckung des Volkswillens deklariert wurde, nämlich zuerst die Enteignung, dann die Ghettoisierung und schließlich die Deportation und Vernichtung der deutschen Juden, die nicht das Glück hatten, dem deutschen Herrschaftsbereich noch zu entkommen. Die Enteignung der Juden war am 10. November schon beschlossene Sache, die vollständige «Arisierung» der deutschen Wirtschaft von Hitler entschieden.[54] Umstritten war vor allem noch, wer den Gewinn einstreichen sollte, der Staat oder die NSDAP. Göring als Beauftragter für den Vierjahresplan trug in der Sitzung vom 12. November den Sieg über den Reichspropagandaminister Goebbels davon, der die Kassen der Partei mit dem Geld der Juden hatte füllen wollen.

Einig waren sich die im Reichsluftfahrtministerium versammelten Minister und Beamten, daß die Juden nicht nur für die Schäden haften sollten, die beim Pogrom angerichtet wurden – wobei durch die Beschlagnahme der Versicherungssumme sichergestellt war, daß sie auch tatsächlich geschädigt waren –, sondern daß den deutschen Juden darüber hinaus eine «Buße» auferlegt wurde, über deren Höhe – eine Milliarde Reichsmark wurde beschlossen, tatsächlich waren es schließlich, als das Reichsfinanzministerium für die «Sühneleistung» den Steuersatz auf 25% des angemeldeten Vermögens festsetzte, 1,126 Milliarden – nicht lange diskutiert wurde. Die «Arisierung» erst aller jüdischen Einzelhandelsgeschäfte, dann der Fabriken und Beteiligungen wurde an diesem 12. November beschlossen, ehe die Herren über Maßnahmen berieten, wie die Juden endgültig aus der deutschen Gesellschaft ausgegrenzt und isoliert werden sollten. Die Ideen reichten vom Verbot des Betretens deutschen Waldes über die Beseitigung aller Synagogen zugunsten von Parkplätzen, über Vorschriften zum Benutzen der Eisenbahn bis zum Judenbann in Anlagen und zur äußeren Kennzeichnung der Juden durch eine bestimmte Tracht wie im Mittelalter (Göring hielt Uniform für zweckmäßig) oder wenigstens durch ein Abzeichen. Die meisten dieser Vorschläge wurden in der Folgezeit realisiert, als,

Vielleicht gab das zersplitterte Glas Anlaß zu dem Spottnamen ‹Reichskristallnacht›

unmittelbar nach dem Pogrom, die vollständige Entrechtung der Juden durch einen Katarakt von Anordnungen und Erlassen, Befehlen und Verboten eingeleitet wurde. Die physische Vernichtung bildete dann nur noch die letzte Station des Weges, der im November 1938 bewußt und öffentlich eingeschlagen war.

VII.
Nach dem Pogrom: Stufen der Ausgrenzung

Von Konrad Kwiet

1. Die Vernichtung der wirtschaftlichen Existenz

Schon lange vor dem Novemberpogrom von 1938 hatten die Nationalsozialisten damit begonnen, der jüdischen Bevölkerung die Existenz- und Überlebensräume zu nehmen. Sie lösten damit ihr altes Versprechen aus der «Kampfzeit» ein, die Juden aus Wirtschaft und Gesellschaft zu verdrängen, um jene «reinliche Scheidung» von Juden und Deutschen sicherzustellen, die zur «Entjudung» Deutschlands führen sollte. Bis in die Anfänge des Zweiten Weltkrieges hinein hofften sie, die «Judenfrage» durch die Ausschaltung und Vertreibung lösen zu können. Anfang Oktober 1941 – knapp drei Jahre nach dem Judenpogrom und am Vorabend der planmäßigen Deportation – lebten noch 164000 Juden in Deutschland, ein Drittel der jüdischen Bevölkerung von 1933. Sie boten das Bild einer minorité fatale: entrechtet und verarmt, dezimiert und überaltert, von Familienangehörigen getrennt und vom Ausland abgeschnitten, zur Zwangsarbeit verpflichtet und in «Judenhäusern» zusammengepfercht, unterernährt und erschöpft, in der Bewegungsfreiheit eingeschränkt und mit einem handtellergroßen gelben Stern markiert.

Ab 1933 war – bei allen zeitlichen und regionalen Nuancen – der Verdrängungsprozeß konsequent vorangetrieben worden. Gesetze und Verordnungen, sporadisch organisierter «Volkszorn», Boykotte und andere Drangsalierungsmaßnahmen erwiesen sich als wirksame Mittel. Hand in Hand arbeiteten staatliche Dienststellen mit Parteiinstanzen und wirtschaftlichen Verbänden. Sie konnten sich dabei auf breiten Konsensus in der Bevölkerung stützen. Ausschaltung und Vertreibung der Juden versprachen die Befreiung von lästigen Konkurrenten. Sie warfen zudem beträchtliche Gewinne ab, an denen sich viele bereichern konnten.

In den Anfangsjahren mußte man noch einige Rücksichten nehmen – auf das Ausland und auf Devisen. Hohe Priorität nahmen der Abbau der Massenarbeitslosigkeit und der Aufbau einer leistungsfähigen Rüstungsindustrie ein. Deshalb mußte auch einigen jüdischen Großunternehmen noch eine Schonzeit eingeräumt werden. Ohne «Störungen» und «Nachteile» für die deutsche Wirtschaft ließen sich hingegen die Ausschaltung aus den freien Berufen sowie die «Arisierung» oder Liquidierung kleinerer und mittlerer Betriebe durchführen. Vergeblich bemühten sich die deutsch-jüdischen Repräsentanten, den «schleichenden» Verdrängungsprozeß durch Petitionen und Proteste aufzuhalten. Im Januar 1934 sandte die «Reichsvertretung» eine Denkschrift an die Reichsregierung. Die darin vorgebrachten vier «Hauptanliegen» zeigen, daß man noch immer glaubte, mit den Nationalsozialisten sich auf eine Form des Zusammenlebens, des Nebeneinanders einigen zu können. Damals wünschte die Reichsvertretung:

«1. Die unterschiedliche Behandlung zwischen «arischen» und jüdischen Erwerbstätigen möge in Zukunft unterbleiben. Jeder Druck zur Verdrängung und Verhinderung jüdischer Erwerbstätigkeit werde unterbunden, von welcher Seite auch immer er kommen möge.

2. daß grundsätzlich kein Beruf den Juden verschlossen werde, daß in dem reichsständischen Aufbau von Handwerk und Arbeiterschaft, Land- und Forstwirtschaft auch Juden ihre Ausbildung und Eingliederung erfahren.

3. auf dem Gebiet des Auswanderungswesens die Arbeit zu unterstützen, die wir und die hierzu berufenen Organisationen für die Auswanderung nach Palästina und anderen Ländern leisten.

4. daß in Zukunft jede Diffamierung der jüdischen Gemeinschaft und Abstammung unterbleibe.»[1]

Die Petition verhallte – so wie all die anderen Bittgesuche. Schon früh sahen sich die deutsch-jüdischen Führungsgremien gezwungen, ein Selbsthilfeprogramm zu entwerfen, um den wirtschaftlichen Existenzkampf bestreiten zu können. Ende 1936 beschrieb Jakob Letschinsky von Paris aus die wirtschaftliche Lage der Juden in Deutschland:

«20 bis 22% der jüdischen Bevölkerung sind schon heute mehr oder weniger auf die Wohlfahrtspflege angewiesen. 20 bis 25% zehren vom Bestand. Man hat das Geschäft liquidiert oder übergeben. Man hat etwas Geld dafür erhalten; – Einzelne: Millionen; ein paar Dutzend: Hunderttausend; Zehntausende: ein paar tausend Mark. Und nun zehrt man diesen Bestand auf. Wer Kinder hatte und es irgendwie konnte, hat sie ins Ausland geschickt und hofft auf gute Nachrichten und auf den erlösenden Ruf, in die neue Heimat zu kommen, in die Kinderheimat. Wer keine Kinder hat, sitzt und zählt die Markstücke und die Jahre und bittet den Himmel, daß die Jahre Gott behüte nicht länger andauern als die Markstücke.»

Während die Juden in Deutschland noch auf «bessere Zeiten» hofften – und die meisten taten dies bis zum November 1938 –, bereiteten die Kommandozentralen in Staat, Partei und Wirtschaft schon die Verschärfung des Verdrängungsprozesses vor. Ende 1937 – und vor dem Hintergrund der außenpolitischen Erfolge, der Kriegsvorbereitungen und der personell-institutionellen Verschiebungen innerhalb des nationalsozialistischen Herrschaftssystems – begann die Phase der «Entjudung der Wirtschaft» mit dem Ziel, «die Reste aktiver Wirtschaftsbetätigung zu beseitigen und das zum großen Teil bereits liquide jüdische Vermögen zu enteignen»[2]. Anfang 1938 waren die Vorarbeiten weitgehend abgeschlossen. Schlag auf Schlag folgten dann die Maßnahmen. Neue Berufsverbote wurden verhängt. Im April mußte das Vermögen – sofern es den Betrag von 5000 Reichsmark überstieg – angemeldet werden. Zwei Monate später schrieb man die Registrierung der Betriebe vor.

Die Ausschaltung der Juden aus dem deutschen Wirtschaftsleben

Die Bestandsaufnahmen im Herbst 1938 zeigten, daß die Arisierungs- und Liquidierungspraxis schon ihre Spuren hinterlassen hatte. Von den ehemals rund 100000 jüdischen Betrieben befanden sich nur noch 40000 in jüdischen Händen. Besonders erfolgreich war die Ausschaltung des jüdischen Einzelhandels betrieben worden. Von 50000 Einzelhandelsgeschäften waren nur noch 9000 übriggeblieben. Die Zahl der Ärzte hatte sich von 8000 auf knapp 3000 verringert. Von 4500 Rechtsanwälten übten nur noch 1753 ihre Tätigkeit aus. Die Berufsverbote schlugen sich in den Arbeitslosenzahlen nieder. Ende 1937 wurden 30000 jüdische Arbeitslose registriert. Im Frühjahr 1938 waren es doppelt so viele. Rigoros hatte man sich schon am begehrten «Judenvermögen» schadlos gehalten. 1933 wurde das jüdische Vermögen auf rund 12 Milliarden Reichsmark geschätzt. Im April 1938 war es auf weniger als die Hälfte zusammengeschrumpft. Was seit der «Machtübernahme» in Gang gesetzt, wurde nach dem Novemberpogrom beschleunigt zum Abschluß gebracht. Die Ereignisse von 1938 kündigten dann auch nicht den Beginn, sondern den Abschluß der «Entjudung» der Wirtschaft an. Die Zwangsarisierungen und Stillegungen der Geschäfte, die letzten Berufsverbote und der Raub des Restvermögens führten zum raschen wirtschaftlichen und finanziellen Ruin. Am 12. November 1938 gab Hermann Göring als Beauftragter für den Vierjahresplan die «Verordnung zur Ausschaltung der Juden aus dem deutschen Wirtschaftsleben» bekannt:

«Verordnung zur Ausschaltung der Juden aus dem deutschen Wirtschaftsleben
Vom 12. November 1938.

Auf Grund der Verordnung zur Durchführung des Vierjahresplans vom 18. Oktober 1936 (Reichsgesetzbl. I, S. 887) wird folgendes verordnet:

§ 1

(1) Juden (§ 5 der Ersten Verordnung zum Reichsbürgergesetz vom 14. November 1935 – Reichsgesetzbl. I S. 1333) ist vom 1. Januar 1939 ab der Betrieb von Einzelhandelsverkaufsstellen, Versandgeschäften oder Bestellkontoren sowie der selbständige Betrieb eines Handwerks untersagt.

(2) Ferner ist ihnen mit Wirkung vom gleichen Tage verboten, auf Märkten aller Art, Messen oder Ausstellungen Waren oder gewerbliche Leistungen anzubieten, dafür zu werben oder Bestellungen darauf anzunehmen.
(3) Jüdische Gewerbebetriebe (Dritte Verordnung zum Reichsbürgergesetz vom 14. Juni 1938 – Reichsgesetzbl. I S. 627), die entgegen diesem Verbot geführt werden, sind polizeilich zu schließen ...

Berlin, den 12. November 1938 Der Beauftragte für den Vierjahresplan
Göring
Generalfeldmarschall»[3]

Berufsverbote

Die Kündigungen folgten auf dem Fuß. Innerhalb weniger Wochen waren die Juden aus ihren Stellungen vertrieben. Nur wenige durften ihren Beruf weiter ausüben. Von den 3152 Ärzten erhielten 709 die «widerrufliche» Genehmigung, als «Krankenbehandler» weiter tätig zu sein. Es verstand sich von selbst, daß ihnen nur die Versorgung jüdischer Patienten gestattet war. Die eingeschränkte Berufsausübung schloß das Verbot ein, «Krankheitserreger zu züchten, Impfstoffe und Sera herzustellen und syphilisdiagnostische Blutuntersuchungen vorzunehmen»[4]. Alte antisemitische Wahnbilder schlugen sich in diesem Verbot nieder. Die Zahl der Ärzte nahm ständig ab. Einigen gelang es, sich in letzter Stunde noch ins Ausland zu retten. Die Zahl der Kranken stieg dagegen ständig an. Die Ernährungsbeschränkungen und die Zwangsarbeit trieben den jüdischen Krankheitsstand in die Höhe. Nur in Berlin durften die «Krankenbehandler» noch ihre alten Praxisräume benutzen. In anderen Städten wies man sie an, sich in bestimmte Räumlichkeiten jüdischer Gemeinden und Krankenhäuser zurückzuziehen. Die medizinische Betreuung der Juden auf dem Lande war katastrophal:

«Wie unmöglich so die ärztliche Versorgung der jüdischen Bevölkerung wurde, sei hier an einem einzigen Beispiel erläutert: Für den Bezirk Pommern einschließlich Grenzmark, Ostpreußen, Schleswig-Holstein, Mecklenburg und Lübeck hatte es Anfang 1938 noch 92 Ärzte gegeben. Die Neuordnung ließ jedoch nur noch zwei (!) Ärzte zu, die eine jüdische Bevölkerung von etwa 8600 Personen, über eine Fläche von mehr als 100000 qkm verstreut zu betreuen hatten. Fachärzte waren in diesem Bezirk überhaupt nicht mehr zugelassen.»[5]

Von den 1753 jüdischen Anwälten durften nur noch 172 als «Konsulenten zur rechtlichen Beratung und Vertretung von Juden» in Erscheinung treten. Zwischen 4000 und 5000 Juden fanden in den jüdischen Gemeinden einen Arbeitsplatz, in einem Apparat, der die Aufgaben und Lasten der Auswanderung, des Schulunterrichts und der Sozialfürsorge zu bewältigen hatte. Die von der Gestapo oktroyierte «Gehaltsordnung» schrieb sieben Vergütungsgruppen vor: Die unterste Grenze lag bei 57 Reichsmark, die oberste bei 311 Reichsmark. Verheiratete erhielten einen Zuschlag von 15 Reichsmark. Kindergeld wurde nicht gezahlt.[6] Einige Juden durften in ihren Privatwohnungen weiter die Mittagstische anbieten, Pensionsgäste aufnehmen oder sich um die Vermittlung von Wohnquartieren kümmern. Ein paar Friseuren wurde es – «unter dem Vorbehalt jederzeitigen Widerrufs» – gestattet, nach vorheriger Bestellung in ihren Wohnungen jüdische Kunden zu bedienen. Bestattungsunternehmen und Totengräber mußten ihre Tätigkeit fortsetzen – unter der Voraussetzung, «offene Ladengeschäfte nicht (zu) unterhalten» und die «Beschränkung auf die Bedienung von Juden deutlich erkennen (zu) lassen»[7]. Die befristeten Ausnahmeregelungen gaben Anlaß zu Klagen. So warf z. B. im Juli 1941 die Stapoleitstelle Düsseldorf der Gestapo in Essen vor, daß sie eine Sondererlaubnis des Regierungspräsidenten zur «Ausführung von Schneiderarbeiten mit der ausdrücklichen Beschränkung auf die Bedienung von Juden» durch den jüdischen Handwerker K. akzeptiert habe. Die Gestapo in Essen überprüfte den Fall und ließ wissen, daß

«in Essen mehrere hundert Juden im Tiefbau usw. beschäftigt wurden. Diese Tätigkeit bedingt einen größeren Verschleiß an Kleidungsstücken. K. bessert die beschädigten und zerrissenen Kleidungsstücke aus, so daß ich für seine Tätigkeit ein Bedürfnis anerkennen möchte, zumal die Juden keine Kleiderkarten besitzen.»[8]

Mit dieser Antwort gab sich die Stapoleitstelle Düsseldorf zufrieden. Generell galt, was das Reichswirtschaftsministerium im August 1939 verkündet hatte:

«Durch die Verordnung zur Ausschaltung der Juden aus dem deutschen Wirtschaftsleben vom 12. November 1938 – RGBl. I S. 1580 – sind die Juden aus dem Einzelhandel, dem Handwerk und dem Marktverkehr allgemein entfernt worden. Es hat sich jedoch zur Vermeidung von Unzuträglichkeiten als notwendig erwiesen, für die körperliche Behandlung von Juden ausnahmsweise jüdische Gewerbetreibende in gewissem Umfang auch weiterhin zuzulassen. ...

Die ... Ausnahmen ändern nichts daran, daß besondere jüdische Einzelhandelsgeschäfte oder Handwerksbetriebe zur Deckung des Bedarfs der jüdischen Bevölkerung grundsätzlich nicht zugelassen werden können, und daß der Bedarf der noch in Deutschland lebenden Juden von den deutschen Einzelhandelsgeschäften und den deutschen Handwerkern gedeckt werden soll. Es ist daher auch nach ausdrücklicher Entscheidung des Herrn Beauftragten für den Vierjahresplan keinem deutschen Kaufmann oder einem Handwerker ein Vorwurf daraus zu machen, daß er Juden beliefert oder Aufträge für sie ausführt.»[9]

Die «Arisierung» von Handel und Handwerk

Schnell verschwanden die letzten noch bestehenden jüdischen Einzel- und Großhandelsgeschäfte. Sie wurden entweder zwangsarisiert oder – sofern kein «volkswirtschaftliches Bedürfnis» vorlag – aufgelöst. In Ulm hatte es einst 66 jüdische Geschäfte gegeben, von denen Anfang Dezember 1938 nur noch acht existierten. Drei blieben weiterbestehen, weil die Firmeninhaber in «privilegierter Mischehe» lebten. Die anderen fünf Geschäftsinhaber erhielten ein Schreiben des Landrats, in dem ihnen kurz und bündig mitgeteilt wurde:

«Nach der Verordnung der Ausschaltung der Juden aus dem deutschen Wirtschaftsleben ist Juden, ohne Rücksicht auf ihre Staatsangehörigkeit, vom 1.1. 1939 ab der Betrieb von Einzelhandelsverkaufsstellen untersagt. Nur in besonderen Fällen, kann zur Sicherstellung der Versorgung der Bevölkerung die Überführung einer bisher jüdischen Verkaufsstelle in nichtjüdisches Eigentum gestattet werden. Im Benehmen mit den zuständigen Stellen habe ich festgestellt, daß zur Weiterführung Ihrer Firma ein volkswirtschaftliches Bedürfnis nicht besteht. Ihre Verkaufsstelle ist daher auf 1.1. 1939 aufzulösen und abzuwickeln. Auf Grund der vorgenannten Verordnung bestimme ich Herrn ...... zum Abwickler.»[10]

Reibungslos vollzog sich die Liquidierung der jüdischen Handwerksbetriebe. Bei den meisten handelte es sich um kleine und unrentable Firmen, an deren «Arisierung» weder die Behörden noch die Konkurrenten ein Interesse hatten. Nur 345 von den im Sommer des Jahres 1938 registrierten 5800 jüdischen Handwerksbetrieben gingen in «arische» Hände über. Bittgesuche jüdischer Handwerksmeister, ihnen bis zur Auswanderung die Fortführung ihres Gewerbes zu erlauben, wurden abgelehnt. Am 10. Dezember 1938 bat der Mannheimer jüdische Spenglermeister S.R. den Badischen Finanz- und Wirtschaftsminister um eine Ausnahmeregelung:

«Endesunterzeichneter, geb. am 4. August 1894 in Mannheim, von Beruf Spengler und Installateur, übt dieses Handwerk seit 1920 in hiesiger Stadt selbständig und ohne fremde Arbeitskräfte aus. Infolge der neuesten Verordnung muß ich meine Werkstätte am 31. d. Mts. schließen. Ich habe bereits seit längerer Zeit die feste Absicht, aus Deutschland auszuwandern. Seit August d.J. bin ich auch nachweisbar im Besitze einer ordnungsgemäßen Bürgschaft für USA. Leider erfolgt die Visumserteilung durch das amerikanische Konsulat nicht in der Zeit, die für jeden Auswanderer sehr wünschenswert wäre. Es dürfte Ihnen nicht unbekannt sein, daß man sich als Klein-Handwerker absolut keine Vermögensreserve ansammeln konnte, infolgedessen bei Arbeitslosigkeit in eine sehr bedrängte Lage käme. Ich erlaube mir daher, an Sie das höfl. Ersuchen zu richten, mir bis zu meiner Auswanderung eine vorläufige Weiterarbeit zu genehmigen. Zur näheren Illustration meiner Person und Verhältnisse gestatte ich mir, noch Folgendes anzuführen: Meine Kundschaft besteht ausschließlich aus Nichtariern. Ich selbst genieße einen guten Leumund, meine Verpflichtungen habe ich auch immer mit großer Pünktlichkeit und Genauigkeit erfüllt; ebenso habe ich noch nie öffentliche Fürsorge in Anspruch genommen. Während des Weltkrieges bin ich im August 1914 als Kriegsfreiwilliger beim Inf. Regiment Nr. 40 eingetreten und habe ununterbrochen bis zum 19. Dezember 1918 bei verschiedenen Formationen meine Pflicht erfüllt und erhielt überall die Führungsnote gut und sehr gut, wie ich durch meinen Militärpaß jederzeit nachweisen kann. Meine politische Gesinnung ist und war ebenfalls immer einwandfrei und makellos, wofür ich ebenfalls einwandfreie Beweise erbringen kann. Aus all diesen angeführten Gründen ersuche ich Sie um eine wohlwollende Prüfung und Genehmigung meines Gesuches.»

Das Gesuch wurde abgelehnt. Am 20. Dezember 1938 teilte das Ministerium dem Spenglermeister mit:

«Falls Sie Ihren Betrieb in arische Hände überführen sollten, wäre dazu meine Genehmigung unter Vorlage von drei Fertigungen des Kaufvertrages einzuholen.»[11]

Die «Entjudung» des Immobilienbesitzes

Etwas länger dauerte es, ehe die «Entjudung» des Hausbesitzes sowie der land- und forstwirtschaftlichen Betriebe abgeschlossen werden konnte. Überall wurden aber auch hier unverzüglich die entsprechenden «Übersichten» angefertigt, die Auskunft boten über Flächen in ha und ar, über Steuergemeinde und Plannummer, über Eigentümer und Kaufinteressenten, über Verkaufswert, Einheitswert und Verkehrswert, über Belastungen sowie etwaige Gründe, die für eine «Nichtentjudung» sprachen. Nach der «Erfassung» und Überprüfung trafen dann die zuständigen Behörden die Entscheidung über die «Neuverteilung». Auf amtlichen Vordrucken wurde den jüdischen Besitzern die Verfügung mitgeteilt. Am 4. Juli 1939 forderte das Bayerische Staatsministerium für Wirtschaft – Abteilung Landwirtschaft – den in München lebenden Simon Guttmann auf:

«Sie haben Ihre sämtlichen in der Gemeinde Augustenfeld, Landkreis Dachau gelegenen landwirtschaftlichen Grundstücke samt den Gebäuden und dem lebenden und toten Inventar sofort der Bayer. Bauernsiedlung GmbH., München, Kanalstr. 29 zum Kauf anzubieten. Die Bayer. Bauernsiedlung ist von dieser Anordnung verständigt. Der abzuschließende Kaufvertrag ist binnen einer Frist von 6 Wochen nach Zustellung dieser Anordnung auf dem Wege über den Landrat in Dachau zur Genehmigung gemäß § 8 der nebenbezeichneten Verordnung hierher vorzulegen.

Die Nichtbeachtung der vorstehenden Anordnung wird bestraft. Außerdem wird im Weigerungsfalle zur Herbeiführung der Veräußerung ein Treuhänder bestellt.

Dem Bürgermeister Ihres Wohnorts haben Sie außerdem unverzüglich zu melden, ob Sie noch in anderen bayerischen Gemeinden land- oder forstwirtschaftlichen Grundbesitz haben; gegebenenfalls sind Lage, Größe, Einheitswert (nach dem letzten Bescheid) und dingliche Belastung (unter genauer Bezeichnung der Gläubiger) anzugeben. Außerdem ist anzugeben, ob und gegebenenfalls welche Gebäude (Wohnhaus, Wirtschaftsgebäude usw.) sich auf den Grundstücken befinden.

I. A.
gez. Dr. Seubelt.»[12]

Nach der Zwangsarisierung wurde die Vollzugsmeldung erstattet. Verkäufer und Käufer wurden unterrichtet, ebenso Notare und Makler. In den Grundbüchern trug man die neuen Besitzer ein. Auf den Finanzämtern wurden die «Grundstückslisten» geführt, die die Namen der Käufer und Verkäufer enthielten. Eine Liste des Nürnberger Finanzamtes in der Augustinerstraße sah so aus:

Verkäufe von Juden festgestellt beim Finanzamt Augustinerstraße[13]

Grundstück	Verkäufer	Käufer
1. Wiesenstraße Nr. 174 und 174a	Weilheimer Else Berlin, Güntzelstr. 66	Keramische Werke Zehener u. Co. Tirschenreuth
2. Schreyerstr. Nr. 11	Uhlfelder, Jonas Nürnberg, Knauerstr. 12	Reinhagen Eberhard Schreyerstr. 11
3. Spittlertorgraben 19	D. u. M. Katzenberger Offene Handelsgesellschaft, Fromannstr. 19	Müller Georg sen. u. Müller Georg jun. Blütenstr. 31
4. Eilgutstraße Nr. 7	Dressel Cuno u. Otto	Deutsche Reichsbahn RBD. Nürnberg
5. Peterstraße Nr. 41 Kupferstraße Nr. 18, 20	I. G. Kayser KG. Nürnberg	Fisené Viktor Düsseldorf
6. Kaiserstraße Nr. 7	Mathias Siegfried u. a.	Ehel. Wilhelm u. Ivonne Dietz u. Karl Dietz, je zur Hälfte
7. Celtisstraße Nr. 9	Adler u. Ullmann	Ackermann Andreas Maffeiplatz 15
8. Schweiggerstraße Nr. 2 Allersbergerstr. 71	Neumann Herta Berlin-Schöneberg	Dr. Ludwig Schmidt Berlin-Charlottenbg. u. Hauck Olga, Berlin W 15

Grundstück	Verkäufer	Käufer
9. Eschenstraße Nr. 38	Enn-Werke Neuburger KG.	Gebr. Franke KG. Mühlhausen/Thür.
10. Sündersbühl Bauplätze	Vereinigte Spiegelfabriken AG. in Fürth	Hübler Linda Maxfeldstr. 10
11. "	"	Erler Lina Armmanstr. 8
12. "	"	Soldan Luise Fürth, Lindenstr. Nr. 23
13. "	"	Stellwag Dora, Wondelstein Nr. 257
14. "	"	Stieg Babette Hummelsteinerweg 65 a
15. "	"	Stieg Hannelore Hummelsteinerweg 65 a
16. "	"	Hübler Gustav Maxfeldstr. 10 a
17. Schoppershof Bauplatz	Guckenheimer Else Ostendstraße 38	Schobert Jean u. Marie, Ludwig Feuerbachstr. 25
18. "	"	Berthold Johann u. Elise, Virchovstr. 36
19. Kaiserstraße Nr. 5	Erlenbach Otto Kaiserstr. 5 Schenkung an	Erlenbach Sofie Kaiserstr. 5
20. Fürtherstr. 23	Bayr. Werkzeug u. Stahlindustrie M. Götz u. Co. Nürnberg	Wenzel Friedrich Fürtherstr. 26 a
21. Thon, Plan Nr. 110 ½ ⅓ u. ¼ (Acker u. Garten ⅓ Anteil)	Dr. Martin Lewin Fürtherstr. 13	Göß Ulrich, Fürth Theaterstr. Nr. 38
22. Allersbergerstr. 99	L. Hofmanns Sohn Wollwarenfabrik	Deutsches Reichs Luftfahrt. [?]

Folgende Verkäufe in Verbindung mit der Gauleitung:

23. Breite-Gasse Nr. 4	Bechhöfer Ernst und Miterben Marienstr. 15	Ammon Karl Brunnengasse 45
24. Grimmstraße Nr. 3	Frnc[?] Louis und Lina	Schöller Fritz Vestnertorgraben 49
25. Nornenstraße Nr. 26	Hessdörfer Ernst Nornenstr. 26	Galster Georg Spenglerstr. 11

Grundstück	Verkäufer	Käufer
26. Bauerngasse 30	Felheim Salomon u. Jenny, Westtorgr. 9	Galster Georg Spenglerstr. 11
27. Jakobstraße Nr. 26	Wurzinger Sofie Jakobstraße 26	Hermann Hans Jakobstraße 26
28. Camerariusstr. Nr. 3	Aussenberg Leon Camerariusstr. 3	Fürbringer Rudolf Sandstraße 14
29. Findelwiesenstr. 26	Kreisle Berthold Findelwiesenstr. 26	Dumpert Heinrich Wilhelm Spaethstr. 1
30. Kesslerstr. Nr. 6	Schröder Jette Kesslerstr. 6	Thyssen-Rheinstahl AG. Frankfurt
31. Kohlengasse Nr. 21	Hönlein Hannchen Kohlengasse 21	Hermann Hans Jakobstraße 26
32. Schleiermacherstr. 12	Magnus Ludwig Tel Aviv	Dr. Ludwig Rieß u. Berta Badstr. 9
33. Adam-Kleinstr. 137/139 Hasstr. Nr. 19	Bieringer Adolf u. And. Lenbachstr. 6	Walz Franz Offenburg-Baden

Die «Arisierung» der Großindustrie

Die Nationalsozialisten mußten sich noch etwas gedulden, ehe die letzten jüdischen Großunternehmen in «arische» Hände überführt werden konnten. Hier behielten sich die zentralen Instanzen – allen voran das Reichswirtschaftsministerium – die Entscheidung vor, und es verstand sich von selbst, daß Industrie und Banken nichts unversucht ließen, um ihren Einfluß und Gewinn zu sichern. Allein die Zentrale der Deutschen Bank hatte im Juli 1938 700 jüdische Unternehmen «erfaßt», von denen etwa 200 bereits «arisiert» waren. Karl Kimmich, Vorstandsmitglied der Deutschen Bank, fertigte am 25. Juli 1938 eine Aktennotiz an, in der es heißt:

«Für zahlreiche weitere (jüdische Unternehmen) schweben noch Verhandlungen. Es laufen jetzt täglich Mitteilungen ein, daß Objekte arisiert sind.

In einigen Branchen läßt das Angebot an wirklich guten Objekten stark nach. Die Nachfrage ist hier weitaus größer, z. B. in der Metall- und Chemie-Branche. Es ist nicht immer möglich, diese Interessenten auf andere Branchen hinzulenken.

Eine weitere Beschleunigung der Arisierung kann dann erwartet werden, wenn die Genehmigungen schneller erteilt werden. Es dauert häufig 2 Monate, bis alle Instanzen ihr placet gegeben haben.»

Um die «Arisierungen» voranzutreiben und um sicherzustellen, daß sie «zu den volkswirtschaftlich und privatwirtschaftlich günstigsten Ergebnissen» führten, entwarf die Deutsche Bank ein entsprechendes Verfahren. In einem Entwurf eines undatierten und unsignierten «vertraulichen Rundschreibens», das vermutlich an die «Wirtschaftsgruppen» adressiert war, empfahl sie:

«Man sollte sich ... in den einzelnen Wirtschaftsgruppen eine eigene Initiative überlegen, die in den Grenzen der gegebenen Möglichkeiten einerseits entsprechend den Wünschen der Regierung den Arisierungsprozeß wesentlich beschleunigt, andererseits zu den volkswirtschaftlich und privatwirtschaftlich günstigsten Ergebnissen führt ...

Wenn die Wirtschaftsgruppen oder Fachgruppen als solche sich an der Übernahme der nichtarischen Betriebe nicht zu beteiligen wünschen, (sollen sich) ein größerer Kreis von Firmen aus jeder von dem Arisierungsproblem berührten Branche zusammenschließen und Bewerbern, die für die Übernahme eines jüdischen Unternehmens für geeignet gehalten werden, aber nicht selbst über die hierzu erforderliche Kapitalkraft verfügen, den Erwerb durch Garantieleistungen ermöglichen. Gegebenenfalls würden die betreffenden Firmen, nachdem sie selbst durch einen aus sachverständigen Personen zusammengesetzten Ausschuß die Verhältnisse geprüft und nach der sachlichen und persönlichen Seite die nötigen Voraussetzungen für einen Kredit festgestellt haben, bei einer Bank diesen Kredit in bestimmter Höhe beantragen. Die Bank würde in die Lage versetzt, den Kredit auch zugunsten kleinerer, sonst in diesem Maße nicht kreditwürdiger Firmen zu geben, wenn eine Bürgschaft eines Kreises von bedeutenderen Firmen dahintersteht. Für die Wirtschaftsgruppen ergibt sich aus diesem Verfahren der große Vorteil, daß sie den Gang der Arisierung in der Hand behalten und insbesondere ein staatliches Eingreifen vermeiden (können), das, der Regierung an sich selbst unerwünscht, störende Einwirkungen von nicht absehbarer Tragweite haben kann ...

Selbstverständlich kann das ... Verfahren, insbesondere auch unter Berücksichtigung der Verhältnisse in den einzelnen Branchen ... modifiziert werden. Da wir aber auch unsererseits von der Regierung mit der Angelegenheit befaßt sind und in Ihrem Gewerbe ebenfalls noch eine Reihe zu arisierender Betriebe vorhanden sind, wollte ich nicht verfehlen, Ihnen die obigen Gedankengänge zu unterbreiten mit der Bitte, sich dieselben zu überlegen und mir Ihre Meinung bezüglich der Ausführbarkeit mitzuteilen, eventuell Ihre Anregungen dazu zu geben.»[14]

Auch die anderen Banken ließen sich die lohnenden «Arisierungsgeschäfte» nicht entgehen. Man übernahm jüdische Bankhäuser, eignete sich jüdische Wertpapiere an, gewährte «arischen» Käufern die notwendigen Kredite und kassierte die Provisionen, die nach dem erfolgreichen Abschluß eines «Vermittlungsgeschäftes» fällig wurden. Fritz Andre – ein Direktor der Dresdner Bank – gab vor dem Nürnberger Kriegsverbrecher-Tribunal über «die Entwicklung der Arisierungsgeschäfte» folgendes zu Protokoll:

«Die Arisierungsgeschäfte sind der Natur der Sache nach zunächst sporadisch aufgetreten und zweifellos von den einzelnen Filialdirektoren oder Abteilungsleitern in Berlin zu einer allgemeinen Aussprache mit dem Vorstand benutzt worden, um gewisse Grundsätze und allgemeine Orientierungspunkte zu diesen neuartigen Geschäften festzulegen. Zunächst sind diese Einzelgeschäfte – sicherlich immer im engen Kontakt mit den Vorstandsmitgliedern – bei den Filialen im Reich und Büros in Berlin behandelt worden, wo sie aus dem Kreise der Kundschaft entsprangen.

Allmählich hat sich das Bedürfnis nach einer Zusammenfassung der an Umfang zunehmenden Arisierungsgeschäfte herausgestellt, weil die Übersicht über die Tätigkeit der Bank auf diesem Gebiete von besonderer Wichtigkeit war und nicht verloren gehen sollte. Aus diesem Grunde wurde in Berlin für die in Berlin anfallenden Arisierungsfälle und die gewichtigen Fälle aus dem Reich, die den Vorstand interessierten, eine spezielle Bearbeitungsstelle geschaffen. Ich nehme nicht an, daß hierüber ein schriftlicher Beschluß vorliegt – die Vorstandsprotokolle aus dieser Zeit sind in Klietz an der Elbe im Sommer 1946 bei der Ausräumung der Bunker der dort befindlichen Sprengstoffabrik von den Russen verbrannt worden. Aber es darf nach dem Gebräuchen im Hause der Dresdner Bank vorausgesetzt werden, daß über Arisierungsgeschäfte, ihre Wichtigkeit und ihren zunehmenden Umfang in einer Vorstandssitzung gesprochen worden ist, und daß der Gedanke, hierfür eine besondere Bürostelle zu schaffen, bekannt gegeben und gutgeheißen wurde.

Soweit mir erinnerlich, ist innerhalb des Vorstandes ein besonderer Referent für Arisierungsgeschäfte nicht ernannt worden. Die Arisierungen wurden vielmehr von den Herren des Vorstandes innerhalb des Rahmens der Geschäftsordnung und der allgemeinen Ressort-Aufteilung behandelt, d. h. praktisch konnte jeder der Herren, wenn das Arisierungsobjekt in seinen nach der Ressort-Einteilung abgegrenzten Arbeitsbereich fiel, mit Arisierungen befaßt sein.

Tätigkeit der Bank bei Arisierungen.

Die Tätigkeit der Bank hat sich so abgespielt, daß für Unternehmungen, die als zu arisieren bekannt wurden, Interessenten aus Branchekreisen von uns gesucht werden mußten, die für eine sachgemäße Fortführung des bisher jüdischen Betriebes qualifiziert erschienen. Demzufolge hat die Bank meistens aus ihrem Kundenkreis Bewerber angesprochen, die sich für die zu arisierenden Firmen geeignet haben.

Handelte es sich um bedeutende Arisierungsfirmen, wurde die Frage, wem das Objekt nahegebracht werden könnte, im Rahmen des Vorstandes behandelt und zumeist auch von den betreffenden Herren direkt mit den in Aussicht genommenen Bewerbern besprochen. Kleinere Firmen im Ausmaße von wenigen 100000.– RM Kapitalwert – soweit sie keine außergewöhnliche Branchenbedeutung hatten – wurden von der sachbearbeitenden Abteilung behandelt und vor endgültigen Entscheidungen und Abschlüssen lediglich mit dem zuständigen Vorstandsmitglied, im Falle des Konsortialbüros Herr Dir. Busch, im Falle der Filialen der zuständige Vorstandsreferent nach der Geschäftsaufteilung besprochen.

Die Arisierungsgeschäfte außerhalb Berlins sind von den betreffenden Filialen selbständig erledigt worden. Ich nehme an, daß bei großen Objekten der Vorstand, mindestens aber das zuständige Vorstandsmitglied über die Angelegenheit auf dem laufenden gehalten und vor endgültiger Abmachung die Angelegenheit zur Entscheidung ihm unterbreitet worden ist.

Die Bank hat außerdem im Rahmen der für die Geschäftstätigkeit geltenden Richtlinien hier und da Kredite gewährt, um die Fabrikation der arisierten Unternehmungen sicherzustellen, und in gewissen Fällen auch die Verhandlungen der Interessenten mit ministriellen Stellen erleichtert. Es kann in Einzelfällen, wo die Filiale keine Möglichkeit hatte, die Arisierung mit Erfolg zu bearbeiten, dazu gekommen sein, daß die in Berlin eingerichtete Stelle mit der betreffenden Firma befaßt wurde, da sich in Berlin mehr Möglichkeiten ergaben und die auf Beteiligungen gerichteten Wünsche häufiger waren. Die Entscheidung, welcher Geschäftsfreund mit bedeutenderen Arisierungsobjekten befaßt werden sollte, wurde vom Vorstand bzw. dem zuständigen Vorstandsmitglied nach Absprache mit Kollegen, die an der (sich) anbahnenden geschäftlichen Verknüpfung interessiert sein könnten, getroffen.

Zuständigkeiten und damit befaßte Personen.

Das in Berlin für die Arisierungsfrage eingerichtete Büro ist nach meiner Erinnerung zuerst von Herrn Toftmann als Sachbearbeiter innerhalb der Büroeinteilung des Konsortialbüros wahrgenommen worden. (Toftmann war schon Sachbearbeiter des Konsortialbüros gewesen und wurde auf diesen neuen Posten vermutlich auf Vorschlag des damaligen Chefs des Konsortialbüros, Direktor Rinn, gesetzt.) Toftmann hatte diese Funktion innerhalb der Abteilung II des Konsortialbüros, die von Herrn Rechtsanwalt Ansmann geleitet wurde, wahrzunehmen. Ich schätze, daß diese Einrichtung im Jahre 1936 vorgenommen wurde.

Als ich selbst meinen Posten als Mitarbeiter bei Herrn Dir. Busch im Frühjahr 1937 verließ, wurde Herr Toftmann mein Nachfolger. Da Arisierungen zu dieser Zeit meines Wissens einen besonderen Umfang erreicht hatten, wurde die Bearbeitung in die Hände eines qualifizierten Angestellten, und zwar des stellvertretenden Direktors Dr. Paul Binder, gelegt. Herr Dr. Binder war insoweit selbständiger Abteilungschef innerhalb des Konsortialbüros und unter der selbstverständlichen Aufsicht des Vorstandes. Die Organisation der Arisierungsabteilung war insofern eine veränderte, als nicht mehr unter Herrn Ansmann ein kleinerer Angestellter arbeitete, sondern im Zuge des größeren Arbeitsumfanges der Arisierungsfragen ein selbständiger Abteilungsleiter im Direktorrang, nunmehr nicht mehr unter Herrn Direktor Ansmann, die Dinge bearbeitete.

Im Februar 1939 übernahm ich die Leitung des Konsortialbüros; Herr Rinn wurde Börsenchef. Da in Frankfurt, wo verhältnismäßig viel Arisierungsgeschäfte erledigt worden waren, Herr Harald Kühnen besonderes Geschick bei der Einleitung von Verhandlungen und der kritischen Würdigung von Bonitäts- und taktischen Fragen gezeigt hatte, wurde Herr Kühnen im Frühjahr 1939 als Spezialbearbeiter für Arisierungen von Frankfurt nach Berlin gezogen. Hier ersetzte er nunmehr Dr. Binder, der von Berlin weg in ein ganz anderes Tätigkeitsfeld versetzt wurde. Die Tätigkeit des Herrn Kühnen, seines Nachfolgers, innerhalb der Arisierungsfragen spielte sich in demselben Rahmen wie die Tätigkeit des Herrn Toftmann im Konsortialbüro II unter Rechtsanwalt Ansmann ab. Die Tatsache, daß für die Arisierungsfragen nach 1939 wiederum ein kleinerer Angestellter unter Aufsicht des Herrn Ansmann eingesetzt war, welch letzterer wiederum unter Herrn Dir. Andre als Chef des Konsortialbüros arbeitete, erklärte sich daraus, daß neben den nach 1939 vermindert anfallenden Arisierungsprojekten in Deutschland nunmehr die Fälle der Germanisierung der tschechischen Industrie traten. Diese Fälle wurden von Herrn Kühnen unter Leitung von Herrn Ansmann bearbeitet. Soweit es sich um diese Fälle der Germanisierung in der Tschechei handelte, wurde die Abteilung Ansmann mit dem Referat Kühnen von dem Konsortialbüro abgegliedert und angegliedert dem Arbeitsbereich des Dr. Rasche. Dieser war nämlich für den Vorstand der Spezialbearbeiter für die Tschechen, und die von der Abteilung Ansmann unter Dr. Rasche bearbeiteten Fälle betrafen z.B. u.a. die Arisierung Petscheck, Weinmann, Gerstil, Pollack Söhne, Korwolith etc. (Rechtsanwalt Ansmann ist zur Zeit als Leiter der Dresdner Bank, Filiale Düsseldorf, tätig, und Kühnen wohnt in Frankfurt a.M., Eschenbachstr. 33; er ist nicht mehr bei der Dresdner Bank beschäftigt).

Die oben gemachten Ausführungen über Arisierungsgeschäfte beziehen sich auf den Kundenkreis der Bank und die wirtschaftlichen Branchen im allgemeinen. Die Dresdner Bank hat meines Wissens einige jüdische Bankgeschäfte – vor allen das Dresdner Geschäft von Gebr. Arnold – übernommen. Das Dresdner Geschäft von Gebr. Arnold wurde von der Filiale Dresden der Dresdner Bank, das Berliner Geschäft von Gebr. Arnold von Hardi & Co. G.m.b.H. übernommen.

Das Reichswirtschaftsministerium hatte sich – soweit ich mich erinnere – sehr frühzeitig in die Arisierungsvorgänge eingeschaltet und bei ins Gewicht fallenden Anlässen die Einholung seiner Zustimmung zu irgendwelchen Verkäufen zur Bedingung gemacht. Es ist hierbei zweckmäßig, auf die branchenmäßige Gliederung des Reichswirtschaftsministeriums zu verweisen. Eine Zeitlang hat das Arisierungsreferat im RWM der Regierungsrat von Goelln geleitet, doch haben auch Dr. Bauer und einige andere Branchenabteilungen vorstehende Herren des RWM gelegentlich mitgewirkt.»[15]

Der erwähnte «Sekretariatsbearbeiter« Harald Kühnen wurde ebenfalls in Nürnberg vernommen. Er gab an, daß bis Mai 1939 allein von der Dresdner Bank in Frankfurt am Main folgende «Arisierungen» abgewikkelt wurden:

«Firma Strumpffabrik A. MARUM, Sobornheim/Naho, ein Objekt von ungefähr 1,3 Millionen Reichsmark.

Firma Kaufhaus SCHIFF, Frankfurt/Main Hoechst, ein Objekt von ungefähr 450000 Mark ohne Berücksichtigung der Hypothekenschuld, sowie der sonstigen Verbindlichkeiten.

Firma Zahnfabrik HODDES, Bad Nauheim, ein Objekt von einigen Hunderttausend Reichsmark.

Firma Dr. M. ALBERSHEIM, Parfümeriefabrik, Frankfurt/Main, ein Objekt von ungefähr 7 bis 800000 Reichsmark.

Firma SCHOENBERGER CABINETT A.G., Mainz, Sektfabrik, ein Objekt von ca. 1 Million Reichsmark, von denen 10 bis 15% in arischem Besitz waren.

Firma Textilgeschäft L. KAHN, Frankfurt/Main, ein Objekt von ca. 100 bis 150000 Reichsmark.

Firma EICHELGRUEN, Feldbahnen, ein Objekt von ungefähr 500000 Reichsmark.

Fernerhin zwei Tuchgroßhandlungen und ein Hutgeschäft, an deren Namen ich mich nicht genau entsinne.

Firma SELIGMANN, Frankfurt/Main, Textileinzelhandel, ein Objekt von ungefähr 100 bis 150000 Reichsmark.

Es ist möglich, daß ich an dem einen oder anderen kleineren Objekt noch mitgearbeitet habe. Die wesentlicheren Geschäfte, die von mir mitbearbeitet wurden, sind aber bestimmt vorstehend erfaßt. Die Arisierungen, in Frankfurt am Main, die ich weiter erwähne, wurden nicht von mir mitbearbeitet:

Ada-Ada Schuhfabrik A.G., Frankfurt/Main
STUECK A.G., Likörfabrik Hanau
I. und C.A. SCHNEIDER, Frankfurt/Main
Cellulose-Fabrik Okriftel, Okriftel/Main
Firma MARCO, Fahrradzubehör Frankfurt/Main.

Zur Zeit meiner Versetzung nach Berlin war die Welle der Arisierungen im sogenannten Altreich bereits so gut wie abgeschlossen und ich vermag über diese Zeit und dieses Gebiet daher nichts weiteres zu sagen.

Ich möchte hinzusetzen, daß die Dresdner Bank in den oben erwähnten, von mir bearbeiteten Fällen in keinem Fall selbst ein Kontrahent war, sondern ihre Tätigkeit eine vermittelnde und beratende war und ihr Interesse nur durch die Erhaltung alter Verbindungen und evtl. Provisionen bestimmt war. Die Provisionen haben sich in allen von mir bearbeiteten Fällen in ganz normalen Grenzen gehalten (ca. 2%).»[16]

Die Provisionsgeschäfte lohnten sich. Sie brachten Gewinne in Millionenhöhe. Am 9. Februar 1940 teilte die Dresdner Bank in Düsseldorf der Berliner Filiale den Abschluß eines «Vermittlungsgeschäftes» mit:

«Betr.: Entjudung Simons & Frowein A.G., Leichlingen

Wir teilen Ihnen hierdurch mit, daß wir im Einvernehmen mit den neuen Aktionären der Gesellschaft die für unsere Mitarbeit an der Entjudung vereinbarte Provision von RM 50000.– der Gesellschaft belastet haben. Einen Teilbetrag von RM 20000 haben wir an die kontoführende Stelle, unsere Filiale Wuppertal-Elberfeld, weitergegeben.

Heil Hitler!
Dresdner Bank in Düsseldorf
gez. Grossenbräucker gez. Hass»[17]

Die Verarmung der Juden durch Tribute und Konfiszierungen

Die Nationalsozialisten trugen dafür Sorge, daß mit der «Entjudung» der Wirtschaft auch die jüdischen Ansprüche auf Renten, Pensionen und Versicherungen liquidiert wurden. Und sie stellten ebenso sicher, daß die Erträge aus den Zwangsverkäufen von Geschäften, Grundstücken und aller sonstigen Besitztümer nicht in die Verfügungsgewalt der Juden gelangten. Die Verkaufserlöse wurden – nach Abzug der Gebühren, Honorare und anderer Zwangsabgaben – auf Sperrkonten überwiesen. Das Finanzamt überwachte die Kontenbewegungen. Es setzte auch den monatlichen «Freibetrag» fest, den der Kontoinhaber abheben durfte. Dem in München lebenden Richard Seligmann standen 250 Reichsmark zu. Am 25. Juni 1940 beantragte er auf dem amtlichen Vordruck beim Oberfinanzpräsidenten – Devisenstelle/Überwachungsabteilung – die Freigabe von monatlich 25 Reichsmark. Als «Verwendungszweck» gab er an:

«Ich bitte den Betrag von RM 25.– zur direkten Auszahlung an Frl. Maria Weissenbacher freizugeben. Diese war 18 Jahre bei meiner Familie bedienstet und ist heute 60 Jahre alt. Ich möchte ihr monatlich diese Zuwendung machen, kann dies aber aus dem mir zustehenden Freibetrag nicht erübrigen.»[18]

Andere Sonderfälle bedurften ebenso der Genehmigung. Über das komplizierte Antragsverfahren berichtet Dr. Max Plaut, Vorstandsmitglied der jüdischen Gemeinde Hamburg:

«Wollte ein Jude z. B. einen mittellosen, erwerbsunfähigen Angehörigen unterstützen, so mußte er ein dreiteiliges Antragsformular bei der zuständigen jüdischen Verwaltungsstelle einreichen. Diese hatte den Antrag zu prüfen und mit einem Gutachten versehen an den Bezirksstellenleiter weiterzugeben, der ihn selbst unterschreiben und der zuständigen Gestapoleitstelle zur Genehmigung vorlegen mußte. Ein Exemplar ging mit Genehmigungsvermerk den ganzen Weg zurück. Dann konnte der Antragsteller unter Vorlage der Genehmigung bei seiner Bank den nachgesuchten Betrag erheben. Die Bezirksstellen hatten jeden Monat ausführlich über alle Anträge an die Zentrale der Reichsvereinigung und diese an das Reichssicherheitshauptamt zu berichten. Juden durften ihren Angehörigen nichts schenken; dahingehende Anträge wurden nicht genehmigt. Verkaufsanträge für Sachen aller Art wurden immer genehmigt, aber der Verkauf mußte durch einen deutschen Auktionator erfolgen. Der Verkäufer durfte bei dem Verkauf nicht zugegen sein. Juden durften grundsätzlich nicht bei Auktionen kaufen oder zugegen sein. Dem Auktionator wurde zumeist von der Gestapo vorgeschrieben, und sehr häufig waren Gestapoleute diejenigen, die zu billigen Preisen kauften.»[19]

Die Verwendung des konfiszierten «Judengutes» stand auf der Tagesordnung einer Beiratssitzung der Hamburger Sozialverwaltung im März 1941. In der vertraulichen Niederschrift heißt es:

«Punkt 4 der Tagesordnung: Verschiedenes. Senatsdirektor Matthäs berichtet, daß im Hamburger Freihafen eingelagertes Judengut im Werte von etwa 23 bis 27 Millionen Reichsmark auf behördliche Veranlassung versteigert wird, um es der Gefahr der Vernichtung durch Luftangriffe zu entziehen. Die Sachen werden durch die Auktionatoren versteigert, die die Anweisung haben, gewisse Stoppreise nicht zu überschreiten. Die Sozialverwaltung ist eingeschaltet worden, um für Katastrophenfälle diejenigen Dinge zu kaufen und einzulagern, die für eine Versorgung der Bevölkerung nach größeren Luftangriffen geeignet sind. Über die Einlagerung und den Abtransport ist ein Vertrag mit dem Speditionsgewerbe abgeschlossen worden. Die Sachen werden 2 bis 3 Tage vor der Versteigerung gekauft und sachgemäß eingelagert. Die Lager sind im gesamten Stadtgebiet verteilt. Sie werden, wenn die Versteigerungen durchgeführt sind, eine gute Reserve für Katastrophenfälle darstellen. Außer der Sozialverwaltung ist das Museum für Kunst und Gewerbe und die Verwaltung für Kunst- und Kulturangelegenheiten beauftragt, künstlerisch wertvolle Dinge zu erwerben.«[20]

Jüdische Familien umgingen die öffentliche Auktion. In Zeitungsinseraten boten sie Haushaltsgegenstände an, die nicht mehr oder nicht unbedingt benötigt wurden. Am 13. Dezember 1940 erschien im ‹Göttinger Tageblatt› die Anzeige:

«Nickel-Platten, Messer und Gabeln, elektrische Plätteisen, Kinderwäsche, Kaffeedecken, Übergardinen, Geschirr, Vasen, Kristall, Haushaltsgegenstände zu verkaufen. Rosdorfer Weg 14, II.«

Die Polizei leitete unverzüglich eine Untersuchung ein. Die Ermittlungen ergaben:

«Göttingen, am 15. Dezember 1940

Zu vorseitiger Anzeige wurde festgestellt, daß die Jüdin Rosenberg, Rosdorferweg 14, die ausgeschriebenen Sachen verkauft. Es handelt sich um alte Haushaltsgegenstände aus ihrem Haushalt und aus dem Haushalt des Juden Jacobsohn, mit welchem sie zusammen wohnt. Sie haben beide Haushalte zusammengelegt und haben so die Sachen über. Es handelt sich durchweg um altes Geschirr und alte Wäsche. Ein gewerbsmäßiger Verkauf kommt nicht in Frage. Die Rosenberg gibt an, daß sie die Sachen verkaufe, da sie den Erlös zum Lebensunterhalt benötige.»[21]

Neben der Ausschaltung aus dem Berufs- und Wirtschaftsleben standen die Tributzahlungen und Beschlagnahmen. Mit ständig neuen Steuer- und Abgabeforderungen liquidierten die Nazi-Behörden das registrierte «Judenvermögen» – und damit auch die letzte Reserve, die nicht nur vielen Familien, sondern auch oft deren entfernten Angehörigen zum Bestreiten des kärglichen Lebensunterhalts verblieben war. Die Novemberereignisse boten die günstige Gelegenheit, die Vermögensreste einzuziehen. So beschlagnahmte das Deutsche Reich die Vergütungen der Versicherungen für die während der Pogrome verursachten Sachschäden und zwang so die Juden, die Schäden auf eigene Kosten zu reparieren. Ebenso schnell wurden die Juden zu einer kollektiven «Sühneleistung» verurteilt. Am 12. November 1938 verordnete Hermann Göring eine Sondersteuer, die schon zwei Jahre zuvor gebilligt worden war – in Form einer Kontribution von einer Milliarde Reichsmark. Die Begründung lautete:

«Die feindliche Haltung des Judentums gegenüber dem deutschen Volk und Reich, die auch vor feigen Mordtaten nicht zurückschreckt, erfordert entschiedene Abwehr und harte Sühne.»[22]

Die «Sühneleistung», als «Vermögensabgabe» deklariert durch die Festlegung des Steuersatzes und im Oktober 1939 auf 1,126 Milliarden Reichsmark erhöht, wurde vom Finanzamt eingezogen. Man setzte zunächst 20 Prozent, später 25 Prozent des Vermögens fest. In vier, später fünf Raten mußten die Beträge entrichtet werden. Vielen Juden fiel es schwer, den Zahlungsverpflichtungen nachzukommen, denn auch die Erlöse aus den Zwangsverkäufen schrumpften rapide zusammen. Verzweifelt wandten sich Juden an die Finanzämter mit der Bitte, ihnen die letzten Raten zu erlassen. Auf Ablehnung des Finanzamtes Ulm stieß im November 1939 das Gesuch des Dr. med. Siegmar Ury:

«Auf Grund des Runderlasses des Reichsfinanzministers im Reichssteuerblatt ersuchen wir um Erlaß oder Ermäßigung der 5. Rate der Judenvermögensabgabe, die für uns zusammen 3000 RM betragen würde.

Der Stand unseres beiderseitigen Vermögens, welcher der Judenvermögensabgabe zugrunde lag, war am 12. November 1938 RM 48398 und RM 12645, abgerundet zusammen auf RM 60000. Dagegen war der Stand am 12. September 1939 (nach einer Erklärung an die Devisenstelle) nur noch RM 42584, was einer Verminderung von mehr als 30% in 10 Monaten gleichkommt. Diese Verminderung ist entstanden 1. durch die Judenvermögensabgabe, 2. durch Auswanderungskosten für unseren im März d. J. ausgewanderten, damals 18½ Jahre alten Sohn, 3. durch meine Krankheit und völlige Erwerbslosigkeit (siehe beiliegende Abschrift eines Zeugnisses des Herrn Prof. Dr. Veiel im Städtischen Krankenhaus Ulm) und die dadurch bedingten Ausgaben für ärztliche Behandlung, Arzneimittel und Krankenhausaufenthalt, 4. durch den Fortfall meiner Arztrente seit Dezember 1938, die bis dahin monatlich 150 M betrug.

Da ich durch meine schwere Krankheit nicht in der Lage bin, auszuwandern, und infolge der völligen Erwerbsunfähigkeit gezwungen bin, vom Kapital zu leben, meine Frau aber durch meine Krankenpflege an der Ausübung eines eigenen Berufes gänzlich behindert ist, bitten wir, wenn irgend möglich, um den völligen Erlaß der 5. Rate.»[23]

Gingen die Zahlungen nicht rechtzeitig ein, wurden Säumniszuschläge erhoben. Nach Ablauf der Zahlungsfrist versuchten die Finanzämter, auf andere Weise die rückständigen Beträge einzutreiben. Man plünderte die jüdischen «Sperrkonten» aus oder zog zur Deckung der Steuerschulden die requirierten Kunstschätze heran, die von Experten geschätzt und auf Auktionen versteigert wurden. Der Kunstraub brachte Millionengewinne ein. Er bescherte auch den Museen neue Objekte. Im Januar 1939 erhielt der in München lebende Max Wallach die folgende Mitteilung:

«Auf Ihr Ansuchen wird Ihnen bestätigt, daß Ihr Hausinventar auf Kulturgut überprüft wurde und daß dabei eine bäuerliche Barockvitrine und eine Biedermeierstanduhr beschlagnahmt wurde, die dem Bezirksmuseum Dachau zur Verfügung gestellt wurden.»

Archive und Archivare meldeten ihren Anspruch auf die begehrten «Judenakten» an. So ließ der Generaldirektor der staatlichen Archive Bayerns am 22. November 1938 wissen, daß «alle beschlagnahmten oder noch zu beschlagnahmenden» Archive «unter die fachmännische Verwahrung und Verwaltung des zuständigen Staatsarchivs zu stellen» seien, «das allein für ihre wirksame Erschließung und Nutzbarmachung Sorge zu tragen vermag, wie ja auch ausschließlich der Staat einen Rechtsanspruch auf beschlagnahmtes Archivgut erheben kann». In diesem Rundschreiben an die Bezirksämter in Bayern wurde die künftige «Nutzbarmachung» des Schriftguts der jüdischen Kultusgemeinden schon angekündigt:

«Dieser Quellenstoff wird der künftigen Rasseforschung und dem Nachweis der arischen Abstammung wertvolle Dienste leisten können. Es handelt sich dabei vorzüglich um die oft in frühe Zeit zurückreichenden Personenstandsregister (sogenannte Matrikeln, z. B. über Beschneidungen, Ehe- und Sterberegister), dann überhaupt um alle alten, geschriebenen (nicht gedruckten!) Bände usw. der Kultusgemeinden; in zweiter Linie kommt aber auch das ältere Schriftgut in Frage, das sich im Besitz von jüdischen Privatpersonen befindet und das diese bei ihrem Abzug, beim Verkauf ihrer Häuser usw. leicht mitnehmen oder vernichten könnten. Ich wäre dem Bezirksamt zu großem Dank verbunden, wenn es in den Orten, wo Juden wohnten oder noch wohnen, Erhebungen veranlassen würde, um den Verbleib des bezeichneten Schrifttums fest- und sicherzustellen. Für seine Sicherung und Verzeichnung würde dann durch das zuständige Staatsarchiv Sorge getragen werden. In dringenden Fällen würde das Staatsarchiv auch seinen Sachbearbeiter an Ort und Stelle die Archivalien einsehen lassen und ihren Schutz durch geeignete Unterbringungen in die Wege leiten.»

Der Bürgermeister von Dachau hielt Nachforschungen nach «Judenakten» für überflüssig. In seinem Amtsbereich gab es Anfang Dezember 1938 «weder eine jüdische Kultusgemeinde ... noch sonstige jüdische Organisationen». Zudem waren «bei den bisher hier wohnhaften Juden Hausdurchsuchungen vorgenommen (worden), bei denen sich archivalisches Schriftgut von einiger Bedeutung nicht» finden ließ.[24]

In anderen Städten war man erfolgreicher. Die Bibliotheken und Archive der jüdischen Gemeinden wurden beschlagnahmt. Das Material blieb zum größten Teil in den Händen der Gestapo und der SS, die staatlichen Institutionen hatten sich in den meisten Fällen vergeblich darum bemüht.

Die Juden mußten sich auch von ihren Schmuckgegenständen trennen. Anfang 1939 wurde die Abgabepflicht verfügt. Über die Aktion in Dortmund legt der Rechenschaftsbericht eines städtischen Beamten Zeugnis ab:

«Im Jahre 1939 mußten die Juden mit deutscher Staatsangehörigkeit und staatenlose Juden in Deutschland sämtliche in ihrem Besitz befindlichen Wertgegenstände aus Gold, Platin oder Silber, sowie Edelsteine und Perlen abgeben. Auch gewisse Kunstgegenstände wie Bilder, Teppiche usw. fielen unter die Abgabepflicht. Als Ankaufsstellen wurden am 20. Januar 1939 die städtischen Pfandleihanstalten von der Reichsregierung bestimmt. – In Dortmund wickelte sich die Aktion reibungslos ab.

Wir zahlten den Juden folgende Preise:

für 1 g Feingold	2.80 Reichsmark
für 1 g 900er Gold	2.52 Reichsmark
für 1 g 750er Gold	2.10 Reichsmark
für 1 g 585er Gold	1.64 Reichsmark

für 1 g	560er Gold	1.57 Reichsmark
für 1 g	375er Gold	1.05 Reichsmark
für 1 g	333er Gold	0.93 Reichsmark
für 1 g	Silber	2–3 Reichspfennige

Für Edelsteine und Perlen zahlen wir 60% des üblichen Beleihungswertes. Irgendwelche Einwände über die Höhe der Ankaufspreise durften von den Juden nicht gemacht werden. Sie mußten mit dem zufrieden sein, was sie von uns bekamen.

Die Juden durften behalten: die eigenen Trauringe und die eines verstorbenen Ehegatten, silberne Armband- und Taschenuhren und je Person 2 vierteilige Eßbestecke und einige silberne Kleinigkeiten.

Wenn man bedenkt, daß wir für rund 92000.– RM Gegenstände ankauften, so kann man die Arbeit ermessen, die unser Goldschätzer Stadtobersekretär Gabriel Schmitz zu bewältigen hatte. Jedes anzunehmende Stück ging zur Prüfung durch seine Hände. Er hat diese Arbeit mit großer Gewissenhaftigkeit im Interesse des Reiches erledigt. Deswegen soll er hier besonders genannt und verewigt werden.

Die Abgabepflicht der Wertgegenstände begann im Januar 1939 und endete am 31. März 1939. Da sich nun ein Jude aber nur schwer von seinen Wertgegenständen trennen kann, warteten die meisten Juden mit der Abgabe bis zum letzten Augenblick. Daher war der Andrang vom 23.–31. März so stark, daß wir von 8 Uhr bis 23 Uhr, mit kurzer Unterbrechung für Mittag- und Abendbrot, arbeiten mußten. Wer bis zum 31. März nicht abgefertigt werden konnte, mußte seine abgabepflichtigen Gegenstände mit der Post einsenden. Die Abrechnungen erfolgten dann im Laufe der Monate April und Mai 1939.

Bei einer beabsichtigten Auswanderung aus Deutschland durften die Juden Geld nicht – oder nur beschränkt – mitnehmen. Ganz schlaue Juden kauften sich daher goldene und und silberne Gegenstände, um diese dann anstelle von Geld mit über die Grenze zu nehmen. Dieses wurde durch die Aktion der Abgabepflicht von der Reichsregierung verhindert.

Wenn in späteren Jahren einmal ein Forscher, der die Juden nur vom Hörensagen kennt, die Akten im Stadtarchiv Dortmund durchwühlt, wird er die Erkenntnis gewinnen, daß auch die deutschen städtischen Pfandleihanstalten zu ihrem geringen Teil an der Lösung der Judenfrage in Deutschland mitgearbeitet haben.

Niedergeschrieben im August 1941.

Unterschrift

Stadtamtmann
und derzeitiger Leiter der Städtischen Leihanstalt
Dortmund.»[25]

Es kam vor, daß Juden sich weigerten, alle Wertgegenstände abzugeben. Solche Verstöße zogen drakonische Strafen nach. Der Schriftsteller Ludwig Fulda lehnte es zunächst ab, sich von dem Dichterring zu trennen, der ihm einst vom Wiener Burgtheater verliehen worden war. Der Verlust der Auszeichnung löste den Entschluß zum Selbstmord aus. Darüber berichtet Dr. O.Stargardt, der als Christ jüdischer Herkunft von den Nationalsozialisten aus seiner Stellung als Landgerichtsrat vertrieben worden war:

«Als die Judenabgabe zur Sühne für den erschossenen Botschafter Freiherr v. Rath stattfand, wurde Fulda von starken Gewissenskonflikten bewegt. Er bekam den Burgtheater-Ring auf Lebenszeit als Dichter-Preis von Wien verliehen. Diesen Ring wollte er auf keinen Fall abgeben, da er, wie er meinte, ja nicht sein Eigentum sei, sondern ihm nur bis zum Ableben verliehen wurde. Ich bestätigte seine Annahme vom richterlichen Standpunkt aus.

Ludwig Fulda, der äußerst korrekt in allen Dingen war, begnügte sich aber nicht mit meiner Auskunft, sondern holte noch Erkundigungen bei der Reichsschrifttumskammer ein. Die Antwort lautete: ‹Der Ring ist sofort abzugeben!› Staatssekretär Funk.

Fulda gab den Ring ab.

Einige Wochen später erschien Frau Fulda völlig verstört in den Morgenstunden in unserer Wohnung. ‹Bitte Dr. Stargardt, kommen Sie mit, es ist etwas Furchtbares passiert.› Ich ging sofort mit in die Wohnung Dr. Fulda's. Dort lag er in seinem Bett, anscheinend schlafend. Neben ihm eine Röhre mit Schlaftabletten, die leer war. Der sofort herbeigeholte Arzt konnte nur noch den Tod bestätigen. Keine Abschiedszeile hinterließ der Dichter.»[26]

Die Kette der Konfiszierungen riß nicht ab. Unmittelbar nach Ausbruch des Krieges – im September 1939 – wurde den Juden der Besitz eines Radioapparates untersagt. Und wie bei anderen Anlässen, wählten die Nationalsozialisten aus dem jüdischen Kalender einen besonderen Tag, in diesem Fall Jom Kippur, um die Abgabepflicht mit der Schmähung des jüdischen Religionsgesetzes zu verbinden. Für den in Stuttgart ansässigen Leopold Marx zeigte dieser Tag vielen Juden «mehr als alles, was vorher geschehen war, ... was für eine Abart von Homo sapiens ihr Gegenspieler war»:

«Als Tag der Ablieferung wurde der Versöhnungstag, der höchste Feiertag der Juden, bestimmt, der bekanntlich mit einem 24stündigen Fasten und einem den ganzen Tag währenden Gebetsdienst begangen wird. Die einzige Ablieferungsstelle war im neuen Schloß, und die Ablieferung durfte nicht etwa durch Beauftragte erfolgen, sondern jeder Betroffene mußte persönlich erscheinen; Nichteinhaltung des Befehls war mit schwerer Strafe bedroht. Diese Verfügung bedeutete für den strenggläubigen Juden eine schwere Verletzung des Gebotes, an diesem Tag keine Arbeit zu verrichten und nicht zu fahren, von der zwangsweisen Unterbrechung des Betens ganz abgesehen. Eine nichtjüdische Hilfe, die das Tragen oder das Ziehen des Wägelchens abgenommen hätte, stand höchst selten zur Verfügung. Die meisten waren einfach gezwungen, das Religionsgesetz zu übertreten. Ich zum Beispiel mußte mit meinem Onkel die Geräte meiner Familie auf einem Leiterwagen von Cannstatt durch die Anlagen zum Schloßplatz ziehen, und ähnlich ging es fast allen. Es war eine gespenstische Situation, aber gerade die Niedertracht dieses Befehls stärkte den inneren Widerstand. Es war nur ein Glied in der langen Kette, die mit Demütigungen anfing und für so viele in der Gaskammer endete. Wer diesen Tag erlebt hat, wird ihn nie vergessen.»[27]

Max Plaut, Vorstandsmitglied der jüdischen Gemeinde in Hamburg, erinnert sich an diesen Tag:

«In langen Reihen standen die Juden feiertäglich angezogen mit ihren Apparaten da, für die sie zwar kein Geld, aber immerhin eine Quittung, bestehend aus einem mit einer Nummer bedruckten Coupon erhielten, ‹der gut aufbewahrt werden mußte›. Dann eilten sie in die Synagoge zum Gottesdienst. Die Stimmung war entsprechend. Bald war es für uns nichts Verwunderliches mehr, daß Schabbath und jüdische Festtage für judenfeindliche Aktionen seitens des Staates bevorzugt wurden. Mit satanischer Bosheit wurde der jüdische Kalender von den Nazis eingesehen. So kam es, daß man allen Festtagen mit Beklemmung entgegensah und befreit aufatmete, wenn sie nur mit kleinlichen Schikanen vorübergegangen waren.»[28]

Leo Baeck, der Wortführer der deutschen Juden, hielt sich an das Religionsgesetz. Erst nach dem Ende des Jom Kippur lieferte er sein Radiogerät ab. Als er auf der Polizeiwache erschien, hörte er, wie der diensthabende Beamte seinen Kollegen zurief: «Habe ich euch nicht gesagt, daß Rabbi Baeck an seinem heiligen Tage nicht aufkreuzen würde?» Der Polizist ließ die Verspätung straffrei passieren. Ernst Ludwig Ehrlich – einer der letzten Absolventen an der Berliner Hochschule für die «Wissenschaft des Judentums» – ließ den Radioapparat auf dem Polizeirevier demonstrativ auf den Boden fallen. Auch ihm geschah nichts.[29] Die Nationalsozialisten stellten sicher, daß Rundfunkgeräte von Juden nicht mehr erworben werden konnten. Die Geschäfte waren vom Reichswirtschaftsministerium über die Wirtschaftsgruppe Einzelhandel und dem Reichsstand des Deutschen Handwerks angewiesen worden, daß «bei dem Verkauf von Rundfunkgeräten die Käufer ihre Namen und Adressen anzugeben» hatten.[30] In der Deportationszeit wurden die letzten Habseligkeiten in Beschlag genommen: Kultgegenstände, elektrische Geräte oder Rasierapparate sowie «entbehrliche» Kleidungsstücke, vor allem Woll- und Pelzsachen. Die warmen Kleidungsstücke mußten auf Befehl der Gestapo Anfang 1942 von den jüdischen Gemeinden eingesammelt und an die Behörden abgeliefert werden. Sie wurden an der Ostfront für die Wehrmacht benötigt. Vor der Weiterleitung trugen die Behörden Sorge, daß alle Hinweise auf den bisherigen Besitzer entfernt wurden. Aufschriften und Namen, Zettel und Brieftaschen wurden aus den Kleidungsstücken genommen. Joel König schildert die Reaktion in seiner zionistischen Jugendgruppe, die zum «Arbeitseinsatz» auf einem Landgut zusammengezogen worden war:

«Wir waren schon vieles gewohnt. Juden dürfen keine Fahrräder besitzen und keine elektrischen Apparate gebrauchen. Juden dürfen kein öffentliches Telefon mehr benutzen. Aber das mit Woll- und Pelzsachen klang so hundserbärmlich und schikanös, daß wir es doch erst schwarz auf weiß lesen wollten. Und da stand es wirklich zu lesen. Jeder im Landwerk ging an seinen Schrank und suchte von seinen Wollsachen aus, was am besten erhalten war, um alles andere abzugeben. Die abzuliefernden Stücke wurden in der Nähstube aufgestapelt. Jeder bekam noch einmal Gelegenheit, sich nach Belieben davon etwas auszusuchen und gegen schlechtere Stücke einzutauschen.

Die neue Verordnung war keine Lappalie. Sie zwang uns, unsere besten und einzigen warmen Kleidungsstücke auch bei der schmutzigsten Arbeit zu tragen. Am ärgerlichsten jedoch war, daß wir, während uns der Sinn nach viel ernsteren Dingen stand, über die Frage diskutieren mußten, wie die Verordnung auszulegen sei. Immer mehr Angehörige unserer Chawerim wurden deportiert. Wer würde als nächster mit seinen Eltern ‹umgesiedelt› werden? Sind Einlegesohlen aus Kaninchenfell als Pelzbekleidung im Sinne der Verordnung zu betrachten oder nicht? Ist es wahr, daß man den Deportierten keine Eßpakete mehr schicken darf? Darf man von Wollstrümpfen auch nur ein Paar behalten?

Als wir zwei Tage nach Ablieferung der Woll- und Pelzkleidung von der Arbeit zurückkamen, fanden die Mädchen ihre Zimmer in heillosem Durcheinander vor. Zwei Gestapobeamte aus Rathenow waren plötzlich mit einem Auto erschienen, angeblich um nachzuprüfen, ob wir die Woll- und Pelzsachen vorschriftsmäßig abgeliefert hätten. Sie wühlten in allen Schränken herum und beschlagnahmten, ohne viel zu zählen und zu rechnen, dreißig Mädchenpullover.»[31]

In Rheydt nahm die Gestapo am 7. Februar 1942 die 48jährige Näherin Margarethe Frank in Haft. Man hatte sie auf der Straße mit einem Pelzmuff und einem Pelzkragen angetroffen. Sie gab zu Protokoll:

«Es wird mir vorgehalten, daß ich am Mittwoch den 4. 2. 1942 in Rheydt angetroffen wurde mit einem Pelzkragen und Muff, trotzdem mir durch Schreiben vom 15. 1. 1942 der Kultusgemeinde Rheydt mitgeteilt worden (gegen Unterschriftsleistung) ist, daß ich sämtliche in meinem Besitz befindlichen Pelzsachen aus Anlaß der Woll- und Pelzsachensammlung abzugeben habe.

Es stimmt, daß ich am Mittwoch den 4. 2. 1942 in Rheydt mit Pelzkragen und Muff angetroffen wurde. Ich gebe zu, daß ich das Schreiben der

Kultusgemeinde gegen Unterschriftsleistung erhalten habe. Ich habe dieses Schreiben jedoch nicht genau gelesen, da ich der Annahme war, daß ich noch einen Pelz und Muff für meinen persönlichen Gebrauch behalten könnte. Diese Gegenstände wurden auf Anordnung sofort bei der Kultusgemeinde Rheydt abgegeben. Ich bin mir bewußt, daß ich die Anordnungen der Geheimen Staatspolizei nicht befolgt habe und daß ich mit staatspolizeilichen Maßnahmen zu rechnen habe.»

Die Stapoleitstelle Düsseldorf beantragte die Überführung in das Konzentrationslager Ravensbrück – Stufe III – und ersuchte das Reichssicherheitshauptamt, den Schutzhaftbefehl mit folgender Begründung auszustellen:

«... Indem sie entgegen der bestehenden Ablieferungspflicht Pelzsachen zum eigenen Gebrauch zurückbehält, damit die Maßnahmen des Staates zur Sicherung der Schlagkraft der Wehrmacht sabotiert und zu erkennen gibt, daß sie als Jüdin gesetzliche und behördliche Bestimmungen nicht einzuhalten gedenkt.»

Die Begründung wurde im Reichssicherheitshauptamt modifiziert. Der Hinweis auf «die Schlagkraft der Wehrmacht» wurde gestrichen. Stattdessen hieß es, daß die Festgenommene die «Maßnahmen der Behörden» hintertrieben habe. Die Überführung nach Ravensbrück fand nicht mehr statt. Margarethe Frank wurde am 22. April 1942 in das Vernichtungslager Izbica deportiert.[32]

Den Regeln der Bürokratie entsprechend wurde von einem eingespielten Behördenapparat auf Akten und Karteien der verwaltungsmäßige Tod der Deportierten registriert. Die deutsche Staatsangehörigkeit wurde aberkannt. Das Arbeitsamt zog das Arbeitsbuch ein; das städtische Wirtschaftsamt konfiszierte die Lebensmittelkarten; das Finanzamt übernahm noch bestehende Vermögensreste; auf dem Einwohnermeldeamt wurde vermerkt: «unbekannt verzogen» oder «nach dem Osten ausgewandert». Auch für die Kosten der Deportation mußten die Juden aufkommen. Die Reichsbahn stellte für die 3. Klasse pro Fahrgast und pro Schienenkilometer den regulären Fahrpreis von 4 Pfennig in Rechnung. Kinder unter 10 Jahren fuhren zum halben Preis. Für Kinder unter 4 Jahren wurde nichts verlangt. In den Lagern machten sich SS- und Industriebetriebe an die letzte Ausplünderung und Ausbeutung der Arbeitskraft. Die Raubzüge wurden nach dem Tod durch die amtlich betriebene Leichenfledderei – Goldzähne, Haare, letzte Habseligkeiten – abgeschlossen.

Interessenten und Nutznießer der «Arisierung»

Viele Deutsche nahmen an den Raubzügen teil. Da gab es die kleinen und großen Geschäftsleute, die sich kontinuierlich an Behörden und Parteidienststellen wandten, um sich als Kaufinteressenten vorzustellen. An das

Bürgermeisteramt Überlingen wurde im Sommer 1938 die folgende Anfrage gerichtet:

«Durch einen Bekannten habe ich in Erfahrung gebracht, daß in Überlingen ein jüdisches Herrenbekleidungsgeschäft in absehbarer Zeit zu verkaufen sei. Da ich für meinen Sohn ein gutgehendes Herrenbekleidungsgeschäft zu kaufen suche, wäre ich Ihnen sehr verbunden, wenn Sie mir die genaue Adresse der oben genannten Firma mitteilen könnten, vielleicht auch noch, ob das Geschäft rentabel ist und falls Sie einen ungefähren Einblick in die Verhältnisse haben, wie hoch sich der Jahresumsatz stellt ...»

Das Damen- und Herrenbekleidungsgeschäft des Wilhelm Levi wurde nach dem Judenpogrom «arisiert», aber mehrere Interessenten bemühten sich um das Objekt. Vom Bürgermeister erfuhren sie: «Ich bin selbstverständlich bereit, soweit das zu meiner Zuständigkeit gehört, Sie beim etwaigen Erwerb des Anwesens Levi zu unterstützen, denn ich werde wohl nicht besonders betonen brauchen, daß ich den größten Wert darauf lege, das Geschäft bald arisiert zu sehen.»[33] Die Entscheidung, wer in den Genuß von Levis Eigentum kommen sollte, traf offenbar die Kreisleitung der NSDAP. Den Zuschlag erhielt ein Ortsansässiger, ein Nachbar Levis, der das Anwesen benötigte, um sein Café vergrößern zu können. In anderen Städten und Gemeinden ging es ähnlich zu. Mitunter traten Bewerber auf, denen es an ausreichenden Geldmitteln fehlte. Am 1. Dezember 1938 traf beim Oberbürgermeister in Trier folgendes Schreiben ein:

«Die Gauleitung in Koblenz teilte mir unlängst mit, daß in Trier noch Textilgeschäfte zu arisieren sind. Bin Textilkaufmann und altes Parteimitglied. Finanzierung ist mir jedoch aus eigenen Mitteln nur in beschränkten Maße möglich ...»[34]

Es kam auch vor, daß nationalsozialistisch gesinnte Arbeiter noch vor dem Inkrafttreten «gesetzlicher Regelungen» die Initiative ergriffen, um jüdische Angestellte aus den Betrieben zu verjagen. In einer Aktennotiz der Kreisverwaltung der «Deutschen Arbeitsfront» in Offenbach vom 11. April heißt es:

«Die Gefolgschaft der Leder AG Werke Neu-Isenburg überreichte dem Betriebsobmann Horst S. eine von allen Gefolgsleuten unterschriebene Liste, in welcher die Forderung aufgestellt wurde, daß der jüdische Angestellte und bisherige Betriebsführer Dr. Ernst Kaufmann den Betrieb verlassen sollte, da die Gefolgschaft es ablehne, noch länger unter einem Juden und für einen Juden zu arbeiten, sie wolle endlich, daß der Ertrag ihrer Hände für das Volk und nicht mehr für einen Juden verwendet werde. Der Betriebsobmann besuchte in dieser Gelegenheit am Donnerstag, den 7.4. 1938, gemeinsam mit dem Kreisobmann der DAF ... den Kreisleiter Pg. Walter, und erbat Anweisungen, wie er sich in oben erwähntem Falle verhalten solle. Der Kreisleiter wies den Betriebsobmann an, am Freitag, den 8.4. 1938, morgens dem Herrn Dr. Kaufmann das

Verlangen der Gefolgschaft zu unterbreiten, der Betriebsobmann wurde verpflichtet, dafür zu sorgen, daß die Angelegenheit in völliger Ruhe und Ordnung vor sich zu gehen hatte. Der Betriebsobmann hat daraufhin am Freitag, den 8.4. 1938, morgens 9 Uhr eine Vertrauensratssitzung durch den Betriebsführer ansetzen lassen und verlangt, daß der Betriebsleiter Pg. N. dabei sei. In dieser Vertrauensratssitzung hat dann der Betriebsobmann den Juden Kaufmann nach Darlegung der Gründe aufgefordert, den Betrieb sofort und für immer zu verlassen. Dr. Kaufmann wollte noch einige Stunden Zeit gelassen haben, um seine schriftlichen Sachen und seine private Briefschaft zu ordnen. Der Betriebsobmann konnte aber, da die Angelegenheit keine Verzögerung erleiden durfte, nur eine halbe Stunde Wartefrist bewilligen. Er machte Herrn Dr. Kaufmann aufmerksam, daß alle technischen Dinge und Rezepte Eigentum des Volkes seien und er dieselben, sofern nicht sein geistiges Eigentum, dazulassen hätte ...»[35]

Zur Verdrängungs- und Ausplünderungspraxis gehörte der Druck auf die Juden, um sie zu veranlassen, schnell und widerspruchslos ihren Besitz zu veräußern, meist zu Spottpreisen, wobei die besten Objekte häufig an alte und «bewährte» Parteigenossen gingen. Der Bericht des Gauwirtschaftsberaters Westfalen Süd vom 24. März 1938 enthüllt eine Form der angewandten Methoden:

«Die Arisierungen werden ... in Zusammenarbeit mit den zuständigen Bürgermeistern vorgetrieben und zwar in der Form, daß der Bürgermeister den jüdischen Geschäftsinhaber vorlädt und ihm nahelegt, sein Geschäft zu verkaufen. So konnten Arisierungen allein durch diese Maßnahmen und ohne Anwendung von Druckmitteln (!) oder Sabotageandrohungen erreicht werden. Zudem ist zu beobachten, daß die Juden sich zumeist schon dann nachgiebig zeigen, sobald sie hören, daß die Partei sich auch nur mit ihrer Person beschäftigt ...»[36]

Die Korruption begleitete den Arisierungswettlauf. Parteiinstanzen und einzelne Funktionäre zeichneten sich hierbei besonders aus. Sie kassierten Provisionen und Bestechungsgelder oder strichen Arisierungsgewinne und «Spenden» ein. Beispiellos waren die Formen und das Ausmaß der Ausplünderungen im Gau Franken. Unter Drohungen, Erpressungen und teilweise unter offener Gewaltanwendung wurden die Juden zum Verkauf ihrer Häuser und Grundstücke, Wertpapiere und Autos gezwungen. Für ihre Häuser erhielten sie durchschnittlich 30%, für unbebaute Grundstücke weniger als 10% des Verkehrswerts. 569 Grundstücke gingen auf diese Weise in «arische» Hände über. Der schnelle Weiterverkauf bescherte der Partei einen Gewinn in Millionenhöhe, der teilweise zur persönlichen Bereicherung veruntreut, in die eigene Kasse weitergeleitet wurde. Die «Unregelmäßigkeiten» blieben den zentralen Leitinstanzen nicht verborgen. Generalfeldmarschall Göring als Beauftragter für den Vierjahresplan der Wirtschaftsdiktator des NS-Staats und damit auch für die Arisierung zuständig, setzte eine Untersuchungskommission ein, die die Hauptantreiber zur Rechenschaft zog. Es verstand sich von selbst, daß den betroffenen Juden nichts zurückerstattet wurde. Auch in anderen Orten spielten sich ähnliche Vorfälle ab. In einem Brief des Reichsschatzmeisters der NSDAP vom 2. Dezember 1938 an Reichsleiter Bormann, den Chef der Parteikanzlei, heißt es:

«Bei den betreffenden Juden erschienen einige Parteigenossen von der Kreisleitung und schnitten zuerst die Telefonleitung durch. Dann legten sie dem Juden notariell vorbereitete ‹Schenkungsurkunden› vor, unter Hinweis darauf, daß dieser Gelegenheit habe, etwas zu verschenken. Auf einige gewagte Entgegnungen wurde mit der Drohung des Erschießens erwidert ... Es handelte sich um Häuser, Kraftwagen und Radioapparate.»

Aber nicht die Ausplünderungen selbst, sondern das eigenmächtige Vorgehen der regionalen Parteiinstanzen lösten den Unmut des Reichsschatzmeisters der NSDAP aus. Gauleiter, Gauwirtschaftsberater und andere Funktionäre drohten seine Führungs- und Machtstellung zu untergraben:

«In dem einen Gau bestehen Gesellschaften, die die Liquidierung des Vermögens der Juden durchführen, in anderen hängt dies im wesentlichen vom Gauwirtschaftsberater ab ... Es besteht die große Gefahr, daß die Gauleiter teilweise die Lage dazu benutzen, um schwarze Kassen und Fonds anzulegen, über die sie selbständig ohne meine Zustimmung verfügen.»[37]

Die «große Gefahr» wurde gebannt. Die zentralen Instanzen bestimmten, daß die Arisierung nur auf «gesetzlicher Grundlage» abgewickelt werden dürfte. Der Gewinn sollte nur dem »Reich – d. h. also der Allgemeinheit –» zugute kommen. Im Dezember 1938 gingen die entsprechenden Anweisungen an die regionalen Parteiinstanzen:

«Grundsätzlich sind Einzelaktionen streng untersagt. Alles weitere geschieht auf gesetzlicher Grundlage. Die Partei ist dabei durch den Stellvertreter des Führers oder durch den Gauleiter beteiligt. Behörden, die Erlasse herausgeben wollen, können dies nur im Einvernehmen mit Generalfeldmarschall Göring tun. Veröffentlichungen nur im dringendsten Fall, damit allmählich Beruhigung eintritt. Arisierung nur nach den vorliegenden Verordnungen und Erlassen. Grundsatz keine persönliche Bereicherung; allenfalls soll das Reich – d. h. also die Allgemeinheit – einen Nutzen haben. Für den Gau Baden verbiete ich den Erwerb bisher jüdischen Eigentums durch Parteistellen und durch führende Parteigenossen. Falls Käufe schon abgeschlossen sein sollten, sind diese rückgängig zu machen.»[38]

In der Öffentlichkeit wurden vereinzelt Stimmen der Empörung laut. So weigerte sich z. B. im April 1938 ein Kaufmann in München, weiterhin als

«Arisierungssachverständiger» tätig zu sein. In seinem Brief an die Industrie- und Handelskammer stellte er sich als «Nationalsozialist, SA-Mann und ein Bewunderer Adolf Hitlers» vor und protestierte dann gegen die «brutalen Maßnahmen und ... Erpressungen an den Juden», von denen er «derart angeekelt» war,

«daß ich von nun ab jede Tätigkeit bei Arisierungen ablehne, obwohl mir dabei ein guter Verdienst entgeht ... Aber ich kann als alter, rechtschaffener, ehrlicher Kaufmann nicht mehr zusehen, in welcher schamloser Weise von vielen arischen Geschäftsleuten, Unternehmern etc. versucht wird, ... die jüdischen Geschäfte, Fabriken etc. möglichst wohlfeil und zu einem Schundpreis zu erraffen.»[39]

Es gab natürlich auch die «freundlichen Arisierungen», bei denen ehrbare Kaufleute zur Zahlung eines marktgerechten Preises bereit waren. Das ging aber nicht immer gut. Die Überprüfungs- und Genehmigungsbehörden legten häufig ihr Veto ein und setzten eine niedrigere Kaufsumme fest. Juden hatten manchmal auch das Glück, auf Rechtsanwälte und Notare, auf Makler und Sachverständige zu stoßen, die sich bemühten, die Arisierungsgeschäfte in beidseitigem Interesse abzuwickeln – und die sich dabei mit ihren Honorarforderungen auf den Mindestsatz beschränkten. Und sie fanden schließlich noch die «arischen» Freunde und Bekannten, die bereit waren, Besitztümer in Verwahrung zu nehmen. Sie wußten, daß die anvertrauten Güter eigentlich vom Staat eingezogen und zum «deutschen Volksvermögen» deklariert worden waren. Drakonische Strafen drohten denjenigen, die sich mit der Aufbewahrung jüdischen Besitzes am «deutschen Volksvermögen» vergriffen. Über eine solche Hilfestellung berichtet Inge Deutschkron:

«Immer mehr Gegenstände nahmen Riecks zu sich. Sie waren unsere ‹Aufbewarier›, wie man diese Menschen scherzhaft zu nennen pflegte. Fast jeder Jude hatte einen solchen guten nichtjüdischen Freund, der ihm diesen Liebesdienst erwies. Und oftmals lagen kostbare Perserteppiche jahrelang in Berliner Gartenlauben, wertvolle Musikinstrumente in feuchten Kellern, Pelzmäntel in luftdicht verschlossenen Mottensäcken auf Hängeböden, weil den arischen Freunden der Platz fehlte.»[40]

Nach Kriegsende machten sich die wenigen überlebenden Juden auf die Suche nach den «arischen» Freunden. Dabei erfuhren einige, daß manche Aufbewahrer sich inzwischen als Besitzer der anvertrauten Güter verstanden:

«Viele von ihnen haben das ihnen anvertraute Gut, sofern sie nicht ausgebombt wurden, getreu bis nach dem Kriege gehütet. Doch blieben manche der Aufbewahrer infolge der chaotischen Zustände, in die Deutschland bei Kriegsende geriet, unauffindbar, und es ergaben sich auch Fälle von Unredlichkeit, in denen Juden die Auslieferung ihrer Möbel und Wertsachen verweigert wurde.»[41]

Nach 1945 durften die Juden wieder die Polizei bemühen, um ihre Sachen wiederzubekommen. Solche Streitigkeiten zogen sich oft noch über Jahre hin. Und es dauerte auch noch lange, ehe den Juden im Zuge der westdeutschen Wiedergutmachungsverfahren eine materielle Entschädigung gewährt wurde.

2. Zwangsarbeit

Die Zertrümmerung der wirtschaftlichen Existenz hinterließ ein Heer stellungsloser und verarmter Juden, die dem Deutschen Reich zur Last zu fallen drohten. Die Nationalsozialisten nahmen der Gesellschaft diese Bürde ab, und sie konnten dabei mit der Zustimmung in breiten Kreisen der Bevölkerung sowie der tatkräftigen Unterstützung der wirtschaftlichen und militärischen Eliten rechnen. In der Zwangsarbeit fanden sie das geeignete Instrument, die arbeitsfähigen Juden in den Produktionsprozeß einzuordnen – gewinnbringend und so lange, bis die «Endlösung» beschlossene Sache war. Materielle Interessen legten diese Art Wiedereingliederung ins Wirtschaftsleben nahe, aber es zeigte sich, daß sie sehr schnell mit den politisch-ideologischen Triebkräften des Regimes kollidierten, die auf die systematische physische Vernichtung der Juden abzielten – und die sich schließlich auch durchsetzten. Bis dahin durften sich die Juden aber an die Hoffnung klammern, daß durch den Arbeitseinsatz ihre Existenz gesichert war. Die Nationalsozialisten benutzten diesen Glauben, indem sie den Weg in die Vernichtungsstätten mit den vertrauten Bezeichnungen «Evakuierung» oder «Umsiedlung» zum «Arbeitseinsatz» verschleierten.

Die Ausbeutung jüdischer Arbeitskraft wurde nach der «Kristallnacht» in Angriff genommen. Am 20. Dezember 1938 richtete Dr. Syrup als Präsident der Reichsanstalt für Arbeitsvermittlung und Arbeitslosenversicherung – und mit ausdrücklicher Billigung des Beauftragten für den Vierjahresplan Hermann Göring – an die Präsidenten der Landesarbeitsämter folgenden Erlaß:

«Nach den mir vorliegenden Berichten hat sich die Zahl der arbeitslosen Juden erheblich vermehrt. Der Staat hat kein Interesse daran, die Arbeitskraft der einsatzfähigen, arbeitslosen Juden unausgenutzt zu lassen und diese unter Umständen aus öffentlichen Mitteln ohne Gegenleistung zu unterstützen. Es ist anzustreben, alle arbeitslosen und einsatzfähigen Juden beschleunigt zu beschäftigen und damit nach Möglichkeit die Freistellung deutscher Arbeitskräfte für vordringliche, staatspolitisch wichtige Vorhaben zu verbinden.

Der Einsatz folgt in Betrieben, Betriebsabteilungen, bei Bauten, Meliorationen usw., abgesondert von der Gefolgschaft.

Ich ersuche Sie daher, unverzüglich bei den öffentlichen und privaten Unternehmern Ihres Bezirks auf die Bereitstellung solcher Arbeiten hinzuwirken.

Es ist sichergestellt, daß dem Unternehmer oder seinem Betrieb aus der Tatsache, daß er Juden beschäftigt, keinerlei Nachteile erwachsen.»[42]

Die interessierten Staats- und Parteidienststellen wurden von dem Erlaß an die Landesarbeitsämter unterrichtet. Am 4. Februar 1939 ging eine nicht zur Veröffentlichung bestimmte Anordnung des Stellvertreters des Führers heraus, in der Stabsleiter Martin Bormann darum bat, die «notwendigen Maßnahmen reibungslos» durchzuführen.

Nicht überall zeigten sich Nationalsozialisten der strengen Observanz begeistert, den Juden wieder eine Beschäftigung zuzuweisen. Regionale Hoheitsträger der NSDAP meldeten ihren Unwillen an, Juden in landwirtschaftliche Betriebe zu schicken. Ein Kreisleiter schrieb am 13. April 1939 an das Arbeitsamt:

«Diejenigen Bauern, die heute noch Juden zur Arbeit in ihrem Hause aufnehmen, sind diejenigen, die diese Juden von früher her sehr gut kennen, mit ihnen Geschäfte gemacht haben und womöglich noch Schulden bei den Juden haben, denn ein anständiger deutscher Bauer, der nur einen Dunst von Nationalsozialismus in sich aufgenommen hat, wird niemals einen Juden in sein Haus aufnehmen.

Es fehlt dann nur noch, daß die Juden auch dort noch übernachten, dann sind aber unsere Rassegesetze illusorisch.»

Als «unerträglich» empfanden Parteifunktionäre natürlich auch den Gedanken, Juden in Nahrungsmittelbetrieben einzustellen. Ein Kreisobmann der Deutschen Arbeitsfront in Mannheim liefert die Begründung:

«Man kann schlechthin unseren Volksgenossen nicht zumuten, daß sie das Brot bei einem Bäcker kaufen, der dasselbe durch einen Juden herstellen läßt.»[43]

Ebenso unerwünscht war eine jüdische Beteiligung am Bau der Reichsautobahnen. Besorgte Parteigenossen fürchteten um das «Ansehen», das die «Straßen des Führers» genossen. Keine Bedenken hingegen erhoben sich, Juden in Nebenbetrieben der Reichsautobahnen zu harter Zwangsarbeit zu verpflichten: Steinbrüche und Kiesgruben boten sich hierfür an. Und die Einwände verstummten, als es nach Ausbruch des Krieges darum ging, die jüdische Arbeitskraft in den Dienst der deutschen Rüstungsproduktion zu stellen.

Der Abzug deutscher Arbeitskräfte an die Front hinterließ auf dem Arbeitsmarkt eine «Anarchie», gegen die vergeblich angekämpft wurde. Sehr früh erkannten die für die Lenkung der Wehrwirtschaft zuständigen militärischen Dienststellen der Rüstungsinspektionen, daß mit fortschreitender Dauer des Krieges das Kernproblem weniger in der Rohstoffversorgung als vielmehr im «Einsatz der menschlichen Arbeitskraft» lag. Die

Alternative hieß «entweder Zuführung neuer Kräfte oder Drosselung der Aufträge»[44]. Es verstand sich von selbst, daß Arbeitsämter und Rüstungsinspektionen alles daransetzten, um aus dem Reservoir der Frauen und ausländischen Zwangsarbeiter, der Kriegsgefangenen und Juden den ständig steigenden Arbeitskräftebedarf zu decken. Öffentliche und private Unternehmen, Groß- und Kleinbetriebe beeilten sich, jüdische Arbeitskräfte anzufordern. So verlangte das Oberkommando des Heeres im Oktober 1940 vom Reichsarbeitsministerium 1800 Juden für den Einsatz in den Reichsbahndirektionen Oppeln, Breslau und Lublin. Das Landesarbeitsamt Niedersachsen bot den «Hermann Göring Werken» in Watenstedt-Salzgitter 1000 bis 2000 Juden an, die – in geschlossenen Gruppen und gesondert untergebracht – außerhalb der Fabrik eingesetzt werden durften.[45] Für ein «vordringliches Fertigungsprogramm des Nachrichtenwesens» benötigte die Firma Siemens und Halske in Berlin 400 Frauen. Der Bedarf wurde durch jüdische Zwangsarbeiterinnen gedeckt, die in «abgesonderten Räumen» beschäftigt wurden. Insgesamt waren etwa 30000 Juden im Alter zwischen 15 und 65 Jahren Anfang 1941 zwangsverpflichtet worden. Im Oktober 1941 registrierte die Rüstungsinspektion III in Berlin 21000 Juden, die in wehrwirtschaftlichen Betrieben arbeiteten, davon rund 11000 in der Metallindustrie. Etwa die Hälfte waren Frauen.[46]

Die Zwangsarbeit setzte die Klärung arbeits- und tarifrechtlicher Fragen voraus. Nach etlichen internen Beratungen zwischen den Ressorts Beauftragter für den Vierjahresplan, Reichsarbeitsministerium, Reichsfinanzministerium, Reichsernährungsministerium, Reichswirtschaftsministerium, dem Generalbevollmächtigten für die Reichsverwaltung und dem Stellvertreter des Führers und der Partei-Kanzlei trat Anfang Oktober 1941 ein neues Sonderrecht, die «Verordnung über die Beschäftigung der Juden», in Kraft.[47]

Die Arbeitsbedingungen: Ausbeutung zum Hungerlohn

Als «Artfremde» definiert, wurde den jüdischen Arbeitskräften der Zutritt zur «deutschen Betriebsgemeinschaft» verwehrt, und das hieß, daß ihnen alle Ansprüche aberkannt wurden, die aus der «Betriebsgemeinschaft» resultierten. Familien- und Kinderzulagen, Geburts- und Heiratsbeihilfen, Weihnachts- und Sterbegelder, Gratifikationen und Treueprämien wurden nicht gewährt. Der bezahlte Urlaub und die Lohnfortzahlung im Krankheitsfall entfielen. Sonntags- und Feiertagszuschläge wurden verwehrt. Als Grundsatz galt: «Jüdische Beschäftigte haben Anspruch auf Vergütung nur für die tatsächlich geleistete Arbeit.» Kündigungs- und Arbeitsschutz, Arbeitslosenhilfe und Altersversorgung existierten für die jüdischen Arbeitskräfte nicht. Mit diesen arbeits- und tarifrechtlichen Bestimmungen erhielten dann auch die staatlichen und privaten Unternehmen einen Freibrief, der ihnen die nahezu unbegrenzte Ausbeutung der jüdischen Arbeitskraft erlaubte. Für ein Maximum an Arbeit mußten sie nur ein Minimum an Lohn bezahlen[48], und selbst dies wurde an vielen Orten noch unterschritten.

Jüdische «Kolonnen», die man zum Straßenfegen – und in den Wintermonaten zum Schneeschippen – heranzog, erhielten keinen Lohn, stattdessen verpflichtete die Stadtverwaltung die «Reichsvereinigung der Juden» zur Auszahlung von Unterstützungsgeldern. Im Herbst 1939 wurden in Berlin «auf Vorschlag der Gestapo» jüdische Schüler zu Gartenarbeiten in konfiszierten jüdischen Villengrundstücken geschickt:

«Die Bedingung war, daß die Jungen ohne Bezahlung zu arbeiten und den Arbeitsertrag der SS abzuliefern hätten. Wenn wir auf dies Ansinnen eingingen, das auch den Schulbetrieb störte, so vor allem aus der Überlegung heraus, dies könnte unsere Kinder vor Zwangsarbeit bewahren.»[49]

Mit besonderer Perfidie gingen die Nationalsozialisten in München vor, als sie jüdische Zwangsarbeiter dazu verurteilten, im Stadtteil Milbertshofen eine geschlossene «Judensiedlung» zu errichten, ohne Lohn und mit der Auflage, die Arbeit im Interesse der jüdischen Gemeinschaft auszuführen. Wer sich dem «freiwilligen Einsatz» entzog, wurde mit der Einweisung in das Konzentrationslager Dachau bedroht. So abgeschreckt, unterschrieben die jüdischen Zwangsarbeiter eine Erklärung, die ihnen die private Baufirma vorlegte:

«Ich, als Endunterzeichneter, nehme davon Kenntnis und bestätige, daß ich mich auf Veranlassung der Dienststelle ‹Der Beauftragte des Gauleiters› in München auf meine eigene Rechnung und Gefahr an der von der Bauunternehmung Gebhard Hinteregger ... übernommenen Lageraufstellung ... freiwillig beteilige. Bei Abgabe dieser Erklärung bin ich mir bewußt, daß es sich bei dieser Lageraufstellung um eine Maßnahme handelt, die ausschließlich den Interessen der israelitischen Kultusgemeinde und deren Mitgliedern zugute kommt.»[50]

In der Regel wurden die jüdischen Zwangsarbeiter auf der untersten Lohnstufe geführt, wobei die Nationalsozialisten noch einen Weg fanden, den kargen Verdienst weiter herabzusetzen. Ende 1940 wurde eine Sondersteuer erhoben, die den Namen «Sozialausgleichsabgabe» erhielt. 15% vom Verdienst mußten zusätzlich zur regulären Einkommensteuer entrichtet werden; ein Tribut, den auch polnische Zwangsarbeiter und Zigeuner zu leisten hatten. Der durchschnittliche Stundenlohn eines deutschen Arbeiters im Jahre 1939 betrug knapp 0,90 RM. Als Friedhofsarbeiter und Totengräber erhielt Hans Rosenthal in Fürstenwalde 0,16 RM. Trinkgelder, die zwischen 0,50 RM und 3 RM schwankten, besserten den Verdienst freilich merklich auf.[51]

Hannelore M. – mit 15½ Jahren als Hilfsarbeiterin in einer Berliner Uniformfabrik eingestellt – nahm für ihre Tag- und Nachtschichten einen

Stundenlohn von 0,30 RM in Empfang. Als sie 16 Jahre wurde, stieg die Summe auf 0,35 RM an.[52] Renate Stern, eine Stieftochter des Schriftstellers Jochen Klepper, verdiente als Montiererin in den Siemens-Schuckert Werken 0,50 RM in der Stunde.[53] Auf 0,90 RM brachte es Ernst Ludwig Ehrlich, der 1942 als Hilfsdreher in der Deutschen Waffen- und Munitionsfabrik angelernt worden war, nachdem er kurz zuvor als einer der letzten Absolventen der Berliner «Lehranstalt für die Wissenschaft des Judentums» sein Zwischenexamen als akademischer Religionslehrer und Prediger abgelegt hatte.[54] Der Verdienst reichte vielen Zwangsarbeitern nicht aus, um Miet- und Lebenshaltungskosten zu decken. Einigen gelang es, sich zusätzliche Einnahmequellen zu verschaffen. In den kleinen Betrieben der Großstädte, vor allem in Berlin, die es mit den Bestimmungen und Papieren nicht so genau nahmen, fanden sie einen weiteren, neben der Zwangsarbeit illegalen Arbeitsplatz. Erschöpfung und Übermüdung waren die Folge.

Hunger wurde ein weiterer Teil der Entbehrungen. Schritt für Schritt kürzten die zuständigen Ernährungsämter die Zuteilung von Lebensmitteln.

Hannelore M. wurde von ihrem Arbeitgeber in eine Filmfabrik geschickt:

«Dort wartete ich bis zur Erledigung meines Auftrages bei dem Chef dieses Hauses. Er hatte auf seinem Tisch eine große Schale des herrlichsten Obstes stehen. Er ließ mich davor sitzen, ohne mir auch nur das geringste Stückchen davon anzubieten. Es waren für uns unvorstellbare Herrlichkeiten, denn Juden bekamen niemals Obst. Ich konnte den Blick überhaupt nicht davon wenden – schließlich war ich noch ein junges Kind – und ging dann innerlich sehr betroffen und traurig davon. Ich konnte gar nicht begreifen, daß jemand so hart zu einem Kind sein konnte.»[55]

Die Ernährungsämter hielten es schließlich auch für angebracht, Sonderzuteilungen für Zwangsarbeiter zu streichen. In einem Lagebericht der Rüstungsinspektion III in Berlin vom August 1941 zur «Ernährung jüdischer Arbeitskräfte» heißt es:

«Das Haupternährungsamt Berlin teilt mit, daß jüdische Arbeiter nicht mehr Lang-, Schwer- und Schwerstarbeiter-Zulagekarten erhalten dürfen. Auch dürfen Nicht-Arier nicht das gleiche Essen erhalten wie die arischen Arbeitskräfte in einem Rü-Betrieb. Das Haupternährungsamt der Stadt Berlin liefert nämlich den Werkkantinen der Rü-Betriebe für die Verpflegung der arischen Arbeitskräfte Zusatzlebensmittel wie z. B. Reis, Nudeln, Speck, Margarine usw., um die Mahlzeiten schmackhafter und nahrhafter zu gestalten. Es ist aber nichts dagegen einzuwenden, wenn für die jüdischen Arbeitskräfte in einer besonderen Küche nur auf Grund ihrer Lebensmittelkarten warme Mahlzeiten zubereitet werden. Auch können den Nicht-Ariern zur Selbstbereitung besondere Kochgelegenheiten zur

Verfügung gestellt werden. Es ist dagegen nicht gestattet, daß die Juden in den gleichen Kantinen oder Kasino-Räumen essen wie die Arier.»[56]

Hungerrationen wurden auch auf dem Land verteilt – an die Jungen und Mädchen, die von der jüdischen Gemeinde zur pädagogischen Betreuung und beruflichen Weiterbildung in Landheime und Landgüter geschickt worden waren, um sie auf die Auswanderung, vor allem nach Palästina, vorzubereiten. Die jüdischen Ausbildungsstätten wurden von den Nationalsozialisten in ländliche Arbeitskasernen umfunktioniert. Joel König ging durch ein Lager:

«An Unterernährung hatten wir schon gelitten, als von ‹freiwilligem› oder pflichtmäßigem Arbeitseinsatz noch keine Rede war. Schon im Dezember 1939, in den ersten Tagen nach meiner Ankunft, war ich darüber verwundert, daß wir auf einem Landgut ärger Hunger litten als in der Stadt. Meine Freunde erklärten es mir: Das Landwerk hatte eigenes Korn, konnte es aber nicht unkontrolliert mahlen lassen. Die Hühner waren gezählt, die abzuliefernden Eier vorausberechnet. Die Milch mußte gleichfalls abgeliefert werden. Das wenige was wir, ohne Verdacht zu erregen, für eigenen Gebrauch zurückbehalten konnten, war vielleicht für den Betriebsleiter und den Gärtner zureichend; für siebzig hungrige Magen konnte man davon keine Pfannkuchen backen. Nach jüdischem Ritus geschlachtetes Vieh gab es in Deutschland nicht, und so blieben selbst unsere Fleischzuteilungskarten ungenutzt. Zudem war das Brot, das der Dorfbäcker den Juden lieferte, sogar für Kriegsverhältnisse besonders schlecht ...

Die vier Mädchen, die den Küchendienst im Landwerk versahen, bemühten sich mit dem größten Aufwand von Phantasie und Arbeit, hundert hungrige Magen halbwegs zu befriedigen. Die einzige Verbesserung, die sie erzielten, bestand in einer anderen Verteilung der Hungerrationen. Man beschloß, zum Frühstück kein Brot mehr auszugeben, sondern nur eine wäßrige Suppe, die nicht sättigte, aber wenigstens den Magen mit etwas Warmem füllte. Dadurch wurde es möglich, den ‹Außenarbeitern› statt zwei Doppelschnitten Brot drei mitzugeben, drei Doppelschnitten, die aufeinandergelegt etwa vier Zentimeter dick waren. Ein jeder mochte dann sehen, wie er damit durch den Arbeitstag kam. Zum Feierabend erwartete uns eine Abendmahlzeit, die meistens aus Steckrüben, Möhren und schlechten Kartoffeln zusammengekocht war.

Nun beschäftigte uns angelegentlich die Frage, wie wir am besten die drei Doppelschnitten über die Zeit von sieben Uhr morgens bis sechs Uhr abends verteilen sollten. Wie wir sie auch verteilten, mit dem Essen waren wir schnell fertig. Danach blieben in der Frühstücks- und in der Nachmittagspause noch etwa zehn Minuten übrig, in der Mittagspause sogar zwanzig bis fünfundzwanzig. Wir machten es uns zur Gewohnheit, die freien Minuten mit Büchern zuzubringen.

Wir lasen, um die Gedanken vom Hunger abzulenken, mehr noch, um einen anderen Hunger zu stillen. Wann hätten wir sonst auch lesen sollen? Nach dem erschöpfenden Arbeitstag verlangten die Abendkurse den Rest der Energie, und am nächsten Morgen mußten wir um fünf aufstehen, obwohl der Frühsport schon längst abgeschafft war.»[57]

Schikanen und Strapazen beim Arbeitseinsatz

Zum Hunger kamen die Strapazen der An- und Abmarschwege. Es dauerte oft Stunden, ehe die Arbeitsstelle oder Wohnung erreicht war. Man ging zu Fuß, fuhr mit dem Fahrrad oder benutzte die öffentlichen Verkehrsmittel und geriet dabei oft in Situationen, in denen den Juden ihre Paria-Stellung bewußt gemacht wurde. Da gab es die Anpöbeleien und Angriffe fanatischer Antisemiten. Andere Passanten zeichneten sich aber auch durch Worte und Gesten der Aufmunterung und Solidarität aus. Die meisten freilich zeigten nur verschlossene Mienen. Die Fahrräder der Juden wurden im Sommer 1942 requiriert. Nur mit einem Sonderausweis konnten Zwangsarbeiter weiterhin die Busse und Straßenbahnen, die U-Bahnen und S-Bahnen betreten. Dieses Zugeständnis wurde aber nur gemacht, wenn die Entfernung von der Wohnung zur Arbeitsstelle mehr als 7 km oder mehr als eine Stunde Fußweg betrug. Mehr als ein Stehplatz in öffentlichen Verkehrsmitteln war in der Regel nicht erlaubt. Juden durften sich nur setzen, wenn alle Deutschen einen Sitzplatz gefunden hatten. Umwege mußten häufig in Kauf genommen werden, denn bestimmte Straßen, Plätze und Parkanlagen waren mit einem «Judenbann» belegt worden.

War die Arbeitsstelle schließlich erreicht, mußten die betrieblichen «Judenvorschriften» beachtet werden. Eine Dienstanweisung der Berliner Elektrizitätswerke für den «Werkschutz» aus dem Jahre 1941 enthält folgende «Verhaltensmaßregeln für die Bewachung von Juden»:

«1. Juden müssen beim Pförtner vor der Aufnahme ihrer Arbeit gesammelt, von dem Werkschutz zu ihrem Umkleideraum gebracht und dem Vorarbeiter der Arbeitsplatzkolonne übergeben werden.

2. Die Juden dürfen sich nur unter Aufsicht auf dem Werksgrundstück bewegen. Sie dürfen sich innerhalb der Betriebsanlage niemals allein aufhalten. Die Arbeit wird von ihnen in geschlossener Kolonne ausgeübt, die unter Leitung eines arischen Gefolgschaftsmitglieds stehen muß.

3. Die Juden sind nach Beendigung ihrer Arbeit ebenfalls wieder geschlossen durch den Werkschutz zum Ausgang des Werkgrundstücks zu geleiten.»[58]

Es fiel den deutschen Juden nicht leicht, sich unter diesen Bedingungen an die neuen Arbeitsplätze zu gewöhnen. Soziale Herkunft und berufliche Bildung hatten sie in eine Arbeitswelt geführt, die sich gänzlich von der unterschied, in die sie nun gestoßen wurden. Mit Vorliebe wurden sie zu schweren und schmutzigen Arbeiten herangezogen. Siegfried Schäfer, vertrieben aus seiner Rauchwarenvertretung, mußte sich Ende 1939 in Berlin auf dem jüdischen Arbeitsamt melden:

«Ich wurde zusammen mit einem Oberlehrer, einem Fabrikanten, und einem Kunstmaler zum Lehrter Bahnhof vermittelt. Über die Art unserer Tätigkeit wurde uns nichts weiter gesagt. Der Vermittlungsbeamte entließ uns mit der Bemerkung: ‹Geht man hin, ihr werdet schon riechen, was ihr zu tun habt.› Der Oberinspektor des Lehrter Bahnhofs B. tat sich durch besonders gemeine Behandlung der Juden hervor. Wir mußten die Toiletten der einfahrenden Fernzüge reinigen. Mit nur einem Lappen und Scheuersand bewaffnet, schickte er uns an die Arbeit. Ich bat bescheiden um die Zuweisung einer Scheuerbürste. Da wurde Herr B. wütend und brüllte: ‹Ihr Juden seid es doch gewöhnt im Dreck zu wühlen, also los an die Sch . . .! Wer hier aufmukst, der erlebt was. Sie wissen doch, wo ich Sie hinbringen kann?› Ich tat diese Arbeit und bekam nach einiger Zeit, vor Ekel, eine Gesichtsrose. B. wollte mich nicht entlassen. Ihm machte es Freude, wenn ich mit vor Fieber gerötetem Gesicht meiner ekelhaften Arbeit nachging. Einmal kam er mir heimlich hinterher. Es war ein Abort, der völlig verschmutzt war. Ein Reisender hatte sich übergeben. Vor Widerwillen wollte ich mich gerade abwenden, da stand er hinter mir. Brutal ergriff er meine Hand und tauchte sie mit aller Gewalt in das Erbrochene. Ich weinte vor Zorn und Scham. Mein fieberndes Gesicht und der seelische Zustand ließen mich zusammenbrechen. Der Bahnhofsarzt . . . schrieb mich krank und veranlaßte meine Überführung ins Krankenhaus. Nach acht Wochen wurde ich als geheilt entlassen.»[59]

An vielen Orten wurden Juden Arbeiten auf Rieselfeldern zugewiesen. Erich Schlesinger, dem man in Gleiwitz die Anwaltspraxis entzogen hatte, wurde 1940

«für die Kläranlage verpflichtet, wo insgesamt 30 Juden zu arbeiten hatten, von denen 27, die nicht in Mischehe lebten, später nach Auschwitz mußten. Der Anmarsch von einer Stunde wurde nicht beaufsichtigt. Auf dem Weg begegneten wir Lastautos mit Insassen aus den drei Konzentrationslagern, die es in Gleiwitz gab. Gearbeitet wurde unter Zivilaufsicht und Gestapokontrolle von 7–17 Uhr mit einer kurzen Mittagspause. Im Lauf der Jahre habe ich bei dieser Arbeit 30 Pfund abgenommen. Ich hatte Humus zu fördern und auf Wagen zu schaufeln, an manchen Tagen bis zu 150 Zentner.»[60]

Bessere Voraussetzungen für den harten Arbeitseinsatz brachte Erich Friedländer mit, der sich seinen Lebensunterhalt mit der Fabrikation von Lampen verdient und sich in seiner Freizeit intensiv dem Sport gewidmet hatte. Der durchtrainierte Judokämpfer wurde an eine Berliner Baufirma vermittelt:

«Wir mußten schwere Straßenarbeiten verrichten wie: Pflastersteine ausbrechen, Steine und Sand karren und den Steinsetzern die Steine heranbringen. Mir machte die Arbeit nicht ganz so viel aus, aber es gab Arbeitskameraden unter uns, die dabei buchstäblich zusammenbrachen. Als dann die ersten Bomben fielen, mußten wir die schwer getroffenen Häuser abreißen, wobei viele Unfälle passierten. Ich wurde zu ganz schweren Arbeiten mit noch 6 Juden nach dem Kronprinzenufer an die Spree abkommandiert. Eine Rampe war dort aufgebaut und wir mußten die darunter ankernden Lastkähne mit Schutt beladen. Es war eine sehr schwere und auch gefährliche Arbeit, zu der wir auch noch besonders angetrieben wurden. Durch diese Eile nervös gemacht, öffnete einer der Mitarbeiter die Seitenwand des Lasters zu früh, als ich noch auf der Rampe war. Ich wurde von dem nachstürzenden Schutt begraben und in den 10 mtr. tiefer liegenden Kahn gestürzt. Mit Verstauchungen, Splitterung und Bluterguß in beiden Beinen, einem Rippenbruch und doppelseitigem Leistenbruch wurde ich in einem Krankenwagen in die nahegelegene Charité gebracht, wo man beide Beine in Gips legte und mir sagte, ich solle die 6 Wochen zu Hause liegen, die ich zum Heilen brauchte, da man für Juden augenblicklich keinen Platz hätte. Mit dem Bruch sei es nicht so schlimm, den könnte ich später operieren lassen. Bei dem Sturz hatte ich mir noch 4 Zähne im Oberkiefer ausgeschlagen, – aber trotz allem war ich froh, daß es noch so glimpflich ausgegangen war. Ich hatte das sicher nur meinem durchtrainierten Körper zu verdanken.»[61]

Zehn Stunden mußten in der Regel abgearbeitet werden. Ernst-Ludwig Ehrlich, der Absolvent der aufgelösten Berliner «Lehranstalt für die Wissenschaft des Judentums», verbrachte sie in der Deutschen Waffen- und Munitionsfabrik in Borsigwalde mit der Überprüfung von Geschützhülsen. Danach kam er an ein großes Becken, in dem die öligen Geschützhülsen gewaschen wurden.[62] Aus einer großbürgerlichen Familie, die zum christlichen Glauben übergetreten war, stammte Valerie Wolffenstein. Am Pfingstsonntag 1941 wurde sie in die Zeiss-Ikon-Görtz Fabrik in Berlin-Zehlendorf geschickt. In einem winzigen, fensterlosen Kellerraum schälte sie Kartoffeln mit anderen Zwangsarbeiterinnen. Sechs Zentner mußten pro Tag der Werkskantine abgeliefert werden.[63] Rund 200 Arbeitskräfte zählte die «Judenabteilung», die im Dresdner Göhle Werk der Firma Zeiss-Ikon im Akkord Zeitzünder und Uhrwerke für U-Boote herstellte. Eine Zwangsverpflichtete – als «Mischling» klassifiziert – erinnert sich: «Diese Arbeit erforderte hohe Konzentration, Fingerfertigkeit und gutes Augenlicht. Meine Augen haben unter dieser feinmechanischen Arbeit sehr gelitten, da wir täglich ununterbrochen bei künstlichem Licht mit Lupe und Pinzette arbeiteten.» Später ließ man sie in einer Kartonagenfabrik arbeiten:

«Ich kam zuerst an eine Etikettiermaschine, dann mußte ich an einem großen Expander arbeiten. Der hat so schwere Pappen ausgestanzt. Es war eine schwere Maschine, die nicht im Fabrikgebäude stehen konnte, weil die Bretter dort morsch waren. Da haben sie ihn mitten auf den Hof gestellt und darum herum ein Bretterhäuschen gebaut. Wir haben es Hexenhäuschen genannt. Es sind schreckliche Betriebsunfälle vorgekommen. Einer ist mit dem Finger in die Maschine gekommen, einer mit den Haaren und ist skalpiert worden.»[64]

An einen Berliner Betrieb des IG Farben-Konzerns, der auf die Seidenspinnerei für Fallschirme spezialisiert war, wurde Inge Deutschkron vermittelt. Sie wurde von einer «arischen» Vorarbeiterin, «groß, dick und mürrisch», in die Arbeit eingeführt:

«Zehn Stunden mußten wir aufpassen, daß sich der Faden auf den rotierenden Spindeln nicht verhedderte, abriß oder daß die Spindeln nicht leer liefen. Der Raum war heiß, die Arbeit hart und mühselig. Der Lärm machte jedes Gespräch mit den Kollegen unmöglich. Während der Pause im Frühstücksraum gab es nur ein Thema: ‹Wie kommen wir hier wieder raus?› Frauen, die schon länger dort arbeiteten, berichteten von Schikanen, denen sie ausgesetzt waren. Einigen sei es gelungen, entlassen zu werden. Unterleibskrankheiten waren ein Grund, der akzeptiert wurde, hörten wir; sie machten stundenlanges Stehen an der Maschine unmöglich.»[65]

Und Ilse Rewald, die später ebenso wie Inge Deutschkron in den Untergrund ging, berichtet über ihre Zwangsarbeit:

«Mich haben sie in eine Rüstungsfabrik in der Bergmannstraße gesteckt. Wie lange können doch 10 Stunden mit körperlicher Schwerarbeit sein ... Extratoilette für Juden, Eintritt in die Betriebskantine verboten, ein ‹J› auf dem Kittel, den Stern. Im Sommer saßen die jüdischen Kollegen zwischen Mülleimern im Hof und aßen ihr Brot, bestrichen mit Paste aus Gries oder Schmalz ... Manchmal bin ich aus der Halle gegangen, um mir kaltes Wasser über das Handgelenk laufen zu lassen, weil ich dachte, ich falle bald um.»[66]

Frauen litten in höherem Maße unter den Anforderungen und Belastungen als Männer. Den Fabrikschichten schlossen sich die Hausarbeiten und lange, mühselige Einkaufswege an. Dann mußten die Hungermahlzeiten zubereitet werden. Die Wohnungen mußten sauber gemacht, die Wäsche mußte erledigt werden. Viele Frauen hatten eine Familie zu versorgen, mußten sich um Kinder, Ehemann oder Eltern kümmern. Mütter brachten ihre kleinen Kinder während der Arbeitszeit in Kindergärten der jüdischen Gemeinde unter. Es kam vor, daß sie nach der Arbeit vor leeren Räumen standen und erfuhren, daß ein Kindertransport in den Osten abgegangen war. Valerie Wolffenstein hörte von einer Zeugin, daß «bei einem solchen Transport in eisigster Winterkälte den Kindern die Pelzkragen von den Mäntelchen abgeschnitten und allen Mitfahrenden, auch den Kranken und Greisinnen, alle Decken fortgenommen wurden»[67]. Hoffnungslosigkeit breitete sich unter vielen Jugendlichen aus. Verbannt aus Schulen und anderen Ausbildungsstätten (sowie aus ihren Jugendorganisationen), wurden sie zu Hilfsarbeitern degradiert, denen nicht mehr das Recht zustand, sich als Lehrlinge und Gesellen emporzuarbeiten und weiter zu qualifizieren. Elisabeth Freund, die ihren 14jährigen Sohn rechtzeitig nach England geschickt hatte, beschreibt die Lage der «Arbeiterjungen»:

«Die armen jüdischen Jungen hier in der Fabrik! Das Schlimmste ist nicht die schwere Arbeit, es ist die Aussichtslosigkeit. Da ist einer, Kurt, ein lang aufgeschossener Junge in viel zu kurzen Kniehosen; die Arme staken ganz lang aus den Ärmeln heraus. Selbst die Jugendlichen bekommen doch keine Kleiderkarten! Kurt hat ein Jahr in einer Ausbildungswerkstatt der Jüdischen Gemeinde gearbeitet, interessiert sich sehr für Technik und wollte so gern Elektroingenieur werden. ‹Ist es da nicht aber eigentlich ganz interessant für Sie hier, gibt es nicht eine ganze Menge zu lernen?› fragte ich ihn. ‹Ach, haben Sie 'ne Ahnung! Lehrlinge sind nur die arischen Jungen, die bekommen was gezeigt. Wir Judenjungen dürfen hier nichts lernen. Wir dürfen bestenfalls mal an einer Maschine arbeiten und bekommen dann den Handgriff gezeigt, der gerade für diese eine Maschine nötig ist. Aber das ist auch alles. Wir sollen ja gerade ungelernte Arbeiter bleiben.›»[68]

Es gab Jugendliche, die versuchten, Demoralisierung und Isolierung zu durchbrechen. In den Arbeitsstätten und Heimen auf dem Land lebten jüdische und zionistische Ideale weiter: der Wille zur Auswanderung und die Sehnsucht nach neuer jüdischer Existenz in «Eretz Israel». Schon inhaftiert in der «Sammelstelle» in der Großen Hamburger Straße in Berlin, bereitete sich eine zionistische Gruppe auf den Weitertransport vor. Anneliese-Ora Borinski, die Deportation und Auschwitz überlebte, erinnert sich:

«Seltsame Atmosphäre, die in diesem Haus herrscht. Mischung von hoffnungsloser Verzweiflung und ein wenig Sarkasmus, von einem letzten Auflodern des Lebenwollens, und einer Begierde, noch einmal alles auszukosten, was dieses Leben bieten konnte. Eine Art ‹Zauberberg›. Und dazwischen stehen wir jetzt, mit unserer vielleicht ein wenig zu bewußt zur Schau getragenen Kraft und Sicherheit und unserem Wohlgerüstet-Sein. Am Morgen machen wir unseren Appell auf dem Flur, die Kommandi schallen durchs Haus. Wir machen Frühsport, nachdem wir die Erlaubnis dazu von dem für uns verantwortlichen S.S.Chef bekommen haben, in dem kleinen Garten, der zum Haus gehört. – In dem wir außerdem jeden Tag eine halbe Stunde, zwei und drei hintereinander, spazieren gehen dürfen. Und an dem angrenzend der kleine, alte Friedhof liegt, in dem sich das Grab Moses Mendelssohns befindet. – Es mutet einen an wie eine Art tragischer Ironie. Einmal machen wir dort unten auch einen ganz offiziellen Sing-Kreis, wir singen unsere Lieder und die Gestapo hört zu, und wenn sie es verstehen, dann lächeln sie vielleicht über diese Toren, die in dieser Situation singen: ‹Wir formen ein neues, starkes Geschlecht! Wir fordern die jüdische Ehre! – Wir kämpfen für Freiheit, Gleichheit und Recht!› Und Abend für Abend sitzen wir eng nebeneinander auf unserem Gang und singen. – Manche von den anderen kommen dazu und hören mit, – die anderen tanzen und amüsieren sich im unteren Stockwerk.»[69]

Auch in Rüstungsbetrieben formierten sich Gruppen. Soziale Barrieren mußten jedoch vielfach erst überwunden werden, um den Zugang zu neuen Freundeskreisen zu finden. Vor dieser Schwierigkeit stand vor allem die Schar derer, die in der bürgerlichen Lebenswelt aufgewachsen war. In den Fabriken und Betrieben stießen viele erstmals auf gleichaltrige Leidensgefährten, die in einer jüdischen Arbeiterfamilie groß geworden waren. Inge Deutschkron berichtet über diesen Zusammenprall zweier Welten:

«Wir blieben den jungen jüdischen Mädchen in diesem Werk, die offensichtlich aus dem Arbeitermilieu stammten, fremd und unverständlich wie sie uns. Wir fanden keine gemeinsame Sprache. Es offenbarte sich, wie behütet wir im Berliner Westen aufgewachsen waren, ohne zu wissen, daß es auch unter den Berliner Juden Proletarier gab. Ich weiß noch, wie fassungslos ich war, als mich eine von ihnen, kaum 18 Jahre alt, grob, wie es ihre Art war, fragte: ‹Haste schon 'nen Kerl?›»[70]

Andere Jugendliche ließen diese Schranken hinter sich und beteiligten sich an gemeinsamen Wanderungen, Lese- und Musikabenden. Neue Freundschaften entstanden, und es gab Momente, wo die Jugendlichen Zuneigung, Liebe und Glück erlebten. Einige brachten selbst noch die Kraft und den Mut auf, den Weg in den politischen Widerstand zu gehen. Aus den beiden «Judenabteilungen» in dem Elektromotorenwerk des Siemens-Konzerns kamen vorwiegend die jungen Zwangsarbeiter, die sich zunächst zu Freundeskreisen, dann in einer Widerstandsorganisation zusammenschlossen, die unter dem Namen Herbert-Baum-Gruppe in die Geschichte des deutschen Antifaschismus eingegangen ist. Etwa 30 Mitglieder zählten zum «harten Kern», weitere 40 bis 50 Jugendliche standen im Wirkungs- und Einflußbereich der Gruppe. Unter der Führung des kampferprobten Kommunisten Herbert Baum, der zugleich auch im Elektromotorenwerk die Funktion eines «Judensprechers» ausübte, nahmen sie nach dem deutschen Überfall auf die Sowjetunion den aktiven Widerstandskampf auf. Ihre politisch-ideologische Programmatik orientierte sich am sowjetmarxistischen Modell. Mit Appellen und Kampfschriften versuchten sie die Bevölkerung zum Sturz der Hitler-Diktatur aufzurufen. Den Höhepunkt ihrer Aktivitäten bildete ein spektakulärer Sabotageakt. Mit Brand- und Sprengsätzen wollte die Gruppe im Mai 1942 im Berliner Lustgarten die nationalsozialistische Propagandaausstellung «Das Sowjetparadies» zerstören, um ein Signal zu setzen, daß man aus den unsichtbaren Ghettomauern ausgebrochen war und einen ebenbürtigen Platz im kommunistischen Untergrund eingenommen hatte. Der Anschlag schlug fehl. Innerhalb weniger Tage gelang es der Gestapo, die Baum-Gruppe zu vernichten.[71]

Die Gestapo achtete darauf, daß die «Judenvorschriften» in den Betrieben eingehalten wurden. Schon die kleinsten Verstöße konnten als Sabotage ausgelegt werden: Sie zogen drakonische Sanktionen nach – ab Ende 1941 die sofortige Deportation. Betriebsangehörige waren angewiesen, jeden Vorfall anzuzeigen. Einige machten von dieser Meldepflicht besonders gerne Gebrauch. Sie kontrollierten jeden Schritt der jüdischen Zwangsarbeiter, überprüften sogar in den Mittagspausen mitgebrachte Brote, um zu sehen, ob verbotene Lebensmittel verzehrt wurden. Neben den Anzeigen und Denunziationen standen die kleinen Sticheleien oder bösen Beleidigungen, aber auch die lauten Kommandotöne, das Anschnauzen und Antreiben zur Arbeit. Fast überall herrschte diese Tonart, und fast überall wurde sie auch von Betriebsangehörigen angeschlagen, die sich nicht unbedingt dem Nationalsozialismus oder dem Antisemitismus verbunden fühlten. Valerie Wolffenstein erlebte diese Verhaltensweise:

«Zur Fabrik Krone wurde ich zusammen mit etwa dreißig jüdischen Frauen in geschlossener Gruppe vermittelt. Im Laufe der Zeit wuchs in unserer Schicht die Zahl auf hundert Frauen an, die in der Abt. Bohrerei beschäftigt waren. Ein Meister, ein Vorarbeiter und ein Transportarbeiter, alle drei arisch, verteilten uns auf die verschiedenen Maschinen und lernten uns an. Sie waren zunächst freundlich, überrascht, so willige und ordentliche Arbeiterinnen zu finden, nach der Propaganda hatten sie sich wohl ganz was Gräßliches erwartet. Allmählich änderten sich Meister und Vorarbeiter, die neue Machtstellung stieg ihnen zu Kopf, und als unsere Anzahl wuchs, ging es los mit Herumkommandieren und Anschnauzen. Auch die Leitung des Unternehmens wurde für uns hinter den Kulissen zusehends mehr und mehr auf ihre Haltung uns gegenüber kontrolliert und dementsprechend schärfer. Der Meister war au fond weder Nazi (er war alter Sozialdemokrat) noch Antisemit, aber schließlich benahm er sich wie ein SS-Mann. Bleich und nervös baute er sich mitten im Saal auf, unaufhörlich auf jede Bewegung aufpassend und jeden erstmal aufs Geratewohl anschreiend, der ihn oder den Vorarbeiter zwecks schnellerer und besserer Arbeit um Anschleifen des Bohrers bat oder sich beim Transportarbeiter um Heranführung neuen Materials bemühte. Er erschien mir in seiner Haltung, die nur Feigheit, Angst um den Verlust seiner Karriere entsprang, als ein wirklicher SS-Mann, der, auf die teuflische Propaganda hineingefallen, der Überzeugung war, daß die Juden ein Unglück für Deutschland seien, und sie in Einklang mit dieser seiner Überzeugung quälte.»[72]

Als «erträglich» bis «gut» stuften jüdische Zwangsarbeiter die Bedingungen in den Siemens-Werken ein; «schlecht» und «erbärmlich» war die Behandlung in den Betrieben des IG Farben-Konzerns.

Hilfe durch Mitleidige und Rückversicherer

Jüdische Zwangsarbeiter lernten aber auch Aufsichtspersonen kennen, denen es mehr ein Bedürfnis war, sich ihnen gegenüber «rückzuversichern». Siegfried Schäfer stellt einen Abteilungsleiter in den Siemens-Werken vor:

«In einer schmierigen, unaufrichtigen Art bedauerte er das harte Los der Juden, und erzählte bei jeder passenden Gelegenheit von seinem jüdischen Arzt, der jahrelang seine Familie behandelte. Dies alles geschah aber nur, wenn er mit einem Juden allein war. Näherte sich ein arischer Kollege, so flog sein Arm hoch, und sein ‹Heil-Hitler› echote durch den Saal. Er schikanierte uns nicht, aber er tat auch nichts, aus persönlicher Feigheit, um uns das Leben etwas zu erleichtern.»[73]

Andere Aufsichtspersonen gingen ein paar Schritte weiter. Sie wagten es, ihre Arbeitssklaven zu grüßen, ihnen leichtere Arbeiten zuzuschanzen oder auch andere kleinere Gefälligkeiten zu erweisen. Das ging mitunter schief:

«Als ich wieder einmal Nachtschicht hatte, kam der Herr B. zu uns herein. Er war zwischen 30 und 40 Jahre alt. Anfangs waren wir sehr mißtrauisch. Er erklärte, daß er uns unterstützen möchte und daß er auf unserer Seite sei. Wir hatten aber erfahren, daß er Nationalsozialist war und mit 18 Jahren in die SS eingetreten war.

Wir wußten nicht, was wir von ihm denken sollten. Er brachte uns später sogar manchmal Essen. Wir hatten Angst, daß es entdeckt werden könnte und sagten ihm, er solle es sein lassen. Doch er war in dieser Hinsicht sehr naiv. So grüßte er uns auch auf der Straße ...

Eines Nachts kam er wieder, diesmal aber mit anderer Miene: ob wir nicht den Mund gehalten hätten, er wäre auf die Gestapo bestellt worden. Dort hätte man ihm gesagt, er wäre zu gut mit uns umgegangen. Der Herr B. hat uns Vorwürfe gemacht. Aber das haben nicht wir verraten, sondern es lag daran, daß er es zu offensichtlich gemacht hatte. Jetzt hatten wir natürlich Angst. Er und wir. Er hat uns dann zu schweren Arbeiten eingesetzt ...

Wir sahen den Herrn B. zwei Wochen lang überhaupt nicht mehr. Dann kam er plötzlich mit zwei SS-Männern in langen Ledermänteln und mit Schlapphüten herein. Ich sehe ihn noch vor mir, wie er oben an der Tür stand. Er war leichenblaß. Er sah tatsächlich sehr mitgenommen aus, links und rechts neben ihm die beiden. Was sie jetzt taten, nannten wir aussortieren. Sie haben sich Leute ausgesucht und mitgenommen ...

Wir hatten das Gefühl, daß Herr B. und wir dafür büßen mußten, daß er uns gut behandelt hatte. Man hat in einer ständigen Angst gelebt, denn man konnte ja der nächste sein, den sie wegholen. Die Angst war wahnsinnig, die hat einen fast verrückt gemacht ...

Herr B. ließ uns in Zukunft in Ruhe, er tat nichts Gutes mehr, aber auch nichts Schlechtes. Er hat ein Linksrechts-Spiel gemacht. Wenn es einmal anders kommt, wenn Hitler zu Ende ist, dachte er, da habe ich mich anständig benommen, da wird man mir auch als ehemaligem SS-Mann nichts tun. Ich weiß nicht, ob es so war, aber ich glaube schon. Er wollte, daß nach dem Zusammenbruch noch ein paar von uns leben. Tatsächlich verlangte er nach dem Krieg Gutschriften von uns, mein Vater gab ihm aber keine, denn er meinte: ‹Wenn Hitler die Oberhand behalten hätte, hätte er nichts für uns unternommen.›»[74]

In die allgemeine Einstellungs- und Behandlungstypologie ordnen sich die Beispiele ein, die solidarisches Verhalten belegen. Viele Formen oder Stufen gab es, klein blieb hingegen der Personenkreis, der Hilfe und Schutz anbot. Ernst Ludwig Ehrlich fand in der «ganzen Halle, in der ich arbeitete ..., nur einen Vizemeister, der sich nach Kräften der jüdischen Zwangsarbeiter annahm und so weit er konnte Juden in seinen Bereich zog, um sie der schlechten Behandlung seitens der andern zu entziehen»[75]. Es kam vor, daß Vorgesetzte den Arbeitssklaven belegte Brote, Tabakwaren oder Süßigkeiten zuspielten, Besuche der Gestapo ankündigten oder selbst noch die Courage besaßen, sich abends in ihre Wohnungen zu schleichen.

«Einmal hörte ein Meister, daß ein anderes Mädchen und ich während unserer Botengänge vom Fliegeralarm überrascht worden waren und in einen öffentlichen Luftschutzkeller gegangen waren. Da dies verboten war, brüllte uns der Meister derartig an, daß wir ganz verängstigt waren. Spät am Abend dieses Tages kam derselbe Meister zu uns nach Hause, brachte uns Fleisch mit und erklärte uns ..., daß er diesen Auftritt in der Fabrik machen mußte, weil er ja für seine ihm unterstellten Arbeiterinnen verantwortlich war.»[76]

Es gab aber auch Vorgesetzte, die am Arbeitsplatz für einigermaßen humane Bedingungen eintraten und diese Haltung nicht verbargen:

«Frau Leinungen, die mit ihrer Güte und Menschlichkeit alles tat, um jedem ihrer – man muß schon sagen: Schützlinge – den Aufenthalt weniger quälend zu machen. Sie war vorher einfache Arbeiterin gewesen, hatte einen Mann im Felde und einen neunjährigen Jungen. Sie soll auch in den Sitzungen, in denen über Verschärfung oder Verbesserung unserer Lage im einzelnen neue Vorschriften debattiert und ausgegeben wurden, immer für ihre jüdischen Frauen eingetreten sein, ohne Rücksicht darauf, ob sie sich und ihren Angehörigen damit schadete. Als eine nach der anderen fortkam nach Polen, die anderen von Tag zu Tag elender wurden und die Akkordschraube immer noch schärfer angezogen wurde, erklärte sie, es nicht mehr mitansehen zu können, wie diese ausgemergelten Frauen noch mehr ausgenutzt und gehetzt werden sollten, und ließ sich in eine andere Abteilung versetzen, nachdem sie dafür gesorgt hatte, daß sie eine Nachfolgerin von ebenfalls großer Menschenfreundlichkeit bekam. Auch eine alte und eine ganz junge Sekretärin, die als Buchhalterinnen unsere Abteilung zu bearbeiten hatten, halfen uns, wo sie konnten. Als einmal die Gestapo zur Kontrolle ins Haus kam, zuerst aber eine andere Abteilung besuchte, gingen diese drei Frauen zu jeder von uns heran, sagten uns Bescheid und erboten sich, die Sachen solange in ihr Pult zu nehmen, falls wir irgend etwas bei uns hätten, was Anstoß erregen könnte. Tomaten, Obst, Wurst wanderten schleunigst in diese Verstecke. Die junge Sekretärin war es auch, die uns half, eine Kollegin, die an ihrer Maschine in eine schwere Herzohnmacht fiel, in den Sanitätsraum herunterzuschaffen. Weder der Meister noch der Vorarbeiter wagten, uns dabei zu helfen. Wie wir nachher hörten, hatte der Meister den Sanitäter angerufen, er möchte die Frau holen kommen. ‹Ist es ne Jüdische, dann schmeißt sie in den Kohlenkasten!›, war die Antwort.»[77]

Als im Zuge der «Endlösung» jüdische Zwangsarbeiter zur Deportation beordert wurden, appellierten Wehrmacht und Industrie an die Gestapo, die «unersetzlichen» Arbeitskräfte nicht abzuziehen. In vielen Fällen führten die Interventionen zum Erfolg. Ein Aufschub wurde gewährt, und mit Dankbarkeit gegenüber ihren «Schutzherren» und mit neuerwachten Hoffnungen nahmen «Rüstungsjuden» und deren Familien die weitere «Freistellung» auf.

«Wir feierten Wiedersehen wie mit einem vom Tode Auferstandenen, diesmal mit Tränen der Freude. Es stellte sich heraus, daß der Chef der Waffenfabrik, in welcher mein Vater zur Arbeit zwangsverpflichtet war, selber in das Sammellager der Synagoge gegangen war und unter Hinweis auf die Tüchtigkeit meines Vaters in dieser Arbeit, vor allem aber auf Kriegswichtigkeit der Munitionsherstellung, den Vater für die Fabrikarbeit wieder freibekommen hatte. Wiederholte Fälle solcher Zurückholung in letzter Stunde waren, wie sich herumsprach, Ergebnis von Auseinandersetzungen zwischen Gestapo und Industrie über die Juden-Deportationen.»[78]

Als dann die Freistellungen von der Gestapo aufgehoben wurden, sprachen die Firmen die fristlose Kündigung aus und schrieben die jüdischen Arbeitskräfte ab. Eine Schar mutiger und aufrechter Deutscher blieb übrig, die sich um die Rettung von Juden bemühte. Und sie taten es in der sicheren Kenntnis, daß ihr eigenes Leben bedroht war. Sie gaben Juden den Rat unterzutauchen, boten ihnen ein Versteck an und halfen dabei, die illegale Existenz im Untergrund abzusichern.

Die begehrten Rüstungsjuden

Auf ihrem Weg in den Untergrund oder auf ihrer Fahrt in die Vernichtungsstätten im Osten nahmen jüdische Zwangsarbeiter die Erfahrung mit, daß neben ihnen noch andere Personengruppen zur Zwangsarbeit – und damals unter noch erbärmlicheren Bedingungen – verurteilt worden waren. In einer Berliner Firma, die einst Kühlschränke produziert und sich im Krieg auf die Fabrikation von Einzelteilen für Flugzeugmotoren umgestellt hatte, sah Charlotte Josephy junge Arbeiterinnen aus Polen und Rußland:

«Unter der Belegschaft waren ca. 200 Juden, etwa 150 Frauen und 50 Männer. Dazu kam noch eine größere Anzahl ganz junger Mädchen aus Polen, die man zum großen Teil direkt von den Straßen ihrer Heimatorte zur Zwangsarbeit verschleppt hatte. Diese waren in einem Lager bei Hermsdorf untergebracht und ständig, auch auf dem Wege zur und von der Arbeitsstelle, unter Bewachung. Später kamen noch Mädchen aus Rußland hinzu, die besonders schlecht behandelt wurden. Sie erhielten so wenig zu essen, daß sie oft die Mülleimer der Kantine nach Essensresten durchsuchten. Oft haben auch wir jüdische Arbeiter ihnen Lebensmittel zugesteckt. Zwei russische Mädchen, die in dieser Zeit starben, sind, wie ich annehme, glatt verhungert. Für die Russinnen waren auf dem Fabrikgelände Baracken errichtet, in denen sie auf primitivste Art lebten.»[79]

Ernst Ludwig Ehrlich bemerkte die Leiden russischer Arbeiterinnen in Borsigwalde:

«Mir fiel allmählich auf, daß immer mehr Russinnen in der D. W. M. (= Deutsche Waffen- und Munitionsfabrik) beschäftigt wurden. Diese waren vollkommen zerlumpt, wir konnten auch manchmal beobachten, daß sie ein völlig unzureichendes Essen bekamen. Es handelte sich um zwangsverpflichtete Russinnen. Ihre vermehrte Einstellung stimmte mich nachdenklich, zumal offenbar beabsichtigt war, Juden durch Russinnen zu ersetzen.»[80]

Was der Zwangsarbeiter Ehrlich vermutete, war von den Nationalsozialisten mit allem Nachdruck betrieben worden. Von Beginn an wußten Arbeitsämter und Rüstungsinspektionen, daß sie die jüdische Arbeitskraft nur vorübergehend ausnutzen konnten. Am 15. November 1941 – unmittelbar nach dem Beginn der planmäßigen Deportationen – verfaßte die Rüstungsinspektion III in Berlin einen Lagebericht:

«Die Fortschaffung von rund 75 000 Juden aus Berlin, von denen rund 20 000 an wichtigen Arbeitsplätzen – im Metallsektor allein über 10 000 – eingesetzt sind, greift auch in die Frage der Arbeiterersatzbeschaffung ein. Eine Ersatzgestellung in Gestalt von deutschen Arbeitskräften durch das Arbeitsamt ist ausgeschlossen. Bis zum 4. 12. 1941 sollen weitere 15 000 Juden, und dann ab Februar 1942 der Rest evakuiert werden. Die in der Rüstungsindustrie arbeitenden Juden sollen nach Möglichkeit am Schluß der Evakuierungsmaßnahmen aus den Betrieben herausgenommen werden. Zu diesem Zweck hat das Arbeitsamt Berlin mit der Gestapo bestimmte Vereinbarungen getroffen.»[81]

Die Rüstungsinspektion bedauerte den ersten Abzug von jüdischen Arbeitskräften und beklagte sich darüber, daß ihr zuvor von der Gestapo nicht einmal Gelegenheit zur Stellungnahme gegeben worden war. Diese Stellungnahme holte sie in einem Lagebericht für den Zeitraum Oktober 1940 bis Dezember 1941 nach:

«Die Juden, die früher häufig einzeln in Betrieben gearbeitet hatten, wurden zu geschlossenen Gruppen, Betriebsabteilungen oder Judenschichten zusammengefaßt. Hier arbeiteten sie von der arischen Gefolgschaft getrennt. Sie wurden nur durch arische Meister bzw. Vorarbeiter beaufsichtigt. Die Leistung war auf verschiedenen Gebieten sehr gut, z.B. in der Chemie- und Textilwirtschaft sowie besonders in der Elektroindustrie, wo Jüdinnen sich als sehr geschickte Wicklerinnen usw. erwiesen ... Im Oktober 1941 begann plötzlich – ohne daß der RüIn vorher Gelegenheit zur Stellungnahme gegeben wurde – eine Umsiedlung der Juden nach dem Osten. Die in dringlicher Fertigung befindlichen Juden sollten vorläufig nicht evakuiert werden. Da andererseits aber die Abschiebung aus verschiedenen Gründen sippenweise geschehen sollte, wurden trotzdem wichtige Kräfte in steigender Zahl miterfaßt und gingen den Rüstungsbetrieben verloren. Wegen Mangel an Ersatz eingearbeiteter Kräfte und wegen Mangel an Transportraum wurde die vorgesehene weitere Umsiedlung der Juden Anfang 1942 eingestellt.»[82]

Als die Deportationswellen wieder einsetzten, wurde die Rüstungsinspektion erneut mit dem Problem der «Ersatzstellung» konfrontiert. Im Oktober 1942 nahm sie zur «Judenfrage» Stellung. Die Eintragung im Kriegstagebuch lautet:

«Die Juden sind von allen Betriebsführern als ausgezeichnete Arbeitskräfte, die Facharbeitern gleichgestellt werden, bezeichnet worden. Die Evakuation der Juden ist beschlossene Sache. Der Ersatz soll durch Polen erfolgen, deren Einarbeitung viele Wochen erfordert. Die Betriebsführer fürchten, daß sie für jeden Juden 2 Polen einsetzen müssen, um deren Leistungen zu erfüllen. Die Anordnung, daß die Rü-Betriebe bei der Evakuierung der Juden bis zuletzt geschont werden sollen, ist nicht immer praktisch geworden. Da die Juden familienweise evakuiert werden, sind wiederholt auch in Rüstungsbetrieben eingesetzte jüdische Arbeiter vorzeitig herausgenommen worden. Dadurch hat sich eine bestimmte Unruhe in den Judenabteilungen gebildet. Die Betriebsführer bedauern allgemein, daß der ursprüngliche Vorschlag, ihnen die Juden als Arbeitskräfte zu belassen, und sie zu diesem Zweck zu kasernieren und genauso wie ausländische Arbeiter in Lager zu überführen, nicht durchgeführt worden ist.»[83]

War der Vorschlag zur Kasernierung der deutschen «Rüstungsjuden» schon abgelehnt, so stießen auch alle weiteren Reklamationen bei der NS-Führungsspitze auf taube Ohren. Am 22. September 1942 gab Hitler dem für den Arbeitseinsatz verantwortlichen Generalbevollmächtigten Sauckel die Order, alle Juden aus den Rüstungsbetrieben im Reich herauszuziehen.[84] Triumphierend diktierte Reichspropagandaminister Goebbels eine Woche später in sein Tagebuch:

«Der Führer gibt noch einmal seiner festen Entschlossenheit Ausdruck, die Juden unter allen Umständen aus Berlin herauszubringen. Auch die Sprüche unserer Wirtschaftssachverständigen und Industriellen, daß sie auf die sogenannte jüdische Feinarbeit nicht verzichten können, imponiert ihm dabei nicht. Plötzlich sind die Juden allüberall zu den höchsten Qualitätsarbeitern emporgelobt worden. Man führt dieses Argument uns gegenüber immer wieder ins Feld, um für sie Schonung zu erbitten. Aber sie sind nicht so unentbehrlich, wie sie von unseren Intellektuellen gemacht werden. Es wird nicht allzu schwer sein, angesichts der Tatsache, daß wir in Berlin allein 240000 ausländische Arbeiter haben, auch noch die restlichen 40000 Juden, von denen überhaupt nur 17000 im Produktionsprozeß tätig sind, durch ausländische Arbeiter zu ersetzen. Der jüdische Feinarbeiter wird, je länger je mehr, zu einem stehenden Argument der intellektuellen philosemitischen Propaganda. Hier zeigt sich wieder, daß wir Deutschen allzu leicht dazu neigen, zu gerecht zu sein und Fragen staatspolitischer Notwendigkeit mit Ressentiment, aber nicht mit kühlem Verstand zu beurteilen.»[85]

Die Fabrik-Aktion am 27. Februar 1943

Es dauerte aber noch einige Wochen, ehe die Gestapo in der Lage war, zum entscheidenden Schlag gegen die durch ihre Zwangsarbeit vor der Deportation noch geschützten «Rüstungsjuden» auszuholen. Ende Februar 1943 war es soweit. Die großangelegte «Fabrik-Aktion» lief an. Mit Razzien und Massenverhaftungen vom Arbeitsplatz weg wurde sie durchgeführt. In Berlin ließ der Rüstungskommandeur in das Diensttagebuch schreiben:

«Am 27. Februar erfolgte überraschend und schlagartig der Abzug aller noch im Arbeitsprozeß stehenden Juden, ca. 11000 im Rüstungssektor. Da die Juden vielfach in geschlossenen Abteilungen, teilweise an wichtigen Programmen eingesetzt waren, mußte mit allen Mitteln versucht werden, umgehend Ersatz zu stellen. Dies war nur dadurch möglich, daß alle in der ersten Hälfte des März eintreffenden Westarbeiter ausschließlich hierzu herangezogen und auch sonst verfügbar werdende Kräfte, besonders auch aus der Meldepflichtaktion und aus Stillegungsmaßnahmen für diesen Zweck zugewiesen wurden. So konnte verhindert werden, daß bestimmte

Fertigungen zum Erliegen kamen und nur gewisse Einbrüche eintraten, die durch die Anlernzeit der neuen Kräfte bedingt sind.»[86]

Siegfried Cohn, ein jüdischer Zwangsarbeiter, beschreibt die «Fabrik-Aktion» aus der Sicht der Betroffenen:

«Es ist der 27. Februar 1943. Ein klarer, milder Wintertag. Ich bin auf dem Wege zu meiner Zwangsarbeitsstätte bei Osram, Helmstedter Straße. Die Arbeitszeit beginnt um 7.00 Uhr ...

Am frühen Vormittag erhalte ich von meinem Meister den Auftrag, in der Wellpappe-Fabrikation einige große Bogen Papier zu besorgen, um schadhaft gewordene Verdunkelungen zu reparieren. Da ich nicht sofort das Papier ausgehändigt bekommen kann, stehe ich an der großen Wellpappemaschine.

Plötzlich kommt ein arischer Arbeiter zu mir und flüstert mir zu: ‹Du, Ihr werdet jetzt alle abgeholt, die Gestapo ist im Hause!› Ich erwidere ihm, daß er keinen Quatsch erzählen soll und gehe, nachdem ich das benötigte Papier erhalten habe, in meine Etage, in der besonders viel Zwangsarbeiter beschäftigt sind.

Als ich nach oben komme, bemerke ich ein unruhiges Hin- und Herlaufen und als ich einen Arbeitskollegen, einen früheren Amtsgerichtsrat, frage, was los ist, sagt er mir, daß alle Juden ihre persönlichen Sachen nehmen sollen und sich unten im Parterre im Casino zu versammeln haben. Ich nehme meine Mappe, in der ich mein Frühstück habe, meine Joppe und Mütze und begebe mich in den vorbezeichneten Raum. Dort sitzen an einem Tisch mehrere Herren (Gestapo-Beamte) und eine Anzahl SS-Leute läuft hin und her. Nachdem alle jüdischen Zwangsarbeiter, Frauen und Männer, in diesem Raum versammelt sind, die Zahl beträgt wenn ich mich recht erinnere ungefähr 150 bis 200 Personen, wird jeder einzelne aufgerufen und von der Gestapo leibesvisitiert. Bei dieser Gelegenheit nimmt man mir ein Taschenmesser ab und bringt uns zu zwei großen, auf dem Hof befindlichen Lastkraftwagen, und dann fahren die vollbesetzten Wagen, in denen man so dicht gedrängt stehen muß, daß eine Bewegung unmöglich ist, nach einer Kaserne in Moabit.

Dort werden die in Mischehen Lebenden von den in volljüdischer Ehe Lebenden getrennt. Wir, die in Mischehe Lebenden, bekommen einen weißen Zettel umgehängt, während die in volljüdischer Ehe von dort aus gleich den Weg in das Konzentrationslager anzutreten haben. Wir, mit Karten markierten, werden wieder auf Lastautos geladen und von dort nach der Rosenstraße befördert.

Beim Ausladen erhalten diejenigen, die nicht schnell genug vom Wagen springen, Fußtritte von der SS-Begleitmannschaft.

In der Rosenstraße werden wir auf Zimmer verteilt und zwar so, daß man beim Schlafen so dicht gedrängt, wie Sardinen in einer Büchse zusammenliegt.

Es mag zwischen 12.00 und 14.00 sein, als wir in der Rosenstraße ankommen. Die wenigsten oder fast niemand, hat außer ein paar Frühstücksstullen etwas zu essen mit und das erste Essen erhalten wir, nachdem in der Jüdischen Gemeinde dafür Vorbereitungen getroffen waren, in den frühen Morgenstunden des darauffolgenden Tages.

Die Verhältnisse in der Rosenstraße sind unbeschreiblich. In dem Raum, in dem etwa 40 bis 50 Menschen schlafen sollen, sind vielleicht 10 Strohsäcke, so daß die Mehrzahl der Insassen auf der blanken Erde liegen müssen. Die Toiletten sind in einem unbeschreiblichen Zustand. Wenn man seine Notdurft befriedigen muß, so muß man sich ungefähr drei Stunden anstellen, und das Entwürdigendste daran ist, daß Männer und Frauen dieselben Toiletten benutzen müssen, ohne daß es möglich ist, die Tür zu diesem Raum zu schließen.»[87]

Die Menschenjagd ging in den nächsten Tagen weiter. Drei Transporte aus Berlin trafen im März 1943 in Auschwitz ein; von den 2757 deportierten Juden wurden 1689 sofort umgebracht.[87a] Die Verhaftung von Juden, die in einer «Mischehe» lebten, löste eine einzigartige Protestdemonstration aus. «Arische» Ehefrauen erschienen vor dem Sammellager und verlangten in Sprechchören die Freilassung – unterstützt von Passanten, die sich auf die Seite der Demonstranten schlugen. Aufgeschreckt durch die spontane und massive Gegenwehr gab die Gestapo nach und setzte die jüdischen Ehemänner – nach und nach – wieder auf freien Fuß. Der erfolgreiche Ausgang des öffentlichen Protests legt die Vermutung nahe, daß ähnliche Aktionen den Kurs der nationalsozialistischen Judenpolitik in andere Bahnen hätten leiten können. Minister Goebbels zeigte sich über den Verlauf der «Fabrik-Aktion» höchst unzufrieden. Unter dem 2. März 1943 steht in seinem Tagebuch:

«Wir schaffen nun die Juden endgültig aus Berlin hinaus. Sie sind am vergangenen Samstag schlagartig zusammengefaßt worden und werden nun in kürzester Frist nach dem Osten abgeschoben. Leider hat sich auch hier wieder herausgestellt, daß die besseren Kreise, insbesondere die Intellektuellen, unsere Judenpolitik nicht verstehen und sich zum Teil auf die Seite der Juden stellen. Infolgedessen ist unsere Aktion vorzeitig verraten worden, so daß uns eine ganze Menge von Juden durch die Hände gewischt sind.»

Einige Tage später zog der Reichsminister für Volksaufklärung und Propaganda in seinem Tagebuch die Bilanz der «Fabrik-Aktion»:

«Die Evakuierung der Juden aus Berlin hat doch zu manchen Mißhelligkeiten geführt. Leider sind dabei auch die Juden und Jüdinnen aus privilegierten Ehen zuerst mit verhaftet worden, was zu großer Angst und Verwirrung geführt hat. Daß die Juden an einem Tage verhaftet werden sollten, hat sich infolge des kurzsichtigen Verhaltens von Industriellen, die die Juden rechtzeitig warnten, als Schlag ins Wasser herausgestellt. Im ganzen sind wir 4000 Juden dabei nicht habhaft geworden. Sie treiben sich jetzt wohnungs- und anmeldungslos in Berlin herum und bilden natürlich für die Öffentlichkeit eine große Gefahr. Ich ordne an, daß Polizei, Wehrmacht und Partei alles daransetzen, diese Juden möglichst schnell dingfest zu machen.»[88]

Mit der «Fabrik-Aktion» war der jüdischen Zwangsarbeit in Deutschland vorerst ein Ende bereitet worden. Jetzt wurden nur noch jüdische Arbeitskräfte toleriert, die durch ihre «arischen» Ehepartner geschützt waren. Das Todesurteil hatten die Nationalsozialisten hingegen schon längst über die Juden gefällt, die in Strafanstalten der Justiz und in Konzentrationslagern der SS eingesperrt waren. Im Herbst 1942 wurden die jüdischen Häftlinge nach Auschwitz transportiert. Die planmäßige Deportation der deutschen Juden – soweit sie nicht inhaftiert waren – hatte schon im Herbst 1941 begonnen. Der Weg führte über Zwangsghettos wie Theresienstadt, Lodz (Litzmannstadt), Riga, Kowno, Minsk, Izbica in die Vernichtungslager Stutthof (bei Danzig), Auschwitz, Treblinka, Maly Trostinetz u. a. Nur wenige deutsche Juden wurden an den Verladerampen der Vernichtungsstätten noch als Arbeitssklaven «aussortiert». Es waren in der Regel junge, arbeitsfähige Männer und Frauen, die in den Lagerfabriken und -betrieben der SS und Industrie zur Zwangsarbeit herangezogen und von einem System ausgebeutet wurden, das die «Vernichtung durch Arbeit» zur Richtschnur erhob. Die meisten haben die Torturen und Qualen nicht überlebt. Die absolute Priorität, die die NS-Führungsspitze der Lebensvernichtung der Juden zusprach, kollidierte 1944 erneut mit den materiellen Interessen des Systems. Zu diesem Zeitpunkt waren die Zentren des europäischen Judentums bereits ausgelöscht: Als letztes Glied in der Kette waren die ungarischen Juden in das Programm der «Endlösung» miteinbezogen worden. Aber in dem Maße, wie sich die militärische und kriegswirtschaftliche Lage verschlechterte, verstärkte sich der Druck, die noch ausgesparten jüdischen Zwangsarbeiter nicht nur der deutschen Rüstung zu erhalten, sondern sie darüber hinaus zum Arbeitseinsatz in ein fast «judenfreies» Deutschland zu schicken. Noch im April 1944 stemmte sich die Dienststelle Eichmann gegen einen «sogenannten offenen Arbeitseinsatz in Betrieben des Reiches ..., da er im Widerspruch zu der inzwischen im großen und ganzen abgeschlossenen Entjudung des Reiches stehen ... würde»[89]. Das Veto wurde durchbrochen. Das Reservoir an Arbeitskräften war total ausgeschöpft. Die Rekrutierung von fast 7,7 Millionen «Fremdarbeitern» und Kriegsgefangenen reichte nicht aus, den ständig steigenden Bedarf der Rüstungsindustrie zu decken. Als Ersatz konnte nur noch die jüdische Arbeitskraft zur Verfügung gestellt werden. Während die Vergasungen und Erschießungen in den Vernichtungslagern im Osten weiterliefen, wurden seit dem Frühsommer 1944 jüdische (aber auch nichtjüdische) KZ-Häftlinge ins «Altreich» deportiert. Wieder liehen sich Konzerne und Betriebe von der SS die billigen Arbeitssklaven aus, ausgemergelte, entkräftete und halbverhungerte Männer und Frauen, die entweder in firmeneigenen, KZ-ähnlichen Behausungen zusammengepfercht oder von den unzähligen Außenlagern und Stammlagern der Konzentrationslager zum Arbeitseinsatz in Marsch gesetzt wurden. Marschwege und Arbeitsstellen lagen erneut im Blickfeld und in der Reichweite der deutschen Bevölkerung, die – von wenigen Ausnahmen abgesehen – von diesen Überlebenden der «Endlösung» kaum mehr eine Notiz nahm. Ladislaus Ervin-Deutsch, ein ungarischer Jude, der im Juni 1944 nach Auschwitz deportiert wurde und von dort in das Dachauer Außenlager Kaufering kam, erinnert sich an die letzten Tage bis zu seiner Befreiung in Deutschland:

«Auf dem Arbeitsweg und dem Rückweg schleppten sich die Menschen dahin, stolperten und hin und wieder fiel auch einer. Während der Arbeit wurden die Bewegungen unsicherer, manchen fiel das Werkzeug aus den Händen – in unserer Gruppe wurden solche Sachen mit einem Schlag mit dem Gewehrkolben bestraft. Es gab auch solche, die von Gerüsten fielen, Schwellen schleppend über die Schienen stolperten und unter die Räder der Züge gerieten. Der Krankenstand erhöhte sich ebenso wie die Unfälle. Ein Todesfall erregte kein großes Aufsehen mehr und auch kein Mitleid, es sei denn, es handelte sich um einen nahen Freund. Krankheit, Unfall, Tod – es waren tägliche Begebenheiten, an die wir uns gewöhnt hatten, wie an die Zählappelle und die Arbeit. Die ständige Erschöpfung machte die Menschen gleichgültig. An den Sonntagen, an denen wir im Lager blieben, an denen wir von der Nachtschicht-Moll Arbeitspause hatten, sprachen wir immer weniger miteinander. Wir wuschen uns langsam, wir wuschen, trockneten und flickten unsere verschmutzte, verschwitzte, geflickte und gerissene Unterwäsche. Wir schliefen viel. Wenn schönes Wetter war, legten wir uns ins Gras neben die Baracken und schauten wortlos in den Himmel oder unterhielten uns müde und schleppend von Zuhause, von unseren Träumen: Wie wird es, wenn der Krieg zu Ende ist. Es wird schön ... Aber wir werden nicht mehr sein – Laci Vajda schrieb nur noch verzweifelte und düstere Verse und las daraus.»[90]

3. Entrechtung und Deklassierung

Die bürokratische Ausgrenzung

Die deutschen Behörden beriefen sich auf den «Schutz der Allgemeinheit», als sie nach den Novemberereignissen den Juden die Kraftfahrzeuge und Führerscheine entzogen. Ein Pamphlet, das den Titel «Volksgemeinschaft» trug und am 4. Dezember 1938 in Heidelberg erschien, kommentierte das Kraftfahrverbot so:

«Auch mit dieser Abwehrmaßnahme gegen jüdische Anmaßung hat der nationalsozialistische Staat dem gesunden Rechtsempfinden des deutschen Volkes Ausdruck gegeben. Der deutsche Mensch hat es schon lange als eine Provokation und als eine Gefährdung des öffentlichen Lebens empfunden, wenn Juden sich am Steuer eines Kraftwagens im deutschen Straßenbild bewegten oder gar Nutznießer der von deutschen Arbeiterfäusten geschaffenen Straßen Adolf Hitlers waren. Auch dieser vom deutschen Volke bisher mit unerhörter Langmut ertragene Zustand hat jetzt sein Ende erreicht. Juden haben in Deutschland am Steuer eines Kraftwagens nichts mehr zu suchen! Statt dessen soll der schaffende deutsche Mensch mehr als bisher Gelegenheit haben, mit dem Kraftwagen, dem Werk deutschen Geistes und deutscher Hände, die Schönheiten seiner Heimat kennen zu lernen und neue Kraft für seine Arbeit zu schöpfen. Der nationalsozialistische Staat erstrebt weiter im Straßenverkehr eine Gemeinschaft aller deutschen Menschen, die sich freiwillig den Notwendigkeiten und den Gesetzen des Verkehrs unterordnen. In diese nationalsozialistische Verkehrsgemeinschaft gehört der Jude nicht hinein! Deshalb mußte der Staat in Anlehnung an die anderen Abwehrmaßnahmen unter dem Eindruck der jüdischen Mordtat in Paris schon allein aus Gründen der allgemeinen Sicherheit diese seit langem notwendige Trennung vollziehen.»[91]

Per Verordnung wurden die letzten Hindernisse beseitigt, die einer «judenreinen» Wehrmacht im Wege standen. Bereits das Wehrgesetz von 1935, mit dem die allgemeine Wehrpflicht wieder eingeführt wurde, schloß die Juden vom aktiven Wehrdienst aus. Im März 1939 erfolgte der Ausschluß aus der Ersatzreserve. Kurz vor Ausbruch des Krieges mußten Juden ihre Wehrpässe abliefern und «Ausschließungsscheine» entgegennehmen, die keinen Zweifel daran ließen, daß als «dauernd wehrunwürdig» angesehen und damit asozialen und kriminellen Elementen gleichgeordnet wurden, eine Gleichstellung, die im März 1940 gesetzlich vereinbart wurde.

Die letzten jüdischen Schüler verschwanden aus deutschen Schulen. Am 15. November 1938 ordnete der Reichsminister für Wissenschaft, Erziehung und Volksbildung an:

«Nach der ruchlosen Mordtat von Paris kann es keinem deutschen Lehrer und keiner deutschen Lehrerin mehr zugemutet werden, an jüdische Schulkinder Unterricht zu erteilen. Auch versteht es sich von selbst, daß es für deutsche Schüler und Schülerinnen unerträglich ist, mit Juden in einem Klassenraum zu sitzen. Die Rassentrennung im Schulwesen ist zwar in den letzten Jahren im allgemeinen bereits durchgeführt, doch ist ein Restbestand jüdischer Schüler auf den deutschen Schulen übriggeblieben, dem der gemeinsame Schulbesuch mit deutschen Jungen und Mädeln nunmehr nicht weiter gestattet werden kann.»

Fortan durften jüdische Schüler nur noch in jüdischen Privatschulen unterrichtet werden, die von der «Reichsvereinigung» unterhalten wurden, so lange, bis die Deportationen die Aufhebung der Schulpflicht brachten. Im Juli 1942 wurden die jüdischen Schulen geschlossen. Der gleiche Schnellbrief des Reichssicherheitshauptamtes schrieb vor:

«Die Lehrer einschließlich ihrer Familienangehörigen sind im Rahmen der ... vorhandenen Abschiebungsrichtlinien zum nächstmöglichen Termin zu evakuieren.»[92]

Nicht ganz ließ sich die Trennung in der Krankenversorgung herbeiführen. Im Juni 1939 lebten noch etwa 213000 Juden in Deutschland. Für sie gab es noch 14 jüdische Krankenhäuser mit einer Gesamtzahl von 1599 Betten. Immer schwieriger wurde es für Juden, einen Platz in einem deutschen Krankenhaus zu erhalten. In vielen Orten wurde die Aufnahme verweigert. Die Abweisungen veranlaßten die Behörden, klare Anweisungen herauszugeben. So war einem jüdischen Verkehrsverletzten die Erste Hilfe verweigert worden. Das Kommando der Schutzpolizei in Dortmund äußerte sich dazu am 23. Januar 1939:

«Vom ordnungspolizeilichen Standpunkt aus ist es m. E. untragbar, daß ein Arzt oder ein Krankenhaus erste Hilfe ablehnt, lediglich weil der Verletzte fremdrassig ist.»

Der Regierungspräsident in Arnsberg wurde um eine Entscheidung gebeten, «da es sich um eine Angelegenheit von allgemein grundsätzlicher Bedeutung handelt». Die Antwort vom 18. März 1939 lautete:

«Betrifft: Aufnahme von Juden in Krankenanstalten.

In Notfällen ist jeder deutsche Arzt gehalten, Juden zu behandeln, bis deren anderweitige ärztliche Versorgung erfolgen kann. Krankenanstalten sind gehalten, Juden in Fällen unmittelbarer Gefahr aufzunehmen und getrennt von anderen Kranken in abgesonderten Räumen – nicht jedoch in solchen für Kranke mit übertragbaren Krankheiten, sofern die betr. Juden nicht selbst daran leiden – unterzubringen. Zur Pflege männlicher Juden ist nach Möglichkeit ausschließlich männliches Pflege- und Wartepersonal heranzuziehen. Juden sind aus dem Krankenhaus zu entlassen oder zu verlegen sobald ihr Gesundheitszustand unter Anlage eines strengen Maßstabes dies ohne Gefahr erlaubt, d. i. regelmäßig der Fall, sobald sie außer Bett sein können.

Sollten sich erneute Schwierigkeiten ergeben, so sehe ich weiterem in Verbindung mit dem Gesundheitsamt zu erstattenden Bericht entgegen. Im übrigen weise ich darauf hin, daß für Juden in Köln Gelegenheit besteht sich im Israelitischen Asyl für Kranke und Altersschwache in Köln-Ehrenfeld, Ottostr. 85 behandeln zu lassen.

Im Auftrag
gez. Dr. Josten.»

Die Gestapo in Dortmund gab darauf folgende Richtlinien bekannt:

«Für die Aufnahme jüdischer Patienten in Krankenhäuser sind zunächst in der Nähe befindliche jüdische Anstalten in Anspruch zu nehmen. In dem Fall, in denen hier eine Unterbringung jüdischer Patienten nicht möglich ist, wird es sich nicht vermeiden lassen, auf deutsche Krankenhäuser zurückzugreifen, wobei jedoch nach Möglichkeit für eine gesonderte Unterbringung der jüdischen Patienten Sorge zu tragen ist. Dabei ist jedoch zu beachten, daß einzelne Krankenanstalten unter Berücksichtigung besonderer Traditionen oder besonderer Umstände, z.B. Benennung nach einem Parteiführer, wie im Falle des Rudolf-Heß-Krankenhauses, oder des Sanatoriums «Weißer Hirsch» in Dresden, von der Pflicht zur Aufnahme von Juden ausdrücklich ausgenommen werden sollen.»[93]

Problemlos und lautlos ließ sich hingegen die «Verlegung» von geisteskranken und geistesschwachen Juden aus den öffentlichen Heil- und Pflegeanstalten abwickeln: Sie wurden unmittelbar nach Ausbruch des Krieges im Zuge des nationalsozialistischen «Euthanasie»-Programms liquidiert. Max Plaut berichtet über die Abschiebung in Hamburg, die unter dem Codenamen «Unternehmen Columbus» ablief:

«Eines Tages ... (erhielt ich von einem) Inspektor der Staatskrankenanstalt Langenhorn die telefonische Mitteilung, daß die jüdischen Anstaltsinsassen in eine andere Anstalt ‹verlegt› werden sollen. Auf die Rückfrage: wohin, wann und auf wessen Veranlassung? – erfolgte die lakonische Antwort ‹darüber kann ich nicht sprechen› ... (Ich) suchte am gleichen Tage die Anstalt auf; die Betreuung der jüdischen Insassen in diesen Anstalten gab zu keinen Klagen oder Beanstandungen Anlaß. Ein Versuch, Einzelheiten zu erfahren, war erfolglos, da die Anstaltsleitung selbst nur wußte, daß die Kranken am nächsten Tag per Bahn abtransportiert würden ...

Am nächsten Tag wurden die Betroffenen in Krankenwagen des Roten Kreuzes auf einem Güterbahnhof in einen aus Krankenwagen bestehenden – mit der Flagge und dem Zeichen des Roten Kreuzes versehenen Zug verladen ... Der Zug war ein moderner Krankentransportzug mit ärztlichem und sonstigem Pflegepersonal. Eine weitere Rücksprache mit dem Inspektor der Anstalt, die streng vertraulich (weil für ihn gefährlich) geführt wurde, ergab, daß auf Anweisung des Reichssicherheitshauptamtes zwecks Aufhebung der ‹unerwünschten› gemeinsamen Betreuung von jüdischen und arischen Patienten die Verlegung der jüdischen Kranken in das staatliche Krankenhaus in Cholm (Polen) durch die ‹Transportgesellschaft› Columbus durchgeführt werden sollte. Der Inspektor bemerkte, er habe, wie auch seine Mitarbeiter, die feste Überzeugung gewonnen, nicht zuletzt aus der mit Sorgfalt und Fürsorge vorbereiteten Durchführung des Transportes, daß es sich um eine seriöse Angelegenheit handle und daß etwaige jüdische Befürchtungen nicht am Platze seien. Eine Rückfrage beim Leiter des Judendezernats in der Gestapoleitstelle Hamburg ergab: ‹Da Juden nicht mehr mit Ariern zusammenliegen sollen, hat das Ministerium die Verlegung aller jüdischen Anstaltsinsassen im Reich in die eigens für Juden freigemachte und modern eingerichtete Staatskrankenanstalt Cholm angeordnet.› Ein Besuch in Berlin ergab, daß auch die Insassen der rein jüdischen Anstalt Sayn bei Coblenz abtransportiert waren, ... nach etwa einem Vierteljahr traf ein Brief ein, mit Poststempel Cholm versehen, der eine Rechnung für 19 betreute, früher von der Hamburger Stelle der Reichsvereinigung fürsorgerisch versorgten Kranken enthielt, mit der Weisung, den Rechnungsbetrag innerhalb einer Woche auf das Konto Nr. x der Staatlichen Krankenanstalt Cholm bei der Preußischen Staatsbank, Berlin, zu zahlen. Entsprechende Rechnungen waren allen in Betracht kommenden jüdischen Stellen und Angehörigen der Deportierten zugegangen. Die Rechnungen kamen dann monatlich. Als von Hamburg bereits eine Summe von mehr als vierzigtausend Reichsmark (im ganzen von der Reichsvereinigung über dreihundertfünfzigtausend Reichsmark) bezahlt worden waren, trafen eines Tages mit gleicher Post 10 Briefe ein, die mit gleichlautendem Text die Mitteilung enthielten, daß der Kranke N. N. ‹infolge Erkrankung an Ruhr› gestorben sei. Amtliche Sterbeurkunden (standesamtliche Sterbeurkunden) lagen bei. Ein Vergleich der Urkunden ergab, daß alle am gleichen Tage, zur gleichen Zeit, an der gleichen Krankheit gestorben waren. Der gesamte Text, einschließlich der Daten, war gedruckt, nur die Namen waren mit Schreibmaschine eingesetzt. Wunderbarerweise lag auch eine Todesurkunde für den im letzten Moment vor dem Abtransport noch entlassenen Kranken bei, der sich beim Eintreffen seiner Todesurkunde bester Gesundheit erfreute. Derartige ‹Versehen› sollen später, als man auch Geisteskranke unter der Devise der Vernichtung lebensunwerten Lebens umbrachte, noch öfters vorgekommen sein.»[94]

Noch mit einer anderen Trennungsfrage beschäftigten sich die NS-Behörden. Sie bezog sich auf die sog. «Rassejuden», auf jene Gruppe von Menschen, die zum christlichen Glauben übergetreten waren oder keiner Glaubensgemeinschaft angehört hatten. Gemäß ihrem Wunsch fanden sie auf den öffentlichen, städtischen Friedhöfen ihre letzte Ruhestätte. Nach der Verschärfung der Judengesetzgebung wurde die Frage akut, ob diese Bestattungsweise noch beibehalten werden dürfte. Am 9. Oktober 1939 wandte sich der Oberbürgermeister von Frankfurt am Main an den Deutschen Gemeindetag mit der Bitte, «durch Nachfrage an zuständiger Ministerialstelle» insbesondere drei Fragen klären zu lassen:

«1. Dürfen getaufte Juden in Reihengräbern zwischen Volksgenossen bestattet werden?

2. Ist auch weiterhin die Bestattung von getauften Juden in gekauften Wahlgrabstätten zwischen Volksgenossen zuzulassen?

3. Ist zuzulassen, daß Rassejuden, die keiner Religionsgemeinschaft, auch keiner jüdischen, angehören, außerhalb der Judenfriedhöfe bestattet werden?»

Der Deutsche Gemeindetag ließ eine Woche später – am 16. Oktober 1939 – wissen:

«Wie der Herr Reichsminister des Innern dem Deutschen Gemeindetag vor längerer Zeit mitgeteilt hat, ist ein Verbot der Beerdigung von Juden, jüdisch Versippten und jüdischen Mischlingen auf gemeindlichen Friedhöfen mit Rücksicht auf § 17 DGO grundsätzlich nicht möglich. In einem weiteren Erlaß vom 26.9. 1938 – IVe 4661/38-3995 – hat der Herr Reichsminister des Innern folgendes ausgeführt: ‹Ein generelles Verbot würde im Widerspruch zu der Tatsache stehen, daß im Regelfall Juden auch auf allgemeinen Friedhöfen beerdigt werden dürfen. Wo jüdische Friedhöfe vorhanden sind, werden freilich Juden mosaischen Bekenntnisses auf ihren eigenen Friedhöfen beerdigt werden. Wo solche aber nicht vorhanden sind, oder wo es sich um Glaubenslose oder einer christlichen Konfession Angehörige handelt, läßt sich eine Beerdigung auf allgemeinen Friedhöfen zur Zeit nicht vermeiden, da Leichen nun einmal bestattet werden müssen.›»[95]

Zusatznamen und Judenbann

Ein wesentlicher Bestandteil der Politik der Diffamierung und Separierung war die Verpflichtung der Juden zur Annahme neuer Zusatznamen, die sie als Juden auswiesen und die ab Januar 1939 in keiner Unterschrift und keinem Dokument fehlen durften. Man zwang ihnen die Erkennungsnamen «Sara» oder «Israel» auf. Im Januar 1939 erschien der Schriftsteller Ludwig Fulda in der Wohnung eines Bekannten:

«‹Dr. Stargardt, Sie müssen mit mir auf das Polizeirevier kommen, ich muß dort den Vornamen ‹Israel› annehmen!› Ich beruhigte ihn, und gemeinsam erschienen wir auf dem Revier. Fulda weigerte sich erst entschieden, den Namen Israel zu führen. Der Reviervorsteher beschwichtigte ihn. ‹Herr Fulda, Sie können ruhig unterschreiben, ob Israel oder nicht, für uns sind Sie ja doch unser Ludwig Fulda!› Diese Worte bewegten ihn zur Unterschrift, und verhinderten bestimmt schwerwiegende Folgerungen, die ihm aus seiner Weigerung erwachsen wären.»[96]

Vereinzelt gab es Juden, die sich dieser Vorschrift widersetzten: Ob aus Vergeßlichkeit oder Trotz, sie vergaßen den Erkennungsnamen in die Unterschrift mit aufzunehmen. Die Juden wurden in der Regel verwarnt und mußten sich schriftlich verpflichten, fortan dem Gesetz Folge zu leisten. Die Namensänderung mußte auch bei der Post für die Korrektur der Telefonbücher angezeigt werden. Alfred Schwerin erinnert sich:

«Eine Anzahl unserer Bekannten werden vor die Gestapo geladen und teils mit Geldstrafen, teils mit Gefängnis bestraft, weil sie im Telefonbuch nicht mit dem Zwangsvornamen ‹Sara› und ‹Israel› eingetragen sind. Dabei besitzen wir doch alle seit mehr als Jahresfrist kein Telefon mehr! Sie hätten trotzdem sofort eine Änderung ihrer Namen im Telefonbuch beantragen müssen.»

Die Fernsprechanschlüsse waren den Juden im Sommer 1940 gekündigt worden. Nur den «Krankenbehandlern» und «Konsulenten» sowie den jüdischen Gemeinden und Organisationen war es gestattet, zu «dienstlichen Zwecken» das Telefon zu benutzen. Die Benutzung öffentlicher Telefonzellen wurde im Dezember 1941 unter Strafe gestellt. Telegramme, die für Auswanderungsvorbereitungen ins Ausland aufgegeben werden mußten, bedurften der Genehmigung durch die Gestapo. Die Zensur überwachte Briefe und Karten. Bis zur Deportation durften die Juden noch die Briefformulare des Roten Kreuzes benutzen, um Angehörigen und Freunden im Ausland die letzten Nachrichten und Lebensgrüße zu übermitteln.

Räumliche und zeitliche Beschränkungen engten ab November 1938 die Bewegungsfreiheit immer mehr ein. Die Türen zu den Theatern und Kinos, zu den Konzerten und Museen, zu öffentlichen Leihbüchereien und zoologischen Gärten wurden den Juden versperrt, und das Betreten von Badeanstalten, Sportstätten und Parkanlagen war ihnen untersagt. Viele Straßenbänke trugen die Aufschrift «Für Juden verboten». Solche und ähnliche Schilder untersagten auch den Besuch von Hotels, Restaurants und Cafés. Nach Ausbruch des Krieges wurde es noch schlimmer. Alfred Schwerin, der aus seiner Heimatgemeinde Pirmasens nach Ludwigshafen «umgesiedelt» wurde, war von den Beschränkungen betroffen:

«Natürlich bot der Kriegsausbruch dem Regime neue Gelegenheit und neuen Vorwand zur weiteren Bedrückung und Entrechtung der Juden. Offen wurden sie zu Feinden des deutschen Volkes und zu Spionen und Helfern der Alliierten gestempelt. Sie durften nach acht Uhr abends nicht mehr ausgehen. Mancherorts bestand sogar das Verbot, daß sich nach dieser Stunde jüdische Familien, die in verschiedenen Stockwerken des gleichen Hauses wohnten, nicht mehr gegenseitig aufsuchen durften. Mit Wehrmachtsangehörigen zu sprechen, war untersagt. Der Bahnhof durfte ohne Ausweis nicht betreten werden. In einigen Städten mußten Juden zum Verlassen des Ortes die Erlaubnis der Polizei einholen.»[97]

Verstöße gegen das nächtliche Ausgehverbot wurden mit «staatspolizeilichen Maßnahmen» geahndet. In den «Erinnerungen» eines Berliners werden die Folgen geschildert:

«An einem schwülen Sommerabend saß die kleine Familie auf einer Bank unter Bäumen in der Straße, an der sie wohnte. Mit gerissenem

Spürsinn klingelten gerade an diesem Abend amtlich Beauftragte an der verschlossenen Wohnungstüre, und wenige Tage darauf wurde Herr A. abgeholt, weil er das Ausgehverbot für Juden nach 8 Uhr abends übertreten hatte. Nach zwei Monaten Korrektionsaufenthalt im Arbeitslager von Wulheide kam Herr A. nach Hause, verschmutzt, abgemagert und hinkend. Als erstes bat er um ein Bad. Seine Frau bereitete es ihm und brachte reine Wäsche und Kleider. Entsetzt sah sie beim Entkleiden blutige Striemen und Narben auf dem Körper ihres Gatten. Er beteuerte, Ungeziefer habe ihn so zugerichtet. Seinen nächsten Freunden aber berichtete er von den Schlägen, die er und seine Mitgefangenen erdulden mußten.»[98]

Es gab schließlich kaum noch öffentliche Plätze, an denen Juden geduldet wurden. Einige Juden, wie Alfred Schwerin in Ludwigshafen, brachten noch die Kraft zu Wanderungen auf:

«Ich hängte, wie ich das aus der guten früheren Zeit gewohnt war, den Rucksack um und fuhr in der Morgenfrühe nach einer Station in der Vorderpfalz, von wo aus ich durch die weiten Wälder hinauf auf die Bergkuppen stieg oder durch das freundliche Rebgelände streifte. Das hatte ich vor meinen Glaubensgenossen voraus, die sich kaum mehr zu einem Spaziergang aus dem Hause wagten, und es erhielt mich stark. Wie in den friedlichsten Tagen saß ich am Abend auf der Burgterrasse zwischen fröhlichen Menschen, trank meinen Wein und unterhielt mich ungeniert mit ihnen. Dadurch schärfte ich nicht nur meinen Blick, sondern ich bewahrte mich damit auch vor dem Versinken in der Dumpfheit und hoffnungslosen Niedergeschlagenheit. Und gar manchmal überfiel mich eine verhaltene Ausgelassenheit, wenn meine Tischgenossen oft mit dem Parteiabzeichen am Rockaufschlag, angesichts der zahlreichen, ringsum die Höhen krönenden Burgruinen meinen Vorträgen über deutsche Sagen und Geschichte andächtig lauschten, mir zutranken und sich mit einem achtungsvollen ‹Heil Hitler!› verabschiedeten ...

Es gab auf meinen Wanderungen aber auch ganz bestimmte Dinge, die für den Augenblick meine Stimmung beeinflussen oder mein Inneres zum Kochen bringen konnten. Das waren die auf Anordnung der Partei an allen Ortseingängen angebrachten Inschriften, die Verbotsschilder an den Gaststätten, die ‹Stürmer›-Kästen und ab und zu mitangehörte Gespräche. An den Haupteingängen fast aller Ortschaften standen oder hingen große Tafeln mit Hetzinschriften wider die Juden. Die harmloseste lautete: ‹Juden sind hier unerwünscht!› oder ‹Juden ist der Eintritt verboten!› Aber viele Nazis benutzten diese Gelegenheit, um ihre geistigen und dichterischen Fähigkeiten an den Mann zu bringen. Am Dahner Ortseingang prangte beispielsweise der Satz: ‹Ist dir die Judenfrage fremd, dann stehst du plötzlich da im Hemd!› Pirmasens hatte zur Abschreckung der jüdischen Geschäftsreisenden ein Transparent mit folgender Inschrift über der Einmündung der Zeppelinstraße angebracht: ‹Hier führt nicht der Weg nach Palästina!› In Edenkoben wurde dem Wanderer eingeprägt, daß die Juden für die Menschheit dasselbe seien, was die Flöhe für den Hund. Zu Tausenden konnte man solche Geistesprodukte an den Straßen ganz Deutschlands finden.»[99]

In den großen Städten schnürten die Ausgeh- und Verkehrsmittelverbote und die Absperrung bestimmter Gebiete – der Judenbann – das Leben der Juden ein. Auch darüber gibt es Berichte:

«Bei den großen Entfernungen in Berlin, der körperlichen Schwäche und der Überalterung der Juden bedeutet alles dies eine ungeheuerliche Belastung. Juden leben völlig vereinsamt, da sie weder Telefon noch Radio haben, Zeitungen nicht ins Haus geliefert bekommen, abends frühzeitig zuhause sein müssen, da keine Versammlungen gestattet sind, keine Bänke zum Ausruhen benutzt werden dürfen. Nur Juden, die einander benachbart sind, können sich sprechen. Der Berichterstatter kannte einen Fall, wo ein 70jähriger Mann wöchentlich einmal von Charlottenburg nach Tegel lief – ein Weg von etwa 6 Stunden hin und zurück – um seinen Bruder zu sehen. In einem anderen Fall lief eine Witwe am Tag vor der Beerdigung ihres Mannes zunächst von Charlottenburg bis zum Alexanderplatz, wo sie bei Bekannten übernachtete, was an sich verboten ist und sie und die Freunde schweren Strafen aussetzte. Am nächsten Vormittag lief sie weiter nach Weissensee. Den Rückweg trat sie auf die gleiche Weise an.»[100]

Viele Juden waren zu solchen langen Fußmärschen nicht mehr in der Lage. Gertrud Hammerstein schreibt am 12. Oktober 1942: «... Durch das Fahrverbot ist es mir unmöglich, (zum jüdischen Friedhof) nach Weissensee zu gelangen. 3 Stunden hin und 3 Stunden zurück. Selbst zu Beerdigungen kann man nicht heraus, so werden die meisten Toten ohne Verwandte oder Freunde beigesetzt.»[101]

Jüdische Friedhöfe wurden, sofern sie noch nicht von den Behörden aufgelassen worden waren, für viele zu einer Stätte des Spiels und der Erholung. In Hamburg stellte die Gemeinde auf ihren Friedhöfen in Ohlsdorf und Langenfelde ein «großes gräberfreies Feld als Spielwiese und Sportplatz für Jung und Alt» bereit.[102] Auf diese Lösung griffen auch andere Gemeinden zurück, nachdem die Gestapo die «Waldausflüge» aufs strengste verboten hatte. Elisabeth Freund schreibt:

«Was blieb denn da noch! Die Parks sind ebenfalls verboten, sehr viele der jüdischen Kinderhorte haben nicht einmal einen Hof, geschweige einen Garten, und wenn sie ihn haben, dürfen die Kinder nicht darin spielen – der Nachbarhäuser wegen, die sich über den Lärm beklagen. Schließlich ist die Jüdische Gemeinde auf die Lösung gekommen, auf den jüdischen Friedhöfen jeden freien Platz zu Spielplätzen mit Sandkästen für die kleineren Kinder umzugestalten. Und die größeren Kinder hatten klassenweise die Pflicht, die Gräber und Wege von Unkraut zu reinigen und instandzuhalten. Auf diese Weise waren die Kinder beschäftigt und in guter Luft, und zugleich wurden die Gräber in Ordnung gehalten, was seltsamerweise die Gestapo plötzlich verlangt hatte und wofür sonst natürlich Arbeitskräfte und Geldmittel gefehlt hätten. Soweit ist es jetzt also gekommen: In Deutschland sind die Friedhöfe nicht nur die letzte ruhige Stätte für die alten Menschen, sondern auch der einzige Platz zum Spielen für jüdische Kinder.»[103]

Kontaktverbot und Versorgungsdefizit

Nicht ganz konnten es die Behörden unterbinden, daß sich Juden und Deutsche noch in Geschäften trafen. Sie stellten jedoch sicher, daß sich die «Berührung» in engen und kontrollierbaren Grenzen hielt. Die Einrichtung von «Judenläden» und die Festsetzung bestimmter Einkaufszeiten boten sich hierfür an. Selbst diese Notlösung rief aber den Unmut fanatischer Nationalsozialisten hervor, die sich beschwerten, daß sie noch immer zusammen mit Juden in den Geschäften anstehen mußten. Der Kreisamtsleiter für Handel und Handwerk der NSDAP in Frankfurt am Main teilte am 16. Oktober 1939 der Bäckerinnung mit:

«Die Verkaufszeit für Juden in den hierfür bestimmten Bäckerläden ist meistenteils auf 11–½1 Uhr festgelegt. Über diese Zeiteinteilung habe ich schon zum wiederholten Mal Klagen entgegengenommen. Begründung: Zwischen 11–½1 Uhr kaufen nicht nur die arischen Hausfrauen in der Regel ihren Bedarf, sondern auch – besonders in den stark besiedelten Geschäftsanlagen der Stadt – kaufen Gefolgschaftsmitglieder ihren Bedarf zum Frühstück bzw. zum Mittagbrot. Es läßt sich daher in der Praxis nicht vermeiden, daß unsere Volksgenossen mit Juden zusammentreffen. Mir wird von vielen Seiten vorgeschlagen, die Verkaufszeit für Juden bedeutend früher festzusetzen und zwar zwischen ½8–9 Uhr. Die Juden wären dadurch gezwungen, wenn sie Backwaren erwerben wollen, frühzeitig aufzustehen, und kämen nicht mit unseren Volksgenossen in Berührung. Ich empfehle, sich selbst von dem bisherigen Zustand zu überzeugen, der auf die Dauer nicht haltbar ist.»[104]

In Göttingen wurden Ende August 1941 die Beamten und Polizeireservisten angewiesen, die folgende Einkaufsregelung zu überwachen:

«Das Einkaufen der jüdischen Bevölkerung auf dem hiesigen Wochenmarkt wird für die Zeit von 11.30 bis 12 Uhr festgesetzt, damit ein Anstehen mit der arischen Bevölkerung vermieden wird. Gleichzeitig sind die Juden veranlaßt, ihre Einkäufe in solchen offenen Verkaufsstellen zu erledigen, in denen ein Andrang nicht erfolgt, so daß ein Anstehen der Juden mit der arischen Bevölkerung vermieden wird.»[105]

Das Warenangebot im Deutschen Reich war kontingentiert – generell und für die Juden noch einmal besonders. Seit Ausbruch des Krieges wurden in Deutschland Nahrungsmittel und andere Versorgungsgüter rationiert und staatlich bewirtschaftet. Die Lebensmittelversorgung war in vier Kategorien unterteilt. Es gab unrationierte Lebensmittel, Grundrationen für Normalverbraucher, Zusatzrationen für Schwerst- und Nachtarbeiter, Kinder, schwangere Frauen, stillende Mütter, Kranke und Versehrte sowie Sonderzuteilungen rationierter wie unrationierter Lebensmittel. Schritt für Schritt bereiteten die NS-Behörden den Nahrungsentzug vor: Juden mußten auf den Verzehr von Fleisch und Fisch, von Weißbrot und Brötchen, von Vollmilch und Butter, von Eiern und Obst, von Schokolade und Kuchen, von Kaffee und Tee, von Wein und Alkohol verzichten. Säuglingen stand nur noch ein halber Liter Magermilch zu. Schwangere Frauen, stillende Mütter und Kranke büßten ebenso bald ihre Sondermarken ein. Was den Juden noch blieb, waren Reste an Grundnahrungsmitteln. Selbst Hilfspakete, die noch aus dem Ausland eintrafen, wurden von den Lebensmittelrationen abgezogen. Max Plaut schreibt:

«Die den Juden zugebilligten Rationen waren absolut unzureichend, und nur die gegenseitige Hilfe und der große ‹schwarze Markt› ließen das Ernährungsproblem nicht übermäßig schwer empfinden. Obwohl gerade die Vergehen gegen die Kriegsversorgungsgesetze schwer bestraft wurden (Todesstrafe), gab es wohl kaum jemanden im jüdischen Sektor, der nicht bedenkenlos von der Einrichtung des ‹schwarzen Marktes› Gebrauch gemacht hätte. Daß diese Streichung der wichtigsten Lebensmittel- und Sachbezüge für die Juden keine kriegsbedingte Maßnahme war, geht daraus hervor, daß die gesamten, von den Juden bezogenen Lebensmittel innerhalb eines Zeitraums von fünf Jahren noch nicht ganz ausgereicht hätten, um den Bedarf des Großdeutschen Reiches für einen einzigen Tag zu decken.»[106]

Die Lebensmittelkarten, zunächst von den Ernährungsämtern an separaten Schaltern ausgegeben und später von den jüdischen Gemeinden verteilt –, waren mit dem Buchstaben «J» markiert. Diese Judenkennzeichnung stellte sicher, daß die Abschnitte nur in den «Judenläden» eingelöst werden konnten. Zum Einkaufs- und Ernährungs-Alltag gehörte es, daß häufig die minimalen Zuteilungen schon ausverkauft und nicht mehr vorrätig waren oder vorenthalten wurden. Hermann Samter schreibt am 2. Juli 1941 an einen Bekannten:

«Einige Tage gab's in Berlin für Juden keine Kartoffeln, jetzt ist das aber wohl wieder aufgehoben. Auch Kirschen und Bonbons gibt's nur noch auf Karten u. folglich nur für Arier. Tante Nelly wird demnächst eine hohe Geldstrafe bekommen (der Tarif liegt zwischen 25.– u. 150 M), weil sie die Abschnitte für Kaffeebezug (60 gramm im September) im Laden abschneiden ließ, dabei hat sie nie Kaffee darauf bekommen. So, das mag für heute genügen. Ich hoffe, es geht Ihnen gut.»[107]

Immer wieder verstießen Juden gegen die Einkaufsbestimmungen, und dann wurden jüdische Gemeindeführer zur Gestapo zitiert und gezwungen, für die Beachtung der Vorschriften zu sorgen. Am 16. Oktober 1940 gab die Münchner Kultusgemeinde deshalb folgende «Verwarnung» bekannt:

«Wiederholte Verstöße Einzelner gegen die Vorschriften über den Einkauf von Lebensmitteln hatten die schwersten Beanstandungen durch die Geheime Staatspolizei zur Folge. Obwohl immer wieder auf das bestehende Verbot hingewiesen wurde, werden von einzelnen unverantwortlichen Personen Lebens- und Genußmittel, und zwar sowohl markenpflichtige als auch markenfreie Artikel in anderen als den zugewiesenen Geschäften eingekauft. Jeder der sich zu solchem Tun hinreißen läßt, begibt sich in Gefahr und verschuldet dazu noch eine Schädigung der Gesamtheit. Es glaube keiner, daß es nicht gerade auf ihn ankommt.

Durch strenge Kontrollen kann jeder ermittelt und der Bestrafung zugeführt werden, der die bestehenden Anordnungen übertritt.

Wir bitten den Empfang dieser Mitteilung durch Unterzeichnung nachstehender Verpflichtungserklärung zu bestätigen und diese umgehend an uns zurückzusenden.»[108]

Der Appell wurde offensichtlich nicht von allen Gemeindemitgliedern befolgt, denn am 17. Dezember 1940 ging ein weiteres Rundschreiben «an alle durch die Israelitische Kultusgemeinde mit Lebensmittelkarten Versorgten» heraus:

«Wir wurden von der Geheimen Staatspolizei verständigt, daß sich neuerdings zahlreiche Mitglieder der Gemeinde gegen die bestehenden Vorschriften über den Einkauf von Lebensmitteln verfehlt haben. Es wurde insbesondere festgestellt, daß

1. immer noch in anderen als den zugewiesenen Geschäften gekauft wird,

2. die Einkaufszeiten, die verschiedene Geschäfte festgesetzt haben, nicht eingehalten werden,

3. die Waren, besonders die Fleischwaren in abfälliger Weise beanstandet werden,

4. Käufer sich nicht die erforderliche Zurückhaltung auferlegen.

Es haben demnach unsere wiederholten nachdrücklichen Verwarnungen, die Sie schriftlich zur Kenntnis genommen haben, keinen Erfolg gehabt. Wenn ausreichende Gründe zu Beanstandungen beim Einkauf von Lebensmitteln bestehen, können die Klagen bei uns vorgebracht werden und wir werden nach Möglichkeit für Abhilfe besorgt sein.

Die Behörde aber wird nunmehr mit den schärfsten Maßnahmen vorgehen. Sie wird zunächst Personen, von denen ihr bekannt ist, daß sie den Vorschriften zuwider gehandelt haben, vorladen. Sie wird nach Zustellung unseres Rundschreibens aber Maßnahmen ergreifen, welche die einzelnen Gemeindemitglieder aufs Empfindlichste treffen und es sind auch Maßnahmen in Aussicht genommen, welche die Ernährungslage unserer jüdischen Bevölkerung im ganzen wesentlich berühren.

Es liegt nun an Ihnen, sich selbst und die Gesamtheit unserer Mitglieder vor schweren Schäden zu bewahren. Jeder Einzelne muß sich darüber klar sein, welche Verantwortlichkeit gegenüber seiner Person und seiner Familie und gegenüber der Allgemeinheit ihm auferlegt ist. Möge dieser Ruf in seinem Ernst und seiner Bedeutung verstanden und gewürdigt werden.»[108]

Schon früh waren die Gemeinden gezwungen, Kleider- und Schuhsammelstellen einzurichten. Im Januar 1940 wurden die Textil- und Schuhcoupons auf den Rationierungskarten für Juden ungültig, selbst zum Besohlen der Schuhe wurde die Ausgabe von Material verweigert. Am 10. Oktober 1941 – am Vorabend der planmäßigen Deportation – verfügte das Reichswirtschaftsministerium, daß Nähmaterial nur noch vierteljährlich bis zum Höchstwert von 20 Reichspfennig von Juden beziehbar war. Kurz zuvor hatte die Parteikanzlei der NSDAP schon angekündigt, daß Juden in Zukunft keine Zusatzscheine für Seife oder Rasierseife erhalten würden.[109] Die notleidenden Juden wurden aus den «Kleiderkammern» der Gemeinden versorgt. Ständig baten die Gemeindevertreter deshalb um Spenden, um die Nachfrage decken zu können. Vieles aus den Beständen stammte aus dem Besitz, den die Ausgewanderten zurückgelassen hatten. Im Bericht eines unbekannten Verfassers, der vermutlich 1940 niedergeschrieben wurde, heißt es dazu:

«Die jüdischen Gemeinden haben daher Kleiderkammern eingerichtet, in denen Juden, wenn sie dies dringend brauchen – und Tausende von Juden brauchen jetzt Kleidung dringend – Kleider für einen geringen Preis oder auch ohne Geld haben können. Diese Kleidungsstücke, die die Gemeinden ausgeben, sind z. T. natürlich alte Sachen, die Juden in früheren Jahren der Gemeinde geschenkt haben, um sie für die Wohlfahrt zu brauchen. Heute können die Kleiderkammern der jüdischen Gemeinden in Deutschland auch neue Sachen geben, weil diejenigen Juden, die auswandern können, so gut wie nichts mitnehmen dürfen. Also verschenken die meisten ihre Garderobe und übergeben sie der Gemeinde.»[110]

Aber auch in diesen tristen Umständen wurde den Juden gelegentlich noch Hilfe zuteil. Alfred Schwerin fand

«überall anständige Geschäftsleute, die ihre langjährige jüdische Kundschaft nicht im Stiche ließen und für sie oft noch mehr als das ihnen zustehende Quantum reservierten. Auch ich erhielt von einer in einer Mannheimer Metzgerei angestellten Pirmasenserin jeweils fast die doppelte Fleisch- und Wurstration.»[111]

Gelegentlich ließen es sich die Nationalsozialisten nicht nehmen, die «Judenläden» mit Schweinefleisch zu beliefern. Diese Zuteilung, auf die viele «arische» Kunden oft lange warten mußten, zielte auf die Diffamierung der jüdischen Religion, da das jüdische Speisegesetz den Genuß von

Schweinefleisch untersagt. In Stuttgart lösten Juden ihre Fleischmarken ein und befolgten trotzdem das Speisegesetz. In einem Erlebnisbericht heißt es: «Da wir keine andere Wahl hatten, kauften wir (das Schweinefleisch) und tauschten es später bei Freunden, Nichtjuden, um. Man machte uns das Leben schwerer und schwerer.»[112] Ein Erlaß des Reichsministeriums für Ernährung, Landwirtschaft und Forsten beendete diese Probleme der rituellen Ernährung, aber nicht nur diese, denn es wurde, unter dem 18. September 1942, verfügt: «Die Versorgung von Juden mit Fleisch, Fleischprodukten, Eiern, Milch und anderen zugeteilten Lebensmitteln wird eingestellt.»[113]

Denunziation und Repressalien

Die Juden erfuhren, wie sich die Ghettomauern schlossen und wie die Kontakte zur deutschen Bevölkerung zerschnitten wurden. Selbst die Beziehungen zu befreundeten «arischen» Familien lösten sich auf. Denunziationen und Repressalien schreckten viele «Judenfreunde» ab, noch den verbotenen Umgang mit den Juden zu pflegen. Überall wurden von den Judenfeinden Anzeigen gegen Juden und «Judenfreunde» erstattet. Das kam vor allem nach dem Pogrom der «Reichskristallnacht» und dann nach dem Einsetzen der Deportationen vor. Am 6. März 1942 sandte ein kleiner Parteifunktionär in Gerolzhofen ein Schreiben an die Kreisleitung der NSDAP in Kitzingen:

«Am Samstag, den 28. Febr. gegen ½2 Uhr mußten ich und der städt. Vorarbeiter Ludwig Frey Zeuge sein, wie sich am sog. Durchbruch in Gerolzhofen der mit Schneeschaufeln bei der Stadt Gerolzhofen beschäftigte Jude Siegfried Krämer geb. 7. 3. 1883 in Gerolzhofen und der pens. Gefängniswachtmeister Georg Gillet, geb. 3. 3. 1868 zu Waldrohrbach (Bergzabern) längere Zeit unterhielten. Wer zuerst das Gespräch angefangen hatte, konnte ich nicht feststellen. Pg. Frey, der zugleich SA-Mann und Blockleiter der NSDAP ist und ich mußten feststellen, daß diese Unterhaltung zwischen diesem Juden und diesem Judenfreund in einer Weise erfolgte, als gäbe es überhaupt keine Judenfrage. Ich und Pg. Frey sind der Überzeugung, daß dieser Jude jede Gelegenheit wahrnimmt, um mit Volksgenossen ins Gespräch zu kommen und daß der Jude Krämer der frechste Jude noch von Gerolzhofen ist. Anderseits ist der Vg. Gillet ein der Ortsgruppe bekannter Judenfreund. Er wurde z. Zt. von uns am Ortsgruppenkasten wegen seiner Judenfreundlichkeit angeprangert. Sein Gruß heißt nur ‹Grüß Gott› (auch bei den Behörden). Die Kirche ist sein Lieblingsaufenthalt. Wer sich heutzutage und dazu noch in nächster Nähe von 2 Politischen Leitern mit den schlimmsten Feinden unseres Vaterlandes auf öffentlicher Straße unterhält, ist m. E. ein noch schlimmerer Gegner des Nationalsozialismus, also ein Staatsfeind.»

Die Kreisleitung der NSDAP schrieb daraufhin am 9. März 1942 an die Gauleitung Mainfranken in Würzburg:

«Der Jude Siegfried Krämer in Gerolzhofen war von jeher als vorlauter und frecher Jude bekannt; auch ist der pens. Gefängniswachtmeister Georg Gillet schon oft wegen seines staatsverneinenden Verhaltens unliebsam aufgefallen. Der Jude Krämer und der romhörige Gillet haben bewußt zu provozieren versucht.

Ich bitte die Gauleitung, dafür zu sorgen, daß der Jude Krämer inhaftiert und sobald als möglich in das Generalgouvernement abgeschoben wird. Desgleichen ersuche ich gegen Gefängniswachtmeister Gillet aus Erziehungsgründen eine 8–10tägige Polizeiinhaftierung zu verfügen.»

Die Bitte wurde schnell erfüllt. Die Gestapoakte Krämer schließt mit dem Vermerk: «Krämer wurde am 25.4. 1942 nach Lublin/Izbica evakuiert. Die sichergestellten Ausweispapiere befinden sich im Pers. Akt.»[114]

Nicht anders ging es dem Ehepaar Löwenthal, das in der Gemeinde Estenfeld bei Würzburg lebte. Am 3. März 1942 bat der Bürgermeister dieser kleinen Gemeinde die Würzburger Gestapo:

«Vorstehende Juden Leo Israel Löwenthal, geb. am 25.5. 1876 zu Wiesbaden, Beruf Kaufmann und Emma Sara Löwenthal, geb. am 5.3. 1891 zu Estenfeld sind in Estenfeld noch ansässig. Durch ihr früheres Verhalten das diese beiden Juden in Estenfeld trieben ist die Bevölkerung mit Recht noch empört, wenn sich die beiden irgendwo blicken lassen. (Einkaufen durch die Frau u.s.w.) Löwenthal hatte bekanntlich das ganze Dorf und die Umgebung durch Geldleihen und mit seinem Getreidegeschäft in seinen Händen. Es mögen vielleicht noch welche da sein die meinen, daß es nicht recht wäre daß dieser anständige Jude der doch früher so viel Gutes getan hat, jetzt so arm dran wäre. Um der gerechten Empörung der Bevölkerung Rechnung zu tragen bitte ich die Geheime Staatspolizei diesen Juden mit seiner Sara umzusiedeln. Beide Juden klagen immer, daß sie so krank wären. Vielleicht werden sie bei der Umsiedlung und unter ihresgleichen dann ganz gesund. Löwenthal dürfte als Kaufmann auch unter seinen Stammesgenossen sehr begehrt sein.»[115]

Vereinsamung und Isolation

Manche Juden zogen es vor, von sich aus den Kontakt zu «arischen» Bekannten abzubrechen, um ihnen «jede Unannehmlichkeit zu ersparen». Alfred Schwerin:

«Außerdem weckte es ja auch bittere Gefühle, wenn man immer wieder erleben mußte, daß ein Mann, der einem gestern noch freundschaftlich die Hand gedrückt hatte, heute wie ein Fremder an einem vorüberschritt oder einem einen Brief ins Haus sandte, worin er bat, ihn nicht mehr zu grüßen und seine Wohnung nicht mehr zu betreten, weil ihm von der Partei mit entsprechenden Repressalien gedroht worden war, wenn er seine Beziehungen zu den Juden nicht aufgäbe.»[116]

Viele Juden, vor allem Alleinstehende und ältere Ehepaare, lebten und litten in der Vereinsamung. Joel König beschreibt die Situation seiner Eltern in Berlin:

«Vater und Mutter fristeten ein trostloses Dasein. Zugleich fühlte man eine gesteigerte Spannung zwischen ihnen. Warum waren wir denn einem ungewissen Schicksal ausgeliefert, statt schon seit Jahren im sicheren Ausland ein menschenwürdigeres Dasein zu führen? In ihren gereizten Bemerkungen warf Mutter meinem Vater immer wieder seinen Mangel an Tatkraft vor. Ja, in ihrem Zorn richteten sich ihre Vorwürfe gegen Vaters religiöse Lebensauffassung. Meine Mutter war als Tochter einer frommgläubigen jüdischen Handwerkerfamilie aufgewachsen. Es wäre ihr nie in den Sinn gekommen, sich wegen der Entrechtung der Juden vom Glauben ihrer Väter abzuwenden. Aber ihr Vertrauen auf die geistliche Leitung meines Vaters begann zu wanken. Für sie stand fest, daß an Vaters Haltung etwas nicht stimmte. Hatte er als Rabbiner nicht die Aufgabe, seiner Familie und seiner Gemeinde Wegweiser zu sein? Geistliche Führung zu erteilen, wo die Gemeinde politischer Leitung bedurfte, sich auf Seelsorge zu beschränken, wo es galt, das nackte Leben zu retten, grenzte das nicht ans Absurde? Durfte man von einem Rabbiner nicht verlangen, daß er auf die außerordentliche Not der Zeit mit außerordentlichen Entscheidungen und mit Taten antwortete? Die einzigen Beschlüsse, die mein Vater traf, bestanden in gewissen Zugeständnissen an die leibliche Not. Die Lebensmittelzuteilungen für Juden waren sehr spärlich. Um wenigstens diese auszunutzen, gestattete er, jede Sorte Käse zu essen, da es keinen koscheren Käse mehr gab. Für alles übrige hatte er keinen anderen Rat, als Gottes Hilfe zu erflehen.

Ich hörte einmal, wie meine Mutter erbittert ausrief: ‹Bist du ein Rabbiner? Bist du ein Mann?›»[117]

Die sozialen Kontakte beschränkten sich auf den Besuch jüdischer Freunde und Bekannter, aber diese Kreise wurden von Tag zu Tag kleiner. Hermann Samter schrieb am 9. Juli 1942:

«Der Kreis der Bekannten vermindert sich immer mehr. Immer wieder verabschiedet man sich. Man sagt, daß man auf ein Wiedersehen hofft. Und zweifelt doch daran. Mit den Sonntagsausflügen ist es nun lange vorbei. Man besucht sich gegenseitig, führt die gleichen Gespräche, die man schon oft geführt hat – geistige Anregung gibt es kaum. Es wäre aber auch ungerecht, geistige Interessen von einem Menschen zu verlangen, dem das Wasser bis zum Halse steht. Natürlich werden auch heute noch Bücher gelesen, bei vielen ist dies jedoch nur eine Flucht aus der Wirklichkeit heraus.»[118]

Der Umgang mit dem Unglaublichen: Nachrichten aus den Vernichtungsstätten im Osten

Keiner der in Deutschland eingeschlossenen Juden wußte, was sich nach dem Abtransport «in den Osten» abspielen würde. Sie waren durch alle Phasen und Formen der Diffamierung und Diskriminierung gegangen, gleichwohl sperrten sich noch immer historische Erfahrung und menschliche Vorstellungskraft dagegen, den Gedanken an die drohende systematische Vernichtung der physischen Existenz in den Bereich des Möglichen zu rücken. Ebenso schwer fiel es dann, den ersten «Gerüchten» über «Massenerschießungen» und «Massenvergasungen» Glauben zu schenken. Fast überall wurden die Hinweise auf den organisierten Massenmord als «Kriegspropaganda» oder «Hirngespinste» beiseite geschoben – in jüdischen wie nichtjüdischen Kreisen –, in Deutschland wie im Ausland. Die Planer und Vollstrecker der «Endlösung» hüteten sich davor, das «furchtbare Geheimnis» rechtzeitig preiszugeben. Als im Oktober 1941 die letzten Auswanderungswege versperrt wurden und die ersten Deportationstransporte in den Osten abgingen, klammerten sich fast alle Juden an die offiziellen Verlautbarungen, die von einer «Umsiedlung» oder «Evakuierung» zum «Arbeitseinsatz» sprachen. Im Untergrund – versteckt von nichtjüdischen Freunden – hörte man in den späten Abendstunden ausländische, besonders die englischen Nachrichtendienste ab. Joachim Schwerzens und Edith Wolff erinnern sich:

«Das berühmte Klopfzeichen des BBC erlebten wir stets wie das Öffnen eines Fensters zur Freiheit. All die Informationen, die wir so auffingen, oft wohl allzu optimistische oder überhaupt unzutreffende, über alliierte Kriegshandlungen oder gar Voraussagen über den bevorstehenden Zusammenbruch des Hitler-Reiches, – uns gaben sie immer wieder Mut. Mit Decken über dem Kopfe und Kissen zu beiden Seiten des Apparats, um den Radio-Ton zu dämpfen, folgten wir angespannt – das Ohr dicht am Gerät – den Ansagern aus jener anderen Welt. So erreichte uns dann die erste Kunde von den Massenvernichtungen der Juden im Osten.»[119]

Diese «Kunde» vernahmen auch andere deutsche Juden. Aus den Zwangsghettos in Polen trafen Postkarten ein, die über Hunger und Krankheiten berichteten. Angehörige der Wehrmacht, der SS und anderer Dienststellen verbreiteten im Heimaturlaub Nachrichten über die Vorgänge in den Vernichtungslagern des Ostens. Suzanne Veit hörte das «Gerücht» von «Vergasungs-Autobussen«[120]. Ernst Ludwig Ehrlich erfuhr, daß es in Polen «Lager mit riesigen ‹Becken›, jedoch mit Gas statt mit Wasser gefüllt» gäbe: «Wir wußten es ... Ich glaubte es ... Es war schwer, es zu glauben.»[121] Edith Wolff, die 1942 in den Berliner Untergrund ging und dort den jüdischen Überlebens- und Widerstandskampf fortsetzte, schreibt:

«Daß es im Ganzen aber 6 Millionen sein würden, die bei den Sammeltransporten und Massenerschießungen, in den Gaskammern und Vernichtungslagern – mit bestialischer Roheit, mit unvorstellbarer Brutalität – von den Deutschen umgebracht worden sind – an solch riesiges Ausmaß der nationalsozialistischen Greueltaten und der faschistischen Mord-Epidemie hatte man schließlich doch niemals denken können, sondern dieses schreckliche Ausmaß und diese fürchterlichen Zahlen hatte auch ich erst 1945 nach meiner Befreiung erfahren.»[122]

Leo Baeck erhielt den ersten Hinweis über die Vernichtungsaktionen im Sommer 1941:

«Eine nichtjüdische Frau erzählte mir, sie sei freiwillig mit ihrem jüdischen Ehemann gegangen, als dieser deportiert wurde. In Polen wurden sie dann getrennt. Sie sah Hunderte von Juden in Busse gepfercht, die abfuhren und leer wieder zurückkamen. Das Gerücht, daß die Busse mit einem Vergasungsmechanismus ausgestattet waren, stützte sich auf den Apparat, mit dem alle bis auf einen ausgestattet waren. Dieser eine Bus diente zum Transport der Gruppe, die die Aufgabe hatte, die Vergasten zu begraben; die Totengräber wurden hinterher erschossen. Ähnliche Geschichten wurden von Soldaten auf Heimaturlaub erzählt. So habe ich erfahren, daß das Los der nach dem Osten verschickten Juden entweder Zwangsarbeit oder Tod war.»

Gleichwohl hütete sich Leo Baeck – wie andere Repräsentanten der «Reichsvereinigung» –, diese «Kenntnis» an die Gemeindemitglieder weiterzugeben. Er hoffte darauf, daß sie sich als «Gerüchte» oder als «Wahnidee einer kranken Phantasie» erweisen würden. Selbst als er im August 1943 im Ghetto von Theresienstadt über die Vorgänge in Auschwitz aufgeklärt wurde, zog er es vor, weiter zu schweigen:

«Niemand soll es erfahren ... Wenn ich den Ältestenrat informiere, würde es innerhalb weniger Stunden das ganze Lager wissen. In Erwartung des Todes durch Vergasen zu leben, wäre nur noch schwerer. Und dieser Tod drohte auch nicht allen – es gab die Selektion für die Zwangsarbeit; vielleicht gingen nicht alle Transporte nach Auschwitz. So kam ich zu dem schweren Entschluß, niemandem etwas zu sagen. Im Ghetto gingen ständig alle möglichen Gerüchte um, und es dauerte nicht lange, bis auch das Gerücht über Auschwitz umging. Aber wenigstens wußte es niemand genau.»[123]

4. Die Kennzeichnung mit dem Judenstern im Herbst 1941

Im Herbst 1941 mußten sich die deutschen Juden einen handtellergroßen, sechszackigen, gelben Stern auf die linke Brustseite der Kleidung heften. Er war schwarz umrandet und trug die Aufschrift «Jude» in schwarzen, hebräische Schrift parodierenden Buchstaben. Die Stigmatisierung schloß praktisch den Prozeß der Ghettoisierung ab und signalisierte zugleich den Beginn der planmäßigen Deportation; auch in den besetzten Gebieten kündigten die Judensterne die «Endlösung» an. Schon zuvor hatten Nationalsozialisten wiederholt auf die Einführung eines Judenabzeichens gedrängt. Aus der langen Geschichte der Judenfeindschaft kannten sie die vielfältigen Formen, Funktionen und Folgen der Diffamierungszeichen, die im 9. Jahrhundert in der arabisch-islamischen Welt aufgetaucht und im 13. Jahrhundert im christlichen Europa von kirchlichen und weltlichen Autoritäten übernommen worden waren. Im 18. Jahrhundert waren die gelben Flecke verschwunden, überflüssig geworden, als sich im Zeichen der Aufklärung der Eintritt der Juden in die moderne, bürgerliche Gesellschaft anbahnte. In der Tradition des Antisemitismus lebten die historischen Vorbilder weiter. 1933 begannen die nationalsozialistischen «Judenexperten» mit der Planung und Praktizierung einer Kennzeichnungspolitik. Im KZ Dachau, dem «Modellager» der SS, führte man die farbigen Winkel ein, die die verschiedenen Häftlingskategorien markierten. Rot wurde für die «Politischen» verwendet, grün für die «Kriminellen», schwarz für die «Asozialen», violett für die «Ernsten Bibelforscher», rosa für die Homosexuellen, blau für die Emigranten und braun für die Zigeuner. Jüdische Häftlinge trugen – je nach ihrem Einlieferungsgrund – unter dem roten, blauen, grünen oder schwarzen Dreieck einen gelben Winkel: dadurch wurde ein sechszackiger, zweifarbiger Judenstern gebildet. Das gelbe Stoffdreieck prägte sich einem Nationalsozialisten ein, der in Dachau das Amt eines Bürgermeisters ausübte. Nach Ausbruch des Krieges zum Stadtkommandanten von Wloclawek (Leslau) ernannt, zwang er – ohne Weisung von oben – am 24. Oktober 1939 den Juden in der Weichselstadt einen gelben Winkel auf. Das Beispiel machte Schule: Innerhalb weniger Tage verbreiteten sich die Judenabzeichen über das besetzte Polen. Es dauerte auch nicht lange, bis hohe Staats-, Partei- und SS-Funktionäre dafür plädierten, die Kennzeichnung der deutschen Juden vorzunehmen.

Adolf Hitler behielt sich die Entscheidung vor, und er schob sie so lange hinaus, bis er in der Lage war, den Juden «den Stoß ins Herz hinein» zu versetzen. Den Vernichtungsschlag kündigte er am 29. April 1937 in einer Rede vor Kreisleitern der NSDAP an. Die Anregung eines Journalisten zur Einführung eines Judenabzeichens apostrophierend, erklärte er:

«Also, der Herr Redakteur fordert im Namen seiner Leser von mir, daß ich das tue. Zunächst: Längst eh' dieser Herr Redakteur von der Judenfrage eine Ahnung hatte, habe ich mich doch schon sehr gründlich damit beschäftigt; zweitens, dieses Problem der Kennzeichnung wird seit zwei, drei Jahren fortgesetzt erwogen und wird eines Tages so oder so natürlich auch durchgeführt. Denn: das Endziel unserer ganzen Politik ist uns ja allen ganz klar. Es handelt sich bei mir immer nur darum, keinen Schritt zu machen, den ich vielleicht wieder zurück machen muß, und keinen Schritt zu machen, der uns schadet. Wissen Sie, ich gehe immer an die äußerste Grenze des Wagnisses, aber auch nicht darüber hinaus. Da muß man nun die Nase haben, ungefähr zu riechen: ‹Was kann ich noch machen, was kann ich nicht machen?› (Große Heiterkeit und Beifall) Auch im Kampf gegen einen Gegner. Ich will ja nicht gleich einen Gegner mit Gewalt zum Kampf fordern, ich sage nicht: ‹Kampf!›, weil ich kämpfen will, sondern ich sage: ‹Ich will dich vernichten! Und jetzt Klugheit, hilf mir, dich so in die Ecke hineinzumanövrieren, daß du zu keinem Stoß kommst, und dann kriegst du den Stoß ins Herz hinein.› Das ist es! (Bravorufe)»[124]

Dieser Zeitpunkt war gekommen, als die Deportationen vorbereitet wurden. Am 20. August 1941 gab Adolf Hitler die Zustimmung zur Einführung des Judensternes – und dem Reichspropagandaminister Goebbels freie Hand, das Modell zu entwerfen. Sachverständige im Reichsinnenministerium und im Reichssicherheitshauptamt einigten sich über die Ausformulierung der «Polizeiverordnung», die am 1. September fertiggestellt, wenige Tage später verkündet wurde und am 19. September 1941 in Kraft trat. Fortan mußten alle Juden über sechs Jahre in der Öffentlichkeit einen Judenstern tragen, «sichtbar auf der linken Brustseite des Kleidungsstücks» und «fest angenäht».[125] Und fortan durften die «Sternträger» nicht mehr ihre Wohnbezirke ohne polizeiliche Genehmigung verlassen. Die öffentliche Stigmatisierung erleichterte es den Nationalsozialisten, die neuen Wohn- und Bewegungsbeschränkungen durchzusetzen, sie war so eine entscheidende «Vorausmaßnahme» für die schnelle Erfassung und den störungsfreien Abtransport der Opfer.

Die administrativen Prozeduren

Ankündigung und Aushändigung der Judensterne überließen die Behörden den jüdischen Repräsentanten. Am Nachmittag des 8. September 1941 wurden Dr. Paul Eppstein für die «Reichsvereinigung» und Dr. Josef Löwenherz für die israelitische Kultusgemeinde Wien ins Berliner Reichssicherheitshauptamt beordert. Zwei Gestapooffiziere eröffneten ihnen das folgende:

«1. Die Aushändigung der Kennzeichen wird am 16.9. 1941 in Berlin ..., am 17.9. 1941 in Wien ... vorgenommen werden. Zunächst wird ein Stück der Kennzeichen je Person ausgehändigt werden. Bis 15.10.1941 werden weitere Stücke zur Aushändigung gelangen, so daß durchschnittlich 4 Kennzeichen auf die Person entfallen werden. Bei der Verteilung ist auf den Bedarf im Einzelfall Rücksicht zu nehmen derart, daß in einigen Fällen weniger, in anderen Fällen mehr als vier Kennzeichen ausgegeben werden können.

2. Die Verteilung der Kennzeichen hat zu erfolgen:

a) durch die Reichsvereinigung der Juden im Altreichsgebiet sowie für die seit 1939 neu eingegliederten Ostgebiete ohne Generalgouvernement, ferner für die eingegliederten Westgebiete: Luxemburg, Elsaß und Lothringen, sobald die Verordnung auf diese Gebiete ausgedehnt sein wird.

b) durch die Israelitische Kultusgemeinde Wien für die Juden in der Ostmark, ferner für Südsteiermark, Kärnten und Krain, sobald die Verordnung auf diese Gebiete ausgedehnt sein wird.

c) durch die Jüdische Kultusgemeinde Prag für die Juden im Protektorate.

Über die Anzahl der erforderlichen Kennzeichen ist zu berichten.

3. Es ist dafür Vorsorge zu treffen, daß die Verteilung der Kennzeichen so rechtzeitig erfolgt, daß mit dem Tage des Inkrafttretens der Verordnung am 19.9.1941 Schwierigkeiten nicht auftreten. Sofern Juden in abgelegenen Orten wohnen und die Zustellung des Kennzeichens durch die Post das rechtzeitige Eintreffen zweifelhaft erscheinen läßt, ist hierüber rechtzeitig an die zuständige Zentralstelle zu berichten. Gegen Reisen von jüdischen Funktionären zur Entgegennahme der Kennzeichen und zu deren Verteilung werden, sofern diese Reisen notwendig sind, keine Bedenken erhoben.

4. Die Kennzeichen werden den Organisationen zum Selbstkostenpreis von 3 Pfennig abgegeben, die sie ihrerseits zur Deckung der mit der Verteilung verbundenen Verwaltungskosten für 10 Pfennig abzugeben haben. Die Abgabe der Kennzeichen hat grundsätzlich gegen Empfangsbestätigung seitens des zum Tragen des Kennzeichens verpflichteten Juden zu erfolgen.

Das Kennzeichen wird mit einem Stoffrand versehen ausgehändigt werden, der beim Aufnähen eingeschlagen werden soll, worauf die Empfänger bei der Übergabe aufmerksam zu machen sind.

5. Bezüglich der in der Verordnung vorgesehenen schriftlichen Erlaubnis der Ortspolizeibehörde für das Verlassen der Wohngemeinde ist indes wie bisher die Zentralstelle zuständig.

Für das Altreich werden die zuständigen Ortspolizeibehörden entsprechende Anweisungen erhalten; für Dienstreisen von Funktionären wird voraussichtlich eine entsprechende Bescheinigung der Zentralstelle in Berlin eingeführt werden. Eine etwa durch die Geheime Staatspolizei ausgestellte Reisebescheinigung ersetzt die Bescheinigung der Ortspolizeibehörde.

Auswanderer haben auf Grund ihrer Auswanderungsunterlagen die Reiseerlaubnis bei ihrer zuständigen Ortspolizeibehörde zu beantragen; dies gilt auch für Reisen von Auswanderern nach Berlin zwecks Einordnung in hier abgehende Auswanderer-Sammeltransporte.

Für die Benützung von Verkehrsmitteln (Eisenbahn, Flugzeuge sowie von lokalen Verkehrsmitteln, wie Straßenbahn, Autobus, Stadtbahn usw.) werden auch entsprechende Verordnungen ergehen.

6. Die Verordnung kann im ‹Jüdischen Nachrichtenblatt› veröffentlicht werden, gleichzeitig unter Bekanntgabe der Verteilungszeiten der Kennzeichen für die Juden in Berlin und Wien.

Bezüglich der Nichtglaubensjuden muß in der Bekanntmachung darauf hingewiesen werden, daß sie sich bei der zuständigen jüdischen Kultusvereinigung bzw. Bezirksstelle zwecks Entgegennahme des Kennzeichens zu melden haben. In Wien hat die Verteilung der Kennzeichen an Nichtglaubensjuden durch die Auswanderer-Hilfsorganisation zu erfolgen. Die Kennzeichen werden dieser Organisation von der israelitischen Kultusgemeinde Wien zur Verfügung gestellt werden.

7. Es wird ausdrücklich darauf hingewiesen, daß Ausnahmen von dem Kennzeichenzwang nicht in Frage kommen und daß daher alle entsprechenden Eingaben zwecklos seien.

Im Zusammenhang mit den in der Verordnung vorgesehenen Strafbestimmungen wird darauf hingewiesen, daß bei Überschreitung nicht nur mit Geldstrafen, sondern auch mit Inschutzhaftnahme geahndet werden könne.

Berlin, den 8. September 1941»

Die Kenntnisnahme bestätigten Dr. Eppstein und Dr. Löwenherz, wie befohlen, mit ihrer Unterschrift.[126]

Den Zuschlag für die Herstellung der Judensterne erhielt die Berliner Fahnenfabrik Geitel & Co, die innerhalb weniger Tage den Auftrag ausführte. Fast 1 Million Sterne – aufgedruckt auf langen Stoffrollen und verpackt in schweren Ballen – wurden geliefert. Der Auftrag brachte der Firma RM 30000 ein, wobei noch die üblichen Geschäftspraktiken befolgt und «bei Zahlung innerhalb von 5 Tagen» 2% Skonto gewährt wurden. «Weisungsgemäß» buchte die «Reichsvereinigung» die Rechnungsbeträge von einem Sonderkonto ab, das unter dem Namen «Grundstückserlöse» lief. Und auf dieses Konto floß im Oktober 1941 noch ein Betrag von RM 3000 zurück, ein «Guthaben», das bei der Fahnenfabrik entstanden war, da man hier inzwischen den Preis von je 100 Kennzeichen von RM 3.– auf RM 2,90 herabgesetzt hatte. «Weisungsgemäß» ließen sich die jüdischen Funktionäre die Übergabe der Sterne quittieren:

Empfangsbescheinigung

«Ich bestätige hierdurch den Empfang von 1 Judenstern. Mir sind die gesetzlichen Bestimmungen über das Tragen des Judensterns, das Verbot des Tragens von Orden – Ehrenzeichen und sonstigen Abzeichen bekannt.

Auch weiß ich, daß ich meinen Wohnort nicht verlassen darf, ohne eine schriftliche Erlaubnis der Ortspolizeibehörde bei mir zu führen.

Ich verpflichte mich, das Kennzeichen sorgfältig und pfleglich zu behandeln und bei seinem Aufnähen auf das Kleidungsstück den über das Kennzeichen hinausragenden Stoffrand umzuschlagen.

Abschrift dieser Quittung ist in meinem Besitz.»[127]

Vertrauliche, «nicht zur Veröffentlichung geeignete» Richtlinien des Reichssicherheitshauptamts wiesen die regionalen Stapoleitstellen und andere Dienststellen an, «Tragweise» und «Verteilung» der Judensterne genauestens zu überwachen und jeden Verstoß «grundsätzlich mit Schutzhaft zu ahnden». Ebenso eindeutig waren die Instruktionen zur Durchsetzung der Wohn- und Bewegungsrestriktionen. Und um den Sternträgern «jede Möglichkeit» zu nehmen, «sich auch weiterhin zu tarnen», ordnete das Reichssicherheitshauptamt in einem vom 13. März datierten Schnellbrief Reinhard Heydrichs die Kennzeichnung der jüdischen Wohnungen, Verwaltungsdienststellen, Kinder-, Alters- und Siechenheime an:

«Die Kennzeichnung der Wohnungen und dergl. hat durch einen Judenstern aus Papier zu erfolgen, der in Form und Größe dem im § 1 Abs. 2 der Polizeiverordnung über die Kennzeichnung der Juden vom 1.9. 1941 (RGBl. I, Seite 547) vorgeschriebenen Kennzeichen entspricht, jedoch in weißer Farbe gehalten ist, damit es sich von den meistenteils braunen Türen besser abhebt. Das Kennzeichen ist unmittelbar neben dem Namensschild oder in Ermangelung eines solchen sonstwie am Wohnungseingang von außen und für jedermann sichtbar durch Aufkleben zu befestigen. Grundstücke sind außen nicht zu kennzeichnen, auch wenn sich in ihnen ausschließlich jüdische Einrichtungen befinden; in diesen Fällen ist vielmehr das Kennzeichen an der Haupteingangstür des Gebäudes selbst für jeden Eintretenden sichtbar anzubringen.

Die in Betracht kommende Wohnung ist unbeschadet der Anzahl der darin wohnenden Juden, die dem Kennzeichnungszwang unterliegen, nur mit einem Judenstern zu kennzeichnen. Ist der Wohnungsinhaber nicht verpflichtet, den Judenstern zu tragen bzw. am Wohnungseingang anzubringen und wohnt ebenfalls in dieser Wohnung ein Jude, der der Kennzeichnungsregelung unterworfen ist, so hat diese jüdische Person der Kennzeichnungspflicht dadurch nachzukommen, daß sie neben ihrem Namensschild den Judenstern anheftet. Umgekehrt ist eine im Gegensatz zum Wohnungsinhaber zum Tragen des Judenkennzeichens nicht verpflichtete und in demselben Haushalt wohnhafte Person berechtigt, ein

Namensschild ohne Judenstern an der Wohnungstür zu befestigen. In diesen Fällen, in denen mehrere Personen zusammen wohnen, wovon ein Teil im Gegensatz zu einem anderen Teil den Vorschriften über die Kennzeichnung unterworfen ist, ist eine eindeutige, jeden Zweifel ausschließende Trennung der Namensschilder einschließlich der evtl. dazu gehörigen Judensterne vorzunehmen.»[128]

Reaktionen in der Öffentlichkeit: Zwischen Sympathie und Haß

Unterdessen lief die Propagandamaschinerie auf vollen Touren. Leitlinie war, die stigmatisierten Juden als «Volksverräter» und «Volksfeinde» anzuprangern und aus der Gesellschaft auszustoßen. Goebbels prägte den Ausdruck von einer «außerordentlich humanen» Kennzeichnungsvorschrift, «sozusagen eine hygienische Vorschrift, die verhindern soll, daß der Jude sich unerkannt in unsere Reihen einschleichen kann»[129]. In Presse, Rundfunk und Versammlungen tobten Hetz- und Haßtiraden. Am 9. Oktober nahm die Würzburger ‹Mainfränkische Zeitung› in einem Leitartikel zur Kennzeichnung Stellung:

«Am Judenstern sind sie jetzt zu erkennen. Es ist aus mit der Tarnung unter heuchlerischer Biedermannsmaske. Neben den angeborenen, seit Jahrhunderten vererbten Kennzeichen: Krummnasiger ‹Synagogenschlüssel›, Plattfüße, watschelnder Gang, Schlappohren und unstetem Blick, tragen seit einiger Zeit die noch in Würzburg verbliebenen Juden den gelben Stern mit der Aufschrift ‹Jude›. Diese ‹Auszeichnung› bezeichnete dieser Tage ein Siebengescheiter als überflüssig, denn er meinte, den Jordanesen kenne man doch auch so. Gemach, lieber Freund, das stimmt nur zum Teil; denn viele Juden, die während des Weltkrieges noch im galizischen Ghetto saßen, dann von ihrem Tatoleben nach Berlin exportiert wurden, haben hier etwas Firnis von europäischer Kultur aufgelegt erhalten, lernten Shimmy und Foxtrott und wurden dann auf die ach so vertrauensselige Menschheit losgelassen. Sie hatten nahezu 20 Jahre Zeit, die Sitten und Gebräuche des Gastlandes zu studieren und dann nachzuäffen. Sie saßen überall als Tonangebende und suchten und fanden die Schäfchen, die es da zu scheren gab.

Bitte schaut euch in Schweinfurt um! Wir sind eben ein leicht vergeßliches Volk. Nur der, der es am eigenen Leibe zu spüren bekam, wie niederträchtig und gemein selbst ‹vornehme› Juden sein konnten, wie sie Angestellte, Arbeiter und Beamte auf alle mögliche Weise drangsalierten, nur weil sie als ‹zu national› bekannt waren, der kennt die Jüdle, mit denen auch unsere Heimatstadt mehr als gesegnet war. Fragt nur die alten Kämpfer unter euch, die dann auch manchem, noch heute Sentimentalen ein Licht aufstecken können, fragt auch die Bauern, die viele Haare lassen mußten und oft dabei Haus und Hof verloren, bis ihnen die recht teuer gewordene Erkenntnis kam.

Als das Gesetz zur Kennzeichnung durch den Judenstern kam, da waren nur ganz vereinzelt Juden in den Straßen zu erblicken. Sie hatten sich in ihre Löcher verkrochen, wie die lichtscheuen Ratten, mit denen sie auch sonst vieles gemein haben. Dann aber kamen sie wieder ans Tageslicht, als das leibhaftige schlechte Gewissen. Frech, wie sie nun einmal sind, versuchten sie wieder eine Tarnung. Viele Isidors und Saras liefen plötzlich mit angewinkeltem linken Arm herum; es plagte sie keine Gicht, sondern mit der Hand oder mit der Aktentasche versuchten sie, den Davidstern zu verdecken. Sie wollten eben als Juden nicht erkannt sein, sondern weiter in heuchlerischer Biedermannsmaske in der deutschen Volksgemeinschaft leben . . .»[130]

Wandzeitung der NSDAP ‹Parole der Woche›, Juli 1942

In den Propagandafeldzügen wurde nicht versäumt, die Bevölkerung davor zu warnen, noch weiter sozialen Umgang mit den Sternträgern zu pflegen. Wer dies tat, setzte sich der Gefahr aus, als «Judenfreund» tituliert und als «Volksverräter» bestraft zu werden. In dem Erlaß des Reichssicherheitshauptamts vom 24. Oktober 1941 heißt es:

«Wie hier in der letzten Zeit wiederholt bekannt geworden ist, unterhalten deutschblütige Personen nach wie vor freundschaftliche Beziehungen zu Juden und zeigen sich mit diesen in auffälliger Weise in der Öffentlichkeit. Da die betreffenden Deutschblütigen auch heute noch den elementarsten Grundbegriffen des Nationalsozialismus verständnislos gegenüberzustehen scheinen und ihr Verhalten als Mißachtung der staatlichen Maßnahmen anzusehen ist, ordne ich an, daß bei derartigen Vorkommnissen der deutschblütige Teil aus erzieherischen Gründen vorübergehend in Schutzhaft zu nehmen bzw. in schwerwiegenden Fällen bis zur Dauer von drei Monaten in ein Konzentrationslager, Stufe I, einzuweisen ist. Der jüdische Teil ist in jedem Falle bis auf weiteres unter Einweisung in ein Konzentrationslager in Schutzhaft zu nehmen.»[131]

Die direkte Terrorisierung der Juden schlug indirekt auf die Bevölkerung zurück. An der Behandlung der Sternträger konnte die Bevölkerung erkennen und ermessen, wie es einem erging, der dem Regime nicht genehm war. Man selbst blieb verschont, sofern man nicht auffiel, nicht Partei für die Ausgestoßenen ergriff, sie also ihrem Schicksal überließ. Trotzdem schreckten aber Propaganda und Terror nicht alle Deutschen ab, das Auftauchen der Sterne stillschweigend hinzunehmen.

Anders als im besetzten Westeuropa blieben in Deutschland nach der Einführung des Judensterns jedoch spontane und massive Protestdemonstrationen aus. Was den deutschen Juden noch zuteil wurde – die Nationalsozialisten nahmen es mit Unwillen zur Kenntnis –, waren erneut individuelle Sympathiebezeugungen. Sie zeigten sich wieder in den kleinen Freundlichkeiten und Gesten, die Leo Baeck, der Repräsentant des deutschen Judentums, so interpretierte: «Manchmal war die einzige Art, in der Deutsche ihre Opposition gegen die Nazis ausdrücken konnten, einem Juden zu helfen.»[132] Manchmal erhoben sich Deutsche in Verkehrsmitteln ostentativ von ihrem Platz, um dem gezeichneten «Volksfeind» eine Sitzgelegenheit anzubieten: «Immer wieder empörten sich Mitfahrende, besonders die Arbeiter in den Frühzügen, daß wir nicht sitzen durften, sie wollten einen immer dazu verführen: ‹Komm, Sternschnuppecken, und setze Dir!›»[133] Elisabeth Freund überlieferte diese Episode: «Eine Mutter sah, daß ihr kleines Mädchen neben einem Juden saß: ‹Lieschen, setz dich auf die andere Bank, du brauchst nicht neben einem Juden zu sitzen.› Da stand ein ‹arischer› Arbeiter auf: ‹Und ick brauch nicht neben Lieschen zu sitzen!›»[134] Ursula von Kardorff berichtet einen anderen «typischen» Dialog: «Setz dir hin, olle Sternschnuppe», sagte ein Berliner Arbeiter, und als sich ein Parteigenosse darüber beschwerte, fuhr er ihn an: »Üba meenen Arsch verfüje ick alleene.»[135] Ein Soldat winkte im Zug den Studenten Ludwig Ehrlich zu sich heran und forderte ihn auf, sich zu ihm zu setzen: «Ich tat es nicht, ... aber ich habe ihm sehr gedankt. Es war sehr mutig von diesem Soldaten.»[136]

Heimlich oder offen wurden den Sternträgern manchmal Lebensmittel oder Rationierungskarten, Zigaretten oder Süßigkeiten zugesteckt:

«Bald nach der Einführung des Sterns überboten die Nichtjuden einander darin, den Juden kleine Freundlichkeiten und Dienste zu erweisen, besonders, indem sie sie mit Lebensmitteln, Rauchwaren und so weiter unterstützten. Einige brachten diese Dinge direkt in jüdische Wohnungen, andere übergaben sie ganz offen oder in anderen Fällen heimlich auf der Straße oder in öffentlichen Verkehrsmitteln.»[137]

Inge Deutschkron erinnert sich,

«wie Unbekannte in der Untergrundbahn oder auf der Straße, meist im dichten Gewühl der Großstadt, ganz nahe an mich herantraten und mir etwas in die Manteltasche steckten, während sie in eine andere Richtung schauten. Manchmal war es ein Apfel, ein anderes Mal Fleischmarken, Dinge, die Juden offiziell nicht erhielten.»[138]

Leo Baeck berichtet:

«In den letzten Jahren kam jeden Freitag eine Gräfin in meine Wohnung und brachte mir Gemüse, das es auf die jüdischen Lebensmittelkarten nicht gab. Gelegentlich fand ich eine Tüte mit Obst vor der Wohnungstür, die ein unbekannter Spender hinterlegt hatte. Eines Sonntags trat in der vollen S-Bahn ein Mann nahe an mich heran und fragte: ‹Ist Tiergarten die nächste Station?› Dann flüsterte er mir zu: ‹Ich bin vom Lande. Ich stecke nur schnell ein paar Eier in Ihre Tasche.› Ein anderes Mal kam auf der Straße ein Mann auf mich zu und ließ einen Briefumschlag fallen. Dann hob er ihn wieder auf, überreichte ihn mir und sagte dabei: ‹Sie haben das fallen lassen.› Es war ein Bündel Lebensmittelkarten.»[139]

Sternträger wurden von wildfremden Menschen mit besonderer Höflichkeit gegrüßt oder angesprochen. Sie hörten Stimmen des Bedauerns, des Mitleids und der Empörung:

«Sie haben es gut, Sie können bleiben was Sie sind, aber mich zwingt man, ein Schwein zu sein.»[140]

«Euer Fleck ist unsere Schande.»[141]

«Es erfordert mehr Mut, den gelben Stern zu tragen, als sich zur Wehrmacht zu melden.»[142]

Die Kennzeichnungsvorschrift zwang auch die Kirche zur Stellungnahme. Dabei ging es weniger um das Los der Juden als vielmehr um die Christen jüdischer Herkunft, die der Kennzeichnungspflicht unterworfen wurden. Die Christenpflicht gebot es, sich für die Gemeindemitglieder einzusetzen, zumal in zahlreichen Gemeinden die Forderung erhoben wurde, Juden den Besuch des gemeinsamen Gottesdienstes nicht mehr zu gestatten. Für die Bekennende Kirche meldete sich eine Stadtvikarin in Breslau zu Wort. Das Flugblatt wurde in «verschiedenen Teilen des Reichsgebietes» verbreitet und in den SD-Meldungen vom 24. November 1941 zitiert; als Beleg für die «Versuche der Kirchen, die judengegnerische Haltung der Bevölkerung durch die konfessionelle Gegenarbeit zu untergraben»:

«Es ist Christenpflicht, sie (die Juden) nicht etwa wegen der Kennzeichnung vom Gottesdienst auszuschließen. Sie haben das gleiche Heimatrecht in der Kirche wie die anderen Gemeindemitglieder und bedürfen des Trostes aus Gotteswort besonders.

Für die Gemeinden besteht die Gefahr, daß sie sich durch nicht wirklich christliche Elemente irre führen lassen, daß sie die christliche Kirche durch unchristliches Verhalten gefährden. Es muß ihnen hier seelsorgerisch etwa durch Hinweis auf Luk. 10, 25–37 (‹Wer ist dein Nächster?›) und Matth. 25, 40 (‹Was ihr einem von diesen meiner geringsten Brüder getan habt, das habt ihr mir getan!›) geholfen werden.»

Zugleich erfolgten praktische Ratschläge zur Lösung dieser Frage:

«Es wäre zu erwägen, ob nicht die Kirchenbeamten, Gottesdienstredner usw. sich dieser gekennzeichneten Gemeindemitglieder besonders anzunehmen und ihnen, wenn nötig, Plätze anzuweisen hätten. Eventuell wären auch besondere Plätze in jedem Gottesdienst vorzusehen, um sie davor zu bewahren, von unchristlichen Elementen fortgewiesen zu werden.

Damit das aber nicht als unevangelische Absonderung aufgefaßt werden kann, ist es notwendig, daß treue Gemeindemitglieder (z. B. Gemeindekirchenräte, Frauenhilfe, Pfarrhaus) auch auf diesen Bänken neben und unter den nichtarischen Christen Platz nehmen. Es ist auch zu überlegen, ob nicht diese gekennzeichneten Christen in der ersten Zeit von Gemeindemitgliedern zum Gottesdienst abzuholen wären.»[143]

Der evangelischen Kirchenleitung von Schlesien ging die Forderung nach dieser Christenpflicht zu weit. Sie distanzierte sich vom Flugblatt und beteuerte, daß es ohne Einwilligung verbreitet worden war. Der Plan zur Bildung von «Judenchristengemeinden» tauchte auch in katholischen Kreisen auf. Als Vorsitzender der Fuldaer Bischofskonferenz nahm Erzbischof Kardinal Bertram in einem Rundschreiben vom 17. September 1941 an die deutschen Bischöfe dazu Stellung. Seine Richtlinien wurden vom Reichssicherheitshauptamt als «charakteristisch für die Haltung des deutschen Episkopates» interpretiert. In einem Brief Reinhard Heydrichs vom 12. Oktober an alle Stapoleitstellen und Inspekteure der Sicherheitspolizei und des Sicherheitsdienstes heißt es:

«In dem Rundschreiben selbst bemerkt Bertram, daß die Auswirkung der Polizeiverordnung hinsichtlich der Haltung des katholischen Volkes zu den im Gottesdienst erscheinenden jüdischen Katholiken örtlich verschieden sein wird, bedingt durch den stärkeren oder geringeren Einfluß der in der öffentlichen Meinung verbreiteten Auffassungen. In den Richtlinien bemerkt Bertram, daß übereilte Anweisungen, wie z. B. Einführung besonderer Judenbänke, Trennung bei Spendung der hl. Sakramente, Einführung von Sondergottesdiensten, zu vermeiden sind, da sie für jüdische Katholiken als verletzend angesehen werden können. Die kirchenamtliche Anordnung einer Absonderung der katholischen Nichtarier in der Kirche bzw. im Gottesdienst wäre gegen die christliche Liebe und gegen die

Grundsätze im Römer- und Galaterbrief. Eine Mahnung zur brüderlichen Gesinnung und Meidung jeder geringschätzigen Behandlung der mit dem Stern bezeichneten Juden in der Kirche wird als erwünscht herausgestellt, soll jedoch erst dann angewendet werden, wenn sich Störungen bemerkbar machen. Sondergottesdienste für Juden sollen nur dann abgehalten werden, wenn sich größere Schwierigkeiten ergeben, wie u.a. Fernbleiben der Beamten, Parteigenossen, ostentatives Verlassen der Gottesdienste und dergleichen. Falls eine Mahnung an die Katholiken notwendig sein sollte, schlägt Kardinal Bertram folgende Formulierung vor: ‹In Anbetracht der Schwierigkeiten, welche für die in Deutschland wohnenden Juden durch die Polizeiverordnung vom 1. September d.J. eingetreten sind, werden im Auftrage unseres hochwürdigsten Herrn Bischofs die Katholiken ermahnt, besonders im Heiligtum der Kirchenräume die jedem Christen schuldige Rücksicht auch den Christen jüdischer Abstammung zu erweisen gemäß den Grundsätzen, die der Völkerapostel St. Paulus als Christenpflicht verkündet hat. Der hl. Paulus erklärt hinsichtlich der Stellung der Judenchristen in der kirchlichen Gemeinde im Briefe an die Römer 10, 11, 12: ‚Ein jeder, der an Jesum glaubt, wird nicht zu Schanden werden. Denn es gibt keinen Unterschied zwischen Juden und Griechen; denn ein- und derselbe ist der Herr über alle, reich für alle, die ihn anrufen.'

Bertram bittet abschließend um Gedankenaustausch und Bericht über die Auswirkung dieser Polizeiverordnung.

Ich ersuche, die Behandlung der Judenfrage durch die katholische Kirche besonders zu beobachten und bei besonderen Feststellungen zu berichten.»[144]

Nach einem SD-Bericht aus Österreich vom 24. November 1941 hatte sich der Erzbischof von Wien, Kardinal Innitzer, nicht nur zur Kennzeichnung der Juden, sondern auch zu den anlaufenden «Aussiedlungsaktionen» geäußert:

«Er lehnt die Kennzeichnung der Juden, obwohl sie durchaus mittelalterlich-christlicher Tradition entspricht, ab, ebenso die Zusammenfassung der jüdischen Katholiken zu besonderen judenchristlichen Gemeinden mit eigenen Kirchen und Kirchendienst, weil diese Maßnahme als Konzession an die nationalsozialistische Rassenlehre aufgefaßt werden könnte. Vorsprachen von Gläubigen in den Pfarrkanzleien wegen Entfernung der Juden aus den Kirchen seien scharf abzulehnen und die Petenten zu belehren, daß die Kirche bei ihren gottesdienstlichen Handlungen keine Rassenunterschiede machen dürfe. Gleichzeitig ließ der Kardinal unter Hinweis auf die Aussiedlungsaktion die Priester auffordern, für die jüdischen Glaubensgenossen, die gezwungen werden, demnächst Wien zu verlassen, zu beten. Danach ist, trotzdem die Juden in letzter Zeit sehr zahlreich, anscheinend abordnungsweise in die Kirchen entsandt werden, wohl um das Mitleid der Kirchenbesucher zu erregen, auf Grund der Stellungnahme der beiden Kardinäle mit einer Absonderung der Juden im Gottesdienst und beim Sakramentsempfang von kirchlicher Seite aus nicht zu rechnen.»[145]

Neben den Solidaritäts- und Sympathiebezeugungen standen freilich die Manifestationen des offenen Judenhasses. Manche Deutsche verhehlten nicht ihre Freude, daß das «Judenpack» endlich gekennzeichnet war, oder taten ihr Bestes, die Hetz- und Haßtiraden voranzutreiben. Ein «Verbindungsmann» des «Reichsbundes ehemaliger Frontsoldaten e.V.» teilte am 17. November 1941 dem «Reichsring für nationalsozialistische Volksaufklärung und Propaganda» folgendes mit:

«Vor kurzem hat Herr Reichsminister Dr. Goebbels einen Artikel in der Zeitschrift ‹Das Reich› über das Judenproblem geschrieben. Derselbe wurde bekanntlich kurz darauf im Rundfunk durch einen Sprecher desselben beim Deutschen Volke bekanntgegeben. Ich habe persönlich feststellen können – dieses ist mir auch von vielen bestätigt worden – daß der Inhalt dieses Artikels allen Volksgenossen aus dem Herzen geschrieben ist. Da überall, insbesondere auf öffentlichen Plätzen, in der Straßen-, U- und S-Bahn usw., wo Juden sich aufhalten, festgestellt ist, daß diese, nachdem sie gezwungen sind, den sogenannten Davidstern zu tragen, sich in einer geradezu herausfordernden Art benehmen, wobei leider weiter die Beobachtung gemacht wurde, daß von deutschen Volksgenossen hierbei nicht immer das Selbstbewußtsein ihnen gegenüber gezeigt wurde, gerade die Ausführungen des Reichsministers sehr begrüßt werden.

Diese Äußerungen habe ich fast überall gehört, wo Volksgenossen sich über den Artikel unterhielten.

Abschließend möchte ich noch bemerken, daß ich in meiner Eigenschaft als Betriebsführer am Sonnabend einen Betriebsappell angesetzt hatte, in welchem ich u.a. auch dieses Thema eingehend mit allen Gefolgschaftsmitgliedern durchgesprochen habe.»[146]

Einige Deutsche beschwerten sich darüber, daß die Kennzeichnungsvorschrift die Juden, die in «privilegierten Mischehen» lebten, ausgeklammert habe. Aus dem «Befremden» und «Unwillen» leiteten die Informanten und Verfasser der SD-Lage- und Stimmungsberichte die «Feststellung» ab,

«daß in der Allgemeinheit eine radikale Lösung des Judenproblems mehr als jeder Kompromiß Verständnis findet und daß in weitesten Kreisen der Wunsch nach einer klaren äußeren Scheidung zwischen dem Judentum und den deutschen Volksgenossen besteht. Bezeichnend sei es, daß vielfach in der Kennzeichnungsverordnung nicht etwa eine abschließende Maßnahme, sondern erst ein Auftakt zu weiteren einschneidenden Verordnungen mit dem Ziel einer endgültigen Bereinigung der Judenfrage erblickt wird.»[147]

Die Sternträger mußten die sporadischen Ausbrüche des offenen Judenhasses erdulden. Sie sahen «haßerfüllte Blicke», hörten «gehässige Zurufe» und erlebten, wie vorwiegend Jugendliche ihren Spott und ihre Angriffslust an jüdischen Kindern ausließen:

«Am schlimmsten erging es jüdischen Kindern. Vom sechsten Lebensjahr an war das Tragen des ‹Judenstern› Pflicht. Da Kinder grausam sein können und den ständigen Hetzereien gegen Juden ebenso ausgesetzt waren wie Erwachsene, schlugen sie oftmals auf jüdische Kinder ein, wo sie sie trafen, es sei denn, ihre Eltern hatten den Mut, das ihnen vermittelte Judenbild zu korrigieren. Ich habe mehr als einmal nichtjüdische Kinder verdroschen, um jüdischen Kindern Gelegenheit zur Flucht zu geben, ein Unterfangen, das auch für mich nicht ungefährlich war.»[148]

Manchmal eilten Passanten jüdischen Kindern zu Hilfe. Ruth Andreas-Friedrich notierte am 19. September 1941 in ihr Tagebuch:

«‹Jude› steht in hebräischen Schriftzügen mitten auf dem gelben Davidstern, ‹Jude› höhnen die Kinder, wenn sie einen so Besternten durch die Straßen wandern sehen. ‹Schämt Euch!› schnauzt Andrik zwei solcher Lümmel an und haut ihnen, ehe sie sich's versehen, ein paar rechts und links um die Ohren. Die Umstehenden lächeln zustimmend. Wie ertappte Sünder schleichen die Bengel beiseite: Gott Lob und Preis! Das Gros des Volkes freut sich nicht über die neue Verordnung. Fast alle, die uns begegnen, schämen sich wie wir. Und selbst der Spott der Kinder hat mit ernsthaftem Antisemitismus wenig zu tun. Sie spotten, weil sie sich einen Spaß davon versprechen. Einen Spaß, der nichts kostet, da er auf Kosten von Wehrlosen geht. Es liegt kein großer Unterschied darin, ob man Fliegen die Beine ausreißt, Schmetterlinge aufspießt oder Juden ein Schimpfwort nachruft.»[149]

Schlimmer (und folgenschwerer) als die Schimpfworte waren die Denunziationen. Was schon zuvor zum jüdischen Alltag im nationalsozialistischen Deutschland gehört hatte, setzte sich nach der Einführung des Judensternes unvermindert fort. Lokale Parteigrößen im allgemeinen und Nachbarn im besonderen beeilten sich, Ausschau nach «Verstößen» zu halten. Sie entdeckten Juden, die das Erkennungszeichen verhüllt, unvorschriftsmäßig angenäht oder gar nicht getragen hatten. Und sie schreckten auch nicht davor zurück, Anzeigen gegen Personen zu erstatten, von denen sie annahmen, daß sie an sich einen Stern tragen müßten. Der Regierungspräsident von Ober- und Mittelfranken rapportierte am 7. Oktober 1941:

«Die Kennzeichnung der Juden erfolgte ohne Zwischenfälle, auch das Erscheinen der gekennzeichneten Juden in der Öffentlichkeit führte bis jetzt zu keinerlei Störungen. Dagegen häufen sich anonyme und offene Anzeigen der deutschblütigen Bevölkerung gegen vermeintliche Juden bzw. solche, die laut Verordnung von der Kennzeichnungspflicht ausgenommen sind.»[150]

Beide Reaktionen – Solidarität und Aggression – markieren nur die äußeren Grenzwerte der allgemeinen Verhaltensskala. Die überwiegende

Mehrheit der deutschen Bevölkerung nahm die Rolle schweigenden Zuschauens ein, verhielt sich so, wie sie es schon zuvor getan hatte. Allgemein waren nach der Einführung des Judensternes Verwunderung und Betroffenheit, wer und wie viele plötzlich als «Jude» erkennbar waren, noch unter ihnen lebten: ein Indiz dafür, wie wenig Deutsche im Herbst 1941 noch direkten Kontakt zu Juden hatten. In einer SD-Meldung vom 9. Oktober 1941 wird die erste Reaktion der deutschen Bevölkerung so beschrieben:

«Die Verordnung über die Kennzeichnung der Juden wurde vom überwiegenden Teil der Bevölkerung begrüßt und mit Genugtuung aufgenommen, zumal eine solche Kennzeichnung von vielen schon lange erwartet worden war. Nur in geringem Umfange, vor allem in katholischen und bürgerlichen Kreisen, wurden einzelne Stimmen des Mitleids laut. Vereinzelt wurde auch von ‹mittelalterlichen Methoden› gesprochen. Vorwiegend in diesen Kreisen wird befürchtet, daß das feindliche Ausland die dort lebenden Deutschen mit einem Hakenkreuz kennzeichnen und gegenüber diesen zu weiteren Repressalien greifen werde. Überall ist das erste Auftreten von gekennzeichneten Juden stark beachtet worden. Mit Erstaunen wurde festgestellt, wieviel Juden es eigentlich noch in Deutschland gibt.»[151]

Das Erstaunen legte sich schnell: der gelbe Stern verlor seine Ausstrahlungskraft:

«Unsere Arbeitgeber ‹übersahen› das neue Abzeichen, oder sie machten darüber, wie Schulze, eine witzelnde Bemerkung, und der Fall war für sie erledigt. Nach ein paar Tagen hatten sich alle Leute, mit denen wir zu tun hatten, daran gewöhnt.»[152]

Das änderte natürlich nichts an der Wirkung des Kennzeichens. Dr. Theodor Tuch erfuhr in Hamburg die Vereinsamung. Am 25. Mai 1942 schreibt er in sein Tagebuch:

«Pfingstmontag. Gestern war Mimi bei uns. Sie ist die einzige, die uns noch besucht. Alle Welt, d.h. alle Leute, meiden die Juden. Mir kommt es vor, als wenn in letzter Zeit manche, die früher nicht so waren, viel zurückhaltender geworden sind. Es wäre ja auch kein Wunder. Denn seit bald 10 Jahren wird in jeder Zeitung, morgens und abends, und in jedem Rundfunk und in vielen Plakaten usw. die Minderwertigkeit und Schädlichkeit der Juden betont, ohne daß eine Stimme zu Gunsten der Juden erhoben werden darf.»

Wenige Wochen zuvor hatte Theodor Tuch auf der Straße noch eine Stimme vernommen. Eine unbekannte Frau hielt den «Besternten» an und fragte ihn, ob er nicht einen Kleiderschrank zu verkaufen hätte: «die Juden müßten ja doch alle ihre Sachen hergeben!»[153]

Hermann Samter schrieb einer Bekannten, die nach Amerika ausgewandert war:

«Ab 19. (September) ... müssen Juden einen festangenähten, handtellergroßen gelben Davidstern mit der Inschrift ‹Jude› tragen. Nun kann ich keine Zeitung mehr außer der Zeit von 4–5 kaufen, oder in ein Restaurant essen gehen oder arische Bekannte besuchen. Na, es gibt aber noch andere unangenehme Folgen, die Sie sich selbst ausmalen können. Aber von mir aus sollen die Leute ihr Vergnügen haben.»[154]

Die meisten Deutschen nahmen dann auch keinen Anstoß daran, als die Sternträger vor ihren Augen abgeholt und verladen wurden. Es ging sie nichts an; es interessierte sie nicht. Mit ihrer Gleichgültigkeit demonstrierten sie die Unfähigkeit, die Existenz jüdischen Lebens zu achten und zu schützen, geschweige denn zu lieben. Diese Grundhaltung, die die nationalsozialistische «Endlösung» überdauerte, schloß Trauerempfindungen über den «Verlust», über die Auslöschung jüdischen Lebens aus.

Judenstern und jüdisches Selbstverständnis

«Tragt ihn mit Stolz – den Gelben Fleck!» hatte im April 1933 der Zionist Robert Weltsch den deutschen Juden zugerufen, um ihren Schock über den nationalsozialistischen «Judenboykott» abzufangen. Sein Appell zielte damals darauf ab, mit Selbstachtung und Selbstbesinnung auf die Diffamierung und Diskriminierung zu antworten und alle Kräfte für die Absicherung, für den Wiederaufbau einer jüdischen Existenz zu mobilisieren. Die Tradition der jüdischen Geschichte verlieh ihm die Fähigkeit, die aufgezwungenen Zeichen der Schande und Unterwerfung in Symbole des Stolzes und der Ehre umzuwandeln. Die Nationalsozialisten kopierten den «Maggen-David», den legendären sechszackigen Davidstern, der im 19. Jahrhundert zu einem jüdischen Symbol erhoben und der dann von den Zionisten als «Stern der Erlösung» zum nationalen Emblem deklariert worden war. Mit diesem Stern gebrandmarkt zu werden, hieß, ein Bekenntnis zum Judentum abzulegen. Der Aufruf von Robert Weltsch hallte im Herbst 1941 noch nach. Vereinzelt trugen deutsche Juden den Stern mit Stolz oder mit einer Geste des Trotzes.

Im «Schmuck des Judensterns» ging der Breslauer Studienrat a. D. Dr. Willi Cohen am 20. September 1941 in die Synagoge: «Ich wollte an diesem Tage unbedingt gehen, um mir nicht nachsagen zu lassen, daß ich wegen Feigheit gefehlt hätte.» Er war überzeugt, daß das Auftauchen der Sterne «den Leuten peinlich ist».[155] Als Spezialist für jüdische Familiengeschichte war Jacob Jacobson von der Gestapo zur Kooperation mit dem Reichssippenamt verpflichtet worden. Die Offerte, sich vom Stern befreien zu lassen, wies er zurück. Als Sternträger identifizierte er sich mit der jüdischen Schicksalsgemeinschaft:

«Als im September 1941 der Judenstern eingeführt wurde, war mir offiziell mitgeteilt worden, daß das Reichssippenamt versucht hatte, für Herrn

Dr. Leopold Moses, den kenntnisreichen Leiter des Wiener jüdischen Archivs – er hat den Krieg nicht überlebt –, und für mich die Befreiung vom Tragen des Judensterns zu erwirken. Ich hatte damals erwidert: ‹Was die anderen Juden zu tragen haben, will auch ich tragen.› ... Ich muß gestehen, daß ich auf Ausbrüche der aufgepeitschten Volksseele, auf Spott und Verhöhnung gefaßt war, als ich zuerst als Sternträger meine Wohnung in Charlottenburg verließ; aber nichts davon geschah. Die erste, ebenfalls mit Stern gezeichnete Person, der ich begegnete, war eine mir völlig unbekannte Dame. Unwillkürlich zog ich tief den Hut vor ihr – und damit war für mich ein für allemal der Bann gebrochen.»[156]

Die meisten Juden konnten sich jedoch aus diesem «Bann» nicht mehr befreien. Fassungslos nahmen sie die Nachricht über die Einführung des Judensternes auf. Mit Entsetzen und Verzweiflung reagierten sie, als sie den Stofflappen in Empfang nahmen und an die Kleidungsstücke nähten. An der Stigmatisierung spürten sie den Schmerz, den die soziale Degradierung hinterließ. Die Kennzeichnung wirkte lähmend und demoralisierend, sie präparierte die Opfer, sich den letzten Vernichtungsschlägen zu fügen. Die Angst breitete sich aus, jeder Zeit und überall festgenommen zu werden. Über jeden Schritt und jede Handlung legte sich das beklemmende und angstvolle Gefühl, ständig und von allen Seiten angestarrt, observiert und kontrolliert zu werden. Viele Erlebnisberichte bezeugen diese Empfindungen und Erfahrungen:

«Der Judenstern löste unter den Betroffenen eine ungeheure Aufregung aus, man sah sofort, welche Erschwerungen des täglichen Lebens wirtschaftlicher und seelischer Art ... damit verbunden waren, aber niemand ahnte die ganze Tragweite dieser neuen Quälerei, die die erste Vorbereitung der Nazis für die Massenevakuierung der Juden aus Deutschland war.»[157]

Johanna Mackower schreibt nach dem Krieg an ihre Schwester:

«Wir haben die ganze Zeit den Judenstern getragen (dies ist mit als einer der schwersten Erlebnispunkte zu bezeichnen), weil es die Seele zu tiefst verletzt und vor allem Dir Dein Wesen ungeheuer verkorkst und Du immer ein etwas komischer Kauz sein wirst. Denn ganz läßt so etwas sich nicht mehr ausgleichen. – Und auch dieses ist mit das Schlimmste, daß Du es einmal so hast zu tiefst durchleben müssen, was für eine Bestie eigentlich die nackt und ungeschminkt sich darstellende menschliche Natur ist, und daß Du die Menschen alle so von tiefster Kellerperspektive her hast sehen und erkennen gelernt. – Und das war natürlich nicht nur die Gestapo, sondern – aus begreiflicher Furcht – haben ja auch so gut wie alle anderen Menschen Dich mehr oder weniger vollständig verlassen.»[158]

In Stuttgart mußte sich Martha Haarburger den Stern anlegen:

«Das Tragen des gelben Sterns, mit dem man uns von 1941 an wie Verbrecher brandmarkte, war eine Qual. Ich mußte täglich, wenn ich auf die Straße trat, um Ruhe und Gleichmut kämpfen.»[159]

Manche Juden gaben diesen Kampf auf. Sie schlossen sich in ihren Wohnungen ein, starben an Hunger oder wählten einen schnelleren Weg in den Freitod. Andere ließen sich kaum noch in der Öffentlichkeit sehen, und wenn, so versuchten sie hinter Aktentaschen, Paketen oder Büchern das gelbe Erkennungszeichen zu verbergen. Gegen diese Praxis – an vielen Orten beobachtet – ging die Gestapo drakonisch vor. In Dresden wurde ein Zwangsarbeiter auf dem Weg zur Arbeitsstelle mit einem verdeckten Stern ertappt:

«Da fuhr ... eine Limousine vorbei, eine schwarze Limousine war der bekannte Gestapowagen, und er wurde hineingezerrt. Er wurde nie wieder gesehen. Die haben ihn nicht einmal in ein KZ gebracht, sondern gleich umgebracht. Für das Verdecken des Sterns. Ein paar Tage später haben sie seine Frau auf die Gestapo bestellt und gefragt: ‹Was, du trägst noch nicht Witwenkleidung?› Sie hatte gedacht, ihr Mann wäre nur arrestiert. Das waren die Gestapo-Methoden.»[160]

Die Gestapo bestrafte auch das Vergehen, den Stern nicht vorschriftsmäßig befestigt zu haben. Bruno Blau schildert einen Fall:

«Ein bei der Reichsvereinigung angestelltes junges Mädchen von 19 Jahren wurde einmal bei einem Besuch von Gestapobeamten dabei getroffen, daß sie an ihrem Mantel den Stern nur lose angesteckt hatte. Sie wurde sofort nach der Polizeistation des Krankenhauses gebracht und am gleichen Tage nach dem Sammellager, von wo sie ins Konzentrationslager kam, ohne daß sie ihre Mutter noch einmal sehen durfte; sie ist nicht zurückgekehrt.»[161]

Manche Juden gingen das Wagnis ein, sich in der Öffentlichkeit ohne den Stern sehen zu lassen. Sie benutzten Verkehrsmittel, erschienen in Geschäften oder besuchten Konzerte, Theater und Kinos. Voraussetzung war, daß sie nach Verlassen oder bei der Rückkehr zur Wohnung einen sicheren Ort zum Wechsel der Kleidung fanden:

«Zunächst hieß es, einen Ort zu finden, an dem man das Kleidungsstück mit dem Stern ablegen und das ohne anlegen konnte. Aus dem Haus, in dem man bekannt war, durfte man natürlich nicht ohne Stern hinausgehen. Selbstverständlich konnte man auch nicht ohne den Stern am Mantel ins Haus zurückkehren, in dem man wohnte. Höchst ‹unangenehm› war es, jüdische Bekannte zu treffen, die grüßten oder auf einen zukamen, weil sie das Fehlen des Sterns nicht sofort bemerkten. Viele Male bin ich so ‹unhöflich› gewesen, habe Bekannte übersehen und bin schnell weitergegangen, ohne ihren Gruß zu erwidern.»[162]

Auf diesen Wanderschaften wurden häufig nicht-jüdische Freunde oder Verwandte aufgesucht, die in die nationalsozialistische Kategorie der «Mischlinge» oder «Mischehen» fielen. Ingeborg Hecht berichtet über den Besuch von «Sternträgern» und die damit verbundene seelische Belastung und Angst der «Privilegierten»:

«Unsere Verwandten, aber auch viele unserer Freunde, mußten dieses – wie die Nazis es sich vorstellten – Zeichen der Schande tragen, und zwar, so lautete die Vorschrift, deutlich sichtbar. Wenn uns ein ‹Sternträger› besuchte, bemühte er sich darum, das gelbe Ding auf irgendeine Weise zu verdecken und zu verstecken, denn so ein Besuch gehörte ja zu den Verboten. Hatten wir doch allen Grund, vor den NS-Damen in der Vorderwohnung zu zittern. Wir zitterten aber auch um uns; wir zitterten darum, daß wir selbst in einer brisanten Situation einmal wegsehen würden, schweigen, weitergehen; wir zitterten auch bei uns selbst um das, was man Charakter nannte.»[163]

Juden in «privilegierter Mischehe» blieben vom Stern – und damit zugleich auch von der Deportation verschont. An diese Ausnahmeregelung – von Beginn an Bestandteil der nationalsozialistischen Verordnungs- und Verfolgungspraxis – klammerten sich etliche Juden, die der Kennzeichnungspflicht unterworfen waren. Sie bemühten sich um eine Freistellung. Anträge wurden eingereicht, häufig mit gefälschten Dokumenten versehen, um die jüdische Herkunft zu verwischen. In der Regel lehnte die Gestapo diese Bittgesuche ab. Sie zeigte sich ebensowenig bereit, auf die Interventionen kirchlicher Repräsentanten einzugehen und den Christen jüdischer Herkunft das Privileg der Sternbefreiung zu erteilen. Wieder zu Juden deklariert, wurden diese christlichen Sternträger zu den «Evakuierungen» freigegeben.

5. Von der Ghettoisierung zur Deportation

«Zur Nachahmung empfohlen! Hinaus mit den Juden aus den guten und billigen Wohnungen!»

Mit dieser populären Kampfparole traten im März 1938 Nationalsozialisten im soeben dem Deutschen Reich angeschlossenen Österreich an, um die Juden aus den begehrten Wohnungen zu vertreiben. Rigoros gingen sie vor: Rund 10000 Wohnungen wurden unmittelbar nach dem Anschluß «freigemacht». An die Stelle der unkoordinierten, «wilden» Aktionen traten bald organisierte, staatlich-sanktionierte Raubzüge. Sie bescherten den Wienern bis 1942 weitere 60000 «freie» Wohnungen. In Berlin dürften es mehr als 30000 gewesen sein. In München waren es etwa 3000, Hamburg freute sich über einen Zugang von 1900 geräumten Wohnungen, Düsseldorf zog 700 Haushaltungen ein. Jede Stadt hat solche Gewinne verbucht. Hinter dem Griff nach den jüdischen Wohnungen standen neben den ideologischen Prinzipien handfeste materielle Interessen. Zum einen ging es darum, die deutsch-jüdische Wohngemeinschaft aufzubrechen, die räumliche Trennung von Deutschen und Juden zu vollziehen; ein Schritt, der auf dem Weg zur anvisierten «Lösung der Judenfrage» unumgänglich war. Zum anderen wollte man durch die Zusammenlegung jüdischer Familien Wohnraum gewinnen, um die angespannte Lage auf dem Wohnungsmarkt zu entlasten. Angesichts der herrschenden Wohnungsnot, die nach dem Ausbruch und der Ausweitung des Krieges katastrophale Ausmaße annahm, griff man nach den Judenwohnungen. Und je größer der Bedarf wurde, desto konsequenter wurde die Politik der «Entjudung» vorangetrieben. Zwischen Wohnungsbedarf und Vertreibung bestand auch ein Zusammenhang; die Räumung der Wohnungen war die erste Station des Weges, der über die Ghettoisierung und die Deportation zur Vernichtung führte. Diese Etappen wurden nicht improvisiert, sondern planmäßig vorbereitet. Als nach der «Kristallnacht» die Entscheidung fiel, die Ghettoisierung der deutschen Juden in die Wege zu leiten, wurde der Behördenapparat entsprechend instruiert: «Um Störungen der öffentlichen Sicherheit und Ordnung zu vermeiden, muß das Ausscheiden der Juden aus deutschen Wohnungen ... planmäßig durchgeführt werden.»[164]

Ende November 1938 kündigte Göring als Generalbevollmächtigter für den Vierjahresplan die Überprüfung der jüdischen Wohnverhältnisse an; Ziel war, «die Juden aus großen Wohnungen in kleinere Wohnungen» zusammenzuziehen. Anders als später in den besetzten Gebieten sollte die Konzentrierung der Juden jedoch nicht zur Bildung von Zwangsghettos führen. Im Reichsgebiet mußte sie «unauffällig ... in bestimmten Straßen verschiedener Stadtteile» ausgeführt werden. Diese Strategie fand auch die Billigung Hitlers.[165] Am 28. Dezember 1938 teilte Göring den Reichsministern die Führer-Entscheidung über die «Unterbringung der Juden» mit:

«Der Mieterschutz für Juden ist generell nicht aufzuheben. Dagegen ist es erwünscht, in Einzelfällen nach Möglichkeit so zu verfahren, daß Juden in einem Haus zusammengelegt werden, soweit die Mietverhältnisse dies gestatten. Aus diesem Grunde ist die Arisierung des Hausbesitzes an das Ende der Gesamtarisierung zu stellen, d.h. es soll vorläufig nur dort der Hausbesitz arisiert werden, wo in Einzelfällen zwingende Gründe dafür vorliegen.»[166]

Diese Richtlinien wurden in Paragraphen gekleidet: Das «Gesetz über Mietverhältnisse mit Juden» vom 30. April 1939 bot die Handhabe, jüdischen Mietern in «arischen» Häusern und Wohnungen fristlos zu kündigen, allerdings nur unter der Voraussetzung, daß eine «anderweitige Unterbringung» gewährleistet war. Der Nachweis einer Ersatzwohnung stellte nämlich sicher, daß die «entmieteten» Juden nicht der staatlichen Obdachlosenfürsorge zur Last fallen würden. Juden durften jetzt nur noch mit Juden Mietverträge abschließen. Jüdische Hausbesitzer waren verpflichtet, «auf Verlangen der Gemeindebehörden andere Juden als Mieter oder Untermieter aufzunehmen». Um alle Wohn- und Nutzflächen zu «erfassen», schrieb das Gesetz ihre Registrierung vor. Die Bewegungsfreiheit der Juden wurde eingeschränkt und einem Kontrollverfahren unterworfen. Jede Vermittlung, jeder Wohnungswechsel bedurfte der Genehmigung.[167] Die Listen und Daten erleichterten es später den Behörden, die «zusammengelegten» Juden zur Deportation aufzurufen; den eingeschlossenen Juden erschwerten sie es, sich dem Zugriff der Verfolger durch die Flucht in die Illegalität (in «arische» Wohnverhältnisse) zu entziehen.

«Entjudung» des Wohnraums: Umsiedlung, Barackenlager, Isolierung

Nach den Anordnungen und Anmeldungen machten sich Stadt- und Gemeindebehörden, allen voran die Wohnungsämter, sowie Hausbesitzer und Maklerfirmen daran – und dies in enger Zusammenarbeit mit den regionalen Gestapo- und NSDAP-Stellen –, «arische» Häuser und Wohnungen zu «entjuden», wobei sie in vielen Fällen sogar noch die fristlos Gekündigten dazu verurteilten, «auf Wunsch des neuen Beziehers» die Kosten für Schönheits- und andere Reparaturarbeiten zu bezahlen. Die zugewiesenen Ersatzwohnungen lagen in den Gebäuden, die noch nicht zur «Arisierung» freigegeben worden waren. Dazu gehörten nicht nur jüdische Häuser, Wohnungen oder Pensionen, sondern auch Einrichtungen der jüdischen Gemeinden. Kindergärten und Schulen, Altersheime und Krankenhäuser, Büros und Versammlungszimmer, Betsäle und Friedhofshallen mußten zur Unterbringung der obdachlos Gewordenen hergerichtet werden. Die Entwicklung zur Errichtung von «Judenhäusern» bahnte sich an. Daneben standen die Bemühungen, «arische» Mieter zum freiwilligen Auszug aus jüdischen Wohnungen zu bewegen. Da für sie der gesetzliche Mieterschutz weiter bestand, appellierte man an ihr «gesundes Volksempfinden» oder schlug ihnen einen Wohnungstausch vor. Als dann auf dem Verordnungswege die jüdischen Mietverhältnisse auch in jüdischen Häusern aufgelöst wurden, setzte eine zweite Kündigungswelle ein. Motive und Folgen lassen sich einem Rundschreiben der Gestapo Darmstadt vom 15. Januar 1941 entnehmen:

«Nach hiesigen Feststellungen haben alleinstehende Juden bzw. kinderlose Judenfamilien oder solche mit wenig Kindern vielfach Wohnungen inne, die für die Unterbringung deutschblütiger Familien geeignet sind und daher dringend benötigt werden. Um der herrschenden Wohnungsnot zumindest teilweise abzuhelfen und eine Trennung von Deutschblütigen und Juden herbeizuführen, ist beabsichtigt, die jüdischen Inhaber derartiger Wohnungen zur Räumung dieser Wohnungen zu veranlassen. Diese Juden sollen in anderen jüdischen Haushaltungen als Untermieter untergebracht werden. Der durch die Unterbringung mehrerer Judenfamilien in einem gemeinsamen Haushalt überflüssig gewordene Hausrat kann gegebenenfalls unter Einhaltung der devisenrechtlichen Bestimmungen veräußert oder in Lagerräumen untergestellt werden.»[168]

Zügig und zwangsweise wurde nunmehr die Isolierung fortgesetzt, und es verstand sich von selbst, daß man auch auf die Wohnverhältnisse in den «Judenhäusern» kaum noch Rücksichten nahm. Die Verelendung wurde zielstrebig forciert. Die Stapoleitstelle Düsseldorf machte in einem Brief vom 18. September 1941 dem Landrat in Kleve klar, worauf es ankam:

«In erster Linie ist der jüdische Wohnraum durch Zusammenlegung mehrerer jüdischer Familien in eine Wohnung stärker als bisher auszunutzen. Dabei ist es als selbstverständlich vorauszusetzen, daß den Juden nur die ungesundesten und schlechtesten Wohnungen belassen bleiben, wobei jedoch die geltenden sanitären Vorschriften zu beachten sind und darauf Rücksicht zu nehmen ist, daß die Wohnungen bzw. Häuser nicht alle nebeneinander zu liegen kommen (Ghettoisierungsverbot). Der auf diese Weise frei werdende jüdische Wohnraum würde dann der deutschblütigen Bevölkerung zur Verfügung stehen, ohne daß hierdurch eine finanzielle Belastung des Reiches oder der Gemeinden eintritt.»[169]

Diese Möglichkeiten reichten jedoch den Scharfmachern noch nicht aus. Noch am Vorabend der planmäßigen Deportationen beeilten sich regionale Repräsentanten von Staat und Partei, ihre Wohn- und Amtsgebiete als «juden-frei» deklarieren zu können. Bereits im Februar 1940 wurden Juden aus Stettin ins besetzte Polen abgeschoben. Ende Oktober 1940 deportierte man fast 7000 Juden aus Baden, der Pfalz und dem Saarland ins unbesetzte Frankreich. Hinzu kamen die lokalen «Umsiedlungsaktionen». So wurden zum Beispiel Juden aus Friesland aus ihren Wohnungen vertrieben, worüber Max Plaut, der als Vertreter der «Reichsvereinigung der Juden in Deutschland» die Verhandlungen mit der Gestapo führen mußte, berichtet:

«Es gelang, ein Abkommen zu treffen, demzufolge sämtliche Juden (aus den friesischen und Oldenburger Gemeinden) innerhalb von 3 Wochen ausgesiedelt werden mußten. Die Umsiedlung gelang, ein Teil der etwa 1000 Juden kam nach Berlin, andere nach Hamburg und Hannover, die übrigen kamen bei Verwandten in anderen Orten unter.»[170]

Die Gestapo hatte auch keine Bedenken, «aus einzelnen Orten die Juden zu entfernen und sie an anderer Stelle innerhalb des Gaues in geeigneter Weise unterzubringen». Die Zustimmung wurde «in den Fällen» gegeben, «in denen dem dringendsten Wohnraumbedürfnis der deutschblütigen Bevölkerung» nicht durch die Einrichtung von Judenhäusern entsprochen werden konnte. Man schrieb gewisse Grenzen vor: Die «Umsiedlung» sollte nicht (noch nicht) «im Rahmen einer Großaktion, sondern bei Vermeidung jeder unnötigen Inanspruchnahme der öffentlichen Verkehrsmittel – insbesondere der Deutschen Reichsbahn – im Rahmen der gegebenen Erfordernisse» durchgeführt werden.[171]

Diese Möglichkeit ließen sich einige Städte und Kommunen nicht entgehen, und sie griffen dabei auf ein «Modell» zurück, das österreichische Nationalsozialisten ebenfalls schon empfohlen hatten, nämlich die Errichtung von Barackenlagern, die nach dem Muster der Konzentrationslager als «Arbeitslager» oder «Selbsterhaltungslager» dienen sollten. Dem Bürgermeister von Laupheim wurde von der Gestapo zugestanden, «im Interesse einer Verbesserung der Wohnungsmarktlage ... einen Teil der hiesigen Juden in einer Notwohnungssiedlung am Rande der Stadt unterzubringen»[172].

31 Juden fanden bis Oktober 1941 in den Baracken in der Wendelinsgrube ein kurzfristiges Ausweichquartier. Die Stadtverwaltung von Ulm bemühte sich ebenfalls, die Juden möglichst schnell loszuwerden. In den heruntergekommenen Räumen des Schlosses in Oberstotzingen fand man eine geeignete Unterbringungsmöglichkeit. Die Stadtverwaltung Ulm erklärte sich zur Übernahme der Instandsetzungskosten von 6000 bis 10000 RM bereit, natürlich nur im «Hinblick darauf, daß in Ulm eine Anzahl Wohnungen frei werden und damit der Wohnungsmarkt entlastet werde». Und die Ulmer Beamten hatten zudem errechnet, «daß die Erstellung einer einzigen Wohnung unter Umständen mehr kosten würde, als hier für die Räumung einer Reihe von Wohnungen auszugeben wäre». Der Gemeinde von Oberstotzingen wurden bescheidene Etatmittel zur Verfügung gestellt, freilich nur solange, «als sich die Juden im Schloß befinden». Die Ausgaben sollten sich lohnen, wie dem Bericht des Ulmer Bürgermeisters vom 19. Dezember 1941 zu entnehmen ist:

«Die Stadt könne sich ihrer Mitwirkung bei der Umsiedlung der Juden nicht entziehen, sie habe ihre Bereitwilligkeit, Beihilfe zu leisten, dem Gauleiter gegenüber in der Erwartung zum Ausdruck gebracht, daß Reich und Partei bei Zuweisung der jüdischen Häuser und Räume den Forderungen und Wünschen der Stadt Rechnung tragen.»[173]

In Essen wurden Juden zum Holbeckshof gebracht, einem Lager, das auf dem Gelände einer ehemaligen Zeche errichtet wurde. 9 Baracken standen zur Aufnahme bereit. Sie waren 50 m lang und 15 m breit und aufgeteilt in Stuben. 15 Juden teilten sich einen Raum. In Dresden zog man Juden in das Barackenlager Hallersberg zusammen. Mehr als 300 Juden wurden in München in einen Seitenflügel des Vincentinerinnen-Klosters Berg am Laim einquartiert. Die offizielle Bezeichnung dieser Zwangsbehausung lautete «Heimanlage». Und als «vorbildlich» und «richtungsweisend» priesen die Münchener Behörden auch ihre zweite «Judensiedlung», die sie auf einem Areal von 14500 qm Fläche in Milbertshofen – 7 km vom Stadtzentrum entfernt – von jüdischen Zwangsarbeitern aus dem Boden stampfen ließen. Im Oktober 1941 waren 18 Holzbaracken bezugsfertig, vorgesehen für eine Maximalbelegung von 1100 Insassen. Diese Aufnahmekapazität wurde aber schon bald überschritten. Die Belegung stieg zeitweilig bis auf 1376 Personen an. Von Milbertshofen wie von den anderen «Transitlagern» und Sammelstellen traten die Juden ab Herbst 1941 die letzte Reise zu den Vernichtungsstätten im Osten an. Beim Überschreiten der Reichsgrenze gingen die «freigemachten» und versiegelten jüdischen Wohnungen zusammen mit all den anderen konfiszierten Gütern endgültig in den Besitz des Deutschen Reiches über.

Evakuierung als Beginn der Deportation

In der Bevölkerung wurde die Auflösung der deutsch-jüdischen Wohngemeinschaft mit Stillschweigen hingenommen. Vereinzelt wurden Stimmen des Unmuts laut, gelegentlich weigerten sich Hausbesitzer, jüdische Mieter auf die Straße zu setzen. Manche «arische» Mieter folgten den Appellen der Nationalsozialisten nicht und zogen sich aus jüdischen Häusern nicht zurück. Und es gab schließlich auch Deutsche, die sich bemühten, das Los der in den «Judenhäusern» und «Judensiedlungen» Eingeschlossenen zu erleichtern. Ein Angehöriger der «Wach- und Schließgesellschaft», der seinen Dienst im Dresdner Barackenlager Hallersberg versehen mußte, warnte die Insassen vor den Gestapobesuchen.[174] Die Nonnen des Vincentinerinnen-Ordens, die den Großteil der Krankenschwestern in den Münchener Krankenhäusern stellten, zeichneten sich nicht nur durch freundliche Worte, sondern auch durch Gesten humanitärer und praktischer Hilfe aus. Else Behrend-Rosenfeld, die in der «Heimanlage» im Münchener Stadtteil Berg am Laim interniert war, erinnert sich:

«Sie halfen uns, wo immer es notwendig war, und viele unserer orthodoxen Insassen, die zuerst entsetzt waren, daß wir gerade in einem Kloster untergebracht waren, haben sehr schnell diese Aversion verloren, ja, sie nahmen dankbar die uns von der Oberin angebotene Möglichkeit an, ihre schöne Barockkirche für die kurze Zeit der Sammlung im Gebet zu benutzen. Auch ein Teil des schönen Klostergartens, der, wie das ganze zum Kloster gehörige weite Gelände von einer hohen Mauer umgeben war, wurde uns zugewiesen. Nicht zuletzt hat die Atmosphäre des Friedens, die dort herrschte, uns geholfen, manche Schwierigkeiten zu überwinden.»[175]

Sehr viel häufiger kam es freilich vor, daß Deutsche als Nutznießer in Erscheinung traten, daß sie vorprellten, um ihren Anspruch auf die Zuweisung einer Judenwohnung anzumelden. Ende Oktober 1939 schrieb ein Damen- und Herrenfriseur in einer Kleinstadt einen Brief:

«Liebes Wohnungsamt!
Möchte doch höflich und dringend bitten, daß die Wohnung über meinem Laden Kaiserstr. 9 nicht an Juden vermietet wird, zumal es doch hier eine bevorzugte Straße ist. Möchte selbst gerne beim Geschäft wohnen, was mir schon fast 9 Jahre nicht vergönnt ist. Bitte mir den Miet-

preis der Wohnung mitzuteilen ev. Rücksprache mit mir zu nehmen. Juden gehören unter sich, möglich(st) außer Sicht, vor allem aber in kein Geschäftshaus zu wohnen. Bitte meinem berechtigten Wunsche gerecht zu werden.

Mit deutschem Gruß
gez. (Name)
Heil Hitler»[176]

Solche Bitten häuften sich, als von oben die planmäßigen Deportationen angeordnet wurden und von unten ein massiver Druck einsetzte, den Prozeß der «Entjudung» zu beschleunigen. In einem «Stimmungsbericht» der NSDAP-Kreisleitung Lübeck vom Oktober 1941 heißt es unter der Rubrik «Die Juden und die Wohnungsnot»:

«Die Wohnungsnot im Kreisgebiet Lübeck ist nicht mehr steigerungsfähig. Ja, sie ist als katastrophal zu bezeichnen. Mir ist bekannt, daß z.B. bei der hiesigen Gemeindepolizei mehr als 200 Familien, die in unzulänglichen, ja teils für menschliche Unterkunft völlig ungeeigneten Räumen untergebracht sind, verzeichnet sind und als obdachlos angesehen werden wollen, während die hier noch ansässigen Juden teils noch recht gute Wohnungen innehaben. Es wäre zu erwägen, ob man diese unangenehmen Gesellen nicht nach dem Osten abschieben könnte, damit sie aus den Stadtbildern unseres Gaues vollständig verschwinden.»[177]

Die Kreisleitung in Göttingen rapportierte am 19. Dezember 1941 an die Gestapo:

«Da die Absicht, die Juden in nächster Zeit von Göttingen abzutransportieren, in der Bevölkerung bereits bekannt geworden ist, wird die Kreisleitung mit Anträgen auf Wohnungszuweisungen überlaufen.»[178]

In München wurden «freigemachte» Judenwohnungen an kinderreiche Familien oder andere würdige «Arier» vergeben. Die besten Wohnungen gingen an verdiente Parteigenossen und hohe Beamte, an Offiziere und Künstler.[179] Angehörige der SS kamen ebenfalls nicht zu kurz. Im November 1940 vereinbarten Reinhard Heydrich und Albert Speer, der Gestapo «eine Anzahl Judenwohnungen zur Verfügung» zu stellen, «zur Behebung des vorhandenen Wohnungsbedarfs». Die Beamten wurden gebeten, unverzüglich die Anträge einzureichen, damit «über die Reichsvereinigung der Juden die entsprechende Wohnung freigemacht und der Abschluß des Mietvertrages vorbereitet» werden konnte.[180]

Verständnis zeigte Speer, dem als «Generalbauinspektor für die Reichshauptstadt» die Verwaltung und Verteilung der Judenwohnungen in Berlin übertragen worden war, auch für die Wohnungswünsche anderer Dienststellen. So schrieb er am 26. Januar 1942 an den frisch ernannten Reichsminister für die besetzten Ostgebiete:

«Sehr geehrter, lieber Parteigenosse Rosenberg!

Ihr Wunsch auf Überlassung von Judenwohnungen für die zu Ihrem Ministerium abgeordneten Beamten ist mir zwar verständlich, findet aber seine Begrenzung in den mir gestellten Aufgaben. Ich muß zunächst eine große Reserve von Wohnungen für etwaige Bombengeschädigte bereit halten, deren Soll noch in keiner Weise erreicht ist. Da die Evakuierung von Juden aus eisenbahntechnischen Gründen vorübergehend bis etwa April abgestoppt ist, entstehen hier naturgemäß erhebliche Schwierigkeiten. Daneben habe ich aber eine weitere wichtige Aufgabe übertragen erhalten, die darin besteht, daß zunächst die in diesem Kriege schwerbeschädigten, mit dem EK I oder dem Ritterkreuz ausgezeichneten Soldaten des Mannschafts- und Unteroffiziersstand sowie Offiziere, denen das Ritterkreuz verliehen ist, untergebracht werden müssen. Sie können sich denken, daß dem Führer diese Sorge für seine Soldaten besonders am Herzen liegt. Beide Aufgaben, nebeneinander durchgeführt, nehmen verständlicherweise eine große Anzahl von Wohnungen in Anspruch.

Um den drückendsten Notstand in Ihrem Ministerium zu beheben, bin ich jedoch mit der Bitte um vertrauliche Behandlung der Angelegenheit bereit, Ihnen im Laufe der nächsten 2–6 Monate 15 Wohnungen zu überlassen.»

Als die bescheidene Zuteilung aufgebraucht war und Rosenberg erneut um Wohnungen nachsuchte, lehnte Speer ab und erklärte in einem Brief vom 12. November 1942:

«Die bisher in meiner Eigenschaft als Generalbauinspektor für die Reichshauptstadt durchgeführte Verwaltung und Vergabe der Judenwohnungen hat die von mir gesteckten Ziele erreicht. Die weitere Durchführung dieser Maßnahmen bedeutet für mich eine große Arbeitsbelastung, die mit meinen jetzigen Aufgabengebieten überhaupt keine Berührungspunkte mehr hat.

Ich habe mich daher entschlossen, diese Arbeit einzustellen und die Gauleitung der NSDAP Berlin gebeten, sie fortzusetzen.»[181]

Vor diesem Rückzug hatte Speer selbst rücksichtslos Hand an Judenwohnungen gelegt, die im Zuge der gigantischen Planungen zu einer Neugestaltung der Reichshauptstadt geräumt und abgerissen werden mußten. Mehrere «Großaktionen» wurden durchgeführt. Eine jüdische Lehrerin, die zusammen mit Kollegen zur Mitwirkung eingeteilt war, erinnert sich an eine Aktion:

«Der Generalbauinspektor Speer verlangte 1000 von Juden bewohnte Wohnungen in arischen Häusern – für ‹Bombengeschädigte› – und beauftragte die Gemeinde, die Leute zu exmittieren und in ‹jüdischen›

Häusern unterzubringen. Bei dieser Gelegenheit konnten wir auf Grund von Listen, die wir von der Behörde erhielten, zu unserem Erstaunen feststellen, daß doch noch ca. 7–8% aller Privathäuser in Berlin als ‹jüdisch› galten; in Wilmersdorf ca. 450 Häuser, ebenso in Schöneberg usw. Natürlich durften wir in diesen Häusern auch nur von Juden belegte Wohnungen benutzen ... Acht Wochen lang bin ich als Rechercheur durch alle jüdischen Wohnungen Schönebergs gezogen, mit Metermaß, Bleistift und einem gewissen autoritären Druck, und habe jüdische Familien, die vorher nur provisorisch untergekommen waren, richtig unter Dach und Fach gebracht.»[182]

Die Arbeit war umsonst, die Deportationen lösten die «Judenwohnungen» auf. Der Plan, Berlin «juden-frei» zu machen, war bereits im März 1941 im Propagandaministerium von Experten der NSDAP, der SS und der Baubehörde erörtert worden:

«Pg. Gutterer teilte mit, daß Dr. Goebbels bei einer Unterhaltung an der Mittagstafel des Führers auf die in Berlin noch ansässigen 60–70000 Juden aufmerksam gemacht wurde. Man habe bei diesem Gespräch festgestellt, daß es nicht weiter anginge, daß die Hauptstadt des nat. soz. Reiches auch heute noch eine derartig hohe Zahl Juden beherberge. Pg. Eichmann vom Sicherheitshauptamt sagte, daß Pg. Heydrich – der vom Führer mit der endgültigen Judenevakuierung beauftragt sei – dem Führer vor 8–10 Wochen einen Vorschlag vorgelegt habe, der nur deshalb noch nicht zur Ausführung gelangt sei, weil das Generalgouvernement z. Zt. nicht in der Lage sei, einen Juden oder einen Polen aus dem Altreich aufzunehmen.

Der Vertreter des Generalbaurats Speer gab bekannt, daß zur Zeit in Berlin 20000 Wohnungen von Juden benützt werden. Diese Wohnungen benötige Speer als Reserve für Freimachungen bei evtl. größeren Fliegerschäden und später für Freimachungen von Wohnungen, die bei der Neugestaltung Berlins abgerissen werden müssen.

In Berlin bestehe zur Zeit ein Mangel von 160000 bis 180000 Wohnungen. Das Ergebnis der Aussprache war, daß Pg. Eichmann gebeten wurde, für Gauleiter Goebbels einen Vorschlag zur Evakuierung der Juden aus Berlin auszuarbeiten.»[183]

Als man im Herbst 1941 den Plan in die Tat umsetzte, wurden Vertreter der jüdischen Gemeinde in die Gestapo-Zentrale zitiert, um ihnen den Beginn der Deportationen anzukündigen:

«Die Gestapo wollte die Evakuierung mit einer großen Wohnungsaktion zur Schaffung von Wohnungen für Nazifamilien verbinden, deshalb fand die Besprechung in Gegenwart der Leitung des Wohnungsamtes der Gemeinde statt. Die Beschaffung von Wohnungen für die Nazifamilien war allmählich zu einer brennenden Sorge für die Nazibehörden geworden. Luftangriffe hatten viele Häuser zerstört, die Einrichtung unzähliger neuer Büros hatte Wohnraum in Geschäftsräume verwandelt, und schließlich waren die Ansprüche der hochgekommenen Nazis, die oft aus ganz ärmlichen Verhältnissen kamen, so gestiegen, daß nur noch die verhältnismäßig guten jüdischen Wohnungen in den guten Gegenden Berlins sie befriedigen konnten.

Es wurde also angesagt, in welchen Häusern christlicher Besitzer den Juden die Wohnungen zu kündigen seien, und zwar sollte die Gemeinde den Mieter der Wohnung auffordern, die Wohnung aufzugeben. Die Gemeinde wurde beauftragt, neuen Wohnraum für die Betroffenen bereitzustellen, bzw. sie in anderen Wohnungen in jüdischen Häusern zuzusiedeln. Ferner wurde angeordnet, daß der Tempel Levetzowstraße zu einem Sammellager für ca. 1000 Personen herzurichten sei, eine Frist für die Einrichtung wurde angegeben, aber niemals ein Termin für die Evakuierung genannt.

Die Wohnungsaktion wurde durchgeführt, jedem ‹Gekündigten› wurde neuer Wohnraum zugewiesen, und ehe die Umzüge stattfinden konnten, war der 15. Oktober 1941 herangekommen. Beim frühen Anbruch der Dunkelheit erschienen in den Wohnungen der ‹Gekündigten› schlagartig je zwei Beamte der Geheimen Staatspolizei und forderten die Familien auf, die nötigen Sachen zusammenzupacken und ihnen zu folgen.»[184]

Geräumte Wohnungen in Hamburg sollten nach Anweisung des Reichsstatthalters in erster Linie «Bombengeschädigten und kinderreichen Familien zugute kommen». Einen «Zugang von ca. 1000 freien Wohnungen» versprachen sich die Behörden bis Weihnachten 1941 von der «Wegschaffung» von 5000 Juden. Der willkommene Zugang reichte aber bei weitem nicht aus, um die Verluste an Wohnraum zu decken, die durch die alliierten Bombardements eingetreten waren. Mehr als 1200 Wohnungen lagen im November 1941 bereits in Schutt und Asche. 2200 bis 2300 Wohnungen wurden als schwer beschädigt und 14000 als leicht beschädigt eingestuft. Im August 1942 zogen die Hamburger Behörden eine vorläufige Bilanz. In einer streng vertraulichen Niederschrift verbuchte die Sozialverwaltung die Daten der «Entjudung»:

«Große Hilfe waren die Judenwohnungen, Anfall insgesamt 1900 Stück, davon 570 kleine Ein- bis Zweizimmerwohnungen (Stiftswohnungen). Von den restlichen 1330 werden rund 130 für Unterbringung noch vorhandener Juden (privilegierte und nichtprivilegierte Mischehen) gebraucht, so daß nur 1200 Judenwohnungen für Bombengeschädigte direkt oder indirekt verfügbar geworden sind. Zahl der in Hamburg vorhanden gewesenen Judenwohnungen: 1933 = 34200, bis September 1939 sind 21500 ausgewandert. Von den verbleibenden 12700 sind noch 2000 ausgewandert und 5150 evakuiert worden. Außerdem von 1933 bis 1942 4100 gestorben. Jetzt noch vorhanden 1450, 1200 leben in Mischehen, 200 sind siech und krank und 50 als Pflege- und Verwaltungskräfte beim Jüdischen Religionsverband tätig.

Infolge der Belegung der jüdischen Stiftswohnungen werden noch ca. 400 Wohnungen verfügbar werden. Damit ist aber gesamter Vorrat aufgebraucht.»[185]

Im Angesicht des drohenden Untergangs bemühten sich die Repräsentanten des deutschen Judentums, die verbliebenen Existenz- und Überlebensräume abzusichern. Mit dieser Intention folgten sie den Anordnungen der Nationalsozialisten und übernahmen Aufgaben, die alsbald die beabsichtigte Schutzfunktion in ihr Gegenteil verkehrten. Die jüdischen Kultusgemeinden waren gezwungen, als Befehlsübermittler in Erscheinung zu treten und die administrativen Hilfsdienste zu leisten, die den Nationalsozialisten die Konzentrierung und Ausschaltung erleichterten. Wie beim Arbeitseinsatz waren sie verpflichtet, auch bei den lokalen Umzugs-Umsiedlungsaktionen mitzuwirken. Man half bei der «Erfassung» des Wohnraums, stellte die «Listen» zusammen und sorgte sich um die Erschließung neuer Unterkunftsmöglichkeiten. Das Verfahren in Berlin schildert Dr. Martha Mosse, die Leiterin der Wohnungsabteilung der jüdischen Gemeinde:

«Die Durchführung lag zunächst bei dem Generalbauinspektor und dem Hauptplanungsamt der Stadt Berlin. Auf Wunsch dieser Behörden und der Gestapo wurde die jüdische Gemeinde in die Räumungsverfahren eingeschaltet. Der Vorstand der Gemeinde war zur Mitarbeit bereit in der berechtigten Annahme, daß man viele Härten würde mildern können ... Bei der jüdischen Gemeinde wurde ... eine sogenannte Wohnungsberatungsstelle, die ich zu leiten hatte, eingerichtet, die den jüdischen Mietern, die ihre Wohnungen aufgeben mußten, behilflich zu sein hatte, anderes angemessenes Quartier zu finden. Die zu räumenden Wohnungen wurden von Fall zu Fall der jüdischen Gemeinde unter Auferlegung von Räumungsfristen bezeichnet. Die Wohnungsberatungsstelle konnte anhand des Katasters sowohl den jüdischen Hausbesitz wie auch die in diesen Häusern wohnenden jüdischen Mieter als Untermieter in diesen Wohnungen unterbringen. Hierbei wurde so großzügig wie möglich verfahren. Der Beruf der Mietparteien, die Familienzugehörigkeit, der Gesundheitszustand der Bewohner sowie die hygienischen Einrichtungen der Wohnung wurden berücksichtigt. Da Berlin über einen starken jüdischen Hausbesitz verfügte, konnte verhältnismäßig günstig verfahren werden ... Wenn die Parteien sich über die Untermietsätze nicht einigen konnten, vermittelte die Wohnungsberatungsstelle. Solche Differenzen kamen aber selten vor. Auch schickten sich die meisten Parteien in ein friedliches Zusammenleben. – Diese Praxis wich merklich von der in Wien ab, wo die Juden in wenigen Wohnungen zusammengepfercht wurden ... Große Verelendung, Krankheiten und Ungeziefer waren die Folge.»[186]

Eindringlich – und wiederholt – wurden die Gemeindemitglieder ermahnt, den behördlichen Anweisungen Folge zu leisten. Mit aller Sorgfalt mußten sie die Miet- und Untermietsbücher führen. Die Besichtigung eines «freien Raumes» durfte nur mit amtlicher Anweisung vorgenommen werden. Wohnungsschlüssel waren an einem bestimmten Platz zu hinterlegen, um den Kontrolleuren jeder Zeit den Zutritt zu ermöglichen. Die Kultusgemeinde in München erinnerte im Juni 1940 ihre Mitglieder daran:

«Jeder Wohnungswechsel, auch von Untermietern und von Juden, die in Pensionen leben, bedarf der Genehmigung durch den Herrn Beauftragten des Gauleiters. Die Vorschläge sind über das Wohnungsreferat einzureichen. Solange keine Zustimmung des Herrn B.d.G. vorliegt, ist jeder Wechsel einer Wohnung unstatthaft.»

Im Oktober 1940 hieß es in den Mitteilungen der Israelitischen Kultusgemeinde München:

«Der Herr Beauftragte des Gauleiters hat uns neuerlich zur Auflage gemacht, die Wohnräume daraufhin zu prüfen, ob die Vorschriften über die zahlenmäßige Unterbringung genau eingehalten sind. Die Anordnung geht dahin, daß alle irgendwie geeigneten Räume mit mindestens 2 und, soweit größere Räume in Betracht kommen, mit 3 Personen zu belegen sind.»[187]

Ebensowenig fehlte es an Appellen, die Umsiedlungsaktionen tatkräftig zu unterstützen. Man bat um Geldspenden für Umzugs- und Instandsetzungskosten. Im Oktober 1941 erging an die Juden in Württemberg und Hohenzollern ein Aufruf durch die Kultusvereinigung:

«Die Umsiedlung der Juden in Württemberg und Hohenzollern ist im Gange. Die jüdische Kultusvereinigung ist bemüht, die neuen Wohnstätten zweckmäßig herrichten zu lassen. Es ist unumgänglich notwendig, daß größere bauliche Veränderungen, Instandsetzungen und Einrichtungen vorgenommen werden, um die Wohnungen den neuen Zwecken dienstbar zu machen: Dazu brauchen wir Geld, denn auch die Umzugskosten für die Unbemittelten müssen aufgebracht werden.

Diese großen Ausgaben können und dürfen unmöglich aus dem laufenden Etat bestritten werden und wir mußten uns deshalb entschließen, zur Beschaffung der notwendigen Mittel eine freiwillige Sammlung als Notopfer mit Genehmigung der Behörden durchzuführen. Es ist die sittliche Pflicht der Juden Württembergs und Hohenzollerns, sich an dieser Sammlung nach festgelegten, den Vermögensverhältnissen entsprechend gestaffelten Sätzen mit aller Kraft zu beteiligen.

Das Geld bleibt in Württemberg und Hohenzollern, um so mehr erwarten wir, daß jeder Jude freiwillig den Betrag leistet, der von ihm gefordert wird.

Wir verlangen ein Vermögensopfer und appellieren an die Opferbereitschaft der Juden.»[188]

Das tat man auch in München, wo für die beiden «Judenlager» in Milbertshofen und Berg am Laim Einrichtungsgegenstände benötigt wurden.

Am 30. September 1940 erließ die Kultusgemeinde einen entsprechenden Aufruf:

«Wir wenden uns an alle Mitglieder der Reichsvereinigung der Juden in Deutschland und unsere Kultusgemeinde mit der Bitte, die neugeschaffenen Wohnanlagen ‹Judensiedlung Milbertshofen› und ‹Heimanlage für Juden Berg am Laim› tatkräftigst zu fördern und zu unterstützen. In beiden Anlagen müssen Krankenzimmer, bzw. Sanitätsbaracken eingerichtet werden. Zur Vervollständigung des Küchenbetriebes und der Wohngelegenheiten ist Hausrat jeder Art dringend benötigt. Wir brauchen:

Matratzen 80/190 cm	Krankenpflegeartikel
Kopfkeile	u. -Geräte
Oberbetten	Küchengeschirr
Kopfkissen	u. -Geräte
Wolldecken	Küchenmöbel
Bettbezüge	Teller
Leintücher	Tassen
Durchzüge f. Gummieinlagen	Eßbestecke
Krankenhemden	Reinigungsgeräte aller Art

Aus Anlaß der Entmietungen werden in den jüdischen Wohnungen manche Einrichtungsgegenstände frei, die in den neu erstehenden Siedlungen gut gebraucht werden können. Wir bitten, zu überlegen, ob in den Wohngemeinschaften nicht viel überflüssige Einrichtungsgegenstände angesammelt sind, die in den Siedlungen besser zu verwenden wären ...

Helfen Sie mit, allen denen, welche die Siedlungen beziehen müssen, ihre Unterkunft zu erleichtern und zu verbessern.»[189]

Kurz vor ihrer Einweisung wurden die Juden in das Büro der Münchener Kultusgemeinde in der Lindwurmstraße 125 gebeten. Man kündigte ihnen die bevorstehende «Umsiedlung» an. In schriftlicher Form wurden sie dann über alle Einzelheiten instruiert, die es zu beachten galt. Die Richtlinien illustrieren, mit welcher bürokratischen Perfektion die Umzüge abgewickelt und unter welchen Auflagen der Weg in die neuen Zwangsbehausungen angetreten wurde:

«Unter Bezugnahme auf die mit Ihnen geführte Unterredung machen wir Sie anläßlich Ihres in wenigen Tagen stattfindenden Umzuges nach Berg am Laim auf folgende Einzelheiten aufmerksam:

1. Soweit Sie nicht bereits im Besitz einer 2- oder 3-teiligen Auflege-Matratze sind, müssen Sie sich diese umgehend selbst beschaffen, da wir augenblicklich keine Möglichkeit haben, Ihnen eine solche zur Verfügung zu stellen. Sprungfedern-Matratzen kommen jedoch keineswegs in Frage. Als Notbehelf stellen wir anheim, ein Plumeau oder eine andere geeignete Unterlage (Kissen aller Art!) zu verwenden, bis Sie durch Ihre Bemühungen (Altkauf usw.) eine richtige Matratze finden.

2. Ihre Matratzen werden durch die Firma Ostermaier untersucht und gegebenenfalls am Tage des Umzugs zur Desinfektion abgeholt und am gleichen Tage nach Berg am Laim geliefert. Die Kosten gehen zu Ihren Lasten.

3. Aus der Anlage ersehen Sie, welche Gegenstände Sie mitbringen dürfen. Es ist keinesfalls gestattet, andere als die aufgeführten Sachen mitzubringen.

4. Soweit Sie Ihre Sachen nicht anderweitig unterbringen können, sind wir notfalls bereit, ohne jede Haftung eine Kiste oder andere Gepäckstücke im Gesamtumfang von höchstens 1 cbm aufzubewahren. Deutliche Beschriftung ist erforderlich; Anhängezettel genügen nicht.

5. Nicht benötigte Kleidung, Schuhwerk, Bettwäsche, Leibwäsche, Strümpfe und dergleichen können unserer Kleiderkammer übergeben werden.

6. Sobald Ihnen die schriftliche Einweisung nach Berg am Laim zugeht, können Sie sich wegen eines etwaigen Transportes Ihres Gepäckes täglich während unserer Dienststunden (sonntags 9½ bis 12½ Uhr) mit uns in Verbindung setzen. Die Kosten des geplanten Sammeltransportes werden anteilmäßig umgelegt.

7. Die Anmeldung zu einem Gepäck-Transport oder zur Einlagerung muß spätestens am Vortage des Umzugs bis 11 Uhr erfolgt sein. Melden Sie sich nicht an, so nehmen wir an, daß Sie Ihren Umzug ohne unsere Mitwirkung durchführen.

8. Soweit Sie bisher Untermieter waren, müssen Sie Ihren Hauptmieter darauf aufmerksam machen, daß er Ihre polizeiliche Ummeldung nach München 8, Clemens-August-Straße 9, auf der in allen Schreibwarengeschäften erhältlichen Meldekarte vornimmt. Falls Sie bisher Hauptmieter waren, ist der Hauseigentümer zur Ummeldung zu veranlassen. Ummeldung beim Postamt, Devisenstelle usw. nicht vergessen!

9. Straßenbahnverbindung: Linie 1 bis Berg am Laim/Baumkirchnerstraße.

10. Neben Ihren Personalpapieren müssen Sie Ihre Lebensmittelkarten mitbringen. Für Verpflegung ist gesorgt, gegen die Mitnahme von Mundvorrat bestehen keine Bedenken.

11. Die für Unterkunft und Verpflegung anfallenden Kosten werden noch geregelt.

Mit vorzüglicher Hochachtung
Karl Israel Stahl. Julius Israel Hechinger.

Anlage zu Punkt 3 des Rundschreibens

Liste

1. der Gegenstände, die mitgebracht werden müssen:
a) 1 zwei- oder dreiteilige Auflegematratze
b) mehrere Decken – 1 Oberbett – 1 bis 2 Kissen – Bettwäsche ×) (möglichst mehrfach)
c) Handtücher ×)
d) 1 Mundglas, Zahnbürste, Seife usw.
e) 1 flachen Teller, 1 tiefen Teller, 1 Eßlöffel, 1 Teelöffel, 1 Messer, 1 Gabel, 1 Tasse, 1 Glas (evtl. 1 Krug)
f) 1 Taschenlampe – 1 Vorhängeschloß mit Schlüsseln
g) Kleider- und Schuhputz-Utensilien – Kleiderbügel
h) 1 Wäschebeutel für schmutzige Wäsche
i) 1 bis 3 Koffer (Höchstmaß 80 × 80) mit Kleidung, Schuhwerk, Leibwäsche

---

Wäsche – wenn möglich – mit Namen zeichnen, keine Nummern.

Falls Sie die mit einem ×) versehenen Stücke nicht besitzen, können Sie bei unserer Kleiderkammer (Zimmer 27) Antrag auf Belieferung stellen.

2. Gegenstände, die für die Gemeinschaft mitgebracht werden können:
a) Tische × ×) – Stühle × ×) – (keine Polsterstühle!) Hocker × ×) – Schemel × ×)
b) Nachttische – Kommoden ohne Aufsatz
c) Tischdecken – Wachstuch – Schlafdecken – Bettwäsche – Hand- und Küchentücher – Wisch- und Putztücher × ×) – Matten × ×) – Läufer × ×)
d) Hausapotheken – kleine Wandspiegel – Aschenbecher
e) Eimer × ×) – Staubsauger – elektr. Koch- und Heizapparate – Glühbirnen (220 Volt) – Nachttischlampen – elektr. Bügeleisen
f) Kleiderbügel – Kleiderhaken – Werkzeugkasten mit Inhalt
g) Papierkörbe × ×) – Waschkörbe – Mappen – Rucksäcke
h) Thermosflaschen – Thermosgeschirr
i) Besenkasten × ×) – Schrubber × ×) – Blocker × ×) – Klopfer
k) Putzmaterial jeder Art – Klosettgarnituren
l) Eisschränke – Vorratsschränke × ×) – Regale × ×) – Zuber – Staffeleien
m) Wäscheleinen – Wäscheklammern
n) Küchen- und Dezimalwagen
o) große Kochtöpfe – Schüsseln × ×) – Teller jeder Art × ×) – Tassen × ×) – Gläser × ×) – Bestecke × ×) – Kellen × ×) – große Kannen × ×) – Waschwannen × ×) usw.

Die mit × ×) versehenen Gegenstände werden dringend benötigt. Es werden jedoch nur Sachen angenommen, die sich in einem einwandfreien und gebrauchsfähigen Zustand befinden.

Gegen die Mitnahme von Fahrrädern bestehen keine Bedenken.»[190]

Helfer aus der jüdischen Gemeinde boten sich freiwillig an, den Lagerbetrieb zu übernehmen. Else Behrend-Rosenfeld, die später in den Untergrund ging und in die Schweiz entkam, kümmerte sich um die Wirtschaftsführung und die Betreuung der Frauen in der «Heimanlage» Berg am Laim:

«Ich sagte zu, in der Hoffnung, trotz aller Schikanen, denen auch dieses Ghetto von seiten der Partei sicherlich ausgesetzt werden würde, unseren Menschen helfen zu können, manche Schwierigkeiten zu lindern oder zu überwinden ... Aber wir hatten keinerlei Personal für den Betrieb, alle unsere Insassen, bis auf diejenigen, die von den Nazi selbst als arbeitsunfähig oder zu alt erklärt wurden, hatten in den Fabriken 10–11 Stunden schwer zu arbeiten. Nur die im Haus zurückgelassenen durften bei Reinigungs- und Küchendienst mithelfen ... Meine Mitarbeiter waren der Hauptlehrer Arnold aus Franken, philosophisch gebildet, strenggläubig und orthodox, der die Betreuung der Männer und die regelmäßigen Mitteilungen bei Gestapo und Partei erledigte. Heilbronner, früher Besitzer eines Münchener Uhrengeschäftes, hatte die sehr wichtige finanzielle Arbeit, die Buchführung und mit mir den Einkauf der Lebensmittel in den uns zugewiesenen Geschäften unter sich und – last not least – Abeles, ehemaliger Besitzer der Zigarettenfabrik in der Lindwurmstraße, die ab November 1938 Sitz der jüdischen Gemeinde wurde, war der außerordentlich geschickte Praktiker, der mit allem Technischen vertraut war und auch Reparaturen ausführte. Ohne ihn hätten wir unsere Pläne für alle Neueinrichtungen und Umbauten kaum so sachverständig machen können.»[191]

Ghettoisierung als Vorstufe der Vernichtung

Der Entzug der Wohnung hinterließ seine Spuren. Mit dem Auszug nahmen die Juden Abschied von einem Ort, mit dem sie lange und tief verwurzelt waren. Nach der Machtübernahme der Nationalsozialisten hatten sie sich wenigstens noch in die relative Geborgenheit ihrer häuslichen Umgebung zurückziehen können, um den öffentlichen Diffamierungen und Diskriminierungen zu entgehen. Diese Zufluchtsstätte existierte nicht mehr. Altvertraute Möbel und Einrichtungsgegenstände blieben zurück. Bücher und Bilder gingen verloren. Haustiere durften nicht mitgenommen werden. An den Wohnungen hafteten die Erinnerungen an Kindheit und

Schulzeit, an Beruf und Familie. Es kam vor, daß Juden zu ihren Wohnungen zurückkehrten, um sie von außen anzusehen. Der Verlust löste Trauer und Tränen aus. (Und diese Gefühle empfanden auch viele Jahre später noch die Juden, die rechtzeitig ausgewandert waren und nach langen Jahren des Exils wieder an die Stätten ihrer Kindheit zurückkamen.) Mit Schmerzen nahmen sie Abschied von Familienangehörigen. Die Auswanderungswellen hatten bereits viele jüdische Familien zerschnitten. Die Wohnungsräumungen setzten den Verfall fort. Alte und Gebrechliche verschwanden in den «Altersheimen», andere Familienmitglieder zogen in Pensionszimmer, «Judenhäuser» oder Barackenlager um. Wer das Privileg besaß, vorerst in seiner eigenen Wohnung bleiben zu dürfen, nahm häufig Verwandte und Bekannte auf. Zu ihnen stießen bald Fremde hinzu: Alleinstehende, Ehepaare oder Familien mit Kindern. Sie alle mußten sich in den heterogenen Wohn- oder Lagergemeinschaften «einordnen» und in erbärmlichen Wohn- und Lebensräumen ausharren, bis – nach dieser Präparierung – ihre Existenz vollends ausgelöscht wurde. Darüber gibt es Berichte.

Die Liebmanns – ein älteres Malerehepaar – fanden in einem Pensionszimmer in der Münchener Akademiestraße Unterkunft:

«Der Wohnraum ... war wirklich nicht gemütlich. Nicht daß er unsauber gewesen wäre, oder auch nur unaufgeräumt. Das war durchaus nicht der Fall. Aber eine Unzahl von Koffern, Pappkartons und kleinen Kisten, sogar auf Kästen und Kommoden aufgetürmt, füllte jeden Winkel aus und verstellte alle Wege. Die Möbel, mit denen sie nach der Vertreibung aus ihrer früheren Wohnung nichts mehr anzufangen wußten, lagerten bei einem Spediteur, weil sie in dem möblierten Pensionszimmer nicht mehr aufgestellt werden konnten. Alles was sie früher in vielen Schubladen und Kästen verwahrt hatten, Kleider, Wäsche, Schuhzeug, ihre Bücher und das umfangreiche Maler- und Radierer-Handwerksgerät, all das war nun in dem Kunterbunt der Pakete und Kisten verpackt. Sarkastisch nannte Alexander Liebmann seine Behausung sein Nachtasyl ... Mit Tränen in den Augen zeigte er mir eines Tages seine deutschen Kriegsorden. Dabei stellte er mir die Frage: ‹Und ich soll nun plötzlich kein Deutscher mehr sein?›»[192]

Joel König besuchte in Berlin seine Eltern, die Anfang 1940 zur Untermiete in die Wohnung eines ehemaligen jüdischen Geschäftsmannes in der Nähe des Hansaplatzes gezogen waren:

«Die eineinhalb Zimmer der Wohnung waren so vollgestopft, daß man sich zwischen den Möbeln durchschlängeln mußte. Tizians Lavinia blickte aus der Zimmerecke heraus, in der Mutter auf einem Spirituskocher das Mittagessen kochte. Die Kohlenzuteilung reichte nicht hin, um die Zimmer warm zu halten. Mein Vater hängte sich eine Flanelldecke über die Schultern und hielt sich viel in der Nähe des schlecht geheizten Ofens auf.

Trotz der Enge und Kälte waren meine Eltern froh, daß sie diese Wohnung hatten.»[193]

Andere klagten über die unerträgliche Enge, in der die Juden zusammengepfercht waren:

«Meine Mutter und ich lebten ... in einer 5½ Zimmerwohnung mit 11 anderen Menschen zusammen, die alle eine einzige Küche, Bad und Toilette zu teilen hatten. Der Befehl, seine Wohnung zu räumen, erging meist von einem Tag zum andern, und um sich bereit zu halten, begannen viele Juden, ihr Mobiliar zu verkaufen.»[194]

Nicht anders als in Berlin sah es überall aus. Ein Bericht aus Gleiwitz:

«Die Juden mußten eng in ihren Wohnungen zusammenrücken, jede Familie durfte nur ein Zimmer haben, in manchen Wohnungen lebten bis zu sieben Familien. Nur einige noch Juden gehörige Häuser durften bewohnt werden. Die Juden, die in privilegierten Mischehen lebten, durften in Privatwohnungen bleiben, die nichtprivilegierten, es waren vier, darunter meine Familie, mußten in das Judenhaus, das frühere Gemeindehaus Niederwallstraße 9 ziehen.»[195]

Theodor Tuch hinterließ eine Beschreibung der Lebensumstände in einem Judenhaus in Hamburg:

«Die Juden müssen jetzt alle ... in Häusern wohnen, die einem Juden gehören und zwar meistens in der Grindelgegend. Ganze Stadtteile sind von Juden befreit. In einem Zimmer wohnen gewöhnlich 2 Personen. Ihr könnt Euch das schwer vorstellen. Dora z.B. ist mit Paul's Schwiegermutter zusammengezogen. Ein Zimmer etwa 3×4 m groß. Ihr könnt Euch selbst ausrechnen, wie viel Bewegungsfreiheit sie haben. Schlafen, essen, waschen. Die Kissen von der Couch abpacken, wohin damit? In dieser 3-Zimmerwohnung sind 5 oder 6 Personen. Dazu eine Küche, wo auch die Wäsche trocknet. Auf dem schmalen Korridor stehen 4 Schränke. In diesen ist der Rest des Besitzes, den man den Leuten gelassen hat. Alles andere mußte verauktioniert werden usw.»[196]

Es gab Unterkünfte, die noch erbärmlicher waren. In Hannover sperrte man fast 100 Menschen in das Haus Bergstraße 8 ein, das von der Gemeinde unter dem Namen «alte Synagoge» geführt wurde:

«... Es lagen dort weit über 100 Menschen. Genau kann ich die Zahl nicht mehr schätzen. Ich weiß nur noch, daß Bett an Bett bzw. Liegestatt neben Liegestatt war. Ein Teil der dort Untergebrachten hatte nur Matratzen mitgebracht. Die Belegung war so eng, daß zwischen den einzelnen Liegestätten nur vereinzelt ein schmaler Gang blieb und die übrigen Untergebrachten über die Betten ihrer Nachbarn zu ihren Betten klettern mußten. In dem Raum war auch eine Galerie, die ebenfalls belegt war. Von dort konnte man alles beobachten, was unten vor sich ging. Es waren Männer, Frauen und Kinder, alles durcheinander untergebracht. Die sanitären Verhältnisse spotteten jeder Beschreibung.

Gekocht wurde gemeinschaftlich. Ich glaube in der Waschküche. Für Tische und Stühle war kein Platz vorhanden. Das ganze Leben spielte sich auf den Betten ab. Die Stimmung unter den dort Untergebrachten war dementsprechend verzweifelt. Es kamen auch mehrere Selbstmorde vor. Ich erinnere mich persönlich an vier Fälle ... Tagsüber hatten wir Bewegungsfreiheit. Von 8 oder 9 Uhr abends mußten wir im Hause sein. Es fanden wiederholt Anwesenheitskontrollen durch die Gestapo statt. Zu Ausschreitungen ist es dabei meines Wissens in dem Hause Bergstraße nicht gekommen. Ein großer Teil von den Bewohnern des Hauses, zu denen auch ich gehörte, wurde im Dezember 1941 nach Riga abtransportiert ... Wir Frauen haben besonders unter der jeder Moral Hohn sprechenden Art der Unterbringung gelitten, weil uns ja gar nichts anderes übrigblieb, als uns in Gegenwart der Männer auszuziehen und zu waschen usw.»

Qualvolle Enge herrschte in dem hannoverschen «Judenhaus» Ohestraße 8/9, in dem zuvor die «Zentralstelle für Wohlfahrtspflege», eine Notstandsküche sowie ein Kinderhort untergebracht waren. Etwa 200 Menschen wurden hier zusammengepfercht. Dazu Müller-Fehn:

«Es war so wie ein schlimmstes Flüchtlingslager: große Räume mit Dekken abgeteilt und Stricke durchgespannt. Ich schätze, jede Familie hatte bestimmt keine 20 Quadratmeter, auch wenn es vier oder fünf Personen waren. Dort war kein Platz, um ein Tischchen in diese Ecke zu stellen, sondern nur für Matratzen, auf denen sie schliefen.»

In der Leichenhalle des jüdischen Friedhofs mußten zeitweilig 150 Männer, Frauen und Kinder leben. «Gedrängt wie die Heringe» vegetierten sie in einem Raum, der mit Eisenbetten ausgefüllt worden war.[197]

In diesen Behausungen hatten die Eingeschlossenen zu «warten», bis sie zur «Evakuierung» aufgerufen wurden. Die Wartezeit, die Ungewißheit und Angst vor dem Abtransport wurden für viele zur Qual. Hinzu kam die Angst vor Besuchen fanatischer Antisemiten. «Judenhäuser» waren für Angehörige der NSDAP wie der Gestapo beliebte Orte, an denen sie ihren Judenhaß in Brutalitäten entladen konnten. «Kontrollgänge» boten sich an, um mit Anpöbeleien, Ausplünderungen und Mißhandlungen nationalsozialistische Gesinnung zu demonstrieren. Heinz Mayer erlebte es in Dresden:

«Das schlimmste ... waren die dauernden Haussuchungen. Die Wohnung sah nach einer Haussuchung einem Räuberstall ähnlich. Ich erinnere mich, daß man bei mir einmal sämtliche Möbel umgeworfen hatte. Außerdem wurde man vollkommen beraubt. Die Gestapo fuhr mit einem Wagen vor und nahm dann kofferweise mit. Die Leute wurden unheimlich geschlagen, besonders alte Menschen und am nächsten Tag noch zur Gestapo bestellt, wo die Schikanen fortgesetzt wurden. Man ließ dort alte Frauen einen Haufen Kohlen von einer Seite zur anderen des Hofes mit den Händen transportieren und beschäftigte sie dadurch mitunter den ganzen Tag, ohne Essen. Frau Müller und Frau Friedmann mußten einmal ein Auto waschen und wurden bei der Arbeit ununterbrochen mit einem Wasserschlauch bespritzt. Fam. Perl war besonders heimgesucht, bis man sie endlich auf Transport nach Theresienstadt schickte, was für sie eigentlich eine Erlösung bedeutete.»[198]

Ähnliches schildert Alfred Jonas für Hannover:

«... Ungefähr zehn bis 14 Mann mußten im Keller zurückbleiben. Ich kann wohl sagen, daß ich fast jedesmal zu den Leidtragenden gezählt habe, ... Bremer ließ uns zur Wand kehrt machen, er schrie dann: ‹Bükken, Schabracken hoch!› Er schlug dann mit einem Stock auf uns ein. Ein beliebtes Verfahren des Bremer bestand auch darin, daß er den schwächlichen F. ... nach Schlägen zwang, uns zu schlagen. Einmal hatten wir sämtliche Stöcke und Besenstiele im Haus versteckt. Nonne nahm in seiner Wut einen Liegestuhl, zerbrach ihn und schlug mit den Vierkanthölzern auf uns ein ... Wie F. das erste Mal auf uns einschlagen mußte, war ich das Versuchskaninchen. An mir zeigte Bremer, wie geschlagen werden mußte, und an mir mußte F. zeigen, ob er in der Lage war, mich und meine Kameraden zu schlagen. Ich habe damals 14 daumendicke Striemen auf dem Gesäß gehabt. Ich konnte nicht liegen, nicht stehen und nicht sitzen ...»[199]

So sind auch deutsche Juden vor ihrer Deportation durch eine Phase der «Ghettoisierung» gegangen, in der sie die Ächtung und Verbannung – den vollzogenen Ausstoß aus einer Gesellschaft erfuhren. Mit dieser Erfahrung traten sie die letzte Reise an. Und noch etwas anderes nahmen sie auf ihrem Weg zu den Vernichtungsstätten mit. Es war das Bewußtsein, zu einer jüdischen Schicksals- und Leidensgemeinschaft zusammengeschlossen worden zu sein. Diese Gruppenbindung und -identität legte sich nicht zuletzt auch über die Animositäten, Spannungen und Zusammenstöße, die in den isolierten, engen und überfüllten Pensionszimmern, «Altersheimen», «Judenhäusern» und Barackenlagern zutage getreten waren. Else Behrend-Rosenfeld bezeugt das für die «Heimanlage» Berg am Laim:

«Wir 320 jüdischen Menschen waren auf engstem Raum in zwei Stockwerken zusammengepfercht, unten im Erdgeschoß die Männer, im ersten Stock die Frauen. Natürlich mußte es zu Reibereien kommen bei den so unendlich verschiedenen, überarbeiteten, voller Sorgen und Angst um Angehörige und die Zukunft erfüllten Menschen, obwohl wir vier uns die größte Mühe gaben, möglichst zusammenpassende Menschen auf die einzelnen Räume zu verteilen. Aber je voller wir wurden, desto schwieriger wurde dies Problem. Orthodoxe und Liberale, katholisch und evangelisch Getaufte, ehemals Reiche und Arme, Hochgebildete und aus ganz einfachen Kreisen Stammende, mußten miteinander leben und auskommen. Und nicht alle, wie selbstverständlich, waren guten Willens. Wir versuchten immer wieder unser Bestes, zu vermitteln, und dann zeigte sich, ...

daß es gelungen war, was wir erstrebt, aber allein nie hätten zuwege bringen können: ‹Wir waren in Berg am Laim eine echte Gemeinschaft geworden.›»[200]

Ausweg und Abschied

Als die Deportationen begannen, leisteten nicht wenige Sternträger Widerstand. Sie widersetzten sich den Befehlen der Nationalsozialisten, überhörten die Warnungen der Reichsvereinigung, überwanden die eigenen Angstbarrieren und entschlossen sich unterzutauchen. Mehr als 10000 deutsche Juden bemühten sich um ein Versteck – 5000 waren es allein in Berlin.

Die Flucht führte aber nicht nur in die Untergrundexistenz im Innern, sondern auch über die Landesgrenzen; sie brachte eine radikale Veränderung der Lebensumstände, der räumlichen und menschlichen Umgebung mit, war mit dem Verzicht auf primitivste Lebensbedürfnisse verbunden. Zu ertragen waren diese seelischen und körperlichen Belastungen, weil die Flüchtenden auf ein Leben nach der Verfolgung hofften, von der sie sicher waren, daß sie eines Tages enden würde. Viele deutsche Juden glaubten indes, daß sie diesen Belastungen nicht gewachsen seien, daß sie das Ende dieser Zeit des Hasses und der Verfolgung nicht erleben würden. Sie entschieden sich in dieser für sie ausweglos scheinenden Situation für die extremste Form der Flucht: Sie gaben sich selbst den Tod. Es ist kaum zu ermessen, was das für einen gläubigen Juden bedeutete, aber auch für Juden ohne besondere religiöse Bindung war ein solcher Entschluß Ausdruck äußerster Verzweiflung.

Von Beginn an hatte der nationalsozialistische Terror bereits zahlreiche Juden in den Freitod getrieben. Suizide und Suizidversuche stiegen nach dem «Judenboykott» vom April 1933, dem Anschluß Österreichs und während der Novemberereignisse von 1938 an. In der Deportationszeit erreichten sie ihren Höhepunkt. Eine «Selbstmordepidemie» brach aus, die jede Gemeinde erfaßte. Zwischen 3000 und 4000 lag die Zahl der Opfer. Das waren mehr als 2% der deportierten Juden (134000). In Berlin lag der Anteil bei 4%. Charakteristisch war die soziale Herkunft, die Zugehörigkeit zum unteren und gehobenen Bürgertum. Gerade diese stark assimilierten und akkulturierten Juden hatten fest an die Existenz einer deutsch-jüdischen «Symbiose» geglaubt. Mit ihrem Freitod nahmen sie Abschied von dieser zertrümmerten Lebensgemeinschaft. Die meisten warteten bis zum letzten Moment, bis die Deportationsbescheide eintrafen. Dies war die letzte und entscheidende Krise, in der sie zutiefst das Gefühl des Ausgestoßenseins aus der deutschen Gesellschaft und des Verlustes erfuhren. Die jüdischen Selbstmörder waren alt – im Durchschnitt 65 Jahre. Viele hatten oft schon Jahre zuvor Abschied von ihren Kindern und Enkelkindern genommen, denen der Entschluß zur Auswanderung leichter gefallen, oder genauer, leichter geworden war. Alleinstehende Elternteile und Ehepaare stellten den Hauptanteil der Selbstmörder. Zeitgenössische Quellen, die über den Selbstmord berichten, halten die sorgfältigen Vorbereitungen, die Gespräche oder die Erinnerungen an die Kindheit oder die ausgewanderten Kinder fest. Sie enthüllen auch, daß sich die deutschen Juden in den letzten Stunden vor ihrem Tod noch einmal in die deutsch-jüdische Lebensgemeinschaft zurückzogen. Sie suchten Trost bei den deutschen Klassikern. Sie nahmen Abschied von den Werken Goethes und Schillers und von der Musik Bachs und Beethovens. Dieses Bewußtsein, diese letzte Hinwendung zu den Kräften und Werten, die das geistige und moralische Leben der deutschen Juden geprägt hatten, wird in vielen Zeugnissen deutlich. Camilla Neumann schreibt:

«16 Tabletten hatte ich schon, damit konnte man aber nichts beginnen, zumal ich Ludwig auf keinen Fall allein zurücklassen wollte. Veronal war damals ein begehrter Artikel, die Juden gaben 1000 RM für 30 Tabletten. Es gab ja noch andere Möglichkeiten, aus dem Leben zu gehen, und ich sprach mit Ludwig darüber. Ludwig wollte nicht und hatte viele Einwände. Zuerst sagte er: ‹Es wäre doch paradox, wenn man sich aus Angst vor dem Tode das Leben nehmen würde.› Und dann sagte er immer wieder, daß er Ursel (die Tochter) wiedersehen möchte und sich durch Selbstmord nicht um diese Möglichkeit bringen wolle. Ludwig wollte sich einfach nicht auf den Boden der Tatsachen stellen und wartete immer noch auf das ‹Wunder›. Dabei litt er auch furchtbar, denn er konnte es einfach nicht fassen, daß das deutsche Volk es soweit hatte kommen lassen. Er begriff nicht, daß ein Volk, das Menschen wie Bach, Beethoven und Goethe hervorgebracht hatte, nun einem Hitler, Himmler und Goebbels huldigte.»[201]

Am 1. Juli 1942 schreiben Hugo und Else L. einen für den äußersten Fall gedachten vorsorglichen Abschiedsbrief:

«Wir werden auch weiter versuchen durchzuhalten, aber sollten Dinge an uns herantreten, die den sicheren Tod im Gefolge haben, so werden wir unserem Leben selbst ein Ende bereiten, jedenfalls haben wir für genügend Veronal gesorgt. Auch dieser Schritt ist bitter schwer, und wir glauben, ihn mit Rücksicht auf Euch nicht tun zu dürfen, aber ich bin der Überzeugung, daß auch Euch der Gedanke leichter sein muß, daß wir kurz und schmerzlos sterben, als daß wir langsam qualvoll und elendig zu Grunde gehen. Wir sind beide nicht mehr jung und gesund genug, um ein Leben ohne jede Pflege, ohne einigermaßen geeignetes und genügendes Essen, in Kälte und Dreck eingepfercht mit vielen Menschen in engsten Räumen und brutalster Behandlung durchhalten zu können ... Inzwischen sind einige Wochen vergangen, viele Bekannte sind bereits evakuiert und leben vielleicht nicht mehr, auch uns wird das Schicksal ereilen, nur der Termin ist uns noch unbekannt.»[202]

Manche planten ihren Freitod lange im voraus, um ihn dann ausführen zu können, wenn ihre Situation aussichtslos war:

«Man hat die, die sich mit Veronal töteten, gar nicht richtig bedauert. Eher hat man schon den Mut bewundert, wenn sich einer entschied, dieses Leben, das keines mehr war, nicht weiterzuführen. Eine Frau in der Rüstungsfabrik, in der ich Zwangsarbeit machen mußte, verkaufte ihren Perserteppich. Davon kaufte sie sich Schlafmittel. Als ihr dann die Liste zugeschickt wurde, war sie überhaupt nicht aufgeregt ... Als sie am nächsten Tag nicht mehr in der Fabrik erschien, war uns allen klar, sie hat eben ihre Lösung gefunden.»

Am 19. August 1942 nahm sich die 80jährige Helene Waldeck im Jüdischen Krankenhaus von Mannheim das Leben. Sie hinterließ diesen Abschiedsbrief:

«Ich scheide freiwillig aus dem Leben, das ich nicht mehr ertragen kann. Es ist zu viel für einen Menschen von 80 Jahren, der stets anständig durchs Leben ging. Hoffentlich gelingt mir mein Vorhaben, ich habe die Tabletten schon viele Jahre bei mir, schon bei dem Freitod meiner Tochter, mit der ich damals hätte gehen sollen, da wäre mir viel erspart geblieben. Dem Hause, in dem ich zuletzt versorgt war, danke ich für alles, die Pflegerinnen, die Herren, der Arzt waren fürsorglich und gut zu mir, aber gegen die Hetze waren sie machtlos. Daß ich meine Kinder nicht mehr sehe, erschwert mir mein Vorhaben, aber sie werden mich verstehen.»

In der Nacht vom 26. zum 27. August 1942 nahm sich die 83jährige Käte Mugdan in Berlin das Leben. Einige Tage zuvor hatte sie den Deportationsbescheid nach Theresienstadt erhalten und ihren Weg in den Freitod angekündigt. Seit 1893 war sie verwitwet, ihre drei Söhne waren früh gestorben, die beiden Töchter 1938/39 ausgewandert. Sie bat ihren Chemie studierenden Enkel, ihr den Selbstmord zu ermöglichen. Heinrich Mugdan erfüllte die Bitte. Er beschreibt die letzte Zusammenkunft:

«... sie erzählte von früher, von ihrer glücklichen Kindheit, ihrer liebreizenden Mutter; dann sprach sie von ihren eigenen Kinderchen. ... Einmal fiel ihr der Theklamonolog ein, und wir suchten uns die Stelle im Wallenstein, d.h. sie suchte: erstaunlich, wie sie diese Dinge im Gedächtnis bewahrt hat. Den Wallenstein hatte sie noch kürzlich wieder gelesen. ‹100 Schiller-Gedichte habe ich auswendig gewußt und kann sie noch so ziemlich.› ... Dann wusch sie sich aufs gründlichste ... Sie zog ihr vorbestimmtes Sterbehemd an, flocht ihr Haar, nahm die Zähne heraus und legte sich zu Bett.

Vorher aber hatte sie noch lange mit erhobenen Händen um die Kraft zu diesem Letzten gerungen. ... Sie betete lange und hörbar, während ich mit schlechtem Gewissen am Fenster stand, die Verdunkelung hochzog und den vollen Mond ins Zimmer scheinen ließ ... Sie nahm eine starke Dosis Schlafmittel. ... Um vier Uhr muß ich sie wecken und trinken lassen. Die schrecklichen Minuten bis 4.13 Uhr. Die letzten Dienste. Die Stunden bis zum Morgen, wo ich noch bei ihr sein darf, sie umarmen. Die Kerze, die, fast verzehrt, noch immer flackert all die Zeit. Endlich, wie ich die Augen aufschlage, tagt es schon ... Großmutter lebt nicht mehr.»

Vom Tod eines älteren Ehepaares – auch hier waren die Kinder schon ausgewandert – berichtet Edith Wolff:

«Eines Tages, Ende Februar 1943, erschienen Herr und Frau Kleinberger bei uns abends zu einem kurzen Besuch, um sich zu verabschieden – wie zu einer Reise. Sie teilten uns mit, daß sie noch ein sehr gutes Abendessen zu sich nehmen wollten – bei Musik und Wein. Sie hatten die ‹Liste› bekommen und sich schon längst mit einem Gegenmittel versorgt. Wir verstanden sofort, daß dieses ‹Medikament› ein Gift war und daß es die Reise in den Tod war, die sie antreten wollten. Wir aber konnten nichts dagegen tun und nichts mehr dagegen einwenden. Wir konnten den beiden Menschen nur stumm noch die Hand drücken – und ihnen im Herzen nur noch eine gute Reise – ins Jenseits wünschen ... Erst nach drei Tagen fand man in der Wohnung die Leichen.»[203]

Die Zurückgelassenen harrten weiter aus und erlebten in Verzweiflung, Angst und Trauer die Liquidation ihrer Familien, ihrer Freunde und Gemeinden. Willy Calm überlebte als einziger Jude in Halberstadt. Nach dem Krieg schrieb er an Hermann Schwab nach London einen Brief, in dem er die Schreckenszeit der letzten Monate schildert:

«... Seit dem 12.4. 1942, an dem alle Juden unter 60 Jahren nach dem Osten verfrachtet wurden, ohne jede Verbindung mit der Außenwelt, wuchs die Angst und die Verzweiflung der Zurückgebliebenen von Tag zu Tag. Es gab nur noch endlose, öde Tage und endlose, schlaflose Nächte und tief im Herzen doch noch immer die Hoffnung, daß sich ein Wunder ereignen werde. Noch gab es einen Betraum. Der Schamasch, Herr Joseph Bachmann, ein Mann von 76 Jahren, hatte die Leitung der ‹Gemeinde› übernommen. Mit dem Rest der Sifre Thora ging er von Platz zu Platz, überall abgewiesen, und fand schließlich eine Dachkammer, in der nur 12 Personen Platz finden konnten.

In den ersten Novembertagen kamen böse Nachrichten aus anderen Städten Mitteldeutschlands von Deportationen, und nun hatte die Verzweiflung keine Grenzen. Um 5 Uhr morgens am 23.11. 1942 fiel der Schlag. Bei strömendem Regen erschienen große Möbelwagen vor den Häusern, in denen die Reste der jüdischen Gemeinde zusammengepfercht waren, und ein Aufgebot von Polizisten drängte die Männer und Frauen in die Wagen. Viele waren zwischen 70 und 80 Jahre alt, manche mußten getragen werden. Als die Wagen verschwunden waren stieg ich zu der Synagoge (Betraum) hinaus. Sie war leer. Auf dem Boden lag die alte Samtmütze des Schamasch, für die die Räuber wohl keine Verwendung hatten.

Das war das Ende der jüdischen Gemeinde Halberstadt.»[204]

Judendeportation aus Würzburg: Am 25. April werden 856 Männer, Frauen und Kinder zum Güterbahnhof Aumühle getrieben. Der Transport, es ist der dritte aus Würzburg, geht über das Sammellager Nürnberg nach Izbica im Bezirk Lublin und endet in den Vernichtungslagern Belzec, Majdanek, Treblinka

Aus ihrem Glauben schöpften gesetzestreue Juden die Kraft, das Elend zu ertragen. Religiöse Gebote und historische Vorbilder schrieben vor, sich der Fügung Gottes anzuvertrauen. Viele fromme Juden sahen in dem Leidensweg eine «Strafe», mit der ihre «Verblendung» geahndet wurde. Am 19. November 1941 schreibt der Rabbiner Samuel aus Berlin an einen jüdischen Prediger in Essen:

«Mein lieber Freund Katzenstein!

Heute früh kam Ihr inhaltsschwerer, tränenfeuchter Brief in meine Hände, ich vermag das Elend noch nicht ganz zu fassen, von dem er berichtet. Nun wäre es an mir, zu trösten und aufzurichten. Aber woher soll ich den Mut dazu nehmen? Vieles ist auch hier u. z. T. in meiner nächsten Nähe geschehen, was dem gleicht, was Sie schildern. Aber was die Söhne und Töchter meiner alten lieben Gemeinde so unendlich hart trifft, ist mir schmerzlicher als alles. Warum haben Sie und wir uns nicht rechtzeitig aus dieser Hölle gerettet, oder – warum haben nicht Einsichtige draußen sie sogar wider ihrem Willen dem fressenden Feuer entrissen solange noch eine Möglichkeit war. Wir Letzten zurückgebliebenen haben sicher viele Gründe gehabt, hier zu verharren aber es zeigt sich, daß es törichte Scheingründe waren, die wir hätten durchschauen müssen. Wir glaubten törichter Weise nicht daran, daß es irgend etwas Unmögliches für die entmenschten Kämpfer gäbe. Wir waren blind und taub und hörten auf die Stimmen von Scholaum wie zu Jeremias Zeiten – wo doch längst der Friede, die treüga Dei, uns aufgesagt und wir klar und deutlich in die Acht getan, als Staatsfeinde erklärt waren. Nicht wahr, verehrter Freund, in dieser Torheit und Verblendung lag mehr als ein Fehler; es war eine Selbstvernichtung, an die die unversöhnlichen Hasser jetzt nur die letzte Hand anlegen. Und wir hatten doch 5 Sinne, Erfahrung, Vernunft. Es gab sogar auch Prediger, die das Richtige voraussagten, aber wir hörten nicht auf sie, weil sie machtlos waren und uns als Schwärmer erschienen. Jetzt müssen wir von der Hand unserer früheren Landsleute erdulden, was sonst nur Menschen mitten im Kriege von den Feinden zu erleiden pflegen. Dies alles dem Phantom zuliebe, daß das neue Deutschland, nein das neue Europa keine Juden dulden dürfe, sofern sein Wohl und Heil gesichert sein sollte!

Kann das ein Trost in unserer entsetzlichen Lage sein? Ich weiß es nicht. Aber soviel ist gewiß: ich fühle so, daß uns Strafe für unsere Verblendung trifft. Wer nicht hören will muß fühlen. Wir haben uns auch zu sehr auf die Hilfe von draußen verlassen und sie hätte mächtiger und nachhaltiger sein können. Wir aus dem Altreich hätten alle gerettet werden sollen und können. Aber das entschuldigt uns nicht vollkommen, jene sind schließlich auch nur selbstische Menschen. Zur Hilfe nur bereit, wo sie nicht allzusehr die eignen Interessen berührt. Wieviel russische und polnische Juden haben wir Deutsche wohl in den Jahrzehnten zwischen 1830–1930 zugrunde gehen lassen?

Aber unser Gott bleibt deswegen, was er gewesen ist. Er hat wie die Geschichte lehrt, unsere Väter sehr oft sehnlichem (sic!) Verderben preisgegeben und den Rest als seine Getreuesten am Leben erhalten. Wir hielten uns lange selbst für diesen Rest. Aber unsere Leidenszeit ist offenbar noch nicht beendet. Warum wir zu den ‹Auserwählten› gehören, die wieder einmal die furchtbarsten Leiden am eigenen Leib erdulden müssen, können wir nicht sagen. Die Tatsache ist so furchtbar, daß uns die Gedanken schwinden und doch müssen wir tapfer und aufrecht bleiben; denn das Auge Gottes d.i. das Auge der Geschichte wacht; es ruht auf uns; ihm entgeht nichts von dem, was man uns antut, aber auch nichts von dem, wie wir es tragen. – Ich hoffe von Herzen und zuversichtlich, daß Sie und Ihre Kinder von der Verschickung verschont bleiben! Schreiben Sie mir bitte und bitte bald, ob eine neue Gruppe auf den bitteren Leidensweg gebracht werden soll. Auch hier ist alles in Bewegung und was aus den Altersheimen wird, weiß niemand.»[205]

Als die Evakuierungsbescheide eintrafen, nahmen die Eltern Abschied von ihren Kindern und Enkelkindern, die sich ins außereuropäische Ausland gerettet hatten. Einige konnten noch Telegramme aufgeben und Briefe hinterher schicken. Am 27. Februar 1943 telegraphierte Rosa Seckels aus Braunschweig an ihren Sohn: «Du brauchst nicht mehr zu schreiben. Wir reisen ab. Brief unterwegs. Mutter.» Der Brief lautete:

> «Meine Lieben!
> Ihr werdet Euch wohl wundern, daß ich schon wieder schreibe. Unser Los ist gefallen. Montagnachmittag, am 1. März, fahren wir ab, voraussichtlich nach Theresienstadt. Wenn wir können, schreiben wir von dort. Es kam zu überraschend, sonst hätte ich viel mehr geschickt. Zu schade für unsere schönen Sachen hier. Können nur 1 Handkoffer und einen Rucksack mitnehmen. Unsere Nerven haben schon harte Proben überstanden. Hab noch sehr viel zu tun. Lebt wohl, bleibt gesund und herzliche Grüße.
>
> Eure Mutter»[206]

Das alte Ehepaar Seckels kehrte aus dem Osten nicht mehr zurück. Der Todesort ist unbekannt; als Todeszeit wurde der 8. Mai 1945 24 Uhr festgesetzt. An Hungertyphus starb Gertrud Hammerstein in Theresienstadt – in den Armen ihrer Tochter Hilde, die mit ihrem Mann Willy dann weiterverschleppt und vergast wurde. Kurz vor ihrer Deportation hatte Gertrud Hammerstein einen Abschiedsbrief an ihre zweite Tochter geschrieben und einer «lieben Freundin», einem früheren Dienstmädchen, zur Aufbewahrung anvertraut. Nach dem Krieg wurde der Brief nach London abgesandt. Er trägt das Datum: Berlin, den 10. Dezember 1942:

> «Mein geliebtes Herzblatt.
> Seit Wochen habe ich nicht mehr geschrieben, wir haben rechte Tage hinter uns und wenn wir noch heute in unserem Heim sind, so können wir zufrieden sein. 1000de sind inzwischen fortgekommen und wenn Hilde nicht ihren Posten hätte, dann wären Willy und auch ich schon lange nicht mehr hier. Ich will Dir und Fritz nicht von diesen so betrübenden und grausamen Ereignissen berichten, sollten wir uns noch einmal wiedersehen, dann werdet Ihr alles, alles von uns hören; bis jetzt sind wir verschont, aber man kann täglich, stündlich damit rechnen, alles, was einem lieb und teuer ist, zu verlassen. Sollte das Geschick, daß Willy (er ist zum 16. vom Arbeitsamt gekündigt) evakuiert werden sollte, so ist mein Entschluß gefaßt, ich gehe mit den Kindern. Lieber mit

ihnen, als vielleicht in 14 Tagen allein. Ich gehe resigniert fort, was mich persönlich betrifft, so klage ich nicht. Ich habe mein Leben gelebt und sollte ich die Verbannung nicht überstehen, so ist es auch nicht gefährlich. Wenn ich mein Leben überblicke, so kann ich getrost sagen, es war ein gesegnetes und glückliches. Das letzte Jahr d. Schrecken ändert nichts daran. Freiwillig und gern würde ich es opfern, wenn ich Hilde damit helfen könnte. Was Hilde aus erster Quelle täglich erlebt, ist furchtbar und wenn wir verhältnismäßig immer noch einigermaßen ruhig sind, so muß man annehmen, daß der Mensch schon sehr viel vertragen kann. Seit Wochen hat Hilde keinen freien Tag und auch heute wieder arbeitet sie die Nacht durch. Soeben war eine Dame im Haus (jüd. Mann) hier und hat uns Bescheid gesagt. Vor 14 Tagen hat Hilde einmal von Freitag früh ½8 Uhr bis Sonntag früh 6 Uhr gearbeitet, ohne waschen ohne schlafen. Doch ich will ja gar nicht diese Sachen alle erzählen; ich will heute Abschied nehmen. Ich tue dies gerade darum, weil ich nicht weiß, wann mich das Geschick ereilen wird; jeder Mensch hat ja Hoffnungen und erwartet Wunder.

Also mein geliebtes Herzblatt, sollten wir uns nicht wiedersehen, so sei gewiß, daß mir das Scheiden nicht so schwer fällt, ich habe viele, viele Freuden gehabt und der letzte Wunsch, Euch noch einmal wiederzusehen, ist ungewiß. Meine sehr liebe Freundin, welche erst vorigen Weihnachten in mein Haus kam, hat es übernommen, diese Briefe nach Kriegsende Dir zu übermitteln. Die Dame ist eine von vielen Tausend, sie ist edel, hilfreich und gut und hat uns in diesem Jahr soviel Beweise von Liebe und Treue dargebracht, sodaß wir immer, so lange unser Leben auch dauern wird, daran mit Dank und Liebe zurückdenken werden. Also, mein geliebtes Kind, sollte ich das Kriegsende nicht überstehen, so sei gewiß, daß meine Gedanken und meine Wünsche für Euch täglich bei Euch sind. Du warst Zeit Deines Lebens für Deine Umgebung ein Sonnenstrahl, bleibe weiter so wie Du warst und Du wirst Dich und andere beglücken. Dir lieber Fritz, drücke ich noch einmal im Geiste die Hand, Du bist mir lieb und teuer, bleibe auch Du wie Du warst, dann werdet Ihr beide glücklich und zufrieden sein; ich hoffe, daß Hilde und Willy das Kriegsende überleben werden und dann meine Lieben werdet Ihr nichts unversucht lassen, um sie beide zu Euch zu holen. Sie haben es verdient. Hilde ist mir in den letzten Jahren so ans Herz gewachsen, daß ich es kaum überleben würde, wenn sie allein von mir gehen würden. Hilde ist ein ganzer Mensch geworden. Die Ehe mit Willy hat sie wahrhaft befriedigt, doch das Leben ist eben grausam, aber beide sind ja jung und werden es durchhalten. Nun, meine Geliebten, will ich Schluß machen; ich könnte ja Stunden und Tage berichten, aber ich bin schon zu konfus, ich schweife immer ab. So leb denn wohl, mein geliebtes Kätilein, sei weiter glücklich. Lebe Dein Leben, sei edel und gut. Du hast mir nur Freude bereitet, ich weiß von keinem Kummer. Ich umarme Dich innigst

Deine Mutti

Dir geliebter Fritz gleichfalls mein innigstes Lebewohl; bleibe tapfer und treu und mach Käthi glücklich.»[207]

Am 19. Juli 1942 bestiegen in Hamburg Theodor Tuch und seine Frau Clara den Zug nach Theresienstadt, auch für sie führte die Fahrt in den Tod. Vor ihrer Abfahrt schrieb der Vater:

«4.7.42. Meine geliebten Kinder.
Das sind wohl die letzten Grüße aus Volksdorf. Meine ganze Hoffnung ist es, Euch noch mal wieder zu sehen. Es ist ganz schrecklich, nun in die Verbannung zu gehen, alles aufzugeben. Wir werden wohl in ein Lager kommen und auf jede Bequemlichkeit verzichten müssen …

Wann werdet Ihr diesen Brief erhalten, leben wir dann noch? Ich wünsche Euch alles Gute meine geliebten Kinder, bleibt alle gesund und habt viel Freude an Euren Kindern und vergeßt nicht Eure Mutter, die sich so unbeschreiblich nach Euch sehnt.»[208]

VIII.

Überleben im Untergrund 1943–1945

Von Wolfgang Benz

1. Flucht in die Illegalität

Unter allen möglichen Formen der Flucht vor der nationalsozialistischen Verfolgung war die Existenz in der Illegalität wohl der gefährlichste und mühseligste Ausweg. Das Leben im Untergrund, für das sich im Deutschen Reich annähernd 10000 jüdische Menschen entschieden – etwa die Hälfte davon in der Metropole Berlin, auf ein paar Hundert schätzt man die Zahl der Untergetauchten in Wien –, war auf beinahe jede denkbare Art bedroht, und entsprechend gering waren die Überlebenschancen. In Berlin erlebten nur etwa 1400 von ihnen das Ende der nationalsozialistischen Herrschaft.[1]

Zur Verzweiflung und Einsamkeit kamen Hunger und Obdachlosigkeit, und in die Sorge um die Angehörigen – nuanciert danach, ob sie deportiert oder zurückgeblieben waren, im Ausland lebten oder ob man einfach keine Nachrichten mehr von ihnen hatte – mischte sich die Todesangst, die ständige Begleiterin aller Illegalen. Zu den Gefährdungen gehörte die Furcht vor Entdeckung, vor Denunziation durch nationalsozialistische Fanatiker oder durch unbarmherzig-gesetzestreue Normalbürger, die Furcht vor Gestapospitzeln (unter ihnen Juden, die auf diese Art ihre Haut retten wollten). Auch dem Luftkrieg und seinen Folgen waren die Illegalen schutzloser ausgeliefert als die nichtjüdische Bevölkerung. Bedrohlich und niederschmetternd waren ferner Gemeinheit und Habgier ehemaliger Nachbarn und Mitbürger, die sich in den Stunden der Not als Erpresser und Nutznießer des Elends erwiesen. «Judenfledderer» nannte man sie, die zu Wucherpreisen kümmerliches und gefährliches Obdach boten, Wertgegenstände und Gebrauchsgüter unterschlugen, statt sie sicherzustellen.

Das Überleben wäre aber auch nicht möglich gewesen ohne eine beträchtliche Schar nichtjüdischer Helfer, die sich solidarisch zeigten und ohne Rücksicht auf die eigene Gefährdung denen halfen, die ohne Ausweispapiere, ohne Kleiderkarte, ohne Lebensmittelkarte ihre Wohnung verlassen hatten im verzweifelten Versuch, das nackte Leben zu retten. Mit der Entfernung des Judensterns von der Kleidung mußten auch die Ausweise mit den verräterischen Zwangsvornamen Sara und Israel vernichtet oder versteckt und alle Hinweise auf die tatsächliche Identität mit höchstmöglicher Sorgfalt beseitigt werden. Joachim Schwersenz, der als Mitglied einer zionistischen Jugendgruppe 1942 in den Untergrund ging, beschreibt seine Verwandlung:

«Am Abend des 27. August, meiner letzten ‹legalen› Nacht, ging ein schwerer Bombenhagel auf Berlin nieder. Doch kam ich mit den Freunden, die mir beim Kofferschleppen halfen, heil davon. Der mir Nächste aus meiner Gruppe, Arje Dawidowitsch, begleitete mich am Nachmittag des folgenden Tages hinaus in den Vorort Pichelsberge, wodurch ich der für den Abend angekündigten Abholung durch die Gestapo entging. Ich verließ Berlin mit dem Judenstern und kehrte mit dem – Hakenkreuz zurück. Im dichten Forst von Pichelsberge ging meine Verwandlung vor sich. Wir trennten den Judenstern von meiner Jacke ab und steckten ihr das vorsorglich beschaffte Abzeichen der ‹Deutschen Arbeitsfront› an. Nach Anbruch der Dunkelheit fuhr ich allein nach Berlin zurück und machte meinen ersten Versuchsbummel durch die Straßen der Stadt, um mich an die ‹Rolle› eines freien Durchschnittsbürgers ohne Judenabzeichen zu gewöhnen. Gegen 10 Uhr nachts machte ich mich zum Görlitzer Bahnhof auf, um dort, wie telegraphisch vereinbart, die Rückkehr von Edith Wolff abzuwarten. Sie kam, wie sie versprochen hatte. Mit ihr fuhr ich zu ihren Eltern in Friedenau, mit denen sie damals noch wohnte. Das wurde mein erstes illegales Quartier, das ich drei Wochen lang in Anspruch nehmen durfte und in dem ich dann auch erstmalig Feiertage (Rosch Haschanah und Jom Kippur) im Untergrund verbrachte.»[2]

Charlotte Joseph, die als Witwe allein in Berlin lebte – ihr halbwüchsiger Sohn war 1937 in die Tschechoslowakei, die damals vierzehnjährige Tochter im Juni 1939 mit einem Kindertransport nach England entkommen –, entging durch einen Zufall der «Fabrikaktion». Sie war am 27. Februar 1943 nicht in dem Betrieb gewesen, in dem sie seit 1. Juli 1941 mit etwa 200 anderen Juden zur Herstellung von Flugzeugmotoren zwangsverpflichtet war. An diesem 27. Februar hatte die Gestapo den größten Teil der noch in Berlin lebenden Juden verhaftet, die meisten von ihnen am Arbeitsplatz, das heißt in den Rüstungsbetrieben, die bis dahin wegen ihrer Kriegswichtigkeit den dort beschäftigten Juden noch einen gewissen Schutz geboten hatten.

«Ich war nur dadurch, daß ich am Sonnabend der Arbeitsstelle ferngeblieben war, der Verschickung entgangen. Als ich am Sonnabend Abend durch meinen Schwager von den Vorgängen erfuhr, packte ich meine Sachen zusammen in der Absicht, meine Koffer unterzustellen und selbst irgendwohin zu verschwinden. Die Nacht über blieb ich noch in meiner Wohnung. Sonntag Vormittag gegen ½11 Uhr stürzte die mir sehr zugetane Portierfrau zu mir herein und veranlaßte mich, schleunigst über die Hintertreppe auf den Hausboden zu gehen und mich in einer Bodenkammer zu verbergen. Inzwischen hörte ich bereits an meiner Wohnungstüre rütteln. Ich erfuhr später, daß Gestapoleute bis ½3 Uhr vor meiner Tür und vor dem Haus auf mich gewartet haben. Die Portierfrau sagte ihnen, ich sei ausgegangen und sie wüßte nicht, wann ich zurückkommen werde. Als ich von der Portierfrau hörte, daß die Gestapoleute fortgegangen seien, ging ich mit ihr in die Wohnung zurück, brachte die gepackten Koffer auf den Boden und verließ dann nur mit einer größeren Handtasche das Haus.

Ich brachte die nächsten Tage in der Wohnung von Bekannten zu. Als diese nicht länger wagten, mich weiter zu beherbergen, suchte ich mir ein anderes Unterkommen, mußte aber auch hier bald wieder weg, als es auffiel, daß sich eine fremde Person im Hause aufhielt. Bis zum Juli 1943 habe ich immer wieder meine Wohnung wechseln müssen. Einige Leute, die mich gegen hohe Bezahlung aufgenommen hatten, verlangten, daß ich die Wohnung die ganze Zeit über nicht verlasse. Andere wieder brachten mich nur die Nächte über unter, während ich den Tag über mich auf den Straßen und auf den Bänken im Tiergarten aufhalten mußte. Ich konnte schließlich dieses Leben gar nicht mehr aushalten. Dazu kam, daß ich keine Lebensmittelkarten besaß und nur die Möglichkeit hatte, mir solche Karten auf dem Schwarzen Markt gegen sehr viel Geld zu beschaffen.

Inzwischen hatten in Berlin die schweren Luftbombardements eingesetzt. Ich machte mir das zunutze, suchte mir einen Bezirk, in dem sowohl das Polizeiamt wie auch die Lebensmittelkartenstelle ausgebombt waren, ging zum Bürgermeisteramt Schöneberg und gab dort an, ich sei in dem betreffenden Bezirk ausgebombt worden. Da meine Angaben nicht auf ihre Richtigkeit nachgeprüft werden konnten, erhielt ich ohne weiteres einen sog. Bombenschein als Ausgebombte. Mir war vorher von einer Dame geraten worden, nach Rüdnitz bei Bernau zu gehen und zu versuchen, in dem dort gelegenen Krankenkassenheim unterzukommen. Ich tat dieses auch und wurde tatsächlich in dem Heim aufgenommen. Die unverfänglichen Ausweise, die ich noch besaß, hatte ich auf den Namen Elsa Hohberg umgefälscht und meinen Judenausweis in das Futter meiner Kleider eingenäht. Auf meinen Bombenschein hin erhielt ich legale Aufenthaltserlaubnis für Rüdnitz und wurde auch wieder mit Lebensmittelkarten beliefert.

In Rüdnitz blieb ich bis April 1944. Der Aufenthalt in dem Heim war nicht angenehm. Ich wurde zwar nicht als Jüdin verdächtigt, mußte mir aber ständig stillschweigend anhören, wie die Juden von den übrigen Insassen beschimpft wurden. Mit der Zeit wurde der Aufenthalt aber doch gefährlich für mich. Die Gestapo hatte begonnen, zusammen mit jüdischen Greifern, die ein besseres Auge dafür hatten, wer Jude war, auch die kleineren Orte nach Juden abzusuchen. Ich suchte deshalb, von Rüdnitz wieder fortzukommen. Zu diesem Zwecke gab ich eine Anzeige in der ‹Deutschen Allgemeinen Zeitung› auf, daß eine Frau in den Vierzigern – ich hatte mich 10 Jahre jünger gemacht – einen neuen Wirkungskreis suche. Unter den vielen Angeboten war auch eines von einer Frau Benda in Zoppot. Ich schrieb dorthin, hatte eine Rücksprache mit Herrn Benda, der vorübergehend nach Berlin gekommen war, und wurde auch engagiert. Ich siedelte nun nach Zoppot über und hatte in dem großen Hause der Bendas die drei jüngsten der 6 Kinder zu betreuen.

Beide Eheleute Benda waren ausgesprochene Nazis. Zu den vielen Gesellschaften, die sie gaben, kamen hauptsächlich hohe SS-Offiziere und andere Größen der Partei und der Staatsverwaltung. Auch Gauleiter Forster war ein Freund des Hauses. Ich mußte mich mit allen meinen Äußerungen sehr vorsehen, um nicht Anstoß zu erregen, kam aber nie in den Verdacht, nicht «Arierin» zu sein. Als der russische Vormarsch immer weitere Fortschritte machte, verließ Frau Benda mit den Kindern Zoppot. Ich blieb zurück und erhielt die Aufgabe, die ganze Wohnungseinrichtung zu verpacken.

Im März 1945 erreichten die Russen unsere Gegend. Es waren Truppen aus asiatischen Bezirken, die Danzig und Zoppot besetzten. In welcher rohen Weise sie sich benahmen, ist gar nicht zu beschreiben. Ich suchte mich vor ihnen zu verbergen, wurde aber aufgefunden und aller meiner Sachen beraubt. Jedes Zimmer unseres Hauses war schließlich von Flüchtlingen belegt, die ständig den Attacken der Russen ausgesetzt waren. Später übernahmen Polen die Besetzung des Ortes. Ich versuchte diesen unter Vorzeigung meiner bis dahin verborgen gehaltenen jüdischen Kennkarte klar zu machen, daß ich Jüdin sei. Sie wollten mich aber nicht als solche anerkennen, bis ich auf einen anscheinend jüdischen polnischen Soldaten traf, den ich mit ‹Sch'ma Jisroel› ansprach. Erst dieser verhalf mir zu meiner Anerkennung als Jüdin. Im September 1945 wurde ich dann mit einem internationalen Transport nach Berlin zurückgebracht. Damit war meine Leidenszeit abgeschlossen.»[3]

Schwieriger noch als für alleinstehende Personen war naturgemäß die Flucht von Ehepaaren oder ganzer Familien in die Illegalität. Das Ehepaar Rewald geht im Januar 1943 in den Untergrund, nachdem alle Verwandten deportiert worden sind und sie nicht mehr fürchten müssen, durch ihr Untertauchen Angehörige zu gefährden. Die Ausweispapiere, in denen sie durch den Stempel «J» gebrandmarkt sind, haben sie vergraben, um nach dem Ende der NS-Herrschaft ihre Identität beweisen zu können. Wegen der häufigen Kontrollen brauchen sie neue, unverfängliche Papiere. Ein Betrüger, der vorgibt, falsche Ausweisdokumente besorgen zu können, prellt sie nach wochenlangem Warten um viel Geld. Ein Ausweg muß gefunden werden:

«Der Reichsbahninspektor, der der Vorgesetzte meines Mannes war, als er noch Zwangsarbeit leistete, hat sich immer als Gegner der Nazis gezeigt. Mein Mann wurde in versteckten Andeutungen von ihm zum ‹Untertauchen› angeregt, so daß wir von ihm Hilfe erwarten dürfen. Am Abend fährt mein Mann zu ihm und erklärt, daß wir ohne irgendwelche Ausweise nicht mehr existieren können. Er hat unsere Fotos mitgenommen und bittet ihn, uns Reichsbahnpapiere zu besorgen. Nach zwei Tagen sind wir im Besitz von zwei Ausweisen der Deutschen Reichsbahn, die mit dem amtlichen Stempel versehen sind. Wir haben unsere Fotografien eingeheftet und den Ausweis meines Mannes auf den Namen: ‹Erich Treptow, Hilfsrottenführer im Dienst der Deutschen Reichsbahn› ausgefüllt. Wir wissen, daß dieser Erich Treptow wirklich existiert, so daß sich bei einer Kontrolle und Rückfrage bei der Polizei oder Reichsbahn die Angaben des Ausweises bestätigen. Mein Mann ist sozusagen ein Double. Aber wie heißt Frau Treptow mit Vornamen, wann und wo ist sie geboren, wo ist sie beschäftigt? Wir können meinen Ausweis nicht ausfüllen, ohne diese Personalien zu wissen. Es bleibt nur ein Weg, den ich unternehme. Ich stecke mir ein Parteiabzeichen an, das mein Mann einmal in einem alten Sessel gefunden hat, und fahre in die Wohnung zu Frau Treptow. Dort erkläre ich ihr, daß ich vom Arbeitsamt komme, um die vorhandenen Unterlagen und Akten zu ergänzen. Ich habe mir einen Bogen mitgenommen, in dem schon andere Daten notiert waren, und so stelle ich meine Fragen, um von ihr alles Wichtige zu erfahren. Nach anfänglichen ärgerlichen Reden, daß sie ja längst beim Arbeitsamt registriert sei und daß sie das alles nicht verstehen könnte, beruhige ich Frau Treptow. Wir hätten sie extra nicht selbst hinbestellt, ich käme, weil die Karteien durch die Bombenangriffe nicht mehr vollständig seien usw. Ich erfahre schließlich alles für mich Wissenswerte und höre auch, daß sie bei der Gestapo beschäftigt ist! Ich kann also meinen Ausweis ausfüllen und lerne auswendig, daß ich Maria Treptow, geb. Juretzko, geb. 3. Mai 1917 in Beuthen, von diesem Tage an bin.»[4]

Mit Hilfe der gefälschten Ausweise gelingt dem Ehepaar das Überleben, sie führen eine scheinbar normale Existenz, werden mit «arischen» Freunden, die ihnen Unterschlupf gewähren, mehrfach ausgebombt, sie verbringen viel Zeit in Luftschutzkellern. Die Angst vor der Entdeckung bei den häufigen Ausweiskontrollen (nicht nur nach untergetauchten Juden wird gefahndet, sondern auch und vor allem nach Deserteuren aus der Wehrmacht: das gefährdet Männer im «waffenfähigen» Alter besonders) und der Hunger unterscheiden sie und ihre Schicksalsgefährten freilich von den «Volksgenossen».

Inge Deutschkron tauchte, damals 21 Jahre alt, mit ihrer Mutter im Januar 1943 unter und legalisierte sich zunächst mit dem Arbeitsbuch einer Prostituierten. Mehrere Verstecke verlor sie durch Bomben, andere mußte sie wegen mißtrauischer Nachbarn aufgeben. Schließlich hausten Mutter und Tochter in einem ehemaligen Ziegenstall außerhalb Potsdams.

«Als Anfang 1945 unsere Situation unhaltbar zu werden schien – wir hatten unseren Ziegenstall verlassen müssen, weil die Ehefrau eines unserer Helfer ihren Mann bei der Gestapo angezeigt hatte, weil er Juden versteckt habe, – dachten wir uns etwas Neues aus. Wir fuhren mit der Eisenbahn – wegen möglicher Personalkontrollen kein ungefährliches Unterfangen – in Richtung Front. Die Russen waren zu jenem Zeitpunkt bereits in Guben. In Lübben stiegen wir in einen Flüchtlingszug ein, der gerade dort hielt. Während der Rückfahrt nach Berlin lauschten wir den Erlebnissen der Menschen, die nach nazistischem Muster erst im letzten Moment aus den belagerten Ortschaften ausreisen durften. Als wir in Berlin ankamen, meldeten wir uns bei der NSV (Nationalsozialistische Volkswohlfahrt) als Inge Elisabeth Marie und Ella Paula Richter aus Guben Am Markt 4 und gaben vor, in dem Gewühl und der Aufregung der Flucht alles verloren zu haben. Wir waren nicht die einzigen – indes bei den anderen entsprach es der Wahrheit. Wir waren nun legal. Man gab uns Lebensmittelkarten und Bezugsscheine für Kleidung, die wir wegen der Knappheit an Waren kaum noch einlösen konnten. Wir mieteten uns ein möbliertes Zimmer in der Ludwigkirchstraße. Der Wohnungsinhaber war ein Nazi, der sogar die Überzeugung aussprach, daß wir weder Polen noch Juden wären. Wir stimmten mit ihm überein. Unser Überleben war nun leicht geworden.»[5]

Ludwig Collm, der 1933 als Studienassessor aus dem Berliner Schuldienst entlassen wurde und sich in den folgenden Jahren mit Privatstunden und Nachhilfeunterricht ernährt hatte, begab sich im Oktober 1942 mit seiner Frau Steffy und der kleinen, damals sechsjährigen Tochter Susi in die Illegalität. Zu dritt war das Überleben im Untergrund besonders schwierig. Die Familie Collm war aber vom Glück begünstigt. Die Collms waren auch keineswegs besonders vorsichtig:

«Zunächst hatten wir ein Unterkommen. Steffy mit unserer kleinen Susi zunächst in der Holsteinischen Straße in der Nähe unserer früheren Wohnung; ich davon einige Minuten entfernt bei unserer guten Freundin Löffke. Sie wohnte früher mit uns zusammen in einem Hause, war uns sehr zugetan und Mitglied der Christian Science. Ihre Tochter Irmgard Müller war beim Reichsarbeitsminister Seldte angestellt. Von dort brachte sie mir einen Originalbriefbogen mit, mit dessen Hilfe ich mir einen Ausweis anfertigte, der mich als Dozent am ‹Istituto Di Lingua e Studi Italiani del Fascio di Berlino› auswies. Wir lebten in der Illegalität unter unserem eigenen Namen, zeitweise wurde das ‹C› durch ein ‹K› ersetzt. Einige Zeit war ich einfach ‹Lehrer Ludwig›.

Nur allmählich fanden wir – immer noch an das Tragen des Davidsternes mit der Aufschrift ‹Jude› gewöhnt und verfemt – unsere Sicherheit wieder. Das schwerste Problem, das sich für uns ergab, war die Wohnungsfrage. Fast alle drei Wochen war sie akut. Und dann gleich Logis für drei. Etwas leichter gestaltete sich zunächst die Lebensmittelfrage. Geld hatten wir, die ersten vier Wochen waren wir noch im Besitz unserer Lebensmittelkarten, die Kartoffelkarten hatten ein halbes Jahr Gültigkeit. Später kauften wir die Lebensmittelkarten und zahlten recht hohe Preise dafür. Wir rechneten damit, daß der Krieg spätestens in einem Jahr vorüber sein würde. Wir hatten uns getäuscht. Ohne die vielen guten Freunde und deren Hilfe hätten wir es nie geschafft. Wir wurden immer wieder ‹weitergereicht›. Unsere Quartierliste sah ungefähr so aus:

Ludwig

Löffke	10 Tage
Blumenthal	1 Tag
Grünbaum	2 Tage
Bielke	20 Tage
Seleu, Teltow	14 Tage
Fischer, Teltow	6 Monate
Sachisthal	2 Monate
Meta	2 Monate
Kleingarn	8 Tage

Sept. 43–7. 2. 44 Oranienburg bei Nazis möbl. Zimmer

Steffy

Meise	10 Tage
Löffke	
Sachisthal	
Kny	

ab 1. 4. 43 Zimmer in Neukölln bis 7. 2. 44

Susi

Meise	10 Tage
Kny	3 Wochen
Meta	3 Wochen
Lewin	2 Wochen
v. Frankenberg	4 Wochen
Gräser	4 Monate
Mucha	4 Monate
Becker in Lindow	6 Monate

ab 7. Februar 1944 alle in Horst Seebad, Ostsee, Haus Felicitas»

Ludwig Collm war rastlos mit der Organisation des zum Überleben Nötigen beschäftigt; er war recht erfolgreich, und vor allem glückte es ihm immer wieder, Freunde und Helfer zu finden:

«Ich hatte in den Monaten hauptsächlich damit zu tun, Quartier zu suchen und die nötigen Lebensmittel bzw. -Karten zu beschaffen. Jeder Tag war mit Besuchen bei Bekannten und Freunden reichlich ausgefüllt. Wo ich auch nur annahm, daß jemand aus seiner Gesinnung uns helfen könnte, sprach ich vor und hatte oft den überraschendsten Erfolg. Ein Besuch bei einer ehemaligen Schülerin, deren Vater, wie ich wußte, Sozialdemokrat und früher Ministerialrat gewesen war, verschaffte mir für Susi sofort Unterkommen bei dem kinderlosen Ehepaar v. Frankenberg. Er war Jurist und Repetitor, konservativ und Gegner der Nationalsozialisten. Er wurde von Susi der ‹Waldriese› genannt. Sie behielten das Kind vier Wochen, bereiteten ihr ein wunderschönes Weihnachtsfest und gaben sie dann ab an ihre Freunde in Tempelhof, die unser Kind zu ihren zwei Mädels in Obhut nahmen.»

Ende Januar 1944 gelangte Ludwig Collm in den Besitz eines Flüchtlingsscheins, der Bombengeschädigte dazu berechtigte, Berlin zu verlassen. Dieses Dokument ermöglichte es der Familie, der Einladung einer Bekannten zu folgen und in einem großen Landhaus an der Ostsee Logis zu nehmen. Vater Collm wäre lieber in Berlin geblieben, des Einkommens aus Privatstunden halber, die er immer noch gab. Aber die Sorge um die Tochter Susi und die für illegale Familien seltene Möglichkeit, wieder zusammenzuwohnen, gaben den Ausschlag, im Februar 1944 nach Horst-Liebelose an der Ostsee zu reisen. Dort lebte die Familie Collm vergleichsweise idyllisch im Landhaus der Frau Dietrich mitten im Wald. Susi wurde in der Dorfschule angemeldet. Vater Collm gab der Tochter des Hauses täglich Stunden. Steffy Collm war noch einmal nach Berlin gereist, um das versteckte Hab und Gut zu retten.

«Eigentlich hätte nun eine glückliche Zeit für uns beginnen können. Aber daß dies nicht der Fall wurde, dazu trug unsere Wirtin, Frau Felicitas Dietrich bei. Hatten wir schon so manches Mal bei unseren früheren Gastgebern, und wenn sie noch so hilfreich waren, eine gewisse Unausgeglichenheit, eine eigene Angst vor der eigenen Courage bemerkt, so war dies bei ihr in gesteigertem Maße der Fall. ‹Die Unausgeglichenen› so nannte auch Kusine Edith ihre Freunde in Stettin. Wir verstanden darunter eine innere Ablehnung uns gegenüber, eine Art unfreundlichen Benehmens, die uns, in unserer Not besonders feinfühlig, peinlich berührte und tief deprimierte. Wir hatten dies auch bei unseren besten Freunden beobachtet und darauf zurückgeführt, daß ihnen selbst manchmal angst und bange wurde vor dem eigenen Mut.

Frau Dietrich war unleugbar eine starke Persönlichkeit – eine bekannte Fechtmeisterin. Sie hatte sich in Berlin großzügig, feinfühlig und gütig gezeigt und Unterstützung geboten, wo sie nur konnte. Sie bezahlte den Unterricht für ihre Tochter großzügig und veranlaßte auch die Eltern der Mitschülerinnen ihrer Tochter gut zu bezahlen. Ich bekam für 3 mal 3 Stunden in der Woche 250,– Mk monatlich. So trug ich denn auch keine Bedenken, das großzügige Angebot anzunehmen, in ihr Haus in Horst mit den Meinen überzusiedeln und hier ihre Tochter zu unterrichten. Daß sie mir für diesen Unterricht nichts vergütete, sondern ihn durch das Logis für abgegolten hielt, fand ich keineswegs in der Ordnung und trug dazu bei, gleich bei einer Aussprache, die Ostern stattfand, einen Mißklang in unsere Beziehungen zu bringen. Hinzu kam noch, daß die Wesensart meiner Frau, die Österreicherin ist, Frau Dietrich als der typischen Norddeutschen ganz wesensfremd war. So ist es denn kein Wunder, daß die Gegensätze sehr schnell aufeinanderprallten und Konflikte über Konflikte brachten, die sich in der Hausgemeinschaft fühlbarer machten. Wir mußten alles erdulden, da wir ja die Möglichkeit einer Rückkehr nach Berlin nicht hatten.»

Trotz der Spannungen mit den Gastgebern lebt die Familie Collm dreizehn Monate lang ungefährdet in dem Haus. Ab Anfang März 1945 ziehen Flüchtlingsströme westwärts durch die Gegend, Collms wollen sich aber nicht anschließen und einer Zwangsevakuierung nicht Folge leisten, sondern bis zur Befreiung durch die Rote Armee warten.

«Am 11. März durchschlagen Geschosse die Korridortür und prallen an der Mauer des Hauses ab. Wir stehen wenige Sekunden später den ersten Russen gegenüber. Eine Patrouille kommt, die mich abführen will. Meine Frau macht ihr mit polnischen Worten klar, wer wir sind, aber sie verstehen nicht. Sie findet eine polnische Dolmetscherin – wir dürfen gehen. Nach drei Tagen wollen wir bei der Kommandantur einen Ausweis erlangen. Als wir das Haus verlassen wollen, tritt uns ein Mann entgegen, der Deutsch spricht und der sich zu unserer großen Freude als Jude aus Czernowitz entpuppt. Er hat den Auftrag, die Gegend zu evakuieren. Groß ist sein Erstaunen über das, was wir ihm zu erzählen haben. Er verspricht Hilfe und kommt nach 2 Stunden mit einem Hauptmann und seinem Dolmetscher zurück. Aber das Haus müssen wir verlassen, man bringt uns in das Arzthaus am Ort, das in ein Hospital umgewandelt worden ist. Schnell haben wir das Allernotwendigste und Lebensmittel auf unser Wägelchen geladen und verlassen das Haus.

Wir tragen jetzt die blau-weiße Armbinde als Legitimation den Russen gegenüber und dann beginnt auch für uns der Treck nach dem Westen zusammen mit all den anderen Deutschen. Zu Fuß, mit Wagen, mit Postauto, mit Eisenbahn, ausgeplündert und unsäglich elend kommen wir am 7. Juli mit dem Rest unserer Habe nach Berlin. Nach wenigen Tagen sind wir wieder in unserer alten Wohnung, ich bekomme wieder eine Schulstellung. Und der Aufbau beginnt!»[6]

Die Geschichte vom Überleben des jüdischen Jünglings Hans Rosenthal – des späteren Fernsehunterhalters – ist nicht weniger dramatisch als wunderbar. Fünfmal war der junge Hans durch glückliche Zufälle der Deportation entgangen, ehe er eine Woche vor seinem 18. Geburtstag Ende März 1943 in der Berliner Laubenkolonie «Dreieinigkeit» untertauchte. Hans stammte aus gutsituierter jüdischer Familie. Der Vater (nach der NS-Terminologie als «Mischling» geboren, der aber als «Volljude» galt, weil seine Mutter bei der Heirat zum jüdischen Glauben übergetreten war) war Bankkaufmann und bis 1937 in sehr guter Position bei der Deutschen Bank in Berlin. Man hatte ihm sogar ein Unterkommen in der Kairoer Filiale angeboten, um seine Entlassung zu umgehen.

Vater Rosenthal macht sich statt dessen als Vertreter selbständig, erliegt aber bald, noch vor der «Reichskristallnacht», einem Nierenleiden. Mutter Rosenthal stirbt 1941 an Krebs. Der damals 16jährige Hans geht, um den neunjährigen Bruder Gert zu beschützen, mit ins jüdische Waisenhaus. Er hat nach dem Besuch der jüdischen Mittelschule schon einige Stationen hinter sich, hatte sich bis zur Auflösung des Lehrguts Jessen in der Niederlausitz im Rahmen der Jugend-Alija auf die Auswanderung nach Palästina vorbereitet, war dann als Zwangsarbeiter im städtischen Friedhof Fürstenwalde zum Hilfstotengräber avanciert und arbeitete schließlich, um in Berlin beim kleinen Bruder zu sein, in einer Blechemballagenfabrik.

Im August 1942 bekam er seine Ausschließung aus der Wehrmacht und dem Reichsarbeitsdienst bestätigt – Grund: «Jude» –, und etwa zur gleichen Zeit mußte er, weil er zu alt dafür geworden war, das Waisenhaus verlassen und ins jüdische Jugendwohnheim umziehen. Das war einer der fünf Glücksfälle. Im Oktober 1942 wurden die Insassen des Waisenhauses deportiert. Hans hoffte, mit Hilfe der Großeltern (die in «Mischehe» leben), den kleinen Bruder verstecken zu können. Aber sie redeten ihm das gefährliche Unterfangen aus. Der zehnjährige Gert Rosenthal wurde am 19. Oktober 1942 nach Riga abtransportiert. Hans hört nie wieder von ihm, obwohl Gert von seinem Ersparten fünfzig Postkarten gekauft hat und jeden zweiten Tag eine davon an seinen großen Bruder schreiben will.

Hans entgeht nicht nur der «Fabrikaktion» am 27. Februar 1943, sondern entkommt gleich darauf, schon auf dem Weg in die Illegalität, auch einer Polizeikontrolle und verschwindet am 27. März in Berlin-Lichtenberg in der Laube der Frau Jauch. Hans kennt sie nur flüchtig, aber er weiß niemand sonst, der ihn verbergen würde; und Frau Jauch überläßt ihm das kleine Hinterzimmer und teilt ihre Rationen mit dem jungen Juden. Eingeweiht ist auch Frau Hardt (deren Mann ist Kommunist), die in der Nähe wohnt. Nur während der nächtlichen Luftangriffe auf Berlin kann Hans Rosenthal sein Versteck verlassen. Als er sich beim Löschen der brennenden Nachbarlaube die Hand verbrennt, kommt das einer existenzbedrohenden Katastrophe gleich, denn er muß ohne Ausweise in einem Krankenhaus Hilfe suchen.

Die tatsächliche Katastrophe kommt im August 1944, als Frau Jauch plötzlich erkrankt und stirbt. Hans muß eine neue Bleibe suchen, und er findet sie, ebenfalls in der Kolonie «Dreieinigkeit», bei Frau Schönbeck, die nicht nur ihre Lebensmittelrationen mit ihm teilt, die ihn auch gegen den eigenen Sohn verteidigt, der bei einem Fronturlaub den illegalen Gast bemerkt und die Konsequenzen fürchtet. Zuletzt dehnt sich die Kenntnis von der illegalen Existenz des jungen Juden in der Kolonie aus, viele wissen von seinem Aufenthalt und helfen nach Kräften. Der Einmarsch der Roten Armee nach Berlin hätte dem nun 20jährigen Hans Rosenthal statt der Befreiung aber fast doch noch das Ende gebracht. Mit feierlich wieder angelegtem Judenstern begab er sich auf die Straße und wäre fast als vermeintlicher Nazi erschossen worden, weil diese Einheit der Roten Armee kürzlich das KZ Majdanek befreit hatte, wo sich die SS-Wachmannschaft mit Judensternen zu tarnen versuchte. Ein vorbeikommender jüdischer Offizier identifiziert Hans Rosenthal als Juden – weil er das Glaubensbekenntnis hebräisch aufsagen kann – und rettet ihn endgültig.

Rückblickend im Jahr 1980 schrieb er, es seien diese drei Frauen aus der Kolonie Dreieinigkeit gewesen, «deren Hilfe es mir bis heute möglich gemacht hat, nach dieser für uns jüdische Menschen so furchtbaren Zeit unbefangen in Deutschland zu leben, mich als Deutscher zu fühlen, ohne Haß ein Bürger dieses Landes zu sein. Denn diese Frauen hatten ihr Leben für mich gewagt»[7].

Andere Juden hatten weniger selbstlose Helfer gefunden. Viele mußten ihr Leben mit ihrem Hab und Gut bezahlen und wurden nicht nur von Nationalsozialisten regelrecht ausgeplündert, wie eine in Berlin Untergetauchte berichtet:

«Ich hatte sehr viel Bekannte, die ohne Papiere oder Ausweise illegal lebten, aber unter den schwersten Bedingungen und sehr ausgenutzt wurden: man drohte ihnen immer mit Verrat, wenn sie nicht von ihren Sachen gaben, was gewünscht wurde. Die Nazis gingen oft nach Abholungen in die Wohnungen der Betr. und ich habe selbst mit angesehen, wie ein Nazi mit seiner Frau Mäntel und Kleider aus dem Schrank herausnahm und die Frau diese vor dem Spiegel anprobierte. Daß die Portiers meistens nach jeder Abholung auf der Hintertreppe (der Vorder-Eingang war versiegelt) in die Wohnung gingen, um sich herauszuholen, was ihnen gefiel, Pelze, Silber usw. ist ja bekannt.»[8]

In anderen Fällen wurde die Arbeitskraft ausgenützt, oder noch weitergehende Erwartungen waren mit der Gewährung des Asyls verbunden. Lilly Neumark, die im März 1943 untergetaucht war, wurde mit Hilfe der Bekennenden Kirche gerettet. In den Pfarrhäusern, in denen sie jeweils einige Wochen lang unterkam, war sie vor der Gestapo einigermaßen sicher, nicht jedoch vor religiösen Zumutungen. Die ersten beiden Etappen ihrer illegalen Existenz waren noch nicht die unangenehmsten:

«Spreewald: Die Pfarrfrau, gebürtige Bremerin, von Beruf Lehrerin, war eine kluge, fanatisch religiöse Dame. Ich mußte bei ihr Haus und Küche übernehmen, im Garten arbeiten und für das Dorf Strümpfe stopfen, was ich gerne tat, weil ich dafür Lebensmittel bekam. Ich war den ganzen Tag mir selbst überlassen, eine weltliche Unterhaltung mit der Dame war unmöglich, da sie sofort mit einem Bibelzitat antwortete, weltliche Literatur durfte ich nicht lesen, wurde dagegen mit theologischer Literatur gefüttert. Gelegentlich eines Charfreitaggespräches ließ sie durchblicken, daß sie von mir als Gegenleistung erwarte, daß ich zum Christentum übertrete. Sie führte mich, trotzdem ich ausweichend antwortete und ihr sagte, daß dies gerade jetzt für mich nicht in Frage komme, in abendlichen Andachten in die Bibel ein und übte stets einen leisen Druck aus. Sie erzählte mir dann auch, daß sie in ihrer Jugend glühende Antisemitin gewesen sei und die Ansicht vertreten habe, daß man jedem Juden das Messer in den Leib rennen müsse. Als nach 8 Wochen sich die Mutter anmeldete und ich wegen Raummangels nicht mehr bleiben konnte, atmete ich innerlich auf.

Weserbergland: Die Bekenntnis-Kirche hatte eine neue Bleibe im Weserbergland für mich gefunden. Die Reise machte ich ziemlich besorgt, da ich nur einen im Jahr 1941 abgelaufenen Postausweis als Personalausweis besaß. Selbstverständlich wurde ich im Zuge kontrolliert; als mir der Gestapobeamte den Ausweis ohne Beanstandung zurückgab, atmete ich erleichtert auf und fühlte mich von da ab wesentlich sicherer. Die Pfarrfrau im Weserbergland, auch Lehrerin von Beruf, eine unendlich tüchtige Hausfrau mit einer Hausfrauenneurose, spannte mich tüchtig ein. Ich mußte von morgens um 7 Uhr bis abends um 11 Uhr ununterbrochen arbeiten, teils im Haus, teils in der Küche und im Garten. Morgens erhielt ich weiter eine Andachtsstunde, denn an sie war der Auftrag weitergegangen, mich zu bekehren. Für Regen-, Sonn- und Feiertage schickten die Schwiegereltern und eine Schwägerin mit 10 Kindern ihre gesamten Flickkörbe und Wollvorräte. Sonntags, wo nach außen hin nicht in Erscheinung treten durfte, daß im Pfarrhaus gearbeitet wurde, mußte ich von morgens bis abends stopfen und stricken. Eine freie Stunde für mich hatte ich in den 9 Wochen meines Aufenthalts im Weserbergland nicht kennen gelernt. Die Pfarrfrau, äußerst launisch, sprach tagelang, außer den Arbeitsanweisungen kein Wort mit mir. Als sie mir einmal erzählte, daß sie 10000 M. geerbt habe und diese anlegen wolle, riet ich ihr, dafür Acker zu kaufen. Sie sagte mir, daß sie Reichsschatzanweisungen kaufen wolle und als ich antwortete, daß sie damit die Wände tapezieren könne, antwortete sie ‹*wir* sind dazu zu rechtschaffen, wir wissen so etwas nicht›. Als die 9 Wochen meines Aufenthalts abgelaufen waren, ich aber das mir zugedachte Arbeitspensum nicht geschafft hatte, mußte ich auf meinem nächsten Platz noch zwei Westen für ein 10jähriges Mädchen, 1 Pullover und zwei Schlüpfer stricken. Eine Vergütung für alle diese Arbeiten gab es selbstverständlich nicht. Ich habe im Weserbergland aber auch etwas sehr Schönes erlebt. Im gleichen Pfarrhaus wohnte eine in Essen ausgebombte Pfarrfrau, die mir auf das verständnisvollste entgegenkam und mir in jeder Weise auch später durch Zusendung von Lebensmittelkarten weiterhalf.»

Nach einigen weiteren – darunter angenehmen – Aufenthalten kam Lilly Neumark in einen Pfarrhaushalt mit einem «Satan von einer Pfarrfrau», die ihr das Leben zur Hölle machte: «Sie war von einem Antisemitismus beseelt, der Hitler alle Ehre gemacht hätte und ließ mich unentwegt fühlen, daß ich ein Mensch ‹zweiter Garnitur› wäre, der vor ihr auf den Knien rutschen müsse.»[9]

Das Ehepaar Max und Ines Krakauer aus Berlin lebte ab Januar 1943 in der Illegalität. Nach der Befreiung stellte Max Krakauer eine Liste der Unterkünfte und der Helfer zusammen, in der viele Pfarrhäuser vorkommen, in Berlin, Pommern und Württemberg. Insgesamt umfaßt das Verzeichnis 66 Adressen, an denen die Krakauers in den 27 Monaten der Illegalität teils zusammen, teils getrennt Aufnahme fanden. Eine weitere Liste von Helfern enthält 24 Namen, auch unter ihnen sind Pfarrer häufig vertreten.[10] Das kam nicht von ungefähr, denn in Berlin existierte unter Leitung von Propst Grüber eine «Hilfsstelle für Rasseverfolgte», die sich um untergetauchte Juden kümmerte und für deren Unterkommen außerhalb Berlins sorgte.

In den Erlebnisberichten der Geretteten tauchen deshalb auch immer wieder die gleichen Namen auf. Da gab es einen Fabrikbesitzer in Berlin, der nicht nur seine Junggesellenwohnung am Nollendorfplatz untergetauchten Juden zur Verfügung stellte (er selbst schlief in der Firma), sondern auch für Lebensmittel sorgte und die Portiersfrau bestach, daß sie stillhielt.[11] Die Zwei-Zimmer-Wohnung der Gräfin Maria von Maltzan glich zeitweise einem Massenasyl, in dem jüdische Illegale, Widerstandskämpfer und Deserteure Unterschlupf fanden. Gräfin Maltzan hatte Veterinärmedizin studiert und war wegen ihrer Sprachkenntnisse zunächst im Auswärtigen Amt dienstverpflichtet und dann beim Suchdienst des Roten Kreuzes beschäftigt. Sie war engagierte Gegnerin des Nationalsozialismus, ihr «nichtarischer» Verlobter und späterer Mann Hans Hirschel lebte illegal bei der Gräfin, die auch in den Berichten einiger anderer Überlebender in der Rolle des Schutzengels erscheint:

«Im Oktober 1943 wurde meine Frau von Frau Milan bei der Gestapo denunziert, daß Juden bei ihr wohnen. Frau Milan, die selber von Unbekannten denunziert wurde, glaubte, sich durch diese Angabe selbst entlasten zu können. Unsere Portiersfrau warnte uns, da sie im Hausflur einen Zettel fand, auf dem stand: Bei Gräfin Maltzan wohnen ‹J›! (Juden) Dieser Zettel wurde scheinbar von Gestapo-Beamten verloren. Dr. Bothe-Holländer mußte sofort ein anderes Quartier beziehen, nur ich blieb bei meiner Frau. Wenige Tage später kam auch schon die Gestapo. Durch ein geschicktes Ablenkungsmanöver meiner Frau, gelang es ihr, die Beamten einige Augenblicke aufzuhalten, so daß ich in den Bettkasten meiner Couch, der eigens für diesen Zweck hergerichtet war, hineinkriechen konnte. Der Kasten hatte unauffällige Luftlöcher, und sein Deckel war derart von innen zu verschließen, daß kein Spalt einen Hohlraum verriet. Vier Stunden dauerte die Haussuchung. Wie mir meine Frau später erzählte, war der berüchtigte jüdische Gestapo-Agent Issacsohn bei dieser Aktion zugegen. Seine Frau Stella Goldschlag, die viele Juden den Nazis denunziert und ausgeliefert hatte, stand vor der Tür.»[12]

Ein Freundeskreis engagierter junger Nazigegner betrieb die Hilfe für illegale Juden geradezu virtuos. Begonnen hatten die Journalistin Ruth Andreas-Friedrich und der Musiker Leo Borchard mit Liebesdiensten für ihre jüdischen Bekannten, aus Scham über den Novemberpogrom und weil «arische» Helfer notwendig waren für die Ausreisevorbereitungen, für das Organisieren von Lebensmitteln, für das Aufbewahren und Sicherstellen von Wertvollem. Im Juni 1942 notiert Ruth Andreas-Friedrich im Tagebuch, daß von den vierzehn «Onkel Heinrichs» und zweiundzwanzig «Tante Johannas» nur noch wenige übriggeblieben waren. Für die muß Gemüse und Brot beschafft werden; die Freunde sind bei der Methode nicht zimperlich:

«Um drei Uhr kommt Ursel Reuber. Sie hat sich, allen Verkehrsstörungen zum Trotz, durch Trümmer und Brände zu uns durchgeschlagen. Ihre Kleider riechen, als hätte man sie acht Tage im Rauchfang aufgehängt. Unter dem Arm schleppt sie ein großes Paket: Gemüse für unsere ‹U-Boote›, sprich: Untergetauchte. Drei Kohlrüben, einen Krautkopf, fünf dicke Kohlrabiknollen. ‹Ich hab' noch was viel Schöneres›, rühmt sie sich und nestelt aus ihrer Jacke die Brieftasche hervor. ‹Acht Kilo Brotmarken, frisch geklaut aus dem Markenkästchen in einem Bäckerladen.› – ‹Aber wie denn?› – ‹Es war ganz einfach. Kein Mensch im Geschäft. Ich rief ein paarmal. Niemand erschien. Da fiel mein Blick zufällig auf das Kästchen auf dem Tisch. Der Deckel stand halb offen. Zu langem Überlegen blieb keine Zeit. Heiliger Krispin, Freund aller Diebe, steh mir bei! – dachte ich und – langte hinein. Wenn man für andere stiehlt, ist das Klauen ein Genuß. Und die Bäckerfrau wird es den Kopf nicht gleich kosten. Vier Kilo für Frank, vier Kilo für Wald. Eine glatte Monatszuteilung.› Frank strahlt. Wir alle strahlen, als hätte man hier nicht einen Diebstahl begangen, sondern ein Heldenstück menschlicher Anständigkeit.»[13]

Der Diebstahl von Lebensmittelkarten, Stempeln, der Handel mit gefälschten Dokumenten, das Erschleichen von Bestätigungen und Bescheinigungen gehörte zum Alltag der Helfer, die damit Widerstand gegen das NS-Regime in einer besonders gefährlichen Form leisteten. Sie riskierten tagtäglich ihren Kopf, um das rettende Netz für die Illegalen immer wieder neu zu knüpfen:

«Niemand, der es nicht selbst erlebte, vermag sich vorzustellen, wie schwierig unter solchen Umständen auch die einfachste Hilfeleistung werden kann. Was tut man, wenn ein Mensch, den man in seiner Wohnung verbirgt, eines Tages unvermutet am Herzschlag stirbt? Soll man ihn im Ofen verbrennen? In Rauch auflösen? Durch den Schornstein hinausblasen? Was macht man mit einer Leiche, die nicht gemeldet ist? ‹Wir haben sie in unseren Waschkorb gelegt, mit Leintüchern bedeckt und nachts aus dem Hause getragen›, vertrauen uns Bekannte an, die in solche Verlegenheit gerieten. ‹Im Tiergarten haben wir sie rausgeholt und auf eine Bank gesetzt.› Sie lächeln verstört. Sie sind nicht froh über diese Lösung. Sie haben keine Übung darin, zwischen drei und vier Uhr morgens Leichen aus dem Hause zu schmuggeln und Tote auf einsame Parkbänke zu setzen. Vierzig Jahre lang sind sie solide Bürger gewesen.

Vor vierzehn Tagen kommt Flamm zu uns gelaufen. ‹Schöne Bescherung das!› klagt er und fingert sich nervös übers Gesicht. ‹Da hat man mir einen Flüchtling zugeschickt. Jüdisches Mädchen aus Breslau. Für ein Nachtquartier auf dem Wege von Schlesien nach Frankfurt. Ich bin an der Bahn. Die Kleine kommt an. Halsschmerzen, Fieber, Schüttelfrost. Am nächsten Morgen liegt sie mit Scharlach. Mit Scharlach in meinem Ehebett!› – ‹Scharlach dauert sechs Wochen›, sagt Andrik. – ‹Und dann muß man desinfizieren›, ergänzt Heike sachkundig. – ‹Schöne Bescherung – schöne Bescherung›, seufzen wir alle. Jetzt geht die Patientin in die dritte Woche. Und Flamm, der Landgerichtsrat außer Dienst, spielt schlecht und recht die Rolle der Krankenschwester. Für ein untergetauchtes Mädchen, das er einmal im Leben gesehen hat. Wenn man nur einen Kammerjäger findet, der vertrauenswürdig ist!»

Die Begebenheit findet sich unter dem 4. Februar 1944 im Tagebuch verzeichnet; am 7. März schreibt Ruth Andreas-Friedrich, der schlesische Flüchtling sei wieder gesund und glücklich nach Frankfurt abgereist. Die Wohnung hatte ein vertrauenswürdiger Kammerjäger (ein KPD-Mann) desinfiziert.[14]

Nicht weniger listig als mutig war Otto Weidt, der, selbst behindert, in Berlin eine Besen- und Bürstenbinderwerkstatt betrieb, in der er vorwiegend jüdische Blinde und Taubstumme beschäftigte. Keine Mühe war Weidt zu groß, um auch Untergetauchten zu helfen. Seine Beziehungen zum Arbeitsamt, zur Gestapo und zur Wehrmacht förderte er durch Bestechungen. Rohmaterial besorgte er, um die Arbeitsplätze zu sichern, auf dem Schwarzen Markt, und er bot damit einer beachtlichen Anzahl von jüdischen Menschen eine Zeitlang Sicherheit. Eines Tages jedoch holte die Gestapo alle Blinden und Taubstummen aus Weidts Werkstatt ab zur Deportation.

«Kurz entschlossen streifte sich Weidt seine Blindenbinde um und ging abermals zur Gestapo, um seine Leute freizubekommen. Wie er es schließlich geschafft hatte, ob durch die Angabe, daß er Wehrmachtsaufträge hätte (die er übrigens nie ganz ausführte, um seinen Betrieb aufrecht erhalten zu können) oder durch Bestechung, vermag ich nicht zu sagen, jedenfalls gab man ihm seine Belegschaft noch einmal frei. Er ging selbst zum Sammellager Gr. Hamburger Straße, wohin inzwischen seine Leute schon gebracht worden waren, um sie von dort abzuholen. Dann zog er, als Anführer einer Gruppe von etwa 50 jüdischen Blinden und Taubstummen mit Judensternen und Blindenbinden, selbst halbblind, mit ihnen auf dem Fahrdamm nach der Rosenthalerstraße in die Werkstatt zurück. Es war ein Bild wie aus einer antiken Tragödie.»[15]

Die Großmarkthalle war in Frankfurt der Sammelpunkt für die jüdischen Deportationsopfer

2. Die Rettung des Ehepaares Pineas

Die zweijährige Odyssee der Eheleute Pineas aus Berlin mit ihren Stationen in vielen protestantischen Pfarrhäusern in Süddeutschland war in mancher Hinsicht typisch für die existentiellen Probleme im Untergrund.

Dr. Hermann Pineas war aktiv im Reichsbund jüdischer Frontsoldaten (er hatte seit einer Verwundung im Ersten Weltkrieg einen steifen Arm), Herta Pineas war seit Mai 1933 im Jüdischen Frauenbund und im Jüdischen Wohlfahrtsamt ihres Wohnbezirks tätig. Dr. Pineas, ursprünglich frei praktizierender Neurologe, hatte am 1. Juli 1939 die Leitung der Nervenabteilung des jüdischen Krankenhauses übernommen, ab Sommer 1942 wurde auf Anordnung der Gestapo die Abteilung zuständig für sämtliche psychiatrischen jüdischen Patienten aus dem ganzen Deutschen Reich. Ihre drei Kinder hatten sie im Herbst 1938 bzw. im Juni 1939 nach Palästina und Schottland in Sicherheit bringen können. Die Mutter von Dr. Pineas wurde im September 1942 nach Theresienstadt deportiert, das gab, nachdem verschiedene Fluchtpläne ins Ausland gescheitert waren, den Ausschlag für den Entschluß unterzutauchen.

Herta Pineas gehörte zu den Frauen (es waren zunächst vierzig, schließlich nur noch acht, die übrigen waren selbst deportiert worden), die sich um den bescheidenen Reiseproviant für die Deportationszüge kümmerten: «Für jedesmal ungefähr 1000 Menschen, späterhin umfaßten die Transporte auch mehr, schnitten, schmierten und verpackten wir tagelang, verteilten sie am Zug, gossen Kaffee und Suppe aus. Wir verschafften dazu Gefäße, brachten Wasser, halfen das Gepäck suchen. Wir fanden meist nur einen Bruchteil, das meiste hatte die Gestapo bereits im Sammellager behalten. Wenn es eine ungehetzte Minute gab, erzählten die Transportler, was sie im Sammellager hinter sich hatten. Ich wußte es auch durch eine Freundin, die Ordnerin im Sammellager Levetzowstr. war; das war sinnigerweise in der Synagoge. Sie selbst lebt bestimmt nicht mehr, ich sah sie im Zuge abfahren. Ich sah auch den Abtransport der jüdischen Gemeindeangestellten mit Hannah Kaminski; die moralische Größe dieser Menschen war überwältigend. Die andern Transportler aber waren schon durch das Sammellager stigmatisiert, verstört, heruntergekommen, überanstrengt, manche irgendwie befreit, daß es weiterging, die wenigsten klar über ihr Schicksal. Wir halfen denen, die garnichts tragen konnten. Menschen kamen auf Bahren in den Zug, einen Beingelähmten (Vorsitzender der jüdischen Körperbehinderten) sah ich auf den Schultern seines alten Vaters. Fußtritte der Gestapo von hinten und Drohungen wegen versteckten und mitgenommenen Geldes gab es dauernd, dazu fuchtelte ein Gestapomann immer mit einer stählernen Hand herum, die bei Druck auf einen Knopf aus einem Spazierstock herausgesprungen war. Wir von der Verpflegungsgruppe am Zug waren durch weiße Armbinden kenntlich in dem Gewimmel. Trotzdem passierte es mir einmal, daß ein Gestapobeamter am Zuge mich aufforderte, mit einzusteigen und abzufahren. Daß mir bei dem Schreck noch Protestworte kamen, konnte ich später kaum fassen. Einmal bat mich ein befreundeter Arzt, der mitabtransportiert wurde, seine Handbürste an mich zu nehmen, in der im ausgehöhlten Holz Wertsachen versteckt waren, aber ich mußte es ablehnen; die Gestapo hatte gerade fürchterlich gedroht und alle verängstigt. Leider fanden sie bei einem Gold in einem Kissen versteckt; die Federn stoben über den ganzen Bahnsteig. Auch Abschiedszettel durften wir bei Todesstrafe nicht annehmen, denn sie konnten über die Vorgänge in den Sammellagern unterrichten. Jeder Transport bekam einen jüdischen Transportarzt. Einen mir bekannten Arzt sprach ich, der im tiefen Winter im Sommermantel und Strohhut reiste, denn er war im Sommer als Strafgefangener eingeliefert worden, weil er einen ausländischen Sender gehört hatte. Er hatte aus seiner Wohnung einen kleinen Kasten mit Instrumenten und Medikamenten bekommen, der neben ihm stand; er war Neurologe. Wie hätte er helfen können, wo doch schon am Bahnsteig die Medikamente fehlten, wenn einer vor Erschöpfung umfiel, wo doch die Züge vor der Abfahrt plombiert wurden und kein

Fenster geöffnet werden durfte. Hinten aber reiste ein Maschinengewehr mit und in der Mitte des Zuges ebenfalls Gestapo. Schon an der Bahn fehlte die Verpflegung für die Kleinsten, kalte Magermilch und nur zu wenig gab es, und die kinderreichen Familien waren für uns am Zuge die schlimmsten. Da hielten die Kinder die Puppen im Arm und freuten sich, den Großeltern nachzureisen, die schon voraus ‹abgereist› waren.»[16]

Die Flucht in den Untergrund hatte das Ehepaar Pineas sorgfältig vorbereitet. Beide haben Aufzeichnungen über ihr Leben im Untergrund angefertigt. Herta Pineas:

«Am Nachmittag des 6. März 1943, einem Samstag, verließ mein Mann – ohne Judenstern – unsere Wohnung in Berlin Levetzowstr. 11 a, um unterzutauchen. Wir hatten dies monatelang vorbereitet, uns falsche Ausweise besorgt, für jeden von uns ein vermeintlich sicheres Dauerquartier, Gepäck herausgeschafft und den Moment des Abspringens genau vorberechnet. Ich selbst verließ die Wohnung am Abend und wohnte mit unserer getauchten Freundin Anna in deren Quartier in der Courbierestr., wo man auch bereit gewesen war, mein ganzes Gepäck aufzunehmen. Nach 8 Tagen hatte der Wirtin das Dauerquartier lange genug gedauert; man sagte uns, die Partei wäre auf unserer Spur und die Wohnung würde überwacht. Es war gegen Abend, wir sollten sofort die Wohnung verlassen, natürlich ohne Gepäck. Frau Rahmer und ich flohen in das von Gustav Degner vermittelte Quartier, in ein unbewohntes Häuschen in Lehnitz, am Wasser gelegen. Weil der kalten Jahreszeit wegen auch die Nachbarhäuser unbewohnt waren, sollten wir dort sehr lange bleiben dürfen. Dieses Dauerquartier wurde uns nach 10 Tagen unter einem Vorwande wieder genommen. Anna konnte zu ihren beiden alten Damen gehen, die es fertig gebracht hatten, ihren Namen bei der jüdischen Gemeinde rechtzeitig verschwinden zu lassen; sie haben denn auch den Krieg in Berlin überdauert, für mich aber begann nun eine gejagte Zeit. Ich hatte nun außer den Anstrengungen, die ich machte, um mein Gepäck aus der Courbierestr. wiederherauszubekommen, was mir im Laufe eines Monats für den kleinsten Teil auch gelang – wegen des Gepäcks war ja das ganze Manöver gespielt worden – die dauernde Angst um mein Nachtquartier, um den Aufenthalt bei Tage, um das Essen, die Wäsche, um Unterbringung des verbliebenen Gepäcks, von dem ich auch bemüht war, meinem Mann das seine nachzusenden, sowie die Sorge, wie mit ihm in Verbindung zu bleiben, da ja meine Adressen immer wechselten, und wie bei alledem sich nicht auf den Straßen und in den Bahnen blicken zu lassen. Zwar war ich nur bekannt in dem Stadtteil, in dem wir gewohnt hatten, aber die Vorsicht verlangte, daß man sich im Taucherzustand absolut ruhig verhalte, denn in Wirklichkeit arbeitete doch die ganze Bevölkerung für die Gestapo.

In den 2 Monaten, in denen ich in Berlin war, hatte ich alle 3 Tage, und manchmal noch kurzfristiger, ein anderes Quartier und war, um das neue zu finden, ganztätig unterwegs und auf der Bahn. Immer zog ich mit irgendeinem Gepäckstück umher und bekam in dieser Zeit ein derart abgehetztes und mageres Aussehen, daß ich meinte, mich schon dadurch zu verraten.»[17]

Herta Pineas hatte zunächst nur einen schlecht gefälschten Postausweis auf den Namen Josephine Günther, keine Lebensmittelkarten und keine sonstigen brauchbaren Dokumente. Durch die Vermittlung zur Bekennenden Kirche nach Württemberg, wo sie in relativer Sicherheit als Haushaltshilfe in Pfarrhäusern leben konnte, schien sie weniger gefährdet als ihr Mann, der ebenfalls ausweislos war, als Mann von mittleren Jahren jedoch zusätzlich die Aufmerksamkeit von Wehrmachtstreifen, die nach Deserteuren fahndeten, auf sich zog und der überdies das Aussehen eines ausgesprochenen Intellektuellen, aber kaum praktische Veranlagungen hatte, die das Überleben erleichtert hätten. Sein Untertauchen stand auch noch unter einer falschen Prämisse:

«Betrachte ich heute, am 18. Mai 1945, mein damaliges Untertauchen ins illegale Leben, so muß ich es als tollkühn bezeichnen. Meine Wiener Patientin hatte mir geschrieben, ich könne bei einer Künstlerin wohnen, die ständig auf Reisen sei und werde dort ohne Lebensmittelkarten für monatlich 200 Mark untergebracht. Auf diese an sich recht unwahrscheinliche Angabe hin trat ich die Reise an. Bei meiner Ankunft stellte sich heraus, daß ‹die Künstlerin› ein Produkt krankhafter Phantasie war und die Patientin mich nur hatte dort haben wollen. Ich wohnte in Wirklichkeit bei ihr in ihrer Wohnung. Daß dieses zu, gelinde gesagt, Unzuträglichkeiten führen mußte, hätte eigentlich damals schon für mich auf der Hand liegen müssen.»

Trotzdem empfand Dr. Pineas die Situation als Befreiung: «Mir selbst gab der Aufenthalt in Wien einen mächtigen Auftrieb, wozu Verschiedenes beitrug. Einmal die mir fast gänzlich unbekannte Stadt, die ich bei einem Neurologenkongreß 1927 nur wenig kennengelernt hatte, dann das wunderbare Frühlingswetter, das ich zu Ausflügen in die jahrelang und bitter entbehrte Natur benutzte, endlich der absolute Kontrast zu meinem bisherigen Leben. Daß ich dabei die Gefahr meiner Situation vollkommen übersehen habe, ist mir je länger desto mehr unbegreiflich. Ich wurde der geschwätzigen Untermieterin meiner Patientin als Berliner Onkel vorgestellt. Es lag damit klar auf der Hand, daß es sich um einen Berliner Juden handeln mußte. Ich hatte ja nur Erlaubnis, Juden zu behandeln. Frau Friedrich war Jüdin, aber ihr Ehemann «arisch». Es kam sehr bald zu einer Denunziation.»

Hermann Pineas hatte das Quartier rechtzeitig gewechselt und konnte Wien verlassen. Seine nächste Station war Linz:

«Fahrten ins Blaue waren mir bis dahin wohl bekannt, doch nie hatte ich eine Reise ins derart Dunkle unternommen wie diese: ohne vorbestelltes

Quartier, ohne Lebensmittelkarten, selbstverständlich ohne polizeiliche Ab- und Anmeldemöglichkeiten. Bis dahin hatte ich überdies von dem gelebt, was mir an Lebensmitteln Frau Fr. abgeben konnte, und das war kümmerlich genug; außerdem ging ich nun in eine ganz fremde Stadt. Alles das war nicht dazu angetan, meine Stimmung in dieser Reisenacht wesentlich zu erhöhen. Frau Fr. begleitete mich und fuhr nachts um vier Uhr wieder zurück, da sie zur Arbeit mußte. Ich verließ den Wartesaal, in dem wir die Nacht zugebracht hatten, um 7, um mich auf Quartiersuche zu begeben. Ich hatte Glück und kam in einem kleinen Hotel unter, in dem zufällig ein Zweibettzimmer frei war. Damals waren die polizeilichen Beherbergsvorschriften folgende: Auf Personalausweis durfte jeder ohne weiteres 3 Nächte in einem Hotel bleiben, aber nicht länger. Bei längerer Dauer und bis zur Höchstdauer von 3 Wochen mußte die Kleiderkarte abgestempelt werden, die ich ja nicht besaß. Wer aber beruflich reiste, mußte den Beruf nachweisen, konnte allerdings auch dann nur bis zu 3 Wochen bleiben. Nun hatte ich zum Glück, als ich seinerzeit in Berlin meine Gewerbelegitimation käuflich erstand, als Zugabe einen Blankobogen der I.-G.-Farben bekommen, der, mit meinem Lichtbild versehen und entsprechend – von mir textlich und von meiner Frau geschrieben – ausgefüllt, mir bei Hotelquartieren von größtem Nutzen war. Ich war also in Linz zunächst auf 3 Nächte gesichert. Meine Mittagsmahle bestanden aus: SSS = Suppe und Stammgericht und Seidel, nämlich aus allem, was markenfrei und auch entsprechend nicht nahrhaft war. Am zweiten Tag meines Dortseins fuhr ich wienwärts nach St. Pölten, wo es mir gelang, wieder auf 3 Tage Anschlußquartier im größten dortigen Hotel zu bekommen. In der Folgezeit pendelte ich zwischen Wien, Linz und St. Pölten hin und her, war tagsüber immer unterwegs, da ich berufliche Beschäftigung vortäuschen mußte. In Wien hatte ich das Hotel ‹Wiener Wald› in Salmannsdorf entdeckt, wo ich mithilfe meines Firmenausweises bis zu 3 Wochen bleiben konnte; sogar in Linz habe ich es im Mai zu einem Aufenthalt bis zu 14 Tagen gebracht, was wegen der dortigen Bettenknappheit besonders schwierig war. Aus Wien bekam meine Schwester Sofie in Mailand Nachricht von mir und antwortete auch – auf den falschen Namen natürlich –, wußte also damit, daß wir getaucht waren.»

In Linz läßt sich Dr. Pineas aufgrund seiner gefälschten Gewerbelegitimation einen «echten», das heißt nicht retuschierten oder sonstwie bearbeiteten, Postausweis ausstellen. Den Tageslauf in Wien, Linz und St. Pölten, zwischen diesen Orten bleibt er unterwegs, gestaltete er, berufliche Abwesenheit vom Hotel mimend, nach folgendem Muster:

«Nach dem selbst gehaltenen Frühstück – außer Wasser nahm ich kein Getränk zu mir – verließ ich das jeweilige Hotel, kaufte mir eine oder mehrere Zeitungen, am liebsten die Frankfurter, das Reich oder die D.A.Z. und ging in einen der Parks, wo ich die Zeit bis zum Mittagessen verbrachte. Dann trieb ich mich noch eine Weile in den Anlagen herum und kehrte gegen 16 Uhr ins Hotel zurück. Dann wurden Briefe geschrieben; die Maschine, auf der ich diesen Bericht schreibe, ist mein ständiger Begleiter gewesen, und gegen 18 Uhr gab es das ziemlich einförmige Abendessen, das ich mir ebenfalls meist selbst bereitete.»

Frau Pineas wird indessen von einem schwäbischen Pfarrhaus zum nächsten weitergereicht. Auch sie wird gelegentlich mit latentem Antisemitismus und mit bigotter Verschrobenheit konfrontiert, aber das sind Ausnahmen. Überwiegend hat sie selbstlose Helfer, allen voran die Vikarin Margarete Hoffer in Schwenningen am Neckar, die aus einer streng nationalsozialistischen Familie in Graz stammt. Sie hat, wie Herta Pineas berichtet, die größten Verdienste um die Rettung des Ehepaars:

«Ihre Frömmigkeit ist eine tiefe und nie habe ich einen Menschen angetroffen, der bei allen Schwierigkeiten, die ihm das eigene Wesen bietet, so bewußt und intensiv das Gute zu leben bemüht ist wie sie. Sie hat uns wirklich beherbergt und gespeist mit eigenem Verzicht, sie ist in viele Richtungen gereist, um neue Quartiere zu finden und zu besprechen, sie hat uns ihre Ruhe und Entspannung geopfert und war diejenige, die volles Verständnis hatte für alle unsere Nöte und Sorgen, besonders aber dafür, daß mein Mann wieder mit mir zusammenkommen und zusammen leben könnte.»

Hermann Pineas hatte seine «Vertreter»-Existenz in der «Ostmark» nicht lange führen können. Er war ebenfalls nach Süddeutschland gekommen, seine Unterbringung war jedoch weit schwieriger und gefährlicher als die seiner Frau. Das Ehepaar konnte sich auch nur gelegentlich heimlich treffen. Von Weihnachten 1943 bis Februar 1944 waren sie zusammen, auf Einladung der Vikarin Hoffer in Schwenningen: «Es war besonders reizend von Frl. Hoffer, daß sie meinen Mann und mich über Weihnachten zu sich lud, denn über Festtage, besonders aber über Weihnachten, waren selbst kirchlich gesinnte Familien nicht geneigt, uns Taucher aufzunehmen.» Bei der Gelegenheit wurde auch die Legitimation von Hermann Pineas überarbeitet:

«In Schwenningen hatte mir Kollege Dr. Hans Kohler, Hohlehrenstraße 5, der mit der Bekennenden Kirche liiert war, dazu verholfen, einen Postausweis zu bekommen, der mir im Gegensatz zum Linzer Postausweis, durch den ich Dr. Hans Perger geworden war, den Namen meiner Frau gab, wodurch ich Dr. Hans Günther, Biologe, wurde, und der zugleich, um nicht in den neu verfügten Arbeitszwang zu gehören, mein Alter um 15 Jahre heraufsetzte. So war in einigen Punkten unsere eventuelle gemeinsame Existenz, die herbeizuführen ja unser ständiges Bestreben darstellte, gesichert. Viel schwieriger war es, in den Besitz einer Lebensmittelkarten-Abmeldung, die eine Anmeldung ermöglichen sollte, zu kommen.»

Etwas später gelang es auch, ein blankogestempeltes Abmeldeformular in Schwenningen zu organisieren, und mit dessen Hilfe wiederum konnten beim Ernährungsamt des nächsten Aufenthaltsortes «legale» Lebensmittelkarten beschafft werden. Im Sommer 1944 wurde der Aufenthalt von Dr. Pineas im Pfarrhaus Wankheim im Kreis Tübingen denunziert. Pineas war bereits weitergereist, aber Pfarrer Richard Gölz wurde Weihnachten 1944 von der Gestapo abgeholt und blieb bis Kriegsende in Lagerhaft. Pfarrer Gerhard Holzapfel, in dessen Haushalt Frau Pineas alias Günther eine Zeitlang untergekommen war, berichtete über die Denunziation, «Herr Günther» sei offenbar etwas unvorsichtig gewesen und habe sich zu oft auf der Straße gezeigt. «Jedenfalls wurde einer der Wankheimer Lehrer nach dem 20. Juli 1944 auf ihn aufmerksam, hielt ihn für Goerdeler und schrieb eine schriftliche Anzeige.» Aus irgendwelchen Gründen blieb das wirkungslos: «Weil nichts erfolgte, gab sich der Lehrer nicht zufrieden und fragte bei der Gestapo im Herbst noch einmal nach.»[18] Beim Verhör erklärte Pfarrer Gölz, er habe es für seine Christenpflicht gehalten, den jüdischen Arzt zu beherbergen. Den richtigen Namen seines Gastes wußte er gar nicht (aus Sicherheitsgründen gab ihn das Ehepaar Pineas nie preis), und er lieferte der Gestapo auch eine falsche Personenbeschreibung sowie irreführende Vermutungen über dessen Aufenthaltsort.

Dr. Pineas begab sich im August 1944 in ziemlich verzweifelter Stimmung nach Lautrach bei Memmingen, wo seine Frau damals lebte. Sie wollten jetzt, in Erwartung des absehbaren Zusammenbruchs der NS-Herrschaft, eine quasi-legale Existenz führen:

«Nach einer zum Glück vergeblichen und wirklich nervenzerrüttenden Woche der Erwartung verhaftet zu werden, entschloß ich mich am 1. September, nach Memmingen zu fahren und mich im ‹freiwilligen Ehrendienst› beim dortigen Arbeitsamt zu melden. Glückte es, so würden wir eine Wohnung zugewiesen bekommen von amtswegen; das war mein Beweggrund für dieses Wagnis: Ohne Vorlage irgendeines Ausweises, wie Ahnennachweis, Beruf u. dergl., wurde ich, der ich mich Biologe nannte, der Werkzeugfabrik Wilhelm Stehle, bei der ich noch heute ‹tätig› bin, zugewiesen und bekam zugleich im größten Steinbau der Stadt, im Amtsgericht bei Landgerichtsdirektor Baechler zwei für Rüstungsarbeiter seitens der Stadt beschlagnahmte Zimmer zugewiesen. Nun hatten wir mit einem Mal alles: Wohnung, polizeiliche Anmeldung mit der für Lebensmittelkarten und Arbeit.»

Die neue Existenz im «freiwilligen Ehrendienst» brachte Dr. Pineas in groteske Situationen, deren Ironie er aber offenbar genoß.

«Der Vermittler auf dem Arbeitsamt hatte gemeint, daß ich eventuell für die Firma reisen könnte, wenn Material zu beschaffen sei und dergleichen, und das schlug ich auf eine diesbezügliche Frage bei meinem Eintritt dem Direktor Born, Schwiegersohn des Chefs, vor. Man war damit einverstanden. In der Nichtreisezeit sollte ich einen Lagerverwalter vertreten, der gerade eingezogen worden war.

Für meine Reisetätigkeit bedurfte ich einer besonderen Bescheinigung, die mir die Gauwirtschaftskammer Schwaben am 8. September 1944 ausgestellt hat und die bis 30. 6. 45 gelten sollte. Sie berechtigte zur Lösung von Fahrkarten für alle Strecken und zur Schnellzugbenutzung ... Der Betrieb, der ursprünglich Holzbearbeitungswerkzeuge produzierte ..., arbeitete seit 1939 für die Marine und machte Hilfsapparate für U-Boote und für Minen. Worum es sich im einzelnen handelte, habe ich nie erfahren und hat mich auch nicht interessiert. Die Lagerverwaltungstätigkeit war recht langweilig, umso interessanter das Reisen.

Gleich meine erste Reise ist dafür beweisend. Sie beleuchtet zugleich die bemerkenswerte Verquickung von privaten und geschäftlichen Interessen, die m. E. ein wesentliches Charakteristikum des Dritten Reiches darstellt, und die früher oder später seinen Untergang herbeiführen mußte. Der Hauptzweck meiner Reise war die Beschaffung eines Kompressors, der zur Reparatur bei der ‹Demag› in Duisburg war und von dessen Fertigstellung trotz aller Anfragen nichts zu eruieren gewesen war. Der private Auftrag bestand in Überbringung eines Pakets mit Wäsche an den Sohn des Hauses. Dieser hoffnungsvolle 19jährige Sprößling war Untersturmführer = Leutnant bei der Waffen SS, und zwar bei der ‹Leibstandarte Adolf Hitler›! Er war damals im Sennelager bei Detmold, und dort sollte ich hin und ihm einiges bringen. Dieser Auftrag ließ an Pikanterie nichts zu wünschen übrig. Zwischen beiden Reisen sollte ich in Hagen noch den Leiter eines Rüstungsrings, Herrn Knippschild, aufsuchen, und ihm einige Wünsche vortragen. Am 7. September war ich eingetreten, am 11. trat ich via München (um im dort abgehenden D-Zug nach Dortmund einen Sitzplatz zu bekommen) meine erste Reise an. Nach mancherlei, durch Zugüberfüllung, schlechte Anschlüsse und Luftalarme bedingten Fährlichkeiten kam ich schließlich nach 28stündiger Reise ab München in Detmold an. Am andern Vormittag traf ich mit dem jungen Willy Stehle zusammen. Er faßte sofort großes Zutrauen zu mir, berichtete, er habe die Napola (nationalpolitische Erziehungsanstalt) in Lichterfelde besucht und sei von da zur SS gegangen. Seine Tätigkeit bestehe darin, seinen Leuten das Wesen und die Grundtatsachen der SS darzustellen, vor allem als Wichtigstes die Rassenlehre! Es sei sehr schwierig, da seine Leute etwa 40 Jahre alt seien und von andern Truppenteilen ungefragt zur SS versetzt worden seien; sie seien also nicht im SS-Geist aufgewachsen wie er. Man kann sich mein Interesse an diesen Darlegungen vorstellen. – In Hagen-Halden besichtigte ich bei Erledigung meines Auftrags die Knippschildwerke, die vor allem für Panzer arbeiteten, und fuhr dann zur Demag nach Duisburg. Hier stellte sich heraus, daß Teile des Kompressors vor seiner Fertigstellung von der Firma Th. Goldschmidt-Essen bearbeitet werden müßten. Kurz entschlossen ließ ich mir die Teile aushändigen und fuhr damit zu Goldschmidt nach Essen. Die Stadt machte wegen der Zerstörungen durch Luftangriffe einen niederschmetternden Eindruck auf mich. Eigenartig war es, unter den zahlreichen zerstörten Gebäuden die Trümmer der Synagoge zu erkennen, deren Zustand sicher älteren Datums als der der Umgebung war. In Essen konnte ich meine Sache von einem Tag auf den andern erledigen und dann die Teile nach Duisburg zurückbringen, wo man mir versprach, den Kompressor jetzt umgehend fertigzustellen und an Stehle zurückzuschicken ... Bei der Firma war man mit dem Erfolg meiner Reise sehr zufrieden, und ist es in der Folgezeit auch geblieben ... Die zweite Reise ging bereits 8 Tage später vor sich, und zwar nach Berlin. Meine Frau war überaus erschreckt darüber, und auch ich hatte im ersten Moment ein beklommenes Gefühl. Das Ganze ging aber in 3 Tagen, vom 22. bis 24. September, programmäßig und ohne Zwischenfall vonstatten; ich hatte mich bei keinem unserer Bekannten dort gemeldet ... Es handelte sich bei diesen ersten Reisen regelmäßig um Abholung bzw. Beförderung von dringend gebrauchten Einzelteilen.»

Der Illegale benahm sich in den folgenden Wochen bei den weiteren Dienstreisen geradezu tollkühn.

«Bei der zweiten Berliner Reise meldete ich mich bei meinem braven Schneider Ewert, der mich mit den Worten empfing: ‹Nanu, ist der Krieg schon zuende?› Er freute sich ebenso wie seine Frau über das unerwartete Wiedersehen und sprach die Hoffnung aus, daß die Schweinerei bald zuende gehen möge. Diese Reise dauerte vom 3. bis 5. Oktober. Vom 24. bis 26. Oktober war ich wieder nach Bebra zur Firma Bebrit unterwegs. Im Gegensatz zu den vorhergehenden Reisen war die nächste wieder gemischter Natur, d. h. halb privat, insofern als es sich wieder um einen Besuch bei Willy Stehle, dem Ustuf.L.A.H. (Untersturmführer Leibstandarte Adolf Hitler) handelte. Der war inzwischen in einem Lager nördlich Hannover, in der Gegend zwischen Celle, Soltau und Ülzen, bei dem Dorfe Witzendorf, an der Bahn Celle-Nord–Soltau. Diesmal aß ich im Lager selbst mit ihm zu Abend, trank mit ihm eine Flasche Wein, hörte in seinem Feldradio englische Tanzmusik und wurde u. a. von ihm gefragt, ob ich im vorigen Kriege Offizier gewesen sei ... Die darauf folgende Reise bis 21. November war die ausgedehnteste, allerdings durch mich so disponiert. Ich sollte zum ‹Sonderausschuß M 6› des Reichsministeriums für Rüstung und Kriegsproduktion, der bei Conow in Mecklenburg residierte. Er wohnte in Baracken, abseits der Bahn, und das war eine Nebenstrecke zwischen Ludwigslust und Ülzen. Was tut man, wenn man nach Conow will? Man fährt nach Berlin, so auch ich. Lag mir doch daran, meinen getreuen Zahnarzt und früheren Patienten Dr. Karl Goehlich wieder aufzusuchen, dessen Haus ich bei meinem vorhergehenden Berliner Aufenthalt für zerstört gehalten hatte, der mir aber via Frau Bieberschulte geschrieben hatte, daß er unverändert weiterarbeite. Der fiel mir bei meinem Auftauchen in seiner Praxis beinahe um den Hals und freute sich ungemein über das Wiedersehen, und meine Erlebnisse interessierten ihn verständlicherweise sehr.»

Der Leichtsinn erhält zu Neujahr 1945 einen Dämpfer, als das Ehepaar wegen der Wankheimer Denunziation und der Verhaftung von Pfarrer Gölz noch einmal überlegen muß, ob es von der Bildfläche verschwinden soll, wie die Freunde von der Bekennenden Kirche raten. Herr und Frau Pineas alias Günther entschließen sich jedoch, abzuwarten und still zu halten. «Dr. Günther» setzt seine Reisetätigkeit bis zum 21. April fort, dann geht der ganze Betrieb in Erwartung der Amerikaner in Urlaub. Am 26. April wird Memmingen von der US Army besetzt, und Dr. Pineas offenbart am folgenden Tag seine wahre Identität einem überaus erstaunten amerikanischen Major namens Goldstein.

Am 9. Mai bittet ihn sein bisheriger Chef, die «Interessen des Betriebes bei städtischen und amerikanischen Ämtern zu vertreten». Dem Ehepaar Pineas ist es in erster Linie wichtig, die Kinder im Ausland wissen zu lassen, daß sie überlebt haben. Dann bemühen sich die beiden wieder um Papiere, und zwar für die Auswanderung nach den USA; bereits am 2. Mai 1945 hat Hermann Pineas mit der Niederschrift seiner Erlebnisse begonnen.

3. Zwischen «Ariern» und «Nichtariern»

Anfang Oktober 1941 lebten annähernd 73 000 Juden in Berlin, das waren mehr als 40% aller Juden, die es in Deutschland noch gab. Im Frühjahr 1943 wurde die Reichshauptstadt offiziell als «judenrein» deklariert.[19] Die rund fünftausend Untergetauchten nicht gerechnet, hatten am 31. März 1943 nach der Statistik der Reichsvereinigung aber noch mehr als 18 000 Juden in Berlin gelebt. Es handelte sich um den Personenkreis, für den sich im NS-amtlichen Sprachgebrauch Bezeichnungen wie «Geltungsjude», «Mischling ersten Grades», «Mischling zweiten Grades» eingebürgert hatten, dazu gehörten vor allem aber die «Volljuden», die in «Mischehe» mit «deutschblütigen» Partnern lebten. Bei den «Mischehen» waren wiederum die «privilegierten» von den «einfachen» zu unterscheiden.

Die nationalsozialistische Rassengesetzgebung war durch schier unzählige Verordnungen, Erlasse und Bestimmungen, die im Laufe der Jahre zu den Nürnberger Gesetzen von 1935 ergangen waren, zu einem undurchdringlichen Dschungel geworden. Alle legislatorischen Maßnahmen dienten aber letztlich einem einzigen Zweck, der Vernichtung des Judentums; aber bei bestimmten Personengruppen wie Teilnehmern des Ersten Weltkriegs, in «Mischehe» Verheirateten und deren Kindern taten sich die nationalsozialistischen Rassepolitiker, die Juristen und die Beamten schwer. Es blieb bis zum Ende des NS-Regimes unklar, welches Schicksal den jüdischen Partnern in «Mischehen» und den «Mischlingen ersten Grades» letztendlich zugedacht war, ob die Privilegien, die sie von den «Volljuden» unterschieden, dauernd oder nur für eine Übergangszeit gelten sollten. In der Intention der nationalsozialistischen Judenpolitik waren sie nur vorübergehend ausgespart, das wurde in der Wannseekonferenz und bei späteren Gelegenheiten, als das Thema zur Debatte stand, auch deutlich artikuliert.[20] Das wußten die Betroffenen zwar nicht, aber es konnte ihnen auch nicht verborgen bleiben, daß ihre Stellung auf Dauer unsicher und gefährdet war. So galt der Schutz des jüdischen Partners der privilegierten Mischehe nur so lange, als die Ehe bestand: Scheidung oder plötzlicher Tod des «deutschblütigen» Gatten konnten jederzeit zur Katastrophe führen.

Wie kompliziert Familienverhältnisse im juristischen Sinne wurden, demonstriert Ludwig Brunner, der in die Illegalität mußte, während seine Eltern unverfolgt blieben und ihm helfen konnten:

«Meine Mutter war Nichtjüdin, trat aber bei der Eheschließung mit meinem Vater zum jüdischen Glauben über, und ich wurde jüdisch erzogen. Nach der Machtübernahme durch die Nazis trat meine Mutter aus der jüdischen Gemeinde aus und galt als «Arierin». Die Ehe mit meinem Vater wurde dadurch eine sogenannte privilegierte Ehe. Ich war wegen meiner jüdischen Erziehung sogenannter Geltungsjude, wurde aber strafgesetzmäßig als Mischling behandelt.»[21]

Derselbe junge Mann, der zum Tragen des Judensterns verpflichtet war und für den sämtliche Diskriminierungen galten, hätte ohne sein Bekenntnis zur jüdischen Religion aufgrund der NS-Rassegesetzgebung als «Mischling ersten Grades« zwar nicht Beamter werden können, aber doch Mitglied der NS-Volkswohlfahrt und der Deutschen Arbeitsfront, und er wäre wehrpflichtig gewesen. (Die «Mischehe» seiner Eltern war übrigens, entgegen seiner Erinnerung, nicht privilegiert, sie wäre es gewesen, wenn er nicht im jüdischen Glauben erzogen worden wäre.)

Die Uniform der Wehrmacht tragen zu dürfen, konnte für diejenigen sehr befreiend sein, die quasi zwischen den Rassen standen und die Vorrechte der «Arier» nur zum kleinen Teil genossen, dafür aber ein gerütteltes Maß der Entrechtung der Juden mit zu leiden hatten. Rudolf Lennert, ein damals 36jähriger «Mischling zweiten Grades», der seinen Beruf als Lehrer nicht ausüben durfte, empfand den Wehrdienst als «Aufhebung des Bannes», und er hatte außerdem Glück:

«Als ich 1940 gemustert wurde, stand in dem Fragebogen auch die Abstammungsfrage, und ich habe sie offen beantwortet. Ob das in meine Militärpapiere übernommen wurde, weiß ich nicht; es ist aber anzunehmen.

Kurz nach meiner Grundausbildung wurde ich von meiner Truppe ohne mein Zutun zu einer Dolmetscherprüfung abkommandiert. Dort war noch einmal ein Bogen mit der Frage auszufüllen. Aber als der nobel gebildete Major, der die Prüfung leitete, mir vor der mündlichen meinen Bogen noch einmal vorlas, las er an der betreffenden Stelle ‹arisch›, und ich habe dagegen nicht protestiert. Man kann sagen, das sei ein so winziger Vorgang, daß er das Berichten nicht lohnt. Man kann aber auch sagen: Es war wahrscheinlich eine von den Tausenden von kleinen Unregelmäßigkeiten, mit denen Menschen in Diktaturen anderen, nicht ohne eigenes Risiko, helfen. Tatsächlich hat dieser Mann mit dieser kleinen Fälschung meinem Leben den Weg in vier Jahre großer Freiheit geöffnet ... Ich habe erst nach dem Krieg erfahren, daß die so bewirkte Zulassung zum Dolmetscherdienst für ‹Mischlinge› illegal war.»[22]

An der Einsamkeit, dem Gefühl der Isolation und der Tatsache des Ausgegrenztseins haben die kleine Korrektur des Majors und erträgliche Kameradschaftsverhältnisse in der Truppe nichts geändert:

«Wenn ich nach dem Besonderen suche, das mit dem outcast-Dasein zusammenhing, wird mir zuerst ein Gewinn bewußt, der für solche Situationen bezeichnend zu sein scheint: der Zuwachs an Intensität des Familiaren, in meiner elterlichen wie in meiner eigenen Familie. Wir waren ‹auf uns zurückgeworfen› und haben das alle gespürt. Mir scheint, die ganze Geschichte der jüdischen Emanzipation sei durch dieses Element gekennzeichnet. Sie hat überall Familien und Familienverbände hervorgerufen, die ‹zusammenhielten› und sich im Leben und im Untergang Halt gaben. Dem steht ein Verlust gegenüber: in all den zehn Jahren habe ich, intensiven Kontakten zum Trotz, nur zweimal neue Freundschaften geschlossen – beide Male mit Menschen, die auf unterschiedliche Weise am Rande der Gesellschaft standen. Muß man sagen, daß zu allen anderen, zu den ‹Normalen›, die unsichtbare Scheidewand existierte, beiden Seiten halb bewußt?»[23]

«Mischlinge» waren nach nationalsozialistischer Definition alle Halbjuden, die nicht der jüdischen Religion angehörten und die nicht mit Juden verheiratet waren. «Mischlinge ersten Grades» hatten zwei jüdische Großelternteile, «Mischlinge zweiten Grades» («Vierteljuden») hatten einen jüdischen Großelternteil. Die so Klassifizierten wurden einerseits fast wie «deutschblütige» Vollbürger behandelt, sie brauchten den Judenstern nicht zu tragen und waren in Vermögens- und Geschäftsangelegenheiten nicht behindert, andererseits gab es eine Reihe von Diskriminierungen: öffentlicher Dienst und Rechtsberufe blieben ihnen verschlossen, ebenso die Mitgliedschaft in der Reichskulturkammer (und selbstverständlich in der NSDAP und deren Gliederungen SA, SS usw.), und sie durften nicht Verleger oder «Hauptschriftleiter» sein. Da sie als nicht bodenfähig galten, konnten «Mischlinge» nach dem Reichserbhofgesetz keine landwirtschaftlichen Güter erben, und in der Wehrmacht blieben ihnen Unteroffiziers- und Offiziersränge verwehrt. Manche waren von den Restriktionen des öffentlichen Dienstes und der militärischen Laufbahn als Teilnehmer des Ersten Weltkriegs aber persönlich befreit.

1939 gab es im Deutschen Reich (Österreich und die Sudetengebiete eingeschlossen) 64000 «Mischlinge» ersten und 43000 zweiten Grades. Ihr Schicksal blieb bei allen Erörterungen über ihren endgültigen Status ungewiß; die Tendenz ging im Lauf der Zeit – während die «Endlösung» praktiziert und die Massensterilisierung der «Mischlinge» erwogen wurde – dahin, die «Mischlinge 1. Grades» den Juden gleichzustellen und sie zu vernichten, Mischlinge 2. Grades aber definitiv wie «Deutsche» zu behandeln. Mit der Religionszugehörigkeit hatten die «Mischlinge» – allerdings in der Regel nicht freiwillig – eine Art Option auf die Zugehörigkeit zu dieser oder jener «Rasse», man war «Geltungsjude» oder fast «arisch» – eine Demonstration der Unsinnigkeit der angeblich naturwissenschaftlich untermauerten Rassenideologie.[24]

Eine der Diskriminierungen der «Mischlinge» traf junge Menschen hart: «Am schwersten haben es wohl die Kinder gehabt. In den Schulen sind manche treu gehalten worden; andere hatten schon früh unter Gehässigkeiten zu leiden, als sie noch geduldet wurden. Die Praxis war lange ‹überall anders›. Endgültig ist den Mischlingen ersten Grades der Aufstieg in die weiterführenden Schulen und Klassen erst 1941 verwehrt worden – denen zweiten Grades konnte er erlaubt werden, ‹wenn der Raum es erlaubte, ohne Kinder deutschen oder artverwandten Blutes dadurch zu benachteiligen›. Viele Eltern haben ihre Kinder erst aufgeklärt, wenn sie zehn Jahre alt wurden und schon darauf brannten, zusammen mit ihren Freunden in die ‹Staatsjugend› eintreten zu können. Die verheerenden Wirkungen, die das Wort Mischling auf zehnjährige Kinder ausüben muß, kann man sich vorstellen.»[25]

Eng verknüpft mit dem komplizierten Problem der «Mischlinge» war naturgemäß die Rechtsstellung der «Mischehen». Nach einer Weisung Görings vom 28. Dezember 1938 waren sie grundsätzlich in zwei Kategorien eingeteilt. Unter der Voraussetzung, daß die Kinder nicht im jüdischen Glauben erzogen wurden, galten Ehen zwischen jüdischen und «arischen» Partnern im allgemeinen als privilegiert, wenn der Mann «deutschblütig» war. Kinderlose Ehen, bei denen der Mann Jude war, waren in der Regel nicht privilegiert. Gehörten die Kinder der jüdischen Religionsgemeinschaft an, minderte das auf zweierlei Weise den Rechtsstatus der Familie. Das Kind wurde als «Geltungsjude» Verfolgungsopfer, und die Eltern kamen nicht in den Genuß der Privilegien. Diese bestanden zunächst darin, daß für die in «Mischehe» Lebenden das Wohnungsreglement nicht galt, ebenso blieben sie von den besonderen Restriktionen in der Lebensmittelrationierung und von den Lohnregelungen verschont. Später blieben sie vom Judenbann und von der Pflicht, den Judenstern zu tragen, ausgenommen.

Unsicher war der Status sowohl der «Mischlinge» wie der der «Mischehen» freilich allezeit, weil nie absehbar war, ob die Privilegien auf Dauer gültig blieben oder nur für die Übergangszeit, bis alle «Volljuden» deportiert sein würden. Nicht wenige Partner von «Mischehen» suchten daher die Rettung in der Illegalität. Die Verhaftung der jüdischen Männer aus «Mischehen» im Zuge der «Fabrik-Aktion» 1943 war ein deutliches Indiz dafür, was letztendlich beabsichtigt war. Die Berliner Ereignisse vom Februar/März 1943 zeigen aber auch, was Solidarität vermochte. Als die nichtjüdischen Partner nämlich erfuhren, daß man ihre Ehegatten verhaftet und zum Sammelplatz in der Rosenstraße gebracht hatte, um sie von dort aus zu deportieren, rotteten sie sich zusammen, belagerten tagelang die Rosenstraße und protestierten lautstark. «Sechstausend Frauen riefen nach ihren Männern. Schrien nach ihren Männern. Heulten nach ihren Männern», heißt es im Tagebuch der Ruth Andreas-Friedrich.[26] Auch wenn die Zahl mit Sicherheit viel zu hoch angesetzt ist, der Protest war eindrucksvoll. Die Demonstration, die einzige, die je in Deutschland gegen die Deportationen stattfand, war erfolgreich, nach einigen Tagen waren die Verhafteten wieder frei.

Die Juristin Lotte Paepcke ist in «privilegierter Mischehe» mit einem «Arier» verheiratet. Das Ehepaar lebt zunächst in Köln (ihr Kind haben sie wegen der Luftangriffe nach Süddeutschland in Sicherheit gebracht) und übersiedelt dann nach Leipzig. Der Mann ist berufstätig, die Frau sitzt im möblierten Zimmer der Pension, in der sie Wohnung genommen haben, und bemüht sich darum, unauffällig zu sein. Das wird, zugleich mit Schuldgefühlen gegenüber dem Partner, dessen Solidarität von existentieller Bedeutung ist, der aber mit in die soziale Isolation gezogen wird und kaum weniger als der jüdische Partner verfemt wird, zur zweiten Natur:

«In der Pension häuften sich die Klagen, daß nicht genug geheizt würde, aber ich klagte nicht; ich hatte keinen Mut. Meine ganze Aufmerksamkeit war darauf gerichtet, nicht aufzufallen und zu sorgen, daß man mich vergaß. Darüber spürte ich nicht, daß ich fror. Frau Hagebrecks (der Pensionsinhaberin) Gedanken durften nicht auf mich gelenkt werden. Wie ein Schatten mußte ich sein, der nicht Luft und Raum wegnahm, ein sympathisches, immer freundliches Etwas, ohne Ansprüche, ohne Forderungen, dem man nur Gutes nachsagen konnte. Ich durfte es nicht wagen, mit Frau Hagebrecks griesgrämiger Hartherzigkeit den Kampf aufzunehmen, denn was sollte geschehen, wenn sie uns kündigte? Ich war tief in ihrer Schuld, da ich illegal hier wohnte, denn dem Gesetz nach durfte kein Hotel, keine Pension mich aufnehmen. Aber wir hatten ihr das Anmeldepapier zur Unterschrift gegeben, bevor wir ‹Sara› eingetragen hatten, und wir hatten erreicht, die weiteren Formalitäten selbst zu erledigen, was sonst die

Obliegenheit des Pensionsinhabers war ... Aber wir konnten nicht hoffen, daß es uns anderswo ein zweites Mal glücken würde, und so waren wir darauf angewiesen, um jeden Preis diese Stellung zu halten. Oft, wenn ich mit Frau Hagebreck sprach, stellte ich mir vor, wie sie aussehen, wie sie sprechen mochte, wenn sie ‹es› erfahren sollte, und soviel Unangenehmes sie einem auch meist mitzuteilen hatte, – man war glücklich, daß es nicht ‹jenes› war, jene gefürchtete Verweisung aus dem Haus.»[27]

Es ist ein kleines Wunder, daß die Pension mit einer richtigen Wohnung vertauscht werden kann (genauer gesagt mit einer halben, die andere Hälfte bewohnt ein Bankbeamter mit seiner Frau, sie ist Anhängerin Hitlers, er ist Antinazi und Alkoholiker), da bleibt die Identität auf Dauer nicht verborgen, und um so größer wird der Zwang, nicht aufzufallen und beliebt zu sein:

«Da war er wieder über mir, der Fluch, der auf den Verfolgten lastete: um Wohlwollen betteln zu müssen. Man mußte alle Menschen, mit denen man in Berührung kam, dazu überlisten, einen zu lieben, um sie für den Ernstfall kampfunfähig zu machen. Man mußte sie ohne ihr Wissen so präparieren, daß auf jeden Fall ihr Mitleid bereit war, etwa von amtlichen Stellen befohlene Haßgelüste zu schwächen. Die Waffe des ausgestoßenen Menschen war, sympathisch zu sein um jeden Preis, – auch um den Preis der Achtung vor sich selbst.»[28]

Trotzdem waren die Überlebenschancen in dieser Situation, von der zu viele wußten, gering. Lotte Paepcke gelang es aber, mit Hilfe ihres Mannes nach Südwestdeutschland zu kommen, wo sie in einem Kloster bis zum Kriegsende Unterschlupf fand.

Ihre beste Freundin, ebenfalls jüdische Partnerin in einer Mischehe, hatte ein anderes Schicksal. Sie war, selber Ärztin, die Frau eines Landarztes; beim Studium hatten sie sich kennengelernt, fünf Kinder bevölkerten das Haus, gute Freunde lebten in der Nachbarschaft. Theater- und Konzertbesuche in der Stadt, feinsinnige Gespräche mit den Freunden, Ferienreisen erfüllten die freie Zeit und machten die ländliche Abgeschiedenheit zur Idylle. Ab 1933 ziehen sich die Bekannten allmählich zurück, zuerst der gebildete Gutsherr, dann die Kollegen, zuletzt der freundliche Pfarrer. Eine junge Ärztin hilft in der Praxis und tröstet den Landarzt über die gesellschaftliche Isolation hinweg. Die Ehe wird geschieden, der Mann streift den Makel der «Mischehe» ab, die jüdische Frau verliert den Schutz, den diese Ehe ihr gewährte. Sie zieht mit den Kindern in die Stadt, wird bald danach verhaftet, weil sie den Zwangsvornamen «Sara» irgendwo nicht angegeben hat. Vom Gefängnis aus wird sie täglich zur Zwangsarbeit in eine Fabrik gebracht. Manchmal steckt ihr eines ihrer Kinder auf dem Weg zur Arbeit etwas zu. Schließlich wird sie nach Auschwitz deportiert. Man hört nie wieder von ihr.[29]

Unter dem Schutz der Solidarität des «Mischehen»-Partners überstand dagegen Rosa Hoffmann die NS-Zeit in Weiden. Sie war die einzige von 168 Juden, die 1933 in der oberpfälzischen Stadt gemeldet waren, die bis zur Befreiung am 20. April 1945 im Ort lebte. Freilich nicht in der Geborgenheit des Arzthaushalts, den sie bis zum Untertauchen mit ihrem Mann geführt hatte, sondern in insgesamt 23 Verstecken in den letzten beiden Jahren ab 1943. Sie war 1939 nach Berlin abgemeldet worden, kehrte dann heimlich zurück und verbarg sich bei Bekannten, blieb tagelang ohne Kontakt zu anderen Menschen, hauste zeitweise in einem Bahnwärterhäuschen, versteckte sich in einem Kohlenbehälter und konnte sich einmal, während ihr Mann auf der Brücke stand und des Wegs kommende Soldaten ablenkte, nur noch durch Untertauchen im Bach unter der Brücke verbergen.[30]

4. «Das Licht verlöschte nicht»

Der 10. Juni 1943 brachte das offizielle Ende jüdischen Lebens in Deutschland. An diesem Vormittag erschien die Gestapo im Büro der Berliner Jüdischen Gemeinde in der Oranienburger Straße 29 mit der Nachricht, daß die «Jüdische Kultusvereinigung zu Berlin» (so lautete seit 30. April 1941 die amtliche Bezeichnung) aufgehört habe zu bestehen. Die Angestellten, soweit sie nicht in «Mischehen» mit «Ariern» lebten, wurden verhaftet, ins Sammellager Große Hamburger Straße gebracht und von dort aus am 16. Juni 1943 zum Bahnhof Putlitzstraße transportiert. Das war die letzte Station auf dem Weg nach Theresienstadt. Etwa 500 jüdische Menschen, unter ihnen 300 Kranke, verließen am Abend mit dem Deportationszug die Reichshauptstadt, die jetzt als «judenfrei» galt.[31]

Das gleiche Schicksal traf auch die fünf letzten Mitarbeiter der «Reichsvereinigung der Juden in Deutschland» in der Kantstraße 158. Deren Wirkungsfeld war immer mehr eingeschränkt worden. Aus der 1933 gegründeten autonomen Dachorganisation der deutschen Judenheit war seit dem November 1938 Schritt für Schritt eine Institution geworden, deren Handeln von der Kontrolle und den Befehlen der Gestapo bestimmt war. Die «Reichsvereinigung der Juden in Deutschland», wie die Institution in der Nachfolge der «Reichsvertretung der deutschen Juden» (1933) bzw. der «Reichsvertretung der Juden in Deutschland» (1935) seit Juli 1939 hieß, war kein freiwilliger Zusammenschluß mehr, sondern eine Zwangsinstitution mit Zuständigkeit für alle unter die «Ariergesetzgebung» fallenden Personen, ohne Rücksicht auf deren Glaubensbekenntnis. In die Reichsvereinigung waren durch Verfügung des Reichssicherheitshauptamts alle noch existierenden jüdischen Organisationen und Stiftungen und mehr als

1600 jüdische Kultusgemeinden unter Verlust ihrer Selbständigkeit eingegliedert worden. Zuletzt, am 29. Januar 1943, die Jüdische Gemeinde zu Berlin.

Am 10. Juni 1943 waren auch sämtliche Bezirksstellen der Reichsvereinigung außerhalb Berlins aufgelöst worden. Das Vermögen wurde zugunsten des Deutschen Reiches eingezogen. In Hamburg waren nach der Bilanz zum 30. Juni 1942 noch über fünf Millionen RM aus dem Besitz der Jüdischen Gemeinde und zehn Grundstücke (ohne die vier Friedhöfe) an die Reichsvereinigung transferiert worden. Das war freilich nur noch der bescheidene Rest des jüdischen Eigentums.[32]

Über den Status der Reichsvereinigung in ihrer letzten Phase herrschen unter den Historikern kontroverse Meinungen. Die Tatsache, daß die Reichsvereinigung als Werkzeug der Gestapo bei der Deportation und Vernichtung der deutschen Juden mißbraucht wurde, läßt sich nicht aus der Welt schaffen. Durch die erzwungene Mitwirkung bei den Deportationen – ab Mitte 1942 hatte die Reichsvereinigung vor allem noch die Aufgabe, die «Listen» zuzustellen, Befehle der Gestapo weiterzugeben, die Statistik zu führen – wurde die Reichsvereinigung aber natürlich keine nationalsozialistische Institution, die die Handlangerdienste gar freudig oder in kollaborierender Übereinstimmung mit dem NS-Regime geleistet hätte.

Die Reichsvereinigung selbst, deren Spitze schon vor der Fusion weitgehend identisch war mit der der Berliner Gemeinde, gehörte lange vor dem 10. Juni 1943 immer wieder zu den Opfern der Deportationen. Von den dreizehn leitenden Persönlichkeiten überlebten nur zwei die Verfolgung, Moritz Henschel, der am 16. Juni 1943 nach Theresienstadt gebracht wurde, und Rabbiner Leo Baeck, der am 28. Januar 1943 nach Theresienstadt deportiert worden war. Dort, im «Ältestenrat der Selbstverwaltung» des Ghettos, lebten Rudimente der früheren Dachorganisation des deutschen Judentums fort bis zur Befreiung am 8. Mai 1945, verkörpert durch prominente Persönlichkeiten wie Leo Baeck, Paul Eppstein, Moritz Henschel, Philipp Kozower, Heinrich Stahl.[33]

Trotz der Auflösung der Organisationen und der Schließung der Büros in der Kantstraße und in der Oranienburger Straße (Vermögenswerte wie Büroeinrichtung und Grundstücke übernahm das Oberfinanzpräsidium, die Akten wurden zum großen Teil vernichtet) gab es auch weiterhin jüdisches Leben in Berlin (und – in noch geringerem Maße – auch in einigen anderen deutschen Städten). Außer den Illegalen lebten noch Juden in «Mischehen» und «Geltungsjuden» in der Reichshauptstadt, und zwei jüdische Institutionen blieben – freilich unter Aufsicht der Gestapo – in Tätigkeit, das jüdische Krankenhaus in der Iranischen Straße und der Friedhof Weißensee. In der Iranischen Straße war in den Verwaltungsräumen des Krankenhauses sogar gleich nach der Schließung der Reichsvereinigung auf Gestapo-Befehl eine neue Reichsvereinigung etabliert worden.

Sie bestand im wesentlichen aus dem Obermedizinalrat Dr. Walter Lustig, dem letzten Vorstandsmitglied des Büros Kantstraße. Er wurde nicht deportiert, weil er in «Mischehe» mit einer «Arierin» lebte. Über die charakterlichen Eigenschaften des Dr. Lustig haben die Augenzeugen wenig vorteilhafte Schilderungen überliefert. Er wurde im Sommer 1945 der sowjetischen Militärregierung als Gestapo-Kollaborateur denunziert und kam irgendwann im Strafgefängnis Lichtenberg ums Leben.

Die «Neue Reichsvereinigung» versandte noch etliche Rundschreiben an Vertrauensleute außerhalb Berlins, aus denen man Rückschlüsse auf ihr Betätigungsfeld ziehen kann: Es ging um die gesundheitliche und fürsorgerische Betreuung der im Altreich und im Sudetengau noch lebenden Juden (das galt nicht für Juden aus privilegierten «Mischehen» und deren «arische» Partner), um Statistik, um die Verlängerung von Ausweisen und um die Verfügung, daß alle Eingaben von Juden an Behörden über die Reichsvereinigung laufen mußten. Die wichtigsten Aufgaben bestanden in der Verwaltung des Krankenhauses, des Bestattungswesens und der Betreuung des Sammellagers, das die Gestapo im Krankenhaus Iranische Straße für aufgegriffene Illegale eingerichtet hatte.

Ursula Finke gehörte zu den Unglücklichen, die einem jüdischen Gestapospitzel in die Hände fielen. Sie war, damals zwanzig Jahre alt, im Februar 1943 untergetaucht, ihre Eltern wurden nach Auschwitz deportiert. Bis zum August 1944 hatte sich Ursula durchschlagen können, als sie im S-Bahnhof Gesundbrunnen dem Spitzel Behrend in die Arme lief. Um den bevorstehenden Qualen zu entgehen und keinen ihrer Helfer zu verraten, warf sich Ursula vor einen S-Bahn-Zug:

«Ich kam zur Besinnung, als man rief: ‹Strom abschalten›. Auf dem Bahnsteig hörte ich, unter dem Zug liegend, eine erregte Menge, die wahrscheinlich annahm, ich hätte das aus Liebeskummer getan und nun noch schimpfte, daß ich den Hintern voll bekommen müßte etc. Ich war wie von Sinnen, merkte keinen Schmerz, nur Verzweiflung, noch zu leben und schrie: ‹Sie müßten mal als Jude verfolgt werden!›.

Inzwischen kamen zwei Eisenbahner und zogen mich zwischen zwei Wagen hervor, samt der Tasche, die unversehrt war. Dem Behrend war nun doch nicht wohl in seiner Haut und er sagte zu mir: ‹Wir sind doch gute Menschen, wir hätten Dich doch laufen lassen›, worauf ich antwortete, meiner Fußverletzung noch nicht bewußt: ‹Na, lassen Sie mich doch laufen!› Behrend grinste mich darauf nur höhnisch an und sagte: ‹Du kannst ja nicht!› Man trug mich nun zum Stationshäuschen auf dem Bahnsteig, ein junger Soldat war dabei. Ich fühlte keinen Schmerz, mein Fußgelenk war völlig zertrümmert, der Fuß war nur ein unförmiges Etwas. Mein Gehirn arbeitete nur fieberhaft, die Tasche verschwinden zu lassen, somit Daenes Adresse. Ich bat den Soldaten, die Tasche zu nehmen, ganz leise, aber er hatte nicht den Mut, da er merkte, daß etwas nicht in Ordnung ist.

Behrend ließ nun aus der Iranischen Straße, aus dem Jüdischen Krankenhaus, das zu dieser Zeit anstelle der Großen Hamburger Straße zum Gestapo-Sammellager geworden war, einen Krankenwagen kommen, in den ich auf einer Bahre verfrachtet wurde. Behrend saß neben der Bahre auf der Fahrt in die Iranische Straße. Ich holte nun die Lebensmittelkarten aus der Tasche und zerriß sie, Behrend derartig ansehend, daß er es nicht wagte, sie mir fortzunehmen, in kleinste Bestandteile, daß es unmöglich war, sie zusammenzusetzen, und verstreute die Teilchen im Wagen, da die Fenster geschlossen waren, ich sie also nicht hinauswerfen konnte.

Am Krankenhausportal wartete der jüdische Ärztestab, der dort interniert war und die Häftlinge betreute. Erst dann wurde ich besinnungslos und wachte erst in der Nacht wieder auf. Die Ärzte hatten meinen Fuß inzwischen einer Operation unterzogen und samt Knie bis zum Oberschenkel in ein zweiteiliges Gipsbett getan, da der Fuß täglich verbunden werden mußte ... Dr. Lustig, der mich neben Herrn Dr. Helischkowski und Dr. Cohen behandelte, badete den Fuß täglich, entfernte sich absetzende Knochensplitter und gab sich die erdenklichste Mühe, mir zu helfen. Ich lag 4 Monate mit 40 Fieber, nahm 40 Pfund ab und erst durch eine dritte Bluttransfusion ging das Fieber dann langsam zurück. Normalerweise hätte man mir den Fuß abnehmen müssen, dann wäre ich aber ‹normalerweise› bald nach der Amputation nach Auschwitz deportiert worden. Das wußte Herr Dr. Lustig und, da er Mitleid mit mir hatte, versuchte er, mich zu retten und hat es auch geschafft, indem er dem Gestapo-Mann Moeller (Letzterer kam als nächste Instanz hinter Heydrich, wie man mir sagte) meinen Fall interessant machte. Moeller hatte einige Semester Medizin studiert und Dr. Lustig statuierte mit mir einen Versuchsfall. Mein Leben war sowieso nichts wert, also wäre es nicht so schlimm gewesen, wenn mich der Fuß das Leben gekostet hätte. So aber war und blieb ich im Interesse des Herrn Moeller in Haft, hinter Stacheldraht in der Iranischen Straße, ans Bett gefesselt, den Fuß monatelang in einem Galgen, mit den wahnsinnigsten Schmerzen. Nachts kam das Aufsichtspersonal durch die Räume, es wurde in die Betten geleuchtet, ob man noch da war, und ständig wurden Menschen abtransportiert, selbst auf Bahren, so daß ich Schreikrämpfe vor Angst bekam, auch in diesem Zustand abtransportiert zu werden. Ich war auch die einzige Volljüdin, die so lange dort in Haft blieb.»[34]

Ursula Finke, die während der Luftangriffe auf Berlin wochenlang nicht aus dem Krankenhauskeller herauskam und dort auch fast verhungert wäre, war erst im Juni 1945 einigermaßen wieder hergestellt.

Am 1. Juli 1943 war mit der Verordnung, daß strafbare Handlungen von Juden künftig nicht mehr Sache der Gerichte sondern nur noch der Polizei seien, die Entrechtung zum Abschluß und Höhepunkt gelangt. Die Iranische Straße mit der Polizeistation im Krankenhaus bildete die letzte Etappe vor dem Abtransport nach Theresienstadt oder Auschwitz. Unter den

Insassen waren Prominente wie Theodor Wolff, der Chefredakteur des ‹Berliner Tageblatts› von 1906 bis 1933 und Mitgründer der Deutschen Demokratischen Partei 1918. Er war als Emigrant in Nizza der Gestapo in die Hände gefallen und nach vielen Stationen in Gefängnissen ins Jüdische Krankenhaus eingeliefert worden, wo er nach einer Operation am 23. September 1943 starb. Seit April 1943 benutzte die Gestapo das Gebäude der Pathologie als Gefängnis und Sammellager für Deportationen. Letztmals am 27. März 1945 verließ ein Transport von hier aus Berlin.

Die ausführlichste Schilderung der Zustände im Krankenhaus Iranische Straße, das als Ghetto, Gefängnis, Verwaltungszentrale und Klinik gleichermaßen fungierte, verdanken wir Bruno Blau, der seit 1908 als Rechtsanwalt in Berlin gewirkt und außerdem das «Büro für Statistik der Juden» geleitet hatte. Er war 1937, nach dem Niedergang seiner Anwaltskanzlei, über Warschau und Karlsbad nach Prag ausgewandert und später dort verhaftet worden. Im Oktober 1942 kam er als schwerkranker Gestapohäftling in die Iranische Straße. Bruno Blau sammelte dort alle Informationen, die er bekommen konnte, darunter die statistischen Unterlagen der Reichsvereinigung, die ohne ihn verlorengegangen wären.

Im Sommer 1943 wurden in «Mischehe» lebende Juden u. a. aus Frankfurt und Hamburg nach Berlin gebracht, zum zwangsweisen Arbeitseinsatz. Das war der Beginn der Konzentration der letzten jüdischen Bewohner Deutschlands. Bruno Blau beobachtete die Entwicklung:

«Im Herbst 1944 wurden weitere ca. 300 Juden und Jüdinnen aus dem Rheinland und Westfalen nach Berlin gebracht; es waren dies die jüdischen Teile von Mischehen, welche damals von ihren Gatten getrennt wurden und in Arbeitslager außerhalb ihres Wohnorts kamen. Soweit sie nicht arbeitsfähig waren, wurden sie nach Berlin befördert und kamen dort in das Krankenhaus. Hier wurden sie im Wirtschaftsgebäude und teilweise auch im Krankenhausgebäude untergebracht oder vielmehr zusammengepfercht. Obwohl sie gerade wegen ihrer Arbeitsunfähigkeit in das Krankenhaus gekommen waren, wurden sie mit körperlichen Arbeiten ... beschäftigt; eine Entlohnung erhielten sie dafür nicht, aber sie mußten für ihre Unterkunft und Verpflegung einen bestimmten Betrag bezahlen, der von ihren Angehörigen eingezogen wurde. Sie durften das Krankenhaus nicht verlassen und nur einmal in der Woche einen Brief schreiben. Besuche durften sie nur mit besonderer Erlaubnis der Gestapo empfangen, die nur ganz ausnahmsweise erteilt wurde. Mit anderen Worten: sie wurden wie Gefangene behandelt.

Schließlich wurden noch eine Anzahl Juden russischer Staatsangehörigkeit im Krankenhaus untergebracht, die als feindliche Ausländer an sich in ein Internierungslager hätten kommen müssen, aber wegen Krankheit dem Krankenhaus überwiesen wurden. Auch diese waren in ihrer Freiheit beschränkt. Die Reichsvereinigung hatte auch von der Gestapo den Auftrag erhalten, alle Juden, die von außerhalb aus irgendeinem Grunde nach Berlin kamen, festzuhalten. Diese wurden ebenfalls im Krankenhaus untergebracht und zur Arbeit eingesetzt. So war das Krankenhaus überfüllt, zumal immer mehr Teile desselben durch Beschädigungen bei Fliegerangriffen unbenutzbar wurden. Dazu kam, daß eine Anzahl von Beamten der Reichsvereinigung in ihren Wohnungen ausgebombt wurde und im Krankenhaus eine Notunterkunft erhielt ... Die Gestapo hatte im Jüdischen Krankenhaus ziemlich alle Reste der noch in Berlin zurückgebliebenen Juden konzentriert; ausgenommen waren lediglich die in Mischehe Lebenden, die sich nicht in Haft befanden und noch ihre Wohnungen in verschiedenen Gegenden der Stadt hatten. Es gab zum Schluß in Berlin noch etwa 160 Juden, die unverheiratet oder mit einem jüdischen Gatten verheiratet waren, während sich im Krankenhaus und dem Sammellager zusammen etwa 800 Personen befanden.»[35]

Dem eigentlichen Zweck, der Gesundheitsfürsorge, diente das Krankenhaus aber bis zuletzt und über den 22. April 1945, den Tag, an dem die Gestapoleute flohen, hinaus:

«Es ist zu beachten, daß das Krankenhaus nicht nur dem Namen nach als solches bestand, sondern die Kranken auch tatsächlich ordnungsmäßig behandelt und betreut wurden. Zu diesem Zweck wurde sogar das erforderliche Personal dort gelassen und zum Teil auf diese Weise von der Deportation verschont. Ein Teil der Ärzte lebte zwar in Mischehe und wäre auch sonst nicht deportiert worden; ein anderer Teil aber wurde ebenso wie das Pflegepersonal und Verwaltungsangestellte als unabkömmlich zurückbehalten. Nach und nach wurden wohl immer mehr deportiert, aber immerhin blieben doch so viele übrig, daß der Betrieb aufrechterhalten werden konnte, wenn auch die Art der Betreuung manches zu wünschen übrig ließ und vor allem die früher vorbildlich gewesene Sauberkeit des Hauses nicht genügend beachtet wurde.»[36]

Zu den Kuriosa der Iranischen Straße gehörte auch die Rückkehr von Dr. Hans Erich Fabian. Er war Leiter der Finanz- und Vermögensabteilung der Reichsvereinigung gewesen, wurde nach Theresienstadt deportiert und wieder zurückgeholt, um vom Polizeigefängnis in der Iranischen Straße aus täglich zu der Finanzbehörde gebracht zu werden, die die Vermögensabwicklung der Reichsvereinigung betrieb. Bei der Inventur, die der Oberfinanzpräsident für den Stichtag 10. Juni 1943 aufnahm, war Dr. Fabian unentbehrlich. Er überlieferte auch die Vermögensaufstellung: Insgesamt 166922510,00 Reichsmark hatten die NS-Behörden enteignet.[37] Die Inventurarbeiten dauerten bis zum Zusammenbruch des NS-Regimes an.

In der Iranischen Straße gab es aber auch letzte Reste jüdischer Religiosität. Unter konspirativen Umständen «fanden im Krankenhause in der Wohnung des Direktors Neumann von Zeit zu Zeit an Feiertagen, an besonderen Sabbaten und nach dem glücklichen Ausgang schwerer Fliegerangriffe in aller Heimlichkeit Minjanim (Gottesdienste, bei denen die Anwesenheit von mindestens zehn erwachsenen Männern erforderlich ist) statt, zu denen zehn Bewohner des Krankenhauses durch besondere Vertrauensleute geladen wurden; ich hatte auch Gelegenheit, daran teilzunehmen. Wir mußten uns dann möglichst unauffällig an Ort und Stelle begeben und nach Beendigung des Minjans getrennt – zum Teil unter Benutzung der Kellergänge – unsere Räume wieder aufsuchen. Dabei fürchtete man weniger die Gestapo als den Leiter der Reichsvereinigung Dr. Lustig, der darüber wachte, daß die Gebote der Gestapo nicht übertreten wurden ... Wie sich in den letzten Tagen des Tausendjährigen Reiches die Ereignisse entwickelten, wie 800 Juden, auf einen geringen Raum angewiesen, von der Welt abgeschnitten, ohne Bewegungsfreiheit, allen Gefahren des furchtbaren Krieges ausgesetzt, diese Tage durchlebten und den Anbruch einer neuen Zeit erwarteten, wie sie voller Hoffnung und Sehnsucht der Befreiung entgegensahen, wie sie im Bewußtsein der kommenden Erlösung alle Mühen und Beschwernisse gern auf sich nahmen, das konnte man nirgends mit der gleichen Intensität miterleben wie in dem Berliner Krankenhausghetto; denn an keiner anderen Stelle waren so viele Juden zusammengepfercht wie hier, wo auch alle Institutionen, die für den Fortbestand des Judentums in Deutschland im positiven wie im negativen Sinne in Betracht kamen, vereinigt waren, wo alle ohne Ausnahme von dem einen gleichen Gedanken beseelt waren, wo auf aller Lippen – ausgesprochen oder nicht – die eine bange Frage schwebte: Ist das Ende nahe? Wann wird es kommen? Werde ich es erleben?»[38]

Die Jüdische Gemeinde zu Berlin hatte mit der Eingliederung in die Reichsvereinigung zwar ihre juristische Selbständigkeit verloren, aber sie hatte nicht aufgehört zu existieren. Das Vereinsregister des Amtsgerichts Charlottenburg enthält als letzte Eintragung den Löschungsvermerk vom 24. Februar 1943 («Gemäß Anordnung des Reichsministers des Innern vom 28. Januar 1943 ... ist der Verein ... in die Reichsvereinigung der Juden in Deutschland eingegliedert worden»), mit dem Zusatz «Eine Liquidation findet nicht statt». Bis zum Ende des Dritten Reiches hatte die Jüdische Gemeinde auch noch ein paar Bedienstete, deren Obliegenheiten sich freilich fast ausschließlich auf das Bestattungswesen beschränkten.[39]

Der Friedhof Weißensee war neben der Iranischen Straße der letzte Ort, an dem noch jüdisches Leben existierte. 1880 im Nordosten Berlins errichtet, war er der größte und dank seiner vielen Grabmäler, Mausoleen und Tempiettos im spätklassizistischen Stil des Wilhelminismus der prächtigste jüdische Friedhof in Berlin. Berühmte Namen schmücken die Grabmale: Der Verleger Samuel Fischer und der Philosoph Hermann Cohen, Rabbi Abraham Mordechai Grynberg, der religiöse Führer der Berliner Ostjuden, und viele andere Prominente sind hier bestattet, die Familien Tietz und Mosse hatten ihre Erbbegräbnisse in Weißensee errichtet: «Auf keinem deutschen Friedhof des 20. Jahrhunderts findet man so viele berühmte Ärzte, Wissenschaftler, Ingenieure, Erfinder, Schriftsteller und Journalisten wie in Weißensee.»[40]

In den Jahren der Verfolgung wurde der Friedhof den Juden eine Stätte des Trostes und zuletzt für viele Illegale die letzte Zuflucht. Sie fanden etwa im Mausoleum des Kammersängers Joseph Schwarz Obdach für die Nacht:

«In der Mitte des Dachs dieses Erbbegräbnisses befand sich eine Glasplatte. Man hob diese immerhin schmale Platte und suchte sich links oder rechts von ihr ein Ruhelager für die Nacht. Unten ruhte der begnadete Sänger ... oben lagen seine Glaubensbrüder im unruhigen Schlaf, durch den sich die bange Frage zog: Wie lange noch?»[41]

Im ausgedehnten Gärtnereibetrieb des Friedhofs wurden – länger als das an anderen Orten möglich war – Umschulungskurse für Gartenbau veranstaltet. Friedhofsverwalter war seit 1938 Arthur Brass, der 1933 aufgrund des «Gesetzes zur Wiederherstellung des Berufsbeamtentums» als Gerichtsassessor entlassen worden war. Er war einer der zwölf letzten Mitarbeiter in Weißensee bis zur Befreiung durch die Rote Armee. In den Jahren 1941 bis 1943 stieg vor allem durch die vielen Suicide jüdischer Menschen die Zahl der Bestattungen enorm:

«Im Jahre 1941 fanden 2556 (davon 254 Freitode), im Jahre 1942 3230 (davon 811 Freitode), im Jahre 1943 931 (davon 214 Freitode) und im Jahre 1944 immerhin noch 244 (davon 29 Freitode) Bestattungen statt. Der Tod hatte somit zusätzlich zu den grausamen Deportationen in die Vernichtungslager des Ostens und nach Theresienstadt, von denen 50 500 Berliner Juden erfaßt worden waren, in unsere Gemeinschaft große Lücken gerissen. Auf unserem Friedhof fanden sich in der NS-Zeit (etwa seit 1938/39) auch die vielen toten jüdischen Menschen ein, die sich durch Austritt aus der Jüdischen Gemeinde von unserer Gemeinschaft getrennt hatten, die durch Taufe Mitglied der christlichen Religionsgemeinschaften geworden waren, und die auf den städtischen sowie konfessionellen Friedhöfen in der NS-Zeit keine Aufnahme fanden.»[42]

Die Bestattungen wurden bis zuletzt ordnungsgemäß nach jüdischem Ritus vollzogen; mit dem Schwinden der Gemeinde wurde aber allmählich die Unterscheidung zwischen Friedhofspersonal und Trauergästen gegenstandslos, alle mußten Hand anlegen, wie Lilo Clemens, eine jugendliche Helferin der Friedhofsverwaltung in den Jahren 1942 bis 1944, berichtet:

«Der Rabbiner Riesenburger legte seinen schwarzen Talar an und setzte die dreieckige Mütze auf den Kopf; erst spielte er hinten das Harmonium, dann ist er nach vorne gelaufen und hat die Gebete gesprochen, dann wieder nach hinten zum Harmonium und dann raus zum Grab. Wenn wir dann von der Grabstelle zurückkamen, dann legte er schnell den Talar ab, wir haben unseren Gärtnerwagen geholt und sind dann zusammen mit Riesenburger auf den Friedhof marschiert.»[43]

Im Frühjahr 1943 wurde der Friedhof Weißensee Schauplatz einer besonderen Rettungsaktion. Mitarbeiter der jüdischen Gemeinde hatten erfahren, daß Thorarollen und andere Kultgegenstände, die im früheren Krankenheim der Gemeinde Adass Jisroel in der Elsässer Straße in Gewahrsam des Oberfinanzpräsidiums lagerten, in einer Propagandaausstellung profaniert werden sollten. In aller Eile wurden die 583 Thorarollen mit Hilfe eines christlichen Spediteurs (der sich dafür nicht bezahlen ließ) zum Friedhof Weißensee gebracht. Arthur Brass schildert die weiteren Ereignisse:

«Die beiden Lastkraftwagen wurden durch den Friedhof, den Hauptweg entlang, zur Neuen Halle geleitet. Von den Mitarbeitern der Verwaltung wurden dann die 583 Thorarollen behutsam abgeladen und in geordneter Weise in dem großen Rabbinerzimmer des Gebäudes rechts der Neuen Halle untergebracht. Ein Teil davon wurde auf der Empore der Halle selbst verwahrt. Diese Aufbewahrung inmitten des Friedhofes, weit entfernt vom Friedhofseingang, erschien uns angebracht, weil zu jener Zeit alle Beerdigungen von der Beerdigungshalle am Eingang Lothringenstraße stattfanden. Die Räume waren damals in gutem baulichen Zustand und boten Schutz vor Witterungseinflüssen.

Man muß sich die damalige Lage in Erinnerung rufen. Wir standen inmitten der Deportationen, die täglich jeden von uns erfassen konnten, also auf Abruf. Ständig waren wir den terroristischen Bedrängnissen der Gestapo ausgesetzt. Dazu kamen die Bombenangriffe auf Berlin, von denen auch der Friedhof nicht verschont blieb.

Die Liquidation unserer Gemeinschaft erschütterte uns tief. Neben den Beerdigungsaufgaben hatten wir die Pflicht, das heilige Gut vor Profanierung durch die NS-Schergen zu bewahren. Das hätte nach unserem Religionsgesetz durch Beisetzung der Thorarollen in der jüdischen Erde des Friedhofes geschehen können. Einmal der Erde übergeben, wäre es verboten gewesen – wir Juden gestatten bekanntlich nicht die Exhumierung –, die Thorarollen jemals wieder auszugraben und sie ihrer Bestimmung in Synagogen wieder zuzuführen. Bewußt haben wir uns damals nicht zur Beerdigung der Thorarollen entschlossen, sondern ihre schützende Aufbewahrung für eine von uns erwartete Zeit der Sicherheit der Juden in diesem Lande gewählt.

Das war der schwerere, von großer Verantwortung getragene Weg. Ich war überzeugt, daß die NS-Gewaltherrschaft ihrem Ende entgegengehe ... Bei einem Nachtangriff im Sommer 1943 fielen auf das Feld neben der Neuen Halle und auf diese Bomben nieder. Das Dach des Gebäudes brannte, Schutt und Steine schütteten auch die Thorarollen zum Teil zu. Der Lagerort mußte rasch geändert werden. Es erschien notwendig, nach

Die im Friedhof Weißensee versteckten Thorarollen

sachkundiger Prüfung diejenigen Thorarollen auszuscheiden, die Brand- oder sonstige Schäden erlitten hatten ... Nach Trennung der beschädigten Thorarollen – es waren etwa 90 – wurden von unseren jungen Freunden auf Fahrzeugen der Friedhofsverwaltung die einwandfrei gebliebenen Rollen zu den Gebäuden am Eingang des Friedhofs Lothringenstraße gebracht. Dort hatte im großen Keller unter der Blumenhalle unser Tischler ein Holzgerüst für die Aufbewahrung hergestellt. Und dort erlebten diese unbeschädigten Thorarollen das Ende der NS-Gewaltherrschaft und den Einmarsch der sowjetischen Truppen in Berlin-Weißensee am 23. April 1945.

Die etwa 90 beschädigten und daher für Kultuszwecke nicht mehr verwendbaren Thorarollen wurden in Erfüllung des Religionsgesetzes in der Ehrenreihe hinter der Neuen Halle begraben und zwar unmittelbar neben dem Grab in Berlin verstorbener jüdischer Kriegsgefangener des Weltkrieges 1914–1918. Sie sind, wie es jüdischem Gesetz entspricht, der Erde zur Verwesung anvertraut worden und selbstverständlich aus dem Grabe nicht wieder herausgenommen worden. Mögen sie in Frieden ruhen.»[44]

Die geretteten Thorarollen bildeten nach dem Ende der NS-Herrschaft die Grundausstattung neu eröffneter Synagogen in Berlin und andernorts.[45]

Rabbiner Riesenburger, der ab Juni 1943 auf dem Friedhof Weißensee amtierte (er blieb bis zur Befreiung dort, wirkte dann am Wiederaufbau der jüdischen Gemeinde mit und war zuletzt, ab 1961, Landesrabbiner der DDR), hielt über die Beerdigungen hinaus ein bißchen religiöses Leben aufrecht.

«In jenen Tagen der bittersten Tyrannei kamen zu mir zwei jüdische Menschen mit der Bitte, ihre jüdische Trauung zu vollziehen. Am 24. Juni des Jahres 1943 fanden wir uns in einem Raum des ehemals jüdischen Krankenhauses in der früheren Elsässer Straße zusammen, und dort schloß ich ihren Ehebund. Nur wenige Tage später wurden beide deportiert. Sie kehrten nie zurück. Der Bräutigam war 40, die Braut 37 Jahre alt ... Es war die letzte jüdische Trauung, die unter dem Naziregime in Berlin stattfand.»[46]

Im bescheidenen Rahmen, der angesichts der täglichen Bedrohung noch möglich war, gab es auch Gottesdienste, und die Feiertage wurden zelebriert. Die letzten Juden in Deutschland blieben sich und ihrer Religion treu:

«Bis 1944 hatte ich noch einen jüdischen Kalender angefertigt und Seite für Seite auf der Maschine vervielfältigt, so daß ich jüdische Menschen mit den genauen Daten der Feiertage versorgen konnte. Es gab in jenen Jahren aber auch Juden, sogar illegal lebende, die unter ihrem ‹neuen Namen› telefonisch bei mir in der Friedhofsverwaltung anriefen und mit gutgetarnten Worten zu verstehen gaben, ob man auf dem Friedhof nicht einmal zu einem Gottesdienst zusammenkommen könnte. Dies geschah besonders vor jüdischen Feiertagen. Da die Gestapo über herannahende Feiertage der Juden stets sehr gut informiert war, schien hier größte Vorsicht geboten ...

Diese geheimen Andachten führte ich noch bis Ende des Jahres 1944 durch. Besonders wird mir und den wenigen Beteiligten das letzte Laubhüttenfest aus der dunkelsten Zeit des Faschismus im Gedächtnis bleiben. Mit der emsigen Hilfe von zwei jungen jüdischen Menschen, die hier noch arbeiteten, baute ich ganz versteckt in einem tiefen Grund hinter der alten großen Trauerhalle, die vollkommen unversehrt geblieben war, eine kleine Laubhütte auf. Nach außen war sie gut getarnt. Und als sich der erste Abend dieses schönen Festes herniedersenkte, fand sich dort still eine kleine Zahl jüdischer Menschen zusammen. Es ging alles gut und ungestört ab. Und als wir uns verabschiedeten, waren wir nur von dem einen Wunsch erfüllt, im nächsten Jahre dieses Fest in Freiheit wiederzubegehen. Eine Gewißheit trugen wir im Herzen: Das Licht verlöschte nicht!»[47]

ANHANG

Abkürzungsverzeichnis

BA	Bundesarchiv
BA/MA	Bundesarchiv/Militärarchiv
C.V.	Centralverein deutscher Staatsbürger jüdischen Glaubens
IfZ	Institut für Zeitgeschichte
IMT	International Military Tribunal Nürnberg
JWSP	Jüdische Wohlfahrtspflege und Sozialpolitik
LBI	Leo Baeck Institute, New York
Ngb. Dok.	Nürnberger Dokument
RKK	Reichskulturkammer
RSHA	Reichssicherheitshauptamt
RüIn	Rüstungsinspektion
StA	Staatsarchiv
VfZ	Vierteljahrshefte für Zeitgeschichte
WL	Wiener Library
ZS	Zeugenschrifttum
Z.V.f.D.	Zionistische Vereinigung für Deutschland

Anmerkungen

Prolog. Der 30. Januar 1933

1 Bremer Nationalsozialistische Zeitung, 30.1.1933 (Schweine!).
2 Jüdische Rundschau, 31.1.1933 (Regierung Hitler).
3 C.V.-Zeitung, 2.2.1933 (Ludwig Holländer, Die neue Regierung).
4 C.V.-Zeitung, 2.2.1933.
5 Zit. nach: Klaus J. Herrmann, Das Dritte Reich und die deutsch-jüdischen Organisationen 1933–1934, Köln 1969, S. 55 f.
6 Werner Jochmann (Hrsg.), Nationalsozialismus und Revolution. Ursprung und Geschichte der NSDAP in Hamburg 1922–1933. Dokumente, Frankfurt a. M. 1963, S. 423.
7 Der Israelit, 2.2.1933 (Die neue Lage).
8 Jüdische Rundschau, 7.2.1933 (Zur Lage in Deutschland).
9 Ebenda.
10 Zit. nach: Anschläge – 220 politische Plakate als Dokumente der deutschen Geschichte 1900–1980, ausgewählt und kommentiert von Friedrich Arnold, Ebenhausen b. München 1985, S. 111.
11 Völkischer Beobachter, 23. August 1933 (Zum zionistischen Weltkongreß).
12 Klaus J. Herrmann, Die deutsch-jüdischen Organisationen 1933–1934, S. 25.
13 Ebenda, S. 22.
14 Der Schild, 27.10.1933.

15 Zit. nach: Kurt Jakob Ball-Kaduri, Das Leben der Juden in Deutschland im Jahre 1933. Ein Zeitbericht, Frankfurt a. Main 1963, S. 34.
16 Bayerische Israelitische Gemeindezeitung, 15.2. 1933 (Zwischen 30. Januar und 5. März. Versuch einer Klärung der jüdischen Situation).
17 Israelitisches Familienblatt, 16.3. 1933 (Fabius Schach, Vergangenheit redet zur Gegenwart).
18 Zit. nach: Hans Lamm (Hrsg.), Vergangene Tage. Jüdische Kultur in München, München 1982, S. 431.
19 Zit. nach: Ulrich Dunker, Der Reichsbund jüdischer Frontsoldaten 1919–1938. Geschichte eines jüdischen Abwehrvereins, Düsseldorf 1977, S. 193.
20 C.V.-Zeitung, 30.3. 1933.
21 Zit. nach: Jüdische Rundschau, 28.3. 1933.
22 Jüdische Rundschau, 31.3. 1933 (Versuch einer Klärung).
23 Aufruf vom 30.3. 1933, Frankfurter Israelitisches Gemeindeblatt, zit. nach: Dokumente zur Geschichte der Frankfurter Juden 1933–1945, Frankfurt a. Main 1963, S. 17.
24 Jüdische Rundschau, 13.4. 1933 (Jüdische Zwischenbilanz), vgl. Robert Weltsch, Die deutsche Judenfrage. Ein kritischer Rückblick, Königstein/Ts. 1981, S. 73 f.
25 Der Israelit, 23.3. 1933 (Nechunia, Die Losung der Stunde).
26 Der Israelit, 7.4. 1933 (Ein offenes Wort im Namen der Religion).
27 An unsere jüdischen Brüder und Schwestern, Aufruf im Israelit, 7.4. 1933.
28 Jüdische Rundschau, 13.4. 1933 (Jüdische Zwischenbilanz).
29 Rhein-Mainische Volkszeitung, 4.4. 1933, 13.4. 1933, Jüdische Rundschau, 21.4. 1933.
30 Jüdische Rundschau, 4.4. 1933.
31 C.V.-Zeitung, 6.4. 1933.
32 BA, R 43 II/602.
33 Jüdische Rundschau, 16.5. 1933 (Ja-Sagen zum Judentum!).
34 Jüdische Rundschau, 30.5. 1933.
35 C.V.-Zeitung, 5.10. 1934 (Die Wendung nach innen).
36 Max Kreutzberger an Leo Baeck, in: Bulletin LBI 18 (1979), S. 11–15; vgl. Werner E. Mosse, Arnold Paucker (Hrsg.), Entscheidungsjahr 1932. Zur Judenfrage in der Endphase der Weimarer Republik, Tübingen 1966.

I. Deutsche Juden oder Juden in Deutschland?

1 Deutsche Israelitische Zeitung, 10.4. 1913.
2 Der Israelit, 7.11. 1912.
3 Jüdisch-liberale Zeitung, 8.7. 1931.
4 Ebenda, 15.6. 1932.
5 Ebenda, 8.7. 1931.
6 Ebenda, 8.7. 1931.
7 Ebenda, 15.6. 1932.
8 Jüdisches Jahrbuch 1932, S. 74.
9 Jüdisches Lexikon, begründet von Georg Herlitz und Bruno Kirschner, Bd. 1, Königstein/Ts. 1982, Spalte 1289 f.
10 Ebenda, Spalte 751 f.
11 Protokoll der Sitzung des Zentralkomitees der Z.V.f.D. vom 25.12. 1927, in: Jehuda Reinharz (Hrsg.), Dokumente zur Geschichte des Deutschen Zionismus, Tübingen 1981, S. 397.
12 C.V.-Zeitung, 29.3. 1929.
13 Hermann O. Pineas, Erinnerungen an den Reichsbund jüdischer Frontsoldaten, Pineas Collection, LBI.

14 Zit. nach: Ulrich Dunker, Der Reichsbund jüdischer Frontsoldaten 1919–1938, Düsseldorf 1977, S. 243.
15 Die jüdischen Gefallenen des deutschen Heeres, der deutschen Marine und der deutschen Schutztruppen 1914–1918. Ein Gedenkbuch, Berlin 1932.
16 Der Schild, 15.8. 1933.
17 Dieses und das folgende Dokument in: WL, Document Collection, Nr. 601, IfZ MA 1494/3.
18 Gemeindeblatt der jüdischen Gemeinde zu Berlin, Mai 1933, S. 125.
19 Israelitisches Familienblatt, 8.6. 1933.
20 C.V.-Zeitung, 29.6. 1933.
21 Briefwechsel Herzfeld-Katzenstein, WL, Document Collection, Nr. 601.
22 Brief von Dr. Leo Löwenstein an Dr. Georg Hirschland vom 22.8. 1933, LBI.
23 Brief der «Zionistischen Vereinigung für Deutschland» an Dr. Georg Hirschland vom 19.8. 1933, LBI.
24 Herzfeld-Katzenstein, WL, Document Collection, Nr. 601.
25 Gemeindeblatt der jüdischen Gemeinde zu Berlin, November 1933, S. 355.
26 Jüdische Rundschau, 29.9. 1933.
27 C.V.-Zeitung, 20.9. 1933.
28 Der Israelit, 20.9. 1933.
29 Der Schild, 28.9. 1933.
30 Brief von Dr. Leo Baeck an den Reichsbund jüdischer Frontsoldaten, WL, P II e, Nr. 118.
31 Israelitisches Familienblatt, 28.9. 1933.
32 Informationsblätter, hrsg. v. der Zentralwohlfahrtsstelle, 18.2. 1935, S. 10.
33 Informationsblätter, hrsg. v. der Reichsvertretung der Juden in Deutschland, 22.9. 1935, S. 70.
34 Jüdisches Nachrichtenblatt, 11.7. 1939.
35 Kurt Jakob Ball-Kaduri, Berlin wird judenfrei. Die Juden in Berlin in den Jahren 1942/1943, in: Jahrbuch für die Geschichte Mittel- und Osteuropas 22 (1973), S. 209f.

II. Kulturelles und geistiges Leben

1 Jüdische Rundschau, 12.1. 1932.
2 Ebenda, 28.7. 1933 (Kulturghetto?).
3 Ebenda, 21.7. 1933 (Der Jude im Kulturschaffen).
4 Ebenda, 31.5. 1932 (Hauptmann Görings Judenprogramm).
5 C.V.-Zeitung, 6.4. 1933 (Ein Interview über Kulturpolitik).
6 Jüdische Rundschau, 21.7. 1933 (Künstlertätigkeit von Nichtariern).
7 C.V.-Zeitung, 13.7. 1933.
8 Ebenda, 20.7. 1933 (Werbeabende des Kulturbundes).
9 Ebenda, 10.8. 1933 (Rede für den Kulturbund deutscher Juden).
10 Ebenda, 28.9. 1933 (Vor der Premiere des Kulturbundes).
11 Monika Richarz, Jüdisches Leben in Deutschland. Selbstzeugnisse zur Sozialgeschichte 1918–1945, Bd. 3, Stuttgart 1982, S. 313f.
12 C.V.-Zeitung, 28.9. 1933 (Vor der Premiere des Kulturbundes).
13 Richarz, Jüdisches Leben, S. 315.
14 Israelitisches Familienblatt, 4.10. 1933 (Über den Kulturbund deutscher Juden).
15 Richarz, Jüdisches Leben, S. 315.
16 C.V.-Zeitung, 20.7. 1933 (Kulturbund Deutscher Juden).
17 Richarz, Jüdisches Leben, S. 317.
18 Jüdische Rundschau, 15.9. 1933 (Der Kulturbund als soziale Institution)

19 C.V.-Zeitung, 3.5. 1934 (Der Kulturbund – eine Angelegenheit aller).
20 Israelitisches Familienblatt, 2.11. 1933 (Jüdischer Kulturbund jetzt auch im Rheinland).
21 Kurt Düwell, Der Jüdische Kulturbund Rhein-Ruhr 1933–1938. Selbstbesinnung und Selbstbehauptung einer Geistesgemeinschaft, in: Jutta Bohnke-Kollwitz u.a. (Hrsg.), Köln und das rheinische Judentum. Festschrift Germania Judaica 1959–1984, Köln 1984, S. 429.
22 Israelitisches Familienblatt, 10.8. 1933 (Aus der Arbeit der jüdischen Künstlerhilfe).
23 Arbeitsbericht des Zentralausschusses der Deutschen Juden für Hilfe und Aufbau 1935, S. 82, Archiv IfZ.
24 Reinhard Bollmus, Das Amt Rosenberg und seine Gegner. Studien zum Machtkampf im nationalsozialistischen Herrschaftssystem, Stuttgart 1970, S. 61.
25 Deutsches Nachrichtenbüro, Meldung 288 vom 28.2. 1934, BA R 43 II/1241.
26 Josef Wulf, Theater und Film im Dritten Reich. Eine Dokumentation, Gütersloh 1964, S. 237.
27 Arbeitsbericht 1934 I, S. 70f.
28 Ebenda 1934 II, S. 51.
29 Ebenda 1935, S. 121.
30 Ebenda 1934 II, S. 51f.
31 Herbert Freeden, Jüdisches Theater in Nazideutschland, Tübingen 1964, S. 55.
32 Ebenda, S. 43.
33 Jüdische Rundschau, 3.5. 1935 (Namensänderung des Kulturbundes).
34 Ebenda, 29.1. 1935.
35 Ebenda, 5.1. 1934 (Jüdisches Leben im Reich).
36 Israelitisches Familienblatt, 6.9. 1934 (Der Kulturbund Deutscher Juden).
37 Jüdische Rundschau, 10.5. 1935 (Zusammenschluß der Kulturbünde).
38 Freeden, Jüdisches Theater, S. 56f.
39 12-Uhr-Blatt, 26.7. 1935, Ausschnitt BA R 56 I/71.
40 Kongreß-Korrespondenz, 28.8. 1935, BA R 56 I/107.
41 Karl Friedrich Schrieber (Hrsg.), Das Recht der Reichskulturkammer, Berlin 1943, RKK III/10.
42 BA R 58/276, Bl. 18f.
43 Ebenda, Bl. 20f.
44 Württembergische Landeszeitung, 6.3. 1936, Ausschnitt BA R 56 I/72.
45 Jüdische Rundschau, 21.7. 1936 (Der Reichsverband Jüdischer Kulturbünde).
46 Richarz, Jüdisches Leben, S. 317f.
47 Israelitisches Familienblatt, 20.5. 1937 (Die Jüdischen Kulturbünde).
48 Jüdische Rundschau, 30.8. 1935 (Vom Reichsverband der Jüdischen Kulturbünde).
49 Ebenda, 15.10. 1935 (Besuch jüdisch-kultureller Veranstaltungen); C.V.-Zeitung, 17.10. 1935 (Kulturbundkarte R.).
50 Ebenda, 21.7. 1936 (Der Reichsverband Jüdischer Kulturbünde).
51 C.V.-Zeitung, 24.12. 1935 (Sekretariat für bildende Künste).
52 Ebenda, 6.2. 1936 (Vor der Eröffnung der jüdischen Jugendbühne).
53 Freeden, Jüdisches Theater, S. 110.
54 Pult und Bühne. Ein Almanach, hrsg. v. Reichsverband der jüdischen Kulturbünde in Deutschland, Berlin 1938, S. 8.
55 Freeden, Jüdisches Theater, S. 88f.
56 Pult und Bühne, S. 10.
57 Jüdische Rundschau, 25.5. 1937 (Aus dem Reich).
58 Freeden, Jüdisches Theater, S. 92.
59 Ebenda, S. 111; Pult und Bühne, S. 10.
60 Kongreß-Korrespondenz, 28.8. 1935, BA R 56 I/107.
61 Arbeitsbericht 1936, S. 134.

62 Ebenda 1936, S.133.
63 Freeden, Jüdisches Theater, S.112.
64 Pult und Bühne, S.8.
65 Arbeitsbericht 1936, S.133.
66 Ebenda 1936, S.132.
67 Freeden, Jüdisches Theater, S.114.
68 Schrieber, Das Recht der Reichskulturkammer, RKK III/11.
69 Benno Cohn, November 1938, zit. nach: Kurt Jakob Ball-Kaduri, Vor der Katastrophe. Juden in Deutschland 1934–1939, Tel Aviv 1967, S.194f.; Freeden, Jüdisches Theater, S.146.
70 Jüdisches Nachrichtenblatt, 20.12. 1938 (Filmbühne des Jüdischen Kulturbundes Berlin).
71 Freeden, Jüdisches Theater, S.27.
72 Ebenda, S.28.
73 Jüdische Rundschau, 25.7. 1933 (Warum «Nathan der Weise»?).
74 Ebenda, 8.8. 1933 (Um die Tätigkeit des «Kulturbundes»).
75 Ebenda, 4.10. 1933 (Nathan der Weise).
76 C.V.-Zeitung, 4.10. 1933 (Die Premiere des Kulturbundes).
77 Israelitisches Familienblatt, 23.11. 1933 («Figaros Hochzeit» im «Kulturbund deutscher Juden»).
78 Jüdische Rundschau, 17.11. 1933 (Oper im Kulturbund).
79 Ebenda, 20.10. 1933 (Erstes Konzert des Kulturbundes Deutscher Juden).
80 C.V.-Zeitung, 18.1. 1934 (Aus dem Berliner Kulturbund).
81 Israelitisches Familienblatt, 17.5. 1934 (Das Oratorium in der Philharmonie).
82 Jüdische Rundschau, 29.12. 1933 (Vorträge und Konzerte).
83 C.V.-Zeitung, 14.12. 1933 (Sonkin und der Haupttreffer).
84 Ebenda, 25.1. 1934 (Brettl im Zentrum).
85 Ebenda, 11.1. 1934 (Bühne und Brettl).
86 Israelitisches Familienblatt, 11.1. 1934 (Um ein jüdisches Theater).
87 Ebenda.
88 Israelitisches Familienblatt, 15.3. 1934 («... was sie unter jüdischer Kultur verstehen»).
89 Jüdische Rundschau, 4.5. 1934 (Jüdische Kulturarbeit - Illusion und Wirklichkeit).
90 Ebenda, 6.3. 1934 (Zwei Kulturbund-Abende).
91 Ebenda, 28.3. 1934 (Kindernachmittag im Kulturbund).
92 Ebenda, 8.5. 1934 (München).
93 Ebenda, 10.5. 1934 (Ernest Bloch-Konzert).
94 Ebenda, 15.9. 1934 (Synagogen-Konzerte in Oberschlesien).
95 Ebenda, 25.5. 1934 (Jüdische Erwachsenenbildung).
96 Unser Bildungsziel, in: Martin Buber, Die Stunde und die Erkenntnis, Berlin 1936, S.94.
97 Israelitisches Familienblatt, 21.12. 1933 (Das jüdische Lehrhaus).
98 C.V.-Zeitung, 28.9. 1934 (Was tut uns not?).
99 Ebenda, 9.5. 1935 (Programm einer Kulturbundarbeit).
100 Ebenda, 5.10. 1934 (Stefan Zweigs «Jeremias»).
101 Israelitisches Familienblatt, 11.10. 1934 (Die Dichtung unseres Schicksals).
102 Jüdische Rundschau, 9.10. 1934 («Jeremias» im Kulturbund).
103 Ebenda, 8.3. 1935 (Konzerte).
104 C.V.-Zeitung, 26.10. 1933 (Kulturarbeit in allen Teilen des Reiches).
105 Jüdische Rundschau, 30.10. 1934 (Hauskonzert).
106 Ebenda, 21.12. 1934 (Musikleben in jüdischen Jugendbünden).
107 C.V.-Zeitung, 5.10. 1934 (Der zweite Kleinkunstabend).
108 Jüdische Rundschau, 9.11. 1934 (Jüdisches Erlebnis).

109 Bayerische Israelitische Gemeindezeitung, 1.1. 1936 (Dela Lipinska).
110 C.V.-Zeitung, 17.4. 1935 (Abend in einer alten Synagoge).
111 Ebenda, 9.5. 1935 (Frühjahrsausstellung jüdischer Künstler).
112 Bayerische Israelitische Gemeindezeitung, 1.6. 1935 (Frühjahrsausstellung jüdischer Künstler in Berlin).
113 Jüdische Rundschau, 28.5. 1935 (Land der Verheißung).
114 Ebenda, 23.10. 1934 (Jüdische Lehrstätte Ch.N. Bialik).
115 Ebenda, 10.5. 1935 (Rambam-Lehrhaus Berlin).
116 C.V.-Zeitung, 9.5. 1935 (Programm einer Kulturbundarbeit).
117 Bayerische Israelitische Gemeindezeitung, 1.2. 1935 (Vortrag Dr. Prinz im Münchener Kulturbund).
118 Jüdische Rundschau, 5.11. 1935 (Zur Analyse der Zeit).
119 Ebenda, 1.11. 1935 (Die Kleinkunstbühne).
120 Ebenda, 7.2. 1936 (Jüdische Jugendbühne).
121 Israelitisches Familienblatt, 30.4. 1936 (Aus der Werkstatt jüdischer Bildner).
122 Jüdische Rundschau, 3.7. 1936 (Der Dirigent Hans Wilhelm Steinberg).
123 Ebenda, 7.8. 1936 (Kulturelles Leben in Berlin, II. Rückblick über den Musikwinter).
124 Bayerische Israelitische Gemeindezeitung, 15.6. 1936 (Symphoniekonzert des Kulturbundorchesters München).
125 Jüdische Rundschau, 17.3. 1936 (Antigone).
126 Gemeindeblatt Berlin, 5.7. 1936 (Kulturbund vor Gericht).
127 Israelitisches Familienblatt, 3.9. 1936 (Kulturbund – aber jüdisch!).
128 Jüdische Rundschau, 8.9. 1936 (Die Kulturtagung).
129 Israelitisches Familienblatt, 7.10. 1936 (Unsere jüdische Kultursituation).
130 Jüdische Rundschau, 16.10. 1936 (Für den jüdischen Kulturbund).
131 Israelitisches Familienblatt, 10.9. 1936 (Die Goldene Kette).
132 Ebenda, 8.4. 1937 (Das große Los).
133 Werner Hinzelmann, Schüler vor der Rampe, in: Pult und Bühne, S. 87f.
134 Jüdische Rundschau, 13.10. 1936 (Kleinkunstabend im BZV-Studio).
135 Ebenda, 1.4. 1937 («Bitte einsteigen!!», Kleinkunst im Kulturbund).
136 C.V.-Zeitung, 20.4. 1937 (Künstlerische Veranstaltungen).
137 Israelitisches Familienblatt, 8.7. 1937 (Kulturbundorchester spielte).
138 Ebenda, 28.1. 1937 (Das Kulturbundorchester).
139 C.V.-Zeitung, 21.1. 1937 (Konzerte und Vorträge).
140 Ebenda, 16.9. 1936 (Theater und Konzerte).
141 Jüdische Rundschau, 10.9. 1936 (Rückschau auf Generationen).
142 Ebenda, 12.3. 1937 (Das jüdische Plakat).
143 Bayerische Israelitische Gemeindezeitung, 15.11. 1936 (Bildung und Bildungsmöglichkeiten).
144 Jüdische Rundschau, 5.1. 1937 (1936 – ein dürres Jahr).
145 Israelitisches Familienblatt, 30.9. 1937 (Die jüdischen Lehrhäuser).
146 Ebenda, 20.8. 1936 (Vor der neuen Spielzeit).
147 Freeden, Jüdisches Theater, S. 95.
148 Jüdische Rundschau, 30.12. 1936 (Die Arbeit der Kulturbünde).
149 Israelitisches Familienblatt, 19.8. 1937 (Jüdische Kultur im Aufbau).
150 C.V.-Zeitung, 19.8. 1937 (Kulturbund – Sache der Gemeinschaft).
151 Ebenda, 19.8. 1937 (Aufruf der Organisationen).
152 Jüdische Rundschau, 5.11. 1937 (Leserbrief von Hans Capell).
153 Ebenda, 3.5. 1938 (Das Gericht).
154 Ebenda, 10.5. 1938 (Das Gericht).
155 Ebenda, 9.8. 1938 (Arm wie eine Kirchenmaus).
156 Ebenda, 6.9. 1938 (Ibsens «Gespenster»).

157 Ebenda, 4.1. 1938 (Das jüdisch-geistige Leben).
158 C.V.-Zeitung, 4.8. 1938 (Konzerte und Vorträge).
159 Zit. nach Freeden, Jüdisches Theater, S. 141.
160 Jüdische Rundschau, 2.9. 1938 (Zur neuen Spielzeit).
161 Ebenda, 21.10. 1938 (Gemischtes Kompott).
162 Freeden, Jüdisches Theater, S. 148f.
163 Jüdisches Nachrichtenblatt, 20.12. 1938 (Premiere im Kulturbund).
164 Ebenda, 30.12. 1938 (Chicago).
165 Gottfried Bermann-Fischer, Bedroht – Bewahrt. Der Weg eines Verlegers, Frankfurt a. Main 1971, S. 80.
166 Mary S. Rosenberg, Brief an die Historische Kommission des Börsenvereins des Deutschen Buchhandels, 2. Juni 1975, New York.
167 Israelitisches Familienblatt, 2.6. 1933 (Literarische Neuorientierung, Jüdischer Schreiber und Leser in der Zeitenwende).
168 C.V.-Zeitung, 22.6. 1933 (Der deutsche Jude und das deutsche Schrifttum. Ein Beitrag zu einer Umfrage von Ernst Lissauer).
169 Vgl. «Das war ein Vorspiel nur . . .». Bücherverbrennung Deutschland 1933: Voraussetzungen und Folgen, Berlin 1983.
170 Alfred Mombert, Briefe 1893–1942, Heidelberg 1961, S. 119.
171 Volker Dahm, Das jüdische Buch im Dritten Reich, I. Teil: Die Ausschaltung der jüdischen Autoren, Verleger und Buchhändler, Frankfurt a. Main 1979, Spalte 237f.
172 Almanach des Schocken Verlags auf das Jahr 5694, Berlin 1933/34, S. 5.
173 Dahm, Das jüdische Buch im Dritten Reich, II. Teil: Salman Schocken und sein Verlag, Frankfurt a. Main 1981, Spalte 508f.
174 Israelitisches Familienblatt, 23.1. 1936 (Jubiläum der Schocken-Bücherei).
175 Ebenda, 26.1. 1933 (Philo Verlag G.m.b.H.).
176 C.V.-Zeitung, 22.11. 1934 (Willst du wissen?).
177 Ebenda, 22.11. 1934 (Warum Philo-Lexikon?).
178 Israelitisches Familienblatt, 25.11. 1937 (Jüdische Buchverlage).
179 Bayerische Israelitische Gemeindezeitung, 15.12. 1934 (Weg ohne Ende).
180 Jüdische Rundschau, 20.11. 1934 (Ein jüdischer Roman).
181 Ebenda, 8.3. 1935 (Gerson Stern).
182 Ebenda, 10.5. 1934 (Briefe an die Redaktion).
183 Ebenda, 30.8. 1935 (Neue Lyrik).
184 Ebenda, 16.8. 1935 (Eine Tür zum Judentum).
185 Israelitisches Familienblatt, 25.11. 1937.
186 Ebenda, 19.7. 1934 (Das «Volk des Buches»).
187 Bayerische Israelitische Gemeindezeitung, 15.11. 1935 (Neue jüdische Dichtung).
188 Ebenda, 1.6. 1936 (Der jüdische Dichter deutscher Zunge).
189 Der Morgen 6 (Sept. 1936), S. 255f. (Gegenwart und Zukunft der jüdischen Literatur).
190 Israelitisches Familienblatt, 12.11. 1936 (Und das jüdische Buch?).
191 Ebenda, 19.11. 1936 (Diskussion um das Buch).
192 Vertrauliche Mitteilungen für die Fachschaft Verlag, 6.7. 1937, hrsg. v. der Reichsschrifttumskammer, Abt. III; Dahm, Jüdisches Buch I, Spalte 263f.
193 Israelitisches Familienblatt, 28.4. 1938 (Jüdischer Roman in Deutschland).
194 Brief von Moritz Spitzer an Salman Schocken, 23.7. 1938; Dahm, Jüdisches Buch II, Spalte 501.
195 Almanach des Schocken Verlags auf das Jahr 5699, Berlin 1938/39, S. 92.
196 Dahm, Jüdisches Buch I, Spalte 273f.
197 Aktenvermerk, 8.12. 1938, BA R 58/984, Bl. 98–99.
198 Jüdisches Nachrichtenblatt, 30.12. 1938 (Konzentrierte Kulturbund-Arbeit).
199 Ebenda, 14.4. 1939 (Abschied von Ehrlich).

200 Ebenda.
201 Jüdisches Nachrichtenblatt, 14.4. 1939 (Dr. Anneliese Sara Landau).
202 Freeden, Jüdisches Theater, S. 153.
203 Jüdisches Nachrichtenblatt, 3.2. 1939 (Anzeige).
204 Ebenda, 10.3. 1939 (La Traviata).
205 Ebenda, 10.2. 1939 (Das Wintermärchen).
206 Ebenda, 14.4. 1939 (Menschen auf See).
207 Ebenda, 21.4. 1939 (Menschen auf See).
208 Ebenda, 24.1. 1939 (Tanz auf dem Vulkan).
209 Ebenda, 5.5. 1939 (Orchester des Kulturbundes).
210 Dahm, Jüdisches Buch I, Spalte 171.
211 Jüdisches Nachrichtenblatt, 10.3. 1939 (Ihr müßt wieder lesen).
212 Schocken Archives, Jerusalem.
213 Jüdisches Nachrichtenblatt, 7.7. 1939 (Rabbiner Dr. Max Nussbaum schreibt).
214 Ebenda, 5.9. 1939 (Jüdischer Kulturbund).
215 Ebenda, 29.9. 1939 (Die nächsten Veranstaltungen des Jüdischen Kulturbundes in Deutschland).
216 Ebenda, 20.10. 1939 (Der Jüdische Kulturbund – gestern und heute).
217 Zahlenangaben nach Freeden, Jüdisches Theater, S. 159, Anm. 19.
218 Jüdisches Nachrichtenblatt, 22.9. 1939 (Jüdischer Kulturbund in Deutschland e.V.).
219 Ebenda, 13.10. 1939 (Der Film der Woche).
220 Ebenda, 17.5. 1940 (Filmveranstaltungen für Berufstätige).
221 Ebenda, 8.12. 1939 (Ein Orchester-Konzert).
222 Ebenda, 9.2. 1940 (Der Jüdische Kulturbund arbeitet).
223 Ebenda, 16.2. 1940 (Jüdisches Theater).
224 Ebenda, 9.8. 1940 (Sinfonie-Konzert im Jüdischen Kulturbund).
225 Ebenda, 27.8. 1940 (Jüdisches Theater für die Provinz).
226 Ebenda, 10.9. 1940 (Anzeige).
227 Ebenda, 25.10. 1940 (Konzerte und Musik).
228 Ebenda, 15.11. 1940 (Die Jüdische Film-Bühne).
229 Ebenda, 1.10. 1940 (Jüdisches Publikum).
230 Ebenda, 7.3. 1941 (Die Mahler-Sinfonie im Jüdischen Kulturbund).
231 Freeden, Jüdisches Theater, S. 163 f.
232 IMT, Bd. 26, S. 266, PS 710.
233 Jüdisches Nachrichtenblatt, 9.10.1942 (Kauf von Büchern).
234 Dahm, Jüdisches Buch I, Spalte 174.
235 Freeden, Jüdisches Theater, S. 165.
236 H. G. Adler, Theresienstadt. 1941–1945. Das Antlitz einer Zwangsgemeinschaft. Geschichte, Soziologie, Psychologie, Tübingen 1960, S. 579.
237 Ebenda, S. 586 f.
238 Ebenda, S. 589.
239 Ebenda.
240 Gerty Spies, Drei Jahre Theresienstadt, München 1984, S. 139.
241 Adler, Theresienstadt, S. 599 f.
242 Ebenda, S. 603.
243 Ebenda, S. 602.
244 Ebenda, S. 587 f.

III. Wirtschaft und Erwerbsleben

1 Alfred Marcus, Die wirtschaftliche Krise des deutschen Juden. Eine soziologische Untersuchung, Berlin 1931, S. 21.
2 Jüdische Rundschau, 20. 11. 1931.
3 Jüdisch-liberale Zeitung, 15. 7. 1932.
4 A. Menes, Über die Einkommensverhältnisse der deutschen Juden in der Vor- und Nachkriegszeit, in: JWSP 1932, S. 89f.
5 C.V.-Zeitung, 8. 4. 1932.
6 Ebenda, 5. 2. 1926.
7 Nach einer Vorlage für die Repräsentantenversammlung v. Oktober 1933, in: WL, Document Collection Nr. 601, IfZ MA 1494/3.
8 C.V.-Zeitung, 16. 2. 1933, S. 53.
9 Israelitisches Familienblatt, 3. 11. 1932.
10 Jüdische Rundschau, 6. 2. 1932.
11 C.V.-Zeitung, 8. 7. 1932.
12 Ebenda, 23. 10. 1931.
13 Ebenda, 2., 9., 16. 2. 1933.
14 Jüdische Rundschau, 10. 3. 1933.
15 Israelitisches Familienblatt, 16. 3. 1933.
16 Vossische Zeitung, 29. 3. 1933.
17 Ebenda, 31. 3. 1933.
18 Gemeindeblatt der Jüdischen Gemeinde zu Berlin, April 1933.
19 Frankfurter Zeitung, 1. 4. 1933.
20 Gauleitung Baden, zit. nach: Kurt Pätzold (Hrsg.), Verfolgung, Vertreibung, Vernichtung. Dokumente des faschistischen Antisemitismus 1933–1942, Frankfurt a. M. 1984, S. 50.
21 Frankfurter Zeitung, 2. 4. 1933.
22 Jüdische Rundschau, 30. 5. 1933.
23 C.V.-Zeitung, 13. 4. 1933.
24 Ebenda, 6. 4. 1933.
25 Arbeitsgericht Berlin am 27. 4. 1933, zit. nach: Jüdische Rundschau, 15. 8. 1933.
26 Fritz Goldschmidt, Mein Leben in Deutschland vor und nach dem 30. Januar 1933, WL P IIe, Nr. 756.
27 C.V.-Zeitung, 11. 5. 1933.
28 Reichsarbeitsgericht am 25. 11. 1933, in: Entscheidungen des Reichsarbeitsgerichts, Bd. 19, S. 214.
29 Siegfried Ostrowski, Vom Schicksal jüdischer Ärzte im Dritten Reich. Ein Augenzeugenbericht aus den Jahren 1933–1939, in: Bulletin LBI 6 (1963), S. 314f.
30 Jüdisch-liberale Zeitung, 1. 3. 1933.
31 Anwaltsblatt, Juli 1932, S. 225.
32 Ludwig Förder, Der erste Pogrom auf ein deutsches Gericht, WL P IIb, Nr. 174.
33 Jüdische Rundschau, 21. 3. 1933.
34 Vossische Zeitung, 1. 4. 1933, Abendausgabe.
35 Arbeitsbericht des Zentralausschusses der deutschen Juden für Hilfe und Aufbau 1933, S. 32, Archiv IfZ.
36 Zit. nach: Israelitisches Familienblatt, 13. 4. 1933.
37 Justiz-Ministerial-Blatt für die preußische Gesetzgebung 1933, S. 127.
38 Nationalzeitung, 30. 5. 1933, zit. nach: Jüdische Rundschau, 9. 6. 1933.
39 Arbeitsbericht 1934 I, S. 67f.
40 Informationsblätter, hrsg. v. der Zentralwohlfahrtsstelle, 27. 3. 1935, S. 29; Arbeitsbericht 1938, S. 16.

41 Ostrowski, Jüdische Ärzte, in: Bulletin LBI 6 (1963), S. 314f.
42 C.V.-Zeitung, 26. 1. 1933.
43 Israelitisches Familienblatt, 13.4. 1933.
44 Ebenda.
45 Reichsgesetzblatt 1934 II, S. 180f.
46 Arbeitsberichte 1934, 1935, 1936 und 1938.
47 Ebenda 1934 I, S. 64.
48 Goldschmidt, Mein Leben, WL P IIe, Nr. 756.
49 Thomas Klein (Hrsg.), Die Lageberichte der Geheimen Staatspolizei über die Provinz Hessen-Nassau 1933–1936. Teilband I: A und B, Köln 1986. Veröffentlichungen aus den Archiven Preußischer Kulturbesitz, Bd. 22/I, S. 122.
50 RegPräs. Unterfranken, Lagebericht vom 7.8. 1934, in: Martin Broszat, Elke Fröhlich, Falk Wiesemann (Hrsg.), Bayern in der NS-Zeit. Soziale Lage und politisches Verhalten der Bevölkerung im Spiegel vertraulicher Berichte, Bd. 1, München 1977, S. 440.
51 Frankfurter Zeitung, 28. 5. 1933.
52 Informationsblätter, 20.6. 1933, S. 1.
53 Monika Richarz (Hrsg.), Jüdisches Leben in Deutschland. Selbstzeugnisse zur Sozialgeschichte 1918–1945, Bd. 3, Stuttgart 1982, S. 293f.
54 Frankfurter Zeitung, 24. 11. 1933.
55 Niederschrift vom 22.8. 1935, Nbg. Dok. NG 4067, Bl. 6.
56 Informationsblätter, 20.6. 1933, S. 2.
57 Jakob Cohen, Die Ereignisse, die meine Flucht aus Fürth veranlaßten, WL P IIc, Nr. 989.
58 Lotte Lewin, Neun Monate in Gefangenschaft wegen «Heimtücke», WL P IIc, Nr. 1182.
59 Ernst Alban, Die Juden in Pommern, WL P Ia, Nr. 62.
60 Arbeitsbericht 1934 I, S. 23f.
61 Frankfurter Zeitung, 20.9. 1933.
62 Das Schwarzbuch. Tatsachen und Dokumente. Die Lage der Juden in Deutschland 1933, hrsg. v. Comité des Délégations Juives, Paris 1934, S. 362.
63 Israelitisches Familienblatt, 27.7. 1933.
64 C.V.-Zeitung, 7.9. 1933.
65 Frankfurter Zeitung, 13.9. 1933.
66 Klein, Die Lageberichte über die Provinz Hessen-Nassau I, S. 88f.
67 Paul Sauer (Hrsg.), Dokumente über die Verfolgung der jüdischen Bürger in Baden-Württemberg durch das nationalsozialistische Regime 1933–1945, I. Teil, Stuttgart 1966, S. 169.
68 Klein, Die Lageberichte über die Provinz Hessen-Nassau I, S. 423.
69 Ebenda, S. 432.
70 Ebenda, S. 272f.
71 Ebenda, S. 310.
72 Ebenda, S. 376, S. 385f., S. 565f. und S. 588.
73 Sauer, Dokumente I, S. 150f.
74 Goldschmidt, Mein Leben, WL P IIe, Nr. 756.
75 Richarz, Jüdisches Leben, S. 270.
76 Der Prozeß gegen die Hauptkriegsverbrecher vor dem Internationalen Militärgerichtshof, Nürnberg 1947, Bd. XXXIII, S. 116, PS 1757; Fritz Blaich, Die bayerische Industrie 1933–1939, in: Broszat, Bayern in der NS-Zeit, Bd. 2, S. 271.
77 Ebenda.
78 Arbeitsbericht 1938, S. 15.
79 Alfred Krüger, Die Lösung der Judenfrage in der Wirtschaft. Kommentar zur Judengesetzgebung, Berlin 1940, S. 44.

80 Bericht von Silvius Schalscha, WL P IIb, Nr. 174.
81 Bericht von S. Vollmann, WL P IId, Nr. 123.
82 Bericht von Paul Grätz, WL P IIb, Nr. 24.
83 Hans J. Robinsohn, Ein Versuch, sich zu behaupten, in: Tradition. Zeitschrift für Firmengeschichte und Unternehmerbiographie 4 (1958), S. 197f.

IV. Jüdische Selbsthilfe bis 1938

1 Jüdische Rundschau, 28.4. 1933.
2 Max Kreutzberger, Jüdisch-soziale Arbeit heute!, in: JWSP 1933/34, S. 91.
3 Friedrich Brodnitz, Jüdische Sozialarbeit in Deutschland als Einheit, in: JWSP 1936, S. 90.
4 Arbeitsberichte 1933–1938.
5 Ebenda 1933, S. 58; 1936, S. 162; 1937, S. 9.
6 Ebenda 1935, S. 4f.
7 Die Erkenntnis der Judenfrage als Aufgabe unserer Generation, in: Der jüdische Wille, April 1935, S. 69.
8 Helmut Genschel, Die Verdrängung der Juden aus der Wirtschaft im Dritten Reich, Berlin 1966, S. 60.
9 Monika Richarz (Hrsg.), Jüdisches Leben in Deutschland. Selbstzeugnisse zur Sozialgeschichte 1918–1945, Bd. 3, Stuttgart 1982, S. 24 und S. 42; Statistisches Jahrbuch für das Deutsche Reich, Berlin 1936, S. 14.
10 Paul Sauer (Hrsg.), Dokumente über die Verfolgung der jüdischen Bürger in Baden-Württemberg durch das nationalsozialistische Regime 1933–1945, Bd. 1, Stuttgart 1966, S. 66.
11 Protokoll der «Chefbesprechung» im Reichswirtschaftsministerium am 20.8. 1935, IfZ F 71/2.
12 Israelitisches Familienblatt, 9.1. 1936.
13 Landesstelle Saarpfalz des Reichsministeriums für Volksaufklärung und Propaganda, 18.6. 1936, in: Dokumentation zur Geschichte der jüdischen Bevölkerung in Rheinland-Pfalz und im Saarland von 1800 bis 1945, hrsg. v. der Landesarchivverwaltung Rheinland-Pfalz in Verbindung mit dem Landesarchiv Saarbrücken, Koblenz 1974, Bd. 6: Die nationalsozialistische Judenverfolgung in Rheinland-Pfalz; Das Schicksal der Juden im Saarland 1920 bis 1945, S. 82f.
14 Lagebericht 1.10. 1936–28.2. 1937, S. 45f., GStA Berlin, Rep. 90 P 86.
15 Herbert A. Strauss, Antisemitismus und Holocaust als Epochenproblem, in: Aus Politik und Zeitgeschichte, B 11, 14. März 1987, S. 21.
16 Avraham Barkai, «Schicksalsjahr 1938». Kontinuität und Verschärfung der wirtschaftlichen Ausplünderung der deutschen Juden, in: Ursula Büttner (Hrsg.), Das Unrechtsregime. Internationale Forschung über den Nationalsozialismus, Bd. 2, Hamburg 1986, S. 55. Vgl. neuerdings Avraham Barkai, Vom Boykott zur «Entjudung». Der wirtschaftliche Existenzkampf der Juden im Dritten Reich 1933–1943, Frankfurt a. M. 1988.
17 Vgl. Genschel, Verdrängung, S. 173f.; Peter Hanke, Zur Geschichte der Juden in München zwischen 1933 und 1945, München 1967, S. 224; Barkai, Schicksalsjahr 1938, S. 55f.
18 Zit. nach: Hanke, Juden in München, S. 154f.
19 Alf Krüger, Die Lösung der Judenfrage in der Wirtschaft. Kommentar zur Judengesetzgebung, Berlin 1940, S. 44.
20 Raul Hilberg, Die Vernichtung der europäischen Juden. Die Gesamtgeschichte des Holocaust, Berlin 1982, S. 103; Barkai, Schicksalsjahr 1938, S. 47f.

21 Arbeitsbericht 1938, S. 49.
22 Statistisches Jahrbuch für das Deutsche Reich, Berlin 1936, S. 15; Bruno Blau, Die Juden in Deutschland von 1939–1945, in: Judaica (1951), H. 4, S. 280. Neuberechnung der Prozentangaben.
23 Statistisches Jahrbuch für das Deutsche Reich, Berlin 1936, S. 15; Blau, Juden in Deutschland, S. 281. Vgl. auch Genschel, Verdrängung, Tab. III e und III d, S. 279, unter Einbeziehung der berufslosen Selbständigen.
24 Blau, Juden in Deutschland, S. 281. Neuberechnung der Prozentangaben.
25 Arbeitsbericht 1938, S. 1.
26 Salomon (Shlomo) Adler-Rudel, Jüdische Selbsthilfe unter dem Naziregime 1933–1939 im Spiegel der Berichte der Reichsvertretung der Juden in Deutschland, Tübingen 1974, S. 218 f.; Arbeitsbericht 1938, S. 49.
27 Gert-Julius Herrmann, Jüdische Jugend in der Verfolgung. Eine Studie über das Schicksal jüdischer Jugendlicher aus Württemberg und Hohenzollern, Diss., Tübingen 1967, S. 15 f. und S. 74.
28 Richarz, Jüdisches Leben, S. 42; Arbeitsbericht 1934 I, S. 34.
29 C.V.-Zeitung, 8. 6. 1933.
30 Joseph Walk, Jüdische Schüler an deutschen Schulen in Nazideutschland, in: Bulletin LBI 19 (1980), S. 103; Israelitisches Familienblatt, 23. 6. 1932.
31 Walk, Schüler, S. 103.
32 Zit. nach JWSP 1935, S. 108.
33 Der Weltkampf 13 (Juni 1936), S. 241 f.
34 Walk, Schüler, S. 103.
35 Geert Platner und Schüler der Gerhart Hauptmann Schule Kassel (Hrsg.), Schule im Dritten Reich. Erziehung zum Tod? Eine Dokumentation, München 1984, S. 141.
36 Herrmann, Jugend, S. 67.
37 Jüdische Rundschau, 16. 5. 1933.
38 Zit. nach Adler-Rudel, Jüdische Selbsthilfe, S. 21.
39 Richarz, Jüdisches Leben, S. 234.
40 Valentin Sänger, Kaiserhofstraße 12, Darmstadt 1978, S. 83.
41 Dietrich Heither, Wolfgang Matthäus, Bernd Pieper (Hrsg.), Als jüdische Schülerin entlassen. Erinnerungen und Dokumente zur Geschichte der Heinrich-Schütz-Schule in Kassel, Kassel 1984, S. 61 f.
42 Herrmann, Jugend, S. 46.
43 Richarz, Jüdisches Leben, S. 74 f. und S. 336 f.
44 Herrmann, Jugend, S. 67.
45 C.V.-Zeitung, 24. 12. 1935.
46 Georg Lubinski, Das neunte Schuljahr, in: JWSP 1935, S. 162.
47 Walk, Schüler, S. 103.
48 Sauer, Dokumente I, S. 259 f.
49 Hans Gaertner, Probleme der jüdischen Schule während der Hitlerjahre unter besonderer Berücksichtigung der Theodor-Herzl-Schule in Berlin, in: Robert Weltsch (Hrsg.), Deutsches Judentum. Aufstieg und Krise. Gestalten, Ideen und Werke. Vierzehn Monographien, Stuttgart 1963, S. 328 f.
50 Die Jüdische Schule. Blätter für jüdische Erziehung, Beilage der Jüdischen Rundschau, 16. 6. 1933.
51 Max Spangenthal, Eine hessische Kleingemeinde, in: Bulletin LBI (1984), H. 69, S. 62.
52 Joseph Walk, Jüdische Erziehung als geistiger Widerstand, in: Arnold Paucker (Hrsg.), Die Juden im nationalsozialistischen Deutschland, Tübingen 1986, S. 239 f.
53 C.V.-Zeitung, 18. 1. 1934.
54 Walk, Erziehung, S. 242.

55 Israelitisches Familienblatt, 1.2. 1934.
56 Richarz, Jüdisches Leben, S. 247.
57 Sam Echt, Das jüdische Schul- und Erziehungswerk in Danzig, in: Bulletin LBI 6 (1963), S. 383.
58 Richarz, Jüdisches Leben, S. 234.
59 Jüdische Rundschau, 25.4. 1933.
60 Dokumentation zur Geschichte der jüdischen Bevölkerung in Rheinland-Pfalz und im Saarland, Bd. 6, S. 317f.
61 Arbeitsbericht 1933, S. 26.
62 Ebenda 1934 I, S. 39.
63 Ebenda 1933, S. 27.
64 Ebenda 1934 I, S. 36.
65 Ebenda 1934 I, S. 37f. und 1934 II, S. 30f.; ebenda 1935, S. 73f.; ebenda 1936, S. 93; ebenda 1937, S. 65; ebenda 1938, S. 30.
66 Ebenda 1935, S. 67f.; Adler-Rudel, Jüdische Selbsthilfe, S. 28.
67 Heinemann Stern, Warum hassen sie uns eigentlich? Jüdisches Leben zwischen den Kriegen. Erinnerungen. Hrsg. und kommentiert von Hans Christian Meyer, Düsseldorf 1970, S. 225f.
68 Inge Deutschkron, Ich trug den gelben Stern, Köln 1978, S. 25.
69 Platner, Schule im Dritten Reich, S. 171.
70 Jüdische Rundschau, 14.8. 1934.
71 Gaertner, Probleme, S. 334.
72 Joseph Walk, Das jüdische Schulwesen in Köln bis 1942, in: Jutta Bohnke-Kollwitz (Hrsg.), Köln und das rheinische Judentum. Festschrift Germania Judaica 1959–1984, Köln 1984, S. 420.
73 Rudolf F. Schaeffer, Das religiös-liberale Schulwerk in Breslau 1933–1937, in: Bulletin LBI 10 (1967), S. 307f.
74 Sauer, Dokumente I, S. 337f.
75 Arbeitsbericht 1937, S. 54f.
76 Almanach des Schocken-Verlags auf das Jahr 5699, Berlin 1938/39, S. 139f.
77 Arbeitsbericht 1937, S. 61.
78 Hilde Meyerowitz, Jüdische Bezirkschule Bad Nauheim, in: JWSP 1937, S. 182f.
79 Arbeitsbericht 1938, S. 26; Adler-Rudel, Jüdische Selbsthilfe, S. 30.
80 Ebenda 1938, S. 30 und S. 49.
81 Platner, Schule im Dritten Reich, S. 175f.
82 Adler-Rudel, Jüdische Selbsthilfe, S. 32f. Vgl. das Verzeichnis der jüdischen Schulen, in: Jüdisches Nachrichtenblatt, 1.12. 1939.
83 Walk, Das jüdische Schulwesen in Köln, S. 424.
84 Bernhard Kolb, Die Juden in Nürnberg, Nürnberg 1946, WL P IIe, Nr. 765.
85 Sauer, Dokumente I, S. 346.
86 Lucie Schachne, Erziehung zum geistigen Widerstand. Das jüdische Landschulheim Herrlingen 1933–1939, Frankfurt a. M. 1986, S. 101.
87 Dinchas Erlanger, Das Landschulheim macht «aus einem Judenjungen einen jungen Juden», in: Schachne, Erziehung, S. 104.
88 Ruth Ariel, Was das Landschulheim Herrlingen für mich bedeutet, in: Schachne, Erziehung, S. 98.
89 C.V.-Zeitung, 12.12. 1935.
90 Albert Waxmann, in: Gerhard Paul, Die jüdische Volksschule in Saarbrücken (1934 bis 1939), in: Zeitschrift für die Geschichte der Saargegend (1985), S. 181f. Eigene Übersetzung.
91 Deutschkron, Ich trug den gelben Stern, S. 25.
92 So etwa David F. Kaelter, Das jüdische Schulwerk in Deutschland nach 1933, in: Bulletin LBI 1 (1958), S. 87.

93 Arbeitsbericht 1933, S. 33.
94 Richarz, Jüdisches Leben, S. 221 f.
95 Aufstellung in: JWSP 1931, S. 145 f.
96 Max Kreutzberger, Aufbau und Ausbau des jüdischen Darlehenskassenwesens, in: JWSP 1933/34, S. 124.
97 Arbeitsbericht 1933, S. 44; ebenda 1936, S. 106; ebenda 1937, S. 71.
98 Ebenda 1934 II, S. 44.
99 Ebenda 1936, S. 111; ebenda 1935, S. 97.
100 Richarz, Jüdisches Leben, S. 222 f.
101 Arbeitsbericht 1937, S. 73; ebenda 1936, S. 108.
102 Zusammenstellung nach den Arbeitsberichten. Die bei Adler-Rudel, Jüdische Selbsthilfe, S. 127 abgedruckte Übersicht enthält für 1936 und 1937 Druckfehler.
103 Arbeitsbericht 1938, S. 33.
104 Adelheid Levy, Aus der Praxis der jüdischen Wohlfahrtsarbeit, in: JWSP 1935, S. 16.
105 Adler-Rudel, Jüdische Selbsthilfe, S. 129.
106 Vgl. Paul Eppstein, Vierzig Jahre jüdische Arbeitsvermittlung in Deutschland. Zur Aufhebung der jüdischen Arbeitsnachweise, in: JWSP 1937, S. 1 f.
107 Statistik des Deutschen Reiches, Berlin 1936, S. 15.
108 Berechnet nach Gertrud Prochownik, Die jüdische Arbeitsvermittlung in Berlin, in: JWSP 1937, S. 7 f. Die bei Adler-Rudel, Jüdische Selbsthilfe, S. 130 abgedruckte Statistik gibt ein verzerrtes Bild, da sie den Vermittlungen die Frequenzziffern, nicht aber die Zahl der Dauerarbeitslosen gegenüberstellt.
109 Tätigkeitsbericht, Mitte März bis 1. September 1933, S. 25. Zit. nach: Adler-Rudel, Jüdische Selbsthilfe, S. 130.
110 Arbeitsbericht 1934 II, S. 54 f.
111 Berechnet nach Prochownik, Jüdische Arbeitsvermittlung in Berlin, S. 7 f.
112 Arbeitsbericht 1934 II, S. 57.
113 Ebenda 1935, S. 108.
114 Prochownik, Jüdische Arbeitsvermittlung in Berlin, S. 9 und S. 12.
115 Ernst Noam und Wolf-Arno Kropat (Hrsg.): Juden vor Gericht 1933–1945. Dokumente aus hessischen Justizakten, Wiesbaden 1975, S. 93 f. Vgl. auch Jüdische Rundschau, 15. 3. 1935 und C.V.-Zeitung, 21. 3. 1935.
116 Ebenda, S. 88 f. Vgl. Jüdische Rundschau, 26. 3. 1935.
117 Arbeitsbericht 1936, S. 120.
118 Zusammengestellt nach den Angaben bei Prochownik, Jüdische Arbeitsvermittlung in Berlin, S. 7 f.
119 Paul Eppstein, Auswanderung und Bestand der jüdischen Bevölkerung in Deutschland, in: JWSP 1936, S. 141.
120 JWSP 1938, S. 90.
121 Richarz, Jüdisches Leben, S. 247. Vgl. auch Adler-Rudel, Jüdische Selbsthilfe, S. 137 f.
122 Arbeitsbericht 1933, S. 35; ebenda 1934 I, S. 62; ebenda 1935, S. 118.
123 Ebenda 1936, S. 129; ebenda 1938, S. 71.
124 Alfred Marcus, Die wirtschaftliche Krise des deutschen Juden. Eine soziologische Untersuchung, Berlin 1931.
125 Salomon Adler-Rudel, Berufsumschichtung als Ausweg? (Problematik, Organisation, Erfahrungen, Möglichkeiten), in: JWSP 1933/34, S. 113.
126 Richarz, Jüdisches Leben, S. 248.
127 Arbeitsbericht 1933, S. 49 f.
128 Ebenda 1934 I, S. 95 f.
129 Israelitisches Familienblatt, 3. 4. 1934.
130 Arbeitsbericht 1934 I, S. 81.
131 Ebenda 1934 II, S. 66.

132 Zit. nach: Werner T. Angress, Generation zwischen Furcht und Hoffnung. Jüdische Jugend im Dritten Reich, Hamburg 1985, S. 32.
133 Zit. nach: Informationsblätter, hrsg. v. dem Zentralausschuß, 25. 11. 1935, S. 107f.
134 Richarz, Jüdisches Leben, S. 224f.
135 Arbeitsbericht 1937, S. 87.
136 Lucie Zobel, Lehrstellenmarkt und Lehrstellenwerbung, in: JWSP 1933/34, S. 197.
137 Informationsblätter, 9. 2. 1934, S. 1.
138 Aufruf der Israelitischen Gemeinde und jüdischer Organisationen, Februar 1934, in: Dokumente zur Geschichte der Frankfurter Juden, hrsg. von der Kommission zur Erforschung der Geschichte der Frankfurter Juden, Frankfurt a. M. 1963, S. 305.
139 Israelitisches Familienblatt, 22. 3. 1934.
140 Arbeitsbericht 1935, S. 141. Neuberechnung der Prozentangaben.
141 Ebenda 1936, S. 149 und S. 137.
142 Regierungspräsident an Oberbürgermeister, 15. 12. 1933, in: Dokumente zur Geschichte der Frankfurter Juden, S. 312f.
143 Israelitisches Familienblatt, 8. 2. 1934.
144 Hans Epstein, Die Frankfurter Grundlehre, in: JWSP 1936, S. 198f.
145 Arbeitsbericht 1937, S. 88; ebenda 1938, S. 37 und S. 42.
146 Georg Josephthal, Pädagogische und auswanderungspolitische Gesichtspunkte des jüdischen Berufsausbildungswerks in Deutschland, in: JWSP 1938, S. 2f.
147 Georg Josephthal, Die Berufsfrage der jüdischen Jugend, in: Gemeinschaftsarbeit der jüdischen Jugend. Aus der Arbeit des Reichsausschusses der jüdischen Jugendverbände 1933–1936, Berlin 1937, S. 41.
148 Kurt Düwell, Die Rheingebiete in der Judenpolitik des Nationalsozialismus vor 1942, Bonn 1968, S. 129.
149 Bericht über den Stand des Ausbildungswesens, 19. 7. 1939, in: Adler-Rudel, Jüdische Selbsthilfe, S. 204; Verzeichnis der Ausbildungsstätten am 1. August 1938, in: Almanach des Schocken-Verlags auf das Jahr 5699, S. 141f.
150 Werner T. Angress, Jüdische Jugend zwischen nationalsozialistischer Verfolgung und jüdischer Wiedergeburt, in: Paucker, Juden im nationalsozialistischen Deutschland, S. 220.
151 JWSP 1931, S. 321.
152 Frieda Weinreich, Über Organisation und Ausmaß der jüdischen Familienfürsorge in Deutschland, in: JWSP 1931, S. 221.
153 Nach Giora Lotan, The Zentralwohlfahrtsstelle, in: Year Book LBI (1959), S. 198.
154 Georg Lubinski, Das zweite Jahrzehnt Zentralwohlfahrtsstelle, in: JWSP 1937, S. 141.
155 Georg Lubinski, Reform und Lastenausgleich der Gemeinden und Sozialverwaltung, in: JWSP 1933/34, S. 266.
156 Arbeitsbericht 1933, S. 19f.
157 Ebenda 1934 II, S. 18; ebenda 1935, S. 49f.
158 Siegwart Wertheimer, Zur Finanzierung der jüdischen Sozialarbeit, in: JWSP 1938, S. 41.
159 JWSP 1938, S. 32f.
160 Jüdisches Gemeindeblatt für Berlin, 26. 12. 1937.
161 Levy, Praxis der jüdischen Wohlfahrtsarbeit, S. 15f. und S. 51f.
162 Arbeitsbericht 1936, S. 11; ebenda 1937, S. 8.
163 Vgl. Alexander Philipsborn, Steuerfragen der jüdischen Wohlfahrtspflege, in: JWSP 1937, S. 14f.
164 Angaben nach Adler-Rudel, Jüdische Selbsthilfe, S. 166f.
165 Zit. nach: C.V.-Zeitung, 17. 10. 1935.
166 Zit. nach: Ebenda, 24. 10. 1935.
167 Arbeitsbericht 1935, S. 56.

168 C.V.-Zeitung, 14.11.1935.
169 Arbeitsbericht 1936, S.85.
170 Ebenda 1938, S.87.
171 Sauer, Dokumente I, S.306.
172 Arbeitsbericht 1937, S.48; ebenda 1938, S.22.
173 Almanach des Schocken-Verlags, S.145 f.
174 Jüdisches Gemeindeblatt für Berlin, 22.5. 1938.
175 Arbeitsbericht 1937, S.2.
176 Ebenda, S.4f. Die Angaben für 1933 beruhen auf den Ergebnissen der Volkszählung, für 1937 auf Schätzungen der Reichsvertretung.
177 Ebenda, S.45.
178 Georg Lubinski, Erfüllt die jüdische Sozialarbeit noch heute ihre Aufgabe?, in: JWSP 1937, S.175 f.
179 Arbeitsbericht 1938, S.69; ebenda 1936, S.85.
180 Statistik des Deutschen Reiches, Berlin 1936, S.533; Statistik des Deutschen Reiches, Berlin 1942, S.631.
181 Arbeitsbericht 1938, S.18.
182 WL, Document Section, IfZ MA 1494/3.
183 Arbeitsbericht 1938, S.73. Ob in dieser Aufstellung auch das Israel. Pensionat München, das Israel. Lehrlingsheim München und die Israel. Waisen- und Erziehungsanstalt Esslingen enthalten sind, die nach dem Novemberpogrom wieder eröffnet werden konnten, ist nicht ersichtlich.
184 Arbeitsbericht 1938, S.3.
185 Jüdisches Nachrichtenblatt, 10.11.1939.

V. Auswanderung aus Deutschland

1 Wolfgang Zadek (Hrsg.), Sie flohen vor dem Hakenkreuz. Selbstzeugnisse der Emigranten. Ein Lesebuch für Deutsche, Reinbek 1981, S.101.
2 Hans Lamm, Über die innere und äußere Entwicklung des deutschen Judentums im Dritten Reich, Diss., München 1951, S.235.
3 Erwin Lichtenstein, Bericht an meine Familie. Ein Leben zwischen Danzig und Israel, Darmstadt 1985, S.82.
4 Monika Richarz (Hrsg.), Jüdisches Leben in Deutschland. Selbstzeugnisse zur Sozialgeschichte 1918–1945, Bd.3, Stuttgart 1982, S.339.
5 Die jüdische Emigration aus Deutschland 1933–1941. Die Geschichte einer Austreibung. Ausstellungskatalog, Frankfurt a. M. 1985, S.79.
6 Richarz, Jüdisches Leben, S.339.
7 Paul Sauer, Die Schicksale der jüdischen Bürger Baden-Württembergs während der nationalsozialistischen Verfolgungszeit 1933–1945, Stuttgart 1969, S.118f.
8 C.V.-Zeitung, 17.10.1935.
9 Arthur Prinz, Der Stand der Auswanderungsfrage, in: JWSP, Mai-Juni 1935, S.77.
10 Walter Laqueur, Heimkehr. Reisen in die Vergangenheit, Berlin 1964, S.53 und S.58.
11 Inge Deutschkron, Ich trug den gelben Stern, Köln 1978, S.46.
12 Joel König, Den Netzen entronnen, Göttingen 1967, S.117f.
13 Paul Eppstein, Auswanderung und Bestand der jüdischen Bevölkerung in Deutschland, in: JWSP, Oktober 1936, S.137.
14 Lucy S.Davidowicz, Der Krieg gegen die Juden 1933–1945, München 1979, S.178.
15 Michael Meyer, Eine Wanderung nach Eres Israel im Jahre 1940, WL P II f, Nr.214.
16 Rolf Vogel, Ein Stempel hat gefehlt. Dokumente zur Emigration deutscher Juden, München 1977, S.40.
17 Kurt R.Grossmann, Emigration, Frankfurt a.M. 1969, S.114f.

18 Ruth Andreas-Friedrich, Der Schattenmann, Berlin 1947, S. 50.
19 Richarz, Jüdisches Leben, S. 340.
20 Walter Strauss, Lebenszeichen. Juden aus Württemberg nach 1933, Gerlingen 1982, S. 17.
21 Grossmann, Emigration, S. 117.
22 H. G. Adler, Der verwaltete Mensch, Tübingen 1974, S. 7.
23 Emigrationsschikanen, Verf. unbekannt, WL P II f, Nr. 683.
24 Sauer, Schicksale in Baden-Württemberg, S. 141 f.
25 Arthur Prinz, Die Gestapo als Feind und Förderer jüdischer Auswanderung, WL P II f, Nr. 792.
26 David S. Wyman, Das unerwünschte Volk, München 1986, S. 25 und S. 19.
27 Arthur D. Morse, Die Wasser teilten sich nicht, Bern 1968, S. 179 f.
28 Else Behrend-Rosenfeld, Ich stand nicht allein, Hamburg 1949, S. 110 f.
29 Max Domarus, Hitler. Reden und Proklamationen 1932–1945, Bd. II 1, München 1965, S. 1065.
30 Salomon (Shlomo) Adler-Rudel, Auswanderungsproblem, in: Bulletin LBI 10 (1967), S. 160.
31 «Blätter des jüdischen Frauen-Bundes», Juli 1938, Ausst. Frankfurt, S. 204.
32 Sauer, Schicksale in Baden-Württemberg, S. 133.
33 C.V.-Zeitung, 9. Juni 1938.
34 Sauer, Schicksale in Baden-Württemberg, S. 134.
35 Salomon (Shlomo) Adler-Rudel, The Evian Conference on the Refugee Question, in: Yearbook LBI 13 (1968), S. 239.
36 Adler, Der verwaltete Mensch, S. 9.
37 Sauer, Schicksale in Baden-Württemberg, S. 134.
38 Grossmann, Emigration, S. 66.
39 Morse, Die Wasser teilten sich nicht, S. 227.
40 Wyman, Das unerwünschte Volk, S. 18.
41 Morse, Die Wasser teilten sich nicht, S. 238.
42 Hannah Arendt, Elemente und Ursprünge totaler Herrschaft, Frankfurt a. M. 1955, S. 434.
43 Prinz, Gestapo, WL P II f, Nr. 792.
44 Paul Sauer (Hrsg.), Dokumente über die Verfolgung der jüdischen Bürger in Baden-Württemberg durch das nationalsozialistische Regime, I. Teil, Stuttgart 1966, S. 278.
45 Prinz, Gestapo, WL P II f, Nr. 792.
46 Robert A. Kann (Hrsg.), Erinnerungen von Valerie Wolffenstein aus den Jahren 1891–1945, Wien 1981, S. 29.
47 Emigrationsschikanen, WL P II f, Nr. 683.
48 Prinz, Gestapo, WL P II f, Nr. 792.
49 Eichmannprozeß, Dok. 1368, IfZ.
50 Vogel, Ein Stempel hat gefehlt, S. 290 f.
51 Sauer, Schicksale in Baden-Württemberg, S. 138 f.
52 Adler, Der verwaltete Mensch, S. 15 und S. 29.
53 Eichmannprozeß, Dok. 464 und Dok. 1209, IfZ.
54 Adler, Der verwaltete Mensch, S. 30.
55 Herbert S. Levine, Die wissenschaftliche Untersuchung des Verhaltens der Juden zur Zeit der nationalsozialistischen Verfolgungen und die Hemmungen einer unbewältigten Vergangenheit, in: Tradition und Neubeginn, S. 415 f.
56 Jüdische Rundschau, 14. 1. 1936.
57 Zit. nach Lamm, Entwicklung des deutschen Judentums, S. 166.
58 Was ist der Hechaluz? Einige Worte an jeden jungen Juden, hrsg. v. Hechaluz Deutscher Landesverband, Berlin 1933, S. 3 f.

59 Brief von Erich Valfer an die Autorin, 30.3. 1987.
60 Richarz, Jüdisches Leben, S. 107f.
61 Klaus Herrmann, Das Dritte Reich und die deutsch-jüdischen Organisationen 1933–1934, Köln 1969, S. 17.
62 Jüdische Rundschau, 14.1. 1936.
63 C.V.-Zeitung, 23.1. 1936.
64 Brief von Dr. Otto Hirsch mit Aufruf an die deutschen Juden seitens der Reichsvereinigung vom 1.9. 1933, LBI.
65 Jüdische Rundschau, 21.1. 1936.
66 C.V.-Zeitung, 29.12. 1933.
67 Lamm, Entwicklung des deutschen Judentums, S. 167.
68 Herrmann, Die deutsch-jüdischen Organisationen, S. 20.
69 Laqueur, Heimkehr, S. 59.
70 Charlotte Zernik, Im Sturm der Zeit, Düsseldorf 1977, S. 51.
71 Sauer, Dokumente I, S. 276f.
72 Davidowicz, Krieg gegen die Juden, S. 182.
73 C.V.-Zeitung, 26.9. 1935.
74 Davidowicz, Krieg gegen die Juden, S. 183.
75 Salomon (Shlomo) Adler-Rudel, Jüdische Selbsthilfe unter dem Naziregime 1933–1939. Im Spiegel der Berichte der Reichsvertretung der Juden in Deutschland, Tübingen 1974, S. 13.
76 Ebenda, S. 15.
77 C.V.-Zeitung, 26.9. 1935.
78 Sauer, Schicksale in Baden-Württemberg, S. 122.
79 Adler-Rudel, Jüdische Selbsthilfe, S. 79.
80 Kurt Jakob Ball-Kaduri, Von der «Reichsvertretung» zur «Reichsvereinigung», in: Zeitschrift für die Geschichte der Juden 1 (1964), S. 194 und S. 199.
81 Ausst. Frankfurt, S. 85 und S. 302f.
82 Die Tätigkeit der HICEM für die jüdischen Auswanderer aus Deutschland, zur Verfügung gestellt vom Zentralausschuß, in: JWSP 1933/1934, S. 236.
83 Mark Wischnitzer, Die jüdische Wanderung unter der Nazi-Herrschaft 1933–1939, in: Heinz Ganther, Die Juden in Deutschland. Ein Almanach, Hamburg 1959, S. 105 und S. 135.
84 Die Bedingungen der ICA-Kolonisation in Argentinien, in: JWSP, April 1936, S. 138f.
85 Herbert A. Strauss, Jewish Emigration from Germany. Nazi Policies und Jewish Responses (II), in: Year Book LBI 26 (1981), S. 371.
86 Sauer, Schicksale in Baden-Württemberg, S. 96f., S. 142f., S. 74 und S. 136.
87 C.V.-Zeitung, 26.9. 1935.
88 Heinz Cohn, Auswanderungsvorschriften für Juden in Deutschland, Berlin 1938, S. 44.
89 Grossmann, Emigration, S. 152.
90 Georg Landauer, Die Bedeutung Palästinas für die jüdische Gegenwart, in: JWSP, September/Oktober 1933, S. 106f.
91 Ausst. Frankfurt, S. 139f.
92 Gerda Luft, Heimkehr ins Unbekannte, Wuppertal 1977, S. 17f. und S. 32f.
93 C.V.-Zeitung, 6.6. 1935.
94 Luft, Heimkehr ins Unbekannte, S. 76.
95 Cohn, Auswanderungsvorschriften, S. 11f.
96 Runderlaß vom 25. Februar 1936.
97 Adler, Der verwaltete Mensch, S. 4.
98 Sauer, Dokumente I, S. 110.
99 Cohn, Auswanderungsvorschriften, S. 13f.

100 Perez Leshem, Straße zur Rettung. Der Weg deutscher Juden nach Palästina, in: Aus Politik und Zeitgeschichte, B 16–17, 21. April 1973, S. 5.
101 Ausst. Frankfurt, S. 143.
102 Vogel, Ein Stempel hat gefehlt, S. 109.
103 Jüdische Rundschau, 27.8. 1935.
104 Richarz, Jüdisches Leben, S. 251.
105 Arbeitsbericht 1936, S. 28.
106 Adler-Rudel, Jüdische Selbsthilfe, S. 82.
107 Arbeitsbericht 1936, S. 29.
108 Was ist der Hechaluz, S. 6.
109 Senta Josephthal, Hechaluz 1918 und 1938. Seine soziale und erzieherische Idee, in: JWSP, August 1938, S. 112f.
110 C.V.-Zeitung, 24.10. 1935.
111 IfZ ZS 2215.
112 Brief vom 17.1. 1935, IfZ Fa 282.
113 Lösener Handakten Fasz. 3, IfZ F 71/2.
114 Arbeitsbericht 1934 I, S. 79.
115 Yad Vashem Archives File 01/174, IfZ ZS/A – 43/2.
116 König, Den Netzen entronnen, S. 157.
117 IfZ ZS/A – 43/2.
118 Adler-Rudel, Jüdische Selbsthilfe, S. 206.
119 Leshem, Straße zur Rettung, S. 8.
120 Adler-Rudel, Jüdische Selbsthilfe, S. 204, S. 211 und S. 56f.
121 Arbeitsbericht 1935, S. 125.
122 Ebenda 1936, S. 138.
123 Ebenda 1933, S. 48.
124 Leon Shapiro, The History of ORT. A jewish movement for social change, New York 1980, S. 174f.
125 Arbeitsbericht 1935, S. 142f.
126 Leshem, Straße zur Rettung, S. 11.
127 König, Den Netzen entronnen, S. 158f.
128 Jakob Renka, Erinnerungen an die Kindheit in München und die Emigrationsjahre, unveröffentlichtes Manuskript, IfZ Ms 326.
129 Luft, Heimkehr ins Unbekannte, S. 60f.
130 Jüdische Rundschau, 23.5. 1933.
131 Werner Feilchenfeld und Dolf Michaelis, Haavara-Transfer nach Palästina und Einwanderung deutscher Juden 1933–1939, Tübingen 1972, S. 24f. und S. 10f.
132 Vogel, Ein Stempel hat gefehlt, S. 46f.
133 Deutschkron, Ich trug den gelben Stern, S. 49.
134 Vogel, Ein Stempel hat gefehlt, S. 110 und S. 132.
135 Feilchenfeld, Haavara-Transfer, S. 32f.
136 Bruno Stern, So war es. Leben und Schicksal eines jüdischen Emigranten, Sigmaringen 1985, S. 78.
137 Adler-Rudel, Jüdische Selbsthilfe, S. 98.
138 Bayerische Israelitische Gemeindezeitung, 1.10. 1935.
139 Naomi Shepherd, Wilfried Israel, London 1984, S. 177.
140 Adler-Rudel, Jüdische Selbsthilfe, S. 98.
141 Grete Kitzinger, Jugendalijah, in: JWSP, September 1935, S. 165f.
142 Brief und Fragebogen von Frau Ucko vom 15.2. 1987.
143 Adler-Rudel, Jüdische Selbsthilfe, S. 98.
144 Richarz, Jüdisches Leben, S. 240.
145 Kann, Erinnerungen von Wolffenstein, S. 13.
146 Grossmann, Emigration, S. 171f.

147 Jon und David Kimche, Des Zornes und des Herzens wegen. Die illegale Wanderung eines Volkes, Berlin 1956, S. 33.
148 Kurt Jakob Ball-Kaduri, Die illegale Einwanderung der deutschen Juden, in: Jahrbuch des Instituts für Deutsche Geschichte (1975), Bd. IV, S. 397 f. und S. 410.
149 Meyer, Wanderung nach Eres Israel, WL P II f, Nr. 214.
150 Adler-Rudel, Jüdische Selbsthilfe, S. 24.
151 Ausst. Frankfurt, S. 173 f.
152 Arbeitsbericht 1933, S. 12 f.
153 Cohn, Auswanderungsvorschriften, S. 38.
154 Adler-Rudel, Jüdische Selbsthilfe, S. 103.
155 Vogel, Ein Stempel hat gefehlt, S. 51 und S. 55.
156 Prinz, Der Stand der Auswanderungsfrage, in: JWSP, Mai/Juni 1935, S. 79.
157 Sauer, Schicksale in Baden-Württemberg, S. 152.
158 Prinz, Der Stand der Auswanderungsfrage, in: JWSP, Mai/Juni 1935, S. 80.
159 Sauer, Schicksale in Baden-Württemberg, S. 193 f.
160 Vogel, Ein Stempel hat gefehlt, S. 56.
161 Sauer, Schicksale in Baden-Württemberg, S. 195.
162 Prinz, Der Stand der Auswanderungsfrage, in: JWSP, Mai/Juni 1935, S. 80 f.
163 Behrend-Rosenfeld, Ich stand nicht allein, S. 5.
164 Wyman, Das unerwünschte Volk, S. 14.
165 Ausst. Frankfurt, S. 189.
166 Wyman, Das unerwünschte Volk, S. 180 f.
167 Ausst. Frankfurt, S. 188.
168 Julius Nissmann, Zur Geschichte der Juden in Württemberg 1924–1939, in: Paul Sauer, Die jüdischen Gemeinden in Württemberg und Hohenzollern, Stuttgart 1966, S. 204 f.
169 Sauer, Schicksale in Baden-Württemberg, S. 212.
170 LBI Reichsvereinigung AR 221/57.
171 Philipp Flesch, Mein Leben in Deutschland vor und nach dem 30. 1. 1933, LBI Memoirs, S. 35 f.
172 Ausst. Frankfurt, S. 191.
173 Hermann Pineas, Unser Schicksal seit dem 30. 1. 1933, LBI M. E. 407.
174 Wolfgang Benz (Hrsg.), Das Tagebuch der Hertha Nathorff. Berlin – New York. Aufzeichnungen 1933 bis 1945, München 1987, S. 197.
175 Lamm, Entwicklung des deutschen Judentums, S. 229; Sauer, Schicksale in Baden-Württemberg, S. 218.
176 Bernt Engelmann, Die unfreiwilligen Reisen des Putti Eichelbaum, München 1986, S. 124.
177 Oskar Schwartz, Frustrated Emigration to Cuba, WL P II f, Nr. 200.
178 Arbeitsbericht 1933, S. 13.
179 Ebenda 1934 I, S. 15 und 1934 II, S. 10; ebenda 1935, S. 33.
180 Ebenda 1937, S. 29.
181 Ebenda 1938, S. 53.
182 Adler-Rudel, Jüdische Selbsthilfe, S. 93.
183 Prinz, Der Stand der Auswanderungsfrage, in: JWSP, Mai/Juni 1935, S. 82.
184 Sauer, Schicksale in Baden-Württemberg, S. 237.
185 Arbeitsbericht 1936, S. 51.
186 Ebenda 1937, S. 33; ebenda 1938, S. 53.
187 Prinz, Der Stand der Auswanderungsfrage, in: JWSP, Mai/Juni 1935, S. 81 f.
188 Arbeitsbericht 1935, S. 33; ebenda 1936, S. 15.
189 Ebenda 1936, S. 44.
190 Ebenda 1937, S. 29 und S. 34.
191 Fritz Kauffmann, Juden in Shanghai, in: Bulletin LBI (1986), H. 73, S. 14.

192 Joseph Friedenson und David Kranzler, Heroine of Rescue. The incredible story of Recha Sternbuch who saved thousands from the Holocaust, Brooklyn 1984, S. 78 f.
193 Kauffmann, Juden in Shanghai, S. 21 f.
194 Sauer, Schicksale in Baden-Württemberg, S. 247.
195 Deutschkron, Ich trug den gelben Stern, S. 49.
196 Prinz, Der Stand der Auswanderungsfrage, in: JWSP, Mai/Juni 1935, S. 79.
197 IfZ Fa 119 (1).

VI. Der Novemberpogrom 1938

1 Julius Rosenzweig an seine Schwester Celia, 19. 8. 1939, C. Rosenzweig Collection AR 7128/1, LBI; Sybil Milton, The Expulsion of Polish Jews from Germany October 1938 to July 1939. A Documentation, in: Year Book LBI 29 (1984), S. 169–199.
2 Helmut Heiber, Der Fall Grünspan, in: VfZ 5 (1957), S. 134–172.
3 Bericht Fanny Spitzer, WL P II d, Nr. 729; vgl. Ilse Stanley, Die Unvergessenen, München 1964, S. 160 f.
4 Völkischer Beobachter, 8. 11. 1938.
5 Mitschriften in der Pressekonferenz des Reichsministeriums für Volksaufklärung und Propaganda durch Fritz Sänger, 7. 11. 1938, BA ZSg. 102/13.
6 Ebenda, 8. 11. 1938.
7 Ruth Andreas-Friedrich, Der Schattenmann. Tagebuchaufzeichnungen 1938–1945, Berlin 1947, S. 28.
8 Pressekonferenz Reichspropagandaministerium, a. a. O.
9 Kurhessische Landeszeitung, 8. 11. 1938.
10 Landgericht Hanau, Urteil vom 17. 3. 1947, IfZ Gh 04.06.
11 Bericht des Obersten Parteigerichts an Göring, 13. Februar 1939, Nbg. Dok. PS 3063.
12 Urteil Landgericht Wiesbaden 18./19. 7. 1949, IfZ Gw 05.03–12.
13 Max Eschelbacher, Der Pogrom vom 10. November 1938 in Düsseldorf, Juli 1939, WL P II d, Nr. 151, auszugsweise auch in: Hugo Weidenhaupt und Falk Wiesemann (Hrsg.), Juden in Düsseldorf, Münster 1982.
14 10. 11. 1938, BA ZSg. 102/13.
15 Nationalblatt Trier, zit. nach: Jacques Jacobs, Existenz und Untergang der alten Judengemeinde der Stadt Trier, Trier 1984, S. 85 f.
16 Zit. nach: Schicksal jüdischer Bürger in Nürnberg 1850–1945, Ausstellungskatalog mit Dokumentation, Nürnberg 1965, S. 60 f.
17 Göttinger Tageblatt, 11. 11. 1938, zit. nach: Peter Wilhelm, Die Synagogengemeinde Göttingen, Rosdorf und Geismar 1850–1942, Göttingen 1978, S. 55.
18 Hohenzollerische Blätter, 12. 11. 1938, zit. nach: Paul Sauer, Dokumente über die Verfolgung der jüdischen Bürger in Baden-Württemberg durch das nationalsozialistische Regime 1933–1945, II. Teil, Stuttgart 1966, S. 21 f.
19 Völkischer Beobachter (Münchner Ausgabe), 11. 11. 1938.
20 Ebenda (Norddeutsche Ausgabe), 11. 11. 1938.
21 Stenographische Niederschrift der Besprechung über die Judenfrage bei Göring am 12. November 1938, Nbg. Dok. PS 1816.
22 Erna Philipp, Ereignisse in der Pogrom-Nacht 9.–10. November 1938, WL P II d, Nr. 98.
23 Völkischer Beobachter, 10. 11. 1938.
24 Ebenda, 12. 11. 1938.
25 Bericht des Obersten Parteigerichts an Göring, 13. Februar 1939, Nbg. Dok. PS 3063.

26 Zit. nach: Horst Matzerath (Hrsg.), «... vergessen kann man die Zeit nicht, das ist nicht möglich ...». Kölner erinnern sich an die Jahre 1929–1945, Köln 1985, S. 173.
27 Paul Sauer, Die Schicksale der jüdischen Bürger Baden-Württembergs während der nationalsozialistischen Verfolgungszeit 1933–1945, Stuttgart 1969, S. 420.
28 Aussage Paul O. Schlick, 14. 1. 1954, zit. nach: Schicksal jüdischer Bürger in Nürnberg.
29 Urteil des Landgerichts Gießen vom 17. 9. 1945, in: Klaus Moritz und Ernst Noam, NS-Verbrechen vor Gericht 1945–1955. Dokumente aus hessischen Justizakten, Wiesbaden 1978, S. 132 f.
30 Urteil LG Gießen, 6. 1. 1949, IfZ Gg 01.08.
31 Ebenda.
32 Urteil LG Mannheim, 24. 6. 1948, IfZ Gm 02.05.
33 Theo Burauen, in: Matzerath, Vergessen kann man die Zeit nicht, S. 171 f.
34 Ebenda, S. 172.
35 Interview mit Dr. Harry Stern, 31. 10. 1954, WL P II d, Nr. 2.
36 Eric Goodman (Erich Guttmann), Die Tage nach dem 9. November. Ein Bericht, London 1941, WL P II d, Nr. 528.
37 Anonymer Bericht, 26. November 1938, WL P II d, Nr. 658.
38 Ruth Abraham, Meine Erlebnisse während der nationalsozialistischen Zeit, LBI.
39 Polit. Monatsbericht des NS Lehrerbundes Kreis Traunstein, 19. 11. 1938, abgedruckt in: Martin Broszat, Elke Fröhlich, Falk Wiesemann (Hrsg.), Bayern in der NS-Zeit. Soziale Lage und politisches Verhalten der Bevölkerung im Spiegel vertraulicher Berichte, München 1977, S. 470 f.
40 Monatsbericht Gendarmerie-Station Waischenfeld, 25. 11. 1938, ebenda, S. 123.
41 Monatsbericht Gendarmerie-Station Muggendorf, 26. 11. 1938, ebenda, S. 123.
42 Monatsbericht Bezirksamt Ebermannstadt, 2. 12. 1938, ebenda, S. 124.
43 Monatsbericht, 8. 12. 1938, ebenda, S. 473.
44 Monatsbericht Regierungspräsident Schwaben, 7. 12. 1938, ebenda, S. 472.
45 Monatsbericht des Regierungspräsidenten von Niederbayern und der Oberpfalz, 8. 12. 1938, ebenda, S. 473.
46 Monatsbericht des Regierungspräsidenten von Unterfranken, 9. 12. 1938, ebenda.
47 Monatsbericht des Oberbürgermeisters von Ingolstadt (Oberbayern), 1. 12. 1938, ebenda, S. 471.
48 Monatsbericht der Gendarmerie-Station Reichenhall, Bezirk Berchtesgaden (Oberbayern), 29. 12. 1938, ebenda, S. 476.
49 Berichte des Stadtarchivdirektors vom 12. 11. und 21. 12. 1938, in: Dokumente zur Geschichte der Frankfurter Juden 1933–1945, hrsg. v. der Kommission zur Erforschung der Geschichte der Frankfurter Juden, Frankfurt a. Main 1963, S. 47 f.
50 Peter Loewenberg, The Kristallnacht as a Public Degradation Ritual, in: Year Book LBI 32 (1987), S. 309–323.
51 William S. Allen, Die deutsche Öffentlichkeit und die «Reichskristallnacht». Konflikte zwischen Werthierarchie und Propaganda im Dritten Reich, in: Detlev Peukert und Jürgen Reulecke (Hrsg.), Die Reihen fast geschlossen, Wuppertal 1981, S. 397–412.
52 Deutschland-Berichte der Sozialdemokratischen Partei Deutschlands (Sopade) 1934–1940, Bd. 5 (1938), Reprint Salzhausen und Frankfurt 1980, S. 1204 f.
53 Besprechung bei Generalfeldmarschall Göring am 14. Oktober 1938 im Reichsluftfahrtministerium, Nbg. Dok. PS 1449.
54 Aussage Hermann Görings in Nürnberg am 14. März 1946, in: Der Prozeß gegen die Hauptkriegsverbrecher vor dem Internationalen Militärgerichtshof, Nürnberg 1947, Bd. IX, S. 312 f.

VII. Nach dem Pogrom: Stufen der Ausgrenzung

1 Konrad Kwiet und Helmut Eschwege, Selbstbehauptung und Widerstand. Deutsche Juden im Kampf um Existenz und Menschenwürde 1933–1945, Hamburg 1984, S.223.
2 Avraham Barkai, Der wirtschaftliche Existenzkampf der Juden im Dritten Reich (1933–1938), in: Aus Politik und Zeitgeschichte, B 31, 2. August 1986, S.46.
3 Reichsgesetzblatt 1938 I, 2. Halbjahr, S.1580.
4 Christian Pross und Rolf Winau (Hrsg.), Nicht mißhandeln. Das Krankenhaus Moabit, Berlin 1984, S.41.
5 Salomon (Shlomo) Adler-Rudel, Jüdische Selbsthilfe unter dem Naziregime 1933–1939. Im Spiegel der Berichte der Reichsvertretung der Juden in Deutschland, Tübingen 1974, S.171.
6 Avraham Barkai, Vom Boykott zur «Entjudung». Der wirtschaftliche Existenzkampf der Juden im Dritten Reich 1933–1943, Frankfurt a.M. 1988, S.172f.
7 Der Reichswirtschaftsminister, Berlin 24. August 1939. Betrifft: Verordnung zur Ausschaltung der Juden aus dem deutschen Wirtschaftsleben vom 12. November 1938, IfZ MA 172.
8 Barkai, Vom Boykott zur «Entjudung», S.170.
9 Der Reichswirtschaftsminister, Berlin 24. August 1939, IfZ MA 172.
10 Heinz Keil, Dokumentation über die Verfolgungen der jüdischen Bürger von Ulm/Donau, Ulm 1961, S.185.
11 Hans-Joachim Fliedner, Die Judenverfolgung in Mannheim 1933–1945. Dokumente, Bd. II, Stuttgart 1971, S.207f.
12 StA München, LRA 128067, Photokopie im Archiv der KZ-Gedenkstätte Dachau.
13 Liste des Nürnberger Finanzamtes «Verkäufe von Juden festgestellt beim Finanzamt Augustinerstraße», IfZ MA 612 Bl. 60240–41.
14 Dietrich Eichholtz und Wolfgang Schumann (Hrsg.), Anatomie des Krieges. Neue Dokumente über die Rolle des deutschen Monopolkapitals bei der Vorbereitung und Durchführung des zweiten Weltkrieges, Berlin (Ost) 1969, S.188 und 197f.
15 Erklärung von Direktor Fritz Andre, Dresdner Bank, Ngb. Dok. NI 12094.
16 Erklärung von Harald Kühnen, Nbg. Dok. NI 14778.
17 Betr. Entjudung Simons & Frowein A.G., Leichlingen, Ngb. Dok. NI 14336.
18 Wolfram Selig, Richard Seligmann. Ein jüdisches Schicksal. Zur Geschichte der Judenverfolgung in München während des Dritten Reiches, München 1983, S.83.
19 Eichmannprozeß, Dok. 1, S.12f., IfZ.
20 Angelika Ebbinghaus, Heidrun Kaupen-Haas, Karl Heinz Roth (Hrsg.), Heilen und Vernichten im Mustergau Hamburg. Bevölkerungs- und Gesundheitspolitik im Dritten Reich, Hamburg 1984, S.68.
21 Peter Wilhelm, Die Synagogengemeinde Göttingen, Rosdorf und Geismar 1850–1942, Göttingen 1978, S.60.
22 Reichsgesetzblatt 1938 I, S.1579.
23 Paul Sauer, Dokumente über die Verfolgung der jüdischen Bürger in Baden-Württemberg durch das nationalsozialistische Regime 1933–1945, II. Teil, Stuttgart 1966, S.64f.
24 StA München, LRA 130088, Photokopie im Archiv der KZ-Gedenkstätte Dachau.
25 Ulrich Knipping, Die Geschichte der Juden in Dortmund während der Zeit des Dritten Reiches, Dortmund 1977, S.182f.
26 Augenzeugenbericht von Dr. Otto Stargardt über den Freitod des Schriftstellers Dr. Ludwig Fulda, IfZ MZS 1/1 291–3.
27 Maria Zelzer, Weg und Schicksal der Stuttgarter Juden. Ein Gedenkbuch, hrsg. v. der Stadt Stuttgart, Stuttgart 1964, S.213.

28 Eichmannprozeß, Dok. 1, S. 2, IfZ.
29 Leonard Baker, Hirt der Verfolgten. Leo Baeck im Dritten Reich, Stuttgart 1982, S. 337.
30 Lawrence D. Stokes, Kleinstadt und Nationalsozialismus. Ausgewählte Dokumente zur Geschichte von Eutin 1918–1945, Neumünster 1984, S. 751.
31 Joel König, Den Netzen entronnen, Göttingen 1967, S. 205.
32 Stapoakte M. Frank, BA ZSg. 138/85.
33 Oswald Burger u. a., Nationalsozialismus in Überlingen und Umgebung, Friedrichshafen 1984, S. 146.
34 Jacques Jacobs, Existenz und Untergang der alten Judengemeinde der Stadt Trier, Trier 1984, S. 87f.
35 Dieter Rebentisch und Angelika Raab, Neu-Isenburg zwischen Anpassung und Widerstand. Dokumente über Lebensbedingungen und politisches Verhalten 1933–1945, Neu-Isenburg 1978, S. 272f.
36 Hans-Günter Thien, Hanns Wienold, Sabine Preuß (Hrsg.), Überwältigte Vergangenheit – Erinnerungsscherben. Faschismus und Nachkriegszeit in Münster i. W., Münster 1985, S. 76.
37 Barkai, Vom Boykott zur «Entjudung», S. 151f.
38 Sauer, Dokumente II, S. 69.
39 Peter Hanke, Zur Geschichte der Juden in München zwischen 1933 und 1945, München 1967, S. 154f.
40 Inge Deutschkron, Ich trug den gelben Stern, Köln 1978, S. 60.
41 Jizchak Schwersenz und Edith Wolff, Jüdische Jugend im Untergrund. Eine zionistische Gruppe in Berlin während des Zweiten Weltkrieges, in: Bulletin LBI 12 (1969), S. 58.
42 Arbeitseinsatz der Juden, 20. Dezember 1938, Nbg. Dok. PS 1720.
43 Sauer, Dokumente II, S. 75f.
44 BA/MA RW 20-3/10, Geschichte der RüIn III, Heft 2, 1. 10. 1940 bis 31. 12. 1941, S. 15.
45 H. G. Adler, Der verwaltete Mensch. Studien zur Deportation der Juden aus Deutschland, Tübingen 1974, S. 210f.
46 BA/MA RW 20-3/15, Lageberichte der RüIn III, Heft 4, 15. 7. 1940 bis 15. 8. 1941, S. 6.
47 Reichsgesetzblatt 1941 I, S. 675.
48 Raul Hilberg, Die Vernichtung der europäischen Juden. Die Gesamtgeschichte des Holocaust, Berlin 1982, S. 110.
49 Schwersenz, Jüdische Jugend im Untergrund, in: Bulletin LBI 12 (1969), S. 48f.
50 Hanke, Juden in München, S. 339.
51 Hans Rosenthal, Zwei Leben in Deutschland, Bergisch Gladbach 1980, S. 45.
52 Hannelore M., 12. März 1960, WL P III e, Nr. 1185.
53 Jochen Klepper, Unter dem Schatten deiner Flügel. Aus den Tagebüchern der Jahre 1932–1942, Stuttgart 1956, S. 922 und 1136.
54 Ludwig Ehrlich, Einer der drei überlebenden Absolventen des letzten Lehrganges der Berliner «Lehranstalt für die Wissenschaft des Judentums» berichtet über sein «illegales Leben», WL P III d, Nr. 1141.
55 Hannelore M., 12. März 1960, WL P III e, Nr. 1185.
56 BA/MA RW 20-3/15, Lageberichte der RüIn III, Heft 4, 15. 7. 1940 bis 15. 8. 1941, S. 8.
57 König, Den Netzen entronnen, S. 184f.
58 Kwiet, Selbstbehauptung und Widerstand, S. 255.
59 Siegfried Schäfer, Zwangsarbeit. Erlebnisbericht 1933–1945, WL P III b, Nr. 616.
60 Erich Schlesinger, Geschichte der jüdischen Gemeinde Gleiwitz, 31. Januar 1933–24. Januar 1945, WL P II a, Nr. 90.

61 Erich Friedländer, Meine Erlebnisse in der Hitlerzeit, WL P III d, Nr. 1097.
62 Ehrlich, Bericht über sein «illegales Leben», WL P III d, Nr. 1141.
63 Robert A. Kann, Erinnerungen von Valerie Wolffenstein aus den Jahren 1891–1945 unter Berücksichtigung der Aufzeichnungen von Andrea Wolffenstein, Wien 1981, S. 37.
64 Michael Brenner, Am Beispiel Weiden. Jüdischer Alltag im Nationalsozialismus, Würzburg 1983, S. 99 und S. 109.
65 Deutschkron, Ich trug den gelben Stern, S. 75.
66 Kwiet, Selbstbehauptung und Widerstand, S. 253 f.
67 Kann, Erinnerungen von Wolffenstein, S. 45.
68 Monika Richarz (Hrsg.), Jüdisches Leben in Deutschland. Selbstzeugnisse zur Sozialgeschichte 1918–1945, Bd. 3, Stuttgart 1982, S. 377.
69 Anneliese-Ora Borinski, Erinnerungen 1940–1943, IfZ ZS 43/2.
70 Deutschkron, Ich trug den gelben Stern, S. 76.
71 Kwiet, Selbstbehauptung und Widerstand, S. 114–139.
72 Kann, Erinnerungen von Wolffenstein, S. 43 f.
73 Schäfer, Zwangsarbeit, WL P III b, Nr. 616.
74 Brenner, Beispiel Weiden, S. 108 f.
75 Ehrlich, Bericht über sein «illegales Leben», WL P III d, Nr. 1141.
76 Hannelore M., WL P III e, Nr. 1185.
77 Kann, Erinnerungen von Wolffenstein, S. 44.
78 Jizchak Schwersenz und Edith Wolff, Jüdische Jugend im Untergrund. Eine zionistische Gruppe in Berlin während des Zweiten Weltkrieges, in: Aus Politik und Zeitgeschichte, B 15–16, 11. April 1981, S. 22 f.
79 Charlotte Josephy, Erlebnisse in Deutschland unter der nationalsozialistischen Herrschaft 1936–1945, WL P III d, Nr. 26.
80 Ehrlich, Bericht über sein «illegales Leben», WL P III d, Nr. 1141.
81 BA/MA RW 20-3/16, Lageberichte der RüIn III, Heft 5, 15.9. 1941 bis 15.2. 1942, S. 9.
82 BA/MA RW 20-3/10, RüIn III, Heft 2, Bericht vom 1.10. 1940 bis 31.12. 1941, S. 15 f.
83 BA/MA RW 21-3/2 KTB Rükdo Berlin II, 1.10. 1942 bis 31.10. 1942, S. 19.
84 Albert Speer, Der Sklavenstaat. Meine Auseinandersetzungen mit der SS, Stuttgart 1981, S. 349 f.
85 Joseph Goebbels, Tagebuch 30. September 1942, IfZ ED 83/2.
86 Speer, Sklavenstaat, S. 353.
87 Siegfried Cohn, Demonstration «Arischer» Ehefrauen in Berlin, WL P III b, Nr. 860.
87a Helmut Krausnick, Judenverfolgung, in: Anatomie des SS-Staates, Bd. 2, Olten u. Freiburg 1965, S. 439 f.
88 Joseph Goebbels, Tagebuch 2. März 1943 und 11. März 1942, IfZ Fa 246/2.
89 Herbert, Von Auschwitz nach Essen, Dachauer Hefte 2 (1986), S. 18.
90 Ladislaus Ervin-Deutsch, Nachtschicht im Arbeitslager III in Kaufering, in: Dachauer Hefte 2 (1986), S. 111.
91 Sauer, Dokumente II, S. 67 f.
92 Sauer, Dokumente I, S. 259 f. und S. 346.
93 Knipping, Juden in Dortmund, S. 176 f.
94 Eichmannprozeß, Dok. 1, S. 14 f., IfZ. – Was Max Plaut nicht wissen konnte, war die Tatsache, daß die jüdischen Patienten nicht nach Cholm abtransportiert, sondern in deutschen Anstalten ermordet wurden. Bereits im Januar 1940 waren die polnischen Insassen der psychiatrischen Anstalt in Cholm getötet worden; fortan diente dieser Ort den Nationalsozialisten als Tarnname, um die deutschen Todesorte der «Euthanasie» zu verschleiern. Diesen Hinweis verdanke ich Henry Friedlander.

95 Dokumente zur Geschichte der Frankfurter Juden, hrsg. v. der Kommission zur Erforschung der Geschichte der Frankfurter Juden, Frankfurt a. M. 1963, S. 237 f.
96 Stargardt, Augenzeugenbericht, IfZ MZS 1/1 291-3.
97 Richarz, Jüdisches Leben, S. 383 und S. 354.
98 Marcelle Herrmann, Aus «Berliner Erinnerungen» 1940/1944, WL P III a, Nr. 54.
99 Richarz, Jüdisches Leben, S. 352 f.
100 Berlin Mitte 1942, WL P III a, Nr. 1095.
101 Gertrud Hammerstein, Letzte Briefe einer Mutter vor der Deportation aus Berlin geschrieben, WL P III c, Nr. 1062.
102 Eichmannprozeß, Dok. 1, S. 13, IfZ.
103 Richarz, Jüdisches Leben, S. 378.
104 Dokumente zur Geschichte der Frankfurter Juden, S. 236.
105 Wilhelm, Göttingen, S. 61.
106 Eichmannprozeß, Dok. 1, S. 7 f., IfZ.
107 Hermann Samter, Briefe, WL P III a, Nr. 53.
108 Selig, Jüdisches Schicksal, S. 131 und S. 137.
109 Joseph Walk (Hrsg.), Das Sonderrecht für die Juden im NS-Staat. Eine Sammlung der gesetzlichen Maßnahmen und Richtlinien – Inhalt und Bedeutung, Heidelberg 1981, S. 352 und S. 343.
110 Die politische Situation in Deutschland und in den Nachbarstaaten unter besonderer Berücksichtigung der Judenfrage, WL P II a, Nr. 625.
111 Richarz, Jüdisches Leben, S. 354.
112 Walter Strauss (Hrsg.), Lebenszeichen. Juden aus Württemberg nach 1933, Gerlingen 1982, S. 186.
113 Walk, Sonderrecht, S. 387.
114 Gestapoakte Siegfried Krämer, StA Würzburg.
115 Gestapoakte Leo Löwenthal, StA Würzburg.
116 Richarz, Jüdisches Leben, S. 352.
117 König, Den Netzen entronnen, S. 214 f.
118 Samter, WL P III a, Nr. 53.
119 Schwersenz, Jüdische Jugend im Untergrund, in: Bulletin LBI 12 (1969), S. 53.
120 Susanne Veit, «Untergetaucht», WL P III d, Nr. 536.
121 Baker, Hirt der Verfolgten, S. 365.
122 Kwiet, Selbstbehauptung und Widerstand, S. 153.
123 Baker, Hirt der Verfolgten, S. 360 und S. 415 f.
124 Hildegard v. Kotze und Helmut Krausnick, «Es spricht der Führer». 7 exemplarische Hitler-Reden, Gütersloh 1966, S. 147 f.
125 Reichsgesetzblatt 1941 I, S. 547.
126 Eichmannprozeß, Dok. 1150, IfZ.
127 Paul Eppstein, Aktennotiz vom 16. September 1941 und vom 21. Oktober 1941 über Rücksprache im RSHA, Photokopie im Besitz des Verfassers, erhalten von G. Morsch, Berlin.
128 Sauer, Dokumente II, S. 207 f. und S. 221 f.
129 Joseph Goebbels, Das Eherne Herz. Reden und Aufsätze aus den Jahren 1941/42, S. 85 f.
130 Dieter W. Rockenmaier, Das Dritte Reich und Würzburg. Versuch einer Bestandsaufnahme, Würzburg 1983, S. 125.
131 Sauer, Dokumente II, S. 215 f.
132 Baker, Hirt der Verfolgten, S. 346.
133 Kann, Erinnerungen von Wolffenstein, S. 41.
134 Richarz, Jüdisches Leben, S. 381.
135 Ursula v. Kardorff, Berliner Aufzeichnungen. Aus den Jahren 1942 bis 1945, München 1962, S. 37.

136 Baker, Hirt der Verfolgten, S. 345.
137 Heinz David Leuner, Als Mitleid ein Verbrechen war. Deutschlands stille Helden 1939–1945, Wiesbaden 1967, S. 88.
138 Deutschkron, Ich trug den gelben Stern, S. 87.
139 Baker, Hirt der Verfolgten, S. 346.
140 Leuner, Als Mitleid ein Verbrechen war, S. 88.
141 König, Den Netzen entronnen, S. 191.
142 Leuner, Als Mitleid ein Verbrechen war, S. 89.
143 Heinz Boberach (Hrsg.), Meldungen aus dem Reich. Auswahl aus den geheimen Lageberichten des Sicherheitsdienstes der SS 1939–1944, Neuwied 1965, S. 195 f.
144 Brief Heydrichs vom 12. Oktober 1941, BA R 58.
145 Boberach, Meldungen aus dem Reich, S. 197.
146 Brief vom 17. November 1941 «Reichsbund ehemaliger Frontsoldaten e.V.» an «Reichsring für nat. soz. Volksaufklärung und Propaganda», IfZ MA 136/1.
147 Boberach, Meldungen aus dem Reich, S. 221.
148 Deutschkron, Ich trug den gelben Stern, S. 88.
149 Ruth Andreas-Friedrich, Der Schattenmann. Tagebuchaufzeichnungen 1938–1945, Berlin 1947, S. 87.
150 Martin Broszat, Elke Fröhlich, Falk Wiesemann (Hrsg.), Bayern in der NS-Zeit. Soziale Lage und politisches Verhalten der Bevölkerung im Spiegel vertraulicher Berichte, München 1977, S. 483.
151 SD-Meldung aus dem Reich vom 9. Oktober 1941, IfZ MA 441/4.
152 König, Den Netzen entronnen, S. 190.
153 Ursula Randt, Theodor Tuch: An meine Tochter. Aufzeichnungen eines Hamburger Juden 1941/42, in: Bulletin LBI (1985), H. 70, S. 23 f. und S. 14.
154 Samter, WL P III a, Nr. 53.
155 Joseph Walk (Hrsg.), Als Jude in Breslau – 1941 (Aus den Tagebüchern von Studienrat a. D. Dr. Willy Israel Cohen), Jerusalem 1975, S. 59.
156 Richarz, Jüdisches Leben, S. 402.
157 Hildegard Henschel, Gemeindearbeit und Evakuierung von Berlin 16. Oktober 1941–16. Juni 1943, in: Zeitschrift für die Geschichte der Juden 9 (1972), Nr. 1/2, S. 34.
158 Kurt Jakob Ball-Kaduri, Berlin wird judenfrei. Die Juden in Berlin in den Jahren 1942/43, in: Jahrbuch für die Geschichte Mittel- und Ostdeutschlands (1973), Bd. 22, S. 201.
159 Zelzer, Schicksal der Stuttgarter Juden, S. 231.
160 Brenner, Beispiel Weiden, S. 101.
161 Richarz, Jüdisches Leben, S. 465.
162 Deutschkron, Ich trug den gelben Stern, S. 86 f.
163 Ingeborg Hecht, Als unsichtbare Mauern wuchsen. Eine deutsche Familie unter den Nürnberger Rassengesetzen, Hamburg 1984, S. 105.
164 Selig, Jüdisches Schicksal, S. 60.
165 Vertraulicher Bericht v. 30. 11. 1938, Sammlung Irving.
166 Anordnung Nr. 1/39 g vom 28. Dezember 1938, Nbg. Dok. PS 069.
167 Reichsgesetzblatt 1939 I, S. 864 f.
168 Rebentisch, Neu-Isenburg zwischen Anpassung und Widerstand, S. 279.
169 Adler, Der verwaltete Mensch, S. 47.
170 Eichmannprozeß, Dok. 1, S. 6, IfZ.
171 Adler, Der verwaltete Mensch, S. 47.
172 Sauer, Dokumente II, S. 195.
173 Keil, Verfolgung in Ulm, S. 237.
174 Heinz Mayer, Brief an Rudolf Apt, London, vom 9. September 1945, Juden aus Dresden, WL P II a, Nr. 543.

175 Hans Lamm, Von Juden in München, München 1959, S. 358.
176 Adler, Der verwaltete Mensch, S. 56.
177 «Stimmungsbericht» der NSDAP Kreisleitung Lübeck vom Oktober 1941, 10. November 1941, IfZ MA 138.
178 Otto Dov Kulka, «Public Opinion» in National Socialist Germany And The «Jewish Question», in: Zion (1975), 40, S. 287.
179 Baruch Ophir und Falk Wiesemann, Die jüdischen Gemeinden in Bayern 1918–1945, München 1979, S. 54.
180 Rundschreiben vom 9. November 1940, IfZ MA 445.
181 Speer, Brief an Rosenberg vom 26. Januar 1942 und vom 12. November 1942, Nbg. Dok. PS 1738.
182 WL ohne Signatur, Photokopie i. Besitz d. Verf.
183 Notiz vom 21. März 1941, IfZ MA 423.
184 Henschel, Gemeindearbeit und Evakuierung von Berlin, S. 34 f.
185 Ebbinghaus, Heilen und Vernichten, S. 68 f.
186 Adler, Der verwaltete Mensch, S. 46 f.
187 Selig, Jüdisches Schicksal, S. 117 und S. 130.
188 Sauer, Dokumente II, S. 198 f.
189 Selig, Jüdisches Schicksal, S. 191.
190 Rundschreiben von Karl Israel Stahl, Best. Walther Weiss II. B, LBI.
191 Lamm, Juden in München, S. 357 f.
192 Karl Wieninger, In München erlebte Geschichte, München 1985, S. 64 f.
193 König, Den Netzen entronnen, S. 164.
194 Inge Deutschkron, Bericht einer jungen jüdischen Sozialistin über ihr illegales Leben in Berlin während des Krieges, WL P III d, Nr. 192.
195 Schlesinger, Gleiwitz, WL P II a, Nr. 90.
196 Randt, Aufzeichnungen, S. 20 f.
197 Marlis Buchholz, Die hannoverschen Judenhäuser. Zur Situation der Juden in der Zeit der Ghettoisierung und Verfolgung 1941 bis 1945, Hildesheim 1987, S. 101 und S. 138.
198 Mayer, Juden aus Dresden, WL P II a, Nr. 543.
199 Buchholz, Die hannoverschen Judenhäuser, S. 170.
200 Lamm, Juden in München, S. 385 f.
201 Richarz, Jüdisches Leben, S. 418.
202 Klaus Goebel (Hrsg.), Wuppertal in der Zeit des Nationalsozialismus, Wuppertal 1984, S. 16.
203 Kwiet, Selbstbehauptung und Widerstand, S. 214 f.
204 Hirsch Benjamin Auerbach, Die Halberstädter Gemeinde 1844 bis zu ihrem Ende, in: Bulletin LBI 10 (1967), S. 333 f.
205 Rabbiner Samuel, Brief vom 19. November 1941 an Herrn Prediger Katzenstein, WL P III a, Nr. 645.
206 Stokes, Kleinstadt, S. 753.
207 Hammerstein, Letzte Briefe einer Mutter, WL P III, Nr. 1062.
208 Randt, Aufzeichnungen, S. 29 f.

VIII. Überleben im Untergrund 1943–1945

1 Maren Krüger u. a., Alltag im Berliner Untergrund, in: Rainer Erb und Michael Schmidt (Hrsg.), Antisemitismus und jüdische Geschichte, Berlin 1987, S. 295 f.; Schicksale untergetauchter Juden sind (außer in dem kolportagehaften Buch: Leonard Gross, Versteckt. Wie Juden in Berlin die Nazizeit überlebten, Reinbek 1983) Gegenstand folgender Darstellungen: Michael Horbach, Wenige. Zeugnisse der

Menschlichkeit 1933–1945, München 1964; Heinz David Leuner, Als Mitleid ein Verbrechen war. Deutschlands stille Helden 1939–1945, Wiesbaden 1966; Kurt R. Grossmann, Die unbesungenen Helden, Berlin 1961².

2 Jizchak Schwersenz und Edith Wolff, Jüdische Jugend im Untergrund. Eine zionistische Gruppe in Deutschland während des Zweiten Weltkrieges, in: Bulletin LBI 12 (1969), S. 58 f.

3 Charlotte Josephy, Erlebnisse in Deutschland unter nationalsozialistischer Herrschaft, WL P III d, Nr. 26.

4 Ilse Rewald, Berliner, die uns halfen, die Hitlerdiktatur zu überleben, Berlin 1975, S. 8 f.

5 Inge Deutschkron, Berliner Juden im Untergrund, Berlin 1980, S. 8 f.

6 Bericht Ludwig Collm, 22. 3. 1959, WL P III d, Nr. 1081; vgl. Horbach, Wenige, S. 131–150.

7 Hans Rosenthal, Zwei Leben in Deutschland, Bergisch Gladbach 1980, S. 79 f.

8 Bericht Margaret Chown, Dezember 1957, WL P III d, Nr. 759.

9 Lilly Neumark, Illegal überlebt mit Hilfe der Bekenntnis-Kirche, aufgezeichnet 1947/48, WL P III d, Nr. 726.

10 Paul Sauer, Die Schicksale der jüdischen Bürger Baden-Württembergs während der nationalsozialistischen Verfolgungszeit 1933–1945, Stuttgart 1969, S. 440 f.

11 Bericht «Untergetaucht – an der Oberfläche 1941–1945», WL P III d, Nr. 119.

12 Hans Hirschel, Erlebnisbericht, WL P III d, Nr. 385.

13 Ruth Andreas-Friedrich, Der Schattenmann, Berlin 1947, S. 214 f.

14 Ebenda, S. 136 f.

15 Inge Deutschkron, Bericht einer jungen jüdischen Sozialistin über ihr illegales Leben in Berlin während des Krieges, WL P III d, Nr. 192; s. a. Inge Deutschkron, Ich trug den gelben Stern, S. 73 f.

16 Hermann O. Pineas, Unsere Schicksale seit dem 30. 1. 1933 (Einschub, S. 11–13, von Herta Pineas), LBI, S. 11 f.

17 Herta Pineas, Meine illegale Zeit vom 6. März 1943, Datum des Untertauchens, bis Herbst 1944, der gemeinsamen Illegalität mit meinem Mann und Einmündung in seine Memoiren, LBI.

18 Sauer, Schicksale, S. 440.

19 Kurt Jakob Ball-Kaduri, Berlin wird judenfrei. Die Juden in Berlin in den Jahren 1942/1943, in: Jahrbuch für die Geschichte Mittel- und Ostdeutschlands 22 (1973), S. 196–241.

20 Uwe Dietrich Adam, Judenpolitik im Dritten Reich, Düsseldorf 1972, S. 316 f.; Raul Hilberg, Die Vernichtung der europäischen Juden. Die Gesamtgeschichte des Holocaust, Berlin 1982, S. 294 f.

21 Ludwig Brunner, Meine Illegalität, Bericht September 1957, WL P III d, Nr. 668.

22 Rudolf Lennert, Zugehörigkeit, Selbstbewußtsein, Fremdheit. Erinnerungen an eine dunkle Zeit, in: Neue Sammlung 26 (1986), S. 381–395.

23 Ebenda, S. 393.

24 Hermann Graml, Mischlinge und Mischehen, in: Gutachten des Instituts für Zeitgeschichte, München 1958, S. 66–72.

25 Lennert, Zugehörigkeit, S. 388 f.

26 Andreas-Friedrich, Der Schattenmann, S. 109.

27 Lotte Paepcke, Ich wurde vergessen. Bericht einer Jüdin, die das Dritte Reich überlebte, Freiburg 1979, S. 22 f.

28 Ebenda, S. 38.

29 Ebenda, S. 60 f.

30 Michael Brenner, Am Beispiel Weiden. Jüdischer Alltag im Nationalsozialismus, Würzburg 1983, S. 81 f.

31 Ball-Kaduri, Berlin wird judenfrei, S. 226 f.

32 Hans Lamm, Die Jahre des Nieder- und Untergangs – 1933 bis 1945, in: Oskar Wolfsberg-Ariad u.a., Die Drei-Gemeinde. Aus der Geschichte der Jüdischen Gemeinden Altona-Hamburg-Wandsbek, München 1960, S. 125 f.
33 Hans Erich Fabian, Die letzte Etappe, in: Festschrift zum 80. Geburtstag von Leo Baeck am 23. Mai 1953, London 1953, S. 93 f.
34 Ursula Finke, Bericht über meine Illegalität während der Nazizeit in Deutschland, WL P III d, Nr. 458.
35 Monika Richarz (Hrsg.), Jüdisches Leben in Deutschland. Selbstzeugnisse zur Sozialgeschichte 1918–1945, Bd. 3, Stuttgart 1982, S. 469 f.
36 Ebenda, S. 470.
37 Hans Erich Fabian, Die letzte Etappe, in: Festschrift Leo Baeck, S. 92.
38 Richarz, Jüdisches Leben, S. 471 f.
39 Mitteilung von Landgerichtsdirektor a. D. Arthur Brass, Berlin.
40 Wegweiser durch das jüdische Berlin. Geschichte und Gegenwart, Berlin 1987, S. 343.
41 Martin Riesenburger, Das Licht verlöschte nicht. Ein Zeugnis aus der Nacht des Faschismus, Berlin (Ost) 1984, S. 35.
42 Arthur Brass, Der Jüdische Friedhof in Berlin-Weißensee in den Jahren 1938–1945, der im September 1980 100 Jahre besteht, in: Nachrichtenblatt der jüdischen Gemeinde von Berlin und des Verbandes der Jüdischen Gemeinden in der Deutschen Demokratischen Republik, Dresden-Berlin, September 1980.
43 Zit. nach Peter Melcher, Weißensee. Ein Friedhof als Spiegelbild jüdischer Geschichte in Berlin, Berlin 1986, S. 86.
44 Arthur Brass, 500 Thorarollen werden gerettet, in: Aufbau, New York, 3. 12. 1971.
45 Arthur Brass, Die Rückkehr der Thorarollen, in: Allgemeine Jüdische Wochenzeitung, 9. 3. 1984.
46 Riesenburger, Das Licht verlöschte nicht, S. 22 f.
47 Ebenda, S. 43 f.

Jüdische Bevölkerungsstatistik

Die Glaubensjuden (Mitglieder einer jüdischen Gemeinde) im Deutschen Reich in den Grenzen von 1937. Zahl, Altersaufbau, Erwerbstätigkeit, Auswanderung

*Die Zahl der Glaubensjuden 1925–1944**

1925
564379[1]
davon:
mit ausländ. Staatsangehörigkeit 107747[2]
in Preußen 403969[3]
=71,6%

Anfang 1933
rund 537000[4]

16.6. 1933
499682[5]
davon:
mit ausländ. Staatsangehörigkeit 98747[6]
in Preußen 361826[7]
=72,4%

September 1935
rund 420000[8]

1. April 1936
rund 409000[9]

Ende 1937
rund 350000[10]

Ende 1938
rund 295000[11]

17. Mai 1939
213457[12]
davon:
mit ausländ. Staatsangehörigkeit 25783[13]
in Preußen 159878[14]
=74,8%

1. Mai 1941
168972[15]

1. Oktober 1941
163696

1. Januar 1942
131823

1. Januar 1943
51257

1. April 1943
31807

1. September 1944
14574

1 Statistik des Deutschen Reiches Bd. 451.5, S. 7
2 Statistik 451.5, S. 13
3 Heinrich Silbergleit, Die Bevölkerungs- und Berufsverhältnisse der Juden im Deutschen Reich Bd. 1, Berlin 1930, S. 19*
4 Schätzung
5 Statistik 451.5, S. 7
6 Statistik 451.5, S. 13
7 Statistik 451.5, S. 16
8 Arbeitsbericht des Zentralausschusses für 1935, S. 9
9 Arbeitsbericht für 1936, S. 15
10 Arbeitsbericht der Reichsvertretung für 1937, S. 4
11 Arbeitsbericht der Reichsvertretung für 1938, S. 48
12 Statistik des Deutschen Reiches Bd. 552.4, S. 6f.
13 Wirtschaft und Statistik 1940, S. 87
14 Statistik 552.4, S. 6
15 Diese und die folgenden Ziffern entstammen den Meldungen der Reichsvereinigung der Juden in Deutschland, zitiert nach: Das Ausnahmerecht für die Juden in Deutschland, bearbeitet von Bruno Blau, Düsseldorf 1954, S. 10

* Bei den Zahlen von 1941–1944 handelt es sich um Juden im Sinne der Nürnberger Gesetze

Altersaufbau der Glaubensjuden am 16. Juni 1933[1], Ende 1938[2] und am 17. Mai 1939[3] [Prozentzahlen beziehen sich jeweils auf die Glaubensjuden insgesamt]

Altersgruppen	1933					1938		1939	
	J	%	Ji %	Ja %	G %	J	%	J	%
0- unter 6	24318	4,9	4,4	6,6	9,0	6000	2,0	4777	2,2
6- unter 14	54786	11,0	10,4	13,1	14,0	19800	6,6	11468	5,3
14- unter 20	27862	5,6	5,3	6,4	7,8	22500	7,5	13009	5,98
20- unter 30	71052	14,2	13,9	15,0	18,9			11472	5,3
20- unter 35						36100	12,0	21776	10,0
30- unter 40	82978	16,6	15,3	20,9	16,1			24137	11,1
35- unter 50						70700	23,6	51521	23,7
40- unter 50	80713	16,2	16,1	16,5	12,5			37688	17,3
50- unter 60	76529	15,3	11,9	11,9	10,7	54500	18,2	45123	20,7
60 und älter	81444	16,3	18,3	9,6	11,0	90500	30,2	69814	32,1

G = Bevölkerung des Deutschen Reiches insgesamt
J = Glaubensjuden insgesamt
Ji = In Deutschland geborene Glaubensjuden deutscher Staatsangehörigkeit
Ja = Im Ausland geborene Glaubensjuden deutscher und nichtdeutscher Staatsangehörigkeit

1 Nach Statistik des Deutschen Reiches Bd. 451.5, S. 17

2 Schätzung der Statistischen Abt. der Reichsvertretung, Arbeitsbericht der Reichsvertretung für das Jahr 1938, S. 49

3 Nach Statistik des Deutschen Reiches Bd. 552.4, S. 6f., 56ff. In dieser Statistik sind auch die Juden Österreichs (ohne Wien), des Sudetenlandes und des Saarlandes enthalten; da es sich dabei aber nur um 4031 Personen handelt, ist die Vergleichbarkeit nur geringfügig beeinträchtigt.

Die Juden in Beruf und Wirtschaft[1]

1. Soziale und berufliche Stellung

	Juden			Bevölkerung des Deutschen Reiches		Juden 1939		
		% Erwerbs-tätige	% insges.	% Erwerbs-tätige	% insges.		% Erwerbs-tätige	% insges.
Erwerbstätige	240 487		48,1		49,5	34 102		15,6
darin Erwerbslose 33 661								
Beruflich Selbständige	110 669	46		16,4		5 367	15,7	
darin leitende Angestellte 2338								
leitende Beamte 199								
mithelfende Familienangehörige	23 160							
berufslose Angehörige	127 301							
Selbständige und Abhängige	263 320		53		26			
Beruflich Unselbständige	129 818	54		83,6				
mithelfende Familienangehörige	23 160	9,6		16,4		1 137		3,3
nicht leitende Angestellte	80 559	33,5		12,5		8 152		23,8
davon 28,4% erwerbslos					21,5%			
nicht leitende Beamte	2 275	1,0		4,6				
Arbeiter	20 921	8,7		46,3		19 446		57,0
davon 45,5% erwerbslos					32,2%			
Hausangestellte	2 903	0,24		3,8				
davon 21,6% erwerbslos					13,9%			
Berufslose Selbständige	60 941		12,2		8,9	107 855		49,6
darunter								
vom eigenen Vermögen lebende Rentner	19 963		3,9		0,5	44 226		20,3
Beamte im Ruhestand	1194		0,2		0,7			
Rentner, Invaliden- und Unfallrentner, Witwengeldempfänger	21 629		4,3		6,0	49 450		22,7
Unterstützungsempfänger und dgl.	11 833		2,4		1,5			

2. Wirtschafts- und Berufsbereiche

		Juden		Bevölkerung des Deutschen Reiches	Juden 1939	
			% der Erwerbs-tätigen	% der Erwerbs-tätigen		% der Erwerbs-tätigen
A. Handel und Verkehr		147314	61,3	18,4	6473	18,9
Selbständige	51%					
Angestellte	34%					
darunter						
Waren- und Produktenhandel		114659	48,0	8,5		
Selbständige	47%					
Angestellte	36%					
Hausierer- und Straßenhandel		2196	1,0	0,2		
Immobilienhandel, Vermittlung		17100	7,1	0,6		
Selbständige	86%					
Bank- und Börsenwesen		4085	1,7	0,6		
Selbständige	34%					
Private Versicherungen		1908	0,8	0,3		
Selbständige	35%					
Gast- und Schankwirtschaft		3006	1,3	2,4		
Selbständige	35%					
Verkehrswesen		988	0,4	2,4		
B. Industrie und Handwerk		55655	23,1	40,4	11493	33,8
Selbständige	35%					
Angestellte	32%					
Arbeiter	26%					
darunter						
Bekleidungsgewerbe		22024	9,2	4,6		
Schneiderei		14823	6,2	2,7		
Nahrungs- und Genußmittel		10568	4,4	5,0		
Metallindustrie						
Selbständige	25%	7220	3,0	9,5		

C. Öffentlicher Dienst und					8654	25,3
private Dienstleistungen		29974	12,5	8,4		
Selbständige	48%					
Beamte	7%					
Angestellte	38%					
darunter						
Richter und Staatsanwälte		286	0,12	0,03		
Hochschullehrer		192	0,08	0,02		
Studienräte u. -direktoren		317	0,13	0,12		
sonstige Lehrer		1784	0,74			
Rabbiner		434	0,2			
Redakteure, Schriftsteller		872	0,4	0,05		
Bildende Künstler		360	0,15	0,05		
Rechtsanwälte, Notare		3030	1,3	0,06		
Patentanwälte		79	0,03	0,003		
Musiker, Sänger usw.		1915	0,8	0,3		
Schauspieler, Tänzer usw.		703	0,3	0,07		
Regisseure, Spielleiter		60	0,02	0,003		
Ärzte		5557	2,3	0,2		
Zahnärzte, Dentisten		1694	0,7	0,1		
Apotheker		657	0,3	0,1		
Krankenschwestern, -pfleger		849	0,35			
Wohlfahrtspfleger						
Kindergärtnerinnen		944	0,44			
[Zum Zeitpunkt der Volkszählung war der Ausschluß von Juden aus Berufen wie Ärzte, Rechtsanwälte, Beamte im Gange oder bereits vollzogen]						
D. Land- und Forstwirtschaft		4167	1,7	28,9	3029	8,9
Selbständige	22%					
mithelfende Familienangehörige	56%					
Gärtner		395				
Selbständige	12%					
E. Häusliche Dienste		3377	1,4	3,9	4462	13,1

1 Die hier vorgelegten Daten sind Ergebnisse der Volkszählung vom 16. Juni 1933, nach Statistik des Deutschen Reiches Bd. 451.1, S. 27 ff., 56 ff. Die zum Vergleich beigefügten Daten von 1939 beruhen auf der Volkszählung vom 17. Mai 1939, Statistik des Deutschen Reiches Bd. 552.4, S. 74 f., 78 f. Siehe auch Anm. 3 der Tabelle Altersaufbau.

Jüdische Auswanderer 1933–1941[1]

1933	37–38 000
1934	22–23 000
1935	20–21 000
1936	24–25 000
1937	23 000
1938	33–40 000
1939	75–80 000
1940	15 000
1941	8 000

1 Quelle: Arbeitsberichte des Zentralausschusses bzw. der Reichsvertretung 1933–1938, Jewish Immigrants of the Nazi Period in the USA, Ed. H. A. Strauss, Vol. 6, München 1987, S. 151.

Zeittafel zur Judenpolitik des NS-Regimes: Diskriminierung, Entrechtung, Verfolgung, Vernichtung

1933

30. Januar
Ernennung Adolf Hitlers zum Reichskanzler.

28. Februar
Verordnung des Reichspräsidenten zum Schutze von Volk und Staat («Reichstagsbrandverordnung») setzt Grundrechte außer Kraft.

23. März
Gesetz zur Behebung der Not von Volk und Reich (Ermächtigungsgesetz).

1. April
Boykott aller jüdischen Geschäfte durch die SA
Aktionen gegen jüdische Ärzte, Juristen und Studenten.

7. April
Gesetz «zur Wiederherstellung des Berufsbeamtentums»
Ausschaltung u.a. aller «nichtarischen» Beamten (Sonderregelungen für jüdische Frontkämpfer).

13. April
Zusammenschluß der jüdischen Organisationen zum «Zentralausschuß für Hilfe und Aufbau». Vorläufer der «Reichsvertretung der Juden».

21. April
Gesetz über das Schlachten von Tieren: Das Schlachten nach jüdischem Ritus wird verboten.

22. April
Ausschluß der «nichtarischen» Lehrer aus den Lehrervereinen.

22. April
Die Zulassung von Kassenärzten «nichtarischer» Abstammung erlischt (Ausnahme: Frontkämpfer).

22. April
Einführung des «Arierparagraphen» im Deutschen Apothekerverein.

25. April
Numerus clausus für jüdische Studenten und Schüler.

25. April
Die deutschen Sport- und Turnvereine übernehmen den «Arierparagraphen».

6. Mai
«Nichtarische» Steuerberater werden nicht mehr zugelassen.

7. Mai
Kündigung aller jüdischen Arbeiter und Angestellten der Wehrmacht.

10. Mai
Bücherverbrennungen.

2. Juni
Verordnung über die Tätigkeit von Zahnärzten und Zahntechnikern bei den Krankenkassen: Eine Inanspruchnahme der Krankenkassen für die Tätigkeit «nichtarischer» Zahnärzte und Zahntechniker ist nicht mehr möglich.

14. Juli
Gesetz über Widerruf von Einbürgerungen und die Aberkennung der deutschen Staatsangehörigkeit (insbesondere auf Juden aus Osteuropa angewendet).

20. Juli
Gesetz zur Ergänzung des Gesetzes zur Wiederherstellung des Berufsbeamtentums ermöglicht Entlassung auch «nichtarischer» Frontkämpfer.

23. Juli
Einführung des «Arierparagraphen» im Reichsverband Deutscher Schriftsteller.

26. Juli
Runderlaß des Reichsfinanzministers: Die Auswanderung von Juden ist erwünscht und darf nicht unterbunden werden, aber die Reichsfluchtsteuer wird erhoben.

10. August
Vertretungsverbot «arischer» und «nichtarischer» Ärzte bei Kassenbehandlung.

17. August
Runderlaß des Reichsarbeitsministers: «Arische» Abstammung des Ehegatten der Beamten erforderlich.

22. August
In zahlreichen Orten Badeverbote (an Badestränden, in öffentlichen Bädern usw.) für Juden.

13. September
Vererbungslehre und Rassenkunde wird pflichtmäßiges Prüfungsgebiet für alle Schüler.

29. September
Reichserbhofgesetz. Bauer kann nur sein, wer deutscher Staatsbürger, deutschen oder stammesgleichen Blutes und ehrbar ist.

30. September
Der Kyffhäuser-Bund (Reichskriegerbund) schließt «Nichtarier» aus.

20. Oktober
Der Nationalsozialistische Deutsche Studentenbund verbietet mit sofortiger Wirkung allen seinen Mitgliedern, jüdische Repetitoren zu besuchen.

31. Oktober
Sämtliche Rechtsanwälte und Juristen müssen dem Bund Nationalsozialistischer Deutscher Juristen angehören, der nur «arische» Mitglieder aufnimmt. Die zugelassenen «nichtarischen» Rechtsanwälte bleiben in der Ausübung ihres Berufes unbehindert.

7. November
Änderung der Personalordnung der Deutschen Reichsbahn-Gesellschaft
Wer «nichtarischer» Abstammung oder mit einer Frau »nichtarischer» Abstammung verheiratet ist, darf als Beamter bei der Reichsbahn nicht berufen werden. Beamte «arischer» Abstammung, die mit einer Frau «nichtarischer» Abstammung die Ehe eingehen, sind zu entlassen.

13. November
«Nichtarier» können weder als Schöffen noch als Geschworene berufen werden.

27. November
Die Aufführung von jüdischen Fest- und Feiertagen in Behördenkalendern wird verboten.

16. Dezember
Rundschreiben des Reichswirtschaftsministeriums zur ungestörten Abwicklung des Weihnachtsgeschäfts (Schutz jüdischer Firmen).

1934

28. Februar
Einführung des «Arierparagraphen» in der Wehrmacht (Ausnahmen für «Nichtarier» erlöschen mit dem Ausscheiden aus dem Dienst.)

5. März
Die Reichsschrifttumskammer verbietet den Vertrieb nationalsozialistischer Literatur durch Juden und Auslieferung an jüdische Firmen und Warenhäuser.

5. März
Das Auftreten von «Nichtariern» als Schauspieler ist auf deutschen Bühnen nicht mehr gestattet.

17. Mai
«Nichtarische» Ärzte oder Ärzte mit «nichtarischen» Ehepartnern verlieren die Zulassung zu den Krankenkassen, auch wenn sie Frontkämpfer sind.

18. Mai
Gesetz über die Reichsfluchtsteuer. Die Freigrenze wird von 200000 RM auf 50000 RM herabgesetzt.

23. Juni
Runderlaß der Reichsstelle für Devisenbewirtschaftung
Die Zuteilung von ausländischer Währung an Auswanderer wird von 10000 RM auf 2000 RM herabgesetzt. Nur eine mittelbare Transferierung ist zulässig.

26. Juni
Beamte, die «nichtarischer» Abstammung oder deren Ehepartner «nichtarisch» sind, sind nicht zu befördern.

28. Juli
Im Rahmen des «Haavara»-Abkommens ist es Juden erlaubt, durch Ankauf deutscher Waren Vermögen nach Palästina zu übertragen.

31. August
Prüfungsordnung für Tierärzte: Die Bewerber haben nachzuweisen, daß sie Arbeitsdienst geleistet haben (zu dem Juden nicht zugelassen wurden).

8. Dezember
Prüfungsordnung für Apotheker: «Nichtarier» werden zu der Prüfung nicht zugelassen.

13. Dezember
Reichshabilitationsordnung: Die Habilitation ist von der «arischen» Abstammung abhängig.

1935

16. Januar
Allgemeine Verfügung für die Zulassung zur Rechtsanwaltschaft und sonstige Angelegenheiten der Rechtsanwälte: Anträge auf Zulassung haben Angaben über die «arische» Abstammung des Antragstellers zu enthalten.

5. Februar
Änderung der Prüfungsordnung für Ärzte und Zahnärzte: Nachweis der «arischen» Abstammung erforderlich.

10. Februar
Jüdische Versammlungen, in denen für das Verbleiben in Deutschland Propaganda gemacht wird, sind verboten.

März
Allen jüdischen Schriftstellern wird vom Präsidenten der Reichsschrifttumskammer mitgeteilt, daß ihnen jede schriftstellerische und literarische Tätigkeit in Deutschland untersagt ist.

12. März
Das Handwerkszeichen wird an «nichtarische» Handwerker nicht mehr abgegeben.

11. April
Parteimitgliedern wird der persönliche Verkehr mit Juden verboten.

24. April
Anordnung der Reichspressekammer zur Wahrung der Unabhängigkeit des Zeitungsverlagswesens: Zeitungsverleger werden aufgefordert, ihre «arische» Abstammung bis zum Jahr 1800 zu beweisen.

21. Mai
Wehrgesetz. Voraussetzung für den aktiven Wehrdienst bildet die «arische» Abstammung.

11. Juni
Verfügung des preußischen Innenministers: Im Hinblick auf die Olympiade 1936 sind Tafeln «Juden unerwünscht» und dgl. von Hauptverkehrsstraßen unauffällig zu entfernen.

18. Juni
Voraussetzung für die Diplomprüfung für Landwirte ist der Nachweis «arischer» Abstammung.

6. September
Der Verkauf von jüdischen Zeitungen auf den Straßen ist verboten.

10. September
Ankündigung der Rassentrennung in den Volksschulen ab 1936.

11. September
In Zukunft sind für Juden nur Pässe mit Geltung für das Inland auszustellen.

15. September
«Nürnberger Gesetze»
Reichsbürgergesetz: Reichsbürger sind nur Staatsangehörige deutschen oder artverwandten Blutes
Gesetz zum Schutze des deutschen Blutes und der deutschen Ehre:
§ 1: Eheschließungen zwischen Juden und Staatsangehörigen deutschen oder artverwandten Blutes sind verboten. Trotzdem geschlossene Ehen sind nichtig.

§ 2: Außerehelicher Verkehr zwischen Juden und Staatsangehörigen deutschen oder artverwandten Blutes ist verboten. («Rassenschande»)
§ 3: Juden dürfen weibliche Staatsangehörige deutschen oder artverwandten Blutes unter 45 Jahren in ihrem Haushalt nicht beschäftigen.
§ 4: Juden ist das Hissen der Reichs- und Nationalflagge und das Zeigen der Reichsfarben verboten.

18. September
Gestapo verfügt Inschutzhaftnahme wegen «Rassenschande».

30. September
Beurlaubung sämtlicher jüdischer Richter, Staatsanwälte und Beamten.

17. Oktober
Jüdische Kinobesitzer müssen ihre Kinos bis zum 10. 12. 1935 an «Arier» verkaufen.

30. Oktober
Juden wird das Führen von Künstlernamen verboten.

14. November
1. Verordnung zum Reichsbürgergesetz: Aberkennung des Wahlrechts und der Fähigkeit zur Bekleidung öffentlicher Ämter; Entlassung aller jüdischen Beamten einschließlich der Frontkämpfer.

14. November
1. Verordnung zum Gesetz zum Schutze des deutschen Blutes und der deutschen Ehre
Verbot von Eheschließungen zwischen Juden und «Mischlingen» 2. Grades.

18. November
Auflösung des Verbandes Nationaldeutscher Juden.

Dezember
Juden werden aus dem Reichsbund der Deutschen Kapital- und Kleinrentner e. V. ausgeschlossen.

21. Dezember
2. Verordnung zum Reichsbürgergesetz: Die Verordnung bestimmt, wer als Beamter (Hochschullehrer usw.) anzusehen ist und entlassen wird.

1936

14. Februar
Entziehung der Lehrbefugnis von jüdischen Honorarprofessoren, nicht beamteten außerordentlichen Professoren und Dozenten an wissenschaftlichen Hochschulen.

31. März
Bekanntmachung des Präsidenten der Reichsschrifttumskammer
Die Mitglieder des Bundes Reichsdeutscher Buchhändler sind verpflichtet, für die Berechtigten und deren Ehegatten den Nachweis der «arischen« Abstammung bis zum Jahre 1800 zurück zu bringen.

19. Juni
Die Apothekerkonzession darf an Juden nicht mehr verliehen werden.

4. September
Die Aufhebung des jüdischen Religionsunterrichts an den höheren Schulen wird auf Mittelschulen ausgedehnt.

4. Oktober
Runderlaß des Reichsinnenministeriums zur Taufe von Juden: Der Übertritt zum Christentum verändert den Status nicht.

9. Oktober
Verbot der politischen Betätigung des Reichsbunds jüdischer Frontkämpfer (Beschränkung auf Betreuung der jüdischen Kriegsopfer).

21. Oktober
Der «Centralverein deutscher Staatsbürger jüdischen Glaubens» muß seinen Namen in «Jüdischer Centralverein» ändern.

21. Dezember
Verbot jüdischer Versammlungen und Veranstaltungen.

1937

26. Januar
Deutsches Beamtengesetz: Beamter kann nur werden, wer deutschen oder artverwandten Blutes ist und mit einer Person gleicher Abstammung (außer Mischling zweiten Grades) verheiratet ist. Beamte, die diese Bedingung nicht erfüllen, sind zu entlassen.

13. Februar
Reichsnotarverordnung
Juden dürfen nicht zum Notar bestellt werden.

13. März
Einrichtung jüdischer Sonderklassen in Berufsschulen.

18. März
Erneute Gestapo-Anweisung zur strengen Überwachung assimilatorisch eingestellter Juden.

10. April
Die Loge «B'nai B'rith» und andere jüdische Organisationen werden aufgelöst und ihr Vermögen beschlagnahmt.

15. April
Juden werden zur Doktorprüfung nicht mehr zugelassen.

8. September
3. Verordnung über die Zulassung von Ärzten zur Tätigkeit bei den Krankenkassen: Nicht zuzulassen sind Ärzte, die selbst oder deren Ehegatten nicht deutschen oder artverwandten Blutes sind.

13. September
Juden können aus der Schutzhaft entlassen werden, wenn eine Auswanderung nach Palästina oder nach Übersee gewährleistet ist.

4. Oktober
Jüdisch «versippte» Richter sind in Zukunft nur in Grundbuch-, Verwaltungssachen und ähnlichen Bereichen zu beschäftigen.

8. Oktober
Bestallungsordnung für Apotheker: Die Bestallung ist zu versagen, wenn der Bewerber Jude ist.

21. Oktober
Erlaß des Reichsführers SS und Chef der Deutschen Polizei zur Rückkehr von Emigranten in das Reichsgebiet: Emigranten werden bei ihrer Rückkehr verhaftet und in «Schu-

lungslager» eingewiesen. Als Emigrant gilt, wer das Reich nach dem 30. 1. 1933 aus politischen Gründen verlassen hat.

4. November
Im Verkehr mit den Justizbehörden wird Juden der «Deutsche Gruß» nicht mehr gestattet.

16. November
Erlaß des Reichsinnenministeriums: Auslandspässe dürfen Juden nur in Ausnahmefällen ausgestellt werden, nämlich
1. für die Auswanderung
2. für Reisen im volkswirtschaftlichen Interesse Deutschlands
3. bei schwerer Erkrankung oder bei Todesfällen von Angehörigen
4. bei eigener Erkrankung
5. zum Besuch von Kindern in ausländischen Erziehungsanstalten.

17. Dezember
Der Unterricht der hebräischen Sprache an höheren Schulen wird verboten, Prüfungen in diesem Fach finden nicht mehr statt.

1938

1. Januar
Juden können nicht Mitglieder des Deutschen Roten Kreuzes sein.

1. Januar
Ausschluß der jüdischen Ärzte aus den Ersatzkassen.

5. Januar
Gesetz über die Änderung von Familien- und Vornamen
Grundsätzlich ist die Änderung jüdischer Familiennamen von Nichtjuden oder von Deutschen, in deren Familien der Anteil jüdischen Blutes gering ist, zu bestätigen. Änderungen jüdischer Familiennamen von Juden oder jüdischen «Mischlingen» sind nicht statthaft, da sie zur Verschleierung der Abstammung beitragen.

16. Februar
«Arierparagraph» in der Bestallungsordnung für Tierärzte.

18. März
Juden wird die gewerbsmäßige Herstellung, Bearbeitung oder Instandsetzung von Schußwaffen oder Munition, gewerbsmäßiger Erwerb, Feilhalten oder Überlassen sowie Vermittelung solcher Geschäfte verboten.

28. März
Die jüdischen Gemeinden verlieren den Status einer «Körperschaft des öffentlichen Rechts». Ab 1. 4. 1938 gelten sie als Vereine und müssen die Eintragung ins Vereinsregister beantragen.

26. April
Verordnung über die Anmeldung des Vermögens von Juden über 5000 Reichsmark. Der Beauftragte für den Vierjahresplan kann Maßnahmen treffen, um den Einsatz des anmeldepflichtigen Vermögens im Interesse der deutschen Wirtschaft sicherzustellen.

31. Mai
Juden werden von der Vergabe öffentlicher Aufträge ausgeschlossen.

9. Juni
Juden wird verboten, als Gasthörer an deutschen Universitäten Vorlesungen zu besuchen.

14. Juni
3. Verordnung zum Reichsbürgergesetz: Registrierung und Kennzeichnung jüdischer Gewerbebetriebe.

15. Juni
«Juni-Aktion». Verhaftung aller (auch wegen Bagatelldelikten) «vorbestraften» Juden und Einweisung in Konzentrationslager.

20. Juni
Ausschaltung der Juden aus dem Börsenhandel.

6. Juli
Änderung der Gewerbeordnung für das Deutsche Reich
Juden wird die Ausübung des Bewachungsgewerbes, die gewerbsmäßige Auskunftserteilung über Vermögen und persönliche Angelegenheiten, das Handeln mit Grundstücken, die Vermittlung von Immobilienverträgen und Darlehen der Hausverwaltung, die gewerbsmäßige Heiratsvermittlung, das Fremdenführergewerbe sowie der Hausierhandel und die Ausübung eines Gewerbes außerhalb des Ortes der Niederlassung verboten. (Die Verbote treten zu verschiedenen Zeitpunkten bis 31. 12. 1938 in Kraft.)

23. Juli
Einführung der Kennkarte für Juden ab 1. 1. 1939.

25. Juli
4. Verordnung zum Reichsbürgergesetz: Streichung der Approbation der jüdischen Ärzte ab 30. 9. 1938. Danach können jüdische Ärzte nur in Ausnahmefällen als «Krankenbehandler» für Juden tätig sein.

27. Juli
Runderlaß des Reichsinnenministeriums über jüdische Straßennamen: Sämtliche nach Juden und jüdischen «Mischlingen 1. Grades» benannten Straßen sind umzubenennen.

17. August
Ab 1. 1. 1939 müssen Juden ihrem Vornamen den Zwangsnamen «Sara» bzw. «Israel» hinzufügen.

27. September
5. Verordnung zum Reichsbürgergesetz: Streichung der Zulassung aller jüdischen Rechtsanwälte ab 30. 11. 1938. Weitere Tätigkeit nur in Ausnahmefällen als «jüdische Konsulenten» für Juden.

28. September
Juden dürfen Krankenpflege nur an Juden oder in jüdischen Anstalten ausüben; ihre Ausbildung erfolgt nur in jüdischen Krankenpflegeschulen.

3. Oktober
Vorträge für jüdische Veranstaltungen müssen zuvor vom Propagandaministerium genehmigt werden.

5. Oktober
Einziehung der Reisepässe von Juden und erschwerte Neuausgabe mit Kennzeichen «J».

28. Oktober
Ausweisung in Deutschland lebender Juden polnischer Nationalität.

31. Oktober
6. Verordnung zum Reichsbürgergesetz: Jüdische Patentanwälte müssen bis 30. 11. 1938 ausscheiden.

7. November
Attentat Herschel Grünspans (Grynszpan), dessen Eltern von der «Polen-Aktion» betroffen sind, in Paris auf den deutschen Gesandtschaftsrat Ernst vom Rath.

9./10. November
«Reichskristallnacht»: Von der NSDAP organisierter Pogrom.

12. November
Verordnung über eine Sühneleistung der deutschen Juden in Höhe von 1 Milliarde RM.

12. November
Verordnung zur Ausschaltung der Juden aus dem deutschen Wirtschaftsleben: Schließung aller jüdischen Geschäfte und Handwerksbetriebe.

12. November
Verordnung zur Wiederherstellung des Straßenbildes bei jüdischen Gewerbebetrieben: Juden haben alle Schäden des Pogroms selbst zu tragen.

12. November
Juden wird der Besuch von Theatern, Kinos, Konzerten, Ausstellungen usw. verboten.

15. November
Jüdischen Kindern ist der Besuch deutscher Schulen nicht mehr gestattet.

28. November
Polizeiverordnung über das Auftreten der Juden in der Öffentlichkeit: Einschränkung der Bewegungsfreiheit.

28. November
Erfassung der jüdischen Wohnungen.

29. November
Juden ist das Halten von Brieftauben verboten.

Dezember
Anordnung des Reichsministers für Volksaufklärung und Propaganda
Jüdische Verlage und Buchhandlungen sind bis zum 31. 12. 1938 aufzulösen.

3. Dezember
Entziehung der Führerscheine und Zulassungspapiere für Juden.

3. Dezember
Verordnung über den Einsatz des jüdischen Vermögens
Zwangsveräußerung jüdischer Gewerbebetriebe, von Grundeigentum, Wertpapieren, Juwelen, Schmuck und Kunstgegenständen.

5. Dezember
7. Verordnung zum Reichsbürgergesetz: Die Ruhegehälter ausgeschiedener jüdischer Beamter werden herabgesetzt.

9. Dezember
Erlaß des Reichswirtschaftsministers
Nichtzulassung von Juden zu handwerklichen, kaufmännischen usw. Prüfungen.

1939

Anfang 1939
Alle jüdischen politischen Organisationen werden aufgelöst (einschließlich der Zionistischen Vereinigung und des Centralvereins).

17. Januar
8. Verordnung zum Reichsbürgergesetz: Erlöschen der Zulassung jüdischer Zahnärzte, Tierärzte und Apotheker.

24. Januar
Errichtung der Reichszentrale für die jüdische Auswanderung.

15. März
Erlaß des Reichsführers SS und Chef der Deutschen Polizei: Verhinderung illegaler Auswanderung von Juden.

30. April
Gesetz über Mietverhältnisse mit Juden: Gesetzliche Vorbereitung zur Zusammenlegung jüdischer Familien in «Judenhäusern».

4. Juli
10. Verordnung zum Reichsbürgergesetz: Errichtung der «Reichsvereinigung der Juden in Deutschland» (anstelle der Reichsvertretung der Juden in Deutschland) als Zwangsverband aller «Nichtarier» unter Gestapo-Kontrolle.

1. September
Ausgangsbeschränkungen für Juden im Winter ab 20.00 Uhr, im Sommer ab. 21.00 Uhr.

7. September
Inschutzhaftnahme aller männlichen polnischen Juden.

12. September
Zuweisung von besonderen Lebensmittelgeschäften für Juden.

20. September
Juden wird der Besitz von Rundfunkempfängern verboten.

12. Oktober
Erste Deportationen aus Österreich und dem «Protektorat» ins «Generalgouvernement».

1940

12./13. Februar
Deportation der Stettiner Juden ins «Generalgouvernement».

10. April
Für alle in den Konzentrationslagern inhaftierten jüdischen Schutzhäftlinge wird für die Dauer des Krieges eine allgemeine Entlassungssperre angeordnet.

13. April
Juden werden aus der privaten Krankenversicherung ausgeschlossen.

30. April
Erstes bewachtes Ghetto in Lodz («Generalgouvernement») wird errichtet.

3. Juni
Erlaß zur arbeitsrechtlichen Behandlung der Juden: keinerlei Vergünstigungen wie Lohnzahlungen für Feiertage oder Weihnachtsgratifikationen.

4. Juli
Für den Einkauf von Lebensmitteln von und für Juden wird in Berlin die Stunde von 4.00 bis 5.00 nachmittags festgesetzt.

19. Juli
Ausschluß der Juden als Fernsprechteilnehmer.

7. Oktober
Bei Benutzung der Luftschutzräume durch Juden soll auf ihre Abtrennung von den übrigen Bewohnern geachtet werden.

16. Oktober
Errichtung des Warschauer Ghettos.

22. Oktober
Deportation von Juden aus Elsaß-Lothringen, dem Saarland, der Pfalz und Baden nach Südfrankreich («Bürckel-Aktion»).

15. November
Alle Angehörigen der deutschen Polizei sollen im Laufe des Winters den Film «Jud Süß» sehen.

9. Dezember
Verordnung über Kinderbeihilfen: Kinderbeihilfen werden nur für Kinder gewährt, die «deutschen» oder «artverwandten» Blutes sind.

12. Dezember
Sämtliche jüdische Geisteskranke sollen in der jüdischen Heil- und Pflegeanstalt Sayn-Bendorf konzentriert werden.

1941

26. April
Erlaß über jüdische Schulen: Die Reichsvereinigung wird angewiesen, ihre Schulen in großen Städten zu konzentrieren und die «Zwergschulen» aufzulösen.

6. Mai
Verfahrensordnung der Reichskammer der bildenden Künste als Ankaufsstelle für Kulturgut. Die Verordnung regelt das Verfahren der Reichskammer als Ankaufsstelle für jüdisches Kulturgut; u.a. kann der jüdische Eigentümer zum Verkauf gezwungen werden.

20. Mai
Die Auswanderung von Juden in das unbesetzte Frankreich ist angesichts der bevorstehenden «Endlösung» zu verhindern. Die Auswanderung wird in Zukunft nur in Sonderfällen und mit spezieller Genehmigung des Reichssicherheitshauptamtes gestattet.

Juni/August
Pogrome in den besetzten russischen Gebieten.

26. Juni
Juden erhalten keine Zusatzscheine mehr für Seife und Rasierseife.

20. Juli
Juden erhalten keine Entschädigung für Kriegsschäden.

31. Juli
Heydrich wird beauftragt, alle erforderlichen Vorbereitungen in «sachlicher und materieller Art zu treffen für eine Gesamtlösung der Judenfrage im deutschen Einflußgebiet in Europa».

August
Juden im wehrfähigen Alter (18 bis 45) wird die Auswanderung nicht mehr gestattet.

2. August
Juden dürfen die allgemeinen Leihbüchereien nicht mehr benutzen.

30. August
Sperre des Inlandsvermögens der nach den Niederlanden ausgewanderten Juden.

1. September
Polizeiverordnung über die Kennzeichnung der Juden: Einführung des Judensterns im Reich ab 15.9. 1941 für alle Juden vom 6. Lebensjahr an.

3. September
Erste «Versuchsvergasungen» in Auschwitz.

18. September
Erlaß des Reichsverkehrsministeriums über die Benutzung der Verkehrsmittel durch Juden: Verlassen des Wohnorts nur mit polizeilicher Erlaubnis, Verbot, Schlaf- und Speisewagen zu benutzen, Benutzung übriger Verkehrsmittel nur mit erheblichen Einschränkungen.

24. September
Juden wird der Gebrauch von Schecks verboten; ihre Scheckhefte werden eingezogen.

24. September
Allgemeine Verfügung über die Nichtigkeit letztwilliger Verfügungen, durch die ein «deutschblütiger» Erblasser einen Juden bedenkt.

29./30. September
Massenmorde in Kiew durch «Einsatzgruppe C»: Erschießung von 33771 Juden in der Schlucht von Babijar.

Oktober/Dezember
Judenvernichtungen durch «Einsatzgruppen» in ganz Südrußland.

14. Oktober
Beginn der systematischen Deportation von Juden aus dem «Altreich».

23. Oktober
Emigrationsverbot für die Dauer des Krieges.

24. Oktober
Runderlaß des Reichssicherheitshauptamtes: Deutschblütige Personen, die freundschaftliche Beziehungen zu Juden zeigen, sind in Schutzhaft zu nehmen, der Jude in ein Konzentrationslager einzuliefern.

24. Oktober
Befehl zur Deportation von ca. 50000 Juden aus dem «Altreich», Österreich und Böhmen-Mähren in den Osten.

31. Oktober
Arbeitsverhältnis von Juden: Der Jude ist als Artfremder nicht Mitglied einer deutschen Betriebsgemeinschaft. Eine Reihe von sozialen Gesetzen findet keine Anwendung. Juden haben die ihnen von den Arbeitsämtern zugewiesene Beschäftigung anzunehmen und werden gruppenweise, getrennt von der übrigen Gefolgschaft, eingesetzt. Jüdische Jugendliche können zu allen Tageszeiten beschäftigt werden. Auch jüdische Schwerbeschädigte müssen die ihnen zugewiesene Arbeit annehmen.

4. November
Abschiebung von Juden, die nicht in volkswirtschaftlich wichtigen Betrieben beschäftigt sind, in die besetzten Ostgebiete.

13. November
Erfassung von Schreibmaschinen, Fahrrädern, Photoapparaten und Ferngläsern bei Juden.

25. November
11. Verordnung zum Reichsbürgergesetz: Einziehung jüdischen Vermögens bei der Deportation.

12. Dezember
Verbot der Benutzung öffentlicher Fernsprechzellen durch Juden.

18. Dezember
Schwerkriegsbeschädigte Juden erhalten keinen Ausweis mehr, der sie als schwerkriegsbeschädigt kenntlich macht.

20. Dezember
Bescheid über das Ruhen von Renten der Juden gemäß der 11. Verordnung zum Reichsbürgergesetz.

Ende Dezember
Beginn der Massenvernichtung im Vernichtungslager Chelmno.

1942

5. Januar
Sammelaktion für die Ostfront: Juden haben bis zum 16. 1. 1942 ihre Pelz- und Wollsachen sowie Skier, Ski- und Bergschuhe abzugeben.

15. Januar
Beginn der «Umsiedlungsaktion» von Lodz nach Chelmno.

20. Januar
Wannsee-Konferenz über die Ausrottung des europäischen Judentums (1. Konferenz von Vertretern der Reichsbehörden zur «Endlösung der Judenfrage»).

14. Februar
Auflösung von jüdischen Auswanderer-Beratungsstellen.

15. Februar
Juden dürfen keine Haustiere mehr halten.

17. Februar
Juden werden vom Zeitungsbezug ausgeschlossen.

6. März
2. Konferenz über die «Endlösung» in Berlin: Erörterung der Möglichkeiten zur Sterilisation aller «Mischlinge».

13. März
Erlaß über die Kennzeichnung der Wohnungen von Juden.

17. März
Errichtung des Vernichtungslagers Belzec.

Mitte März
Beginn der «Aktion Reinhard» (Liquidierung der Ghettos in Polen und Deportation in die Vernichtungslager).

24. April
Verbot der Benutzung öffentlicher Verkehrsmittel durch Juden im Reich.

Anfang Mai
Errichtung des Vernichtungslagers Sobibor.

12. Mai
Juden dürfen von nichtjüdischen Friseuren nicht mehr bedient werden.

26. Mai
Verbot des Verkaufes deutscher Volkstrachten an Fremdvölkische und Juden.

Juni
Beginn der Massenvergasungen in Auschwitz.

2. Juni
Beginn der Deportation deutscher Juden in das Ghetto Theresienstadt.

9. Juni
Juden haben alle entbehrlichen Kleidungsstücke abzuliefern.

11. Juni
Juden erhalten keine Raucherkarte mehr.

20. Juni
Die Reichsvereinigung wird angewiesen, mit Wirkung vom 30. 6. 1942 sämtliche jüdische Schulen zu schließen.

Juli
Errichtung des Vernichtungslagers Treblinka.

22. Juli
Die «Umsiedlung» der Warschauer Ghetto-Bewohner in die Vernichtungslager Belzec und Treblinka beginnt.

26. August
Deutschblütige Hausangestellte dürfen nicht mehr bei Juden beschäftigt werden und wohnen.

1. September
Anordnung des Reichsministers des Innern
Der Nachlaß verstorbener KZ-Häftlinge fällt an das Reich.

18. September
Die Versorgung von Juden mit Fleisch, Fleischprodukten, Eiern, Milch und anderen zugeteilten Lebensmitteln wird eingestellt.

24. September
Soldaten ist die Heiratserlaubnis mit Frauen, die früher mit einem Juden verheiratet waren, zu verweigern.

Oktober
Im Reichsgebiet befindliche Konzentrationslager werden «judenfrei» gemacht und die jüdischen Häftlinge nach Auschwitz gebracht.

27. Oktober
3. Konferenz über die «Endlösung» in Berlin: Plan zur Zwangstrennung aller «Mischehen» und Programm zur Sterilisierung der «Mischlinge».

1943

27. Februar
«Fabrik-Aktion» in Berlin: Deportation der jüdischen Zwangsarbeiter nach Auschwitz.

11. März
Juden sind nach Verbüßung einer Strafe – gleich welcher Höhe – auf Lebenszeit den Konzentrationslagern Auschwitz oder Lublin zuzuführen.

19. April–16. Mai
Aufstand im Warschauer Ghetto.

29. April
Die Presse wird angewiesen, die Judenfrage fortlaufend und ohne Pause zu behandeln.

Anfang Juni
Mit Wirkung vom 10. 6. 1943 wird die Reichsvereinigung der Juden in Deutschland aufgelöst.

11. Juni
Himmler befiehlt die Liquidierung aller polnischen Ghettos. Am 21. Juni wird der Befehl auf die Sowjetunion ausgedehnt.

19. Juni
Goebbels erklärt Berlin für «judenfrei».

1. Juli
13. Verordnung zum Reichsbürgergesetz: Die Juden werden unter Polizeirecht gestellt. Nach dem Tode eines Juden fällt sein Vermögen an das Reich.

August/Dezember
Liquidierung der polnischen und russischen Ghettos.

1944

12. Januar
Juden erhalten keine Kontrollkarten für den Briefverkehr mit dem Ausland mehr.

8. Februar
Jüdische «Mischlinge» ersten Grades und mit Juden oder jüdischen «Mischlingen» ersten Grades Verheiratete werden von der Mitgliedschaft in der Deutschen Arbeitsfront ausgeschlossen.

April/Juni
Massendeportationen aus Südeuropa nach Auschwitz.

20. Juli
Sowjetische Truppen befreien das KZ Majdanek.

Herbst
Beginn der Rückführung von Häftlingen vor den heranrückenden alliierten Armeen in das Reich.

2. November
Vergasungen in Auschwitz werden eingestellt.

26. November
Zerstörung der Gaskammern und Krematorien in Auschwitz-Birkenau.

1945

27. Januar
Auschwitz wird von sowjetischen Truppen befreit.

16. Februar
Runderlaß zur Behandlung von «Entjudungsakten»: Wenn der Abtransport von Akten, deren Gegenstand antijüdische Tätigkeiten sind, nicht möglich ist, sind sie zu vernichten, damit sie nicht dem Feind in die Hände fallen.

11. April
Buchenwald wird von amerikanischen Truppen befreit.

15. April
Bergen-Belsen wird von alliierten Truppen befreit.

29. April
Dachau wird von amerikanischen Truppen befreit.

2. Mai
Vertreter des Internationalen Roten Kreuzes übernehmen Theresienstadt.

7./9. Mai
Kapitulation der deutschen Wehrmacht.

Quellen und Literatur

1. Archive

Der Intention des Projekts entsprechend wurden vor allem Quellen jüdischer Provenienz benützt. Von zentraler Bedeutung sind die Bestände der von dem früheren Syndikus des C.V., Dr. Alfred Wiener, gegründeten Wiener Library, die das Ziel verfolgte, zur Dokumentierung des Schicksals der Juden in Deutschland und in der Emigration beizutragen. 1980 wurden die Bestände der Wiener Library von London an die Universität Tel-Aviv überführt. Wesentliche Teile wurden verfilmt, sie befinden sich u.a. im Archiv des Instituts für Zeitgeschichte. Es handelt sich um folgende Quellengruppen:

Schriftgut jüdischer Organisationen und Personen in Deutschland, zum Beispiel des Preußischen Landesverbandes jüdischer Gemeinden;

Erinnerungsberichte geflüchteter oder emigrierter deutscher Juden, die von der Wiener Library systematisch gesammelt wurden (Eye-Witness-Reports of the Fate of Survivors, 13 Mikrofilmrollen). Sie sind zum Teil unmittelbar nach der Flucht/Auswanderung, zum Teil aber auch erst viele Jahre später verfaßt worden.

Jüdische Zeitungen und Zeitschriften wie ‹Israelitisches Familienblatt›, ‹Jüdisch-Liberale Zeitung›/‹Jüdische Allgemeine Zeitung›, ‹Der Israelit›, ‹Deutsche Israelitische Zeitung›; Verbandszeitschriften wie ‹Blätter des Jüdischen Frauenbundes› oder ‹Der Jüdische Handwerker› sowie Spezialzeitschriften wie ‹Jüdische Wohlfahrtspflege und Sozialpolitik›. Schließlich enthält diese Bestandsgruppe eine große Zahl von Gemeindeblättern jüdischer Synagogengemeinden wie Berlin, Breslau, Bremen, Köln, Mannheim. Wichtige Periodika wie die ‹Jüdische Rundschau› und die ‹C.V.-Zeitung› sind ebenfalls im Archiv des Instituts für Zeitgeschichte vorhanden.

Von unschätzbarem Wert sind die Sammlungen des Leo Baeck Institutes New York, insbesondere die Erinnerungen (LBI Memoirs, mit den Abteilungen Kristallnacht, National Socialism, Concentration Camps, In Hiding-Berlin, Papers of Social Workers). Aber auch die anderen personen- und institutionenbezogenen Quellengruppen wurden benützt, wie Reichsvertretung der deutschen Juden/Reichsvereinigung der Juden in Deutschland (Alfred Hirsch Collection), Jüdische Gemeinde Berlin (Heinrich Stahl Collection), Centralverein (Bruno Weil Collection), Arthur M. Prinz Collection u.a.

Die Forschungsstelle für die Geschichte des Nationalsozialismus in Hamburg stellte Quellenmaterial zum Komplex Widerstand und Selbstbehauptung sowie zur Hachscharah (aus dem Kibbuz-Archiv Hasorea) zur Verfügung. Diese und alle weiteren benutzten Quellen u.a. aus dem Bundesarchiv Koblenz sind in den Anmerkungen nachgewiesen. Quellenkategorien nichtjüdischer Provenienz waren ebenfalls wichtig: die Berichte der Rüstungsinspektionen im Bundesarchiv/Militärarchiv in Freiburg. Sie enthalten sehr aussagekräftiges Material zum Problem der jüdischen Zwangsarbeit. Die im Archiv des Instituts für Zeitgeschichte verwahrten Unterlagen zahlreicher Verfahren vor deutschen Gerichten nach 1945 ermöglichen die Rekonstruktion der Ereignisse des Novemberpogroms von 1938 anhand der Zeugenaussagen für viele Orte. Verwendet wurden schließlich auch Beweisdokumente aus dem Eichmann-Prozeß (Jerusalem 1961) und aus dem Nürnberger Hauptkriegsverbrecherprozeß (IMT).

2. Gedruckte Quellen

Almanach des Schocken Verlags auf das Jahr 5694, Berlin 1933/34.

Arbeitsbericht des Zentralausschusses der deutschen Juden für Hilfe und Aufbau, Berlin 1933ff.

Boberach, Heinz (Hrsg.): Meldungen aus dem Reich. Auswahl aus den geheimen Lageberichten des Sicherheitsdienstes der SS 1939–1944, Neuwied 1965.

Broszat, Martin/Fröhlich, Elke/Wiesemann, Falk (Hrsg.): Bayern in der NS-Zeit. Soziale Lage und politisches Verhalten der Bevölkerung im Spiegel vertraulicher Berichte, München 1977.

Cohn, Heinz: Auswanderungsvorschriften für Juden in Deutschland, Berlin 1938.

Das Schwarzbuch. Tatsachen und Dokumente. Die Lage der Juden in Deutschland 1933, hrsg. v. Comité des Délégations Juives, Paris 1934.

Deutschland-Berichte der Sozialdemokratischen Partei Deutschlands (Sopade) 1934–1940, Reprint Salzhausen und Frankfurt 1980.

Die jüdischen Gefallenen des deutschen Heeres, der deutschen Marine und der deutschen Schutztruppen 1914–1918. Ein Gedenkbuch, Berlin 1932.

Dokumentation zur Geschichte der jüdischen Bevölkerung in Rheinland-Pfalz und im Saarland von 1800 bis 1945, hrsg. v. der Landesarchivverwaltung Rheinland-Pfalz in Verbindung mit dem Landesarchiv Saarbrücken, Koblenz 1974, Bd. 6: Die nationalsozialistische Judenverfolgung in Rheinland-Pfalz; Das Schicksal der Juden im Saarland 1920 bis 1945.

Dokumente zur Geschichte der Frankfurter Juden, hrsg. v. der Kommission zur Erforschung der Geschichte der Frankfurter Juden, Frankfurt a. Main 1963.

Gedenkbuch. Opfer der Verfolgung der Juden unter der nationalsozialistischen Gewaltherrschaft in Deutschland 1933–1945, bearbeitet vom Bundesarchiv, Koblenz und dem Internationalen Suchdienst, Arolsen, 2 Bände, Koblenz 1986.

Klein, Thomas (Hrsg.): Die Lageberichte der Geheimen Staatspolizei über die Provinz Hessen-Nassau 1933–1936. Teilband I: A und B, Köln 1986.

Marcus, Alfred: Die wirtschaftliche Krise des deutschen Juden. Eine soziologische Untersuchung, Berlin 1931.

Noam, Ernst und Kropat, Wolf-Arno (Hrsg.): Juden vor Gericht 1933–1945. Dokumente aus hessischen Justizakten, Wiesbaden 1975.

Pult und Bühne. Ein Almanach, hrsg. v. dem Reichsverband der jüdischen Kulturbünde in Deutschland, Berlin 1938.

Reinharz, Jehuda (Hrsg.): Dokumente zur Geschichte des Deutschen Zionismus, Tübingen 1981.

Sauer, Paul (Hrsg.): Dokumente über die Verfolgung der jüdischen Bürger in Baden-Württemberg durch das nationalsozialistische Regime 1933–1945, 2 Teile, Stuttgart 1966.

Was ist der Hechaluz? Einige Worte an jeden jungen Juden, hrsg. v. Hechaluz Deutscher Landesverband, Berlin 1933.

3. Periodika

Allgemeine Jüdische Wochenzeitung
Bayerische Israelitische Gemeindezeitung
C.V.-Zeitung
Deutsche Israelitische Zeitung
Frankfurter Zeitung
Gemeindeblatt der jüdischen Gemeinde zu Berlin

Der Israelit
Israelitisches Familienblatt
Jüdisch-liberale Zeitung
Jüdische Rundschau
Der jüdische Wille
Jüdische Wohlfahrtspflege und Sozialpolitik
Jüdisches Nachrichtenblatt
Der Schild
Völkischer Beobachter

4. Selbstzeugnisse

Andreas-Friedrich, Ruth: Der Schattenmann, Berlin 1947.
Behrend-Rosenfeld, Else: Ich stand nicht allein, Hamburg 1949.
Benz, Wolfgang (Hrsg.): Das Tagebuch der Hertha Nathorff. Berlin-New York. Aufzeichnungen 1933 bis 1945, München 1987.
Bermann-Fischer, Gottfried: Bedroht – Bewahrt. Der Weg eines Verlegers, Frankfurt a. Main 1971.
Buber, Martin: Die Stunde und die Erkenntnis, Berlin 1936.
Deutschkron, Inge: Ich trug den gelben Stern, Köln 1978.
Engelmann, Bernt: Die unfreiwilligen Reisen des Putti Eichelbaum, München 1986.
Friedenson, Joseph/Kranzler, David: Heroine of Rescue. The incredible story of Recha Sternbuch who saved thousands from the Holocaust, Brooklyn 1984.
Hecht, Ingeborg: Als unsichtbare Mauern wuchsen. Eine deutsche Familie unter den Nürnberger Rassengesetzen, Hamburg 1984.
Kann, Robert A. (Hrsg.): Erinnerungen von Valerie Wolffenstein aus den Jahren 1891–1945, Wien 1981.
Kardorff, Ursula v.: Berliner Aufzeichnungen. Aus den Jahren 1942 bis 1945, München 1962.
Klepper, Jochen: Unter dem Schatten deiner Flügel. Aus den Tagebüchern der Jahre 1932–1942 von Jochen Klepper, Stuttgart 1956.
König, Joel: Den Netzen entronnen, Göttingen 1967.
Laqueur, Walter: Heimkehr. Reisen in die Vergangenheit, Berlin 1964.
Lennert, Rudolf: Zugehörigkeit, Selbstbewußtsein, Fremdheit. Erinnerungen an eine dunkle Zeit, in: Neue Sammlung 26 (1986), S. 381–395.
Lichtenstein, Erwin: Bericht an meine Familie. Ein Leben zwischen Danzig und Israel, Darmstadt 1985.
Luft, Gerda: Heimkehr ins Unbekannte, Wuppertal 1977.
Matzerath, Horst (Hrsg.): «... vergessen kann man die Zeit nicht, das ist nicht möglich ...». Kölner erinnern sich an die Jahre 1929–1945, Köln 1985.
Mombert, Alfred: Briefe 1893–1942, Heidelberg 1961.
Ostrowski, Siegfried: Vom Schicksal jüdischer Ärzte im Dritten Reich. Ein Augenzeugenbericht aus den Jahren 1933–1939, in: Bulletin LBI 6 (1963), S. 313–351.
Paepcke, Lotte: Ich wurde vergessen. Bericht einer Jüdin, die das Dritte Reich überlebte, Freiburg 1979.
Randt, Ursula: Theodor Tuch: An meine Tochter. Aufzeichnungen eines Hamburger Juden 1941/42, in: Bulletin LBI (1985), H. 70, S. 3–32.
Rewald, Ilse: Berliner, die uns halfen, die Hitlerdiktatur zu überleben, Berlin 1975.
Richarz, Monika: Jüdisches Leben in Deutschland. Selbstzeugnisse zur Sozialgeschichte 1918–1945, Bd. 3, Stuttgart 1982.
Riesenburger, Martin: Das Licht verlöschte nicht. Ein Zeugnis aus der Nacht des Faschismus, Berlin (Ost) 1984.

Robinsohn, Hans: Ein Versuch, sich zu behaupten, in: Tradition. Zeitschrift für Firmengeschichte und Unternehmerbiographie 4 (1958), S. 197–206.
Rosenthal, Hans: Zwei Leben in Deutschland, Bergisch Gladbach 1980.
Sänger, Valentin: Kaiserhofstraße 12, Darmstadt 1978.
Spies, Gerty: Drei Jahre Theresienstadt, München 1984.
Stanley, Ilse: Die Unvergessenen, München 1964.
Stern, Bruno: So war es. Leben und Schicksal eines jüdischen Emigranten, Sigmaringen 1985.
Walk, Joseph (Hrsg.): Als Jude in Breslau – 1941 (Aus den Tagebüchern von Studienrat a. D. Dr. Willy Israel Cohen), Jerusalem 1975.
Wieninger, Karl: In München erlebte Geschichte, München 1985.
Zadek, Wolfgang (Hrsg.): Sie flohen vor dem Hakenkreuz. Selbstzeugnisse der Emigranten. Ein Lesebuch für Deutsche, Reinbek 1981.
Zernik, Charlotte: Im Sturm der Zeit, Düsseldorf 1977.

5. Literatur

Adam, Uwe Dietrich: Judenpolitik im Dritten Reich, Düsseldorf 1972.
Adler, H. G.: Der verwaltete Mensch, Tübingen 1974.
Ders.: Theresienstadt. 1941–1945. Das Antlitz einer Zwangsgemeinschaft. Geschichte, Soziologie, Psychologie, Tübingen 1960.
Adler-Rudel, Salomon (Shlomo): Auswanderungsproblem, in: Bulletin LBI 10 (1967), S. 159–215.
Ders.: Jüdische Selbsthilfe unter dem Naziregime 1933–1939 im Spiegel der Berichte der Reichsvertretung der Juden in Deutschland, Tübingen 1974.
Ders.: The Evian Conference on the Refugee Question, in: Yearbook LBI 13 (1968), S. 235–273.
Allen, William S.: Die deutsche Öffentlichkeit und die «Reichskristallnacht». Konflikte zwischen Werthierarchie und Propaganda im Dritten Reich, in: Peukert, Detlev/Reulecke, Jürgen (Hrsg.): Die Reihen fast geschlossen, Wuppertal 1981, S. 397–412.
Angress, Werner T.: Generation zwischen Furcht und Hoffnung. Jüdische Jugend im Dritten Reich, Hamburg 1985.
Arendt, Hannah: Elemente und Ursprünge totaler Herrschaft, Frankfurt a. Main 1955.
Auerbach, Hirsch Benjamin: Die Halberstädter Gemeinde 1844 bis zu ihrem Ende, in: Bulletin LBI 10 (1967), S. 124–158.
Baker, Leonard: Hirt der Verfolgten. Leo Baeck im Dritten Reich, Stuttgart 1982.
Ball-Kaduri, Kurt Jakob: Berlin wird judenfrei. Die Juden in Berlin in den Jahren 1942/1943, in: Jahrbuch für die Geschichte Mittel- und Osteuropas 22 (1973), S. 196–246.
Ders.: Die illegale Einwanderung der deutschen Juden, in: Jahrbuch des Instituts für Deutsche Geschichte (1975), Bd. IV, S. 387–421.
Ders.: Von der «Reichsvertretung» zur «Reichsvereinigung», in: Zeitschrift für die Geschichte der Juden 1 (1964), S. 191–199.
Ders.: Vor der Katastrophe. Juden in Deutschland 1934–1939, Tel Aviv 1967.
Barkai, Avraham: Der wirtschaftliche Existenzkampf der Juden im Dritten Reich (1933–1938), in: Aus Politik und Zeitgeschichte, B 31, 2. August 1986, S. 39–46.
Ders.: Vom Boykott zur «Entjudung». Der wirtschaftliche Existenzkampf der Juden im Dritten Reich 1933–1943, Frankfurt a. Main 1988.
Blau, Bruno: Die Juden in Deutschland von 1939–1945, in: Judaica (1951), H. 4, S. 270–284.
Bohnke-Kollwitz, Jutta u. a. (Hrsg.): Köln und das rheinische Judentum. Festschrift Germania Judaica 1959–1984, Köln 1984.

Bollmus, Reinhard: Das Amt Rosenberg und seine Gegner. Studien zum Machtkampf im nationalsozialistischen Herrschaftssystem, Stuttgart 1970.
Brenner, Michael: Am Beispiel Weiden. Jüdischer Alltag im Nationalsozialismus, Würzburg 1983.
Buchholz, Marlis: Die hannoverschen Judenhäuser. Zur Situation der Juden in der Zeit der Ghettoisierung und Verfolgung 1941 bis 1945, Hildesheim 1987.
Büttner, Ursula (Hrsg.): Das Unrechtsregime. Internationale Forschung über den Nationalsozialismus. Festschrift für Werner Jochmann zum 65. Geburtstag, 2 Bände, Hamburg 1986.
Burger, Oswald u.a.: Nationalsozialismus in Überlingen und Umgebung, Friedrichshafen 1984.
Dahm, Volker: Das jüdische Buch im Dritten Reich, 2 Teile, Frankfurt a. Main 1979 und 1982.
«Das war ein Vorspiel nur ...». Bücherverbrennung Deutschland 1933: Voraussetzungen und Folgen, Berlin 1983.
Davidowicz, Lucy S.: Der Krieg gegen die Juden 1933–1945, München 1979.
Die jüdische Emigration aus Deutschland 1933–1941. Die Geschichte einer Austreibung. Ausstellungskatalog, Frankfurt a. Main 1985.
Düwell, Kurt: Die Rheingebiete in der Judenpolitik des Nationalsozialismus vor 1942, Bonn 1968.
Dunker, Ulrich: Der Reichsbund jüdischer Frontsoldaten 1919–1938, Düsseldorf 1977.
Ebbinghaus, Angelika/Kaupen-Haas, Heidrun/Roth, Heinz (Hrsg.): Heilen und Vernichten im Mustergau Hamburg. Bevölkerungs- und Gesundheitspolitik im Dritten Reich, Hamburg 1984.
Echt, Sam: Das jüdische Schul- und Erziehungswerk in Danzig, in: Bulletin LBI 6 (1963), S. 352–394.
Eichholtz, Dietrich/Schumann, Wolfgang (Hrsg.): Anatomie des Krieges. Neue Dokumente über die Rolle des deutschen Monopolkapitals bei der Vorbereitung und Durchführung des zweiten Weltkrieges, Berlin (Ost) 1969.
Erb, Rainer/Schmidt, Michael (Hrsg.): Antisemitismus und jüdische Geschichte, Berlin 1987.
Feilchenfeld, Werner/Michaelis, Dolf: Haavara-Transfer nach Palästina und Einwanderung deutscher Juden 1933–1939, Tübingen 1972.
Festschrift zum 80. Geburtstag von Leo Baeck am 23. Mai 1953, London 1953.
Fliedner, Hans-Joachim: Die Judenverfolgung in Mannheim 1933–1945, 2 Bände, Stuttgart 1971.
Freeden, Herbert: Die jüdische Presse im Dritten Reich, Königsstein/Ts. 1987.
Ders.: Jüdisches Theater in Nazideutschland, Tübingen 1964.
Genschel, Helmut: Die Verdrängung der Juden aus der Wirtschaft im Dritten Reich, Berlin 1966.
Ginzel, Günther B.: Jüdischer Alltag in Deutschland 1933–1945, Düsseldorf 1984.
Goebel, Klaus (Hrsg.): Wuppertal in der Zeit des Nationalsozialismus, Wuppertal 1984.
Graml, Hermann: Reichskristallnacht. Antisemitismus und Judenverfolgung im Dritten Reich, München 1988.
Gross, Leonard: Versteckt. Wie Juden in Berlin die Nazizeit überlebten, Reinbek 1983.
Grossmann, Kurt R.: Die unbesungenen Helden, Berlin 1961.
Ders.: Emigration, Frankfurt a. Main 1969.
Hanke, Peter: Zur Geschichte der Juden in München zwischen 1933 und 1945, München 1967.
Heiber, Helmut: Der Fall Grünspan, in: VfZ 5 (1957), S. 134–172.
Heither, Dietrich/Matthäus, Wolfgang/Pieper, Bernd (Hrsg.): Als jüdische Schülerin entlassen. Erinnerungen und Dokumente zur Geschichte der Heinrich-Schütz-Schule in Kassel, Kassel 1984.

Henschel, Hildegard: Aus der Arbeit der jüdischen Gemeinde Berlin während der Jahre 1941–1943. Gemeindearbeit und Evakuierung von Berlin 16. Oktober 1941–16. Juni 1943, in: Zeitschrift für die Geschichte der Juden 9 (1972), Nr. 1/2.
Herrmann, Gert-Julius: Jüdische Jugend in der Verfolgung. Eine Studie über das Schicksal jüdischer Jugendlicher aus Württemberg und Hohenzollern, Diss., Tübingen 1967.
Herrmann, Klaus: Das Dritte Reich und die deutsch-jüdischen Organisationen 1933–1934, Köln 1969.
Hilberg, Raul: Die Vernichtung der europäischen Juden. Die Gesamtgeschichte des Holocaust, Berlin 1982.
Horbach, Michael: Wenige. Zeugnisse der Menschlichkeit 1933–1945, München 1964.
Jacobs, Jacques: Existenz und Untergang der alten Judengemeinde der Stadt Trier, Trier 1984.
Kaelter, David F.: Das jüdische Schulwerk in Deutschland nach 1933, in: Bulletin LBI 1 (1958), S. 86–88.
Kauffmann, Fritz: Juden in Shanghai, in: Bulletin LBI (1986), H. 73, S. 13–23.
Keil, Heinz: Dokumentation über die Verfolgungen der jüdischen Bürger von Ulm/Donau, Ulm 1961.
Kimche, Jon und David: Des Zornes und des Herzens wegen. Die illegale Wanderung eines Volkes, Berlin 1956.
Knipping, Ulrich: Die Geschichte der Juden in Dortmund während der Zeit des Dritten Reiches, Dortmund 1977.
Krüger, Alfred: Die Lösung der Judenfrage in der Wirtschaft. Kommentar zur Judengesetzgebung, Berlin 1940.
Kulka, Otto Dov: «Public Opinion» in National Socialist Germany And The «Jewish Question», in: Zion (1975) 40, S. 186–290.
Kwiet, Konrad und Eschwege, Helmut: Selbstbehauptung und Widerstand. Deutsche Juden im Kampf um Existenz und Menschenwürde 1933–1945, Hamburg 1984.
Lamm, Hans: Über die innere und äußere Entwicklung des deutschen Judentums im Dritten Reich, Diss., München 1951.
Ders.: Vergangene Tage. Jüdische Kultur in München, München 1982.
Ders.: Von Juden in München, München 1959.
Leshem, Perez: Straße zur Rettung. Der Weg deutscher Juden nach Palästina, in: Aus Politik und Zeitgeschichte B 16–17, 21. April 1973, S. 3–20.
Leuner, Heinz David: Als Mitleid ein Verbrechen war. Deutschlands stille Helden 1939–1945, Wiesbaden 1967.
Levine, Herbert S.: Die wissenschaftliche Untersuchung des Verhaltens der Juden zur Zeit der nationalsozialistischen Verfolgungen und die Hemmungen einer unbewältigten Vergangenheit, in: Tradition und Neubeginn, S. 409–418.
Loewenberg, Peter: The Kristallnacht as a Public Degradation Ritual, in: Year Book LBI 32 (1987), S. 309–323.
Lotan, Giora: The Zentralwohlfahrtsstelle, in: Year Book LBI 4 (1959), S. 185–207.
Melcher, Peter: Weißensee. Ein Friedhof als Spiegelbild jüdischer Geschichte in Berlin, Berlin 1986.
Milton, Sybil: The Expulsion of Polish Jews from Germany October 1938 to July 1939. A Documentation, in: Year Book LBI 29 (1984), S. 169–199.
Moritz, Klaus und Noam, Ernst: NS-Verbrechen vor Gericht 1945–1955. Dokumente aus hessischen Justizakten, Wiesbaden 1978.
Morse, Arthur D.: Die Wasser teilten sich nicht, Bern 1968.
Ophir, Baruch/Wiesemann, Falk: Die jüdischen Gemeinden in Bayern 1918–1945, München 1979.
Pätzold, Kurt (Hrsg.): Verfolgung, Vertreibung, Vernichtung. Dokumente des faschistischen Antisemitismus 1933–1942, Frankfurt a. Main 1984.

Paucker, Arnold (Hrsg.): Die Juden im nationalsozialistischen Deutschland. 1933–1943, Tübingen 1986.
Pehle, Walter (Hrsg.): Der Judenpogrom 1938. Von der «Reichskristallnacht» zum Völkermord, Frankfurt a. Main 1988.
Platner, Geert und Schüler der Gerhart Hauptmann Schule Kassel (Hrsg.): Schule im Dritten Reich. Erziehung zum Tod? Eine Dokumentation, München 1984.
Pross, Christian und Winau, Rolf (Hrsg.): Nicht mißhandeln. Das Krankenhaus Moabit, Berlin 1984.
Rebentisch, Dieter und Raab, Angelika: Neu-Isenburg zwischen Anpassung und Widerstand. Dokumente über Lebensbedingungen und politisches Verhalten 1933–1945, Neu-Isenburg 1978.
«Reichskristallnacht» in Hannover. Beiträge zur Ausstellung, Hannover 1978.
Rockenmaier, Dieter W.: Das Dritte Reich und Würzburg. Versuch einer Bestandsaufnahme, Würzburg 1983.
Sauer, Paul: Die jüdischen Gemeinden in Württemberg und Hohenzollern, Stuttgart 1966.
Ders.: Die Schicksale der jüdischen Bürger Baden-Württembergs während der nationalsozialistischen Verfolgungszeit 1933–1945, Stuttgart 1969.
Schachne, Lucie: Erziehung zum geistigen Widerstand. Das jüdische Landschulheim Herrlingen 1933–1939, Frankfurt a. Main 1986.
Schaeffer, Rudolf F.: Das religiös-liberale Schulwerk in Breslau 1933–1937, in: Bulletin LBI 10 (1967), S. 298–308.
Schicksal jüdischer Bürger in Nürnberg 1850–1945, Ausstellungskatalog mit Dokumentation, Nürnberg 1965.
Schrieber, Karl Friedrich (Hrsg.): Das Recht der Reichskulturkammer, Berlin 1943.
Schwersenz, Jizchak und Wolff, Edith: Jüdische Jugend im Untergrund. Eine zionistische Gruppe in Berlin während des Zweiten Weltkriegs, in: Bulletin LBI 12 (1969), S. 27–100.
Selig, Wolfram: Richard Seligmann. Ein jüdisches Schicksal. Zur Geschichte der Judenverfolgung in München während des Dritten Reiches, München 1983.
Shapiro, Leon: The History of ORT. A Jewish movement for social change, New York 1980.
Shepherd, Naomi: Wilfried Israel, London 1984.
Spangenthal, Max: Eine hessische Kleingemeinde, in: Bulletin LBI (1984), H. 69, S. 53–67.
Speer, Albert: Der Sklavenstaat. Meine Auseinandersetzungen mit der SS, Stuttgart 1981.
Stokes, Lawrence D.: Kleinstadt und Nationalsozialismus. Ausgewählte Dokumente zur Geschichte von Eutin 1918–1945, Neumünster 1984.
Strauss, Herbert A.: Antisemitismus und Holocaust als Epochenproblem, in: Aus Politik und Zeitgeschichte, B 11, 14. März 1987, S. 15–23.
Ders.: Jewish Emigration from Germany. Nazi Policies und Jewish Responses (II), in: Year Book LBI 26 (1981), S. 343–409.
Strauss, Walter: Lebenszeichen. Juden aus Württemberg nach 1933, Gerlingen 1982.
Thien, Hans-Günter/Wienold, Hanns/Preuß, Sabine (Hrsg.): Überwältigte Vergangenheit – Erinnerungsscherben. Faschismus und Nachkriegszeit in Münster i. W., Münster 1985.
Vogel, Rolf: Ein Stempel hat gefehlt. Dokumente zur Emigration deutscher Juden, München 1977.
Walk, Joseph (Hrsg.): Das Sonderrecht für die Juden im NS-Staat. Eine Sammlung der gesetzlichen Maßnahmen und Richtlinien – Inhalt und Bedeutung, Heidelberg 1981.
Ders.: Jüdische Schüler an deutschen Schulen in Nazideutschland, in: Bulletin LBI 19 (1980), S. 101–109.

Wegweiser durch das jüdische Berlin. Geschichte und Gegenwart, Berlin 1987.
Weidenhaupt, Hugo/Wiesemann, Falk (Hrsg.): Juden in Düsseldorf, Münster 1982.
Weltsch, Robert (Hrsg.): Deutsches Judentum. Aufstieg und Krise. Gestalten, Ideen und Werke. Vierzehn Monographien, Stuttgart 1963.
Wilhelm, Peter: Die Synagogengemeinde Göttingen, Rosdorf und Geismar 1850–1942, Göttingen 1978.
Wischnitzer, Mark: Die jüdische Wanderung unter der Nazi-Herrschaft 1933–1939, in: Ganther, Heinz: Die Juden in Deutschland. Ein Almanach, Hamburg 1959, S. 95–136.
Wulf, Josef: Theater und Film im Dritten Reich. Eine Dokumentation, Gütersloh 1964.
Wyman, David S.: Das unerwünschte Volk, München 1986.
Zelzer, Maria: Weg und Schicksal der Stuttgarter Juden. Ein Gedenkbuch, hrsg. v. der Stadt Stuttgart, Stuttgart 1964.

Bildnachweis

Amsterdam, Rijksinstituut voor Oorlogsdocumentatie (Associated Press): Seite 544
Berlin, Archiv der Jüdischen Gemeinde: Seite 699
–, Bildarchiv Abraham Pisarek: Seite 61, 91, 131, 147, 159, 185, 228, 351, 353, 358, 385, 402, 403, 416, 459, 472
–, Bildarchiv Preußischer Kulturbesitz: Seite 675
–, Chronos-Film: Seite 491
Hof, Stadtarchiv: Seite 513
Koblenz, Landeshauptarchiv: Seite 620
München, Bilderdienst Süddeutscher Verlag: Seite 439
–, Stadtarchiv: Seite 278
Nürnberg, Ernst Gortner: Seite 655

Personenregister

Abeles, Ernst 646
Abelsdorff, Walter 227
Abraham 532 ff.
Abraham, Paul 263
Abt, Max 204
Achad Haam 206
Adam, Adolphe 186
Adler, Amely 419
Adler, Friedrich 260
Adler, Karl 94
Adler, Karl (?) 105
Adler, Ruth 234
Adler-Rudel, Salomon (Shlomo) 319, 380
Adorno, Theodor W. 412
Agnon, Samuel J. 199, 214
Albers, Hans 235
Alexander, Walter 316
Alterthum, Leo 211
Ameche, Don 194
Ančerl, Karel 262
Andre, Fritz 555, 558
Andreas-Friedrich, Ruth 419, 626, 673 f., 688
Ansmann, Heinz 557 f.
Appel, Ernst 346, 471
Appel, Marta 334, 346, 471
Arendt, Hannah 412
Arlosoroff, Chaim 465
Arnold (Lehrer) 646
Arnstein, Cläre 188, 234
Aschheim, Isidor 159
Auerbach, Elias 202
Auernheimer, Raoul 137
Außenberg, Dolfi 266

Bab, Julius 83, 88, 103, 126 f., 138, 186, 215, 217, 227, 235
Bach, Johann Sebastian 148, 262, 652
Bachmann, Joseph 654
Baden, Erich 189
Badt-Strauß, Bertha 207, 209
Baechler (Landgerichtsdirektor, Memmingen) 681
Baeck, Leo 11, 33, 52–64, 69, 71 f., 74, 83, 85 f., 88, 183, 239, 316, 392 f., 400, 486, 567, 613, 621 f., 691
Baer, Jizschak F. 202
Baer, Werner 174, 192
Ballin, Fritz 93
Ball-Kaduri, Kurt Jakob 473
Bamberger, Fritz 155
Barnowsky, Viktor 90, 412
Baron, Hans 96
Bartholomey, Freddy 229
Bath-Dori, Schulamith 184 ff.
Bato, Ludwig 154
Bauer (Dr., Reichswirtschaftsministerium) 559
Baum, Herbert 585
Baumann, Kurt 85–88, 113, 158, 191, 229
Beaumarchais, Pierre A. Caron de 128
Becker (Lindow) 666
Becker (Dr., Kassel) 335
Beer-Hofmann, Richard 138 f., 146, 163, 216
Beethoven, Ludwig van 79, 114 f., 134, 147 f., 176, 652
Behrend 692 f.
Behrend-Rosenfeld, Else 422, 491, 636, 646, 650
Benavente, Jacinto 254
Ben-Chorin s. Rosenthal, Fritz
Benda (Fam., Zoppot) 662 f.
Bendemann, Eduard 413
Benedetti, Aldo de 254
Benjamin, Anton 211
Benjamin, Walter 411
Benkhoff, Fita 254
Bergel, Kurt 360
Bergner, Elisabeth 90
Berliner, Alfred 172
Berliner, Cora 74
Berlioz, Hector 251
Bermann-Fischer, Gottfried 194, 412
Bernauer, Rudolf 90
Bernstein, Aaron D. 201
Bernstein, Henri 137, 172, 188
Bernstein, N. 142
Bernstein, Otto 142, 163, 267

Bernstein-Schaffer, Jenny 90, 267
Bertram, Adolf J. 623 f.
Bethe, Hans 412
Bialik, Chajim N. 76, 149, 155, 167 f., 213 f., 264
Bieberschulte (Frau B.) 683
Bielke 666
Bin Gorion, Emanuel 202, 205
Bin Gorion, Micha J. 76, 202
Binder, Paul 557 f.
Binding, Rudolf 197
Birgel, Willy 235
Bischof, Willy 251
Bismarck, Otto von 278
Bistritzky, Nathan 166, 169, 171, 181
Bizet, George 162, 262
Blau, Bruno 630, 694
Blau, Julius 55
Blech, Leo 413
Bloch, David 413
Bloch, Ernest 142, 160
Bloch, Felix 412
Bloch, Konrad 4, 412
Blumenfeld, Kurt 43, 45, 52, 63
Blumenthal 666
Blumenthal (Frau B.) 513
Blumenthal-Weiß, Ilse 189
Boas, C. 206
Bodenheimer, Max 44
Böhm, Viola 154, 164
Bohle, Ernst Wilhelm 421
Bois, Curt 90
Bois, Ilse 90
Borchard, Leo 673
Borchardt, Friedrich 316, 319
Borchardt, G. H. s. Hermann, Georg
Borgert (SS-Schaf., Frankfurt a. M.) 540
Borinski Ora, Anneliese 458, 460, 584
Bormann, Martin 572, 575
Born (Direktor, Memmingen) 681
Born, Max 412
Borodin, Alexander 229
Bothe-Holländer (Dr.) 672
Bradley, John 188
Brahms, Johannes 176
Brandeis, Jakob B. 206
Brandt, Martin 90
Brasch, Martin 244 f., 267
Brass, Arthur 697 f.
Bremer (Hannover) 650
Brod, Max 163, 171, 203, 216
Brodnitz, Friedrich 55, 145, 156, 289, 317, 319
Brodnitz, Julius 53, 56, 57, 62
Broser, Meir 172
Bru, Federico Laredo 491 f.
Bruck, Karl 163
Brüning, Heinrich 423
Brunner, Ludwig 685
Buber, Martin 11, 30, 76 f., 88, 97, 145, 169, 199–202, 205, 215, 412, 435
Buch, von (Dr.) 294
Budko, Joseph 154
Bürckel, Josef 749
Bukofzer, Werner 189
Busch, Alfred 557
Buschhoff, Willy 255
Bus-Fekete, Ladislaus 172, 186, 188
Buxbaum, Hans 94, 172

Calderon, Pedro 137, 163, 176, 191
Callmann, Rudolf 60 f., 228
Calm, Willy 654
Canetti, Elias 412
Capell, Hans 708
Caspary, Eugen 393
Cassirer, Bruno 412
Chain, Ernst Boris 412
Chamberlain, Houston St. 42
Charell, Eric 90
Chmelnitzky 171
Chodziesner, Gertrud 189
Cimbalist, Dina 159 f.
Clemens, Lilo 697
Cohen (Dr.) 693
Cohen, Hermann 696
Cohen, Willy 628
Cohn, Benno 123, 181, 227, 229
Cohn, Emil 211
Cohn, Heinz 332, 449
Cohn, Julius 18
Cohn, Liselotte 177
Cohn, Marie-Luise 159
Cohn, Max 18
Cohn, Siegfried 593
Cohn, Siegmund 284
Cohn, Willy 18, 180
Collm, Ludwig 665–668
Condell, Heinz 133, 174, 186
Condell, Ruth 189
Conti, Leonardo 289
Cornelius, Peter 177
Courteline, George 186
Croner, Helene 247
Czellitzer, Arthur 203

Daluege, Kurt 519
Dapper, Klara 538 f.
Darré, Richard W. 300
Davidsohn, Magnus 505
Dawidowitsch, Arje 661
Degner, Gustav 677
Dessau, Paul 412
Deutsch, Ernst 90, 412
Deutschkron, Inge 350, 417, 467, 497, 573, 583, 585, 622, 664 f.
Dietrich, Felicitas 666 f.
Dietrich, Marlene 232
Diewerge, Helmut 507
Dittersdorf, Karl Ditters von 177
Dix, Rudolf 283
Döblin, Ernst 412
Döhle, Walter 468
Donizetti, Gaetano 174
Dreyfus, Ernst 159
Dries (Rüdesheim) 511
Dubnow, Simon 206
Dvořák, Anton 247, 255, 262
Dymow, Ossip 162 f., 173, 188, 249

Echt, Sam 436
Eckert, Alois 30
Eddy, Nelson 242
Edelheim, Margarete 182, 446
Edelstein, Jakob 260
Ehrlich, Ernst L. 567, 578, 582, 588, 590, 612, 621
Ehrlich, Max 157 f., 173 f., 186 ff., 192, 228, 230 f., 244, 267
Ehrmann (Lehrerin) 472
Ehrmann, Elieser E. 202
Eichelbaum, Curt 490
Eichmann, Adolf 429 f., 595, 639
Eillinger (Sanitätsrat) 93
Einstein, Albert 12, 412
Eisner, Erich 93, 148
Elbogen, Ismar 30, 204, 211, 343, 363
Eljaschoff, Nicolai 151, 163, 173, 188
Elkan, Benno 159
Elkeles, Heinrich 74
Eloesser, Arthur 141
Engelmann, Hans 490
Englisch, Lucie 230
Epp, Ritter Franz von 26
Eppstein, Paul 72, 74, 155, 217, 319, 377, 418, 615, 617, 691
Epstein, Hans 389
Epstein, Manfred 227
Erck, Erich s. Eisner, Erich
Ermolnikoff, Rachel 134
Ernst, Rudolf 159
Ervin-Deutsch, Ladislaus 596
Eschelbacher, Bertha 513
Eschelbacher, Max 513 ff.
Escher, Karl 189
Ettinger, Max 176
Ewert (Schneider, Berlin) 683

Fabian, Hans Erich 695
Fabian, Werner 192, 250
Färber, Moritz 187 f.
Fauchois, René 188
Faye, Alice 194
Fechenbach, Hermann 159
Feilchenfeld, Werner 465
Feiler, Hertha 235, 254
Feit, David 173
Feuchtwanger, Lion 412
Feuchtwanger, Ludwig 22 ff., 152
Feuermann, Emanuel 91
Fiehler, Karl 289
Fingesten, Peter 153
Finke, Ursula 692 f.
Finkelstein, Morduch 247, 250, 255
Fischer (Teltow) 666
Fischer, Herbert 95
Fischer, Samuel 207, 696
Flamm (Landgerichtsrat a. D.) 674
Fleischmann, Karel 265
Flesch, Philipp 486, 528
Fodor, Ladislaus 186 f., 191, 235
Foerder, Käte 90
Foerder, Ludwig 284
Forst, Willi 235
Forster, Albert 663
Fraenkel, Albert 93
Fränkel-Froon, Willibald 72
Franck, César 255
Franck, James 412
Frank, Bruno 135
Frank, Margarethe 568 f.
Frank, Paul 174
Frank, Rudolf 211
Frankenberg, von 666
Frankfurter, David 506, 542
Franzos, Karl Emil 177
Freeden, Herbert 184, 187, 192
Freier, Recha 469
Freier, Moritz 469
Freund, Elisabeth 584, 604, 621
Freund-Joachimsthal, Ruth 332
Frey, Ludwig 609

Friedeberg, Hans Heinz 188
Friedenthal s. Freeden, Herbert
Friedländer 228
Friedländer, Erich 581
Friedmann (Frau F.) 650
Friedmann, Adolf 44
Friedmann, Frieda 18
Friedmann, Hugo 265
Friedrich (Direktor) 336
Frischler, Hermann 163
Frowein, Abraham 306
Fuchs, Franz Eugen 74
Fuerst, Paula 74
Fürstenthal, Ernst 211
Fulda (Frau F.) 566
Fulda, Ludwig 162, 566, 601
Funk, Walther 566

Gaertner, Hans 341 f., 352, 361
Gal, Hans 175
Ganther, Heinz 137
Garbo, Greta 246
Gebert, Ernst Ewald 158
Geiger, Abraham 36
Gelber, Lucie 134
George, Heinrich 254
George, Manfred 210
Gerstl, Rosl 188
Geyer, Siegfried 174
Giannini, Albert 159
Giehse, Therese 90, 412
Gillet, Georg 609 f.
Giordano, Ralph 336
Glasunow, Alexander 255
Gluck, Christoph W. 177
Gobineau, Joseph Arthur de 42
Goebbels, Joseph 82, 99 ff., 103, 107 ff., 198, 224, 259, 277, 509 f., 538, 543, 592, 594, 615, 619, 625, 639, 652, 747
Goehlich, Karl 683 f.
Goelln, von (Regierungsrat) 559
Gölz, Richard 681, 684
Goerdeler, Carl 681
Göring, Hermann 19, 79 f., 86, 123, 224, 257, 281, 324, 383, 428 ff., 468, 510, 519 ff., 543, 547 ff., 562, 571 f., 574, 576, 632, 687, 745
Goethe, Johann Wolfgang von 28, 79, 114 f., 132, 137, 147, 178, 652
Götz, Bernd 188
Gogol, Nikolai 262
Goldmann, Felix 294 f.
Goldoni, Carlo 137, 228, 235, 241, 243
Goldschlag, George A. 134
Goldschlag, Gerhard 135
Goldschlag, Stella 672
Goldschmidt (Dr., Hamburg) 105
Goldschmidt, Ernst Daniel 215
Goldschmidt, Fritz 281, 292 f., 303
Goldschmidt, Lazarus 206
Goldschmidt, Stefan 515
Goldschmidt, Th. 682 f.
Goldstein (Major der US-Army) 684
Goldstein, Joachim 211
Goldstein, Julius 203
Goldstein, Moritz 75, 78 f., 413
Golinski, Ludwig 143
Gordin, Jacob 254
Grabová, Hedvika 260, 266
Gräser 666
Grätz, Paul 412
Grillparzer, Franz 135
Grossenbräucker, Paul 560
Grossmann, Kurt R. 424
Grüber, Heinrich 672
Grün, Maurycy 244
Grünbaum 666
Grünbaum, Max 306
Gründgens, Gustav 230, 237
Grünspan, Herschel 504–507, 517, 542, 746
Grynberg, Abraham M. 696
Grynszpan, Herschel s. Grünspan, Herschel
Gumpel (Maler) 159
Gustloff, Wilhelm 506 f., 542
Gutmann, Joseph 239
Gutterer, Leopold 639
Guttmann, Bernhard 413
Guttmann, Erich 529
Guttmann, Igo 229
Guttmann, Oscar 135
Guttmann, Simon 551
Guttmann, Wilhelm 234, 251
Gutzkow, Karl 187

Haarburger, Martha 629
Haas, Pavel 262, 266
Haber, Fritz 412
Händel, Georg Friedr. 115, 134 f., 149, 176, 247, 262
Hagebreck (Frau H., Leipzig) 688 f.
Hagen, Herbert 224 f.
Hahn, Hugo 54 f., 59
Halevi, Jehuda 76, 199, 221
Hammerstein, Gertrud 604, 657

Hammerstein, Kurt 342
Hansen, Max 99
Hardt, Ludwig 188
Hardt (Frau H., Berlin) 669f.
Hass, Friedrich 560
Haubenstock, Jakob 158
Hausdorf, Georg 154
Havelland, Kurt 94
Hebbel, Friedrich 162, 182
Hechinger, Julius 644
Hecht, Ingeborg 630
Heilbronner 646
Heimann, Max 154
Heine, Heinrich 165, 201, 216
Heine, Thomas Theodor 413
Heinemann, Kurt 234, 255
Heines, Edmund 285
Helischkowsky (Dr.) 693
Heller, B. 212
Henckels, Paul 254
Henrich (Gestapo, Frankfurt a.M.) 540
Henschel, Hildegard 73f.
Henschel, Moritz 72, 74, 244, 691
Hergert (NSDAP-Ortsgruppenleiter, Assenheim) 524
Hermann, Georg 88, 147, 210, 216
Herrmann-Pintus, Lore 350
Herrnfeld (Brüder) 77, 118
Herrnstadt-Oettingen, Edith 152f. 188, 234
Herschberg 500f.
Hertz, Gustav 412
Herz, Carl 514
Herzfeld, Ernst 54–57, 59
Herzl, Theodor 43, 165, 206, 210, 264, 361
Heschel, Abraham 207
Heß, Rudolf 599
Hess, Willy 413
Heydrich, Reinhard 109, 223f., 257, 388, 420, 428, 430, 457, 510, 519, 618, 623, 637, 639, 693, 749
Hilgard, Eduard 520
Himmler, Heinrich 72, 430f., 441, 500, 510, 652, 744, 748, 753
Hindenburg, Paul von 11, 17ff., 257, 426, 739
Hinkel, Hans 80f., 86f., 93, 100, 103, 105f., 108–114, 120, 123f., 163, 165, 198, 219f., 222, 224f., 229, 260
Hinteregger, Gebhard 577
Hinzelmann, Steffi 187f., 234
Hinzelmann, Werner 117, 173, 228, 234, 253, 255
Hirsch, Fredy 260
Hirsch, Leo 163, 183, 188, 209, 211, 217f., 228, 235ff., 255
Hirsch, Otto 11, 55, 57, 60ff., 69. 71f., 74, 105, 435, 486
Hirsch, Samson R. 36f.
Hirschbein, Perez 162, 181, 187
Hirschberg, Alfred 204
Hirschel, Hans 672
Hirschfeld, Georg 177, 187
Hirschfeld, Robert 345
Hirschland, Georg 54, 57f., 60
Hirschmann (Fam. H.) 525f.
Hirth, Nelly 150
Hitler, Adolf 15–19, 21f., 24, 27. 31, 33, 82, 115, 236, 273f., 284, 306, 308, 310f., 322, 326, 335, 417, 423f., 431, 436, 471, 478, 508ff., 518, 521, 542f., 573, 588, 592, 597, 612, 614f., 632, 638f., 652, 671, 689, 739
Hölderlin, Friedrich 335
Hörbiger, Paul 235, 254
Hodge, Merton 192
Hofer, Hans 261
Hoffer, Margarete 680
Hoffmann, Jacob 60f.
Hoffmann, Rosa 690
Hofmannsthal, Hugo von 137, 172, 231, 262
Holländer, Ludwig 17, 203, 436
Holzapfel, Gerhard 681
Horkheimer, Max 412
Horowitz, Jakob 343
Horwitz, Arnold 229

Ibsen, Henrik 114, 135, 140f., 172, 187
Innitzer, Theodor 624
Issacsohn 672

Jacob, Ali 228
Jacob, Benno 202
Jacobsohn (Göttingen) 562
Jacobsohn, Egon 211
Jacobsohn, Hanns J. 204
Jacobsohn, Jacob 628
Jacoby, Lucia 205
Jannings, Emil 246
Jauch (Frau J., Berlin) 669f.
Jenbach, Bela 175
Jessner, Fritz 160, 162
Jessner, Leopold 90, 412
Joachimsthal-Schwabe, Anna 189
Jonas, Alfred 650

Joseph, Charlotte 661
Josephthal, Georg 390f.
Josephthal, Senta 455
Josephy, Charlotte 590
Jospe, Erwin 148, 176
Josten (Dr., Arnsberg) 598
Juschkewitz, Semen 134, 136

Kafka, Franz 199, 203, 266
Kafka, Georg 266
Kaléko, S. 212
Kálmán, Emmerich 175, 232, 241, 243
Kaminski, Hannah 74, 676
Kann, Lilli 90, 234
Kantorowicz, Alfred 413
Kaperl (Dr.) 247
Kardorff, Ursula von 621
Karow (ostpreußischer Mühlenbesitzer) 308
Katsch, Kurt 90, 131
Katz, William 539
Katzenstein 655
Katzenstein, Rose 345
Katzenstein, Willy 54f., 57, 59
Kauffmann (Dr., Magdeburg) 105
Kauffmann, Fritz 455f.
Kauffmann, J. 77, 206, 233
Kaufmann, Arthur 413
Kaufmann, Ernst 570f.
Kaufmann, M.W. 77, 206
Kaznelson, Siegmund 206, 210
Keil, Martin 234
Kellermann, Heinz 340
Kerr, Alfred 413
Kerrl, Hanns 285f.
Kien, Peter 265
Kiepenheuer, Gustav 207
Kimmich, Karl 554
King, Henry 194
Kingsley, Sidney 172, 177
Kipnis, Alexander 148, 161
Kippenberg, Anton 197
Kitzinger, Grete 470
Klabund (d.i. Alfred Henschke) 234f.
Klausner, Joseph 206
Klein, Erna 234
Klein, Gideon 262, 266
Kleinberger (Fam. K.) 654
Kleingarn 666
Kleist, Heinrich von 173
Klemperer, Otto 160, 413
Klepper, Jochen 578
Klibansky, Erich 343
Knippschild (Hagen) 682
Knuth, Gustav 254
Kny 666
Koch, Erich 307
König, Joel 418, 458, 463, 568, 579, 611, 647
Köstenbaum, Ernst 211
Kohler, Hans 680
Kolb, Bernhard 360
Kolben, Hans 266
Koninski, Max 188
Kopf, Leo 135, 176
Kornitzer, Leon 212
Kortner, Fritz 90, 412
Kozower, Philipp 72, 74, 691
Krämer, Siegfried 609f.
Kraft (SA-Brigadeführer) 511
Krakauer, Ines 672
Krakauer, Max 672
Kraus, Johann 247
Krauß, Werner 246
Krása, Hans 262, 266
Krebs, Hans Adolf 412
Kreindler, Leo 138, 242ff., 249, 267
Kreutzberger, Max 33, 316, 319, 366
Kreutzer, Leonid 89
Krüger, Alf 326
Kube, Alfred 283
Kühnen, Harald 558f.
Kuthan, Julius 175

Lachmanski, Hugo 130, 230, 235ff.
Laemmle, Carl 485
Lagarde, Paul Anton de 42
Lamm, Hans 215
Lamm, Louis 206
Landau, Anneliese 134, 189, 191, 229, 231
Landau, Edwin 433
Landauer, Georg 58f., 447, 477
Landenberger, Leopold 60
Landerer, Erich 175
Landsberger, Franz 154
Langbehn, Julius 42
Langer, František 188, 262
Langhofer, H. 142
Laqueur, Walter 415, 417, 435
Lasker, Eduard 37
Lasker-Schüler, Else 216f., 412
Laubinger, Otto 86
Lazarus, Hans 272
Leander, Zarah 235, 246
Lechner, Fritz 161
Lederer (Professor) 261

Lederer, Moritz 164
Lehmann, Rudolf 234
Lehmann, Siegfried 469
Lehrberger, M. 206
Leinungen (Frau L.) 588
Leiwik, Halper 183
Lenart, Ernst 90
Lennert, Rudolf 685
Leoncavallo, Ruggiero 255
Leonhard, Erna 189, 191
Leschnitzer, Adolf 343
Lessing, Gotthold Ephraim 90, 125–132, 137, 185
Leßmann, M. 211
Letschinsky, Jakob 546
Levi, Kurt 74
Levi, Wilhelm 570
Levie (Frau L.) 240
Levie, Werner 88, 105, 111, 123, 165, 227f., 231f., 240, 244, 267
Levi-Michel, Hedwig 105
Levin, Shmarya 211
Levinger, Heinrich 92, 105
Levy, Adelheid 398
Lewin 666
Lewkowitz 515
Lichtenstädter, S. 206
Lichtenstein, Erich 210
Lichtenstein, Erwin 414
Lichtheim, Richard 43
Lichtwitz, Max 205
Liebermann, Max 88, 164
Liebmann (Assenheim) 524f.
Liebmann, Alexander 647
Liepmann, Erich 227
Lilienfeld, Rosy 160
Lilienthal, Arthur 51f., 72, 74, 244, 316
Lindberg, Paula s. Salomon-Lindberg, Paula
Lindtberg, Leopold 90
Lingen, Theo 230
Lipinskaja, Dela 151f.
Lipmann, Fritz 412
Lissauer, Ernst 196, 216
Liszt, Franz 255
Litten, Hanna 228
Lloyd, Harold 246
Löffke (Frau L., Berlin) 665f.
Lösener, Bernhard 457
Loeven, Alfred 205
Loevi-Hattendorf (Dr.) 289
Löwe, Erwin 210f., 218, 239
Loewenberg, Carl 88, 90, 125, 130
Loewenberg, Ernst 345, 378, 381, 453
Loewenberg, Max 514
Löwenherz, Josef 244, 615, 617
Löwenstein, Leo 22, 46, 49, 52, 57f., 62, 436
Löwenstein, Susanne 161
Löwenthal, Emma 610
Löwenthal, Ernst G. 205
Löwenthal, Leo 610
Löwi, Otto 412
Lopez, Sancho 254
Lubinski, Georg 340, 394, 408
Ludwig, Emil 507
Luft, Gerda 447f., 464
Lustig, Emil 507
Lustig, Walter 692f., 696
Luther, Hans 308
Luzzato, Mosche Ch. 168

Maas, Elise 189
MacDonald, Jeanette 230, 242
Mackower, Johanna 629
Mahler, Gustav 114, 160, 238, 255
Maimonides, Moses 156, 207, 213, 436
Maltzan, Maria Gräfin von 672
Mannheim, Lucie 90, 99
Mannheimer, Ruth 188
Marcus, Alfred 379f.
Marcus, Paul 514
Marcuse, Paul 203
Margraf (Berlin) 519
Marx, Hilde 205, 212
Marx, Leopold 566
Mass, Rubin 206
Massary, Fritzi 412
Matray (Ernst? Maria?) 99
Matterstock, Albert 230, 246
Matthäs (Senatsdirektor, Hamburg) 561
Maur, Meinhart 188
Mayer, Heinz 649
Mayer, Paul 189
Mayer-Mahr, Moritz 176
Meidner, Else 154
Meise 666
Meissner, Otto 18
Meitner, Lise 412
Melchior, Carl 52
Melchior, Fritz 234
Mendele Mocher Sfarim 168, 194
Mendelssohn, Moses 129, 201, 207, 213, 584
Mendelssohn-Bartholdy, Felix 247, 255
Merley, Fritzi 229

Merten, Leo 188f.
Meta 666
Meyer 37
Meyer, Franz 60f.
Meyer, Hans A. 149
Meyer, Michael 418, 474f.
Meyerhof, Otto Fritz 412
Meyerowitz, Hilda 357f.
Michalowitz, Micha 171, 175, 187, 190, 210, 230f., 235, 248, 253, 255
Milan (Frau M., Berlin) 672
Misch, Ludwig 132ff., 235
Moeller (Gestapo) 693
Molière, Jean Baptiste 114, 147, 173, 187, 250, 252, 254, 262
Molnar, Franz 115, 147, 162, 172, 186, 188, 228, 230, 234f., 254, 257, 262, 267
Mombert, Alfred 197, 199, 216
Monteverdi, Claudio 247
Moreto y Cavana, A. 191
Morgenstern, Soma 209, 216f.
Moser, Hans 245
Moses, Leopold 629
Moses, Paul 92
Moses, Siegfried 43, 60f.
Mosheim, Grete 90, 99
Mosse (Fam. Mosse) 697
Mosse, Martha 641
Mozart, Wolfgang A. 90, 114f., 132ff., 140, 148, 174, 177, 262
Mucha 666
Mühsam, Heinrich 508
Müller (Frau M., Dresden) 650
Müller (Oberregierungsrat, SS-Staf.) 429f.
Müller, Irmgard 665
Müller, Joseph 533f.
Müller-Fehn 649
Mugdan, Heinrich 653
Mugdan, Käte 653
Murmelstein, Benjamin 266
Mussolini, Benito 22

Nadel, Arno 134, 142, 153
Nagy, Käte von 230
Nathan, Hans 142, 149, 161f., 164
Nathorff, Hertha 489
Naumann, Max 21, 54
Nelson, Rudolf 413
Neuburger, Otto 205
Neuendorf 391
Neufeld, Paula 154
Neumann (Direktor, Jüdisches Krankenhaus Berlin) 695
Neumann, Camilla 652
Neumann, Gerhardt 179, 189
Neumann, Ludwig 652
Neumark, Lilly 670f.
Neumeyer, Alfred 26, 50, 55
Nicodemi-Kahn 176f.
Nicolai, Otto 174
Noether, Ernst 159
Nonne (Hannover) 650
Nordau, Max 206
Nußbaum, Max 166, 229, 240f.

Ochs (Dr.) 143
Oehler (Professor) 539f.
Offenbach, Jacques 134, 148, 158, 186, 192, 254, 262, 266
Olitzki, Walter 161
Ollendorf, Franz Heinrich 470f.
Oppenheim, Alice 336
Oppenheim, Ilse 335
Oppenheim, Julius 336
Oppenheimer, Franz 44, 88
Oppenheimer, Johann F. 205
Oppenheimer, Max 413
Oppler, Alexander 154
Osborn, Max 89, 413
Ostrowski, Siegfried 288

Paepcke, Lotte 688f.
Palmer, Lilli 412
Pechner, Gerhard 161, 234
Penzias, Arno 412
Perez, Jizschak Leib 168ff., 181, 262
Pergolesi, Giovanni Battista 177
Perl (Fam. P.) 650
Perlmutter, Alfred 105
Philipp, Erna 520
Picard (Dr.) 486
Picard, Jakob 189, 211, 216
Pineas, Hermann 47, 675–684
Pineas, Herta 675–678, 680f., 684
Pinthus, Kurt 209, 216, 412
Pirandello, Luigi 147
Platte, Rudolf 230
Plaut, Max 259, 561, 567, 599, 606, 634
Pless, Willy 244
Pohl, Max 90
Pommer, Erich 412
Poppelauer, M. 206
Pottner, Emil 154
Powell, Eleanor 246
Power, Tyrone 194
Priestley, John Boynton 115, 235ff.

Priever, Julius s. Prüwer, Julius
Prinz, Arthur 321, 421
Prinz, Joachim 78f., 83, 134, 156f., 165f., 207, 210f., 215, 427, 488
Prochownik, Leo 154
Prüwer, Julius 118, 163, 174ff., 229, 235, 247, 250

Rachmaninoff, Sergei 255
Radt, Jenny 201
Rahm, Karl 266
Rahmer (Frau R., Berlin) 677
Rasche, Karl 558
Rath, Ernst vom 505–509, 511, 513–518, 521, 530, 537f., 541f., 566, 746
Rathau, Karol 148
Ratkowski, Anneliese 154
Reichmann, Eva 145f.
Reifenberg-Rosenbaum, Adele 164
Rein, Leo 235, 246
Reiner, Karel 262, 266
Reinhardt, Max 90, 164f., 174, 188, 412
Reischle, Hermann 300
Reiss, Erich 207, 209, 215
Renka, Jakob 463
Reuber, Ursel 673
Rewald (Fam. R.) 663f.
Rewald, Ilse 583
Ribbentrop, Joachim von 424, 430
Richter (Oberinspektor, Frankfurt a. M.) 539
Rieck (Fam. R.) 573
Riemann, Johannes 235, 246
Ries, Walter 175, 234
Riesenburger, Martin 697ff.
Rimsky-Korsakoff, Nicolaj 255
Rinn, Hans 557f.
Robinsohn, Hans 308, 313
Roekk, Marikka 246
Rogoff, Gregor 250
Rooney, Micky 229
Roosevelt, Franklin D. 423, 477, 484
Rosen, Ernst s. Rosenbaum, Ernst
Rosen, Willy 100, 162, 173f., 192, 230, 267
Rosenbaum, Ernst 117, 173
Rosenbaum, Gerhardt W. 92
Rosenbaum-Hinzelmann, Steffi s. Hinzelmann, Steffi
Rosenberg (Frau R., Göttingen) 562
Rosenberg, Alfred 99, 139, 638
Rosenberg, Marie 195
Rosenberg-Fleck, Heinz 153
Rosenblüth, Felix 43
Rosenbusch, Sally 515
Rosenstock, Joseph 89f., 134f., 138, 160f.
Rosenstock, Werner 477
Rosenthal, Erich 141
Rosenthal, Fritz 141, 189, 212
Rosenthal, Gert 669
Rosenthal, Hans 577, 668ff.
Rosenthal, Hugo 361
Rosenthal, Moritz 53, 59
Rosenzweig, Franz 76f., 97, 199, 201f., 213, 221
Rosenzweig, Julius 500, 504
Rosner, Josef 228
Rosowski, Mira 90
Rossi, Salomone 255
Rossini, Gioacchino 160, 163
Rostal, Leo 176
Roth, Joseph 153
Rothgießer, Fritz 205
Rothschild (Maler) 159
Rowohlt, Ernst 207
Rühmann, Heinz 254
Rülf, Salomon Friedrich 346
Ruppin, Arthur 206, 477
Rust, Bernhard 330, 333, 352, 597

Sabatzky, Kurt 294
Sachisthal 666
Sachs, Nelly 189
Sänger, Valentin 335
Saint-Saëns, Camille 161
Salomon-Lindberg, Paula 176f.
Salten, Felix 248
Salzmann, Moische 158
Samson, Rudolf 94
Samter, Hermann 606, 611, 627
Samter, Max 205, 211
Samuel (Rabbiner, Berlin) 655
Samuel, Herbert L. 451
Sander, Berthold 135, 229, 247, 250, 255
Sauckel, Fritz 592
Schabatai Z'wi 166, 169, 171
Schacht, Hjalmar 295, 308
Schächter, Leo 143
Schächter, Raffael 261
Schäfer, Siegfried 581, 587
Schäffer, Hans 423
Schaeffer, Rudolf 353
Schaffer, Jenny s. Bernstein-Schaffer, Jenny
Schalscha, Josef 307, 312
Schalscha, Sylvius 307

Schames, Fritz S. 159
Schemm, Hans 93
Schildberger, Hermann 89
Schiller, Friedrich von 113, 163, 262, 652f.
Schlesinger, Abraham 211
Schlesinger, Alfred 247
Schlesinger, Erich 581
Schlesinger, Hanna 177
Schloss, Otto 159
Schmeer, Rudolf 543
Schmitt, Carl 24
Schmitz, Gabriel 565
Schneider, Lambert 76, 210
Schneur, Salman 209
Schnitzler, Arthur 134f., 162, 213, 245, 248
Schocken, Salman 200, 202, 209, 221, 240, 306, 412
Schönbeck (Frau S., Berlin) 669f.
Schönberg, Arnold 251, 413
Schoeps, Hans-Joachim 211
Scholem Alechem 168, 172f. 188, 213
Scholem, Gershom G. 199, 201
Scholem, Gerhard s. Scholem, Gershom G.
Scholem, Siegfried 211
Schoyer, Adolf 57
Schröder (Kapitän) 492
Schubert, Franz 135, 149
Schülein, Julius W. 413
Schul, Siegfried 266
Schulze 627
Schwab, Hermann 654
Schwartz, Oskar 490
Schwarz, Joseph 697
Schwarz, Rudolf 175, 228f., 250f., 256, 267
Schwerin, Alfred 602f., 608, 610
Schwerin, Ludwig 164
Schwerzens, Joachim 612, 660
Scribe, Eugène 186, 234f.
Seckels, Rosa 657
Seldte, Franz 665
Seleu (Teltow) 666
Seligmann, Richard 560
Seligsohn, Julius L. 11, 60ff., 72, 74
Senator, Werner 316
Senser, Gerda 189
Seubelt, Georg 552
Shakespeare, William 114, 134f., 138, 163, 172f., 181, 187f., 228, 235f., 248, 262
Shaw, George Bernard 114, 147, 162f., 262
Sibelius, Jan 255
Silbergleit, Arthur 134
Silbermann (Dr., Hebr. Verlag) 210
Simon, Ernst 144, 435
Sinasohn, Max 345
Singer, Kurt 83, 85f., 88ff., 93, 105, 111f., 115, 120, 123, 125, 128, 135, 145, 161, 164f., 186, 189f., 227, 267
Sinsheimer, Hermann 193, 205
Sinzheimer, Max 94, 177
Six, Franz 225
Smetana, Friedrich 147, 229, 255, 260
Smytschek (Musiker) 247
Söhnker, Hans 235
Solmitz, Luise 19
Sommer (Dr., Hilden) 514
Sophokles 162f.
Spangenthal, Max 342
Spanier, Ben 163, 254, 267
Speer, Albert 637ff.
Spies, Gerty 263
Spiro, Eugen 89, 153f., 413
Spitzer, Moritz 221
Springer, Elisabeth 159
Stahl, Heinrich 53, 57, 59ff., 72, 74, 105, 397, 691
Stahl, Karl 644
Stargardt, O. 566, 601
Steckel, Leonhard 90
Stehle, Wilhelm 681–684
Stehle, Willy 682f.
Stein (Baden) 55
Stein, Erna 96
Stein, Leo 175
Steinberg, Hans Wilhelm 91, 93, 118, 160, 175
Steinhardt, Jakob 154
Steinhoff, Hans 230
Stenzel, A.N. 134
Stern, Bruno 468
Stern, Gerson 189, 207, 209, 215, 220
Stern, Harry 528
Stern, Heinemann 349
Stern, Heinrich 38
Stern, Otto 412
Stern, Renate 578
Sternberg, Chanan s. Sternberg, Hans
Sternberg, Hans 456
Stern-Täubler, Selma 202
Stifter, Adalbert 201
Strauss, Herbert A. 324, 441
Strauß, Johann 114, 147, 161
Strauss, Lotte 441

Strauss, Richard 101, 115
Strawinsky, Igor 238
Streicher, Julius 275 f., 295 f., 304, 325, 516
Strindberg, August 148
Struck, Hermann 154
Sturm, Hans 187 f.
Sturmann, Manfred 189, 209, 216 f.
Suk, Joseph 262
Sultan, Grete 251
Suppé, Franz von 177, 192
Svenk 262 f.
Swarsensky, Manfred 211
Syrup, Friedrich 574
Szanto, Alexander 365, 367, 383
Szold, Henrietta 469

Tachauer, Fritz 234
Tagore, Rabindranath 172
Tannenbaum, Eugen 205
Taub, Hans 93
Taube, Michael 89 f., 134 ff.
Taussig, Fritz 265
Teutsch, Inge 141
Thielscher, Guido 99
Thomas, Adrienne 413
Tietz (Fam. T.) 696
Tietz, Alfred Leonhard 306
Tietz, Hermann 279, 305 f.
Tietz, Ludwig 55, 316
Tiziano, Vecellio 647
Toftmann (Dresdner Bank) 557 f.
Toller, Ernst 412 f.
Torczyner, Harry 206
Tramer, Hans 22
Traub, Michael 186
Treptow (Fam. T.) 664
Troper, Morris 492
Tschaikowsky, Peter Iljitsch 134, 160, 186, 229, 247 f., 251
Tschechow, Anton 142
Tschechowa, Olga 235
Tschernichowsky, Scha'ue 167
Tuch, Clara 659
Tuch, Theodor 627, 648, 659
Tucholsky, Kurt 76, 412 f.

Ucko, Ruth 470 f.
Uhlen, Gisela 230, 254
Ullmann, Viktor 262 f., 266
Ullstein (Brüder) 412
Ungar, Otto 265
Ury, Siegmar 562
Utitz, Emil 264 f.

Vajda, Laci 596
Valentin, Hermann 90
Valetti, Rosa 90, 135, 150
Valfer, Erich 433
Vanes, Sutton 188
Veiel, Eberhard 563
Veit, Suzanne 612
Velisch, Irene 140
Verdi, Giuseppe 147, 161, 163, 174, 192, 229, 235, 255, 262
Verhoeven, Paul 230
Vivaldi, Antonio 255

Waghalter, Wladislaw 176
Wagner, Gerhard 289
Wagner, Richard 115
Wagner, Robert F. 425
Waldeck, Helene 653
Wallach, Max 563
Wallenberg, Heinz 207
Walter (Kreisleiter, Offenbach) 570
Walter (Lehrer, Lippehne) 337
Walter-Rosenbaum, Gerhard 163
Warburg, Max 57, 60, 66, 119, 439
Wassermann, Jakob 88, 163, 211, 213, 216
Weidt, Otto 674
Weigel, Helene 412
Weil, Hermann 149, 161, 164
Weill, Kurt 412
Weinberg, Jakob 176, 191
Weinberger, Jaromir 238, 255
Weiner (Rabbiner) 260
Weinschel, Ruth 141
Weinstock, Albert 522 f.
Weinstock, Dora 523
Weinstock, Kurt 523
Weiser, Grethe 230
Weissenbacher, Maria 560
Weizmann, Chaim 469
Weizsäcker, Ernst Freih. von 424
Weltmann, Lutz 135
Weltsch, Robert 30, 436, 438, 628
Werfel, Franz 188, 199, 213, 216, 412
Werner, Ilse 264
Wertheim, Ruth 335
Wertheimer (Fam. W., Düsseldorf) 514
Wertheimer, Martha 148, 172, 180 f., 189, 252, 267
Wessel, Horst 15
Wiener, Alfred 755
Wiener, Karl 175, 250
Wiener, Max 203, 227
Wilamowska, Doris 175, 234, 255

Wilder, Billy 412
Willner (Fam. W., Hilden) 514
Willstätter, Richard 412
Winawer, Chemjo 127, 148, 174, 176, 191
Winterfeldt, Hans 414, 419, 437
Wischnitzer, Mark 415
Wischnitzer-Bernstein, Rahel 211
Wissmann (beim Oberrat württemb. Juden) 469
Wisten, Fritz 90, 162, 172, 186, 192, 227, 228, 244, 248, 250, 252, 254, 266f.
Wolfenstein, Alfred 216
Wolff (Kammergerichtsrat) 51, 57
Wolff, Edith 612, 654, 661
Wolff, Elisabeth 153
Wolff, Kurt 207
Wolff, Theodor 694
Wolffenstein, Valerie 427, 471, 582f., 586
Wolf-Ferrari, Ermanno 134
Wolffsohn, Julius 148, 171, 173
Wolfskehl, Karl 201, 213, 412
Wolfthorn, Julie 153f.
Wolker, Jiří 262
Wollmann, Ottilie 153
Woyda, Bruno 53f., 57, 59

Young, Robert 246

Zander, Arthur 137
Zander, Hans 227
Zarek, Otto 216
Zelenka, Arch. 261
Zernik, Charlotte 437
Zobel, Lucie 386
Zuckermann 149
Zunz, Leopold 211
Zweig, Arnold 412
Zweig, Stefan 145ff., 216

Organisationen und Institutionen

Aufgenommen wurden alle jüdischen bzw. jüdisches Leben betreffende Organisationen und Institutionen, wegen zu häufigen Auftretens nicht jedoch folgende: Berliner Kulturbund, Kulturbund deutscher Juden bzw. Jüdischer Kulturbund in Deutschland, Reichsvertretung der deutschen Juden bzw. Reichsvertretung (bzw. Reichsvereinigung) der Juden in Deutschland.

Achduth 39
Adass-Jisroel-Gemeinde (Berlin) 345, 698
Ältere-Hachscharah-Zentren 462
Ältestenrat der Selbstverwaltung (Theresienstadt) 691
Ärztehilfsfonds 379
Agudas Jisroel 39, 314, 341
Ahawah-Kinderheim (Berlin) 470
Ahawah-Kinder- und Jugendheim (Haifa) s. Kinder- und Jugendheim Ahawah
Ahrensdorf (Landwirtschaftsgut) 458, 460
Allgemeine Treuhandstelle für die jüdische Auswanderung GmbH s. Altreu
Altreu 415, 479
American Economic Committee 454
American Jewish Committee 276
American Joint Distribution Committee (Joint) 317, 366, 444 ff., 492, 474 f.
American Joint Reconstruction Foundation 366–369
ANGLO-HICEM 443 f.
Arbeitsgemeinschaft der deutsch-jüdischen Firmen des württembergischen Landesprodukten- und Mehlhandels 300
Arbeitsgemeinschaft der jüdischen Landesverbände des Deutschen Reiches 49 f.
Arbeitsgemeinschaft für Kinder- und Jugendalijah 470
Arbeitsnachweise 296, 318, 370, 374 ff.
Ausbildungs- und Lehrwerkstätten
– Berlin 461
– Blankensee 381
– Pankow 397
– Frankfurt 388
s. a. Lehrgüter
Ausschüsse für Überseetransporte (Berlin, Wien) 474
Ausschuß der Reichsvertretung der deutschen Juden 60, 62
Auswanderer-Hilfsorganisation (Wien) 617
Auswanderungsberatungsstelle (des Hilfsvereins der deutschen Juden) 365

Bayerischer Kulturbund 148, 152
Beirat der Reichsvertretung 66
Ben-Schemen (Kinderdorf) 446, 469 f.
Berliner Ärztechor 85, 135
Berliner Jüdisches Museum 98, 164
Berliner Künstlerhilfe s. Künstlerhilfe
Berliner Wirtschaftshilfe s. Wirtschaftshilfe
Berliner Zionistische Vereinigung 96, 98, 142, 155, 158, 168
Bezirksschule Bad Nauheim 357
Blankensee (Ausbildungsstätte) 381
Bildungsamt der deutschen Juden 97
B'nai B'rith 11, 42, 96, 103, 118, 370, 393, 418, 528, 744
Breslauer Kulturbund 163, 177
Breslauer Rabbinerseminar 96
Brettl im Zentrum 137
Britischer Zentralfonds für die deutsche Judenheit s. British Council for German Jewry
British Council for German Jewry 317, 444, 446, 451
Buchhandlungen:
– C. Boas 206
– Jakob B. Brandeis 206
– Louis Lamm 206
Bühne und Brettl 137
Büro für Statistik der Juden 694
Bund deutscher-jüdischer Jugend 214
Bund gesetzestreuer Gemeinden 39

Bund jüdischer Corporationen 43
Bund jüdischer Jugend 340
Der bunte Karren 151

Central British Fund s. British Council for German Jewry
Centralverein deutscher Staatsbürger jüdischen Glaubens (bzw. Jüdischer Centralverein) 9, 11, 16f., 19, 21, 26, 28f., 32, 41f., 46, 52, 54, 56, 60–64, 85, 96, 103, 189, 203, 272f., 276, 281, 292, 294, 314, 321, 324, 345, 433–438, 453, 477, 744, 747
– Philo-Verlag 203ff., 222
– Wanderbücherei 214
Comite voor Joodsche Vluchtlingen 296
Council for German Jewry 69
C.V. s. Centralverein

Darlehenskassen s. Jüdische D.
Deutscher Makkabikreis 48, 151
Deutscher Vortrupp – Gefolgschaft deutscher Juden 21, 78, 150, 211
Deutsch-Israelitischer Gemeindebund 393
Dresdner Lehrhaus 178

Ellguth (Lehrgut) 455
EMIGDIRECT 442
Erneuerungsbewegung der jüdischen Deutschen 426
Erziehungsausschuß (der jüdischen Landesverbände) 343

Filmbühne (des Jüdischen Kulturbundes) 124, 194, 223, 225f., 232, 234f., 242f., 245f., 249, 251, 253ff.
Flüchtlingskomitee für Zentral- und Südamerika 445
Forschungsinstitut für hebräische Dichtung 202
Frankfurter Kulturbund 175
Freie Jüdische Volkshochschulen 98, 155
Freies Jüdisches Lehrhaus (Frankfurt a.M.) 76, 97
Freizeitgestaltung (Theresienstadt) 260, 263

Gemeinschaftshaus (Hamburg) 119, 188, 233
German Jewish Emigration Council s. ANGLO-HICEM
Gesellschaft für jüdische Familienforschung 178
Gesellschaft für jüdische Volksbildung 92f.
Ghetto-Swingers (Theresienstadt) 263
Ghettozentralbücherei (Theresienstadt) 264f.
Groß-Breesen (Lehrgut) 391, 434f.
Groß-Gaglow (jüdische Bauernsiedlung) 48, 381
Gut Winkel 459

Hadassah Women's Organization of America 469
Halberstädter Verband 39, 64
Hamburger Kulturbund 117, 163, 176f., 188
Hapag-Apala 473f.
Hashomer Hazair 458
Hasmonäa 43
Hauptstelle für jüdische Wanderfürsorge 318, 370, 440, 460
Hebrew Sheltering Immigration Aid Society of America s. HIAS
Hechaluz 335f., 381, 432, 455ff., 460ff., 464
Heil- und Pflegeanstalt Sayn-Bendorf 600, 749
Herbert-Baum-Gruppe 585f.
Hessischer Landesverband 406
HIAS 415, 441f., 492
HIAS-ICA-EMIGDIRECT s. HICEM
HICEM 415, 442–445, 492
Hilfsstelle für Rasseverfolgte 672
Hilfsverein (der Juden in Deutschland bzw. der deutschen Juden) 66, 314, 319, 321, 365, 398, 415, 421, 423, 428, 438ff., 445, 478, 484f., 489, 492ff.
Hilfsverein deutschsprechender Juden 493
Hochschule für die Wissenschaft des Judentums 96

ICA 366, 415, 441f., 444f., 493
Initiativkomitee für die Erweiterung der Jewish Agency in Deutschland 53
Institut für jüdische Filmarbeit KOL NOA 189
Instrumentalgemeinschaft (Mannheim) 94
Intergovernmental Committee for Refugees 424f.
Israelitisches Asyl für Kranke und Altersschwache (Köln) 598

Jawne (Schule) 343, 352f.
Jewish Agency 46, 314, 316, 438, 442, 451f., 454, 465, 468f., 477; s.a. Palästina-Amt

Jewish Colonisation Association s. ICA
Joint s. American Joint Distribution Committee
Jüdische Arbeitshilfe e.V. s. Landwerk Neuendorf
Jüdische Auswanderungsschule 434
Jüdische Buchvereinigung 210, 218
Jüdische Chor- (und Orchester-)Vereinigung (Berlin) 135, 176
Jüdische Darlehenskassen 318f., 365–370
Jüdische Gesellschaft für Kunst und Wissenschaft 93f.
Jüdische Jugendbühne s. Theater der jüdischen Schulen
Jüdische Jugendhilfe 469
Jüdische Jugend- und Tourneebühne 122
Jüdische Kulturbünde (lokal) s. Kulturbund
Jüdische Kultusvereinigung zu Berlin 690
Jüdische Kunstgemeinde, Köln 122
Jüdische Kunstgemeinschaft 94
Jüdische Lehrhäuser s. Lehrhäuser
Jüdisches Gemeinschaftshaus s. Gemeinschaftshaus
Jüdische Sängerknaben 148
Jüdische Studienbibliothek (Theresienstadt) 264
Jüdische Treuhandgesellschaft (Haavara) 468
Jüdische Winterhilfe 182, 400–406, 408f., 428
Jüdischer Aufbaufonds s. Keren Hajessod Leisrael
Jüdischer Centralverein s. Centralverein
Jüdischer Frauenbund 42, 96, 203, 314, 370, 393, 675
Jüdischer Musikverein (Breslau) 94
Jüdischer Schulverein (Berlin) 342
Jüdisches Arbeitsamt (Berlin) 370
Jüdisches Aufbauwerk s. Keren Hajessod
Jüdisches Kammerorchester 93, 122, 149
Jüdisches Krankenhaus (Berlin) 288, 397, 675, 691–696
Jüdisches Museum
– Berlin 98, 153, 158, 177f.
– Breslau 98
Jüdisch-Konservative Vereinigung 40
Jüdisch-Theologisches Seminar, Hochschule f. jüdische Theologie 96
Jugenddorf Ben-Schemen s. Ben-Schemen

Kabarett der Autoren 188
Kartell jüdischer Verbindungen 43
Kartell Zionistischer Verbindungen 43
Keren Hajessod 68, 320
Keren Hajessod Leisrael 154
Kinder- und Jugendheim Ahawah (Kirjath-Bialik, Haifa) 470
Klauber-Bühne 263
KOL NOA 189
Künstlerhilfe 95f., 101f., 119f., 122, 135, 137, 149, 158, 188f., 192, 213, 229, 235, 247, 256
Kulturbund
– Bayern 93, 141, 164
– Breslau 163, 177
– Dresden 177
– Frankfurt s. Rhein-Main
– Hamburg 117, 119, 122, 163, 175ff., 188
– Köln s. Kulturbund Rhein-Ruhr
– Mannheim 177
– München 156, 162
– Oberschlesien 163
– Ostwestfalen 94
– Rhein-Main 93, 118, 122, 147, 160, 175
– Rhein-Ruhr 91ff., 117, 119, 122, 136, 147f., 163, 177, 188, 191f.
Kulturbund-Orchester 235, 238
Kulturbund-Verlag 223, 226, 232f., 239f., 243, 252f., 257f., 264

Landesverband Israelitischer Gemeinden in Thüringen 307
Landschulheime
– Caputh 361
– Herrlingen 143, 361
Landwerk Neuendorf 318, 391, 458, 460
Lehranstalt für die Wissenschaft des Judentums 155, 239, 264, 578, 582
Lehrgüter
– Ahrensdorf 458, 460
– Ellguth 455
– Groß-Breesen 391, 434f.
– Gut Winkel 459
– Jessen 669
Lehrhäuser 97f., 112, 122, 156, 178ff., 224, 229
– Berlin 156, 179
– Dresden 178
– Frankfurt a.M. 76, 97, 144f.
– Hamburg 119
– München 178
– Stuttgart 94
Lehrlingsheim Pankow 397
Lehrstätte Ch.N. Bialik 98, 155

Liberaler Verein für die Angelegenheiten der Jüdischen Gemeinde zu Berlin 40
Liederkranz (Mannheim) 94, 177
Löwenburg-Schule (Hamburg) 341

Makkabi Hazair s. Deutscher Makkabikreis
Marionettenbühne Münchener jüdischer Künstler 148, 175
Miha s. Mittlere-Hachscharah
Mir-Jeshivah 496
Mirrer Yeshiva Central Institute 496
Misrachi 61, 156
Mittelstelle für jüdische Erwachsenenbildung 11, 97, 143
Mittlere-Hachscharah 462 f.
Mossad le (Alijah Beth) 472 f.
Münchener Marionettenbühne s. Marionettenbühne

Nationalverband der deutschen Juden 426
Neue Naturalisten 164
Neuer Jüdischer Schulverein (Breslau) 353

Oberrat der Israelitischen Religionsgemeinschaften Württembergs 60, 485
Oberrat des Zentralverbandes württembergischer Juden 469
Obshchestvo Raprostraneniya Truda s. ORT
ORT 462
Operngemeinschaft 119

Palästina-Amt der Jewish Agency
– Berlin 66, 123, 314, 319, 398, 428, 438, 440, 447, 450 f., 454 f., 457 f., 470, 473 ff.
– Jaffa 454
– Wien 454
Palästina-Exekutive der Jewish Agency 465
Palästina-Treuhandstelle zur Beratung deutscher Juden GmbH s. Paltreu
Paltreu 415, 466 f.
Pao Chao 496
Philanthropin (Frankfurt) 233, 341
PLV s. Preußischer Landesverband jüdischer Gemeinden
Preußischer Landesverband jüdischer Gemeinden 49 f., 54, 70, 99, 270, 314, 366, 406
– Wanderbücherei 214, 264

R.A.G. s. Arbeitsgemeinschaft der jüdischen Landesverbände des Deutschen Reiches
Rambam-Lehrhaus (Berlin) 98, 156
Reichsausschuß der jüdischen Jugendverbände 316, 319
Reichsbund für jüdische Siedlung 381
Reichsbund jüdischer Frontsoldaten 9, 22, 26, 46–49, 52, 54, 57 f., 60–63, 78, 96, 321, 345, 426, 431, 435 f., 675, 744
Reichsstelle für das Auswanderungswesen 429
Reichsverband der Juden in Deutschland 70
Reichsverband der Jüdischen Kulturbünde in Deutschland 105 ff., 109–124, 165–169, 181 ff., 219 f., 223, 226 ff., 260
– Reiseorchester 228 f.
– Theaterkommission 165 f.
Reichsvertretung der jüdischen Landesverbände 50 ff., 56, 60, 314
Reichswanderungsamt (im Reichsinnenministerium) 428
Reichszentrale für die jüdische Auswanderung 428 ff., 748
Revisionisten-Zionisten 472
RJF s. Reichsbund jüdischer Frontkämpfer
RJK s. Reichsverband der jüdischen Kulturbünde in Deutschland
Rothschild-Museum (Frankfurt a. M.) 98, 178

Schild (Sportbund des RJF) 49
Schule der jüdischen Jugend (Berlin) 98
Schultheater (Abteilung des Jüdischen Kulturbundes) 230, 235
Sekretariat für Bildende Künste 116, 164, 178
Stadtkapelle (Theresienstadt) 260 f.
Steckelsdorf (Landwerk) 458, 463
Süddeutsche Arbeitsgemeinschaft 49 f.
Süddeutsche Landesverbände 55

Theater der Jüdischen Schulen 117, 158, 172, 187, 191, 228
Theaterstudio 158, 173
Theodor-Herzl-Schule (Berlin) 342, 352
Die Touristen 188
Transmigration Bureau 445

Unabhängiger Orden B'nai B'rith s. B'nai B'rith
United Evacuation Committee 442

United Palestine Appeal 454
UOBB s. B'nai B'rith

Verband Bayerischer Israelitischer Gemeinden 26, 93
Verband der orthodoxen Rabbiner 40
Verband nationaldeutscher Juden 20f., 78, 108, 344, 435, 743
Verein für jüdische Geschichte und Literatur (Karlsruhe) 94, 98
Verein jüdischer Studenten 43
Verein zur Erhaltung des überlieferten Judentums in Berlin 156
Vereinigte Zentrale für jüdische Arbeitsnachweise 318, 370f., 374
Vereinigung der liberalen Rabbiner Deutschlands 38, 40
Vereinigung für das liberale Judentum 38, 40, 58, 62, 283
Vereinigung traditionell-gesetzestreuer Rabbiner 40
Verlage:
– Eschkol 211
– Fischer 207
– Goldstein 211
– Heller 212
– Kauffmann J. 77, 206, 233
– Kaufmann M.W. 77, 206
– Köstenbaum 211
– Kulturbund 223, 226, 232f., 239f., 243, 252f., 257f., 264
– Lehrberger 206
– Leßmann 211
– Poppelauer 206
– Reiss 207, 209, 215
– Rowohlt 207
– Schocken 199–203
– Scholem 211
– Wolff 207
Vortrupp deutscher Juden s. Deutscher Vortrupp – Gefolgschaft deutscher Juden

Waisenhäuser
– Berlin 669
– Breslau 98
– Eßlingen 522
Wanderbücherei
– des Centralvereins 214
– des Preußischen Landesverbandes jüdischer Gemeinden 214, 264
Wanderbühne 117, 176, 228
Wanderoper 119, 158, 228
Wanderungsausschuß der Reichsvertretung 423, 440
Werkdorf Wieringen (Niederlande) 460
Werkleute 335
Westfälischer Provinzialverband des Preußischen Landesverbandes jüdischer Gemeinden 54
Wieringen (Werkdorf, Niederlande) 460
Winawer-Chor s. Winawer, Chjelm
Winterhilfe s. Jüdische Winterhilfe
Wirtschaftshilfe der Jüdischen Gemeinde Berlin 53, 95, 367f., 371, 381, 383
Wirtschaftshilfsstelle der Jüdischen Gemeinde Berlin s. Wirtschaftshilfe
Wohlfahrtsamt der Jüdischen Gemeinde Berlin 95, 396–399
World ORT Union 462

Zentralausschuß für Hilfe und Aufbau 13, 30, 53, 66f., 95, 99, 121, 314–319, 321, 329, 367, 374, 379, 381, 383, 386, 390, 394f., 400, 407, 438, 462, 470, 478, 494, 739
Zentralkomitee für die deutschen Juden in Palästina 446
Zentralstelle für jüdische Auswanderung 224, 244, 440
Zentralstelle für jüdische Auswanderung, Wien 429
Zentralstelle für jüdische Darlehenskassen 318f., 366f., 369
Zentralstelle für jüdische Wanderarmenfürsorge 393
Zentralstelle für jüdische Wirtschaftshilfe 30, 53, 95, 286, 293f., 296f., 314, 318, 364f., 369ff., 378, 380, 383, 390
Zentralstelle für Kolonisationsangelegenheiten (Jaffa) 454
Zentralwohlfahrtsstelle 33, 314, 318, 366, 392ff., 399, 407, 410f., 440
Zionistische Arbeiterbewegung 455
Zionistische Organisation 44ff., 206
Zionistische Organisation (USA) 469
Zionistische Vereinigung für Deutschland 27, 43, 45f., 52f., 58, 60f., 96, 123, 168, 186, 276, 314, 393, 403, 431, 433f., 466, 473, 477, 747
– Palästina-Filmstelle 154
Zionistische Weltorganisation 467
Zionistisches Informationsbüro (Tel Aviv) 455
Z.V.f.D. s. Zionistische Vereinigung für Deutschland

ANZEIGEN